全国哲学社会科学规划重大课题

国家“十一五”重点图书出版规划项目

中华人民共和国教育史

主　编：何东昌

副主编：王明达　邹时炎　王炳照

海南出版社

上卷

图书在版编目（CIP）数据

中华人民共和国教育史．上卷/何东昌主编．—海口：海南出版社，2007.4

ISBN 978－7－5443－1947－8

Ⅰ．中…　Ⅱ．何…　Ⅲ．教育史－中国－现代
Ⅳ．G529.7

中国版本图书馆 CIP 数据核字（2007）第 001230 号

《中华人民共和国教育史》

编委会

目 录

导 语

《中华人民共和国教育史》是全国哲学社会科学“九五”规划并延续到“十五”规划的重大课题“中华人民共和国教育史研究”的核心成果。

中华人民共和国教育史亦称当代中国教育史，是以1949年中华人民共和国成立以来我国教育发展的历史为研究对象的。中华人民共和国教育是中华民族教育历史的延续和创新，它的产生在中华民族教育发展史上是一次质的飞跃。

一、研究中华人民共和国教育史的重要意义

自古以来，中华民族就有尊史、治史、学史和用史的优良传统，并留下了极为丰富的历史文献资料。以毛泽东、邓小平、江泽民为核心和以胡锦涛为总书记的中国共产党中央领导集体都十分重视以史为鉴，治国兴邦。

早在抗日战争时期，毛泽东就指出：“今天的中国是历史的中国的一个发展；我们是马克思主义的历史主义者，我们不应当割断历史。从孔夫子到孙中山，我们应当给以总结，继承这一份珍贵的遗产。这对于指导当前的伟大的运动，是有重要的帮助的。”

邓小平也非常重视借鉴历史。他认为：“历史上成功的经验是宝贵财富，错误的经验、失败的经验也是宝贵财富。”他有一句名言：“总结历史是为了开辟未来。”

江泽民为了全面推进有中国特色的社会主义事业，在多种场合号召全党要“认真地读一点历史”；强调学习历史，有助于开阔视野，鉴往知来。他说：“一名领导干部不善于从历史中吸取营养，不可能成为高明的领导者；一个政党不善于从总结历史中认识和把握社会发展的规

律，不可能成为顺应历史潮流的自觉的政党；一个民族不善于从历史中继承和发展本民族和世界其他民族创造的优秀文明成果，就不可能屹立于世界民族之林。”

胡锦涛为了提高党的执政能力，在中共中央政治局进行集体学习时强调：浩瀚而宝贵的历史知识既是人类总结昨天的记录，又是人类把握今天、创造明天的向导。我们党在领导革命、建设和改革的过程中，一贯重视对历史经验的借鉴和运用。在新形势下，我们要更加重视学习历史知识，更加注重用中国历史特别是中国革命史来教育党员干部和人民。不仅要学习中国历史，还要学习世界历史；不仅要有深远的历史眼光，而且要有宽广的世界眼光。

党和国家领导人深刻地阐明了历史研究的重要意义，也为开展中华人民共和国教育史的研究指明了方向。党的十六届三中全会提出了坚持以人为本，全面、协调、可持续的科学发展观。坚持科学发展观就必须在发展经济的同时，推动社会全面进步和人的全面发展，促进社会主义物质文明、政治文明和精神文明协调发展，而教育在其中的基础性、先导性和全局性的战略地位则更加突出。科学发展观的提出，必将对包括教育在内的我国各项事业的发展产生重大影响。同时，作为一种正确的世界观和方法论，科学发展观也是统领共和国教育史研究的指导思想。

在中华民族五千年的教育发展史中，中华人民共和国教育史是最辉煌的篇章。半个多世纪以来，在中国共产党的领导下，我国积极探索建设中国特色社会主义教育的道路，不断推动教育改革与发展，人均受教育年限有了明显提高，从而使全民族的科学文化素质有了历史性跨越，为共和国社会主义现代化建设作出了卓越的贡献，为中华民族的伟大复兴奠定了坚实的基础。历史进入 21 世纪，我国要进一步实施科教兴国战略和人才强国战略，努力造就与社会主义现代化建设相适应的、思想道德和科学文化素质都比较高的、数以亿计的劳动者和数以千万计的专门人才，其中还要造就一批创新型世界顶级人才。要实现这样的目标，我国教育所肩负的任务既艰巨又光荣。为了充分发挥教育在我国社会主义现代化建设中基础性、先导性和全局性的作用，在研究和解决新情况、新问题时科学地进行教育决策，我们必须善于借鉴建国以来教育改革和发展中积累的宝贵经验，从中汲取力量和智慧，并得出规律性的认识，以创新的精神把我国从教育大国建设成为教育强国。

历史研究有资政、育人和存史的功能。我们在探索建设中国特色社会主义教育过程中的成功经验包括已纠正的失误，都已成为弥足珍贵的历史遗产。因此，客观地描述共和国教育的发展历程，并在总结共和国教育的主要成就与基本经验的基础上，探讨建设中国特色社会主义教育的基本规律，具有深远的历史价值、重要的理论价值和现实指导意义。

作为共和国教育史研究的新成果《中华人民共和国教育史》一书的出版，可以为今后进一步研究中国教育史和当今的教育改革与发展起到借鉴作用，同时有助于海内外一切关心中国教育的人士了解共和国教育事业发展的概况，并激励全国各族人民树立科教兴国、人才强国和全面振兴教育事业的全民意识，共同为实现我国社会主义现代化和中华民族的全面复兴作出新的贡献。

二、中华人民共和国教育的历史传统与基础

“建国君民，教学为先”，“化民成俗，其必由学”。这是远在2300年前，《礼记·学记》对中华民族重视教育的优良传统的精辟概括。占全人类约五分之一人口的中华民族，以勤劳、勇敢和富于创造的智慧而闻名于世。五千年文明古国，早就用她创造的火药、指南针、造纸、活字印刷四大发明造福全人类。中华民族之所以能够创造丰富多彩的物质文明和精神文明，很大程度上就在于她重视提高人的素质、培养各种人才的教育事业。

根据中国考古、历史、教育史学者专家的考证和研究，远在公元前2000年的夏朝时期，已有培育后代习文练武的学校；到公元前1600年的商朝，甲骨文单字已有3 500～5 000个，由学校教给学生。随着中国古代社会生产力和科学文化的不断发展，由周朝初期的学在官府，到春秋的中后期，民间办理的私学开始兴起，其间儒家创始人孔子（公元前551～前479）在公元前521年前后，在曲阜城北设学舍，创办私学。此后，经过战国后期齐国的“稷下之学”，西汉于公元前124年开始创办的太学，隋唐的国子学、天文、律算、医学，到宋、元、明、清的蒙馆、私塾、书院，逐步发展成中国封建社会长达两千多年的古代学校教育体系。除秦朝曾一度禁止私学外，大多数朝代实行官学（包括中央和地方官学）与私学并举，通过国家考试选拔人才。

春秋战国时期，随着社会的发展，出现了各种教育思潮和教育流派。其中，由孔子创立的儒家学派后来成了中国古代“万宗归流”的正统意识形态。它对教育的支配作用主要体现在以下三个方面：第一，儒家经典作为古代官学和私学的基本教材，成为历代统治阶级进行道德教育和知识传授的主要内容。第二，儒学作为历代统治者制定政策的理论依据，通过政治手段制约着古代的教育制度和教育设施。第三，儒学作为社会意识形态中的指导思想，制约着古代传统教育的观念和理论。因此，中国古代的教育理论、教育制度、教育内容、教育方法、教育设施以及关于教育的价值观念，在儒家学说的支配下构成了一个统一体。它通过学校、家庭、社会三条渠道实施“传道、授业、解惑”的教育任务。古代学校教育的主要任务，就是培养具有“修身、齐家、治国、平天下”本领的士大夫知识分子，而像天文、律算、医学等专科教育则被排斥在官学之外。这种以儒学为主体的中国古代传统教育既有积极的方面，也有消极的方面。就积极方面而言，中国古代形成了尊师重教等优良传统，积累了因材施教等丰富的教育教学经验，至今仍具有重要的意义。明末以前，中国的文化和科学技术在世界上处于领先地位，这也表明我国古代传统教育对人类文明作出过巨大的贡献。就消极方面而言，中国古代传统教育是为封建专制统治服务的，学校的教学活动往往以“述而不作、信而好古”、死读硬背书本为中心，严重脱离社会实际和生产劳动。随着科举制度的日益僵化，它又严重地制约了人的个性发展和社会的进步。在中国封建社会晚期，这种消极因素越来越严重。这是造成这一时期中国经济和科技文化水平停滞不前，以致落后世界二三百年的重要原因。

自鸦片战争以后，中国沦为半殖民地半封建社会，中国古代传统教育陷入了深刻的危机之中。面对这种状况，清王朝封建统治阶级内部的一些有识之士开始了对传统教育的反思与批判。与此同时，他们也从外国侵略者打开的中国大门外面，看到了一种与中国古代传统教育完全不同的新教育。这种新教育伴随着外国侵略者坚船利炮的隆隆声滚滚而来，中国由此踏上了教育近代化的艰难历程。

中国教育近代化在演进过程中由于指导思想的不同，形成了三种模式或三条不同的发展道路。这就是：在西方资产阶级思想影响下洋务派和维新派推动的改良主义的教育近代化；由资产阶级民主派推动的资产阶级民主主义的教育近代化；以及由无产阶级社会主义思想为领导的民族的、科学的、大众的新民主主义的教育近代化。这三种教育近代化的模式或不同的发展道路直接地决定了19世纪后半期和20世纪前半期中国教育的基本格局和基本走向，对中国教育的发展产生了巨大的影响。

中国的改良主义的教育近代化发端于19世纪中期。当时，严重的社会危机、经济危机、政治危机和教育危机刺激了封建统治阶级内部的一些有识之士，他们开始对现实问题进行批判性的思考。在教育方面，他们指出了古代传统教育的僵化和保守，提出为了抵御西方列强的侵略，应该“师夷长技以制夷”，从而在思想上和方法上为中国教育近代化作了一定准备与铺垫。19世纪60年代以后，经过两次鸦片战争和太平天国革命战争的冲击，面对内外交困的形势，清王朝中的洋务派官更提出在“中体西用”的框架内，即在维护封建统治的前提下，改革古代传统教育和科举制度的主张。他们吸收西方的办学思想和办学方法，引进近代文化和科学技术，为中国教育的近代化提供了具体的理念和措施。甲午战争的失败也宣告了洋务运动的失败，民族危机空前加深。这时候，维新派提出以教育为改革政治和发展经济的突破口，主张变科举，兴学校，开民智。他们依靠清光绪皇帝在维新变法时期发布了关于广泛设立新式学堂，大力提倡西学；废除八股取士，改革科举制度；派人出国游学及游历的上谕。这次维新变法虽然以失败告终，但他们主张的教育改革毕竟代表了中国教育近代化的发展方向，所以进入20世纪后不久，清政府就参照日本学制制定和颁布了“壬寅学制”和“癸卯学制”。这是两个以“中体西用”为指导思想的比较完整的学校体系。它们的颁布标志着中国古代传统教育向近代教育过渡在形式上的完成，奠定了中国近代学制的基本模式。

1911年，孙中山领导的辛亥革命推翻了清王朝的封建统治，结束了在中国延续了两千多年的封建帝制。从此以后，中国资产阶级民主派推动的资产阶级民主主义的教育近代化迈开了新的脚步。1912年7月，全国临时教育会议通过了“注重道德教育，以实利教育、军国民教育辅之，更以美感教育完成其道德”的新教育方针。这个教育方针否定了晚清“忠君”、“尊孔”的教育宗旨，体现了近代教育关于德智体美四育并举和谐发展的思想。它不仅反映了资产阶级的政治原则和人权观念，而且对大机器生产所需要的科技知识和人才给予了重视。它的制定和公布实施是中国教育发展史上的一大进步，也是资产阶级新教育反对封建主义旧教育的重大胜利。1912年9月，北京政府将经过全国临时教育会议讨论制定的中华民国第一个学制以《学校系统令》的形式公布。在实施的过程中，教育部又陆续公布了各种学校令。1913年8月，教育部将已出台的有关学制的规定加以调整综合，重新公布了学制系统，此即“壬子·癸丑学制”。这个学制以资产阶级的民主精神，系统地代替了封建传统教育的学制，从总体上反映了近代教育的性质。它的实施对近代教育的发展起到了促进作用。

五四运动前后的新文化运动给中国思想界带来了空前的解放。这期间，西方的各种教育思想被大规模地引入中国。在其影响下，形成了国民教育、平民教育、职业教育、实用主义教育、科学主义教育等思潮。这些教育思潮大多受民主与科学思想的影响，都不同程度地推动了中国古代传统教育向近代教育转变的进程。在20世纪20年代和30年代，中国一些知识分子抱着“教育救国”的理念，深入农村、厂矿、街头，进行教育教学改革实验，从而使中国教育近代化进程的前沿与世界教育发展的总趋势大体上保持了同步的状态。这期间在教育改革方面的最大成果是1922年公布的“壬戌学制”。“壬戌学制”从酝酿到公布前后经历了七年时间。它反映了当时全国教育界的认识水平，吸收了外国学制特别是美国学制的一些优点。这个学制中关于办学的原则和关于各级各类学校的一些具体规定在一定程度上反映了社会生产力发展的需要，其“六三三”学制的框架一直被沿用至今。它的公布和实施促进了中国近代教育的发展和文化科学水平的提高。

1927年国民党在南京建立了国民政府。在国民政府统治时期，一方面，为了维护大地主阶级和买办资产阶级的统治地位，残酷地镇压中国共产党领导的革命力量，扼杀广大教育工作者和学生的进步活动，国民政府强制推行法西斯教育和愚民教育，严重地阻碍了近代教育的发展。另一方面，这个时期，特别是在最初十多年国内局势相对稳定的情况下，适应经济社会发展的需要，在西方资产阶级教育的影响下，国民政府采取了一些扩大教育规模、提高教育质量的举措，如进一步完善了从中央到省（市）、县（市）、区、乡各级地方的教育行政机构；制定和公布了有关各级各类教育的法令法规。这些教育法令法规参照西方的经验，内容广泛，门类齐全，在客观上为理顺中国近代教育的内部关系和外部关系提供了法律依据，使我国的近代教育趋于定型。这样就使已经形成的中国近代教育缓慢地向前发展。

1937年日本帝国主义全面发动侵华战争，侵占了我国华北、华东、华中和华南的大片国土。而在此之前，日本侵略者通过签订《马关条约》侵占了我国的台湾；通过发动九一八事变把我国的东北变成了它的殖民地。日本侵略者在占领区强制推行“皇国民”之类的奴化教育，扼杀了教育近代化的进程。特别是在台湾这样一些长期被日本占领的地区，日本实施的反动奴化教育剥夺了当地同胞了解祖国历史文化传统的机会和权利。日本帝国主义的军事占领、文化侵略和奴化教育遭到了中国人民的强烈抵抗。

新民主主义的教育近代化开始于俄国十月革命和五四运动以后。“十月革命一声炮响，给中国送来了马克思主义”，于是在中国兴起了马克思主义教育思潮。1927年国民党蒋介石、汪精卫集团叛变革命后，以毛泽东为代表的中国共产党人深入农村，开展土地革命，创建了革命根据地。为了建设、巩固与扩大革命根据地和人民军队，争取民主革命在全国范围内的胜利，中国共产党以马克思主义为指导，依托农村革命根据地举办具有战争年代特色的教育事业，在理论和实践两个方面不断地探索着新民主主义教育近代化的道路。新民主主义教育是为人民大众服务的教育，是中国教育史上开天辟地的创举。

革命根据地的教育是在新民主主义教育思想的指导下形成和发展的，是马克思主义教育理论与中国教育实际特别是革命根据地的教育实际相结合的产物。1940年，毛泽东在《新民主主义论》中指出，新民主主义文化教育是由两个方面组成的：其中一个方面是居于领导地位的无产阶级社会主义文化教育思想，属于共产主义的思想体系；另一方面是新民主主义革命时期在文化教育方面要付诸实施的行动纲领，即民族的、科学的、大众的文化教育。这两个方面紧密地联系在一起，构成了统一的整体。《新民主主义论》的发表标志着新民主主义教育思想的形成。此后，经过整风运动和总结革命根据地的教育实践经验，这一思想又有所丰富和发展。在新民主主义教育思想的指导下，革命根据地的教育在十分艰苦的战争环境中取得了难能可贵的成绩，并积累了丰富的经验。这些经验主要是：教育工作要为革命战争和根据地建设服务，要为以工农大众为主体的人民大众服务；教育工作要坚持理论联系实际的原则；教育要与生产劳动相结合；教育要由中国共产党领导，同时必须坚持群众路线的方针，采取灵活多样的形式；教育工作要正确执行知识分子政策，建立文教统一战线。此外，革命根据地在教育体制、教育内容、教学方法和学风建设等方面也有许多新的创造。尤其是革命根据地重视教育政治方向的传统、依靠群众办教育的传统和从实际出发、多种形式办教育的传统都是应该发扬和继承的。认真总结和学习革命根据地的教育经验，对办好共和国教育是十分重要的。但是，由于革命根据地教育是在战争年代经济文化落后的农村环境中开展的，所以这些经验也有其特殊性和局限性。

中华人民共和国教育即当代中国教育正是在批判和继承中华民族已有的教育传统、教育思想、教育经验、教育资源的基础上起步和前进的，是沿着中国教育近代化道路向前发展的必然趋势。

三、《中华人民共和国教育史》的基本框架

中华人民共和国建立后，社会主义教育作为社会主义建设的重要组成部分，经历了一个曲折的发展历程。这个发展历程是与我国政治、经济、文化、社会的发展紧密相连的。它大体上可分为两个时期、六个阶段。第一个时期从1949年10月至1976年10月，共27年，是在毛泽东教育思想指导下，创建社会主义教育制度，开始积极探索中国特色社会主义教育发展道路的时期。第二个时期从1976年10月至2004年底，共28年，是在邓小平教育理论和“三个代表”重要思想教育理论指导下，初步建成中国特色社会主义教育体系的基本框架，并在改革中不断发展和完善中国特色社会主义教育体系的时期。

每个时期又各分为三个阶段，共六个阶段。

第一个阶段，从1949年10月中华人民共和国建立至1956年初社会主义改造基本完成，是社会主义教育制度初步建立的阶段。在这个阶段，以毛泽东为核心的中国共产党领导集体带领中国人民，从根本上改变了旧中国贫穷落后的面貌，使中国真正地走上国家富强、民族振兴的

道路。为了充分发挥教育事业在国家经济社会建设中的作用，党和政府坚持教育为工农服务、为生产建设服务和培养社会主义全面发展新人的方针，采取了诸如教育向工农开门、改革学制与课程、开展教师思想改造运动、发展少数民族教育、学习苏联教育经验等重大举措，将半殖民地半封建的旧教育转变为新民主主义教育并逐步改造为社会主义教育。社会主义教育制度的建立是中国教育发展史上一次质的飞跃。

第二个阶段，从 1956 年春社会主义改造基本完成至 1966 年“文化大革命”前夕，是社会主义教育全面建设和曲折发展的阶段。在这个阶段，我国开始探索适合中国国情的社会主义教育发展道路。在指导思想上，党和国家确立了社会主义教育方针；在教育事业发展上，贯彻“两条腿走路”的办学方针，进行了“两种教育制度、两种劳动制度”的试验，推动教育与生产劳动相结合和教育教学改革，取得了很大的成绩。同时，由于党的指导思想出现了“左”倾错误，发生了反右斗争扩大化和发动教育“大跃进”，使教育工作走了弯路。但是，党和国家及时总结经验教训，通过贯彻“调整、巩固、充实、提高”的方针，调整了各级各类教育的规模和结构，制定了一系列教育规章和学校管理办法，使我国的教育事业不仅得到较好的发展，而且有了自己的特色。

第三个阶段，从 1966 年“文化大革命”全面发动至 1976 年“文化大革命”结束，是社会主义教育发展遭受严重挫折的阶段。“文化大革命”是毛泽东根据他对社会主义时期阶级斗争状况的错误估计，即认为“资产阶级在党内”，而亲自发动和领导，被林彪、江青两个反革命集团利用，给党、国家和各族人民带来严重灾难的一场内乱。在“文化大革命”中，由于臆造出一条“刘少奇修正主义教育路线”，于是建国后 17 年的教育工作被全盘否定；知识分子被批判甚至斗争；教育部门的规章制度被废除，正常的教学秩序和师生关系都被打乱。接踵而来的是开展了与“17 年修正主义教育路线”对着干的“教育革命”，进一步把我国教育引入歧途。这是对社会主义教育事业和教育规律的肆意践踏。对于林彪、江青两个反革命集团在教育战线的倒行逆施，周恩来、邓小平在主持中央日常工作期间与之进行了针锋相对的斗争，广大教育工作者也进行了不同程度的抵制和斗争，而且在十分困难的条件下忍辱负重地工作，对教育教学和学校科研工作作出了贡献。

第四个阶段，从1976年粉碎“四人帮”以后至1982年中共十二大召开以前，是社会主义教育历史性转折的阶段。在这个阶段，由于邓小平的亲自领导和推动，广大教育工作者积极学习和贯彻中共十一届三中全会精神，通过真理标准大讨论，认真进行指导思想上的拨乱反正，大规模地开展组织上的平反冤假错案工作。在此基础上，教育系统积极贯彻“调整、改革、整顿、提高”方针，在对教育事业进行恢复、调整、整顿的同时，在一些方面进行了初步的改革，从而扭转了“文化大革命”造成的教育战线的混乱局面，全面地恢复了学校正常的教育教学秩序；澄清了被“四人帮”搞乱的教育思想和理论，重新树立和发展了尊重知识、尊重人才及尊师重教的社会新风尚；转变了教育工作的服务方向，即实现了教育从为“以阶级斗争为纲”服务向为以经济建设为中心的社会主义现代化建设服务的历史性转变。

第五个阶段，从1982年中共十二大召开至1992年中共十四大召开以前，是社会主义教育全面改革与发展的阶段。在这个阶段，以邓小平为核心的党中央认真总结我国社会主义教育发展正反两方面的经验，从当代世界发展新趋势和中华民族的前途命运出发，确立了教育优先发展的战略地位和“教育要面向现代化，面向世界，面向未来”的战略方针，从战略高度为我国教育改革与发展指明了方向。为了落实教育的战略地位，把我国沉重的人口负担尽快转化为巨大的人力资源优势，1985年党和国家从教育体制改革入手，确立了“教育必须为社会主义建设服务，社会主义建设必须依靠教育”的根本指导思想，对于促进教育努力适应社会主义经济体制和科技体制改革的迫切需要起了积极的导向作用。同时，积极推进教育结构改革，大力发展职业教育，并带动了各级各类教育教学的改革和发展，呈现出九年义务教育逐步普及，高等教育、职业教育和成人教育主动为经济建设和社会进步服务，教育教学改革全面展开，农村和城市教育综合改革相互促进，教育国际交流与合作全方位展开的生动局面，从而使整个教育的发展跨上了一个新的台阶。

第六个阶段，从1992年中共十四大召开至2004年，是社会主义教育深化改革与加速发展的新阶段。在这个阶段，我国在建设中国特色社会主义教育的理论和实践上都取得了新的突破。在邓小平教育理论和“三个代表”重要思想教育理论指导下，教育系统进一步深化教育体制改革，即改革以往那种适应社会主义计划经济体制下高度集中的教育体制，逐步建立起适应社会主义市场经济体制、政治体制和科技体制的教育新体制。与此同时，教育系统进一步绘就教育改革与发展的蓝图和总体规划，积极实施科教兴国战略和人才强国战略，加快依法治教进程，全面推进素质教育，高度重视“两基”和农村教育工作，坚持教育创新，不断深化教育教学改革，加快发展教育事业，基本建立起中国特色社会主义教育体系的基本框架，并且取得了显著成绩和重要经验。

应当指出的是，共和国教育发展的两大历史时期与各阶段之间有着内在的联系，其时间的划分不是绝对的；一个时期或阶段向另一个时期或阶段的发展也不是瞬间发生的，而是有一个过程。我们把共和国教育的发展历程划分为两个时期和六个阶段，是为了揭示共和国教育发展的阶段性特点，以便正确地把握共和国教育发展的历史轨迹及其走向。

本书的基本框架按照上述中华人民共和国教育发展的两个历史时期和六个阶段，相应地分为上、下两卷和六编。其中，上卷为第一个时期（1949 年 10 月至 1976 年 10 月），下设三编，为前三个阶段；下卷为第二个时期（1976 年 10 月至 2004 年底），下设三编，为后三个阶段。各卷原则上以时间为序、纵向设编，以事件和问题归类、横向设章、节、目，力求各编、章、节、目的设置比较科学合理，更好地展现共和国教育发展的历史脉络。对个别内容不宜划分过多的阶段，在时间分段上采取上伸或下延的方法，如第五编的教育国际交流与合作、第六编的教育科学研究等。

除正文外，书末还附有国家教育行政机构沿革、国家教育行政部门领导人名录、中华人民共和国教育大事记、教育事业发展基本统计和现行学校系统图。

四、中华人民共和国教育史的一条主线和三大转折点

纵观中华人民共和国教育发展的历程，我们可以看到共和国教育发展的历史有一条主线和三次大的历史性转折。

贯穿于整个共和国教育发展过程中的一条主线是：始终坚持以马克思主义为指导并紧密与中国教育实际相结合，不断总结群众的教育实践经验和借鉴世界教育发展的有益经验，创造性地建设中国特色社会主义的教育。围绕这条主线，我们对共和国教育史的研究主要突出以下几个

方面的内容：

第一，坚持马克思主义与中国教育实际相结合。马克思主义，包括马克思主义在中国的发展——毛泽东思想、邓小平理论和“三个代表”的重要思想，是我们党一切工作的指导思想。中华人民共和国教育的历史从指导思想来讲，是一部马克思主义教育基本原理同中国教育实践相结合的历史。

党领导的教育事业是党从中国实际出发，结合时代特点，运用最先进的思想武器——马克思主义作指导，汲取人类一切优秀文明成果，在实践中，深化了对中国社会发展规律和教育发展规律的认识，与党领导的各项事业的实践结合起来，依靠人民群众，特别是依靠广大教育工作者，推动教育的改革和发展，不断提高人的全面发展的程度，增强人的认识和改造世界的能力，从而使教育成为从根本上保证和促进党的奋斗纲领实现的一项基础性事业。突出主线，就要求我们科学、准确地论述每个时期的教育指导思想上的新内容。在共和国建立和发展的历程中，我党相继形成了三个理论成果，以及与此相应的教育思想和理论，即毛泽东教育思想、邓小平教育理论和“三个代表”重要思想教育理论。党的教育思想是一脉相承的。通过研究党的领导集体的教育思想的历史发展过程，可以使我们更深刻地理解党的教育思想的精髓，掌握它们之间的本质联系，把握它们的科学内涵及其战略意义。

第二，客观地展现在中国共产党领导下，全国各族人民特别是广大教育工作者探索建设中国特色社会主义教育的理论和实践成果。什么是中国特色的社会主义教育？如何建设中国特色的社会主义教育？主要的成就及经验教训是什么？认识是不断深化的，实践是不断发展的，共和国教育史既是一部认识史，又是一部实践史，因此，要如实地反映各个历史时期，对教育是如何认识和如何实践的，教育思想观念的飞跃及其对教育改革和教育事业发展的重要作用。

中国特色的社会主义教育是什么呢？概括起来主要有如下几点：一是坚持以马克思主义为指导，结合中国教育实际、时代特点不断地推动马克思主义教育理论中国化，确立不同时期教育改革与发展的指导思想。二是始终重视教育在社会主义建设中的战略地位，坚持教育为最广大人民服务，不断提高人民整体教育水平。三是在经济还不发达的情况下办大教育，必须依靠全党、全社会的努力，依靠广大人民群众的支持。同时，要改革教育体制，采取多种形式办学，如普通教育与职业教育并举；正规教育与非正规教育并举；民办教育与公办教育并举；等等。四是集中力量办大事，抓重点，再由重点带动全局，如实施九年义务教育、实施“211 工程”和“985 工程”等。五是始终坚持中国共产党对教育事业的领导，并在坚持社会主义教育基本原则的前提下，有效地利用外国的和历史传承的教育资源。六是正确地学习外国的经验，包括学习前苏联、美国、日本以及世界各国的先进教育经验。对这种借鉴，我们党制定了明确的原则，这就是“洋为中用”。学习外国，有一个中国化问题，我们学习国外的东西必须考虑合乎中国现实需要的问题并经过自己的实践。

第三，科学地对待由于指导思想上的偏差和经验不足，在探索建设中国特色社会主义教育发展道路的过程中所出现的曲折和失误。第一个时期，即“文化大革命”结束前的 27 年，我国在探索建设中国特色社会主义教育发展道路过程中发生过三次大的失误或冲击，主要指 1957 年反右斗争扩大化对教育的冲击；1958～1960 年教育革命中出现的急于求成等严重失误；“文化大革命”十年对教育全面的严重破坏。这三次大挫折都是在“左”的指导思想领导下造成的。第二个时期，即“文化大革命”以后的 28 年。在中国共产党正确路线、方针、政策的指引下，建设中国特色社会主义教育的探索是成功的，但也出现过失误，给教育工作带来了损失。但是由于中共中央及时地采取有效措施迅速纠正偏差，解决问题，使党的正确路线、方针、政策继续得到贯彻落实，社会主义教育事业继续得到健康发展。问题在于要实事求是地分析失误产生的原因，着重总结经验教训，做到科学决策、民主决策，特别是在事业取得巨大成绩的形势下，仍然要保持清醒。同时，我们也不能因为有了失误就抹煞成绩。应该看到，我国教育尽管走过了曲折的发展历程，但党和政府始终坚持把教育作为关系社会主义现代化建设全局和国家民族命运的根本大计；以提高国民素质为教育的根本宗旨，最大限度地满足人民大众受教育的需求和现代化建设对人才的客观需要；坚持社会主义的办学方向，培养和造就了一代又一代全面发展的社会主义建设者和接班人。这是中国共产党的性质在人民教育事业中的集中体现。从根本上说，体现了先进生产力的发展要求，先进文化的前进方向以及中国最广大人民群众的根本利益。这也是在新世纪新阶段我们理解和执行党的教育主张、教育方针政策的根本出发点。

第四，探索建设中国特色社会主义教育的历程是一个继承与发展的过程。前 27 年和后 28 年两个时期是分不开的。如果没有前 27 年成就的基础，就不可能有后 28 年的更加辉煌的成就。特别是，如果没有前 27 年的建设的经验教训，就不可能在以后的 28 年探索出正确的道路。具体来讲，探索建设中国特色社会主义教育发展道路始于毛泽东。1956 年，在以毛泽东为核心的党中央领导下，我国已经开始探索建设中国特色的社会主义教育发展道路。毛泽东在《论十大关系》的报告中确定了调动国内外一切积极因素，为建设社会主义服务的基本方针；强调应该继续努力学习马克思主义理论，而且学习理论一定要与中国实际相结合；明确提出了要以苏联为鉴，独立探索适合中国国情的社会主义建设道路的任务。为了贯彻毛泽东《论十大关系》报告中的精神，中共中央宣传部于 1956 年 5 月召开了部分省、市委宣传（文教）部长座谈会。会议对建国七年来的宣传工作和文化教育工作进行了初步的总结与反思。这次座谈会以后，教育部门按照毛泽东《论十大关系》的报告和座谈会的精神，首先着重研究和解决集中过多和统得过死的问题。后来，教育部门又系统地检查和回顾了在学习苏联教育经验方面的教条主义表现。通过反对学习苏联教育经验问题上的教条主义，解放了广大干部和群众的思想，调动了群众办学的积极性，提出和制定了一些符合中国国情的发展社会主义教育的政策和举措，这样就使我国在独立探索社会主义教育发展道路上有了一个良好的开端。尽管当时还没有形成“建设中国特色的社会主义教育”的明确概念，但在指导思想上已经提出了它的基本精神，并且开始了探索一条适合中国国情的社会主义教育发展道路的实践，经过反复实践，大见成效于后来的28 年。

1976 年 10 月粉碎“四人帮”，结束了“文化大革命”的十年动乱。又经过拨乱反正，我国从此进入了建设中国特色社会主义的新时期。邓小平在中共十二大开幕词中深刻指出：“(中共）八大以后社会主义革命和建设二十多年的曲折发展也深刻地教育了全党。从十一届三中全会以来，我们党在经济、政治、文化等各方面的工作中恢复了正确的政策，并且研究新情况，新经验，制定了一系列新的正确政策。和八大的时候比较，现在我们党对我国社会主义建设规律的认识深刻得多了，经验丰富得多了，贯彻执行我们的正确方针的自觉性和坚定性大大加强了。”他还十分明确地提出：“把马克思主义的普遍真理同我国的具体实际结合起来，走自己的道路，建设有中国特色的社会主义，这就是我们总结长期历史经验得出的基本结论。”关于“建设有中国特色社会主义”的思想，是十二大的指导思想，也是此后整个新的历史时期改革开放和现代化建设的指导思想。这个思想是把马克思列宁主义基本原理与当代中国实际和时代特征相结合的产物。在建设中国特色社会主义思想指导下，我国社会主义教育建设也具有当代中国的特色和时代特征，发生了巨大的变化，取得了举世瞩目的成就。在 20 世纪末，我国已经建成中国特色社会主义教育体系基本框架，并在改革中不断发展和完善这一教育体系。由此可见，这后 28 年建设中国特色社会主义教育的路线、方针、政策之所以正确，是因为吸取了前 27 年的成功经验，也从反面的教训中提高了对客观规律的认识，并使错误变成为正确的先导。

所谓三次大的历史性转折是指，自 1949 年建国以来，我国教育有三次大的根本性转变：一是由半封建半殖民地的旧教育实现了向新民主主义教育和社会主义教育的转变。这是党的第一代领导集体对创立新中国社会主义教育事业的贡献，是教育性质的根本改变，是质的飞跃。二是教育由为“以阶级斗争为纲”服务，实现了向为以经济建设为中心的社会主义现代化建设服务的历史转变。这是在党的第二代领导集体领导下完成的。这一转变的重大意义在于：我们党对教育功能有了全面的新认识，即由片面着重对教育的政治功能的认识转变到对教育的全面功能的认识上来，除了教育的政治功能以外，还认识到它的经济、文化等功能。三是教育由为计划经济服务向为社会主义市场经济服务转变。这个转变仍在继续进行中。由于这一转变，科教兴国、人才强国和教育创新的重要性更加突出、更加鲜明。

三次重大的历史性转变，存在着历史发展的内在联系，这是一个从新民主主义教育开始（它在思想政治上、在领导成分上与社会主义是贯通的），到中国特色社会主义教育事业的逐步形成、发展和提高的过程，而且这个过程还在继续发展之中。教育的这三次转变实际上反映了教育的地位、作用及与社会政治经济的关系。因此，教育的不断改革和发展就成为共和国教育现代化进程中的一个特点。

五、中华人民共和国教育史研究的重要原则

《中华人民共和国教育史》的编写努力坚持以下重要原则：第一，以马克思主义、毛泽东思想、邓小平理论和“三个代表”重要思想为指导，坚持历史唯物主义的基本原则和理论联系实际与实事求是的科学精神；坚持“百花齐放，百家争鸣”的方针，尊重一切经过科学研究、言之有据的学术见解，提倡互相学习、互相切磋的学风。

第二，坚持论从史出、史论结合的原则。借鉴教育的历史可以提高我们对教育的理论认识。反之，我们具备了教育的理论素养也可以使历史变得更容易理解。但在追求历史的理论价值时，要以历史发展的史实为依据，还历史以本来的面目。正像康德曾经指出的那样：没有理论的历史是盲目的，而没有历史的理论则又是空洞的。

第三，在广泛占有史料的基础上，着重阐述共和国各历史时期教育的重大方针政策的制定与实施，重大教育事件和教育改革的来龙去脉：客观地展现共和国教育所经历的艰难包括曲折在内的发展历程，总结和分析共和国教育所取得的主要成就和基本经验，揭示共和国教育发展的基本规律。为了保持共和国教育史发展脉络的完整性和连贯性，也由于篇幅所限，对在共和国教育发展过程中有重要影响的人物采取了以事系人的写法。

第四，正确处理共和国各个阶段教育改革和发展与当代中国乃至世界的政治、经济、科技和文化发展的关系，不孤立地就教育论教育。教育作为社会进步和变革的重要组成部分，既随着社会经济发展的进程不断地作出相应的调整和改革，以体现各个历史时期社会经济发展对教育提出的新要求，反映各个历史阶段科学技术、社会生活和教育观念的新内容；同时又通过提高国民素质和造就大批人才，对各个历史时期社会的整体改革和经济社会发展起着重要的推动作用。因此，在研究共和国教育史的过程中既要注意政治、经济、科技和文化发展对教育的制约作用，也要注意到教育对政治、经济、科技和文化发展的服务和导引作用。

历史是一面镜子，以史为鉴，可以知兴替。在新时期新阶段，研究

和解决我国的教育问题必须善于总结借鉴历史上的经验教训，深入认识和把握建设中国特色社会主义教育的规律，使当前和今后的教育改革和发展遵循科学发展观指引的正确方向前进。因此，全面系统地研究中华人民共和国教育史是时代赋予我们的光荣历史使命。本研究只是起到某种抛砖引玉的作用，希望得到广大教育工作者和有关研究人员的关心和支持，共同把这项研究继续推向深入。

1

第一编 社会主义教育制度的初步建立

（1949 ~ 1956）

1949年10月1日，中华人民共和国的诞生开创了中华民族历史的新纪元，也揭开了中国教育的新篇章。

从中华人民共和国成立到1956年的七年，是共和国由成立到巩固的七年，是国民经济由恢复到有计划地发展的七年，是基本完成社会主义改造的七年。在这一期间，中国共产党领导全国各族人民有步骤地实现从新民主主义到社会主义的过渡，迅速恢复了国民经济，并开展了有计划的经济建设，在全国绝大部分地区基本上完成了对生产资料私有制的社会主义改造，取得了辉煌的成就。

共和国建立初期，根据中共七届二中全会的精神和《共同纲领》确定的新民主主义建国纲领，在继续完成民主革命的遗留任务，基本完成新解放区的土地改革、镇压反革命，开展"三反"、"五反"运动和进行各项民主改革的基础上，巩固了新生的人民政权，恢复和发展了国民经济，使国家的财政经济状况明显好转。

1953年，中国共产党提出了过渡时期总路线，即"从中华人民共和国成立，到社会主义改造基本完成，这是一个过渡时期。党在这个过渡时期的总路线和总任务，是要在一个相当长的时间内，逐步实现国家的社会主义工业化，并逐步实现国家对农业、对手工业和对资本主义工商业的社会主义改造"。① 这条总路线写入了1954年第一届全国人民代表大会通过的《中华人民共和国宪法》。为了贯彻过渡时期的总路线和总任务，我国开始制定和实施发展国民经济的第一个五年计划，在全国范围内掀起了有计划的、大规模的经济建设高潮，社会主义改造的步伐也大大加快。到1956年初，我国基本上完成了对农业、手工业和资本主义工商业的社会主义改造，初步建立了社会主义制度。

共和国建立之初，百废待兴。国家建设需要大批管理干部和各级各类专业技术人才，广大干部和工农群众的科学·文化水平亟待提高。但是，在共和国建立之前，文化教育十分落后，广大人民的科学文化水平普遍低下，人才严重匮乏。为了改变这种状况，党和政府十分重视文化教育事业在整个国家建设中的重要地位和作用，把改造旧教育、建设人民新教育作为教育工作的首要任务，并制定了一系列行之有效的教育方

① 《毛泽东著作选读》（下册），北京：人民出版社，1986年版，第704页。

针和教育政策。经过努力，教育的许多方面都取得了显著进展。例如，建立集中统一的教育管理体制，接管和改造原有各类学校，确立并加强了党对教育工作的领导；贯彻教育为工农服务、教育为国家建设服务的方针，各级各类学校向工农开门；学习苏联社会主义教育经验，调整了高等学校院系和专业布局，建立了中等专业技术教育；改革了学制、课程、教材和教学方法；贯彻党的知识分子政策，建立了新型的人民教师队伍；有计划地发展各级各类教育，逐步提高了教育质量；扶持和发展了少数民族教育等。由此，初步建立了崭新的社会主义教育制度。

第一章　人民教育建设的方针和任务

1949年9月，中国人民政治协商会议通过的《共同纲领》是中央人民政府的施政纲领。《共同纲领》明确提出了中华人民共和国的文化教育政策，其中对教育的性质与任务、教育方法、国民道德标准、教育改造与发展的步骤和重点等都作出了规定。

根据《共同纲领》的精神，教育部召开第一次全国教育工作会议，确定了进行教育建设的总方针，此后又相继召开了全国各级各类教育专业会议，具体部署了改造旧教育、建设人民新教育的各项任务。与此同时，各级各类学校根据教育部的意见，实施全面发展的教育；毛泽东提出了“健康第一”① 和“身体好、学习好、工作好”② 的“三好”要求。在过渡时期总路线公布以后，党和国家进一步确定了教育的培养目标和培养社会主义新人的任务，明确了我国教育从共和国建立起便开始了从新民主主义教育向社会主义教育的过渡。

第一节　确立人民教育的政策与方针

《共同纲领》中的文教政策和第一次全国教育工作会议确定的教育建设总方针，是改造旧教育、建设人民新教育必须遵循的总的指导思想和政策依据，是使共和国各级各类教育沿着正确方向前进的重要保证。

一、《共同纲领》确立的教育政策

《共同纲领》规定了共和国的各项基本政策，其中第五章为“文化

① 《毛泽东同志论教育工作》，北京：人民教育出版社，1992年版，第216页。
② 《毛泽东同志论教育工作》，北京：人民教育出版社，1992年版，第219页。

教育政策”，内容共有九条，涉及到关于文化、教育、科学、体育、卫生、新闻出版等方面的政策。在有关条款中，对共和国教育的性质与任务、教育方法、国民道德标准以及教育改造与发展的步骤和重点等都作出了明确规定。

关于共和国教育的性质与任务，《共同纲领》规定：“中华人民共和国的文化教育为新民主主义的，即民族的、科学的、大众的文化教育。人民政府的文化教育工作，应以提高人民文化水平，培养国家建设人才，肃清封建的、买办的、法西斯主义的思想，发展为人民服务的思想为主要任务。”

关于共和国的教育方法以及改造和发展教育的步骤与重点，《共同纲领》规定：“中华人民共和国的教育方法为理论与实际一致。人民政府应有计划有步骤地改革旧的教育制度、教育内容和教学法”；应“有计划有步骤地实行普及教育，加强中等教育和高等教育，注重技术教育，加强劳动者的业余教育和在职干部教育，给青年知识分子和旧知识分子以革命的政治教育，以应革命工作和国家建设工作的广泛需要”；应“提倡国民体育。推广卫生医药事业，并注意保护母亲、婴儿和儿童的健康”。

关于国民道德标准，《共同纲领》规定：“提倡爱祖国、爱人民、爱劳动、爱科学、爱护公共财物为中华人民共和国全体国民的公德。”

此外，《共同纲领》第五十三条规定：“人民政府应帮助各少数民族的人民大众发展其政治、经济、文化、教育的建设事业。”

《共同纲领》对共和国教育方面的政策规定是科学的、合理的，对教育性质与任务的规定是同中华人民共和国建国的政治基础完全一致的，反映了共和国建立初期对于教育的基本要求。

在建国初期，共和国既要继续完成民主革命的遗留任务，以巩固人民民主专政；又要大力恢复和发展国民经济，为共和国的社会主义改造和进行有计划的经济建设准备条件。与此相适应，共和国教育的基本任务是为彻底完成民主革命任务服务，为恢复与发展国民经济、进行国家经济建设服务。因此，一方面要致力于提高人民大众的思想道德水准，加强政治思想教育，清除封建的、买办的、法西斯主义的思想影响，把爱祖国、爱人民、爱劳动、爱科学、爱护公共财物等道德意识通过教育转化为全体国民的精神素质，培养受教育者为人民服务的思想品格和高尚的道德情操；另一方面要为国家建设培养急需的各方面人才，有计划、有步骤地改造旧教育，建设新教育，实施普及教育，加强中等教育和高等教育，注重技术教育，加强工农业余教育和在职干部教育，努力发展少数民族教育，恢复和发展各级各类教育事业。这便是共和国教育事业的基本任务。

《共同纲领》中关于教育政策的规定，实际上是毛泽东关于新民主主义文化建设理论原则的体现。

早在1940年，毛泽东在《新民主主义论》中就系统地论述了新民主主义政治、经济和文化的关系，指出新民主主义文化就是“无产阶级领导的人民大众的反帝反封建的文化”,① 是民族的、科学的、大众的文化。

教育是文化的重要组成部分，所以具体到教育方面，所谓“民族的”教育，是说它是反对帝国主义压迫，主张中华民族的尊严、独立与解放的教育，是我们这个民族的，带有我们民族特性的教育；所谓“科学的”教育，是说它是反对一切封建思想和迷信思想，主张实事求是，坚持客观真理，主张理论同实际一致的教育；所谓“大众的”教育，也就是民主的教育，是为全民族90%以上的工农劳苦民众服务的教育。

在革命根据地，中国共产党按照新民主主义的理论原则进行了新民主主义教育的建设，并在具体实践中形成和发展了新民主主义的教育理论，积累了丰富的教育实践经验。

共和国建立以后进行的各项新民主主义教育建设，包含了越来越多的社会主义的成分和因素，其本身就具有向社会主义过渡的性质，并有所创新、有所发展，有了新的时代特征和新的内涵，具有了更加完备的形态。

《共同纲领》中关于教育政策的规定，对于统一新老解放区教育工作者的思想，团结、动员和指导全国教育工作者为建设新教育而共同奋斗起了巨大的作用。它体现了马克思主义与中国教育实际相结合的精神，有力地促进了共和国社会改造与经济建设以及教育本身的变革和发

---

① 《毛泽东同志论教育工作》，北京：人民教育出版社，1992年版，第87页。

展。它为广大教育工作者指明了前进的方向，使共和国教育走上了一条光明正确的大道。它所体现的教育指导思想和教育原则，对我国社会主义教育建设产生了深远的影响。

二、第一次全国教育工作会议确定的教育建设方针

中华人民共和国成立后，为了领导改造旧教育、建设新的人民教育，中央人民政府教育部即着手筹备和召开第一次全国教育工作会议。这次会议根据《共同纲领》规定的教育政策，制定了我国人民教育建设的总方针。

在第一次全国教育工作会议筹备期间，教育部和各地区的教育行政部门分头对教育工作的情况进行了比较广泛的调查研究。各地为会议准备了有关本地区教育情况的书面报告。教育部拟定了1950年上半年工作计划草案，并分别召开了有关各类教育问题的座谈会。从1949年12月20日起，举行了为期三天的预备会。出席会议的代表分别汇报了本地区的教育情况和当时急需解决的问题，使教育部对全国的教育情况有了一个比较全面的了解。在第一次全国教育工作会议召开前夕，教育部党组书记、常务副部长钱俊瑞专门向毛泽东作了汇报和请示。

1949年12月23日至31日，第一次全国教育工作会议在北京举行。参加会议的代表，有华北五省二市及东北、华东、中南、西北、西南各大行政区与内蒙古自治区的教育部或文教部部长及教育厅（局）长，中央教育部司长以上干部，中央人民政府有关部门以及全国总工会、青年团等人民团体的代表，共两百余人。

教育部长马叙伦在会上致开幕词。政务院副总理兼文化教育委员会主任郭沫若，副总理黄炎培，政务院文化教育委员会副主任陆定一，中央人民政府委员、老教育家徐特立到会讲话。钱俊瑞在会上作了总结报告。会议根据《共同纲领》的规定，结合讨论教育部1950年上半年的工作计划，研究解决当时全国教育工作中的一些共同性问题，制定了全国教育工作的总方针，明确了改造旧教育的方针、步骤和发展人民教育的方向。

这次教育工作会议在中共中央和毛泽东的关怀与直接指导下，取得了以下具有深远意义的重大成果：

首先，重申共和国的教育是新民主主义的教育。会议指出，中国的

旧教育是帝国主义、封建主义和官僚资本主义统治下的产物，是旧政治、旧经济的反映，是旧政治和旧经济借以持续的一种工具。随着帝国主义、封建主义和官僚资本主义的统治在中国宣告终结，中国旧教育的政治经济基础基本上被摧毁了。代替这种旧教育的应该是反映新的政治、经济的新教育，也就是作为巩固和发展人民民主专政的一种斗争工具的新教育。这种新的人民教育的性质是新民主主义的，是民族的、科学的、大众的教育。它的主要任务是提高人民文化水平，培养国家建设人才，肃清封建的、买办的、法西斯主义的思想，发展为人民服务的思想。其方法是理论与实际一致。其目的是为人民服务，首先是为工农服务，为当前的革命斗争与建设事业服务。会议强调，建设人民教育是一项长期的、艰巨的任务，是一个“坚决改造”和“逐步实现”的过程，必须采取稳步前进的方针，防止在工作中出现偏“左”或偏右的倾向和急躁情绪，这样才能积累比较成熟的经验。

第二，明确了建设共和国人民教育的基础和途径。会议指出：建设人民教育要“以老解放区新教育经验为基础，吸收旧教育有用经验，借助苏联经验，建设新民主主义教育”。①

共和国的人民教育之所以要以老解放区的教育经验为基础，是因为共和国的教育同老解放区的教育在性质上和指导思想上是一致的。共和国的人民教育是老解放区教育的继续和发展。在老解放区开展教育建设的过程中，积累了一些改造旧教育和建设新教育的经验。这些经验是马克思主义与当时中国教育实际相结合的最初产物。当然，由于它产生在战争年代的农村，所以我们在学习和运用老解放区教育经验的时候，应当根据和平建设时期国家工业化的需要，对这些经验进行认真的分析与总结，并有所提高、有所发展。

共和国的人民教育之所以要吸收旧教育的有用经验，是因为旧教育与新的人民教育虽然在意识形态方面是根本不同的，但在社会发展进程中它们之间也存在着继承关系。对于旧教育中封建的、买办的、法西斯主义的糟粕必须予以剔除；而对于旧教育中有利于生产力发展的成分和

① 何东昌主编：《中华人民共和国重要教育文献》（1949～1975），海口：海南出版社，1998年版，第7页。

民主性、科学性的精华却是应该加以吸收的。特别是在旧中国有许多爱国、进步的教育家和教育工作者，为了提高全民族的文化教育水平，造就有用的救国人才和建设人才，倾其心力地从事教育教学实践和教育理论探索，积累了宝贵的经验。对于这些经验，是应该吸收、继承和发展的。

共和国的人民教育之所以要借助苏联教育建设的经验，是因为当时苏联进行社会主义教育建设已经有了三十多年的历史，取得了巨大成就，积累了丰富的经验。苏联所走过的建设社会主义教育的道路和建设社会主义教育的模式，自然就成了中国建设人民教育的榜样。

第三，强调教育要为工农服务、为生产建设服务的方针。为了贯彻这个方针，会议确定共和国的教育工作应注意普及与提高的正确结合，即在普及的基础上提高，在提高的指导下普及。在相当长的时间内，必须把教育工作的重点放在普及上面。普及应以工农为主要对象，但也不放松一般儿童教育的推行。除了维持原有的学校以外，还要创办新型的人民大学、工农速成中学，吸收大批工农干部和工农青年入学，培养工农知识分子干部。同时，要大办工农业余补习教育，在全国范围内开展识字运动，大力扫除文盲。会议指出，各级各类学校都要向工农敞开大门，招收工农干部和工农子女入学。

第四，根据新老解放区的不同情况，提出了新老解放区发展教育的任务与原则。对于老解放区教育，特别是老解放区的中小学教育，应以巩固和提高为主。条件许可时，可适应群众需要作某些发展。

老解放区教育巩固与提高的关键是适当解决师资问题和教材问题。为了解决师资不足和质量不高的问题，就要改进师范教育，加强教师轮训和在职学习，以培养众多的合格师资。为了解决教材问题，会议制定了教科书编审工作的具体计划。

新解放区教育工作的关键是争取、团结和改造知识分子，坚决地、正确地执行党和国家的知识分子政策，防止一切排斥知识分子的现象。旧学校的教职员除个别反动分子外，都继续留用，并妥善安置失业知识分子和失学青年。要执行维持原有学校、逐步作可能与必要的改善的方针，不允许发生大量停办学校的错误和破坏学校设备与房屋的行为。对于中国人办的私立学校，应采取保护维持、加强领导、逐步改造的方针。要积累经验，逐步改革旧的教育制度。新解放区学校开学以后的主要工作，是在师生中进行思想政治教育，使他们逐步树立革命人生观。

同时，不论是新解放区还是老解放区，都应该在可能的条件下设法改善教育工作者的物质待遇和政治待遇。教育工作者本身也应发扬艰苦奋斗的作风，克服一切困难，努力完成自己光荣的历史使命。

在这次会议上，还拟定了创办中国人民大学实施计划，拟定了工农速成中学实施方案，讨论了改进北京师范大学和改进各地师范学校的意见，并决定集中一批有经验的干部、教师编审中小学教科书等事项。

第一次全国教育工作会议的召开，标志着从中央到地方统一的教育行政系统正式启动。会议确定的教育工作总方针和改造旧教育、建设新教育的政策措施，不仅是《共同纲领》文化教育政策的具体化，而且还有所创新。会议所提出的在今后相当长的时间内发展教育应以普及为主，对于新老解放区的教育工作应实行分类指导、稳步前进的方针，基本上适应了共和国建国初期政治经济形势的要求，从而保证了共和国教育能够沿着正确的方向生机勃勃地向前发展。特别是会议提出的学校应向工农开门，教育普及应以工农为主体，教育应为国家建设服务等方针措施的贯彻实施，激发了获得翻身解放的广大工农群众的巨大热情，推动了工农教育的发展。

此后，教育部又相继召开了全国高等教育会议、全国工农教育会议、全国中等教育会议、全国中等技术教育会议、全国初等教育与师范教育会议、全国民族教育会议。通过这些专业教育会议，分别讨论、研究和确定了各级各类教育的方针政策与具体任务，明确了各级各类教育的发展方向；分门别类地制定了一系列的规程、规定、章程等法规性文件，对各级各类学校的培养目标、工作任务、教育教学内容、教育教学原则和方法、教育的领导与管理等问题都作了明确规定。这样，就使共和国的各级各类教育在一起步时就有章可循，能够健康地向前发展。

为了明确地、系统地阐述党和国家的教育建设方针，钱俊瑞于1950年在《人民教育》创刊号和第二期上连续发表了《当前教育建设的方针》一文。该文分上、下两节，两节的标题分别是《论教育为工农服务的方针》和《论教育为生产建设服务的方针》。在文章中，钱俊瑞根据《共同纲领》规定的文化教育政策和第一次全国教育工作会议精神，以及在教育实际工作中积累的经验，指出："为工农服务，为生产建设服务，这就是当前实行新民主主义教育的中心方针。离开这个方针，我们就会出偏差，就会犯错误。"①

在这里，钱俊瑞把"为工农服务"作为教育方针的主要内容明确地提出来，而不是一般地提教育要"为人民服务"。这是因为：

首先，工人和农民的联盟是人民民主专政的主要基础，工农占人民中的绝大多数。提高工农的文化科学水平和政治思想水平，有利于加强工农联盟和发挥工农群众的创造力量。

其次，占全国人口80%以上的工农大众及其子女长期被关在学校门外，为了改变这种极不合理的状况，就必须强调教育为工农服务，并采取有效措施，使工农群众及其子女成为受教育的主体。

第三，教育为工农服务与教育为人民服务并不矛盾，从大的方向上讲是完全一致的。工农是人民中的基本部分、主要部分。教育为工农服务，不排斥资产阶级、小资产阶级的子女甚至地主阶级的子女入学，他们仍然享有受教育的权利。

第四，教育为工农服务，其中重要的一点是指要使受教育者树立热爱劳动、热爱工农劳动群众的思想。在教育内容上要切合工农的需要，符合他们的最大利益和长远利益，要大量培养工农出身的知识分子。在教育方法上要联系工农群众的实际生活和实际斗争，用工农群众能够接受的、喜闻乐见的形式开展教育活动。

教育为生产建设服务，这是指教育要为恢复和发展国民经济服务，为国家的经济建设服务。在中国革命胜利以后，生产建设成为整个国家建设的"命根子"。我们的一切工作都要围绕着这个"命根子"，教育也必须为之服务。为此就需要做到：

通过教育，肃清鄙视劳动和轻视劳动者的思想与习惯，鼓励人们积极地投入到经济建设中去从事创造性的劳动。在学校教育中要改进和加强劳动教育，以养成学生热爱劳动和劳动人民的思想与习惯。

要发展各级各类教育事业，特别是要发展科学教育与技术教育，使

---

① 何东昌主编：《中华人民共和国重要教育文献》（1949～1975），海口：海南出版社，1998年版，第17页。

教育密切联系生产建设实际，大量培养经济建设所需要的不同层次的专门人才和劳动者。要着重发展中等技术教育，以培养大批初级和中级建设人才。要根据国家建设的总计划，配合生产建设的需要，有计划、有步骤地调整全国的高等学校，稳步改造高等学校的课程和内容，以培养掌握现代科学技术、能够理论联系实际、积极参加生产建设的各种专门人才。

要在工农干部和工农群众中加强文化教育，通过举办工农干部学校和开展工农业余教育，提高工农干部和工农群众的文化技术水平。要大力扫除文盲，为广大工农干部和工农群众继续学习和提高文化、生产技术打好基础。

教育为工农服务、为生产建设服务的方针，是毛泽东新民主主义教育思想的具体体现，并赋予了时代的新的内涵和理论的阐释。1951 年 5 月 18 日，马叙伦在政务院第 85 次政务会议的报告中将"为生产建设服务"又称作"为国家建设服务",① 其内涵基本上是相同的，但涵盖面更宽，提法也更为准确。这个"两为"的教育建设方针确定了建国初期人民教育的基本职能和作用，在教育建设实践中发挥了重要的指导作用。

第二节　逐步明确教育培养目标

建国初期，党和人民政府就提出要实施全面发展的教育；过渡时期总路线公布以后，又提出了培养社会主义全面发展新人的任务。后者是前者的进一步发展和完善。

一、提出实施全面发展的教育

建国后，以工人阶级为领导的人民民主专政日趋巩固，社会主义性质的经济成分在国民经济中的比重日益增长，使体力劳动和脑力劳动对立的政治、经济基础已不复存在，这样就给我国实施全面发展的教育提供了条件和可能。于是，在建国初期，为了恢复和发展国民经济，为了

① 何东昌主编：《中华人民共和国重要教育文献》(1949～1975)，海口：海南出版社，1998 年版，第 92 页。

开展国家的各项建设事业，在教育方面提出要在各级学校实施全面发展的教育。这种全面发展的教育，主要包括德育、智育、体育、美育等方面。当时，教育部发布的各级各类学校规程以及教育宗旨和培养目标都反映了全面发展的要求。

在高等教育方面，马叙伦在1950年6月召开的第一次全国高等教育会议上指出："我们的高等学校应该根据理论与实际一致的原则，结合基本科学知识与专门技术知识，融合理论学习与业务实习，培养出全面发展的、有真才实学的、富有分析力和创造力的专门人才来。"① 会议通过的《高等学校暂行规程》和《专科学校暂行规程》也规定，高等学校的宗旨为培养具有高级文化水平、掌握现代科学和技术的成就、全心全意为人民服务的高级建设人才（专科为专门技术人才）。

高等学校应对学生进行革命的思想政治教育，使学生树立正确的观点和方法，发扬为人民服务的思想；适应国家建设的需要进行教学工作，培养通晓基本理论并能实际应用的专门人才；普及科学和技术的知识；传播文学和艺术的成果。

在中学教育方面，马叙伦在1951年3月召开的第一次全国中等教育会议上指出："普通中学的宗旨和教育目标，必须符合全面发展的原则，使青年一代在智育、德育、体育、美育各方面获得全面发展，成为新民主主义社会自觉的积极的成员。"② 教育部颁发的《中学暂行规程（草案）》规定，中学的教育任务是："用马克思列宁主义的理论与中国革命实践相结合的毛泽东思想和普通文化知识教育青年一代，使他们的身心获得全面的发展，以便为升入高等学校或参加建设工作打好基础。"③

为了完成中学教育的任务，确定要对中学生实施智育、德育、体育、美育等全面发展的教育。其具体目标是：使学生能正确运用本国语

---

① 何东昌主编：《中华人民共和国重要教育文献》（1949～1975），海口：海南出版社，1998年版，第26页。

② 何东昌主编：《中华人民共和国重要教育文献》（1949～1975），海口：海南出版社，1998年版，第87页。

③ 何东昌主编：《中华人民共和国重要教育文献》（1949～1975），海口：海南出版社，1998年版，第139页。

文，得到现代科学的基础知识和技能，养成科学的世界观；发展学生为祖国效忠、为人民服务的思想，养成其爱祖国、爱人民、爱劳动、爱科学、爱护公共财物的国民公德和刚毅勇敢、自觉遵守纪律的优良品质；培养学生体育卫生的智能和习惯，以养成其强健的体格；陶冶学生的审美观念，并启发其艺术的创造能力。

通过中学阶段的全面发展教育，一方面，要为国家各项建设事业提供具有一定文化科学知识的劳动后备人才；另一方面，要在全面发展的基础上，使一部分学生升入高等学校深造，培养其成为高级专门人才。

在小学教育方面，1952年3月，教育部颁发的《小学暂行规程（草案）》规定："小学教育的宗旨是：根据新民主主义的教育方针和理论与实际一致的教育方法，给儿童以全面的基础教育，使他们成为新民主主义社会热爱祖国和人民的、自觉的、积极的成员。"① 并提出小学实施智育、德育、体育、美育的全面发展的教育。具体目标是：智育方面是使儿童具有读、写、算的基本能力和社会、自然的基本知识；德育方面是使儿童具有爱国思想、国民公德和诚实、勇敢、团结、互助、遵守纪律等优良品质；体育方面是使儿童具有强健的身体，活泼、愉快的心情以及卫生的基本知识和习惯；美育方面是使儿童具有爱美的观念和欣赏艺术的初步能力。

此外，《幼儿园暂行规程（草案）》规定，幼儿园对幼儿也要"进行初步的全面发展的教养工作"。②

在中等技术教育方面，依照全面发展的教育原则，确定的中等技术教育的任务是："用理论与实际一致的方法，培养具有一般文化、科学的基本知识，掌握现代的生产技术，全心全意为祖国、为人民服务的初、中级技术人才。"③ 这就要求中等技术学校培养出来的学生既要有一定的文化科学知识和技术水平，又要有较高的政治思想觉悟。据此，

---

① 何东昌主编：《中华人民共和国重要教育文献》（1949～1975），海口：海南出版社，1998年版，第142页。

② 何东昌主编：《中华人民共和国重要教育文献》（1949～1975），海口：海南出版社，1998年版，第144页。

③ 何东昌主编：《中华人民共和国重要教育文献》（1949～1975），海口：海南出版社，1998年版，第96页。

不同专业的学校，如工业、农业、交通运输业、林业、医务和师范等学校，应具体规定不同的培养目标。

在工农教育方面，规定这类教育机构担负着对工农群众特别是工农青年施以基本的文化科学知识教育的任务。这种表述反映了运用全面发展原则的特殊性，即由于工农是有体力劳动能力的劳动者，所以按照"全面发展"的要求，就应该以"工农分子知识化"作为培养目标。

教育部提出的在各级各类教育中实施全面发展的教育，旨在消除旧教育的积弊，体现了共和国新教育的目的和原则。

二、毛泽东提出"健康第一"和"三好"

建国后，毛泽东针对当时教育工作中存在的实际问题，及时地要求"各校注意健康第一"，并发出"三好"的号召，为各级各类学校实施全面发展的教育指出了正确的方向。

1. 提出与贯彻"健康第一"的方针

建国初期，学生的健康水平普遍低下。这主要是由于国民党统治时期长期战乱，经济破败，民生凋敝，包括城市中产阶级在内的广大人民群众及其子女的生活都十分贫困所造成的。加之建国前的学校一贯忽视学生的体育活动，体育场地、体育器械、体育教师普遍缺乏，体育课程形同虚设；学校的卫生医疗条件很差，所以师生中体弱多病者相当普遍。共和国的建立使学生的爱国热情高涨。他们积极参加各种政治活动和社会活动，但由于学习负担繁重，参加体育锻炼的时间和睡眠时间少，加之生活水平很低，营养较差，因而严重影响了学生的身体健康。青年学生不良的健康状况，对于我国的经济建设、国防建设和其他各方面的建设都将产生不良的影响。

为了尽快改善学生的健康状况，毛泽东于1950年6月19日给马叙伦写信，明确要求："各校注意健康第一，学习第二。营养不足，宜酌增经费。学习和开会的时间宜大减。病人应有特殊待遇。全国一切学校都应如此。"① 此后，毛泽东看到中共华东局的一份电报谈到了学生"体质孱弱，患病者很多"的问题，便在1951年1月15日将这份电报转

① 何东昌主编：《中华人民共和国重要教育文献》(1949～1975)，海口：海南出版社，1998年版，第32页。

给马叙伦“察阅”，并再次写信指出：“关于学生健康问题，前与先生谈过，此问题深值注意，提议采取行政步骤，具体地解决此问题。”信中还指出：中共华东局的电报中“提出健康第一，学习第二的方针，我以为是正确的。请与各副部长同志商酌处理为盼！”①

毛泽东在致马叙伦的两封信中及时提出了“健康第一”的方针。这个方针正确地处理了学习同健康之间的关系，把学生的健康放在第一位，把学生的营养问题、学习负担过重问题作为教育工作中的重大问题对待，这在中国教育史上是不多见的。这是毛泽东教育思想中的重要内容，是全面发展的教育思想的重要体现。

马叙伦接信后立即与有关同志研究贯彻实施的办法。1951 年 3 月，马叙伦在第一次全国中等教育会议上提出，毛泽东曾屡次指示我们“健康第一”，应该研究出一些具体办法，例如，精简课程、规定学生学习时间和课外开会的时间、保证必要休息、注意卫生、加强体育、改善伙食等具体办法要形成决定，交各地方切实执行。他还强调：“这是必须给以适当解决的严重问题。”② 这次会议修正并通过了《关于学生健康问题的决定（草案）》。同年 5 月 18 日，马叙伦在政务院第 85 次政务会议上提出，要采取切实有效的步骤，贯彻毛泽东“健康第一”的指示，增进学生健康，并将此列为 1951 年全国教育工作的方针之一。

为了具体落实“健康第一”的指示，政务院根据周恩来总理的意见，将原由教育部拟定的《关于学生健康问题的决定（草案）》发往北京市和卫生部、中华全国体育总会筹委会、公安部、粮食部、财政部广泛征求意见。在此基础上，政务院对该草案进行了修改补充，于 1951 年 8 月 6 日发布了《关于改善各级学校学生健康状况的决定》。《决定》指出，增进学生身体健康，乃是保证学生完成学习任务，并培养出有强健体魄的现代青年的重大任务之一。各级教育行政部门及各级学校教职员必须严肃注意这一问题，立即纠正忽视学生健康的思想和对学生健康不负责任的态度，切实改善各级学校学生的健康状况。

---

① 何东昌主编：《中华人民共和国重要教育文献》（1949 ~ 1975），海口：海南出版社，1998 年版，第 77 页。

② 何东昌主编：《中华人民共和国重要教育文献》（1949 ~ 1975），海口：海南出版社，1998 年版，第 84 页。

遵照政务院的决定，各级教育行政部门制定了一系列改善各级学校学生健康状况的措施。

首先，调整学生日常学习及生活的时间，减轻学生课业学习与社团活动的负担。为此，删除了重复的、不需要的课程与教材内容，改进教学方法，纠正和防止发动任何突击、竞赛、硬赶进度等偏向。

第二，改进学校卫生工作，注重体育娱乐活动。各级学校建立了晨操、课间操制度，推行了广播体操和试行“准备劳动与卫国”体育制度（简称劳卫制）。高等学校设立了校医室，中等学校及城市大型小学设立了卫生室，一般小学设立了保健药箱。

第三，提高了高等学校和中等学校人民助学金的标准，改善了学生伙食管理办法，使学校经费的支配适当照顾学校保健工作的需要。

第四，加强了对体育卫生工作的领导，在教育部和地方各级教育行政机构中成立了体育委员会和保健委员会，共同对学校的体育卫生工作进行领导。

全国各级教育行政部门还督促指导所属各级学校根据实际情况，订出改善学生健康状况的计划和实施办法，要求学校严格执行；并要求对计划执行情况进行定期检查，按各校成绩的优劣及时给予表扬、奖励或批评。各级教育行政部门和各级学校每学期都把学生的健康状况及处理经过向上级作专题汇报。通过采取这些措施，学生健康状况有了一定程度的改善。

2. 毛泽东发出“三好”号召及其在教育系统的贯彻

1953 年 6 月 30 日，毛泽东在接见中国新民主主义青年团第二次全国代表大会主席团时，发表了《青年团的工作要照顾青年的特点》的重要讲话，发出了“要使青年身体好，学习好，工作好”① 的号召。

“身体好”主要是指要照顾好青年的身体健康，使青年更好地成长。毛泽东特别谈到了减轻学生负担的问题，要求教育部门充分兼顾青年的工作、学习和娱乐、休息、睡眠两个方面。他说：“无论工厂、农村、军队、学校的革命事业，没有青年就不能胜利。”“十四岁到二十五岁的

---

① 何东昌主编：《中华人民共和国重要教育文献》（1949～1975），海口：海南出版社，1998 年版，第 216 页。

青年们，要学习，要工作，但青年时期是长身体的时期，如果对青年长身体不重视，那很危险。”要求“学生的睡眠时间再增加一小时。现在是八小时，实际上只有六七小时，普遍感到睡不够。因为知识青年容易神经衰弱，他们往往睡不着，醒不来。一定要规定九小时睡眠时间。要下一道命令，不要讨论，强迫执行”。对于其他方面的青年，毛泽东提出：“要保证大家身体好，保证工人、农民、战士、学生、干部都要身体好。”因为身体是学习和工作的物质基础，身体不好就不能担负起繁重的任务。

“学习好”主要是指“青年比成年人更需要学习，要学会成年人已经学会了的许多东西”。其中，青年学生的主要任务是学习，如果在学校里能够学习得好一些，走出校门就会工作得更出色一些。因此，青年学生应该把“学习好”当做是对祖国的一种责任。至于对已经在各行各业中工作的青年来讲，“学习好”是要求他们在工作中学习，其中包括学政治时事、学文化科学、学业务技术。文盲青年要积极参加扫盲运动，部队青年要努力学习军事知识和军事技术。

“工作好”主要是要求青年“在农村把农业搞好，在城市把工业搞好，在学校把学习搞好，在机关把工作做好，在军队把国防军练好”。有些同志认为“工作好”是指学生干部要做好所担负的社会工作，还有的认为学生只有积极参加社会工作才能做到“工作好”，这显然都是一种误解。如果一个学生把大部分精力放在社会工作方面，甚至因为搞社会工作而影响了学习，都是不应该的。

毛泽东关于“三好”的号召同学校教育中要求学生全面发展是一致的。因此教育部门在贯彻实施“三好”时，就把它与“全面发展”结合起来了。

在中小学，1955年教育部制定《小学生守则》和《中学生守则》的时候，确定中小学生做到的“三好”是：“身体好、功课好、品行好。”教育部在《关于实施〈中学生守则〉的指示》中还明确指出：“努力做到‘身体好、功课好、品行好’，也正是响应毛主席所提出的‘三好’的号召。”①《小学生守则》和《中学生守则》颁布后，各地按照教

① 何东昌主编：《中华人民共和国重要教育文献》（1949～1975），海口：海南出版社，1998年版，第462页。

育部的指示，先选择了一些领导力量较强、师资质量较高的学校试行。取得经验后，于 1955 年秋季开始在全国范围内普遍实施。

在高等学校，对照“三好”的要求，高等教育部部长杨秀峰在 1955 年 3 月 17 日召开的学校教育工作座谈会上指出：“由于我们贯彻全面发展教育不够，影响了学生的健康，也影响到学生的政治思想教育。”① 他要求在高等学校要重视学生的身体健康，要结合教学进行政治思想教育，特别是要重视学生的品德教育，整顿好学校的纪律。在学习方面，要按照中央关于“学少一点，学好一点”的方针，在减轻学生学习负担的同时，努力提高教学质量。这次讲话对于在高等学校如何结合“三好”要求贯彻全面发展的教育起了推动作用。

实践证明，结合“三好”要求贯彻全面发展的教育，有利于提高学生的身体素质、科学文化素质和政治思想素质，有利于引导各级各类学校的学生奋发向上，健康成长。因此，许多学校开展了创“三好”的活动，许多品学兼优的学生被评为“三好生”，使“三好”成为我国广大青少年学生追求的目标。

三、提出培养社会主义全面发展新人的任务

为了使教育发展适应过渡时期总路线的需要，坚持教育事业发展的社会主义方向，1954 年 2 月，周恩来在第 205 次政务会议上指出：“我们向社会主义、共产主义社会前进，每个人要在德、智、体、美等方面均衡发展。”② 政务院在《1954 年文化教育工作的方针和任务》中提出：“中等教育和初等教育，应贯彻全面发展的方针。……为培养社会主义社会的建设者而奋斗。”③ 这样，就把全面发展作为方针，并将其同培养社会主义新人联系起来了。

与此同时，中央教育行政部门先后规定，各级各类教育都要把培养社会主义全面发展的新人作为教育的任务。

教育部在 1954 年 1 月召开的全国中学教育会议上提出中学的任务

---

① 何东昌主编：《中华人民共和国重要教育文献》（1949 ~ 1975），海口：海南出版社，1998 年版，第 439 页。

② 《周恩来选集》（下卷），北京：人民出版社，1984 年版，第 129 页。

③ 何东昌主编：《中华人民共和国重要教育文献》（1949 ~ 1975），海口：海南出版社，1998 年版，第 294 页。

是："以国家过渡时期的总路线的精神教育学生，把他们培养成为积极参加社会主义建设和保卫祖国的全面发展的新人。"① 这是中央教育行政部门第一次提出培养社会主义全面发展新人的任务。

同年8月，中共教育部党组书记、常务副部长董纯才在《人民教育》上发表了题为《为培养社会主义社会全面发展的成员而努力》的文章，进一步指出中小学都要担负起培养社会主义全面发展新人的重任。他说：根据过渡时期国家建设的要求，"培养全面发展的新人，就必须施行全面发展的教育"。②为此，要注意加强政治思想教育，改进教学工作，并改进体育卫生工作，使学生的身心获得全面的发展。

1955年9月2日，教育部发出《关于执行小学教学计划的指示》。《指示》提出："小学教育的任务是培养社会主义社会全面发展的成员。所以小学中不但要进行智育、德育、体育、美育，同时还必须有步骤地实施基本生产技术教育。"③

在高等教育方面，1954年以后，高等教育部相继召开各类专业教育会议，根据培养社会主义全面发展新人的任务，提出了高等学校各类专业教育的具体培养目标。

1956年5月，高等教育部颁布试行的《中华人民共和国高等学校章程（草案）》明确规定："高等学校的基本任务是适应着国家的社会主义建设的需要，培养具有一定的马克思列宁主义水平、实际工作所必需的基本知识、掌握科学和技术的最新成就和理论联系实际的能力，并且身体健康、忠实于祖国、忠实于社会主义事业和准备随时保卫祖国的高级专门人才。"④

此外，1954年11月，高等教育部还颁布了《中等专业学校章程》，规定中等专业学校要"培养具有马克思列宁主义基础知识、普通教育的

---

① 中央教育科学研究所编：《中华人民共和国教育大事记》，北京：教育科学出版社，1984年版，第97页。

② 中央教育科学研究所编：《董纯才教育文选》，北京：教育科学出版社，2005年版，第92页。

③ 何东昌主编：《中华人民共和国重要教育文献》（1949～1975），海口：海南出版社，1998年版，第508页。

④ 中央教育科学研究所编：《中华人民共和国教育大事记》，北京：教育科学出版社，1984年版，第168页。

文化水平和基础技术的知识，并能掌握一定专业的、身体健康、全心全意为社会主义建设服务的中等专业干部”。①

总之，过渡时期总路线公布以后，我国越来越明确地提出教育工作的任务是培养社会主义全面发展的新人。这种新人应该身心都得到全面发展，具有明确的社会主义政治方向和辩证唯物主义世界观；具有一定的科学文化知识和素养；具有健康的体质和乐观向上的精神。事实上，也只有培养出这样全面发展的社会主义新人，才可以向社会主义建设事业源源不断地输送合格的建设者和保卫者，使我国的社会主义事业不断取得新的胜利。

培养社会主义全面发展新人任务的提出，从理论和实践两方面为我国社会主义教育方针的确立作了初步的准备。

---

① 何东昌主编：《中华人民共和国重要教育文献》（1949～1975），海口：海南出版社，1998年版，第403页。

第二章　全面改造旧教育，建设人民新教育

共和国建立以后，根据中国共产党在长期的新民主主义教育实践中所取得的经验，很快地建立了集中统一的教育管理体制，确立了党对教育工作的领导，接管和改造了原有的各级各类公立、私立学校及接受外国津贴的学校，贯彻了教育为工农服务的方针，调整了高等学校的院系专业结构和布局，结合中国实际广泛地学习苏联社会主义教育经验，从而在全国范围内建立了人民新教育。

第一节　建立集中统一的教育管理体制

从共和国建立到 1956 年，根据恢复和发展国民经济的需要，党和政府对全国的教育事业基本上采取了以集中统一为主的教育管理体制，加强了教育行政部门对各级各类教育的领导和管理。

我国在建国后实行的是计划经济，强调国家对各项事业实行集中统一的领导和管理。1952 年 10 月，周恩来在政务院会议讨论文化教育工作时指出："需要把文教工作由分散管理逐步改变为集中管理。过去分散管理是对的，现在要加强计划性，就需要集中。"① 按照这种教育管理体制，从中央到地方设置了各级教育行政机构，建立了集中统一的教育投资体制和运行机制，并对各级各类教育采取了一系列旨在实施集中统一管理的措施。

① 《周恩来教育文选》，北京：教育科学出版社，1984 年版，第 72 页。

一、设置从中央到地方的各级教育行政机构

教育行政机构是国家为实现一定教育目标而对教育事业实施管理的组织。设置从中央到地方的各级教育行政机构，是整个教育事业能否正常运转的关键。

建国之前，无论是国民党统治区还是共产党领导的解放区，都设置了各级教育行政机构。

解放战争时期的 1948 年 5 月，中共中央决定，将晋察冀边区和晋冀鲁豫边区合并为华北解放区，同时成立了华北人民政府。华北人民政府中就设置了教育部，负责统一管理华北新老解放区的各类教育。后来根据形势的发展和华北地区高等学校集中的特点，又成立了华北高等教育委员会，负责领导华北地区高等学校的工作。

东北是抗日战争胜利后新开辟的解放区。1946 年东北行政委员会成立，下设教育委员会，并在所辖各省（市）人民政府中都设立了教育厅（局）。1948 年 11 月东北全境解放，1949 年 8 月东北人民政府成立，下设教育部，对东北全境的各类教育事业实行管理和领导。

解放区建立的各级教育行政机构，为共和国建立后组建新的各级教育行政机构奠定了基础，也为改造旧教育和建设新的人民教育准备了大量的干部和丰富的经验。

国民党统治区的教育行政机构设置曾多次变动。至 1947 年，中央一级设有教育部，下设高等教育司、中等教育司、国民教育司、社会教育司、边疆教育司、总务司和国际文化教育事业处，并设有参事、督学、资料、研究等四个室及教育研究、国民体育、国语推行、训育、国民教育辅导研究、医学教育、学术审议等若干委员会，人员编制总计为六百余人。省一级设有教育厅，县设有教育局。解放战争时期留在大陆的各级教育行政机构的工作人员，经过学习、教育、改造，绝大部分人都得到了人民政府的安置。

在解放战争进行过程中相继解放的新区城市中，采取了因时制宜和因地制宜的办法，先建立临时性的教育行政机构，在军事管制委员会①

---

① 简称军管会。这是中国人民解放军根据中共中央的决定，在战争或其他非常情况下，对局部地区或特定系统或机关单位进行接管，实行军事管制而设立的机构。

的领导下对原有教育机构的设施、资财、档案进行接管和保护，对原教育系统的工作人员先行登记，并按不同情况分别给予妥善安置。如北平市，在解放前夕成立了隶属于军事管制委员会的文化管理委员会，负责文化教育部门的接管工作。而南京市军管会则于 1949 年 4 月接管了原国民党政府的教育部。

共和国建立后，从中央到地方建立了中央、大区、省（市）、专区、县、区、乡的各级人民政府，在各级人民政府中都设置了教育行政机构或分管教育工作的专职人员。

中央一级教育行政机构的设置，按照《中央人民政府组织法》的规定，政务院设立分管全国文化教育事业的文化教育委员会和教育部。文化教育委员会是同政治法律、财政经济、人民监察等委员会并列的政务院的四个委员会之一。文化教育委员会指导教育部的工作，对其“颁发决议和命令，并审查其执行”。①

1949 年 10 月 19 日，中央人民政府委员会任命郭沫若为政务院文化教育委员会主任，马叙伦、陈伯达、陆定一、沈雁冰为副主任。1949 年 11 月 1 日，教育部正式成立，任命马叙伦为教育部部长，钱俊瑞、韦悫为副部长，同时任命钱俊瑞为中共教育部党组书记。教育部的成立，使贯彻中共中央和中央人民政府的教育工作方针、政策，有了重要的组织保证。

1952 年 11 月，为了适应国家大规模经济建设的需要和加强对各类教育事业的领导，中央人民政府委员会决定，将教育部分设为高等教育部、教育部和扫除文盲工作委员会。任命马叙伦为高等教育部部长，杨秀峰、黄松龄、曾昭抡、刘皑风为副部长；任命张奚若为教育部部长，董纯才、韦悫、林砺儒、柳湜为副部长；任命楚图南为扫除文盲工作委员会主任委员，李昌、林汉达、祁建华为副主任委员；并由杨秀峰任中共高等教育部党组书记，董纯才任中共教育部党组书记，李昌任中共扫除文盲工作委员会党组书记。三个部门分工明确：高等教育部主管全国除高等师范学校、民族学院以外的高等学校，以及师范学校以外的中等

① 中共中央文献研究室编：《中华人民共和国开国文选》，北京：中央文献出版社，1999 年版，第 266 页。

专业学校、附属于普通高等学校的工农速成中学和留学生工作；教育部主管全国的普通教育、师范教育、民族教育和工农业余教育；扫除文盲工作委员会主管全国的扫除文盲工作。

1954 年 9 月，第一届全国人民代表大会第一次会议决定成立国务院。根据《国务院组织法》，不再设文化教育委员会，而设文化教育办公室（亦称国务院第二办公室），其任务是协助总理掌管国务院文化教育各部门的工作。任命林枫为第二办公室主任，钱俊瑞、范长江为副主任。1954 年 11 月，国务院决定，扫除文盲工作委员会并入教育部。

建国初期，全国有东北、华北、西北、华东、中南、西南六大行政区。当时，大行政区的人民政府（或军政委员会）“一方面是中央人民政府的代表机关，另一方面是地方政权的最高机关。这种组织形式在刚刚解放，各地工作发展不平衡的情况下，是完全必要的”。①

根据 1949 年 12 月政务院公布的《大行政区人民政府委员会组织通则》，除华北以外的各大行政区人民政府中都设立了文化教育委员会和教育部或文教部，代表一级政府行使教育管理权限。为了适应 1953 年即将开始的大规模的有计划的经济建设和文化建设的新形势，中央人民政府于 1952 年 11 月作出了《关于改变大行政区人民政府（军政委员会）机构与任务的决定》，将大行政区人民政府一律改为行政委员会，代表中央人民政府在各地区行使领导与监督地方政府工作的职权，所属教育行政部门也改为教育局或教育处。1954 年 6 月，中央人民政府又作出决定，撤销了大区一级行政机构，所属的教育行政机构也同时被撤销。

省、市、县各级地方教育行政机构，是根据 1950 年 1 月政务院公布的《省人民政府组织通则》、《市人民政府组织通则》、《县人民政府组织通则》的规定设置的，其中省人民政府设文教厅（教育厅），市人民政府设教育局，县人民政府设教育科或教育局，主管本行政区内的教育事业。

在县辖区人民政府中不设置教育行政机构，由县教育行政机构派出

① 中共中央文献研究室编：《周恩来年谱》（上卷），北京：中央文献出版社，1997 年版，第 269 页。

教育辅导员或扫盲干事，负责管理小学教育和扫盲事宜。在乡人民政府中，设有负责管理教育的专职人员。

从中央到地方各级教育行政机构的建立，各级教育行政机构管理职能的确定，是党和政府对教育工作实行统一领导和管理的重要标志。它对于贯彻落实党和政府的教育方针政策，改造旧教育，建设人民新教育是一个重要的组织保证。

二、加强对各级各类教育的管理

党和政府为了加强对教育事业集中统一的管理，在对各级各类教育进行管理的问题上强调要处理好两个方面的关系：一是处理好中央和地方的关系；二是处理好中央教育行政部门同其他业务部门的关系。事实上，教育管理体制的确定和教育管理权限的划分，同处理好这两方面的关系是密切相连的。

1. 普通高等学校的管理

建国初期，我国对普通高等学校的管理基本上采取了以教育部和后来的高等教育部统一领导管理为主的体制。

1950 年 5 月 5 日，政务院颁布《各大行政区高等学校管理暂行办法》。这是共和国成立后颁布的第一个有关高等学校领导管理体制的文件。《暂行办法》规定，除华北区高等学校由教育部直接领导之外，各大行政区的高等学校暂由各大行政区教育部（文教部）代表教育部领导。

政务院于 1950 年 7 月 28 日通过了《关于高等学校领导关系问题的决定》。

《决定》强调，全国高等学校以由中央人民政府教育部统一领导为原则，并对教育部、各大行政区教育部和省、市人民政府对高等学校的领导管理责任分别作出了规定：教育部对全国高等学校均负有领导责任，有关全国高等教育的方针、政策与制度，高等学校法规、教育原则，高等学校的设置、变更与停办，大学、专门学院、专科学校校（院）长的任免等，均由教育部作出决定，并由教育部直接领导综合大学和同几个业务部门有关的专门学院以及华北区内的部分高等学校。各大行政区教育部负有根据中央统一的方针政策领导本区高等学校的责任，并受教育部的委托直接领导本行政区内的高等学校。各省、市人民政府的责任，主要是对当地高等学校在政治学习、参观实习、警卫及一般人事等方面予以积极协助。同某些业务部门有关的高等学校，在业务教育、参观学习等方面，由有关部门积极予以具体帮助和指导。

1953 年，国家已经开始进行有计划的经济建设和文化建设，这就使高等教育必须担负起有计划、按比例地培养各类建设人才的任务；同时，由于各大行政区人民政府（军政委员会）的组织机构、职权任务有了很大改变，在这种情况下，政务院于 1953 年 5 月 29 日通过了《关于修订高等学校领导关系的决定》。

《决定》指出："为使高等教育密切联系实际，有计划地培养各类高级建设人才，以适应国家大规模经济建设的需要，中央人民政府高等教育部必须与中央人民政府各有关业务部门密切配合，有步骤地对全国高等学校实行统一与集中的领导。"① 要求按照"统一领导"、"分工管理"的原则，对全国高等学校的领导关系重新进行调整。《决定》的颁布与实施加强了对全国高等学校的统一集中领导，同时进一步明确了中央各业务部门与地方政府在管理高等学校方面的责任。

此后，高等教育部对全国高等学校（军事学校除外）实行统一领导，并相继颁布全国高等教育的建设计划、财务计划、财务制度、人事制度、教学计划、教学大纲、生产实习规程以及其他重要法规、指示或命令等。

根据修订的《决定》精神，高等教育部对全国高等学校（军事学校除外）实行统一领导，其具体做法是：

（1）按照高等学校的性质和任务的不同，分别由高等教育部或委托中央各有关部门分工负责管理，即综合大学由高等教育部直接管理；同几个业务部门有关的多科性高等工业学校，由高等教育部直接管理或委托有关部门管理；为某一业务部门或主要为某一业务部门培养干部的单科性高等学校，委托中央有关部门直接管理；对某些高等学校，高等教育部及中央有关业务部门认为直接管理暂时有困难时，委托学校所在地的大区行政委员会或省、市、自治区人民政府负责管理。

---

① 何东昌主编：《中华人民共和国重要教育文献》（1949 ~ 1975），海口：海南出版社，1998 年版，第 212 页。

（2）管理高等学校的中央各业务部门设专管机构，与高等教育部密切联系，并在其指导下，切实负责管理高等学校的工作。

（3）高等学校的专业课教材、设备、实习等事项由高等教育部同中央或地方有关部门协商处理，等等。

1955年4月，高等教育部经国务院同意，在各省、市、自治区相继设立专门管理高等教育的行政机构，进一步加强了对高等教育的领导。

2. 高等师范学校的管理

高等师范学校最初由教育部集中统一管理。但是，由于高等师范院校的主要任务是为中等学校培养师资，是为地方教育事业服务的，它的设置和管理跟综合大学和其他高等专门学院是应该有所不同的，所以，教育部于1951年8月召开的第一次全国师范教育会议上确定，对高等师范院校实行“统一领导、分层管理”的原则。根据第一次师范教育会议的精神，教育部于1952年7月16日，颁布了《关于高等师范学校的规定》。

《规定》提出：“高等师范学校的设置、变更，由中央人民政府教育部统筹决定；大行政区设立的师范学院由大行政区教育部（文教部）直接领导；省（市）设立的师范学院及师范专科学校由省（市）教育厅（局）直接领导。”① 按照这个《规定》，地方政府对于高等师范院校负有相当多的领导责任。

1953年9月，教育部召开第二次全国教育会议和高等师范教育会议。

会议指出：“为了使今后高等师范学校的发展，更切合各地区的需要，同时也为了更高度地发挥地方的积极性和潜在力量，高等师范学校的领导关系应重新加以规定。”② 中共中央于1953年12月29日批准了教育部党组《关于第二次全国教育会议和高等师范教育会议的报告》。

根据《报告》精神，高等师范学校仍由中央统一领导，由地方分层管理。其中，教育部的职责，一是掌管高等师范教育的方针、政策、法

---

① 何东昌主编：《中华人民共和国重要教育文献》（1949～1975），海口：海南出版社，1998年版，第156页。

② 何东昌主编：《中华人民共和国重要教育文献》（1949～1975），海口：海南出版社，1998年版，第248页。

规、发展计划、教学计划以及有关教育原则的重大事项。二是组织编审和交流教材（包括教学大纲、课本、讲义及参考书等）。地方分层管理的方式根据当地情况，或由大区行政委员会统一管理，或在大区的统一计划与督导下，由省（市）人民政府直接管理。地方管理主要是管理经费、人事、建设计划，督促、检查与指导教学业务。高等师范院校毕业生的分配，实行"地方分配，中央调剂"的办法。为了加强对高等师范学校的领导与管理，地方教育行政部门中设置了专门机构并配备一定的人员负责此项工作。

1956年4月教育部决定，除北京师范大学、华东师范大学、东北师范大学外，将其他高等师范学校都交给所在省、市、自治区领导管理，依靠地方的力量办理高等师范教育。这样，既有利于加强中央的统一领导，也有利于发挥地方的积极性。

3. 中等技术学校的管理

建国初期，中等技术学校的领导关系没有完全理顺，有的是业务部门领导，有的是教育部门领导，有的是业务部门和教育部门双重领导。同时，中央、大行政区、省市之间的分工亦不明确，而且有一些教育部门和业务部门没有设置专门机构或指定专人来管理中等技术学校。这种情况，使中等技术学校在办学经费的筹措、教学计划的制定、课程的开设等方面都受到了很大影响。

1951年6月，在教育部召开的第一次全国中等技术教育会议上，对现有公私立中等技术学校，形成了由各有关业务部门和教育部分工领导管理的初步意见。

1952年3月31日，政务院发布《关于整顿和发展中等技术教育的指示》。《指示》根据"统一方针、分工领导"的原则，提出中等技术学校的领导管理由教育部、各有关业务部门及地方政府三个方面分工负责。

在这一原则指导下，教育部着手全面调整中等技术学校的隶属关系。中等技术学校的方针、制度、普通课程教学计划、全国总的设置计划以及其他有关教育原则，由教育部决定，各地区的中等技术学校予以贯彻实施，并由各地方教育部门领导。各有关业务部门直接决定中等技术学校的设置、变更、停办、分科、招生、业务课程、实验实习、经费开支、毕业生的分配以及其他行政事宜等。原归教育部门领导的中等技术学校（包括私立学校在内），都有步骤、有准备地调整其隶属关系；在隶属关系未变更前采取过渡办法，以加强业务部门和中等技术学校的联系。

为了加强对中等技术学校的领导，教育部和有关业务部门、大行政区及省（市）教育部门与同级有关业务部门，指定人员分别组成各级中等技术教育委员会，负责研究和解决各项有关中等技术教育的重大问题。中央、大行政区及省（市）的有关业务部门，也加强或增设了管理技术教育的机构。教育工作较少的部门则设置了专职人员。

通过调整，工科类的中等技术学校绝大部分都归属于中央各有关业务部门领导，农林、医药、财经类的中等技术学校则大部分归属于省、市有关业务部门领导，从而进一步加强了对中等技术学校的管理。

4. 普通中小学的管理

建国初期，普通中小学领导关系方面存在的问题，主要是省、专署、县三级职权划分不明确，以致妨碍工作的顺利进行。在1951年3月召开的第一次全国中等教育会议上对解决中小学的领导关系问题进行认真研究，提出了“统一领导、分工负责、办好学校”的原则，修订通过了《关于省市县对公立中等学校领导关系的决定（草案）》，开始着手解决普通中小学的领导关系问题。

1952年3月18日，教育部颁布的《中学暂行规程》和《小学暂行规程》，对普通中小学的领导管理问题作了规定。

对中学领导管理的具体办法是：

（1）中学由省、市文教厅、局统一领导。其设立、变更和停办，由省、市人民政府决定，报大行政区文教部备案并转报教育部备查。

（2）省文教厅委托专员公署、省属市或县政府领导所辖地区内的中学。

（3）中央和大行政区政府各业务部门所设立的中学，其设立、变更和停办，由主管业务部门决定，分别报教育部或大行政区文教部备案。各省、市政府各业务部门设立的中学，其设立、变更和停办，由主管业务部门提请同级政府决定，报同级文教行政部门转报教育部备案。各校除日常行政由各主管业务部门领导外，其有关方针、政策、学制、教育计划、教导工作等事项受所在省、市教育行政部门领导。

(4) 公立高等学校附设的中学，其设立、变更和停办，由该高等学校报请大行政区文教部批准，转报教育部备案。各附设中学除由该高等学校领导外，并受所在省、市文教厅、局的指导。

1954 年 4 月后，又将省辖市内的中学归由省辖市管理，县（市）内的中学逐步做到由县（市）管理。

对小学领导管理的具体办法是：

(1) 小学由市、县人民政府统筹设置。

(2) 市、县所办小学的设立、变更、停办，由市、县教育行政部门决定。群众所办小学的设立、变更、停办，分别由区、乡、镇、街道、村人民代表会议决议，报请市、县教育行政部门核定。机关、团体、学校、公营企业所办小学的设立、变更、停办，由该设立者报请上级核准，并报告所在县、市教育行政部门备案。私人或私人团体所办小学的设立、变更、停办，依照私立学校暂行管理办法办理。

(3) 不论公办或私立的小学，都由市、县教育行政部门统一领导。机关、团体、学校、公营企业所办小学的人事、经费等日常行政事项，由设立者负责管理。

为了进一步完善和加强对中小学的领导，各地都加强了县级和县级以下的教育行政领导，有计划地配备了政治和业务上较强的干部，充实到县级教育行政机构，基本保持了县、区教育行政干部的稳定，以使他们熟悉业务，管理好教育事业。

5. 各类工农业余教育的管理

在实施工农教育的各类学校中，有实施工人、农民业余教育的学校，有工农干部、职工文化补习学校，有工农速成中学，有以扫除文盲、学习文化为主要目的的农村冬学等。1950 年 10 月，教育部和全国总工会在就第一次全国工农教育会议情况及各项决定向中共中央的报告中提出：对工农业余教育的领导，实行“政府领导、依靠群众组织、各方面配合”的原则，以达到统一领导、分工合作、将工作做好的目的。

职工业余教育的管理。根据 1950 年 6 月 1 日政务院发布的《关于开展职工业余教育的指示》，由教育部会同中华全国总工会邀集劳动部及其他有关方面，组成职工业余教育委员会，讨论并决定有关全国职工业余教育的方针、计划、课程、经费、制度等重大事项；由各地教育厅（局）会同有关部门组织地方职工业余教育委员会，讨论有关该地区职工业余教育事项；各级职工业余教育委员会以各级政府教育行政部门的代表为主任，各级工会组织的代表为副主任。其决定要由各级政府教育行政部门发布。

农民业余教育的管理。建国初期，冬学运动仍然是农民业余教育的主要形式。根据教育部在1949年12月5日发布的《关于开展今年冬学工作的指示》，成立由各地政府负责人主持，吸收人民团体、青年团体和教育界负责人参加的各级冬学运动委员会，由专人负责检查冬学工作的进行状况，及时推广好的经验，解决困难，纠正缺点。后来从中央到地方成立了扫盲运动委员会和扫盲协会，具体领导扫盲工作。由于我国的文盲绝大部分在农村，因此扫盲工作也属于农民业余教育的范畴。

1955年3月，政务院决定撤销各级扫除文盲工作委员会，将其机构并入各级教育行政部门，以加强对农民业余教育的统一领导。

据此，地方各级政府把农民业余教育工作列入工作日程，根据当地实际，制定计划，并督促检查所属教育行政部门贯彻执行的情况。教育行政部门设立了专门机构，配备一定数量和质量的干部，负责管理农民业余教育工作。青年团、妇联、农村工作部门等也都协助政府教育部门做好农民业余教育工作。①

总之，在1949年至1956年期间，我国对各级各类教育实行了集中统一管理的体制。这种体制对于有计划、按比例地培养各种不同规格的人才，使教育适应经济、社会发展的需要，是起了积极作用的。但是，由于当时思想认识方面的片面性和体制本身存在的缺陷，也出现了对各类教育统得过多、管得过死的缺点。这既不利于发挥地方的积极性，也限制了学校自主办学的积极性。

三、建立教育投资体制和运行机制

建国初期，我国的教育实行“以国家办学为主”的原则，因此国家的教育投资就成为巩固和发展教育事业的重要保障。

---

① 何东昌主编:《中华人民共和国重要教育文献》(1949～1975)，海口：海南出版社，1998年版，第468页。

1950年至1952年，在国家财政比较困难的情况下，为了保证教育事业的发展，国家对教育经费采取了“统包”的办法，即按中央、大行政区和省（市）实行“统一列支”的三级财政管理制度，使在财政总支出中列支的教育经费基本上得到了保证。

第一个五年计划实施后，我国实行“统一领导、分级管理”的财政管理体制，教育投资也正式纳入了国民经济的发展计划。

1953年，高等教育部、教育部、财政部发出《关于1953年度“教育支出”预算的联合通知》，规定：“各级教育行政机构应根据中央规定的财政系统，严格执行三级财政制度。凡属省、市（直辖市和省辖市）级和县级‘教育支出’预算一经确定后，除因上级决定变更任务或领报关系外，均不得相互流用。”①

1954年大行政区机构撤销后，国家财政体制也作了相应的改革，建立了县（市）一级财政，形成了中央、省（市、自治区）、县（市）新三级财政管理制度，实行“划分收支、分级管理、侧重集中”的财政管理体制。在第一个五年计划期间，教育投资实行“条块”结合，以“块块”为主的体制。1954年9月，教育部、财政部联合发布了《关于解决经费问题程序的通知》。《通知》指出：“为贯彻‘统一领导、分级管理’的原则，今后各省（市）教育厅（局），如有发生经费不足，须先报请省府统一考虑解决，如省府解决有困难时，则由省府转报中央人民政府政务院考虑，不得条条上达。”②

此后，全国各级各类教育的经费投入，无论是教育事业费，还是教育基本建设经费，都是由中央和地方政府投资的。特别是高等教育，全部费用均是由国家财政包下来的。实际上，这种教育投资体制就是由财政拨款的投资体制，办学经费的来源比较单一。具体来说，这个时期高等学校、中等专业学校和技工学校，主要由中央有关部门和地方政府有关部门举办和管理，办学经费也由中央和地方负担。县镇基础教育的办学经费由地方财政负担；厂矿企业所办中小学的经费主要由企业负担；

---

① 何东昌主编：《中华人民共和国重要教育文献》（1949～1975），海口：海南出版社，1998年版，第199页。

② 何东昌主编：《中华人民共和国重要教育文献》（1949～1975），海口：海南出版社，1998年版，第371页。

农村基础教育的办学经费以地方财政为主，社队群众负担为辅。在教育经费分配、管理和使用上，实行由中央财政切块戴帽下达，地方财政部门管理，教育部门安排使用的运行机制。

从总体上说，在建国初期教育资源匮乏的情况下，国家实行高度集中的教育投资体制，对有计划、有重点地使用教育资源，较快地培养国家建设所需人才，实现人民受教育的权利，推进人民教育事业的发展，起到了积极的作用。

在第一个五年计划期间，由于国家对教育事业的重视，教育投资稳步增长，年平均增长率为8.63%，其中教育事业费年增长率为11.13%，增长速度均高于国民收入和财政支出的增长速度。据统计，到第一个五年计划完成时，5年间全国共支出教育事业费76.64亿元，教育基本建设投资16.22亿元，① 两项合计占国民收入的2.3%，占国家财政支出的6.9%。但是，中国的基本国情是人口众多、地域广大、经济文化发展不平衡。这种过分“集中统一”的教育投资体制，在一定程度上也制约了地方因地制宜地规划、发展本地区教育事业的积极性和主动性。

四、确立和加强共产党对教育工作的领导

为了巩固人民民主专政，全面改造旧教育和建设人民新教育，保证马克思列宁主义、毛泽东思想在教育领域的指导地位，使我国各级各类教育逐步地向社会主义教育过渡，全国从各方面加强了共产党对教育工作的领导。

1.改变领导方式，发挥教育行政部门的作用

中央人民政府成立后，党中央十分重视发挥从中央到地方各级教育行政部门的职能作用。

1949年12月5日，中共中央专门发出的《关于中央人民政府成立后党的文化教育工作问题的指示》指出：在中央政府未成立以前，党的中央宣传部不得不实际上暂时代替中央政府的文教机关，管理国家的文化教育工作。而现在，中央政府已经成立，管理全国文化教育事务的中央政府政务院文化教育委员会及其所属之各部、院、署先后成立，因

---

① 教育部计划财务司编：《中国教育成就》(1949～1983)，北京：人民教育出版社，第371～372页。

此，“全国的文化教育工作的行政工作，此后应经由中央政府文教部门来管理。各地区有关文化教育行政的工作，此后均应经由各地政府及军管会之文教机关（其组织办法最近即将由政务院通过）向中央政府文化教育委员会或有关部门报告和请示”。①

这样，中共中央宣传部和各级党委宣传部就能够摆脱许多行政事务，“集中注意于党内外的思想斗争，党的宣传鼓动工作的领导和党的文化教育政策的制定”。② 对于教育工作上的重大问题，仍然按照中共中央《关于建立报告制度的指示》，经过党的系统，向中央报告和请示。这是党对教育行政工作领导方式的一次重大调整，既维护了各级教育行政部门依法行使职权，又进一步加强了从中共中央到各级地方党委宣传部门对教育工作的政治领导。

为了加强共产党对教育工作的政治领导，在县以上各级教育行政机构都成立了党组。党组由教育行政部门的党员领导干部组成，是各级教育行政部门的领导核心。在组织上，中央教育行政部门（包括教育部、高等教育部、扫除文盲工作委员会）的党组直接受中共中央的领导，地方教育行政部门党组则在本级党委领导下进行工作。党组的主要任务是负责贯彻执行中共中央和各级党委提出的关于教育工作的方针政策和各项指示与决定，讨论和决定教育工作中的重大问题，为完成党和国家交给的教育工作任务提供组织保证。

2. 加强共产党在学校中的组织建设

为了加强共产党对学校工作的领导，中共中央和各级党委曾派遣一部分党员干部到中等以上学校担任领导职务。但是，由于当时各方面工作都需要干部，所以派到学校工作的党员干部数量很有限。当我国开始实行第一个五年计划，进入大规模经济建设时期以后，通过学校大量培养各类建设干部的任务更加繁重。为此，中共中央多次指示，应尽快抽调党员领导骨干加强学校的工作。

1953 年 5 月，中共中央政治局在毛泽东主席主持下开会讨论教育工

① 何东昌主编：《中华人民共和国重要教育文献》（1949～1975），海口：海南出版社，1998 年版，第 2 页。

② 何东昌主编：《中华人民共和国重要教育文献》（1949～1975），海口：海南出版社，1998 年版，第 2 页。

作，决定从中央一级党政机关抽调1 000名高、中级党员干部，派往大学和中等学校充实领导力量。同时，要求在几年内由地方逐渐充实中小学的党员领导骨干。同年9月24日，中共中央在批转教育部党组《〈关于检讨官僚主义和对今后普通教育方针的报告〉等三个报告给各级党委的指示》中又一次指出："目前各级学校缺乏领导骨干的情况还相当严重"，① 要求中共中央组织部和各中央局、分局、各省市委立即配备一批较强的党员干部到各大学和各高级中学去担任主要领导职务。

1955年3月，中共中央宣传部召开全国学校教育工作座谈会。会议集中讨论了加强学校中的党建工作，继续配备与培养学校领导骨干和建立共产党的领导核心，各级党委加强对学校工作的领导和监督等问题。当时的情况是：经过几年的努力，各级党委对于学校教育工作的领导已有所加强，学校里共产党的领导力量状况也有所改善，但从全国来讲，尚有14所高等学校没有配备党员校长或副校长，不重视或不大重视学校教育工作的现象还相当普遍地存在着。许多地方的党委不注意学校中党的工作，对学校教育的政治思想领导还很薄弱，以致学校教育各项改革和建设工作的进行显得不够有力。

中共中央于1955年8月27日批转了中共中央宣传部《关于学校教育工作座谈会的报告》，并在给各地党委的指示中提出：必须引起全党对学校教育工作的重视。要保证做好学校工作，首先必须建立起那里的强有力的党的领导。没有党的组织，没有强有力的党的领导，党委不管学校中党的工作，就等于放弃领导权，就会犯很大错误。《报告》明确规定，高等学校的党员校（院）长由中共中央宣传部负责调配，党委书记由省、市、自治区党委负责调配。②

根据《报告》的精神，各级党委把学校教育工作列入议事日程，定期在党委会议上讨论学校教育方面的重大问题，并在党委书记、常委、委员的分工上有人专管学校教育工作。同时，注意建立和健全党委管理学校教育的机构，以加强党委对学校教育工作的监督；调配了一批较强

---

① 何东昌主编：《中华人民共和国重要教育文献》（1949～1975），海口：海南出版社，1998年版，第239页。

② 中共中央文献研究室编：《建国以来重要文献选编》（第7册），北京：中央文献出版社，1993年版，第152页。

的干部到高等学校和中等学校担任校（院）长、党委书记等领导职务，并注意对他们的监督和帮助。这些，无疑地加强了党在教育系统的领导力量。

3. 建立学校的政治思想教育制度

从 1949 年共和国成立到 1956 年社会主义改造基本完成，是学校政治思想教育工作逐步走向制度化、规范化的重要时期。在这个时期，根据国内外形势的发展变化，我国按照循序渐进的原则，对学校政治思想教育的内容、目的和要求，适时地作出了必要的调整。

1950 年上半年我国大陆地区大部解放以后，国家面临的任务是要继续完成反帝反封建的民主革命任务。面对这种形势，学校政治思想教育的主要任务是根据《共同纲领》进行革命的政治及思想教育，肃清封建的、买办的、法西斯主义的思想，树立正确的观点和方法，发扬为人民服务的思想。据此，学校政治思想教育提出了三个重点：一是进行反对美帝国主义侵略及批判对美帝国主义存在幻想的教育；二是进行土改教育；三是进行发扬“五爱”（即爱祖国、爱人民、爱劳动、爱科学、爱护公共财物）的教育。①

土地改革、镇压反革命、抗美援朝三大运动在 1953 年取得了决定性的胜利。这标志着帝国主义、封建主义、官僚资本主义的势力在中国大陆已被基本肃清，而工人阶级同资产阶级的矛盾已上升为国内的主要矛盾。于是，在学校的政治思想教育中就开始强调批判资产阶级思想，划清工人阶级与资产阶级的思想界线，在学校树立工人阶级的思想领导地位。特别是在“三反”运动以后，亟需进行马克思列宁主义的思想建设，而提高马克思列宁主义的政治理论课程的教学水平，则是学校思想建设工作的中心环节。为此，学校的政治思想教育主要抓了以下两项工作：

第一，加紧培养高等、中等学校马克思列宁主义理论师资。在这方面采取了以下措施：在中国人民大学创设马列主义研究班，为全国高等学校培养一部分政治理论课师资；在高等学校助教和高等、中等学校高

① 何东昌主编：《中华人民共和国重要教育文献》（1949 ~ 1975），海口：海南出版社，1998 年版，第 60 页。

年级学生中选拔优秀党团员在本校担任政治理论课程的助教或助理，指导他们结合实际工作，系统地学习马列主义理论，将他们逐渐培养成为高等学校和中等学校的政治理论课师资；各大行政区选择具备条件的高等学校举办马列主义研究班，培养高等学校的政治理论课师资，并设立政治教育系或专修科，培养中等学校的政治理论课师资；动员各级党委、政府和群众团体中政治理论水平较高的干部到学校兼课，或设专题讲座，帮助政治理论课教师备课。

第二，在全国高等学校中有重点地建立政治工作制度和机构。一些高等学校开始有准备地设立政治工作机构即政治辅导处。其主要任务是：指导全体教职员工的政治理论学习；协助教务处指导马克思列宁主义理论课程的教学；指导全校教职员工和学生的社会活动；掌握教职员工和学生的政治思想情况等。在政治辅导处下设若干名辅导员，其任务是辅导一个系或几个系学生的政治学习和社会活动，组织和推动教职员的政治理论学习和社会活动。

1953 年中共中央提出过渡时期总路线以后，根据国内形势的发展变化，党和政府提出学校政治思想工作的任务是在广大师生中进行党在过渡时期总路线的教育，进行社会主义思想的教育，努力在学校中扩大和加强社会主义思想阵地，帮助师生树立社会主义的政治方向。

在学校对学生进行政治思想教育的过程中，注意通过政治理论课的教学和其他课程的教学，进行爱国主义教育、国际主义教育、集体主义教育、劳动教育和纪律教育，旨在把学生培养成为社会主义社会全面发展的成员，成为社会主义社会自觉的积极的建设者和伟大祖国的保卫者。

学校政治思想教育一直是在各级共产党组织的统一领导下进行的。青年团、学生会、工会等群众团体在学校政治思想教育工作中充分发挥了助手作用。在进行政治思想教育工作的过程中，学校始终坚持理论联系实际的教育方法，强调课堂教学同组织课外活动相结合；坚持根据青年学生的特点进行教育，采取正面引导、说服教育的方法；对学生的良好行为及时予以表扬鼓励；对学生的错误行为，既不放任自流，也不采取简单粗暴的方式方法处理，而是循循善诱，启发觉悟，进行适当批评，帮助他们努力改正错误。

第二节 改造原有各类学校

在全国解放战争转入战略反攻阶段以后，中共中央自 1948 年初开始，就着手研究制定城市接管工作的各项政策，并在总结若干城市接管工作经验的基础上，提出了“各按系统，自上而下，原封不动，先接后分”的方针。① 根据这个总的方针，中共中央宣传部于 1948 年 6 月 20 日发出《关于保护和改革新收复区学校教育的方针给中原局宣传部的指示》，1948 年 7 月 3 日中共中央发出了《关于争取和改造知识分子及新区学校教育的指示》。这些都是在共和国成立以前，中共中央关于做好新区学校教育工作的指导性文件。

上述这些文件，明确提出接管新区学校教育的方针原则是：第一，保护一切公私立学校及各类文化教育机关，凡在这些机关供职的人员，均可照常供职，一律受到保护，不受侵犯。第二，对原有学校维持其存在的同时，逐步地加以必要的和可能的改良，即在开始时只做可以做到的事，其余则一概照旧。第三，在学校教职员中，只去掉极少数反动分子，对其余人员一概争取继续工作。根据这些原则，共和国成立后对新解放区的学校进行了接管和改造。

一、接管原有公立学校

原国民党统治区的公立学校分为国立、省立、市立和县立，其办学经费主要由各级政府拨款。分布在不同地区起示范作用的国立中小学，由国民政府教育部拨给经费、任免校长、聘任教师、确定学校的各项制度，进行直接管理。省立、市立和县立学校分别由地方各级教育部门管理。

根据《第二次中国教育年鉴》所载资料，原国民党统治区在 1945 年有公立小学 254 658 所，占小学总数的94.3%，在校学生 20 237 529 人，占小学生总数的92.7%；② 有公立中学 1 790 所，占中学总数的48%，

① 薄一波著：《若干重大决策与事件的回顾》（上卷），北京：人民出版社，1997 年版，第 8 页。

② 刘英杰主编：《中国教育大事典》（1840～1949），杭州：浙江教育出版社，2001 年版，第 50 页。

在校学生 681 147 人，占中学生总数的54%；[①] 专科以上公立学校 134 所，占同类学校总数的61.5%。[②] 当原国民党统治区被解放后，在新旧政权交替的过程中，为了防止公立学校的教职工和学生大量失业、失学，党和政府在教育方面办的第一件事情就是接管各级公立学校，让学校尽快复校上课。接管公立学校的工作大致经历了以下过程：

1. 保护好各类公立学校

在解放战争中，中共中央和毛泽东十分关注保护学校和各种文化教育设施。

1948 年底北平解放前夕，毛泽东在给平津前线司令部一份电报的批示中就要求“通知部队注意保护清华、燕京等校及名胜古迹等”。[③] 同年 12 月 22 日，平津前线司令部发布公告，宣布约法八章，其中第四条规定：保护学校等文化教育机关，任何人不得破坏；学校教职员和其他文化教育机关的供职人员，均可照常供职，一律受到保护，不受侵犯。这样就把保护好即将解放或已解放地区的各类公立学校等教育机关，作为新解放区接管工作必须认真贯彻执行的一项重要政策。

1949 年 4 月 25 日，在全国大陆即将解放的形势下，毛泽东主席和朱德总司令在发布的《中国人民解放军布告》中全面阐明了中国共产党和人民解放军对新解放区所要实行的各项政策，其中明确规定要保护一切公私立学校及文化教育机关，“凡在这些机关供职的人员，均望照常供职，人民解放军一律保护，不受侵犯”。[④] 这些政策规定对于保护原有公立学校起了重要作用。

另外，共和国建立前夕，各地中共地下组织团结校内外进步力量，组织广大师生员工积极开展护校斗争，粉碎了国民党政府败退前的各种应变计划，有力地保护了学校，使绝大多数学校免遭破坏，为接管原有公立学校创造了有利条件。

---

① 刘英杰主编：《中国教育大事典》（1840 ~ 1949），杭州：浙江教育出版社，2001 年版，第 143 页。

② 刘英杰主编：《中国教育大事典》（1840 ~ 1949），杭州：浙江教育出版社，2001 年版，第 582 页。

③ 《中华英烈》1987 年，第 2 期。

④ 《毛泽东选集》（第 4 卷），北京：人民出版社，1981 年版，第 1458 页。

2. 在当地军管会的直接领导下进行公立学校的接管工作

在接管原有公立学校时，一般是当地军管会派出工作组或军代表、联络员到学校宣传党和政府的新教育政策，进行调查研究，摸清学校政治、思想、组织、经济等方面的情况，团结广大师生员工，尤其是做好知识分子的争取、团结工作，然后再由军代表召开师生员工大会，宣布接管。接管后迅速建立学校的新秩序，尽快开学上课。学校经费包括教职员的工资，都由军管会和人民政府解决。教职员中除少数训导人员停职等候处理外，学校的其他人员均暂时维持原职，照常上班，使教职员安心工作，学生安心学习。同时，组织专人清点学校物资，使之涓滴归公。

由于当时采取的诸如维持现状、边接边管、立即开学等措施符合教育工作的特点和公立学校的实际情况，所以得到学校师生员工的拥护、支持与配合，使接管工作能够顺利进行。

在接管公立学校的过程中，各地军管会还对本地区一些比较特殊的学校，分不同情况进行了清理整顿。例如，对因战争由外地迁移来的学校和师生，组织他们返回原地复校；对于个别政治复杂的学校予以查封、解散，对师生员工经清理后另行安排；对由于学生少、师资少和设备不齐全、因经费困难办不下去的公立学校，允许合并或改组。这些做法对于稳定人心、保证在校学生继续学习都起到了很好的作用。

3. 尽快消除国民党反动派在公立学校的影响

当公立学校被接管以后，立即取缔了学校内的国民党、三青团组织，停止其一切活动，对这些组织的成员进行登记。废除了训导制度和一些明显不合理的规章制度，取消了明显有悖于新民主主义教育的课程内容，代之以革命的政治课程。

例如，1949 年 5 月杭州市军管会派代表接管浙江大学，对学校的原设课程分不同情况进行了处理。其中，立即废除的课程有：国民党党义、新唯实论、刑民法、诉讼法等 11 种；停考的课程有：哲学概论、政治学、社会学、政治地理、经济政策等 12 种。

4. 对公立学校进行初步改造

公立学校被接管以后，很快重新组建了学校的领导班子，普遍成立了由师生员工代表组成的校务委员会，推行民主管理、经济公开、精简机构。对部分公立学校还配备了来自老解放区的校长和教导主任。公开了学校中的共产党组织，建立了新民主主义青年团和少年儿童队（1953年8月改名为少年儿童先锋队），成立了学生会和教职员组织，使学校的领导权掌握在共产党和人民政府的手中。同时，为了实施新民主主义教育，在中小学开设了政治常识课程，在高等学校开设了新民主主义论、社会发展史等课程；建立了教师政治学习制度；在学生中实行了人民助学金制度。通过实施这些政策措施，对新解放区的公立学校进行了初步的改造。

总之，由于执行了正确的接管工作方针政策，采取了谨慎、稳妥的工作步骤，因而保证了对新解放区公立学校接管工作的顺利完成。这样就改变了这些学校的半殖民地半封建教育的性质，使这些学校被纳入到新民主主义教育的轨道。

二、接收外国津贴学校

建国之前，在我国有不少接受外国津贴的学校，这是鸦片战争后西方资本主义和帝国主义对中国实行文化侵略的产物。在接受外国津贴的学校中，绝大部分是由西方教会资助的。

建国后，中共中央和中央人民政府开始时只要求接受外国津贴的学校到人民政府登记、立案；遵守《共同纲领》和人民政府的法令法规；将宗教活动同学校教育分开，将教会同学校分开；不能强迫学生信仰宗教，宗教课程只能由学生选修，而不能列为必修课程；允许这些学校存在，并可暂时接受外国津贴。

1950年8月19日，中共中央在《关于天主教、基督教问题的指示》中又明确指出：教会学校等文化教育机关，“在遵守共同纲领及政府法令条件之下，应视为私营事业，政府本（着）公私兼顾原则，一视同仁。教会学校应遵守政府法令设政治课为必修课”。[①] 很显然，中国作为一个主权国家，提出这些要求是权力范围之内的正常事情。

但是，帝国主义控制的某些外国津贴学校和相当一部分在校任职的神职人员和外籍教师，对于中国人民革命的胜利抱有敌意。他们不满意

---

① 中共中央文献研究室编：《建国以来重要文献选编》（第1册），北京：中央文献出版社，1992年版，第411页。

帝国主义国家和外国教会在中国丧失特权，拒不遵守《共同纲领》中规定的文化教育政策，甚至破坏和损害中国人民的革命事业与建设事业，并以断绝学校经费相威胁，妄图阻挠共和国对旧教育的改造。在这种情况下，就必须对接受外国津贴的学校进行及时的处理和收回。

接收外国津贴的学校是从1950年冬接管辅仁大学开始的。辅仁大学是罗马天主教会于1925年创办的。1927年以后，虽然已由中国人担任校长，但是学校的行政权、财政权一向掌握在教会委派的外国人手里。

1949年北平解放后，在人民政府的指导下，辅仁大学先后成立了工会和学生会等组织，增设了马列主义课程，使帝国主义在师生中的影响以及教会的权力都有所削弱。教会方面认为这种局面的出现对其十分不利，企图加以阻止。

1950年7月2日和14日，教会驻校代表芮歌尼先后致函校长陈垣，公然提出继续拨付办学经费的四个前提条件：新的校董事会由教会选任；教会通过其代表对学校人事聘任行使否决权；附属中学经费由学校自筹自给；"圣言会"所在地仍由教会保留，不准任何人侵扰。接着又提出要解聘他不满意的五名教授，并以停发经费相要挟。9月25日，教育部马叙伦部长邀芮歌尼到教育部谈话，表明了中国政府对教会学校的严正立场，指出：中央人民政府教育部颁布的《高等学校暂行规程》和《私立高等学校管理办法》是全国私立高等学校都要遵守的法令。但是，中国政府的原则立场遭到教会方面的拒绝。1950年9月30日，芮歌尼代表天主教会答复，因为他们提出的条件得不到满足，因而停发经费，明目张胆地干涉学校的民主改革。这是人民政府绝对不能允许的。因此，教育部根据政务院的指示，于1950年10月12日明令收回辅仁大学自办。从此，辅仁大学回到了中国人民的手中。辅仁大学的收回揭开了我国接收外国津贴学校的序幕。

在我国接收辅仁大学的时候，《人民日报》发表了《马叙伦部长为接办辅仁大学招待记者的书面谈话》。

《书面谈话》严正指出：外国人在旧中国所办的教会学校，必须在它真实地遵守《共同纲领》及教育方针与法令的条件下，可以暂时允许它继续办，但中央人民政府保有根据需要以命令收回自办的权利；宗教与学校教育必须明确分开，在学校课堂内不允许进行做礼拜、查经等宗教活动，不允许强迫或利诱学生选修宗教课程；凡在中国境内的学校，包括外国津贴的学校，必须设革命的政治课，这是教育法令，必须遵守；教会对所办的学校除补助经费和主持宗教选课之外，不能涉及学校行政及其他。

从此，以上这些原则和精神成为共和国对待接受外来援助办学所恪守的重要原则。

1950年美帝国主义发动侵略朝鲜的战争后，悍然宣布冻结我国在美国辖区内的公私财产。为了回击美帝国主义对中国的侵略和敌视行为，政务院于1950年12月29日发布了《关于处理接受美国津贴的文化教育救济机关及宗教团体的方针的决定》，提出将现有接受美国津贴的文化教育救济机关和宗教团体改为完全由中国人自办的事业。① 根据这个《决定》，教育部于1951年1月11日发出了《关于处理接受美国津贴的教会学校及其他教育机关的指示》，要求在1951年内，要将由美国津贴的学校全部处理完毕。处理的原则是：根据学校的不同情况，或接收后改为公立，或改组董事会和学校行政，改为完全由中国人自办的私立学校；解除美籍人员的董事或学校行政职务；美籍教师思想言行反动者予以辞退，其余留任，不愿留任又经挽留无效的，准予辞职；中国籍校长、教职员工一般原职留用；接管后学校的经费及教职员工的待遇照旧；在处理过程中一律维持学校现状，不迁校、不合并、不调整院系。处理工作的分工是：高等学校由教育部直接领导处理；中等学校由大行政区教育部（文教部）直接领导处理；初等学校（包括幼儿园）由省、市教育厅（局）直接处理或委托专署或县人民政府教育部门处理。②

以处理接受美国津贴的学校为起点，很快地发展为处理和接收所有的外国津贴学校。为此，教育部于1951年1月中旬召开了关于处理接受外国津贴的高等学校的会议，拟定了全部处理和接收外国津贴的高等学校的方案。3月中旬，教育部又协同中央人民政府华北事务部召开了华北五省二市文教厅（局）代表会议，拟定了华北各省、市处理接受外

---

① 《人民日报》，1950年12月30日。

② 何东昌主编：《中华人民共和国重要教育文献》（1949～1975），海口：海南出版社，1998年版，第75页。

国津贴的中小学的具体方案。在此前后，华东、中南、西北、西南等行政区也召开会议，制定了各区处理接受外国津贴的中小学的方案，并陆续组织实施。

各地在处理和接收外国津贴的学校的过程中，都发动群众控诉帝国主义进行文化侵略的罪行，结合抗美援朝运动深入地进行了反对帝国主义的爱国主义教育，以提高广大师生员工的政治思想觉悟，并执行党和国家的宗教政策，团结教徒与非教徒共同进步。人民政府在确定处理方案时，由于经过了充分的思想酝酿、民主协商并照顾了各校的具体情况，所以处理和接收外国津贴的学校的工作进行得比较顺利。

到1951年底，我国已经基本上完成了处理和接收外国津贴的学校的任务。共计处理和接收外国津贴的高等学校20所（辅仁大学已接办，未计入），其中由人民政府接收后改为公立的11所，改由中国人自办仍维持私立，由政府给予补助的9所；处理接受外国津贴的中等学校268所，其中由政府接收改为公立的51所，由中国人自办仍维持私立的217所；处理接受外国津贴的初等学校465所和全部幼儿园。

接受外国津贴的学校全部收回自办，使得自20世纪20年代兴起的收回教育主权运动所追求的目标，在共和国得到了真正的实现。它使得全国753所接受外国津贴的大、中、小学的性质转变成为中国人民服务的教育事业，使18万多名青少年从帝国主义奴化教育的影响下解放出来，使原接受外国津贴的学校中大多数教职工的政治觉悟大大提高，涌现出了一大批改革学校工作的骨干分子。

由于当时在思想认识上存在着局限性，缺乏经验，因而在接收外国津贴的学校的过程中也出现了一些偏差。如有些学校混淆了文化侵略与文化交流的界线，在接收外国津贴的学校后，同国外进行学术交流和图书、资料交流的渠道也被割断了；有的学校对于外国教师不加区分，一律令其回国，而其中一些人对中国是友好的，是愿意用自己的学识为中国人民服务的。这些做法对我国的经济和文化教育建设造成了一定的损失。

三、接办私立学校

私立学校在旧中国的各级各类学校中占有很大比重。

据记载，1945年国民党统治区有小学269 937所，其中私立小学（包括西方教会办的学校，下同）15 279所，占小学总数的5.7%；共有小学在校生 21 831 998 人，其中私立小学在校生 1 594 469 人，占在校生总数的7.3%；① 共有中学 3 727 所，其中私立中学 1 937 所，占中学总数的52%；中学在校生 1 262 199 人，其中私立中学在校生 581 052 人，占中学在校生总数的46%。②

1948 年国民党统治区共有专科以上学校 218 所，其中私立学校 80 所，占同类学校总数的36.7%。③ 直到大陆解放前夕，有些地方的私立高等学校还多于公立高等学校。如西南地区，共有高等学校 52 所，其中私立高等学校就有 30 所；上海市共有高等学校 40 所，其中私立高等学校有 30 所；南京、武汉两市公私立高等学校各占一半。④

这些私立学校在解放前后社会大变动的过程中遇到了很多新的情况。它们中大都存在着学校经费困难、学费过高、设备简陋陈旧、生源锐减、师资缺乏等问题，因此许多干部主张将私立学校全部收回改为公办。但当时我国正面临着恢复国民经济的艰巨任务，百废待举。如果把私立学校统统接收过来，一律实行公办，这在建国初期会给政府造成很大的困难。同时，有不少私立学校办学有成绩，也有条件继续办下去，社会上也确实有些人要求继续办下去。在这样的情况下，让这些私立学校继续维持下去，对于促进教育事业的恢复和发展是有益的。

面对这种状况，早在 1949 年 4 月 3 日，刘少奇在对北平市干部的讲话中就指出："私立学校，凡私人能出钱办学校者，只要不违反我们的教育方针，我们一概欢迎。有的学校，政府少贴一部分也可以；还有的学校，学费很高，但学生愿意出，我们也不反对，这样大家都有书读，有学校住，问题就少一些。"⑤

建国后，在 1949 年 12 月召开的第一次全国教育工作会议上对于私立学校的问题又进行了认真的研究，确定了"除个别的反动特务学校应

① 刘英杰主编：《中国教育大事典》（1840～1949），杭州：浙江教育出版社，2001 年版，第 50 页。

② 刘英杰主编：《中国教育大事典》（1840～1949），杭州：浙江教育出版社，2001 年版，第 143 页。

③ 刘英杰主编：《中国教育大事典》（1840～1949），杭洲：浙江教育出版社，2001 年版，第 582 页。

④ 毛礼锐、沈灌群主编：《中国教育通史》（第六卷），济南：山东教育出版社，1989 年版，第 24 页。

⑤ 中共中央文献研究室编：《刘少奇论教育》，北京：教育科学出版社，1998 年版，第60 页。

加取缔外，一般的应采取保护维持、加强领导、逐步改进的方针”。①要求各地在处理私立学校的问题时，应根据不同情况，采取不同措施。即对成绩优良的私立学校应予以奖励或补助；对纯粹为谋利而设的私立学校应进行整顿和改造，使之逐渐地能够实行新民主主义教育；对经费困难而办学成绩不错的私立学校给以补助。会议认为，对私立学校随便命令停办或接管是不妥当的。

根据这次会议的精神，各地人民政府对于私立学校采取了以下举措：明确宣布至少是在一个时期内保护私立学校的存在，不急于改变其私立的性质；要求私立学校根据有关规定，向人民政府重新立案，使其具有合法的地位；学校的教育教学活动必须符合新民主主义教育方针的要求；有步骤地改革学校教育制度、教育内容和教育方法；建立、健全学校董事会，实行民主管理；按照“公私兼顾”的原则，对经费困难的学校，分别不同情况，由政府给以适当补助；加强教育行政部门对学校的领导，对私立学校实行“积极维持，逐步改造，重点补助”的方针。

通过采取以上举措，使保留下来的私立学校提高了办学积极性，有相当一部分私立学校增加了收入，从而缓解了学校的经济困难。加之人民政府本着“公私兼顾”的原则在教育管理上与公立学校同等对待，在生源方面和经费方面都给予了很多照顾，这样，从1949年到1951年，我国基本上维持了私立学校这一办学体制。这对于全面改造旧教育和建设人民新教育，对于安定新解放区的社会秩序，都起到了积极作用。

但是，虽然有人民政府的大力扶持和帮助，各地仍然有许多私立学校难以为继。尤其是随着土地改革、农业合作化和私人资本主义工商业社会主义改造的展开，私立学校取得经济来源的渠道越来越窄，以至于发展到完全依靠收取学生的学杂费和请求政府补贴的办法来维持学校的地步。与此相对照，公立学校教学质量高，收费少，② 因此吸引了绝大部分生源。而私立中小学的高额学杂费③ 造成了多数学生交费困难。

---

① 何东昌主编：《中华人民共和国重要教育文献》（1949～1975），海口：海南出版社，1998年版，第11页。

② 公立学校只收杂费，不收学费。每年交纳杂费一般标准为小学2.5元，中学为5元。

③ 私立中小学既收学费，又收杂费，其收费标准各地各校各年级都不相同。如上海一个区的私立小学，每年每生平均需交学杂费15元至20元。

政府制定的人民助学金制度和学杂费减免办法，也不能完全解决这个问题。这样，私立学校的学生来源日益枯竭。

在这种情况下，1952年6月14日，毛泽东在中共北京市委《关于北京市中小学校学生负担及生活情况的报告》上批示："如有可能，应全部接办私立中小学。"① 根据这个批示精神，教育部于同年8月召开全国中小学行政会议，对在全国范围内接办私立中小学的工作作了部署。9月1日，教育部发出《关于接办私立中小学的指示》，并于11月15日发出《关于接办私立中等学校和小学的计划》。具体步骤和原则是：（1）先接办中等学校，后接办小学；先接办外资举办的学校，后接办中国人办的学校；先接办成绩较差的学校，后接办成绩较好的学校；先接办经费困难的学校，后接办经费尚能维持的学校。（2）对由少数民族团体和私人举办的私立中小学，可暂缓接办；在自愿原则下，人民政府也可以接办，接办之后必须尊重少数民族学校的特点。（3）为了做好接办工作，必须注意依靠学校的进步力量，向师生员工反复讲明人民政府的政策，以解除各种思想顾虑。（4）对接办私立学校的人事、机构编制、教学设备，采取逐步整理的办法，逐步予以解决。

根据上述步骤和原则，到1952年底，全国各地区接办的私立中等学校已占到私立中等学校总数的30%左右；已接办的私立小学已占私立小学总数的20%左右。其中华北、东北两地区已经全部完成了接办私立中小学的任务。

1953年5月，中共中央政治局在讨论教育工作时，提出应允许小学民办和暂时保留私塾式、改良式的学校。据此，教育部决定放慢接办私立中小学的步伐。但是在1956年对私营资本主义工商业进行社会主义改造的高潮中，所有的私立中小学和私立幼儿园也都相应地改为公立。与此同时，农村中大量存在的私塾也大部分改为民办小学，少部分成为公立初等小学。

到1956年，全国尚存的1 467所私立中学和8 925所私立小学全部由政府接办，改为公立。同时，对接办学校的行政组织、人事和财务制度进行整顿和改进，对教学组织进一步规范。

---

① 《毛泽东书信选集》，北京：人民出版社，1983年版，第473页。

接办私立高等学校的工作是与全国高等学校院系调整同步进行的。国家已开始大规模的经济建设，亟需培养大量建设人才，而这些建设人才的培养又必须纳入国家统一规划的需要，在这样的情况下，人民政府将规模小、力量弱的私立高等学校加以合并和调整是一个合理的选择。因此，在 1952 年一年的时间里就将所有的私立高等学校都并入公立高等学校，或者改为公立高等学校了。但是，这种做法也在一定程度上挫伤了私人办学的积极性。如上海纺织工业学院的经费支出全部由上海市棉纺织业同业公会拨款，该同业公会的主要负责人大多兼任学校董事。1950 年 7 月，该校董事会作出决定，为了集中办学资源，将上海纺织工业学院和其他三所私立纺织专科学校合并为一所多层次的纺织工业学院。又如上海私立东南医学院响应政府“面向农村，走向内地”的号召，于 1949 年底迁到安徽怀远县继续办学。

以上这些事例说明，以中国私人工商业者为代表的社会人士中确实存在一股办学的积极性，他们中有的也有捐资助学的能力。将这些私立学校“一刀切”地改为公立是否恰当，是值得反思的。

私学制度在我国源远流长。近代中国的私立学校制度曾对中国教育的民主化和科学化作出过贡献，产生过一批办学卓有成效且有自己特色的私立学校。共和国成立初期，限于当时的经济条件和历史条件，对私立学校采取维持和改造的方针是恰当的。而且，中国这么大，应该提倡多渠道、多种形式办学，不能拘泥于国家办学一种形式。然而，在 1956 年对资本主义工商业进行社会主义改造的高潮中，私立学校被纳入了生产资料私有制改造的范畴，使私立学校全部改为公立学校成为不可阻挡的潮流。在这种特定的历史条件下，私立学校便消失了。

第三节　贯彻教育为工农服务的方针

工农群众在我国占人口的绝大多数，是进行革命和建设的依靠力量。共和国建立前夕，毛泽东在《论人民民主专政》一文中指出：“人民民主专政的基础是工人阶级、农民阶级和城市小资产阶级的联盟，而主要是工人和农民的联盟，因为这两个阶级占了中国人口的百分之八十到九十。推翻帝国主义和国民党反动派，主要是这两个阶级的力量。由新民主主义到社会主义，主要依靠这两个阶级的联盟。”① 因此，教育为工农服务、教育向工农开门不仅是新民主主义教育的根本宗旨，也是社会主义教育的根本宗旨。

一、确定工农教育的方针与任务

在旧中国，文化教育长期落后，广大的工农群众被剥夺了受教育的机会和权利，他们的子女也被排斥在学校大门之外。到共和国建立初期，历史遗留下来的这些问题依然不能完全消除。如工农群众中的文盲比例仍然很高，工农子女入学读书的还是比较少；尤其是大学生中工农成分极少的情况还没有什么改变；广大工农干部因为过去长期处在战争环境中，很少有接受系统的科学文化知识教育的机会。

以上这种状况同工农群众在共和国的主人翁地位，同他们在革命和建设中所担负的责任和任务，是极不相称的。如果这种状况长期得不到改变，不努力提高广大工农群众的政治思想水平和科学文化知识水平，那么人民民主专政政权的巩固，国民经济的恢复和发展，进而国家开展的长远建设，都将受到很大影响。为了尽快提高工农群众的文化科学知识水平，1949 年 12 月召开的第一次全国教育工作会议根据《共同纲领》的有关规定，提出了“教育为工农服务”的方针。

为了研究如何贯彻“教育为工农服务”的方针和加强对工农教育领导的问题，1950 年 9 月 20 日至 29 日，教育部、中华全国总工会在北京召开了第一次全国工农教育会议。参加会议的有中央、大行政区、省市教育部门、工会和有关部门负责人、模范教师、学习模范、工农速成中学校长和特邀学者共 470 余人。9 月 27 日，毛泽东和朱德、李济深、董必武、郭沫若、黄炎培等国家领导人到会与代表见面。朱德、李济深、董必武等还在会上发表了重要讲话。

会议指出：“加强工农教育的政治意义：它是巩固和发展人民民主专政，建立强大的国防军和强大的经济力量的必要条件。没有工农文化教育的普及和提高，也就没有文化建设的高潮。”②

---

① 《毛泽东选集》（第 4 卷），北京：人民出版社，1991 年版，第 1478 ~ 1479 页。

② 何东昌主编：《中华人民共和国重要教育文献》（1949 ~ 1975），海口：海南出版社，1998 年版，第 58 ~ 59 页。

会议对工农教育的对象、内容、实施步骤、领导管理、教育教学原则、师资和经费等作出了以下明确规定：

工农教育的对象首先应着重工农干部和积极分子的教育，并有条件地推广到有组织的男女青年和迫切要求学习的工农群众中去。

工农教育的内容：现阶段一般应以文化教育（首先是识字）为主。但在着重进行文化教育的同时，必须进行政治教育；在文化课中也应当有政治教育和生产知识教育的内容，两者不可偏废。那种孤立地进行文化教育或只重视政治教育而忽视文化科学知识教育的做法都是错误的，必须防止和纠正。

工农教育的实施步骤，应该因时因地制宜，根据主客观条件，有重点地稳步前进，典型示范，逐步推广，在巩固的基础上求发展。

工农教育的领导管理，必须实行“政府领导、依靠群众组织、各方面配合”的原则，以达到统一领导、分工合作、将工作做好的目的。

工农教育的教学原则：群众参加各种文化学习必须是自愿的，不能有任何强迫命令和包办代替的做法。学习的组织形式应多种多样，以适应群众生产和生活的需要。

工农教育的师资和经费，要实行以民教民的办法，必要时可设一定的专任教师作骨干；经费主要依靠群众自己解决，政府有重点地给予补助。

这次会议还通过了一系列开展工农教育的文件草案。会后，各地区、各产业系统、工青妇各群众组织都认真传达贯彻了会议精神，使工农教育在全国范围内迅速地开展起来了。

二、教育向工农开门

教育向工农开门，是共和国新教育性质所决定的，是“教育为工农服务”方针的具体体现。教育向工农开门的目的，就是要为工农干部和群众接受教育提供各种方便条件，以此提高广大工农干部、工农群众及其子女的文化科学水平和政治理论水平，使他们真正成为共和国各项建设事业的依靠力量。

为了切实做到教育向工农开门，党和政府采取的主要措施有：

（1）举办以招收工农干部、工农群众及其子女为主要对象的各类学校，包括中国人民大学、北京农业大学、北京工业学院等高等学校和各地的工农速成中学、工农干部文化补习学校等，以大力推进工农干部文化教育、职工业余文化教育和农民业余文化教育。其目的是造就工农出身的管理干部、技术干部，提高工农干部的文化技术水平。

（2）吸收工农干部和工农青年进入高等学校。高等学校招生对工农干部和工农青年在年龄、文化程度等入学资格方面均给予特别照顾，或采取保送、选送和免试入学的办法，以提高高等学校中的工农成分，培养更多的工农出身的新型知识分子。

（3）提高中等学校和小学在校生中的工农青年和工农子女的比例。规定中等学校招生时按地区确定工农子女名额所占比例；大中城市和工矿区增设中学和小学，着重招收工人子女，并增设专收青年工人及工人子女的中等技术学校。农村采取“公办民助”、“民办公助”等形式兴办小学，以方便农民子女就近入学。举办儿童识字班，放宽儿童入学年龄，免收学杂费，吸收劳动人民家庭中的失学儿童入学，使他们继续读书以完成学业。

（4）为减轻工农干部、工农青年和工农子女在学习期间的经济负担，在中等以上学校建立了人民助学金制度。1955 年 8 月，高等教育部发布了《高等学校一般学生人民助学金实施办法》，将全国划分为 10 个地区，确定了人民助学金的标准，并将人民助学金分为定期补助和临时补助两种。

通过采取以上措施，各级各类学校在校生中的工农成分比例明显增加。据统计，1952 年全国小学在校生中工农成分的学生已占学生总数的80%。到 1953 年，全国普通中学的在校生中，工农子女入学比例已达到64%，连同其他劳动人民子女在内，则已超过了71%；而教育发展较快的东北、华北地区，普通中学在校生中工农成分的比例已达到82%。同年，工农家庭出身和本人成分是工农的高等学校的新生已占新生总数的27.4%。一批工农干部和工农青年已从中等专业学校和高等学校毕业，走上了工作岗位，开始成为国家各项建设事业中的骨干力量。

三、开展以工农干部为主体的干部教育

建国后，大批工农干部从硝烟弥漫的战场转入各项和平建设事业。他们迫切需要重新学习文化、政治和技术。为了推动工农干部教育，政务院于 1950 年 12 月 14 日发布了《关于举办工农速成中学和工农干部文

化补习学校的指示》。

《指示》指出，工农干部是建设人民国家的重要骨干，但在过去长期战争环境中，他们很少有受系统的文化教育的机会。因此，为了提高他们的文化水平，以适应建设事业的需要，必须给予他们以专门受教育的机会，目的是培养他们成为新的知识分子。《指示》的发布和实施推动了工农速成中学和工农干部文化补习学校的发展。

1. 举办工农速成中学

举办工农速成中学是 1949 年 12 月召开的第一次全国教育会议作出的决定。1950 年 4 月，由教育部和北京市文教局联合创办了我国第一所工农速成中学。接着，1950 年 9 月召开的第一次全国工农教育会议修正通过了《工农速成中学暂行实施办法》，对工农速成中学的性质、任务、学制、课程、组织编制、学校设置及领导管理作出了明确的规定。在政务院于同年 12 月 14 日发布《关于举办工农速成中学和工农干部文化补习学校的指示》后，教育部根据《指示》精神，又对《工农速成中学暂行实施办法》进行了修订补充，经政务院文教委员会批准后正式颁布。这时，工农速成中学的数量正在迅速增加。到 1950 年底，全国已有工农速成中学 24 所，招收学生4 400余人。

工农速成中学原来分别由各地教育行政部门或高等学校试办。1951 年 11 月 19 日，教育部根据苏联建国初期创办工农速成中学的经验和两年来在北京大学、清华大学等高等学校试办附设工农速成中学的经验，作出了《关于工农速成中学附设于高等学校的决定》，提出自 1953 年起，工农速成中学应有计划、有步骤地附设于各类高等学校。

事实证明，工农速成中学附设于高等学校，作为高等学校的预备学校，不但可以逐步改变当时高等学校的学生成分，增强学校健康的思想政治氛围，使高等学校切实做到面向工农开门，而且便于工农速成中学实施重点分类的教学计划，更容易同高等学校课程密切衔接，在设备和教学方面可以直接得到高等学校的具体帮助和指导，使学生毕业后可直接升入高等学校继续深造。

工农速成中学的学生由各机关、工厂、学校有计划地抽调或选送。修业年限暂定为三年，必要时可延长为四年。其课程相当于普通中学的基本课程，以精简为原则。工农速成中学的学制、课程、教学计划等都要体现“速成”的要求，这是工农速成中学的一大特点。

在工农速成中学的招生过程中，由于各种原因，致使有些厂矿和机关不愿抽调足够数量并且合乎条件的产业工人和工农干部投考工农速成中学；还有些单位未按教育部规定的条件选送，因而降低了工农速成中学生源的质量，影响了国家培养工农干部的计划。针对这些情况，教育部在 1953 年对招生工作作了一些调整，具体规定了选送学生的范围，并决定从 1953 年起逐步实行“工人返还制”。办法是将各厂矿企业部门保送的产业工人尽可能安排到设有与该企业部门有关专业的高等学校所附设的工农速成中学学习，在大学毕业后仍送回原保送单位分配工作。

工农速成中学的开办，为工农干部、工农青年进入高等学校的大门开辟了一条新路。

到 1953 年时，工农速成中学的在校学生已有 28 000 余人。其中，工农干部占56.3%，产业工人占25.5%，军人占18.2%。在工农速成中学的学生中，劳动模范和先进工作者共有1 572人，还有 459 人是由工人提升的厂矿干部。当时在工农速成中学学习的，有全国闻名的劳动模范和当选为全国人民代表大会代表的郝建秀、杭佩兰、马恒昌、刘立富、徐建华等 20 余人，还有治理淮河特等劳模金秀兰、解放军文艺战士高玉宝和抗美援朝中的一些战斗英雄、人民功臣。他们在学习中刻苦努力，仅在第一届1 680名毕业生中，就有1 622人升入了高等学校。①

到 1954 年，全国的工农速成中学已有 87 所，调配干部、教师3 700余人，共招生 6.47 万人。在工农速成中学开办后的几年间，为国家培养了一大批建设人才。他们中间有的受完大学教育（或留苏毕业），学到了专业知识，成了经济建设的技术骨干；有的还担任了中等、高等学校或党政机关的领导职务。

随着各级各类正规教育中工农成分的逐渐增加，为通过正常的、循序渐进的办法来培养工农出身的知识分子提供了条件，加之不断地从机关、企事业单位和工农业部门抽调人员到学校脱产学习也会对这些部门的工作造成影响，因此，1955 年 7 月 9 日，教育部、高等教育部决定工农速成中学自 1955 年起停止招生。

---

① 教育部：《五年来的工农速成中学教育》，载《人民教育》，1954 年第 11 期。

2. 开办工农干部文化补习学校

为了提高广大干部尤其是工农干部的文化技术水平，教育部于1951年2月10日颁布了《工农干部文化补习学校暂行实施办法》。

《办法》规定工农干部文化补习学校的主要任务是：招收具有初步阅读能力的工农干部，在校施以相当于完全小学程度的教育，毕业后由其原来机关分配工作，或升入工农速成中学，或进入其他干部学校继续学习。工农干部文化补习学校在教育方法上，贯彻理论与实际相一致的原则。在教学内容和教学方法上，力求切合国家建设的需要与工农干部的特点和要求。《办法》对学生入学条件、课程及教学工作也作出了规定。

据此，县以上各级人民政府机关、工厂、人民团体都举办了工农干部文化补习学校或补习班；高等学校、中等学校、干部学校也附设了工农干部文化补习学校或补习班。由各机关、工厂、学校有计划地抽调或选送参加革命三年以上，年龄在十八岁以上，具备一定的文化程度、身体健康的工农干部，经考试及格入学。开设相当于完全小学程度的国语、算术、自然、地理、历史、政治、体育、音乐等课程。修业年限暂定为两年。

工农干部文化补习学校的开办，对于提高工农干部的文化水平发挥了巨大作用。

随着工农干部文化水平的提高，在1954年以后，许多省、市和地区相继将工农干部文化补习学校转变为业余学校，此后又成立了以工农干部为主的干部离职文化补习学校，招收没有达到初中毕业水平的县委正副书记、正副县长、区委正副书记、正副区长和部分主要县级负责干部离职学习。目标是力争在三至五年内把他们的文化程度全部提高到初中毕业水平，并使其中的一部分人达到高中毕业水平。

例如，湖南省1954年到1957年，各专区、县都开办了干部文化补习学校，招收区、乡和县级领导骨干17 416人，采取脱产学习的形式，集中轮训一年半至两年，使10 716人摘掉了文盲帽子，4 320人达到高小毕业水平，2 380人达到初中毕业水平。①

---

① 刘欣森、孟湘砥主编：《湖南教育史》(第3卷)，长沙：岳麓书社，2002年版，第58页。

3. 干部教育走向制度化、正规化

1953年，国家建设开始执行第一个五年计划。为了适应社会主义工业化和农业合作化的需要，进一步推动干部教育的发展，政务院文化教育委员会于1953年9月在北京召开了第一次全国干部文化教育工作会议。会议讨论了干部文化教育的要求与目的、方针与步骤、领导与管理以及干部扫盲等问题。会议强调，大量培养与提拔工农干部和有计划地提高他们的政治、文化、业务水平，使他们成为各项建设事业中的骨干，是贯彻过渡时期总路线的一项重大的政治任务和组织任务。

同年12月24日，中共中央发出《关于加强干部文化教育工作的指示》，对干部文化教育作了具体部署。

1954年3月，政务院文化教育委员会副主任习仲勋在全国文化教育工作会议上进一步要求各级党委高度重视，加强对这项工作的领导。各地党政领导机关据此对干部文化教育工作作了通盘安排，统一领导，使干部教育走向制度化和正规化。

首先，建立了组织机构。政务院文化教育委员会设立了干部文化教育局，负责管理全国的干部业余文化教育工作，并协同中共中央组织部管理干部离职文化教育的工作。省、市以上各级文教委员会设立了干部文化教育局（处），配备一定数量的人员，掌管干部文化教育事业。专区、县以下由党委宣传部门主管，并配备专职干部，协助政府文教部门开展这一工作。

其次，明确教学原则、教学内容和学习方式。干部文化教育采取速成的和联系实际的教学原则，对课程精简集中，教学内容适当联系干部的工作，教学方法适合工农干部的特点，学习方式根据具体情况，分别采取在职业余学习或离职集中学习的方式进行。

第三，对农村干部的学习给予了实际指导。各地政府采取精简会议、减少兼职、合理安排农村干部的工作和学习时间等措施，组织农村干部挤出时间参加学习。有些省、市、自治区还举办了农业合作化干部学校，选调一批来自农业合作化第一线的合作社骨干进行短期培训。培训内容以政治教育为主，辅以农业生产的技术教育。

第四，在一些高等学校附设老干部特别班。采取从宽录取的办法，招收具有高中文化程度的干部和工农速成中学毕业生，使他们接受更高

层次的马列主义理论教育和专业技术教育，为参加国家建设作好全面的知识储备。高等学校对老干部特别班实行定向培养的办法。根据学员的实际情况，实行分类教学计划，并规定了相应的课程重点，制定了专门的教学大纲，统一了精简教材的标准和各科教学的进度，使各科教学有了一定的规格，从而减少了教学中的实际困难，减轻了学员的学习负担，提高了教育质量。通过高等学校附设老干部特别班的学习，大量的工农干部能够进入高等学校继续深造，成了工农出身的技术专家或领导干部，成了国家建设事业的骨干力量。

从中央到地方的各级党政机关和教育行政部门对干部文化教育工作都抓得比较紧，因而工作成绩显著。

据不完全统计，到 1955 年底，全国已有干部业余文化学校3 546所，在校学生1 308 900人；干部离职文化补习学校 256 所，学员84 729人。全国有 17 万干部脱盲，26 万干部达到了小学毕业程度，6 万干部达到了初中毕业程度①。其中如安徽省，在县级以上机关都设立了干部业余文化补习学校，省直和中等城市成立了总校、联校，下设若干分校，在校学员达 7.35 万人。到 1957 年底，全省共有 1 万余名干部脱盲，有 1.2 万余名干部达到小学毕业程度，有 779 名干部达到初中毕业程度。②

此外，1955 年，升入大学特别班的工农干部有 5.1 万人。1956 年，又有大批在职调干生被高等学校录取，进入高等学校学习。

四、开展职工业余教育

开展职工业余教育是提高广大工人、职员政治、文化技术水平的重要方法之一。

1950 年 6 月 1 日，政务院发布了《关于开展职工业余教育的指示》，对职工业余教育的方针、任务、目的、要求、学制和课程、教学时间、领导管理等问题作出了明确的规定。

1951 年 2 月 27 日，政务院文化教育委员会批准颁布《职工业余教育暂行实施办法》，对职工业余教育的任务、修业年限和教学工作等作

---

① 中国教育年鉴编辑部编：《中国教育年鉴》（1949 ~ 1981），北京：中国大百科全书出版社，1984 年版，第 583 页。

② 中国教育年鉴编辑部编：《中国教育年鉴》（地方教育，1949 ~ 1984），长沙：湖南教育出版社，1986 年版，第 621 页。

出具体规定。此后，全国各地的教育行政部门、工会和厂矿企业都单独或联合开办了大量职工业余学校和职工业余学习班、识字班，以提高广大职工的文化、政治和技术水平。当时参加业余学习的职工以扫盲为主。

"一五"计划期间，根据国家进行大规模经济建设的需要，国家对职工业余教育工作进行了整顿。在整顿过程中，纠正了职工业余教育工作中存在的对扫盲比较重视，对初等以上职工业余教育重视不够的偏向；基本上克服了在扫盲工作中因为盲目冒进而造成的影响生产、成批掉队和大量回生等严重现象，改进了教学方法，使职工业余文化教育进一步得到提高。

为了进一步发展职工业余教育，教育部、扫除文盲工作委员会、全国总工会于1954年2月23日联合召开了职工业余文化教育工作预备会议。根据会议精神，教育部、扫除文盲工作委员会、全国总工会于同年4月22日发出《职工业余文化教育工作预备会议所讨论的几个问题的通告》，进一步明确了工作重点、方法和内容。

首先，职工业余文化教育工作必须认真贯彻以产业工人特别是重工业工人为重点对象的方针，以期在第一个五年计划时期内基本上扫除现有产业工人中的文盲，并在扫盲的基础上，适当发展业余高小与中学班，为职工系统地学习政治理论和科学技术打下基础。①

第二，职工业余教育的内容照顾到生产的需要，教学制度适合职工业余学习的特点。在组织领导方面，遵循"政府领导，依靠工会"的原则，使政府和工会在职工业余文化教育工作中能够主动配合，团结互助，步调一致。在厂矿企业可将职工业余教育的经常管理工作置于基层工会组织的领导之下。

第三，职工业余文化教育分为若干不同班次。其中，扫盲班一律以学会两千个常用汉字、能看通俗读物、能写两三百字短文为标准。高小班的课程设语文、算术、常识三科。初中班的课程设语文、代数、几何、物理、化学五科。在比较大的厂矿企业中，还设立了职工业余政治

---

① 何东昌主编：《中华人民共和国重要教育文献》（1949~1975），海口：海南出版社，1998年版，第315页。

班，吸收有相当文化程度的职工参加学习，进行系统的政治理论教育，培养职工中具有初步理论知识的干部。

到1954年，全国参加业余文化学习的职工已有369.16万人，其中初小班（扫盲班）159万人，高小班134.7万人，初中班73.8万人，高中（中专）班1.66万人。① 参加学习的职工经过考试及格后分科结业，并由县、市人民政府颁发毕业证书。

1955年12月19日至28日，高等教育部、教育部和全国总工会在北京联合召开全国职工业余教育会议。

会议讨论了职工业余教育的全面规划和加强领导的问题，明确了职工业余教育的方针、任务，并系统地研究了从小学到大学的各级业余教育中的问题。会议指出，职工业余教育担负着两大任务：一是普遍地提高职工群众的文化技术水平；二是培养科学技术人才和管理干部。会议决定对识字教育和业余小学教育采取“大量发展、注重质量”的工作方针；对中等以上职工业余学校采取“积极发展、力求正规、提高质量”的工作方针。要求各级职工业余学校的培养目标一般应与同级的普通学校基本相同，但修业年限要适当延长，课程内容要适当精简。

此外，会议对各级职工业余教育的组织领导、师资配备和经费来源等问题作了具体安排。

这次会议以后，我国的职工业余教育由以扫盲为主，逐步发展为以初等教育和初中教育为主，初步建立了由扫盲、初等（业余高小班）、中等（业余初中班、业余高中）到大专（函授专修科和夜大学）的职工教育网。到第一个五年计划结束时，全国参加业余学习的职工已达502.2万人，占职工总数的28.1%。②

在1956年向科学进军的热潮中，一些较大的厂矿企业办起了职工业余大学。

东北重工业基地的鞍山钢铁公司创办了鞍钢夜大学，开设了钢铁冶炼、轧钢、冶金、工业机械设备、工业电气化等专业，学制五年，招生280人。沈阳松陵机械公司成立了三三六夜大学，设飞机制造工艺、机

① 臧永昌编著：《中国职工教育史》，沈阳：辽宁大学出版社，1992年版，第238~239页。
② 臧永昌编著：《中国职工教育史》，沈阳：辽宁大学出版社，1992年版，第252页。

械制造工艺两个专业，学制五年，招收学生283人。① 此外，本溪钢铁公司创办了本溪夜大学，吉林化学公司设立了吉林业余化工学院。

以上这些业余大学的创建，不但提高了职工业余教育的层次和规格，也为职工向科学进军作了知识和技术的积累。不少工人通过业余技术教育，被培养和提升为工程技术人员、工段长和车间主任，成了工业生产建设中的骨干力量。到1955年底，全国职工在技术革新中共提出技术发明、技术改造和合理化建议533 161件，仅其中的62 425件，在当年就为国家节约9 000余万元。②

许多全日制高等学校为了进一步挖掘高校培养各方面建设人才的潜力，让更多的在职职工能够利用业余时间接受现代科学文化知识教育，开办了函授大学和夜大学。

例如，中国人民大学试办的函授专修科和夜大学，设置了工业经济、工业会计等十个财经类专业，并在北京、天津、太原设函授辅导站。这是新中国最早的高等函授教育。哈尔滨工业大学、东北工学院等学校也相继创办夜大学，招收厂矿企业领导干部和中等技术人员入学。

据统计，到第一个五年计划结束时，高等学校举办的函授教育与夜大学已初具规模。全国举办函授教育的高校有58所，举办夜大学的高校有36所，共设置专业43个，有函授生3.5万人，夜大学生1.2万人。③ 同时，中等函授教育也有了很大发展。至此，初步建立起职工业余教育网。

五、开展农民业余教育

共和国建立初期的农民业余教育一直是围绕着农村工作的中心任务进行的。这样做，一方面有利于中心任务的完成，另一方面也有利于调动农村干部和农民群众学习文化、政治、农业技术的积极性。

1. 开展以冬学为主的农民业余教育

1950年，国家尚处在紧张的国民经济恢复时期，广大新解放区农

---

① 中国教育年鉴编辑部编：《中国教育年鉴》（地方教育，1949～1984），长沙：湖南教育出版社，1986年版，第291～292页。

② 臧永昌编著：《中国职工教育史》，沈阳：辽宁大学出版社，1992年版，第253页。

③ 中国教育年鉴编辑部编：《中国教育年鉴》（1949～1981），北京：中国大百科全书出版社，1984年版，第605页。

村的土地改革尚未开始或刚开始进行。因此，要求农民业余教育一般地应以识字学文化为主，配合时事、政策教育和生产、卫生教育。其中，已经完成土地改革的老解放区首先推行识字运动，以逐渐减少文盲。在教育对象方面，首先着重村干部、积极分子及青年男女，再逐渐推广到一般农民。凡未完成土地改革的半老区和新区，由于农村中反封建的斗争正在展开，一般地要结合当地当时的中心工作和群众运动，运用各种形式，以进行政策、时事教育为主，激发农民的阶级觉悟，提高其政治认识。如果农民要求和条件许可也可以适当地进行识字教育，为土地改革完成后开展农民识字运动打下基础。

为了具体实施农民业余教育，共和国建立初期确定了以下几条原则：

（1）中国地域辽阔，各地区之间经济、文化及农民觉悟方面都存在很大差异，因此，在农民业余教育的具体实施上必须因时、因地制宜，根据主客观条件，有重点地稳步前进。必须防止急于求成或单纯追求数量而不讲求效果的形式主义偏向。

（2）针对农村干部和农民群众中存在大量文盲的情况，农民业余教育要以识字学文化为起点、为重点，逐步提高农民的读、写、算能力。

（3）农民业余教育的学习组织必须适合农民生产、生活的特点，采取多种多样的形式，不能强求一律，不能强求正规化。长期以来，农民业余文化教育主要采取冬学形式，但除了冬学、识字班、识字小组等组织形式外，在基础较好的农村可以成立农民业余学校，将季节性的业余学习逐步转变为常年性的业余学习。不论采取分散的或集中的形式、常年学习或季节性学习，均需灵活运用。

（4）开展农民业余教育要走群众路线。动员农民群众参加学习必须是自觉自愿，不能搞强迫命令。农民的常年学习必须做到不妨碍生产，农忙时应放假，农闲时应加紧学习。

（5）对农民业余学习的要求，可按照实际情况分设初级班（组）和高级班（组）。初级班吸收文盲、半文盲入学，使其在三年内认识常用字1 000个以上，并具有初步读、写、算能力。高级班吸收已经完成初级班课程或有同等学力者入学，使其在两年内基本上达到相当于高级小学毕业的程度。初级班课程暂定为识字、算术两科；高级班课程暂定为语文、算术、常识三科。

由于党和人民政府对农民业余教育的重视并采取了有效措施，广大农民的学习积极性不断提高，建国初期我国农民业余教育得到了较快的发展。

据记载，1949 年，在人民解放战争尚未完全结束的情况下，全国各地参加冬学学习的农民已达1 000余万人。① 1951 年 2 月 28 日，教育部发出《关于冬学转为常年农民业余学校的指示》，要求各地领导机关应适时地召开专门会议，着重研究冬学转民校的工作。《指示》提出，进行这项工作时应进行深入的思想动员，既不能只靠行政命令规定任务，也不能对任务不作规定任其自流。要在群众充分自觉的基础上将冬学转为民校。②

1951 年，全国参加业余学习的农民已达2 500万人以上，其中转入常年学习的有1 100万人。③ 1953 年以后，冬学虽然仍然是农民业余教育的主要形式，但常年民校的数量在逐年增加。常年民校成为农村基层干部和农民群众学习文化的重要形式。

2. 农民业余文化教育的发展

1953 年后，随着过渡时期总路线的进一步贯彻和落实，广大农民的社会主义觉悟明显提高，农业生产互助合作组织有了很大的发展，开展以互助合作为中心的农业增产运动已成为农村的中心任务。由此，农民群众特别是农村的基层干部和积极分子，从实践中体会到要在农村办合作社、组织集体劳动、改进生产技术，不会读、写、算，缺乏科学知识，会遇到很多困难。因此，他们迫切地要求学习文化。

这个时期，农民参加业余学习的条件发生了两个方面的变化：一方面，不少乡村干部和积极分子带头积极地参加业余学习，作为主要劳动力的青壮年参加业余学习的人渐渐多起来；另一方面，农业互助合作组

---

① 中央教育科学研究所编：《中华人民共和国教育大事记》（1949 ~ 1982），北京：教育科学出版社，1984 年版，第 6 页。

② 何东昌主编：《中华人民共和国重要教育文献》（1949 ~ 1975），海口：海南出版社，1998 年版，第 82 ~ 83 页。

③ 何东昌主编：《中华人民共和国重要教育文献》（1949 ~ 1975），海口：海南出版社，1998 年版，第 124 页。

织的发展又为农民参加业余文化学习创造了新的有利条件。尤其是在华北、东北等农村互助合作运动发展得比较好的地区，在农民业余文化教育工作中创造了一种新的经验，即由合作社、互助组举办冬学、民校、识字组，组织农民学习。

例如，山西省平顺县西沟村由李顺达农业生产合作社创办的民校，把学习组织同生产组织适当地统一起来，开展业余学习。这样，便于把生产、会议和学习时间作统一安排，使学习内容适应生产的需要，解决了学习同生产的矛盾。同时，农业生产合作社办学，为解决师资、经费等问题提供了便利条件。尤其是大批初中和高小毕业生回乡从事农业生产，再加上已经脱盲的农民逐年增多，这就给解决农民业余文化教育的师资问题开辟了广阔的来源。

在这种形势下，教育部和扫除文盲工作委员会于1954年8月在北京联合召开了第一次全国农民业余文化教育会议，讨论农民业余文化教育的方针任务和实施原则。

1955年6月2日，国务院发出《关于加强农民业余教育的指示》。《指示》在认真总结前几年开展农民业余教育经验的基础上，结合农村形势的变化，明确地提出和解决了农民业余文化教育的任务、教育形式、教育内容、教育方法等一系列重要问题，为巩固和加强农民业余文化教育提供了保证。

各地认真宣传贯彻第一次全国农民业余文化教育会议和国务院的《指示》精神，密切结合农村互助合作运动和农业生产，推动农民业余文化教育更好地发展。

进行农民业余文化教育的具体措施是：把农民的学习组织同生产组织结合起来，为办学创造条件；注意与农事季节相适应，利用农事空闲组织学习；着重对文盲进行识字教育，组织已经脱盲的农民和中小学毕业生继续学习；在政治课中向农民进行社会主义教育和各种政策教育与时事教育，在文化课中增加政治思想教育和生产知识的内容；采取“以民教民”的原则，广泛组织和动员农村中识字的人，利用业余时间来教不识字的人；农民业余文化教育的经费由群众自筹，或由学员自出、学员集体生产、合作社统筹解决；地方各级政府把农民业余文化教育列入工作日程，设置专门机构和配备专人，负责管理农民业余文化教育工作；青年团、妇联、农村工作部门、人民武装部等也在农民业余文化教育工作中发挥了作用，从而进一步推动了农民业余文化教育的发展。

在农民业余文化教育的发展中，各地逐步建立起坚持常年学习的农民业余学校（即民校）。这体现了农民业余文化教育必须密切结合农村互助合作运动和农业生产的发展，有效地为农业社会主义改造和发展农业生产服务的指导方针。

随着1954年以后农业合作化高潮的兴起，浙江农村分批将冬学转为民校，并采取"农闲多学，农忙少学，大忙放假，忙后复课"的原则，坚持常年学习，有力地推动了农民业余文化教育。

1955年，根据毛泽东为《莒南县高家柳沟村青年团支部创办记工学习班的经验》一文所作的"农民组织了合作社，……他们可以自己组织学习文化"的批示，经中共山东省委、省政府决定，在农业合作社举办记工学习班。这一决定下达后，记工学习班遍地开花，为农业合作化培养了大批的记工员和会计。

1955年以后，河南的农民业余文化教育得到较快的发展。到1956年，全省参加学习的人数达到了379.3万，比1950年的199.3万增加了近1倍。除了以扫盲教育为主的冬学之外，还办了业余小学、业余中学。其中参加业余中学学习的人数由1955年的58 404人增加到1956年的105 533人，在一年时间里增长了80.7%。①

到1956年，河北全省有80%以上的村子建立了民校，参加学习的人数达到391万。其中扫盲班学员319万，参加业余小学和中学学习的72万，中技班学员两千余人。这一年全省扫除农民文盲47万，出现了一批基本脱盲的文化村和青年文化村。②

据统计，到1955年底，全国参加业余文化学习的农民已达4 500万人，比1951年增加了2 000万人。

六、大力扫除文盲

建国后，由于受当时主客观条件的限制，还不能提出很快地在全国

① 中国教育年鉴编辑部编：《中国教育年鉴》（地方教育，1949～1984），长沙：湖南教育出版社，1986年版，第789页。

② 中国教育年鉴编辑部编：《中国教育年鉴》（地方教育，1949～1984），长沙：湖南教育出版社，1986年版，第148页。

完全扫除文盲的要求，因此在1950年9月召开的第一次全国工农教育会议上只是提出“开展识字运动，逐步减少文盲”。

会议要求各地按照本地区的实际情况，有计划、有步骤地开展识字运动，逐步减少工农中的文盲，首先着重扫除工农干部中的文盲，并逐步推广到有组织的青年男女和迫切要求学习的工农群众中去。扫盲学习组织应适合当地具体条件和群众的需要，采取多种多样的形式。动员工农群众识字学文化关系着群众的切身利益，必须贯彻群众路线，充分发挥群众的积极性和创造性。

建国初期，主要采取了以下一些扫除文盲的措施：

1. 编写识字教材

用于扫除文盲的识字教材根据“联系实际、学以致用”的原则，采取全国统编与地方自编相结合、以地方为主的办法来编写和出版。除了识字教材，还编辑出版通俗读物、通俗报刊等，以供脱盲后的工农群众阅读，以巩固和提高扫盲的成果。

关于识字教材和通俗读物编辑出版的分工问题，1950年12月14日政务院发布的《关于开展农民业余教育的指示》规定，由教育部和出版总署负责计划及指导农民业余教育教材与读物的出版；各大行政区亦可自行编印教材；各省、市、县可根据地方情况编辑补充教材。如有可能，应尽量出版通俗的农民读物和报刊。

根据上述规定，教育部在1951年组织人力编写了《农民识字课本》，共4册，200课时，约1 600个常用字。1952年，为适应推行“速成识字法”的需要，教育部又组织编写了《农民速成识字教材》一册和《农民速成识字阅读课本》上、下两册。同时，为了适应各地方言的不同要求，还出版了用江南、江淮、温州等地的方言注音的版本供各地采用。

各大行政区和部分省、市、县的教育行政部门也组织人力编写了适合本地情况的地方识字教材和通俗读物。

1955年，根据毛泽东在《莒南县高家柳沟村青年团支部创办记工学习班的经验》一文按语的精神，各地编写了记工识字的三步教材。第一步，适合农业合作化中记工的需要，教学本村本乡的人名、地名、合作社名、工具名、农活名、庄稼名、数词、量词和其他急切需用的词语，大约两三百个字。这种课本由指导合作化工作的干部指导和帮助当地知识分子，各就自己所在的合作社需要去编，每处自编一本。第二步，把教学内容扩大到以本县或者本专区的常见事物和常用词语为中心，加上一些本省和全国性的常见事物和常用词语，也只有几百个字。这种课本由县或者专署组织当地的知识分子编辑，并送专署级或者省级教育行政机关审查。第三步，再把教学内容扩大到以本省的常见事物和常用词语为中心，加上一部分全国性的常见事物和常用词语，大约几百个字。这种课本由省、自治区、直辖市的教育厅、局编辑。

工人所用的识字课本，一般采用人民教育出版社出版的识字课本。有条件的厂矿还结合工业生产和工人生活的需要自编识字课本或补充教材。

2. 推行速成识字法

“速成识字法”是人民解放军西南军区某部文化教员祁建华在部队干部和战士学文化的过程中创造的一种识字方法，1952 年开始在地方扫盲工作中实验、推广。

1952 年 5 月 15 日，教育部在《关于各地展开“速成识字法”的教学实验工作的通知》中指出：这一识字法在部队战士、工人、农民中实验推广后，取得了明显的效果，对于扫除工农兵文盲起了重大的推动作用。运用这一方法将使扫盲过程大大缩短。因此，在全国范围内，在广大的工人、农民中间普遍推行“速成识字法”。

推行“速成识字法”的要求是：广泛进行“速成识字法”的宣传，切实研究“速成识字法”的基本方法和已有经验；选择重点地区在工人、农民中进行“速成识字法”的教学实验，以取得经验；结合各地具体情况，提出运用“速成识字法”在本地区扫除工农文盲的初步计划。

当时，大规模地推行“速成识字法”收到了一定的效果。但是，由于在推行过程中没有按照各地的具体情况和不同特点来进行扫盲工作，加之摊子铺得过大，推行过程过快，教法上生搬硬套，速成识字同正常工作以及生产活动经常发生冲突，经费和后勤也难以保证，所以很快就停止了速成识字法的推广工作。

3. 确定扫盲标准

1950 年 12 月 14 日，政务院批准的《关于开展农民业余文化教育的指示》规定，农民识字教育的标准是：初级班吸收文盲、半文盲入学，使其在三年内认识常用字1 000个以上，并具有初步读、写、算能力。

1953年11月24日，中央扫除文盲工作委员会在《关于扫盲标准、毕业考试等暂行办法的通知》中规定，根据干部、工人、农民等不同对象，对扫盲标准分别提出了不同要求。如干部、工人，一般定为认识2 000个常用字，能阅读通俗书报，能写200～300字的应用短文；对农民，一般定为认识1 000个常用字，大体上能阅读最通俗的书报，能写农村中常用的便条、收据等。

1956年3月29日，中共中央、国务院在《关于扫除文盲的决定》中又提出了新的标准，规定工人识字标准是2 000个左右；对农民识字教育的要求是学完三种课本（社编、县编、省编），认识1 500个字，能够看懂浅近的通俗报刊，能够记简单的账、写简单的便条，并且会简单的珠算。

4．广开教师来源

开展扫盲工作需要大量的教师，尤其在农村需要量更大。各地普遍采取了“以民教民、能者为师”的办法，广泛组织和动员识字的人，利用业余时间来教不识字的人，并使他们真正理解这是一项义不容辞的光荣任务。在农村，识字扫盲教育主要依靠业余的群众教师，由乡村小学教师负责给群众教师以业务上的指导。随着农村文化教育事业的发展，群众业余教师队伍也有所扩大，如回到农村从事生产的初中、高小毕业生和已经受完几年识字教育的农民，都充当了扫盲业余教师。

培训和提高扫盲教师的政治思想水平和文化业务水平，这是保证识字扫盲教育质量的关键。为此，各地经常采取定期集训、巡回传授、辅导集体备课、举行教学研究会和教学展览会以及组织观摩教学等各种办法，提高扫盲教师的政治水平和教学能力。在农村，一般以县为单位进行短期培训。培训内容主要是深入讲解农民业余教育的方针政策，研究农民识字课本和教学方法，解答教学中的疑难问题，交流教学经验。

5．整顿扫盲工作

在扫盲工作中，由于一些干部对这项工作在整个国家建设中的地位和长期性、复杂性认识不足，便不顾主客观条件，一下子把摊子铺得很大，造成了严重的“掉队”、“夹生”、“回生”等现象，从而影响了扫盲工作的顺利开展。

为了纠正扫盲工作中出现的偏差，中央扫除文盲工作委员会于1953年2月23日至3月5日在北京召开了第一次全国扫除文盲工作会议。会议总结了扫除文盲工作中的经验教训，明确了今后的方针和任务。

会议认为，扫除文盲是非常复杂细致的工作，必须掌握群众性文化学习运动的规律和特点，从群众的生活、生产实际和学习条件出发，确定实施办法，开展工作。在扫除文盲的对象中，既有机关工作人员，又有工人、农民等，因此，不能用千篇一律的方式方法进行扫盲。农村原有的学习组织形式，如冬学、民校、识字小组、炕头小组、识字班、小先生制等，应继续加以应用，发挥其应有的作用。

1953年4月9日，《人民日报》发表了题为《扫除文盲的工作必须整顿》的社论，要求各地党委和教育行政部门必须认识扫盲工作的重大意义，有准备、有重点、有步骤地开展这一工作，使扫盲工作经过整顿以后走上正轨。

为了做好扫盲工作，教育部于1955年12月6日发出通知，要求各地筹办扫除文盲协会，作为广泛动员和组织社会力量、群众力量协助政府开展扫盲工作的有效组织形式。

1956年3月15日，全国扫除文盲协会正式成立，选举陈毅为会长。据统计，到1956年11月，已有21个省、市、自治区成立了扫除文盲协会。江苏、福建、广东等省有80%左右的县、市成立了扫盲协会或筹备组织；河北省保定专区有74%的乡建立了基层扫盲协会；黑龙江省肇东县在全县3个区的9个村里建立了扫除文盲协会的基层组织，发展会员320人。① 事实证明，扫除文盲协会在扫盲工作中发挥了很大作用。

第四节　调整高等学校院系、专业结构和布局

建国以前，我国的高等教育已经有了半个多世纪的发展历史，曾经培养了不少有用之才。但是，由于旧中国是半殖民地半封建的落后的农

① 中央教育科学研究所编：《中华人民共和国教育大事记》(1949～1982)，北京：教育科学出版社，1984年版，第148～158页。

业国，工业基础非常薄弱，甚至连火柴、肥皂、煤油、布匹都冠上了“洋”字，大部分需要从外国进口，即便有些近代化工厂，也都设在沿海、沿江的大城市。在这样的情况下，为旧中国政治、经济服务的高等学校也多集中在沿江、沿海的大城市。多数高等学校院系庞杂重复，培养目标笼统模糊，系科门类畸轻畸重。高等学校的教育内容绝大部分是抄袭资本主义国家的一套，同共和国国家建设的要求不相适应。

1952 年至 1955 年，随着大规模经济建设的开展，我国根据高等教育的实际情况，并参照苏联教育经验，有计划、有步骤地进行了院系、专业结构和布局的调整。这次调整是对原有高等教育进行的一次重大改革。经过调整，高等学校基本上能够适应为国家建设培养各类高级专门人才的需要，并为社会主义高等教育制度的建立奠定了初步基础。

一、共和国建立时高等教育的结构状况

建国前，高等教育很不发达。1948 年在国民党统治区共有高等学校 218 所。其中，普通大学（指在文、理、工、农、医、财经、政法、艺术、教育等学科门类中至少设有三个学科门类的学院或学系）59 所，独立学院（指设有一个或两个学科门类的学校）79 所，专科学校（指一般设有一个或两个学科门类）80 所。①

从高等教育的宏观结构上看，存在的主要问题是：

（1）高等学校类型结构和学校内部科类设置不合理。主要是文科比重大，工、农、医、师比重小。1946 年共有学院（包括大学的学院、独立学院和高等专科学校）272 个。其中文理和包括有文理学系的学院 118 个，占学院总数的43.4%；工科和包括有工科学系的学院 42 个，占 15.4%；师范和教育学院 20 个，占7.4%；农学院 19 个，占7%；医学院 32 个，占11.8%；还有其他门类学院 41 个。学系共有1 095个，其中，文理学系 380 个，占学系总数的34.7%；工科学系 161 个，占14.7%；师范和教育学系 134 个，占12.2%；农学系 132 个，占12.1%；医学系 35 个，占3.2%；还有其他学系 253 个。② 工科系科设置少，一般只设有机

---

① 刘英杰主编：《中国教育大事典》（1840～1949），杭州：浙江教育出版社，2001 年版，第 582 页。

② 刘英杰主编：《中国教育大事典》（1840～1949），杭州：浙江教育出版社，2001 年版，第 589 页。

械、电机、土木、化工等系科；少数学校设有地质、矿冶或铁道、航空、水利、纺织等系科。这是旧中国经济落后，工业不发达，科技需求量少等情况所决定的。①

（2）高等学校规模小，毕业生数量很有限。1947 年高等学校在校生人数为155 036人，每校平均 700 多人。仅以建国以前几所规模较大的高等院校为例：1948 年，北洋大学 12 个学系共招收新生 304 人，其中电机学系招生数量最多，有 44 人，建筑学系招生数量最少，仅 11 人。1948 年，浙江大学设有 25 个学系（包括文、理、农、法、医、师范等），在校生人数2 121人，平均每个学系不过 80 多人。1949 年，上海交通大学设有 17 个学系，在校生2 470人，平均每个学系 145 人。1947 年全国的大学本科和专科毕业生只有 25 000 多人。②

（3）高等学校的地区布局很不合理。建国初期，全国共有高等学校 205 所，绝大部分分布在东南沿海 9 个省市和北京、天津及成都、重庆、武汉等大城市。其中北京市有高等学校 15 所，在校本专科生 1.47 万人，平均每 10 万人口中在校学生数为 722 人。上海有高等学校 37 所，在校本专科生 2.09 万人，平均每 10 万人口中在校学生数为 386.3 人。江苏有高等学校 15 所，在校本专科生 0.72 万人，平均每 10 万人口中在校学生数为 21.6 人。内地和西部边疆民族地区高等学校却很少，例如山西、河南、新疆等省区只有一两所高等学校，内蒙古、青海、宁夏、西藏连一所高等学校都没有。③

（4）高等教育层次结构比例完全失衡。1947 年，国民党统治区高等学校在校生人数为 155 036 人。其中，研究生 424 人，所占比例不足 0.3%，本科生 130 715 人，占84.31%，专科生 23 897 人，占15.41%。④直到建国初期，全国高等院校仍然以培养本科生为主，专科学生、研究生教育十分薄弱。1949 年全国工科在校学生30 320人，其中专科在校生有8 202人，占工科学生总数的27.05%；全国高等院校在校研究生 629

---

① 郝维谦、龙正中主编：《高等教育史》，海口：海南出版社，2000 年版，第 84 页。

② 郝维谦、龙正中主编：《高等教育史》，海口：海南出版社，2000 年版，第 83 页。

③ 郝维谦、龙正中主编：《高等教育史》，海口：海南出版社，2000 年版，第 84 页。

④ 刘英杰主编：《中国教育大事典》（1840～1949），杭州：浙江教育出版社，2001 年版，第 643 页。

人，其中工科在校研究生仅94人。①

高等教育存在的上述四个问题，在1951年院系调整前基本上没有什么变化。这种情况同国家建设急需各类专门人才的要求是极不适应的。

为此，1950年以后，周恩来在不同场合曾多次提到我们国家各类人才严重不足的情况及加快培养各方面专门人才的重要性与紧迫性。他说："人才缺乏，已成为我们各项建设中的一个最困难的问题。不论在经济建设、国防建设，还是在巩固政权方面，我们都需要人才。"②

1953年，在我国发展国民经济的第一个五年计划中，我国除苏联帮助新建和改建的企业外，还要自己设计和建设若干新的企业及改建一些老企业。这些企业的建设需要大量熟悉我国经济情况和本部门业务的建设干部与技术人才。据估计，第一个五年计划期间，工业、运输业和地质勘探等方面约需技术人员30万人，而已有的见习技术员以上的技术人员只有14.8万人，还差15万多人。而工科高等院校和工程技术系科容量小，每年仅能招收新生1.6万人，在第一个五年计划期间只能向国家输送4万至5万名毕业生，不足经济建设实际需要的25%。特别是苏联援建的156项重点建设项目，更是需要大批工程技术专门人才。在这种形势下，为了扩大高等学校的规模和提高培养各类建设人才的能力，必须对高等学校进行调整。调整的内容包括：院系调整、专业调整和布局调整三个方面。

二、高等学校的院系调整

进行高等学校院系调整，最早是在1950年6月初召开的第一次全国高等教育会议上提出来的。但是，由于当时条件所限，还没有形成具体的调整方案。1951年5月，教育部在当年工作方针任务的报告中提出了高等学校院系调整的初步设想。根据这个设想，1951年对高等学校进行了局部调整，从1952年起进行全面调整，1953年继续进行了调整。

---

① 郝维谦、龙正中主编：《高等教育史》，海口：海南出版社，2000年版，第85页。

② 《周恩来教育文选》，北京：教育科学出版社，1984年版，第34页。

1. 1951年进行局部院系调整

1951年5月，教育部在高等学校院系调整的初步设想中提出，此次首先是要调整工科院校各系，或增设新系。为此，教育部在1951年11月3日召开了全国工学院院长会议，根据会前同重工业部、燃料工业部等部门进行多次协商所确定的调整原则，讨论通过了全国工学院调整方案。同年11月30日，政务院批准了《关于全国工学院调整方案的报告》，开始进行工科高等学校院系的调整。

1951年对工科高等学校的调整，确定以高等学校相对较集中的华北、华东、中南三个大区为重点，把分散设在部分高等学校的工科院系适当集中，组建为多科性工业高等学校，或建立独立的专门学院。通过这次调整，清华大学、浙江大学等学校改为多科性工业高等学校，并新建航空工程学院、矿冶学院、工学院等若干独立的专门学院。经过调整后，各工科院校得到中央各有关业务部门更多的支持，增加了办学经费，充实了师资队伍，加强了对工科院校的政治领导。

由于调整后这些学校在校舍、设备、师资等方面的潜力得到了较好的发挥，所以1952年工科院校的计划招生人数增加到29 500人，占高等学校计划招生人数的59%，比调整前计划招生人数15 000人增加了近一倍。其中，本科生占45%，专科生占55%。①

2. 1952年全面进行院系调整

在1951年对高等学校院系进行局部调整的基础上，1952年，教育部根据“以培养工业建设人才和师资为重点，发展专门学院，整顿和加强综合大学”的方针，在全国范围内进行了高等学校全面的院系调整工作。

之所以在1952年提出进行高等学校院系的全面调整，一方面是由于从1953年开始，我国就要执行发展国民经济的第一个五年计划，客观上迫切需要加快培养各类专门建设人才的步伐；另一方面，两年多来高等教育内部的一系列改革和局部调整，为进行高等学校院系的全面调整创造了一些有利的条件。

1952年高等学校院系全面调整工作的基本任务是：进一步整顿和

---

① 何东昌主编：《中华人民共和国重要教育文献》（1949～1975），海口：海南出版社，1998年版，第131页。

加强综合大学，基本上完成全国高等工业学校、高等农业学校和高等师范学校的院系调整工作；与此相结合，对一部分财经院校也进行调整；要求在年底以前有三分之二的高等学校完成院系调整的任务。其具体调整范围是：

（1）整顿和加强综合大学。进行调整的综合大学共有八所，即北京大学、南开大学、复旦大学、南京大学、山东大学、东北人民大学、中山大学、武汉大学。这次对综合大学的调整，主要是把相同、相近的某些系科相对集中形成学科优势，把学校原有的工、农、医等科系调出去，并入相关的高等学校。

例如，北京大学，由北京大学、清华大学、燕京大学三校的文学院、理学院系科，南京大学、武汉大学、中山大学三校的哲学系，北京师范大学和辅仁大学外文系的一部分，及北京大学、清华大学、燕京大学、辅仁大学四校经济系理论部分合并组成，形成了北京大学文、理、哲学、经济理论等学科的优势。

南京大学，除有原南京大学、金陵大学两校的文学院、理学院各系科外，还并入了中山大学、齐鲁大学的天文系，形成了南京大学新的优势学科。

山东大学在调整中继续保留了原有的文科、理科、海洋研究所、农学院的水产系，并调入厦门大学海洋系的一部分，新建了水产系和海洋系，形成了自己的学科特色。

（2）调整工科高等院校。这次调整的工科院校有19所，新建工科院校11所。

调整后的工科院校主要分为两种类型：一种是多科性工业高等学校，如清华大学、交通大学、浙江大学等；另一种是高等工科专门学院，如北京地质学院、北京钢铁学院、北京航空工业学院、中南矿冶学院、华东纺织工业学院、唐山铁道学院等。

多科性工业大学通过调整，改变和规范了学校性质，突出了工科学系和专业的设置。如清华大学在1951年和1952年的两次调整中，先后调出了农学院、文学院、理学院和法学院，调入了天津大学、厦门大学、西北工学院的航空系、石油专业等，设置了机械制造、动力机械、土木工程、建筑、电机工程、无线电工程和石油工程等8个系、22个专业。通过调整，多科性工业大学的工科专业相对得到了加强，工科人才的培养规模和能力大大加强。

高等工科专门学院的调整和设置，主要是为了满足当时我国经济建设对专门人才的急需，并借鉴了苏联发展高等教育为工业化建设加快培养专业对口人才的经验。

（3）加强师范院校的建设。所调整的师范院校有北京师范大学、华东师范大学、南京师范学院等12所高等师范院校。通过调整，把有关院校的师范、教育院系适当合并、集中，组建培养能力较强、分布较合理的师范院校。

北京师范大学由原北京师范大学、辅仁大学各系科合并组成；华东师范大学由原华东师范大学各系科，圣约翰大学理学院各系，大同大学、沪江大学、圣约翰大学、震旦大学四校的教育系和浙江大学的地理系合并组成。

上述这些师范院校的调整注意到了地区的合理布局，都是在各地师范教育中起重要作用的院校。经过调整，扩大了学校规模，增强了培养能力。

（4）调整农林院校。经教育部同农业部、林业部、水利部等有关部门充分协商，确定了全国农林院校的具体调整方案和原则。其中，将综合大学中的农学院全部独立出来；为了集中人力物力，将同一省市内重复的农学院校或条件太差的学校加以合并；照顾将来的发展和地方上的需要，只要不重复，保留各省原有的农学院；对于尚无农学院的地区，根据需要和可能新建一些学校，以适应地方上的需要。

这次调整的农林院校共有23所，其中新建的8所，其余是在原有基础上加以扩大和加强。

（5）调整医药、财经、政法及其他类型院校。这次调整的医药院校共11所，其中新建2所，其余9所。有的是两个医药院系合并组成，如山东医学院是由原山东医学院和齐鲁大学医学院合并组成；有的是从原属大学的医学院独立出来的，如原南京大学医学院独立出来后改为南京医学院。

进行调整的财经院校共6所。其中新建院校3所：中央财经学院、山东财经学院、东北财经学院；在原有基础上合并、扩大的有3所，如上海财经经济学院。

政法院校经过调整，新建了3所学校，即北京政法学院、华东政法学院、西南政法学院。

经过1951年局部调整和1952年全面调整，至1952年底，全国高等学校已有四分之三进行了院系调整和设置专业的工作。其中以华北、华东、东北三大区调整较为彻底；中南区除广州各高等学校进行过调整，并在长沙新建中南矿冶学院外，其他高等学校均未进行调整；西南区只进行了个别高等学校的调整。因此，从全国来说，高等学校的院系调整工作尚需继续进行。经过1952年的调整，全国高等学校数由调整前的211所减为201所。

1952年的院系调整基本上实现了发展工科和师范院校、加强综合大学的调整目标。

一是工科和师范院校得到加强。原有高等工业院校33所，调整后为43所。新建了钢铁、地质、航空、水利、矿冶、土木建筑等培养工业建设急需人才的一批专门学院。1953年全国高等学校招生81 544人，其中工科院校招生34 100人，占招生总数的41.82%。原有高等师范院校32所，调整后为33所。师范院校招生20 200人，占招生总数的24.8%。

二是高等农林院校增加较多，高等医药、政法院校略有增加。原有高等农林院校17所，调整后为28所；原有高等医药院校28所，调整后为32所；原没有独立设置的高等政法院校，经过调整新组建3所。艺术、语文、体育等类院校有增有减。如原有高等艺术院校16所，调整后为15所；原有高等语文院校7所，调整后为8所；原有高等体育院校1所，调整后为2所；民族高等学校原有6所，调整后为2所；其他院校原有3所，调整后为1所。①

三是各高等学校的性质和任务较前明确。

四是为进一步发展专门学院，巩固和加强综合性大学打下了基础。

五是原有的私立高等学校全部改为公立学校，纳入了国家高等教育

---

① 何东昌主编：《中华人民共和国重要教育文献》（1949～1975），海口：海南出版社，1998年版，第215页。

发展的统一计划。

但是，在调整中也破坏了一些大学的传统学科和基础学科，削弱了某些方面的综合培养能力。同时，由于要求过高过急，没有很好地考虑到原有师资、设备等条件，使得有些院校独立过早，摊子铺得过快，实际上影响了专业人才的培养。

3．1953 年继续进行院系调整

1953 年 1 月，政务院召开各大行政区文化教育委员会主任会议，总结三年来的文教工作。

会议指出：教育是文教工作的重点，而高等教育是教育工作的重点。针对教育改革中出现的问题，根据中共中央的决定，1953 年的文教工作贯彻执行“整顿巩固、重点发展、提高质量、稳步前进”的方针。

1953 年 5 月 29 日，周恩来主持召开政务院第 180 次政务会议，讨论高等教育部提出的《关于 1953 年全国高等学校院系调整的计划》。周恩来在会议讲话中反复强调：院系调整一定要有重点地稳步前进。他说：“我们现在全面进行院系调整的各种条件是不是都已成熟了？要实事求是，不要盲目乐观。今后，我们的工作应该采取有重点地稳步前进的方针。”“院系调整应该根据需要与可能来定出进度，不要齐头并进。首先是调整好综合大学和工科大学。”① 1953 年高等学校院系调整的计划，经会议原则同意后并没有马上公布，而是留出一段时间同各方面反复洽商，又经过修改，在各方意见比较一致的情况下，至 10 月 11 日才由政务院正式颁布实施。

政务院颁布的《1953 年高等学校院系调整方案》，确定了当年高等学校院系调整的原则：

一是仍着重改组旧的庞杂的大学，加强和增设高等工业学校，并适当增设高等师范学校。

二是对政法、财经各院系采取适当集中、大力整顿及加强培养与改造师资的办法，为今后发展准备条件。

三是以中南区为重点，华北、东北、华东三区主要是在已经进行院

① 《周恩来教育文选》，北京：教育科学出版社，1984 年版，第 78 页。

系调整的基础上重点进行专业的调整，西南、西北两区只进行局部的院系或专业的调整。

四是此次调整必须有重点地进行，不仅要依据师资、设备和基本建设等情况确定调整方案，而且要有充分准备，充分酝酿，各方协商妥当，然后付诸实施。

在1953年的院系调整中，新建专门学院15所；被撤销的院校共40所，其中普通大学9所，专门学院11所，专科学校20所。

被撤销的大学中有些是多科性大学，有些是综合性大学，都是为地方服务、为地方建设培养人才的。

例如山西大学，建于晚清时期，原设有文、法、工、医等4个学院、11个系科。建国初期曾有所发展，将解放区的一所医专、一所私立医专和太原助产学校并入山西大学医学院；又将原私立中国大学的理学院并入山西大学。1953年院系调整时，山西大学原有系科分别并入其他6所高等学校。

湖南大学也是建于建国前。1949年8月湖南和平解放后，人民政府从国民党政府手里接管了6所高等学校，并将其中的4所院校并入湖南大学，使之成为有文、理、工、农、医、商等系科的综合性大学。1953年予以撤销。

数年后，这些曾被撤销的大学，除个别学校外，陆续又得到恢复和重建。在当年院系调整时，对这些大学是否有必要采取撤销的做法，是值得探讨的。

经过1953年调整后，全国高等学校由原来的201所减为182所。其中，综合大学14所，高等工业学校39所（多科性高等工业学校15所，单科性高等工业学校24所），高等师范学校31所，高等农林学校29所，高等医药学校29所，高等政法学校4所，高等财经学校6所，高等艺术学校15所，高等语文学校8所，高等体育学校5所，民族高等学校2所。①

高等学校通过此次院系调整，在改造旧教育、建设新教育方面迈出

① 何东昌主编：《中华人民共和国重要教育文献》（1949～1975），海口：海南出版社，1998年版，第215页。

了可喜的步伐。

一是将不能适应培养国家建设干部需要的旧制大学，改组成为培养目标明确的新制大学，结束了院系庞杂纷乱、设置分布不合理的状态。

二是国家建设迫切需要的系科或专业分别予以集中或独立出来，建立新的专门学院。其中，北京的八大学院① 就是在这个时期建立起来的。这种做法便于更好地发挥师资、设备上的潜力，在培养质量上更能符合国家建设对专门人才的需要。

三是将原来教学条件太差而一时又难以改善、不宜继续单独办下去的系科予以撤并，有利于高等教育的良性发展。

四是有利于加强中央各业务部门对相关高等学校的领导，并根据各业务部门的需要，培养专业对口的专门人才。

五是绝大多数高等师范学校已独立设置，使高等师范教育有了明确的目标，有利于提高教学效率和教学质量。

因此，从上述总的方面来看，此次院系调整成绩是主要的，方向是正确的。

三、高等学校的专业结构调整

旧中国的高等学校只设院系，不设专业。如原北京大学设有理学院、文学院、法学院、农学院、工学院、医学院等 6 个学院、20 个学系、28 个学科。内部科类设置不合理，表现为文重工轻、师资缺乏，系科、课程庞杂，培养目标不明确。

在高等学校的院系调整中，参照苏联高等教育制度，我国从 1952 年开始在高等学校普遍设置专业，并确定了各专业的培养目标，拟定了统一的专业目录和专业教学计划，实行按专业培养人才。

设置专业的基本要求是：根据国家的经济建设、国防建设和文化建设对培养各类人才的需要，有计划地确定各类高等学校的专业设置；在各校设置专业时充分考虑各校的师资、设备等条件，既看需要，又注意可能，还将当前的需要同长远的发展结合起来进行考虑。

为了进一步加强高等学校的专业建设，1953 年由高等教育部牵头，

① 即北京航空学院、北京钢铁学院、北京矿业学院、北京石油学院、北京地质学院、北京农业机械学院、北京林学院、北京邮电学院等八所院校。

先后召开了综合大学教育会议和高等财经、医学、农林教育会议，进一步明确：综合大学各专业的教学计划应以研究人才为主要培养目标；财经院校以工业经济、统计、会计、国民经济计划、农业经济等专业为重点设置专业；高等医学院校应将人力物力集中在一所学校或几所学校，把已经设置的专业认真办好；高等农林院校设置的专业都要反映地区特点，并逐步作适当的调整和增设。

全国高等学校的专业设置工作至1953年告一段落。各高等学校共设置专业215种，着重发展了工科专业，尤其是机械、电机、土建、化工等类专业，初步改变了旧中国工科教育极端落后的状况；人文科学、理科、医学、师范专业也有较大的发展。

通过此次专业调整，一是实现了从旧的“通才教育”向新的“专才教育”的转变，使高等教育的教学内容逐渐适应了国家建设的需要；二是开始有计划地设置专业，使教育脱离实际的现象有所改变；三是进一步明确了各种专业人才的培养目标，使高等学校的面貌为之一新。

在高等学校院系调整过程中，对于意识形态和政治性比较强的人文社会科学学科，不仅进行了全面的、大规模的调整，而且进行了初步的改造和建设。

首先，对于哲学系，把全国各高等学校的哲学系师生都集中到北京大学。1956年后，中国人民大学和武汉大学等综合大学相继建立或重建了哲学系。调整后的哲学系培养出一批具有较高马克思主义理论水平的年轻教师。与此相关联，对法律系和法学专业也进行了调整，集中举办了几所政法学院。1954年以后，北京大学、南京大学等校又恢复设立了法律系。这些经过改造以后的法律系，培养了一批马克思主义的法学理论教师和政法系统干部。

其次，新增和加强了一些学科和专业，如语言学和考古学。

第三，对旧的文科进行了改造，注意在文科中贯彻辩证唯物主义和历史唯物主义思想，确立马列主义、毛泽东思想的指导地位，并在此基础上建立起新的人文社会科学的教学体系。

四、高等学校的布局调整

如前所述，旧中国高等学校布局不平衡、不合理的状况十分严重。为了改变这种状况，必须使高等学校的布局适应国家发展经济和建设国防的需要。

第一个五年计划期间，我国拟建的大中型建设项目主要安排在中西部地区。如苏联援助的156个建设项目中的106个民用工业企业，部署在老工业基地东北地区的有50个，中部地区有32个。在44个国防工业企业中，部署在中西部地区的35个，其中四川、陕西占21个。部署这些新建工业项目所考虑的主要因素，一是资源分布；二是有利于经济落后地区改变面貌，以新建工业带动当地的工业、交通运输、商业、服务业和城市建设的发展，也便于城镇人口就业；三是从军事国防的角度考虑，把新建国防工业项目安排在后方是安全的。①

1955年中共中央在研究和修订第一个五年计划的时候明确指示："高等教育建设必须符合社会主义建设及国防建设的需要，必须和国民经济的发展计划相配合；学校的设置分布应避免过分集中，学校的发展规模一般不宜过大；高等工业学校应逐步地和工业基地相结合。"②

为了落实中共中央的指示精神，高等教育部经过研究后拟定了《关于改变高等学校分布状况进行院系调整及新建校计划》。其要点是将沿海一些高等学校的一部或全部以及某些系科迁往内地，新建一批学校，或加强和扩建内地原有的学校。

例如，从江苏、浙江、山东、上海、天津、广东等地一些高等学校调出有关专业迁往内地，在武汉、兰州、西安、成都等城市新建测绘、石油、建筑、电讯、化工、动力等工业学院；将华南工学院、南京工学院、上海交通大学等学校的电讯工程有关专业调出，在成都新建成都电讯工程学院；将上海第一、第二医学院部分专业和师资调出，在重庆新建重庆医学院；以内蒙古师范学院为基础，由南开大学、北京大学补充有关专业、师资，组建内蒙古大学。原计划将上海交通大学迁往西安，后经国务院召开相关会议研究，根据学校内部的实际情况和西安、上海两地的需要，决定分设交通大学的西安部分和上海部分；至1959年8月，才决定将上述两个部分分别独立成为西安交通大学和上海交通大学。

---

① 薄一波著：《若干重大决策与事件的回顾》（上卷），北京：人民出版社，1997年版，第306页。

② 何东昌主编：《中华人民共和国重要教育文献》（1949～1975），海口：海南出版社，1998年版，第492页。

与前一阶段高等学校院系调整不同，此次是重点调整高等学校的布局。

经过此次调整，内地高等学校由1951年的87所增加到1957年的115所，在校学生由1951年占全国高等学校在校学生总数的38.6%上升为1957年的44.1%。同时，学校规模也有所扩大，实力有所增强。西安市作为新兴的工业基地，高等学校由1951年的8所增至1957年的22所。①

这样，全国高等学校布局不合理的状况有了很大改变。这对于配合国民经济发展的需要，增强中西部地区高等教育的实力是很有帮助的。

在这次高等学校的院系、专业结构和布局的大调整中，由于经验不足，也产生了一些缺点和不足。主要是：（1）在实行国家统一计划的体制中，中央过于集权，对一些地区原有的高等教育事业的基础和未来的发展考虑不够。（2）没有照顾到某些学校的原有特点和学科特长，使它们多年来形成的基础被分解拆散。（3）由于在院系调整中过分偏重于“专才”教育，采取了“文理分家”的做法。这样做不利于文理科之间的互相渗透，使工科学生文化科学的视野只局限于本专业的范围，从而影响了人才的全面培养，使学生的综合素质有所下降。（4）由于认为高等学校原有的文法类科系是为反动统治者培养人才的，财经类科系是脱离中国实际的，所以在院系调整中对文法类科系和财经类院校砍得过多，压缩面太大，出现了重理工、轻文科的现象，造成了新的学科结构不合理和人才结构不合理的情况，使政法、财经、社会学等一些对社会经济发展有用的学科被严重削弱。

第五节　学习苏联社会主义教育经验

建国前夕，毛泽东在《论人民民主专政》一文中指出，苏联共产党是“我们的最好的先生，我们必须向他们学习”。② 1949年10月，刘少奇在一次集会上说：“我们要建国，同样也必须‘以俄为师’，学习苏联

① 郝维谦、龙正中主编：《高等教育史》，海口：海南出版社，2000年版，第94页。

② 《毛泽东著作选读》（下册），北京：人民出版社，1986年版，第688页。

人民的建国经验。”① 当中国革命取得全国范围的胜利以后，中国人民面临的巨大任务是恢复国民经济，加快国家建设，逐步实现国家的社会主义工业化。因此，提出向具有几十年社会主义建设经验的苏联学习，这在当时的国际国内环境下是一种正确的选择。

学习苏联经验必须采取正确的态度和方法。毛泽东在不同场合曾反复强调：学习苏联经验有两种态度、两种方法可供选择。即一种是教条主义的态度和方法；一种是马克思主义的态度和方法。他说：学习苏联经验“应该采取真心真意的态度，把他们所有长处都学来，不但学习马克思列宁主义的理论，而且学习他们先进的科学技术，一切我们用得着的，统统应该虚心地学习。应该在全国掀起一个学习苏联的高潮，来建设我们的国家”。②

学习苏联教育经验是在全国学习苏联经验的大背景下进行的，并且成为学习苏联经验的一个重要方面。共和国建立以后，要在全面改造旧教育的基础上建设人民新教育，任务非常艰巨、复杂。为此，1949 年 12 月召开的第一次全国教育工作会议，明确地把“借助苏联教育建设的先进经验”作为我国教育建设指导方针的重要组成部分。这样，我国教育系统在 20 世纪 50 年代前期就开展了学习苏联教育经验的活动。这期间，党和政府除学习苏联经验进行高等学校的院系调整，并调整、改造中等技术教育，进行课程、教材与教学法的改革外，还采取了学习苏联教育经验的以下重要举措：

一、树立向苏联学习的典型学校

建国初期，教育部在高等教育领域树立了中国人民大学和哈尔滨工业大学两个吸收和传播苏联高等学校办学经验的典型，以此作为改造原有高等学校教学工作和管理工作的榜样。

1. 创办中国人民大学

中国人民大学是学习苏联教育经验、由苏联政府帮助建立的一所新型大学。从 1949 年下半年开始，经过将近一年的筹备，中国人民大学

① 中央教育科学研究所编：《中华人民共和国教育大事记》（1949 ~ 1982），北京：教育科学出版社，1983 年版，第 4 页。

② 《毛泽东文集》（第 6 卷），北京：人民出版社，1997 年版，第 499 页。

于1950年10月正式成立。

中国人民大学的建立和建设，一直是在中央人民政府副主席刘少奇的主持下进行的。1949年11月和12月，刘少奇曾就成立中国人民大学的有关问题，两次向中央政治局和毛泽东主席写信，建议以原华北大学、华北人民革命大学和政法干校为基础，成立中国人民大学。1949年12月16日，政务院作出了《关于成立中国人民大学的决定》。《决定》提出：中国人民大学由教育部直接领导；大学设本科及专修班。本科暂设经济、经济计划、财政信用借贷、贸易、合作社、工厂管理、法律、外交等八个系，专修班暂设经济计划、财政信用借贷、贸易、合作社、工厂管理、统计、外交、教育、法律等九个班。中国人民大学的主要任务是：接受苏联先进的建设经验，并聘请苏联专家教授，有计划、有步骤地培养新中国的各种建设干部，以教学与实际联系、苏联经验与中国实际情况相结合为学校的教育方针。

举办中国人民大学的意义和目的在于：这是中国历史上前所未有的一所高等学府，是共和国创办的第一所新式大学，应该不断地总结其办学经验，让其成为国内其他大学学习的样板。

中国人民大学具有以下特点：一是聘请的苏联专家多。从1950年至1957年，先后共聘请了苏联专家98人，为全国聘请苏联专家最多的高等学校。二是老干部多。1950年2月19日，中央人民政府任命原华北大学校长吴玉章为中国人民大学校长，胡锡奎、成仿吾为副校长，并调去一批老干部组成学校党委会，受中央人民政府党委会领导。三是教职员工中党团员多。当时，全校共有中共党员539人，占全校师生员工总数的12.7%。在这些方面，原有其他高等学校是无法与其相比的。

通过长期的努力，中国人民大学在办学实践中积累了宝贵的经验：

一是坚持以马列主义思想指导学校的教育教学工作，重视马列主义的思想教育和理论学习，努力提高领导干部和教师的思想政治水平。

二是采取了一系列措施，培养工农学生成为国家各项建设事业的骨干，并在教学计划、教学方法等各方面都照顾到工农学生的特点，便于工农学生的学习。

三是重视各门课程的教材建设，其中有的是直接从苏联翻译过来的，有的是教师在苏联专家的指导下编写的。这些教材都可以供其他院校参考选用。

四是坚持一切以教学为中心，学校的各项工作注意为教学服务。

五是大力提倡和认真组织科学研究工作，以提高教师的水平和教学质量。

六是抓好教研室的工作，重视通过教研室来提高教学质量，开展科学研究工作，培养师资，提升教师的思想政治和业务水平。这些经验对其他高等学校具有普遍指导意义。

2. 改建哈尔滨工业大学

哈尔滨工业大学的前身是哈尔滨中俄工业学校，创办于1920年。此后几经改名和变更归属，至1938年改名为哈尔滨工业大学。1945年日本投降后，苏联从日本人手里接管中长铁路，同时接办哈尔滨工业大学。1950年10月，苏联政府将该校移交给中国政府。从此，哈尔滨工业大学艰巨的改建工作开始启动。

这所大学在移交给中国时各方面条件都很差。学校规模很小，仅有学生641人，教师144人，师生中80%以上是苏侨；设备简陋陈旧，远不能适应教学的需要；教学很不正规，没有固定的教学计划和课程；仅设有土木建筑、机械、电气工程、化学、采矿等几个系。因此，哈尔滨工业大学的改建成为迫在眉睫的事。

1950年4月，教育部按照刘少奇的指示精神，拟定了《关于哈尔滨工业大学改进计划的报告》，刘少奇代表中共中央批准了这一报告。报告明确规定，哈尔滨工业大学的办学方针和任务是"仿效苏联工业大学的办法，培养重工业部门的工程师和国内大学的理工科师资"，建设成为多科性工业大学。

此后，由教育部和第一机械工业部共同负责，采取一系列重大措施，进一步推动学校的改建工作。这些措施主要包括：

一是加强党对学校的领导。先后派了一批富有革命斗争经验的老干部如冯仲云、李昌、陈康白等到学校分别担任校长、党委书记等领导工作。

二是大力调整系科、专业设置，以适应国民经济恢复和发展的需要。1951年初，教育部同学校领导、苏联专家共同研究拟定了调整改革计划，在原有系科专业设置的基础上，扩展成为7个系、25个专业、

35个专门组。共分为4个学习层次：一年制预科，主要是学俄文，为进入本科打基础；两年制专修科，主要培养工程技术实验人员；五年制本科，培养工程师；三年制研究班，招收大学本科毕业生或高等院校的讲师，主要培养工科院校师资。

三是聘请较多的苏联专家任教。前后从苏联的26所高等学校聘请了67位苏联专家来校工作，对学校的教育教学改革起了积极的推动作用。

经过1952年、1953年的建设和发展，学校招生规模不断扩大，师资队伍迅速增长。到1954年，哈尔滨工业大学已基本上改造成为采用苏联教育制度的新型工业大学，为机械和电机制造、发电输电及建筑等部门培养专门人才，并取得了一定的成绩。

此外，高等教育部在1954年8月作出《关于清华大学工作的决定》，认为清华大学已从过去抄袭英美资产阶级教育制度的旧型大学，逐步改造成为实行苏联五年制教育制度的新型多科性工业大学，并规定它的任务之一是学习、运用、总结、推广苏联五年制高等工业学校的经验。这样，清华大学就成了另一所学习苏联教育经验的示范学校。

二、聘请苏联专家

根据1949年6月刘少奇率领中共代表团访苏时达成的协议，苏联派遣专家来华参与、帮助、指导共和国的经济和文化教育建设。1949年8月14日，刘少奇完成访苏任务回国，同行的就有近百名苏联援华专家。这是第一批被邀请来华工作的苏联专家。

1949年11月，我国开始聘请苏联教育专家来华工作。这些苏联教育专家有的在教育部和后来成立的高等教育部担任顾问；大量的是在高等学校和中等专业学校工作。据统计，从1949年至1952年，我国高等学校共聘请苏联专家187人。按专业分，俄语49人，政法、财经52人，理工56人，其他学科30人。

最初聘请苏联专家的学校主要是中国人民大学、哈尔滨工业大学、北京俄语专科学校、北京师范大学、北京农业大学等少数学校。北京大学和清华大学是从1952年开始聘请苏联专家任教的。其后，更多的苏联专家到我国学校任教。在1953年至1957年间，聘请到高等学校任教的苏联专家已多达567人。据1954年统计，聘请苏联专家的高等学校有35所，中等专业学校有7所。

在教育部和高等教育部担任顾问的苏联专家的主要任务是：向两个部的领导有针对性地介绍苏联教育情况和经验，对我国教育建设方面的问题提供意见，并接受咨询；参与诸如学制改革、高等学校院系调整、改革中等技术教育制度、实行统一教学计划及教育行政管理改革等重大工作的决策过程；指导和修订全国统一的教学计划和教学大纲，审定高等学校的统一教学计划和中等专业学校的教学计划；协助教育行政部门培训教育行政干部及骨干教师。

为了更好地发挥这些苏联专家的积极作用，也为了便于苏联专家更好地开展工作，教育部和高等教育部采取了许多具体措施，如：经常邀请苏联专家参加部务会议和工作会议；请苏联专家出席各种专业会议与座谈会并作专题报告或发言；组织专题报告会，请苏联专家结合相关专题介绍苏联经验等。

在高等学校和中等专业学校工作的苏联专家的主要任务是：指导所在学校有关系科及教研组的教学工作；帮助所在学校的有关教师培养研究生；指导所在学校及有关学校修订教学计划、教学大纲；指导建立实验室。此外，苏联专家还可应其他学校的要求，抽出一定时间帮助教师进修；根据高等教育部的计划，苏联专家每学年可有一个月的时间到其他高等学校讲学；帮助其他高等学校解决重大疑难问题及教学方面的关键问题等。

据不完全统计，从1949年至1960年，在我国高等学校工作的苏联专家帮助我国培养教师、研究生14 132人；亲自讲授课程 1 327门，指导中国教师讲授的课程653门；编写讲义和教材1 158种，指导建设教研室384个、实验室807个、资料室217个、实习工厂40个。

事实证明，苏联专家对中国教育提出的建议和他们的教育实践活动，对共和国新教育制度的建立起到了重要的导向作用和推动作用。

三、向苏联派遣留学人员

根据中苏两国的协定，我国从1951年开始成批地向苏联派遣留学生。这是向苏联学习先进科学技术和经济、教育建设经验的重要途径。

1951年，我国向苏联派遣留学生以培养高等学校所需师资为主，其主要目的是：学习苏联先进的科学技术及教学经验，以培养我国高等学校的各科师资。因此，该年选拔赴苏留学生的条件是：具有两年以上教学经验的高等学校教师，到苏联高等学校读研究生；从大学工、理、农、教育等学科的一、二、三年级中选拔学生，赴苏联高等学校读本科。这一年，派遣赴苏留学生共375人。

1952年，根据国家建设的需要，确定派遣赴苏留学生的目的以培养高级建设人才为主，要求选拔一批优秀的青年学生和具有专长的革命干部及教师，赴苏联学习先进的科学技术和经验。由于前一年派去的留学生中很多人不懂俄语，在学习中遇到很大困难，所以该年选派留学生时采取了“宁缺勿滥”的方针，只派遣了220人。

鉴于前两年派赴苏联的留学生人数少，与国内需要相差甚远，周恩来指示“自1953年起，每年拟派1 000名学生前往苏联学习”。① 于是，派赴苏联的留学生便逐年增加：1954年为1 375人，1955年为1 932人，1956年为2 085人。三年间共向苏联派出留学生5 392人，占1951年至1956年间我国派遣赴苏留学生总数的82%。在这些留学生中，工科留学生所占的比重一般保持在75%左右。

在1955年以前，留苏学生中读大学本科的多，读研究生课程的少。1955年中央提出了多派研究生、少派本科留学生的要求，1956年确定读研究生课程的留苏预备生为600人。

以上数字仅指通过教育部系统派遣的赴苏留学生。实际上，从1951年起，我国的其他部门经苏联有关部门同意和国家批准，也向苏联派出了留学生。当年在苏联的中国留学生中还有海军派去的53人，空军派去的30人，青年团派去的22人，东北工业实习团的88人。② 另外，同苏联援建工业项目相联系，中央有关部门以及厂矿根据同苏联方面的协议，向苏联派去了数千名留学生和实习人员。

一些高等学校从1954年起也选拔了部分优秀人员到苏联高等学校或科研机构进行短期专业进修。他们在国外进修的时间一般为一年半到两年。虽然学习时间短，但学习目标集中，学习效果明显。后来，派遣在职教师赴苏进修成了我国派遣出国人员的重要组成部分。

---

① 李滔著：《中国留学教育史录》，北京：高等教育出版社，2000年版，第109页。

② 李滔著：《中国留学教育史录》，北京：高等教育出版社，2000年版，第34页。

赴苏留学人员在苏联学习了苏联建设社会主义的经验和先进的科学技术，学成回国后成为我国高等教育、科研单位和各经济建设部门的重要骨干力量，在我国社会主义建设中发挥了积极作用，作出了重要贡献。

四、学习苏联教育理论

早在1949年9月，东北解放区第四次教育会议就提出，要学习苏联的教育理论，吸取苏联的经验，来改进我们的工作。当时的东北解放区适应形势的发展，开始实施教育正规化，尤其需要加强教育理论的学习。

共和国建立后，学习苏联教育经验和教育理论的活动在全国范围内逐步开展起来。为了推动广大教育工作者学习苏联教育理论，我国开始大量翻译出版苏联的教育书籍，其中包括教育理论著作。

建国初期，我国把苏联著名教育家、原俄罗斯联邦教育部部长凯洛夫院士主编的《教育学》视为苏联教育理论的代表作。此书的中译本于1950年12月在我国正式出版，并被列为“大学丛书”，至1956年共印10次，近30万册。1957年3月，又翻译出版了凯洛夫主编的《教育学》1956年版本，共印8次，近20万册。① 在城市中小学教师中，凯洛夫主编的《教育学》几乎是人手一本。

此外，苏联教育家叶希波夫、冈查洛夫合编的《教育学》中译本在1953年5月正式出版，成为我国中等师范学校《教育学》教科书的蓝本，自1953年至1956年先后共印10次，印数达26万册。还有奥齐洛德尼科夫、申比廖夫合编的《教育学》，苏罗金娜的《学前教育学》，斯米尔诺夫的《教育学初级读本》等著作，以及苏联专家崔科夫在我国的教育学讲稿，都陆续在我国翻译出版，总印数达50多万册。

据统计，从1951年至1957年，仅人民教育出版社翻译出版的苏联教育书籍就达303种，总印数为1 262.8万册；其中有关教育学、教育史的著作13种，总印数为135.7万册。②

---

① 毛礼锐、沈灌群主编：《中国教育通史》（第6卷），济南：山东教育出版社，1989年版，第96页。

② 毛礼锐、沈灌群主编：《中国教育通史》（第6卷），济南：山东教育出版社，1989年版，第99页。

我国的广大教育工作者学习苏联教育经验和教育理论的热情很高，态度认真。参加学习的有幼儿园和中小学的教师，有各级师范学院师生，有高等学校的教师和各级教育行政部门的干部等。这种学习基本上都是有组织、有计划地进行的，并把学到的理论应用于实践，结合实际，改进工作。

通过学习，我国的教育工作者普遍熟悉和接受了苏联的教育理论原则，其教学方法和教学组织形式也为广大中小学教师在教育实践中广泛运用，对我国的教育教学改革产生了显著的影响。

五、学习苏联教育经验的反思和启示

我国学习苏联教育经验，从建国初期的“借助”、“借鉴”，到1952年高等学校院系调整后的“全面”、“系统”的学习，经历了一个逐步强化的过程。它从理论上到实践上，都反映出我国建国初期进行新教育建设同学习苏联教育经验之间的直接关系。

从学习苏联教育经验的全过程来看，当时中央领导在指导思想方面注意了以下几点：一是着重强调学习苏联教育经验的必要性；二是强调学习苏联教育经验要结合中国的实际；三是注意防止两种偏向：既反对害怕困难、满足于现状的保守主义，又要防止盲目冒进、急于求成的偏向；四是在主要学习苏联教育经验及其他兄弟国家经验的同时，不应排斥从资本主义国家吸收对我们有用的经验；五是学习过程中应注意总结经验，发现偏差要及时纠正。在这样的思想指导下，我们在学习苏联教育经验过程中所取得的成绩是主要的。

学习苏联教育经验对于我国从旧教育向新教育的转变，对于奠定社会主义教育制度的基础，培养德智体全面发展的人，以满足社会主义建设的需要，都产生了深刻影响，起到了积极的促进作用。其中，高等学校进行院系调整是学习苏联教育经验的重要成果。在教学领域，苏联的教学理论、教学内容、教学方法，总的来说在当时是比较先进的。我们在教学改革中吸收了苏联学校重视基础理论，重视实验和实习，重视教学法和比较严谨的教学组织形式等优点，并在此基础上形成了我国新的教学制度。这些都应该予以肯定。

但是，我国在学习苏联教育经验的过程中也确实出现过一些偏差和失误。例如，对教育教学改革要求过急过高，在学习苏联教育经验的过程中结合中国实际不够，照搬苏联的某些经验造成了一些不良后果。

毋庸置疑，苏联的教育经验有许多长处，但也有其短处和弱点。从体制上讲，最大的缺点是统得过多，管得过死。这对于因地因校制宜地发展教育和办出学校特色非常不利。这种培养模式否定了学生的个性差异，妨碍了学生学习主动性、创造性的发挥，不利于因材施教地培养人才。同时，苏联教育思想中的一些比较程式化的东西也限制了我们的思想，不利于我们对教育问题的探索和争鸣。这些缺点在相当长的时间里或多或少地对中国教育产生了消极影响。

对于这一阶段学习苏联教育经验的问题进行认真的回顾和反思，可以在如何正确对待和学习外国教育经验方面给我们以下几点启示：

首先，学习外国教育经验不能简单地、片面地把对方的教育同其政治制度和社会制度完全等同起来。

20世纪50年代前期，相当多的教育工作者把苏联教育经验当做绝对的、唯一的“先进”经验，在思想认识上又把教育的属性都归于上层建筑，过分强调政治制度和社会制度对教育的影响，忽视了资本主义教育中属于人类共同文明的东西，这是不科学的。

事实上，苏联教育经验之所以值得我们学习，不仅仅因为苏联是社会主义国家，它在政治制度和社会制度方面同我国存在着共性，而主要是因为苏联的教育经验中有许多东西是符合教育规律的，因此它才值得我们去借鉴。但是历史也证明，即使是建设多年的社会主义国家，其教育制度及在教育实践中的许多具体措施和做法，也并不一定全是科学的和符合教育规律的，由于种种原因，他们也会有失误。反之，资本主义国家的教育也会有一些符合教育规律的方面可资借鉴。

在建设共和国人民新教育的初期，有些人不加分析地过多地否定资本主义国家的教育经验，而对苏联教育经验全盘接受的做法，对于在更大范围内正确地吸收人类的先进文化遗产是不利的。

其次，学习外国教育经验一定要从我国的实际出发。

20世纪50年代前期，我们面对的是刚刚从旧中国接收过来的底子很薄的教育摊子，而自己又没有在全国范围内建设社会主义教育的经验。在这种情况下，提出向苏联教育学习是必要的。但是在具体学习过程中，也出现过结合中国实际不够的偏差。历史经验证明，在强调学习某种教育模式的时候，一定要注意防止脱离实际、简单照搬照套的做法。否则，就会使我国的教育事业受到不应有的损害。

第三，学习外国教育经验实际上是一个创新过程，是一个不断摸索、实践、再创造的过程。

在学习外国经验前，既需要对外国教育经验的形成和发展进行全面、深入的考察、分析、研究，又需要结合本国的国情和教育实际。这样才能解决好学习借鉴与创新发展、近期需要与长远需要之间的关系，从而作出恰当的正确的决策。

在学习外国教育经验的过程中，需要先经过试点，取得经验后再全面推广；同时，要及时发现和研究可能出现的问题并制定相应的对策。经过一段时间的实践后，要对实际效果及时进行总结和反思，修正错误和不完善的地方，再不断探索和实践，从而逐步形成自己的经验。可见这个学习借鉴的过程是同创新分不开的，是不可能一蹴而就的。而我国在学习借鉴苏联教育经验时，由于主客观方面的种种原因，往往操之过急。这样就使这个消化吸收和创新的过程过于简单化了。这也是在学习苏联教育经验过程中出现偏差和失误的重要原因。

总之，学习苏联教育经验是共和国教育发展历史进程中的一个重要方面。其正反两方面的经验，都已经成为我国探索建设中国特色社会主义教育的宝贵财富。

第三章 改革学制、课程、教材与教学方法

共和国建立初期，根据改造旧教育的方针、步骤和发展新教育的方向，对原有的学制、课程、教材和教学方法进行了一系列改革，从而逐步建立起正常的、比较稳定的教学秩序，为人民教育事业的建设奠定了基础。

首先，颁布了新学制，将全日制学校、各级各类业余学校、训练班等衔接起来，保障了工农劳动群众、工农干部及其子女受教育的权利和机会，同时突出了专业技术教育的地位。

其次，通过多次调整和改革，初步建立起中小学、中等专业学校和高等学校的课程体系；建立了统一的教材编审和出版制度，规范了教材的编写、出版和使用办法。

第三，在学习苏联教育经验的过程中，建立了教学研究组织，开展了教学方法的改革，提高了教学质量。

上述改革反映了我国人民民主专政的政权性质，适应了国家建设对培养各级各类人才的需求。

第一节 新学制的颁布与实施

学制是学校教育制度的简称。它反映着各级各类学校教育的内容、结构及其相互间的联系。它对各级各类学校的性质、任务、入学条件、修业年限及彼此之间的衔接和转换等问题作出规定。学制关系到教育方针的贯彻，关系到教育目的和教育任务的实现，关系到教育的普及与提高，直接影响着教育事业的发展和巩固。

一、颁布《关于改革学制的决定》

共和国建立初期，为了防止教育事业的中断，使之更加顺利地转移到为人民服务的轨道上来，人民政府沿用了原有的学制，即主要采用以美国学制为蓝本的1922年学制（壬戌学制）中的“六三三”学制，没有在学制问题上采取匆忙的变革措施。但是根据国家建设的需要，随着人民教育事业的恢复与发展，原有学制的缺点便暴露出来了：旧中国的工农大众文化水平偏低，他们要想投入新中国的建设必须补习文化科学知识，但是为工人、农民提供教育的成人学校、各种补习学校和训练班在学校系统中没有应有的地位；国家急需大量的专业技术人才，但是职业教育、技术学校没有一定的地位和相应的制度。为了克服旧学制的缺点，使学制真正体现教育“为工农服务，为生产建设服务”的方针，必须制定和颁布新的学制。

从1950年到1951年，在对旧教育进行改造的同时，教育部相继召开了高等教育、工农教育、中等教育、初等教育和师范教育等各级各类教育的工作会议，制定了同学制有关的文件。在这种情况下，教育部根据新民主主义的教育方针、政策和国家建设的需要，以老解放区教育经验为基础，吸收了旧学制中合理的成分，拟定了《关于改革学制的决定》草案。《决定》草案经1951年8月政务院第97次政务会议讨论通过，于1951年10月1日公布。它包括导言、关于各级各类学校的规定和附录的学校系统图三个部分。新学制初步规范了共和国的学校制度，对于幼儿园、小学、中学、工农速成学校、业余学校和中等专业学校、高等学校等各级各类学校的名称、性质、任务、修业年限、招生对象以及各级各类学校间的衔接等问题都作出了具体规定。

学制改革的重点是：

（1）小学由四二分段改为五年一贯制。当时认为初等学校修业六年，并采取初、高两级分段的办法，使劳动人民的子女难于受到完全的初等教育。实施小学五年一贯制是为了使劳动人民的子女能够受到同等的初等教育。

（2）将教育工农干部和工农群众的学校，按其程度分别列入正规的学校系统之内，使其相互衔接；相对于普通学校而言它的修业年限有所缩短，对入学年龄不作统一规定。其目的是把工农教育同其他各类教育置于同等重要的地位，确保教育向工农开门。这一规定填补了原有学制中工农教育的空白。

（3）以中等专业教育取代原有的职业教育，并把技术学校纳入中等专业教育系统。这使得各种技术学校（工业、农业、交通和运输业等）从此纳入正规学校制度。中等专业学校的毕业生毕业后经过实际工作锻炼，还可以升入高等学校继续深造。这项改革的目的是适应国家对大量建设人才首先是中级技术人才的急切需要。

（4）把高等学校分为大学、专门学院和专科学校，并且规定专门学院和专科学校与大学具有同等重要的地位。同时，对于专门学院、专科学校和高等学校的入学年龄都不作统一规定，并招收具有同等学力的工农干部和产业工人，以增加他们接受高等教育的机会。

（5）设立业余初等学校和业余初、高级中学，在小学、技术学校和高等学校附设各种短训班。这样可以在不耽误广大工农干部和工农群众参加国家建设的条件下，提高自身文化、政治和业务水平。

新学制适应了共和国建立初期的需要，构建了各级各类学校互相衔接沟通、各级各类学校都向工农干部和工农群众及其子女开门的学校系统。由于在制定新学制时我国对新教育的实践经验还不多，因此，新学制中有的规定的科学依据尚嫌不足，明显地具有过渡性质。

二、新学制的实施和修订

新学制颁布后，各地在实施的过程中，暴露出了一些缺点和不足。通过不断总结经验，国家及时地作了适当的变通和修订。

其一，最突出的是关于实施小学五年一贯制的问题。共和国成立后，为了试验在中国当时的情况下能否推行小学五年一贯制，从1950年秋季开始，教育部在北京选定北京师范大学一附小、二附小、育才小学、北京师范第一附小、北京三区第二中心小学、北京六区第一中心小学等6所小学，共13个试验班570名学生，进行相应的学制改革和课程改革试验工作。这些学校都是师资、领导管理力量较强的学校。结果，在这项试验尚未完成一个五年周期的情况下，就根据一些学科的个别指标，推论五年完成六年的教学要求是“有把握的”，五年一贯制在我国是可以推行的，因此将它纳入了新学制。

1952年11月15日，教育部发出《关于小学实施五年一贯制的指示》，要求全国各地除一部分少数民族地区、游牧地区及个别经济文化特别落后的少数地区外，不分城乡，小学从1952年秋季一年级新生开始一律实行五年一贯制，其余各年级仍用旧制不变。以后逐年所招新生均照新制办理，争取到1957年秋季，小学全部改为五年一贯制。一部分较小村庄的小学四、五年级学生人数不多，校舍设备等条件较差，在以后五年内不可能每校都有五个年级，可由附近两三个村庄合办一所五年一贯制小学，在较小的村小学只设一、二、三年级，将四、五年级学生集中在地点较适中的小学学习，使他们受完五年一贯制的全部教育。《指示》还要求各地必须大力培训师资，提高在职教师质量，争取三五年内使大部分小学教师能够胜任新学制四、五年级的功课。

此后，各地纷纷采取措施，在接管、接办公立私立学校的基础上，要求小学执行全国统一的入学条件和修业年限，保证适龄儿童入学。如甘肃省，按照新学制的要求，在1952年4月召开的第二次全省教育工作会议上讨论并拟定了《甘肃省实施小学五年一贯制方案（草案）》，确定除夏河、卓尼、天祝、肃北、东乡等少数民族地区和部分偏僻、落后地区延缓实施外，其他地区的小学从1952年秋季起改行五年一贯制。①

但是，全国很多地区在推行小学五年一贯制的过程中都遇到了许多难以克服的实际困难。因此，政务院于1953年11月26日在《关于整顿和改进小学教育的指示》中指出："关于小学五年一贯制，从执行情况看来，由于师资教材等条件准备不足，不宜继续推行。因此已从本学年起，一律暂行停止推行。小学学制仍沿用四二制，分初、高两级。初级修业期限四年，高级修业期限二年。"② 根据这项决定，我国各地所有已经实行五年一贯制的小学先后都恢复了"四二制"。这是对新学制作出的一项重大修改。

由此可见，学制改革是一项实践性很强的工作，必须从实际出发，做好各方面的准备工作，区分不同情况去逐步推行。同时，学制的规定必须建立在符合国情和严谨的科学试验的基础上。单凭一次在北京市的

---

① 傅九大主编:《甘肃教育史》，兰州：甘肃人民出版社，2002年版，第627页。

② 何东昌主编:《中华人民共和国重要教育文献》（1949～1975），海口：海南出版社，1998年版，第264页。

几所条件较好的城市小学尚未完成的试验结果就全面推行小学五年一贯制，是不利于教育事业发展和教学质量提高的。后来，我国在几个历史阶段都进行过学制改革试验，或成立过学制问题研究小组，提出过多种学制改革方案，但一直没有形成统一的基本学制改革方案。

其二，关于举办工农速成中学的问题。举办工农速成中学是“教育向工农开门”的重要措施之一。建国初期把工农速成中学纳入学制是完全必要的。当时，各省市根据中央指示举办了一些工农速成中学。

例如上海市，1950 年下半年，在华东人民大学附设了工农速成中学。1951 年春创办了上海市工农速成中学。1952 年后，该校遵照教育部的规定，将所招学生分别送进交通大学、华东师范大学、同济大学附设的工农速成中学。1954 年，上海财经大学、第一医学院、华东纺织工学院等校各附设一所工农速成中学。这几所工农速成中学在为上海市的建设和向高等学校输送人才方面，作出了很大贡献。①

又如甘肃省，1950 年 5 月在兰州市费家营创办了兰州工农速成中学。从参加革命工作或生产劳动三年以上，具有相当于高小毕业文化水平，年龄 18 岁～35 岁，身体健康的优秀工农干部及产业工人中选送学员，并经考试录取了 131 人，按文史、理工、农医三类分班教学。后来，该省还创办了西北师范学院附设工农速成中学，为甘肃省培养出了一批建设急需的、工农出身的各种人才和教师。②

这些工农速成中学在使工农群众和工农干部知识化方面起了很大作用，培养了一大批工农出身的各行各业的建设干部。后来随着教育部、高等教育部发出《关于工农速成中学停止招生的通知》，到 1958 年各地工农速成中学的学生全部毕业后，新学制中的“工农速成中学”就完成了它的历史使命。

尽管新学制还存在这样或那样的缺点和不足，但是，新学制的颁布和实施，使我国的学校系统在新的政治经济基础上得到了法律的保障。新学制基本适应了建国初期国家建设对于技术人才的需要，基本适应了广大劳动人民，首先是工农干部和工农群众及其子女学习文化的迫切需

---

① 吕型伟主编：《上海普通教育史》，上海：上海教育出版社，1994 年版，第 46 页。

② 傅九大主编：《甘肃教育史》，兰州：甘肃人民出版社，2002 年版，第 634 页。

求。新学制颁布后，工农教育得到迅猛发展，数以万计的工农干部、劳动模范和产业工人受到较正规的学校教育，其中学习优秀者还升入了大学。总之，新学制所确立的基本学校系统，为中华人民共和国的学制发展奠定了基础。

附：中华人民共和国学校系统图

中华人民共和国学校系统图（1951 年）

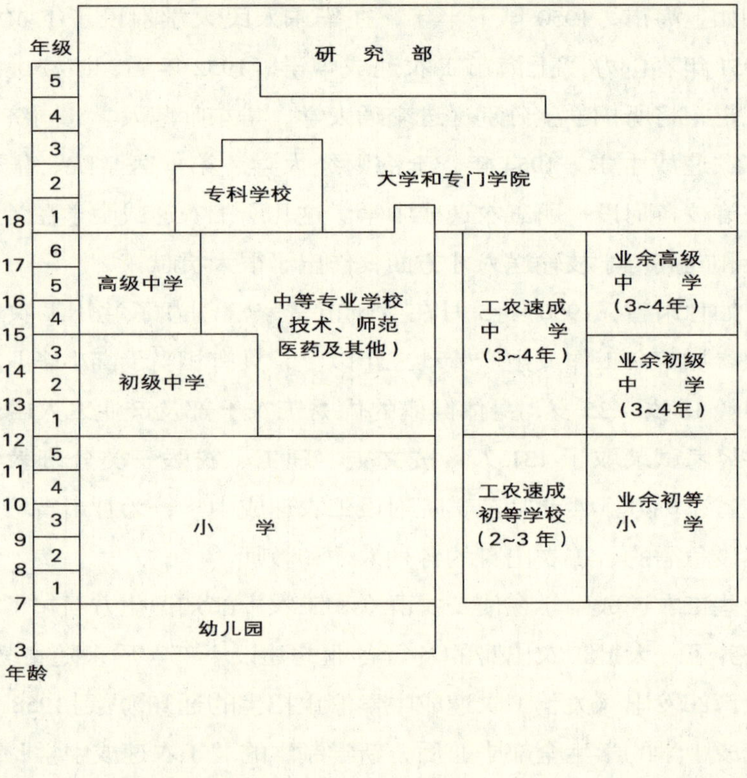

第二节 建立新的课程体系

课程设置体现在教学计划中。教学计划是进行教学的基本文件，是进行课程设置的重要依据。它包括培养目标、修业年限、课程设置、时间分配和教学进程，并对讲授、考试、生产劳动等教学环节作出安排。

建国初期，由教育部统一领导和部署，在全国范围内对原有学校的课程进行了除旧布新的改革。这次改革的总方向是：以辩证唯物主义和历史唯物主义为指导，清除宣扬封建的、买办的、法西斯主义思想的内容，取消烦琐、陈腐、庞杂的材料和结构，努力实现新的教育目标。在课程改革中，要求各级各类学校都要设置既适合学生身心发展的特点，又符合现代科学文化发展水平的课程。

中小学的课程建设与改革在政务院颁布《关于改革学制的决定》后全面展开。其间随着教育实践的发展有所调整，逐步确立了重视思想政治教育、强调文化科学基础知识教学、注重增强学生体质及劳动技术教育的中小学课程体系。工农速成中学和工农干部文化补习学校也根据精简的原则确定了与普通中学基本相同的适合提高工农干部、农民和工人文化素质的课程设置。

为了实施全面发展的教育，中等技术学校尝试建立了兼顾文化基础教育和技术教育的课程体系；中等师范学校在课程设置与改革的过程中，为适应培养小学师资的要求，逐渐突出了师范专业教育，增加了生产技术教育的课程。

高等学校在废除政治上反动的课程、删除“资产阶级性质课程”①的同时，成立课程改革委员会，在1952年前修订了院系的课程草案；1952年后随着高等学校各专业的确立，参照苏联教学计划，根据我国的具体情况，在不断改革和调整中尝试制定了工科、文科、师范等各专业的教学大纲。

一、中小学课程的改革与建设

共和国建立初期，中小学的课程改革和建设是以老解放区的教育经验为基础，在取消国民党反动的训育制度及党义、公民、童子军训练等课程后开始的。在此项改革和建设中，十分重视对中小学生的思想政治教育，强调要结合儿童和青少年的年龄特征，通过各科教学和各种课外活动进行思想政治教育，并在初、高级中学开设了政治课科目。

1. 小学课程的设置与改革

在全国解放战争的后期，随着解放战争的节节胜利，东北和华北两大解放区在1948年提出了实现“教育正规化”的要求。小学阶段课程

---

① 在建国初期的课程改革中，曾简单地把西方国家的社会学、政治学等人文学科视为“资产阶级性质的课程”。

设置也突出体现了这一要求。根据1949年6月颁布的《华北区小学教育暂行实施办法》，小学设国语、算术、珠算、常识、历史、地理、自然、卫生、政治常识、体育、唱歌、图画、手工等科。常识在小学三、四年级设置；政治常识、历史、地理从小学五年级开始设置；卫生和自然在小学三、四年级包含在常识之中，进入高小以后才单独设立。①

1951年10月新学制颁布后，全国小学从1952年秋季开始逐步改行五年一贯制。在新旧学制过渡时期，小学的“四、二”旧制并未立即取消。为了使实行旧制的小学在课程设置方面有所遵循，教育部于1952年2月5日发出了《关于颁发四、二旧制小学暂行教学计划的指示》。《指示》所附的“四、二”旧制小学暂行教学计划规定，小学设语文（国语）、算术、自然、历史、地理、体育、音乐、美工等八科，初级小学语文科包含常识教学，自然、历史、地理在高级小学开设。该教学计划还对各科的周课时和集体活动——朝会（包括晨操）、课间会（包括课间操）、周会、校内课外活动、校外社团活动等内容及时间作了规定。这些集体活动不仅能弥补课堂教学的不足，而且有利于向儿童进行思想品德教育，有利于儿童个性的全面发展。

为了更好地实施小学五年一贯制，教育部于1952年3月18日颁布了根据新学制制定的《小学暂行规程（草案）》。在该《规程（草案）》第四章的“教学计划”中对小学教育的科目设置、内容及教学时间作出了规定。除美工改为图画外，其余科目设置与上述“四、二”旧制相同。其中语文包括阅读、说话、作文、语法、写字；算术包括珠算，珠算在第四、五学年教学；第一、二、三学年不设常识科，教师应将自然、社会等常识在语文及其他各科教学和课外活动中联系进行；第四、五学年的自然科中包括卫生常识；图画包括绘画、剪贴等；劳作在各科教学的实验、实习中和课外另定时间教学，不列入教学科目内。

上述小学“四、二”旧制和五年一贯制小学的教学计划中关于课程设置的规定，初步确立了共和国小学课程体系的基本模式。两个教学计划中设置的课程基本相同，只是在个别课程的名称、授课内容和时数方

---

① 中央教育科学研究所编：《老解放区教育资料》（3），北京：教育科学出版社，1991年版，第599～601页。

面略有变化。另外，在这两个教学计划中，小学都没有设置外语课，这主要是由于当时外语师资严重不足所致。由于全国统一的教学计划中作了这样的规定，像上海市这样一些有英语教学基础、有较强英语师资队伍的地区也取消了小学英语课。事实证明，这种做法是不利于培养高素质人才的。

由于师资、校舍缺乏等原因暂行停止推行五年一贯制后，各地大、中、小城市的小学和乡镇农村的中心小学、完全小学严格实施了“四、二”制教学计划（修订草案）。

后来，小学教育中出现了忽视基本生产技术教育、劳动教育和体育的现象。为了解决这些问题，1955 年 9 月 2 日，教育部正式颁发《小学教学计划》，并确定从 1955 年秋季开始实施。这个教学计划的新精神是开始实施基本生产技术教育和加强体育及劳动教育，以便更完整地体现全面发展的教育方针。

为了实施基本生产技术教育，除了生产劳动仍在《关于小学课外活动的规定》中另行规定外，特别在第一到第六学年增设了手工劳动科，要求这门科目的教学同有关学科的教学紧密联系起来；并可利用学校园地等开展花木、作物的栽培活动；因地制宜，充分结合当地生产的实际，并争取当地著名技术专家的协助，尽量培养学生的创造才能。其目的是使学生获得一些基本的生产知识，学会使用一些简单的生产工具，具有正确的劳动态度。

在体育方面，于第一至第二学年每周各增加 1 节体育课；体育锻炼仍在《关于小学课外活动的规定》中另行规定。同时，为了减轻学生过重负担和提高教学质量，《小学教学计划》将每学年上课总数由 38 周降为 34 周；每周上课的总时数也有所减少，一至四年级每周 24 课时，五、六年级 26 课时。这一教学计划一直沿用至 1957 年初。

2. 中学课程的设置与改革

建国前夕，老解放区的中学已开始走上了正规化的道路，设置了国文、数学、物理、化学、历史、地理等文化知识方面的课程。建国后，在 1949 年 12 月召开的第一次全国教育工作会议上确定，中学应合理地精简旧有课程，设立符合国家建设需要的新课程。根据这次会议精神，教育部于 1950 年 8 月 1 日颁发《中学暂行教学计划（草案）》，对中学课程设置进行规范。其中规定：普通中学设政治、语文、数学、自然、生物、化学、物理、历史、地理、外国语、体育、音乐、美术、制图等14科；所有课程都是必修课，将其作为实行初中、高中两级循环的分科课程类型。其中，初中和高中都开设了讲授“五爱”国民公德和马列主义基础常识的政治科，并将其作为课程教学的重点。

为了有系统地加强对学生进行爱国主义教育和政治思想教育，政治科的具体设置又作了不同变动。从1951年秋季起，取消了原中学教学计划中所列政治科名称，改为初中三年级开设“中国革命常识”科，高中二年级和高中三年级上学期开设“社会科学基本知识”科，高中三年级下学期开设“共同纲领”科。各科教学时数均为每周两课时。① 同年11月29日，教育部发出通知，从初中一年级至高中三年级增设“时事政策”科。“共同纲领”和“时事政策”科为每周1课时。

1951年3月19日，第一次全国中等教育会议确定，普通中学课程改革的重点应是在重视思想政治教育的前提下，强调文化科学基础知识的教育。经会议讨论通过，教育部于1952年3月18日颁发了《中学暂行规程（草案）》，进一步确定教学科目的内容、设置和教学时数。《暂行规程（草案）》同1950年《中学暂行教学计划（草案）》相比，取消了自然科。具体规定：数学包含算术、代数、几何、三角、解析几何；生物包含植物、动物、生理卫生、达尔文理论基础；外国语指俄语或英语；高中体育包括军事体育在内；高中不设音乐科，但在课外活动中规定每周有1课时的音乐活动。每周上课时数初中为31课时至32课时，高中为32课时。学生每天学习时间初中不得超过8小时，高中不得超过9小时。

《暂行规程（草案）》颁布后，各省、市、自治区都认真贯彻和施行，在施行过程中也屡有调整、补充和适当的修订。为了减轻学生学习负担，更好地学好语文和其他学科，从1954年秋季起，初中不设外国语课；从高中一年级开始开设俄语课，个别缺乏俄语教师或原来二、三年级教授英语的学校仍继续教授英语课。

---

① 何东昌主编：《中华人民共和国重要教育文献》（1949～1975），海口：海南出版社，1998年版，第98页。

此后，从 1954 年到 1956 年，教育部每年都要颁布临时性的中学教学计划，每年的课程设置和课时安排都有所变动。其中变动最大的是 1956 年，首先针对以往语文教学中目的和任务不够明确的缺点，将原来的语文科改为汉语、文学两门学科进行教学；增设实习科，在初中进行教学工厂和实验园地两种实习，高中进行农业实习、机械学实习和电工实习；初中三年级增设工农业基础知识科。这次调整一方面反映了对语文分科教学的认识，另一方面落实了在中学开展基本生产技术教育的要求。

总的来说，1956 年以前对中学课程设置的改动都是积极的，但也出现了一些偏向：1952 年以后一度减少甚至停开了一些年级的政治课，这就削弱了对学生进行政治思想教育的力度；中学外语课时间缩短甚至初中一度停开，造成了学生外语水平下降，如上海市中学外语课教学总课时一度从1 200课时减为 432 课时；① 中学生物科中的达尔文主义基础只讲米丘林学派的理论，完全不讲摩尔根学派的理论，这就使学生的相关知识面明显地变窄了。

统观共和国建立初期中学的课程改革，它呈现出以下特点：重视思想政治教育和道德品质教育；强化了文化科学基础知识的传授；注重增强学生的体质；注重开展劳动技术教育；课程安排上强调统一的必修课；课时数量上注意控制每周课时数，以利于开展多种形式的课外活动。但是，由于建国初期在中学课程设置方面尚处于探索、建设阶段，所以教学计划变动频繁，缺乏相对的稳定性。实践证明，变动频繁的课程设置不利于教师积累教学经验，也不利于提高教学质量。②

3. 工农速成中学和工农干部文化补习学校的课程设置

根据工农速成中学的任务和要求，教育部于 1951 年 2 月首次规定工农速成中学的课程为：国文、数学、自然（植物、动物、生理卫生、达尔文学说基础）、化学、物理、地理、历史、政治、制图、体育、音乐等 11 门。三学年总授课时数为3 480课时，并规定各地可以根据实际

---

① 吕型伟主编：《上海普通教育史》（1949～1989），上海：上海教育出版社，1994 年版，第 115 页。

② 中国教育年鉴编辑部编：《中国教育年鉴》（1949～1981），北京：中国大百科全书出版社，1984 年版，第 157 页。

需要对总授课时数酌情增减。

自工农速成中学由独立设置逐步改为附设于高等学校以后，为了使工农速成中学的课程设置便于同高等学校的课程相衔接，经政务院文化教育委员会批准，高等教育部和教育部于 1953 年 9 月 15 日联合颁发《工农速成中学第一、二、三类教学计划修订草案》。《修订草案》按照所学课程不同，将工农速成中学分为三类，并分别制定教学计划。其中，预备升入高等学校文史、财经、政法等科系的执行第一类教学计划，以语文、历史、地理等为重点课程；预备升入高等学校理、工等科系的执行第二类教学计划，以语文、数学、物理、化学为重点课程；预备升入高等学校农、医、生物等科系的执行第三类教学计划，以语文、数学、物理、化学、生物为重点课程。每学期实际教学时间必须保证 19 周。凡重点课程程度都要求达到相当于高中毕业水平；非重点课程的要求可以稍稍降低一点，但也必须完成教育部颁发的工农速成中学各科教学大纲所规定的要求。

工农干部文化补习学校的课程设置，根据教育部 1951 年 2 月 10 日颁发的《工农干部文化补习学校暂行实施办法》的规定，主要有：国语、算术、自然、地理、历史、政治、体育、音乐等八门，施以相当于完全小学程度的教育。1954 年，各地工农干部文化补习学校相继结束，重新开办了以培养区级以上工农干部为主的干部文化补习学校。该类学校小学班取消了体育和音乐课程；初中班设语文、代数、几何、物理、化学、生物、历史、地理、时事政策等九门课程。

从以上规定可以看出，工农速成中学和工农干部文化补习学校的课程设置比较全面，程度适中，适应了建国初期迅速培养国家建设干部的需要，有助于提高工农干部的基本素质，为他们继续深造或直接参加社会主义建设奠定了较好的文化基础。同普通中学的课程设置相比，工农速成中学的课程不包括外国语、美术课程；工农干部文化补习学校的课程设置则更加简略，强调一般文化知识的普及性。这种课程安排体现了学员的成人特点和工农速成中学、工农干部文化补习学校的“速成性”。

二、中等技术学校、师范学校的课程设置

共和国建立初期，迫在眉睫的任务是恢复国民经济，积极准备开展大规模的经济建设，这就急需大量的初级和中级技术干部和大量的师

资。为此就需要积极整顿和发展中等技术教育（其主体是中等技术学校）和师范教育，规范中等技术学校和师范学校的课程设置。

1. 中等技术学校的课程设置

1952年以前，对全国中等技术学校的课程没有作出统一规定，普通课程有的太多，几乎与普通中学无异，有的则太少，甚至没有；业务课程种类繁多，且缺乏教材。这一状况不能满足培养大量初级和中级技术人才的需要。为此，教育部开始对基本课程设置进行规范，确定中等技术学校的课程应由普通课（公共必修普通课和分类必修普通课）、技术课（基础技术课和专业技术课）与实验、实习（校内教学实习与校外生产实习）组成。其中，公共必修普通课是指普通中学所开设的语文、数学、物理、化学和政治、体育等课程。工业、农业、财经、卫生等各类中等技术学校必修普通课的设置，根据业务需要可以有所不同。普通课授课时数占授课总时数（不包括校内教学实习和校外生产实习）的比例，以不少于25%、不多于45%为原则；学校分科以及各科技术课程的设置，注意专业化、单一化的原则。上述规定均纳入了教育部1952年7月12日发布的《中等技术学校暂行实施办法》。随后，为了使不同类别学校的三类课程设置有政策依据，教育部根据我国当时的情况，吸取苏联中等技术学校的经验，进一步确定了工业、农业、财经性质中等技术学校中普通课、技术课和实习的比例及教学计划。

截止到1956年，中等技术学校的课程设置并未作太大调整。期间，各学校主要根据政务院、教育部的指示，具体充实、规范了各类课程的内容设置，加强了理论课程、实验、教学实习和生产实习等课程间的密切联系。

生产实习是使学生的理论知识同实际密切联系从而达到学用一致的重要课程之一。1953年政务院决定设立中央生产实习指导委员会和大行政区的生产实习指导委员会，制定全国、各地区的生产实习计划。于是，一些学校从1953年开始将生产实习纳入全国及各地区的生产实习计划之内，并设立专管机构或人员，在校长和教务长（或教务主任）领导下，同生产实习机关、企业一起，实施包括认识实习、专业生产实习和毕业实习在内的生产实习。1955年10月以后，各学校进一步将生产实习同毕业设计密切结合，在毕业生产实习前拟定毕业设计题目，并在实习过程中收集毕业设计资料，以提高生产实习的针对性和毕业设计的实用性。

2. 师范学校的课程设置

建国初期，随着初等教育、工农业余教育的发展，急需培养大量为人民教育事业服务的合格教师。为此，必须确定师范学校的教学计划。1952年7月16日，教育部颁布《师范学校暂行规程（草案）》，规定师范学校设语文及语文教学法、数学及算术教学法（含算术及教学法、代数、几何、三角）、物理、化学、达尔文理论基础、自然教材教法、地理及教学法、历史及教学法、政治（含社会科学基本常识、共同纲领、时事政策）、心理学、教育学、学校卫生、体育及教学法、音乐及教学法、美术及教学法、参观实习等必修课程。每学期实际上课时间为18周，三学年总课时数为3 368课时。幼儿师范学校的课程设置与师范学校大体相同，设置有：语文及语言教学法、数学及计算教学法、物理、化学、达尔文理论基础、地理、历史、政治、体育及教学法、音乐及教学法、美工及教学法；还根据幼儿师范的特点设置了幼儿心理、幼儿教育、幼儿卫生及生活管理、认识环境教学法及参观实习等课程。《暂行规程》发布后，师范学校的课程设置渐趋统一，这对提高师范学校的教育质量起了一定的规范作用，同时也奠定了我国师范学校课程设置的基本雏形。

教育部此后又对师范学校的课程设置作了两次大的修订。第一次修订是在1953年，主要参照中小学教学计划对师范学校的教学计划进行相应调整，总课时有所下降。第二次修订是在1956年，主要是加强基本生产技术教育，同时突出师范专业课程。幼儿师范学校也作了与师范学校相同的改动。

师范学校课程设置的修订着眼于全面提高教育教学质量。通过课程设置的调整，加强了师范学校专业教育的因素，使师范学校教育进一步面向了小学；加强了基本生产技术教育，有助于实施全面发展的教育；减少了课时，有助于减轻学生的课业负担。在1956年的新教学计划中，三学年总教学时数为3 254课时，比1952年的教学计划减少了100多个课时。

此外，鉴于各大、中城市普遍设有私立技术补习学校的情况，教育部于1952年8月30日发布了《关于加强领导私立技术补习教育的指示》。文件规定该类补习教育应以专业化为原则，设置一科或性质相近的数科，每科补习时间不得少于三个月。时间在三个月以上的全日制私立技术补习学校，必须增设时事政治课。

至于业余中等学校的课程，按照教育部的规定，依据正规中等学校的教学计划来设置，只是教学时数比较少一些，教学内容比较窄一些、精一些。

三、高等学校的课程改革与建设

在1949年至1956年七年间，高等学校的课程改革主要分为两个阶段：1952年以前，高等学校课程改革委员会修订了各院系的课程草案；1952年以后，高等教育部以专业为依据，制定了工科、文科、师范类各专业的教学大纲。

1. 成立高等学校课程改革委员会和制定课程草案

早在1949年10月8日，华北人民政府高等教育委员会首先颁布了《华北专科以上学校1949年度公共必修课过渡时期实施暂行办法》，规定文、法、教育学院学生必修辩证唯物论和历史唯物论（包括社会发展史）、新民主主义论（包括近代中国革命运动史）、政治经济学三门课程。10月11日又颁布了《大学专科学校文法学院各系课程暂行规定》，指出：文法“各院系课程的实施原则是废除反动课程（如国民党党义、六法全书等），添设马列主义的课程，逐步地改造其他课程”。

1950年8月，教育部确定了高等学校课程设置与改革的原则，即高等学校应废除政治上反动的课程，开设新民主主义的革命的政治课程；各系的课程应密切配合国家经济、政治、国防和文化建设当前与长远的需要，在系统的理论知识的基础上实行适当的专门化，根据精简的原则，有重点地设置和加强必需的和重要的课程，删除那些重复的不必需的课程和内容，并力求各学科相互联系和衔接。

为了推进高等学校的课程改革，教育部于1950年8月聘请国内著名专家和著名教授组成高等学校课程改革委员会，研究和制订文、法、理、工诸学院各系的课程草案，还请卫生部组织起草医学院的课程草案。1950年9月，教育部将拟定出来的高等学校文学院五个系、法学院四个系、理学院五个系和工学院六个系的课程草案印发各高等院校，作为各高等院校拟订课程的参考。在此次拟订的各个课程草案中，都规定高等学校要暂时采用学分制，以三个学习小时为一学分，其中包括听讲、自习、实验和实习。课程设置均分为必修课和选修课两类。如《高等学校文法两学院各系课程草案》确定文法两学院具体的公共必修课有：政治课三门（社会发展史、新民主主义论、政治经济学）、国文与写作、外国文、中国近代史、毕业论文或专题报告等。①

此后，教育部在继续抓紧制定其余院系课程草案工作的同时，还不断地研究和解决在执行课程草案中出现的新问题，组织讨论和修改有关院系的课程草案。

1951年1月，在全国高等学校1950年度教学计划审查会议上，教育部重点审查了51所高等学校各院系的教学计划，详细审查了文、法两学院的部分教学计划，并决定在两三年内基本上完成高等学校课程改革任务。同年6月，教育部又确定了文、法、财经学院课程修订的原则，主要是：充分贯彻爱国主义的思想教育；业务课程的设置应有重点，选修课应尽量减少；各种课程均需拟定教学大纲；政治课应着重于系统的理论知识的讲授，时事学习应着重于时事政策教育；实习是学习过程的重要组成部分；每周学习时间不得超过54小时。② 据此，高等学校各院系根据教育部拟定的课程草案，对课程设置进行了初步探索。

2. 以专业为依据调整课程设置，确立全国统一的专业教学计划

1952年，全国范围内的高等学校开始进行院系调整。院系调整改变了1950年开始的课程改革进程。在院系调整中，我国参照苏联高等教育制度，从1952年开始在高等学校普遍设置专业，开始按专业来培养专门人才；同时，在教学工作中确定以专业为依据重新设置课程，并制订了全国统一的专业教学计划。

院系调整中，工科、文科和高等师范院校课程设置与改革的情况是：

---

① 中国教育年鉴编辑部编：《中国教育年鉴》（1949～1981），北京：中国大百科全书出版社，1984年版，第250页。

② 中国教育年鉴编辑部编：《中国教育年鉴》（1949～1981），北京：中国大百科全书出版社，1984年版，第251页。

（1）工业院校的课程设置与改革。工业院校的课程设置改革是高等学校课程设置与改革的重点。1952年院系调整后，全国高等工业院校均参照苏联的教学计划，各自拟订和修订了各专业的教学计划。这对于高等工业院校的教学改革起了很大作用。但是，由于认识不一，人力分散，资料缺乏，各校拟订和修订的教学计划普遍存在着专业培养目标不一致、同一专业的教学计划不统一和质量参差不齐等缺点。

为了改变这种状况，统一高等工业院校教学计划，1953年9月，高等教育部在上海召开了高等工业院校重点修订教学计划座谈会。此次会议修订了工业与民用建筑、工业与民用建筑结构、河川结构及水电站的水工建筑、机械制造工艺、发电厂配电网及联合输电系统等五个四年制本科专业，以及金属切削加工、工业与民用建筑等两个二年制专修科专业的统一教学计划，规范了课程设置，作为高等工业院校各专业修订教学计划的示范。

随着《关于修订高等工业学校四年制本科及二年制专修科各专业统一教学计划的通知》正式发布，高等教育部相继召开了一系列专门会议，审定各专业的教学计划。直到1954年6月，高等教育部审查批准了高等工业学校四年制本科专业统一的教学计划81种，二年制专修科专业统一的教学计划31种。高等教育部强调了制定教学计划的重要性和执行教学计划的严肃性，要求各校执行全国统一的教学计划。至此，高等工业学校大部分专业的课程设置就确定下来了。

但是，由于这套四年制本科的教学计划是参考苏联五年制专业的教学计划制定的，因此课程门类偏多，总学时数、周学时数偏高，加上专业师资缺乏等原因，各工业院校在执行过程中出现了课程开设不全，教学质量较低，学生学习负担很重，体质下降等状况。

为了解决这些问题，1955年5月召开的全国文教会议确定，高等工业学校的学制由四年改为五年，专修科除必要者外，早日停办。① 为此，高等教育部立即组织人力修改四年制教学计划，制定五年制教学计划，各专业设置的课程门数和教学时数也随之改变；并且明确规定，教

---

① 中国教育年鉴编辑部编：《中国教育年鉴》（1949～1981），北京：中国大百科全书出版社，1984年版，第294页。

学计划的性质是指导性的，而不是指令性的，各高等学校可以根据具体情况来掌握和使用全国统一的教学计划。

（2）文科各专业的课程设置与改革。1952年底，配合高等学校院系调整，教育部吸取苏联各文科专业教学计划的经验，制定了中国语言文学、编辑、历史学等三个专业的四年制教学计划（草案）。其课程设置的主要内容是：三种专业均设马列主义基础、新民主主义论、政治经济学、辩证唯物主义与历史唯物主义四门政治理论课，四门课的总学时为480学时；除编辑专业外，均设教育学、教学实习课；专门化及专门化课程不作统一规定，由各校根据实际情况自行确定，但需上报备案；总学时为3 000学时左右，中国语言文学专业总学时最多为3 400余学时。①

这个教学计划发布实施后的几年中，高等学校的文科教学取得了一定成绩。但从总体上讲，仍然存在着对文、史、财经等科系重视不够、课程设置不重视基础训练的情况，致使文科学生的知识面过窄，独立思考和独立工作能力不强。

为了扭转这种状况，高等教育部于1954年9月发布了综合大学中文、历史学的新教学计划。新教学计划要求：课程设置方面强调重视基础训练，使学生在广博的、系统的基础知识的基础上进行专业训练；要在采用苏联教学计划体系的同时，结合中国历史和民族的特点；要加强教育实习课程。为了培养学生的独立工作能力，新教学计划还规定了课堂讨论、学生作业、实习、毕业论文等教学环节。

为了进一步改进文科教学，提高教学质量，高等教育部在1955年9月强调，首先要加强基础课和专业课，增设选修课，精简专门化课程，目的是使学生具有更广博的基础知识和牢固的专业知识。其次，为了加强学生的思想政治教育，政治理论课除历史学专业外，均设马克思列宁主义基础、中国革命史、政治经济学、辩证唯物论与历史唯物论四门课程，总学时包括课堂讨论在内一般为500～600学时，最高的如政治经济学专业可达800学时。第三，在设置课程时应重视理论联系实际以及对学生独立工作能力的培养。即在课程的设置与分量上，要力求适合我

① 中国教育年鉴编辑部编：《中国教育年鉴》（1949～1981），北京：中国大百科全书出版社，1984年版，第251页。

国历史、地理特点和文化发展的现实情况。例如历史学专业，要对中国近代、现代历史给予充分重视；要注重中国丰富的文化遗产，加重古代史和古典文学的分量；要加强亚洲史的教学工作；同时在实习、学年论文、毕业论文等环节上都要有所加强。第四，在执行教学计划时要有一定程度的灵活性。①

1956年，结合重点解决文科学生学习负担过重、知识面过窄的问题，高等教育部于9月再次发出文件，进一步强调文科各专业减少上课时数，取消一些不必要的课程，对次要课程或减轻分量，或合并，或改为选修和讲座。一学期只开设六七门课程，最多不超过八门课程，每周上课不超过30课时。同时，对考试门数、教学大纲和教材的使用、课外作业的布置、教学过程的组织等方面也相应地采取了措施，使学生能适当学少一点，学好一点，以便更好地实施全面发展的教育。

总体上讲，建国初期高等学校文科、财经、政法等专业的课程改革符合国家对大量培养建设人才的需求，但是，在精简、删除课程的过程中，由于认识方面的局限，出现了把西方的社会政治学说一律排除在外的不妥做法。

（3）师范院校的课程设置与改革。建国后，师范院校的课程设置开始于第一次全国师范教育会议之后。1952年7月，教育部明确指出，高等师范学校应根据中等学校教学计划设置系科。② 随着学习苏联教育经验的展开，1952年11月5日，教育部发布了《关于试行师范学院教学计划（草案）的通知》。《通知》中所附的《师范学院教学计划（草案）》是由教育部委托北京师范大学在苏联专家直接指导下，根据苏联高等教育部批准的苏联师范学院教学计划起草的，其课程设置具有一定的科学性和系统性，对于纠正当时师范院校中存在的教学无目的、无计划和因人设课的混乱现象起了一定的作用。但是，由于它结合中国的实际情况不够，课程时数偏多，难度有些偏高，再加上没有对教学计划的实施步骤作详细交代，所以有些学校在贯彻过程中产生了一定程度的忙乱现象。

---

① 中国教育年鉴编辑部编：《中国教育年鉴》（1949～1981），北京：中国大百科全书出版社，1984年版，第253页。

② 何东昌主编：《中华人民共和国重要教育文献》（1949～1975），海口：海南出版社，1998年版，第156页。

在这种情况下，教育部又于1954年4月12日发布了《关于颁发师范学院暂行教学计划的通知》，对1952年的教学计划进行了修订。此次下发的教学计划规定师范学院的课程由四个密切关联的部分组成一个有机的整体。它们分别是政治理论科目（中国革命史、马克思列宁主义基础、政治经济学及辩证唯物主义与历史唯物主义）、教育科目（心理学、教育学、教育史、学校卫生以及各科教学法）、专业科目（各系专业科目以及与之相关联的科目）和教育实习（教育见习和教育实习）。

同1952年的教学计划相比较，此次的教学计划主要是对中国语文、俄语、历史、地理、数学、物理、化学、生物、教育（学校教育专业）等九个系的教学计划进行了修订。其中关于课程设置方面的改革主要是：将数学、物理、化学、生物四系的双重培养任务改为单一的培养任务，即取消兼负培养相关专业师资的任务；政治理论科目开设中国革命史、马列主义基础、政治经济学三门（中国语文、历史、教育三系加设辩证唯物主义与历史唯物主义）；减少教育史和学校卫生的教学时数；师资条件不足的学校可暂缓开设俄语课；减少每周教学时数，总学时从平均3 440多学时减为3 270多学时；调整各系专业课程的设置，如中国语言文学系明确把语言和文学设置为两门课，删减了多数学校几年内难以开设的课程，如地理系的动物地理，物理系的气象学，教育系的教育心理，中国语言文学系的文艺学、人民口头创作，以及原《草案》中各系的专题课堂讨论等。

这次改革结合了我国的实际情况，对加重学生负担或没有条件开设的课程予以调整。例如，取消数学、物理、化学、生物四系兼负培养相关专业师资的任务是符合我国中学实际的。当时我国大部分高中分布在城市，规模大，班次多，并且大多与初中合校，高中教师在兼任初中课程时往往是兼任同一门课程的教学。改为单一培养任务后，学生可集中时间学好一门专业，不致负担太重。

从共和国建立初期到1956年，我国高等学校以苏联高等学校的教学计划为蓝本，从以学系为基础设置课程转变到以专业为依据设置课程，形成了具有计划性、统一性特点的高等学校课程体系。这种课程体系作为全新高等教育体制的组成部分，有助于在改造旧教育的基础上，以较快的速度培养经济建设和社会发展所需要的各方面的高级专门人才。但是，由于当时借鉴苏联高等教育经验进行课程改革带有明显的政治取向，在实施过程中又操之过急，存在着照搬照套苏联教学计划的倾向，致使在一定程度上丢弃了自己已有的一些好传统。如当时除外语学院和外语系科外，高等学校的公共外语课程普遍只开设俄语一门，放弃了我国外语教学开设多语种和主要是英语语种的做法，这显然不利于外国语言学科的发展，不利于人才的培养和国际交流。同时，过于统一的专业设置和课程体系不仅妨碍了学生发挥学习的主动性与创造性，而且不利于因材施教，培养高级人才。对于这些问题，我国教育行政部门和高等院校在实施教学计划的过程中逐步有所察觉，因此，在1955年和1956年发布的各科类教学计划中已开始采取措施，修正课程设置上的偏向，并取得了一定的效果。

第三节　建立统一的教材编审和出版制度

在建国初期的教材改革和建设中，我国从自编教材和翻译、编译苏联教材到建立专门的教材机构，逐步探索出了一条教材改革和建设的新路子，建立了统一的教材编审和出版制度。

一、中小学教材的编审与出版

早在建国前夕，华北人民政府教育部已于1949年4月成立了教科书编审委员会，着手审定老解放区和国民党统治区的中小学课本。同时，东北人民政府教育部也组织力量，以苏联十年制学校高年级的数学和自然科学课本为蓝本编译新的课本，作为东北解放区的中学课本，从初中一、二年级起逐步采用。

建国后，中央人民政府出版总署设立了编审局，集中老解放区和原开明书店的部分骨干编辑人员，承担华北人民政府教育部教科书编审委员会的工作，开始编审中学文、史、地教材。同时，为了解决各地中小学教科书版本不一、供应混乱等问题，中央教育部、出版总署在1950年7月5日联合发出《1950年秋季中小学教科书用书表》，指定了中小学各科教学可以采用的教材，供各大行政区教育行政部门为本地区的中小学选用。此后，每年3月和9月都由教育部、出版总署下达中小学春秋两季教科书用书表。但最初还没有共和国自己编写出版的用书，如

1950年小学的语文、政治、史地和中学的语文、历史等科使用的是老解放区的课本；中学的数学、物理、化学、自然、生物等科则大部分选用开明书店、商务印书馆编辑出版的旧课本。这是一种临时的过渡办法。为了更好地解决中小学教科书的编辑、出版和供应问题，教育部采取了以下举措。

1. 成立人民教育出版社

1949年10月19日，中共中央宣传部部长陆定一在全国新华书店出版工作会议闭幕词中指出："教科书要由国家办，因为必须如此，教科书的内容才能符合国家政策，而且技术上可能印刷得好些，价钱也便宜些，发行也免得浪费。""教科书对于国计民生，影响特别巨大，所以非国营不可。"①

根据陆定一讲话的精神，出版总署在1950年9月召开的全国出版工作会议上确定中小学教材由全国统一供应，并决定成立专门的出版社。同年12月1日，人民教育出版社正式成立，由出版总署副署长叶圣陶兼任社长、总编辑，教育部视导司司长柳湜兼任副社长、副总编辑。毛泽东亲自为出版社题写了社名。人民教育出版社成立后，按照教育部编定的小学各科课程标准暂行草案和中学各科教学大纲草案，修订和重编中小学的各科课本，并从1951年秋季起陆续供应。由此，我国建立了由国家统一编辑、出版、供应中小学教科书的新制度。

2. 确立中小学教材编审制度

为了保证中小学教材编订工作的顺利进行，加强出版社内部的联系和互相配合，人民教育出版社根据实际工作的需要，于1952年制定了《编辑施工计划暂行办法》。

《暂行办法》规定，凡准备新编、重编或大修订的中小学教学大纲、教科书均应制定编辑施工计划，以一本书为单位，由责任编辑草拟，编辑室讨论，室主任核转副总编辑批准，作为编辑工作的依据。其主要内容包括：编写或修订教科书的原则，拟订教科书的章节目次，教科书的编写步骤，教科书编写所需的人力和具体分工，教科书编写各项工作的

---

① 中央教育科学研究所编：《中华人民共和国教育大事记》（1949～1982），北京：教育科学出版社，1984年版，第5页。

进度和具体日程，教科书编写中必须进行的工作（如参观、座谈、约请审读者等），教科书编写过程中出版社内相关部门的配合以及编写教科书所需的主要参考资料等。这个“施工计划”对于教材编写工作的规范化和顺利进行起了保证作用。

1954年6月，人民教育出版社提出了新编中小学教材的总编辑方针和各科教材的编辑方针、原则和体系。在编辑方针中，确定编写数学和自然科学教科书应吸取苏联科学的先进成果，以苏联最新出版的教科书为蓝本，结合中国实际予以适当改编；而语文、历史、地理等教科书则必须自编。人民教育出版社还确立了严格的中小学教材编辑、审查制度。编辑制度包括：编辑人员必须严格遵照编辑方针，根据教学大纲和编写教科书确定的原则进行工作；编写教材时要不断吸取最先进的科学成果；必须聘请专家参加教科书的编写工作；在教科书编写过程中吸取优秀教师的意见；为了避免教材内容不必要的重复，一般采取直线前进的原则，必要时可采取螺旋式上升的原则；各科教科书内容相互联系，上下年级相互衔接。审查制度包括：经过三次文字、内容上的审查才能成为定稿，然后经过政治、文字与保密方面的审查，还要进行插图、照片及地图方面的审查，审查通过后才能送交教育部批准。最后，出版方面要进行严格的技术审查。新版的中小学教材在编写前后要广泛征求意见，并在少数学校进行试教，然后才可以普遍推广使用。很显然，这种严格的中小学教材审查制度对于提高教材的质量起了重要的保证作用。

3. 编辑出版两套十二年制中小学教材

人民教育出版社成立后，组织编写了共和国成立后的第一套十二年制中小学教材。这套教材除中学数学、物理、化学课本及小学算术、自然课本的部分内容以苏联教科书为蓝本加以改编外，其他都是以老解放区和建国前国民党统治区出版的两类教科书为基础，进行改编、重编或新编的。从1951年秋季起，这套中小学教材陆续供应全国。

1953年，毛泽东指示：教育部宁可把别的摊子缩小点，必须抽调大批干部编出社会主义教材。① 也就是在这个时候，教育部发现编辑出

① 中国教育年鉴编辑部编：《中国教育年鉴》(1949～1981)，北京：中国大百科全书出版社，1984年版，第482页。

版的第一套中小学教材有些内容已经不适应国家建设和发展的需要，有的还包含着许多缺点和错误，存在着不少的旧思想和旧观点。特别是对劳动教育重视不够，关于劳动教育方面的材料很少。为此，教育部责成人民教育出版社立即调整编辑出版计划，加强编审力量，以编辑初中、高中及“四二制”小学教科书为重点，在学科上以编辑语文、历史、政治、地理等教科书为重点，从1954年起着手编写第二套中小学教材。到1956年，第二套中小学教材出齐，其中包括教学大纲30种30册，课本41种97册，教学参考书23种69册。

这套中小学教材从内容上看，“为社会主义政治服务的思想比较以前明确了。大部分教材能初步运用马克思列宁主义的立场、观点，阐述自然现象和社会现象；大部分教材注意吸收最新的科学成就。各科教材都注意到给予学生系统的基本知识”。① 这套教材无论在科学性、系统性还是思想性方面，都比以前出版的教材有很大进步。同时，编写了教学大纲和教学参考书，这对教师教学有很大的帮助。但是，由于这套教材是以苏联教材为蓝本编写的，结合我国的实际不够；同时，教材存在着“要求高，分量重，内容深”的问题，有些地区和学校反映使用新教材后“教”和“学”都很紧张，提出了精简教材内容的要求。

二、高等学校教材的编审与出版

建国初期，鉴于旧中国高等学校理、工、农、医各科教材大部分是借用英、美等国的教材，所以，教育部早在1950年就明确指出：要有计划有步骤地编译各项适用的教材和参考书。今后各学校各系各科的教材除外国语文系科外，应逐步做到一律用本国语文，同时要用科学的观点和方法编订为新中国高等学校所适用的教材。② 此后，在教育部领导下，高等学校围绕课程改革翻译了大量的苏联教科书，也自编了一部分教材和讲义。

截止到1951年10月，据52所高等院校统计，编译出或当时正在编译中的文科教材共467种；理、工、农、医各科教材和讲义共1 869种，

---

① 中国教育年鉴编辑部编：《中国教育年鉴》（1949～1981），北京：中国大百科全书出版社，1984年版，第482页。

② 何东昌主编：《中华人民共和国重要教育文献》（1949～1975），海口：海南出版社，1998年版，第48～49页。

其中自编1 642种，借用外国的227种（其中俄文20种，日文56种，英文等151种）。这些自编教材大部分是从欧美教材改编而来，而且由学校铅印或油印者多，通过出版单位公开出版的仅有120种。

为了推进高等学校的教材改革和建设，提高高等学校的教材质量，加快高等学校教材的编译进度，教育行政部门采取了以下举措：

1. 成立高等学校教材编审委员会

1951年3月26日，教育部呈准政务院文教委员会，颁布《高等学校教材编审委员会暂行组织条例》。《条例》规定，该委员会设委员25至30人，由教育部、中国科学院、出版总署、人民教育出版社等有关单位代表及高等学校教授若干人组成。该委员会的任务是：调查并搜集国内外高等学校教科书、教学参考书及其他有关资料；制定高等学校教科书及教学参考书的编辑与翻译计划；特约专家、教授审查及编译高等学校教科书和教学参考书。

1951年4月28日，教育部组成了教材编审委员会，聘请杨晦、李广田、范文澜、陈翰笙、何思敬、钱端升、杨石先、钱伟长、陈嵘、张锡钧、王学文、陈岱孙、孙怀仁、丁浩川、孟宪承、曹日昌等专家分别担任文、法、理、工、农、医、财经、教育等学科的教材编审委员会委员，并向编审委员颁发了聘书。

在成立高等学校教材编审委员会之后，根据《暂行组织条例》的规定，各学科也先后成立了教材编审委员会。高等学校文科教材编审委员会成立后，草拟了文科教材的编审原则、编译步骤及工作方法等项意见。其编审原则要求：教材内容必须有正确的科学观点，贯彻爱国主义精神；必须尽量联系实际，切合国家建设工作的需要；必须贯彻课程改革决定的精神，符合精简原则。此外，还鼓励集体编书。对于编书尚有困难的某些课程（特别是文、法科），可以组织校际合编教学大纲和文件选读，以配合使用。文科教材编审委员会在编审文科教材的工作中发挥了很大作用。

2. 翻译苏联教材

1952年确定按专业培养学生的方针以后，缺乏教材成了教学环节上的一个严重问题。当时，所采用的苏联教材有许多并无中译本。教师们学俄文后，边译、边学、边教，一部分课程甚至还没有教学大纲及苏联教材。面对这种情况，教育部在1952年11月27日发出了《关于各高等学校组织翻译苏联教材制订计划时应注意的事项的指示》。《指示》指出：为了学习苏联先进科学技术经验，改革教学内容，提高教学质量，有计划、有步骤地翻译苏联高等学校教材已是刻不容缓的艰巨工作。① 要求各高等学校和有关机关组织人力，有计划、有步骤地首先把一、二年级基础课的教材及某些必要的和有条件解决的专业课教材翻译出来，然后再逐步翻译其他各种课程的教材。

高等教育部成立后，于1953年1月18日发出了《关于翻译苏联高等学校教材的暂行规定》，使高等学校的教材建设工作逐渐走向了翻译苏联教材、逐步自编统一教材的道路。此后，高等教育部正式建立教材编审处，作为教材编审工作的专门办事机构。其主要任务之一就是组织高等学校教师和有关单位翻译苏联高等学校的教材。1954年，高等教育部为了加强对翻译苏联教材的管理，发出了"今后苏联教材的翻译工作由我部制订统一的选题计划"的通知。依据高等教育部制订的选题计划，到1954年底，我国共翻译出版供高等学校采用的苏联教材558种，其中工科118个专业902门课程的338种，农科19个专业276门课程的58种，理科13个专业298门课程的129种，政法、财经、医药、卫生及其他各科的33种。经过高等教育部、各高校及高等教育出版社等的积极努力，到1956年，全国已先后翻译出版苏联高等学校教材1 393种。②

3．自编教学大纲和教材

经过几年时间的摸索、总结，高等学校教材建设的指导思想有了新的变化。

1956年，高等教育部部长杨秀峰在高等学校校（院）长和教务长的座谈会上提出："关于编写教材工作，除继续翻译苏联的教本以外，必须加强教师们自己编写教科书和教学参考书的工作。""应该把这项工作当成重要的科学研究工作之一。对短期还不能编出教科书的课程，应

① 何东昌主编：《中华人民共和国重要教育文献》（1949～1975），海口：海南出版社，1998年版，第183页。

② 郝维谦、龙正中主编：《高等教育史》，海口：海南出版社，2000年版，第104页。

尽可能在各校间组织交流较好的讲义。这项工作高等教育部要抓紧进行。”①

1956年1月18日，高等教育部为了组织学校教师在学习苏联高等学校教材的基础上，密切结合中国的实际情况，编写适合我国高等学校的教材，以保证教学需要，提高教学质量，下发了《高等学校教材编写暂行办法》。《暂行办法》规定：一般高等学校教材由高等教育部负责组织编写；高等师范学校教材由教育部负责组织编写；高等医药学校和高等艺术学校的教材分别由卫生部和文化部负责组织编写。同年10月，高等教育部又下发通知，提出自编教材的原则是“反映现代科学水平，并结合我国实际需要”，要求担任编写教材任务的高等学校组织好编写工作。

从此，高等学校教材工作的重点由翻译苏联教材转向了由我国高等学校自编教材。

为了减轻教师各自编写讲义的负担，高等教育部组织了讲义交流工作，并制订了《关于组织交流高等学校教师编写的讲义的几项规定》。《规定》要求：各高等学校对本校教师编写的讲义，都负有及时交流的责任；各高等学校教师编写的质量较高的讲义，如需要公开出版交流，可以参照《高等学校自编教材出版分工暂行规定》，向有关出版社推荐公开出版；质量较高的达到教科书水平的讲义，可以向高等教育部及有关部门推荐，经审查合格，可作为教科书、试用教科书或教学参考书出版。

由于高等教育部等有关部门的倡导和各高等学校的积极组织，在广大教师的积极参与下，高等学校自编教材和讲义的工作取得了很大成绩。

4. 成立高等教育出版社

在加强高等学校教材翻译和编写工作的同时，我国也十分重视教材的出版工作。1954年5月17日，由高等教育部直接领导的高等教育出版社在北京正式成立。该社的任务是组织社会著译力量，有计划地出版苏联高等学校和中等专业学校理、工、农各科和部分社会科学学科教材的中译本，并选择出版我国高等学校自编的比较适用的教材。

---

① 郝维谦、龙正中主编：《高等教育史》，海口：海南出版社，2000年版，第104页。

随着我国高等学校自编教材的相继完成，高教部和文化部于1956年8月3日发出《关于高等学校自编教材出版分工暂行规定》。确定由人民出版社、中华书局、商务印书馆、高等教育出版社等综合出版社和地质、石油、电力、冶金等近30个行业出版社，以及中国人民大学出版社等高等学校出版社共43家出版社，分工承担出版高等学校自编教材的任务，以保证教材的及时出版、供应。

第四节　开展教学研究，改革教学方法

按照"教育为工农服务，为生产建设服务"的方针，各级各类教育将教学方法的改革列为学校教育教学改革的重要内容。1952年以后，在学习苏联教育经验的过程中，教育系统在苏联专家的指导下，在各级学校里成立了由教师组成的教学研究组（简称教研组）或教学研究室（简称教研室），开展教学内容和教学方法的讨论与研究，积极进行教学方法的改革。这是提高教学质量的一项重要措施。

一、成立教学研究组织

旧中国的学校尤其是大学，教学是教师个人的事情。教师根据自己对课程的理解，甚至根据个人的兴趣进行授课。这样的教学方法和制度，无法保证教学内容的思想性和科学性。共和国成立后，在学习苏联教育经验的过程中，借鉴了苏联的教学研究组制度，按课程把教师们组织起来，进行有关教学和科学研究的工作。

1. 中小学的教学研究组

建国初期，为了组织教师学习教育教学的专业知识，钻研教材，领会和掌握本学科的教学目的、思想内容和科学知识，研讨和改进教学方法，各中小学普遍成立了教学研究组织。如上海市，中小学的任课教师在同年级分学科成立了各科备课组，每门学科各个不同年级的备课组共同组成该学科的教学研究组。小型学校同一学科任课教师人数太少的，由几所学校之间同一学科的教师成立联合教研组。在各个区内，由各校教研组代表参加，成立中心教研组。① 这些教学研究组织对于教学中遇

① 吕型伟主编：《上海普通教育史》，上海：上海教育出版社，1994年版，第126页。

到的问题经常展开深入的讨论。它在提高教师的教育理论水平，规范课堂教学，加强教师的教育基础知识和基本技能等方面都发挥了重要作用。

2. 高等学校的教学研究组

在高等学校，通过学习苏联教育经验，加强了对教学工作的组织和管理。各学系把一门或几门性质相近课程的授课教师组织在一起，组成教学研究室，使其在学系的指导下，负责实施教学计划，选用或编写教材，研究和改进教学方法等。1951 年，中国人民大学率先成立教学研究室。基层教学研究组织的建立，加强了对教师和教学的管理，推动了教学改革工作的开展。

高等学校的教研组（室）每学期都要制订工作计划。工作计划的内容包括：（1）教研组（室）内教学工作及工作组织。（2）教学方法方面的工作，涉及讲课及备课、习题及指导自习、家庭作业、试验、考试、了解学生学习情况等。（3）实施教学大纲、提高教师水平及培养师资工作，包括政治学习、业务学习、以老带新、助教培训、参加教学讨论等。（4）集体讨论苏联教材。（5）组织学生实习。（6）教学工作检查与总结。（7）教研组（室）会议日历。工作计划中的每一项工作都有时间要求和内容要求，要经教研室讨论通过后执行。教研组（室）在对教师的管理上主要发挥三个方面的作用：组织教师政治学习，提高教师的政治思想水平；组织教师开展教学研究，提高教师的业务水平；组织教师开展科学研究工作。

二、中小学教学方法的改革

《共同纲领》强调教育方法应当理论联系实际。但是，当时的中小学课堂教学大多为注入式，教师满堂灌，不注意发挥学生的积极性和主动性。因此，教学方法亟待改革。

1. 语文教学中推广“红领巾”教学法

从 1952 年开始，在学习苏联教育经验的过程中，对于苏联中小学的教学方法进行了认真的学习和推广。其中最突出的是在语文教学中推广了“红领巾”教学法。这是从苏联专家评议一节语文观摩课引起的。

1953 年 5 月，北京师范大学三、四年级学生到北京市中小学实习，苏联教育专家普希金、崔可夫等人参加实习指导。北京市教育局利用这个机会，在城区各中学之间组织了30多次教学观摩活动，观摩科目包括语文、历史、地理、数学、物理、化学等科。在教学观摩活动中，苏联教育专家多次参加并指导评议，从理论与实际的结合上对教学过程进行分析和讲解，大大地激发了广大教师学习教育理论的热情。特别是普希金在《红领巾》一课教学观摩评议会上的总结发言，对当时全国语文教学的改革和探索产生了很大的影响。

1953年5月20日下午，北京市女六中举行初中语文第二册《红领巾》一课的教学观摩。教师在教学中采用的教学方法主要是讲述法，也兼用了讲解法。这节课的结构由组织教学、检查作业、讲授新课、巩固新教材、布置作业五个环节组成。在课后召开的评议会上，普希金在发言中首先肯定了这节课的优点，随后着重提出：课文各节的分量分配不得当。这篇文学作品不应该用七课时讲授，这是过低地估计了学生的程度。在这节课的教学过程中，教师讲了40分钟，学生只讲了5分钟，这样的比例是不行的。这节课中的语言和文学因素太少。朗读、复述、分析课文等都应由学生去做，但都由教师做了，把语文课变成了政治课，等等。

在《红领巾》观摩教学的第二天，北师大中文系三年级学生根据专家的意见在女附中又进行了试教，把《红领巾》一课分为四节课进行教学。每节课都由学生先讲，教师再运用谈话法进行引导、启发，最后进行概括、总结，教学全程注意了调动学生的积极性和主动性，改变了逐句讲解的注入式方法。

这次教学观摩活动结束后，《人民教育》1953年7月号发表了题为《稳步地改进我们的语文教学》的社论。社论指出，我们的语文教学在实践中不断地改革，经过了曲折的发展过程。建国初期配合清除陈腐的反动的教材内容，推翻了旧有的注入式教学法，广泛进行课堂民主讨论；等到提出加强课堂教学、加强教师的主导作用之后，课堂民主讨论随即停止，而最大的不良后果就是停止了学生在课堂上必要的活动，学生成了被动的接受者；强调在语文教学中要贯彻思想政治教育的要求，而在实践中却把语文课变成了思想政治课，缺乏语言和文学的因素。为了改变这种状况，社论提出语文教学必须从学生的实际出发，即从学生现有的年龄特征、生活经验、知识水平、理解能力、思想状况出发，将教师的活动和学生的活动结合起来开展课堂教学。

同时，在这期《人民教育》杂志上，还发表了《从“红领巾”的教学谈到语文教学改革问题》一文，详细记述了普希金的意见和北师大学生试教的经过与体会。由此，在各地中学语文教学中掀起了一场学习苏联语文教学法的活动。其实，《人民教育》社论中所提出的不只是语文教学应该遵循的原则，而且也是其他各科教学都应遵循的原则。

事实上，普希金在这次观摩教学活动中的讲话对于改变长期以来语文教学中逐字逐句串讲和教师讲、学生听的注入式教学是一次有力的冲击。但是由于对专家意见的精神实质理解不够和只是单纯注意教学方法的改革，所以一些学校一度出现过机械套用《红领巾》的教学过程、人物分析和板书形式的现象，致使教师的教案写法雷同，缺乏个性；课堂教学的五个环节一成不变，形成了固定的模式。这就对语文教学改革的成效产生了一定的负面影响。

2. 钻研教学方法，提高教学质量

教学方法的改革是在教学计划和教学内容确定以后，提高课堂教学质量的核心因素；而提高教学质量则是提高教师教学能力、改进教学方法的必然结果。

建国初期，部分地区和部分中小学出现了教师教学方法不当、学生学习负担过重的问题。于是，钻研和改进教学方法、减轻学生学习负担，便成为教学改革的主要措施。为此教育部要求：各科教学内容和教学进度必须严格根据教学大纲和教科书办事，不能随便加多加快；不能大量地旁征博引，丢开教科书另讲一套；不能让学生大量地抄写笔记；教师应在钻研教材的基础上改进教法，把课讲清楚讲透彻，注意减少课外作业的分量；要加强平时的成绩考查和改进考试制度，出考试题必须以教学大纲和教科书为标准，不要超出标准多出试题或出生僻的难题。

教学方法的改进，减轻了学生的学习负担，同时也提高了教学质量。

三、高等学校教学过程和教学方法的改革

建国初期，对高等学校教学工作提出的具体指导原则是：教学中一方面要克服“为学术而学术”的空洞的教条主义偏向，另一方面要防止忽视理论学习的狭隘的实用主义或经验主义的偏向；强调要贯彻“加强

教学与实际结合”的方针。

1952年以后，在学习苏联教育经验的过程中，高等学校引进了苏联采用的讲授、辅导、课堂讨论、习题课、实验、实习、课程论文（设计）、考查、考试、毕业论文（设计）及答辩等一整套教学环节，使教学过程更加系统和完整了。

在高等学校的教学过程中，讲课是教学的主要环节和方法。为了把课讲好，教师必须认真备课。备课的目的之一就是选择最好的教学方法，把握好讲课的重点和非重点，安排好讲课的顺序和时间。备课时不仅要掌握教材内容，还要对教育对象的情况有所了解，这样才便于选择既符合学科实际又符合学生实际的教学方法。

把苏联高等学校举行课堂讨论的方法引进来，作为我国高等学校的重要教学环节之一，是高等学校教学过程和教学方法的一项重大改革。高等学校采用课堂讨论的方法，有利于培养学生运用理论解决实际问题的能力，有利于发挥学生的主观能动性，更好地消化和巩固所学知识，变呆板、枯燥的注入式课堂教学为生动活泼的、互动式教学。

指导学生写毕业论文（设计）和进行答辩，是学习苏联教育经验后新增加的一个教学环节，也是我国从苏联引进的教学方法之一。教师在组织学生进行毕业设计时，大多选择理论联系实际的题目，并以此考查学生综合运用所学知识、技能解决实际问题的能力。

重视实践性教学环节是我国高等学校教学改革的另一个突出特点。作为重要的实践性教学环节和教学方法，生产实习得到了加强和重视。政务院在1953年5月29日颁布了《关于加强高等学校与中等技术学校学生生产实习工作的决定》。《决定》指出：高等学校的生产实习是使学生理论知识密切联系实际并使学用一致的重要方法之一。要求各学校和企业机关，明确认识组织高等学校学生进行生产实习对培养国家建设人才的重要意义。高等学校必须设专管机构或专管人员负责学生的生产实习。生产实习要严格按教学要求进行。教育管理机关、企事业部门要认真配合，进行落实。在生产实习的安排上，要增加实习时间。例如，工科学生在校学习四年，需参加认识实习、生产实习、毕业实习三种类型的实习三至四次，共20周左右时间。经济类学生要参加统计实习、经济实习和教育实习等。《决定》还明确规定了生产实习的教学要求和考查标准，旨在通过生产实习，使理论知识在生产实际中得到验证，从而巩固学习成果，而且使学生学会一些业务技能，在专业知识上亦有所收获。尤其重要的是，通过生产实习，使学生走上工作岗位后能较快地独立工作，成为国家建设事业中的骨干。

综上所述，建国初期，我国在教学过程和教学方法改革方面进行了多方面的尝试和探索。它配合课程、教材的改革，为建立社会主义性质的教学制度作出了贡献。

第四章　贯彻知识分子政策，建设人民教师队伍

建国后，改造旧的文化教育，发展国民经济，需要大量的文化知识，需要大批的知识分子。在这样的情况下，党和人民政府对知识分子实行了团结、教育、改造的政策，对原有教师实行了“包下来”的方针，对他们政治上予以信任，生活和工作上妥善安排，并采取创办人民革命大学，开办各类训练班，引导知识分子进行思想改造等措施，进一步提高了他们的思想政治觉悟，使其积极投身到学校的教育教学改革之中。同时，整顿和发展各级师范学校，大力发展师范教育。这样，在较短的时间内，争取和团结了广大知识分子为教育事业服务，并积极培养了大批新师资，从而建立起了一支新型的人民教师队伍。在社会主义改造基本完成之际，中共中央召开了知识分子问题会议，为进一步在教育系统贯彻党的知识分子政策指明了方向。

第一节　争取知识分子为人民教育事业服务

建国初期，知识分子的总数仅为200万人左右，只占全国人口总数的0.37%。这些知识分子有文化，懂技术，有才能。他们中除少数人是长期参加革命斗争，已经成为坚定的无产阶级战士外，绝大多数人长期在国民党统治区工作和生活，饱受帝国主义、封建主义、官僚资本主义的压迫和欺凌，亲眼目睹了祖国历经苦难和蒙受屈辱的状况，有着爱国主义思想和不同程度的革命性。在抗日战争和解放战争时期，他们中有的人同情革命，甚至直接参加了民主革命运动；有的人保持了中立的态度；也有的人对革命持怀疑的态度。但是随着人民革命斗争的不断胜利，

他们纷纷拒绝敌对势力的威胁和利诱，站到了人民大众一边，加入到共和国建设的行列。这些知识分子是巩固人民民主政权和建设共和国的重要力量，其中相当大的一批知识分子从事教育工作或准备参加教育工作。争取他们为人民教育事业服务便成为党和人民政府的一项重要工作。

一、对原有教师实行“包下来”的方针

争取绝大部分在国民党统治区公立、私立学校供职的教职工为共和国教育事业服务，对他们在政治上予以信任，生活和工作上妥善安排，是落实知识分子政策的主要内容。

1. 争取原有教师为人民教育事业服务

中共中央早在1948年7月3日发出的《关于争取和改造知识分子及对新区学校教育的指示》中指出：“教员中只去掉极少数的反动的分子，其余一概争取继续工作。”① 根据这个方针，各地积极争取原有教师留下来工作。

1948年8月，兰州解放后，军事管制委员会（简称军管会）接管兰州大学。接管人员一进学校就召开全校师生员工大会，宣布除学校训导人员听候处理外，其他人员如教务长、总务长、各院院长、各系主任、各科处负责人等一律不动，立即照常上班。

1949年2月，北平和平解放后，军管会向各公立学校发放了生活维持费和有关经费，使原有教师中的大多数仍能继续从事教学工作。在接管清华大学时，曾有人建议撤换原校务会议代主席冯友兰，认为他是反动教授。但军管会未予采纳，而是首先召开教授座谈会，向他们宣传接管方针，征求他们的意见。经过大家讨论，最终决定让冯友兰继续负责校务工作。这不仅使冯友兰十分感动，而且影响了大多数教师，稳住了北平各高等院校的局面，甚至影响全国，使一些本来已随国民党势力南撤的教授又返回了原来的工作岗位。

党和人民政府一方面比较顺利地将国民党统治区的学校接管了过来，另一方面将大批知识分子特别是一些著名教授、学者争取过来留校任教，使各级学校得以迅速复课。在全国，各级各类学校的教职员，除少数反动有据、劣迹昭著者外，全部留用。据统计，上海市公立中学的

① 中央政策研究室编：《政策汇编》，1949年版，第5页。

教职员有87.4%被留用，公立小学的教职员有89.4%被留用；[①] 全国有100多万原有的中小学教职员参加了新中国的教育工作。这是新生的人民政权的一个胜利。

2. 对原有教师生活和工作上妥善安排，政治上予以信任

人民政府对原有教师的生活和工作进行了妥善安排。

对公立学校的教职员都按时全额发放工资。在工资待遇方面，最初全国没有统一规定。对老解放区的教职员一般实行供给制，对新解放区的教职员一般采用实物（小米）工资制。在建国初期物价波动较大的情况下，这种实物工资制度基本保障了广大教职员的生活，使他们能够安心地从事教育工作。同时，为了解决私立学校教师的工作和生活问题，一方面要求各私立学校用一切可能的正当办法，力求自力更生，克服困难，以保证教师的正常生活待遇；另一方面在财政许可的情况下，对私立学校尽可能地给予适当补助，使这些学校教职员的工资不至于拖欠，对少数办得太差确实无法维持和改造的私立学校，则劝其与别的学校合并，并对这些学校的师生予以适当安置。这样，私立学校教职员的工作和生活也初步安定下来。私立学校被人民政府接办后，原来私立学校的教师也都成为了公立学校的教师。此外，人民政府对年纪较大且在社会上有声望的老年专家、教授根据身体情况也都安置了适当岗位，用其所长，使其发挥余热。

随着我国财政经济状况基本好转，从1952年7月起，全国在调整工资中提高了各级各类学校教职员的工资标准，并且统一以“工资分”[②] 为单位来计算工资。与此同时，对学校教职员实行了公费医疗制度。教师患病门诊、住院医疗所需的诊疗费、手术费和医药费都由公费拨付。教师病假，根据生病时间长短和教龄长短，发给全部或不少于60%的工资。女教师生育，产假56天，工资照发。对于生活困难的教职员，政府给予适当补助。教师退休，发给退休金。教师亡故，发给丧葬费和抚恤金。冬季，发给教师取暖费。教师子女上学有困难，可以享受人民助学金。许多学校还设有食堂和幼儿园、托儿所，以减轻教师的家

① 吕型伟主编：《上海普通教育史》，上海：上海教育出版社，1998年版，第76页。

② 指按粮、布、油、盐、煤五种实物价格综合折算货币额的一种单位。

务拖累。这些举措解除了教师的许多后顾之忧，为稳定教师队伍提供了物质保证，对于争取知识分子继续为教育事业服务起了很大作用。

1956年的工资改革，将各级各类学校教职员的工资纳入国家计划支出，改实物工资为货币工资，统一规定了各级各类学校教职员的工资标准，并按不同地区加发物价津贴，另有10%的教职员提升了工资级别。这样，学校教职员特别是原来工资比较低的小学教师的工资有了较大幅度的提高。

当时，由于不少教师出身于地主阶级家庭，在土地改革运动中如何正确地对待他们成为稳定教师队伍的一个重要问题。为了解决好这个问题，政务院在1950年8月发布的《关于划分农村阶级成分的决定》中指出，知识分子的"阶级成分，依本人取得主要生活来源的方法决定"。"知识分子在他们从事非剥削别人的工作，如当教员……等的时候，是一种使用脑力的劳动者。此种脑力劳动者，应受到民主政府法律的保护。"①

根据这一精神，许多地方政府规定，凡教师有减租退押任务的，教师本人不需回乡接受清算斗争，可由政府的相关部门代理退租退押事宜。有些出身地主的教师在负担公粮和减租后家庭生活困难，没有办法拿出现款退押金的，允许分期以现款偿付一部分押金，个别的则允许以大部分土地抵偿应退的地租和押金。对于因孤寡无劳力而出租少量土地的教师，无力退租退押的采取照顾的办法，允许打欠条。只有对地主出身教师中的犯罪分子，才可由公安机关拘留，但绝不允许农民进城直接捕人。同时，在土改中各级学校都加强了对教职员的宣传和教育，通过自我教育和自我改造，鼓励他们参加土改运动。

但是，在学校内部的土改学习中，有些地方还是出现了对地主家庭出身的教师进行清算斗争的错误。政务院为此专门发出指示，纠正其错误做法。对有瞒田夺佃、私卖倒算、欺压农民等行为而又不肯坦白的教职员，则由教育机关和学校组织送交当地政府法办，但不能在学校内部的土改学习中对他们进行清算斗争。这些政策的实施，有利于在教师队

---

① 何东昌主编：《中华人民共和国重要教育文献》（1949～1975），海口：海南出版社，1998年版，第52页。

伍中安定人心，有利于争取地主家庭出身的教师继续为教育事业服务。

党和政府对广大教师不仅在生活上予以了妥善安排，而且在政治上予以信任，工作中用其所长，努力提高他们的社会地位。当时，教师被尊称为“光荣的园丁”、“人类灵魂工程师”。1950年8月成立中国教育工会，正式把教师列为工人阶级的一部分。与此同时，从中央到地方的各级政协会议和人民代表会议中，都有教师代表。在各级各类学校里，许多知识分子担任了学校的领导工作。如任命李达、邓初民、马寅初、王亚南、侯外庐、林砺儒、茅以升、杨东莼、徐悲鸿等著名学者担任了全国知名高等学校的校长。还有一批有办学经验、工作能力较强的老教师担任了中小学校长。

此外，各地人民政府在各级各类学校里评选模范教师和优秀教师，广泛宣传他们的先进事迹。如1951年在全国范围内通过报刊广泛宣传了热爱农村教育工作的江苏溧水县小学教师史瑞芬；1952年教育部通令褒奖了因抢救落水儿童而光荣牺牲的安徽泾县小学教师施新民。他们的事迹在广大教师中产生了巨大的影响。同时，各级共产党和青年团组织，还积极地在教师中分别发展共产党员、青年团员，从而加强了教师队伍中党团组织的建设。

对知识分子实行“包下来”的方针，一方面是当时政治和经济形势的需要，另一方面也是党的知识分子政策的具体化。它的实施使广大教师的政治地位有了很大提高，生活和工作基本上都安定下来。这样，在知识分子中间产生了很大的向心力，对共产党的信任逐步取代了不同程度的疑虑和观望的情绪，使他们逐步树立为人民教育事业服务的思想，积极参加到共和国教育建设事业中来。

二、吸收和培训知识分子补充教师队伍

为了争取和吸收大批知识分子参加到国家建设中来，并使他们在政治思想和业务方面得到提高，各地相继创办了人民革命大学类型的学校，并开设了多种类型的训练班，使知识分子得到培训和提高，将他们逐步补充到教师队伍和干部队伍中来。

1. 创办人民革命大学

1948年7月，中共中央发出指示：“争取和改造知识分子是我党重大的任务。为此，要办抗大式的训练班，逐批地对已有的知识青年施以

短期的政治教育……训练后因材使用，派往各种岗位。”①

根据中共中央的指示，中原解放区率先于1948年8月创办了中原大学。该校由中原军区司令员陈毅亲自主持筹备工作，由范文澜任校长。校址原设在中共中原局所在地河南省宝丰县，后迁开封，再迁武汉。学员多是河南大学和开封各中学投奔解放区的进步学生。他们经过短期培训，提高了政治觉悟，结业后分配至中原解放区各个部门，其中许多人参加了教育工作。

此后，各地相继举办了人民革命大学这一类型的学校。1948年冬，山西省在太原筹办的山西公学于1949年5月开始招生，1950年2月结束，共办两期，学员达8 000人左右。学员经过两至四个月学习，结业后分配在党、政、军各个部门工作，其中有相当数量的学员被分配到教育部门，担任了各级各类学校的教师。各地举办的革命大学类型的学校还有：华北人民革命大学、华东人民革命大学、西北人民革命大学、西南人民革命大学、湖北人民革命大学、湖南人民革命大学、广西人民革命大学、福建革命大学、江西八一革命大学、苏南公学、南方大学等。据不完全统计，在1949年至1950年两年间，全国省或行署以上单位举办的此类学校有57所。

人民革命大学类型的学校多是以各解放区的干部学校或党校为基础建立的。这些学校继承了抗日军政大学、陕北公学的办学传统，吸收大批投身革命的失学青年和各类知识分子，施以时事政策教育、以马列主义为基础的思想政治教育及业务训练。这些学校被称做“改造思想的摇篮”、“培养优良作风的革命熔炉”，在很短的时间内，就以其独具特色的办学方法，向各条战线输送了数十万名干部和教师。

在这些人民革命大学类型的学校里，以1949年2月在北平成立的华北人民革命大学的规模最大，影响也最大。

华北人民革命大学在办学过程中遵照中共中央和中共华北局的指示，根据“大量招收和严肃改造”知识分子的方针，招收的第一期学员有1.2万人，其中有学生、公教人员、军警宪法人员、商人等；有80%

---

① 中央政策研究室编：《政策汇编》，1949年5月5日，其中的“抗大”是延安抗日军政大学的简称。

的学员相当于中学文化程度，10%为大学文化程度，另有10%为小学文化程度。为了把这些学员在短期内培养成为人民教师和革命干部，学校有步骤、有计划、有重点地对学员实施政治思想教育，在教学中以马克思主义基础理论和思想政治教育为中心，结合学员的思想实际，进行系统的理论教育，把改造思想作为理论教育的直接目的，既反对脱离实际的空洞的教条主义的教育，也反对片面的零碎的忽视理论的经验主义的教育。同时，学校还着重让学员接受了劳动的实际锻炼与教育，旨在改变知识分子轻视劳动、轻视劳动人民的错误观点。经过三个多月的学习，绝大多数人初步确立了革命人生观，有4 000多人参加了青年团，200多人参加了共产党；有85%的学员结业后服从组织分配，走上了革命和建设岗位。

1949年7月，该校校长刘澜涛、副校长胡锡奎向中共中央呈送了《华北人民革命大学教育情况及其主要经验的报告》。毛泽东阅后批示："我认为这个总结里所说的方针和方法是正确的。文件本身也是写的好的。"①

2. 开设多种类型的训练班

建国初期，全国各地特别是在新解放区存在着相当数量的失业知识分子。他们有一定的文化知识，其中不少人工作热情很高，也愿意为人民服务，但就业困难。而在一些地区和部门特别是在经济文化比较落后的地区，却急需各类知识分子干部和教师。

鉴于这种情况，政务院于1950年7月25日发出《关于救济失业教师与处理学生失学问题的指示》。根据这个《指示》，各地党和政府开始有计划地把失业失学的知识分子组织起来，经过短期训练，分配到新的岗位参加国家各种建设工作。在这期间，各地方政府和教育系统也开办了多种类型的训练班，吸收失业教师和其他知识分子参加学习，施以政治与思想教育，并辅以各种职业教育，结业后分配在当地教育系统工作，有些还到农村和经济文化比较落后的地方担任教师。

湖南省直机关及各专区、县举办的干部训练班在失业教师和青年学

---

① 皇甫束玉等编著：《中国革命根据地教育纪事》，北京：教育科学出版社，1989年版，第398页。

生中招收了16 600人，结业后分配到本地政府部门和学校工作；还商请东北、西北人民政府来湘招聘失业教师千余人，函请中南军区、东北军区来湘招聘部队文化教员若干人，经过短期培训留在当地和部队工作。这样做，既使广大失业知识分子找到了新的工作，解决了生计问题，也充实了各级各类学校的师资力量，补充了地方政府及教育部门所需的干部。

历史证明，党和政府在共和国建立前后创办人民革命大学类型的学校和训练班是一个正确的决策和成功的创举，积累和提供了大量新鲜活泼的有效的思想政治教育经验。通过这类学校和训练班，将一大批知识分子吸收进了革命队伍，对他们进行了有效的政治教育和思想改造，使其精神面貌焕然一新，转变了思想，树立了革命人生观，走上了革命道路，成为包括教育战线在内的各条战线上的工作骨干。

三、争取留学人员回国服务

建国初期，吸引留学人员回国工作，也是争取知识分子的一项重要举措。据教育部统计，截至 1950 年 8 月止，尚在国外的中国留学生和各方面的学者有5 541人，他们主要分布在欧美各国和日本。其中，专攻理、工、农、医学科的约占70%，专攻文教、政法、财经学科的约占30%。① 他们中的绝大多数人在新中国诞生后看到了国家的希望，纷纷要求回国参加建设工作，其中不乏爱国的中坚力量。在他们的影响下，许多在海外的留学人员放弃了已有的优越条件，回国为国家建设服务。

党和政府十分重视海外留学生和学者回国的问题，把争取海外留学人员回国的工作提上了重要议事日程。政务院文教委员会于 1949 年 12 月成立了以教育部长马叙伦为主任的办理留学人员回国事务委员会，并在教育部高等教育司成立第四处，负责承办回国留学生和学者的接待、安置、学习、就业，以及对滞留国外的留学人员的调查、宣传和接济等事宜。

1951 年 3 月，教育部确定了争取在资本主义国家的留学人员回国的基本原则。这些原则包括：对学习自然科学和社会科学的财经、技术学科的留学生，如果学业尚未告一段落，则一般劝他们继续坚持学习，鼓

① 教育部档案，1950 年长期卷，卷 89。

励他们早日学成回国；对业已学成者，鼓励他们回国；对学习文科、政法、财经理论等学科的留学生，则劝他们早日回国。

此后，北京、广州、上海、武汉等大城市相继开始了接待回国留学人员的工作。为了使回国留学人员了解新中国的建设情况，分批组织他们旅行、参观、访问，以增加感性认识。周恩来还特别指示，每年让新回国的留学人员参加国庆观礼。这一做法从1950年一直延续到1956年。

在争取留学生回国的过程中，1945年7月成立的中国科学工作者协会（简称“中国科协”）发挥了重要作用，做了大量的工作。

中国科协在欧美各国都设有分会。其中在美国的一些分会于1949年6月联合召集会议，正式成立了全美统一的“留美科协”。到1950年4月时，“留美科协”已设有地区分会32个，发展会员近800人。各地区分会经常组织会员讨论有关回国服务的问题，交流国内信息，帮助会员作好回国准备。1950年1月，中国科协给留美科协去函，指出：“新中国诞生后各种建设已逐步展开，每方面都迫切需要人才，诸会友学有专长，思想前进，政府方面亟盼能火速回国，参加工作。”① 1950年3月，留美科协第二届理事会和监事会举行联席会议，要求本会会员响应“国内政府、人民和兄弟工作者的号召，在最近日期内回国，投身新中国的建设工作”。中国科协的去函和留美科协的决定在留美学生中产生了强烈反响。同年4月，旧金山的留美学生成立了“中国留学生回国服务社”，专门为留学生回国提供服务。同年6月，留美科协召开1950年年会，明确提出今后的工作重点是：认识新中国，加强业务学习，作好回国参加建设工作的准备。

在其他西方国家学习的留学生也在祖国的感召下，积极地要求回国工作，由此形成了留学生回国的高潮。

当时，一些著名的爱国知识分子和学者都积极、主动地返回祖国。

第一个回国参加建设工作的核物理学家彭桓武在爱尔兰启程归来时表示：“回国是不需要理由的，不回国倒需要理由。”

在美讲学的著名数学家华罗庚教授放弃了高额年薪举家回国，途经

① 李长发、高广温主编：《中国留学史萃》，北京：中国友谊出版公司，1992年版，第255页。

香港时发表了《致中国留美学生的公开信》。他在信中恳切地指出："为了抉择真理，我们应当回去；为了国家民族，我们应当回去；为了为人民服务，我们应当回去；就是为了个人出路，也应当早日回去，建立我们工作的基础，为了我们伟大祖国的建设和发展而奋斗！"① 其爱国之心跃然纸上。

地质学家李四光得知共和国成立和自己已经当选为全国政协委员的消息后十分欣喜。他说："中华人民共和国是我多少年来日思夜盼的理想的国家，中央人民政府是我竭诚拥护的政府。我能当选中国人民政治协商会议全国委员会委员是莫大的光荣。"于是，他以60岁的高龄很快地回到了祖国。

空气动力学家钱学森在回国时遇到了很大阻力。开始时，美国政府不许他离境，并将他非法拘捕；被迫释放后，美国移民局和联邦调查局继续对他进行迫害，将其软禁达五年之久。但这丝毫没有动摇钱学森回国的决心。他历尽种种磨难，终于回到了祖国。

这些爱国知识分子的行动对于留学人员回国参加建设工作，起了很好的带头作用和示范作用。

以美国为首的西方国家，对于中国留学生回国千方百计地加以刁难和阻挠。同时，也有许多中国留学生因为经济拮据，难以筹措回国费用。针对这种情况，我国政府一方面同美国等西方国家进行严正交涉和不调和的斗争，并通过亲属关系及外交途径为留学人员回国打通渠道；另一方面由教育部出面，在1952年发布了《接济国外留学生回国旅费暂行办法》，明确规定在经济方面给予回国留学生以支持，提供必要的经费资助。于是，许多留学生想尽一切办法，历经坎坷，终于回到了祖国。据统计，从1949年到1954年，回国留学生有1 424名。其中从美国回来的937人，从英国回来的193人，从日本回来的119人，从法国回来的85人。到20世纪50年代末，回国留学生已增至2 500多人。②

建国初期大批留学人员回国，是党和政府正确执行知识分子政策的

---

① 李滔主编：《中华留学教育史录》（1949年以后），北京：高等教育出版社，2000年版，第30页。

② 宋健：《百年接力留学潮》，北京：科技日报，2003年9月12日。

重大成果。当时归国的留学人员后来多已成为我国学术界的带头人和教育界的老前辈，他们为开拓和发展共和国的教育、科技、国防事业作出了卓越的贡献。我国高等学校的一些著名教授，如黄昆、虞福春（物理）、唐敖庆（化学）、郑集、方宗熙（生物）、程民德（数学）、曹宗巽（植物）、史绍熙（机械）、谢义炳（气象）、滕大春（教育）、童诗白（电机）等，都是1949年至1955年间回国的专家、学者。他们的回国增强了我国高等教育的师资力量和科研力量，在发展我国教育事业的过程中起到了重要的作用。

第二节　帮助教师加强学习和改造思想

建国初期，从教师队伍的思想状况来看，虽然绝大多数是爱国的，很多人是同情革命甚至是倾向革命的，但是由于他们长期生活和工作在旧社会，长期接受封建主义和资产阶级思想文化的熏陶，他们在政治观念、生活习惯、行为方式、价值取向乃至思想感情等方面都显得跟新社会不相适应，盲目崇拜西方资产阶级和个人主义及宗派主义思想比较普遍，轻视工农、轻视体力劳动的思想比较严重，对一些重大的政治问题也认识不清。但他们渴望进步，愿意学习新事物，努力转变世界观，树立为人民服务的思想。

党和政府在争取和团结广大教师的基础上，积极引导他们参加马克思主义理论和时事政治学习，组织他们参加土地改革、抗美援朝、镇压反革命等政治运动，鼓励他们进行批评和自我批评，不断提高思想政治觉悟。与此同时，在包括教师在内的知识分子中开展了几次有重大影响的思想和学术批判运动，旨在帮助广大知识分子进一步加强学习，改造思想。在社会主义改造基本完成之际，中共中央召开了知识分子问题会议，及时调整知识分子政策，根据知识分子的变化给知识分子以新的定位，从而为知识分子工作指明了方向。

一、学习马克思主义理论，参加社会改革实践

共和国成立后，党和政府对包括教师在内的知识分子不仅采取“包下来”的方针，而且在政治上鼓励他们努力学习马克思主义理论，积极参加社会改革实践；并创造条件，充分发挥他们在教学和工作中的积极

作用。

1. 组织教师参加马克思主义理论和时事政治学习

各地中小学教师的马克思主义理论和时事政治学习，是通过各级政府举办的脱产轮训班和寒暑假教师讲习会来进行的。学习内容主要有《社会发展简史》、《中国革命与中国共产党》、《新民主主义论》、《共同纲领》以及新华社评《美国与中国的关系白皮书》的文章及时事政策等，学习时间一般为半个月到一个月。学习方法以个人钻研为基础，有计划地组织集体讨论、交流学习心得体会等。同时，进行经常性的业余学习。

高等学校教师的学习，由当地政府和各高等学校自行组织。教师通过寒暑假学习会、专题讲座、上大课以及日常的政治学习等方式进行学习。学习内容除与上述中小学教师学习的内容相同以外，还有《辩证唯物主义和历史唯物主义》、《政治经济学》、《实践论》等马克思主义的理论著作。一些著名专家、学者应邀到高等学校讲课、作报告。在学习中运用民主讨论和研究的方法，开展了批评与自我批评。

广大教师通过学习，了解了新民主主义教育的方针、政策、任务和教育工作者的责任；认清了封建、买办思想、法西斯思想对人民的毒害和亲美、崇美、恐美奴化思想的危害性与根源；了解了社会发展的规律，认识到社会主义、共产主义是社会发展的必然趋势；改变了“超阶级”、不问政治的态度和雇佣观点，自觉接受马克思主义理论的指导和共产党的领导，提高了改造思想的自觉性和主动性，初步树立了唯物主义的世界观和为人民服务的思想。

广大教师对教学工作逐步安心，认真负责，以主人翁的姿态主动投身到学校的教育教学改革之中。他们对新课程、新专业的设置等事项提出建议，对教学内容的改革展开讨论，积极设计新教案；他们努力研究新教材，改进教学方法，不断钻研业务，改进工作。

2. 组织教师参加土地改革、抗美援朝、镇压反革命等政治运动

广大知识分子除了学习马克思主义理论和党的方针政策外，还参加了建国初期进行的历次政治运动，在深入社会实践中进行思想改造，接受深刻的教育和艰苦的锻炼。

1950年冬，当土地改革在新解放区轰轰烈烈地展开后，教育部专

门发出通知，要求组织教师参加土改工作。通知强调指出，广大教师应该到严肃的斗争中去接受教育和锻炼，以加强理论与实际的联系。

根据教育部的通知精神，北京大学、清华大学等高等学校的800多名教师分赴西北、中南、华东参加了为期半年的土地改革运动。为了保证教学工作的正常进行和配合搞好农村的土改工作，一些学校还成立了城乡关系办公室，负责处理教职员参加农村土改后出现的具体问题。

在湖南省，为了动员中小学教职员参加土改工作，省文教厅和省土地改革委员会在联合通知中指出，思想改造不是单纯的理论学习，还必须在实际工作中去体验，在斗争中进行锻炼。参加土地改革便是思想改造的一种重要方式，也是知识分子与工农相结合、为工农服务的最好实践机会。因此要积极组织广大教职员参加土改工作，参加土改的时间以八周为限。这个指示发出后，仅长沙市就组织了数百名中小学教师，分期分批奔赴湘西、湘南边远地区参加土地改革运动。全省的中等学校中有80%以上的教职员自愿参加了土改运动。①

通过参加土改，广大教师在心灵深处受到很大的震撼。参加土改归来后，不少人撰文介绍自己在土改中的新收获。

中国人民大学教授、社会学家吴景超撰写的《参加土地改革工作的心得》，北京大学教授、美学家朱光潜撰写的《从参加西北土地改革认识新中国的伟大》等文章都发表在《人民日报》上。这些文章在广大教师乃至整个知识分子中引起了强烈反响，极大地推动了知识分子的自我教育和自我改造。

当美帝国主义悍然出兵朝鲜，把战火烧到鸭绿江边，公然宣布要以武力阻止中国人民解放台湾后，中共中央在1950年10月作出了“抗美援朝、保家卫国”的战略决策。与之密切配合，在全国范围内开展了以揭露美帝国主义罪行，认清美帝国主义侵略本质，认识抗美援朝、保家卫国的必要性为主要内容的思想政治教育。通过思想政治教育，部分教师中存在的亲美、崇美、恐美思想受到强烈冲击，他们逐步认清了美帝国主义的侵略本质，丢掉了对美帝国主义的幻想，提高了爱国主义的政治思想觉悟。与此同时，各地师生积极参加大规模的对帝国主义侵略罪

① 刘欣森、孟湘砥主编：《湖南教育史》（第3卷），长沙：岳麓书社，2002年版，第32页。

行的控诉会，走向社会广泛开展“抗美援朝、保家卫国”的宣传活动。许多教师还用踊跃捐款支持购买飞机、大炮的实际行动来支援前线。“抗美援朝”爱国运动极大地激发了广大教师的政治热情，同时激发了他们工作和学习的积极性、主动性。

朝鲜战争爆发后，暗藏在大陆的反革命分子进行猖獗的破坏活动，严重影响了社会秩序的稳定和生产力的解放与发展。1950年10月，中共中央发出《关于镇压反革命活动的指示》，要求各地对罪大恶极的反革命分子给予坚决镇压。打击的重点对象是土匪、特务、恶霸以及反动党团和反动会道门的骨干分子。全国各地普遍召开座谈会、控诉会、公审会，利用报纸、广播和小册子等向包括教师在内的广大人民群众宣传镇压反革命的必要性，使镇压反革命运动很快成为人民群众和人民政府的共同行动。配合这次运动，教育系统号召教职员积极检举揭发反革命分子，动员有问题的人向组织如实交待自己的历史问题。通过镇压反革命运动，基本肃清了国民党反动派遗留在大陆的残余势力，巩固了人民民主专政，保障了各项社会改革和经济建设的顺利进行。在斗争中，包括教师在内的广大知识分子又一次受到了深刻的教育。

总之，广大教师通过学习马克思主义理论和时事政治，参加土地改革、抗美援朝、镇压反革命等政治运动，加深了对人民和国家的感情，逐步转变了思想，提高了政治觉悟，加强了新老教师间的团结，在进行自我教育和接受思想改造的道路上迈出了重要的一步。

二、开展思想改造运动

1950年6月23日，毛泽东在全国政协一届二次会议上向广大知识分子发出了“以批评和自我批评的方法进行自我教育和自我改造”的号召。此后，在全国政协一届三次会议中又指出：“思想改造，首先是各种知识分子的思想改造，是我国在各个方面彻底实现民主改革和逐步实行工业化的重要条件之一。”① 由此，知识分子思想改造运动首先从京津地区高等学校开始，逐步发展到了全国。

1. 京津地区高等学校的思想改造运动

为了响应毛泽东的号召，北京大学校长马寅初在1951年暑假组织

① 《毛泽东同志论教育工作》，北京：人民教育出版社，1992年版，第215页。

了一个以改造思想为目的的政治学习会。与会的北京大学教员经过四十多天的学习和讨论，“所得收获出乎意料之外，思想未能改者开始转变，已改者提高了一大步”。根据这次学习会的经验，马寅初和副校长汤用彤、教育长张景钺等著名教授提议在全校教师中进行一次深入的全面的政治学习。

1951 年 9 月 7 日，马寅初给周恩来写信，提出要响应政府号召，发起北大教员的政治学习运动，并提出要邀请毛泽东、刘少奇、周恩来、朱德、董必武、陈云、彭真等十位中共中央领导同志为老师，到北京大学为教职员讲课。毛泽东看到此信后，认为这种学习方法很好，并批示：同意派几位同志前去讲演。周恩来对于北京大学的提议也十分赞赏和支持，指示教育部对此事认真加以研究。教育部及时地肯定了北京大学教师开展政治学习运动的做法，认为这种学习在全国各高等学校都是必要的，于是决定成立“京津高等学校教师学习委员会”（后简称“总学委会”），先把这个学习运动推广到北京、天津两地的所有高校，待取得经验后，再推向全国。由此，建国初期的知识分子思想改造运动率先在京津两地 20 所大专院校的3 800多名教师中开展起来。

1951 年 9 月 29 日，周恩来在京津高校教师学习会上作了《关于知识分子的改造问题》的动员报告。他结合自己参加革命的经历和思想改造的体会，着重阐明了知识分子进行思想改造的必要性和长期性，强调要在政治上分清敌我，努力进行自我改造，做到为人民服务。他说，为谁服务的问题是与立场、态度密切相关的，要牢固地树立为人民服务的思想，就必须克服自由主义、个人主义、极端民主化和知识分子中普遍存在的自负以及不能正确对待自己的倾向。他勉励一切有爱国思想的知识分子要从民族的立场进而站到人民的立场上，再进一步就要站到工人阶级立场上来，做一个对新中国有贡献的知识分子。他号召教师们要认真开展批评和自我批评，谦虚谨慎，稳步前进。只有这样，才能学习得好，改造得好，才能求得进步，更好地为人民工作。

周恩来的报告长达五个小时。他循循善诱，语重心长，使参加学习的教师深受启发和鼓舞，不仅巩固了参加学习者的信心，而且提高了学习热情，有力地推动了知识分子思想改造运动的进程。这篇报告在知识分子思想改造运动中起了重要的动员作用和指导作用。

周恩来报告之后，1951年10月11日，总学委会在教育部召开第一次会议。会议决定由马叙伦担任总学委会主任，钱俊瑞、曾昭抡担任副主任；在天津成立了“京津高等学校教师学习委员会天津总分会”，由天津市副市长黄松龄担任主任；并要求在京津地区参加学习的各高等学校要成立相应的学习委员会分会，成员包括学校的党、政、工、团、教师代表和民主党派代表，任务是负责领导本校教师的学习运动。会议还确定，这次学习的时间为四个月至六个月，学习方法主要是听报告，学习文件，以马克思主义、毛泽东思想武装自己，开展批评与自我批评，自己撰写和开会通过个人思想总结等，以达到改造思想的目的。

在领导京津地区高校教师开展思想改造运动的过程中，总学委会十分注意典型引路，及时召开经验交流会。在经验交流会上，总学委会介绍了北京大学化学系组织学习互助组和开展谈心活动的经验以及清华大学进行有准备的典型分析会的经验。同时，总学委会还出版了《教师学习》周报，及时报道学习情况，总结经验，交流学习心得。以上措施有力地推进了京津地区知识分子思想改造运动的开展。

2. 思想改造运动在全国范围展开

当京津地区高等学校的思想改造运动取得初步进展以后，中共中央于1951年11月17日向各中央局、中央分局及各省委、市委、区党委发出《通报》，介绍了北京、天津高等学校开展教师思想改造学习的经验，并指示党的组织应在各专科以上学校领导开展同样的学习。11月30日，中共中央发出《关于在学校中进行思想改造和组织清理工作的指示》，要求在所有大、中、小学的教职员和高级中学以上的学生中，普遍地进行初步的思想改造工作。此后，全国政协常委会也要求各地的民主党派人士、无党派人士、工商界人士、宗教界人士以自愿为原则，参加思想改造运动。这样，从北京、天津高等学校开始的知识分子思想改造运动，逐步发展为全国范围内的知识分子思想改造运动。

各地思想改造运动开始的时间先后不一，内容也不尽一致，主要做法有以下几点：

一是组织学习。各地区和学校组织广大教师学习马克思主义、毛泽东思想的基本理论，学习相关的政策，学习《共同纲领》和中共中央、各大行政区的重要文件，使他们了解中国革命和建设的前途，逐步形成正确的革命观点。一些学校还邀请一些党政负责同志及知名人士作报告。中共中央宣传部副部长胡乔木、教育部副部长钱俊瑞以及哲学家艾思奇、李达，历史学家华岗等，都应邀给大学教师作报告。同时，组织有关端正学习态度、端正阶级立场以及为谁服务等方面的集体讨论，使广大教师学习理论，联系实际，提高认识，积极地投身到思想改造的学习运动中去。

二是开展批评和自我批评。引导教师肃清帝国主义、封建主义和买办的思想影响，批判资产阶级思想、个人主义思想、理论与实际分离的教条主义思想，并联系自己的实际进行分析和批判。

北京大学校长马寅初、燕京大学校长陆志韦、辅仁大学校长陈垣、农业大学校长孙晓村等带头剖析自己的思想，带头作自我批评，于是参加运动的教师和其他知识分子也都放下包袱，进行自我批评和检讨。与此同时，各单位还选择了一些同本单位有关的突出人物进行分析和批判。通过批评和自我批评的展开，知识分子思想改造运动进入了高潮。

三是组织清理和总结。由于这时“三反”、“五反”运动已经开始，所以各地区根据中共中央《关于在高等学校批判资产阶级思想和清理“中层”① 的指示》，结合“三反”、“五反”运动进行坦白和检举，开展“忠诚老实”运动，号召教职员交待自己的历史，检举反革命分子，以达到从政治上、组织上分清敌我、纯洁队伍的目的。

此外，各地结合“三反”、“五反”运动，针对学校和工作中的问题，如盲目崇拜美国，反对苏联和贬低苏联学术成果，个人主义、名利思想和单纯技术观点，轻视劳动和劳动人民，对国有资产的浪费、闲置和贪污现象等等，进行了分析和批判。

到1952年秋天，全国范围的知识分子思想改造运动基本结束。全国高等学校有91%的教师和80%的学生，中等学校有75%的教职员，还有一部分初等学校的教职员参加了这次思想改造运动。

知识分子思想改造运动是共产党执行团结、教育、改造知识分子政策的具体体现。在当时国际上东、西方处于冷战对立状态和国内人民政

---

① 在当时的政治运动中，外层指敌我矛盾的反革命分子，中层指政府机关、企事业单位工作人员和学校教师，内层指共产党内部党员和领导干部。

权亟需巩固，国民经济亟需恢复和发展的形势下，党和政府采取在一定时期内集中解决知识分子队伍中思想和立场观点方面的问题，开展一次思想改造运动，这个决策是完全正确的。这次运动既反映了知识分子愿意了解并尽快融入新社会的主观要求；也反映了党和政府通过组织学习和运用批评与自我批评等方法清除知识分子中存在的旧思想，帮助他们树立为人民服务的新思想，进而在新的基础上把知识分子团结起来的愿望。通过思想改造运动，提高了知识分子改造思想的自觉性和主动性，在相当大的程度上清除了帝国主义、封建主义、官僚资本主义思想在知识分子中的影响，促进了知识分子的立场和世界观的初步转变；使他们开始树立为人民服务的思想，增强了主人翁的责任感，明确了方向。

从总体上讲，这次运动达到了预期的目的，以此成为知识分子前进的新起点，并为学校的教育教学改革作好了思想上的准备，其成效是显著的。这次思想改造运动的缺点主要是，有的地方和学校对知识分子的思想改造要求过高过急，有些做法简单粗糙，伤害了一些知识分子的感情。但这些缺点在发现以后及时得到了纠正。

三、开展对电影《武训传》和资产阶级唯心主义的批判

建国后，党和政府把在思想战线上大力宣传马克思主义，宣传辩证唯物主义思想，反对唯心主义，作为对知识分子进行思想改造的重要举措。其目的是为了使广大知识分子脱离封建主义思想和资产阶级的束缚与影响，提高思想政治觉悟。开展对电影《武训传》的讨论，批判以胡适实用主义为代表的资产阶级唯心主义，是这个时期思想战线上的重大事件，对教育领域产生了重要影响。

1951 年，在全国范围内开展的对电影《武训传》的讨论和批判，是建国后在思想文化和教育领域进行的第一次批判运动。

电影《武训传》主要是描写晚清光绪年间，山东堂邑县人武训毕生行乞兴办“义学”的故事。这部电影 1951 年 2 月公映后，在全国文教界引起很大反响。中央和地方的许多报刊发表文章，称赞《武训传》是一部富有教育意义的好电影，武训是一个劳动人民的伟大典型，是文化翻身的一面旗帜。有些地方的教育行政部门甚至号召教师学习武训的办学精神。但也有些人持不同意见，他们用阶级斗争的观点和阶级分析的方法进行评析，认为武训“不足为训”，无论是过去还是现在都是不值

得表扬和歌颂的。这样，是称赞还是批判电影《武训传》，就成为当时争论的焦点问题。

对电影《武训传》的讨论引起了毛泽东的关注。他在审阅《人民日报》1951年5月20日社论《应当重视电影〈武训传〉的讨论》时，改写和加写了大段文字。他认为，这个电影提出的问题带有根本的性质。《武训传》诬蔑了农民革命斗争，诬蔑了中国革命历史，诬蔑了中华民族，进行了反动宣传。他指出，武训处在清朝末年中国人民反对外国侵略者和反对国内的反动封建统治者的伟大斗争的时代，根本不去触动封建经济基础及其上层建筑的一根毫毛，反而狂热地宣传封建文化，对反动的封建统治者竭尽奴颜婢膝的能事。“这种丑恶的行为，难道是我们所应当歌颂的吗?”他号召开展讨论，以“求得彻底地澄清在这个问题上的混乱思想”。在毛泽东的直接推动下，很快掀起了对武训和电影《武训传》的批判运动。在短短的六七个月时间内，全国各报刊先后发表了1 000多篇文章和20多部专著对电影《武训传》进行批判。

1951年6月4日，教育部发出《关于开展电影〈武训传〉和“武训精神”的讨论与批判的指示》，要求各级教育行政部门领导各级学校及全体教育工作者，开展对电影《武训传》的讨论和批判，肃清“武训精神”的影响，澄清教育思想上的混乱。教育部以《人民教育》为阵地，集中发表讨论和批判文章。由此，把教育领域的批判运动推向了高潮。

对于这次批判运动，有的同志认为，在全国新解放区进行土地改革的时候，毛泽东提出批判电影《武训传》具有一定的积极意义。它有助于知识分子加深对新民主主义革命的认识；有助于他们学习和运用马克思主义的立场、观点来研究中国近代史和重新评价历史人物，克服民族传统中落后的、消极的、有害的东西，继承和发扬中华民族的优良传统，促进自我教育和自我改造。但是，这次批判也存在一些缺点和错误，比如对当时文教界的错误思想估计过于严重；在讨论中把一些思想认识问题提到“进行反动宣传”的政治高度来批判；有的方面缺乏实事求是的态度；由对武训的批判推及陶行知及其教育思想，更是片面的和错误的，不利于正确继承我国教育思想中的有益遗产，不利于促进教育思想理论和实践的研究与发展。

1953年后，随着恢复国民经济任务的胜利完成，我国开始了大规模经济建设，加快了社会主义改造的步伐。这时，中共中央为了加强思想文化领域建设，在 1954 年 5 月召开的第二次全国宣传工作会议上提出了“在社会主义革命阶段必须在全部思想战线上和资产阶级思想进行严肃斗争”的任务。会议决定把大力宣传马克思主义，宣传唯物主义，反对资产阶级唯心主义，作为社会主义改造阶段最基本的和最重要的任务，以使包括广大教师在内的知识分子脱离资产阶级思想的影响，提高社会主义觉悟。在这个背景下，我国从 1954 年 10 月开始，在思想文化领域开展了对资产阶级唯心主义的批判。

中共中央在 1955 年 11 月 4 日转发教育部党组的《关于实用主义思想在中国教育中的影响和批判实用主义教育思想的初步计划》时作了批示。批示指出：“当前抓紧批判杜威、胡适的实用主义教育思想，进而批判其他资产阶级教育思想，这是宣传唯物主义思想，批判资产阶级唯心主义思想的一个重要组成部分，同时也是我国教育建设中的一个重要任务。”① 批示要求各地以师范院校为中心，组织广大教育工作者按此计划开展对资产阶级教育思想的批判。

根据以上批示的精神，全国教育工作者特别是高等学校的教育工作者，对杜威和胡适的实用主义教育思想与学术观点展开了批判；同时结合教学和科研工作，着手清理自己的思想。在中小学校，则重点揭露杜威和胡适实用主义教育思想在学校教育教学中的表现，并开展了对唯物主义和社会主义教育理论的学习。

这场批判运动，在广大知识分子中产生了广泛的影响，启迪他们学习运用马克思主义的观点研究和分析问题。但是，这次批判在一定程度上混淆了学术与政治的界限，对胡适思想缺乏客观、全面、历史的分析，对活跃学术空气、发展学术研究产生了消极影响。

四、召开知识分子问题会议，掀起“向科学进军”热潮

随着生产资料所有制的社会主义改造基本完成，国家的经济、科学、文化等各项建设呈现出欣欣向荣的景象。中共中央从新形势、新任务出发，召开了知识分子问题会议，制定了科学技术发展的长远规划，

---

① 何东昌主编：《中华人民共和国重要教育文献》（1949～1975），海口：海南出版社，1998 年版，第 534 页。

发出了“向科学进军”的伟大号召，开始了国家建设工作重点的战略转变。

1. 知识分子问题会议的召开

要促进社会主义建设的发展，就必须加速发展科学技术，充分发挥知识分子的作用。为此，中共中央第一次把全面解决知识分子问题提到了社会主义建设的重要日程上来。

1955年11月，周恩来向毛泽东汇报了社会主义改造以来有关知识分子问题的情况和意见。此后，毛泽东召集刘少奇、周恩来、朱德、陈云和中央有关方面负责人开会进行商讨，决定在全面的社会主义建设即将到来的这一重大历史关头召开一次大型会议，全面解决知识分子问题。同时，决定成立由周恩来总负责，有彭真、陈毅、李维汉、徐冰、张际春、安子文、周扬、胡乔木、钱俊瑞参加的中共中央研究知识分子问题十人领导小组，下设办公室，进行会议的筹备工作。

中共中央研究知识分子问题的十人小组成立后，以北京、上海、天津、武汉等大城市为重点，用广泛调查和召开座谈会的形式，了解建国以来知识分子的状况和执行知识分子政策中的问题，积极筹备知识分子问题会议。

在周恩来的亲自主持下，中央领导小组首先全面调查了知识分子的情况，认真了解、研究知识分子问题。1955年11月下旬，领导小组邀请中国科学院和北京地区部分大学具有代表性的有关人员进行实地调查研究，并详细研究了北京地区26所大学里关于知识分子问题的具体情况。同时，对中央统战部、北京市已经报送的调查材料加以分类整理和分析研究，写出了解决知识分子工作条件差、社会活动多、兼职多、待遇低以及发展中共党员少等11个问题的专题报告。各省、市、自治区党委也通过调查研究向中央报送了关于高等院校、科学研究机构、卫生部门、文化艺术界、中小学校等方面的材料，对知识分子队伍所发生的变化作了基本估计，提出了解决知识分子问题的具体意见。

为了更好地从理论和实践的结合上解决知识分子问题，中央领导小组继续从马克思主义关于知识分子问题的基本理论观点、中共中央对知识分子政策的基本观点等12个方面，对党的知识分子政策作了更系统、更全面的整理和研究，努力从宏观与微观、正面与反面等多角度去剖析知识分子问题。这样就为制定社会主义建设时期的知识分子政策打下了坚实基础。

在调查研究知识分子问题的同时，为了使我国在世界的经济、政治和军事斗争中取得主动，追赶世界先进科学技术水平，还把我国科学技术落后的实际情况同西方先进的科学技术现状进行了比较全面的对比研究，努力寻找改变这一落后面貌的切实可行的方针、政策和办法。

在经过紧张、深入和科学的调查研究工作之后，1956 年 1 月 14 日至 20 日，中共中央在北京召开了知识分子问题会议。在这次会上，周恩来代表中共中央作了《关于知识分子问题的报告》。

周恩来的报告指出，由于建国后正确执行了党对知识分子的团结、教育、改造政策，我国知识界的面貌已经发生了根本的变化。“他们中间的绝大部分已经成为国家工作人员，已经为社会主义服务，已经是工人阶级的一部分。”① 这个估计和判断，奠定了社会主义时期中国共产党对知识分子的正确政策的基础。周恩来深刻论述了知识分子在社会主义建设中的地位和作用，指明了党在知识分子问题上的根本任务。他指出：在社会主义时代，比以前任何时代都更加需要充分地提高生产技术，更加需要充分地发展科学和利用科学知识。强调进行社会主义建设，“必须依靠体力劳动和脑力劳动的密切结合，依靠工人、农民、知识分子的兄弟联盟”。② 他指出，中国共产党在知识分子问题上的根本任务是加强领导，克服工作中的缺点，采取一系列有效措施，最充分地动员和发挥现有知识分子的力量，不断提高他们的觉悟，迅速提高他们的业务水平，大规模培养新生力量，来扩大他们的队伍，以适应国家对知识分子不断增长的需要。

毛泽东在这次会议上发表了重要讲话。他指出，中国经济上还没有独立，科学上也没有独立，现在叫技术革命、文化革命，革愚蠢无知的命，单靠大老粗是不行的。中国应该有大批的知识分子。他号召全党努力学习科学知识，同党外知识分子团结一致，为迅速赶上世界科学先进水平而奋斗。

---

① 《周恩来选集》（下卷），北京：人民出版社，1984 年版，第 162 页。

② 《周恩来选集》（下卷），北京：人民出版社，1984 年版，第 160 页。

知识分子问题会议的召开，适应了我国绝大部分地区社会主义改造即将基本完成，经济和社会将得到更快发展的时代要求，适应了世界现代科学技术发展的新趋势，是中国共产党尊重人才、依靠科学技术进步推动社会和经济发展的战略部署的体现，标志着中国共产党对于知识分子的作用和发展新生产力的认识已经进入了一个新的阶段。

2. 掀起“向科学进军”的热潮

随着“一五”计划的实施，国家建设人才匮乏同科学技术落后的矛盾日益突出起来。当时我国的科学研究事业尚处于起步阶段，独立性的科研工作基本上还没有开始，特别是最新技术的应用和推广更没有提上议事日程。这些问题如果不采取措施抓紧解决，就不能缩小和赶超世界发达国家先进的科学技术水平。

为了大力发展科学技术事业，1956 年 3 月，在国务院的领导下成立了科学规划委员会，以国务院副总理陈毅为主任（不久由聂荣臻接任），李富春、郭沫若、李四光、薄一波为副主任。科学规划委员会集中了 600 多位各种门类和学科的优秀科学家，并邀请了近百位苏联专家参与实际工作，经过半年多的时间，制定了《1956 年 ~ 1967 年科学技术发展远景规划纲要（草案)》。党中央的高度重视和强有力的组织领导，保证了这个规划制定的顺利进行。这是共和国第一个科学发展的远景规划。它确立了中国科学技术事业的奋斗目标，成为向科学进军的行动纲领。

《规划纲要》共确定 57 项国家重要科学技术任务和 616 个中心问题。在这个基础上，又挑选出对全局具有决定性意义的 12 个重点问题和 6 项重要而又紧迫的绝密任务，并要求在人力、物力和财力方面优先给予保证。这就明确了全国各行各业“向科学进军”的指导思想、方向、内容和方法，也对教育系统特别是高等学校的教学和科研工作起到了巨大的引导和促进作用。由此，在全国掀起了“向科学进军”的热潮。

在教育系统，为了实现《规划纲要》提出的目标和任务，重点高等学校都扩大了科学研究工作和招收本科生的规模，制定了培养新生科研力量的计划，并从 1956 年起招收四年制研究生（开始时称“副博士研究生”）。

许多高等学校选派教师到国内外重点大学进修，组织校际之间互派教师作短期讲学。各高等学校都加强了实验室建设，加大了图书、仪器费用的投入，改善了境外书刊的进口工作和学术情报工作，加强了外国语教学和外文书籍的翻译工作。

教育部报请国务院批准，在1956年6月成立了中央教育科学研究所筹备处，1957年1月，经中共中央书记处批准教育部成立中央教育科学研究所。在一些地方和高等学校也相继建立了一批新的科研机构。

不少高等学校根据高等教育部的部署，集中力量制定了本校的科学发展规划，充分发挥各自学校的学科优势，有组织、有计划地组织教师攀登科学高峰。教授、副教授纷纷制定个人计划，积极参加科研活动。学校采取措施保证教师有六分之五的时间用于教学和科研，普遍减少了知名教授的兼职和社会活动，并为其配备助手、整理学术著作等。这些措施使知识分子能集中精力更好地从事教学和科研工作。

一些中小学和校外活动站也举办了科普讲座和各种实验园地，开展科技小发明等科技活动。

1956年1月，国务院下发了《中国科学院、高等教育部关于高等学校和科学研究机关几项试行的合作办法》。同年6月，高等教育部颁布《高等学校科学研究奖励暂行办法（草案）》，对优秀科研成果进行奖励。根据《合作办法》，高等教育部和中国科学院采取了合作搞科研项目、开展专家协作、共建科研机构、代培教师和研究生以及双方互相兼职等多项合作、协作办法，联合起来进行科研项目攻关。一些高等学校还同生产部门建立了科研合作关系。

许多高等学校的科研工作成为学校的主要工作之一，涌现出一批科研成果。例如，复旦大学苏步青，清华大学钱伟长、吴仲华，北京大学黄昆，东北人民大学唐敖庆，北京钢铁学院柯俊等教授的六项自然科学研究项目，获中国科学院首次颁发的1957年度科学奖。①

3. 教育系统加强和改进知识分子工作

在中央知识分子问题会议后，各级地方党委和教育行政部门提高了

---

① 中央教育科学研究所编：《中华人民共和国教育大事记》（1949～1982），北京：教育科学出版社，1984年版，第188～189页。

对知识分子在社会主义建设中重要地位的认识，进一步看到了他们在政治思想上的进步，开始纠正曾经出现过的对一些教师在政治上不够信任、工作上不敢大胆使用、生活上缺乏照顾等缺点，积极采取措施，在教育系统加强和改进了知识分子工作。

第一，对知识分子的使用和安排情况进行了全面检查，并注意了解和倾听广大教师对学校管理和教学工作等方面的意见。对安排不当的教师进行了调整。在工作上大胆使用，让更多教授参加到校务委员会和学术委员会中发挥作用，任用教授主持一线的教学和科研工作，使更多的学有专长的教师回到专业教学和科研工作中去。保证他们有六分之五的业务工作时间，解决了图书资料、工作设备及助手配备等问题。同时，加强了与教师的沟通和交流。许多学校建立了校领导定期同教师座谈、个别交谈的工作制度，在一些事关学校改革与发展的重大问题上，主动倾听并尊重教师的意见。通过组织政治活动、学术活动、文娱活动等，在思想上和感情上增进对知识分子的了解。对在"肃反"等政治运动中误伤知识分子的问题进行了复查，作出经本人同意的结论，对处理不当的基本上都作了纠正。

第二，鼓励和帮助知识分子通过社会生活的观察与实践、业务实践、马克思主义理论学习三条道路，继续进行自我改造，争取不断进步。各级党组织按照"积极慎重"的方针吸收了一批具备入党条件的先进教师加入中国共产党。据统计，1956 年 1 月至 6 月，全国各级学校的党组织接受教师29 111人加入中国共产党，其中包括了一批著名的教授、专家和中小学优秀教师、先进工作者。①

1956 年，山东省在全省小学教师中发展共产党员1 313人，在中等学校教职员中发展共产党员 169 人。② 北京市在全市高等院校教师中发展共产党员 146 人，其中教授 40 人，副教授 22 人，教务长、总务长 6 人，系主任 14 人，共产党员在高级知识分子中的比例由原来的17%上

---

① 中央教育科学研究所编：《中华人民共和国教育大事记》（1949 ~ 1982），北京：教育科学出版社，1984 年版，第 159 页。

② 吕可荣、尹钧荣主编：《山东教育四十年》，济南：山东教育出版社，1989 年版，第 83 页。

升至22.5%。①

第三，通过工资改革、评选优秀教师、提升特级教师和晋升职称等，不断提高教师的社会地位，改善他们的生活待遇。

在1956年的工资改革中，各级学校教职员的工资普遍得到增加。北京市高等学校的高级知识分子工资提高幅度较大，教授、研究员的最高工资由253元提到345元，增资幅度为36.4%；其他教学人员平均增幅30%，行政人员平均增幅15%，工勤人员平均增幅12%。在山东省，小学教师工资平均增幅39%，中学和师范学校教职员平均增幅18.5%。对全国盲聋哑学校教师，还在工资外加发15%的津贴。中小学还通过工资改革提高了一批特级教师的待遇。其中中学特级教师工资相当于高教六级，小学特级教师工资相当于中教三级。

同时，在各级各类学校中普遍成立了教育工会，负责关心和维护教师工作、生活中的民主权利及切身利益等问题。如根据有关政策，妥善解决教师夫妻两地分居问题；评选出先进教育工作者和先进集体，出席全国先进生产者代表大会；组织部分具有讲师职称以上的教师暑期到当地休养所休养或到外地参观旅游等。

这些措施的落实鼓舞了广大教师，激发了他们的政治热情和工作积极性。

知识分子问题是关系到中国革命和建设事业成败的重大实际问题，也是中国共产党人在马克思主义普遍原理同中国具体实践相结合中必须正确认识和解决的重大理论问题。

事实证明，共和国成立后，根据新生的国家政权建设、恢复和发展国民经济、向社会主义过渡等方面的需要，实行“团结、教育、改造”知识分子的政策，是正确的、成功的，贯彻这项政策取得了重大成果。这期间，党中央根据不同的历史情况，有针对性地采取了不同的具体政策，及时总结经验，从理论和实际的结合上对知识分子的地位和作用进行了科学定位，审时度势地对知识分子政策作出了新的调整。

知识分子政策的贯彻实施，真正地实现了党和国家对几百万旧知识

---

① 北京高等教育志编委会编：《北京普通高等教育志》（上卷），北京：华艺出版社，2004年版，第33页。

分子的团结、教育和改造，使他们逐步具有了同新社会相适应的思想观念和专业技术，跟上了与共和国一起成长的前进步伐，而且造就了一支能够自觉接受马克思主义和党的方针政策的、积极投身于教育事业的新知识分子队伍，从而保证了共和国教育的社会主义方向，促进了人民教育事业的健康发展。

第三节　大力发展师范教育

师范教育是教育事业的"工作母机"，是决定教育事业成败的基本因素之一。党和政府在团结、教育、改造旧知识分子和原有教师队伍的同时，确定了师范教育的工作方针和任务，整顿和发展各级师范学校，建立起教育行政干部和中小学教师培训制度，为源源不断地培养新教师和提高在职教师的教学水平创造了良好条件。

一、确定师范教育的工作方针和任务

建国前的师范教育，从总体上讲十分落后。到共和国成立时，全国独立设置的高等师范学校仅有 12 所，在校学生 1.2 万人；有中等师范学校 610 所，学生 15.2 万人。① 此外，各地还设有一些短期师资训练班和轮训班。这些师范教育机构的教育方针、课程设置、教育内容、教学计划极不统一，呈现出比较混乱的状态。教育经费、教学设备、师资条件等也都是在较低的水平线上艰难地维持着。

为了改变师范教育的落后状况，在 1949 年 12 月召开的第一次全国教育工作会议上，提出了要改进北京师范大学和各地区大学中的师范学院、教育学院，加强教育行政干部与在职教师培训的任务。

根据会议精神，教育部于 1950 年 5 月 19 日颁发了《北京师范大学暂行规程》，明确了北京师范大学由教育部直接领导。其任务是培养中等学校师资，包括普通中学、工农速成中学、师范学校的教员，中等技术学校的政治、文化教员；同时培养和训练教育行政干部与社会教育干部。这些师资和干部必须具有为人民教育服务的专业精神，能够掌握马

① 教育部计划财务司编：《中国教育成就》（1949～1983），北京：人民教育出版社，1984 年版，第 51、55 页，第 147、149 页。

列主义、毛泽东思想的基本内容，进步的教育科学、教育技术，以及有关的专门知识。学校以理论与实际一致为教学总原则，各系科为了实施教学必须制定教学计划和教学大纲。取消原有院制，设本科及专修科。修业年限本科为三至四年，专修科为半年至两年。按中等学校的课程设置来划分和设置学系。毕业生由教育部分配工作。此外，还对政治课和其他公共必修课的科目及其在教学总时数中所占比重，教学纪律及学校管理规则以及学校行政组织机构等都作了规定。①

这个《规程》是共和国第一个关于高等师范学校办学的规程。它既是北京师范大学开展工作和进行改革的依据，也是发展我国高等师范教育的指导性文件。由此拉开了师范教育改造与发展的序幕。

1951 年 8 月，教育部召开了第一次全国初等教育和师范教育工作会议。会议确定了师范教育遵循安定、巩固、调整、发展的工作原则，以及以正规的师范教育同大量的短期培训相结合的工作方针。决定建立由师范大学和独立师范学院、师范专科学校、中等师范学校（幼儿师范学校）及初级师范学校构成的独立的师范教育系统，分别为高级中学、初级中学、小学和幼儿园培养新师资。

教育部对师范教育系统实行统一领导、分层管理，以加强中央的领导和发挥地方的积极性。在每个大行政区建立师范学院一所，由大行政区教育部直接领导，以培养高级中等学校师资为主要任务；各省和大城市都设立师范专科学校一所，条件较好的地区也设立了师范学院，由省、市教育厅、局直接领导，承担为初级中等学校培养师资的任务；在每个专署及省辖市设立中等师范学校一所，条件不够的设立初级师范学校；较大的县设立初级师范学校一所，较小的县由两三个县联合设立初级师范学校或师范学校一所。在发展高等和中等师范学校的同时，各地还开办了简易师范学校、速成师范班和师范训练班等，通过多种多样的短期训练方式培养了大量师资。

同时，教育部还对各级各类师范学校和短期训练班的改革与发展进行规范，通过 1952 年 7 月 16 日发布的《关于高等师范学校的规定（草

---

① 何东昌主编：《中华人民共和国重要教育文献》（1949 ~ 1975），海口：海南出版社，1998 年版，第 14 ~ 16 页。

案)》、《师范学校暂行规程（草案)》、《关于大量短期培养初等及中等教育师资的决定》来具体实施，以更好地培养合格的人民教师。

上述几个文件对师范学校的培养目标等都作了以下明确规定：

关于师范学校的培养目标。高等师范学校培养具有马列主义和毛泽东思想，具有高级文化与科学水平及教育的专门知识与技能，全心全意为人民教育事业服务的中等学校师资。师范学校培养具有马列主义和毛泽东思想的初步基础，具有中等文化水平和教育专业的知识、技能，全心全意为人民教育事业服务的初等教育和幼儿教育的师资。

关于教导工作。各级师范学校采取教师责任制，对学生课内学习和课外活动全面负责。通过各科教学和各项活动，培养学生科学的世界观、革命的人生观及为人民服务的专业思想，培养学生健康的身体、活泼奋发的精神，爱运动、讲卫生等习惯及艺术的兴趣和技能。特别要重视体育、卫生、音乐以及其他文娱活动。

关于修业年限。师范学院修业年限为四年，师范专科学校修业年限为两年，师范学校修业年限为三年，短期培训不超过一年。

关于研究与实习。各级师范学校设立附属学校和幼儿园，并同所在地区的中小学校建立经常联系，以便于学生的观摩与实习；还要协助所在地区的教育行政部门辅导该区内的中小学教师。为了培养和提高高等师范学校的师资，师范学院可设研究部，以加强研究工作。

关于学生待遇与分配。各级师范学校和短期培训班学生一律享受人民助学金，毕业生由政府教育部门分配工作。

关于短期培养师资。短期培养师资工作，在五至十年内以短期训练班和速成班为重点，其方式应是多种多样的。要尽可能吸收和动员城乡失业知识分子和家庭知识妇女接受培训，并加强对优秀教师的培训和提升。课程应适合对象，切合实际，注意少而精，防止形式主义。

由于明确了各级师范教育的工作方针、任务和标准，使师范教育的功能得到了充分体现，促进了师范教育事业的发展和培养质量的提高。

二、整顿和发展各级师范教育

各级各类学校教育要发展，向师范教育提出了大量培养教师和提高教师水平的迫切要求。为此，党和政府采取各种措施，整顿、巩固和发展各级师范学校。

1. 大力发展和改进高等师范教育

为了适应师范教育事业快速发展的需要，参照北京师范大学的模式，各大行政区相继建立了本地区的重点师范院校。

在东北行政区，1950 年 3 月，将设在长春的原东北大学改制为东北师范大学，下设文学、社会科学、自然科学三个学院、十个系、五个专修科，另设预科。这是由共产党在老解放区创办的正规化大学转型而来的，是在各大行政区中最早建立的较健全的高等师范大学。

在华东行政区，1951 年 10 月，以大夏大学、光华大学两校为基础，并入复旦大学、同济大学、沪江大学和东亚体育专科学校的相关院系，在上海创建了华东师范大学。华东师范大学的成立，是共和国接办和改造私立高等院校的教育院系较为成功的范例。

在中南行政区，1951 年 8 月，以中原大学的教育学院与华中大学为基础，将私立武昌中华大学、广西大学相关系科和湖北省立教育学院并入，在武汉成立了华中师范学院。

在西南行政区，1950 年 10 月，以国立女子师范学院和四川省立教育学院为基础，后并入重庆大学教育系，在重庆成立西南师范学院。

在西北行政区，1950 年，对设在兰州的以原西北联合大学为基础建立的西北师范学院进行加强和整顿，重设中国语言文学、英语、史地、教育、数学、理化、博物、体育等系，同时设立了劳作等六个专修科。

此外，除了西藏，各省、市、自治区也都设立了一所独立的师范学院或师范专科学校。

在 1953 年完成高等学校院系调整后，全国共保留了 33 所高等师范院校，学生共有39 958人。① 这比旧中国历史上高等师范学校学生总数最高的 1946 年已高出了 1 倍以上。但是如果与需要相比较，缺口还很大。例如，1954 年全国需要中等学校师资 2.3 万名，而当年高等师范学校却只能培养出 1 万名左右的毕业生。在第一个五年计划建设期内，中等学校师资需补充 10 万名左右，而当时高等师范学校却只能培养出 4

---

① 教育部计划财务司编:《中国教育成就》(1949～1983)，北京：人民教育出版社，1984 年版，第 51、57 页。

万名毕业生。再者，高等师范学校本身的师资力量少、质量较差，在已有教师5 400人中，除助教2 200余人和一些不能上课的人员以外，实际教学人员不满3 000人，其中政治、俄语、数学等科的教师尤为缺乏，承担不了高等学校师资培养的任务。

面对这样的形势，教育部在1953年9月召开第一次全国高等师范教育会议，研究确定了高等师范教育的方针、任务，讨论了高等师范学校进行教学改革及制定教学计划的问题。

1953年12月11日，政务院发出了《关于改进和发展高等师范教育的指示》。《指示》提出："发展和提高高等师范教育以适应国家建设的需要，是当前教育建设中一个十分重要的任务。""今后高等师范教育工作应该采取在整顿巩固现有高等师范教育的基础上，根据需要与可能，有计划、有准备地予以大力发展的方针。"① 明确在若干年内，高等师范学校的发展，主要是扩充现有学校，其次才是有准备地建立新校。强调指出对于高等师范学校不顾国家建设的需要，不积极发挥潜力，不努力创造条件克服困难，不力求发展的保守思想是不对的；单从主观愿望出发，不考虑可能条件，单纯追求数量而忽视质量，盲目冒进的做法也是不对的。

鉴于当时高等学校和中等学校迫切需要师资，教育部决定在高等师范学校四年制本科和两年制专科的正规学制以外，采取必要与可能的办法和一些临时性过渡措施，作为大力发展高等师范学校的补充。

在初中师资方面：选择条件较好的中等师范学校及个别高级中学改成师范专科学校培养初中师资；选调小学教师给予课程定向培训培养成为初中教师。

在高中师资方面：让高师的本科生提前一年毕业；选拔一部分专修科毕业生充任高中教师；选调一些初中教师予以短期培训培养成为高中教师。

在高等学校师资方面：以高等学校的研究部或研究所作为培养高等学校师资的主要场所，加强对助教和研究生的指导。在总结中国人民大

---

① 何东昌主编：《中华人民共和国重要教育文献》（1949～1975），海口：海南出版社，1998年版，第265页。

学和哈尔滨工业大学率先招收一、二年制研究生工作经验的基础上，又在聘请苏联专家的学校和师资条件较好的高等学校及重点高等师范院校广泛地培养两年至四年制的研究生。各高等学校择优选留本科生充任大学助教，并从中等学校的教师中选调了一部分优秀教师到高等学校任教。

另外，综合大学、体育学院、艺术学院和科学研究机关也负有培养和培训一部分高等和中等学校师资的任务。还从各地政府机关、团体精简机构中，调配一批具有适当条件的人员到各级学校担任教学工作。

通过落实上述政策、措施，高等师范教育有了很大的改进和发展。据统计，到1956年，全国已有高等师范学校55所，在校本专科学生达98 821人，毕业生共56 374人，已能初步满足中等学校对于师资的需要。还培养出了1 063名研究生，① 他们中的多数人补充进入高等学校的师资队伍，从而使加强高等师范学校的师资力量和提高高等师范学校的教育质量迈出了坚实的一步。

2. 整顿和巩固中等、初等师范教育

建国初期，由于党和政府的重视，各类中等和初等师范学校都得到了相应的加强和发展。其中一些原有基础比较好的学校，如北京师范学校、湖南第一师范学校、南京晓庄师范学校等，经过改革和发展，成为了起示范和骨干作用的学校。

为了进一步提高小学教师的质量，培养更多合格的小学教师，根据1953年6月召开的全国第二次教育工作会议的精神，对中等师范教育进行了整顿和改进，并在此基础上有计划、有重点地发展了师范学校，提高了中等师范教育的质量。采取的主要措施有：

第一，停办短期师训班。建国初期，为了解决小学师资严重不足的问题，教育部根据老解放区的经验，确定“培养师资的工作应以短期训练为重点”。后来的实践证明，采用举办短训班的办法培养师资虽然可以暂时解决燃眉之急，但这样培养出来的师资很难胜任小学的教学工作，造成教育质量严重下降。根据上述会议精神，决定停办短期师训

---

① 教育部计划财务司编：《中国教育成就》（1949～1983），北京：人民教育出版社，1984年版，第51、55页，第81、119页。

班。当年全国除少数民族地区外，小学师资短训班一律停止招收新生。对已在短训班学习的学生，通过动员升学、保留当小学教师、动员回家的办法妥善处理。当年共安置处理了短训班学生15.3万人。

第二，收缩初级师范学校的办学规模。1951年教育部曾决定“各地以设立初级师范学校为主；如有条件，应使初级师范有计划地转变为师范学校”。[①] 根据这一原则，各地大办初级师范学校。但是，由于初级师范学校所占比重过大，造成了师资和设备供应方面的严重不足。因此，根据第二次全国教育工作会议精神，收缩了初级师范学校的发展规模。当年就合并初级师范学校103所，另有13所改为师范学校。1954年1月，教育部决定：“中等师范教育今后的发展方针，应是有计划地发展师范学校，将现有初级师范学校逐步改办为师范学校或小学教师轮训班。今后小学师资的供应，除师范学校外，可另办师范速成班招收初中毕业生，训练一年。此项速成班按需要开办。”[②] 于是从1954年起，除个别地区外，初级师范学校按照规定不再招收新生。这些学校主要用作轮训小学教师的场所，有的也用来办师范速成班。

第三，调整、扩充和增设师范学校。1954年以后，根据教育部的指示，各地进一步调整、扩充和增设师范学校。其办法是：对规模较小的师范学校有计划地加以扩充，一般争取逐步达到12个班以上的规模；个别地区条件不具备，学校规模可较小，但不得少于6个班。在师范学校过少的地区，根据条件有计划地增设新校。在工矿区、大城市，可有计划、有重点地举办幼儿师范学校，一般地区可根据需要，选择条件较好的师范学校附设幼儿师范班，均招收初中毕业生。在师范学校附设师范速成班，招收初中毕业生，进行一年业务训练后分配担任小学教师的工作。为了使师范学校和中学在两三年内做到学校性质单一化，对师范（或初级师范）学校附设中学班或中学附设师范（或初级师范）班的进行调整，使它们尽快地变成性质单一的师范学校或者中学。从此，在我国初步建立起了以师范学校为主体的中等师范教育。这些学校后来逐步

---

① 何东昌主编：《中华人民共和国重要教育文献》（1949～1975），海口：海南出版社，1998年版，第115页。

② 何东昌主编：《中华人民共和国重要教育文献》（1949～1975），海口：海南出版社，1998年版，第318页。

成为我国培养小学师资的基地。

在对中等师范教育进行了一系列的整顿、巩固和扩充后，又着手制定《师范学校规程》等文件，编辑和出版正式教材。1956年前后，教育部为了进一步办好中等师范学校，规范教育教学管理，提高教育质量，在总结以往办学经验的基础上，先后制定、颁布了正式的《师范学校规程》、《师范学校附属小学条例》、《师范学校教育实习办法》、《师范学校教学计划》、《幼儿师范学校教学计划》等文件，编写、出版了师范学校各科统一的教学计划、教学大纲和教材，充实了师范学校的师资队伍。至此，中等师范学校已经有了明确的教育方针、学制、教学计划，以教学为中心开展了各项工作。学校组织和学校制度已逐步纳入轨道，教学方法有所改进，教材也基本上稳定下来了。这对于提高中等师范教育的质量有很大促进作用。

据统计，到1956年，全国已有中等师范学校509所，在校学生达234 558人，毕业生共557 934人，① 为各类初等学校提供了大量的合格师资。

三、建立教育行政干部和中小学教师培训制度

建国初期，教育行政干部（包括中小学校长和省、地、县教育行政部门的负责干部）的轮训工作主要由师范院校承担；中小学教师的进修工作，则由各级政府举办的以政治学习为主的轮训班和以学习文化、业务为主的短训班来承担。其目的是使教育行政干部和中小学教师经过短期脱产学习，提高其政治、文化水平和业务水平。随着教育事业的日益发展，教育行政干部培训和中小学教师的进修逐步走上了正规化、规范化和制度化的轨道。

1. 建立教育行政干部和中小学校长培训制度

对于教育行政干部和中小学校长的培养与训练，在1950年1月教育部颁发的《关于改革北京师范大学的决定》中明确规定，北京师范大学的两个任务是：培养中等学校师资和培养训练教育行政干部。同年9月，山西省举办了文教干部轮训班，率先开始了教育行政干部培训的

① 教育部计划财务司编：《中国教育成就》（1949～1983），北京：人民教育出版社，1984年版，第147、149、155页。

实践。

为了提高教育行政干部和中小学校长的思想、政治与业务水平，以使他们能够胜任岗位工作，并培养一定数量的后备干部，1955 年 8 月国务院转发《教育部关于训练学校领导干部和教育行政干部计划的指示》，提出在今后三到五年内，计划用分批轮训和函授等办法，对普通学校、师范学校、教师进修学校的领导干部和各级教育行政部门的干部进行一次训练。这项训练工作由中央、省市及专署三级教育行政领导机关逐级负责。训练的具体措施是：

第一，教育部设立教育行政学院，负责分批轮训高级中学、完全中学、师范学校、工农速成中学的校长、副校长、教导主任及各省、市、自治区的教育厅（局）的处长、科长，以及专署教育科长等。每期修业期限暂定一年。教学采取政治与业务并重、理论与实际联系的原则。

第二，省、市、自治区教育行政部门负责轮训初中、初师、教师进修学校的校长、副校长、教导主任及县教育科长等干部。轮训办法由各省、市、自治区根据当地条件因地制宜，或单独举办，或委托高等师范学校举办，或加强现有的教师进修学院。训练时间以半年为一期。课程内容应着重一般政策、教育政策、教育行政、教育实际问题等。

第三，专署教育行政部门负责对小学校长（高小、完全小学和中心小学的校长）、区文教助理员等进行轮训。这种轮训可在假期举行。教学内容结合实际，务求在短期内解决一些实际工作中存在的问题。①

《指示》下达后，各地教育部门立即开始筹备教育行政干部的轮训工作。

1955 年 9 月 4 日，由教育部创办的教育行政学院在北京正式开学。该院由教育部党组书记、副部长董纯才兼任院长。第一期招生 500 名左右。这些来自全国各地的高中、完全中学、师范学校的校长和省、市教育厅（局）的处长、科长，在一年的时间里，学习了中共党史、辩证唯物主义和历史唯物主义、教育学、心理学及有关教育政策、教育行政、学校行政等课程，并联系过去的经验，用检查工作、总结工作的办法提

---

① 何东昌主编：《中华人民共和国重要教育文献》(1949 ~ 1975)，海口：海南出版社，1998 年版，第 455 页。

高自己的政治业务素质和领导水平。这些学员结业后回到本地区，大都成为教育行政管理、教育干部培训和教育科学研究的骨干。

从1956年开始，全国大多数省、市、自治区也相继建立起独立的教育行政干部培训机构，对各地中小学校长和教育行政管理干部进行轮训。通过脱产培训，他们的基本政治素质、专业知识水平和工作能力都有了较大的进步和提高。这一时期的教育行政管理干部培训，在内容和形式上都有创新和发展，在规范化、系统化方面都进行了有益的探索和初步的实践。

2. 逐步建立中小学教师进修制度

建国初期，各地中小学教师由于研究教学问题、探讨改进教学方法和学习文化科学知识的需要，出现了一些由当地政府组织和由群众自发、自动创造的教师业余学习形式。

例如，1951年4月，天津市教育局创办了教师业余学院。该院的任务是培训初中新师资，轮训在职教师，总结交流学院内外教师的教学经验。

中国教育工会联合中华职业教育社创办了北京业余函授师范学校，面向北京及河南蔚县、林县、汲县等地招收函授学员，又在广东、福建、吉林、内蒙古等省、自治区，通过教育工会和教育行政部门试设函授学习小组，开设语文教学、算术教学、常识教学及小学行政与生活指导四科，并派遣工作组到学员比较集中的地区去实地了解学习情况和学习效果。①

此外，河北沙河县小学教师业余补习学校组成校务委员会，统一领导全县小学教师的业余进修。河南省创办了农村教师星期日学校。华北许多农村开办了以中心小学为核心的或以学区为单位的学习互助组以及函授学校，等等。不过，这些教师进修组织最初大都各自为政，因此许多具体问题不能得到很好的解决。为了建立经常性的进修学习制度，必须由教育行政部门组织，对中小学教师的学习进行有力的领导、管理和指导。

当时，在全国的150余万小学教师中，未达到初级师范学校毕业程

---

① 《人民教育》，1952年第10期，第20~23页。

度的约有 67 万人，占全部小学教师的43%；加上未达到师范学校毕业水平的教师，总计未达规定标准的小学教师占到全部小学教师的80%左右。全国中等学校在职教师中未达师专毕业程度的教师估计有 6 万人左右。这种师资质量低下的状况严重影响了普通教育事业的发展。

针对这种情况，教育部在 1952 年 8 月召开的中小学教育行政会议上着重讨论和研究了中小学教师的业余进修问题。会议指出：各地应建立起经常性的、系统提高教师质量的业余学习制度，逐步地、普遍地建立教师业余进修学校，并与函授、教育刊物结合起来，使中小学教师的在职学习正规化、制度化。为此，在各省、市、自治区试办函授学校，在大中城市试办教师进修学院，以便取得经验，将教师进修体系逐步建立起来。会后，《人民教育》杂志发表了题为《为建立系统的教师进修制度而奋斗》的社论，要求各级教育领导机关必须用最大的力量与决心，建立起中小学教师的业余学习制度。

根据中小学教师的在职进修实行就地培养、就地供应的原则，各省、市、自治区都相继开办了教师进修学院，其任务是培训未达师专毕业程度的在职中学教师；专区和许多县成立了教师进修学校，其任务是培训未达中师毕业程度的在职小学教师。到 1953 年底，全国已有省级教师进修学院（进修部）26 所，有5 600多名中等学校教师在校学习，小学教师参加业余进修学校和进修班学习的有 20 多万人。

此外，东北师范大学设有函授部，北京、河北、江苏、浙江、安徽、福建、湖南等省都举办了函授师范学校，或在师范学校内附设了函授部，有很多中小学教师在业余时间接受函授教育。凡进入教师进修学院或教师进修学校学习的教师以及参加函授学习的教师，学习期满后均需参加考试，成绩合格者发给毕业证书或学科结业证书，政府承认其学历。

在中小学校内部，以教研组、备课组为单位，有计划、有目的地组织教研活动，结合业务学习和教学实践，总结和研究教学经验与教学方法。同时，提倡在日常教学工作中新老教师之间互帮互学，取长补短，共同提高，使广大新教师通过自我努力胜任教学工作，逐步成长为合格教师。为了帮助教师掌握教材，解决教学上的困难，教育行政部门和学校还经常举办专题讲座，邀请专家、教授和党政领导干部结合实际需要作专题报告，这也成为教师业余进修的重要方法之一。

中小学教师进修学校的建立，使在职教师进修在规范化、制度化、正规化的道路上迈出了坚实的步伐。它既为广大教师提高自身政治、业务和文化素质创造了有利的条件，也为发展中小学教育事业、提高教育质量奠定了基础。

共和国新师范教育制度的确立，各级各类师范学校和在职培训机构的建设与发展，培养出了大批经过新教育熏陶的师资。他们不仅在数量上基本满足了建国初期新教育建设的需要，更以崭新的精神面貌和不断提高的政治、业务及文化素质，逐步改变着教师队伍的构成，从而壮大了新型人民教师队伍的力量，为共和国教育事业的发展提供了有力保证。

5 第五章 有计划发展教育事业，逐步提高教育质量

共和国建立后，人民教育事业经过恢复、改造和整顿，有了很大的发展。随着贯彻党的过渡时期总路线，执行发展国民经济的第一个五年计划，全国教育事业发展正式纳入国民经济发展计划，编制了教育事业发展计划，初步形成了集中统一的教育计划管理体制。在执行教育事业发展计划中，根据政务院提出的“整顿巩固，重点发展，提高质量，稳步前进”的文教工作总方针，采取了一系列重大措施，整顿、改进和发展中小学教育；建立和发展中等专业技术教育；保证重点建设和发展高等教育；以提高教育质量为中心，开展各项教育教学改革，确保了全国教育事业有重点、有计划、按比例地发展和教育质量的普遍提高。由此，形成了建国以来教育事业发展的第一个高峰。

第一节 教育事业纳入国家“一五”计划

建国后，党和人民政府对原有教育事业进行改革与整顿，取得了很大的成绩。但是由于缺乏教育建设和管理的经验，在全国教育工作实践中尚存在着计划性不够和追求数量、忽视质量的倾向。为了改变这种状况，国家把教育事业正式纳入国家建设发展计划的轨道。通过编制和执行教育事业发展计划，全国教育事业初步形成了集中统一的教育计划管理体制。

一、编制教育事业发展计划

建国初期，在教育事业发展计划方面，国家对公办学校实行指令性计划。其中中央政府对所主管的公办高等学校实行直接指令性计划，地

方政府对所主管的公办学校，实行分级的直接指令性计划；对私立学校则实行指导性计划。随着社会主义改造不断深入发展，私立学校逐步改为公办学校，教育事业发展的直接指令性计划的范围不断扩大。教育事业作为社会主义建设事业的重要组成部分，正式纳入了国家建设发展计划。

从1951年起，中共中央开始酝酿和编制第一个五年计划。在关于有计划地发展教育事业的问题上，政务院文教委员会副主任习仲勋在1953年1月召开的大区文教委员会主任会议上指出：社会主义改造和大规模的经济建设对教育提出了更加迫切的要求。教育工作“从无计划到有计划，这是一个重大的转变”。“文教工作计划是国家整体计划的一个组成部分，而不是孤立的。制订文教计划要考虑到当前的政治情况，国家的财政经济情况，人民的生活情况，否则，就不会订出正确的计划。”“因此，制订计划首先要有全局观点，也就是国家利益观点、群众利益观点。要考虑国家的力量、群众的需要和实现的可能性。计划是把国家建设从现有基础上向前推进一步。因此订计划要有发展观点，必须熟悉过去的历史”。① 他还强调指出，要制订一个正确的、可行的、比较切合实际的计划，既不能将计划订得“偏高”、“偏大”，也不能有“低规格标准”的保守思想。我们不但要学会制订计划，而且要学会按计划工作。从制订计划到实际行动，这中间有很大距离，要做许多工作。必须将计划拿到干部中间去讨论，拿到群众中间去宣传，依靠广大群众去实现计划。要做好领导机构的调整、挑选干部、组织干部和广大群众的力量等一系列组织工作，从组织上保证计划的实行。要深入检查，具体领导，提出具体办法，解决具体问题。计划就是领导，应该教育全体干部逐步养成按计划办事的良好习惯，确保计划的实施。

为了做好编制教育五年计划的准备，高等教育部和教育部组织了大批干部，对全国各级各类教育的基本情况进行了全面的调查研究。在全面分析国家教育发展历史和现状的基础上，整理出全国教育事业的基础数据，提供给国家作为制订第一个五年计划的依据。到1954年已基本上确定了第一个五年计划中教育发展任务和主要目标的计划方案。1955

---

① 何东昌主编：《中华人民共和国重要教育文献》（1949～1975），海口：海南出版社，1998年版，第189页。

年7月30日，第一届全国人民代表大会第二次会议正式通过了《中华人民共和国发展国民经济第一个五年计划（1953～1957）》。

在“一五”计划第八章和第九章中规定，教育事业发展的基本任务是“大力培养建设干部”，“提高人民的文化生活水平”。

“一五”计划对各级各类教育的具体任务作出了明确规定。

在高等教育方面：有计划地调整、扩大和开办各类高等学校。高等学校以发展高等工科学校和综合大学的理科为重点，同时适当地发展农林、师范、卫生和其他各类学校。高等学校专业设置的重点是机器制造、土木建筑、地质勘探、矿藏开采、动力、冶金等专业。充分发挥高等学校科学研究工作在国家建设中的作用。

在中等专业教育方面：有计划地调整、扩大和开办各类中等专业技术学校。中等专业学校以培养工业技术干部和管理干部为重点，同时配合农业合作化运动的迅速开展，注意培养农业技术干部和管理干部。此外，大力发展工人技术学校和工人技术训练班，并推广在生产实践中的各种有效方法，培养工业、农业、林业、运输、邮电等部门的熟练技术工人。

在普通教育方面：普通教育事业的发展应该适应经济发展的要求，注意地区的合理分布，有计划地提高新工业地区、少数民族地区、老解放地区的发展速度，逐步改变原来地区分布不平衡的状态。普通学校根据师资和国家财力条件，充分利用原有学校的人力和设备，作适当的发展。重点是发展中学，特别是高级中学。同时，根据提倡农民群众自办学校、允许私人开办学校的方针，依靠群众的力量，在国家计划的指导下，发展中等和初等教育事业。

在工农业余教育方面：在机关和企业中大量举办正规和业余的中学及业余小学，吸收大量不脱离生产的干部和工人入学，提高他们的文化程度。基本完成在工农干部、原有产业工人和农村积极分子中扫除文盲的任务。开办各种科学技术补习学校、函授学校和夜校，进行科学技术的普及工作。

据此，各省、市、自治区也以国家计划为蓝本，并根据当地的实际情况，相继制订了本省、市、自治区的教育事业发展计划，提出教育的发展目标和基本任务。

山东省制订了《山东省1953~1957年教育事业计划纲要（草案）》。《计划纲要（草案）》的特点是：第一，计划数字参照了国家计划中所列山东教育事业发展指标，全国各级各类教育平均发展水平和相邻四省发展水平，并以此作比较，从本省实际的发展基础出发。第二，重视各级各类教育的师资配备和各高、中级师范教育的发展。在思想上和措施上由用“革命办法”解决师资问题转向由正规师范院校培养师资。第三，主要解决全省各地区之间发展不平衡、年度间不衔接和各级学校之间不相适应的问题，为普及小学教育和理顺教育结构打下基础。①

各地方教育事业发展计划的制订与实施，既体现了全国一盘棋的指导思想和总体发展目标，又展示了不同区域发展的特点和不同的目标要求。这是完成全国教育事业发展计划的重要保证。

编制发展国民经济的第一个五年计划，是推动国家经济建设发展的重大步骤，也充分反映了全国人民迫切要求改变我国贫穷落后面貌和发展人民教育事业的强烈愿望。它表明，经济建设在整个国家生活中已经居于首要的地位，也表明全国教育事业走上了有计划、按比例发展的轨道，建立起了全新的教育计划管理体制。

此外，1956年在最高国务会议上讨论《1956~1967年全国农业发展纲要》时，毛泽东提出：“我国人民应该有一个远大的规划，要在几十年内努力改变我国经济上和文化上的落后状况，迅速达到世界先进水平。”根据中共中央和国务院的统一部署，教育部和高等教育部分别召开各级各类教育会议，着手研究制订国民教育、高等教育、师范教育、中等专业技术教育、民族教育和教育科研等方面的12年远景规划。各省、市、自治区也制订地方教育事业发展的12年远景规划。但是，这些远景规划脱离了当时国家经济建设和教育发展的实际，提出的指标过高，也缺乏教育投资和教师保障的基本条件。此后由于形势的变化，这些远景规划均未能实施。

二、执行教育事业发展计划

从1953年起，国家开始执行国民经济发展的第一个五年计划。为

① 吕可荣、尹钧荣主编：《山东教育四十年》，济南：山东教育出版社，1989年版，第88~89页。

了使文教工作更密切地结合国家经济建设，更好地为经济建设服务，1953年9月，中央人民政府通过了文化教育委员会《关于文化教育工作的报告》。《报告》提出，要实行“整顿巩固、重点发展、提高质量、稳步前进”的文教工作总方针，还提出了今后一个时期的主要任务。

根据文教工作总方针，为了执行好教育事业发展计划，教育部编制和颁发了《1953年度全国教育建设计划》。这是共和国成立后第一个比较系统、完整的教育事业年度计划。

《计划》在总结全国教育事业发展基本情况的基础上，具体规定了1953年教育建设的方针与任务。该计划提出，1953年必须根据国家建设的需要与主观力量的可能，采取坚决切实的步骤，有准备、有重点、实事求是地继续进行教学改革，学习苏联教育经验，提高教学质量。年度教育发展的重点是高等和中等工业教育，其次是高等师范教育和卫生教育、高级中学和师范学校。初中可以适当发展，初级师范学校应开始紧缩。小学要大力开展整顿巩固和提高工作。

《计划》指出，今后一个时期的任务是：基本完成高等学校院系调整及工科专业设置的调整工作；大力整顿中等专业教育，明确专业分工，适当发展；积极充实和重点办好100所高级中学、完全中学与50所师范学校；认真整顿初级中学与初级师范学校，大中城市初级中学推广二部制；集中力量办好完小和农村中心小学，城市小学可重点推广二部制；可允许群众办民办小学，发动工厂、企业、农村合作社、机关、团体出资办幼儿园；集中力量办好重点厂矿的职工业余学校，对一般工人业余学校进行适当的整顿和巩固工作；少数民族教育方面要重点办好民族学院，对民族中小学进行适当整顿，并根据可能条件适当发展。① 这个年度计划是一个可操作性的计划，是落实“一五”计划中教育任务的一个具体步骤。

此后，在中央和各大行政区及各省、市、自治区的教育行政部门中都建立和健全了计划管理机构，配备了计划工作人员，确定了开展计划工作的制度。从中央到地方，分别开始制订每个年度的全国和地方的教

① 中国教育年鉴编辑部编：《中国教育年鉴》（1949～1981），北京：中国大百科全书出版社，1984年版，第89～90页。

育事业发展计划，具体研究确定教育事业发展的重点、规模、速度和步骤，指导、协调和监督教育计划的实施。

从1953年到1955年，在政务院① 召开的历次全国文教工作会议上，都强调教育工作要严格地按计划办事，在不断提高质量的前提下完成发展任务，并相应地制订了完成教育计划的具体实施措施。这些措施对当时恢复和建立正常教育教学秩序，普遍提高教育质量，保证教育事业有计划按比例发展，相对集中力量进行教育重点建设，顺利完成第一个五年计划中教育方面的基本任务，都起到了重要的作用。

1956年是国家执行“一五”计划的第四年，社会主义建设事业取得了很大成绩。为此，中共中央提出：国家工业化的规模和速度，科学、文化、教育和卫生等项事业的发展规模和速度，都应适当地扩大和加快，并特别指出，教育事业发展落后于经济建设的状况必须改变，而且应当加快速度。在这样的思想指导下，教育部和高等教育部提出了“加速发展，提高质量，全面规划，加强领导”的教育工作方针。遵循这个方针，各级各类教育的发展迈出了更大的步伐，全国教育事业提前完成了“一五”计划规定的教育任务。

教育事业从国家经济建设全局出发来编制和执行教育五年计划的过程，既是全面调查、掌握全国教育基本情况的过程，也是不断学习和总结做好教育计划工作的实践过程。“一五”计划的制订和实施是成功的。其中确定的教育基本任务和主要计划指标，大体同国家财政水平和教育基础相适应，教育发展的速度和比例规定基本合理，集中力量确保重点发展高等教育的选择是正确的，基本保证了各级各类教育比较均衡地发展。大部分教育发展任务和主要计划指标都得以提前或超额完成。由此建立起了共和国教育事业进一步发展的基础，为下一阶段教育的全面建设积累了宝贵经验。

纵观这一时期我国的教育事业，无论是普通教育还是高等教育，无论是全日制学校教育还是业余教育，都纳入了国家教育计划管理的框架，全国教育事业初步形成了集中统一的教育计划管理体制。全国教育事业的大发展，使国家教育落后的面貌发生了巨大变化。

---

① 1954年第一次全国人民代表大会后，政务院改称为国务院。

第二节 中小学教育的整顿与发展

建国初期，中小学教育虽然有了较大发展，但也出现了忽视质量的倾向，致使中小学教学质量不高，不能为上一级学校输送足够合格的新生。为了改变这种状况，根据过渡时期总路线的精神和第一个五年计划的要求，确定中小学教育工作的重点是：全面整顿、改进和发展小学教育，克服教育教学发展中的混乱现象；改进和发展中学教育，争取在数量和质量上保证为上一级学校提供新生来源，为国家建设培养大批新型劳动后备力量；贯彻全面发展的教育方针，使学校工作逐步转入以提高教育质量为中心的轨道，从而为中小学教育的进一步发展奠定良好的基础。

一、小学教育的整顿和发展

人民群众随着思想认识的提高和经济生活的改善，让子女上学读书的要求愈来愈强烈。一些地方的教育部门在努力满足广大群众这一愿望的时候，却忽视了原有教育基础薄弱和国家财力有限的事实，出现了过于偏重数量发展而忽视质量提高的倾向，致使小学的规模和数量发展过快，而师资、经费、校舍、设备、教学管理等方面都赶不上数量发展的需要。一些学校出现了某种程度的混乱现象，教学质量受到了严重影响。

为了改变这种状况，促进小学教育健康发展，政务院于 1953 年 11 月 26 日发出了《关于整顿和改进小学教育的指示》。

《指示》指出："从当前教育建设的可能条件与人民群众文化需求的实际情况出发，今后几年内小学教育应在整顿巩固的基础上，有计划有重点地发展。"① 应该根据不同情况，采取多种形式，提出不同的要求来办小学。着重办好城市小学、工矿区小学、乡村完全小学和中心小学。在农村，除办集中的正规的小学外，还可以办分散的不正规的小学，如半日班、早学、夜校之类。在小学里，教学是压倒一切的中心任

① 何东昌主编：《中华人民共和国重要教育文献》（1949～1975），海口：海南出版社，1998 年版，第 263 页。

务。为了纠正教师、学生过多地参加社会活动和校内非教学活动的偏向，克服学校中存在的混乱现象，必须做好教学工作，提高教学质量。

《指示》强调，提高小学教师质量是办好小学教育的决定因素。必须有领导、有计划地组织在职教师学习，以提高他们的政治文化水平与业务水平。同时，应对小学教师队伍进行整顿。对于文化水平过低、确实无力任教的教师，应积极帮助他们升学或转业，分别不同情况予以妥善安排。

为了贯彻政务院的《指示》，教育部专门成立了整顿小学教育办公室，并派出工作小组参加河北省通县、湖南省衡山县的试点工作。各大行政区和省、市、自治区也通过调查研究，摸清情况，抓好试点，在取得经验后，结合本地的具体情况，有计划有步骤地开展了小学教育的整顿和改进工作。

山东省结合本省的具体情况，在1953年和1954年先后召开了两次全省文教工作会议，研究制定了整顿和改进小学教育的具体方案。通过整改，第一，改变了小学教育事业发展的无政府状态，把小学教育的发展纳入了有计划发展的轨道，扭转了过去“越大越好，越多越好，只重数量，不重质量”的偏向。第二，基本上纠正了师生参加社会活动过多，造成学校纪律松弛、教学忙乱、教育质量普遍下降的状况；建立了以教学为中心的正常教学秩序，明确了具体的教学要求；把教师的主要精力转移到了研究教学、提高教学质量上来。第三，为了提高师资质量，采取让不合格的小学教师轮训、升学、回家、退休、转业等办法，调整了10 431人，使全省小学教师中只有高小毕业以下程度者由48%下降到4.5%。同时，根据政务院停办速成师范的指示，分别以升学、任教、转业和回乡生产等办法，妥善安排了12 826名速成师范生。①

云南省教育厅制定了整顿和改进小学教育的方案，在全省104个县进行了小学整改。通过整改，全省共合并了不符合要求的数百所学校，调整了一批不合格的教师。同时，还在整改中评出优秀教师、先进工作者247人，提拔657名有教学经验和管理能力的教师担任了小学校长或

---

① 吕可荣、尹钧荣主编：《山东教育四十年》，济南：山东教育出版社，1989年版，第96～97页。

教导主任。小学整改结束后，各县区都成立了小学教师代表会。教师代表会在改进教学工作、提高教学质量方面发挥了积极作用。①

通过教育整改，大致摸清了全国小学教育的基本情况，建立健全了学校管理机构和正规的教育制度，加强了各地党组织对小学教育工作的领导，改善了小学经费管理，初步调整了学校与班级的设置，停止了小学五年一贯制的推行。由此，克服了教学中的混乱现象，建立起了正常的教育教学秩序。

各地在教育整改中进一步改进了学校内部的教学和管理工作。

首先，小学的工作和学习一律由教育行政部门统一布置，其他单位和团体不得直接向学校布置任务，以免打乱学校正常的教育教学秩序。一般不得随便调动小学教师的工作，以使教师安心工作，熟悉学生情况，提高教学质量。适当减少学校内的非教学组织，减少会议，减少校长和教师的兼职。在学期当中参加校内外社团活动的时间，教师一般每月不超过 12 小时，学生每人每周不超过 1.5 小时。

其次，根据教育部规定的教学计划，结合当地具体情况，制定了课程表和教学进度，并按照课程表和教学进度进行教学，避免学校任意停课和放假。强调教师按教学计划和教学大纲认真备课和教学。提倡教师带领学生自己动手搜集、制作标本和简单模型。依靠教师耐心的说服教育对学生进行教导和管理，禁止采用体罚和斗争等粗暴方式。

第三，加强学校体育运动和课外文化娱乐活动，增强师生的体质，保证学生身心健康发展。

以上这些措施的实施，使全国小学正常的教育教学秩序得到了保证，在质量上也有了较大提高。

通过整顿，我国的小学教育得到了健康的发展。据统计，到 1956 年，全国小学总数已达 52.9 万所，比 1952 年增加2 000所；全国在校小学生6 346.6万人，比 1952 年增加1 236.6万人；全国学龄儿童入学率达到62.6%，比 1952 年提高13.4%。②

---

① 蔡福寿主编：《云南教育史》，昆明：云南教育出版社，2002 年版，第 647 页。

② 教育部计划财务司编：《中国教育成就》（1949～1983），北京：人民教育出版社，1984 年版，第 213、226 页。

二、中学教育的改进和发展

中学教育经过建国初期的一系列改革和建设，有了很大的恢复和发展。但是，还存在发展重点不明确，政治思想教育薄弱，教学质量不高，不能为高等学校输送足够的合格的新生等问题。

为了解决这些问题，政务院于 1954 年 4 月 8 日发出《关于改进和发展中学教育的指示》，对改革和发展中学教育作了具体部署。

《指示》指出："中学教育的目的，是以社会主义思想教育学生，培养他们成为社会主义社会全面发展的成员。"① 中学教育不仅要为高等学校输送足够的合格新生，而且还要为国家生产建设输送具有一定政治觉悟、文化教养和健康体质的新生力量。其发展要根据需要与可能，有计划、有重点地发展，并积极地稳步地提高中学教育的质量。特别要办好高级中学、完全中学和工农速成中学。强调要贯彻全面发展的教育，继续改进学校领导工作和教学工作；要求教师加强政治、文化与业务学习；切实办好一些中学，总结和积累成功的经验，加以推广。

各地对中学教育进行了调整和整顿，重点发展了一批高级中学和完全中学，试办了一批重点中学。到 1954 年，全国共创办重点中学 194 所，占全国中学的4.4%。② 这些重点中学都是各省、市办学历史较长、教师水平较高、设备条件较好、具有较好的教育基础的公办学校。为了切实办好这批重点中学，各省、市集中优势力量，采取一些必要的措施，着力抓了以下工作：选派得力的校长，配备必要的干部，搞好领导班子建设，加强学校校务工作；选调一批较有经验的各学科骨干教师，建设一支合格的教师队伍；保证办学经费，改善办学条件，充实和更新教学设备；扩大招生范围，并对一些考生采取优先录取的办法；强调办学特色，因材施教，提高学生培养的质量；进行教学改革，取得经验，指导一般。这些重点中学在党和政府的大力扶持下，大多发挥了自身的优势，取得了较好的成绩。它们实施全面发展的教育，着重抓了提高教育教学质量的工作，在课程、教学内容、教学方法、教学组织等方面，

---

① 何东昌主编：《中华人民共和国重要教育文献》（1949～1975），海口：海南出版社，1998 年版，第 305 页。

② 中国教育年鉴编辑部编：《中国教育年鉴》（1949～1981），北京：中国大百科全书出版社，1984 年版，第 167 页。

进行了一系列的改革和探索，总结和积累了经验，对中学教育质量的提高起到了很好的示范作用。

在当时国家经济还比较困难、教育资源匮乏、尚不能普及中学教育的情况下，集中一定力量办一批示范性的重点中学，对于提高教育质量，培养较高质量的人才是完全必要的，实践证明是有效的。

1955年以后，为满足更多劳动人民子女入学的需求，国家采取"戴帽子"① 和推进二部制的办法来扩大中小学的规模，力求容纳更多的学生入学。为此教育部组织了中小学校二部制试点，取得经验后在全国逐步推开。到1957年，仅在上海就有80%以上的中小学实行了二部制。实行二部制确实解决了一些中小学发展中的困难，也使更多的适龄青少年受到了中学教育。但由于各地的"戴帽"初中、二部制学校原有的基础不一样，因此发展情况不平衡，成效也有所不同。

1956年，一度在中学发展中对经济建设和群众需要注意较多，而对师资、经费等可能条件考虑较少，教育事业发展过快，带来了很多困难。在采取收缩和调整等一系列政策措施后，中小学教育事业又得到了新的发展。

据统计，到1956年，全国已有普通中学6 715所，比1952年增加了2 417所。其中高中和完全中学2 029所，比1952年增加了848所。中学在校生总数为516.47万，比1952年增加了267.46万。②

三、稳步提高教育质量

建国以来，中小学教育事业有了很大发展，但是教育质量不高成了教育工作中存在的主要问题。为此，各级党委和政府在实施全面发展教育的过程中，开展了以提高教育质量为中心的教育教学改革。

1954年6月23日，中共北京市委作出《关于提高北京市中小学教育质量的决定》（简称《五四决定》）。

《五四决定》在分析了北京市中小学教育存在的问题后，提出了六条有关提高教育质量的措施：第一，各级教育行政部门和学校都要制订

---

① 这里指在小学校内办的初中，其初中部被称为"戴帽"初中。

② 教育部计划财务司编：《中国教育成就》（1949～1983），北京：人民教育出版社，1984年版，第184、185页。

提高教育质量的计划，使提高教育质量成为广大师生共同奋斗的目标。第二，教师要深入钻研教学大纲和教材，改进教学方法，正确地、系统地做好教学工作。第三，根据学生的学习成绩和进步情况评定教师的工作成绩，并据此分别给教师以奖励或提高薪金待遇，对不称职的教师作解聘、转业等安排。第四，贯彻全面发展的教育，统一考核学生成绩的标准，使学生切实做到“三好”。第五，教育行政部门和学校的领导干部在业务上要真正成为内行，要把主要精力迅速地、坚决地放到教学研究和教学管理上去。第六，加强党对教育工作的领导，市委设立教育部，学校党组织必须起保证教学的作用。要求各级教育行政部门及学校中的党组织和党员领导干部，应推动并帮助行政抓紧对教学工作的领导，迅速采取切实有效的措施，以普遍地提高教育质量。①

1954 年 8 月 29 日，中共中央向各省、市、自治区党委批转了这个决定，认为北京市委采取的措施是正确的、必要的。要求各地党委加强对教育工作的领导，逐步提高中小学的教育质量。

在全国范围内开展以提高教育质量为中心的教育教学改革，是教育事业随着国家工作重心转移而相应作出的调整，这是教育指导思想上的一个重大变化。《五四决定》作为一个行动纲领，充分体现了过渡时期总路线对教育工作的新要求。

教育部在提高中小学教育质量的过程中普遍注意减轻学生过重的负担，强调提高教育质量必须解决中小学学生负担过重的问题。为此开始逐步改善教材，提高师资水平，改进学校领导等。

为了在较短时间内解决中小学生学业负担过重的问题，各地教育行政部门和学校主要采取了以下措施：（1）正确掌握教材分量，严格授课进度，不随意增多加快，根据教学大纲和教材进行教学。（2）各科教师按照分配的时间安排课外复习和课外作业，学校领导进行总量控制，注意减轻学生过重的课外作业负担。（3）加强平时成绩考查和课堂提问；改进考试制度，考试出题严格以教学大纲和教材为标准，只举行学年考试和毕业考试。（4）改进课外活动，适当加强体育锻炼和文艺活动，避

① 何东昌主编：《中华人民共和国重要教育文献》（1949 ~ 1975），海口：海南出版社，1998 年版，第 364 ~ 365 页。

免过重的体力劳动。（5）保证学生的睡眠和休息时间，学习时间高中不超过 9 小时，初中不超过 8 小时，小学高年级不超过 6 小时；保证中学生每天睡眠 8 小时，小学生睡眠 9 小时。

在采取上述措施以后，中小学生过重的学业负担得到减轻，身体健康状况得到改善，教学质量有了不同程度的提高。

在提高教育质量的过程中，各地普遍注意加强对学生进行以爱国主义教育、劳动教育、集体主义教育及纪律教育为重点的思想政治教育。各地在中小学里建立了一支由政治课教师、班主任、党团工作干部、学生工作干部和少先队辅导员组成的思想政治教育工作队伍，以各种方法加强对学生的思想政治教育、道德品质教育和文明行为教育，引导、教育学生逐渐养成良好的行为习惯和思想道德品质。

许多学校通过教育实践，总结出了一整套思想政治教育的原则和方法。例如，正面教育与严格要求相结合，重点教育与日常教育相结合，校内教育与校外教育相结合，理论与实践相结合等。时事政治课和政治理论课是进行经常的、系统的思想政治教育的主渠道，施教的途径以课堂教学为主。同时，通过周会、晨会及课外活动，并充分运用少年宫、少年之家等校外教育机构，对学生进行思想政治教育。

许多学校通过家长委员会、家长会、家庭访问、家长联系手册等多种形式，建立学校同学生家长的沟通机制。当时，家庭访问是中小学校教师的一项重要工作，许多班主任都把家访列入工作计划。开学初，班主任进行一次普遍家访，了解学生的家庭情况和生活习惯；期中，班主任和科任教师进行个别家访，对特殊学生重点家访；期末，班主任会同科任老师再次进行普遍家访，交流学生在校的学习情况和其他表现。这样，密切了学校同家长的联系，有助于家庭同学校形成合力，提高思想政治教育的效率和质量。

值得一提的是，1955 年 7 月 1 日，参照苏联教育家马卡连柯创立的“工学团”模式，中国第一所工读学校——北京市温泉工读学校成立。工读学校以招收流浪少年为主，兼收有违法行为的学生，本着治病救人的态度，挽救处在犯罪边缘的青少年。它尝试通过思想教育转化工作，实施半工半读教育，达到保护青少年并逐步把他们培养成合格的社会成员的目的。此后，上海、天津、辽宁、四川、湖南和陕西等省、市相继创办了工读学校。

此外，在提高教育质量的过程中，全国普遍注意改进学校的卫生保健工作，以保证学生增强体质，提高健康水平。1954 年 6 月，高等教育部、教育部、卫生部等单位发出《关于开展学校保健工作的联合指示》，对学校卫生工作的方针和具体任务、学校卫生保健工作的组织与经费、各级学校医务人员的职责等作出规定。各地中小学据此进行了卫生保健机构和保健队伍的建设，开展了卫生常识教育，改善了学校校舍环境和卫生设备。很多中小学成立了红十字少年组织，建立了卫生保健网，从而保障了学校卫生保健工作的开展。这就为提高教育质量创造了有利的外部条件。

第三节　中等专业技术教育的整顿与发展

建国初期，党和政府就提出了要注重技术教育，并在《共同纲领》中给予中等技术教育以重要地位。各类中等职业、技术学校在经过最初的整顿和改造后，建立起了全新的中等专业教育制度。为了落实“一五”计划所规定的教育任务，保证国家各方面建设的需要，各类中等专业学校、技工学校在不断调整的基础上迅速发展起来，培养出国家生产建设需要的大批中等技术与管理人才及生产一线的中级技术工人。

一、中等专业技术学校的改造和发展

建国初期，技术教育基础十分薄弱，而且设置不合理。全国中等技术学校数和人数不及中等学校总数的十分之一，无论数量和质量都不能满足国家建设的需要。1949 年 12 月召开的第一次全国教育工作会议明确提出：“在今后若干年内，中等教育应着重发展中等技术，以大量培养中级建设干部。”① 为了大力扶持中等技术教育的发展，1951 年 6 月，教育部召开第一次全国中等技术教育会议，重点讨论了中等技术教育的方针、学制等问题。会议认为，近代中国的职业教育是抄袭资本主义国家的，实际上是一种“双轨制”，必须予以彻底改造。要学习苏联中等

① 何东昌主编：《中华人民共和国重要教育文献》（1949 ~ 1975），海口：海南出版社，1998 年版，第 10 页。

专业教育的经验，从国家建设的实际需要出发，整顿和改造中等技术教育，积极发展中等专业教育。同年10月，政务院颁布新学制，规定实施中等专业教育的学校为中等专业学校，它包括工业、农业、交通、运输等技术学校和医药、贸易、银行、艺术等中等专业学校以及师范学校，从此确立了中等专业教育在学制中的地位。①

1. 中等技术学校的整顿与改造

1952年3月31日，政务院发布《关于整顿和发展中等技术教育的指示》。《指示》指出："培养技术人才是国家经济建设的必要条件，而大量地训练与培养中级和初级技术人才尤为当务之急。"② 一方面，要对现有的中等技术学校加以整顿和改造，力求符合国家建设的需要；另一方面，要积极创办新的中等专业技术学校。

参照苏联中等专业教育制度，在新学制的框架下，对中等技术学校进行整顿和改造的主要要求是：

首先，明确中等技术学校的任务是：用理论与实际一致的方法，培养具有一般文化、科学的基本知识，掌握现代生产技术，全心全意为祖国为人民服务的初、中级技术人才。

第二，各类中等技术学校应根据各业务部门的具体需要，逐步地、适当地实行专业化与单一化，务求学用一致，使所培养的人才确实能适合各业务部门的需要。

第三，中等技术学校除给学生以专门的技术训练外，必须实施政治教育和基本的文化与科学知识教育。

第四，各类中等技术学校应在统一领导下，由各级政府教育部门和各有关业务部门分工领导。

第五，参照苏联中等专业学校专业目录，确定我国中等技术学校的专业目录。

按照上述要求，从1952年3月起，由各大行政区统一部署，通盘

---

① 由于中等师范学校在培养目标、办学体制、管理体制等方面都与中等技术学校不同，因此在叙述和统计时将中等专业教育的学校分为中等技术学校和中等师范学校。中等师范学校历来属于师范教育体系。

② 何东昌主编：《中华人民共和国重要教育文献》（1949～1975），海口：海南出版社，1998年版，第146页。

规划，合理布局，以省、市为单位，对全国中等技术学校的专业结构和布局进行了全面整顿。在整顿工作中，各省、市将公立和私立高级职业学校、职业补习学校和中等技术学校进行统一规划，根据国民经济各部门对中等技术人才的需要设置学校；将同类学校或学科适当归并，或组建为新的中等专业学校；将原来综合设科的学校改组为单科性的中等专业学校。中央各业务主管部门所属的中等技术学校在全国范围内调整，其他农林、卫生、财经类中等技术学校在各省、市范围内调整。

在整顿中等技术学校的同时，教育部参照苏联中等专业学校的专业目录，确定了我国中等技术学校的专业目录，又由中央各业务主管部门和大行政区同省、市的学校主管部门统一确定了所属学校的专业设置，将原来按学科培养人才改为按专业培养人才，并增设了一大批适应国家建设需要的新的中等技术学校。

整顿中等技术学校的工作到 1953 年上半年基本结束。

2. 中等专业学校的调整和发展

中等技术学校经过整顿，归为中等专业教育系统，并正式称为中等专业学校。

由于国家大规模的经济建设迫切需要大量中等专业人才和管理干部，对这类学校发展的需求便凸显出来。然而，当时中等专业学校的发展同国家建设的要求不相适应，主要表现在：培养工作的计划性不够；学校的专业设置不尽合理；在组织教学工作方面还缺少相应的制度；一些学校教师教学质量不高；教学设备还不能满足教学的最低需要；部分学校缺乏领导骨干，特别是有些学校领导多头管理、责任不清，往往使学校处于无人管理的状态。这些都严重影响到中等专业学校的发展和人才培养的质量。

为了落实“一五”计划所规定的教育任务，加快中等专业学校的建设与发展，1954 年 6 月，高等教育部召开全国中等专业教育行政会议，重点讨论了中等专业教育的工作方针问题。同年 9 月 26 日，政务院发出《关于改进中等专业教育的决定》。《决定》提出，“根据国家在过渡时期的总任务和第一个五年计划的基本任务，中等专业教育的任务在于有计划地培养中等专业干部，以保证国家经济发展的需要”。[①] 要求中等专业教育大力调整并有计划地发展；明确各类中等专业学校的领导关系，加强领导；强调学习苏联教育经验，积极改进教学，提高教学质量。同年 11 月 24 日，高等教育部颁发《中等专业学校章程》，全面规范了中等专业学校的教学和管理工作。

这一时期，中等专业学校的调整和发展主要在以下几个方面：

首先，改进中等专业学校的管理，实行在高等教育部统一领导下，加强中央各有关业务部门对各类中等专业学校的管理，即由教育行政部门负责检查指导，各业务部门或企业单位具体办学。

1953 年，高等教育部设立中等专业教育司；中央各有关业务部门按所属学校的多少，也相继设立教育局或在教育局内设相关的处，以理顺和加强对中等专业学校的领导管理。

1956 年 5 月，高等教育部召开全国中等专业教育工作会议，进一步明确中等专业学校的隶属关系，强调在高等教育部统一领导下，本着“谁用干部谁办学校”的原则，分别由中央业务部门或省、市、自治区政府直接领导。此后，中央电力、冶金、铁道、建设、纺织、轻工、卫生、商业和食品工业等部委，都分别召开了本系统的中等专业教育工作行政会议，总结几年来的教育教学工作，研究部署发展规划，由此推动了中等专业学校的建设与发展。

在实际工作中，大力调动中央和地方各部门、各行业办学的积极性，充分发挥部门与行业的作用，最大限度地实现教育与产业的结合。专业技术教育是培养生产、服务、管理第一线实用人才的教育，其教学特点在于重视实践训练，要求学生有较强的动手能力。而部门和行业具有技术运用、现场训练、信息资源、资金安排、人员调派等有利条件，以此来支持实用人才的培养工作，可以保证人才培养的质量和中等专业教育基本功能的实现。

第二，调整中等专业学校的专业，根据国民经济各部门对中等专业人才的需要来设置学校专业。专业设置一般以性质相近、力求集中单一

---

① 何东昌主编：《中华人民共和国重要教育文献》（1949～1975），海口：海南出版社，1998 年版，第 375 页。

为基本原则，统一学校所设的专业。原有条件较好的学校所设专业一般以不超过四个为宜，新办学校或条件尚差的学校，暂设一到两个专业，至多不超过三个。为了使所设专业能在生产实习方面有充分的保证，各校所设专业都以学校附近设有同专业性质相近的厂矿及其他企业为依据。专业的选定也更多地考虑到学校的性质和发展方向，力求所设专业在较长时期内不致变更，以保证其相对的稳定性。

在进行专业调整的同时，中等专业学校围绕专业设置开展了广泛的教学改革活动：按照理论课程、实验作业、教学实习同生产实习之间密切联系的原则，制定了新的教学计划、教学大纲；逐步废除了不完整的及过渡性的教学计划，纠正随意改变教学计划和教学大纲的现象，以新的教学方法组织教学工作；调整了专业课、基础技术课和普通文化课的结构比例，加大了专业课和基础技术课教学；以苏联教材为蓝本，按照轻重缓急，组织专业教材的翻译或编译工作；重视实践性教学环节，建立了正规的教学实习制度，使学生得到组织生产或独立进行科学研究、从事实际工作的锻炼。同时，加强了工厂及相关企业的教学实习设备的建设，加强了生产操作和制作零件的各种指示图表及施工图表的制定与修订；根据需要与可能，举办校办工厂和农场，使学生更好地做到学用结合，达到提高教学质量的目的。

第三，建立健全中等专业学校教育教学制度，规范中等专业学校教育教学工作。仅在1954年后的一年多时间里，高等教育部就先后颁布了从苏联移植过来的《中等专业学校章程》、《中等专业学校教学工作条例》、《中等专业学校管理工作条例》等8种章程条例和17种教学表格式样，对中等专业学校从任务与培养目标、领导管理、经费与校舍设备建设，到招生与分配、专业设置、教学计划和教学大纲、考试和考核、教师培养与培训等方面都作出了具体规定，几乎将苏联中等专业学校的所有规章制度都移植过来了。此外，中等专业学校还仿效苏联的学校，一度推行了教师工作量和工作日制度。这些规章制度的引进、借鉴和实施，有助于在此基础上建立和完善我国自己的中等专业教育制度，促进了中等专业学校的有序发展。

第四，充分发挥部门和行业在中等专业学校办学经费投入上的作用，使办学条件得到有力的保证。各部门、各行业在建设重大项目的同时，注意筹集大批资金投入教育，并抽调大批富有生产实际经验的干部和较高水平的技术人员，充实到中等专业学校的师资队伍和干部队伍之中。此外，还为中等专业学校建立了一些符合教学要求的教室、实验室、实习工厂、图书室和运动场。由于各部门、各行业的重视，中等专业学校的条件达到了较高的水平，形成了鲜明的办学特色。

通过调整和发展，我国的中等技术教育已经改造成为种类齐全、专业基本配套、教学工作比较规范的中等专业教育，初步建立起了中等专业教育制度。中等专业学校以前所未有的姿态迅速发展起来。

北京市政府为了适应城市发展的需要，筹建了市属北京工业学校、北京土木建筑工程学校等。中央各业务部门也根据本部门的需要，在北京创办了各种门类的中等专业学校。电力部建立了北京电器工业学校，重工业部建立了北京机械制造学校、北京钢铁学校和北京化工学校，卫生部建立了华北医士学校，等等。全市中等专业学校达到 25 所，其中中央部属学校 12 所；在校学生有7 922人，专任教师有 713 人。①

从全国来看，在新学校中增设了近代中国教育所没有的中等教育水平的地质、矿业、电机电器、铁路交通、水利电力、无线电、石油、化工等工业类专业，使中等工业学校的比例由占中等专业学校总数的18%上升为30.5%。通过整顿和发展，中等专业学校归属明确，师资、资料和仪器设备得到集中和充实，扩大了学校规模，加强了教育教学改革，提高了教育教学质量，从而为中等专业学校的全面发展打下了较好的基础，创造了良好的条件。

据统计，到 1956 年，我国的中等专业技术学校已有 755 所。其中，工业学校 304 所，农业学校 160 所，林业学校 26 所，医药学校 176 所，财经学校 53 所，体育学校 11 所，艺术学校 22 所，其他学校 3 所，在校学生共537 225人。②

但是也应该看到，由于当时对职业教育在认识上存在着片面性和局限性，在中等专业教育建设中机械地仿效苏联，以中等专业教育制度取

① 中国教育年鉴编辑部编：《中国教育年鉴》（地方教育，1949 ~ 1984），长沙：湖南教育出版社，1986 年版，第 17 页。

② 教育部计划财务司编：《中国教育成就》（1949 ~ 1983），北京：人民教育出版社，1984 年版，第 148、149 页。

代了在内容上和范围上广泛得多的职业教育制度，因此，中等专业教育虽然暂时满足了各业务部门特别是工业部门对中等专业人才的需要，却没有顾及大量不能升学的中小学毕业生的就业教育，堵塞了发展职业技术教育的思路，以致在此后相当长一段时间里，使大量没有受过职业培训的中小学毕业生走向了社会，对社会各行各业的发展造成了一些不利的影响。

二、技工学校的创建和发展

旧中国工业不发达，技术工人队伍十分薄弱，而且分布很不平衡，工人队伍总体结构中多为操作工人，文化知识和技术水平都很低，与当时国家大规模建设的需要存在很大差距。

1. 技工学校的创建

技工学校早在老解放区已有萌芽。建国初期，党和政府为了解决失业工人的就业问题，举办了诸如车工、钳工、刨工、铸工等各种类型的技术训练班，对旧中国遗留下来需要安置的400多万失业工人进行培训。这些失业工人通过培训重新走上了工作岗位，成为国民经济各部门的技术工人。技术训练班的创办，初步形成了一些技工培养基地，为建立技工学校创造了条件。

1953年大规模的经济建设开始后，为了适应国家经济建设培养补充新技术工人的需要，中央劳动委员会、内务部、劳动部召开会议，提出劳动部门应根据生产发展的需要，整顿和充实原有技工训练班。到“一五”计划开始时，特别是苏联援建的156项工程的兴建，各地、各部门在这些技术训练班的基础上，相继办起了以培养中级技术工人为目标的第一批技工学校。与“一五”计划提出的在五年内，中央工业、农业、林业、运输、邮电、劳动等部门将培养熟练工人92万多人的要求相适应，技工学校在全国迅速地发展起来。

1953年政务院决定，技工学校由用工部门主办，由劳动部归口进行综合管理。其任务是：制定有关技工学校的方针、政策和规章制度；组织编写、审定教学计划、教学大纲和教材；培训师资和提高教师水平。技工教育采取艺徒学校、技工学校、技术培训班等多种形式。各类技工学校实行三个月、半年、一年、一年半不等的多种学制，并配合生产建设需要，采用灵活的结业上岗的办法来培养中级技术工人。

1954年以后，劳动部在苏联顾问的帮助下，相继制定和颁布了《技工学校暂行办法（草案）》、《工人技术学校标准章程（草案）》、《技工学校编制标准定额暂行规定》等一系列法规性文件，对技工学校的培养目标、学制、教学工作、机构编制、领导管理、办学条件、师资建设等作出规定。上述文件进一步明确了技工学校是国家教育事业的组成部分，其任务是为国民经济各部门培养和输送具有社会主义觉悟、能够掌握现代生产技术知识和技能、身体健康的中级技术工人。各产业管理部门根据国家批准的技工培养计划招收学生，定向培养，定向分配。此后，技工学校由原办学单位自行制定规章制度，逐步过渡到由主管部门统一管理，制定了各技工学校的教学计划、教学大纲，并编写了教材。这些举措为我国技工学校的进一步发展提供了有利的条件。

2. 技工学校的发展

1955年4月，劳动部和各工业部门以及交通运输部门在北京联合召开了第一次全国技工学校校长会议。会议总结交流了技工学校的办学经验，分析了存在的问题，对加强和规范技工学校作出了具体部署。

1955年9月，国务院批转了这次会议通过的《关于提高教学工作质量的决议》。《决议》指出，技工学校应积极贯彻以生产实习教学为主的方针，提高理论课的授课质量，加强思想政治教育，培养和提高师资。要求通过生产实习教学，把学生培养成为既有技术理论知识，又有实际操作技能，到生产岗位后能较快进行独立操作的技术工人。强调生产实习教学是技工学校工作的最主要部分，是培养学生掌握生产技能的基础。教学必须按照服从教学任务并结合生产的原则进行，根据以生产实习为主的特点编排学习班组。必须改进生产实习教学工作，加强对教学工作的检查。

在劳动部具体指导下，各技工学校相继开展了以全面提高教育质量为主导的教育教学改革。主要举措有：第一，提高技术理论课的授课质量，鼓励教师不断学习和研究现代化生产技术及先进的工作方法。第二，加强教学研究组的工作，使教研组在日常教学工作中给予生产实习课教师和理论课教师以实际的帮助，并在交流教学经验的基础上发挥教师的积极性和创造性。第三，重视政治思想教育和群众文化活动，训练学生成为具有社会主义思想觉悟与健康体质的新型工人。第四，在学校教学管理上，进一步由分散型、自发型向集中统一型管理方向发展。

1956年9月，中共中央转发劳动部党组《关于加强省、市党委对技工学校领导的建议》。中共中央批示指出："办好技工学校，是满足国家工业建设对技术工人需要的一项非常重要的工作。"① 劳动部的《建议》对省、市和国务院各业务部门加强对技工学校领导的问题提出了具体要求，对学校经费管理、助学金使用、教学法研究等作出了具体规定。

1956年11月20日，《人民日报》发表了题为《对技工学校要抓紧领导》的社论，要求各地、各部门的党委要充分认识办好技工学校的必要性和重要性，把办好技工学校的问题提上党委的议事日程，大力发展技工学校。

根据中共中央批示和《人民日报》社论的精神，中央各有关业务部门和各地劳动部门对本部门、本地技工学校的办学方向、培养目标、学校布局、工种专业设置、招生计划、师资配备、教材、学制等进行了广泛的调查研究，结合国民经济发展的需要和当地实际情况，编制了当地和本部门发展技工学校的具体方案，并着手解决技工学校办学过程中需要解决的诸多问题。

例如，天津市在对本市技工学校调查研究的基础上，对技工学校的经费管理、助学金使用、教学法研究等问题制定了具体指标和规定；采取疏通供销渠道的办法，基本上解决了学生生产实习的工件来源等问题；举办生产实习教师进修班，以提高实习教师的业务水平；改进生产实习教学，加强了学生成绩考查，以提高教学质量；组织全市性的实习生产观摩教学和学生生产实习竞赛，以交流推广实习教学的经验。通过上述措施，该市的技工学校逐步走上了正轨。到1956年，天津市已建立了8所技工学校，在校学生达4 000人。② 这些技工学校既培养了生产一线的熟练技术工人，又为国家创造了财富，同时实现了学校办学经费的自给或半自给。

在"一五"计划期间，我国培养出技术工人90余万人。其中，通

---

① 中央教育科学研究所编：《中华人民共和国教育大事记》（1949～1982），北京：教育科学出版社，1984年版，第181页。

② 中国教育年鉴编辑部编：《中国教育年鉴》（地方教育，1949～1984），长沙：湖南教育出版社，1986年版，第97页。

过技工学校培养的技术工人近10万人，由企业办的技术训练班培养的技术工人有36.2万人，由在生产中以师傅带徒弟的方式培养出来的技术工人有43.9万人。① 技工学校的发展向着既培养合格的中等技术工人，又为国家创造财富的方向前进。

第四节　高等教育的建设与发展

共和国建立后，党和政府在接管、改造高等学校的同时，着手制定各种法规性文件，采取一系列措施，使高等学校逐步走上正规化，并通过院系调整和教学改革，确立了高等教育的新体制。

在第一个五年计划期间，参照苏联教育经验，加强了高等教育办学的计划性；进行了一系列基础性的建设工作，不断提高了教育质量；加快了校园校舍的基本建设和后勤工作系统的建立，形成了比较规范的高等学校的教育教学工作机制和行政工作机制。上述举措的实施使高等教育事业有了较大的发展，为社会主义建设事业提供了大量的人才和技术力量的支持。

一、加强高等教育办学的计划性

建国初期，通过实行第一个五年计划，国家的经济、国防和文化建设等都在有计划、按比例地发展。与此相适应，高等教育的改革与发展也必须加强计划性。

1. 高等学校实行统一招生和统一分配

为了更好地适应国家各项建设的需要，使招生工作逐步纳入国家计划轨道，1950年5月26日，教育部在高等学校1950年度暑期招生的规定中，要求各大行政区教育部根据本地区的情况，分别在适当地点定期实行全部或局部高等学校联合或统一招生。这是建国后第一次实行有组织、有计划的招生。当年全国201所高等学校中有73所学校实行了联合招生。1951年4月24日，教育部在高等学校1951年度暑期招生的规定中再次重申了实行上述办法。当年，全国分东北、华北、华东、中南、西南、西北六大行政区，分别组织命题、考试和录取工作。

① 闻友信、杨金梅著：《职业教育史》，海口：海南出版社，2000年版，第44页。

1952年，教育部在总结两年招生工作经验的基础上，开始正式实行全国范围的高等学校统一招生。即由教育部（高等教育部）会同有关部门制定全国统一的高等学校招生的方针、政策、计划、办法和有关规程；组织进行每年一次的高等学校入学统一考试，全国统一命题，统一规定报考条件、考试科目、政审标准、健康检查标准、考试日期及录取新生的原则；各地区按统一规定，结合当地具体情况，分别办理报名、考试、政治审查、健康检查、评卷和录取等工作。至此，全面统一并规范了高等学校的招生工作。

高等学校从1950年就开始实行毕业生统一分配。党中央对高等学校毕业生分配工作提出了“统一计划、统筹兼顾”的方针和学以致用的原则，把原来毕业生自谋职业改为由政府统一分配工作。

1950年6月3日，政务院成立暑期高等学校毕业生工作分配委员会，直接办理当年全国高等学校1.8万毕业生的工作分配，其中有半数毕业生被分配到国家重点建设的东北地区。1951年6月，政务院发出指示，要求在统筹分配中进行地区调剂，以适应国家重点建设的需要，并要照顾毕业生过少的地区。当年，从华北、华东、中南各地抽调毕业生6 000余名，分配到东北、西北和中央各业务部门。同年10月，政务院在《关于改革学制的决定》中进一步明确了“高等学校之毕业生由政府分配”的规定。为了把数量有限的毕业生分配到国家急需的工作岗位上，1952年政务院对毕业生分配确定了“集中使用、重点配备”的基本方针，首先尽量满足国家基本建设的需要，其次加强教育建设和科研工作，并对少数民族毕业生分配作出专门指示，也实行按计划分配。

至1952年，全国高等学校统一招生、统一分配的制度基本形成。这种高等学校统招统分制度的确立，对于高等学校在更大范围内挑选学生，更好地完成国家招生计划，保证新生质量，对于满足国家建设需要，合理、计划使用人才资源，起到了保证作用。这个制度一直沿用到20世纪80年代。

2. 加强高等教育办学的计划性

教育事业纳入国家计划后，高等教育部和有关业务部门按照“一五”计划对高等教育事业的要求培养各类建设人才，本着专业培养、专材专用的原则，加强了高等教育办学的计划性。

第一，摸清国民经济各部门对各类专业人才的具体需要，拟定高等教育各类学校和专业发展的速度与合理比例的方案。对国家迫切需要的专业，积极创造条件迅速加以设置和扩充；对于有些招生太多又难以分配工作的专业，选调其一、二年级的学生转学相近的新专业。

第二，仔细对好各类人才的需求和培养的口径。一方面，由各业务部门根据年度生产计划和技术人员定额，推算出今后一个时期内各年度对各类干部需要的数量与质量；另一方面，根据高等学校师资的数量与质量、学生的来源、校舍与教学设备等方面的条件，考虑着重发展哪些专业。这样，把客观需要同主观可能尽可能地结合起来，在保证培养人才质量的前提下，尽力争取满足数量上的需求。

第三，贯彻勤俭节约的方针，克服在人力、物力和财力使用上的铺张浪费现象，以保证计划的实施。对高等学校人员编制进行适当精简，在逐步紧缩人员的前提下，适当增加教学人员的比重，降低行政人员的比重；降低在基本建设中非生产性建筑的标准与面积的定额和造价，避免教学设备的盲目采购和积压浪费现象；经费开支上注意精打细算，克服宽打窄用的浪费现象，力求在各方面降低高等学校培养人才的成本。

总之，在“一五”计划期间，国家加强了高等教育办学的计划性，并采取了大幅度的倾斜政策，从而保证了高等教育为国家建设培养人才任务的顺利完成。

二、提高高等教育质量的举措

提高教育质量是高等教育事业发展的中心任务。在“一五”计划期间，开展了一系列的高等教育基础性建设工作，进一步提高了教育教学质量，从而保证了“一五”计划中教育任务的完成。

1. 加大对教师的培养力度

高等学校的院系调整虽然为有计划地发展高等教育创造了很好的环境，但是师资严重缺乏却成为发展高等教育的瓶颈。在1953年，我国高等学校中有半数教师是青年助教，他们暂时还不能独立担负起教学任务。当时全国各高等学校共缺教师约5 000人，其中仅高等学校工科教师就缺2 000多人。此外，教学辅助人员也相当缺乏，有些教师除任课外还要承担各种事务性工作，负担很重，直接影响了教学效果。

为了解决师资缺乏的问题，培养大批合格的高等学校教师，高等教育部强调指出，培养教师必须业务、政治并重，数量、质量兼顾，理论与实际结合，以期较快地开出教学计划规定的新课程。为此，主要采取了以下措施：

第一，选派青年教师出国进修或将归国的留学生分配到高等学校任教。1955 年从高等学校在职教师中选拔了 33 名优秀教师，到苏联高等学校和研究机构短期进修。此后，选送高等学校在职教师到国外学习和研究，便成为国家派遣留学人员的重要组成部分。

第二，在国内选择师资、设备较好的高等学校接受进修教师或举办讲习班，请苏联专家和我国的老专家作报告或讲课，使青年教师能尽快掌握必要的专业知识并走上讲台。1953 年 11 月，高等教育部发出的《高等学校教师进修暂行办法》规定，由高等教育部统一办理各高等学校教师进修工作。接受培训进修教师的学校负责制订进修计划，指定教研室内的教授、副教授和苏联专家为导师，并对进修期满的教师作出鉴定。由此形成了高等学校教师培训进修的制度。据中国人民大学等 26 所高等学校统计，1954 至 1955 学年度，依靠专家培养的外校进修教师有 742 人。

第三，一些高等学校还聘请苏联专家或本校业务水平较高的教师，用带徒弟的方式，在教学实践中培养大量新师资。仅清华大学从 1953 年到 1954 年，就用这种方法培养了 153 名助教开课，占开课教师的 52.7%。

这些措施的实施，使教师的专业水平和教学能力有了很大的提高，高等学校各科教学计划所规定的课程得以全部开出。我国开始有了依靠自己的力量补充高等学校教师新生力量的有效方法。

2. 确定扶持重点大学

建国初期，全国并没有确立重点高等学校。1954 年 1 月，中共中央宣传部决定：中国人民大学除负责培养管理国家的财经、政法高级人才之外，还要担负培养高等学校马列主义理论课师资，并帮助办好其他政法、财经高等院校的任务。在领导方法上，高等教育部除对所属高等学校进行一般领导和管理外，要以中国人民大学、北京大学、清华大学为工作重点，取得经验，以推动全面工作。由此开始了建设重点大学的尝试。

经政务院文教委员会批准，高等教育部于 1954 年 8 月确定中国人民大学、北京大学、清华大学、哈尔滨工业大学、北京农业大学、北京医学院等六所高等学校为全国重点大学。① 重点大学的任务主要是：培养质量较高的各种高级建设人才及科学研究人才；为高等学校培养师资，包括培养研究生及进修教师；在培养师资和教学工作、教学资料等方面经常给予其他学校帮助。此外，重点大学还应该帮助高等教育部进行必要的重点试验的工作，解决有关的重大问题，接受外国留学生及创设函授班。对于被定为重点的高等学校，根据其所承担的任务，高等教育部在聘请专家、调配师资和干部、人员编制、基本建设和设备等方面给予了必要的支持。

这些重点学校通过拟定和修订教学计划与教学大纲，组织各类报告会、座谈会、交流会，组织专家到各地高等学校讲学等活动，介绍经验，推动了全国高等学校的教学和研究工作。此后，随着高等学校总数的增多，重点学校的数量也多次扩大。这些重点学校，在高等教育教学建设和改革中起到了示范作用。

3. 建立研究生培养制度

1951 年，教育部与中国科学院联合招收实习研究员和研究生，采取保送、审查批准的办法，共录取了 276 人。但是，一年后就遇到高等学校院系调整，1952 年便停止了招生，在校研究生随大学生一起，于暑期由教育部统一分配工作。后来由于高等学校教学工作和科学研究机构科研工作的需要，高等教育部在 1953 年 11 月 27 日发出的《高等学校培养研究生暂行办法（草案）》中规定：凡聘有苏联专家或师资条件较好的高等学校，均应担负培养研究生的任务。其目的是培养高等学校师资和研究人员，毕业后不仅能教授所学专业的一两门课程，还要有一定的科研能力。高等学校招收的研究生必须是高等学校的助教、毕业生或同等学力者，培养期限为两至三年。研究生培养工作放在学校基层教研室，由指导教师负责。研究生毕业考试及格，通过毕业论文答辩即准予毕业。研究生的调动与毕业分配由高等教育部统一管理。

---

① 何东昌主编：《中华人民共和国重要教育文献》（1949～1975），海口：海南出版社，1998 年版，第 362 页。

国家对研究生培养工作给予了高度重视。1956年7月，高等教育部颁布了《1956年高等学校招收副博士研究生暂行办法》，开始培养四年制研究生，接着又颁发了《关于现有研究生结业和进一步提高的办法》，从而初步建立起了我国的研究生培养制度，为解决缺乏高等学校师资和国家高级研究人员的问题创造了条件。据统计，仅1956年全国就招收研究生2 235人，在校研究生达到4 841人。①

4．开展科学研究工作

随着高等学校发展目标和培养目标的确立及教育教学工作本身的需要，1953年高等教育部在全国综合大学会议上首次提出了高等学校要开展科学研究工作的问题，并在其后的中国人民大学教学经验讨论会上进一步讨论了这个问题。1954年7月9日，政务院批准下发了高等教育部关于上述会议的报告，该报告将科研工作作为教学改革的五项任务之一。报告指出：科学研究不仅是认真开展教学改革、全面实现教学计划、提高教育质量、培养研究人才的中心环节，而且有助于国家建设。高等学校特别是综合大学如果不开展科学研究工作，就丧失了前进的动力。科学研究必须结合教学、结合实际订出研究题目，要有明确的目的性和计划性。② 不久，高等教育部又在《关于清华大学工作的决议》中提出了工科院校开展科学研究工作的任务。至此，高等学校的科研工作便由点到面地开展起来了。

1954年，仅大连工学院就有10个教研室的30多个教师为15个企业部门进行了20项技术问题的攻关。全国21所高等农林院校结合农林生产实际，共进行了359项课题研究，其中一些课题研究获得了显著成绩。

国家“一五”计划进一步明确指出：除中国科学院外，高等学校应该在密切结合教学任务的条件下，尽可能地组织和提高科学研究工作，使高等学校的科学研究工作进一步结合国家建设实际，在国家建设中发挥必要的作用。由此，揭开了科研院所、高等学校和产业部门三方面协作，联合开展科学研究的序幕。在此后向科学进军的热潮中，高等学校

---

① 教育部计划财务司编：《中国教育成就》（1949～1983），北京：人民教育出版社，1984年版，第113页。

② 何东昌主编：《中华人民共和国重要教育文献》（1949～1975），海口：海南出版社，1998年版，第352页。

加强了对科研工作的组织和领导，使高等学校成为一支不可忽视的科学研究力量，从而既促进了教学质量的提高，又满足了国家工程建设一些技术上的要求。

5. 解决学生学习负担过重的问题

据高等教育部调查，1954 至 1955 学年度，高等学校学生学习负担过重已成为相当普遍的现象，工、理、医科学生每周学习时间都在 65 小时左右，少数达 70 小时以上，多数学生星期日也不休息或很少休息，导致很多学生的健康受到影响。这一问题的出现引起了高等教育部的重视。

为此，高等教育部相继召开了高等工业院校、综合大学校（院）长等座谈会，商讨解决对策；而后又在调查研究的基础上，对高等学校工作分科类进行有区别的安排和部署，把解决这一问题作为"一五"计划后期的重点工作。

高等教育部认为，造成学生学习负担过重的原因比较复杂，主要原因是：几年来高等学校学生数量增长较快，而师资、基本建设和设备条件都跟不上；学生入学时水平参差不齐；教学计划分量重、课程多，又过分强调统一，缺乏灵活性；对"全面发展"理解片面，造成学生学习、生活两方面都紧张，严重影响了学生的全面发展和培养质量。为此，高等教育部强调指出，不能用搞运动和竞赛的方式推进教学工作，并提出了解决问题的措施：其一，要正确贯彻实施全面发展的教育，强调全面发展的要求包括德、智、体三方面，不能忽视任何一方面。其二，延长修业年限，将高等工科院校的修业年限在三年内陆续改为五年，将综合大学理科、西语和个别学校的文史、经济等专业改为五年制。其三，改进教学工作。适当减少比较次要的课程；解决教学大纲中不必要的重复内容；加强教材编写工作；改进教学法，提高讲授质量；贯彻每周学习时间不超过 54 小时的规定；精简学生组织机构和活动。这些措施的贯彻实施，使学生学习负担过重的问题得到一定程度的缓解。

6. 加强学生思想政治教育工作

1953 年以后，高等学校学生思想政治教育工作由以配合政治运动为主，开始转变到加强经常性的工作上来。当时提出，高等学校思想政治教育工作既要保证学生具有高度的政治觉悟，又要保证学生较好地完成学习任务，使他们具有高度的业务水平，还要引导学生加强体育锻炼，使他们具有健康的身体。

据此，高等学校采取了一系列措施加强对学生的思想政治教育：首先，克服学校党团组织和部分大学生积极分子中存在的“学习不是革命”、担心“学习好了政治上落后”等错误认识；并以减少不必要的活动和学生干部的工作负担来保证他们的学习时间。当学习风气形成后，又针对一部分学生只顾学习、不太关心政治和国家大事等倾向，引导他们按照全面发展的要求，把自己锻炼成为又红又专的建设人才。第二，规范和加强马列主义政治理论课教学，保证课时，组织政治理论课教师学习和研究马列主义基本理论，提高教学质量和效果。第三，加强学生党团支部建设和班集体建设，以党团支部建设为核心，带动班集体的建设。把这两方面的建设作为衡量学校思想政治教育质量的重要标准之一。同时，重视在大学生中发展优秀分子加入党团组织，发挥他们在学生中的先进模范作用。第四，普遍建立起思想政治教育工作制度。各校陆续抽调部分优秀党员青年教师或高年级学生党员担任政治辅导员、班主任，开展经常性的深入细致的思想政治教育工作。担任政治辅导员的青年教师多数为兼职，少数为专职，定期轮换；对担任政治辅导员的高年级学生，推迟一年毕业。他们被称为“双肩挑”干部。

这些措施的实施，不仅加强了学生思想政治教育工作，而且逐步积累了高等学校思想政治教育工作的经验，还锻炼和建立了一支思想政治教育工作队伍。由此建立起了高等学校思想政治教育工作系统。

三、高等学校的基本建设和后勤工作系统的建立

建立高等学校的基本建设及后勤工作系统，是高等教育事业发展的基础和前提。党和政府在国家财政十分困难的情况下，尽最大努力给予高等学校财力、物力和人力上的支持，保证了高等学校校舍、校园设施建设和实验室及仪器设备、图书的配置。随着高等学校的发展，高等学校的基本建设和后勤工作也不断向前推进。

1. 加快高等学校基本建设

高等学校的基本建设主要指校舍和校园设施的建设，以及大型仪器设备的购置等物质条件的保障工作。建国初期，教育基本建设尚未走上正轨，中央教育行政部门只负责华北地区高等学校的基本建设，其余全部由各大行政区管理。1953 年后，根据国家计委的规定，中央教育行

政部门负责教育系统的基本建设投资管理工作；除高等教育部及教育部直接管理的高等学校外，中央各业务部门直属高等学校的基本建设由各有关业务部门直接管理。许多高等学校还专门设立了基本建设委员会。

当时高等学校基本建设的方针是，合理使用国家有限的资金来保证教学工作的最低需要。要求学校基本建设的整体规划、设计、施工到校舍使用，都必须严格按照“通盘设计、逐步施工，合理设计、经济实用”的原则实施。各高等学校基本建设的主要任务，一是根据高等学校所担负的培养国家建设人才的事业计划以及学校周围环境的需要，分清轻重缓急，逐年扩建和新建校舍。二是根据国民经济水平和国家财政力量及眼前教学工作的需要，作最合理而又经济的设计。三是建立健全高等学校基本建设机构，适当配备称职的干部，加强高等学校基本建设的实施工作。为此，高等教育部和教育部对全国高等学校的校舍进行了一次较大规模的普查，在了解各地高等学校校舍、校园基本情况的基础上，提出了基建标准的初步意见。

本着上述精神，从1953年开始，国家加大了对教学和科研用房建设的投资比重，全国各高等学校进行了大规模的基本建设。高等教育部参照苏联同类学校的基本建设定额，确定了制定我国高等学校基建标准的基本原则与计算方法，编制计划面积定额草案，从而保障了高等学校基本建设任务的顺利完成。

“一五”计划期间，新建学校较多。在北京新建的就有十几所高等学校，基本上都集中在西北郊，与清华大学、北京大学等老学校一起形成了首都的文教区。西安、武汉、长沙等也是新建高等学校较多的城市，也将高等学校相对集中设置，形成了规模不等的文教区。各高等学校在校园建设中重视整体规划，讲究建筑风格和文化内涵。教学区、实验室区、生活区建筑物根据不同使用功能，显示其不同建筑风格，周围环境的绿化和道路等也各具特点，形成了较好的校园环境。在此期间，我国一大批高等学校奠定了校园、校舍建筑的初步基础和基本格局。

值得一提的是，爱国华侨陈嘉庚先生在共和国成立后继续集资扩建厦门大学。据统计，从1951年到1954年，他亲自筹资并支持建成的校舍达五万多平方米，相当于原有校舍面积的一倍。耸立在海滨大操场看台上的五座新校舍大楼，成为厦门大学的独特标志和重要的人文景观。

与此同时，各高等学校加强了实验室建设和仪器设备的配置，使实验室规模不断扩大，仪器设备逐步增加和完善，相关管理制度也逐步建立，从而保证了实验课程的开设和课程质量的不断提高。

清华大学的实验室，在1953年至1955年间，从17个增加到47个，不但促进了学校的教学工作，而且为一些大企业解决了不少技术问题。

此外，图书馆建设和书报资料的订购、搜集、整理及开展馆际交流等，都为提高高等学校的教学质量和开展科学研究工作创造了基本条件。

“一五”计划期间，为了保证培养大批高级建设人才，国家向高等学校基本建设投入的资金共计9.11亿元，占全国教育基本建设投资的53.65%。[①] 新建、扩建校舍达634万平方米；购置了价值3.2亿元的仪器设备；[②] 高等学校图书馆达212所，藏书3 728万余册。[③] 这些物质基础有力地促进了高等教育事业的快速发展。

2. 建立高等学校后勤工作系统

高等学校的后勤管理与服务工作是一项基础性和保障性工作，是高等学校不可缺少的组成部分。共和国成立后，国家在经济十分困难的情况下兴办教育事业，高等学校基本上是自办后勤，实行福利性供给制和单纯行政管理的体制，采取封闭式和自我配套的服务运作方式。在供给制的管理体制下，人、财、物都由学校集中管理，主要依靠行政手段去组织生产和服务，开支实报实销。在当时，新建高等学校很多，学生、教职员大量增加，校舍大量扩建新建，教学设备逐年补充，使得高等学校的后勤工作格外繁重。

1952年院系调整后，规模较大的高等院校设立了总务长，协助主管行政工作的副校长领导后勤工作。一般院校只设总务处（或行政处），下设行政科、膳食科、会计科、工务科、供应科、卫生科、房产科等科室。

1954年5月到6月，高等教育部在华北和内蒙古分别召开高等学校

---

① 教育部计划财务司编：《中国教育成就》（1949～1983），北京：人民教育出版社，1984年版，第372页。

② 高等教育部编：《高等教育法令汇编》（第五辑），北京：1958年版，第15页。

③ 中国教育年鉴编辑部编：《中国教育年鉴》（1949～1981），北京：中国大百科全书出版社，1984年版，第569页。

总务长座谈会，讨论高等学校总务工作的方针、任务等问题。同年6月29日，高等教育部发布《关于高等学校总务工作的指示》，提出高等学校总务工作的方针、任务是：根据国家培养高级建设人才的计划和人力、物力、财力的可能条件，在校（院）长统一领导之下，加强职工的政治思想、政策方针和业务学习，大力贯彻发挥潜力、提高质量的方针，继续厉行节约，更好地为教学工作服务。① 其具体任务是：管好财务，做好基本建设工作，管好财产物资，管好全校师生员工生活，做好学校环境卫生、疾病预防和一般医疗工作，做好后勤人员的教育工作等。

根据《指示》精神，各高等学校结合自己的具体情况，对后勤工作进行了检查和改进。首先，加强了政治思想教育，端正对后勤工作的认识。进一步明确教学人员和后勤人员都是教育工作者，应互相尊重，为实现共同目标而努力。第二，校（院）长开始重视后勤工作，注意做好管人、管钱的工作。统一筹划集中使用财力，优先装备重点专业的教学设备，保证教学的需要。第三，初步精简冗员，减少人员浪费；清理库存物资，减少不必要的购置。提倡爱护公共财物，注意节约开支，克服浪费现象。第四，改革旧制度，建立新制度，促进工作方法的改进和工作效率的提高。

这一时期，高等学校后勤工作取得了明显成绩。特别是在工作方针上，确立了高等学校后勤工作为教学服务、为学校发展服务、为学校师生员工生活需要服务的“三服务”方向。在思想认识上，明确了高等学校的教学工作和后勤工作是推动学校工作的两个车轮，必须同时均衡运转，高等学校才能有效地平稳前进。在工作机制上，逐步建立健全了后勤工作制度和运行方式，并通过思想政治教育、纪律教育和工作态度教育、评选先进工作者等，调动了后勤工作人员的积极性。由此，高等学校后勤工作逐步进入了有序的工作轨道。

在计划经济体制和社会化服务相对落后的情况下，高等学校为了服务师生，满足教学、科研需要而建立起来的自成体系的后勤管理与服务

---

① 何东昌主编：《中华人民共和国重要教育文献》（1949～1975），海口：海南出版社，1998年版，第348页。

保障系统，对当时高等学校的发展起到了积极作用。

总之，党和政府采取大力建设高等学校的有效措施，促进了高等教育的发展。到1956年，全国高等学校发展为227所，比1952年增加了26所。其中，综合大学15所，高等工业院校48所，高等师范院校55所，高等医药院校37所，高等农林院校31所，高等语言院校8所，高等财经院校5所，高等政法院校5所，高等体育院校6所，高等艺术院校16所，其他高等学校1所。高等学校在校学生40.32万人，比1952年增加了21.2万人；本年招生18.46万人，比1952年增加了10.58万人。①

---

① 教育部计划财务司编：《中国教育成就》（1949～1983），北京：人民教育出版社，1984年版，第50～51页。

第六章 少数民族教育的方针任务与发展成就

从1949年中华人民共和国成立到1956年，是我国少数民族教育发展史上具有开创意义的重要阶段。

在此期间，根据党和国家的教育总方针、总任务和民族政策，确定了全国少数民族教育的方针、任务，并通过多年努力，积极探索，不断总结经验，在重视民族特点、继承和发扬优良的民族文化传统、实行"双语"教育、加强民族教育管理、培养民族师资、编译出版民族文字教材、采取适合民族和地区特点的办学形式等方面，逐步形成了一系列行之有效的方针、原则和政策、措施，使少数民族教育得到了前所未有的发展。许多少数民族结束了没有学校教育的漫长历史，跨入了社会主义教育的门槛。这就为少数民族教育的稳步健康发展打下了基础，提供了重要保障。

第一节 确定少数民族教育的方针政策

建国后，经过大量调查研究，根据少数民族经济、文化、教育上的特点和国家的建设的总方针、总任务，确定了少数民族教育的方针、任务，体现了全国教育的共同性与少数民族教育特殊性相结合的原则。这是少数民族教育健康发展、取得成效的重要保证。

一、少数民族教育原有的基础

我国是一个统一的多民族国家。在现有的56个民族中，除了占全国人口绝大多数的汉族以外，还有55个少数民族。

根据1953年第一次全国人口普查统计，大陆各省、市、自治区的少数民族人口为35 320 360人，占全国总人口的6.06%。各少数民族之间人口的多少相差很大。人口最多的是壮族，有6 611 455人；而人口最少的是居住在东北的以游猎为生的鄂伦春族，只有 2 262 人。①

由于历史原因和地理环境条件诸多因素的影响，绝大多数少数民族在政治、经济和文化教育的发展方面比较落后，而且在不同民族、不同地区之间存在着很大的差异。直到建国前夕，我国的少数民族地区基本上还处在前资本主义的社会发展阶段。其中半数以上的少数民族地区已步入以封建地主经济为主导的后期封建社会，有些则处于前期封建社会的封建农奴社会，还有些民族地区仍然停留在奴隶社会或原始社会末期。

社会经济的落后，决定了教育发展上的滞后。相当多的少数民族地区历史上从未出现过学校教育，更没有出现过现代意义上的学校教育。共和国建立后，这些民族地区的学校教育才开始起步，从无到有、从少到多逐步发展起来。即便是已有学校教育的地区，由于受各种条件的限制，长期以来各类学校教育的发展也十分缓慢。

例如，建国初期，内蒙古自治区蒙古族儿童入学率仅为17.2%。在全区中小学在校生中，少数民族学生所占比例，小学为13%，中学为11.2%。全区 4 所用汉语授课的中等师范学校在校生中，少数民族学生仅占8.8%；在 3 所用汉语授课的中等技术学校在校生中，少数民族学生仅有 3 人。②

又如，广西的少数民族人口占全区总人口的38%。建国初期，全区各级学校在校生中少数民族学生所占的比例，小学为23.6%，中学为21.7%，高等学校为3.1%，远远低于少数民族人口的比例。③

再如，西藏是藏传佛教（即“喇嘛教”）的发源地，藏族几乎是全民信教，宗教影响很深。和平解放以前，西藏还没有现代意义上的学校

---

① 黄光学主编：《当代中国的民族工作》（下），北京：当代中国出版社，1993 年版，第 621 页。

② 中国教育年鉴编辑部编：《中国教育年鉴》（地方教育，1949 ~ 1984），长沙：湖南教育出版社，1986 年版，第 203 页。

③ 中国教育年鉴编辑部编：《中国教育年鉴》（地方教育，1949 ~ 1984），长沙：湖南教育出版社，1986 年版，第 982 页。

教育，宗教寺院教育一直占据西藏教育的主导地位。1950年昌都解放后，在人民政府的帮助下，西藏教育史上第一所现代小学才在昌都建立。接着，1952年8月在拉萨创办了拉萨小学，从而使西藏开始步入发展现代学校教育的行列。但在1959年民主改革以前，由于社会上的各种阻力，学校教育的发展受到很大限制。

各少数民族和民族地区教育发展的历史状况，是制定我国少数民族教育方针、任务的重要依据。

二、少数民族教育的总方针和任务

为了改变少数民族教育的落后状况，教育部于1951年9月20日召开第一次全国民族教育会议，确定了少数民族教育的总方针和任务。

1. 确定少数民族教育的总方针

第一次全国民族教育会议确定了少数民族教育的总方针，即少数民族教育必须是新民主主义的内容，并应采取适合于各民族人民发展和进步的民族形式。这就明确了各少数民族的教育内容必须是新民主主义的，即民族的、科学的、大众的教育，而不能是其他性质的教育。同时这种教育必须采取民族形式，照顾民族特点，才能很好地同各民族实际情况结合起来，否则便不会有良好的效果。①

在这个问题上，周恩来曾明确指出："中国民族有自己的传统习惯，这些传统习惯总是以民族的形式表现出来。具有民族形式的教育，才易于被人民所接受，为人民所热爱。教育如果不注意民族的特点和形式，就行不通。我国是个多民族的国家，要注意各兄弟民族的特点和形式，兄弟民族之间也要互相学习彼此的长处，这样才能将科学的内容输送到各族人民中去，把教育办好。"②

然而，在少数民族的民族特点和民族形式中，既有进步的，也有落后的；既有对民族发展有利的，也有对民族发展不利的。我们要采取适合于各民族人民发展和进步需要的教育内容与形式，既要照顾到民族的特点，又要有祖国的整体观点，使各民族在中华人民共和国的大家庭里

---

① 何东昌主编：《中华人民共和国重要教育文献》（1949～1975），海口：海南出版社，1998年版，第129～130页。

② 《周恩来教育文选》，北京：教育科学出版社，1984年版，第7页。

并肩携手来建设社会主义的祖国。将新民主主义的内容同进步的民族形式和民族特点相结合，这就从教育指导思想上解决了全国教育的共同性和民族教育的特殊性之间的关系问题。正确地贯彻这个方针，既可以避免或防止只强调共同性而忽视特殊性的倾向，又可以避免或防止只强调特殊性而忽视共同性的倾向。后来的实践证明，民族教育工作中出现的失误，常常同没有正确处理共同性和特殊性这两者之间的关系直接有关。

2. 确定少数民族教育的任务

建国初期，民族工作面临的主要任务是：坚持民族平等、民族团结的基本国策，促进各民族的共同发展；进行民主改革，废除少数民族内部的各种剥削压迫制度，使各民族广大劳动人民获得解放；建立并不断完善民族区域自治制度；发展生产，恢复经济，逐步提高少数民族人民群众的生活水平。

完成上述民族工作任务的关键，是要培养大量的少数民族干部。对于这个问题，党和国家历来十分重视。毛泽东在1949年12月强调指出："要彻底解决民族问题，完全孤立民族反动派，没有大批从少数民族出身的共产主义干部，是不可能的。"① 1950年2月18日，毛泽东又指出："认真在少数民族中进行工作，推行区域自治和训练少数民族自己的干部是两项重要的工作。"②

为了落实大量培养少数民族干部的任务，经政务院第六十次政务会议批准，在1950年11月24日公布了《培养少数民族干部试行方案》和《筹办中央民族学院试行方案》。这两个《试行方案》都提出了普遍而大量地培养各少数民族干部的任务。后来召开的第一次全国民族教育会议又提出了少数民族教育应以培养少数民族干部为首要任务，以满足各民族政治、经济、文化教育建设的需要。③

为了进一步督促各地党政领导部门对培养少数民族干部工作的重视，1954年12月14日，中共中央专门发出的《关于培养少数民族干部

---

① 《毛泽东文集》(第6卷)，北京：人民出版社，1999年版，第20页。

② 《毛泽东文集》(第6卷)，北京：人民出版社，1999年版，第146页。

③ 何东昌主编：《中华人民共和国重要教育文献》(1949~1975)，海口：海南出版社，1998年版，第130页。

问题的指示》指出："普遍、大量地培养少数民族干部，是我党在民族问题方面多年来一贯坚持贯彻的方针，也是我们在少数民族地区开展工作，帮助各少数民族进步和发展的关键。"①

为了大量地培养少数民族干部，党和政府在建国初期采取了以下几项主要措施：

（1）确定以"培养普通政治干部为主，迫切需要的专业与技术干部为辅"② 的方针，以适应建国初期整个国家开展民族工作的需要。

（2）创办民族学院。自 1950 年以后，相继成立了中央民族学院，西北、西南、中南民族学院和广西、云南、贵州、青海等地方民族学院，并将原有的新疆学院改为新疆民族学院。这些民族学院的成立，为培养少数民族干部开辟了一条新的有效途径。当时民族学院分短期、长期两种班次。短期班主要培训在职的区级和营连级以上干部，学习时间一年左右；长期班主要招收具有相当文化程度的知识青年，学习时间两至三年。

（3）在少数民族人口较集中、民族工作任务比较繁重的省份和地区，根据需要开办民族干部学校和民族干部训练班。有的地方在中等以上普通学校开办少数民族干部训练班，分批进行短期培训。

（4）为了鼓励和帮助少数民族学生接受各种高等教育，凡考入高等学校的少数民族学生一律公费。对少数民族中学学生，除公费待遇的民族中学以外，还另指定若干中学设立少数民族学生的公费名额。此外，从长远考虑，为了培养更多具有一定文化知识和政治觉悟的少数民族干部，各地都采取了整顿和加强现有各类学校的措施。

普遍、大量地培养少数民族干部，是我们在少数民族地区开展工作，帮助各少数民族人民进步和发展的关键。经过几年的努力，我国培养少数民族干部的工作取得了很大成绩。到 1954 年，经过学校和其他方法培养出来的少数民族干部已达 14 万余人。这就为实行民族区域自治和开展民族地区的各项工作提供了比较充足的干部，为加强民族地区

---

① 当代中国的民族工作编辑部：《当代中国民族工作大事记》，北京：民族出版社，1989 年版，第 59 页。

② 何东昌主编：《中华人民共和国重要教育文献》（1949 ~ 1975），海口：海南出版社，1998 年版，第 67 页。

的政权建设和发展社会经济文化各项事业创造了有利条件。

与此同时，第一次全国民族教育工作会议规定，要加强少数民族小学教育及成人业余教育，以提高少数民族的文化水平，并努力解决少数民族各级学校的师资问题。

3. 普遍开展爱国主义教育

共和国建立初期，党和政府一再强调在少数民族干部和群众中加强爱国主义教育的重要性。这是因为，在旧中国封建军阀和国民党统治下的民族压迫制度所造成的民族隔阂有待进一步消除；帝国主义侵略势力和我国国内反动势力相互勾结，利用各种机会继续煽起民族间和民族内部的仇恨，挑拨民族关系，破坏民族团结；许多少数民族地区尚未进行民主改革，少数民族内部统治阶级中的一些上层分子趁党和政府在民族地区还没有完全立足，或利用工作中的某些缺点错误，挑起事端，甚至煽动武装叛乱，而这又常常带有民族性和群众性；绝大部分少数民族地区远离我国经济文化相对发展的中心地区，历史上长期处于封闭或半封闭状态，这就很自然地造成了少数民族群众对国家观念的淡薄。鉴于这种情况，就必须在一切少数民族地区普遍、深入地开展爱国主义教育。

第一次全国民族教育会议，把广泛开展爱国主义教育确定为少数民族地区学校思想政治教育的中心内容，并要求通过教育达到以下目的：坚决反对帝国主义的侵略，坚决肃清帝国主义及国民党反动残余势力的影响，增强保卫祖国的决心和信心；培养与巩固祖国的整体观念，明确中华人民共和国是各民族友好合作的大家庭，是各民族共同的祖国；为了反对帝国主义，保卫和建设伟大的祖国，在各民族之间应该互相信任，互相尊重，团结友好，反对大民族主义和地方民族主义。

在第一次全国民族教育会议后，爱国主义教育同民族团结教育、民族政策教育紧密结合，成为少数民族地区学校思想政治教育的重要内容。

三、实行教育与宗教分离的原则

在我国少数民族中，传播历史较长、影响较深、信众较多的宗教有伊斯兰教、藏传佛教和南传佛教（亦称“小乘佛教”）。信仰伊斯兰教的有：回、维吾尔、哈萨克、柯尔克孜、塔塔尔、乌孜别克、塔吉克、东乡、撒拉、保安等十个民族；信仰藏传佛教的有：藏、蒙古、土、裕固等民族；信仰南传佛教的有：傣、布朗、独龙等民族和佤族的一部分。这些宗教在少数民族中传播，已有一千多年的历史。

长期以来，少数民族中的宗教是同民族文化、教育结合在一起的。寺院，尤其是有规模的寺院，既是宗教活动中心，又是继承和传播民族文化、传授知识的教育中心。宗教与教育的结合方式因民族而异。

例如，在新疆有以清真寺为依托办的经文学校，同城乡新式学校（指现代学校）并行。在回族地区，既有清真寺的经堂教育，也有设在寺内的新式学校。在新疆和回族地区的这些新式学校都开设宗教功课。在西藏和其他藏族地区比较大的寺院中，都设有实施宗教文化教育的若干学院（藏名称“扎仓”，被译为学院）。在蒙古族地区寺院中也有类似的情况。在傣族地区的小乘佛教寺院（在当地习惯称“缅寺”）既是寺院，又是学校。按傣族的传统，男孩生下来后到一定年龄，都要进寺院当小和尚，接受一段时间的教育。这些名称相异的寺院教育，在信教群众中都有着很深的影响。念经、学经，同群众的宗教信仰分不开。“书要念，经也要念；对得起政府，也对得起真主。”这是建国初期新疆维吾尔族翻身农民比较普遍的一种观念。

建国后，我国虽然实行教育同宗教分离的原则，但没有公开地进行广泛的宣传和教育，也没有在向社会公布的法律、法规中作出明确规定。这是因为我国少数民族中的宗教问题，有它一定的复杂性和特殊性，如果处理不当，会造成不利影响。鉴于这种情况，中共中央在1950年6月10日批转的《对新疆少数民族宗教问题的意见》中指出：少数民族的宗教问题，是一个具有历史性、民族性的群众思想信仰问题。它与少数民族落后的经济、文化及社会状况有密切的关联。在少数民族的经济、文化未得到相当的发展、人民的觉悟未大大提高以前，宗教在少数民族人民的生活中还会保有深刻的影响。因此，对少数民族宗教问题的态度应该十分审慎，切忌急躁。必须毫不动摇地坚持信教自由政策，在少数民族广大群众的觉悟未提高前，不要轻言改革。① 同时，因为少数民族的“宗教问题不仅是个人的信仰问题，而且是整个民族问题不可

① 中共中央文献研究室编：《建国以来重要文献选编》（第1册），北京：中央文献出版社，1992年版，第277页。

分离的一个重要组成部分”，因此“必须长期地采取十分谨慎的态度”。①

但是，这并不是说我们要放弃教育同宗教分离的原则。相反，为了实行这项原则，党和政府在宗教影响较深的少数民族中进行了大量的工作，采取了必要的措施。

首先，不许在国家办的各级各类学校开设宗教课程、宣传宗教和进行任何形式的宗教活动。教育部在1953年针对河北省一些回民学校要求开设阿拉伯文课和讲授伊斯兰教教义的问题，曾作出明确答复：我国回民已习用汉语汉文，阿拉伯文是伊斯兰教的经典文字，不为广大群众所了解和应用，因此以不设置此课为宜。同时，根据《共同纲领》中有关文教政策的规定，指出在学校中不宜讲授宗教教义。此后，有些民族地区学校中已经开设的宗教课程，也通过教育改革逐步被取消。

其次，对于社会上的经文学校和利用寺院对青少年儿童实施宗教文化教育的问题，因为处理难度大，要求更加慎重。具体做法是：靠说服教育，提高群众的思想觉悟，动员群众送子女到国家办的普通学校读书；尽可能办好公立学校，吸引更多的群众子女入学；做好爱国宗教人士的工作，让他们出面支持办好学校教育，以利于民族的长远发展。

在一些民族地区，经过民主改革，生产得到了发展，群众生活也有所改善，从而调动了群众学习文化的积极性；加上民主改革对于宗教内部封建制度的冲击，使经文学校和其他形式的寺院教育受到了一定的削弱。但是也有反复。例如新疆和田县，在1951年经过减租反霸后，全县的经文学校由152所减少到132所。后来由于政策有所放宽，加上管理不严，至1955年全县的经文学校又猛增到268所。这说明，处理教育与宗教分离的问题，需要经过长期的艰苦努力，才能奏效。

第二节　实施“双语”教育

在我国的少数民族中，除了满、回等民族早已使用汉语汉文外，绝

① 中共中央文献研究室编：《建国以来重要文献选编》（第5册），北京：中央文献出版社，1992年版，第675页。

大部分民族都有自己独立的语言，其中有一部分少数民族还有自己独立的文字。语言文字是很重要的民族形式，又是重要的民族特点。从政治上讲，民族语言平等是民族平等的重要内容和重要标志。因此，如何正确地处理民族语言问题，如何正确运用这一民族形式和注意这一民族特点，既关系到各民族的平等团结，也关系到少数民族学校教育的健康发展。为此，党和政府根据马克思列宁主义基本原理同我国实际相结合的原则，制定了正确对待少数民族语言文字的一系列方针和政策。

一、保障少数民族语言文字的平等权利

我国作为中国共产党领导下的人民民主国家，实行国内各民族一律平等的基本国策，保障少数民族语言文字的完全平等。

1949年的《共同纲领》规定，各少数民族均有发展其语言文字的自由。1952年公布的《中华人民共和国民族区域自治实施纲要》更明确规定，各民族自治区自治机关应采用一种在自治区内① 通用的民族文字，为行使职权的主要工具，对不适用此种文字的民族行使职权时，应同时采用该民族的文字。自治机关应采用各民族自己的语言文字，以发展各民族的文化教育事业。

根据以上法律法规规定，《人民日报》在1953年9月9日发表了题为《进一步贯彻民族区域自治的政策》的文章。文章指出，在我国应“尊重各少数民族的文化、宗教、习惯，不但不应强迫他们学汉文汉语，而且应赞助他们发展用各民族自己语言文字的文化教育”。这就进一步明确了中国共产党和政府在民族语言文字方面的基本政策。后来制定的《中华人民共和国宪法》，也规定了各民族都有使用和发展自己语言文字的自由。这些规定，是民族学校实施“双语”（即民族语文和汉语文）教育的法律依据和根本保证。

为了保障少数民族使用和发展自己语言文字的平等权利，便于在民族学校实施“双语”教育，党和政府采取了许多措施。

一是按照“创、改、选”的方针和少数民族“自愿选择”的原则，帮助少数民族创制文字，或者由他们选择一种现有的适用于本民族的文

---

① 在1954年宪法公布以前，凡民族自治地方一律称“自治区”，没有划分自治区、自治州、自治县。

字；对于文字不完备或需要改革文字的民族，帮助他们逐步改进、改革文字或创制新文字。

二是在政务院文化教育委员会设立民族语言文字研究指导委员会，组织、指导关于少数民族语言文字的调查研究、创制和改革工作。1954年民族语言文字研究指导委员会被撤销后，经国务院决定，少数民族语言调查、文字设计等，由中国科学院负责；少数民族文字方案的确定，由中央民族事务委员会负责；对已确定的文字在各民族学校的试验、推行，由教育部负责。

三是为了做好少数民族文字的创制和改革工作，曾多次组织有关专家、学者到少数民族地区开展语言文字方面的调查研究工作。其中规模较大的一次是1956年，由中国科学院和中央民族事务委员会共同组织，从各有关部门和高等院校抽调700余人，分赴16个省和自治区，对少数民族语言进行普查。在进行大量调查研究的基础上，先后为景颇族、布依族、纳西族、苗族、白族、侗族等十多个民族创制了新文字；帮助维吾尔、哈萨克、柯尔克孜等民族改进了文字。

建国以前，在傣族中比较广泛使用的是傣仂文和傣哪文。建国后，根据傣族人民的意愿，对这两种传统傣文进行了改进。1955年，由中央民族事务委员会批准使用经过改进后的傣文，并用傣文进行扫盲和小学教育，取得了良好的效果。

为了保障少数民族语言文字的平等权利，党和政府在民族语言文字的使用方面着重强调：充分尊重各少数民族学习、使用自己语言文字的权利；积极为有民族语言而尚无文字的少数民族创制自己的文字；按照少数民族的需要，在自愿的基础上帮助他们学习汉文，以促进民族间的互助与交流。这表明，党和政府从一开始就鼓励和支持在少数民族地区学校进行“双语”教育。

关于实行“双语”教育的问题，政务院1950年11月24日公布的《培养少数民族干部试行方案》就已经指出：“各少数民族学校应聘请适当的翻译人员帮助教学，并对必须用本民族语文授课的班次和课程，逐渐做到用各族自己通用的语文授课。长期班的少数民族学生除学好本民族语文外，亦应学习汉语汉文。”① 后来，在第一次全国民族教育会议上对民族学校的教学用语也提出了要求：凡有现行通用文字的民族，如蒙古族、朝鲜族、藏族、维吾尔族、哈萨克族等，小学和中学的各科课程必须用本民族语文教学；有独立语言而尚无文字或文字不完全的民族，一面着手创立文字或改革文字，一面按自愿原则，采用汉语汉文或本民族所习用的其他语文进行教学。

此后，教育行政部门在各种有关的会议和所颁发的文件中多次强调，民族学校用本民族语文进行教学是既定的方针，必须力求贯彻。同时，要求在贯彻这一方针时，必须严格按照实际情况，区别对待，要求在学好本民族语文的同时，也要学好汉语汉文。

例如，1953 年 2 月 28 日，教育部在批复湖南省教育厅《关于兄弟民族应用何种语言教学的意见》中指出：“少数民族学校，应使用本民族语文教学。但在有本民族通行语言而尚无文字或文字不完备的民族，在创立出通用文字之前，可暂时采用汉族语文。”②

1954 年 4 月 23 日，教育部在给黑龙江省教育厅《关于蒙古族学校中开始推行用本民族语文教学的问题》的批复中，对蒙古族地区学校使用本民族语文教学的问题，分别两种不同情况提出了要求：一是在群众日常交往中普遍使用蒙古语言的地区，学校各科课程应该用蒙古语文进行教学，同时一般要从小学五年级开始加授汉语文课；二是在群众日常交际中已经不会使用蒙古语言，而久已习用汉语的地区，可以用汉语文教学，但要加授蒙古语文课。

1955 年 7 月 14 日，教育部批复内蒙古自治区教育厅，同意内蒙古根据实践经验，从小学五年级起开始加授汉语文课，以避免低年级学生因学习两种语文而负担过重，困难较多，造成教学质量的降低。同时，蒙汉语文课时比例，应是蒙古语文逐年递减，汉语文逐年增多。③

---

① 何东昌主编：《中华人民共和国重要教育文献》（1949～1975），海口：海南出版社，1998 年版，第 68 页。

② 何东昌主编：《中华人民共和国重要教育文献》（1949～1975），海口：海南出版社，1998 年版，第 195 页。

③ 中央教育科学研究所编：《中华人民共和国教育大事记》（1949～1982），北京：教育科学出版社，1983 年版，第 136 页。

以上例证清楚地说明，在少数民族学校，尤其是在基础教育阶段，应以民族语文教学为主，在学好本民族语文的同时，还要学好汉语汉文。这样做既有利于继承和发扬本民族的优秀传统文化，也有利于各民族之间的文化交流，增进民族团结，有利于少数民族学生学习先进的文化科学知识和生产技术，参加祖国的社会主义建设。

二、做好民族文字教材的编译出版工作

教材建设是学校教育的基本建设之一。搞好少数民族文字教材的建设，既是在民族学校贯彻执行党和国家民族语文政策的重要内容，又是实行民族语文教学，使少数民族学生学好本民族语文，做到“民汉兼通”的重要保证。

建国后，少数民族文字教材的编译出版工作经历了一个从少到多的发展过程。同时，各民族之间、各地区之间民族文字教材编译工作的起步有先有后，发展很不平衡。其中，朝鲜文和蒙古文教材，在建国初期就已经成立了教材编写组或教育出版社，编译和出版了多种中小学教材。新疆在最初是进口苏联出版的维吾尔文、哈萨克文中小学教材用于教学，后来筹建教材编写出版机构，采用自己编译的教材。

为了统一少数民族学校教材的编译出版工作，教育部在1951年作出规定：少数民族中等学校和初等学校的教科书及教师参考书的编辑、编译工作按照“中央统筹，地方分工负责”的原则，由教育部统一筹划领导，有关的地方教育行政部门分头进行。

经过几年的摸索和总结经验，1956年教育部提出：少数民族中小学的各科教学大纲、教科书及教学参考书的编译出版工作，采取“分工负责，互通有无”的办法，确定：蒙古文教材的编译出版工作由内蒙古自治区负责；维吾尔、哈萨克及其他主要居住在新疆境内各民族文字教材的编译出版工作由新疆负责；朝鲜文教材的编译出版工作由吉林省负责；藏文教材的编译出版工作由西藏、青海、四川负责，先分别供应，以后逐步统一；彝文教材的编译出版工作由四川负责；壮文教材的编译出版工作由广西负责；傣文教材的编译出版工作由云南负责。

实践证明，这种少数民族教材的编译出版管理体制是比较切合中国实际的。这样做就加大了有关地方编译出版相关少数民族文字教科书的责任，有利于调动地方编译出版少数民族教材的积极性，使各地积极地

设置机构、充实力量、筹集经费，把教材编译工作做得更快、更好。同时，它也使教材建设同各地少数民族教育发展的需要和不同类型“双语”教学体制的建立紧密结合起来，便于充分考虑同教材建设直接有关的各种因素，统筹规划和加强对教材编译出版工作的领导。

第三节　加强少数民族教育的管理

在我国，少数民族教育是在中国共产党领导下的人民教育事业的重要组成部分。从总体上讲，它是由中央和地方政府的教育行政部门统一领导和管理的。但是由于各少数民族历史遗留下来的社会政治、经济、文化基础不同，教育方面也存在着诸多的差异和特殊性，所以在建国后，为了对少数民族教育工作进行领导和管理，从中央到地方都成立和加强了少数民族教育的管理机构。

一、民族教育行政机构的设立和加强

政务院于 1952 年 4 月 16 日作出了《关于建立民族教育行政机构的决定》，要求在中央和有关地方的教育行政部门内设立专管少数民族教育的机构或专人，负责掌管少数民族教育事宜。在设置机构和配备干部时，应尽可能吸收少数民族干部和热心少数民族教育工作的汉族干部参加工作。①

《决定》具体规定：在中央教育部内设立民族教育司；各大行政区教育部（文教部），根据工作需要，设立民族教育处（科）或在有关处科内设置管理少数民族教育的专职人员。各有关省（行署）、市、专署、县的教育行政部门，根据该地区少数民族人口的多寡和民族教育工作的繁简，设立相应的机构或专职人员。各级教育行政部门的民族教育机构同该部门的高等教育、中等教育、初等教育等机构之间，为了明确各自的职责进行了适当分工，有关少数民族教育的行政、经费、师资、学制、课程、教材等问题，由民族教育司、处、科或所设专人负责管理。

根据上述规定，各地结合地方实际和特点，采取了不同做法。

① 何东昌主编：《中华人民共和国重要教育文献》（1949 ~ 1975），海口：海南出版社，1998 年版，第 147 页。

内蒙古和新疆因系民族自治区或因少数民族人口较多，故不另设民族教育机构，而在教育行政部门内部配备了一定数量的少数民族干部。其他省、市，有的设置机构，有的配备了专职人员。到1955年时，有7个省在教育厅内设置了民族教育科；有15个省、市在教育厅（局）的有关处（科）指定专人负责管理少数民族教育工作；有4个省的教育厅由各有关处（科）兼管少数民族教育工作。民族教育行政机构的建立，为开展少数民族教育工作创造了有利的条件。

随着国家经济建设和社会主义改造工作在少数民族地区逐步展开，民族教育工作的任务也日渐增多。为了进一步做好对少数民族教育的管理工作，教育部于1955年4月28日向有关省、市、自治区教育厅（局）发出《全国民族教育行政领导问题的意见》，从思想上、组织上推动了各地民族教育行政机构的建设。

《意见》进一步明确了民族教育行政机构的职责和任务：一是贯彻执行民族教育的方针政策，研究、处理国家统一的教育方针政策和法令在民族教育方面贯彻执行过程中因民族特点产生的特殊问题；二是结合各民族的具体情况，对国家统一规定的学制、教学大纲、教学计划等作出变通或补充。三是掌管民族教育事业计划、学校网的设置和少数民族教育补助费，以及有关民族文字教材的编译工作及新创制少数民族文字在学校内的实验、推广工作，协助培养和提高民族学校的师资等。

通过贯彻教育部的《意见》，各有关地区教育行政部门对民族教育工作的领导和管理得到了加强，从而为进一步开展少数民族教育工作提供了组织保证。

二、少数民族教育补助费的设立

为了帮助少数民族地区发展教育事业，我国对于少数民族地区的学校，在财政上除拨给与一般学校同样的经费外，从1951年开始，又拨专款设立了少数民族教育补助费。

少数民族教育补助费主要用于解决少数民族教育的特殊问题。其中包括：少数民族中、初等学校学生在学习和生活方面必需费用的补助，少数民族学校设备和校舍修建的补助，少数民族学校教师待遇的补助，少数民族私立或群众自办学校设备或经费的补助，少数民族农牧民业余教育学习费用的补助，少数民族学校其他直接有助于教学的必要开支。

此项补助费设立以后，随着国家财政经济状况的好转逐年增加。

从 1956 年起，中央核拨的经费采取块块拨款的办法，于是少数民族教育补助费不再单独列项下达，但拨给各地的教育事业费中仍包括这笔经费在内。因此，各有关省、市、自治区在编制预算时，仍须划出一定款额单独列项，以补助少数民族教育发展中的特殊需要。由于当时有些地区在预算安排上对少数民族教育事业的经费困难照顾不够，特别是对小学教育，个别地区采取了与一般地区同样对待的办法，没有照顾到少数民族学校在经济方面的困难，有的甚至削减或取消了少数民族教育补助费，因而使少数民族教育事业的发展受到了影响。

针对这种情况，国务院于 1956 年 9 月向各省、市、自治区人民政府发出《关于少数民族教育事业经费问题的指示》。《指示》规定：（1）今后一定时期内，少数民族地区的小学基本上仍由公办；只有在经济、文化比较发达，过去群众又有办学习惯或确实有条件实行民办的地区，才可以适当地实行民办。（2）少数民族地区小学的学杂费的收费问题，依据当地群众的生活情况规定。对生活比较困难的地区实行免费；原来有收费习惯或确实有条件实行收费的地区，须扩大减免名额。（3）少数民族地区小学的编制定额予以适当照顾。如学校十分分散的地区设专职辅导员；有寄宿生的学校，根据需要设炊事员和保育员。（4）各地每年必须保证一定数额的少数民族教育补助费。根据当地经济及教育事业发展情况，以 1955 年指标数为基础，逐年适当增加。（5）各地在编制预算时，应切实根据少数民族教育事业发展的需要，本着节约原则，实事求是、精打细算地予以合理的安排。①

总之，在 20 世纪 50 年代初期和中期，国家和各有关地区财政所拨发的少数民族教育事业补助费，在改变少数民族地区教育的落后面貌，改善办学条件等方面都起了积极作用。

---

① 何东昌主编：《中华人民共和国重要教育文献》（1949 ~ 1975），海口：海南出版社，1998 年版，第 677 页。

第四节　少数民族教育的发展

根据少数民族教育在不同民族、地区发展极不平衡等情况，第一次全国民族教育会议确定，分别采取巩固、发展、整顿、改造的方针：边远地区、游牧地区等少数民族教育尚无基础的地区，有重点地创办学校和各种文教事业；过去虽有一定基础，但工作尚未恢复的地区，则大力恢复并积极进行整顿；过去基础较好，解放后又有相当发展的少数民族地区，则着重提高质量并作适当发展。在发展少数民族教育的同时，努力解决各级各类学校的师资问题。

由于党和政府的高度重视和国家的大力扶持，内地有关省、市的积极支援，以及广大少数民族干部群众的共同努力，在这个阶段，我国的少数民族教育事业有了显著的发展，取得了很大的成就。

一、少数民族初、中等教育的发展

少数民族的初、中等教育同全国各地的初、中等教育一样，也是以正规化的民族初、中等教育为主体。其教育方针、培养目标、教学任务大体上与全国是一致的，只是在一些具体的涉及民族特点的问题上才按照有关规定有所区别。

在全国各少数民族中，东北朝鲜族的教育比较发达。到 1951 年时，朝鲜族儿童的入学率达到了92%左右，已经接近普及的程度。朝鲜族中学已有 57 所，有学生 25 870 人。平均两个区（乡）就有 1 所中学，每 35 个人中就有 1 名中学生。① 到 1954 年，东北三省朝鲜族小学毕业生的升学率已达70%左右。②

内蒙古是我国最早成立的一个自治区。到 1957 年自治区成立 10 周年时，全区小学少数民族在校生比 1947 年增长了 6.6 倍，普通中学在校生增长了 22.5 倍，小学的入学率由18.3%提高到57%。③

广西是在我国南方少数民族人口比较集中的区域之一，境内的很大一部分属于“老、少、边、山、穷”地区。这些地区原有的教育基础很

---

① 朴胜一、程方平著：《民族教育史》，海口：海南出版社，2001 年版，第 36 页。

② 陶增骈主编：《东北民族教育史》，沈阳：辽宁大学出版社，1993 年版，第 498 页。

③ 夏铸等著：《中国民族教育 50 年》，北京：红旗出版社，1999 年版，第 4 页。

差。但经过几年努力，中小学的少数民族在校生成倍地增长。1950年到1956年，小学在校生增长7.7倍，① 普通中学在校生增长4.6倍。

贵州的少数民族人口占全省总人口的四分之一以上，一般都居住在山区，生产条件差，生活困难，发展教育难度很大。但在各级人民政府的大力扶持下，民族中小学教育仍然得到较快的发展。1956年同1950年相比，中小学少数民族在校生所占比例有较大的增加。其中，小学少数民族在校生所占比例由13.5%增长到22.3%，中学由14.9%增加到15.4%。②

甘肃省夏河、卓尼等7个少数民族聚居县，1956年有小学172所，在校生13 546人，比1953年学校数增长47%，在校生人数增长68.7%。同期，专设的民族中学和民族地区普通中学由1949年的6所增加到13所，在校生由389人增加到2 703人，③ 分别增长1.17倍和5.95倍。

从全国来看，从1951年到1956年，小学在校生中少数民族在校生由943 285人增加到3 151 712人，增长2.3倍；少数民族在校生所占比例也由2.2%上升到5%。同期，中学少数民族在校生由40 316人增加到233 910人，增长4.8倍；少数民族在校生所占比例，也由2.6%上升到4.5%。1956年全国中学少数民族教师7 263人，比1953年增长63.1%。④

二、少数民族高等教育的发展

1949年共和国建立时，我国少数民族高等教育很不发达，只有延边大学一所少数民族高等学校，全国高等学校仅有少数民族学生483人。⑤

为了发展少数民族高等教育，1950年11月24日，政务院批准《培养少数民族干部试行方案》和《筹办中央民族学院的试行方案》，建立中央民族学院。到1952年，已有专为少数民族设立的民族学院8所，兼收少数民族学生的普通高等学校80余所，全国有少数民族学生2 948

---

① 中国教育年鉴编辑部编：《中国教育年鉴》（地方教育，1949～1984），长沙：湖南教育出版社，1986年版，第954页。

② 孔令中主编：《贵州教育史》，贵阳：贵州教育出版社，2004年版，第469页。

③ 傅九大主编：《甘肃教育史》，兰州：甘肃人民出版社，2002年版，第643～644页。

④ 教育部计划财务司编：《中国教育成就》，（1949～1983），北京：人民教育出版社，1984年版，第43～45页。

⑤ 朴胜一、程方平著：《民族教育史》，海口：海南出版社，2001年版，第41页。

人，比 1949 年增加了 5.1 倍。绝大部分少数民族有了本民族的大学生。通过这些民族学院培养了大批各级各类各少数民族干部，为少数民族地区的社会改革、生产建设、推行民族自治、发展文化教育作出了贡献。

此外，党和政府还在普通高等学校内设立少数民族系。例如，西北大学设立了少数民族系，兰州大学设立了少数民族语文系，西北艺术学院设立了少数民族艺术系。1952 年 5 月，内蒙古自治区成立了内蒙古师范学院，招收少数民族学生入学。其他高等学校，也都兼收少数民族学生。同时，国家派遣少数民族学生出国留学。通过采取上述措施，少数民族高等教育在不同层次上得以有条不紊地展开。

少数民族高等教育发展的基本标志，一是以招收少数民族学生为主的高等学校增加；二是高等院校在校生中少数民族学生增加。按照这两个标志，建国以后到 1956 年，少数民族高等教育的基本状况是：基础十分薄弱，但增长幅度很大。

例如广西，在 20 世纪 50 年代，少数民族人口占全省（广西壮族自治区于 1958 年正式成立）人口的三分之一以上，但 1950 年全省高等学校在校生中少数民族学生仅有 30 人，仅占在校生总数的3.1%。到 1956 年，少数民族在校生增加到 370 人，增长 11.3 倍，增长幅度很大。①

又如贵州省，从 1950 年到 1956 年，全省高等学校在校生中少数民族学生所占比例由2%增加到40%。②

再如内蒙古，1952 年到 1956 年，高等学校在校生中的少数民族学生由 163 人增加到 366 人，增长 1.2 倍。③

从全国来看，1950 年到 1956 年，全国高等学校在校生中少数民族学生由 1 285 人增加到 14 159 人，增长了 10 倍。④

三、少数民族工农业余教育的发展

建国后，在各级政府的组织、动员和推动下，以少数民族干部、工

---

① 中国教育年鉴编辑部编：《中国教育年鉴》（地方教育，1949 ~ 1984），长沙：湖南教育出版社，1986 年版，第 980 页。

② 孔令中主编：《贵州教育史》，贵阳：贵州教育出版社，2004 年版，第 469 页。

③ 中国教育年鉴编辑部编：《中国教育年鉴》（地方教育，1949 ~ 1984），长沙：湖南教育出版社，1986 年版，第 230 页。

④ 教育部计划财务司编：《中国教育成就》（1949 ~ 1983），北京：人民教育出版社，1984 年版，第 43 ~ 45 页。

农群众为主要对象的扫盲、业余文化教育逐步发展起来，取得了明显成效。

1950年，新疆全省（1955年成立新疆维吾尔族自治区）共开办冬学6 679处，参加学习的成年男女有256 118人。为了提高职工、干部的文化水平，还举办了业余小学、中学。到1956年，职工业余小学在校学员有87 890人，业余中学在校学员有7 940人。①

甘肃的少数民族聚居区从20世纪50年代初开始实施扫盲和业余文化教育。各民族自治州、县、区、乡普遍成立了扫除文盲委员会，配备专门干部，开展扫盲教育。1955年，临夏回族自治州参加冬学学习的有9 500多人，在民校学习的有951人，参加干部文化补习班学习的有479人。② 虽然参加学习的人数不多，但是他们的带头作用有助于推动更多的人参加学习，以便更广泛地开展扫盲和业余文化教育。

内蒙古自治区从1950年以来，在工农干部和群众中大力开展扫盲与文化教育，在农村、牧区、城镇普遍办起了冬学、民校和各种形式的读报组，组织农牧民和城镇居民扫除文盲，学习党的政策，进行文化、政治启蒙教育。全区参加全日制、业余学校和各种形式扫盲班学习的职工、干部、农牧民、城镇居民曾达到275万人。③

到1956年，广西区（指县辖区）级以上干部基本扫除了文盲，职工中扫除文盲人数达文盲、半文盲总人数的42%，农村的扫除文盲率达10%。④

通过冬学、业余学校和开展扫除文盲的运动，广大少数民族群众学文化、学政治，提高了文化水平，了解了党和国家的各项方针政策，为进行民主改革和开展抗美援朝运动扫清了思想障碍，激发了广大少数民族群众当家做主的政治热情，为少数民族地区人民民主政权的巩固创造了更有利的条件。

---

① 中国教育年鉴编辑部编：《中国教育年鉴》（地方教育，1949～1984），长沙：湖南教育出版社，1986年版，第1341～1342页。

② 傅九大主编：《甘肃教育史》，兰州：甘肃人民出版社，2002年版，第644～645页。

③ 中国教育年鉴编辑部编：《中国教育年鉴》（地方教育，1949～1984），长沙：湖南教育出版社，1986年版，第239页。

④ 中国教育年鉴编辑部编：《中国教育年鉴》（地方教育，1949～1984），长沙：湖南教育出版社，1986年版，第977页。

1953年以后，在广泛开展识字教育的基础上，少数民族地区业余初等学校的高级班也不断发展，还出现了不少业余中学。有些少数民族地区开办了工农速成学校、机关干部学校、党校以及职工干部文化补习学校。这些学校对提高少数民族干部的政治、文化、业务水平起了重要作用。有些厂矿企业还办起了技术培训班。这种技术培训活动虽然是刚刚开展起来，但它有助于提高少数民族工人的文化技术素质，具有很大的发展潜力。

四、少数民族中小学师资队伍的建设与发展

第一次全国民族教育会议指出，培养、提高少数民族师资是发展少数民族教育的关键。这次会议修正通过了《培养少数民族师资试行方案》。

为了尽快培养、提高各级学校的少数民族师资，着重加强了师范院校和师资培训机构的建设，采取的主要措施是：

（1）积极帮助现有的少数民族师范学校改善物质条件，提高师资质量，改进教材教法，使其能更好地为少数民族培养师资，并根据各地区少数民族人口的多少和教育工作的实际需要，专为少数民族创办一定数量的师范学校，培养少数民族的初等教育、工农业余教育的师资。尚未具备单独设立少数民族师范学校的地区，在一般师范学校内增设少数民族师范班。

（2）少数民族地区为了适应初等教育、工农业余教育发展的需要，设立各种短期师资训练班，招收知识分子予以短期训练，充当小学教师或工农业余学校教师。

（3）为了培养少数民族中等学校的师资，在少数民族人口集中、教育比较发达的地区筹设少数民族师范学院或师范专科学校。同时，在各民族学院内酌量增设民族教育系或师范专修科。

（4）各高等学校的研究部注意吸收少数民族的研究生。教育部在派遣留学生时，注意选派一定数量的少数民族学生和干部，以培养少数民族高等学校的师资。

（5）各级民族师范学校和师资训练班以招收少数民族学生为主，也招收一部分适合做少数民族教育工作的汉族学生。同时，全国各地各级师范学校招生时，注意吸收少数民族学生入学。

各少数民族地区把培养少数民族师资的工作列入当地教育发展规

划，通过上述措施，尽可能多地招收少数民族学生，培养了一批兼通民族语文和汉语文的中小学师资。同时，少数民族地区为了弥补教师的缺额，还聘用了一批民办教师。为了使他们安心教学工作，党和政府采取了提高其生活待遇的若干措施。

党和政府在解决少数民族教育的师资问题方面作了持续不断的努力，因而逐步改善了少数民族学校的师资条件，提高了师资质量。这是建国初期在发展少数民族教育方面所取得的重要成果。

1949 年至 1956 年，是在少数民族地区创建现代学校教育，向社会主义教育转变的一个重要历史阶段。在国家的扶持下，少数民族教育有了较快的发展，并通过实践的摸索和初步总结，为在少数民族地区进一步发展社会主义教育提供了有益的经验。

首先，注重加强对少数民族教育工作的指导。无论是制定有关的方针政策，还是处理民族教育发展中的问题，都要把民族教育作为国家整个教育工作的一部分，必须符合国家教育总方针、总政策的精神。同时，因为民族教育必然会涉及民族问题，或同民族问题有关联，如少数民族的语言文字、传统文化（包括宗教文化）、宗教信仰、风俗习惯等，因此，又必须符合党和国家民族政策的要求。

其次，在少数民族的学校教育中，必须采取多种多样、生动活泼的形式和严肃认真的态度，坚持不懈地向广大师生进行爱国主义教育、马克思列宁主义民族观、民族政策和民族团结的教育，以增强维护国家统一的责任感和使命感。

第三，为了推行民族区域自治，巩固祖国的统一，增强民族团结和促进各民族的共同繁荣，必须大力培养少数民族干部和各类专门人才。

第四，必须认真贯彻民族语言平等政策，各级少数民族学校的学生要在学好本民族语文的同时学好汉语汉文。

第五，少数民族教育的发展必须因地制宜，量力而行，循序渐进，避免急于求成。

第六，在少数民族学校的布局和办学形式、教育管理、教材建设、师资培养等方面，必须从实际出发，坚持统一性和特殊性相结合、原则性和灵活性相结合的原则。

小　结

从共和国成立到社会主义改造基本完成的七年，是我国社会主义教育制度初步建立的阶段。在这个阶段，共和国教育实现了根本性质的转变，即从半殖民地半封建的教育转变为新民主主义的教育，进而又从新民主主义教育逐步过渡到社会主义教育。社会主义教育制度的确立，是中国教育史上最深刻、最伟大的变革，为进一步建设中国特色社会主义教育奠定了坚实的基础。

马列主义和毛泽东教育思想是共和国教育建设的理论基础和指导思想。在探索如何建立社会主义教育的过程中，我国首先确定了在全国范围内建设民族的、科学的、大众的新民主主义教育的文化教育政策，确立了教育为人民服务、为工农服务、为国家经济建设服务的教育建设方针，并强调新教育的建设要以老解放区在长期的办学实践中形成的教育经验为基础，吸收旧教育某些有用的经验，特别要借鉴苏联教育建设的先进经验。这些方针政策是马列主义教育原理同中国教育实践紧密结合的产物，丰富和发展了马列主义的教育理论。

这个阶段教育建设的重点是改造旧教育，建设人民新教育。

我国妥善接收、接办了原国民党统治区的公立学校、外资津贴学校和私立学校，使教育权真正回到了人民的手中；建立了各级教育行政机构，并在各级各类学校里建立了共产党、青年团、教育工会、学生会、少先队组织，确立和加强了中国共产党在教育领域的领导地位；坚持教育向工农开门，大力开展工农教育，确保了工农干部和工农群众及其子女受教育的权利；颁布了新学制，开展了教育教学改革，逐步建立起新的学校系统和各级各类学校规章制度，改进了课程、教学内容、教学方法和教学组织形式，提高了教育教学水平；根据国家经济建设需要，调整了高等学校院系、专业结构和布局；贯彻团结、教育、改造知识分子政策，加快了新型人民教师队伍的建设与发展；遵循培养社会主义全面发展新人的目标，加强了学生的思想政治教育，改善了学校体育卫生工作；有计划地发展教育事业，各级各类教育都得到了较大的发展，教育质量也有所提高；大力扶持和发展少数民族教育，使许多少数民族结束了没有学校教育的历史。由此，顺利地完成了教育的社会主义改造，提高了人民的文化科学水平，培养了大批建设人才，为巩固新生的人民政权和国家经济建设与社会发展作出了应有的贡献。

这七年仅仅是我国探索建设中国特色社会主义教育的开端，对社会主义教育本质和功能的认识，还有待经过教育实践的检验不断深化和逐步完善；对社会主义教育建设基本规律的把握，还需要在教育实践中进行长期的探索。

2

第二编
社会主义教育的全面建设和曲折发展
（1956～1966）

从1956年开始，年轻的共和国进入了经济和社会发展的第二个历史阶段。1956年至1966年的十年，是在社会主义改造基本完成以后，中国共产党领导全国各族人民开始全面建设社会主义的十年，也是为社会主义现代化建设奠基的十年。

1956年，毛泽东发表《论十大关系》的讲话，提出了以苏联在建设过程中暴露出来的问题为鉴戒，认真总结自己的经验，结合中国实际，探索适合中国国情的社会主义建设道路的任务。

1956年9月，中国共产党在北京召开第八次全国代表大会，提出了一系列新的思想理论和正确的方针路线。大会指出，由于生产资料社会主义改造的基本完成，社会主义制度在中国已经基本建立起来，国内的主要矛盾已经不再是工人阶级同资产阶级的矛盾，而是人民对于经济文化迅速发展的需要同当前经济文化不能满足人民需要的状况之间的矛盾。中国国内主要矛盾的变化，决定了全党和全国人民的主要任务是集中力量发展社会生产力，尽快地把中国从落后的农业国建设成为一个先进的工业国，逐步满足人民群众日益增长的物质和文化的需要。

1957年，毛泽东提出必须正确区分和处理社会主义社会两类不同性质的矛盾，把正确处理人民内部矛盾作为国家政治生活的主题。1958年，毛泽东又提出要把党和国家的工作重点转移到技术革命和社会主义建设上来。这些都是八大路线的继续和发展。

但是在这期间，党在社会主义建设工作的指导思想上出现了“左”倾错误，特别是1958年的“大跃进”运动出现了重大失误，打乱了社会主义建设的正常秩序。

1961年以后，通过贯彻中共中央提出的“调整、巩固、充实、提高”的方针，到1963年国民经济出现了全面好转的局面。此后，又经过继续调整，到1965年，国民经济调整任务基本完成，工农业生产得到全面恢复和发展，标志着我国即将进入一个新的发展时期。

这期间，随着大规模社会主义建设高潮的到来，我国的社会主义教育也进入了一个全面建设和探索的新阶段。

在这十年中，逐步确立了社会主义教育方针；中共中央颁布了《关于教育工作的指示》，明确了社会主义教育建设的工作思路；调整了知识分子政策，加强了教师队伍的建设；在教育制度、教育管理体制和教育教学工作的各个方面进行了改革试验，促进了教育事业的发展。虽然在1957年的“反右”斗争和1958年“大跃进”运动中进行的教育革命一度出现过失误，但通过贯彻“调整、巩固、充实、提高”的方针，特别是在总结正反两方面经验的基础上制定了大、中、小学三个全日制学校暂行工作条例，促进了我国社会主义教育的健康发展。

第七章　确立社会主义教育全面建设和发展的指导思想

在我国社会主义制度建立以后，教育系统遵循毛泽东《论十大关系》和中共八大的精神，开始探索适合中国国情的建设社会主义教育的道路。与此同时，党和国家逐步确立了我国的社会主义教育方针，在1958年召开了全国教育工作会议，颁布了《关于教育工作的指示》，明确了社会主义教育建设和发展的工作思路。

第一节　提出探索社会主义教育建设道路的任务

1956年，正当我国开始进行社会主义全面建设的时候，国际上发生了一些重大事件。

其一是，1956年2月，苏联共产党二十大指出斯大林在领导苏联社会主义建设中有严重错误，并且全盘否定了斯大林。这在世界各国引起了极大的震动。西方国家乘机掀起了反共反社会主义的浪潮，给国际共产主义运动的发展带来了巨大困难，在人民群众中造成了一定程度的思想混乱；同时，打破了长期以来人们对苏联社会主义模式的迷信和对斯大林的个人崇拜，引起了对怎样坚持社会主义道路和如何建设社会主义的重新思考。

其二是，1956年2月和10月，波兰和匈牙利先后发生了严重骚乱，进一步暴露出社会主义国家内部存在的问题。

而在我国国内，由于在经济建设中缺乏经验，出现了诸如基本建设规模过大，财政收支失去平衡，产生了赤字，以及市场紧张、物资短缺等问题，引起了部分群众的不满。

国际国内发生的一连串事件使以毛泽东为首的中共中央更加警醒，也促使中共中央在借鉴外国经验进行社会主义建设的同时，从中国的实际出发，探索适合中国国情的社会主义建设道路。

一、教育系统贯彻毛泽东《论十大关系》的精神

1955年12月，刘少奇为了准备中共八大的政治报告，邀请中央有关部门的一些负责同志进行座谈，了解各方面的情况。毛泽东认为这种作调查研究的方法很好，于是从1956年2月开始，他就同刘少奇、周恩来、邓小平等党和国家领导人一起，邀请国务院34个部委和部分省、市、自治区的负责人汇报工作，对我国社会主义建设中的许多重大问题进行深入的研究和探讨。教育部、高等教育部等文教部门的负责同志虽然没有参加这次汇报会，但也报送了详细的书面汇报材料。这次汇报采取了边听汇报、边研究探讨、边同苏联经验相比较的办法。当这些汇报告一段落的时候，中共中央政治局就多次开会，讨论归纳汇报内容并提出对一些问题的解决办法。应该说，这是建国以来，党和国家领导人对国家建设问题进行的一次规模最大、时间最长、内容最为丰富的调查研究。有了这个基础，毛泽东于1956年4月25日在中共中央政治局扩大会议上作了《论十大关系》的报告。这个报告得到了中央政治局的赞同。随后，毛泽东又在5月2日召开的最高国务会议上对“十大关系”的问题作了进一步的阐述。

《论十大关系》是毛泽东提出探索适合中国国情的社会主义建设道路的开篇之作。在这个报告中，毛泽东提出了调动国内外一切积极因素为社会主义建设事业服务的方针。其中论述的十大关系，或者说十大问题，都是在借鉴苏联经验教训、总结我国经验的基础上提出来的。其基本观点就是同苏联作比较，研究除了苏联的办法之外，能否探索一条比苏联搞得更快更好的、更适合中国国情的社会主义建设道路。

毛泽东指出：苏联在社会主义建设过程中出现的缺点和错误，走过的弯路，我们应该“引为鉴戒”。对于外国的科学、技术和文化，不加分析地一概排斥或者是一概照搬，“都不是马克思主义的态度，都对我们的事业不利”①。从这些基本观点出发，《论十大关系》提出了许多进

① 《毛泽东同志论教育工作》，北京：人民教育出版社，1992年版，第231页。

行社会主义建设的重要原则。这些重要原则对于处理文化教育建设中的问题同样具有指导意义。

同处理好社会主义建设中十大关系相联系，毛泽东在1956年4月28日召开的中共中央政治局会议上提出了“百花齐放，百家争鸣”的方针。他说：艺术问题上的百花齐放，学术问题上的百家争鸣，应该成为我们的方针。这个“双百”方针推动了探索新风的形成，是调动包括教育工作者在内的社会科学工作者建设社会主义的积极性，繁荣和发展社会主义科学、文化、教育事业的指导方针。

为了贯彻《论十大关系》的精神和“双百”方针，中共中央宣传部于1956年5月28日至6月1日在北京召开了部分省、市委宣传（文教）部长座谈会。会议对建国七年来的宣传工作和文化教育工作进行了初步的总结与反思。在谈到教育工作时，参加座谈会的同志认为，建国以来的教育工作取得了很大成绩，但在学习苏联经验时同中国实际结合不够。与会同志还从学制、专业设置、教学计划、教学方法等方面检查了在学习苏联经验时出现的教条主义倾向，特别是在教育管理体制方面存在着集中过多、统得过死的缺点，严重影响和限制了中央各业务部门与地方各级政府兴办教育的积极性。

在这次座谈会上，中共中央宣传部部长陆定一批评了有些地方和单位生搬硬套苏联教育经验的做法。他明确指出：“学习苏联是很重要的，但是绝不能一概照搬过来。苏联的某些经验就不一定很好。”① 他要求文艺和科学方面要贯彻“百花齐放，百家争鸣”的方针，为此就需要解放思想，破除那些不应有的清规戒律。

这次座谈会以后，为了宣传和学习《论十大关系》的精神和贯彻“双百”方针，教育系统开始集中研究和着手解决对于教育工作集中过多、统得过死的问题。

1956年6月，教育部部长张奚若在全国人大一届三次会议上的发言中提出，要充分调动和发挥各方面的积极性，努力办好普通教育和师范教育，做好教材编辑工作和师资培养培训工作，提高教育教学质量，采取有效措施消除中小学生辍学的现象，努力开展普及教育的工作，做好

① 《陆定一文集》，北京：人民出版社，1992年版，第622~623页。

业余教育工作与扫盲工作。

在全国人大一届三次会议上，高等教育部部长杨秀峰发言指出，为了顺利实现高等教育的发展任务，要充分发挥业务部门和地方的积极性来共同办好高等学校，尽快改变高等学校的事业体制、计划体制、财政体制、领导关系和毕业生统一分配等过多强调集中统一的状况，要适当扩大校（院）长的职权，认真培养学生独立思考能力，解决学生学习和生活过分紧张的问题，以利于高等教育事业的发展。

1956 年 8 月，高等教育部召开了部分高等学校的校（院）长和教务长座谈会，着重研究培养学生独立思考和独立工作能力，以及在教学中贯彻“百家争鸣”方针的问题。座谈会强调，要密切结合中国实际学习苏联经验，同时要吸收其他国家对我们有用的东西。要允许教师在教学中介绍不同的学说，提出自己的见解。同年 9 月，中共中央宣传部提出，应在高等学校试开介绍和批判唯心主义主要流派的课程，以扩大学生的眼界，提高识别和批判唯心主义的能力。

1957 年 3 月 7 日，毛泽东在同七省、市教育厅（局）长座谈时，提出了全国统一的教学计划和教材是否合适的问题，要求对此进行深入的研究和试验。

总之，从 1956 年下半年到 1957 年上半年，各级教育行政部门的干部和各级各类学校的广大师生都在认真学习贯彻毛泽东《论十大关系》报告的精神和“双百”方针，通过总结过去的教育经验，进一步明确了社会主义教育的发展方向。

二、中共八大提出发展教育事业的任务

1956 年 9 月，中国共产党举行第八次全国代表大会。在代表大会上，刘少奇代表中央委员会所作的政治报告，不仅系统地阐述了《论十大关系》中提出的方针政策，而且进一步提出了一系列战略性的问题。他指出：“文化教育事业在整个社会主义建设事业中占有重要的地位。”① 他要求在第二个五年计划中高等学校的学生要增加一倍左右，高级中学和初级中学的学生也要有相应的增加。同时要加强专门人才的

① 何东昌主编：《中华人民共和国重要教育文献》（1949～1975），海口：海南出版社，1998 年版，第 689 页。

培养和科学研究的发展，以便积极掌握世界各国的最新科学成就。他还提出，为了实现我国的文化革命，“必须用极大的努力逐步扫除文盲，并且在财政力量许可的范围内，逐步地扩大小学教育，以求在十二年内分区分期地普及小学义务教育。同时，对于职工的文化教育和技术教育，对于一部分文化程度很低的机关工作人员的文化教育，也必须继续加强。对于没有文字的少数民族，应当帮助他们创造文字”①。

在这次代表大会上，国务院总理周恩来作了《关于发展国民经济的第二个五年计划的建议的报告》。他在报告中提出：“在第二个五年计划期间，我们要建立社会主义工业化的巩固基础，进行国家建设和推进国民经济的技术改造，就必须努力培养建设人才，加强科学研究工作。”“为国家培养各项建设人才，首先是工业技术人才和科学研究人才，是教育工作的首要任务。”② 国务院文教办公室主任林枫也在题为《关于我们国家培养建设人才的问题》的书面发言中强调指出：“我们的国家需要有大量的能够掌握现代复杂的科学技术的专门人才。因此，又多又好地为国家培养各项建设人才，特别是科学技术人才，这是我们的党和国家特别是文教部门在实现我国社会主义建设中所担负的一项极其重要的任务。”③

中共八大对教育工作提出了以下任务：

第一，大力培养建设干部，努力发展高等教育和中等专业教育，继续派遣高等学校毕业生和教师到国外去学习我们缺乏的学科，有计划、有步骤地发展业余的高等教育和中等专业教育，以便更多地培养国家建设需要的各类人才。同时注意发展工人技术学校，采取各种方式努力培养技术工人。

第二，高等教育要以发展工科和理科为重点，并且积极地发展师范和农林科，适当地发展其他学科。

第三，为了满足高等学校和中等专业学校招生的需要，并适当地满

① 《刘少奇论教育》，北京：教育科学出版社，1998年版，第157页。

② 何东昌主编：《中华人民共和国重要教育文献》（1949～1975），海口：海南出版社，1998年版，第697页。

③ 何东昌主编：《中华人民共和国重要教育文献》（1949～1975），海口：海南出版社，1998年版，第699页。

足各部门、各厂矿培养专业干部和技术工人的需要，要积极地发展高级中学和初级中学，同时要逐步地推广小学教育，注意帮助农业生产合作社举办儿童识字班，补充小学教育的不足。

第四，在全国各地区努力扫除文盲，有计划、有步骤地推行文字改革。逐步地举办工农业余小学和中学，保证工农群众文化水平的不断提高。①

此外，中共八大还提出在"二五"计划期间要积极地有重点地发展科学研究事业，加强高等学校的科学研究工作。要发展少数民族地区的文化教育事业，大力培养少数民族干部和科学技术人员。②

中共八大提出的教育工作的任务为我国社会主义教育事业的发展明确了奋斗目标，它在探索中国社会主义教育发展道路和制定社会主义教育方针的过程中起了重要作用。

第二节　逐步确立社会主义教育方针

教育方针是国家从一定时期社会政治形势和经济发展的要求出发，对教育工作制定的具有全局性的根本指导方针，是国家教育政策的总概括，是教育工作的总方向。一般地说，教育方针包括教育的指导思想、教育目的和实现教育目的的基本途径。教育方针对教育事业的发展具有指导作用。它的确立和贯彻执行不仅关系到教育事业的兴衰，而且还关系到国家整个建设事业的成败。因此，党和政府对于制定教育方针十分重视。

一、开展关于全面发展问题的大讨论

教育方针的核心是培养什么人的问题，也就是要解决教育目的的问题。建国初期，我国根据马克思主义的基本原理，提出要实施全面发展教育的原则。但是在社会上、在实际工作中，对究竟什么是"全面发展"，以及怎样进行全面发展的教育，存在着不同的认识，因而引发了

① 何东昌主编：《中华人民共和国重要教育文献》（1949～1975），海口：海南出版社，1998年版，第702页。

② 中央教育科学研究所编：《中华人民共和国教育大事记》（1949～1982），北京：教育科学出版社，1983年版，第180页。

一场关于全面发展问题的大讨论。

关于全面发展问题的讨论始于潘梓年、张凌光对中等教育全面发展方针的理论探讨。

1951年，《人民教育》第三卷第二期上分别发表著名学者潘梓年和《人民教育》杂志副主编张凌光的文章《谈“全面发展”》和《我对“全面发展”的看法》。张凌光在文章中特别指出，当前要着重防止的偏向是“误解全面发展，过分强调普通知识，特别是在普通中学里，实行平均主义的教学方法，只强调普通而忽视发展特长，只强调全面而忽视把握重点，造成学习上很大的不足和浪费”。

1955年，张凌光又在《人民教育》二月号上发表了《实行全面发展教育中若干问题的商榷》一文。他在文章中归纳和分析了当时中学教育工作中存在的五个矛盾：提高教学质量和加重学生负担的矛盾；普通教育和高等教育对中学生要求不同的矛盾；各科知识的教学和政治思想教育的矛盾；灌输知识和培养学生自动钻研精神、独立思考能力的矛盾；全面与重点的矛盾。他认为，产生上述矛盾的原因，固然同教材问题、教师教的问题、考试过多的问题、教学不好等问题有关，但“还有一个重要问题，就是对于全面发展的理解问题，以及怎样贯彻全面发展教育的办法问题”。张凌光主张德智体美的有机联系，应追求统一和谐的人格养成；主张全面与重点、普遍与特长的统一；主张培养学生自动钻研精神和独立思考能力。

上述文章发表后，在教育界引起了一场关于“全面发展”问题的大讨论。这场大讨论一直延续到毛泽东提出教育方针以前。讨论的内容不仅涉及到有关全面发展的概念和内涵，而且涉及到全面发展与因材施教、全面发展与个性发展的关系，也涉及到实施全面发展教育中应注意解决的矛盾和教育的目的等深层次的问题。讨论的焦点是：在学校教育中是要求学生“平均发展”呢，还是要“重点发展”。后来又讨论了在“全面发展”方针中要不要加上“因材施教”的问题。在讨论过程中，《人民日报》、《光明日报》、《中国青年报》、《教师报》和《人民教育》等报刊纷纷发表文章和社论，全国各省、市、自治区的报刊和高等学校的校报校刊，都以很多的篇幅刊登有关如何实施全面发展教育的文章。

许多参加讨论的教育工作者认为，为了根据“全面发展，因材施教"的精神改进教育教学工作，教师就必须深入了解学生，要对学生全面负责，充分发挥教师在教育教学工作中的主导作用；要采取措施克服学生学习负担过重的现象，精简统一的集体活动，根据学生的特长和爱好开展各种活动，培养学生的独立思考能力。

1956年6月，杨秀峰在全国人大一届三次会议上发言指出："全面发展"必须同"因材施教"、"发挥专长"相结合。① 同年9月，国务院文教办公室主任林枫在中共八大的书面发言中也提出，要"正确贯彻全面发展的方针，注意学生的个性发展"。②

这场关于全面发展问题的讨论对教育实践产生了积极的影响。一些地方和学校采取了许多措施来改进教育教学工作。

二、毛泽东提出"我们的教育方针"

1957年，毛泽东根据马克思主义基本理论和社会主义教育发展的规律，以及共和国成立以后在教育实践中积累的经验和存在的问题，在《关于正确处理人民内部矛盾的问题》一文中提出："我们的教育方针，应该使受教育者在德育、智育、体育几方面都得到发展，成为有社会主义觉悟的有文化的劳动者。"③ 在毛泽东提出的这个教育方针中，德育、智育、体育这三个方面是相互联系、相互结合的，而不是相互对立或互不关联的。它是对于培养目标素质结构的一个基本规定。

毛泽东在这个教育方针中提出，社会主义教育培养的人应该既有社会主义觉悟又有文化。这是毛泽东一贯坚持的政治与业务统一、红与专统一的思想的体现。后来毛泽东在《工作方法（草案）》一文中更明确地指出："红与专、政治与业务的关系，是两个对立物的统一。""政治和经济的统一，政治和技术的统一，这是毫无疑义的。年年如此，永远如此。这就是又红又专。"④

教育方针中讲的"有社会主义觉悟"，也就是"红"，是指要掌握马克思主义、毛泽东思想的基本观点，树立正确的世界观和人生观，在政治上、思想上不断求进步；要热爱祖国，拥护中国共产党的领导，走社

① 《杨秀峰教育文集》，北京：北京师范大学出版社，1987年版，第252页。
② 《人民日报》，1956年9月29日。
③ 《毛泽东同志论教育工作》，北京：人民教育出版社，1992年版，第258页。
④ 《毛泽东同志论教育工作》，北京：人民教育出版社，1992年版，第269页。

会主义道路。应该说，这是中国社会主义教育的特色。教育方针中讲的“有文化”，也就是“专”，是指既要掌握基础的文化科学知识，又要有一定的专业知识和专业技能。一方面，“专”不能离开“红”，业务不能脱离政治。政治是统帅，是灵魂。脱离政治不仅难以学好业务，就是学好业务也难以充分发挥作用，甚至会走向歧途。另一方面，“红”也不能脱离“专”。如果一个人天天学政治、讲政治，而不懂业务，没有掌握专业技术，那他就不能很好地为社会主义事业服务。“红”与“专”必须结合起来，“又红又专”才是社会主义社会对人才的基本要求。

毛泽东在这个教育方针中把落脚点放在培养“劳动者”上面，这是一个从马克思主义理论中很自然地得出的结论。因为社会主义要求消灭剥削制度和剥削者，那么，在中国基本完成社会主义改造以后，全社会的成员包括各行各业、各级各类的专门人才都应该而且也必须人人都参加劳动，成为自食其力的劳动者。事实上，“劳动者”是社会主义社会全体成员基本的共同特征，而社会主义教育也只能是培养劳动者。这是社会主义教育同封建主义教育、资本主义教育的本质区别。同时，毛泽东在这里也是要教育年轻一代和全国人民：“社会主义制度的建立给我们开辟了一条到达理想境界的道路，而理想境界的实现还要靠我们的辛勤劳动。”① 没有年轻一代和全国人民的辛勤劳动，就不可能把中国建设成为一个富强、幸福的国家。希望不费力气地享受现成的幸福生活，那是一种不切实际的想法。

当时我国有相当数量的青少年由于受“万般皆下品，唯有读书高”的思想影响，仍然鄙视体力劳动，小学、初中毕业后不愿当工人、农民，只愿升学读书。而实际情况是，尽管建国后教育事业有了很大的恢复和发展，但限于国家的经济实力，仍然不能满足所有人的升学愿望。

教育方针把培养“劳动者”确定为社会主义教育的目的，这也就将上学毕业后回到社会当工人、农民看做是一件很正常的事情，是一件光荣的事情。这对于教育广大青少年要热爱劳动，准备学好本领参加工农业生产，做一个懂政治，有文化，会动脑，能动手，能够把脑力劳动同体力劳动结合起来的新型劳动者是很重要的。

---

① 《毛泽东同志论教育工作》，北京：人民教育出版社，1992 年版，第 259 页。

在20世纪50年代，将通过教育培养新型“劳动者”作为教育目的有着极其深远的意义。

毛泽东提出的这个教育方针将马克思主义关于人的全面发展的思想贯穿于社会主义教育的培养目标和教育目的之中，以“有社会主义觉悟的有文化的劳动者”这样一种社会角色的定位，正确地揭示了“全面发展”的涵义，也对当时正在讨论的关于人的全面发展的问题给予了明确的界定和正确的导向。这对于在教育实践中克服忽视思想政治教育、轻视和鄙视生产劳动的思想，对于学校实施全面发展的教育和因材施教，促进学生身心的健康发展，都起了重要的指导作用。

三、社会主义教育方针的确立

1958年，毛泽东在一次讲话中指出：“教育必须为无产阶级政治服务，必须同生产劳动相结合。劳动人民要知识化，知识分子要劳动化。”① 根据这个讲话精神，中共中央、国务院在1958年9月19日颁布的《关于教育工作的指示》中指出：“党的教育工作方针，是教育为无产阶级政治服务，教育与生产劳动相结合。为了实现这个方针，教育工作必须由党来领导。”② 从此，“教育为无产阶级政治服务，教育与生产劳动相结合”就成为我国社会主义教育方针的主要内容。

如果说，毛泽东在1957年提出的教育方针主要是讲教育的目的和培养目标，即培养什么人的问题，是要解决教育内部的关系问题；那么，1958年中共中央、国务院提出的教育工作方针则着重是讲在整个的国家政治生活和国民经济体系中教育工作的性质、作用和地位问题，即教育为谁服务和如何服务的问题，是要解决教育与党的政治路线，教育与政治、经济、文化和社会等方面的关系问题。后来，就把上述两个关于教育方针的表述结合起来，作为统一的、完整的社会主义教育方针来加以贯彻。这就是我国的社会主义教育方针：“教育必须为无产阶级政治服务，同生产劳动相结合，使受教育者在德育、智育、体育几方面

---

① 《毛泽东同志论教育工作》，北京：人民教育出版社，1992年版，第273页。

② 何东昌主编：《中华人民共和国重要教育文献》（1949～1975），海口：海南出版社，1998年版，第859页。

都得到发展，成为有社会主义觉悟的有文化的劳动者。”①

在1958年中共中央和国务院提出教育工作方针的时候，特别强调“教育工作必须由党来领导”。这是因为中国共产党是中国社会主义事业的领导核心，坚持和加强中国共产党对社会主义各项事业的领导，是各项事业取得成功和胜利的保证，也是社会主义教育事业取得成功和胜利的保证。

总之，这个阶段提出和确立的社会主义教育方针体现了我国社会主义教育的性质、任务、培养目标和途径。在此后的几十年里，我国的社会主义教育方针根据不同时期的不同情况，在总结经验的基础上，不断地完善和发展，但基本的思想和实质都是一致的。这说明，我国在探索社会主义教育发展道路的过程中，起步时的方向是正确的。

第三节　明确社会主义教育建设和发展的工作思路

在探索符合中国国情的社会主义教育发展道路的过程中，中共中央和国务院颁布了《关于教育工作的指示》。这个《指示》是根据1958年全国教育工作会议讨论的结论，经过中共中央政治局扩大会议讨论后拟定的。《指示》中提出的一些重大方针政策具有长远的指导意义，对发展我国的社会主义教育事业起到了巨大的推动作用。但由于它是在“大跃进”运动中出台的，所以也受到一些“左”倾思想的影响。

一、召开全国教育工作会议

1958年2月，根据全国人大一届五次会议通过的决议，将高等教育部和教育部合并为教育部，任命杨秀峰为教育部部长。同年5月，中共中央成立了直属于中共中央政治局和书记处的文教小组，由陆定一任组长，康生任副组长，组员有：陈伯达、林枫、胡乔木、张际春、周扬、杨秀峰、钱俊瑞、张子意等。不久，国务院正式任命张际春为国务院文教办公室主任，这就进一步加强了党和国家对教育工作的领导。

为了总结教育工作的经验，讨论和部署以后的教育工作，中共中

① 何东昌主编：《中华人民共和国重要教育文献》（1976～1990），海口：海南出版社，1998年版，第1600页。

央、国务院在中共八大二次会议前后，于1958年4月15日至24日和6月10日至28日分两段召开了全国教育工作会议。参加会议的除教育部等中央有关部门的负责人外，还有各省、市、自治区党委负责教育工作的书记、文教部长，以及武汉、南京、成都、西安、沈阳、重庆等六市负责教育工作的书记与一些大学的校长等，共一百多人。这是在我国社会主义教育制度初步建立以后，中共中央和国务院为了探索中国社会主义教育发展道路而召开的一次重要会议。

在前一段会议上，传达了中共中央副主席刘少奇关于教育工作的两次指示。在指示中，刘少奇明确地肯定了我国各级各类学校的社会主义性质，指出全日制和半工半读这两种教育制度都是正规的制度。中共中央宣传部部长、中央文教小组组长陆定一在会上作了报告。他在报告中肯定了建国以来教育工作取得的成绩，提出要在教育系统加强和巩固共产党的领导权，要“两条腿走路”办教育。

在后一段会议上，围绕中共八大二次会议制定的社会主义建设总路线和毛泽东提出的教育方针以及进行社会主义建设的问题，与会者讨论了高等学校和中等专业学校的问题及中小学的学制、课程等问题；回顾了建国以来的教育工作，肯定了成绩，总结了经验教训；讨论了党的教育方针；提出了教育发展的目标、基本原则和政策措施。这次会议不仅为我国社会主义教育的全面建设和发展提出了指导思想，也提供了可以操作的工作思路。

二、颁布《关于教育工作的指示》

1958年9月19日，中共中央和国务院颁布了《关于教育工作的指示》。

《指示》根据我国国情提出了教育工作方针和具体的工作思路。其主要内容有：分析了当前教育战线的形势与任务；回顾了建国九年来教育工作在中国共产党领导下所取得的巨大成绩；提出了“教育必须为无产阶级政治服务，必须同生产劳动相结合”的教育工作方针；提出了“三结合”、“六并举”的“两条腿走路”的办学方针和群众路线的工作方法；提出了教育事业发展的任务。其中关于“三结合”、“六并举”和“两条腿走路”的办学方针以及群众路线的工作方法等，对我国社会主义教育的建设与发展发挥了持久的指导作用。

“三结合”是指多快好省地发展教育事业必须采取统一性与多样性相结合、普及与提高相结合、全面规划与地方分权相结合的原则。其目的是要调动中央、地方和厂矿、企业、农业合作社、学校以及广大群众办教育的积极性。

“六并举”是指在全国统一的教育目的下，办学形式应该是多样性的，即国家办学与厂矿、企业、农业合作社办学并举，普通教育与职业（技术）教育并举，成人教育与儿童教育并举，全日制学校与半工半读、业余学校并举，学校教育与自学（包括函授学校、广播学校）并举，免费教育与不免费的教育并举。这就是说，全国将有三类主要的学校，即全日制学校，半工半读学校，各种形式的业余学习的学校。

“两条腿走路”的办学方针是指上述三类学校中，一部分要担负提高的任务，一部分则侧重普及教育。其目的是既要有利于普及，又要有利于提高。总的原则，是在普及的基础上提高，在提高的指导下普及。这就要求，一方面，担负提高任务的学校必须有完备的课程，注意提高教学和科研水平；另一方面，为了普及教育，应大量发展业余学校和半工半读学校，并逐步办成课程、设备、师资等方面日益完备的学校。这对于提高工农业生产的技术水平，提高广大人民的政治觉悟和文化水平，都具有重要意义。

群众路线的工作方法强调教育是人民群众的事业，办教育必须依靠群众。办教育应当在党委领导之下，把专业的教育工作者同群众结合起来，采取从群众中来、到群众中去的群众路线的工作方法。

但《指示》的有些内容也受到“大跃进”运动中“左”倾思想的影响。其主要表现是：(1) 把贯彻党的教育工作方针看做是“同资产阶级教育工作方针之间的斗争，按其性质来说，是社会主义道路和资本主义道路两条道路之间的斗争”。(2) 对教育工作中曾经出现过的一些问题估计过于严重。(3) 对于教育教学工作本身的客观规律重视不够，错误地提出把大鸣大放、大字报作为一切高等学校和中等学校普遍和经常采用的方法。(4) 提出了脱离实际的教育发展目标。要求全国在三到五年的时间内，基本上完成扫除文盲、普及小学教育、社社有中学、大多数学龄前儿童都能入托儿所或幼儿园的任务；在十五年左右的时间内普及高等教育。上述“左”的提法，助长了教育革命中产生的种种错误。

第八章 开展教育革命和贯彻“八字”方针

在中国共产党八大二次会议通过的“鼓足干劲，力争上游，多快好省地建设社会主义”总路线的指引下，全国开始了国民经济的“大跃进”。教育战线同其他各条战线一样，掀起了一场全国范围的、声势浩大的教育“大跃进”，也称为“教育革命”。这场教育革命从1958年至1960年，延续了三年之久（简称三年教育革命）。其初衷是要在总结建国以来教育工作经验教训的基础上，以社会主义教育方针为指导，加强中国共产党对教育工作的领导，坚持群众路线，多快好省地发展我国的社会主义教育事业。教育革命虽然搞得轰轰烈烈，也做出了一些成绩，但由于受到“大跃进”运动中泛滥开来的以高指标、瞎指挥、浮夸风和“共产风”为主要标志的“左”倾错误的影响，教育革命中也出现了浮夸风、“共产风”、命令风、瞎指挥风和干部特殊风，[①] 并由此造成教育比例失调、教育质量下降等严重失误。

1961年以后，教育系统认真贯彻中共中央提出的“调整、巩固、充实、提高”的方针，有序地进行了教育事业的调整工作；与此同时，根据中共中央指示，在调查研究和总结经验教训的基础上，制定了三个全日制学校暂行工作条例，使学校教育各方面的调整工作有章可循。教育系统经过两年多的调整，至1963年取得了显著成效。此后又经过三年的调整，到1965年，教育系统的调整任务基本完成，我国社会主义教育事业进入了健康发展的轨道。

---

① 何东昌主编：《中华人民共和国重要教育文献》（1949～1975），海口：海南出版社，1998年版，第1023页。

第一节　教育革命的发动和开展

教育革命是“大跃进”运动的重要组成部分，两者的发动、发展、继续和结束在时间上是基本同步的。仅就这场教育革命而言，从 1958 年初到 1958 年 5 月是教育革命的全面发动时期，1958 年 5 月至 1958 年底是教育革命的高潮时期。

一、教育革命全面发动

第一个五年计划提前胜利完成以后，大大提高了党和人民群众建设社会主义的积极性，加之抗美援朝战争胜利后，国际形势出现了缓和趋势，国家面临着难得的发展机遇，许多人都认为完全有可能在全国范围内以比第一个五年计划高得多的速度进行建设。

1957 年 11 月，毛泽东率领中国代表团参加在莫斯科举行的各国共产党和工人党代表会议。会议期间，苏联提出十五年赶上和超过美国的发展目标；毛泽东在会上提出，中国在十五年钢产量赶上或超过英国的设想。随后，刘少奇在 12 月召开的中国工会第八次全国代表大会上，向全国人民公开宣布了十五年在钢铁和其他重工业产品的产量方面赶上或者超过英国的目标。1958 年 1 月 1 日，《人民日报》发表了题为《乘风破浪》的元旦社论。社论向全国乃至全世界公布了我国要在十五年内赶上英国的奋斗目标，并再次强调要坚持“多快好省”的方针，同时提出了“鼓足干劲，力争上游”的口号。后来《人民日报》又发表了《鼓足干劲，力争上游》的社论，发出了“全面大跃进”、“文教卫生也要大跃进”的号召，由此拉开了“大跃进”的序幕，教育革命进入全面发动阶段。

为了推动全国的“大跃进”，中共中央于 1958 年 3 月 3 日发出了《关于开展反浪费反保守运动的指示》，要求各地必须放手发动群众，采用大鸣、大放、大字报、大辩论，以及开现场会和展览会等形式，揭露和批判浪费、保守的现象及它们的危害性，进行一个反浪费、反保守的“双反”运动。按照上述指示，教育战线的“双反”运动在各地党委领导下以群众运动的方式进行。有些地方还进一步提出，要在“双反”运动中以“两反、两比”（即反浪费、反保守，比多快好省、比先进）促进思想革命，以提高师生的政治思想觉悟，推动教育的改革和发展。

教育系统的"双反"运动持续了两个月的时间。在运动中，首先是动员群众大鸣、大放，贴大字报，揭发教育系统各级领导存在的"三风"（主观主义、官僚主义、宗派主义），打掉"五气"（官气、暮气、阔气、骄气、娇气）。于是，运动开始后几天的时间里，学校就形成了贴大字报的高潮。随后，各级领导对意见进行梳理，向群众作出自我检查。

在"双反"运动中还掀起了"思想大跃进"的高潮。具体做法是，以"兴无产阶级思想，灭资产阶级思想"、"开展教学工作中的两条路线斗争"为主导思想，在领导干部自我检讨的带动下，发动全校师生开展以"自觉革命，向党交心"为基本内容的群众性整风。动员大家主动向党说出自己思想中的"阴暗面"，进行自我批判并让别人帮助批判。广大师生出于对共产党的热爱和信赖，出于对自我思想改造的迫切愿望，纷纷坦诚地向党组织交心。

"向党交心"的活动告一段落后，教育系统还对一些带有普遍性的问题进行了专题辩论，特别是较为普遍地开展了"红专大辩论"。有些地方和学校在运动中强调，思想改造要尽量和风细雨，启发自觉，调动积极性，这是人民内部矛盾，必须从团结的愿望出发，经过批评与自我批评，达到进一步团结广大教师的目的。他们在辩论中采取了"摆事实、讲道理"，只批观点不对人的办法，收到了较好的效果。但是，也有一些学校把个人的交心材料公之于众，进行点名批判；有的学校还在师生中确定了"白专道路"典型，给一些教师扣上了"资产阶级教育思想的代表人物"的帽子，造成了极不好的影响。

教育系统"双反"运动的广泛开展对教育革命起了思想动员和舆论准备的作用。乘着开展"双反"运动的强劲势头，各地教育行政部门和各级各类学校，发动师生员工制定各项工作的"跃进规划"，许多学生和教师也制定了个人的"红专规划"。

为了促进教育革命的进一步开展，教育部于1958年3月24日至4月8日在北京召开了第四次全国教育行政会议。会上提出了开展教育革命的任务和方法，交流了各地教育事业"大跃进"、大改革的经验，提出教育事业必须大干快上的要求。会议要求，各地在教育革命中要大力开展识字运动，大力普及小学教育，大力举办农业中学、工业中学和手工业中学，积极发展普通中学；要积极发展和改进各级师范学校，改造和提高现有教师的思想；要改革教育制度、教育内容和教育方法；要把生产劳动列入教学计划，开展勤工俭学、半工半读活动；要破资产阶级思想，立社会主义思想，把学生培养成为有社会主义觉悟的人；要依靠党的领导，放手发动群众办学，采取群众运动的办法做好普及教育的工作。此次会议起到了进一步推动教育革命的作用。

二、教育革命进入高潮

1958 年 5 月，中国共产党在北京召开八大二次会议。这次会议通过了社会主义建设总路线，号召全党同心同德，团结全国人民为尽快地把我国建设成为一个具有现代工业、现代农业和现代科学文化的社会主义国家而奋斗。会议再一次严厉批评了 1956 年下半年的"反冒进"，致使会议通过的第二个五年计划指标，比中共八大一次会议建议的指标，在工业方面普遍提高一倍，在农业方面普遍提高20%～50%。会议宣布，要在十五年赶上和超过英国，要提前五年完成全国农业发展纲要，要"苦干三年，基本改变面貌"。于是，在中共八大二次会议后，全国各地、各行各业的"大跃进"相继进入高潮。

在"大跃进"的高潮中，各地、各行各业都在片面地追求工农业生产和各项建设工作的高速度，不断大幅度地提高和修改计划指标，并且由高指标带来高估产，兴起了一阵虚报高产、竞放"卫星"的浪潮。这时，一些报刊舆论也出来推波助澜，不仅大量宣传各种"高产"、"卫星"的虚假新闻，而且还不断宣传"人有多大胆，地有多大产"。

1958 年 8 月，中共中央政治局在北戴河举行扩大会议。会议决定在全国农村要普遍建立人民公社，提出 1958 年要完成1 070万吨钢产量的任务。北戴河会议后，在全国范围内掀起了农村大办人民公社和全民大炼钢铁的群众运动高潮，并以此为中心，号召包括文教事业在内的各行各业都要"全民大办"各种事业。

1958 年 9 月，中共中央、国务院发布《关于教育工作的指示》。《指示》强调，当前全党全国人民的历史任务之一，就是坚持党的教育工作方针，把一切积极因素都调动起来，鼓足干劲，力争上游，多快好省地扫除文盲、普及教育，培养出一支数以千万计的又红又专的工人阶级知识分子队伍。在这样的形势下，教育革命也进入了高潮。

教育革命的主要内容有以下几个方面：

1. 改革教育领导管理体制，实行中央集权和地方分权相结合的原则

在教育革命中，根据中共中央、国务院《关于教育工作的指示》，高等学校中取消了以苏联"一长制"为原则而实行的校长负责制，规定所有高等学校都要实行党委领导下的校务委员会负责制。中等学校和初等学校也置于党委的领导之下。同时，为了加强党对教育事业的领导，中共中央从中央一级党政机关抽调了1 000名高、中级党员干部到大、中学校和科学、文教单位担任主要领导工作；各省、市、自治区党委也派出大批党员干部充实文教战线。

据山西、辽宁、河南等16个省市的不完全统计，派到高等学校担任系党总支书记以上职务的党员有1 230人，派到中等学校担任校长、党支部书记和教导主任的有6 162人，① 派往中小学担任教师和小学校长的有134 530人。② 此外，中共中央和地方各级党组织的负责人也都到各级各类学校中兼任了一定的教学工作。

为了在教育革命中充分发挥地方举办教育事业的积极性和主动性，中共中央、国务院于1958年8月4日发出《关于教育事业管理权力下放问题的规定》。《规定》指出：要改变过去条条为主的管理体制，根据中央集权和地方分权相结合的原则，加强地方对教育事业的领导管理，并把大部分教育事业的管理权从中央下放到地方，扩大了地方管理教育的自主权。具体办法是，小学、普通中学、职业中学、一般的中等专业学校和各级各类业余学校的设置和发展，无论公办或民办均由地方自行决定。新建高等学校和中等工科技术学校，凡能自力更生解决问题的，地方可自行决定；需要协作区内各省、市、自治区合作筹建的，由协作区协商决定。以上新建的高等学校无论是公办或民办，均由省、市、自治区政府报中央教育部备案。

与此同时，中共中央还发布了《关于高等学校和中等技术学校下放问题的意见》等文件，提出："为了切实加强党对于高等学校和中等技术学校的领导，为了使这些学校培养出来的人材更加适合各地社会主义

① 方晓东等著：《中华人民共和国教育史纲》，海口：海南出版社，2002年版，第141页。

② 卓晴君、李仲汉著：《中小学教育史》，海口：海南出版社，2000年版，第127页。

建设发展的需要，除了少数综合大学、某些专业学院和某些中等技术学校仍旧由中央教育部或者中央有关部门直接领导以外，其他的高等学校和中等技术学校都可以下放，归各省、市、自治区领导。”① 这个决定实施后，大部分高等学校和中等技术学校相继下放地方管理。各地根据教育事业要“两条腿走路”、实现几个“并举”的方针，调动一切积极因素，多形式、多规格、多层次地举办了各级各类学校，使教育事业在教育革命中得到迅猛发展。

2. 大办教育事业

教育革命的初衷是要尽快发展我国的教育事业，改变几千年来只有剥削阶级、富人才能接受教育的传统，让劳动人民能够普遍地受到教育。可是，由于当时人们对教育事业发展的速度和规模必然要受到各种主客观条件的制约，特别是要受到国家经济发展水平的制约这一规律认识不足，加之受到“左”的思想影响，在各行各业都要“大跃进”的推动下，不顾主客观条件，一味“大办”教育事业，从中央到地方都制定了一些远远脱离当时实际的教育发展目标，使教育事业的发展出现了偏差。

在教育革命的高潮中，为了尽快发展教育事业，不仅教育系统大办各项教育事业，而且社会上也大办教育。一些地区以及工厂、农村、机关、街道掀起了办学热潮，有的人民公社甚至宣布已经办起了从幼儿园到高等学校的完整的教育体系，实现了“人人劳动，人人学习”的“共产主义教育制度”。

据统计，从1957年到1958年，我国的高等学校由229所猛增到791所，在校学生由44.12万人增加到65.96万人；中等专业学校由1 320所发展到3 113所，在校学生由77.79万人增加到146.98万人；普通中学由11 096所发展到28 931所，在校学生由628.13万人增加到852.02万人；普通小学由54.73万所发展到77.68万所，学生由6 428.3万人增加到8 640.3万人；幼儿园由1.64万所猛增到69.53万所，在园儿童由108.8万人猛增到2 950.1万人。②

---

① 何东昌主编：《中华人民共和国重要教育文献》（1949～1975），海口：海南出版社，1998年版，第812页。

② 中国教育年鉴编辑部编：《中国教育年鉴》（1949～1981），北京：中国大百科全书出版社，1984年版，第965～966页，第981～982页，第1000～1001页，第1021页，第1031页。

辽宁省1957年仅有高等学校15所，在校学生为25 902人，招生数为6 543人；至1958年高等学校已增为53所，在校学生增为44 996人，招生数增为23 969人。①

但是，同期教育经费的增加同教育事业这种“大跃进”式的增长极不协调。1957年全国教育经费支出总额为19.52亿元，1958年只增加了3 100万元，教育经费占国家财政总支出的比重却由1957年的6.42%下降到4.84%。② 由于盲目“大办”教育事业远远超过了国民经济所能承担的能力，造成了教育同经济的比例严重失调，导致许多学校不能维持正常的办学条件，最终使教育质量下降。

不过我们也必须看到，尽管当时教育事业的发展存在严重过热的现象，仍然有一批成果保留了下来，成为以后进一步发展的基础。例如，在教育革命高潮中，北京地区新建的中国科技大学、北京化工学院（现为北京化工大学）、北京广播专科学校（现为中国传媒大学）、北京水利水电学院（现为华北水利水电大学）、北京商学院和北京轻工学院（现合并为北京工商大学）等一批高等学校，以后都有了较大的发展。

在教育革命中，半工半读教育有了迅速的发展。各省、市、自治区办了许多农业中学、劳动大学、工业大学等形式的半工(农)半读学校。

在劳动大学中，影响最大的是江西共产主义劳动大学。这所劳动大学是在当时江西省省长邵式平的积极倡导下于1958年8月创办的。劳动大学包括设在南昌市郊的总校和设在全省国营综合垦殖场的30所分校。其办学方针是：半工（农）半读，勤工俭学，学习与劳动结合，政治与业务结合。学校中既有大学本科、专科，也有中专。招生实行“社来社去”、“城来社去”的办法，绝大部分学生毕业后都回到了农业生产第一线，成为农村建设的技术人才。学生在学校又学习又劳动，既学科学知识，又学生产应用技术。教学内容紧密结合农村经济建设实际，劳动收入用于解决办学经费和学生的学习生活费用。这样做既减轻了国家和家长的负担，又有利于改变学校教育脱离实际的状况。

---

① 张德祥主编：《20世纪的中国高等教育》(辽宁卷)，辽宁：白山出版社，2002年版，第77页。

② 中国教育年鉴编辑部编：《中国教育年鉴》(1949～1981)，北京：中国大百科全书出版社，1984年版，第98页。

农业中学最早是由江苏省办起来的。江苏省在 1958 年 3 月召开了农业中学问题座谈会，中共中央宣传部部长陆定一在会上指出："动员群众的力量办各种职业中学，特别是创办农业中学，使不能进普通初中的小学毕业生都能升学，这是一个好办法。"① 因为它不仅有利于教育事业的发展，而且有利于工农业的发展。于是在教育革命中，农业中学就在江苏、浙江、河南、福建、辽宁、黑龙江等省迅速发展起来。到 1960 年时，全国的农业中学已达三万余所。

在教育革命中，广大人民群众还积极掀起了扫除文盲和大办工农业余教育的高潮。

1958 年，全国有8 000万人参加了扫盲运动。通过教育革命，我国文盲的比例已经从建国初期的80%下降为43%。与 1957 年相比，1958 年业余高等学校的在校生数由 7.6 万增加到 15 万；1959 年业余中等学校的在校生数由 330.2 万增加到 1116.2 万；1959 年业余小学（高小）的在校生数由 626.7 万增加到5 500万。②

3. 学校大办工厂、农场，师生大量参加生产劳动

建国以后，党和政府在领导人民群众创建社会主义教育制度的同时，很重视加强对学生的劳动教育。然而，由于几千年来轻视劳动、轻视劳动人民的传统思想难以在短时间内完全清除，所以学生不愿意参加体力劳动的现象仍然相当普遍。针对这种状况，1958 年开展起来的教育革命，首先就把解决教育与生产劳动相结合的问题提了出来，并把这个问题的解决看做是一场对旧教育制度的革命。

在教育革命初期，师生参加的主要是公益性劳动，劳动的时间和强度还是有限度的。但到了 1958 年的 7 月和 8 月，各级各类学校都开始大办工厂（车间）、农场，部分学校实行半工半读，组织师生参加生产劳动的时间显著增加，劳动强度明显提高。

例如，在高等学校，各校纷纷按照"跃进规划"的要求办起了工厂和农场。先是工科院校将已有的实习工厂和实验室扩建或改建为工厂，

---

① 中国教育年鉴编辑部编：《中国教育年鉴》（1949～1981），北京：中国大百科全书出版社，1984 年版，第 180 页。

② 中国教育年鉴编辑部编：《中国教育年鉴》（1949～1981），北京：中国大百科全书出版社，1984 年版，第 1036 页。

接着就动员各系都办工厂，甚至有的班级也办了工厂或车间。农业院校则办农场、林场、果园。至于文科院系，有的办起了同专业无关的工厂，有的到校外参加工厂、农村的劳动或社会公益劳动。某工科大学原来只有一个实习工厂、一个机械修造厂，在教育革命中很快就办起了电机制造、耐火材料、玻璃丝制造、光学仪器、砖瓦、水泥、合成氨、细菌肥料、电子管、无线电、印刷、化工机械、南瓜子浸膏等19个工厂(车间)，还办了化工公司和建筑公司。学生的大部分时间都要到工厂参加劳动。

据1958年10月中旬20个省、市的不完全统计，397所高等学校共办工厂7 240个；13 000多所中专、中学共办工厂144 000多个。① 据北京市统计，截止到1958年10月，北京市中学自办车间已达359个，挂钩的工厂和手工业社达329个。② 截止到1958年7月，北京市的高等学校在校内共办起了555个工厂。

此外，各校还普遍组织师生到工厂、农村参加生产劳动。北京高等学校的5.6万名师生参加了修建十三陵水库的劳动，4.2万名师生参加了北京城乡造林绿化劳动，2.4万名师生参加了农业劳动。③

1958年8月，中共中央北戴河会议决定发起全民大炼钢铁运动。各地高等学校、中等学校和小学高年级师生响应中共中央号召，积极地参加了全民大炼钢铁运动，师生参加生产劳动的时间和强度进一步增加。9月中旬，国务院从一些高等学校和中等专业学校抽调了27 600名地质、化工、冶金、采矿、化学专业的师生，分赴各地参加采矿、选矿、冶炼、化学分析等工作。

1958年9月底，据20个省、市统计，有22 100所各级各类学校建起了小炼铁炉、小炼钢炉86 000多座。④ 无论是城市学校还是农村学校都

---

① 中国教育年鉴编辑部编：《中国教育年鉴》(1949～1981)，北京：中国大百科全书出版社，1984年版，第467页。

② 北京市教育志编纂委员会编：《北京市普通教育年鉴》(1949～1991)，北京：北京出版社，1992年版，第10页。

③ 北京市高等教育志编纂委员会编：《北京高等教育志》，北京：华艺出版社，2004年版，第39页。

④ 中国教育年鉴编辑部编：《中国教育年鉴》(1949～1981)，北京：中国大百科全书出版社，1984年版，第467页。

普遍停课，广大师生昼夜奋战在炼铁炉、炼钢炉旁。还有数以百万计的师生参加了深翻土地、秋收秋种、农田水利建设的劳动。

1958年9月，中共湖南省委决定，全省大、中、小学停课，从大搞生产劳动入手，开展轰轰烈烈的教育革命。于是，数百万师生离开课堂，以普通劳动者的身份参加了大炼钢铁、修建京广铁路复线、兴修水利等生产劳动。这次停课的时间大都超过了一个月，特别是高中和大学，有的长达两三个月。①

这样，学校里的生产劳动和社会活动越搞越多，失去了控制，停课的时间也越来越多，严重冲击了正常的教学秩序，影响了教学进度和教学质量。

4. 进行教育教学改革试验

在教育革命高潮中，高等学校和中小学进行了大量的教育教学改革试验。这些试验涉及到学制、课程设置、教材、教学内容、教学方法等诸多方面，取得了一些经验，也有不少教训。

（1）高等学校的教育教学改革试验。通过教育教学改革试验，高等学校加强和改善了思想政治教育，调整了一些不合理的系科设置，新设置了一批高新技术专业。例如，上海交通大学在1958年增设了无线电、应用物理、核动力装置、自动控制、数学及计算仪器等一批新专业。一些学校修改教学计划，把生产劳动正式列入了教学计划；制定新的教学大纲，编写新教材；进行教学方法和教学环节的改革，强调理论联系实际，组织师生下厂下乡搞现场教学、调查研究，参加技术革命与技术革新，加强教学、科研同实际的联系。一些学校初步建立了以教学为主，教学、生产劳动、科学研究三结合的体制，在校内外建立了一批三结合基地。

在教育革命中，清华大学等高等学校改革了毕业设计的内容和方法，使毕业设计同生产实际相结合。

首先是清华大学水利系提出了“真刀真枪”搞毕业设计的倡议，并且承担和完成了密云水库的设计任务。通过“真刀真枪”的毕业设计，这届毕业生受到了一次深刻的爱国主义和集体主义教育，为他们在大学毕业后走上建设岗位作了思想上的准备；同时，有效地提高了教学质

---

① 刘欣森、孟湘砥主编：《湖南教育史》（第3卷），长沙：岳麓书社，2002年版，第152页。

量，推动了科研工作的开展，促进了各个教学环节以及教材、教学方法的改革，产生了直接为经济建设服务的效益。在水利系的带动下，其他各系也纷纷把毕业设计同生产任务结合起来。1958 年，清华大学的1 400多名毕业生中，绝大多数是直接结合生产来进行毕业设计的。许多高等院校纷纷效仿。例如，南京工学院承担了北京火车站的设计工作，中央工艺美术学院毕业生参加了北京十大建筑的美术设计工作，等等。

这期间，高等学校在科学研究方面取得了许多重要成果。仅就北京市教育系统的不完全统计，在教育革命中，北京高校不仅有一些重要科研项目开始起步，而且产生了一批颇具影响的科研成果。

例如，北京大学、清华大学的每秒万次计算机的研制；北京大学和中国科学院合作，成功地进行了多肽牛胰岛素人工合成；清华大学、北京师范大学等校的小型加速器研究；北京航空学院的轻型飞机、高空气象探测火箭和无人驾驶飞机控制系统的研究；北京钢铁学院的超高强度钢和低铬高速钢研究；北京工业学院的大型天象仪研究；北京农业大学的小麦育种研究；几所院校合作的拉制高纯度单晶硅研究等。

其他地区的一些高校也取得了一些科研成果。例如，浙江大学创造了发电机的双水内冷技术；华南工学院电工系和中山大学计算数学专业合作，试制出当时比较先进的模拟电子计算机。

学校科研活动的开展促进了教学内容的更新。许多理工科院校在这期间已经开始把当时世界上最先进的科学技术成果纳入课堂教学内容，从而为缩短我国同世界先进科技水平的差距创造了重要条件。

（2）中小学的教育教学改革试验。教育部当时的主要设想和群众性的改革试验主要集中在以下几个方面：进行缩短中小学学制改革的试验；将现有大、中、小学的部分课程适当逐级下放；适当地合并科目，精简内容，减少循环；改革教材，提高教育教学水平；进一步改进教学方法。

中小学学制改革的试验是在 1958 年 9 月新学年开学后展开的。当时，根据中共中央、国务院《关于教育工作的指示》精神，各地相继开始对缩短中小学学制进行典型试验。各地试验的新学制主要有小学五年一贯制、中学五年一贯制；中小学七年、九年、十一年制；中学四二制、三二制、二二制，等等。有的地方还进行了中学文理分科、半工半读等试验。

试验中突出的问题是，进行学制改革的学校越搞越多，远远超出了试点的范围。从1958年9月开始，上海市有300多所小学从一年级起始试行五年一贯制，参加的学生达63 000人，占全部一年级学生的四分之一。中学同时进行三种学制的试验：28所中学试行中学四年一贯制，20所中学试行高中二年级文理分科制，10所中学在高中一、二年级或全校试行半工半读制。另外，还有4所学校试行中小学九年一贯制。①

在这期间，相当一部分中小学进行了课程和课时调整。例如，上海市一度有31所中学分别增设了农业基础知识、制图、农业簿记会计、珠算、技工等21个学科。另有30所中学分别取消了音乐、美术、历史、生理卫生、体育等13个学科；16所学校的数学、物理、化学等11个科目一度分别增加了课时。另有28所学校的语文、历史、地理、外语等14个科目一度减少了课时。②

与学制改革和课程调整相配套，各地还采取增、删、补等办法，对中小学通用教材进行修改。有的地方还自编了部分教材。根据上海市14个区的不完全统计，在1958年一年中，市、区、基层共新编、改编或增补教材10 249种（语文补充教材以篇计，其他学科以章节计）。由于缺乏经验和认识上的片面性，在编写新教材方面出现了不少问题。以改革较大的语文科为例，在1958年下半年，自选教材占了很大比重，有的学校甚至占到了三分之二。实践证明，这样改革教材，削弱了基础知识教学，降低了教学质量。③

（3）教育教学改革出现重大偏差。在教育革命的高潮中，教育系统采取搞群众运动的方式进行教育教学改革的现象非常突出。大学和中学纷纷以青年学生为主体，以停课或半停课的方式，突击制定结合生产实际的教学计划、教学大纲，并且按照突击制定的教学大纲编讲义、编教材。在教学改革中边破、边学、边改、边立，打乱了正常的教学秩序和科学的教学体系。

---

① 吕型伟主编：《上海普通教育史》（1949～1989），上海：上海教育出版社，1994年版，第198～199页。

② 吕型伟主编：《上海普通教育史》（1949～1989），上海：上海教育出版社，1994年版，第200页。

③ 吕型伟主编：《上海普通教育史》（1949～1989），上海：上海教育出版社，1994年版，第200～201页。

有的地方和学校在教育教学上搞“跃进”，搞竞赛，盲目下达“教育跃进指标”。有的提出要搞“学习红”，人人都得满分；有的学校提出要“苦干三天，消灭两分（当时实行五分制）”；学生要苦战三天，成为“三好学生”。

有的地方参照人民公社“一大二公”的做法，盲目地进行学校合并。例如，河南省在两个月里就有 85 个县（市辖区）的中小学进行了合并，并在合并后实行师生集体住宿、集体吃饭、集体学习、集体劳动。① 这表明，教育革命已经出现了很大的偏差。

5. 开展学术批判

进行学术批判是教育革命的一项重要内容。当时较为普遍地把一些老教师列入了“资产阶级知识分子”的范畴，甚至把有的教师当做“白专”、“白旗”的典型，置于教育革命的对立面。而且在进行学术批判时采用简单粗暴的方法，随意给被批判的教师及其学术观点贴上“资产阶级”的标签。这就混淆了政治同学术的界限，使学术批判升级为政治性批判。在当时的政治氛围中，即使被批判的学术观点完全正确，也很难进行申辩。

在学术批判中较早遭到冲击的是北京大学校长马寅初。马寅初于 1957 年 7 月 5 日在《人民日报》上发表了一篇《新人口论》的文章，呼吁中国应该赶快采取措施节制生育，控制人口。此前，他还发表了一篇《联系中国实际来谈谈综合平衡理论和按比例发展规律》的文章。他的观点被实践证明是正确的。但是从 1958 年 5 月开始，北京大学和社会上却发动了对他的批判。在批判中粗暴武断的言辞甚多，最后解除了马寅初的北京大学校长职务。

1958 年 8 月，北京师范大学根据中央有关部门的指示，对心理学教学中的“资产阶级方向”进行批判。在批判中，把心理学说成是“伪科学”，是在宣扬“资产阶级观点和庸俗趣味”。此后，在全国各地开展了“心理学批判运动”，把曹日昌等一批心理学家当做“白旗”拔了，把心理学这门很重要的学科打入了冷宫。

1958 年 8 月 30 日，《人民日报》发表题为《学术批判是自我革命》的社论，号召高等学校的领导者要大胆发动群众，“帮助资产阶级学者

---

① 王日新、蒋笃运主编：《河南教育通史》（下），郑州：大象出版社，2004 年版，第 80 页。

进行自我革命”。社论发表后，在文史哲、政治、财经、心理、教育、新闻以及生物学等领域都开展了群众性的批判运动。一些著名的老教授、老学者受到了批判。至于在学术批判中被当做“白旗”拔的人更以百千计。

此外，在教育革命中，教育系统还大张旗鼓地批判过夸美纽斯的“量力性原则”和凯洛夫的《教育学》等等。这些批判完全违背了“双百”方针，严重挫伤了广大教师钻研学问、发表自己学术见解和参加教育革命的积极性与主动性，严重地妨碍了教育教学中生动活泼局面的形成。

第二节　教育革命的反复与终止

1958 年冬，中共中央察觉到“大跃进”和人民公社化运动中存在着许多混乱现象，于是着手纠正一些已经认识到的错误。在教育方面也采取了一些相应的纠正措施。但是，由于在 1959 年七八月间召开的庐山会议错误地批判了彭德怀的正确意见，开展了“反对右倾机会主义”的斗争，使许多已经被指出来有待纠正的错误又重新发展起来，教育革命也仍然继续进行，直到 1960 年底才告终止。

一、初步纠正教育革命的偏差

1958 年 11 月，毛泽东提议召开并亲自主持郑州会议。会议提出要纠正已经发现的“左”倾错误。此后，中共中央又召开了一系列会议，采取措施纠正“大跃进”运动中的“左”倾错误。

这期间，中共中央于 1958 年 12 月转发了毛泽东在《清华大学物理教研组对待教师宁“左”勿右》的材料上作出的批示。批示指出，要“端正方向，争取一切可能争取的教授、讲师、助教、研究人员，为无产阶级的教育事业和文化科学事业服务”。同时，批转了教育部党组《关于教育问题的几个建议》。《建议》要求各级各类学校应当照常上课，既要克服只重视教学而忽视生产劳动的倾向，又要防止只注意生产劳动而忽视教学的现象；并对全日制学校的教学时间和生产劳动时间作了具体安排。《建议》还指出，大、中、小学教师的主要劳动是教学，参加体力劳动以不妨碍教学为原则。① 这

① 中央教育科学研究所编：《中华人民共和国教育大事记》（1949 ~ 1982），北京：教育科学出版社，1984 年版，第 237 页。

两个文件对于发挥广大教师的积极性和主动性，恢复学校的正常教学秩序起了重要作用。

为了总结贯彻执行教育工作方针和开展教育革命的经验，肯定成绩，研究和解决在教育革命中出现的新问题，中共中央书记处于1959年1月12日至3月1日在北京召开了有省、市、自治区党委文教书记、宣传部长，人民政府教育厅（局）长，部分高等院校负责人及中央有关部门负责人参加的教育工作会议。

会议认为，在1958年的教育革命中，确立了共产党在教育部门和各级各类学校中的领导地位，学校师生对劳动的态度有了很大的变化，学生在道德品质和世界观方面有了提高和改变，身体也健康了，智育水平方面是有所提高也有所降低。至于存在的问题，主要是1958年下半年以后，有一部分学校没有很好上课，学术批判搞得过多，打击面太广，比较粗暴。会议决定在新的一年里，教育工作的方针主要是巩固、调整和提高，并在这个基础上有重点地发展。全日制学校应该贯彻以教学为主的原则，正确处理学校教育中感性知识同理性知识的关系。会议还要求在学校工作的共产党员应该纠正宁"左"勿右的思想倾向和"资产阶级知识分子是革命对象"的错误认识，正确执行党的知识分子政策。在贯彻党的领导和教学相长的原则下，发挥教师在教学工作中的主导作用，建立正常的师生关系。①

这次会议之后，党和国家的一些领导人也在各种场合强调，要全面贯彻党和国家的社会主义教育方针，在重视德育、体育的同时，一定要重视对学生进行基础理论教育和文化科学知识教育。

1959年4月18日，周恩来在全国二届一次人大会议上明确指出："在各级全日制的正规学校中，应当把提高教学质量作为一个经常的基本任务，而且应当首先集中较大力量办好一批重点学校，以便为国家培养更高质量的专门人才，迅速促进我国科学文化水平的提高。"② 杨秀峰在视察高等学校时也指出，我们的教育工作必须稳定下来，否则就无

① 中央教育科学研究所编：《中华人民共和国教育大事记》（1949～1982），北京：教育科学出版社，1984年版，第239～240页。

② 何东昌主编：《中华人民共和国重要教育文献》（1949～1975），海口：海南出版社，1998年版，第895页。

法提高教育质量。①

1959年5月17日，中共中央为印发教育工作的十个文件发出《通知》。《通知》指出，1958年的教育工作取得很大成绩，但在工作中也有一些缺点和错误。针对1958年教育革命中的问题，《通知》强调，今后的任务是："我们在学校工作中，不但要善于领导劳动，还要善于领导教学；不但要善于解决知识分子劳动化的问题，还要善于解决工农分子知识化的问题。在教育的发展中，必须坚持贯彻执行'两条腿走路'的方针，不但要善于普及教育，还要善于办好教育，提高质量。""对于一切可以团结的知识分子，都要团结他们，为社会主义的教育事业和科学研究事业服务。对于学术性质和艺术性质的问题，要贯彻'百家争鸣、百花齐放'的政策。对于学生，要号召他们不但做到身体好，工作好，而且还要学习好。"② 在随《通知》下发的十个文件中，还提出了一系列纠正"左"的做法的措施。

其中，在《国务院关于全日制学校的教学、劳动和生活安排的规定》中，针对教育革命中学生参加劳动时间过多的问题作了一些限制性的规定。

《规定》指出，高等学校学生的生产劳动时间一般为2至3个月（8周至13周）。中学生每周的劳动时间，高中学生一般为8小时，最多不超过10小时；初中学生一般为6小时，最多不超过8小时。小学生从9岁起，一般每周的劳动时间为4小时，最多不超过6小时。中学生参加社会公益劳动时间每年不超过半个月，小学生可以适当参加一些较轻的社会公益劳动，这些劳动都包括在规定的劳动时间以内。《规定》还指出，学生参加劳动的基本形式，一种是在学校举办的农场和工厂里参加劳动，一种是学校安排的下厂下乡的劳动，一种是参加社会公益劳动。高等学校和中等专业学校的学生参加生产劳动，应该有一部分同所学的专业结合。③

---

① 麻星甫、刘爱华主编：《杨秀峰教育文集》，北京：北京师范大学出版社，1987年版，第133页。

② 何东昌主编：《中华人民共和国重要教育文献》（1949～1975），海口：海南出版社，1998年版，第899页。

③ 何东昌主编：《中华人民共和国重要教育文献》（1949～1975），海口：海南出版社，1998年版，第904页。

这些规定对于纠正教育革命中师生参加生产劳动过多，冲击了学校正常教学秩序的现象是很必要的。

《中共中央、国务院关于整顿1958年新建的全日制和半日制高等学校的通知》提出了对1958年新建的高等学校进行一次调整、整顿和巩固工作的意见。

《教育部党组关于1959年教育事业发展计划的意见》提出要把教育事业的发展放在积极而又可靠的基础上。各类高等学校和中等专业学校的设置和布局，既要适应各地建设事业的需要，又必须根据全国一盘棋的原则，进行统筹安排和合理部署，以避免发生畸轻畸重和比例失调的现象。《意见》对1959年各级各类学校的招生计划作了一些调整。

《中共中央关于在高等学校中指定一批重点学校的决定》指出，在目前师资不足、设备不全、学生来源不多的情况下，高等教育的大发展可能招致高等教育质量的降低。为了既能发展高等教育，又能防止平均使用力量，从现有比较有基础的高等学校中指定少数学校，从现在起就采取措施，着重提高教育质量，是必要的。《决定》指定北京大学、清华大学、中国人民大学、复旦大学、中国科技大学、北京师范大学等十六所高等学校为全国重点大学。要求这些学校从现在起，即应着重提高质量，未经中央同意不得再扩大学校规模，不得增加在校学生数目和增设科系。必须招收和认真培养研究生，适当地担负高等学校教师进修的任务，同其他学校交换教材、交流教学经验等，以这些方式为提高全国高等教育质量服务。

《中共中央、国务院关于试验改革学制的规定》指出各省、市、自治区党委和教育行政部门应当有领导、有计划地指定个别（不是大量的）小学、普通中学进行改革学制的试验。未经省、市、自治区批准的中、小学校，不得进行改革学制的试验。①

1959年6月，中共中央转发了共青团中央《关于对学生进行思想政治教育中几个问题的报告》，指出不要只追求轰轰烈烈、搞形式主义和滥用批判、斗争的方法来进行思想政治工作。

---

① 何东昌主编：《中华人民共和国重要教育文献》（1949～1975），海口：海南出版社，1998年版，第903页，第899～902页，第903页。

这些文件的制定和下达，表明党和政府已经在着手纠正教育革命中那些认识到了的各种偏差与失误。

各地党委、教育行政部门和各级各类学校从认真学习中共中央印发的关于教育工作的十个文件入手，总结经验，统一认识，积极贯彻落实文件精神，纠正教育革命中的“左”倾错误。

例如，1959年6月，中共上海市委召开教育工作会议，要求学校在以教学为主的原则下，把劳动列入教学计划，全面安排好学校工作，教好、学好、劳动好、安排好，并且发出了《关于中小学进一步贯彻党的教育方针提高教育质量若干问题的决定》。

中共山西省委于1959年7月提出，高小以上学校不“戴帽子”，全日制学校原则上不扩大规模，不逐级提拔教师，不抽调全日制学校教师到半日制学校和业余学校，并且要从战略观点出发，确定各级学校中的重点学校，办好一般学校，为将来更大的发展作好准备。

随着教育革命中“纠偏”工作的展开，各级各类学校对1958年教育革命中提出的各种改革方案、改革措施进行了清理，保留和完善了合理的部分，停止和纠正了不切实际的部分。在高等学校，还根据中共中央的要求，认真学习了毛泽东对《清华大学物理教研组对待教师宁“左”勿右》一文的批示，并在党内进行了讨论。许多学校的党委联系教育革命中的工作进行了检讨，采取具体措施进一步贯彻党的知识分子政策，特别是接受了一些具备共产党员条件的教授加入中国共产党。这期间，各级各类学校里，党内党外和师生之间开始出现了比较和谐团结的气氛。

应该指出，虽然这个期间全党上下“左”的思想还没有得到根本扭转，对总路线、“大跃进”和人民公社仍然完全肯定，但是，毕竟头脑冷静了一些，因此纠正教育革命中偏差和失误的工作也确实取得了一定的成效，学校的正常教学秩序得到初步恢复，同时为提高教学质量采取了一些有效的措施。

二、教育革命的继续和终止

1959年七八月间，中共中央政治局扩大会议和中共八届八中全会在庐山召开。庐山会议后，在全国范围内开展了一场大规模的“反对右倾机会主义”的运动。这场运动不仅在政治上使党内民主生活遭到严重损害，而且打断了纠正“左”倾错误的积极进程。

与此同时，教育系统从1959年底开始开展“反右倾”运动。运动中，有的学校否定在1959年初步纠偏中落实知识分子政策的成绩，一些积极落实知识分子政策的同志被扣上“放弃党的领导”的帽子，也成了批判的靶子。

1960年上半年，教育系统的“反右倾”运动基本结束。这期间，教育系统掀起了学习毛泽东著作的高潮，各地和各级各类学校纷纷召开动员会、誓师会，发动群众投入新一轮教育革命。于是，纠正教育革命中偏差和失误的工作被迫中断，教育革命又以更加强劲的势头继续开展起来了。

由于各地以及各级各类学校的情况不同，新一轮教育革命的内容也不尽相同。在中小学校，学制改革再一次升温，进行学制改革的学校规模一再扩大。

据1960年9月对27个省、市、自治区的不完全统计，进行学制改革试验的小学总计有92 341所，占这些地区小学总数的14.77%；中学总计有3 495所，占这些地区中学总数的18.67%。同时，教学改革也再一次出现盲目冒进的现象，在初步纠偏时已经决定下马的一些教育试验项目又盲目上马。

例如，中共上海市委在1960年2月召开文教工作会议，要求“多快好省地进行教学改革，大搞课程革新，大力提高师资，大抓教学设备，实现思想、学习、劳动、健康全面大跃进”。于是，上海市中小学又掀起了改革学制、课程、教学内容，改革教学方法，革新教学设备，大力开展课外科技活动，大打高考翻身仗的教育革命新高潮。

1960年5月，湖南省教育厅确定110所完全中学（占当时全省完全中学总数的65%）为改革试点，以“适当缩短学制”为重点，试行中小学十年一贯制（五五分段），少数学校试行九年一贯制（五四分段）。试行学制改革的学校都召开了誓师大会，组织教师表决心，并以大字报的形式批判凯洛夫的《教育学》。

高等学校特别是工科高等学校，这期间广大师生积极投入全民大搞技术革新和技术革命的运动（简称“双革”运动），并把“双革”运动引入学校。有的学校在向“双革”进军的全校大会上提出：只有机械化、自动化，才能培养出高质量的人才。要求学校师生做到“人人有创造，个个有发明，事事有革新”。有的学校在校办工厂（包括1959年已经下马的工厂）大搞机械化、半机械化、自动化改造，使工厂大翻新；要求各实验室要自制高精尖的科研仪器，要选高精尖的科研课题开展实验，并且实行教师、学生、实验人员三结合攻关；还要求各教研室大搞教具改革，进行教具的自行设计、自行制造。有些学校大量组织突击竞赛，大搞献礼活动。有些学校除在校内搞“双革”外，还长时间停课，派出大量师生到校外支援“双革”运动。1960年6、7月份，全国各高校形成了全面开展“双革”运动的高潮，许多学校都停下课来，全员投入“双革”运动，大部分师生到校外厂矿、企业参与以“超声波化”、“管道化”为重点的群众运动。一些地方纷纷大搞全党全民办学校，大搞扫盲运动，大办业余教育，大力培养“红透专深”的人才。教育革命又出现了轰轰烈烈的场面。

1960年下半年，由于工农业生产“大跃进”造成的国民经济内部的种种矛盾已开始显露出来，教育事业的发展大大超过了国民经济承受能力的问题也摆在了党和政府的面前。这时候，为了加强农业战线和工业战线，就需要压缩教育战线。于是，教育革命的势头逐渐减弱。

由于在“大跃进”和教育大革命中师生劳动过多，教学任务过重，加之粮食减产导致口粮和副食品供应标准有所降低，造成师生疾病较多，健康状况下降。这一问题引起了中共中央、国务院的高度注意。1960年12月，中共中央、国务院发出《关于保证学生、教师身体健康的紧急通知》。《通知》指出，不少学校师生由于劳逸结合不好，营养较差，生活安排不好，发生了水肿病或其他疾病，这必须引起严重注意。师生的健康状况是一个关系到广大群众生活和利益的重要问题。当前，要立即抓紧治疗师生的疾病；要办好学校伙食；要适当减少工作、学习、劳动的分量，增加一些睡眠和休息时间，今冬明春不搞运动量大的体育活动，不再安排学生参加校外义务劳动；要调整教学、科研的要求，不搞突击竞赛，不搞献礼；要以抓生活为中心来抓思想政治工作。至此，全国性的教育革命实际上就终止了。

三、教育革命的经验教训

“大跃进”运动的开展反映了各级领导和广大人民群众迫切要求改

变我国经济文化落后状况的愿望。然而，它忽视了客观经济规律和自然规律，破坏了国民经济计划的综合平衡，夸大了主观意志和主观努力的作用；加之在宣传中片面强调“速度是总路线的灵魂”、“快是总路线的中心环节”，于是盲目求快就压倒了一切，造成了严重的后果。

教育革命作为“大跃进”运动的一个组成部分，其本意是为了更快、更好地发展我国的社会主义教育事业。在中国共产党的领导下，广大人民群众特别是广大教育工作者和学生积极参与教育革命，展现了人民群众中蕴藏着发展教育事业的巨大潜力和开展教育教学改革的巨大热情。在教育革命中，各级各类教育都有了空前的发展，普及教育的速度大大加快，在劳动人民知识化、知识分子劳动化方面取得了较为显著的成绩，在教育与生产劳动相结合、理论与实际相结合方面迈出了可喜的步伐，在学制、课程设置、教学内容、教学方法等方面的改革上进行了一些试验和探索，在这一过程中，教师队伍也得到了发展壮大。总之，教育革命在建设中国特色社会主义教育体系的探索中取得了一定的成绩和经验。

但是，由于当时大家对什么是社会主义、如何建设社会主义等一系列基本问题还没有搞清楚，对如何发展社会主义教育、如何进行教育改革等问题还缺乏经验，加之又处在全国各行各业都在“大跃进”的背景下，并且受到了中国共产党内“左”倾思想的严重干扰，所以在教育革命中不顾主客观条件急于求成，盲目冒进。教育工作是复杂的精神劳动，不宜采用群众运动的方式来推进教育事业的发展和改革。在教育革命中忽视了这一规律，以致造成了一些失误和偏差。其主要表现是：教育事业在规模和数量上发展过快，超出当时国家经济发展的条件；教育结构布局、专业设置不合理；忽视同知识分子特别是老教师的团结合作，同时党内民主不够，工作中出现一些简单、粗暴的做法，影响了一部分教师和党员的积极性；劳动、科研、社会活动过多，对课程不适当地大合大改，对劳逸结合、设备和仪器管理、学校总务工作等方面注意不够，使有些学校的一部分课程特别是基础课程的教学质量降低，同时也使学生的体质下降。

认真回顾和总结教育革命中正反两方面的经验教训，揭示其背后的教育规律，使之成为我国教育改革和发展的宝贵财富，这是十分必要的。

教育革命的主要经验教训有以下几个方面：

一是教育事业的发展必须同经济社会发展相协调，不能仅仅从良好的愿望出发，脱离经济社会发展的基础和条件，提出不切实际的高指标；不能简单地认为，只要群众的积极性被鼓动起来，就可以随意大办教育。实际上这样做的结果只能事与愿违，造成教育事业发展的大起大落。

二是教育改革要遵循自身的特点和规律，不能采取群众运动的方式来进行，不能违背学校以教学为主、学生以学习为主的原则。教育的重大改革必须经过深入的调查研究和严谨的科学论证，在此基础上提出方案，进行试点，不断总结经验，然后再逐步在面上推广。

三是办好社会主义教育，广大教师是主体。在教育的改革与发展中，要相信和依靠广大教师，充分发挥他们的主导作用。保持正常的师生关系。绝不能简单粗暴地对他们的不同意见加以批判和斗争，更不能为调动学生的积极性而否定教师的主导作用。同时要不断提高教师的社会地位、政治和生活待遇，最大限度地调动全体教职员工的积极性。

四是在教育工作中一定要正确地贯彻教育与生产劳动相结合的方针。学生在学习期间参加一定的生产劳动，不仅可以学会一定的生产和劳动技能，养成劳动习惯和艰苦朴素的作风，而且有助于实现教育与工农相结合，脑力劳动与体力劳动相结合。在贯彻教育与生产劳动相结合方针的时候，要努力做到使理论与实际结合起来，这样才有利于教育质量的提高。要注意基础理论的学习，要以科学实验作基础，不能以生产实践来代替基础理论的学习。高等学校的有些专业理论不是直接来源于生产性劳动，这就需要选择与之相适应的社会实践结合起来。同时不能违反学生身心发展的特点，超出学生的理解能力和承受能力，损害学生的身心健康；不能把学生单纯作为劳动力使用，高等院校和中等专业学校学生的劳动要尽可能地同所学专业相结合。

五是必须坚持党对社会主义教育事业的正确领导，保证教育方针政策的正确贯彻落实。党在领导教育事业的过程中必须尊重教育规律，在深入调查、论证的基础上科学决策；必须坚持实事求是的工作作风和民主集中制的原则，正确领导和组织广大教育工作者，充分调动他们的积极性，为教育改革的顺利进行提供政治和组织保证。

第三节 教育系统贯彻"调整、巩固、充实、提高"方针

当我国出现经济困难局面的时候，教育革命中造成的各级各类教育发展过快及其同国民经济发展水平不相适应的问题便日益凸显出来。为了解决这个问题，从 1961 年至 1963 年，教育系统认真贯彻中共中央提出的"调整、巩固、充实、提高"的方针（简称"八字"方针），并且取得了显著成效。

一、教育系统贯彻"调整、巩固、充实、提高"方针的背景

1960 年，我国出现了国民经济困难的局面。其主要表现是：国民经济发展的比例严重失调；国家财政支出大幅度增加，物价上涨，通货膨胀；人民群众的生活水平下降，粮食和农副产品严重短缺。造成这种困难局面的原因很多。从总的方面来讲，是由于"左"倾错误的干扰，严重地破坏了生产力的发展，同时我国遭遇连续三年的自然灾害，以及苏联撕毁中苏两国之间的合作协定等多方面的原因造成的。

为了扭转国民经济严重困难的局面，实现国民经济的好转，中共中央于 1960 年 7 月在北戴河召开工作会议，研究了调整国民经济的问题。北戴河会议后，国家计委根据中央意见，向国务院提交了《关于 1961 年国民经济计划控制数字的报告》。9 月 30 日，中共中央转发了国家计委的报告，报告中首次提出了"调整、巩固、充实、提高"的方针，要求各地参照执行。

1961 年 1 月，中共八届九中全会正式通过了对国民经济实行"调整、巩固、充实、提高"的方针，并制定了一系列正确的政策和果断的措施。

为了统一全党的思想，切实做好"调整、巩固、充实、提高"的工作，中共中央于 1962 年 1 月在北京召开了工作会议。来自中央各部门、各中央局与各省、市、自治区党委和地、县各级党委的负责人及重要厂矿企业党委、部队党委的负责人共七千多人参加了会议（又称为"七千人大会"）。会议在毛泽东的主持下召开。通过充分发扬民主，认真总结建国以来特别是 1958 年"大跃进"以来的成绩和经验教训，对工作中的错误与缺点进行了批评和诚恳的自我批评。根据会议精神，中共中央

和国务院出台了一系列政策和办法，认真贯彻对国民经济进行“调整、巩固、充实、提高”的方针。

经过1961年至1965年的“调整、巩固、充实、提高”，解决了由于“大跃进”造成的国民经济比例严重失调的问题，工农业生产的产值都接近和达到了历史最高水平，产品的品种和质量也有了很大提高，市场供应显著改善，全国物价平稳，人民的生活水平普遍提高。

教育事业的“调整、巩固、充实、提高”是整个国民经济“调整、巩固、充实、提高”工作的重要组成部分。在三年教育革命中，教育的发展严重地脱离了国民经济发展提供的可能，超出了国民经济的承受能力。其主要表现为：

第一，教育事业的过快发展占用了过多的劳动力，加重了国家的财政负担，加剧了物资供应的紧张状况。

在1958年至1960年期间，我国高小毕业生升学率达到83%以上，初中毕业生升学率达到97%以上，高中毕业生升学率则达到了100%。① 在当时我国农业机械化程度还很低、许多农活都需要手工完成的情况下，大批高小、初中和高中的毕业生都继续升学读书，造成了生产部门特别是农业生产第一线劳动人手的紧张状况。

再者，一个学生从进入高中到大学毕业需要7至8年时间。在这期间，他本人不能参加生产，等于暂时丧失了一个劳动力（按当时生产水平计算，8年中一个农民的净产值为2 513元）；国家还要为他的学习花费4 000元左右。据1960年统计，我国已有在校大学生96万人，普通中学在校学生1 026万人，中等专业学校在校学生222万人。② 向这数以千万计的中等以上学校的学生进行财政投入，对我们这样一个经济力量还十分落后的国家来讲，确实是一个十分沉重的负担。

同时，高等学校和中等学校的学生绝大部分来自农村，如果毕业后都要立即进入城市，那么，他们在校期间和毕业以后对于粮食、副食品和生活学习用品方面的大量消费，必然会增加物资供应方面的紧张

---

① 何东昌主编：《中华人民共和国重要教育文献》（1949～1975），海口：海南出版社，1998年版，第1013页。

② 中国教育年鉴编辑部编：《中国教育年鉴》（1949～1981），北京：中国大百科全书出版社，1984年版，第966页，第1001页，第982页。

状况。

第二，教育事业发展过快，影响了教育质量的提高。

由于迅速扩大招生规模，入学新生中有一部分人素质不高，进而使教育质量的提高受到了很大的制约。特别是由于各级各类教育迅速发展，造成了师资的严重短缺。于是，不但现有教师需要超负荷工作，从事教学研究与改革的精力和时间得不到保证，而且为了弥补师资不足，各地只好让小学教师升格教中学，中学教师升格教大学，还把一批政治文化素质和业务水平不高的人吸收进了教师队伍。有的地方甚至从高校临时借调成批学生到中学代课。师资质量的降低，严重影响了学校教育教学质量的提高。此外，由于学生数量的迅速增长，使学校的教室、宿舍、食堂、实验室都很紧张，教学设备也不能满足需要，这也给完成教学任务造成了困难。

第三，教育事业的过快发展造成了学校布局和专业设置的不合理。

各级各类学校特别是高等学校过多地集中在大城市里。1959 年，全国有高等学校 841 所，其中有 373 所集中在 18 个百万以上人口的大城市，占全国总校数的44.35%；全国高等学校学生总数为 81.2 万人，18 个百万以上人口的大城市中高等学校学生总数就有 55 万人，占学生总数的67.73%。① 中学和中等专业学校也大多设置在城市里。同时，高等学校、中等专业学校在科系和专业的设置方面同实际需要不完全协调，有的科系和专业设置偏多，而有的偏少。其中，培养农业技术干部的科系与专业较为薄弱；一些尖端科学的科系和专业，特别是国防尖端科学的科系和专业设置过于分散。在同一个城市中，高等学校的专业设置有许多不必要的重复。综合大学中的文科和理科的比例也不十分恰当，有理科挤占文科的倾向。

二、教育系统"调整、巩固、充实、提高"的过程和内容

为了解决教育事业发展过快造成的诸多问题，有必要按照"调整、巩固、充实、提高"的方针对各级各类教育进行有序的调整。教育事业的调整工作从 1960 年底作出部署，1961 年全面展开，到 1963 年调整工

① 何东昌主编:《中华人民共和国重要教育文献》(1949～1975)，海口：海南出版社，1998 年版，第 1022 页。

作初步取得成效。

1960 年 11 月 24 日至 12 月 12 日，中央文教小组根据中共中央北戴河会议和国家计委《关于 1961 年国民经济计划控制数字的报告》的精神，在北京召开了全国文教工作会议。会议强调，教育战线要坚决贯彻执行“调整、巩固、充实、提高”的方针和“以农业为基础”的方针；要正确处理教育事业发展同生产发展特别是农业生产发展的关系，以及数量和质量、政治和业务的关系；要妥善地解决教育事业发展过快、战线过长、劳动力占用过多的问题。根据这次会议的精神，中央文教小组向中共中央报送了《关于 1961 年和今后一个时期文化教育工作安排的报告》，对教育事业的调整作出了全面部署。

根据中央的部署，教育部于 1961 年 1 月 26 日至 2 月 4 日在北京召开了全国重点高等学校工作会议，并对北京市的高等学校和中等专业学校进行了调查研究。在此基础上确立了调整原则和调整方法，为其他地区教育事业的调整工作提供了有益的经验。

此后，教育部又分别于 1961 年 7 月 3 日至 15 日、1961 年 12 月 17 日至 28 日、1962 年 4 月 21 日至 5 月中旬分别在北京召开了三次调整工作会议（第三次调整工作会议即全国教育会议），各级各类教育的调整工作便有序地逐步展开了。

首先，调整高等教育。主要措施是：

（1）保证重点。根据全国重点高等学校工作会议的决定，教育部在重点高等学校实行“四定”（即定规模、定任务、定方向、定专业），加强了对重点高等学校的领导和集中管理。其具体做法是：61 所全国重点高等学校（1960 年确定的全国重点高等学校为 64 所，这里不包括其中的 3 所军事院校）的发展规模比现有人数减少的有 18 所；基本维持现有人数的有 11 所（一般都在5 000人 ~ 6 000人之间）；比现有人数略有增加的有 32 所（一般都在6 000人以下）。清华大学定为12 000人，北京大学定为11 500人。① 调整的原则是：明确学校的重点发展方向；各专业的业务范围适当放宽，范围过窄的专业和专门组要调整归并；国防

① 中央教育科学研究所编：《中华人民共和国教育大事记》（1949 ~ 1982），北京：教育科学出版社，1984 年版，第 287 页。

尖端专业的设置必须全国一盘棋；一所学校的专业数不宜过多，每个专业的学生人数不宜过少。

（2）压缩规模。一方面，压缩高等学校规模。新建的高等学校必须调整，条件很差的学校应分别予以保留、充实、合并或者撤销。其他高等学校也要确定各个学校的发展规模以及专业设置，以利于学校的稳定与提高。确定在1961年已有的高等学校中保留774所，并在此基础上大幅度地裁并高等学校特别是专科学校。保留下来的高等学校要逐步缩小规模。另一方面，压缩高等学校在校人数。总的做法是，控制学校的招生指标，基本上采取“多出少进”的方针，使在校学生数逐年下降。在1961年，高等学校招生要比1960年减少9.4万人。到1963年暑假以后，高等学校在校学生数要从1960年的96.2万压缩到75万左右，减少22%。

（3）调整布局。为了缩短战线，高等学校特别是工科院校，要在省、市、自治区范围内根据需要与可能进行调整，然后在此基础上以大区为单位统筹安排，尽量减少不必要的重复，以便集中力量提高教学质量。其中重要的一环是充实师资和提高师资水平。为了适应今后建设事业的实际需要和便于高等学校向中小城市分布，应当保留一批专科学校。

第二，调整中等专业教育。主要措施是：

（1）压缩规模。中央文教小组向中共中央报送的《关于1961年和今后一个时期文化教育工作安排的报告》确定，中等专业学校1961年招生50万人，比1960年减少11万人。在第一次调整工作会议上提出，对于基础较好的老的中等专业学校，应当尽量少压缩一些；某些地区确有困难，可采取暂不招生、下放一年等临时措施。对生产迫切需要又比较缺少的专业和学生，应当不压缩或少压缩。第二次调整会议确定，在现有学校中保留中等专业学校1 670所，其余学校均予裁并。第三次调整工作会议确定，要大量裁并1958年以后新设立的条件很差的中等专业学校，以及少数布局不够合理和设置重复的中等专业学校。保留下来的中等专业学校，五年内实行内部招生。

（2）调整布局。大城市在今后几年内一般不再新建中等专业学校。新建的学校要尽可能地安排一些在农村和中小城市。中等专业学校要根据接近生产基地、逐步下伸的原则，按照需要与可能继续进行调整。设在大中城市的中等专业学校，凡是主要面向农村、为农村的各项建设事业服务的，如农、林、医各科中等专业学校，以及主要为农业建设培养中级技术人员的工科学校，只要条件允许，都应该有计划地迁往小城镇。

第三，调整中小学教育。主要措施是：

（1）适当压缩规模。1961 年普通中学招生 335 万人（其中高中 55 万人），比 1960 年减少 99 万人；小学招生不提指标，由各地自定。在三五年内，中学和小学一般都不再招收超龄生。1961 年高级中学的在校学生数要由 1960 年的 167.5 万人压缩到 140 万人左右，减少16%；全日制初中的在校学生数要由 1960 年的 858.5 万人压缩到 700 万人左右，减少18%。[①] 同时，要区别城乡和根据各地区的不同情况，有计划地、积极地普及适龄儿童的小学教育，办好幼儿教育，解放妇女劳动力；厂矿企业的职工子弟学校（中小学）应当继续办下去，不能因为精简编制、撤销停办而增加城市安排学龄儿童入学和高小毕业生升学的困难。

（2）调整学校布局。要逐步地、有计划地发展农村中学。要结合农村中小学设置分布情况，划分服务半径，选择适中地点，在原来小学的基础上增加初中班级，在原来初中的基础上增加高中班级，使农村需要和可能升学的初中和小学毕业生做到就近上学，实行走读。农村学校学生的学习时间、劳动时间和假期要适应农事的需要。农村中各类学校的教学计划和教材要力求适合农村特点。农业中学和农村中的中学、高小应为农村培养农业和农业机械的技术人员。

（3）调整教育结构。鉴于 1963 年高级中学毕业生同高等学校招生比例已大体上达到了 2.5∶1，这个比例有利于保证高等学校的新生质量，因此普通高中应保持已有规模，不再发展，也不压缩；但没有考入大学的高中毕业生也要为参加生产劳动作好必要的准备。至于初级中学，规模偏大，需要进行适当的调整和精简。被调整出来的初级中学仍可保留初中名义，但应适当加强技术教育，主要是为包括农业在内的各项生产事业和服务行业培养初级技术后备力量，使学生在学习期间就从

---

① 何东昌主编：《中华人民共和国重要教育文献》（1949～1975），海口：海南出版社，1998 年版，第 1054 页。

思想上、课程内容上都有参加生产劳动或者就业的准备。

（4）全面提高教育质量，有计划地继续进行教育教学改革。中小学应以公办为主，民办为辅，允许私人开办。幼婴保育以家庭为主，民办为辅，公办作补充。中小学要切实保证教学时间，劳动时间应有所控制。对于学生，要首先保证学习时间和睡眠时间，然后安排课余活动的时间。教师参加体力劳动的时间不宜过多，以不妨碍教学为原则。要严格执行中央关于保证师生健康的指示，切实做到劳逸结合，保护年轻一代的身体健康。

第四，调整业余教育和职业技术教育。根据教育部和劳动部于1963年5月召开的城市职业教育座谈会的精神，调整业余教育和职业教育的主要措施是：

（1）积极有效地办好业余教育，继续扫除青少年中的文盲。农村中的扫盲和业余教育必须不影响群众的生产和休息，农闲多办，农忙少办，大忙不办。为了使回乡的高小、初中毕业生能够不断地提高其政治、文化、技术水平，安心农业生产，要逐步发展半日制初中、农业中学和其他职业中学及各级函授业余学校。业余教育必须采取灵活多样的形式，坚持结合生产和群众自愿的原则。

（2）适当发展职业技术教育。总的原则是，在调整过程中要贯彻普通教育与职业教育并举的方针，要把实施一般劳动就业训练的职业学校作为整个社会主义教育事业的重要组成部分。具体做法：一是设法将过去几年停办或合并的农业学校以及同农业有关的技术学校恢复起来；在县、镇和农村中，应根据各地农业生产发展的不同情况，积极举办为农业服务的技术学校，同时也要办好农业中学。二是林业、工业、商业以及其他有关部门应根据需要和可能开办一些技术学校和技工学校，分别提出本部门技术后备力量的培训计划，并由国家计委和教育部汇总平衡。

第五，调整和精简教职工。主要措施是：

（1）教育部成立精简调整办公室，负责全国各级各类学校调整和精简教职工的工作。地方各级教育行政部门也设有专门机构或专人负责此项工作。

（2）确定教职工与学生的比例。编制的标准是：小学每班1.32人（重点小学为1.7人），其中教师每班1.22人（重点小学为1.5人）；初中每班3.25人（重点初中3.5人），其中教师每班2.25人（重点初中2.5人）；高中每班3.6人（重点高中4人），其中教师每班2.6人（重点高中3人）；中等师范学校1:9.5（每班4.7人），其中教师与学生的比例为1:15（每班3人）；中等技术学校1:6～7，其中教师与学生比例为1:12；高等学校是1:3.3～3.6（重点学校为1:3～3.4），其中教师与学生比例为1:6.5～7（重点学校为1:6～6.5）。①

（3）精简教职工。要求各级各类学校共精简教职工40万人至50万人，其中中等以上各级学校精简34万人。对于编余的教职工，要区别不同情况，妥善处理。

三、教育事业调整工作取得初步成效

我国的教育事业调整工作到1963年已经取得初步成效。主要表现在以下几个方面：

第一，缩小了教育事业发展规模，提高了入学新生的质量。

到1963年底，全国高等学校由1960年的1 289所裁并为407所；在校学生由96.2万人压缩为75万人。中等专业学校由1960年的6 225所压缩为1 355所，在校学生由221.6万人减少为45.1万人。普通中学由1960年的21 805所，到1963年压缩为19 599所，在校学生由1960年的1 026.1万人减少为761.61万人。② 同时还安置了精简的教职工43万多人，安置了裁并下来的中等以上学校的学生45万多人。③ 由于在教育事业调整中压缩了高等学校的招生规模，使高中毕业生的升学比例由教育革命中的1:1下降为2.5:1，这既有利于高等学校选拔品学兼优的新生入学深造，也对中等学校乃至小学提高教育质量、形成勤奋好学的风气发挥了重要作用。

另外，由于高中、中专和初中压缩招生规模，一方面使大量的初中、高小毕业生回到了以农业为主要战线的生产第一线，另一方面也提高了高中、中专和初中的入学新生质量。

---

① 中央教育科学研究所编：《中华人民共和国教育大事记》（1949～1982），北京：教育科学出版社，1984年版，第309～310页。

② 中国教育年鉴编辑部编：《中国教育年鉴》（1949～1981），北京：中国大百科全书出版社，1984年版，第965～966页，第981～982页，第1000～1001页。

③ 何东昌主编：《当代中国教育》（上），北京：当代中国出版社，1996年版，第76～77页。

第二，优化了教师队伍结构，提高了师资质量。

调整工作开始后，教育部就明确要求，必须把从高一级学校里精简下来的好教师仍旧保留在教师队伍里，充实到下一级的重点学校或师资力量薄弱的学校，作为骨干教师使用。接着，教育部于1961年2月11日发出《关于保证中小学师资质量的通知》，要求各级师范学校招生必须保证质量，认真改变过去那种在师范学校招生问题上降格以求勉强凑数的做法，并提出应在当年秋季从不能升学的高、初中毕业生中酌量选出一批较好的学生，加以短期训练后，主要补充到农村中小学的师资队伍里，以便提高教师队伍的质量。①

同时，这期间各地还健全和充实了教师进修机构，开展了教师函授学习，加强了在职教师的培训工作。这对于提高在职教师的文化水平和业务水平起了很好的作用。

第三，推动了举办重点学校的工作。

在调整工作中，为了在有限的财力、物力、人力的基础上，集中力量办好重点学校，使它们起到示范作用，推动面上教育教学质量的提高，教育部加强了对重点学校的领导和管理。在高等教育方面，对全国重点高等学校采取定规模、定任务、定方向、定专业的办法，进一步提高了这些重点高校的教育教学质量。其后各省、市、自治区也确定了一批省管的重点高等学校。例如，辽宁省除两所高校被列为全国重点高校外，还确定另外九所高校为省级重点高等学校。在中小学方面，根据教育部的要求，各省、市、自治区选定了若干所中学，在每一个县（市）和市属区范围内选定了一所或几所小学，作为重点学校；并努力把这些重点学校办好，在教育经费、校舍建设、教学设备、教师队伍和招生等方面给予充分保证。

第四，加强了学校的体育卫生工作。

针对在国民经济严重困难时期出现的学校师生体质普遍下降的问题，中共中央、国务院于1960年12月21日发出了《关于保证学生、教师身体健康的紧急通知》。在教育事业调整的过程中，教育部于1962年

① 何东昌主编：《中华人民共和国重要教育文献》（1949～1975），海口：海南出版社，1998年版，第1029～1030页。

4月21日发出了《对当前学校体育工作的几点意见》，要求各级各类学校在开展体育活动时既要积极去做，又要切合实际，并要同卫生保健等工作结合起来。[①] 1963年，许多学校恢复了《劳卫制》的锻炼和测验。1964年，国家体委和教育部颁布了《青少年体育锻炼标准（草案）》。由于这时我国经济困难的局面已经基本结束，人民的生活在不断改善，青少年学生迫切需要增强体质，所以《体育锻炼标准》的颁布极大地促进了各级各类学校群众性体育运动的开展。到1965年，全国已有4 280万青少年达到了《体育锻炼标准》规定的各级标准，有效地增强了学生的体质。[②]

第五，改善了各级各类学校的办学条件。

教育部在1961年5月21日发出通知，要求重点高等学校在充分利用现有校舍、设备，节省国家财力、物力的原则下，根据新确定的专业和规模，按规定的标准编制近期的校舍、设备"填平补齐"计划，并采取措施予以落实。其后教育部等单位又多次通知各地，对停办或合并学校的财产（包括校舍、仪器、机器、图书、家具、材料及其他设备、物资）都必须加以妥善保管和认真爱护，要将这类财产充实到保留下来的学校，以改善保留学校的办学条件。

在调整教育事业的过程中，各级各类学校都逐步恢复了学校的正常教学秩序，对学校教学、劳动、科研的时间作了合理的安排，以保证有足够的时间用于教学。同时，加强了对学生基础理论、基本知识、基本技能的教学与训练，建立和完善了学习成绩考核制度等。这些改进教学工作的措施对于提高学校教育质量是十分重要的。

在教育事业调整过程中也出现过一些偏差。例如，有些地方的农村公办小学转民办过多，致使学龄儿童入学率降低。延安地区的学龄儿童入学率竟由1957年的67.2%下降为1962年的47%，引起了当地群众的不满。[③] 再如，有些地方将半工半读的农业中学停办过多，造成中小学毕

---

① 何东昌主编：《中华人民共和国重要教育文献》（1949～1975），海口：海南出版社，1998年版，第1088页。

② 李晋裕、滕子敬、李永亮主编：《学校体育史》，海口：海南出版社，2000年版，第78页。

③ 教育部档案，1963年长期卷，卷3。

业生升学和就业的困难。有些地方裁并学校、精简人员的方式比较简单、粗暴，缺乏细致的思想工作，伤害了一些被精简人员的感情，造成了一些被精简人员的实际生活困难。

从全局来看，教育调整工作是很成功的。在调整工作基本结束时，随着国民经济的全面好转，教育事业重新走上了有计划的稳定发展的轨道。同时，这次教育事业的调整也为探索建设中国特色社会主义教育体系积累了新的经验。

第四节　制定和试行全日制学校暂行工作条例

在对教育事业进行调整的同时，教育系统经过深入的调查研究，在认真总结建国十多年来教育工作的成绩和经验，特别是三年教育革命的经验教训的基础上，制定了三个全日制学校暂行工作条例。这三个条例分别对学校教育的基本任务、教育教学工作、思想政治教育、教师的根本任务与相关政策、党政工作等方面作出了具体规定，使学校各方面的调整工作都有章可循。

一、制定全日制学校暂行工作条例

鉴于共和国遭受严重经济困难的沉痛教训，毛泽东在 1960 年 6 月撰写了《十年总结》一文。文章指出："我们对于社会主义时期的革命和建设，还有一个很大的盲目性，还有一个很大的未被认识的必然王国，我们还不深刻地认识它。我们要以第二个十年的时间去调查它，去研究它，从其中找出它的固有的规律，以便利用这些规律为社会主义的革命和建设服务。"① 1961 年 1 月，毛泽东在中共八届九中全会上号召全党大兴调查研究之风，使 1961 年成为调查研究年、实事求是年。这就为中国共产党恢复实事求是的传统作风，纠正"左"的错误，总结经验教训，创造了很好的氛围。在这样的氛围里，毛泽东亲自主持制定了《农村人民公社工作条例（草案）》，即"农村六十条"。接着，在中共中央的领导下，工业、商业、手工业、科研、文艺等各个部门都在开展调查研究的基础上制定了具体的工作条例，使各方面的调整工作有

① 逄先知、金冲及主编：《毛泽东传》，北京：中央文献出版社，2003 年版，第 1083 页。

章可循。三个全日制学校暂行工作条例就是在这样的背景下制定出来的。

全日制学校暂行工作条例包括《教育部直属高等学校暂行工作条例（草案)》、《全日制中学暂行工作条例（草案)》、《全日制小学暂行工作条例（草案)》。这三个工作条例都是根据中共中央的指示，在调查研究的基础上制定的，也都是由中共中央批准试行的。

1.《教育部直属高等学校暂行工作条例（草案)》

1961年3月，中共教育部党组会同中共中央宣传部，从调查研究入手，开始草拟《教育部直属高等学校暂行工作条例（草案)》。

在草拟这个《条例》的过程中，教育部部长杨秀峰和副部长蒋南翔亲自率领调查组踏访北京、天津地区的高等学校，广泛听取各方面意见，深入细致地进行调查研究工作。他们召集高等学校负责人和部分师生员工共同总结教育工作，特别是总结1958年以来三年教育革命的经验教训。

接着，教育部先后两次召开座谈会，邀请清华大学、北京大学、中国人民大学等校的党员负责干部和著名教授畅所欲言地提意见。

高等学校的工作虽然成绩是主要的，但也存在着一些亟待解决的问题。这些问题主要是：有的人以政治代替业务，把认真读书说成是“白专道路”；有的学校把群众运动的方式不适当地搬用到教学改革里来，用群众运动的方式大破原有的教学理论体系；有的人把学术问题同政治问题混淆起来，违背“双百”方针，大搞批判和斗争，挫伤和压制了知识分子的积极性；有的学校把共产党的领导庸俗化，党委过多地包揽了学校的行政事务；在思想政治工作中存在着宁“左”勿右的现象；有的学校忽视了教职工和学生的生活安排，等等。

为了总结经验，肯定成绩，克服缺点，解决上述存在的问题，由蒋南翔主持拟定了《教育部直属高等学校暂行工作条例（草案)》，报送中共中央审核。

1961年7月下旬，在中共中央总书记邓小平主持下，中央书记处在北戴河开会听取蒋南翔作关于《教育部直属高等学校暂行工作条例（草案)》的起草说明，逐条审议了《条例》的修改稿，并成立了一个由中央文教小组组长陆定一主持的小组，根据会议讨论的意见，对《条例》

进行反复修改。

8月1日至5日，中央书记处连续召开会议，对《条例》逐条进行讨论，作了进一步的修改，直到与会者对修改稿都表示满意为止。与此同时，会议讨论了中共中央关于讨论和试行《条例》的指示草稿，以及邓小平与有关同志在8月5日联名写给毛泽东和中共中央政治局常委的信。信中报告了《条例》的修改经过和主要内容。

8月5日，中央书记处开会作出两项决定：一是由陆定一负责将文件修改后立即发给参加中央工作会议的同志，以便参加会议的同志能够事先阅读，准备意见；二是由教育部负责派三个工作组到北京、上海、天津，各选一所高等学校，分头宣读《条例》，征求意见。会后，教育部即派出三个工作组，到北京大学、天津大学、上海复旦大学，分别征求这些学校负责干部和师生对《条例》的修改意见。

1961年8月下旬至9月中旬，毛泽东在庐山主持召开中央工作会议，对《教育部直属高等学校暂行工作条例（草案）》和中共中央指示草稿进行了讨论和审议。其间，陆定一在讨论中发言，对该《条例》作了说明。会议对《条例》的改动不大。

9月14日，中央书记处开会通过《教育部直属高等学校暂行工作条例（草案）》。9月15日，经毛泽东核阅批准，中共中央正式颁布和试行这个条例，并发出了《中共中央关于讨论和试行〈教育部直属高等学校暂行工作条例（草案）〉的指示》，原则批准了这个《条例》，并决定在教育部直属高等学校试行。同时，将《指示》发给其他高等学校学习和讨论，是否试行和如何试行，由各地区、各部门决定。

《教育部直属高等学校暂行工作条例（草案）》分总则、教学工作、生产劳动、研究生培养工作、科学研究工作、教师和学生、物质设备和生活管理、思想政治工作、领导制度和行政组织、党的组织和党的工作共十章，六十条，故通称“高校六十条”。其主要内容有：

第一，高等学校的基本任务是贯彻执行教育为无产阶级政治服务，教育与生产劳动相结合的社会主义教育方针，培养社会主义建设所需要的各种专门人才。高等学校培养的学生应具有爱国主义和国际主义精神，具有共产主义道德品质，拥护共产党的领导，拥护社会主义，愿为社会主义事业服务、为人民服务；他们应通过马克思列宁主义、毛泽东思想的学习和一定的生产劳动与实际工作的锻炼，逐步树立无产阶级的阶级观点、劳动观点、群众观点、辩证唯物主义观点；他们应掌握本专业所需要的基础理论、专业知识和实际技能，尽可能了解本专业范围内科学技术的新发展；同时应具有健康的体魄。

第二，高等学校必须以教学为主，努力提高教学质量。为此，必须正确处理教学同生产劳动、科学研究、社会活动之间的关系。为了保证以教学为主，高等学校每年平均应有八个月以上的时间用于教学。在教学中必须正确贯彻理论联系实际的原则，切实驾驭基础理论课程的教学，切实加强基本技能训练，努力树立理论与实际统一、高度的革命性与严格的科学性统一的学风。教学中必须发挥教师的主导作用。教师要传授知识，负责地教育学生，严格地要求学生，启发学生的主动性和积极性，注意因材施教。

第三，高等学校学生参加生产劳动的目的是向工农群众学习，同工农群众密切结合，克服轻视体力劳动和体力劳动者的观点，养成劳动习惯；同时，通过参加生产劳动，更好地贯彻理论联系实际的原则。高等学校学生每年参加劳动的时间一般为一个月至一个半月。必须按照各专业的特点，分别确定参加生产劳动的内容、方式和时间。学校可以根据专业的需要和可能的条件，举办小型工厂，或者同校外的工厂、农场建立固定联系。

第四，高等学校应该重视培养研究生的工作。应根据教师条件和进行科学研究的基础招收研究生，培养科学研究人才和高等学校师资。培养研究生要严格保证质量，宁缺勿滥。

第五，高等学校应该积极开展科学研究工作，以促进教学质量和学术水平的提高。高等学校开展科学研究的主要力量是教师。教师应该在保证完成教学任务的前提下，积极参加科学研究。高等学校学生参加科学研究的目的，在于获得从事科学研究的训练，培养独立工作的能力。

第六，高等学校教师的根本任务是认真教好学生，完成教学任务。为此，必须充分发挥老教师的作用，有计划地培养和提高青年教师。新老教师应该紧密团结，取长补短，共同提高。教师不实行上下班制度。要切实保证教师的业务工作时间，严格执行中央关于保证知识分子至少有六分之五的工作日用在业务工作上的决定。学生要努力学习，刻苦钻研，学好功课。高等学校要正确执行党的知识分子政策，团结一切可以团结的教授、副教授、讲师、助教和其他具有专门知识技能的人，调动一切积极因素，为社会主义高等教育事业服务。要积极提倡和热心帮助知识分子进行思想改造。但是在处理具体问题的时候，必须正确区分政治问题、世界观问题、学术问题之间的界线。政治问题又必须严格划分人民内部矛盾同敌我矛盾的界线。高等学校必须贯彻执行“百花齐放、百家争鸣”的方针。要积极开展各种学术问题的自由讨论，以利于提高教学质量和学术水平，促进科学文化的进步和繁荣。在自然科学中，必须提倡不同学派和不同学术见解的自由探讨。在哲学、社会科学中，必须批判地继承历史文化遗产，吸收其中一切有价值的东西。必须研究和批判现代资产阶级的各种学说。

第七，高等学校要加强党的领导，实行党委领导下的以校长为首的校务委员会负责制。高等学校的思想政治工作在学校党委的领导下进行。思想政治工作的任务是：在全校师生员工中宣传马克思列宁主义、毛泽东思想，宣传党的总路线和各项方针政策，不断提高他们的政治思想觉悟和道德品质；团结全校师生员工，充分调动他们的积极性，贯彻执行党的教育方针，保证学校的教学工作和其他各项工作任务的完成；在思想政治工作中，要正确处理“红”与“专”的关系。思想政治工作不但要管“红”，而且要管“专”。高等学校师生的“红”，不但应该表现在政治思想方面，而且应该表现在他们的教学和学习的实际行动中。①

《教育部直属高等学校暂行工作条例（草案）》比较全面和系统地总结了我国进行社会主义高等教育建设的经验，明确规定了在我国举办高等教育的一些重要原则和制度。它对纠正三年教育革命在高等学校造成的偏差和失误，稳定高等学校的教学秩序，改进教学工作，提高教学质量，调动知识分子的积极性，发展高等教育事业，都起了积极的作用；对于在高等学校贯彻执行党和国家的教育方针也起了保证作用。

2. 全日制中小学暂行工作条例

教育部在制定“高校六十条”的同时，由杨秀峰主持，对我国中小

---

① 何东昌主编：《中华人民共和国重要教育文献》（1949 ~ 1975），海口：海南出版社，1998 年版，第 1060 ~ 1066 页。

学的状况进行了广泛的调查研究，并组织力量在北京市和河北省石家庄地区进行实地调查。在调查研究的基础上，于1961年7月开始起草《中小学暂行工作条例（草案）》，同时委托上海、吉林、陕西、河北等省、市的教育厅（局）也分头拟定条例草案。

1961年9月，教育部召开有北京、上海、河北等12个省、市的教育厅（局）长和中央有关部门代表参加的《全日制中小学暂行工作条例》起草会议，拟定了《全日制中小学暂行工作条例（草案）》的初稿，会后即将此稿报送中共中央。

1962年2月18日，中共中央书记处经过讨论，决定将中学的条例和小学的条例分别制定。① 于是，在1962年上半年，教育部根据"高校六十条"的指导思想，分别拟出中学和小学暂行工作条例的草案，并在作了较大修改后再次报送中央。

1963年3月23日，中共中央批准公布《全日制小学暂行工作条例（草案）》和《全日制中学暂行工作条例（草案）》。与此同时，中共中央还发布了《关于讨论试行全日制中小学工作条例和对当前中小学工作几个问题的指示》。《全日制中学暂行工作条例（草案）》和《全日制小学暂行工作条例（草案）》作为附件同时发出。

中共中央在《指示》中强调指出："中小学教育是整个教育事业的基础。中小学教育质量的高低，不仅关系到能否把我们的后代培养成为有社会主义觉悟的有文化的劳动者，而且直接影响我国高等教育和科学研究的水平。应该了解，一二十年以后，我们新的一代的精神面貌和知识水平将会如何，我国的科学文化将会达到什么样的水平，以至我们能不能在比较短的时间内，把我国建设成为一个具有现代工业、现代农业、现代科学技术和现代国防的社会主义强国，在相当程度上将取决于现在中小学教育的状况如何。因此，提高中小学的教育质量，是一项具有战略意义的任务。"② 《指示》要求各地党委和政府要把中小学教育工作摆到重要的议事日程上。教育部和各省、市、自治区教育厅（局）要

① 薄一波著：《若干重大决策与事件的回顾》（下卷），北京：中共中央党校出版社，1993年版，第988页。

② 何东昌主编：《中华人民共和国重要教育文献》（1949～1975），海口：海南出版社，1998年版，第1150页。

直接指导和帮助办好一批全日制中小学，作为示范。

《全日制中学暂行工作条例（草案）》分总则、教学工作、思想政治教育、生产劳动、体育卫生和生活管理、教师、行政工作、党的工作和其他组织工作，共计八章，五十条，故通称“中学五十条”。《全日制小学暂行工作条例（草案）》分总则、教学工作、思想品德教育、生产劳动、生活保健、教师、行政工作、党的工作和其他组织工作，共计八章，四十条，故通称“小学四十条”。综合起来说，两个条例的主要内容有：

第一，关于全日制中小学的任务和培养目标。

遵照党和国家的教育方针，中小学教育的任务是为社会主义建设事业培养劳动后备力量和为高一级学校培养合格的新生。

小学的培养目标，是使学生具有爱祖国、爱人民、爱劳动、爱科学、爱护公共财物等品德，拥护社会主义、拥护共产党，使学生具有初步的阅读、写作和计算的能力，具有初步的自然常识和社会常识，培养良好的学习习惯，使学生的身心得到正常的发展，具有健康的体质和良好的生活习惯与劳动习惯。

中学的培养目标，是使学生具有爱国主义和国际主义精神，具有共产主义道德品质，拥护共产党的领导、拥护社会主义，愿意为社会主义事业服务，为人民服务；逐步培养学生的工人阶级的阶级观点、劳动观点、群众观点、辩证唯物主义观点。使学生在小学教育的基础上，进一步掌握语文、数学、外国语等课程的基础知识和基本技能，并且具有一定的生产知识。使学生的身心得到正常的发展，具有健康的体质，良好的生活习惯和劳动习惯。

第二，关于全日制中小学的教学工作。

中小学都必须根据教育部统一规定的教学计划、教学大纲和教科书进行教学，地方教育行政部门和学校不得任意修改。在教学中应贯彻以教学为主的原则。教师要认真备课，改进教学方法，提高课堂教学质量。要保证小学全年有九个半月的教学时间，中学有九个月的教学时间，不得随意停课。小学和中学必须按照教学计划设置统一的课程。课堂教学是中小学教学的基本形式。小学应根据少年儿童的年龄特点和接受能力进行教学；不要不适当地放慢教学进度，降低教学要求，也不得搞突击教学和学习竞赛活动，使学生的学习负担过重。中学必须按期完成教学计划。切实加强基础知识的教学和基本技能的训练。教学工作要遵循理论与实际结合的原则，既重视书本知识的教学，也适当地通过实验、实习、生产劳动和参观等活动，使学生得到一定的直接知识。教师讲课，一定要把课文内容讲清楚。对学生的学习既要有统一的要求，又要承认差别，因材施教。在加强班级教学的同时，要认真加强个别辅导。要注意发挥有特长学生的才能，要耐心帮助学习较差的学生。教学方法不能强求一律。教师要研究和指导学生的学习方法，教育学生养成良好的学习习惯。

第三，关于全日制中小学的思想政治教育。

小学主要是要教育学生热爱祖国、热爱社会主义、热爱共产党、热爱劳动、热爱科学，遵守公共秩序，爱护公共财物，团结友爱，尊敬老师和长辈。中学则强调要以马克思列宁主义、毛泽东思想为指导，对学生进行共产主义思想教育、爱国主义和国际主义的教育，使学生逐步树立正确的人生观和世界观。在思想政治教育中要针对学生的特点，通过各种生动活泼的形式开展工作，切忌一般化和简单化。由于小学和中学的学生除了极少部分将升入高一级的学校外，一小部分要在城市就业，绝大部分则要在农村参加农业生产劳动，所以在“小学四十条”和“中学五十条”中，都提出要教育学生以正确的态度对待升学和参加劳动，使学生懂得小学毕业以后升学或者参加劳动同样是国家需要的，同样是光荣的。在“中学五十条”中，明确要求要对学生进行为农业服务的教育，使他们懂得农业是国民经济的基础，要准备在需要的时候参加农业生产或农村工作。

第四，关于全日制中小学的生产劳动。

参加劳动的目的，是要养成学生的劳动习惯，树立劳动观点。小学生要求在力所能及的范围内，能照顾自己的生活，帮助家庭劳动和积极参加学校组织的各种社会公益劳动。在劳动中要教育学生爱护劳动工具，遵守劳动纪律，并学到一些简易的生产知识和劳动技能。小学一、二、三年级不设劳动课，四年级以上学生全年参加劳动的时间为半个月，每次参加劳动的时间不能过长。中学生参加劳动可以采取校内劳动，同工厂、人民公社挂钩，回到生产队劳动等方式。同时，应根据当地的条件，建立简单的车间或者农业实验园地。在劳动过程中要加强思想政治教育、纪律教育、生产知识教育和安全教育。无论是中学或小学，都要注意劳动安全保护，都不能把劳动作为惩罚学生的手段。因病因事少参加的劳动事后不补。

第五，关于全日制中小学的体育卫生工作。

中小学生要坚持上早操和课间操。体育课要求必须适当，不要过高。要适当开展课外体育文娱活动，以增进学生的身心健康。要经常进行卫生常识教育，教育学生养成讲究卫生的习惯。要努力改善学校的环境卫生，采取积极措施保护学生的视力。小学生应每天睡足十小时，中学生应每天睡足八小时。

第六，关于全日制中小学的教师。

教师的根本任务是把学生教好。教师应该热爱教育事业，努力完成教学任务。对中小学教师的基本要求是：教好功课，爱护学生，以身作则，努力学习。教师之间要加强团结，互相尊重，互相帮助，取长补短，共同提高。要积极提倡和热心帮助教师进行思想改造。在处理教师思想政治问题的时候，必须严格区分人民内部矛盾和敌我矛盾的界线。凡属人民内部矛盾的问题，必须采取民主的、说服的方法，不得采用简单粗暴的方法。要建立和健全教师的业务进修制度，保证教师的进修时间。教师的工作应该力求稳定，以便他们积累教学经验，提高教学质量。要严格保证教师的业务工作时间和休息时间，除学校统一规定的重大活动外，业余时间和假日由教师自己支配。

第七，关于全日制中小学的行政工作。

中小学校的校长是学校的行政负责人。学校党支部对学校行政工作负有保证和监督的责任。共青团和教育工会应该在党的领导下协助学校行政做好工作。国家举办的全日制小学由县（市属区）教育行政部门统一管理。其设置、停办由县（市）人民委员会批准。国家举办的全日制中学实行分级管理。即初中一般由县（市）教育行政部门管理；高中和完全中学一般由省、市、自治区教育厅（局）管理。其设置、迁移、停办由省、市、自治区人民委员会批准。

从上述全日制中小学暂行工作条例（草案）的主要内容可以看出，这两个条例草案对中小学教育工作作出的规范，既明确了统一的要求，又在某些问题上具有一定的灵活性。在当时，这两个条例草案对于正确贯彻党的社会主义教育方针，稳定学校正常教学秩序，提高教学质量，都起到了重要作用。

二、全日制学校暂行工作条例的试行与贯彻

全日制学校的三个暂行工作条例颁布后，受到了学校教育工作者和广大学生的热烈欢迎，很快就在高等学校和中小学掀起了学习和试行的热潮。

在《教育部直属高等学校暂行工作条例（草案）》颁布以后，经中共中央批准，教育部于1961年9月23日至10月8日召开了贯彻“高校六十条”会议。参加会议的有教育部各直属高等学校负责人和各省、市、自治区教育厅（局）长。这次会议在认真学习和研究“高校六十条”基本精神的基础上，着重讨论了如何贯彻落实的问题。

1962年3月，周恩来在全国人大二届三次会议的政府工作报告中提出，“高校六十条”可以在全国所有的高等学校中试行。到1963年上半年，全国试行“高校六十条”的高等学校已有222所。其中包括教育部直属的24所高等学校，中央各部委领导的71所高等学校，各省、市、自治区领导的127所高等学校。① 其他高等学校也都参照“高校六十条”的精神改进了工作。

在试行“高校六十条”的高等学校中，以教学为主的原则得到了切实贯彻，教学工作逐步走上了正轨。为此采取的主要措施有：

（1）通过修订教学计划，合理安排了教学工作和生产劳动、科学研究、社会活动的时间，保证了学校以教学为主，保证教师一周有六分之五的时间用于业务活动。

（2）根据学校培养目标，精心设计了课程设置和各个教学环节；加强了基础理论课程和基本知识课程的教学，加强了基本技能的训练。

（3）选派有经验的教师走上教学第一线，强调发挥教师在教学中的主导作用，严格了学生的考试考勤制度，加强了教学管理。

（4）一些试行“高校六十条”的师范院校，较好地处理了师范性同学术性的关系，使所设课程充分体现了师范教育的特色。同时，为了保

① 中央教育科学研究所编：《中华人民共和国教育大事记》（1949～1982），北京：教育科学出版社，1984年版，第298页。

证高等学校毕业生符合教学计划所要求的培养规格，有些高等学校还对三年教育革命以后因为各种原因使学生缺修的课程进行了补课。如山西省根据“高校六十条”的精神，在高等学校中认真贯彻以教学为主的原则，控制了生产劳动的时间，调整了课程课时，加强了基础课和实验，补教补学了几年来应开而未开的课程，恢复和修订了一系列教学和管理的规章制度，从而基本上结束了 1958 年以来高等学校的混乱局面，大大激发了广大教师的教学积极性。上述做法都取得了良好的效果。

在试行“高校六十条”的过程中，各地高等学校正确地执行了党的知识分子政策和“百花齐放、百家争鸣”的方针，调动了广大教师的积极性，使他们能够心情舒畅、满怀热情地投入到教学工作和科学研究工作之中。有些高等学校还特别注意发挥老教师的专长，让他们开设新课程，积极开展科学研究和各种学术活动，从而活跃了学校的学术气氛，扩大了学校的知识领域。这对于培养学生的创新能力、提高青年教师的业务水平也都具有积极作用。

各地高等学校在试行“高校六十条”的过程中出现了许多可喜的新变化。

北京大学在试行“高校六十条”以后，仅 1962 年就增设了 40 多门新课程。课堂上不仅讲辩证逻辑，也讲黑格尔的逻辑；不仅开设了米丘林学派的遗传学课程，也开设了摩尔根学派的细胞遗传学。教师们在讲授这些课程时，既讲自己的学术见解，也介绍不同学派的观点，还鼓励学生在课堂讨论中开展自由争论。

清华大学在努力改进教学工作、提高教学质量的同时，还积极开展科学研究。该校在 1962 年召开的第五次科学讨论会上发表的科研成果受到了广大学术界人士的赞许。

1962 年 1 月至 10 月，复旦大学仅各系举行的学术报告会就有 871 次，请校外专家来校作报告 18 次，本校教师外出作学术报告 84 次，发表论文 134 篇。

吉林大学从 1962 年 5 月至 9 月，举行全校性的学术报告会 48 次，并恢复出版了该校的自然科学学报和社会科学学报。①

① 郝维谦、龙正中主编：《高等教育史》，海口：海南出版社，2000 年版，第 207 ~ 208 页。

山东大学在1962年先后举行了“辛亥革命五十周年”学术讨论会和“鲁迅诞辰八十周年”学术讨论会，并恢复了反右派斗争中被停刊的著名社会科学杂志《文史哲》。

上述这些措施极大地活跃了高等学校的学术气氛，在广大师生中出现了认真读书、勤奋探索的新气象。

根据“高校六十条”的精神，各重点高等学校加强了培养研究生的工作。为了搞好这项工作，教育部于1963年1月在北京召开了高等学校研究生工作会议，并于4月29日发出试行《培养研究生暂行工作条例（草案）》的通知。这个《暂行工作条例（草案）》共30条，分为总则、招生工作、培养工作、领导与管理、待遇与分配工作、研究院共计6章。① 其中规定，研究生的培养目标是：具有爱国主义和国际主义精神，具有共产主义道德品质，拥护共产党的领导，拥护社会主义，愿为社会主义事业服务，为人民服务；通过马克思列宁主义、毛泽东著作的学习，和一定的生产劳动、实际工作的锻炼，逐步树立无产阶级的阶级观点、劳动观点、群众观点、辩证唯物主义观点；深入地掌握本专业的基础理论、专门知识和基本技能，熟悉本专业主要的科学发展趋向；掌握两种外国语；具有独立地进行科学研究工作和相应的教学工作的能力；具有健全的体魄。脱产研究生学习期限一般为三年；在职研究生学习期限一般为四年。招生和培养工作由中央教育部统一规划和领导。与此同时，还颁布了《研究生专业目录》和《制定研究生培养方案的原则规定》，使培养研究生的工作逐步走上了正轨。

在思想政治工作特别是对学生的思想政治教育方面，由于加强了马克思列宁主义、毛泽东思想和党的路线、方针政策的宣传教育，正确地处理了红与专的关系，从而提高了广大学生的政治思想觉悟，调动了学习的积极性，加上对生产劳动、社会活动的合理安排，使他们能够将主要时间和精力用于业务学习和政治学习，以增长知识，锻炼能力，提高素质，沿着又红又专的道路健康地成长。

在试行“高校六十条”的过程中，各高等学校实行党委领导下的以

---

① 何东昌主编：《中华人民共和国重要教育文献》（1949～1975），海口：海南出版社，1998年版，第1167～1169页。

校长为首的校务委员会负责制，加强和改善了党的领导，充分发挥了校长、校务委员会和各级行政组织的作用，调动了广大教职工的积极性，增强了学校的凝聚力，使大家同心同德，为办好社会主义大学贡献了自己的智慧和力量。

《全日制小学暂行工作条例（草案）》、《全日制中学暂行工作条例（草案）》和中共中央关于讨论试行这两个暂行工作条例（草案）的指示在1963年3月颁布以后，各省、市、自治区党委和教育行政部门立即采用各种形式，组织教育行政干部、中小学党政负责人、教师、学生进行学习讨论，深入领会“小学四十条”和“中学五十条”的精神，制定具体措施或补充办法，以便贯彻落实。同时，各省、市、自治区都选定了一部分领导力量较强、师资水平较高、设备条件较好的中小学分别试行“中学五十条”和“小学四十条”，以便取得经验，逐步扩大试行范围。

上海市在“中学五十条”和“小学四十条”颁布后不久，就由中共上海市委召开教育工作会议，传达中央指示，研究贯彻落实的措施。在这次会议上，教育部部长杨秀峰、中共上海市委副书记石西民作了重要讲话，印发和讨论了由上海市教育行政部门草拟的《关于实施十二年制中小学教学计划，改进教学工作的意见》（初稿）、《关于进一步改进农村教育工作的意见》、《关于表扬奖励长期从事中小学教育工作的优秀教师的意见》（修改稿）等文件，决定在28所中学和17所小学分别试行中央颁布的两个暂行工作条例（草案）。会后，上海市教育学院与各区（县）教育局、教师进修机构进行了分工，分批组织中小学及师范学校的教导主任以上干部3 000余人进行脱产轮训，学习中央指示和两个暂行工作条例（草案）以及上海市的贯彻落实措施，使大家在统一认识的基础上，把试行“中学五十条”和“小学四十条”的工作落实到了行动上。

为了试行“中学五十条”和“小学四十条”，江西省教育厅先后制定和颁布实施了《关于全日制中等学校、小学建立教学、劳动、生活制度的规定》、《关于减轻中小学生负担，增进学生健康的若干规定（试行草案）》等文件，并确定一批重点中小学，积极开展了教学改革试验。

一些少数民族地区，也由各有关省和自治区根据当地的具体情况，制定了试行“小学四十条”和“中学五十条”的补充办法，经教育部审查批准后，选择少量的全日制中小学开始试行。

需要特别指出的是，在中央指示和关于全日制中小学两个暂行工作条例（草案）颁布后，各地全日制中小学普遍重视了课堂教学和发挥教师的主导作用，并根据1963年7月31日教育部下发的《全日制十二年制中小学教学计划（草案）》的规定，逐步恢复了被停授的高中解析几何和削减的一部分代数课程内容；一些没有开设外国语课程的全日制初级中学也积极准备条件，逐步设置了外国语课。在师资条件具备的情况下，有些全日制小学的高年级也开设了外国语课程。同时，提高了对全日制中小学阶段语文教学的要求，加强了作文训练。这期间，许多中小学教师认真总结我国自己的教学经验和学习外国的教学经验，不断地改进了教学方法。还有一些中学为了扩大学生的知识面，培养学生的志趣和才能，在高年级开设了一些选修课。这些措施都有助于提高中小学的教学质量。

由于中小学的学生中只有一部分可以升学或在城市就业，很大一部分学生要到广大农村参加生产劳动，所以各地根据“中学五十条”和“小学四十条”的要求，于1963年秋季开学后在小学六年级设置了生产常识课，在初中三年级设置了生产知识课，在高中三年级开设了农业科学技术知识选修课，分别传授农业生产方面的知识，并组织学生参加农业生产劳动，使学生树立了从事社会主义农业建设光荣的思想，并学会了一些从事农业生产的技术和本领。这就为他们在毕业后参加农业生产和在农村工作创造了有利条件。

实践证明，三个全日制学校暂行工作条例比较系统地总结了我国社会主义教育事业的经验，体现了我国的社会主义教育方针。它的制定和颁布不仅使教育系统的调整工作有章可循，也使各级学校教育的各项工作有了具体的章法。通过试行三个全日制学校暂行工作条例，学校明确了办学方向，恢复和稳定了正常的教学秩序，改进了教学工作，充实了教学内容，改善了教学条件，提高了广大教师的教学积极性和主动性，学生中也出现了勤奋学习、刻苦钻研的好学风，学校的教育质量有了明显提高。这说明，三个全日制学校暂行工作条例是符合我国国情和教育规律的，其基本原则具有长远的普遍指导意义。它是共和国教育史上一笔宝贵的财富，是探索我国教育走自己发展道路中的重要成果。

第九章 调整知识分子政策，加强教师队伍建设

1956年1月，周恩来在中共中央召开的关于知识分子问题会议上作了《关于知识分子问题的报告》。报告正确估计了知识分子的阶级属性，全面论述了党和国家关于知识分子的方针政策。随后，毛泽东于1957年3月在中共中央宣传部召开的全国宣传工作会议上进一步指出：知识分子中绝大多数人是爱国的，他们是脑力劳动者，他们的工作是为人民服务的，要好好地团结他们。

毛泽东和周恩来的讲话在包括教师在内的广大知识分子中引起了热烈的反响，使广大知识分子心情舒畅，精神振奋，积极地投入到了在全国兴起的"向现代科学进军"的热潮之中。但在1957年以后开展的有关政治运动中，党和国家在对待知识分子的问题上出现了偏差，使许多知识分子受到了错误的批判和不公正的待遇，极大地挫伤了他们的社会主义积极性。

为了改变这种状况，在中共八届九中全会制定"调整、巩固、充实、提高"的方针以后，中共中央采取一系列措施，调整了知识分子政策，使知识分子的社会主义积极性又重新调动起来。与此同时，党和政府还积极地改进和加强教师队伍的培养和培训工作，使教师队伍建设取得了明显的进展。

第一节 贯彻知识分子政策出现反复

教育系统里知识分子比较集中，广大教师是我国知识分子队伍的重要组成部分。1957年的反右派斗争严重扩大化和1958年开展的"拔白

旗”、“插红旗”运动以及1959年开展的“反右倾”斗争，使相当一部分教师受到伤害、教师队伍受到冲击，所造成的消极后果经过多年的工作才得以消除。这个深刻的教训值得认真反思。

一、反右派斗争扩大化对教师的伤害

毛泽东于1957年2月27日在最高国务会议上发表了《关于正确处理人民内部矛盾的问题》的重要讲话，系统地阐述了关于正确处理人民内部矛盾的理论，并指出正确处理人民内部矛盾已经成为国家政治生活的主题。可是党内有许多同志对于这种新形势和新任务并不了解或了解不够，还有一部分人经不起执政党地位的考验，在胜利的形势面前滋长了骄傲自满情绪和特权思想，以及思想上的主观主义、工作上的官僚主义和组织上的宗派主义的不良作风。这些观点和作风都是阻碍我们事业进步、阻碍我们同志进步的，必须用加强党内的思想教育的方法加以克服，为此，就需要开展一场整风运动。

1957年春，中国共产党开始了整风运动。同年4月27日，中共中央正式发布《关于整风运动的指示》。根据中共中央的部署，从中央到地方的各级党组织发动群众向党提出批评建议，诚心诚意地请各民主党派和无党派人士帮助中国共产党整风。毛泽东还在天安门城楼邀请民主党派负责人参加座谈会。北京大学校长马寅初也被邀请参加了这次会议。毛泽东在会上号召大家帮助共产党整风，重点是要揭露教育、卫生等部门的官僚主义和各种错误、缺点。

包括无党派人士在内的广大人民群众对中国共产党及其党员提出了一些批评意见和建议，其中大部分是正确的、很好的意见，有的批评可以说是切中时弊。

1957年5月6日、7日和9日，北京大学举行党内外主要干部会议，许多教授畅所欲言地对学校领导工作中的官僚主义、宗派主义、教条主义提出了尖锐的批评意见。① 有的教授指出：以行政命令的方法领导教学和科学研究，是官僚主义的一种表现。现在是学校机关化、衙门化，结果行政压倒一切，学术空气下降。用行政方法来领导教学和科学研究是很省事的，但不能解决问题。官僚主义的另一种表现是学校领导不深

① 《人民日报》，1957年5月10日。

入下层，高高在上，工作效率不高。有的教授提出，目前学校里党群关系不够正常是普遍存在的现象。这首先表现在依靠谁来办学的问题上，也就是怎样正确对待高级知识分子的问题上。化学系教授傅鹰说：建国六年来学校领导没有找大家讨论过学校的方针大计，一切工作往往是从上而下地贯彻，这难免要发生很多问题。如果听听老教授的意见，利用他们几十年的教学经验，会有很多好处。有的教授对于教学工作中的教条主义表示深恶痛绝。哲学系教授冯友兰提出：哲学系中国哲学教研室曾搞了一个《中国近代思想史提纲》，领导上怕有错误，不许往外拿。后来经过一番周折，在《新建设》杂志发表了，结果受到了读者的欢迎。这个提纲现在看来还有不少问题，主要是有教条主义。而当时领导上不让发表，倒不是嫌有教条主义，而是嫌教条主义不够。这些意见绝大部分是正确的和中肯的。

发动群众向中国共产党提出批评意见和建议，这本来是发扬社会主义民主的正常步骤。但是，在整风过程中，极少数右派分子利用帮助党整风的机会，乘机鼓吹所谓“大鸣大放”，向中国共产党和新生的社会主义制度发起了进攻，妄图取代中国共产党的领导。为了反击极少数右派分子的进攻，中共中央决定开展反右斗争。1957 年 6 月 24 日，中共中央发出《关于打击、孤立资产阶级右派分子的指示》，提出“我们必须认真地组织群众，组织民主人士中的左派和‘中左’分子，趁热打铁，乘势追击，紧紧地抓住已经暴露出的这伙阶级敌人，实行内外夹攻，无情地给他们以歼灭性的打击”。随着反右派运动陆续在全国展开，以正确处理人民内部矛盾为主题的全党整风运动，也就主要地转变为反击右派分子的斗争。

各地高等学校反右派斗争一般从 1957 年 6 月中旬开始，经过领导动员，学习文件，广大师生立即投入了反右派斗争。在这场斗争中，通过召开批判会、贴大字报批判右派言论等形式，迅速掀起了反击右派分子进攻的斗争。

在斗争中为了克服右倾思想，反对“温情主义”，有的学校召开全校师生大会进行再动员；有的学校在各级干部中举办克服右倾思想短训班，使运动中已经露头的简单、粗暴、过火的言行逐步升级，从而把在整风运动中给党提意见时说过几句错话，本来属于认识上的问题，也说成是反党反社会主义言论；把对学校个别领导人或党支部的个别委员的正确批评，说成是向党进攻；把平时向党支部汇报交心，检查自己的错误思想，说成是思想反动、恶毒攻击；把学术研究中的不同见解，说成是反对马列主义；等等。结果造成反右派斗争严重扩大化。

这场反右派斗争于 1958 年 6 月基本结束，历时一年左右。在这场斗争中，全国共划定“右派分子”55.28 万人。① 其中知识分子占绝大多数，教育界中的知识分子所占比例数字更大，甚至连高等教育部副部长曾昭抡、教育部副部长柳湜、林汉达也被错划为“右派分子”。他们被错划为“右派分子”以后，或者下放农村劳动改造，或者关进监狱，或者在原单位接受群众监督改造，而不能在社会主义建设中发挥应有的作用。这不仅是他们个人的不幸，而且是党和国家的损失。

二、“反右倾”运动对教师队伍的冲击

1959 年 7 月，中共中央在庐山召开了中央政治局扩大会议。这次会议原计划是一次纠“左”的会议。可是，会议在对“大跃进”所造成的消极后果怎么估计，对纠“左”怎么评价等问题的看法上存在很大分歧。

参加会议的中共中央政治局委员、国防部部长彭德怀对会议没有解决的国民经济严重比例失调和“左”的错误感到非常忧虑，于 7 月 14 日给毛泽东写了一封长信，建议系统地总结一下 1958 年“大跃进”和人民公社化的经验教训。彭德怀写这封信，在程序上符合中国共产党的组织原则，内容上实事求是，切中时弊和要害，是正确的。但是，7 月 23 日，毛泽东在全体会上发言，尖锐地批评了彭德怀的信。此后，会议中断纠“左”，“一边倒”地转而揭发、批判彭德怀。

1959 年 8 月 2 日至 16 日，中共中央在庐山召开八届八中全会。这次会议通过了《关于以彭德怀同志为首的反党集团的错误的决议》和《为保卫党的总路线、反对右倾机会主义而斗争》等决议。会后，在全党范围内从上而下地开展了一场声势浩大的“反右倾”斗争。在各级党组织中，凡是对“三面红旗”产生过怀疑、动摇的党员都受到错误批

---

① 薄一波著：《若干重大决策与事件的回顾》（下卷），北京：中共中央党校出版社，1993 年版，第 619 页。

判，不少人被定为“右倾机会主义分子”，并受到组织处分。

为了在教育系统开展“反右倾”斗争，1959年9月8日，中共中央发出通知，要求高等学校和中等学校立即组织教职员和高中以上学生，认真学习党的八届八中全会决议及有关文件，开展“反对右倾机会主义、保卫总路线”的学习和辩论。通知指出，由于学校教师和高中以上学校学生的家庭出身关系，不少人对党的总路线、“大跃进”和人民公社有不少错误的和糊涂的思想，必须抓住现在的时机，进行一次深刻的政治教育。

据此，各级各类学校在当地党委的领导下，广泛开展了一场“反右倾”运动。在这场政治运动中，不少教职员受到错误的批判和处理。据1962年甄别平反时统计，全国在“反右倾”斗争中被重点批判和定为“右倾机会主义分子”的党员和干部共有三百多万人。这些人绝大多数都是敢于讲真话、敢于反映真实情况和敢于提出批评意见的同志，只不过是对“大跃进”期间发生的问题如实地谈出了自己的看法而已。有的是对一些具体问题或基层党组织的某些领导提出了批评意见。他们受到不应有的打击，不能正常地发挥自己的作用，这对全国的干部和知识分子队伍的建设是个重大损失。

第二节　教育系统知识分子政策的调整

知识分子是教育系统员工队伍的主体。正确执行党和国家关于知识分子的方针政策，做好知识分子工作，对教育事业的发展极为重要。在反右派斗争以后，由于党内的一部分同志，特别是一些出身工农的同志对团结知识分子的重要性认识不足，也有一些同志在“左”倾思想的支配下，给广大知识分子戴上了“资产阶级”的帽子，在一些地方、部门和学校对一些知识分子进行了错误的批判斗争。这都是不利于团结知识分子参加社会主义建设的。

为了使包括广大教师在内的知识分子积极参加社会主义建设，进入20世纪60年代以后，中共中央和国务院注意调整知识分子政策，不仅在文件和讲话中一再强调知识分子问题的重要性，而且采取切实措施，为被错误批判、处分的知识分子进行甄别平反，提高知识分子的政治地位，改善知识分子的工作条件和生活待遇。这些措施对于调动教育系统广大教师的积极性起了重要的作用。

一、进行知识分子政策的调整

为了调整知识分子政策，周恩来在1961年1月召开的文艺工作座谈会和故事片创作会议的讲话中重新肯定了1956年知识分子问题会议的精神。他指出："有一个时期好像觉得1956年关于知识分子的那些问题可以不讲了，不是的，那些原则仍然存在。"① 他在谈到文艺规律的问题时明确指出："我们提倡批评，也提倡百家争鸣、自由讨论。"周恩来的这次讲话对于推动和指导文教战线正确执行知识分子政策和贯彻"双百"方针起了重要作用。

1961年6月，国务院副总理聂荣臻主持制定了《关于自然科学研究机构当前工作的十四条意见（草案）》（简称"科研十四条"），并向中共中央和毛泽东写了《关于自然科学工作中若干政策问题的请示报告》。这两个文件正确地阐述了知识分子问题和科学研究工作中的一些政策问题。针对1958年在"红专辩论"中一度出现的"拔白旗"的错误，文件旗帜鲜明地提出：自然科学工作者，只要拥护党的领导，拥护社会主义，用自己的专业知识为社会主义服务就是"红"。有了这个标准，就从根子上否定了乱戴"白专"帽子和给自然科学技术界的不同学派及不同主张乱贴政治标签的错误做法。

7月19日，中共中央批转了这个文件，并在批示中指出：这个文件的精神，对于一切有知识分子工作的部门和单位也都是适用的。这些单位要认真讨论，结合自己的情况，参照执行。各单位要对反右派斗争以来，对一些知识分子的批判情况加以清理，凡是批判错了的或者部分错了的，都要甄别平反，分清是非，纠正错误。这个文件的颁布和执行，把知识分子政策的调整工作又向前推进了一步。

1961年9月15日，中共中央发出《关于讨论和试行〈教育部直属高等学校暂行工作条例（草案）〉的指示》和"高校六十条"，明确规定高等学校必须正确地执行党的知识分子政策，团结一切可以团结的教授、副教授、讲师、助教和其他具有专门知识技能的人，调动一切积极

① 《周恩来选集》（下卷），北京：人民出版社，1984年版，第335页。

因素，为社会主义的高等教育事业服务。与此同时，必须积极提倡和热心帮助知识分子进行思想改造。在处理具体问题的时候，必须正确区分政治问题、世界观问题和学术问题之间的界线。政治问题又必须严格区分人民内部矛盾和敌我矛盾的界线。“高校六十条”还进一步规定：高等学校必须贯彻执行“百花齐放、百家争鸣”的方针，在符合毛泽东《关于正确处理人民内部矛盾的问题》中提出的六条政治标准的前提下，积极开展各种学术问题的自由讨论，以利于提高教学质量和学术水平，促进科学文化的进步和发展。

以上这些规定，使在教育系统工作的知识分子解放了思想，提高了认识，调动了他们为社会主义教育事业服务的积极性。

1962年3月2日，周恩来在广州召开的一次会议上作了《论知识分子问题》的讲话。他在讲话中谈到知识分子的地位和现状时指出，知识分子不是独立的阶级，而是由脑力劳动者构成的社会阶层。不论是解放前还是解放后，共产党历来都把知识分子放在革命联盟内，算在人民队伍当中。建国十二年来，我国大多数知识分子已经有了根本的转变和极大的进步。特别是近两年来，我国的知识分子受到了锻炼和考验。在这个过程中，大家工作努力，生活上克服困难，甚至遇到心情不怎么舒畅的事还能克制自己。广大知识分子都热爱祖国。这是中国知识分子的骄傲！

关于加强对知识分子的团结问题，周恩来提出要做好六个方面的工作：

第一，要信任他们。他们承认和接受党的领导，愿意为社会主义服务，愿意自我改造，党就要信任他们。

第二，要帮助他们。知识分子所处的环境需要党的帮助，以诚心诚意的态度去帮助他们，对工作才有好处。

第三，要改善关系。过去关系不好的，应该改善，先从党委、党员方面做起，先检查自己，不能只责备人家。

第四，要解决问题。问题能解决的，一定要解决。现在问题成堆，不能一下子都解决。但要负起责任来，力求逐步解决。

第五，一定要承认过去有错误。各级领导要以老老实实、实事求是的态度，承认错误，改正错误，有则改之，无则加勉。过去对同志们批评错了的、多了的、过了的，应该道歉。

第六，承认了错误要改。凡是党和政府犯的错误都要改，改要有实际行动。

关于知识分子的自我改造问题，周恩来说：人总是有缺点的，永远不会有完人。因此，所有的人包括共产党员在内，都要进行自我改造。思想改造是长期的，所以改造要靠自觉，改造的方法要和风细雨，不能简单粗暴，还要互相帮助，互相学习，共同进步。

1962 年 3 月 5 日和 6 日，国务院副总理陈毅征得周恩来的同意后，在广州会议上发表讲话，提出要给知识分子“脱帽加冕”，就是脱掉“资产阶级知识分子”之帽，加上“劳动人民知识分子”之冕，并郑重地向与会人员行了“脱帽礼”。他慷慨激昂地说：“工人、农民、知识分子是我们国家劳动人民中间的三个组成部分，他们是主人翁。不能够经过十二年的改造、考验，还把‘资产阶级知识分子’这顶帽子戴在所有知识分子的头上，因为那样做不符合实际情况。我们劝所有做党的工作的同志，做行政工作的同志，在这方面要进行反省，要进行自我批评。过去没有从团结他们、体贴他们出发，有很多事情做得太粗暴、太生硬。……我是心所谓危，不敢不言。我垂涕而道：这个作风不改，危险得很！我们必须改善这个严重的形势。形势很严重，也许这是我过分估计，严重到大家不写文章，严重到大家不讲话，严重到大家只能讲好，这不是好兆头。将来只能养成一片颂扬之声，……危险得很呵！”① 陈毅的讲话使与会人员深受感动和鼓舞，讲话过程中会场里响起 60 多次掌声和笑声，可见其受欢迎程度之高。

继广州会议讲话之后，周恩来于 3 月 27 日在全国人大二届三次会议的《政府工作报告》中，再次代表党和政府向全国人民庄严宣布：我国的知识分子，在社会主义建设的各个战线上，作出了宝贵的贡献，应当受到国家和人民的尊重。我国知识分子的状况，已经同解放初期有了很大的不同。新社会培养出来了大量年轻的知识分子，他们正在沿着“又红又专”的道路成长。从旧社会来的知识分子，经过十二年的锻炼，

---

① 薄一波著：《若干重大决策与事件的回顾》（下卷），北京：中共中央党校出版社，1993 年版，第 998 页。

一般地说，已经起了根本的变化。知识分子中的绝大多数，都是积极地为社会主义服务，接受中国共产党的领导，并且愿意继续进行自我改造的。毫无疑问，他们是属于劳动人民的知识分子。我们应该信任他们，关心他们，使他们很好地为社会主义服务。如果还把他们看做是资产阶级知识分子，显然是不对的。

教育行政部门和一些学校的负责干部与教师参加了广州会议和全国人大二届三次会议。他们对党和政府调整知识分子政策是热烈拥护的。教育系统传达、讨论、贯彻了这两个会议的精神，这在包括广大教师在内的知识分子中引起了强烈反响，有力地推动了知识分子政策在教育系统的贯彻执行，为教育系统进一步调整知识分子政策奠定了比较坚实的思想基础。

二、为被错误批判和处理的教师甄别平反

在党和政府调整知识分子政策的过程中，为几年来被错误批判和处理的人员进行甄别平反是一项重要的措施。

1961 年 6 月 12 日，毛泽东在中央工作会议上指出，1959 年的“反右倾”犯了扩大化的错误。根据他的讲话精神，这次会议通过的《中共中央关于讨论和试行农村人民公社工作条例修正草案的指示》明确指出，要对过去几年受过错误批判和处分的人员进行甄别。

1962 年 4 月 27 日，毛泽东批发了中共中央《关于加速进行党员、干部甄别工作的通知》，要求对在“拔白旗”、“反右倾”、整风、整社、民主革命补课运动中受到批判和处分完全错了和基本错了的党员、干部，采取简便的办法，认真地迅速地予以甄别平反。此后，各地的甄别平反工作明显加快，从 1958 年以来被错误批判和处分的知识分子绝大部分得到了甄别平反，解除了压在他们身上的政治包袱。

在许多高等学校，从 1958 年到 1961 年的一系列政治运动中，每次运动都有一批干部、教师和学生受到错误批判。

例如，北京大学从 1958 年批判马寅初的“新人口论”开始，进而扩大到在哲学、心理学等学科领域进行批判。根据中文、历史、经济、法律、西语、物理、化学等 7 个系的统计，在 76 位教授、副教授中，受到错误批判的有 32 人，占教授、副教授总数的42.1%。北京师范大学受到批判的教授、副教授、讲师共有 10 人。浙江大学受到错误批判的干部、师生有435人，受到党纪、团纪或行政处分的有99人，合计534人。

关于大学生受批判和处分的情况，根据教育部的初步统计，1958年至1961年全国高等学校毕业生及在校的三、四、五年级学生约有100万人，其中受到批判和处分的有15万人左右，约占总数的15%。①

高等学校的甄别平反工作一般从1961年开始，到1962年基本结束。但后来发现当时的工作还比较粗糙，有些政策界限不够清楚，因而给不少人的结论留有“尾巴”。于是根据中央的有关指示精神，对甄别平反工作进行了复查，又解决了一些遗留问题。特别是对高等学校学生的甄别平反工作，根据中共中央批转教育部党组、共青团中央书记处《关于高等学校学生甄别平反工作的报告》的精神，在甄别平反工作中采取了比一般脱产干部更宽一些的方针，办法也更简便一些。对批判和处分错了的学生，一律给予平反。在各地的中等学校和小学里，也为大多数被错误批判和处理的教职工进行了甄别平反。

对于这些被甄别平反的人员，都在原来的批判范围内给予赔礼道歉，恢复名誉，并且修改了已经存入档案里的政治结论，恢复了原来的工作，或者安排其他相应的职务。同时，各级党委的负责人还亲自出面，同一些被甄别平反的人员进行个别谈话，解开他们的思想疙瘩，使这些人员的心情能够舒畅起来，继续为社会主义事业作出贡献。

此外，从1959年国庆节开始，根据中央关于摘掉确实悔改的“右派分子”帽子的指示，分期分批进行了“摘帽”工作。

1962年6月14日，中共中央批转了中央统战部《关于全国统战工作会议的报告》。根据这个报告的精神，对于被错划为“右派分子”的人员，在1959年和1960年分两批摘掉9.9万名“右派分子”帽子的基础上，继续进行“摘帽”工作。到1964年，已先后分五批共摘掉约30万人（其中主要是知识分子）的“右派分子”帽子，并对他们的生活和工作进行了初步安置，解决了他们的一些困难，重新发挥了他们的专长。② 这对于调动他们为社会主义事业服务的积极性产生了很好的影响。

---

① 郝维谦、龙正中主编：《高等教育史》，海口：海南出版社，2000年版，第213页。

② 薄一波著：《若干重大决策与事件的回顾》（下卷），北京：中共中央党校出版社，1993年版，第1001页。

三、提高广大教师的政治地位

为了调动广大知识分子的社会主义积极性，党和政府在调整知识分子政策的过程中，根据每个知识分子的实际情况，合理安排他们的业务工作，做到人尽其才，各得其所。

例如在高等学校，对于学术造诣很深、教学经验丰富的教师，让他们带研究生，培养青年教师，开展研究工作，担任有关学科的带头人。对于年老体弱不能担任教学工作的老教师，则派人帮助他们整理和出版学术著作，鼓励他们充分发挥自己的才能，通过各种方式培养人才，多出成果，使他们能充分地运用自己掌握的知识和技能为国家效力。特别是对于学术水平较高、教学经验丰富又有一定管理才能的教师，安排他们担任校、系两级领导职务或教研室主任。

1962 年 3 月，国务院任命傅鹰、翦伯赞、王竹溪、魏建功四位教授为北京大学副校长，使他们有职、有权、有责，成为学校的主要负责人。其中引起知识界广为关注的是，傅鹰教授在 1958 年的“拔白旗”运动中曾经受到很大的冲击，受到大字报的围攻。他被任命为北京大学副校长，充分体现了党对知识分子的信任和落实知识分子政策的决心，在社会上引起了很大的反响。

在这期间，许多高等学校都任命了一大批教授、副教授担任系主任或教研室主任。在运动中受到错误批判而被撤销教研室主任、系主任职务的教师，一般都恢复了原来的职务。在山东大学，作为学校最高权力机构的校务委员会的组成人员中，教师的比例占到了80%。这样多的教师能够参加学校重大事务的决策，对于提高教师的地位，调动教师的积极性和稳定教师队伍都是很重要的。

与此同时，各级党组织还在知识分子中吸收了一批具备共产党员条件的先进分子入党。如北京师范大学校长陈垣，北京大学副校长周培源，清华大学建筑系主任、著名建筑家梁思成等教授先后加入了中国共产党，这对进一步激发知识分子要求进步的积极性起了很大的促进作用。各级人民代表大会和人民政协也吸收了许多知识分子的代表人物参政议政，使广大知识分子真正体会到自己是国家的主人。

四、改善教师的工作条件和生活待遇

为了发挥高等学校老教师的作用，改善他们的工作条件，1962 年 9

月28日，教育部向直属高等学校发出《关于为老教师配备科学助手的意见》，要求凡有较高学术水平的老教授，一般应为之配备助手，以便更好地发挥老教授的作用，继承他们的专长，培养一批青年教师骨干。这个意见深受直属高等学校的欢迎，很快得到贯彻落实。

武汉大学为此提出了“抢救遗产”的口号，并制定了《关于加强老教师科学助手工作的几点意见》，第一次就为16位老教师配备了24名青年助手。①

1963年11月，中共中央、国务院批转中共教育部党组《关于减少教授、副教授校外兼职和社会活动的请示报告》。中共中央的批示指出：我国高等学校的教授、副教授为数不多，其中具有真才实学的教授、副教授更少。他们是我国社会主义建设和科学、教育事业的宝贵财富。合理而恰当地安排和使用这一部分力量，是加强和发展科学与教育事业的重要因素。各地、各部门、各学校应当对此引起足够的重视，切实减少他们的校外兼职和社会活动。在学校内部，也应该切实帮助他们安排好工作，发挥他们的专长，减少行政事务，并切实保证专家、教授每周有六分之五的时间用于业务工作。

与此同时，根据“高校六十条”的规定，教育部于1962年7月发出《关于试行教授休假制度的通知》。第一批试行休假制度的直属高等学校有24所，安排休假的教授32人、副教授3人。1963年8月，教育部再次发出通知，在全国重点高等学校中试行休假制度。

以上这些政策措施的施行，为广大教师特别是教授、副教授的教学、科研和业务进修创造了良好的条件。

这期间，中小学教师的工作条件也有了一定的改善。如北京市四中特级教师刘景昆、张子锷，在中学从教五十多年，党和政府不仅给了他们应有的荣誉，也给他们配备了年轻教师作为助手，使他们在教学工作中能够更好地发挥传、帮、带的作用。

各地教育行政部门和各级各类学校在改善知识分子工作条件的同时，也采取各项有效举措，积极改善知识分子的生活待遇。

第一，在国民经济遭遇暂时困难的情况下，党和政府在1960年3

---

① 郝维谦、龙正中主编：《高等教育史》，海口：海南出版社，2000年版，第215页。

月决定为全国各级各类学校的教师调整工资。其中，高等学校教师的升级面为40%，全日制中小学教师的升级面为25%。同时，经中共中央、国务院同意，将教师的福利费标准提高为工资总额的2%，已高于这个标准的地区不予降低。

随后，教育部根据中共中央、国务院关于调整工资的规定，又在1963年7月发出《关于1963年全国各级公办学校教职工工资调整工作的几点意见》。《意见》确定，当年公办学校教职工调整工资的升级面为：学校党政干部相当于国家机关17级到14级的为25%，13级至11级的为5%，10级以上的不升级。相当于国家机关17级以上的教师和高等学校辅助人员，可根据中央或地方的规定适当照顾。其余人员的调级面按40%执行。《意见》还着重指出，中小学教师的工资一向偏低，生活比较困难，当年的升级面应加以照顾，一般不宜减少。经过这两次调整工资，广大教职工的生活待遇在一定程度上有所改善。

第二，为了对高级知识分子给予更多的生活照顾，从1961年以后，中央和地方对著名的科学家、教授、讲师等给予副食补贴，为他们提供较多的肉、鱼、蛋、黄豆、糖、水果等方面的供应，以保证他们的身体健康和正常工作。同时，对于讲师以上的教学、科研人员，在生活条件如住房、交通、治病等方面都给予应有的优待和照顾。

第三，对于中小学教师的副食品和日用品供应，与当地脱产干部同等对待，不得歧视。

第四，要求各级各类学校都要注意改进和加强总务后勤工作，积极为教学、科研和师生员工的生活服务，并规定教师实行劳逸结合和大集体、小自由的原则，保证教师每天有八个小时的睡眠时间和适当的体育运动及文化娱乐时间。

通过调整知识分子政策，教育系统广大知识分子的积极性重新得到发挥。尽管当时我国正处在国民经济困难时期，但三年教育革命中出现的混乱现象已开始得到纠正，各级各类学校开始走上正轨。学校里尊师爱生的风气逐步恢复，教师特别是老教师受到尊重，很快地编写出版了一批质量较好的课本和讲义，学校里学术研究、自由讨论的空气重新活跃起来。学生认真读书蔚然成风，教育质量有了明显提高。

但是，这期间对知识分子政策的调整工作也存在着历史的局限性。

不仅在一般干部中，就是在许多高级干部中，对知识分子问题的错误认识和“左”的观点并没有从根本上得到清理，在对待知识分子问题上还存在着不同的看法和意见。例如，周恩来在广州会议上的报告，中央内部就有人不同意甚至表示反对。陈毅在广州会议上的讲话，周恩来、刘少奇、邓小平等是完全同意的，但中央政治局委员、上海市委书记柯庆施却不让在上海市传达贯彻。由此可见，从全国范围来讲，知识分子政策中的“左”倾思想还未得到彻底清理，对以往贯彻知识分子政策过程中的失误并未得到彻底纠正。

五、贯彻知识分子政策再度出现反复

1962年9月24日至27日，在国民经济进行全面调整取得一定进展，而中苏争论却进一步激化，台湾国民党当局叫嚣“反攻大陆”，社会上极少数反动分子蠢蠢欲动的复杂形势下，中国共产党八届十中全会在北京举行。

毛泽东在会上作了《关于阶级、形势、矛盾和党内团结问题》的讲话，告诫全党“千万不要忘记阶级斗争”。会议讨论了阶级斗争问题和工作问题，并通过了《农村人民公社工作条例（修正草案）》等文件。会议提出对国民经济要继续进行“调整、巩固、充实、提高”的工作，这对国民经济的进一步恢复和发展具有积极的作用。可是，会议过分严重地估计了当时的阶级斗争形势，对于社会主义社会中一定范围内存在的阶级斗争作了扩大化和绝对化的论述。

为了不影响“调整、巩固、充实、提高”方针的贯彻执行，根据刘少奇的建议，会议精神只在一定范围内作了传达。但在会议精神影响下，“左”倾错误仍在一定范围内再度发展，并在全国范围内开展了社会主义教育运动，在思想文化领域内也引发了许多错误的批判。

1. 组织师生参加社会主义教育运动

1962年9月，在中共八届十中全会上，毛泽东出于“反修防修”的考虑，提出要在城乡进行社会主义教育（简称“社教”）。

1963年2月，中共中央在北京召开工作会议，决定在农村进行以“四清”（清理账目、清理仓库、清理财物、清理工分）为主要内容的社会主义教育运动；在城市开展“五反”（反对贪污盗窃、反对投机倒把、反对铺张浪费、反对分散主义、反对官僚主义）为主要内容的社会主义教育运动。1963年冬到1964年春，全国有一大批农村社队进行了“四清”，少数城市开展了“五反”的试点。

1964年底到1965年初，中共中央又在北京召开工作会议。毛泽东主持制定了《农村社会主义教育运动中目前提出的一些问题》（简称“二十三条”），这些规定部分地纠正了在“四清”运动中产生的一些过“左”的做法。但是，“二十三条”片面强调这次运动的性质是解决社会主义同资本主义的矛盾，运动的重点是整党内那些走资本主义道路的当权派，使阶级斗争再度扩大化。根据“二十三条”的规定，城乡社会主义教育运动今后一律称为“四清”（清政治、清经济、清组织、清思想）运动。此后，“四清”运动在更大范围展开起来。

据统计，到1966年春，全国农村有三分之一的县、社开展了运动；在城市，国营工交系统开展运动的单位占总数的3.9%。① 在财贸、文教卫生系统及街道企业和居民中，只有少数单位进行了试点。1966年5月以后，“四清”运动被“文化大革命”所取代。

在阶级斗争扩大化的影响下，中共中央对当时教育领域的阶级斗争形势作出了过于严峻的估计，认为教育领域里“资产阶级和修正主义的思想影响相当普遍。有些单位的领导权不是掌握在无产阶级手里，而是被资产阶级所篡夺。不少资产阶级专家，正在同我们争夺青年学生。某些混进党内的不纯分子，爬上了基层党的领导岗位。有些学生不是听党的话、跟着党走，而是跟着资产阶级专家跑。他们可能成为资产阶级的接班人”。这样发展下去，我国就“有发生‘和平演变’的危险”。② 在这种情况下，有必要在教育系统开展社会主义教育运动，向广大师生进行阶级和阶级斗争的教育。

根据中共中央的部署，教育部于1963年10月14日发出通知，要求高等学校文科学生参加农村社会主义教育运动。于是，一些高等学校开始有计划地组织文科学生参加各地农村的社会主义教育运动，时间在一个半月以上、三个月以内。

---

① 何沁主编：《中华人民共和国史》，北京：高等教育出版社，1999年版，第182页。

② 何东昌主编：《中华人民共和国重要教育文献》（1949～1975），海口：海南出版社，1998年版，第1312页。

1965 年 2 月，中共中央、国务院又发出通知，要求高等学校理工科师生参加一期社会主义教育运动的全部或主要过程。这样，一些高等学校理工科的师生也参加了社会主义教育运动。据不完全统计，到 1965 年底，全国约有 395 所高等学校的 22 万师生参加了城乡社会主义教育运动。①

在中小学，中共中央于 1963 年 11 月 18 日批转中共中央宣传部《关于全国中小学开展“五反”运动的请示报告》中提出，大中城市和专区、直辖市的中学以及县完全中学，按照中央关于“五反”的指示开展运动。小学和县城的初中、农村中学，可利用假期采取集中轮训的方式，进行以正面教育为主要内容的自我教育。1964 年 9 月，中共中央又决定中小学的社会主义教育运动由各省、市、自治区的党委与本地区整个运动统一部署。各地也有一批中小学教师参加了面上的社会主义教育运动。如山东省共有 91 个县市的 22 万余名中小学教师参加了社会主义教育运动。②

与此同时，中共中央宣传部和地方党委还在少数大学与中学开展了社会主义教育运动试点。

1964 年 11 月 5 日，社教工作组进驻北京大学，进行开展社会主义教育运动的试点。工作组从各中央局和各省、市、自治区党委宣传部门抽调了 250 多名干部组成工作队，深入到各系、处、室大抓阶级斗争，抓“党内资产阶级代理人”。在运动中出现了过火行为，冲击了教学工作和其他各项工作，造成了北京大学内部的混乱。

1965 年 3 月，中共中央书记处在总书记邓小平的主持下召开会议，着重讨论北京大学的社教运动。会议批评了社教工作组对北京大学的错误估计和错误的工作方法，要求纠正在试点中的“左”的做法。但是这个精神并没有认真贯彻下去。

高等教育部根据中央指示精神，于 1965 年 4 月和 5 月先后召开 9 所直属工科院校和 10 所直属综合大学的党委书记及党员校长会议，确定高等学校的社会主义教育运动要着重解决三个问题：一是统一领导思

---

① 何东昌主编：《当代中国教育》（上），北京：当代中国出版社，1996 年版，第 87 页。

② 教育部档案，1966 年长期卷，卷 7。

想，更好地贯彻执行党的教育方针；二是健全学校的领导核心，加强党内团结；三是坚持群众路线，改进领导方法和工作作风。但是在“以阶级斗争为纲”的“左”倾思想处于支配地位的情况下，用搞运动的办法只能把事情搞乱，根本解决不了这三个方面的问题。

例如，中共湖北省委在湖北大学进行社教试点时，派出了一支由150人组成的工作队。工作队进校后，竟然把学校党委看做是“反革命两面政权”，是“和平演变的典型”，必须进行夺权斗争。因而开展了猛烈的大字报攻势，召开了各种批判会、斗争会，进行了各种斗争。因此，应该说，这次在高等学校进行社会主义教育运动的试点工作是不成功的。

各省、市、自治区的党委也派出了工作组，在全国147所全日制中学进行社会主义教育运动试点。如北京市就确定北京四中、北京六中等校为试点学校，上海市确定六十七中、回民中学等校为试点学校，都在地方党委的统一部署下，开展了社会主义教育运动。

北京市中小学的社教运动，在中共北京市委的领导下，反对过一些“左”的做法，力求保持学校秩序的稳定，做到“运动、教学两不误”。但在全国总的指导思想仍然是“以阶级斗争为纲”的情况下，北京市在运动中也不可避免地存在着阶级斗争扩大化的错误。

社会主义教育运动虽然对解决教育系统的干部作风和管理方面的一些问题起了一定的作用，但由于把学校里一些不同性质的问题都认为是阶级斗争和阶级斗争在党内的反映，这就加剧了教育系统“左”的倾向的发展，运动中发生了偏差，对一些学校采取了夺权斗争的做法，进行了过火的斗争，严重地扩大了打击面。

与此同时，教育系统仍在继续贯彻“调整、巩固、充实、提高”的方针。由于三个全日制学校暂行工作条例的试行与贯彻，学校各方面的工作秩序逐步得到恢复。这在一定程度上减轻了社会主义教育运动对教育工作造成的损失，没有发生大的混乱。

2. 开展对“母爱教育”的批判

在城乡开展社会主义教育的同时，由于“以阶级斗争为纲”的错误的影响，思想文化领域的“左”倾错误也在发展，并引发了一场错误的政治批判。这场政治批判从文学艺术方面一直扩展到教育、哲学、经济学、历史学等各个学术领域。

在教育界，重点批判了“母爱教育”。

1963年5月《江苏教育》发表《育苗人》一文，介绍南京师范学院附属小学教师斯霞精心培育学生的先进事迹。后将此文改写成《斯霞和孩子》，在5月30日的《人民日报》上发表。这两篇文章都强调教师要以“童心”爱“童心”；儿童不但需要教师的爱，还需要母爱；教师像一个辛勤的园丁，给我们的幼苗带来温暖的阳光、甘甜的雨露。

然而，当时中共中央宣传部却认为，上述两篇文章充满了超阶级的情调，看不到无产阶级的阶级观点、革命观点，是教育战线上两种思想斗争的反映，要求教育系统进行讨论。

1963年10月，《人民教育》以“母爱教育”讨论为题，发表《我们必须和资产阶级教育思想划清界限》、《从用“童心”爱“童心”说起》、《谁说教育战线无战事》三篇文章，说这场讨论中提出的问题就是资产阶级教育家早就提倡过的“爱的教育”。它涉及到教育有没有阶级性，要不要无产阶级方向，要不要向孩子进行阶级教育，要不要在孩子思想上打下阶级烙印这个重大原则问题。随后，围绕着这些问题在教育战线掀起了一场关于“母爱教育”的持续一年多的讨论和批判。

1964年8月，《人民教育》发表关于这场讨论的述评，说这场讨论揭露了教育战线存在严重的阶级斗争，是教育工作中两种思想、两条道路斗争的反映，是教育战线上社会主义革命的继续，是同几千年来一切剥削阶级的教育思想，特别是同资产阶级教育思想作决裂的序幕，并且预言更大的主力战还在后头。

在教育界开展的这场错误批判是“左”倾错误在教育领域继续发展的表现。报刊上发表的批判文章无限上纲，非常极端和粗暴，破坏了“百花齐放、百家争鸣”的方针和知识分子政策的贯彻，造成了教育理论和青少年学生的思想混乱，极大地影响了教育事业和教育理论的正常发展。

同时，在哲学界，重点批判了中共中央党校副校长杨献珍的“合二而一”论。杨献珍经过长期哲学研究提出的“合二而一”观点，被批判为“修正主义”的“矛盾调和论”。

受到重点批判的还有北京大学教授、哲学家冯定。他写的《共产主义人生观》、《平凡的真理》等对青年有很好教育作用的书，被说成是“宣扬修正主义的坏书”，是“主观唯心主义的大杂烩”。

在经济学界，重点批判了经济学家孙冶方。他提出的一系列发展社会主义经济的观点被说成是宣传“利润挂帅”，提倡资本主义。

在历史学界，重点批判了北京大学副校长翦伯赞。他在史学研究中对许多问题的深刻见解，被批判为“非阶级观点”和“让步政策论”等。

以上这些错误批判是“左”倾错误在思想文化领域继续发展的表现。随着“左”倾思想的进一步发展，以及在“四清”中关于“运动的重点是整党内那些走资本主义道路的当权派”错误理论的提出，为随后开展的“文化大革命”在思想和理论上埋下了祸根。

第三节　改革和发展师范教育，加强教师队伍建设

建国以后，我国的师范教育在规模上有了很大的发展，质量也有了较大的提高。从各级师范院校来看，加强了共产党的领导，认真贯彻了社会主义教育方针，改进了思想政治工作，开展了生产劳动，师生的政治思想面貌等发生了深刻的变化。师范院校毕业生到中小学任教，一般政治表现较好，专业思想比较巩固，组织观念较强，教学态度认真，从他们中已经涌现出一批优秀教师，受到了人民群众的欢迎。

师范教育虽然发展很快，但仍然不能适应社会主义教育事业发展的需要。其主要问题是：各级师范院校的文化科学水平都低于同等普通学校的水平。课程内容中有许多部分比较陈旧、落后、烦琐，很少反映或没有反映现代科学技术的新成就。由于师专和师院的规模仍然不能满足需要，造成多数中师毕业生被分配做初中教师，师范专科学校毕业生被分配做高中教师。这不仅降低了师资队伍的水平，也使中等师范教育和高等师范教育的培养目标出现混淆。为了改变这种情况，就必须改革和发展师范教育，以培养数量足够的合格的新教师。

一、确定师范教育改革与发展的任务

为了改变数量不足、质量不高的教师队伍状况，1960 年 4 月 23 日至 5 月 2 日，教育部在河南新乡召开了师范教育改革座谈会，就师范教育改革的方向、原则等重要问题提出了政策建议。会后，教育部下发了

《关于师范教育教学改革的初步意见》。继师范教育改革座谈会之后，教育部又于1961年10月25日至11月12日在北京召开了全国师范教育工作会议，进一步对师范教育的基本任务、学制、课程与教材、科学研究等问题进行研究并取得了共识。

首先，明确了师范教育的基本任务和培养目标。

师范教育的基本任务是培养合格的师资。其中，师范大学、师范学院培养中等学校师资，高师专科培养初中师资，师范学校培养小学师资。

各级师范学校的培养目标是：在思想政治方面，除了应分别按照大学、中学对学生的思想政治要求进行教育以外，还必须特别加强共产主义道德品质和思想修养的教育，培养师范生热爱社会主义教育事业，并能以自己的模范行为做学生的表率。在业务方面，师范生必须扎扎实实地打好文化科学知识的基础，学好基本理论、基础知识，受到切实的基本技能的训练。师范大学和师范学院的学生还必须尽可能了解本专业范围内科学的新发展，具有初步的科学研究的能力和指导中学生进行科技活动的能力。师范生还应该理解马克思主义的教育理论和党的教育方针政策，了解中小学教育和教学，掌握一般教育原则、教学内容和教学方法，并具有对少年、儿童与幼儿进行教育和组织活动的初步能力。在体育方面，师范生应该具有健康的体魄、良好的生活习惯和卫生习惯。

第二，改革师范教育的学制。

师范教育学制改革的原则是：贯彻“两条腿走路”的方针，既要适应当前的需要，又要考虑将来的发展；既要照顾到普及，又要注意提高；应该是多种多样、长短并存，除了全日制的师范教育以外，还应发展半日制师范和业余师范，除国家办的师范学校外，还应发展群众办的师范学校。具体做法是，师范学校的基本学制仍然是高等师范本科四年，专科两年，师范学校三年；各地可以举办一些培养小学教师的简易师范或乡村师范；三年制的幼儿师范主要是培养大、中城市重点幼儿园的教养员，暂时不能多办，应该多办初级幼儿师范，招收相当于高小毕业程度的青年，培养成为城镇和乡村幼儿园的教养员。

第三，加强师范教育的课程和教材建设。

各级师范学校课程和教材建设要按照精简集中、切合实用的原则，适合师范教育的特点和分别适应中小学和幼儿园对师资的需要。具体办法是：大大减少教育课程，改变教育课程的内容，主要讲授毛泽东教育思想、党的教育方针、中国先进的教育经验。适当增加劳动，使广大师生更好地结合生产，联系工农，并获得一定的生产知识和技能。还要适当减少教学时数，改进教学形式和方法，增加学生自习和科学活动的时间，培养学生独立思考和独立工作的能力。在外语课的设置上，适当增设英语课，适当少开俄语课，并注意增设日语课。少数有条件的学校，也可以根据师资条件，酌开其他外国语课程。关于教材建设，高等师范院校的教材，暂先借用综合大学的教材，待高等师范院校各专业的教学计划制定以后，再组织力量有计划地予以解决。师范专科的教材以采用老的师范专科学校的为主，同时请师范学院和综合大学协助解决。师范学校的教材，借用高中的教材。幼儿师范学校的教材，组织力量编写。

第四，开展教育科学研究。

为了提高教学质量，高等师范院校的教师和高年级学生（师专学生除外）在开展基础理论研究的同时，还应该把教育科学研究作为自己的重要任务。

二、制定和实施高等与中等师范学校教学计划

根据全国师范教育工作会议的精神和《教育部直属高等学校暂行工作条例（草案）》的规定，并参照1962年高等学校理科教学工作会议的精神，教育部于1962年5月和7月分别在北京和上海召开了高等师范学校各专业教学计划研讨会，制定了四年制本科数学、物理、化学、生物、地理、历史、汉语言文学、俄语、英语和体育等十个专业的教学计划(草案)。1963年8月8日，教育部发出的《关于颁发高等师范学校教学计划(草案)的通知》强调，新教学计划应特别注意以下几个问题：

第一，高等师范学校的任务是为中等学校培养合格师资。高等师范学校学生在思想政治方面，除按对高等学校学生的思想政治要求进行教育以外，还必须特别加强共产主义道德品质和思想修养的教育，培养学生热爱社会主义教育事业，并且能以自己的模范行为做学生的表率。在学业方面，学生必须扎扎实实地打好文化科学知识的基础，学好基本理论和基础知识，受到切实的基本技能的训练，并使学生尽可能了解本专业范围内科学的新成就，具有初步的科学研究的能力，同时要理解马克

思主义的教育理论和党的教育方针政策，掌握一般教育原理和教学方针，并了解中学教材。

第二，对于政治理论、文化科学、教育科学和生产劳动作了全面安排。教育课程占总学时数的5%～9%。在专业课中，必修的基础理论课占95%，其余5%可用于开设选修课。必须使学生打好必要的基础，切实保证学生学好基本的、主要的学科，切实搞好基本训练。

第三，生产劳动对于高等师范教育十分重要。高等师范学校学生参加生产劳动的目的是要养成劳动习惯，向工农群众学习，与工农群众密切结合，克服轻视体力劳动和体力劳动者的观点，更好地贯彻理论联系实际的原则。同时，要掌握一定的生产劳动知识，以适应中学教育的要求。

第四，注意贯彻“少而精”和因材施教的原则。在保证主要基础课的前提下，删减一些次要课程和选修课，并适当缩减上课的周学时和总学时，以便增加学生自由支配的时间。

继颁布《高等师范学校教学计划（草案）》之后，教育部于1963年8月22日发布了《三年制中等师范学校教学计划草案（征求意见稿）》，对于中等师范学校的培养目标、课程设置、教学要求、课时分配、教学时间、生产劳动、假期安排以及开设小学教学法课程和教育实习等问题，作出了以下具体规定：

中等师范学校的任务是培养合格的小学教师。具体要求是：在思想政治方面，使学生具有爱国主义和国际主义精神，具有共产主义道德品质，拥护共产党的领导，拥护社会主义，初步树立工人阶级的阶级观点、劳动观点、群众观点、辩证唯物主义观点；愿意为人民服务，热爱人民教育事业，热爱儿童，在思想行为上成为小学生的表率。在教育专业方面，使学生具有相当于高级中学的文化水平，理解党的教育方针政策，具有教育科学的基础知识和从事小学教育工作的能力。在身体条件方面，使学生具有健康的体质，养成良好的生活习惯。

中等师范学校主要设置政治、语文、数学、物理、化学、生物、历史、地理、教育学、教育心理、小学语文教材教法、小学算术教材教法、体育、音乐、美工、教育实习、农业科学技术知识、劳动等。在加强文化课的同时，开设必要的教育课程，并对各类课程的课时比重作适当安排，增加了政治、语文、数学和教育学的课时。

中等师范学校各年级全年教学时间九个月，校内外劳动一个月，寒暑假两个月。

三、改进中小学教师的培训工作

随着社会主义革命和建设的发展，经过历次政治运动、劳动锻炼、理论学习、文化进修和教学实践的锻炼，我国广大教师在政治上有了显著进步，文化水平和业务能力也有了很大提高。但是，就教师队伍的总体情况来看，无论其政治、文化水平还是业务能力都远不能适应教育事业发展的需要。

根据部分省、市 1960 年统计，在文化水平上，未达到高师本科毕业的高中教师约占60%，未达到高师专科毕业的初中教师约占70%，未达到中师毕业的小学教师约占80%。在业务能力上，能够较好地胜任教学任务的中小学教师仅占20%，一般胜任的占60%，不能胜任的占20%。而且，随着中小学教学改革的进展，上一级教材内容要逐级下放，并要增加一定的现代科学知识，某些学科的知识体系要作适当改变。这种新的情况，不仅使原来感到教学有困难的教师更加难以胜任工作，而且使原来熟悉本门业务的教师遇到新的困难。因此，采取切实有效的措施，迅速提高在职教师的水平，就成为保证教学改革顺利进行和进一步提高教育质量的一项紧迫而艰巨的任务。

针对这种情况，教育部于 1960 年 5 月 3 日发布《关于迅速提高在职教师的政治、文化、业务水平的初步意见》，对改进在职教师的培训和提高工作作出了具体部署。

一是明确在职中小学教师的培训目标和任务。在政治上，要求每个教师以毛泽东思想武装思想，采用系统的理论学习同社会实践、劳动锻炼相结合的办法，自觉地进行思想改造，并逐步树立共产主义世界观，成为又红又专的人民教师。在文化和业务上，要求具有小学、初师、中师毕业水平的小学教师，除能胜任自己的教学工作外，八年内还应在几门主要学科上分别达到将来的高中、大学专科、本科毕业的水平；现在具有中师、师专、师院毕业水平的中学教师，除能胜任自己的教学工作外，三五年内还应在几门主要学科上分别达到将来的大学专科、本科和研究生的水平，并继续提高自己的文化科学水平和业务能力。

为了完成上述任务，在职教师的培训工作必须坚持政治挂帅、思想先行的原则，大家必须深刻理解教学改革的必要性和培训在职教师的重要意义，各级教育行政部门和学校的负责干部必须认真领导在职教师的培训工作。同时，在职教师的培训工作必须采取群众路线的方法，在充分发动和大力提高思想认识的基础上，使全体教师不仅都能自觉地积极地参加教育改革工作，而且还要随着自己政治、文化、业务水平的提高，勇于在教学实践中创造经验。

二是制定在职教师的进修规划。规划必须落实到公社和学校，落实到人，使每一个教师都有明确的努力目标。目前教学有困难以及学制改革后因教材内容下放教学更为困难的教师，应集中力量，钻研和掌握所任学科的新教材；现在教学无困难，教材内容下放后也能胜任教学，但跟班任教有困难的教师，应主要学习高一级的新教材；教材内容下放后能胜任教学，以后跟班教学也无困难的教师，应进行系统提高，学习新的文化科学知识，并组织他们担任其他教师进修学习的辅导工作。

规划工作的落实要同细致的组织工作结合起来。至于学习方式，应当掌握统一性同多样性相结合的原则，采取长期培养与短期培训并举、在职进修与离职学习并举、培养骨干教师与普遍提高并举、函授与面授并举、校内与校外并举、政治学习与文化业务学习并举等多种形式。各级学校还应加强教学研究活动，有计划地组织观摩教学、互相听课和集体备课，并充分运用现代教学工具进行教学辅导。

三是保证在职教师的学习时间。妥善安排教师的工作、学习、劳动和休息，切实保证教师的进修学习时间。要精简一些不必要的会议和活动，加强学校工作的计划性。一般情况下应保证教师每周有四小时的政治学习、六小时的文化业务学习时间。教师本身也要合理支配和珍惜时间，坚持不懈地进行学习。

与此同时，从省、专区、市县到公社和学校，必须层层建立健全和充实教师进修机构或组织，做到“块块”统一领导、监督检查，“条条”进行业务辅导，层层有人负责，样样有人管理。各级教育行政部门和各级各类学校应当在各地党委的统一领导之下，做好参谋，当好助手，共同为做好在职教师的进修提高工作而努力。

在上述各项政策措施的指导和推动下，全国各地多种形式、多种规格、多种渠道的在职教师培训和提高工作迅速地开展起来，并取得了明显的成效。据统计，全国小学教师进修学校在籍学生数，1957 年为 55.8 万人，1965 年增加到 109.5 万人，增长约 1 倍；毕业生数从 1957 年的3 800人，增加到 1965 年的91 000人，增长近 23 倍。①

四、加强高等学校教师队伍建设

从 1956 年社会主义改造基本完成到“文化大革命”前夕的十年中，在我国开始全面建设社会主义的进程中，我国高等教育事业发展较快。高等学校数从 1956 年的 227 所发展到 1965 年的 434 所，增长了近 1 倍。随着高等学校的发展，建国后新培养的一大批大学本科毕业生、研究生和从苏联及东欧国家学习回国的留学生陆续补充进了教师队伍，高等学校的教师数量成倍增长。据统计，1956 年全国高等学校的教师为58 346人，1965 年已增至138 116人。在这期间，中央和地方各有关部门在培养和提高高等学校教师队伍方面采取了一系列重要措施。

1. 制定高等学校师资的补充、培养和调配办法

为了保证高等学校师资的补充、培养和调配工作正常进行，国务院于 1959 年 3 月 22 日通过了《关于高等学校师资的补充、培养和调配问题的规定》。《规定》要求，国家计划委员会、教育部、中央各部门和各省、市、自治区人民委员会，都应当把高等学校师资的补充问题列入重要议事日程，认真制订全国的、本部门和本地区的高等学校的师资补充和培养计划。中央各部门和各省、市、自治区，每年应该把所属高等学校各类课程师资的补充计划作为专项，列入本部门、本地区的干部补充计划，报送国家计划委员会。同时将师资补充计划抄送教育部，由教育部审核汇总后报国家计划委员会，作为分配当年高校毕业生的依据。

关于高等学校师资补充的来源，中央各部门所属学校由教育部会同国家计划委员会及有关的中央部门制订方案，从全国统一分配的高等学校毕业生中调配解决。各省、市、自治区所属高等学校需要补充的师资，由各省、市、自治区人民委员会制订方案，从留给地方分配的高等学校毕业生中调配解决。某些学校或专业的师资，地方确实无法就地解

---

① 教育部计划财务司编：《中国教育成就》（1949～1983），北京：人民教育出版社，1985 年版，第 47～48 页。

决的，应报教育部，由教育部会同国家计划委员会从全国统一调配的高等学校毕业生名额中酌予解决。至于国内外培养的研究生，凡属高等学校为了培养自己所需要的师资而选送者，尽可能地分配给原单位。在分配留学回国的大学生时，也适当照顾高等学校补充师资的需要。

关于培养和提高在职教师，教育行政部门和高等学校都采取措施，积极帮助教师改造思想，提高政治理论和业务水平。在工作中，特别注意培养青年教师，并切实做好在国内外培养研究生和组织教师进修的工作。

2. 加强研究生的培养工作

建国 13 年来，国内已培养出12 000名研究生，取得了一定的成绩。但是，由于缺乏必要的规章制度，所以还存在着一定程度的自流状态。所培养的研究生绝大多数是跟随苏联专家学习 1 ~ 2 门课程，以适应当前教学工作的急迫需要。按照这种办法培养的研究生基础不够深广，缺少科学研究能力的系统训练，质量不是很高。派往苏联和东欧各国留学的研究生质量稍好一些；但是在国外培养的研究生不仅数量较少，而且在结合本国需要和训练条件方面也存在着一定不足。1962 年以后，我国有计划地自力更生地培养研究生的工作开始进入一个新的阶段。到 1962 年年底，我国高等学校在校研究生已达4 800多人。

为了进一步加强研究生的培养工作，1963 年 1 月 14 日至 21 日，教育部在北京召开高等学校研究生工作会议，讨论了《高等学校培养研究生工作暂行条例（草案）》、《高等学校理工农医各科研究生专业目录（草案）》和《高等学校制定研究生培养方案的几项原则规定（草案）》等三个文件，并对研究生的经费、待遇、学籍管理、国家考试、外国语和政治课的学习及今后五年招收研究生规划等问题交换了意见。会议的主要内容有：

首先，这次会议强调，建立和健全研究生培养制度是我国自力更生地培养高等学校师资和科学研究人员的一项根本措施。高等学校应该根据国家计划，在保证和不断提高研究生质量的前提下，认真地完成培养研究生的任务。研究生必须又红又专，在业务方面应该大致相当于苏联副博士和美国博士的水平。

其次，为了提高研究生的培养质量，要求在选拔和录取研究生的工作中必须坚持保证质量、宁缺勿滥的原则。录取工作由教育部和各校共同掌握。要严格遴选导师，必须坚持只有教授、副教授才能带研究生，不要对导师降格以求。担任研究生导师的教授、副教授必须有较高的学术水平和较多的科学研究工作经验，并且有培养研究生的兴趣和时间。在实际培养工作中，实行导师个别指导同教研室集体培养相结合。导师指导是主要的，要充分发挥导师和学生两个方面的主动性。导师和学生之间应该建立密切合作的关系，做到师生合作，教学相长。

再次，强调要在总结经验的基础上建立必要的规章制度。学校培养研究生的工作应该贯彻统一领导与分级管理相结合的原则。招生计划、专业目录、培养原则、毕业生分配等问题由国家统一规定；具体的培养工作由学校、系、教研室和导师分别负责。在管理工作上，要解决好培养研究生的专门的论文经费问题；改善必要的物质条件，适当提高研究生的待遇；加强在校研究生的学籍管理；改进研究生毕业后的分配工作，力求人尽其才，合理使用；建立严格的考试制度，逐步创造条件，建立国家考试委员会，主持研究生的毕业论文答辩工作。

这次会议闭幕不久，教育部于 1963 年 4 月 29 日印发了《高等学校研究生工作会议纪要》和经过会议讨论修订的《高等学校培养研究生工作暂行条例（草案）》。《暂行条例（草案）》对高等学校培养研究生工作的指导思想、招生工作、培养工作、领导与管理和研究院等主要问题都作出了明确的规定。这些文件都是在总结我国高等学校培养研究生工作经验的基础上制定的。它们的制定与试行，为我国高等学校建立和健全研究生培养制度和初步建立起研究生教育体系，奠定了坚实的基础。

3. 做好高等学校教师职务的提升工作

建立和健全必要的评审制度，做好教师职务的提升工作，是加强高等学校教师队伍建设的一项经常性的重要工作。

1963 年 9 月 21 日，教育部发出《关于高等学校教师职务提升工作问题的通知》，对高等学校教师职务提升的有关事项作出了规定。《通知》提出，各地教育行政部门应该对本地区高等学校提升教师职务的工作加强领导，经常进行督促和检查。对于学校上报确定与提升的教授、副教授名单，应采取领导、专家、群众三结合的办法予以审核。对于确实符合条件的，可转报教育部审批；对于不符合条件或条件不够成熟的，可以退回学校暂缓提升，不要转报教育部。确定助教和确定与提升讲师的审批权限，目前仍由学校审批，暂不改变。各高等学校应该根据《教育部直属高等学校暂行工作条例（草案）》的有关规定，建立对教师的考核制度，定期对教师进行考核。今后教师职务的提升必须根据考核的结果进行评定。在这个基础上，各高等学校还应建立教师业务评审制度。对需要确定与提升职务的教师，除了在政治上认真进行审查外，在业务上也必须严格进行评审，成绩优秀的才能确定与提升职务。

高等学校教师职务提升工作的具体要求是：对被确定与提升职务的教师，所在教研室（系）的领导必须就其教学质量和学术水平作出详细、具体的分析或鉴定。同时，高等学校必须建立提升教师职务的评审委员会（或小组），负责对确定与提升职务的教师的业务水平提出全面的审查意见，供校务委员会审查参考。对被确定与提升职务的教师（主要是教授、副教授）的主要论文或著作，学校业务评审委员会（或小组）事先必须请校内有关单位的两位或三位同专业的水平较高的教授、专家进行仔细审查，提出书面审查意见。校内如缺少这方面的专家，可请校外专家帮助审查。今后，学校上报确定与提升教授、副教授材料时，除填写“高等学校确定与提升教师职务名称呈报表”外，还必须同时呈报上述各项材料。

4. 总结交流重点高等学校培养提高师资工作的经验

1962年11月17日至30日，教育部在武汉市召开了中南地区重点高等学校培养提高师资问题座谈会；1963年2月15日至26日，在沈阳市召开了东北地区重点高等学校培养提高师资问题座谈会。

座谈会首先分析了高等学校教师队伍的状况以及培养提高工作的成绩和问题。会议认为，近几年来，高等学校教师队伍有了很大发展，新教师大批成长，老教师也在不断进步，成绩是应该肯定的。但从目前教师的状况来说，总起来看质量还不够高。其基本特点是：青年教师占的比重大（助教平均占70%，有的学校占80%～90%），讲师以上的教师比重少，骨干力量尤为缺乏。从学校培养教师的工作来看，虽然已经做了不少工作，取得了一定的成绩和经验，但工作中存在的问题仍不少。多数学校对这项工作尚缺乏全面规划和长远安排，对教师又红又专的思想教育还有待深入，对老教师的专长和作用发挥不够，对骨干教师的培养教育工作安排不够落实，对教师的业务能力和学术水平缺乏严格要求和必要的考核，等等。所有这些问题都应该予以解决，并把培养提高师资工作列入学校重要议事日程，积极开展起来。

同时，座谈会上还交流了各地学校培养提高师资的经验。中山大学、吉林大学介绍了发挥老教师的作用与专长的经验，复旦大学、哈尔滨工业大学介绍了培养提高骨干教师的经验，有的学校还介绍了制定培养师资规划的经验。这些经验对于各地高等学校进一步做好培养提高师资的工作具有促进作用。

教育部于 1963 年 8 月 14 日印发了《中南和东北地区重点高等学校培养提高师资问题座谈会纪要》，明确了高等学校培养提高师资的方向、要求和基本途径等原则问题。

《纪要》强调，培养提高师资必须坚持又红又专的方向，既要热情地帮助教师提高思想觉悟和政治理论水平，又要不懈地提高教师的业务能力和学术水平；应该坚持理论与实际相结合的原则，要求教师认真钻研业务，加强基本技能的训练和实际锻炼；培养提高师资的基本途径是通过教学和科学研究工作的实践，加强在职进修，把老、中、青教师很好地结合起来，团结合作，共同提高；必须经常帮助教师正确处理进修提高工作中的各种关系问题，如红与专的关系，工作与进修提高的关系，打好基础与提高的关系，个人钻研、专家指导与集体帮助的关系以及老、中、青教师的关系等。

5. 高等学校教师队伍建设有力地促进了教学与科研工作

加强高等学校教师队伍建设的工作收到了明显成效。1961 年至 1965 年，我国高等学校的教学秩序稳定，教学质量不断提高，本科毕业生的质量得到保证，还培养了近5 000名研究生，其中绝大多数是优秀的高层次专门人才。高等学校的科学研究工作也取得了较大的进展和一批优秀成果。高等学校的教师积极参与了国家科委制定的《1963～1972 年科学技术发展规划纲要》所规划的课题研究。据统计，占规划课题总数97%的研究课题，由 186 所高等学校的教师承担；在基础科学和技术科学方面的 549 个中心课题中，由高等学校主持研究或负责研究的有 372 个，占中心课题总数的68%。①

① 郝维谦、龙正中主编：《高等教育史》，海口：海南出版社，2000 年版，第 239 页。

1965 年底，高等教育部在北京举办了直属高等学校科学技术研究成果展览会，共展出 217 项展品，分为农业科学技术、工业科学技术、新兴科学技术和基础理论研究等部分。其中比较突出的科研成果有：北京大学和中国科学院上海生物化学研究所、上海有机化学研究所合作的多肽牛胰岛素人工合成研究，吉林大学唐敖庆教授领导的研究集体完成的配位场理论研究，南京大学与中国科学院贵阳化学研究所、地质矿产部宜昌所和南方五省地质局合作的华南花岗岩的地质、地球化学及成矿规律的研究，清华大学的原子反应堆的建造，西安交通大学的金属材料强度研究等，都在展览会上展出。

展览会共接待观众一万余人次。普遍反映，高等学校科研工作花钱不多，成效很大。邓小平总书记参观后说："高等学校的科学研究很值得提倡。"

五、表彰和奖励教育系统的先进工作者

教师担负着培养祖国新一代的光荣任务，应该受到国家和人民的尊敬与爱护。对于在工作中取得优异成绩的教师、校长和其他教育工作者，采取多种形式给予表彰和奖励，是各级人民政府、教育行政部门以及各有关部门一项经常性的重要工作。

1960 年 5 月 2 日，全国妇联、全国总工会、共青团中央、中国人民保卫儿童全国委员会决定，在"六一"国际儿童节前夕，表彰一万名儿童工作的先进集体和先进工作者，并授予奖状，以鼓励全国儿童工作者以他们为榜样，作出更大的贡献。这次受到表彰和奖励的有4 475个先进集体和5 527名先进工作者。其中包括学龄前儿童工作者、学龄儿童工作者、儿童保健医务人员、幼师和保训班工作者、儿童文化艺术工作者和儿童生活服务人员。

1960 年 6 月 1 日至 11 日，中共中央、国务院召开的全国教育和文化、卫生、体育、新闻方面社会主义建设先进单位和先进工作者代表大会（简称"全国文教群英会"）在北京举行。这是建国以来规格最高、规模最大、影响最为深远的一次表彰奖励活动。党和国家领导人刘少奇、周恩来、宋庆龄、董必武、邓小平出席了大会。国务院副总理陆定一代表中共中央、国务院向大会致祝词。周恩来、陈毅、李富春以及工、青、妇等有关部门的领导人在会上讲了话。全国人大常委会副委员

长林枫向大会作了《大搞文化革命，实现工农群众知识化、知识分子劳动化》的报告。

《报告》总结了建国以来文化革命的进程及成就，论述了文教战线面临的根本任务，并提出要高速度地发展文教事业，普及和提高全民教育。为此，不但全国要进一步建立起更完整的教育体系，而且各地区也要根据本地区的特点和需要，建立地方教育体系，培养自己需要的人才。生产部门和厂矿企业也应当大办教育事业，培养本部门所需要的人才。同时，必须以适当缩短年限、适当提高程度、适当控制学时、适当增加劳动为原则，推进中小学的教学改革。全日制高等学校的教学改革要保证学生基础科学知识的水平不降低，只能提高，学习的知识要更为广博；必须保证劳逸结合，不许增加师生劳动强度，使学生在科学知识和劳动技能方面成为一专多能的人。杨秀峰在教育系统的会议上作了《做教育改革的促进派》的报告。

在这次大会上，有3 000多个先进单位、2 700多名先进工作者和特邀代表受奖，其中教育工作者占65.4%。

受奖先进集体有北京大学、清华大学、哈尔滨工业大学、西安仪器制造工业学校、北京景山学校、辽宁黑山北关小学等。

受奖的先进工作者有清华大学教授张子高、吉林大学教授唐敖庆、西南农学院教授侯光炯、上海市建襄民办小学教师吴佩芳、南京师范学院附属小学教师斯霞、哈尔滨第十二中学教师杨治周、伊犁中学维吾尔族教师以乃提·伊敏、日喀则小学藏族教师扎西卓玛等。

在此前后，各省、市、自治区和各地县、各学校也纷纷表彰教育战线上的先进人物。还有一些教师被评为先进工作者和劳动模范，成为群众的表率和榜样。

例如，上海市大同中学，从1956年到1966年，有20多人分别荣获上海市优秀校长、优秀班主任、优秀职员、青年社会主义建设积极分子等先进模范称号。①

山西省平定县贫困山区神峪口小学教师张瑾瑶，在两眼破窑洞里白手起家办学，采用全日班、早班、午班、半日班、炕头班等灵活多样的

① 《中国名校丛书·上海大同中学》，北京：人民教育出版社，1997年版，第106页。

教学形式及学生教学生、孩子教大人的小先生制，方便山区儿童入学，让每个孩子和村里的农民都能读书识字。在1956年便已让160多户村民的学龄儿童全部入学，近百名农民脱了盲。他坚持勤俭办学，带领全校学生勤工俭学，建设校田，绿化山岭，在学校周围的荒山秃岭上植树28万株，办起了校办林场，取得了良好的经济效益。他把学校的收益全部交公或用在学生身上，让学生在校读书免交学费、书费、文具费。同时，学校教育质量高，学生学习好、爱劳动、明道理。因此，群众一直把张瑾瑶称为“贴心人”。1960年5月，张瑾瑶出席了山西省文教群英会。在会前、会上、会后，张瑾瑶的先进事迹被广为宣传。这对广大忠诚教育事业的教师是莫大的鼓舞。1964年，张瑾瑶当选为第三届全国人大代表。

这期间，各地还举行集会，向长期从事教育事业的著名教育界人士表示祝贺。

1962年9月4日，首都科学家在全国政协礼堂聚会，祝贺数学家熊庆来教授从事教学与科学研究40周年。

1963年5月，北京师范大学附属女子中学为从事教育工作30年以上的教职工举行庆祝会。各有关方面的领导人对此非常重视，邓颖超和杨秀峰、刘皑风、林励儒等亲自莅会致意，林枫、邓拓等题词、作画表示祝贺。

1964年1月4日，清华大学师生200余人集会，庆贺中华全国体育总会主席、该校体育教研室主任马约翰教授在清华大学任教50年，蒋南翔、国家体委副主任荣高棠等参加了庆祝会。会上宣读了杨秀峰及教育部、国家体委、北京市教育局、北京市体委等单位的贺信。

这些活动，对于在全社会形成尊师重教的优良风气起了积极作用。

10 第十章　推进教育教学改革

从1956年到1966年的十年间，我国在社会主义教育方针的指引下继续推进教育教学改革。改革的重点是：教育制度的改革，包括鼓励中小学毕业生参加生产劳动，各级各类学校开展勤工俭学活动，提出和进行“两种教育制度”的试验；根据毛泽东关于教育工作的指示精神开展教学改革，包括在全日制学校进行学制改革试验、教学改革试验和教材建设；改进学校思想政治工作，包括加强学校思想政治工作机构和队伍建设，改革政治课教学，开展学习雷锋等英雄模范的活动。通过教育教学改革，学校的教育教学质量有了明显提高。

第一节　改革教育制度的尝试

当社会主义改造任务基本完成以后，我国开始了大规模的社会主义建设，国家的政治、经济和文化教育建设进入了一个新的发展阶段。但当时的教育制度、教育结构还不能适应这种发展的需要。这种不适应集中表现在中小学毕业生升学和就业的问题上：一方面，教育的发展水平还不能满足全体青少年学生继续升学的愿望；另一方面，没有升学机会的毕业生不愿意回乡参加生产劳动，也没有其他的发展机会。为了解决这些矛盾，党和政府提出了一系列改革教育制度的措施，为探索适合中国国情的社会主义教育发展道路进行了有益的尝试。

一、鼓励中小学毕业生参加生产劳动

为了妥善处理中小学毕业生升学和就业的问题，教育部于1957年2月28日发出了《关于指导中小学毕业生正确对待升学与就业问题的通

知》。同年 3 月 16 日，中共中央宣传部发出《关于加强中小学校毕业生生产劳动教育的通知》，提出了解决中小学毕业生升学与就业问题的方针和办法。

首先是加强对中小学毕业生升学与就业工作的领导。要求各级教育行政部门在当地党委的领导下，以中小学的领导干部和教师为主要力量，充分发挥青年团组织的积极作用，做好思想工作，切实解决好家长和学生的思想认识问题，并对不能升学的毕业生作出妥善安排。

其次是转变中小学毕业生及其家长的思想认识。要使他们认识到：文化教育的发展必须建立在生产发展的基础上。不仅我国的经济力量不可能使所有的毕业生大部分或者全部得到升学，就是像苏联和美国那样一些经济发达的国家也不是所有的中小学毕业生都能升学，从事生产劳动是许多不能升学的小学和初中毕业生的基本出路。要使广大青年学生懂得，建设我们美好的社会主义祖国是艰巨的创造过程，青年们在党和国家的领导下艰苦奋斗，不论升学与否都会获得结果。具有小学和中学文化水平的青年在我国来说仍然是十分宝贵的财富，即令是不能升学，各方面仍然都是欢迎的。①

再次是妥善安排不能升学的毕业生。在解决好家长和学生的思想认识问题的同时，对于不能升学的毕业生，其家长应该给予子女以自学或从事生产劳动的便利。农村学生的家长应该欢迎自己的子女从事生产劳动，并热情地帮助回乡子女尽快地掌握农业生产技术。城市的学生家长在自己的子女不能升学时，应帮助他们安排好自学条件，鼓励他们安心自学；遇有机会，帮助子女选择参加社会需要的各项职业。对于尚未毕业的在校学生，学校应通过经常的课堂教学和各种活动向他们进行劳动教育、学习目的教育，讲清学习文化科学的目的是为了服务于生产劳动和更好地从事生产劳动，毕业后无论是升学还是参加生产劳动都是光荣的，都是有前途的。要求中小学毕业生纠正那种不愿意参加生产劳动而只想升学或当干部的思想，认识到只要努力劳动，在任何工作岗位上和劳动战线上都能发挥自己的作用。

---

① 何东昌主编：《中华人民共和国重要教育文献》（1949～1975），海口：海南出版社，1998 年版，第 737 页。

1957年4月8日，《人民日报》发表了题为《关于中小学毕业生参加农业生产问题》的社论。这篇社论是根据刘少奇在长沙市一次中学生座谈会上的讲话内容撰写的。

社论批驳了所谓中小学毕业生下乡种地"丢人"、"没出息"、"没有前途"、"吃了亏"的错误观点，指出"现在已经得到了一定书本知识的中小学毕业生，应该毅然决然地、愉快积极地投入到生产劳动中去，特别是投入到农业生产中去，获得生产斗争的实际知识，使书本知识和实际知识结合起来，促进自己的提高和发展"。① 同时，中小学毕业生下乡后同农民群众在生产劳动中紧密地结合起来，"可以肯定，农业合作社的经营管理工作和农业的技术改革就将得到一个极大的推动力量，就将促进我国农村实现另一个根本改革——技术改革，促进我国农业生产空前地向前大发展"。②

由于各地党组织和教育行政部门在中小学毕业生中做了大量的、深入细致的宣传教育工作，所以在1957年以后，每年都有大量的中小学毕业生直接参加生产劳动，特别是参加农业生产劳动。他们积极、热情地同广大农民一起并肩劳动，成了我国第一代有社会主义觉悟的有文化的新型劳动者。

参加生产劳动的中小学毕业生由于有一定的政治觉悟和文化知识水平，所以学习生产技术和熟悉基层工作都比较快。他们中的不少人经过刻苦学习后很快就成了当地的生产带头人，有的担任了农业生产合作社或生产队的主要干部，担任了大队党支部书记或委员、生产队长、生产队会计、记工员，也有的成了农村文化教育活动的积极分子，成了民校教师、宣传队员、文娱活动骨干，涌现出了像徐建春、邢燕子、董加耕等一大批先进人物和劳动模范。

随着愈来愈多的中小学毕业生参加生产劳动，促进了脑力劳动和体力劳动的结合，使我国体力劳动者的文化科学素质有了显著提高，这对于提高劳动生产率是十分重要的。

---

① 《刘少奇论教育》，北京：教育科学出版社，1998年版，第179页。

② 《刘少奇论教育》，北京：教育科学出版社，1998年版，第182页。

二、开展勤工俭学活动

在鼓励中小学毕业生参加生产劳动的同时，各级各类学校对开展勤工俭学活动进行了大量的探索。

1956年冬和1957年春，许多地方的学生中已有不少人一面刻苦攻读，一面利用课余和假期的时间去从事各种有益的劳动。这些劳动包括替合作社和国营农场割草、积肥、抢收、抢种，帮助建筑工地挖土、填坑、搬砖、运瓦，帮助自己的学校打围墙、修校舍、修运动场；有的还替人缝纫、洗衣、当家庭教师，在饭馆里端盘子、洗碗碟等。所有这些劳动，除了一部分是完全属于义务性质的以外，多数都有一定的报酬。学生们利用劳动所得的报酬解决了自己学习费用上的不少困难，改善了自己的生活。这种勤工俭学活动是值得加以赞扬和提倡的，但是在当初还没有受到人们应有的重视。

1957年5月5日，《中国青年报》根据刘少奇在河北、河南、湖北、湖南、广东等省几次讲话的内容，发表了题为《提倡勤工俭学，开展课余劳动》的社论。社论批评了一些人在勤工俭学问题上的不正确看法，指出“组织学生参加课余劳动，提倡勤工俭学，不仅是必要的，而且是可能的。只要认真加以倡导，我国学生也大多具有这方面的积极性”。① 社论要求各地学校都能把组织学生参加课余劳动，提倡勤工俭学看做是今后学校教学活动中一个不可缺少的重要内容，积极地加以领导，使它健康地更加广泛地发展起来。

同年6月5日，《人民日报》又发表了题为《一面劳动，一面读书》的社论，提出各地的各级各类学校都应该组织学生参加课余劳动，开展勤工俭学活动。

在组织各级各类学校开展勤工俭学活动的过程中，河南省长葛县第三初级中学和贵州省仁怀县群力农场业余初中学生坚持勤工俭学，不仅减轻了国家办学校和家庭供养子女读书的经济负担，而且培养了自力更生的精神，体现了知识青年同工农的结合、体力劳动同脑力劳动的结合。因此，1958年1月20日《人民日报》发表社论，将这两所学校誉为开展勤工俭学的“两个好榜样”。

---

① 《刘少奇论教育》，北京：教育科学出版社，1998年版，第198页。

为了推动勤工俭学活动进一步开展，共青团中央于 1958 年 1 月 27 日作出了《关于在学生中提倡勤工俭学的决定》。《决定》指出：开展一面劳动、一面读书的勤工俭学活动，对于培养学生成为具有社会主义觉悟的有文化的劳动者有着极其重大的意义。实行勤工俭学，可以使学生在获得文化知识的同时，受到体力劳动的锻炼，掌握一定的生产技能，培养劳动习惯和艰苦朴素的作风，加强与劳动人民同甘共苦的思想感情。因此，勤工俭学是具体实现知识分子同工农相结合、脑力劳动同体力劳动相结合的一个重要途径，并且对彻底改变旧社会遗留下来的鄙视体力劳动和劳动人民的恶习，也可以起到移风易俗的作用。①

1958 年 2 月 4 日，教育部发出了《关于大力支持共青团中央“关于在学生中提倡勤工俭学的决定”的通知》，并于 2 月 7 日至 12 日召开部分省、市、自治区的教育厅（局）长和中学校长座谈会，具体部署了开展勤工俭学活动的各项事宜。

在开展勤工俭学活动的热潮中，各地学校积极行动起来，根据当地的自然条件和季节变化，开展了多种多样的勤工俭学活动。

例如，农村学校的学生一般坚持以农为主，兼顾副业，利用课余时间和假期从事各种农副业劳动。山区学校组织学生培植果木、打柴、割草、挖药材等，湖区的学校组织学生结网、捕鱼、编蒲席等。城市学校组织学生到校办工厂或挂钩工厂、商店、工地做些简单的加工劳动和手工业劳动。农忙季节也组织学生到农村去参加夏收和秋收劳动。各地学校还组织女学生做缝纫、刺绣、针织等。还有许多学校组织学生参加绿化美化校园环境的劳动和管理图书、刻钢板、当补习班教员的工作，并成立了理发、补鞋、缝纫等小组，为全校师生进行有偿服务。

勤工俭学活动的普遍开展使许多学生解决了全部或一部分学习和生活的费用，既减轻了学生家庭和国家的经济负担，也培养了学生克服困难的精神，使书本知识同实践结合起来。这对学生增强劳动观念、培养劳动习惯、学会劳动技术是十分有益的。

河南省长葛县第三初级中学三年级六个班共有学生 289 人。他们在

① 何东昌主编：《中华人民共和国重要教育文献》（1949 ~ 1975），海口：海南出版社，1998 年版，第 793 页。

学校实验园地经过三年的劳动和学习，全部学会了小麦密植、玉米和大豆间作、种烟等项技术。其中有280人学会了整地翻地，学会了南瓜压秧及相关知识，学会了收藏甘薯，还有的学会了犁地、耙地。

通过开展勤工俭学活动，学生在思想感情上起了很大变化。过去许多学生把上学读书看做是跳出“农门”的手段，而现在学生过完节假日返校后总要到实验园地去看看，就像农民一样热爱着自己亲手播种和耕耘过的庄稼。无数事实说明，开展勤工俭学是改革我国教育制度，使教育与生产劳动结合起来，培养有社会主义觉悟有文化的劳动者的重要举措。

三、“两种教育制度”的提出和试验

1957年2月，毛泽东发表《关于正确处理人民内部矛盾的问题》的讲话以后，刘少奇率调查组南下五省，调查研究有关人民内部矛盾的问题。在深入进行教育调研的过程中，刘少奇认识到，中小学毕业生的升学与就业问题不仅仅是思想认识问题，而且深刻地反映了教育制度、教育结构同社会主义经济发展不相适应的矛盾。要从根本上解决中小学毕业生的升学与就业问题，就必须找到改革现行教育制度的途径。

1957年11月8日，刘少奇看到《参考资料》上刊登的《美国大学生有三分之二半工半读》的报道后，觉得对我国很有借鉴作用，于是批示有关部门试办半工半读的学校。

1958年3月，国务院文教办公室主任林枫到天津视察时，传达了刘少奇关于试办半工半读学校的意见，建议天津在职工业余教育的基础上，办脱产、半脱产或占用一定生产时间进行学习的学校。5月27日，天津国棉一厂半工半读学校开学。这是天津第一所厂办半工半读学校。《人民日报》为此事作了报道，配发了社论，指出这是一种使工人多快好省地学习文化技术的新形式，要求各地多办提高工人文化技术水平的半工半读学校。

5月30日，刘少奇在中共中央政治局扩大会议上的讲话中正式提出了实行“两种教育制度、两种劳动制度”的建议。他说：“我们国家应该有两种主要的学校教育制度和工厂农村的劳动制度。一种是现在的全日制的学校教育制度和现在工厂里面、机关里面八小时工作的劳动制度。这是主要的。此外，是不是还可以采用一种制度，跟这种制度相并

行，也成为主要制度之一，就是半工半读的学校教育制度和半工半读的劳动制度。"① 这个建议得到毛泽东和中共中央的赞同，成为当时党和国家的一项决策。

此后，半工半读教育在我国有了相当的发展。例如天津市，在1958年和1959年就有100多个工厂办起了半工半读学校。其他省、市、自治区也办了许多农业中学、劳动大学、工业大学等形式的半工（农）半读学校。一些高等学校还办了半工半读班、半工半读系。于是，我国出现了全日制学校和半工半读学校并存的局面。

但是，由于受1958年至1960年教育革命和"大跃进"的影响，半工（农）半读教育也出现了不顾客观条件，急躁冒进，一哄而起的偏差。因而在三年国民经济困难时期，各种类型的半工（农）半读学校大多停办，只有少数坚持下来。

1963年，由于贯彻"调整、巩固、充实、提高"的方针，我国国民经济初步好转，教育事业也步入了改革与发展的轨道。正是在这种形势下，刘少奇于1964年在认真总结试办半工（农）半读学校经验教训的基础上，再次提出实行"两种教育制度、两种劳动制度"的意见，并进一步指出："我所说的两种劳动制度和两种学校制度，是结合的。""简单讲来，就是在农村里面办半农半读的学校，农忙的时候耕田，农闲的时候读书。在工厂里面办半工半读的学校，一半时间做工，一半时间读书。""这种半农半读、半工半读的学校，既是一种劳动制度，又是一种教育制度，同时又是一种学校制度，都是正规的。"② 这个时期刘少奇还提出，要试办四小时劳动、四小时学习的半工半读的小学、中学和大学，要五年试验、十年推广半工半读制度。他还建议各地成立专管半工半读工作的机构。刘少奇在论述"两种教育制度、两种劳动制度"时，反复强调半工半读是符合马克思主义关于教育与生产劳动相结合的理论的，它可以逐步消灭体力劳动同脑力劳动的差别，符合社会主义、共产主义的长远方向，是防止资本主义复辟、"防修反修"的重大战略措施。

在刘少奇的积极倡导下，全国各地从1964年开始再次大力试验和

① 《刘少奇论教育》，北京：教育科学出版社，1998年版，第215页。
② 《刘少奇论教育》，北京：教育科学出版社，1998年版，第256～257页。

推行两种教育制度，使半工（农）半读学校迅速发展。为了加强对半工（农）半读学校的领导，有的省市，如山东省、天津市、江苏省还分别设置了第二教育厅、第二教育局、工读教育局。农业部成立了半工半读教育领导小组，教育部也成立了半工半读办公室。

为了推动农村的半农半读工作，教育部于 1965 年 3 月 26 日至 4 月 23 日在北京召开了全国农村半农半读教育会议。会议总结和交流了各地农村试办半农半读学校的经验，提出今后农村教育的任务是在办好全日制学校的同时，坚定不移地推行半农半读教育制度。会议认为，各地试办的半农半读学校为在我国农村多快好省地普及小学教育和发展中等教育开辟了一条新的道路。会议要求各地在巩固已有成绩的基础上，实行全日制和半农半读两条腿走路的办法，普及小学教育，扩大试办农业中学，积极试办半农半读的中等技术学校。

这次会议以后，《人民日报》发表了题为《努力办好半农半读学校》的社论，并开辟专栏，在半年多的时间里展开了“怎样办好半工半读学校、半农半读学校”的讨论。通过讨论，广大干部群众对两种教育制度和两种劳动制度有了更深刻的认识，在广大农村涌现出了一大批半农半读学校。

教育部部长何伟 1965 年 12 月 22 日在《人民日报》发表文章说，当时我国广大农村举办了各种各样的耕读小学，把学校办到了群众的家门口。许多地方的耕读小学都是因陋就简，就地取材，由师生自己动手，自制教具，自垒桌凳，自盖教室，从无到有，艰苦奋斗办起来的。这种耕读小学办起来以后，农民子女的入学人数大大增加，许多地区学龄儿童的入学率达到了90%以上。与此同时，适应农村需要的农业中学也有了很大发展。这种农业中学有的是半农半读的普通中学，有的是半农半读的技术学校。这些学校为农村培养出了各种劳动能手、技术骨干，对发展和繁荣农村经济起到了很大的促进作用。

为了推动城市的半工半读工作，教育部于 1965 年 10 月 25 日至 11 月 23 日在北京召开了全国城市半工半读教育会议。参加会议的有中央和地方的计划、工业、交通、财贸、劳动和教育等部门的代表，以及各种不同类型学校的代表。会议期间，中共中央政治局召开扩大会议，听取会议汇报并进行了讨论。刘少奇等中央领导人对实行半工半读的方针、长远目标和当前任务以及具体办法等作了指示。陆定一在全国城市半工半读教育会议上作了报告。

参加全国城市半工半读教育会议的代表一致认为，在我国逐步推行“两种教育制度”是巩固无产阶级专政、防止资本主义复辟的根本措施之一。各地试办的城市半工半读学校，已经在促进教育与生产劳动相结合，培养有社会主义觉悟的有文化的劳动者，逐步缩小脑力劳动同体力劳动的差别等方面显示出了它的优越性。会议认为，必须坚持“五年试验，十年推广”的方针，坚定方向，积极进行试办，以便取得经验。除要抓好已办起来的学校的巩固提高工作以外，还要在第三个五年计划期间，通过推行“两种教育制度”尽可能在城市普及初中教育，通过举办城来社去的半工半读学校，组织城市知识青年上山下乡。会议还指出，城市半工半读的重点是中等技术学校和高等学校。

在大力发展半工（农）半读的初等、中等教育的同时，还要努力发展半工（农）半读的高等教育。为了研究这个问题，高等教育部在1965年12月25日至1966年1月16日召开了全国半工（农）半读高等教育会议。会议交流了半工（农）半读高等教育的经验，讨论了全日制高等学校的改革问题。高等教育部部长蒋南翔在会上作了总结报告。会议确定，要按照中共中央关于“决心要大，步子要稳”的指示精神，对于半工（农）半读的高等教育，在积极试办的同时，要着重于巩固提高和保证质量。半工（农）半读高等学校的学生要既认真劳动，又认真读书。全日制学校要认真改革，包括进行半工（农）半读试点，调整专业，教学内容要少而精，进一步缩短学制。当时，有些高等学校在试办半工（农）半读的过程中，曾经出现忽视系统理论知识学习、参加生产劳动过多的现象。对此，中央领导一再提醒教育行政部门和学校在进行半工（农）半读试点时要注意引导学生认真读书，保证教学质量。

事实证明，刘少奇关于“两种教育制度”的主张及其试验是马克思主义教育理论同中国教育实际相结合的产物，是尽快扫除文盲、普及教育的有效途径；也是贯彻和实施社会主义教育方针、改革教育制度、探索建立适合中国国情的社会主义教育制度的有益尝试。它开辟了一条教育与生产劳动相结合的新途径。

第二节 全日制学校的教育教学改革

在探索社会主义教育发展道路的过程中，各地的全日制学校进行了一系列教育教学改革试验，加强了教材建设。在毛泽东关于教育工作指示精神的指导下，这些工作都获得了积极的进展。

一、贯彻毛泽东关于教育工作的重要指示

在20世纪60年代前期，毛泽东从关心儿童和青少年一代健康成长及培养无产阶级革命事业接班人的战略高度着眼，对教育工作特别是对全日制学校的教育教学改革发表了多次谈话和重要指示。为了贯彻毛泽东的指示，教育行政部门采取了许多有力的措施。

1. 毛泽东发表关于教育工作的重要指示

1964年2月13日，毛泽东在人民大会堂召开教育工作座谈会。当日是甲辰年春节，后来称此会为“春节座谈会”。参加这次座谈会的有刘少奇、邓小平、彭真、陆定一、康生、林枫、章士钊、陈叔通、郭沫若、许德珩、黄炎培、朱穆之、张劲夫、杨秀峰、蒋南翔、陆平等十六人。

毛泽东在座谈会上首先说：“教育的方针路线是正确的，但是办法不对，我看教育要改变，现在这样还不行。”① 接着，毛泽东对全日制学校提出了许多批评意见。他认为，“学制可以缩短”。全日制学校“课程多，害死人，使中小学生、大学生天天处于紧张状态”。他说：“课程可以砍掉一半，学生成天看书，并不好。可以参加一些劳动和社会活动。”“现在的考试，用对付敌人的办法，搞突然袭击。出一些怪题、偏题，整学生。这是一种考八股文的办法。我不赞成，要完全改变。我主张题目公开，出二十道题，学生能答出十道，答得好，其中有的答得很好，有创见，可以打一百分。二十道题都答了，也对，但是平平淡淡，没有创见的，给五十分、六十分。考试可以交头接耳，无非自己不懂，问了别人懂了。懂了就有收获，为什么要死记硬背呢？人家做了，我抄

① 在“文化大革命”中正式发表时，这段话被删掉了。中央教育科学研究所编：《中华人民共和国教育大事记》(1949～1982)，北京：教育科学出版社，1983年版，第353页。

一遍也好，可以试试。”“旧教学制度摧残人材，摧残青年，我很不赞成。”“现在一是课多，二是书多，压得太重。”① 他在这次谈话中还列举了孔夫子、李时珍、富兰克林、瓦特、高尔基的例子，说明在学校里读书少的人同样会作出大的贡献。毛泽东的这些意见虽然非常尖锐，但是总的精神是积极的，特别是对于培养有创新能力的人才有重要意义。

1964 年 3 月 10 日，毛泽东对北京铁路二中校长魏连一的二月来信作了批示，此即“三一〇批示”。在这个批示中，毛泽东进一步指出：“现在学校课程太多，对学生压力太大；讲授又不甚得法；考试方法以学生为敌人，举行突然袭击。这三项都是不利于培养青年们在德智体诸方面生动活泼地主动地得到发展的。”② 这个批示尖锐地指出了我国学校教育中存在的问题，这对于克服我国学校教育教学工作中的弊端，对于促进青少年生动活泼地主动地发展，培养他们的独立工作能力和创新能力，具有深刻的指导意义。

此后，毛泽东又发出了“七三指示”。当时，共青团北京市委对北京师范学院历史系二年级一班作了一个调查。根据调查所得写成了《北京师范学院一个班学生生活过度紧张，健康状况下降》的材料。材料指出，现在学生由于学习负担太重，体育运动量太大，课外活动过多，严重影响了身体健康。此外，各种会议很多，使学生经常处于紧张状态之中。毛泽东看了这份材料后，于 1965 年 7 月 3 日给中共中央宣传部部长、中央文教小组组长陆定一写了一封信（此即“七三指示”）。信中说：“学生负担过重，影响健康，学了也无用。建议从一切活动总量中，砍掉三分之一。邀请师生代表，讨论几次，决定实行。”③ 这个“指示”对于解决当时各级各类学校中长期存在的学生负担过重的问题起了积极的推动作用。

2. 教育系统贯彻毛泽东关于教育工作指示的精神

在毛泽东发表春节座谈会谈话等三次重要指示的时候，国务院已经决定将教育部分设为高等教育部和教育部。这两个部于 1964 年 3 月正

---

① 何东昌主编：《中华人民共和国重要教育文献》（1949 ~ 1975），海口：海南出版社，1998 年版，第 1249 ~ 1250 页。

② 《毛泽东同志论教育工作》，北京：人民教育出版社，1992 年版，第 286 页。

③ 《毛泽东同志论教育工作》，北京：人民教育出版社，1992 年版，第 288 页。

式分开办公。高等教育部以杨秀峰为部长，蒋南翔、刘子载、刘仰峤、黄辛白等为副部长；教育部以何伟为部长，刘季平、董纯才、刘皑风、叶圣陶、林砺儒等为副部长。这两个部成立后，就分别召开会议进行传达，并提出贯彻毛泽东谈话、批示和指示的精神时“思想要积极、行动要稳妥”的原则，① 要求以毛泽东的谈话和指示的精神作为改革教育教学的指导思想，有计划、有步骤地进行教育教学改革。

根据“思想要积极、行动要稳妥”的原则，教育部在1964年上半年多次召开座谈会，研究精简中小学的课程、改进教学方法和考试方法、减轻学生负担等问题。与会人员提出了许多改进教学工作的建议。其中，仅在1964年3月下旬至4月上旬，教育部和北京市教育局就邀请北京市部分中小学教师、校长举行了五次座谈会，研究如何贯彻毛泽东对教育工作的指示，改进教学工作，提高教学质量。这五次座谈会的纪要加上编者按语在《光明日报》发表后，引起了教育界人士的广泛关注。与此同时，各地教育行政部门也纷纷召开座谈会，对贯彻执行毛泽东的指示进行了深入研究，并在实践中探索改进教育教学工作的经验。

1964年4月21日，《人民日报》在题为《培养生动活泼的主动的学习空气》的社论中，推荐了北京、上海一些中小学改进教学工作，减轻学生负担，提高教学质量的经验。社论指出：为了改进教学工作和提高教学质量，就必须克服片面追求升学率的错误思想，在教学中坚持贯彻“少而精”和“学以致用”的原则，提倡启发式的教授法，发挥学生在学习上的主动性，并且要改进考试方法。

为了减轻中小学学生的学习负担，中共中央、国务院于1964年5月4日批转《教育部临时党组关于克服中小学学生负担过重现象和提高教学质量的报告》。《报告》要求各级教育行政部门和学校在减轻学生学习负担方面采取以下措施：

一要大力宣传党的教育方针，坚决克服片面追求升学率的倾向，禁止以升学率为标准衡量学校、教师工作的优劣。禁止举行学期、期末统考。禁止以大量留级的办法淘汰学生和限制毕业生报考。不得放松非毕业班的工作而去突击抓毕业班。不得任意改变教学计划，突击复习备

① 何东昌主编：《当代中国教育》（上），北京：当代中国出版社，1996年版，第82页。

考。不得离开教学大纲和教科书而另搞一套复习大纲和补充习题。

二要加强思想政治教育，教育学生以正确的态度对待升学和参加劳动，树立从事农业生产劳动光荣的思想。全日制学校要以教学为主，努力提高教学质量。教师要在提高思想水平、业务水平的基础上，努力改进教学方法。教学是师生的共同活动，既要有教师的主导性，更要启发、培养学生的主动性。

三要改进考试方法，考试不要采取突然袭击的方法，不要以烦琐古怪的试题去为难学生。

四要适当开展课外文娱、科技、体育、阅读活动。要特别注意劳逸结合，增进师生健康。

这期间，高等教育部为了贯彻毛泽东关于教育工作的指示精神，也于 1964 年 3 月 18 日至 4 月 11 日在北京召开了直属高等学校领导干部扩大会议，学习和讨论毛泽东关于教育工作的指示精神。会议认为，毛泽东提出的使学生生动活泼主动地得到发展和必须进行学制、课程、教学方法、考试制度等四个方面的改革，指出了改进高等教育工作的方向，是提高教育质量的关键。会议还提出，高等学校的思想政治工作必须同教学、科学研究等业务工作紧密结合，真正地落实到贯彻党的教育方针和提高教育质量上面。同年 6 月 24 日，中共中央批转了高等教育部党组关于这次会议的报告，对于学制、课程、教学方法、考试制度等方面的改革作出了具体部署。

当毛泽东发出“七三指示”后，教育部于 1965 年 8 月 13 日至 21 日召开各省、市、自治区教育厅（局）长座谈会。会议提出，贯彻“七三指示”必须从实际出发，不同地区、不同学校要区别对待。关键是要解决认识问题。为此，会议要求 1965 年下半年要在教育工作者中掀起学习毛泽东教育思想的新高潮。在具体措施方面，要认真执行中央有关学生学习、劳动、社会活动时间的规定，精简中小学课程和教材，统一安排其他部门对学校提出的活动项目和要求。①

为了贯彻毛泽东的“七三指示”，高等教育部在 1965 年 8 月 20 日至

① 中央教育科学研究所编：《中华人民共和国教育大事记》（1949 ~ 1982），北京：教育科学出版社，1983 年版，第 384 ~ 385 页。

9月11日召开了直属高等学校政治工作会议。高等教育部部长蒋南翔在会上指出：毛泽东关于从学生一切活动总量中砍掉三分之一的指示是积极的，各校应结合本校具体情况，正确地全面地贯彻执行毛泽东的指示。①

据此，河南省召开各高等学校教师和学生代表座谈会，讨论改进教学工作，减轻学生学习负担，使学生身心两方面都得到健康发展的经验和措施。其中，河南医学院医疗专业的教师在教学时突出重点，解决难点，用较少的时间讲清主要内容，对学生的实习、实验作业精批细改，耐心指导；学生在教师和医师的指导下，通过必要的临床实践，加深了对医学理论的认识。这种精讲多练的教学方法明显地减轻了学生听课和做作业的沉重负担，受到了广大师生的普遍欢迎。焦作矿业学院通过对一个班级的调查研究，提出了八条改进教学工作、减轻学生学习负担的具体措施，并在全院推广。这八条措施是：认真学习毛泽东关于减轻学生学习负担的指示精神；各科教学贯彻少而精的原则；采用启发式教学法，因材施教；积极改进考试方法；教师布置作业要有全局观点；把课内外学习时间严格控制在每周50学时以内；加强班级政治思想工作；切实改进工作作风和工作方法，使学生的活动总量从原来的每周75学时减少为每周50学时。② 这些措施的实施大大减轻了学生的沉重负担。

1965年9月6日，《人民日报》发表了题为《教学工作要贯彻少而精的原则》的社论。社论指出，所谓少而精，就是说，课业活动、课外活动和社会活动都安排得少些、好些、精些，以保证学生有充分的休息和自由活动时间。9月8日，《光明日报》发起“怎样掌握启发式教学的精神实质”的讨论，随后又组织了“怎样才能生动活泼地主动地进行学习”的讨论。

1966年初，《光明日报》将上述两次讨论结合起来，以“把教师的主导作用同学生的主动性正确地结合起来”为题继续展开讨论。这些讨论对于广大教育工作者正确地领会和贯彻执行毛泽东关于教育工作的重

---

① 中央教育科学研究所编：《中华人民共和国教育大事记》(1949~1982)，北京：教育科学出版社，1983年版，第385页。

② 王日新、蒋笃运主编：《河南教育通史》(下)，郑州：大象出版社，2004年版，第102页。

要指示精神起了推动作用。

二、全日制学校的学制改革试验

当时普遍认为学校教育存在着两大亟待解决的问题：一是修业年限长，二是课程负担重。因此学制改革势在必行。为了有组织、有领导地进行学制改革试验，中共中央、国务院于1959年5月24日发出《关于试验改革学制的规定》，要求各省、市、自治区党委和教育行政部门指定个别小学、普通中学进行学制改革试验。中小学学制改革试验由此进一步展开。

1960年以后，中央各有关部门进一步加强了中小学学制改革试验的力度。1960年4月9日，中央文教小组组长陆定一在全国人大二届二次会议上作了《教学必须改革》的发言。他说："中小学教学还有严重的少慢差费现象，必须进行教学改革。"他提出："我们想从现在起，进行较大规模的试验，在全日制中小学教育中，适当缩短年限，适当提高程度，适当控制学时，适当增加劳动（以下简称"四个适当"）。我们准备以十年至二十年的时间，逐步地分期分批地进行全日制中小学的学制改革……我们对新学制的初步设想是：全日制中小学的年限能够缩短到十年左右，程度能够提高到大约相当于现在的大学一年级。"①

陆定一的这个发言，对各地进行较大规模的中小学学制改革试验给予了有力的推动。但由于他提出的"四个适当"并未经过典型试验，工作要求过急过快，因而导致学制改革的试验面一度偏大。据1960年9月对27个省、市、自治区的不完全统计，当时进行学制改革试验的小学达92 341所，占这些地区小学总数的14.77%；中学达3 495所，占这些地区中学总数的18.67%。个别地区的中小学全部实行了新学制。有许多学校还在各年级同时进行学制改革套级过渡。在一些试验学校，教学工作中一度出现了忽视学生年龄特征和循序渐进原则的问题。教育部发现上述问题后，在1961年和1962年多次召开有关学制改革试验的座谈会，采取交流经验和研究解决问题的办法予以纠正。

为了进一步搞好学制改革试验，教育部于1963年7月27日发出

① 何东昌主编：《中华人民共和国重要教育文献》（1949～1975），海口：海南出版社，1998年版，第971～972页。

《关于坚持进行中小学校教学改革试验工作的通知》，提出继续进行学制改革试验的具体措施：

（1）现有试验学校的试验班，一般仍按原计划进行试验。五年制小学试验班，要求达到现行六年制小学的程度。五年制中学试验班，要求达到现行六年制中学的程度。

（2）从当年秋季起，试验学校新招收学生的小学一年级和初中一年级，小学继续试验五年一贯制，要求达到新订六年制小学教学计划规定的程度；中学试验五年一贯制或者三二分段制，经过调整课程设置和教学进度，要求达到或者接近新订三二制中学教学计划规定的程度。

（3）试验面大小的安排，由各地根据领导力量和学校的条件决定。五年制小学的试验学校可安排多一些，中学的试验学校可安排少一些。

1964 年 2 月 6 日，中共中央决定成立学制问题研究小组。研究小组以林枫为组长，蒋南翔为副组长，成员有：张劲夫、张磐石、范长江、高云屏、刘季平、路扬、武振声及后来增加的何伟、许立群、刘仰峤等十二人。研究小组的任务是：组织力量，调查研究，讨论酝酿，草拟一种或数种学制改革方案，供中央审核决定。

1964 年 2 月 25 日，中央学制问题研究小组召开第一次会议。林枫在会上传达了中央交给小组的任务，提出学制要多样化，学制研究要有分工。此后，中央和各省、市、自治区学制问题研究小组，先后召开了五年制小学、四年制中学、五年制中学、城市半工半读学校、中等专业学校、大学预科、高等学校文科和工科等八次有关学制问题的专题座谈会。

7 月下旬，中央学制问题研究小组召开扩大会议，集中研究学制改革问题，草拟了《学制改革初步方案（征求意见稿）》。《初步方案》提出，在我国新学制中，有全日制、半工（农）半读、业余三类学校。在全日制学校中，小学的基本学制为五年，不分段；中学的基本学制为四年，不分段；设立高等学校预备教育，作为四年制中学教育同高等教育的衔接和过渡。半工（农）半读学校的中等阶段，为中等技术教育和师范教育（农业中学，初、中级技术学校，师范学校）。业余学校分初、中、高三级。根据这个《初步方案》，在一些地区的学校里进行了学制改革的试点。但由于后来爆发了“文化大革命”，所以这次学制改革的方案没有正式施行。

三、全日制学校的教学改革试验

1960年以后，在进行学制改革试验的同时，教学领域的改革试验也进一步开展起来。其中辽宁省黑山县北关小学是一个备受关注的先进典型。为了推广黑山北关小学的教学改革经验，中共辽宁省委在1960年4月2日至10日召开了教学改革现场会议。中共中央宣传部、教育部和中央有关部门及各省、市、自治区的代表500多人参加了会议。这次会议介绍了该校自1958年以来在语文教学中实行"集中识字、精讲多练、提早写作"的经验和在算术教学中实行"集中学，集中练，学、练、用分步进行"的经验。

这次现场会后，教育部于1960年6月21日转发了《辽宁省黑山县北关小学教学改革的调查报告》。《调查报告》全面、系统地介绍了黑山北关小学的教学改革经验。这些经验包括：一是知识归类，突出本质。采取集中识字、同音归类、偏旁部首归类、以词带字等办法，使儿童在短期内学会大量的字，为大量阅读、提前写作创造条件。二是学习任务分步实现，先后交错，各有重点。在一定时期内所学知识相对集中，完成一个任务后再转移到另一个任务。例如，集中学会一批字、词后，转入大量阅读和写作。识字为阅读、写作打基础，阅读和写作又使字、词得到练习和巩固。三是集中精华，猛攻关键。四是精讲多练，充分实践。精讲，就是抓重点、抓关键，把最基本的知识讲深讲透；多练，就是留出大量课内外时间，让学生反复练习，学会运用，掌握规律。五是打好基础，丰富经验，积极诱导，大挖潜力。六是狠抓"中下"，全面推进。这是指要在教学过程中抓住成绩较差的学生，他们的问题解决了，全班学生的学习成绩就可以普遍提高。①

黑山经验的推广进一步促进了各省、市、自治区中小学教学改革工作的开展。1960年5月，中共中央宣传部在北京景山学校进行了教学改革试验。随后，国务院文教办公室、教育部分别在北京丰盛学校、二龙路学校进行教学改革试验。各省、市、自治区也选择一批学校进行试验。这些学校中有辽宁黑山北关小学、上海育才中学、南京师院附中、

① 卓晴君、李仲汉著：《中小学教育史》，海口：海南出版社，2000年版，第155~156页。

长春三中、福州十八中、开封二中等。

1965年4月24日至29日，教育部在北京召开全日制中小学教学改革座谈会。教育部副部长刘季平在会议总结发言中提出，教育改革要从实际出发，既破又立。除了抓好面上的教学改革以外，还要抓好少数全面改革的试点学校。这些学校在学制、课程、教材、教学方法、考试方法、思想政治教育、劳动、学校体制等方面都可以大改，不受过去所有条条框框的束缚。据22个省、市、自治区不完全统计，到年底，全国已确定43所中小学为大改试点学校。

为了搞好全日制高等学校的教学改革，高等教育部于1964年9月29日向直属高等学校发出《关于积极进行教学改革的几点意见》。根据《意见》要求，高等学校进行教学改革的措施主要有：

一是普遍地进行“小改”，就是在学习年限、专业划分和教学计划大框框不变的前提下，在各门课程、各个教学环节中，进一步精选教学内容，改进教学方法和考试方法，并对少量课程的课时进行调整。

二是积极地有重点地进行“中改”（即局部改革）的试验，就是在学习年限、专业划分和主要课程不变动的前提下，对部分课程的内容和课时进行调整。这种“中改”试验的专业课程可以多安排一些，在基础课程和技术基础课程中应当慎重一些。

三是进一步研究“大改”（即全面改革）的方案，待条件成熟时，报高教部批准后在个别班级进行试点。①

上述措施说明我国当时在高等学校进行教学改革采取的办法是比较稳妥的。

与此同时，一些高等学校还根据毛泽东的指示，开展了对外国问题的研究。首先是在北京大学设立了外国高等教育情报资料室，在清华大学设立了外国技术教育情报资料室，在北京师范大学充实了教育系外国教育研究室的人员。此后又在全国19所院校建立了9个外国问题研究所，35个外国问题研究室和1个外国问题研究组。这些研究机构以研究世界各国现实的经济状况和社会阶级状况为主，兼及历史和其他方

① 何东昌主编：《中华人民共和国重要教育文献》（1949~1975），海口：海南出版社，1998年版，第1314~1316页。

面。其中在研究外国教育问题时，不但注意研究苏联和其他社会主义国家的教育情况，而且也开始收集、整理、编译欧美和日本等国的教育资料。这有助于我们放眼看世界，学习和借鉴外国经验。

四、加强中小学教材建设

编辑出版教材是中小学改进教学工作、提高教育质量的重要条件。在我国，1953 年至 1956 年由人民教育出版社编辑出版的中小学教材，基本上能够初步运用辩证唯物主义和历史唯物主义观点阐述自然现象和社会现象，大部分教材注意吸取了最新的科学成果，但广大师生普遍反映这套教材"要求高，分量重，内容深"。为了克服这些缺点，教育部决定重新编辑出版新的中小学教材。

1. 编辑出版十年制中小学实验教材

1960 年，为了适应教学改革的需要，教育部研究了十二年制中小学教材中存在的问题，着手组织力量编辑了一套十年制新教材（包括课本和教学参考书）。这套教材包括课本 26 种 77 册，教学参考书 22 种 72 册（未编历史、地理、生物），于 1961 年编成，在程度上达到当时十二年制的水平。从 1961 年秋季开始，在全国实验十年制学校的小学一年级和初中一年级试用。

这套中小学教材的编辑方针是：以毛泽东思想为指针，注意用马克思主义的立场、观点、方法阐述自然现象和社会现象；力求避免因强调联系实际而出现削弱基本知识的缺点，注意基本知识和基本训练的加强；力求克服少慢差费的现象，适当反映科学技术的新成就；力求避免因程度过深而出现难教难学的毛病，注意深浅安排适当，切合当前的教学实际。在编辑自然科学教材方面，坚持贯彻"百家争鸣"的方针，注意执行国家的保密制度，把适合学生接受能力的现代科学文化的基本知识传授给学生，重视文化科学知识教育同政治斗争、生产建设实际相结合。

编写这套中小学教材时，根据编审工作的实际需要，重新确立了编审制度。编辑人员根据经过批准的编辑方针和要求，采用集体讨论、分工负责的办法进行编写。要求编写人员要有全局观点，各学科之间要密切联系，同一学科各册之间应该互相衔接，避免各学科之间、同一学科各册之间的重复和脱节。在教材审查工作方面，建立了三审制度，即：编辑部内的正副编审初审，教育部专门审查组复审，教育部主管副部长终审，重大问题请示中央。审查中着重抓政治问题，对科学性和程度深浅等问题也要给予充分注意。审查后的教材要进行集体讨论，有争论的问题由领导作出结论。

为了加强对教材编审工作的领导，教育部决定组成以戴伯韬为组长的中小学教材编审领导小组。这个领导小组在中共中央宣传部副部长张磐石和教育部副部长董纯才的领导下进行工作，同时还聘请一批专家为审查小学各科教材的顾问。

2. 编写十二年制中小学教材

1961 年初，中共中央文教小组指示：在总结过去编写教材经验的基础上，重新编写一套质量较好的全日制十二年制中小学教材。据此，教育部决定从 1961 年 6 月开始进行准备工作。人民教育出版社研究了建国前的教材和外国教材，总结了共和国成立以来编写教材的经验，提出了改进编辑工作的意见，统一了编辑人员的认识，于 1962 年夏初开始编写工作。各科教材初稿于 1962 年秋季在少数学校试教。修改完稿后，从 1963 年秋季起，各科教材的第一册在全日制十二年制小学一年级和初中一年级正式试用。这套教材只出版了一部分，包括教学大纲 14 种 14 册，教科书和教学指导书 19 种 46 册。

编写这套中小学教材的指导思想是：力求按照党的教育方针，结合我国教育的优良传统和社会主义建设的实际，合理地吸收外国对我有用的东西。在具体的编辑工作中注意了加强语文、数学、外国语几门主要学科，适当地提高了程度和反映了科学技术的新成就，并且注意了切合教学实际。

然而，这套中小学教材在 1963 年正式使用不久，一些地区便反映内容深，分量重，教学困难。为此，教育部指示人民教育出版社对这套教材作了小的修改。在修改时，各科教材除外国语适当减少词汇量外，其他教材一般不降低程度，只是把理论要求过高的、烦琐的内容作必要的精简，使其基本上能够适应这次调整后中小学教学计划规定的上课总时数。但是，不同地区、不同学校对精简教材的反映很不一致。一般中等水平的学校认为精简的幅度适当，条件较差的学校则认为仍精简得不够，而一部分水平较高的学校则认为不必精简或精简过多。有的学校不仅没有精简，反而还补充了部分习题。这说明，由于不同地区和学校的发展存在着差异，用一套统一的教材不可能满足多种多样的教学需要。

3. 各地自编补充教材和乡土教材

1960年2月，教育部在普通教育工作座谈会上提出：教材可以大改小革并举，除基础知识外，也必须充分反映地方的特点。① 据此，各地除采用全国通用的中小学课本外，还编写了一定数量的补充教材和乡土教材。

补充教材一般由县以上教育行政部门组织专人编写，主要是编写农业常识之类的补充读物。这些教材的特点是同地方实际结合得比较紧密，能够更好地适应我国地域辽阔、各地经济和社会发展的不同特点。根据教育部的有关规定，乡土教材的编写必须富有教育意义，符合学生的年龄特征和接受能力，分量不能太多，以免造成学生的过重负担。编写乡土教材以小学的农业知识、初中的农业基础知识，中小学的语文、历史、地理、音乐等学科为主。选材范围，小学以县、市或专区为重点，中学以省、市为重点。遵循这些指导原则，各地自编乡土教材的工作都取得了不同程度的进展。乡土教材的编辑出版弥补了通用教材的不足，增进了学生了解家乡、热爱家乡的感情。它是中小学教材建设中的一项重要成果。

1961年4月24日，教育部发出通知，提出农村半日制初中教材以各省、市、自治区自编为宜，或者选用其他省、市编的适当教材。当时，教育部已委托江苏省教育厅在湖南省教育厅的协助下编写出半日制初中语文、数学、物理、化学、历史、地理课本的初稿。但是根据中央文教小组的意见，认为这类教材还是由各省、市、自治区自己编写为好。此后，由各地自编的半日制初中课本就成了当地学校采用的正式课本。

五、高等学校通用专业目录的修订与教材建设

制定高等学校通用专业目录和进行文科与理、工、农、医及师范各学科的教材建设，是提高教育质量、规范高等学校建设、稳定教学秩序的重要措施。在20世纪60年代，我国在重新修订高等学校通用专业目录和进行教材建设方面做了大量工作，为高等教育的继续发展奠定了很

---

① 中央教育科学研究所编：《中华人民共和国教育大事记》（1949～1982），北京：教育科学出版社，1984年版，第267页。

好的基础。

1. 高等学校通用专业目录的修订

我国1957年制定高等学校专业目录后，各地高等学校在教育革命中又增加了不少新专业，其中包括许多国防和尖端科学技术方面的专业。这些专业适应经济建设、国防建设和科学技术发展的需要，填补了一些缺门。但是由于教育事业管理权限下放削弱了国家主管部门在专业设置方面的宏观调控能力，所以导致了新的专业增加过多过急，原有专业变化过多过大，有的专业分得过窄，专业名称变动频繁，有些专业的名称相同而培养目标不同，也有些专业的名称不同而培养目标相同，从而产生了一定的混乱。这样就削弱了国家培养人才的计划性，影响了教育质量的提高，也增加了毕业生分配工作的困难。为了解决这个问题，国家计委和高等教育部共同进行了修订高等学校通用专业目录的工作。

这次修订高等学校通用专业目录，是以1957年的专业目录为基础，总结1958年以后的经验，在1963年完成的。1963年9月24日，国务院批转国家计委、教育部《关于修订〈高等学校通用专业目录〉和〈高等学校绝密、机密专业目录〉的报告》，对高等学校通用专业目录作了修订。

一是根据国家建设的需要，结合学校的可能条件，增设若干新专业。如原子能科学技术、火箭技术和无线电电子学等方面的专业。

二是根据“宽窄并存，以宽为主”的原则，适当调整专业的业务范围。如在工科部分，既列有机械制造工艺及设备等比较通用的基本的专业，又列有冶金机械、汽车、拖拉机等比较窄的专用机械专业。

三是规定了统一的专业名称，对原有的专业名称进行了必要的订正，使专业名称能够正确体现专业的主要业务内容，注意简明通俗，并照顾到原有名称长期流传、沿用的影响。

四是根据国家建设需要和科学技术的新发展，把少数不够成熟而需要继续设置的新专业列为试办专业，经教育部批准后，控制在少数学校试办。

修订后的《高等学校通用专业目录》共列有专业432种，加上绝密、机密专业78种，共510种。

通过修订高等学校通用专业目录，在高等教育发展方面，缩短了战线，稳定了学校规模，精简了职工，提高了办学效益，促进了高等教育事业同经济建设的协调发展；在高等学校的教学工作方面，一定程度上改变了专业划分过窄的状况，拓宽了专业的业务范围，为稳定教学秩序、提高教学质量创造了条件；在高等学校的管理方面，加强了对全国高等学校的统一领导和分级管理，有利于集中力量办好保留的学校特别是全国重点高等学校。但是，在这次修订高等学校通用专业目录的工作中专业划分过细，专业种数过多，保留的专业数仍然过多，给以后的工作留下了需要继续研究解决的课题。

2. 高等学校的教材建设

1958年，高等学校在教育革命中普遍自编了不少新教材。由于在指导思想上强调革命性，忽视科学性，在编写方式上又采用领导、教师、学生三结合的办法，致使编写的教材在体系、内容上存在不少问题，一般质量不高。这些问题直到1960年底还未得到解决。

1961年2月10日，中共中央书记处讨论了学校教材问题，并就有关问题作出了相应的决定。决定指出，解决教材问题要先解决有无问题，再逐步提高质量，做到"从无到有，课前到手，人手一册，印刷清楚"。要采取"选"、"编"、"借"的办法解决教材问题。"选"是集中几个人，从现有教材中选出一本来；"编"是编教材应以教师为主，有领导地编；"借"是在选、编都来不及的情况下，就暂时借用外国教材。教育部门要把编选教科书和讲义作为自己的重要工作。中共中央书记处决定：理、工、农、医和师范院校理科的教材由教育部党组负责抓，文科教材由中共中央宣传部副部长周扬负责抓。教材的审查工作，召集少数政治、业务都好的人员集体进行。这些决定传达以后，中共中央宣传部和教育部分别召开有关会议，传达和讨论中央指示精神，有计划地开展了教材建设工作。

一是加强文科教材的建设。1961年4月11日至25日，中共中央宣传部会同教育部、文化部在北京召开了全国高等学校文科和艺术院校教材编选计划会议（简称文科教材会议）。会议的主要议题是解决文科教材的编选计划问题。这次会议由周扬主持，他在会上作了《关于高等学校文科教材编选的意见》的报告。会议结束时，中共中央宣传部部长陆定一讲了话。

周扬的报告系统地阐述了同讨论教学方案有关的文科教学中的几个关系问题，主要是关于培养目标与红专关系的问题，关于论和史的关系问题，关于古今中外的关系问题以及要重视基本技能训练、着力培养写作能力的问题等。报告还指出，编写文科教材一定要总结本国革命和建设的经验，整理自己的民族文化遗产、哲学遗产、历史遗产等，这是一项长期的建设工作。编写教材要求观点同材料统一，力求运用马克思主义的观点观察问题，材料确实、充分。教材要比较全面，正面、反面都有，不要只讲一面。对一位作家、一部作品的论述也要全面。史和论总要有点区别，史要更多地偏重于客观叙述。

经过讨论，会议制订了文科 7 类（语言文学、历史、哲学、政治、政治经济学、教育、外语）共 14 个专业和艺术院校 7 类专业（戏剧、音乐、戏曲、电影、美术、工艺美术、舞蹈）的教学方案（草案），并相应地制订出 224 门课程的教材编选计划，包括教材 297 种（其中文科 126 种，艺术 171 种）。会后成立了高等学校文科教材编选工作办公室，周扬兼任办公室主任。办公室下设中文、历史、哲学、政治、经济、教育、西语、东语等 8 个专业组，分别由有关专家任组长。从 1961 年起到 1965 年底，文科教材建设工作取得了很大的成绩，编选出一批有一定质量的教材（已出版 70 多种 140 多本，另有已完稿付印的 24 种 33 本），并积累了比较系统的文科教材建设的经验。关于这批教材的质量，专家们普遍认为，这次集中力量编写的教材，比一所学校单独编写的教材质量有了很大提高。

二是加强理、工、农、医各科教材的建设。为了贯彻中共中央书记处关于教材工作的指示，教育部会同国务院有关部门抓紧解决高等学校和中等专业学校的教材问题，并成立了高等学校及中等专业学校理、工、农、医各科教材工作领导小组，其成员包括国务院 21 个部委主管教育工作的副部长、副主任和中共北京市委大学部部长。1961 年 3 月 21 日，教育部发出了《解决高等学校和中等专业学校理工农医各科教材具体分工办法》。《分工办法》规定，理科（包括本科和专科）的全部教材，工科（包括本科和专科）的全部自然科学方面的教材，均由教育部负责编辑出版。农林科（包括本科和专科）的全部教材，医科（包括本科和专科）的全部教材以及体育系科的全部教材，分别由农业部、林业部、卫生部和体委负责。

1961年3月下旬至4月上旬，教育部在北京、上海、天津、西安、南京等地共召开十个会议，进行理科的数学、物理、化学、地理等类专业基础课程和工科的基础课程、公共基础技术课程教材的编选工作。中央其他有关部门也召开了同类会议。

在各方面的共同努力下，到1961年5月，高等学校和中等专业学校理、工、农、医各科1961年秋季教材的编选工作基本告一段落。根据5月中旬的统计，统一编选出版的通用教材共2 187种，初步满足了秋季开学后教学工作的需要。

1962年7月28日，高等学校和中等专业学校理、工、农、医各科教材工作领导小组召开会议，总结了一年多来教材编选工作的经验和所取得的成绩，制定了以后三年的教材工作方针。据统计，一年多来共编选出版了通用教材2 719种，其中高等学校教材1 867种（理科153种，工科1 308种，农科270种，医科122种，体育14种）。这批教材解决了高等学校一、二、三年级的用书问题，也解决了部分高年级学生的用书问题，加上各校自编的讲义，基本上满足了学校教学的需要，并为以后的教材建设打下了较好的基础。

1964年3月5日，高等学校和中等专业学校理、工、农、医各科教材领导小组召开会议，总结了近两年工作的情况。在这期间，高等学校和中等专业学校理、工、农、医各科共修订了39种原有的通用教材，新编选和翻译出版通用教材564种，供应学校的通用教材已达3 603种。这些修订和编译的教材在质量上都有较大的改进和提高。此后，各科教材工作主要贯彻“少而精”的原则，将一批已出版的通用教材修改为简明教程，并在基本完成原定的教材工作规划的基础上，研究制定新的教材工作规划。1966年“文化大革命”爆发以后，这项教材工作规划被迫中止。

第三节　改进和加强学校思想政治工作

青少年学生是中国未来社会主义建设的主力军。他们的思想政治素质和科学文化素质不仅是现实社会文明程度的重要体现，而且对中国未来的社会风貌、民族精神起着决定性的作用。也正是因为这样，各级各类学校都根据党和国家制定的社会主义教育方针，改进和加强了思想政治工作。

一、重视学校思想政治工作机构和队伍的建设

为了切实改进和加强学校思想政治工作，中共中央、国务院在1958年9月19日发布的《关于教育工作的指示》中提出，学校党委要“配备党员去做政治思想工作”，“党委书记和委员要力求担任政治课教学、研究工作”。后来在三个全日制学校暂行工作条例中又明确规定，学校的思想政治工作都由党组织来领导。

共青团作为共产党的助手，在开展学校思想政治工作中负有重要责任。1962年1月4日中共中央转发的《共青团在学校中的思想政治工作纲要（试行草案）》指出：“共青团是团结教育青年的核心，是党联系青年群众的纽带。要教育团员在完成党的各项任务中，在日常学习、劳动和生活中，严格要求自己，发挥模范作用。”① 同时规定：团的学校基层组织应当在党的领导下，密切配合有关部门进行工作。其中包括：应当经常向党组织请示汇报工作；应当协助学校行政进行工作；应当关心学生会的工作；应当配合工会进行工作。中等学校的班级团支部在工作中要注意取得班主任的指导和帮助。

做好高等学校的思想政治工作，对于培养又红又专的社会主义建设人才是十分重要的。为此，高等教育部在1964年3月18日至4月11日召开了高等教育部直属高等学校领导干部扩大会议。会议认为，高等学校的思想政治工作必须同教学、科学研究等业务工作紧密结合起来，必须落实到贯彻党的教育方针和提高教育质量上，必须有利于保证学校教学任务的完成和科学技术水平的不断提高。学校的政治工作干部必须改进工作方法，克服会议多、活动多、文件多的形式主义和文牍主义倾向。会议经过讨论一致同意在高等学校中设立政治部。

根据这次会议的精神，高等教育部向中共中央报送了《关于加强高等学校政治工作和建立政治工作机构试点问题的报告》。1964年6月10

---

① 何东昌主编：《中华人民共和国重要教育文献》（1949～1975），海口：海南出版社，1998年版，第1075页。

日，中共中央批转了这个《报告》。据此，高等学校逐步建立健全了政治工作机构，加强了思想政治工作。具体措施主要有：

一是中共高等教育部党组改为党委制，直接领导直属高等学校的党委，并在高等教育部和直属高等学校设立政治部。高等教育部政治部的任务是，在高等教育部党委的领导下，会同地方党委和中央有关业务部门，领导高等学校的思想政治工作，更有力地保证党的各项方针政策的贯彻执行，统一工作部署，拟定政治工作的重要规章制度，调动全体师生员工的积极性，全面提高教育质量。

二是明确高等学校政治部是校党委的工作机构，同时又是领导全校思想政治工作的行政机构。其任务是在上级政治机关和学校党委的领导下，负责领导全校的思想政治工作和党的工作，保证党的各项方针政策的贯彻执行，以利于培养又红又专的人才。所有的高等学校都应该积极地充实和加强政治工作干部队伍，切实把思想政治工作抓起来。同时，确定北京大学和清华大学为高等教育部直属高等学校设立政治部的试点学校，在试点学校设立了政治部，班级配备了政治辅导员或班主任，教研室和其他基层单位根据需要配备专职或兼职的政治工作干部。

三是明确学校的工会和共青团是独立的群众组织，由学校党委直接领导。学校政治部受党委委托，统一安排和指导它们的日常工作，并应积极发挥它们的作用。

四是高等教育部直属院校的思想政治工作，实行以高等教育部党委的领导为主、地方党委的领导为辅的双重领导制度。先在试点学校实行双重领导制度，其他直属高等学校的思想政治工作仍由地方党委负责领导，但高等教育部党委和政治部对这些学校的思想政治工作原则上有指导关系。

此后，直属高等学校里普遍设立了政治部，充实了政治工作队伍，思想政治工作也得到了改进和加强。

在全日制中小学和中等专业学校、师范学校里，校工会、共青团和其他群众组织都在党支部（党总支）的领导下进行思想政治工作。小学的少年先锋队也要在共青团的领导下，加强对少年儿童的思想品德教育。为了适应团、队组织经常性工作的需要，1956 年 11 月，教育部、青年团中央将团、队专职干部统一列入了学校的行政编制，从而使这支思想政治工作队伍在这些学校有了稳定的地位。

全日制中小学和中等专业学校、师范学校的班主任是学生集体的组织者和教育者，是学校进行思想政治工作和教学工作的骨干力量。他们的首要任务是要热情地关心和爱护学生，负责做好本班学生的思想政治工作。他们必须努力使本班形成一个遵守纪律、团结向上、勤奋学习、朝气蓬勃的集体，使本班学生在德、智、体几方面都得到发展。同时，班主任还要经常同科任教师联系，了解和研究学生的思想状况，教育学生明确学习目的，端正学习态度，改进学习方法，学好各门功课。班主任还应该关心和指导本班共青团和少先队的工作，使这些组织在开展思想政治工作和教学工作中都能够发挥应有的模范作用。由于班主任的工作十分重要，所以各类学校都是挑选政治思想较好、工作能力较强、教学水平较高的教师兼任班主任，并通过召开会议交流班主任工作的经验，开展评选优秀班主任的活动，调动班主任的工作积极性和主动性，不断提高班主任的工作质量。大量事实说明，做好班主任工作是做好学校思想政治工作重要的组织保证。

二、改进和加强学校政治理论课教学

政治理论课是学校思想政治工作一个十分重要的阵地。首先，通过政治理论课教学，可以直接地、比较系统地向学生教授关于马克思列宁主义、毛泽东思想的理论，使学生获得辩证唯物主义和历史唯物主义的基本观点，以培养学生的无产阶级世界观，并使学生学会科学的思想方法，增强正确对待各种事物和分辨是非的能力。第二，可以直接地、比较系统地向学生教授我国的国家制度、社会制度、党和国家当前的任务和方针政策，使学生对于我国的政治经济状况、国际形势、社会主义的前途以及自己的责任获得基本的认识，以培养学生为人民服务和为社会主义服务的思想。第三，可以直接地、比较系统地向学生教授关于共产主义道德的基本规范，培养学生的无产阶级道德观念和爱国主义精神，使学生正确理解个人同集体、个人同国家的关系，懂得一个社会主义公民应该具备的品质，以便逐步养成自觉的、良好的行为习惯。

为了改进和加强政治理论课的教学工作，各级各类学校都把设置政治理论课放在了学校教育的重要位置。教育部在 1959 年 7 月 26 日印发了《中等学校政治课教学大纲（试行草案）》。《教学大纲》规定，中等学校各年级都要开设政治课。其中，初中设政治常识课，内容包括共产主义道德、社会发展简史、社会主义革命和社会主义建设、思想方法等方面的常识；中等专业学校、师范学校和高中设政治常识、经济常识、辩证唯物主义常识课，四年制的中等专业学校可以增设中共党史课。另外，在中等专业学校、师范学校、高中各年级和初中三年级设时事政策课，对学生进行国内外形势和党的方针政策的教育。初中一、二年级也要对学生进行时事教育。同时，教育部重新确定，高等学校公共必修的马列主义课程为社会主义、政治经济学、哲学、中共党史四门，理、工、农、医院校一般开三门。教授马列主义课程的教师一定要改进教学方法，引导学生认真读书，系统地学习政治理论。

1964年7月10日至8月3日，中共中央宣传部和教育部、高教部在北京召开了全国高等学校、中等学校政治理论课工作会议。由于这次会议是在国际上反对现代修正主义的斗争进一步发展、国内社会主义教育运动深入开展的形势下召开的，所以会议特别强调了政治理论课在反对现代修正主义的斗争中，在同资产阶级争夺青年一代的斗争中所担负的重大任务。

会后，中共中央于1964年10月11日批转了中共中央宣传部等单位报送的《关于改进高等学校、中等学校政治理论课教学的意见》，明确规定了政治理论课教学的任务，要求政治理论课的课程和教材的改进必须坚持“少而精”的原则。具体措施主要有：

一是确定课程设置。高等学校共同的政治理论课除继续开设“形势与任务”课外，还应设置中共党史、哲学、政治经济学等课程。学过以上三门课程的学生，可根据当时存在的思想问题，选读《毛泽东著作选读》（甲种本）中的文章。中等学校除学习时事政策和选读毛泽东著作外，在初中一年级至高中二年级试用《做革命接班人》、《社会发展史》、《我国社会主义革命和建设》、《辩证唯物主义常识》四种课本。

二是改革教学方法。教师要坚持启发式，废止注入式。要结合学生的思想实际进行教学，其目的是要把政治课教活，培养师生独立思考的能力和习惯。政治理论课的考试，目的是测验学生对所学课程的理解和运用能力，促进学生检查思想改造的成果。通过考试引导学生密切联系实际，反对背诵条文。

三是加强师资力量。政治理论课教师要学会做学生的思想工作。中等学校按每两百个学生配备一个专职政治教师的比例，尽快补足缺额，确保政治理论课的教学质量。

三、开展学习雷锋等英雄模范的活动

在开展学校思想政治工作的过程中，各地的各级各类学校都十分重视树立先进典型，以英雄模范的思想品德和先进事迹教育儿童和青少年。当时，在儿童和青少年学生中广泛开展了学习雷锋、黄继光、王杰、刘英俊、欧阳海、焦裕禄等英雄模范人物的活动，在提高儿童和青少年学生的社会主义觉悟方面收到了显著效果。其中影响最为深远的是在全国范围内开展的学习雷锋的活动。

雷锋是中国人民解放军沈阳部队工程兵某部运输连的班长，是个优秀的共产党员和模范共青团员。他一生为人民、为集体做好事，为我国青少年和学生树立了一个具有坚定的无产阶级立场和高尚的共产主义思想品德的好榜样。他于 1962 年 8 月 15 日因公殉职后，生前所在地的共青团辽宁省委首先在全省青少年中开展了学习雷锋的活动，使全省青少年和学生受到了一次深刻的、生动的共产主义教育。

1963 年 2 月 15 日，共青团中央发出了《关于在全国青少年中广泛开展“学习雷锋”的教育活动的通知》。《通知》指出，雷锋同志的生平事迹感人至深，他的精神世界十分高尚，值得我国青少年学习。他的高贵品质，都是在日常平凡的工作、学习和生活中表现出来的。他做的许多事情，每个青少年只要努力，都能学到做到。因此，《通知》认为，各地共青团组织应根据形势和任务，结合青少年的思想情况，把这项学习活动开展起来。要引导青少年着重学习雷锋忠于党、忠于社会主义的无产阶级立场；自觉地服从祖国的需要，以人民利益为重，做一个“永不生锈的螺丝钉”，全心全意为人民服务的精神；关心同志，助人为乐，毫不利己、专门利人的共产主义风格；坚韧不拔，勇于克服困难的意志和克勤克俭、艰苦朴素的作风；坚持又红又专的方向，下苦工夫，努力学习毛泽东著作，刻苦钻研业务技术，模范地完成工作任务。此后，学习雷锋的活动在广大青少年学生中开展起来。

1963 年 3 月 2 日，《中国青年》杂志首先发表了毛泽东“向雷锋同志学习”的题词。3 月 5 日，《人民日报》、《解放军报》、《光明日报》、

《中国青年报》也都隆重发表了毛泽东的这个题词，还先后发表了周恩来、刘少奇、朱德、邓小平等党和国家领导人为学习雷锋写下的题词。这些题词在青少年中引起了强烈的反响，在全国范围内迅速掀起了学习雷锋的热潮。刊登毛泽东题词的《中国青年》杂志“学习雷锋专辑”发行总量达 300 万份；《中国青年报》在 1963 年 2 月至 3 月间收到有关学习雷锋的群众来信来稿15 800多件，比以往任何一次宣传先进人物时的稿件都要多出好几倍。在北京举办的“雷锋同志模范事迹展览”，几天之内前去参观的群众就高达 60 多万。广大青少年学生在学习雷锋的活动中写心得，谈体会，把雷锋当做了自己的一面镜子和学习的好榜样。“学雷锋，树新风”、“学雷锋，做毛主席的好学生”、“像雷锋那样做永不生锈的螺丝钉”成了鼓舞广大青少年学生前进的座右铭和行动指南。

随着学习雷锋活动的深入开展，广大青少年学生学习毛泽东著作的积极性大为提高，爱国主义思想和集体主义思想大为发扬，为了祖国认真读书、刻苦钻研的风气逐渐形成，为他人、为集体做好事的先进集体和先进个人不断涌现。此后，随着形势的发展，“学雷锋，创三好”的活动在各级各类学校里持续不断地开展起来。这对于广大青少年学生树立高尚的共产主义思想情操和形成良好的道德风尚起了不可估量的积极作用。

四、进行日常的思想政治工作

学校思想政治教育除了设置政治理论课和开展向英雄模范学习的活动外，还通过学习毛泽东著作、各科教学、时事政策学习、贯彻学生守则、开展课外活动、参加生产劳动等日常的多种渠道来开展工作。实践证明，这些形式都是行之有效的。

通过各科教学进行思想政治教育是一项经常性的重要工作。在各科教学中，教材本身就蕴含着丰富的思想教育内容。只要教师在传授知识技能的过程中，能够根据各科的教学目的和教学特点，把其中蕴含的思想教育内容给学生讲清楚、说明白，就会对提高学生的思想认识水平、陶冶道德情操、培养正确的是非观念、形成科学的人生观和世界观起到潜移默化的作用。

但是，有一个时期有些学校为了贯彻通过各科教学进行思想政治教育的精神，在个别课程的教学中出现了牵强附会、“穿靴戴帽”地乱联系、乱贴标签、画蛇添足的现象。这样做不仅达不到进行思想政治教育的目的，反而容易使学生产生逆反心理。这是有过教训的。

根据一定时期党和国家的方针政策、国内外政治形势以及发生的重大事件，及时地向学生进行时事政策教育，是引导学生对重大政治问题获得正确认识的有效措施。例如，在国民经济困难时期党和国家实施"调整、巩固、充实、提高"的方针时，由于各地学校向广大师生讲清了贯彻"八字"方针的原因和意义，这就为进行调整工作扫除了许多思想障碍，保证了教育系统调整工作的顺利完成。再如，对各级各类学校的毕业生，通过讲形势、讲政策，讲什么是年轻人应有的理想和追求，就使高等学校和中小学的千百万毕业生做到了"一颗红心，两手准备"，愉快地服从分配，到艰苦的地方去，到农村去，到祖国最需要的地方去建功立业。为此，各级党委和政府的负责人也经常跟学生见面座谈，或者作有关形势与任务的报告。

《学生守则》是学生在日常生活、学习中必须遵守的行为准则。1963年5月23日，教育部根据试行中小学《暂行工作条例（草案）》和当时形势的需要，在原有中小学《学生守则》的基础上，重新拟定和颁布了《小学生守则（草案）》和《中学生守则（草案）》。两个《学生守则（草案）》各有八条，对学生在思想道德、学习、生活、劳动、锻炼身体、遵守纪律、尊敬师长、团结同学等方面都提出了明确的具体要求，具有很强的可操作性。两个《学生守则》的普遍实施，对于培养学生良好的道德风尚和文明行为起了积极的促进作用。但是，由于当时有些人认为《学生守则》是"烦琐的条文"，只要用毛泽东提出的"三好"指示来要求学生就行了，不必另搞"守则"，于是教育部在1965年8月召开的教育厅（局）长会议上宣布废止了这两个《学生守则》。但是经过实践的检验，证明用《学生守则》来规范学生的行为是完全应该的，也是可行的。

开展课外活动也是进行日常思想政治工作的有效途径。它包括体育活动、文娱活动、班会活动、团队活动、社团活动等。其中，共青团活动的内容主要是教育团员努力学习马列主义和毛泽东著作，积极参加社会活动和生产劳动，遵纪守法，关心群众，走又红又专的道路。在共青团的组织生活中也讨论党和国家的重大政策和国内外大事，讨论团员和群众在思想、学习方面的问题，表扬好人好事，并经常开展团内的批评与自我批评。少先队的活动要求有教育性、趣味性，在活动中要求发挥少年儿童的主动性、积极性和创造精神，使少年儿童从小就养成关心国家大事和诚实勇敢、团结友爱、勤劳朴素、爱护公物、有礼貌、守纪律的良好品德行为。

通过上述学校思想政治工作的实践，逐步总结出了一些带有规律性的原则。例如，要坚持正面教育、说服教育；对于有过错的学生，应在深入了解情况的基础上具体分析原因，热情地给予帮助，必要时也可以批评，但不能采用粗暴压服的办法，更不能开展所谓的批判斗争；严禁体罚和变相体罚学生；要善于发现学生的优点，鼓励他们发扬优点，不断上进；要使学生按照党和国家的教育方针，在又红又专的道路上不断前进，等等。

五、进一步加强校外教育

在对青少年学生进行思想政治教育的过程中，学校教育担负着主要责任，与此同时，校外教育在培养和教育青少年学生方面也起着很大的作用。

为了加强对青少年学生的校外教育，北京市于1957年2月成立了由副市长刘仁担任主任的校外教育工作指导委员会，在各区、县也成立了校外教育指导委员会，负责筹划、部署和指导校外教育工作。此后，长春、天津、沈阳、广州、重庆等大中城市也相继成立了校外教育委员会，还在街道和学校成立了校外教育小组。在这些校外教育机构的统一领导下，各地因地制宜、因陋就简地建立了校外教育活动站，逐步建立了以文化馆、图书馆、体育场、青少年宫以及街道俱乐部、学习站、阅览室等为依托的相当完整的校外教育网络，为开展青少年学生的校外教育活动创造了有利条件。

与此同时，各地根据中共中央在1963年10月18日发出的《关于加强少年儿童校外教育和整顿中小学教师队伍的指示》精神，在一些大中城市建立了一支由专职辅导员、义务和半义务辅导员组成的校外辅导员队伍。这些校外辅导员分别被安排在街道的少年儿童活动站、少年之家和少年宫工作。他们对校外教育常抓不懈，在进行学生思想政治教育方面做出了显著成绩。

在这期间，各地的中小学很重视学生的家庭教育。许多学校为了密切学校与家长的联系，定期或不定期地召开家长会议和进行家访，向家长通报学校和孩子的情况，并征求家长对学校工作的意见。学生家长配合学校对学生进行社会主义教育、集体主义教育、爱国主义教育、道德品质教育和热爱劳动的教育，并在学生养成良好的行为习惯等方面做了不少工作。

第十一章　社会主义教育事业的发展

社会主义改造基本完成以后，在探索社会主义建设道路的十年期间，我国的社会主义教育事业经历了一个大起大落和重新取得更大发展的"马鞍形"发展历程。在1956年和1957年，我国的教育事业已经有了一个很好的发展基础。而在1958年的"大跃进"中，各项教育事业出现了盲目发展的现象。1959年和1960年虽然党领导全国人民力图继续"跃进"，但由于发展中出现的一些问题难以解决，加上受到1960年以后自然灾害的严重影响，教育事业的发展势头呈下降趋势。从1961年起，由于认真贯彻执行"调整、巩固、充实、提高"的方针，教育事业在数量和质量方面都得到了恢复。在1963年至1965年期间，我国的社会主义教育事业在新的基础上又获得了较大发展。

第一节　普及小学教育的进展

坚持普及小学教育是我国教育发展的一项基本政策。1956年，最高国务会议通过的《1956年～1967年全国农业发展纲要（草案）》规定：从1956年开始，按照各地情况，分别在7年或者12年内普及小学义务教育。同年9月，刘少奇在中共八大的政治报告中又指出：应该"在财政力量许可的范围内，逐步地扩大小学教育，以求在12年内分区分期地普及小学义务教育"。[①] 为了普及小学义务教育，党和政府制定了方针政策，采取了一系列重大举措，使普及小学教育的工作取得了积

① 何东昌主编：《中华人民共和国重要教育文献》（1949～1975），海口：海南出版社，1998年版，第689页。

极进展。

一、普及小学教育的方针政策

为了普及小学义务教育，教育部在1957年3月召开的第三次全国教育行政会议上确定，小学教育的发展必须打破由国家包下来的思想。在城市里，要提倡街道、机关、企业办学；在农村，提倡群众办学。

1957年6月3日，教育部发出提倡群众办学的通知，指出小学教育必须采取多种多样的办学形式，才能适合儿童入学和升学的要求。除国家办学以外，必须大力提倡群众办学，动员城乡居民和工矿企业、机关、团体、院校、合作社等单位的员工，根据需要、自愿和可能的原则，集资举办学校。

海外侨胞热爱祖国、热爱家乡，一向有捐资在祖国举办学校的优良传统。为了进一步鼓励华侨在国内捐资办学，国务院于1957年8月2日颁布《华侨捐资兴办学校办法》，对华侨在国内捐资办学的手续、名称、领导、经费、人事等有关事宜作了具体规定。

1958年9月，中共中央、国务院在《关于教育工作的指示》中更加明确地提出，发展教育事业要实行“两条腿走路”的办学方针。

在小学教育中，国家办的全日制小学是主体。在保证这一主体得到发展的同时，政府教育行政部门对集体和个人办的学校也加强了领导和管理，提供了适当的教材和教师。关于农村小学教育的办学经费，财政部、教育部于1960年3月21日发出的《关于人民公社办中小学经费的规定》指出，社办小学应力求自力更生，经费筹措办法可以多种多样，对山区、少数民族地区或严重遭灾地区和一般经济条件较差地区的公社所办学校，可根据情况给予临时性或一定时期的经费补助，以补助解决教师的工资、专职教师的集体福利为主。对于新办的学校，也可以根据情况予以基本建设补助费或教学设备补助费。补助费列入国家预算，不足时可在地方自筹经费中酌情拨一部分款项。

为了办好农村小学，教育部于1963年12月17日转发的《河南省委宣传部所批转的关于农村小学更多地吸收贫、下中农子女入学的两个文件》中介绍了加强和改进农村小学教育，提高农村学龄儿童入学率的若干做法和经验。其中一项重要措施就是贯彻勤俭办学的方针，从各个方面降低学习费用，减轻群众负担，使贫苦群众的子女都能入学读书。

举办简易小学是在农村普及小学教育的重要措施。《人民教育》在1964年1月号上发表文章介绍山东日照县、山西黎城县举办简易小学的经验，并发表了题为《办好农村简易小学》的短评。同年上半年，山东、山西等十四个省、市、自治区普遍举办了农村简易小学。这些简易小学课程精简集中，费用少，办学形式多种多样，既便于儿童就近入学，又能减轻家长的经济负担，因此受到了广大农村群众的欢迎。

二、普及小学教育的一面红旗

在普及教育的进程中，河北省阳原县经过长期不懈的努力，取得了优异成绩，成为全国教育战线上的一面红旗。

阳原县位于河北省西北部，全县山多地少，经济条件较差。建国以前，那里的文化教育基础十分落后，农村绝大多数人都是不识字的“睁眼瞎”。建国以后，随着农业合作化和各项社会主义建设事业的发展，阳原县的文化教育事业进入了一个崭新的发展阶段。据1964年4月统计，全县20.6万多人，378个村庄，有普通中学5所，职业中学1所，小学349所；全县学龄儿童28 134人，已经入学26 832人，入学率达到95%，在全国率先普及了小学教育。从建国初期到1964年，该县共培养初小毕业生32 511人，高小毕业生17 943人，初中毕业生2 394人，高中毕业生259人，还有大学毕业生126人。① 这些知识青年遍及全县城乡，成为农业合作化、农业生产及其他各条战线的骨干力量或生产带头人，对于促进阳原的工农业生产和改变阳原的面貌发挥了积极作用。

阳原县在普及教育方面做出的成绩经教育部派出工作组调查核实后写成了调查报告。这份报告引起了中共中央宣传部部长陆定一、教育部部长何伟等领导及有关部门的高度重视。于是，在中共中央宣传部主持下，《人民日报》于1964年6月2日发表了题为《阳原县普及小学教育是教育战线上的一面红旗》的社论和中共阳原县委、县人民委员会写的《阳原县是怎样普及小学教育的》一文。同年11月，中共中央宣传部组织撰写的《教育战线上的一面红旗》一书也由人民教育出版社出版发行。该书全面地介绍了阳原县普及小学教育的艰苦历程和基本经验，主要内容如下：

---

① 《人民日报》，1964年6月2日。

首先，党委重视，加强领导。阳原县于1948年解放以后，在恢复和发展生产的同时，逐渐恢复了原有学校，并陆续新建了一批小学。1952年，随着农村互助合作运动的发展，农村迫切需要文化。在这种形势下，中共阳原县委提出："革命胜利了，我们下了山，不要忘记山区人民。"这一年，新建山区小学10所，全县学龄儿童入学率达到44.9%。1954年底到1955年初，组织全县教师对学龄儿童进行普查。普查中发现贫苦农民子女入学率仍然很低。经过分析，县委提出，这是教育向谁开门、为谁服务的问题。要继承革命传统，用革命精神办教育。1956年，经过动员和挑选，批准28名教师上山办起28所巡回小学。1958年，全县"队队办小学，村村扫文盲"，小学都扩大了班容量，使更多的贫农、下中农子女入了学。1960年以后，面对该县连续遭受自然灾害，中共阳原县委采取了"全面规划，统筹安排，抽肥补瘦，合理负担"的办法，大村、富村发展民办，小村、穷村坚持国办和巡回教学，并将农村小学暂时改为半日制，防止了"学校下马，学生回家"的现象，使全县的学校和学龄儿童入学率继续提高。1963年以后，为了适应农村生产、生活的需要，全县农村办了多种类型的简易小学，进一步为贫农、下中农子女入学打开了方便之门。

其次，采取"两条腿走路"，多种形式办学。在国家办学的同时，阳原全县社队都把兴办学校当做自己的光荣职责。在国家拨给的教育经费之外，民办教师报酬、修建校舍、添置教具、购置桌凳等费用，社队都尽力筹措，有力地促进了普及教育的进展。在办学形式上，阳原县完全从山区的实际出发办学。在努力办好全日制学校的同时，还因时因地制宜，采取多种形式办学。对一些家庭需要孩子参加劳动的学生，举办"半日制小学"；对人口稀少的小山村，派一名教师到两个村轮流上课，叫做"巡回小学"；有的学校教师白天给学生上课，晚上教成人或扫盲，这样的学校，叫做"一揽子小学"；有的村庄学龄儿童在十人以下，一名教师既教学生，又兼任生产队会计或赤脚医生，这样的学校，叫做"简易小学"；对放牧儿童，分别举办早、午、晚班。在教学上也采取多种形式，除了一般的班级教学外，还有复式教学、轮堂教学、送学上门等。

再次，建立一支吃苦耐劳、又红又专的教师队伍。多年来，阳原县始终把培养一支吃苦耐劳、忠诚于人民教育事业的教师队伍作为一项基本建设来抓。他们经常组织教师学习毛泽东著作，引导教师坚定为人民教育事业奋斗终生的思想；号召教师在群众中扎根，在偏僻山区安家落户。通过在职函授、假期培训、开设专题讲座等形式，以及建立县、片、中心校、学校四级教研机构，层层开展教研活动，不断提高教师的文化业务水平。同时，尽量稳定教师的工作岗位，从政治上、生活上关心教师，表扬先进，树立典型，为他们安心工作、钻研业务解除后顾之忧。广大教师逐步树立了忠诚于人民教育事业的思想，以到山区为荣、艰苦办学为乐。

最后，实行勤工俭学，依靠群众办学。阳原县在普及教育中大力提倡勤俭办学、勤工俭学。勤工俭学的项目有小农场、小林场、小饲养场、木材加工、皮毛加工、编织、种植药材、制作简单文具等。勤工俭学的收入主要用于补助学生的书费、杂费和学校的办公费等。有些学校还给学生购置学习用品，解决部分学生的医疗费、困难补助费或缝制衣服费。通过勤工俭学活动，既培养了学生热爱劳动、艰苦奋斗的好思想、好作风，也减轻了国家、集体和家庭的负担。

阳原县的广大群众对于普及教育有很高的热情。他们说："在旧社会，咱们做梦也不敢想让孩子上学。现在世道变了，再穷也得让孩子读书认字。"因此，没有校舍，他们就利用破旧庙宇自己改建；没有桌凳，就自己动手制造；国家下拨的教育经费不够用，他们节衣缩食，自己筹措。施家会村老贫农、共产党员刘太山到处为办学奔走张罗，从各方面帮助群众办学，被群众称为"办学迷"。

阳原县在普及教育方面方向明确，方法对头，为我国发展社会主义教育事业作出了贡献。此后，各地在认真学习阳原经验和总结本地区成功的典型经验的基础上，在普及教育方面投入了更多的人力和财力，使小学教育有了较大的发展。

三、小学教育的曲折发展

在社会主义改造基本完成以后，我国的小学教育由于打破了由国家包下来的办学体制，大力提倡群众办学，因而有了显著发展。到 1957 年，我国已有 54.73 万所小学，在校小学生6 428.3万人，学龄儿童入学率为61.7%。在 1958 年的"大跃进"中，受"左"倾思想的影响，超越客观条件的许可盲目求快，使全国的小学激增为77.68万所，在校学生增加为8 640.3万人，学龄儿童入学率上升为80.3%，[①] 达到了建国以来的最高值。

1959年在全国开展“反右倾”斗争以后，虽然通过“反右倾”、鼓干劲，力图实现继续“跃进”，但全国小学的数量却不仅未能实现“跃进”，反而发展势头趋缓。据统计，在1959年，全国的小学已降为73.74万所，在校小学生为9 117.9万人，学龄儿童入学率降为79.3%。1960年以后，由于受到三年自然灾害的严重影响，小学教育的发展速度逐步下滑，到1962年时，全国的小学校数已降为66.83万所，在校小学生数降为6 923.9万人，学龄儿童入学率降为56.1%，跌到了1957年以来的最低点。

1957年～1965年全国小学教育基本情况表[②]

项目 年份	学校数 （万所）	学生数 （万人）	学龄儿童入学率 （%）
1957年	54.73	6 428.3	61.7
1958年	77.68	8 640.3	80.3
1959年	73.74	9 117.9	79.3
1960年	72.65	9 379.1	76.4
1961年	64.52	7 578.6	63.4
1962年	66.83	6 923.9	56.1
1963年	70.8	7 157.5	57
1964年	106.6	9 294.5	71.1
1965年	168.19	11 620.9	84.7

1963年至1965年，在国民经济调整工作取得明显成效的形势下，我国认真推行“两种教育制度、两种劳动制度”和大力发展简易小学，全国的小学教育经过恢复在新的基础上有了更大的发展。据统计，到1965年时，全国的小学已达168.19万所，在校小学生数增为11 620.9万

① 教育部计划财务司编：《中国教育成就》（1949～1983），北京：人民教育出版社，1984年版，第213、226页。

② 中国教育年鉴编辑部编：《中国教育年鉴》（1949～1981），北京：中国大百科全书出版社，1984年版，第1021～1024页。

人，学龄儿童入学率增为84.7%。学校数、在校学生数、学龄儿童入学率都大大超过了1958年。

在这期间，小学阶段的盲、聋哑特殊教育也有了较大发展。为了加强盲、聋哑教育，教育部在1957年4月25日发出的《关于办好盲童学校、聋哑学校的几点指示》中强调，盲、聋哑教育是国家整个教育事业的重要组成部分，随着我国社会主义建设事业的发展，必须有计划地发展起来。据统计，1957年全国已有盲、聋哑学校66所，在校学生7 538人。1958年许多省市纷纷建立特殊学校，填补了当地特殊教育的空白。到1965年，全国的盲、聋哑学校已发展为266所，在校学生为22 850人。[①] 其中如黑龙江省，在20世纪60年代初期已建立了50多所聋哑学校，是全国较早实现多数县有特殊学校的省份。

第二节 普通中学教育的发展

普通中学教育是社会主义教育事业的重要组成部分。党和政府对于普通中学教育的发展是很重视的。在1956年至1966年的十年间，普通中学教育的发展道路却是很不平坦的。

一、普通中学教育在调整中发展

社会主义改造完成以后，教育部提出1956年教育事业建设的方针是"加速发展，提高质量，全面规划，加强领导"。[②] 据统计，普通中学的在校生由1955年的5 120万人增加到1956年的6 715万人，猛增了1 595万人。[③]

1957年3月，教育部召开第三次教育行政会议。会议认为，1956年教育的发展超过了可能的条件，要求该年教育的发展必须放在充分可靠的基础上。会议还指出，今后中学的设置应适当分散，改变过去规模过大、过分集中在城市的缺点。尤其是初中的发展应面向农村。农村初

① 中国教育年鉴编辑部编：《中国教育年鉴》（1949～1981），北京：中国大百科全书出版社，1984年版，第1035页。

② 中国教育年鉴编辑部编：《中国教育年鉴》（1949～1981），北京：中国大百科全书出版社，1984年版，第90页。

③ 中国教育年鉴编辑部编：《中国教育年鉴》（1949～1981），北京：中国大百科全书出版社，1984年版，第1000页。

中在教学质量上不能强求同城市一律。

1958年，在“大跃进”的环境里中学教育也在高速发展。据教育部统计，1958年全国的普通中学有28 931所，比1957年增长160.73%；中学在校学生为852.02万人，比1957年增长35.64%。① 但其中也出现了严重的虚假浮夸问题。

1959年1月，中共中央召开教育工作会议，针对1958年发展中出现的问题，提出1959年教育工作的方针是“巩固、调整和提高，在这个基础上有重点地发展”。

1960年12月，教育部部长杨秀峰在中央文教小组召开的全国文教工作会议上指出：“中等学校前八年增长速度是23.9%，近三年是30.7%。这种发展速度超过了社会劳动力增长的速度，也超过了工农业劳动生产率增长的速度。”② 这种超过国民经济承受能力的发展速度不仅在一定程度上影响了农业生产，而且对教育事业本身的巩固和提高也产生了不利的影响。鉴于这种情况，会议提出要采取全日制、半日制和业余三种形式发展初级中学，在农村则侧重发展农业中学，在全日制初中发展较多的地区更应侧重发展半日制的农业中学或职业中学。

1961年以后，在贯彻“调整、巩固、充实、提高”方针的过程中，各地对全日制中学作了适当调整，把农村16周岁以上的在校学生占农村全部劳动力的比重控制在2%左右，对普通中学的发展则予以控制，通过多种形式逐步发展中等教育。采取这些措施以后，1962年全国普通中学减为19 521所，比1958年减少9 410所，下降48.2%；普通中学在校学生为752.80万人，比1958年减少99.22万人，下降13.2%。③

1963年，通过贯彻“两条腿走路”的方针，采取多种形式办学，中学教育有了较大的发展。1965年，教育部召开了全国农村半工半读会议和全国城市半工半读会议。遵照这两次会议的精神，各地半农半读

---

① 中国教育年鉴编辑部编：《中国教育年鉴》（1949～1981），北京：中国大百科全书出版社，1984年版，第1000～1001页。

② 何东昌主编：《中华人民共和国重要教育文献》（1949～1975），海口：海南出版社，1998年版，第1022页。

③ 中国教育年鉴编辑部编：《中国教育年鉴》（1949～1981），北京：中国大百科全书出版社，1984年版，第1000页。

学校和半工半读学校有了进一步发展。这时，全国的普通中学已有18 102所，虽然比1962年减少1 419所，但在校学生却增至933.79万人，比1962年增加180.99万人，上升24.1%；比1958年还增加了81.77万人，上升9.6%。①

二、有重点地办好一批全日制中学

在大力发展普通中学教育的同时，为了提高教育教学质量，根据教育部在1962年12月21日发出的《关于有重点地办好一批全日制中小学的通知》精神，各省、市、自治区教育厅（局）都选定了若干所领导干部力量较强，教师、设备、校舍等条件较好的全日制中学作为重点中学。为了加强对重点中学的领导，教育行政部门在党委的领导下，实行分级管理、双重领导的办法，即重点中学由各省、市、自治区教育厅（局）负责管理，由各省、市、自治区教育厅（局）和学校所在县、市的教育行政部门双重领导。

办好这批重点中学的具体措施有：一是合理安排和稳定学校规模，规模不宜过大，每年招几班新生，每班学生高中以40人为宜，初中以45人为宜。确定规模以后，力争保持稳定。二是要加强领导力量和充实教师队伍，使重点中学建有坚强的领导核心，有合格的、足够数量的教师，各学科、各年级都有骨干教师。重点中学的领导干部和教师不轻易调动。三是充实教学所需要的物质条件，使重点中学都有配套适用的校舍和图书、仪器、体育卫生设备等，有物理、化学和生物的实验室，有图书阅览室。学校的经费本着勤俭办学、防止浪费的原则，优先予以安排。四是适当扩大招生范围。重点中学可在较大的地区范围内择优录取德、智、体几方面条件较好的新生。

据1963年统计，全国27个省、市、自治区确定的重点中学共有487所，占全日制公办中学总数的3.1%。②

---

① 中国教育年鉴编辑部编：《中国教育年鉴》（1949～1981），北京：中国大百科全书出版社，1984年版，第1000页。

② 卓晴君、李仲汉著：《中小学教育史》，海口：海南出版社，2000年版，第216页。

第三节　高等教育的调整和发展

在1956年至1966年期间，我国的高等教育经历了大起大落再到稳步发展的曲折过程，在推进半工（农）半读的试验方面进行了一些有益的探索。

一、高等教育在调整中稳步发展

经过院系调整以后，1957年我国有高等学校229所，设置专业323个，在校学生441 181人（其中本科生393 329人，专科生47 852人）。① 从学校的布局方面看，已经开始改变高等学校过分集中在大城市，特别是沿海大城市的状况。

1958年至1960年期间，我国的高等教育事业同其他教育事业一样，发展速度过快。据统计，1960年全国的高等学校已增至1 289所，比1957年增长4.6倍，在校学生961 623人，是1957年的1.1倍。②这样的发展速度和规模明显地超出了当时我国的经济承受能力和原有教育基础所能提供的办学条件，因而产生了不少矛盾和突出问题。其中，一些在1958年以后新建的高等学校，在师资队伍和校舍、设备等方面都存在着很多困难，教学质量难以保证；一些原来基础较好的高等学校由于招生数量过多，规模过大，造成了学生拥挤，后勤跟不上，师生的工作、学习和生活都遇到不少问题，严重影响了教学质量的提高和师生的身体健康。加之有一段时间对劳逸结合注意不够，师生的体力劳动时间过多，致使体质普遍下降。

为了解决"大跃进"中产生的问题，中共中央书记处和中央文教小组多次召开会议进行研究。教育部遵照"调整、巩固、充实、提高"方针和中央有关会议的精神，在1961年至1963年召开了一系列调整工作会议，全面调整高等教育事业。经过几年的工作，取得了积极的成效。据1963年统计，全国的高等学校已合并为407所（本科院校为359所），比1960年减少了68.4%。与1960年相比，工科院校由471所调整为120

①② 中国教育年鉴编辑部编：《中国教育年鉴》（1949～1981），北京：中国大百科全书出版社，1984年版，第966～967页。

所，减少74.6%；农业院校由180所调整为44所，减少75.6%；师范院校由227所调整为61所，减少73.1%。高等学校的在校学生由96万人减少为75万人。① 在调整工作取得积极进展的基础上，高等学校经过恢复和稳步发展，到1965年增加为434所，比1957年增长1.89倍；在校学生达到67.4万人，比1957年增长53%。②

二、理、工、农、医院校试办半工（农）半读教育

1964年和1965年，半工半读高等学校的试点工作取得了进展。从全国来看，试办半工半读高等教育起步较早，发展较快的是农业高等院校。1964年10月7日至9日，农业部召开北京农业大学、北京农业机械化学院、南京农学院、西北农学院、沈阳农学院、西南农学院、华中农学院七所高等农业院校试办半农半读座谈会。会议认为，试办半农半读的高等农业院校，应当为半农半读的农业技术学校培养专业课教师和为农村培养新型的农业技术干部。会议确定了先行试办的专业，并就一些具体措施交换了意见。会后，一批高等农业院校很快办起了半农半读试点班。据1965年统计，全国66所高等农业院校中，已有37所院校试行半农半读，半农半读的学生占在校学生总数的15%。其中个别学校还实行了学生"从社里来回社里去"的办法。

在医学教育方面，随着医疗卫生工作的重点放到农村以后，有些地方也办起了半农半读的医学专科学校或农村医学专科班。1965年7月28日至8月6日，卫生部在北京召开全国农村医学教育会议。会议研究了医学教育如何面向农村的问题，提出今后医学教育的任务是多快好省地培养大量不脱产、半脱产的卫生人员和半农半医的农村医生，建立一支群众性的农村卫生队伍。除了现有的城市全日制高、中等医药院校继续从城市招收一部分学生，培养后送到农村去以外，主要采取城市医药院校、医疗卫生单位分出人力和设备，下伸到县和县以下的农村去，同县医院结合起来办农村医学专科班。学生实行半农半读，亦农亦医，从社队来，回社队去。这次会议以后，各地进一步举办了一批卫生班、半

---

① 中央教育科学研究所编：《中华人民共和国教育大事记》（1949～1982），北京：教育科学出版社，1984年版，第319页。

② 中国教育年鉴编辑部编：《中国教育年鉴》（1949～1981），北京：中国大百科全书出版社，1984年版，第965～966页。

农半读医学专科学校、农村医学系等，为农村培养了一批卫生员、接生员、半农半读医生和中医中药人才。

在理工科教育方面，也有一部分院校举办了半工半读试点班。1964年10月，高等教育部召开的直属高等学校理工科教学工作会议提出，把举办半工半读试点班作为教学改革的一项措施。据1965年统计，北京市的58所高等学校中，有33所进行了半工半读的试点，其中不少学校设有理工科半工半读专业。①

随着高等学校半工半读试点面逐步扩大，到1965年，全国434所全日制高等学校中已有117所学校试办了半工（农）半读试点班，在校学生4.4万人；独立设置的及工厂、农场、人民公社试办的半工（农）半读高等学校已有109所，在校学生2.9万人。②

第四节　职业教育和业余教育的发展

职业教育和业余教育在我国社会主义教育体系中占有重要地位。在20世纪50年代后期和60年代前期，我国的职业教育和业余教育都有了相当规模的发展。

一、职业教育在改革中发展

职业教育是指为在生产、服务、管理第一线从事工作的人进行必要的、一般的劳动就业训练的教育。1958年，中共中央、国务院《关于教育工作的指示》明确提出了普通教育与职业教育、技术教育并举的方针。但是实际上，在1958年至1960年的教育革命中是“普通中学发展快，在一个时期，中等专业学校和技工学校发展也较多，而对于作为一般劳动就业训练的职业教育仍然注意不够”。③

1963年3月23日，中共中央在《关于讨论试行全日制中小学工作条例草案和对当前中小学教育工作几个问题的指示》中，再一次提出要

① 郝维谦、龙正中主编：《高等教育史》，海口：海南出版社，2000年版，第247页。

② 中国教育年鉴编辑部编：《中国教育年鉴》（1949～1981），北京：中国大百科全书出版社，1984年版，第82页。

③ 何东昌主编：《中华人民共和国重要教育文献》（1949～1975），海口：海南出版社，1998年版，第1190页。

实行“普通教育与职业教育、技术教育并举”的方针，并指出“中小学校学生除了极小部分将升入高等学校外，小部分仍要在城市就业，绝大部分将要在农村参加农业劳动”。“每年还要有计划地组织城市和农村中一部分不能升学的初、高中毕业生，给以短期的职业、技术训练，以便在农村劳动就业”。①

为了贯彻落实上述指示精神，推进职业教育的发展，教育部和劳动部于 1963 年 5 月 13 日至 18 日在北京召开城市职业教育座谈会。会议初步总结了建国以来举办职业教育的经验，交流了各地城市职业学校的工作经验。在此基础上，会议确定了发展职业教育的工作思路，即在中等教育事业的发展中要全面合理地安排普通教育和职业教育，在职业教育的发展中要全面合理地安排培养技术人才与一般劳动就业训练两个方面；应当把职业教育作为我国学制中的一个重要组成部分，逐步建立完备的职业教育体系。具体做法是：在保持普通中学与高一级学校的合理比例关系，保证高一级学校招生质量的前提下，将一部分普通中学，主要是初级中学调整为实施劳动就业的各类职业学校；在普通中学也要加强劳动教育和劳动训练，加强生产知识教育；各地适当发展并办好中等专业学校，更要积极而有计划地发展各种类型的职业学校，为社会主义建设事业提供劳动后备力量。这些学校可以是全日制，也可以实行半工（农）半读。

1963 年 7 月 5 日，教育部根据国务院文教办公室的指示，确定交通部、电力部、三机部、四机部所属的 5 所中等专业学校试招高中毕业生 390 名。1964 年又扩大到中央 12 部委所属的 17 所中等专业学校招收高中毕业生1 990名。由中等专业学校招收高中毕业生，是因为当时相当数量的高中毕业生不能升学已经成为一个突出的社会矛盾。为了解决这个矛盾，于是有部分中等专业学校试招高中毕业生之举。然而这样做又给后来职业教育的发展带来了不利影响。因此，这个办法后来没有在大的范围内进行推广。

1963 年 7 月 10 日，中共中央宣传部发出通知，要求各省、市、自

---

① 何东昌主编：《中华人民共和国重要教育文献》（1949～1975），海口：海南出版社，1998 年版，第 1150～1151 页。

治区党委宣传部、文教部及教育、劳动厅（局）加强调查研究，协同有关部门提出举办职业学校的措施和规划。于是，从中央到地方，都把发展职业教育提上了议事日程。这个时期教育部已先后批准中央各部委设立了一批职业学校。其中有：水利部13所，建工部15所，铁道部23所，邮电部17所，冶金部7所，交通部6所，五机部11所，化工部、农业部各3所，二机部2所。① 同时，各省、市、自治区也设立了一批职业学校。

为了发展职业教育，周恩来于1963年10月18日召集教育部、劳动部、国家计委、共青团中央、全国妇联等部门的负责人开会，专门研究中小学教育与职业教育如何协调发展的问题。他在这次会议的讲话中指出，每年能升入高等学校的只有十几万人，今后15年内，一年最多也只能发展到30万人。而最近几年全国每年进入小学的新生就有1 500万人。如按进入小学的学生计算，只有1%到2%的人能升入高等学校，绝大多数是要陆续就业的。其中，大中城市每年大约有180万以上的人等待安置就业；农村出生的人，除少数人能进城就业或升入大学以外，绝大部分要留在农村就业。要解决好这么多人的就业问题，光有普通中小学教育而没有职业教育是不行的，所以必须努力办好职业教育。为此，周恩来建议：大中城市要逐年发展一批职业学校，将来小城镇也要办一些，职业学校也不可能过多地依靠初中改办，要发动工交财贸系统的厂矿、企业单位和大农场、林场办；国家也要直接办一些。现有的中学也可以增设一些职业班，还可以要求军队办一点。职业学校绝大多数要面向农村。②

在发展职业教育和进行职业教育改革的过程中，为了进一步贯彻普通教育与职业教育并举的方针，加强对职业教育的领导管理和统筹安排，国务院于1964年4月2日发出通知，将技工学校的综合管理工作由劳动部划归教育部主管。同年6月，经国务院批准，教育部设立了职业教育司，主管技工学校和职业学校。上述两项机构调整是我国教育行政管理史上的一件大事，这标志着中国职业教育从此有了名实相符的主管部门，

---

① 闻友信、杨金梅著：《职业教育史》，海口：海南出版社，2000年版，第82页。

② 《周恩来教育文选》，北京：教育科学出版社，1984年版，第223～227页。

反映了当时全国职业教育应该实行归口统筹和管理的客观需要。

1964年10月16日，国务院文教办公室同意将高等教育部的中等专业司划归教育部，并指出："两个司分设在两个部的情况，已经与当前教育革命的形势不相适应。在中央提出两种教育制度以后，中等专业学校、职业学校、技工学校面临的主要任务都是积极试办和改办半工半读。为了统一加强对半工半读的中等专业学校的领导，加速建立两种教育制度，减少两部工作上以及同有关部门关系中的不必要的重复……将现在设在高等教育部的中等专业司的工作和机构划归教育部管理。"① 这本来是一次实现对职业教育全方位统筹管理的极好机遇，但教育部在两个月后将职业教育司与中等专业司合并为中等专业司，另设了一个半工半读办公室，把一个统一的事物又分解开来。这说明，当时教育行政部门对职业教育统筹管理的必要性和重要性是认识不足的。

总的来讲，这个时期我国已经开始走上一条结合本国实际创造性地发展职业教育的道路。有关依靠群众办学，实行"两条腿走路"办学，举办半工半读学校，提倡勤俭办学，创办农业中学，多层次多渠道地发展职业教育等指导思想和重要举措，既体现了我国职业教育的特色，也是成功的经验，是比较符合职业教育发展规律的。但是，这个时期职业教育中也有不足，如轻率地取消高等职业教育，农村职业教育长期滞后，职业教育发展中急于求成导致了大起大落，缺乏统筹管理意识等。这些都增加了此后职业教育工作的难度。

二、大力发展业余教育

业余教育是提高广大群众和干部思想政治觉悟与文化科学技术水平的重要阵地。业余教育的对象包括广大工农群众和干部及其他成年的社会成员。

业余教育在1958年至1960年的教育革命中有过一个大的发展。1960年1月，经中共中央和国务院批准，成立了业余教育委员会，作为国务院指导全国业余教育的工作机关，并要求各地必须在各级中共党委的统一领导之下，各有关单位互相配合，统筹安排，进行持久不懈的努力，来做好业余教育工作。此后，虽然由于受三年经济困难的影响，办

① 闻友信、杨金梅著：《职业教育史》，海口：海南出版社，2000年版，第82页。

业余教育所必需的师资和经费很不容易解决，但职工业余教育仍然有所发展，并且通过探索和改革，建立起了比较完整的业余教育制度。

我国的业余教育大体上可以分为农村农民业余教育、城市职工业余教育以及业余高等教育等几个方面。

在农村农民业余教育方面，教育部于 1963 年 3 月在北京和长沙分别召开了农民业余教育汇报会。会议强调，今后应本着积极努力、实事求是的精神办农民业余教育，办学的态度要积极，措施要切实，要求要恰当，教学要讲求实效。为了办好农民业余教育，必须抓好干部、教师、学习积极分子三支队伍。首先要充实、调整和训练一批业余教育的专职干部。对于这些干部要加强管理，专职专用。其次要选聘和训练一批业余教师，加强对业余教师的培养辅导工作，采取适当方式，给业余教师以精神上的鼓励，以增强他们的责任感和光荣感。再次要评选一批学习积极分子，作为开展业余教育工作的支柱。各地要进一步组织回乡参加生产的中小学毕业生和农村基层干部、积极分子参加业余学习；业余教育的内容除了政治和文化外，技术教育所占的比重要逐步增加；要有重点地办好一批农村农民业余学校；要改进教学工作，提高业余学校教师的水平。这些措施的逐步落实，促使农村农民业余教育稳步地向前发展。

1964 年 1 月 10 日至 18 日，教育部在北京召开了全国农村业余教育会议，研究结合农村社会主义教育运动开展业余教育，贯彻阶级路线和组织回乡知识青年学习的问题。会议提出，当前农村业余教育的方针是：积极发展，巩固提高，做好准备，迎接新的形势和任务。农村业余教育的对象仍然是青壮年农民，并要重视对贫农、下中农和基层干部的教育。对于农村业余教育中的政治、文化、技术三种教育要统一安排。

由于党和政府对农村农民业余教育加强了领导，采取了有效措施，所以在 20 世纪 60 年代初期，我国的农村农民业余教育有了较大发展。据统计，到“文化大革命”前，我国农村经过业余学校学习达到小学毕业程度的青年农民已有 571.8 万人，达到初中毕业程度的有 40.5 万人。农村青壮年中的文盲、半文盲到 1964 年已降到48.4%。① 文盲、半文盲

① 方晓东等著：《中华人民共和国教育史纲》，海口：海南出版社，2002 年版，第 190 页。

人数的减少，主要应归功于普及小学教育的进展，而农村农民业余教育的发展对于扫除文盲和提高农民的政治、文化水平也起了重要作用。

在城市职工业余教育方面，由于各地的政府机关、群众团体、企事业单位坚持积极办学，使城市职工的文化面貌进一步发生了变化。据1963年对3 000多个基层单位的调查，在工矿企业职工中，文盲、半文盲约占20%，小学程度的约占40%，初中程度的约占27%，中等专业、高中程度的约占10%，大专程度的约占3%。① 职工文化程度的提高，为他们学习马克思主义、毛泽东思想和党的方针政策以及掌握先进的工艺技术、开展技术革新创造了条件，也为从工人中培养技术干部和管理干部提供了可能。事实上，这批坚持办学的单位已经培养出了一批工程技术干部和管理干部。

为了继续推进城市职工业余教育，教育部和中华全国总工会于1963年12月25日至1964年1月8日，在北京召开了全国职工业余教育会议。会议回顾和总结了几年来职工业余教育的经验，提出近期职工业余教育的主要任务是：扩大办学规模，使全国入学职工由现有的两百多万人增加到四五百万人；继续抓紧扫除文盲；积极组织小学、初中程度的职工学习，切实提高他们的读、写、算能力；办好业余中等专业和业余大学；根据需要，组织各种短期技术（业务）班和各种单科班或业余初级技术学校。

在业余高等教育方面，我国主要采取举办函授教育和夜大学等形式。到1961年底，全国有277所高等学校设置了函授部或夜大学。其中函授部194个，比1957年的58个增加了2.3倍；夜大学153个，比1957年的36个增加了3.2倍。函授部和夜大学共有学员26.6万人，比1957年的7.8万人增加了2.4倍。② 这个时期部分中等师范学校和中等专业学校也举办了函授班或夜校，参加学习的主要是在职干部。通过学习，他们的政治文化水平和科学技术水平都有所提高。这说明，通过业余教育的形式来培养国家建设人才是一条广阔的道路。

---

① 何东昌主编：《中华人民共和国重要教育文献》（1949～1975），海口：海南出版社，1998年版，第1266页。

② 方晓东等著：《中华人民共和国教育史纲》，海口：海南出版社，2002年版，第188页。

为了办好函授教育和夜大学，教育部于 1963 年 1 月 19 日发出《关于加强全日制高等学校和中等专业学校函授、夜校教育工作的通知（草案）》。《通知》指出，函授、夜校教育既要面向城市，更要面向农村；既要吸收企业职工、机关干部和学校教师参加学习，也要吸收城乡未升学的知识青年参加学习。各地要根据需要和可能条件，积极而又稳妥地发展函授和夜校教育。根据这个《通知》精神，我国高等学校和中等专业学校的函授学校与夜校在 1963 年共开设了工、农林、医药、师范、文、理、商、财经、政法、体育等 10 科 138 个专业。① 为了减少函授生定期集中在本部进行面授的困难，各高等学校根据函授生的分布情况，适当分散地设立了函授站。函授学校和夜校教育的学制和课程设置，按照"结合生产，统一安排，因材施教，灵活多样"的原则，修业年限有长有短，课程设置有多有少，基本上适应了不同对象的不同学习要求。

1963 年 8 月 23 日，教育部发出《全日制学校举办函授、夜校备案问题的通知》。同年 10 月 25 日，教育部又发出《关于全日制高等学校举办的函授部和夜大学人员编制的暂行规定》。这些规定有力地推动了函授教育步入规范化的轨道，同时，增加了函授教育面和函授教育的专业与学科。

为了加强对职工业余高等教育的管理，1964 年 4 月 18 日，教育部和中华全国总工会发布了《关于职工业余高等学校工作的暂行规定（草案）》。《暂行规定》指出，职工业余高等教育的任务是：根据生产发展的需要，着重提高现职中级技术人员的水平，有计划地培养技术后备力量，适当满足一般职工的学习要求。职工业余高等学校学员经过毕业考试、毕业设计和毕业答辩，成绩合格者，应由学校或主办单位发给毕业证书，国家承认其学历。《暂行规定》对于业余高等学校的培养目标、制定教学计划的原则、建立实验站、办好一些重点学校的问题都作了规定。这对于规范业余高等教育，提高业余高等学校的教学质量，促进业余高等教育的发展，都起了很重要的作用。

1965 年 11 月 18 日至 27 日，高等教育部在南京召开了高等函授教育会议。会议学习了毛泽东关于教育工作的指示和刘少奇关于"两种教

---

① 方晓东等著：《中华人民共和国教育史纲》，海口：海南出版社，2002 年版，第 188 页。

育制度、两种劳动制度”的指示，交流了各地举办函授教育的经验。会议指出，在发展高等函授教育时，要特别重视面向农村的函授教育。凡是适合农村需要的农学、畜牧兽医、机电、水利、土建、医药卫生和师范院校的一些文、理专业，今后都要逐步扩展到农村。为了促进高等函授教育特别是农村函授教育的发展，必须从业余、函授的特点出发，积极进行教学改革。函授教育的内容，要贯彻理论联系实际和“少而精”的原则。在函授教学方法上，应以自学为主，多在“函”字上下功夫。要加强书面指导，发挥学生学习的主动性，尽量减少集中面授，充分发挥当地的辅导力量，逐步走出一条适合我国国情的发展业余函授教育的道路。

这次会议以后，各地积极举办面向农村的高等函授教育。北京市成立了农业函授大学，在通县、南口、昌平、永乐店设立了4所分校，设有农学、果林、畜牧兽医3个专业。西南农学院、湖南师范学院分别举办了农业中学师资培训班。到1965年底，全国已有函授院校（部）171所，函授生近19万人；① 全国业余高等学校已发展到964所（其中独立设置的758所），在校学生41万余人。② 到“文化大革命”前夕，全国高等学校的函授毕业生共有8万多人，他们基本达到了大学本科或专科毕业水平，其中绝大多数人后来成为本单位的业务骨干。

第五节　少数民族教育的发展

少数民族地区社会主义改造的胜利完成，使处在不同社会发展阶段的各少数民族，越过一个或几个社会历史阶段，跨进了社会主义社会的门槛，实现了历史性的大跨越。这期间，少数民族地区的各项建设事业都取得了显著的成就，民族教育事业也有了较快的发展。但是，由于受“左”倾错误思想的影响，20世纪50年代后期，民族教育工作中也出现了不顾客观实际地急于求成、忽视民族特点的缺点，造成了一些不良后果。后来，通过贯彻“调整、巩固、充实、提高”的方针和党的民族政

① 方晓东等著：《中华人民共和国教育史纲》，海口：海南出版社，2002年版，第189页。

② 方晓东等著：《中华人民共和国教育史纲》，海口：海南出版社，2002年版，第191～192页。

策，少数民族地区的教育工作又有了新的发展。

一、少数民族教育面临的新情况、新任务

社会主义改造完成以后，少数民族地区的中心任务是发展经济文化。刘少奇在中共第八次全国代表大会上的政治报告中指出："正确地处理少数民族问题，是我们的国家工作中一项重大的任务。我们必须用更大的努力来帮助各少数民族在经济和文化上的进步，使各少数民族在我国社会主义建设事业中充分地发挥积极作用"，① 逐步实现各民族共同繁荣、共同发展的目标。他又指出："各少数民族要发展成为现代民族，除进行社会改革以外，根本的关键是要在他们的地区发展现代工业。"② 这说明少数民族地区面临的形势和任务发生了重大的变化。形势任务的变化，也对少数民族教育发展提出了新的要求。

第一，对培养少数民族干部提出了新的任务。毛泽东曾一再说过："自治地方要建设，就要有自己的干部，要有医生、工程师、科学家、文学家和艺术家，要有开汽车、开飞机、搞地质、搞气象、办工厂等等各方面的人才，没有这样的干部和知识分子，是不能建设社会主义的。"③ 刘少奇在中共八大政治报告中提出：凡是在少数民族地区的工业，都必须注意帮助少数民族"培养自己的科学技术干部和企业管理干部"。④党中央一向重视少数民族干部的培养。20 世纪 50 年代初，曾确定"培养普通政治干部为主，迫切需要的专业与技术干部为辅"的方针，这是正确的。1956 年以后，根据少数民族地区经济文化建设的需要，努力培养更多的少数民族各类专业技术人才，已成为民族教育所应担负的重要任务。

第二，要求进一步改革民族教育的管理体制。自毛泽东的《论十大关系》发表以后，各项事业的管理体制改革已提到议事日程，着眼点是适当下放管理权限。1956 年 10 月 30 日，中共中央、国务院转发的《国务院关于改进国家行政体制决议（草案）》对各级各类学校教育的管理作出了原则规定。《决议》提出："中央和地方国家行政机关的各有关部

---

① 《刘少奇选集》（下卷），北京：人民出版社，1985 年版，第 250 页。

②④ 《刘少奇选集》（下卷），北京：人民出版社，1985 年版，第 251 页。

③ 《李维汉选集》，北京：人民出版社，1987 年版，第 425 页。

门、各自治地方的自治机关以及设在民族自治地方的一切企业、事业单位，都应该制定培养少数民族干部的计划，切实执行。”① 这里虽然没有直接提出整个民族教育的管理问题，但是说明了对少数民族干部培养计划的制定和管理应由过去集中管理向分散管理转变。1958 年 8 月 4 日，中共中央、国务院《关于教育事业管理权力下放问题的规定》指出：为了充分发挥各省、市、自治区举办教育事业的积极性，“今后对教育事业的领导，必须改变过去条条为主的管理体制，根据中央集权和地方分权的原则，加强地方对教育事业的领导管理”，② 从而进一步扩大了地方对各级各类学校教育的管理权限，其中也包括对民族教育事业的领导管理。同年 9 月 19 日，中共中央、国务院《关于教育工作的指示》更加明确地规定：“少数民族教育中的特殊问题，由省、市、自治区作出决定。”③ 后来的事实证明，这样做不仅有利于发挥地方管理民族教育事业的主动性和积极性，而且更有利于针对本省、自治区各少数民族的实际情况采取相应的政策措施，对民族教育实行更有效的管理。

第三，进一步要求发展少数民族教育必须从不同民族和民族地区的实际出发，切实注意民族和地区特点，因地制宜地制定切实可行的政策措施、发展重点和发展目标。这是建国后前七年发展少数民族教育的基本经验，也是必须始终坚持的一条重要原则。1958 年以后，民族工作和民族教育工作均受到“左”倾错误思想的影响，曾出现过波折。中共中央在总结这一段历史教训时曾指出：“这种错误的基本表现是：忽视甚至否认各少数民族的特点，不认真执行甚至歪曲、抵制党的民族政策。”④ 这些错误，不久受到中共中央的批评并得到初步纠正。1962 年 6 月 20 日，中共中央对民族工作会议报告的批示明确指出：民族问题的彻底解决是长期的。如果看不到这种长期性，不重视社会主义革命和社会主义建设过程中的民族问题，不照顾民族特点和地区特点，不按政策

① 中共中央文献研究室编：《建国以来重要文献选编》（第 9 册），北京：中央文献出版社，1994 年版，第 404 页。

② 何东昌主编：《中华人民共和国重要教育文献》（1949 ~ 1975），海口：海南出版社，1998 年版，第 850 页。

③ 何东昌主编：《中华人民共和国重要教育文献》（1949 ~ 1975），海口：海南出版社，1998 年版，第 860 页。

④ 《当代中国的民族工作》（下），北京：当代中国出版社，1993 年版，第 521 页。

办事，在工作中就势必要犯错误。① 中共中央对1958年以后在民族工作和民族教育工作中“左”倾错误的批评，证明了坚持这一重要原则的重要性和必要性。

第四，继续坚持国家对少数民族教育事业的扶持政策。这里既包括国家在人力、物力、财力上对少数民族教育事业的照顾和扶持，也包括各有关省、自治区对本省、自治区内少数民族教育的扶持。国家财政设立专项资金，帮助地方解决民族教育中的特殊困难；动员内地有关省、市选派教师支援西藏的中小学教育；选调内地一流高等学校的教师支援民族地区新建高等院校等，都体现了国家对民族教育事业的扶持。随着国家经济的发展，这种扶持力度也逐渐有所加大。内蒙古、新疆等为了改变民族地区经济、文化落后面貌，以较快的速度发展民族教育，提出了优先、重点发展民族教育的方针，这体现了自治区党政部门对本自治区少数民族教育的重视和扶持。

第五，继续贯彻国家的民族语文政策，进一步加强“双语”教育。共和国建立初期，根据当时的形势和国内民族关系的现状，着重强调了少数民族学校使用民族语文进行教学的重要性和必要性。经过多年的努力和实践，符合我国少数民族实际的民族语文教学体系已初步形成。随着国家社会主义经济文化建设的全面展开，内地同边疆民族地区之间的交流和往来不断扩大和加强，汉语文越来越成为各民族之间交流的重要工具，从而大大促进了民族地区“双语”教育制度的建立和发展。在使用民族语文教学的民族学校中，汉语授课的起始年段由过去的小学高年级或初中阶段提前到小学低年级；汉语授课的时数也从小学到高中逐年增加，并做到在高中毕业时能达到“双语”兼通的要求。新疆为了加强大学的汉语教学，规定少数民族本科、专科新生入学后，先在预科学习一年汉语，经考核及格后，再升入本科、专科学习。

二、民族中小学教育的发展

根据少数民族山区、牧区地域辽阔、居住分散、交通闭塞、教育基础差等特点，发展民族中小学教育必须处理好办学形式、学校布局、教育投入等方面的问题。为此，各地都采取了一些特殊措施。

---

① 《当代中国的民族工作》（上），北京：当代中国出版社，1993年版，第137页。

第一，在办学形式方面。1956 年以后，新疆、青海、云南、贵州、广西、四川等省、自治区在少数民族牧区、山区，都建立了一批寄宿制民族中小学，对这些地区民族中小学教育的发展起了很大的推动作用。

内蒙古自治区根据牧区长年“逐水草而牧、逐水草而居”、流动性大等生产生活特点，通过长期实践的摸索和总结，1963 年由自治区人民政府颁布了《内蒙古自治区牧区办学试行方案》。《方案》规定，牧区实行“四结合、四为主”的办学方针，即：集中与分散相结合，以集中为主；公办与民办相结合，以公办为主；全日制与半日制相结合，以全日制为主；寄宿制与走读相结合，以寄宿制为主。根据这一办学方针，自治区在经费、师资、设备等方面给寄宿制学校以更多的照顾，使县(旗)、公社、大队三级政府办的寄宿制学校有了很大的发展。实践证明，根据牧区、山区的特点举办寄宿制学校的好处是：学生吃住在学校，生活上得到政府的照顾，学额较巩固，教学质量有一定的保证，因此，寄宿制被认为是牧区、山区办学的最好形式。除寄宿制学校外，各地都提倡多种形式办学，因地制宜办起了半日制、隔日制、牧读小学、简易小学、业余小学等。

西藏是在全国少数民族聚居区中现代学校教育比较后进的地区。但1956 年以后，学校教育开始有了新的发展。1957 年全区的公办小学发展到 98 所，在校学生达6 360人。同年 7 月，自治区筹委会通过了《关于创办拉萨中学的决议》，9 月拉萨中学正式开学。这是西藏教育史上第一所现代正规的初级中学。1959 年民主改革后，自治区根据广大群众办学的迫切要求，制定了“民办为主、公办为辅”的办学方针。此后，民办小学发展很快，到 1961 年全区已发展到1 496所，在校生达52 000人。①

第二，在学校布局方面。少数民族地区的小学布局，要求以便于儿童入学为原则，学校以小型为主，20 人左右便可开班。在现有条件下，少数民族牧区、山区的民族中小学要力求做到合理布局，一般都采取了

① 中国教育年鉴编辑部编：《中国教育年鉴》（地方教育，1949 ~ 1984），长沙：湖南教育出版社，1986 年版，第 1129 ~ 1130 页。

适当集中的办法。要求寄宿制小学设在公社所在地，初级中学设在县（旗）所在地，高级中学设在地区（盟、州）所在地。也有的中学设在中心城市，面向更大范围招收学生。为了招收更多的少数民族学生到中学学习，除了独立设置的民族初、高中以外，有的地区还在条件较好、质量较高的城市普通中学开设了民族班或预备班。例如，广西在1957年作出规定：在南宁、百色、柳州三专区各选择一所中学开设补习班，招收本专区升不了高中的少数民族初中毕业生；自治县和其他少数民族聚居的县也选择一所中学开设民族班，选收县内少数民族的高小毕业生，安排四年学完三年的初中课程。

第三，在教育投入方面。各有关省、自治区都作出规定，对民族中小学和学生，在经费和生活上给予照顾。如贵州省规定，民族中小学的普通经费除仍按一般学校标准拨付外，还给予特殊补助。中学的助学金补助面为80%，服装补助面为15%；医药费除按正常标准每生每月补助0.15元外，每班每年还额外补助150元。民族小学的助学金补助面为15%，每人每月6元；服装补助面为10%，每人每年15元。此外还有图书文具费和修缮费补助等。① 1959年民主改革后，西藏规定：民办小学学生课本由国家免费供应；对公办小学的贫困生适当给予补助，补助面为10%左右；中学生享受助学金，享受面为40%。1963年又规定：凡边境地区小学的贫困农牧民子女一律享受助学金，其标准高于一般学校；城镇公办小学有10%～15%的学生可以享受助学金。1962年青海省和宁夏回族自治区也都作出有关经费补助的规定。这些规定的实施，在一定程度上减轻了农牧民的负担，也为学生安心学习、完成学业创造了条件，起到了很好的作用。

由于采取了上述措施，少数民族地区的中小学教育有了新的发展。在全国，从1956年到1965年，少数民族小学在校生由3 151 712人，增加到5 219 165人，增长65.6%；普通中学在校生由233 910人，增加到371 792人，增长59%。②

---

① 中国教育年鉴编辑部编：《中国教育年鉴》（地方教育，1949～1984），长沙：湖南教育出版社，1986年版，第1074页。

② 教育部计划财务司编：《中国教育成就》（1949～1983），北京：人民教育出版社，1984年版，第43页。

其中，内蒙古自治区的民族中学教育发展得比较快，1957 年全区民族中学只有 15 所，至 1965 年发展到 72 所，在校生也由10 750人增加到两万多人。① 云南省 1957 年至 1965 年，少数民族中小学在校生人数均增加一倍以上。如小学生由376 499人增加到882 023人，中学生由14 848人增加到33 094人，分别增长了134.3%和122.9%。②

再如云南的基诺族，在 20 世纪 50 年代人口不足万人，主要聚居在基诺山区，解放前还停留在原始社会末期。1956 年，政府派去 5 名汉族教师到基诺山山寨办学。当时，分布在大大小小山头上的基诺村寨交通闭塞，道路崎岖，生活艰苦，语言隔阂，办学困难重重。尤其是群众对办学十分陌生，不免怀有戒心。后经过耐心说服动员，开始办起了基诺山上的第一所小学，第一批 68 名基诺族儿童走进课堂，在基诺山破天荒第一次传出了琅琅读书声。半年后又办了 3 所学校。1958 年小学发展到 6 所，学生增加到 580 人；1966 年小学又发展到 12 所，学生 800 多人。③ 有了小学毕业生后，每个生产队都配备了能写会算的记分员、会计和保管员。基诺山区小学教育的发展，无疑为提高基诺族群众的科学文化水平打下了一个初步的基础。

青海牧区的教育基础原来也很差，但自 1963 年开始创办寄宿制小学以后，小学教育发展很快。到 1965 年学校发展到 110 所，在校生达 5 100余人。④ 同时，办了 300 余所牧读小学，⑤ 牧区教育有了良好的开端。

三、民族中等技术和职业教育的发展

为了满足少数民族地区经济文化发展的需要，旨在培养初、中级技术人才的中等技术学校在 20 世纪 50 年代有了长足的发展。据教育部统

---

① 中国教育年鉴编辑部编：《中国教育年鉴》（地方教育，1949 ~ 1984），长沙：湖南教育出版社，1986 年版，第 214 页。

② 中国教育年鉴编辑部编：《中国教育年鉴》（地方教育，1949 ~ 1984），长沙：湖南教育出版社，1986 年版，第 1103 页。

③ 中国教育年鉴编辑部编：《中国教育年鉴》（地方教育，1949 ~ 1984），长沙：湖南教育出版社，1986 年版，第 1111 页。

④ 朴胜一、程方平著：《民族教育史》，海口：海南出版社，2001 年版，第 68 页。

⑤ 中国教育年鉴编辑部编：《中国教育年鉴》（地方教育，1949 ~ 1984），长沙：湖南教育出版社，1986 年版，第 1260 页。

计，1956年全国中等技术学校少数民族在校生为16 600人，到1958年猛增到39 766人，增加近1.4倍。但到1965年，在校生人数下降到10 871人，减少5 700多人，跌幅达34.5%。① 其原因除与全国相同的之外，就民族地区情况而言，还有两个方面的原因：一是在这期间，少数民族地区新建、扩建了一批高等学校，需要更多的普通中学毕业生，以增加新的生源；二是普通民族中学一般都使用本民族语文授课，而中等技术学校由于师资、教材等方面条件的限制，完全使用本民族语文授课有困难，而农牧区的少数民族小学和初中毕业生汉语水平相对较低，因而更愿意报考普通民族中学，以致造成中等技术学校在校生减少。

为了提高少数民族地区中等技术学校的教学质量，各校在教学工作中特别注意民族特点，并注意照顾少数民族学生的实际水平和接受能力。为了提高少数民族学生的听课效果和理解能力，各地采取积极措施，培养本民族的师资，加强民族文字的教材建设；在汉语教学中除采用基础汉语教材外，还根据专业特点增加了专业汉语教材；有的汉族教师为了使少数民族学生能够正确理解专业词语，便事先学习少数民族语言，弄清名词术语的对译方法，在教学新课时使少数民族学生对教学内容能够听得懂、理解快、记得牢，从而有效地提高了教学质量。

农、职业中学教育在民族地区起步较晚，但发展较快。据统计，1963年农、职业中学少数民族在校生为12 135人，到1965年增加到103 466人。②农、职业中学实行半工半读，很受民族地区干部群众欢迎。云南省从20世纪60年代初开始，按照刘少奇提出的“两种教育制度”，在民族地区大量兴办半工（农）半读学校。中共云南省委对此很重视，要求通过兴办半工（农）半读学校，为经济文化落后的边疆民族地区培养“四匠”，即篾匠、木匠、泥水匠和缝纫匠，以充分利用当地资源，发展生产，改善生活。这对边疆民族地区农、职业教育的发展起了很大的推动作用。此外，有的地区在中等专业学校内设置了职业短训班，在

①② 教育部计划财务司编：《中国教育成就》（1949～1983），北京：人民教育出版社，1984年版，第43页。

全日制中学内附设了职业班，从而使少数民族地区的职业教育有了一个大的发展。

技工学校发展的规模也很可观。这些学校后来根据刘少奇关于建立“两种教育制度”的意见，纳入了半工半读教育的范畴。

四、民族高等教育的发展

为了促进民族高等教育的发展，培养更多的少数民族各类专门人才，党和政府高度重视发展少数民族的高等教育。主要采取了以下几项措施：

首先，调整培养少数民族干部的方针。1958年2月5日，教育部、中央民族事务委员会联合召开全国民族学院院长会议，讨论民族学院的教育方针与任务。会议明确指出：“民族学院是为少数民族训练社会主义革命和社会主义建设的政治干部，同时培养专业人才的学校。”① 1958年12月召开的第11次全国统战工作会议提出：“继续培养一批少数民族出身的又红又专的政治干部和文化、科学、技术干部。”② 1961年12月6日，经中共中央批转的《西北地区第一次民族工作会议纪要》强调：“必须大力加强对少数民族干部的培养教育工作”，“在培养提高政治干部的同时，注意培养为发展农、牧业生产迫切需要的技术干部以及医药卫生干部”。③ 这三次会议所提方针与过去不同之处在于：一是指出，培养政治干部和专业技术干部同等重要，不再像20世纪50年代初提出的那样分“为主”和“为辅”；二是要求政治干部既要“红”，又要“专”。对培养少数民族干部方针的调整，既符合民族地区经济文化建设的需要，也充分体现了毛泽东关于培养少数民族各类专业及管理人才的指示精神。

其次，在民族地区新建、扩建高等院校。如内蒙古大学、广西大学、新疆大学、青海大学、宁夏大学等5所综合大学，都是在1957年到1962年间新建或扩建的。其中，内蒙古大学于1957年10月正式成立，设有蒙古语言文学、汉语言文学、历史、数学、物理、化学、

---

① 中国教育年鉴编辑部编：《中国教育年鉴》（1949～1981），北京：中国大百科全书出版社，1984年版，第409页。

② 《当代中国的民族工作》（上），北京：当代中国出版社，1993年版，第298页。

③ 《当代中国的民族工作》（上），北京：当代中国出版社，1993年版，第299页。

生物等7个专业。由乌兰夫兼任校长，并选调著名植物学家、中国科学院学部委员、北京大学教授李继侗任副校长。根据周恩来的指示，北京大学和南开大学、复旦大学等12所国内著名高等院校选派130多名优秀教师，并赠送20多万册图书资料和各种仪器设备支援内蒙古大学。新疆大学是1960年10月由新疆学院同新疆师范学院合并后成立的。1964年国家拨出5 640万元巨款，扩建新疆大学和新疆医学院、新疆农学院、新疆工学院等院校。① 仅据内蒙古、新疆、广西、宁夏4个自治区统计，1956年共有11所高等学校，到1965年增加到了31所。

第三，增设民族学院的本、专科专业。从中央民族学院和西北、西南、中南民族学院到各地方民族学院，在成立后的很长一段时间内，基本上以培养和轮训干部为主。1956年后，根据形势的需要，开始增设本、专科专业，将民族学院逐步纳入名副其实的高等院校系列。广西民族学院建于1952年。在1958年以前，主要是轮训政治干部和培训初级专业人才。到1958年已设有大学本科7个系、14个专业，还设有民族、广西古籍整理、民族民间文学等3个研究所，在校学生达2 346人，其中大学本科1 629人，专科284人，在校生中少数民族学生占88%。② 青海民族学院也在1958年增设大学部，之后陆续开设藏语言文学、汉语言文学、政治、历史、体育、物理、化学等系科或专业，学制均为4年。③

第四，调整高等院校招收少数民族学生的政策。1962年8月2日，教育部《关于高等学校优先录取少数民族学生的通知》规定：少数民族学生报考全国重点高等学校和其他一般高等学校，仍然恢复过去“同等成绩、优先录取”的办法；少数民族学生报考本自治区的高等学校，可以给予更多的照顾，当他们的考试成绩达到教育部规定的一般高等学校

---

① 当代中国的民族工作编辑部编：《当代中国民族工作大事记》（1949～1988），北京：民族出版社，1989年版，第182页。

② 中国教育年鉴编辑部编：《中国教育年鉴》（地方教育，1949～1984），长沙：湖南教育出版社，1986年版，第976页。

③ 中国教育年鉴编辑部编：《中国教育年鉴》（地方教育，1949～1984），长沙：湖南教育出版社，1986年版，第1263页。

录取新生的最低标准时，可以优先录取；用少数民族语言进行教学的民族中学毕业生报考高等学校文史类，仍旧同过去一样，免试古代汉语。此后，教育部又提出：对少数民族考生应放宽入学年龄和适当降低升学的录取标准。① 有的地方也作出了在同等条件下优先招收少数民族学生，或预先留出一定名额招收少数民族学生的规定。这些优惠政策，为更多的少数民族学生进入高等院校就学提供了条件。

从1956年到1965年，民族高等教育有了一定的发展。从全国看，高等学校少数民族在校生由1956年的14 159人，增加到1965年的21 870人，增长54.5%。其中发展较快的自治区是内蒙古、新疆、广西。这期间，内蒙古的高等学校由3所增加到8所，新疆由5所增加到7所，广西由3所增加到10所。② 1965年，广西高校少数民族在校生比1955年增加了14.7倍，少数民族学生所占比例由8.2%上升到27.2%。③ 民族高等教育的发展，为少数民族地区培养了一批新一代各类专业技术人才。到1963年，云南已培养出少数民族农业、水利方面的技术人才1 300多人，占当地这类技术干部的三分之一。1963年，广西壮、瑶、苗、侗等少数民族医疗卫生人才达3 300人，相当于1957年的3倍。西藏从1959年民主改革后到1964年，藏族干部增加到12 000人，其中各类专业技术人才1 000多人。④

五、民族教育师资队伍初步形成

由于历史的原因，少数民族师资的数量和质量跟不上教育事业发展的需要，这在20世纪50年代是民族地区普遍存在的一个突出问题。为了解决少数民族师资短缺的问题，各地采取了多渠道、多种形式培养少数民族师资的办法。

20世纪50年代后期，各地根据需要与可能，创办了一批民族师范学校，并在一般师范学校设立了民族师范班，招收少数民族青年入学读

---

① 当代中国的民族工作编辑部编：《当代中国民族工作大事记》（1949～1988），北京：民族出版社，1989年版，第173页。

② 教育部计划财务司编：《中国教育成就》（1949～1983），北京：人民教育出版社，1984年版，第43页，第255～256页。

③ 蒙荫昭、梁全进著：《广西教育史》，南宁：广西人民出版社，1999年版，第924页。

④ 当代中国的民族工作编辑部编：《当代中国民族工作大事记》（1949～1988），北京：民族出版社，1989年版，第172页，第178页，第182页。

书。在一些民族师资特别缺乏的地区，成立了民族师资短期训练班，招收少数民族高、初中毕业生和部分高小毕业生，以及社会上的少数民族知识分子，经培训后安排担任中小学教师。新疆在1960年已有14所师范学校，1965年又创办4所半工半读师范学校。此外，新疆师范大学、伊犁师范学院、喀什师范专科学校也为本地区培养了一批维吾尔、哈萨克、回、塔吉克等民族的中学教师，为当地民族中等教育的发展和教育质量的提高奠定了基础。还有各地民族学院和一些高等学校，也为民族地区培养了一批少数民族教师。

此外，内地的支援也为解决少数民族教师短缺问题作出了贡献。采取的办法是：调派汉族的中师和高师毕业生，先学习一个时期的少数民族语言文字，然后分别充实到少数民族中小学的师资队伍之中。四川省还从内地招收知识青年，先安排到甘孜、凉山、阿坝三个自治州的师范学校或西南民族学院学习，结业后分配到少数民族地区担任教师。

对少数民族学校中那些文化程度较低、教学上有困难的在职教师，则采取了"教什么学什么，缺什么补什么"的应急办法，通过在职或离职学习、进修，提高他们的业务能力和水平。新疆在1959年建成了自治区、地、县三级在职教师进修网，根据长远需要同当前需要相结合的原则，以业余为主、自学为主，采取自学小组、假期讲学会、学习教材教法短期班、系统学习的高师培训班和中师培训班等多种形式，提高在职教师的文化程度和业务水平。

经过各方面的努力，到1965年，全国各级各类学校少数民族教师的数量有了较大的增长，由1956年的89 271人，增加到155 402人，增长74.1%。其中，中小学教师由87 766人增加到147 837人，增长68.4%。① 从1958年广西壮族自治区成立到1963年的5年中，全区师范学校的少数民族在校生增加了10倍。② 1964年，西藏已培养出藏族教师1 600多

① 教育部计划财务司编：《中国教育成就》（1949～1983），北京：人民教育出版社，1984年版，第45页。

② 当代中国的民族工作编辑部编：《当代中国民族工作大事记》（1949～1988），北京：民族出版社，1989年版，第173页。

人，是1959年民主改革以前的10倍。[①] 1965年，青海省少数民族教师人数是1957年的3倍多。[②] 这些情况足以说明，我国已经初步建立了适应当时民族教育发展需要的少数民族师资队伍。

① 当代中国的民族工作编辑部编：《当代中国民族工作大事记》（1949～1988），北京：民族出版社，1989年版，第182页。

② 中国教育年鉴编辑部编：《中国教育年鉴》（地方教育，1949～1984），长沙：湖南教育出版社，1986年版，第1260页。

小 结

从1956年社会主义改造基本完成到1966年爆发“文化大革命”前夕的十年，是我国社会主义教育全面建设和曲折发展的阶段。在这个阶段，我国在初步建立了社会主义教育制度的基础上，开始探索适合中国国情的社会主义教育发展道路，取得了很大的成绩，也一度出现过失误并得到了纠正，为建设中国特色社会主义教育积累了正反两方面的宝贵经验。

这一阶段，在探索如何建设和发展适合中国国情的社会主义教育过程中，我国在教育指导思想和工作思路上都有重要建树。其中最重要的成果就是在认真总结经验的基础上，确立了社会主义教育方针，从而明确了我国社会主义教育的性质、教育在政治经济文化和社会发展中的重要作用、教育的总目标和实现这一目标的基本途径。这个方针是马克思主义教育理论同中国教育实践相结合的产物，是毛泽东教育思想的重要组成部分，在一定程度上反映了社会主义教育的客观规律以及社会主义改造基本完成后，政治经济文化和社会发展对教育提出的基本要求，成为党和国家领导教育工作的根本指导思想。从发展的观点看，这个方针反映了一定历史时期人们对教育本质、功能的认识水平。随着教育的不断改革与发展，人们对教育本质、功能的认识不断深化，社会主义教育方针在不同历史时期不断得到发展完善，对我国教育的改革与发展和人才的培养发挥了持久的指导作用。

这十年教育建设与发展的重点是，根据我国国情，认真贯彻社会主义教育方针，加强党对教育工作的领导，实行“两条腿走路”的办学方针，在教育制度、教育教学、师资队伍、学生思想政治教育等方面展开全面建设和改革，加快了教育事业的发展。经过十年的努力，我国各级各类教育有了较大幅度的增长，教育质量也有了显著提高，初步改变了我国文化教育落后、文盲充斥的状况，培养了一代有社会主义觉悟的有文化的劳动者，为满足国家建设对于各方面专门人才的需要和提高全民族的科学文化素质作出了重要贡献。

在这个阶段，由于我们缺乏建设社会主义教育的经验，也由于党的指导思想一度出现了“左”倾错误，使我国教育的发展经历了曲折的历程。在反右派斗争扩大化和“反右倾”等运动中，党的知识分子政策出现了反复，使一部分教师受到伤害，教师队伍受到冲击。在 1958 年至 1960 年的教育革命中也出现了失误，造成教育发展的大起大落，教育质量也受到一定程度的影响。

然而，党和国家及时总结经验教训，调整了知识分子政策，加强了教师队伍建设；通过贯彻“调整、巩固、充实、提高”的方针，调整了各级各类教育的规模，制定了大、中、小学校工作条例和一系列规章制度，使我国的教育事业重新走上了健康发展的轨道。但党的“左”倾思想并没有得到彻底清理，以致后来教育领域被卷入“文化大革命”，面临着建国以后前所未有的浩劫。

3

第三编 社会主义教育发展遭受严重挫折

（1966～1976）

在1964年12月21日至1965年1月3日召开的第三届全国人民代表大会第一次会议上，国务院总理周恩来庄严宣布：我国从1966年开始执行第三个五年计划，国民经济即将进入一个新的发展时期，并号召全国人民要努力奋斗，“把我国逐步建设成为一个具有现代农业、现代工业、现代国防和现代科学技术的社会主义强国”。① 四个现代化目标的提出，使全国人民极为振奋，我国社会主义建设事业出现了欣欣向荣的局面。然而，这一进程却被“文化大革命”的爆发所打断。

“文化大革命”是“无产阶级文化大革命”的简称。1966年5月开始至1976年10月结束的“文化大革命”是由毛泽东亲自发动和领导的。他发动这场“大革命”的出发点是防止在中国出现资本主义复辟，维护中国共产党的纯洁性并寻求中国自己的社会主义道路。毛泽东错误地认为，党中央已经出了修正主义，国家已经面临资本主义复辟的现实危险；过去几年农村“四清”、城市“五反”等运动和意识形态领域的批判，都未能解决问题，只有用“文化大革命”这种形式，才能彻底揭露党和国家政治生活中的阴暗面，把被“走资本主义道路当权派”篡夺了的权力夺回来。毛泽东的这些观点被概括为“无产阶级专政下继续革命理论”。这个理论被实践证明是错误的。由于毛泽东对形势的估计和他所运用的理论、政策、方法都是错误的，结果只能事与愿违，并被林彪、江青两个反革命集团②所利用，导致了十年之久的全国内乱，使党和国家遭受了建国以来最为严重的挫折和损失。

在“文化大革命”发生前夕，毛泽东对教育形势估计的错误也越来越严重，因而使教育领域成为“文化大革命”的首发地和“重灾区”。“文化大革命”中，教育领域大体上经历了“停课闹革命”、“复课闹革命”、开展“斗、批、改”和开展“教育革命”的过程，使教育事业受到了严重的摧残和破坏。

---

① 何东昌主编：《中华人民共和国重要教育文献》（1949～1975），海口：海南出版社，1998年版，第1336～1337页。

② 林彪、江青两个反革命集团是在“文化大革命”中形成的，以夺取中国共产党和国家的最高权力为目的而进行阴谋活动的反革命集团。林彪反革命集团以林彪为首，主要成员有林彪、叶群、林立果、江腾蛟及陈伯达、黄永胜、吴法宪、李作鹏、邱会作等人。江青反革命集团以江青为首，主要成员有江青、张春桥、姚文元、王洪文等人，前期还包括陈伯达、康生。1969年4月，中共九大召开以后，陈伯达由于和江青等人发生矛盾，投靠林彪反革命集团。

与此同时，面对林彪、江青两个反革命集团的倒行逆施，教育领域的广大师生逐渐觉醒，在周恩来、邓小平等老一辈无产阶级革命家的带动和引导下，以各种方式对“文化大革命”特别是“教育革命”中的种种错误进行了抵制和斗争。他们在逆境中仍然矢志不渝地忠诚于共和国的教育事业，在极其困难的情况下，坚持教学、科研和管理工作，表现出高度的事业心和责任感，因而赢得了全国人民的尊敬。最后，党和人民在同“四人帮”① 进行的反复斗争中取得了胜利。“文化大革命”宣告结束。

① 1973年8月，中共十大召开以后，江青反革命集团在上海的帮派骨干王洪文成为中共中央副主席，江青、张春桥、姚文元、王洪文都进入中央政治局。他们开始结成一个以江青为核心的“四人帮”。

第十二章 教育领域陷入“文化大革命”大动乱中

正当我国开始执行发展国民经济的第三个五年计划，社会主义建设事业蓬勃发展之际，“文化大革命”发生了。这场“大革命”之所以冠以“文化”两字，是因为它是从文化领域的“批判”开始的。由于教育与文化的密切联系，也由于当时毛泽东对教育形势的错误估计，教育领域成为“文化大革命”的首发区。

第一节 “文化大革命”在文化教育领域的发端

上海《文汇报》公开发表姚文元的《评新编历史剧〈海瑞罢官〉》，成为“文化大革命”的导火线。对《海瑞罢官》的批判，迅速扩展到史学界、文艺界、哲学界，形成一场思想文化领域广泛的批判运动。甚至对《海瑞罢官》怎样表态，也成为判断是否反党反社会主义的唯一标准。“文化大革命”的序幕就这样拉开了。教育领域也不可避免地被席卷进去。

一、对《海瑞罢官》的批判扩展到文化教育领域

1965年11月10日，上海《文汇报》发表了姚文元的《评新编历史剧〈海瑞罢官〉》一文，指名批判北京市副市长、著名历史学家吴晗。这件事成为“文化大革命”的序幕。

《评新编历史剧〈海瑞罢官〉》一文运用了捕风捉影和无限上纲等手法，攻击《海瑞罢官》是“一株毒草”，对剧本进行了猛烈的政治批判，并说它是“资产阶级反对无产阶级专政这种阶级斗争的反映”。文章攻击的矛头虽然指向吴晗，实际上却涉及了1961年以来中共中央领导层

在许多重大政策问题上的分歧。毛泽东批准发表了这篇文章。

《评新编历史剧〈海瑞罢官〉》在《文汇报》发表后，一连许多天，《人民日报》和北京其他各报都没有转载。这进一步加深了毛泽东对中共北京市委和中共中央一些主要领导同志的怀疑与不满，认为中共中央书记处书记、中共北京市委第一书记、市长彭真是吴晗的后台，北京市是“针插不进，水泼不进”的独立王国。后来，北京的报纸虽然转载了《评新编历史剧〈海瑞罢官〉》，但只是把它作为学术问题来讨论。同年底，毛泽东在一次谈话中又指出，《海瑞罢官》的要害是“罢官”，嘉靖皇帝罢了海瑞的官，1959年我们罢了彭德怀的官，彭德怀也是“海瑞”①。显然，毛泽东是把对《海瑞罢官》的批判当做政治批判来处理的，并想以此为突破口，开展一场政治运动。在毛泽东的影响和推动下，到1966年初，对《海瑞罢官》的批判扩展到整个思想文化界。

1966年2月，彭真召集“文化革命五人小组”扩大会议，形成《文化革命五人小组关于当前学术讨论的汇报提纲》（简称《二月提纲》），试图将对《海瑞罢官》的批判运动置于党的领导下和学术讨论的范围内。然而，毛泽东却认为《二月提纲》混淆阶级界限，不分是非；认为坚持按《二月提纲》精神办事的中共中央宣传部是“阎王殿”，要“打倒阎王，解放小鬼”；认为中共中央宣传部、中共北京市委和文化革命五人小组包庇坏人，不准革命。在当时的中共中央副主席林彪的支持下，江青针对《二月提纲》，在上海搞出了一个《林彪同志委托江青同志召开的部队文艺工作座谈会纪要》。《纪要》经毛泽东多次亲自审阅修改后下发全国。《纪要》否定建国以来文艺工作的巨大成就，宣称一条“反党反社会主义的黑线专了我们的政”，号召进行一场文化战线上的社会主义大革命，彻底搞掉这条黑线。《纪要》反映了毛泽东将要发动一场“文化革命”的决心。

1966年5月4日至26日，经毛泽东提议，在北京召开中共中央政治局扩大会议。会议以“反党集团”的莫须有罪名对彭真、罗瑞卿、陆定一、杨尚昆进行批判，决定撤销他们的一切职务。会议决定撤销以彭真为首的文化革命五人小组，重新设立文化革命小组（又称中央文革小

---

① 晋夫著：《“文革”前十年的中国》，北京：中共党史出版社，1998年版，第344页。

组），隶属中央政治局常委。康生为中央文革小组顾问，陈伯达为组长，江青、张春桥等为副组长。在“文化大革命”中，这个小组以“中央文革”的名义展开活动，实际上成为“文化大革命”的指挥部。

会议于1966年5月16日通过的《中国共产党中央委员会通知》（简称《五一六通知》）提出：全党高举无产阶级文化大革命的大旗，彻底揭露那批反党反社会主义的“学术权威”的资产阶级反动立场，彻底批判学术界、教育界、新闻界、文艺界、出版界的资产阶级反动思想，夺取在这些文化领域中的领导权。《通知》还强调，必须同时批判混进党里、政府里、军队里和文化领域各界里的资产阶级代表人物，清洗这些人。这些资产阶级代表人物是一批反革命的修正主义分子，一旦时机成熟，他们就会要夺取政权，由无产阶级专政变为资产阶级专政。① 作为“文化大革命”纲领性文件的《五一六通知》的通过，标志着“文化大革命”的开始。

在“文化大革命”即将开始前，毛泽东对教育形势估计的错误也越来越严重，并提出了对当时的教育制度进行彻底改造的要求。

1965年12月，毛泽东在杭州会议上说，现在这种教育制度，我很怀疑。大学教育应当改造，上学的时间不要那么多。要学生下去搞工业、农业、商业。高中毕业后，就要先做点实际工作。单下农村还不行，还要下工厂，下商店，下连队。这样搞他几年，然后读两年书就行了。大学如果是五年的话，在下面搞三年。

1966年5月7日，也就是在发动“文化大革命”的中共中央政治局扩大会议召开期间，正在酝酿《五一六通知》的时候，毛泽东发出了一封致林彪的信，信中强调，学生“以学为主，兼学别样，即不但学文，也要学工、学农、学军，也要批判资产阶级”。信中还进一步强调，“学制要缩短，教育要革命，资产阶级知识分子统治我们学校的现象，再也不能继续下去了”。② 很显然，毛泽东在这个时候已经不是单纯地对教育革命作指示，实际上是把教育问题同即将发动的“文化大革命”联系

---

① 何东昌主编：《中华人民共和国重要教育文献》（1949～1975），海口：海南出版社，1998年版，第1398页。

② 何东昌主编：《中华人民共和国重要教育文献》（1949～1975），海口：海南出版社，1998年版，第1396页。

起来加以考虑的。这种考虑，也就在很大程度上决定了“文化大革命”将首先冲击教育领域。

二、北京大学第一张大字报的出现

1966年5月14日，在中共中央政治局扩大会议召开期间，以中央文革小组顾问康生的妻子曹轶欧为组长的中央理论小组调查组（后改为中央文革小组调查组），以“调查文化大革命情况”为名进入北京大学。曹轶欧背着北京大学党委，找到当时的哲学系党总支书记聂元梓，并向她透露了中共中央政治局扩大会议精神，鼓动她起来反对北京大学党委，并授意“从北大点火，往上搞”。

5月25日，聂元梓等7人在北京大学贴出题为《宋硕、陆平、彭珮云[①] 在文化革命中究竟干了什么?》的大字报。大字报攻击的矛头直指中共北京市委和北京大学党委。大字报称：宋硕等人想把革命的群众运动纳入修正主义轨道，压制群众革命；要打破修正主义的种种控制和一切阴谋诡计，坚决、彻底、干净、全面地消灭一切牛鬼蛇神、一切赫鲁晓夫式的反革命修正主义分子，把社会主义革命进行到底。

大字报贴出后，立即遭到北京大学广大师生员工的普遍反对。大多数人认为，这是一张用污蔑和不实之辞攻击北大党委和北京市委的大字报。

当晚，周恩来派中共华北局书记李雪峰和国务院外事办副主任张彦到北京大学召开党员干部会议，传达国务院有关文件，批评聂元梓等人的大字报不应该贴在外面。周恩来指示：大字报可以贴，但北京大学是涉外单位，要内外有别。他还强调，党有党纪，国有国法，要认真遵守。

但是，康生却背着在北京主持工作的刘少奇、周恩来、邓小平等人，把聂元梓等人的大字报的底稿送给了正在外地的毛泽东。毛泽东支持了这张大字报。他在6月1日的批示中表示，“此文可由新华社全文广播，在全国各级报刊上发表，十分必要。北京大学这个反动堡垒从此可以开始打破”。[②] 以后，毛泽东又进一步将这张大字报称为“全国第

---

① 宋硕时任北京市委大学工作部副部长，陆平时任北京大学校长、党委书记，彭珮云时任北京大学党委副书记。

② 陈东林、杜蒲主编：《共和国史记》（第3卷），长春：吉林人民出版社，1994年版，第93、94页。

一张马列主义大字报”。

6月1日晚，中央人民广播电台向全国播发了聂元梓等人的大字报。当晚，中共华北局派出的工作组（6月3日改为北京市新市委派出的工作组）进驻北京大学。

6月2日，《人民日报》全文转载了聂元梓等人的大字报，并配发了题为《欢呼北大的一张大字报》的评论员文章。文章称，北京大学是反党反社会主义的顽固堡垒，并攻击北京大学党委“不是真共产党，而是假共产党，是修正主义的‘党’。他们的‘组织’就是反革命集团”。文章还表示，要“把他们的黑帮、黑组织、黑纪律彻底摧毁”。

6月4日，《人民日报》公布了北京市新市委关于撤销北京大学党委书记陆平、副书记彭珮云的一切职务，改组北京大学党委，派工作组领导北京大学的“文化大革命”的决定。同时发表社论，诬指原北京市委在教育方面推行“反党反社会主义路线”，“培养资产阶级接班人”。

第二节　“文化大革命”在教育领域全面展开

在毛泽东的支持下，聂元梓等人的大字报公开发表，使“文化大革命”急剧升温，各级各类学校纷纷“停课闹革命”，师生一拥而起，书写和张贴大字报、揪斗“黑帮分子”的运动迅速在教育领域蔓延开来。面对这种混乱形势，为保证运动能在党的领导下有秩序地进行，中共中央在刘少奇、邓小平的主持下，作出了向部分学校派驻工作组的决定，提出了保持有领导有秩序地开展运动的八条意见，并以中共中央、国务院的名义发出一系列关于学校开展“文化大革命”运动的文件。教育行政部门也根据中共中央、国务院文件精神，发出相应的指导性文件，力图使教育领域的“文化大革命”逐步转向有领导地开展运动的轨道上来。但是，这种努力却很快被作为所谓资产阶级反动路线而遭到否定。

一、“文化大革命”在教育领域迅速展开

聂元梓等人的大字报和改组北京大学党委的决定公布后，北京大学的运动立即升温，针对党委和“黑帮分子”的大字报铺天盖地，批判会、斗争会到处可见。例如，北京大学著名教授、历史学家翦伯赞被当成“反动学术权威”受到批斗，并在被批斗时遭到人格侮辱。北京大学

校长陆平被打成"走资本主义道路当权派"，在批斗会上被人打掉了眼镜。一些干部、教师被强迫去打扫厕所或从事一些繁重的体力劳动，脖子上被挂上了沉重的"黑帮分子"的牌子。学校行政机关和党、团组织陷入瘫痪。

聂元梓等人的大字报公布后，立即在全国特别是教育界引起极其强烈的反响，教育领域的"文化大革命"急剧升温。一时，北京大学成为"文化大革命"的焦点。

北京的各高等学校和部分中学、中专的师生纷纷拥入北京大学参观、"取经"，随后又仿效北京大学的做法回校停课进行"文化大革命"，在校园内贴出成百上千张大字报，批判所谓修正主义教育路线，掀起以校长、系主任、骨干教师为对象的层层揪"黑帮"、斗"黑帮"的浪潮。随即，这一浪潮迅速波及全国各地的高等学校和中小学。

当时的情况缺乏全面的统计资料，只有少数学校作了较为详细的统计，并将统计资料保存下来。

据上海华东师范大学的统计表明，在 1966 年 6 月初到 7 月初的一个多月里，华东师范大学贴出大字报 18 000 多份。在大字报中被点名批判的人数达 747 人，占当时全校教职工总数的30.8%。其中校、系两级主要领导干部被点名批判的 96 人，占校、系干部总数的83.4%。特别是 8 月 4 日，在华东师范大学出现了一个揪斗高潮，全校共有 194 人被揪斗。其中教授、副教授 63 人，占被揪斗总数的32.4%。被重点揪斗和批判的都是著名教授。①

6 月初，长沙市第一中学校内出现了大量的大字报。其中，6 月 5 日出现了一份题为《牛鬼蛇神榜》的大字报，一下子就点了 82 名教职工的名，占当时全校 177 名教职工的46.3%②。

在"文化大革命"急剧升温的情况下，教育行政部门也不能幸免，普遍受到各种形式的冲击。

例如，自 6 月 6 日起，即有"造反派"给当时的高等教育部部长蒋

---

① 袁运开、王铁仙主编：《华东师范大学校史》（1951 ~ 2001），上海：华东师范大学出版社，2001 年版，第 102 页。

② 刘欣森、孟湘砥主编：《湖南教育史》（第 3 卷），长沙：岳麓书社，2002 年版，第 217 ~ 218 页。

南翔贴出大字报，诬指他在高等教育界推行了一条修正主义教育路线。

二、将教育领域“文化大革命”转向有秩序运动轨道的努力

面对由于“文化大革命”急剧升温而出现的种种混乱情况，中共中央在刘少奇、邓小平主持下，于1966年6月4日作出了向北京市的高等学校和中学派出工作组、协助领导运动的决定，并提出了保持有领导有秩序地开展运动的八条意见。八条意见的主要精神是：要内外有别，大字报不要上街，开会要在校内开，不要开大规模声讨会，不要上街示威游行，不要串联，要防止坏人破坏，注意保密等。6月10日前后，工作组陆续进入北京各大中学校。根据中央的精神和北京市的做法，其他省、市、自治区也相继向高等学校和部分中学派出工作组。工作组的派出，在一定程度上减轻了学校的混乱状况。

面对各级各类学校已经全面“停课闹革命”的现实，为了把握教育领域“文化大革命”的进程，中共中央、国务院以及教育行政部门于六七月间发出了一系列关于学校进行“文化大革命”运动的文件。

1966年6月13日，中共中央、国务院发出《关于高等学校招生工作推迟半年进行的通知》。《通知》提出，鉴于目前大专院校和高中的文化大革命正在兴起，要把这一运动搞深搞透，没有一定的时间是不行的。同时，高等学校招生考试办法，解放以来虽然不断地有所改进，但是基本上没有跳出资产阶级考试制度的框框，不利于贯彻执行党和毛主席提出的教育方针，不利于更多地吸收工农兵革命青年进入高等学校，必须彻底改革。这样也需要有一定的时间来研究和制定新的招生办法。中共中央和国务院考虑到上述情况，决定1966年高等学校招收新生的工作推迟半年进行。

同日，中共中央、国务院批转了教育部党组《关于改革高级中学招生办法的请示报告》。《报告》提出，改革高级中学招生办法，是贯彻毛泽东思想、进行教育革命的一项重大措施。现行的招生考试办法是资产阶级的办法，没有突出无产阶级政治，是业务第一，分数挂帅，应予以改革。改革的具体做法是：废止现行的高级中学招生考试办法，实行推荐与选拔相结合的办法招生，在当地党委统一领导下，采取群众路线的办法进行。

同日，中共中央、国务院还批转了教育部党组《关于 1966～1967 学年度中学政治、语文、历史教材处理意见的请示报告》。中央批示指出，目前中学所用教材，没有以毛泽东思想挂帅，没有突出无产阶级政治，违背了毛主席关于阶级和阶级斗争的学说，违背了党的教育方针，不能再用；教育部应该积极组织力量，根据党和毛主席有关教育工作的指示，重新编辑中学各科教材；小学语文、历史教材问题很多，教育部应组织力量着手重新编写和审查；不论高小或初小都要学习毛主席著作。

1966 年 6 月 18 日，《人民日报》全文公布了中共中央、国务院 6 月 13 日发出的《关于高等学校招生工作推迟半年进行的通知》，并配发了社论《彻底搞好文化革命，彻底改革教育制度》。社论指出："现行的招生考试制度的改革，正是贯彻执行毛主席的教育路线，彻底搞掉资产阶级教育路线的一个突破口。我们将从这里着手，对整个旧的教育制度实行彻底的革命。"

随后几天，各种报刊发表了大量拥护党中央决定的来信和文章。教育领域特别是各个中学，贴出了成千上万张拥护中央决定、声讨旧的升学考试制度的大字报，形成了对所谓修正主义教育路线的新一轮批判高潮。

6 月 27 日和 30 日，高等教育部先后发出《关于暂停 1966 年、1967 年研究生招生工作的通知》和《关于推迟选拔、派遣留学生工作的通知》。

实际上，由于"文化大革命"的影响，高等学校招收新生的工作停止了 4 年，招收研究生的工作停止了 12 年，选拔派遣出国留学生的工作停止了 6 年。

7 月 12 日，教育部发出《关于中小学招生、考试、放假、毕业等问题的通知》。《通知》要求，在初中和小学已经普及的地区，可以直接入小学、升初中，一律不举行考试。尚未普及的地区，仍维持原来的办法，但必须强调突出政治。中小学学期考试，凡是没有举行的，一律不举行。初、高中毕业班学生留校参加文化大革命和参加劳动期间，人民助学金仍按原规定发放。

7 月 24 日，中共中央、国务院发出《关于改革高等学校招生工作的通知》。7 月 25 日，教育部发出《关于印刷与发行小学讲授毛主席语录本的通知》，要求各地通过中央规定的审批手续，可以采用自编的毛主席语录本，也可以采用中国人民解放军总政治部编印的《毛主席语录》，以保证秋季教学用书。

这个时期关于教育工作的一系列文件，是在“文化大革命”已经在教育领域迅速蔓延、出现了事实上“停课闹革命”的紧急情况下，基本上都是来不及推敲就匆忙出台的。而且，文件中充斥了“左”的语言。但是，在当时“文化大革命”已经打乱了学校正常秩序的局面下被迫出台的这些文件，也反映了刘少奇、周恩来、邓小平等老一辈无产阶级革命家仍在努力想使教育领域的“文化大革命”运动处于党和政府领导之下的良苦用心。

工作组进入大中学校后，在极其困难的情况下展开了大量的工作，制止了打骂被揪斗对象等极端行为，使完全失控的学校秩序得到一定的恢复，逐步掌握了对运动的主导权。特别是在工作组领导下到部队参加军事训练的大中学生，心态逐渐平静下来。但是，这种状况却引起了当时控制着中央文化革命小组领导权的江青、康生、陈伯达等人的极大不满。

1966 年 6 月 18 日，北京大学出现一些人利用工作组开会之机，胡乱揪斗干部、群众的事件。事件发生后，北京大学工作组立即进行处理，使事态马上得到控制。他们的工作得到中共中央的认可，有关简报被转发。但是，江青、陈伯达等人抓住这一事件大做文章。他们先后跑到北京大学召开座谈会，挑起对“六一八事件”的辩论，利用该事件鼓动学生反对工作组，并公开宣布“六一八事件”是革命事件。

与此同时，清华大学出现学生蒯大富鼓动向工作组夺权和工作组组织“反蒯斗争”的事件。这一事件也被江青、康生、陈伯达等人所利用。他们把类似的情况集中起来，向毛泽东作了片面的汇报，渲染工作组推行的是一条镇压群众运动的“资产阶级反动路线”，“挑动群众斗群众”，犯了方向、路线错误。

在江青等人的支持下，7 月下旬，北京大学赶走了派驻学校的工作组，成立了以聂元梓为主任的“北京大学文化革命委员会筹备委员会”，夺取了北京大学的领导权。毛泽东支持了反对工作组的主张，并于7月25日严厉指责工作组起破坏作用，阻碍运动，要统统驱逐之。

中共中央于7月28日决定撤销所有派驻学校的工作组，并在7月29日召开的"北京市大专院校和中等学校师生文化革命积极分子大会"上公开宣布了这一决定。在这次大会上，邓小平、周恩来、刘少奇先后讲话。邓小平、周恩来在讲话中都谈到，进行"文化大革命"是"老革命遇到了新问题"。刘少奇在讲话中对派工作组问题承担了主要责任，并说："至于怎么进行无产阶级文化大革命，你们不大清楚，不太知道，你们问我们，我老实回答你们，我也不晓得。"一场全国性的运动在共和国已经展开了两个多月，然而，连国家主席、中共中央副主席刘少奇，国务院总理、中共中央副主席周恩来以及中共中央总书记邓小平都不知道这场运动究竟应该怎样进行和要达到什么目的，这在党和国家政治生活中是极为反常的现象。

工作组被撤销后，学校里反对工作组的学生和教师组成造反派组织，控制了"文化大革命"的领导权，迅速形成"踢开党委闹革命"、"群众自己解放自己"的局面。在江青、康生、陈伯达等人煽动下，"文化大革命"所造成的混乱迅速扩展到全国各地几乎所有的大中学校和部分小学。学校里的行政系统和党团组织以及少先队组织完全瘫痪，无政府主义泛滥，在革命口号下随意揪斗甚至打骂教师和学生的现象到处可见。

第三节　教育领域更深地陷入"文化大革命"的混乱中

在派往教育领域的工作组被撤销后，毛泽东认为事情并没有解决。他认为，5月中共中央政治局扩大会议后刚刚兴起的"文化大革命"被工作组压下去了。为了排除"阻力"，必须再作一次全面发动。因此，在决定撤销工作组后，他立即主持召开了中共八届十一中全会，着手解决"文化大革命"的再发动问题。

中共八届十一中全会通过的《中共中央关于无产阶级文化大革命的决定》和会议期间毛泽东给清华大学附属中学"红卫兵"组织的复信，推动了教育领域的"文化大革命"再一次升级。"红卫兵"运动平地兴起，“破四旧”①运动变成一场大破坏，“大串连”使动乱深入到全国各地城乡，特别是全面夺权引起武斗逐渐升级局面的出现，使教育领域更深地陷入“文化大革命”的混乱之中。

一、“文化大革命”的再发动

1966年8月1日至12日，中共八届十一中全会在北京召开。8月7日，会议印发了毛泽东的《炮打司令部——我的一张大字报》。其中说，“在五十多天里，从中央到地方的某些领导同志”，“站在反动的资产阶级立场上，实行资产阶级专政，将无产阶级轰轰烈烈的文化大革命运动打下去，颠倒是非，混淆黑白，围剿革命派，压制不同意见，实行白色恐怖，自以为得意，长资产阶级的威风，灭无产阶级的志气，又何其毒也”。这张“大字报”提出中央有另外一个资产阶级司令部，虽未点名，但明显地指向刘少奇等主持中央日常工作的一些领导人。这就直接点明了发动“文化大革命”的主要锋芒所向。

8月8日，会议通过了中共中央《关于无产阶级文化大革命的决定》。《决定》共分十六条，所以，又简称为《十六条》。

《十六条》规定了“文化大革命”运动的目的“是斗垮走资本主义道路的当权派，批判资产阶级的反动学术‘权威’，批判资产阶级和一切剥削阶级的意识形态，改革教育，改革文艺，改革一切不适应社会主义经济基础的上层建筑，以利于巩固和发展社会主义制度”；强调“这次运动的重点，是整党内那些走资本主义道路的当权派”。《十六条》还论述了“文化大革命”采取的方式和有关政策规定。《十六条》对教育领域的“文化大革命”给予了特别的关注，专门设立了“教学改革”一条。其中强调，“改革旧的教育制度，改革旧的教学方针和方法，是这场无产阶级文化大革命的一个极其重要的任务”。“在这场文化大革命中，必须彻底改变资产阶级知识分子统治我们学校的现象”。在《十六条》其他各条中，也有许多内容是同教育有关的。例如，第九条提出，“在许多学校、许多单位，群众所创造的文化革命小组、文化革命委员会等组织形式，就是一种有伟大历史意义的新事物”；第七条提出，“在运动

① “破四旧”当时特指破除《十六条》中提出的旧思想、旧文化、旧风俗、旧习惯。

中"，"大学、专科学校、中学和小学学生中的问题，一律不整"等等。①

8月12日，会议改组了中央领导机构。政治局常委由原来的7人扩大到11人。刘少奇在政治局常委的名次排列由原来的第二位降到第八位。会议没有重新选举中共中央副主席，但以后只有林彪被称为中共中央副主席，其他原来的副主席刘少奇、周恩来、朱德、陈云都不再提及他们的这个职务。会议期间和会后，刘少奇、邓小平等一些中央领导人相继受到批判。

在这次全会上通过的《十六条》等决定，在党内完成了发动"文化大革命"的法定程序，成为"文化大革命"再发动的标志。

二、"红卫兵"运动

"红卫兵"组织最早出现于清华大学附属中学。1966年5月29日，清华大学附属中学学生中的部分干部子弟成立了"红卫兵"组织。

"红卫兵"组织成立后，先后于6月24日、7月4日和7月27日在学校贴出三篇题为《论无产阶级革命造反精神万岁》的大字报，并在学校里乱搞揪斗和批判活动。后来，北京大学附属中学、中国人民大学附属中学等一些学校的学生相继成立了类似的组织。"红卫兵"组织成立初期，还宣扬了"老子英雄儿好汉，老子反动儿混蛋"等唯成分论的错误言论。7月28日，清华大学附属中学"红卫兵"组织给毛泽东写信，并附上了他们所写的三篇题为《论无产阶级革命造反精神万岁》的大字报的抄件。就在8月1日中共八届十一中全会召开的当天，毛泽东给清华大学附属中学"红卫兵"组织复信，表示热烈支持他们对反动派造反有理的行动。清华大学附属中学"红卫兵"的这封信也作为中共八届十一中全会的文件印发。

毛泽东给清华大学附属中学"红卫兵"组织复信的消息传出后，北京一些大中学校的学生也纷纷仿效，建立起"红卫兵"组织。在中共八届十一中全会闭幕后不久的8月18日，毛泽东在天安门城楼上接见了百万"红卫兵"和大中学校师生，并亲自佩戴了"红卫兵"成员献上的"红卫兵"袖章，公开表达了对"红卫兵"运动的支持。林彪则在会上

① 何东昌主编:《中华人民共和国重要教育文献》(1949~1975)，海口：海南出版社，1998年版，第1406~1408页。

的讲话中表示，坚决支持"红卫兵"敢闯、敢干、敢革命、敢造反的无产阶级革命精神，煽动要打倒走资本主义道路的当权派，打倒资产阶级反动权威，打倒一切资产阶级保皇派，打倒一切牛鬼蛇神，要扫除一切害人虫，搬掉一切绊脚石。

在毛泽东亲自接见"红卫兵"，对"红卫兵"运动表示支持和倡导后，在大中学校里建立"红卫兵"等造反派组织成为一股潮流。这时，"红卫兵"的组织构成也迅速发生变化，由以学生中的干部子弟为主体转变为一般的学生造反派组织。此后，"红卫兵"运动立即蔓延到全国。

"红卫兵"运动的兴起，反映了当时青少年学生中蕴藏的巨大革命热情。但是，由于当时指导思想的错误，"红卫兵"组织没有也不可能起到积极的作用。"红卫兵"以批判所谓资产阶级教育路线为自己的宗旨，但是，他们却并不懂得什么是资产阶级教育路线。同时，年轻人的政治热情又使他们不甘于将自己的行动局限于教育领域。凭着年轻人的冲动，他们试图以自己的行动直接改变整个社会的面貌。

"红卫兵"运动出现后，他们首先在学校贴出成千上万张大字报，对所谓的资产阶级知识分子统治学校的现象进行批判，把大批党政干部打成"黑帮"、"反党反社会主义反毛泽东思想分子"、"走资本主义道路的当权派"，把大批教师特别是学术和教学上有成就的老教师、老专家打成"反动学术权威"、"牛鬼蛇神"，把大批普通教职工和学生打成"资产阶级保皇派"。另外，"红卫兵"又声势浩大地冲出学校、冲向社会。就在8月18日大会后的第三天，即8月20日，北京的一些"红卫兵"就开始走上街头"破四旧"。他们张贴标语、大字报，散发传单，集会讲演，发布种种"横扫四旧"的"通令"。他们还将原有的地名、路名、店名、校名改为所谓具有革命意义的新名称。例如，把长安街改为"东方红大街"，把自己的学校改为"井冈山战校"之类的名称。有的"红卫兵"带着剪刀等工具，在大街上设卡，干预群众的衣着和发型。

1966年8月23日，《人民日报》发表社论《好得很》，公开支持"红卫兵"的"破四旧"行动。此后，各地的"红卫兵"立即效法，把"横扫四旧"的行动扩展到全国。

在林彪、江青、陈伯达等人的支持下，一些"红卫兵"还到山东曲阜“讨孔”，砸毁国务院为孔府、孔庙、孔林所立的“全国重点文物保护单位”的石碑，捣古庙，刨古坟，毁古迹，砸古碑，烧古书，共破坏各种文物6 618件，造成极为严重的损失。

据统计，北京市1958年第一次文物普查中保存下来的6 843处文物古迹中，竟有4 922处被毁坏，其中大多数毁于1966年八九月间。①

与此同时，几乎所有的历史文化名城也都受到巨大冲击。“红卫兵”的“破四旧”行动所造成的损失难以估量。在杭州，当“红卫兵”冲击灵隐寺时，浙江省委组织了浙江大学的几千名大学生前往守卫，省军区在寺内架设了军用电话，以便与周恩来办公室直接取得联系。直到周恩来发来“灵隐寺暂加封存”的电报，才使灵隐寺幸免于难②。

更有甚者，在当时的公安部长谢富治的公开支持下，“红卫兵”在全国范围内掀起了抄家浪潮。各地都有一些“红卫兵”擅自到“黑帮分子”及“地、富、反、坏、右分子”的家中抄查“四旧”，图书、古玩、字画以及存折、金银首饰、珠宝等财物都在查抄之列。

据统计，1966年八九月间，北京市被遣返原籍的“牛鬼蛇神”达85 198人，有33 695户被抄家，有1000多人被打死。

一些“红卫兵”还把矛头对准民主人士和民主党派，各民主党派在北京的中央委员、候补中央委员中约有100人先后被“红卫兵”批斗或抄家，占总数的36.5%。从8月25日起，各民主党派机关停止办公，贴出内容大致相同的《通告》：坚决接受红卫兵的意见，自即日起停止办公。③

在抄家浪潮中，年近八旬的金石书法家沈尹默的家多次被抄，他60年来收集珍藏的古帖、古书和自己所写的诗词、字画，全部被运走烧毁。著名画家刘海粟被抄家24次，家中一无所剩。

“红卫兵”在搜查、抄家过程中也搜出了一些收藏多年的反动证件、国民党军服等物品以及隐匿的枪支弹药等。北京的“红卫兵”将这些物品以及抄查的私人收藏的金银财物举办了一个“红卫兵革命造反成果展

①③ 陈东林、杜蒲主编：《共和国史记》（第3卷），长春：吉林人民出版社，1994年版，第125页。

② 陈东林、杜蒲主编：《共和国史记》（第3卷），长春：吉林人民出版社，1994年版，第129页。

览会”。但是，这并不能证明抄家行动是正义性的。相反，“红卫兵”的这些做法严重违反和破坏了国家的法制，助长了无政府主义的蔓延，也极大地伤害了相当多的知识分子、民主人士和无辜群众，甚至导致著名文学家老舍、著名翻译家傅雷等爱国知名人士被迫害致死。

在“红卫兵”运动迅速扩展，“破四旧”活动和抄家浪潮中屡屡出现严重破坏国家法制和党的政策的现象时，周恩来等老一辈无产阶级革命家忧心如焚。周恩来在极其困难的情况下想方设法对“红卫兵”进行教育和引导。根据他的提议，北京市新市委决定成立首都红卫兵联络总站，对“红卫兵”的过激和违法行为进行说服和劝阻。

1966年8月29日夜，年已86岁的著名人士章士钊被抄家并在家中被斗。周恩来得知消息后，不仅立即布置了对章士钊的安全保障措施，而且借毛泽东对章士钊的安全问题做批示之机，亲自拟定了一份应受保护的民主党派人士及干部名单。名单包括了宋庆龄、郭沫若、章士钊、程潜、何香凝、傅作义、张治中、邵力子、蒋光鼐、沙千里、张奚若、李宗仁等，并且列出以下受保护的范围，包括副委员长、人大常委、副主席；部长、副部长；政副（政协副主席）；国副（国务院副总理）；各民主党派负责人；两高（最高人民法院院长、最高人民检察院检察长）等。他还经常亲自出面对“红卫兵”进行教育，保护了一大批知名人士、著名学者和党的高级干部。

随着“文化大革命”运动的发展，特别是随着斗争的锋芒逐渐由文教界、社会基层的“牛鬼蛇神”转向党和政府的各级领导干部后，北京一些最初组织起来的以干部子弟为主的“红卫兵”联合发起成立了“首都红卫兵联合行动委员会”（简称“联动”），试图对抗这一趋势，并对实际上指挥了“文化大革命”进程的中央文革小组表示了怀疑。但是，“联动”组织很快就被打成反动组织而遭到取缔。

在“红卫兵”运动的带动下，小学也兴起了“红小兵”组织，取代了少先队组织。

1967年，北京香厂路小学取缔了少先队而建立了“红小兵”组织。同年12月22日，中共中央、中央文革发出《关于批转北京香厂路小学建立红小兵组织的通知》。《通知》指出，“原来的少先队基本上是一个少年儿童全民性的组织，它抹杀了阶级和阶级斗争，根本不突出毛泽东思想，实际上已经失去了先锋战斗作用”。《通知》提出，要建立一支具有“革命性”、“战斗性”的“无限忠于毛主席、无限忠于毛泽东思想、无限忠于毛主席革命路线”的“红小兵团”。[①] 从此，少先队组织的活动被迫中断，而由“红小兵”组织取代。由于“红小兵团”的建立和推广，全国特别是城市的小学生也从组织上被卷入“文化大革命”运动中。

在此期间，不仅学生中的各种“红卫兵”、“红小兵”组织不断涌现，而且教师和机关干部中也出现了名目繁多的群众性组织。这些组织又通过组织跨校、跨区县的活动，逐渐形成省、市一级的造反派组织。与此同时，由于观点不同和利益的争夺，特别是由于当时控制了部分权力的造反派组织头头的权欲和无政府主义恶性膨胀，许多学校里以至地区教育系统内出现了互相对立的派性组织，开始进行争权夺势的斗争。

三、“大串连”运动

在“红卫兵”运动兴起的同时，还兴起了一场以各级各类在校师生为主体的“大串连”运动。

1966年6月初，在聂元梓等人的大字报公开发表后，就有成千上万的人到北京大学观看大字报，对聂元梓等人表示声援。这是“大串连”的前声。在宣传媒体的鼓动下，各地一些学生开始进行造反。而各地区和学校的领导者以及相当一部分群众反对这种造反行动，于是造成了一些冲突事件。而所谓的受迫害的造反者不服气，他们或投书党中央，或直接进京告状。这就开启了自发进京串连的先河。毛泽东在自发串连开始后立即表示了支持。他认为，各地学生要去北京，应该赞成，应该免费。

1966年8月18日，毛泽东在天安门广场接见“红卫兵”后，有组织的“大串连”就展开了。

1966年9月，中共中央发出通知，要求组织外地大中学校的革命师生和教职工代表到北京参观“文化大革命”运动，并且规定，“来京参观一律免费乘坐火车”，“生活补助费和交通费用由国家财政中开支”，

---

① 何东昌主编：《中华人民共和国重要教育文献》（1949～1975），海口：海南出版社，1998年版，第1421页。

从而使“大串连”得到进一步的鼓励和支持。

毛泽东在首次接见“红卫兵”后，又先后于8月31日、9月15日、10月1日、10月18日、11月3日、11月10日、11月26日接见来北京串连的“红卫兵”和师生代表，8次共接见了1100余万人。由此，“大串连”在全国形成高潮。

在赴京“大串连”的同时，北京大中学校的一些“红卫兵”则在中央文革小组的鼓动和支持下，纷纷到各地“点火”。他们北上、南下、西进、东征，在各地建立“联络站”，煽动当地学生和群众冲击党政机关，揪斗干部，揭开“阶级斗争盖子”。在此带动下，各地“红卫兵”组织也纷纷仿效。

例如，湖南省一些高等学校的“红卫兵”组织在北京、上海、广州等地和本省的各地区设立联络站，其任务除参与当地的各种揪斗活动外，更重要的是向长沙传递中央文革的“指示”和各地“文化大革命”的各种信息，组织省内和跨省联合行动。由此，“大串连”又把“红卫兵”运动推向新的高潮。

“大串连”的持续进行，使各地党政机关、学校和相当一些企事业单位瘫痪，铁路运输全面紧张，工农业生产受到严重冲击。为此，自10月29日起，中共中央、国务院多次发出关于停止“大串连”的通知，但是，收效甚微。特别是大量外地师生滞留北京，迫使中央又连续组织了三次大规模接见“红卫兵”和“革命师生”的活动。

1966年12月9日，中共中央在《关于抓革命、促生产的十条规定(草案)》中又提出，“学生可以有计划地到厂矿……进行革命串连”。《人民日报》和《红旗》杂志在1967年元旦社论中还要求“师生到工厂去，到农村去”。于是，又有大批师生纷纷到工厂、农村进行串连，介入那里的“文化大革命”运动。但是，城市间的“大串连”仍未结束，只是数量有所减少。这时，一些串连的学生加入到当地由于夺权和反夺权而引起的武斗中去，有的还在武斗中丧生。直到1967年九十月，也就是“大串连”兴起一年多以后，“大串连”才逐渐停止。

四、教育领域的全面夺权

1967年1月6日，在张春桥、姚文元的策划下，以上海国棉17厂保卫干事王洪文为头头的“上海工人革命造反总司令部”等造反派组织联合在上海市人民广场召开“高举毛泽东思想伟大红旗，彻底打倒陈丕显、曹荻秋为首的上海市委”大会，批斗了陈丕显、曹荻秋及全市数百名局级以上干部，并夺取了上海市委、市政府的权。这一行动得到了毛泽东的肯定和支持。1月11日，《中共中央、国务院、中央军委、中央文革小组给上海市各革命造反团体的贺电》公开表示支持造反派的夺权行动，还号召学习上海市革命造反派的经验，一致行动起来，打退资产阶级反动路线的新反扑。

1967年1月22日，《人民日报》发表题为《无产阶级革命派大联合，夺走资本主义道路当权派的权》的社论。社论认为，夺权是当年展开全国全面阶级斗争的一个伟大开端，是国际共产主义运动中极其伟大的创举；号召发动亿万群众自己起来解放自己，向党内一小撮走资本主义道路的当权派夺权。

于是，在全国范围内掀起了一场由造反派组织夺取中央各部门、各级党委和政府领导权的狂暴行动。这一行动当时被称为“一月革命风暴”。

在“一月革命风暴”的影响下，已经走向社会的“红卫兵”纷纷返回学校参与夺权，造成教育领域内造反派组织竞相夺权的高潮。

例如，1967年1月10日，上海市教育局机关的造反派组织“东方红公社”在连续发出几个所谓《通令》后，夺取了市教育局的党、政、财、文大权。1月13日，他们宣布正式接管上海市教育局，随即又召开了所谓砸烂旧教育局大会，把孙兰等30多位局、处级干部揪到台上进行批斗，并宣布取消局、处、科等组织系统。以后，“东方红公社”所属的各个战斗队也先后召开会议，夺了局机关各处室和党支部的权。各处室党支部委员以上干部，除个别人外，均受到批判。

在湖南省，1967年1月15日，湖南农学院的“红卫兵”组织听了中央人民广播电台的广播后，立即组成了“湖南农学院革命造反联合指挥部”，当晚收缴了学院各主要办公室的公章，查封了部分办公室，砸毁了对立派的办公室，宣布夺取了学院的领导权。长沙一所高等学校的“红卫兵”组织到省政府夺权，把省政府保存印鉴的保险柜也抬走了。

1967年1月19日，北京大学聂元梓、北京师范大学谭厚兰等造反派头头带领一些学生到教育部夺权，抢走教育部印章，占据办公室，劫走一大批公文案卷。后来，周恩来亲自出面制止，造反派组织才撤离。

在全国性的夺权过程中，教育系统的绝大多数党政领导干部都受到了不同程度的批判斗争，并被夺了权。

在夺权后，夺权者与支持原党政领导的群众之间、一派夺权者与另一派夺权者之间又展开了激烈的斗争，并逐渐形成相互对立的群众组织。

在北京，出现了所谓的“五大领袖”（即北京大学的聂元梓、清华大学的蒯大富、北京师范大学的谭厚兰、北京航空学院的韩爱晶、北京地质学院的王大宾），他们分别领导着“新北大公社”、“井冈山兵团”、“井冈山公社”、“红旗战斗队”、“东方红公社”等五大造反组织。各地的学校也涌现了形形色色的“红卫兵”和造反派组织以及在这些组织基础上的联合体。

林彪、江青两个反革命集团之间既明争暗斗，又相互勾结，都以各种方式操纵和利用造反派组织，这也加剧了造反派组织之间的争斗。此后，整个教育战线进一步陷入混乱之中。

五、教育领域武斗局面不断升级

全面夺权浪潮进一步引发了“打倒一切”的无政府主义狂潮。继之而来的反复的夺权行动则导致武斗行为不断升级。全国各地各部门，包括各地教育行政部门和学校都陷入混乱之中。

毛泽东虽然支持“天下大乱”，认为只有通过“天下大乱”才能达到“天下大治”，但这时他也不能不对此加以控制了。毛泽东指出，无产阶级革命派要大联合。在革命委员会里，要实现革命群众组织负责人、人民解放军当地驻军代表和革命领导干部“三结合”。为了实现“大联合”、“三结合”，各造反派组织要正确对待干部，反对“怀疑一切、打倒一切”的无政府主义思潮。

同时，根据毛泽东的指示，1967 年 1 月 28 日，中央军委发出《八条命令》。《命令》要求中国人民解放军支持真正的无产阶级革命派。至此，军队正式介入地方的“文化大革命”。

为了结束教育领域的混乱状况，中共中央先后于 1967 年 2 月 4 日、

19日发出关于小学和中学文化大革命的通知，要求中小学立即"复课闹革命"；并于3月7日发出《关于大专院校当前无产阶级文化大革命的规定（草案）》，要求外出串连的师生限期返校，在校内进行斗、批、改。①

根据毛泽东的指示和中央的要求，为了扭转教育领域已经失控的局面，一些已经成立了"革命委员会"的地方纷纷召开大中学校"复课闹革命"的誓师大会。中共中央还转发了毛泽东于1967年3月7日对天津的一份材料——《延安中学以教学班为基础实现全校大联合和整顿巩固发展红卫兵的体会》的批示。批示中提出，军队应分期分批对大学、中学和小学高年级实行军训，并且参与关于开学、整顿组织、建立"三结合"领导机关和实行斗、批、改的工作；还要说服学生，实行马克思所说的只有解放全人类才能最后解放无产阶级自己的教导，在军训时不要排斥犯错误的教师和干部；除老年和生病的以外，要让这些人参加，以利改造。②

毛泽东的以上指示发表后，中共中央、国务院、中央军委、中央文革小组又于1967年九十月间先后发出《关于在外地串连学生和在京上访人员立即返回原单位的紧急通知》、《关于大、中、小学校复课闹革命的通知》等文件，反复强调，串连的学生要无条件地返回学校，各地大、中、小学校一律立即开学。《人民日报》也先后发表了《大、中、小学都要立即复课闹革命》、《再论大、中、小学都要复课闹革命》等社论。

但是，由于林彪、江青两个反革命集团继续煽动学生制造事端，结果，学生中的少数狂热分子热衷于到社会上夺权、武斗；学校内的造反派组织之间争权夺势、武斗不断；相当多的师生对"文化大革命"产生怀疑和对无休止的派性斗争感到厌倦，采取消极态度，或离校回家或在校内当"逍遥派"。虽然中央三令五申要复课闹革命，但是在高校和相当一部分中小学校中实际上基本没有实现复课。就是宣布复课的学校，

---

① 何东昌主编：《中华人民共和国重要教育文献》（1949～1975），海口：海南出版社，1998年版，第1412～1414页。

② 何东昌主编：《中华人民共和国重要教育文献》（1949～1975），海口：海南出版社，1998年版，第1415页。

也只是在一段时间内返校人数多一些，而基本上没有进行教学活动。相反，在一些高校和中学里，武斗不断的局面始终没有改变。

不仅如此，由于林彪、江青两个反革命集团的煽动，进一步把青少年学生的行动引入极端。

例如，他们煽动和组织了全国上千个造反派组织（其中相当一部分是“红卫兵”组织），长时间围攻中南海，搞什么“揪刘火线”，冲击党和国家的最高领导机构。他们提出所谓“文攻武卫”的口号，公然煽动在两派群众组织间展开武斗，导致派别组织之间的武斗逐步升级。他们提出“砸烂公检法”、“揪军内一小撮”等口号，煽动青少年和其他造反派组织冲击和捣毁公安、司法、检察等部门，冲击解放军各级军事机关，抢劫枪支弹药等。这样一来，不仅进一步破坏了国家的法制，危害了国家的安全，而且使大量武器散落民间，直接促使一些组织间的武斗升级为枪战、爆破战。有一些大中学生就在“保卫战”、“攻坚战”中丧失了生命。

其中特别突出的是，1968 年三四月间，北京大学连续发生了“校文革”与“井冈山兵团”之间的两次大规模武斗。他们逐楼争夺，造成双方 300 余人受伤，有的无辜学生被长矛刺死，大量的公私财物被损毁。从 1968 年 5 月起，清华大学出现“井冈山兵团”与从“井冈山兵团”中分裂出来的“四一四”派之间爆发的“清华百日大战”的大规模武斗。在武斗中，双方都动用了手枪、步枪、自动武器等。有一方甚至自行将一辆卡车改装成土坦克，而对方则自制反坦克炮。这次武斗使数名学生死亡，伤残者更多。校内一些建筑物严重受损，大批公私财物被毁。

在武斗中，一些大中学校的教学楼、实验楼、图书馆、宿舍楼被砸、被烧，大量仪器设备、图书资料被毁，损失惨重。此外，由于闹派性、搞武斗造成的师生思想感情上的创伤，更是长时间内难以愈合。

“停课闹革命”的持续使广大学生特别是中小学生逐渐感到厌倦。但是他们又无学可上，只好或流连于街头，或闯荡于外地，不仅自身发展受到严重影响，而且给社会造成严重混乱。同时，这也使大批达到学龄的儿童无学可上。以北京为例，到 1967 年 12 月，已累积有七八周岁儿童 46 万人不能进入小学，小学应届毕业生 32 万人不能升入初中。

第四节　教育领域开展“斗、批、改”

“文化大革命”进行两年多后，在全国大形势的影响下，教育领域的混乱局面始终没有改变，不仅没有进行“文化大革命”初期《十六条》中提出的“斗、批、改”，相反，相当多的高校和中学却深深陷入武斗之中。在这种形势下，毛泽东决定向部分大中学校派出“工人、解放军毛泽东思想宣传队”，制止武斗，稳定基本秩序，领导学校进行“斗、批、改”。

一、向部分大、中学校派出“工人、解放军毛泽东思想宣传队”

1968 年 7 月，面对一些高等学校武斗逐步升级的局面，毛泽东决定采取断然措施。他指示，立即组织工人毛泽东思想宣传队（后简称工宣队），在解放军战士的配合下，于 1968 年 7 月 27 日开进当时正在激烈武斗的清华大学，制止武斗，促进“大联合”。

工宣队开进清华大学时，遭到以蒯大富为首的“井冈山兵团”的激烈抵抗。一些人手持长矛、枪支、手榴弹向工宣队袭击，并开枪打死工宣队员 5 人，打伤 731 人。鉴于这一情况，7 月 28 日凌晨，毛泽东又亲自召见当时北京高等学校造反派组织头头，即“五大领袖”聂元梓、蒯大富、韩爱晶、谭厚兰、王大宾。毛泽东批评他们说：“文化大革命”搞了两年多了，你们现在一不斗、二不批、三不改。斗是斗，是在搞武斗。谁如果继续打解放军、破坏交通、杀人、放火，就要犯罪，如果不听劝阻，坚持不改，就是土匪、就是国民党，就要包围起来，还继续顽抗，就要实行歼灭。①

与此同时，1968 年 7 月 27 日，中共中央、国务院、中央军委、中央文革小组发出通知：中央决定对教育部实行军事管制，成立军事管制小组。

1968 年 8 月 25 日，中共中央、国务院、中央军委、中央文革发出

① 陈东林、杜蒲主编：《共和国史记》（第 3 卷），长春：吉林人民出版社，1994 年版，第 379 页。

《关于派工人宣传队进学校的通知》。《通知》提出，各地要仿照北京的办法，把大中城市的大、中、小学校逐步管起来。以优秀的产业工人为主体，配合人民解放军战士，组成毛泽东思想宣传队，分批分期，进入各学校坚决制止武斗，推动教育革命。① 各地革命委员会也分别发出关于工人宣传队进驻学校的通知。此后，高等学校和部分中等专业学校、城镇中小学校都进驻了工人、解放军宣传队。在农村中小学，则建立起贫下中农管理学校的形式和制度。

至1968年11月5日，先后有1100名产业工人和8400名解放军指战员开进北京市城区和近郊区的400所中学和1048所小学。在北京农村地区，则按照《关于派工人宣传队进学校的通知》精神，要求学校“一切重大工作，都必须在社、队革委会统一领导下，由贫下中农充分讨论决定”②。工人、解放军宣传队进驻学校（农村中小学为贫下中农代表进驻学校）后，基本上结束了学校内武斗不断的局面。

工宣队进驻学校，在制止校内武斗、稳定校内秩序方面起了重要作用。这时，“复课闹革命”才开始有了最基本的条件。但是，这并不能证明派工宣队进驻学校是正确的。

事实证明，首先，学校出现武斗不断的局面完全是“文化大革命”造成的，是非常不正常的。其次，让工宣队进驻学校，领导学校的“斗、批、改”，在理论上也是十分错误的。因为工宣队的领导不能与工人阶级的领导划等号，而且，让一般的产业工人去领导知识密集的学校也是违反教育规律的。第三，这一举措本身是不信任知识分子的产物，使轻视知识和知识分子、轻视教育的“左”倾思想进一步发展。工宣队进校后，以监督、改造知识分子为己任，随意批判知识分子，严重挫伤了知识分子的自尊心和积极性。江青反革命集团中的姚文元在《工人阶级必须领导一切》一文中毫不掩饰地说，让工人、解放军开进学校去，就是为了打破知识分子的一统天下，占领那些大大小小的“独立王国”。

---

① 何东昌主编：《中华人民共和国重要教育文献》（1949～1975），海口：海南出版社，1998年版，第1428页。

② 陶西平主编：《北京市普通教育年鉴》（1949～1991），北京：北京出版社，1992年版，第16页。

二、"斗、批、改"内涵的变化

工人、解放军宣传队（在农村中小学为贫下中农代表）进驻学校后，学校内的武斗基本上被制止，学校中的"斗、批、改"运动得以开展。但是，这时"斗、批、改"的内容，与"文化大革命"初期中共八届十一中全会所规定的"斗、批、改"的内容已有了很大的不同。

1968年9月，经过一年多的所谓夺权斗争，我国大陆上的29个省、市、自治区先后都成立了革命委员会，实现了"全国山河一片红"。此时，毛泽东再次提出要"认真搞好斗、批、改"。9月7日，《人民日报》、《解放军报》联合发表社论《无产阶级文化大革命的全面胜利万岁——热烈欢呼全国（除台湾省外）各省、市、自治区革命委员会全部成立》。社论宣布：全国的"文化大革命"已经进入到"斗、批、改"的阶段。同时，社论公布了毛泽东关于"斗、批、改"问题的最新指示，进一步明确了"斗、批、改"大体经历的几个阶段，即"建立三结合的革命委员会，大批判，清理阶级队伍，整党，精简机构，改革不合理的规章制度，下放科室人员"。①

"斗、批、改"内容的变化，反映出毛泽东力图从"天下大乱"达到"天下大治"的主观愿望。为了推进"斗、批、改"的进行，毛泽东亲自抓"点"的试验。他的"点"就是当时的"六厂二校"，即北京针织总厂、北京新华印刷总厂、北京化工三厂、南口机车车辆机械厂、北郊木材厂、北京二七机车车辆厂、北京大学、清华大学。毛泽东很重视"六厂二校"的经验，试图通过不断转发"六厂二校"的经验，对全国的"斗、批、改"进行指导。

三、"斗、批、改"的开展及其对教育事业的破坏

学校里的"斗、批、改"大体上是在1969年4月召开的中国共产党第九次全国代表大会后，根据毛泽东关于"斗、批、改"的新的指示精神和"六厂二校"的经验进行的。其主要过程是：在工人、解放军宣传队的领导下，各级学校相继建立起"三结合的革命委员会"，开展"革命大批判"，进行"清理阶级队伍"、"整党"，并把教育行政部门和高等学校的干部教师下放到"五七"干校劳动，接受贫下中农的"再

① 《人民日报》1968年9月7日。

教育”。

1．“建立三结合的革命委员会”

各高等学校大体上是在1968年下半年至1969年，在驻校工宣队、军宣队的领导下，相继建立起革命委员会的。在高等学校的革命委员会中，工宣队、军宣队成员占了多数。

例如，清华大学的革命委员会和党委会的常委共17人，其中，工宣队、军宣队成员13人，占76.5%。这种领导班子的组成使在极左思想指导下进行的“教育革命”得以推行。当时，清华大学作为“六厂二校”之一，其领导班子的构成模式具有很大的导向作用，对其他高等学校产生了重要影响。

城市中小学校，也在工宣队的领导下，先后建立了以工宣队为主，有学校干部、教师和学生代表参加的三结合的革命委员会。在农村，贫下中农管理学校后，成立了以贫下中农为主，有师生代表参加的贫下中农管理学校委员会或教育革命委员会，统管本公社、大队范围内的中小学校。

2．“革命大批判”

在这时进行的“革命大批判”中，高等学校根据当时中央文革小组的部署，着重批判了“黑六论”，即“阶级斗争熄灭论”、“驯服工具论”、“群众落后论”、“入党做官论”、“公私溶化论”、“党内和平论”；同时，还集中批判了所谓以刘少奇为代表的“反革命修正主义教育路线”。

对“修正主义教育路线”进行批判的调子，早在“文化大革命”发动后不久就由江青等人定下来了。1967年3月27日，时任中央文革小组组长的陈伯达在与北京大学师生代表座谈时就说过，我们的教育制度是从清朝末年演变来的，后来又接受苏修一套东西，教育制度、教学内容、教学方法基本上是资本主义的，我们一定要大破大立。

同年4月12日，时任中央文革小组副组长的江青，在中央军委扩大会议上发表题为《为人民立新功》的讲话。她在讲话中说，要看到文教战线的重要性。对这个问题，我们过去认识不足。那些有问题的、能力不怎么强的干部，都被放到文教战线上去，还有我们包下来的几百万资产阶级知识分子。这样，资产阶级的、封建主义的东西就大量地泛滥。十七年来在教育方面，培养出一些完全脱离工农兵、脱离无产阶级政治和脱离生产的知识分子，比过去还多了。会后，江青的这个讲话被作为中央文件印发全国。

在“革命大批判”兴起后，《人民日报》等报刊又陆续发表了一些引导性文章。

1969年3月29日《人民日报》发表了复旦大学工人、解放军宣传队的题为《我们主张彻底革命》的文章。文章把“文化大革命”前的高等学校统统称之为“旧大学”，提出要彻底批判旧综合大学那一套学制、体制、课程、教材、教学方针和方法，要培养“普通劳动者”，要废除“高考和统一分配制度”等等。

1970年1月，《红旗》杂志第一期上发表上海市革命大批判小组的题为《文科大学一定要搞革命大批判》一文。文章认为，革命大批判既是社会主义文科大学的基本任务，又是当前改造旧大学的迫切的战斗任务。不仅应该批判社会上的资产阶级，还应该把批判深入到文科各个学科领域内的反动的资产阶级思想体系。只有这样，旧的文科大学才能在批判中获得新生。

在全面批判“刘少奇修正主义教育路线”和否定“文化大革命”前教育工作的氛围下，“革命大批判”在高等学校以各种方式展开。

例如，山西省的高等学校于1968年10月下旬开始，先后开展了以“三忆三比三查”为中心的“诉苦运动”，组织师生吃忆苦饭、唱忆苦歌，把学校内外的阶级斗争无限扩大化。在此基础上，进一步发动师生批判刘少奇的“黑六论”及“修正主义教育路线”。在批判中，把“文化大革命”前的教育制度、课程设置、教材内容、教学方法、考试方法，统统说成是地主、资产阶级旧教育和修正主义教育的一套破烂货；把要求学校提高教育质量、学生认真钻研业务、希望成为红色专家，说成是“智育第一”、“业务挂帅”、“白专道路”，培养资产阶级接班人；把党总支在学校系一级教学组织中的“监督、保证”作用说成是取消党的领导，坚持“专家治校”，让资产阶级知识分子和“牛鬼蛇神”实行资产阶级专政。同时，把学校的大多数领导干部和专家、教授说成是刘少奇安插在学校的资产阶级“代理人”、“黑干将”和国民党的“残渣余孽”，反复召开批斗大会，对他们进行人身摧残。

一些高等学校在工宣队、军宣队的领导下，还在群众性批判的基础上建立起专门的“大批判小组”，连篇累牍地在报刊上发表颠倒是非的批判文章。

在中小学，工宣队进驻学校后实现了以教学班为基础的全校大联合，有了相对稳定地开展“革命大批判”的环境。各学校按照《人民日报》等报刊发表的《打倒修正主义教育路线的总后台》等文章的调子先后开展了“革命大批判”。这时，“革命大批判”的基调是：“文化大革命”前我国存在着一条反革命修正主义教育路线，它的总后台是刘少奇；刘少奇为了把教育作为他实现篡党夺权阴谋的工具，纠集了一小撮反革命修正主义分子，一直盘踞在教育界，疯狂地抗拒毛主席的无产阶级教育路线，推行一条反革命修正主义教育路线。现在到了彻底清算这条反革命修正主义教育路线的时候了。以这种基调开展批判，直接导致全盘否定解放后十七年的教育工作，全盘否定教育界知识分子的作用，完全抹煞了教育界广大干部教师为发展国家教育事业所作出的贡献。

在“革命大批判”中，各地还普遍针对学校的知识分子这一群体，提出不仅要批判“教育领域的修正主义路线”，而且还要进行自我批判，搞所谓的“斗私批修”、“灵魂深处爆发革命”。当时要求每个师生都要接受“无产阶级专政下继续革命理论”的教育，参加以“斗私批修”为纲的“毛泽东思想学习班”，进行世界观的改造。每个人都要把自己的思想同资产阶级、修正主义的思想联系起来，进行批判、亮相。问题较多的人则要接受群众的轮番批判和“帮助”。

当时在教育领域进行的“大批判”，其指导思想是错误的，其批判的方法是武断、粗暴的，批判时只扣帽子，不去进行说理，甚至有意对一些基本事实进行颠倒黑白的描述。这种“大批判”把许多正确的东西给批判掉了，造成教育领域中思想禁锢、万马齐喑的局面。它根本不可能澄清任何政治上以及教育思想上的是非。

3.“清理阶级队伍”

“清理阶级队伍”的主要内容是“整顿和清理教师队伍，把教职员工中坚持反动立场而又不接受改造的地、富 、反、坏、右分子清除出去”。当时，“六厂二校”清理阶级队伍的“经验”也成为教育领域进行“清理阶级队伍”的依据。

在“文化大革命”中极左思想的影响下，所进行的“清理阶级队伍”严重混淆了敌我矛盾和人民内部矛盾这两类矛盾，或捕风捉影，或无限上纲，或将党组织早已作出的结论推翻，甚至采用“逼、供、信”的办法，从教职工队伍中清理出大批“阶级敌人”。一些学校在“清理阶级队伍”的过程中还组织了“劳改队”，并对“劳改”人员中的“重点对象”进行非法关押，隔离审查。

据山西省山西大学、太原工学院等 7 所高等学校统计，当时，这 7 所高等学校共有教职工5 250人。在“清理阶级队伍”中被立案审查和揪斗的达 794 人，占教职工总数的15.1%。其中定为敌我矛盾的为 196 人，占教职工总数的3.73%。

华东师范大学在“清理阶级队伍”期间，仅关押审查对象的“牛棚”就设立了 25 个；被设立专案审查的教职工达到 402 人，占教职工总数的20%。被立案审查的多是有讲师以上职称的知识分子。其中，被定为敌我矛盾的有 40 多人；被扣发工资的审查对象有 330 多人，他们中有的每月只发给 20 元生活费；被非法抄家和冻结存款的有 335 人。①

据上海市统计，该市中小学教师在“清理阶级队伍”等运动中被审查、受迫害的有18 972人，占教师总数的21.7%②。据陕西省统计，1969 年，陕西省高校教师中被“立案审查”的有 3838 人，占当时全省高校教师总数的53.6%。③

清华大学在“文化大革命”中被立案审查的教职工有1 228人，占到当时全校教职工总数的20%以上。④“清理阶级队伍”期间所揪出的“坏人”，绝大多数属“冤、假、错”案。有些知识分子甚至是高级知识分子在这种滥施“群众专政”的“清理阶级队伍”中被迫害致死。

1968 年 7 月 10 日，周恩来看到北京市公安局军管会关于中国人民大学何思敬教授死亡情况的报告后愤怒地作出批示，严厉“批评那种撇

---

① 袁运开、王铁仙主编：《华东师范大学校史》（1951～2001），上海：华东师范大学出版社，2001 年版，第 103 页。

② 吕型伟主编：《上海普通教育史》（1949～1989），上海：上海教育出版社，1994 年版，第 370 页。

③ 中国教育年鉴编辑部编：《中国教育年鉴》（地方教育，1949～1984），长沙：湖南教育出版社，1986 年版，第 1176 页。

④ 郝维谦、龙正中主编：《高等教育史》，海口：海南出版社，2000 年版，第 277 页。

开国法和专政机关，由群众组织来‘私捕私讯，打人致死，专政机关置之不问’的所谓‘群众专政’的做法‘绝非良策’”。这是老一辈无产阶级革命家对错误路线发出的抗议之声。

这种“清理阶级队伍”严重破坏了党的知识分子政策，混淆了敌我矛盾和人民内部矛盾两类不同性质的矛盾，造成了极其恶劣的后果。

4．“整党”和“吐故纳新”

在教育领域进行整党，强调的是斗争和批判。每个党员都要在工宣队和党内外群众的监督下，联系自己的思想，批判“黑六论”和“刘少奇修正主义教育路线”，“狠斗自己灵魂深处的非无产阶级思想”。在这种联系自己思想批判“黑六论”和“修正主义教育路线”的整党中，许多党员往往多次不能过关。

在清华大学，要求所有的党员都要接受“火线”整党。所谓“火线”，就是批判刘少奇“反革命修正主义”的火线，就是跟自己的剥削阶级家庭的影响彻底决裂的火线，就是狠斗自己灵魂深处的非无产阶级思想的火线。每一个党员都要在这样的“火线”上，在工宣队和党内外群众的监督下，剖析自己的要害问题。一个被称为“万字号”（即所谓从一万名学生中挑出来的业务尖子）的党员教师，在整党中要求他联系自己批判刘少奇和蒋南翔妄图通过搞所谓“业务党”来实现资本主义复辟的罪行，并威逼他自己承认，“我过去哪是什么‘万字号’？是彻头彻尾的‘修字号’”。

北京大学生物系的一名党员教师，平时努力钻研业务，却被工宣队认为是在“业务党”的毒害下一心想要成名成家。为此，他在大会小会上挂下联地检查了五次，工宣队找他谈话八次，仍没有过关。最后，他被迫违心地承认自己存在“有本事可以出人头地”的资产阶级个人主义思想，这才得以过关。

在整党结束时，有大批好党员不能恢复组织生活，甚至被开除出党。例如，到1968年9月底北京大学整党基本结束时，占党员总数13.8%的453名党员不能恢复组织生活。到1969年9月，武汉大学整党基本结束时，尚有25%的党员不能恢复组织生活。在整党过程中被错误开除出党或无端不准恢复组织生活的党员，直到1976年粉碎“四人帮”后才陆续恢复了党的生活。

而在"纳新"的旗号下，学校和教育行政部门中一批有严重问题的帮派分子却"突击入党"，并马上被结合进各级领导班子。

"文化大革命"期间的整党，由于指导方针不正确，带来的问题很多，特别是在整党中又造成了大量新的"冤、假、错"案，而对当时严重发展的个人崇拜、大闹派性、破坏党的纪律等对党造成极大侵蚀和损害的问题却起不到任何整改作用。

5. 走"五七"道路

学校的干部、教师到"五七"干校下放劳动，是当时知识分子接受"再教育"的措施之一。

在"斗、批、改"中，1968年9月，《红旗》杂志刊载了毛泽东为《从上海机械学院两条路线的斗争看理工科大学的教育革命》一文所写的编者按。毛泽东提出：这里提出一个问题，就是对过去大量的高等及中等学校毕业生早已从事工作及现在正从事工作的人们，要注意对他们进行再教育，使他们与工农结合起来。

9月12日，《人民日报》转载《红旗》杂志第三期发表的题为《关于知识分子再教育问题》的评论员文章。文章强调，因为解放前毕业的知识分子接受的是资产阶级的教育，解放后毕业的知识分子接受的是刘少奇修正主义路线的教育，都需要接受改变资产阶级思想的再一次教育。知识分子要由工农兵给他们以"再教育"，使他们彻底改变过去从资产阶级教育中接受的资产阶级思想。

1968年10月5日，《人民日报》发表题为《柳河"五七"干校为机关革命化提供了新的经验》的文章。文章的编者按传达了毛泽东的指示：广大干部下放劳动，这对干部是一种重新学习的极好机会，除老弱病残者外都应这样做。

于是，在这种思想指导下，各地教育行政部门和高校纷纷办起"五七"干校，将机关和学校的大部分干部、教师下放到"五七"干校，参加体力劳动，接受贫下中农"再教育"。1969年10月，林彪借口"加强战备，防止敌人突然袭击"，发布"第一号令"，进行大规模的战备疏散。这一举措又大大加快了举办"五七"干校的进度。

例如，北京大学、清华大学的工宣队、军宣队当时分批把学校的数千名教职工送到江西省鲤鱼洲原劳改农场去劳动。该农场地处血吸虫病重疫区，致使大批教职工染上了血吸虫病，有的甚至因此失去了生命。与此同时，教育部及其所属单位的干部、职工1 258人，在教育部军管小组和驻教育部工宣队的带领下，下放到安徽省凤阳县教育部“五七”干校劳动锻炼。这不仅使大批知识分子政治上寒心，身心受到摧残，而且居无定所，造成大批老知识分子多年的研究成果和收集的资料图书大受损失。

在“斗、批、改”中，部分中小学的干部、教师也被下放到“五七”干校或安排到农村插队。

例如，当时的上海市教育局也在嘉定、奉贤等郊县开办了“五七”干校，市里的中小学除留一部分人员进行日常工作外，大部分干部、教师都被送到干校、工厂或边疆参加劳动。

到1968年时，高等学校里已经滞留了1966年、1967年两届毕业生，1968届毕业生的分配问题也提出来了。1968年4月，中共中央、国务院、中央军委、中央文革转发了黑龙江省革命委员会关于大专院校毕业生分配工作的报告，提出毕业生要按照“面向农村、面向边疆、面向工矿、面向基层”的方针进行工作分配。

同年6月，中共中央、国务院、中央军委、中央文革发出通知，要求打破大专院校毕业生一出校门只能当干部，不能当工人、农民的制度，提出大专院校的毕业生一般都必须先当普通工人、普通农民。为了使毕业生能很好地得到锻炼，决定安排一部分毕业生到解放军农场去。根据这个通知的精神，各地将1966年、1967年、1968年的一部分大学毕业生下放到解放军农场去接受“再教育”。

1970年6月，中共中央发出关于1969年、1970年、1971年大专院校毕业生分配的通知，再次强调要做好毕业生的政治思想工作，使他们服从革命需要，到农村去，到边疆去，到工矿去，到基层去，接受工农兵的“再教育”。根据这些文件的精神，“文化大革命”前入学的大学毕业生基本上都被分配出去。

教育领域的“斗、批、改”是在“文化大革命”极左思想指导下进行的，加之林彪、江青两个反革命集团的利用和破坏，根本不可能恢复正常的教育教学秩序，更不可能进行符合教育规律的教育教学改革。事实上，经过“斗、批、改”，学校已经失去了作为培育人才摇篮的地位，成了“改造”知识分子的场所，并为此付出了惨重的代价。

1971年9月，林彪出逃事件发生，教育领域的“斗、批、改”也随之中断。但在“斗、批、改”中形成的一些“左”的做法，如“走‘五七’道路”、“知识青年上山下乡”等，直到“文化大革命”结束后才被废止。

第十三章 “两个估计”的提出和“教育革命”的展开

中共九大以后，全国“天下大乱”的局面有所好转，教育领域也逐步恢复了基本秩序。这时，鉴于原来的教育部已被撤销，根据周恩来的指示，成立了国务院科教组，主管原教育部和国家科委的工作。著名地质学家李四光担任国务院科教组组长。但是，李四光因病一直未到职，由刘西尧、迟群主持日常工作。国务院科教组于 1970 年 7 月初开始办公。

第一节 “两个估计”和“教育革命”任务的提出

随着教育领域基本秩序开始逐步恢复，“复课闹革命”的问题提到日程上来。

这时，中小学虽然基本上宣布了复课，学生也回到了学校，但仍面临着大量亟待解决的问题。高等学校由于 1966 届至 1970 届毕业生均已离校，仅剩下了教职工和四万余名因各种原因不能毕业的学生还留在校园里，出现了无课可复的情况。

在这种形势下，1971 年召开了全国教育工作会议。会上强行通过的《全国教育工作会议纪要》提出了“两个估计”和开展“教育革命”的任务。

一、1971 年全国教育工作会议的召开

在高等教育整体处于无课可复的状况下，个别学校进行了一些恢复教学的试点工作。

例如，1969 年 3 月以后，清华大学先后招收了 500 多名有实践经验

的工农兵学员，举办了一些试点班。同年9月，复旦大学招收了30名工农兵学员，举办了文科试点班。1970年6月，中共中央批转了北京大学、清华大学招生（试点）的请示报告，当年北京大学、清华大学共招收了4000多名工农兵学员，全国各地有100多所高等学校共招收了41 000多名工农兵学员，① 使中断了四年多的教学活动在一些高等学校中得到恢复。与此同时，其他一些高等学校也开始了"教育革命"的试点。中小学虽然在进行"斗、批、改"时已逐步恢复了教学工作，并进行了"教育革命"，但是积累了大量亟待解决的问题，特别是回避不了在否定原有的教育制度、教学内容和教学方法的状况下如何组织教学的问题。

在这个时期，为了渲染全国出现的"大好形势"，宣传教育领域在"教育革命"上取得的"伟大胜利"，根据张春桥、姚文元、迟群等人的策划，各种报刊上陆续刊登出一批标榜"教育革命"取得胜利的"成果"和"经验"。其中，以《为创办社会主义理工科大学而奋斗》和《上海理工科大学教育革命座谈会纪要》两篇文章尤为重要。

《为创办社会主义理工科大学而奋斗》一文的作者署名为驻清华大学工人、解放军毛泽东思想宣传队，其内容是清华大学举办工农兵学员试点班不到一年，总结出来的"创办"理工科大学的"经验"。这个"经验"竟成为办理工科大学的样板。文章洋洋万余言，介绍了当时清华大学创造的"工人阶级必须在斗争中牢牢掌握教育革命的领导权"、"对原有教师坚持边改造、边使用，建立三结合的教师队伍"、"开门办学，厂校挂钩，校办工厂，厂带专业，建立教学、科研、生产三结合的新体制"、"培养工农兵学员，必须坚持以阶级斗争为主课，坚持理论与实际的统一"、"大破买办洋奴哲学、爬行主义，编写无产阶级新教材"、"结合生产、科研任务，坚持群众路线，实行新的教学方法"等一系列"经验"。

《上海理工科大学教育革命座谈会纪要》一文与前文相呼应，是在姚文元主持下，由上海市部分大学召开座谈会讨论《为创办社会主义理工科大学而奋斗》一文的会议纪要。这两篇文章由姚文元直送毛泽东，

① 郝维谦、龙正中主编：《高等教育史》，海口：海南出版社，2000年版，第281页。

并获圈阅，后来发表在《红旗》杂志和《人民日报》上。各地报刊相继转载，还印发了大量小册子。

此后不久，上海又组织了一篇复旦大学文科试点班所写的《用革命大批判改造文科大学》的"经验"。这个"经验"强调，"要改造文科大学，必须坚持开展革命大批判"；要"以毛主席著作为基本教材，指导革命大批判深入开展"；不仅在学科领域要开展革命大批判，而且要以社会为工厂，"到社会上去搞革命大批判"；"在革命大批判中建立新型的师生关系"。

与此同时，张春桥、姚文元、迟群等人还授意搞出一个吉林省梨树县革命委员会的《农村中小学教育大纲》，并强令在《人民日报》上展开"讨论"。张春桥、姚文元还亲自指挥上海的骨干分子搞出一个《上海市中小学教育革命纲要》，并为《纲要》的草拟定下了基调：领导权问题是教育革命的首要问题；要全盘否定十七年的教育工作和知识分子的作用；要破十七年的资产阶级教育制度，立无产阶级教育制度。他们还推出了题为《搞好中等技术学校的教育革命》的"调查报告"等等。

在进行了上述准备后，张春桥、姚文元、迟群等人为强行推广他们"教育革命"的"经验"，巩固他们在全国教育领域的统治地位，进而在教育领域全面推行"教育革命"。经毛泽东同意，决定召开全国教育工作会议。

经过精心准备，1971年4月15日至7月31日，全国教育工作会议在北京召开。这是"文化大革命"中召开的唯一一次全国性教育工作会议，与会代表共631人。

这次会议由张春桥、迟群等人控制。会议一开始，张春桥、迟群等人就把精心收集和编造整理的一批歪曲党的教育方针、大肆污蔑和诽谤建国后十七年教育的材料抛了出来，造成了对建国后十七年的教育和知识分子只许否定、不许肯定的局面。但会议上仍有不同声音和不同意见。有些代表认为，建国后十七年中，教育工作的成绩是主要的。迟群等人立即指责这些代表"立场、感情、态度有问题"。会上，清华大学一位代表对《高校六十条》的产生过程作了较为客观的介绍，并提出，在当年贯彻中央工作会议精神时，曾传达了毛主席肯定《高校六十条》的指示。但他立即被指责为"资产阶级知识分子的代言人"。

会议期间，周恩来于7月6日接见了会议领导小组成员，指出："毛主席的红线也是照耀了教育战线的"，"知识分子的大多数是接受共产党领导的，是为社会主义服务的"，"对教师队伍和解放后培养的学生要作具体分析，要辩证地看问题"。周恩来还指出，普及小学教育"这是一个大政"，并针对卫生、教育经费逐年减少的情况说，在《纪要》中要写上"经费不能减少，还要逐年增加"等等。①但是，这些指示和毛泽东关于估计十七年教育不要过分的指示，都被会议主持者封锁，并未向全体与会人员传达。

这次全国教育工作会议在张春桥、迟群等人的操纵下，通过了《全国教育工作会议纪要》。

二、"两个估计"的提出

在全国教育工作会议上，当由迟群主持起草的《全国教育工作会议纪要》稿提出讨论时，会议一度出现对《纪要》稿中的一些提法长久争执不下的局面，致使《纪要》稿修改了十几次仍不能定稿。直到《纪要》稿修改至第十五稿和第十六稿时，张春桥、姚文元不得不亲自出马，动手修改并强行定稿。

《纪要》分为"形势"和"任务"两大部分。"形势"部分对建国后十七年的教育进行了彻底否定。其基本论点是：（1）十七年来，由"一小撮叛徒、特务、走资派，把持教育部门的领导权，疯狂推行反革命修正主义教育路线，毛主席的无产阶级教育路线基本上没有得到贯彻执行，教育制度、教学方针和方法几乎全是旧的一套"。（2）解放后十七年我国的教育制度没有"触动国民党的教育制度，又照搬苏联的一套"，是"封、资、修的混合物"。（3）"从这些学校出来的学生"，"受到资产阶级的腐蚀，'一年土，二年洋，三年不认爹和娘'，变得同工农兵格格不入"。（4）"在无产阶级专政的国家内，在教育战线上，这种资产阶级专了无产阶级的政的严重现象，引起了全国广大工农兵的强烈不满。""毛主席亲自发动和领导的无产阶级文化大革命，从文化教育阵地开刀，是非常及时的，完全必要的。"因此，要"坚持地百折不回地把教育战

① 中央教育科学研究所编：《中华人民共和国教育大事记》（1949～1982），北京：教育科学出版社，1984年版，第439页。

线上的社会主义革命进行到底”。①

《纪要》的中心论点是提出了“两个估计”：一是建国后十七年，“毛主席的无产阶级教育路线基本上没有得到贯彻执行”，在教育战线上是“资产阶级专了无产阶级的政”；二是原有教师队伍中的大多数，“世界观基本上是资产阶级的”，是资产阶级知识分子。这“两个估计”是完全错误的。

在“两个估计”中，最根本的是第一个估计。建国后，在中国共产党领导下，立即对旧的教育制度进行了认真改造，并着手社会主义教育制度的建设。经过多年努力，我国在1956年已基本建立起社会主义的教育制度。因此，在“文化大革命”前，我国的教育制度根本不是什么“封、资、修的混合物”，而是社会主义的教育制度。同时，我国教育战线的领导权既没有掌握在什么叛徒、特务、走资派手里，也根本不存在一条“刘少奇的修正主义教育路线”。

“文化大革命”前的十七年里，随着社会主义教育制度的建立和中国共产党多年的教育，教育战线的广大知识分子拥护社会主义、拥护中国共产党的领导，已经成为工人阶级的一部分。正是在这十七年里，在中国共产党领导下，我国适应社会主义建设和社会发展的需要，大力发展教育事业，使之有了长足的进步。这个事实是不容否定的。

《纪要》中提出的第二个估计与第一个估计是紧密相连的。江青一伙利用毛泽东在知识分子问题上的某些“左”的偏差，并肆意歪曲，全面否定教育战线广大知识分子的进步和作用，进一步把广大知识分子作为革命和改造的对象，把他们同地、富、反、坏、右和资本家、叛徒特务、走资派排在一起，列为第九，贬为“臭老九”，横加迫害。正是根据这个错误估计，他们还在“教育革命”中又人为地制造出“工农兵学员”、“工农兵教师”与“原有教师”的矛盾和对立，严重破坏了教师之间的团结，破坏了师生之间的正常关系，挫伤了教师和学生两个方面的积极性，使教师不敢认真教书，使学生学不到社会主义建设需要的本领。正如解放后十七年教育事业的发展不容否定一样，为教育事业发展

---

① 何东昌主编：《中华人民共和国重要教育文献》（1949～1975），海口：海南出版社，1998年版，第1479页。

作出巨大努力的教育战线广大知识分子也不容否定。

"两个估计"是两个否定的估计，是极端错误的估计。"两个估计"成为进一步摧残教育事业的反动纲领，成为压在教育战线广大知识分子身上的枷锁。

三、"教育革命"任务的提出

在《全国教育工作会议纪要》的"任务"部分，着重对"教育革命"作了全面安排，规定了"教育革命"要完成的十项任务。

第一，"实现无产阶级教育革命，必须有工人阶级领导"。《纪要》宣称，"应当记取无产阶级派到文教战线去的人，在不长的时间内被资产阶级腐蚀的许多历史教训"，"树立牢固占领、彻底改造教育阵地的决心"。工人、解放军"毛泽东思想宣传队要长期留下去，在党委统一领导下充分发挥政治作用"。

第二，"坚持'五七指示'的道路"。《纪要》强调，要坚持走上海机床厂从工人中培养技术人员的道路，从有实践经验的工人、农民中间选拔学生。"教育同三大革命实践结合，应以厂（社）校挂钩为主，多种形式，开门办学。""农业大学要统统搬到农村去。"

第三，"要批判资产阶级"。《纪要》宣称："教育阵地过去被剥削阶级长期垄断，封、资、修的流毒年深日久，资产阶级的偏见和它的传统势力十分顽固。它渗透到各个学科领域里，形成了根深蒂固的旧体系。"这些旧思想"总是以新的形式顽强地表现出来，阻碍教育革命的深入"。因而，必须"深入持久地批判资产阶级"。

第四，"教改的问题，主要是教员问题"。《纪要》宣称，"对原有教师队伍要继续坚持团结、教育、改造的方针"。同时，"要从工厂、农村、部队选调一批工农兵和同工农兵结合较好的革命技术人员充实教师队伍"。《纪要》将大量学有所长的知识分子打成"反动学术权威"，并声称"对于资产阶级反动学术权威，或一批二看，或一批二用，或一批二养"。"对顽固坚持反党反社会主义立场的资产阶级右派分子，要坚决予以揭露，批倒批臭"。"要创造条件，让原有教师分期分批到工厂、农村、部队，政治上接受再教育。"

第五，"工农兵学员是教育革命的生力军"。《纪要》提出，要充分发挥工农兵学员"上大学、管大学、用毛泽东思想改造大学的作用"。

第六，“教材要彻底改革”。《纪要》提出：“对原有教材要根据不同情况，加以分析、批判、改造，推陈出新。适当选编一些反面教材，供批判用。”同时，要积极编写新教材。编写新教材要有工农兵参加。

第七，“高等学校调整和管理体制问题”。《纪要》提出，根据中共中央1969年10月26日发出的《关于高等学校下放问题的通知》的指示精神，多数院校由地方领导；部分院校由地方和中央部门双重领导，以地方为主；少数院校由中央部门直接领导。原部属院校下放后，在中央统一计划下，实行以“块块为主”的管理体制。

第八，“中小学教育革命中的若干问题”。《纪要》宣称，中小学教育革命取得了很大成绩，形势很好。“要让学生学工、学农、学军，批判资产阶级”。“要加强中小学教师队伍的改造和建设”。并提出，“争取在第四个五年计划期间，农村普及小学五年教育，有条件的地区，普及七年教育。要采取多种形式办学，把学校办到家门口”。“城市要进一步搞好厂矿、企业和街道办学。”

第九，“必须认真办好中等专业学校和技工学校”。

第十，“军队院校的教育革命，根据全国教育工作会议精神结合军队院校的具体情况贯彻执行”。

在全国教育工作会议后，8月至11月，各省、市、自治区也先后召开了教育会议，传达贯彻全国教育工作会议和《纪要》精神。

在这一过程中，各级教育行政部门和各级各类学校的不少干部、教师对会议精神特别是《纪要》中提出的“两个估计”纷纷表示“不理解”、“想不通”，采取各种方式进行抵制。例如，当时的北京市委在《中小学贯彻落实全国教育工作会议精神的情况报告》中反映，“在这次传达贯彻时，部分干部和教师对两个‘基本估计’思想上搞不通，转不过弯来”。但是，江青一伙却使用高压手段，强迫广大教育工作者接受“两个估计”，强行推动各地根据《纪要》所提出的十项任务开展“教育革命”，这就对教育事业造成了更大的损失。

第二节　高等学校的“教育革命”

在“文化大革命”中进行的“教育革命”，完全是为当时的政治斗争服务的，并且被林彪、江青两个反革命集团所利用。当时所进行的"教育革命"仅仅从政治上考虑，根本没有顾及教育规律，而且对历史上的、国外的文化教育加以绝对的否定。"教育革命"主要是通过一些极端化的做法来进行的。诸如：粗暴地批判十七年的教育工作，肤浅地而又一边倒地在报刊上进行所谓教育问题的讨论，人为地制造并强行推广一些"典型"经验，把领袖人物的教育语录加以歪曲并在政治高压下强制推行等。因而，这场"教育革命"对我国教育事业的发展和改革造成了极大的损害。

在极左思想的指导下，高等学校的"教育革命"主要围绕办学目的、办学领导、培养目标、培养途径和教学改革等方面展开。

一、扭曲办学目的

在建国后的十七年中，高等学校的办学目的已经逐步明确。特别是经过中共中央批准，于1961年9月颁发的《高校六十条》，对高等学校办学目的问题作了比较正确和全面的表述。但是，在"教育革命"中，《高校六十条》被作为修正主义教育路线的代表作而加以彻底否定。

更为极端的是，"四人帮"一伙歪曲列宁说过的"学校应当成为无产阶级专政的工具"一语的本意，提出要把大学办成"无产阶级专政的工具"，学校就是要大搞阶级斗争，大搞政治运动，对教育领域内的"资产阶级知识分子"实行专政。诚然，在十月革命胜利后，列宁是曾说过"把学校由资产阶级的阶级统治工具变成摧毁这种统治和完全消灭社会阶级划分的工具"、"学校应当成为无产阶级专政的工具"等话。①但是，列宁丝毫没有使学校脱离教育和培养人的宗旨而将其同专政工具划等号的意思。完整、准确地了解和分析列宁的有关论述，就可以认识到，列宁所说的"学校应当成为无产阶级专政的工具"，其基本含义在于：无产阶级取得政权后，学校"应当成为一般共产主义原则的传播者"，学校更要努力"培养能够实现共产主义的一代人"。这两个相互联系的方面构成了列宁这一论断的本质内容。

"四人帮"一伙从要把大学办成"无产阶级专政的工具"的目标出发，逼迫高等学校大搞什么为现实的阶级斗争服务，妄图使高等学校成

① 《列宁论教育》，北京：人民教育出版社，1979年版，第150～151页。

为他们篡党夺权的工具。他们鼓吹，要把高等学校办成“政治大学”，甚至宣扬学校应该只办一个“斗走资派专业”。这在他们捧为“典型”的个别高等学校中表现得十分突出。在他们的控制和高压下，这些学校甚至一度出现这样的荒唐局面：学政治的，专搞什么从“民主派”到“走资派”的“必然规律”；学经济的，专搞什么资产阶级权利是“走资派”的“经济基础”，攻击进行经济上的国际交流与合作是“洋奴哲学”；学历史的，专搞什么借古讽今或借古喻今的影射史学；学文学的，专搞什么“写与走资派斗争”的阴谋文学等等。

“四人帮”一伙还鼓吹“枪声就是命令”，哪里有“战斗任务”就到哪里去干。

例如，他们于1973年9月8日至11日以国务院科教组的名义召开全国教育系统“批孔”座谈会，各省、市、自治区教育行政部门和各有关高等学校的负责人98人参加了会议。当时的国务院科教组负责人迟群在会上提出，要把“批孔”作为贯彻党的“十大”精神，深入“批林整风”的一项大事来抓。要求不仅文科院校要“批孔”，而且各类院校都要“批孔”，要把“批孔”与深入开展“教育革命”结合起来。

1974年初，“四人帮”一伙强行将“批孔”运动推向全国。迟群等人立即紧跟，召开了规模更大的全国教育系统第二次“批孔”座谈会。会上，交流了“批林批孔”经验，鼓吹如何搞影射史学，如何批周公、批“现代的儒”。迟群还鼓吹，要把“批林批孔”同批判教育战线的修正主义“回潮”、“复辟”结合起来，“要抓复辟势力的代表人物”。在这种形势下，各高等学校特别是文科高等学校被迫停止正常的教学等工作，组织师生走出校门，到工厂、农村、部队，同工农兵一起“批林批孔”、“评法批儒”，研究和宣讲儒法斗争史，并以此为中心选择教学内容，组织教学。同时，大张旗鼓地反击所谓教育战线的“回潮”、“复辟”。这哪里是在办教育，分明是打着要把学校办成“无产阶级专政的工具”的旗号，使学校成为他们篡党夺权的工具。

二、改变办学领导

根据中国共产党的一贯方针，《高校六十条》明确指出：“在高等学校中，必须加强党的领导。”高等学校党的委员会“是学校工作的领导核心，对学校工作实行统一领导”。“高等学校的领导体制，是党委领导下的以校长为首的校务委员会负责制。”

然而，在“文化大革命”中，林彪、江青两个反革命集团公开宣称，高等学校的领导权已不在无产阶级手里，高等学校的党组织都执行了修正主义教育路线。在这种思想指导下，高等学校原来的领导干部几乎都被打倒，党组织均被冲垮而处于瘫痪状态，高等学校中党的领导一度不复存在。接着，他们又极端化地鼓吹群众“自己解放自己”、“自己教育自己”、“造反有理”等口号，致使各种形式的“造反派”组织统治了高等学校长达两年之久。从 1968 年 7 月起，所有的高等学校都进驻了工人、解放军宣传队，实际掌握了高等学校的领导权。而《全国教育工作会议纪要》则进一步强化工人、解放军宣传队对高等学校的领导权，并将之抬高到“工人阶级领导”的高度，在“教育革命”中进一步加以巩固和扩大。

江青反革命集团把党对教育事业的领导篡改为工宣队、军宣队的领导，这违反了马克思主义关于党的学说。

在《全国教育工作会议纪要》中，针对高等学校开始大批招收工农兵学员的情况，江青一伙又荒谬地提出，工农兵学员要“上大学、管大学、用毛泽东思想改造大学”，以改变“资产阶级知识分子统治学校”、“教育脱离无产阶级政治，脱离工农群众，脱离生产实践”的状况。实际上，这不仅造成了对广大知识分子的伤害，而且也毁了一批工农兵学员。在有的大学，工农兵学员刚一进学校就让他们讨论“进大学是来装知识的，还是来学专政的”的问题，诱导他们以专政者自居，可以对学校的老知识分子和其他干部、教师肆意指责，对学校事务横加干涉，这就助长了一些涉世不深的特别是那些靠“造反”上来的工农兵学员自高自大甚至是目空一切的心理。当然，绝大多数工农兵学员没有听信这一套，他们抓住上大学的机会，努力学习业务知识，为日后成才打下了较为坚实的基础。例如，在恢复研究生招生后，仅 1979 年，北京地区的工农兵学员就有 390 名考上了研究生，有些还被选送出国留学深造。

在高等学校中，这种上有工人、解放军宣传队的全面领导，下有所谓“天然领导者”的全面专政，却没有真正的共产党领导的局面，一直持续到“文化大革命”结束。

三、否定原有的培养目标

高等教育为社会主义建设服务，最根本的是通过培养各种专门人才来实现的。培养什么样的人，即培养目标，是高等教育的基本出发点和归宿。在《高校六十条》中，根据党的教育方针，规定了高等学校的培养目标。然而，在“文化大革命”中，随着《高校六十条》被废止，其中关于培养目标的规定也受到批判。

江青反革命集团歪曲党的教育方针，只是空谈培养“无产阶级事业接班人”。最为突出的是1971年《全国教育工作会议纪要》有关培养目标的阐述，仅仅剩下了“无产阶级革命事业接班人”这样一句口号，而根本不提对学生的全面发展的要求，不提专业上的要求。在“教育革命”中，江青一伙一再强调大学要培养“与工农划等号”的“普通劳动者”，大学毕业生实行“社来社去”、“哪来哪去”。张春桥曾经说：一个是培养有资产阶级觉悟的有文化的剥削者、精神贵族，一个是培养有觉悟的没有文化的劳动者，你说要什么人？我宁要一个没有文化的劳动者，而不要一个有文化的剥削者、精神贵族。这句话貌似非常革命，实际上却公开将有文化与有觉悟对立起来。从这些言论中可以看出，江青一伙实际的培养目标主要有两条：一是要培养能盲目听从他们摆布的“工具”；二是要培养仅具有低标准的文化水平、仅能从事低水平劳动的“普通劳动者”。

江青一伙关于培养目标的极左思想在“教育革命”中的高校招生制度的改革方面也有所反映。

1970年6月27日，中共中央批转了《北京大学、清华大学关于招生（试点）的请示报告》。此后，高校招生制度的改革开始试行。1971年《全国教育工作会议纪要》对这一招生制度改革给予充分肯定，并将其推广到全国所有的高等学校。这一高校招生制度改革首先是降低了高等学校入学时对文化程度的要求，明文规定只要具有相当于初中以上的文化程度即可。在实际执行中，招收的工农兵学员有不少甚至还没具备初中文化程度。根据北京市1972年统计，11所高校招收的工农兵学员中，具有初中以上文化程度的只占20%，初中文化程度的占60%，小学文化程度的占20%。同时，《纪要》又规定，将高等教育的修业年限缩短为两至三年。时间这么短，还要在教学上实行《纪要》所规定的“开门办学”、“结合典型产品教学”、“边干边学”，以劳动代替教学，大幅度削减理论教学，其结果只能大大降低高等学校培养人才的水平。

江青一伙在“教育革命”中还大力鼓吹和强行推广“朝阳农学院经验”。“朝农经验”就是农学院在农村办学、分散办学，并且与公社的“五七”干校结合，在基层办教学点；在教学工作中实行“三上三下”，即定期到农村劳动；学员“社来社去”，毕业后回农村当农民，挣工分；培养同十七年对着干的、头上长“角”、身上长“刺”的所谓新型农民；学校越办越向下，“大学就是大家来学”。江青一伙以国务院科教组的名义在朝阳农学院召开现场会，要求各省教育部门的负责人参加，在现场举办领导干部“学习班”，由国务院出面来批转推广“朝农经验”的报告。

四、在教育教学上强制推行种种极端的做法

在“文化大革命”前，党的教育方针明确提出，“教育与生产劳动相结合”，教育方法为理论与实际相一致。《高校六十条》按照教育规律提出，“高等学校必须以教学为主，努力提高教学质量”。“课堂讲授是教学的基本形式”，“各种教学环节，都要在教师的指导下进行”，注意“启发学生的主动性和积极性，注意因材施教”等等。然而，在“教育革命”中，上述原则统统被否定和批判。

在“教育革命”中，形而上学十分猖獗。江青一伙蓄意从“左”的方面歪曲教育与生产劳动相结合的方针，割裂理论与实践的统一，片面抬高实践和直接经验的作用，要求在教育教学上也要事事从直接经验开始。这不仅在实践上行不通，而且在理论上也是极其荒谬的。同时，在理论与实践的关系上，他们只肯定生产实践，否定基础理论的发展也源于科学实验。学校教育的特点和教育规律决定，教学中一定要有实践环节的教育，但是应该以传授前人在实践基础上总结、归纳、凝聚成的基础理论、专业基础理论、专业理论和知识为主要内容。相反，如果在教学中事事都要亲自经验，不要理论，不承认前人实践的总结，那么高等教育的学制就会无限延长，学生在学业上也不可能超过前人。然而，“教育革命”正是在这一荒谬的“左”的教育思想指导下进行的。

在“教育革命”中，江青一伙要求所有的学校都要“开门办学”。理工科院校要“厂校挂钩，校办工厂，厂带专业”，“结合生产、科研任务中的典型工程、典型工艺、技术革命等”组织教学；文科院校要“以

社会为工厂"，"在斗争中学，在斗争中用"。"革命大批判既是社会主义文科大学的基本任务，又是当前改造文科大学的迫切的战斗任务"，"应该把革命大批判深入到文科各个学科，批判哲学、历史学、文学、政治经济学、新闻学、教育学等领域内的反动的资产阶级思想体系"，"结合现实斗争任务组织教学"；农科院校要到农村、林区分散教学，针对农林作物生长规律组织教学，学员都要实行"社来社去"，从生产队招收有实践经验的学生，毕业后又回到农业生产实践中去，在学习过程中要实行学校和生产队之间的"几上几下"；医科院校的"招生对象主要是赤脚医生和卫生员"，师生要分散到县、社医院（卫生院）、防疫站、药检所及药厂的教学点上，边临床实践边教学。

江青一伙提出"开门办学"，看起来好像是在实行教育与生产劳动相结合，实际上，这只是形式上的结合，是初级层次的结合。以这种方式进行教学，只相当于举办某种专项技术的短训班，培养出来的学生只相当于"普通劳动者"增加点技术知识。这与党和国家对大学生的要求相差得实在太远。

例如，清华大学当时提出"从校办工厂、厂校挂钩着手，改造旧的学校体制"。在"教育革命"中校办工厂实行一元化领导，统筹安排教学、科研、生产。当时，为筹建一个能够年生产上千辆汽车的汽车制造厂，搞得学校人员大膨胀，机构臃肿，许多实验室改为生产车间。刚安排几十辆汽车的生产任务，就使得教学、生产陷于顾此失彼的被动局面。结果，搞了几个月，生产被迫下马。

中南矿冶学院每个专业都就近选择一两个厂矿作为长期挂钩的基地。此外，全院17个专业的近1 700名师生分别下到16个厂矿，结合典型产品进行教学改革实践。师生疲于奔命，而学校却成了一所空校。

湖南农学院在1960年已经由长沙市区迁到长沙县某乡，但是，在"开门办学"中仍多次被要求搬迁到农村，搞得学校无所适从。为此，在学习所谓"朝农经验"的现场会上，学校甚至被当时的国务院科教组点名批评，说他们"没有把学校办到贫下中农的家门口"。后来，因曾任农垦部长的王震出来说话，指出"湖南农学院地址已是农村，再搬家是劳民伤财"，搬迁之事才作罢。

所谓"厂带专业"更是不现实。工厂生产的产品总是有限的，而高等学校的任务是不断地提高，努力赶超世界科学技术先进水平。如果把专业的教学和科研仅仅局限于某一个工厂的生产范围之内，那么就会妨碍专业教学，妨碍科研发展，束缚专业的建设。

所谓“结合典型工程进行教学”，只能降低教学质量。例如，在“教育革命”中，同济大学的工业与民用建筑专业按照这一要求进行了改革，学生在三年的学习过程中，要做三至四个典型工程设计，参加两次施工劳动和一至两次施工管理实习，再加上别的社会实践活动，劳动和实践时间要占到教学总学时的三分之二以上。这一专业不得不将基础理论和专业理论的教学时数一减再减。学生在没有掌握最起码的基础知识和基本设计技能的情况下就去大量参加典型工程设计，只能在设计中跟着老师“照猫画虎”。

江青一伙还把当时北京大学、复旦大学的“以革命大批判带动教学”、“结合战斗任务组织教学”等经验作为文科大学“教育革命”的方向，而这样培养出来的毕业生，学中文的有的甚至不了解中国古代文学史，不知道什么是革命现实主义与革命浪漫主义相结合的创作原则；学历史的有的甚至不知道人类社会发展有五种形态，不知道中国的《二十四史》。

这些“教学改革”，实际上没有什么创造，其结果是学生劳动时间多，学习时间少，教学质量低。

在“教育革命”中，对原有的基础理论和基本知识课程的教学，采取了彻底否定的态度。当时强调“破字当头，立在其中”，流行的口号是“打破三段式，火烧三层楼”，否定了原有的课程设置和各门课程的衔接顺序。特别是根据“以典型产品组织教学”、“以战斗任务组织教学”的原则，来决定基础理论课和专业理论课内容的取舍和先后。课程设置上的实用主义做法，造成基础理论课和专业理论课被砍掉或被大大削减，专业课的教学也搞得支离破碎，使得学生知识面狭窄、残缺。

例如，“教育革命”中，同济大学被改为所谓由学校、施工单位、设计单位组成的“五七公社”，大力推行结合典型工程组织教学，学生参加什么工程就学什么课程。这样一来，物理课被取消，高等数学课和基础力学课的学时数分别从过去占总学时的11.9%和10.7%下降为3.7%和2.6%。这样培养出来的学生分配到基层单位，基层单位普遍反映毕业生的知识残缺，适应能力和独立工作能力较差，分配到科研单位的毕业生更是难以开展工作。

第三节　中小学校的“教育革命”

林彪、江青两个反革命集团在“文化大革命”中都曾插手过中小学的“教育革命”。

早在1967年11月28日至12月5日，陈伯达就先后到北京草场地中学、二十三中、清华大学附属中学和泄水湖小学鼓吹他的“教育革命”方案，鼓动师生代表提出新的教改方案。他提出，学生要补“阶级斗争课”；要让学生自己讲课，说什么“小孩子也会讲课”，“让学生教学生”；“学制可以缩短”，“小学四年，中学四年，大学四年……多快好省嘛!”江青、张春桥等人则要求上海提供中小学教育改革的经验。

在1971年《全国教育工作会议纪要》发布后，江青一伙加快了“教育革命”的步伐。中小学“教育革命”集中在改变所谓旧的教育制度、教育教学体系和方法，以及解决“资产阶级知识分子统治学校”的问题等两个方面。归纳起来，中小学“教育革命”主要有以下几方面内容。

一、缩短学制

“文化大革命”以前，全国普通中小学学制一般为十二年制。此外，还有极少数学校进行九年、十年一贯制等试验。

在“教育革命”期间，国家对中小学的学制没有作统一的规定，要求各地按当地情况进行缩短学制的试验。有些地方将小学改为五年制，中学改为四年制，或者将中小学合并改为九年一贯制。1972年3月26日，《人民日报》在题为《普及小学教育是农村教育的重点》的短评中提出：农村教育“重点应当放在普及五年小学教育上……有条件的地区普及七年教育”。这里提出的七年教育，是指小学五年加上初中两年。城市中的中小学学制变动则要复杂一些。

以上海市为例，中小学学制在“文化大革命”期间共变动了三次。第一次是在1969年以后。当时，根据张春桥、姚文元等的旨意制定出来的《上海市中小学教育革命纲要》废除了原有的学制，规定城市中小学实行九年制，一般为小学五年，中学四年；1970 年起，中小学学制延长一年，改为十年制，六四分段；1974 年起，中小学学制又改为五五分段。在 1969 年至 1975 年短短的六年时间，上海市中小学的学制竟变动了三次，这在教育史上是罕见的。

《全国教育工作会议纪要》充分肯定了在中小学教育中缩短学制的试验，并明确指出，中小学学制暂不统一规定，各地可以继续按当地情况进行试验，从而使各地在学制问题上更加混乱。

1973 年 9 月 11 日，国务院科教组一份内部刊物上发表的一份材料反映了当时各省、市、自治区进行中小学学制改革的情况。材料称，"文化大革命"以来，全国各地进行了中小学学制改革，有十四个省、自治区实行九年制（小学五年，初中两年，高中两年）；有七个省、市、自治区实行十年制（小学五年，初中三年，高中两年或小学六年，中学四年）；九个省、自治区农村学校实行九年制，城市学校试行十年制；西藏自治区实行小学五年制和六年制并存，初中实行三年制。从这个材料可以看到，在"教育革命"中，全国中小学的学制普遍缩短了两至三年。

二、精简课程，彻底否定原有教材

"文化大革命"爆发后，各地中小学一度有半年多时间没有上课，因而也就谈不上什么课程设置。

1967 年 2 月 4 日发出的《中共中央关于小学无产阶级文化大革命的通知》和同年 2 月 19 日发出的《中共中央关于中学无产阶级文化大革命的意见》，都要求中小学校立即开学，全体师生立即返校，一边上课，一边闹革命。这两个文件也提出了学习上的要求。其中提到，小学一、二、三、四年级的学生，由革命教师或高年级学生作辅导员，组织他们学习《毛主席语录》，兼学识字，学唱革命歌曲；小学五、六年级和 1966 年毕业的学生，结合"文化大革命"，学习《毛主席语录》，学习"老三篇"（指毛泽东的《为人民服务》、《愚公移山》、《纪念白求恩》三篇文章）和"三大纪律八项注意"，学习"文化大革命"《十六条》，学唱革命歌曲；在"文化大革命"期间，小学生也必须学习一些算术和科学常识；中学上课要与"文化大革命"紧密结合，认真学习毛主席著作，学习党中央关于"文化大革命"的文件，批判资产阶级的教材和教学制度，并以必要的时间复习数学、物理、化学、外语和各种必要的常识。这时的安排仅仅是应急式的安排，还谈不上什么“教育革命”。

进入“复课闹革命”阶段，为推动中小学的“教育革命”，一些引导性的课程设置方案开始逐渐推出。

1968年10月7日，中共中央、中央文革批转了《上海市革命委员会关于工人宣传队进入中小学的情况报告》。《报告》介绍了上海市中学只设三门知识课的“经验”。其中提到，有少数学校开始合并知识课，如某中学已把化学和生物合并为农业基础课，把数学和物理合并为工业基础课，还有一门革命文艺课。

1969年1月27日，《红旗》杂志第二期发表了《“厂办校、两挂钩”——甘肃省兰州市关于城市中学走工厂办校道路的调查报告》。这个《报告》介绍了工人宣传队进驻兰州第五中学后，将第五中学改造为兰州铸造厂厂办学校的“经验”。其中提到，学校改办后，把原来的十七门课程合并为五门课，即：毛泽东思想课、工业基础课、农业基础课、革命文艺课、军事体育课。中学只设置五门课的做法，对全国中小学产生了很大的影响。

当年5月12日，《人民日报》发表了吉林省梨树县的《农村中小学教育大纲（草案）》。其中规定，小学设五门课：政治语文课、算术课、革命文艺课、军事体育课、劳动课。中学设五门课：毛泽东思想教育课（包括有中国近代史、现代史、党内两条路线斗争史）、农业基础课（包括数学、物理、化学、经济地理）、革命文艺课（包括语文）、军事体育课（包括学习毛泽东的人民战争思想、加强战备观念和开展军事体育活动）、劳动课。《人民日报》为这个《大纲》加上了按语，要求全国都来讨论这个《大纲》，并声称《大纲》为今后农村教育革命指出了方向。这实际上是在向全国强行推广这个《大纲》。

有了梨树县的《农村中小学教育大纲》后，张春桥、姚文元一伙又着手制定城市的中小学教育大纲。

1969年5月下旬至6月下旬，张春桥、姚文元亲自在上海市连续召开三次“教育革命座谈会”，为《上海市中小学教育革命纲要》的起草定下基调。6月19日，上海市革命委员会印发了《上海市中小学教育革命纲要》。《纲要》规定，中学设七门课：毛泽东思想教育课（包括中国近代史、党内两条路线斗争史、社会发展简史和地理知识)、语文课(包括语法、逻辑)、数学课、革命文艺课、工农业基础知识课、外语课和军事体育课；小学设七门课：毛泽东思想教育课、语文课、算术课(包括珠算)、革命文艺课、军事体育课、科学常识课和外语课，后两门课从四年级开始增设。幼儿园开设毛泽东思想教育课和革命文艺课，1973年以后，中班以上开设算术课和常识课。

这个《纲要》规定的中小学课程，从数量上看是大大精简了，但是精简的途径一是砍掉，二是合并。原有的一些课程以及课程中一些必要的基础知识的内容被砍掉。如，历史课和地理课被砍掉，物理课、化学课、生物课中大量的实验内容都被一刀砍掉，连实验室也被另作他用。而一些范畴虽然接近，但是体系、内容并不相同的课程，却被强行合并为一门课程。如，音乐、美术被合并为革命文艺课，物理、化学、生物等课程被合并为工农业基础知识课。这样的所谓精简，大大削减了文化基础知识，并造成了很多知识断层和空白。

在“教育革命”中，梨树县的《农村中小学教育大纲》和《上海市中小学教育革命纲要》被广泛推开。各地中学的课程一般为六至九门，小学的课程一般为五至六门。

例如，在山东省，很长一段时间里，不少地区的中学只设毛泽东思想、工业基础、农业基础、革命文艺、军事体育、劳动等课程。其中，毛泽东思想课把政治、语文、历史、地理等课程合并，以毛泽东著作为基本教材。小学只设政治语文、数学、革命文艺、军事体育、劳动等五门课。不少地方的小学只学《毛主席语录》。直到1972年11月，全省中小学才开始实行统一的课程设置。

中小学课程精简后，造成相当数量的学生文化基础知识薄弱、知识质量大幅度下降。不少中学生学了几年“农业基础知识”，不懂得什么叫细胞，不知道生命的起源，更不了解生物的分类；学了几年“工业基础知识”，不知道电灯为什么会亮，不知道牛顿是何许人；学了几年语文，语言贫乏，不会作文，不会写家信，错别字连篇；学了几年数学，基本概念模糊，逻辑思维混乱，甚至不会四则运算，不会打算盘。

“教育革命”中，在精简课程的同时，也对教材进行了“彻底改革”。

“文化大革命”一开始，“文化大革命”前的中小学教材就被全部否定，负责编辑出版全国统一教材的人民教育出版社及其上级领导机构教育部也相继瘫痪，中小学教材工作处于无人负责的状况。

“复课闹革命”后，由于没有教材，教师无法教课、学生无书可读的情况极为普遍。于是，从1968年起，各地开始自编教材。一些地方由于编写力量不足，便采用北京、上海等地编写的教材。

例如，当时在上海市革命委员会教卫组的组织下，从华东师范大学教育系、上海教育出版社和上海市教育局分别抽调了一些人员，还从上海炼油厂、上海警备区等单位抽调了一些工人、解放军人员作为“沙子”掺入，共同组成教材编写组，进行中小学暂用教材的编写。此后，由于课程和学制大幅度变动，教材编写工作量进一步增大。因此，上海市采用了市、区结合编写教材的办法，各区、县也成立了教材编写组，分别承担某一年级、某一科目教材的编写。在整个“教育革命”期间，上海耗费了大量的人力、物力，一共编写了中小学教材5套。有：上海市中小学暂用课本（1967～1968）44册；上海市中小学教材（1969～1970）67册；上海市中小学教材（1970～1971）47册；上海市中小学教材（1972～1974）若干册；上海市中小学教材（1975～1976）82册等。此外，上海的崇明、闸北、金山等区、县的一些小学在低年级中试行“三算结合”教学法，为此还各自编写了一些教材。①

1970年7月，国务院科教组成立并开始办公，主管原教育部和国家科委的工作，才逐渐把教材工作列入议事日程。

1972年，国务院科教组发出《关于新建人民教育出版社的通知》，人民教育出版社才又逐步承担起编辑出版中小学教材的任务。1972年10月，国务院科教组在北京召开教材编写工作座谈会。会议确定，分大区交流编写教材的经验，并组织协调教材编写工作。紧接着，又于同年11月起至第二年，分别召开了东北、华东、中南、华北、西北和西南六大区教材改革经验交流会。

在“教育革命”中编写的教材普遍存在以下几个突出问题：

---

① 吕型伟主编：《上海普通教育史》（1949～1989），上海：上海教育出版社，1994年版，第391页。

第一，在教材中不适当地大量直接选用毛泽东著作或引用《毛主席语录》。以语文教材为例，每个单元都必须选编一两篇毛泽东著作，以此统帅其他课文和语文知识。即使是小学低年级的语文教材，也大量以"毛主席万岁"等革命口号和毛泽东语录为课文内容。其他科目的教材也大量出现乱贴政治标签的现象，即不管与章节内容是否相关，都要将毛泽东的"千万不要忘记阶级斗争"等语录冠于前面。

第二，选用了大量迎合当时政治斗争的材料，特别是把宣扬江青一伙所鼓吹的反动观点的文章和材料也编入教材。例如，一些关于"文化大革命"的文件，被江青一伙用来搞政治欺骗的张铁生的所谓答卷和《辽宁日报》、《人民日报》所加的编者按语，张春桥、姚文元的文章等，都被编入了教材。国务院科教组根据江青的意见专门发出通知，要求在教材编写中充分反映"无产阶级文化大革命"的成果和开展批林批孔的要求，可将《论语》、《神童诗》、《三字经》、《女儿经》等节选、批注编入课本。① 上海市中学政治教材《中国共产党史》由张春桥授意，以上海市委写作组编写的《党史》为依据进行编写。这样编写出来的教材篡改了中国共产党的历史，其中还掺杂了大量吹捧江青等人的内容。

第三，教材原有的科学体系被严重破坏。"教育革命"中所编写的教材，大都仅仅从简单、实用的角度出发，而不考虑教材原有的科学体系，特别是轻视基础知识的教学。例如，城市中学开设的工业基础课按照电工、化工等工业部类编写，合并入此课的原有的物理、化学的知识体系被打乱。农业基础课由原来的生物、化学等学科的部分内容合并而成，只讲"三机一泵"（指拖拉机、柴油机、电动机和水泵）、"四大作物"（指水稻、小麦、玉米、高粱）等知识，生物、化学原有的知识体系被打乱，大部分内容被舍弃。

第四，违反学生的认识规律。"教育革命"期间编写的教材，课程内容过度浓缩，知识的结构体系被打乱，知识点之间跳跃性很大，缺乏内在的联系与过渡，给教与学都带来极大的不便。例如，中学数学教材原有 390 多条公理、定义、定理，而有的新编教材只采用了其中的 80

① 中央教育科学研究所编：《中华人民共和国教育大事记》（1949～1982），北京：教育科学出版社，1983 年版，第 463 页，第 468 页。

多条，还删除了大量的过渡性知识，这样的教材学生根本无法自己看懂。上海市所编的中学语文教材，不管是高年级的还是低年级的，所选的马克思、恩格斯、列宁、斯大林和毛泽东的著作等经典论文数量大体相同，再加上其他评论文章，各年级教材中的议论文占到教学内容的50%以上。在学生连简单的记叙文写作都未过关的情况下，却要让他们去啃如此多的深奥的议论文，就严重违反了学生的认识规律和基本的教学规律。

三、学生和工农兵上讲台

在“教育革命”中，“革命小将走上讲台”、请工农兵上课等做法风行一时，并一度被称为“教育领域内的一场革命”。

1969年11月18日，《光明日报》发表了题为《教育革命的一条好经验》的评论员文章。提出，“现在大部分教师是从旧学校出来的，他们都不同程度地存在脱离政治、脱离工农、脱离劳动的现象”。“小将上讲台，是在无产阶级专政条件下教育领域内的一场革命。”“进一步打破了旧教育制度加在学生身上的桎梏，正确地解决了师与生、教与学的关系问题，把蕴藏在学生中的社会主义积极性和创造精神发挥了出来。”该报还发表了题为《小将上讲台——北京市草场地中学在教育革命中的一项创举》的调查报告。报告称，在草场地中学，工农兵上了讲台，小将上了讲台，教师队伍在改造，学校这个阵地再也不是资产阶级知识分子的一统天下了。

1970年9月22日，《光明日报》发表了题为《改造学校教育阵地的一支重要的革命力量》的关于北京市香厂路小学工农兵讲师团的调查报告，并加了编者按。编者按称，要把无产阶级教育革命进行到底，用毛泽东思想改造学校教育阵地，必须把工农兵请进学校来。只有工农兵占领教育阵地，才能彻底改变资产阶级知识分子统治学校的现象。调查报告介绍了香厂路小学工农兵讲师团进校后，建立起工农兵、教师、革命小将三结合备课、讲课的新制度，改变知识分子独占讲台现象的“经验”。1971年的《全国教育工作会议纪要》充分肯定了这些“经验”，并强调，要选调优秀的工农兵担任教师。

在《全国教育工作会议纪要》和上述“经验”的推动下，“革命小将上讲台”和让工农兵上课成为潮流，打乱了学校的正常教学秩序。

例如，在北京市的中小学，有的班级上台讲课的学生超过了80%。不少学校由工农兵讲师团讲课，把学生带到车间、地头，想到什么就讲什么。有的学校在一年中请贫下中农作忆苦思甜报告150多次，参加农村批斗会60多次。① 据山东省1971年统计，8个地、市的中小学共吸收工农兵7 549人任专职教师，全省中小学共聘请工农兵6万多人任兼职教师。在这种情况下，怎么可能有正常的教学秩序！

四、开门办学

在"教育革命"中，根据毛泽东的"五七指示"，中小学普遍实行了所谓"开门办学"，即否定过去以学校课堂教学为主的做法，强调学生要走出校门，到工厂、农村和部队去学工、学农、学军，把课堂搬到田间、车间；强调要实行校厂（社）挂钩、学校办工厂（农场）等等。

最早公开宣扬的"开门办学"的典型是兰州市第五中学。1969年1月，《红旗》杂志第二期发表了甘肃省革命委员会、兰州市革命委员会联合调查组的题为《厂办校，两挂钩》的关于城市中学走工厂办校道路的调查报告，并配发了编者按。报告详细介绍了兰州市第五中学改为兰州铸造厂"五七"中学后实行"厂办校，两挂钩"的"经验"。报告称，学校以工厂为学工的基地；与附近的皋兰山人民公社挂钩，建立学农的基地；与当地驻军的一个连队挂钩，由连队派出指战员帮助办毛泽东思想学习班，进行军训。学校的师生分成两部分，一部分在工厂，一部分在农村。在工厂，固定班组，固定师傅，学习操作，实行现场教学同课堂教学相结合。在农村，则根据农事活动安排劳动和学习。农活紧张时，全天劳动。学生平均每周学习4天，劳动两天。学习课程由原来的17门精简为5门：毛泽东思想课、工业基础课、农业基础课、革命文艺课、军事体育课。每周上课24节，其中毛泽东思想课12节，工业基础课（农业基础课）4节，革命文艺课4节，军事体育课2节，机动时间2节。② 建立起一支以工人为主体的教员队伍，还邀请了一些农民、军人和与工农兵结合得较好的技术员为兼职教员；原来的教员中的多

---

① 陶西平主编：《北京市普通教育年鉴》（1949 ~ 1991），北京：北京出版社，1992年版，第16页。

② 何东昌主编：《中华人民共和国重要教育文献》（1949 ~ 1975），海口：海南出版社，1998年版，第1441页。

数，分批分期下放工厂、农村劳动，接受工农兵的再教育，彻底改变旧思想。学校成立革命委员会，由驻校工宣队、军训负责人，工人、工厂负责人和学校人员组成，校革委会在工厂革委会的直接领导下工作，工厂革委会主任就是校革委会主任。

为了在“开门办学”中加强军事训练，根据毛泽东1970年11月24日关于部队要进行野营拉练的指示精神，中共中央于12月10日发出通知：“大、中城市（包括省、地直属市）学校的野营训练，可在寒假或暑假期间分期分批进行，大学每批一个月，中学和小学五、六年级学生，每批20至30天。”通知下达后，便在城市中小学掀起了一个野营拉练的高潮。到1971年上半年，仅半年时间，上海市就有46万名中学生进行了野营拉练。

1971年《全国教育工作会议纪要》充分肯定了在“教育革命”中贯彻“五七指示”、实行“开门办学”的做法和“经验”，并且进一步指出，这是彻底破除脱离无产阶级政治、脱离生产劳动、脱离工农兵群众的旧教育制度，把教育同阶级斗争、生产斗争和科学实验三大革命实践紧密结合起来，避免修正主义和教条主义，培养无产阶级革命事业接班人的正确道路。

这样，各种形式的“开门办学”纷纷出台。中小学普遍建立校办工厂、农场，或与工厂、农村挂钩，建立学工、学农基地。有些学校的学生一边在学校学习文化课，一边在工厂、农村、商店顶岗参加劳动。当时就有人形容这种“开门办学”为“进进出出，上上下下”，“校无定址，教无定所，学无定本”。

当时上海市曾有人作过调查，一学期以21周计，学校活动安排大体如下：开学军训（或办学习班）1周，学工或学农4周，“三学”（指学工、学农、学军）前的动员、准备和“三学”后的总结、休息2周，复习、小结、进行评定3周，平时的各种政治运动、体育运动会、文娱会演、集体看电影等加起来在1周以上。这样，一学期剩下的教学时间不足10周。农村学校还要加上3个农忙假和每周半天的教师劳动，课堂教学时间就更少了。而在教学时间里，文化知识课实际上又只占到教学时间的35%，有的甚至还不到30%。由于课程变动大，教材和师资准备跟不上，相当一部分教师不能适应教学的需要，不能对学生进行完整、系统的基础知识教学。①

湖南省黔阳县某中学为了“开门办学”，先后在本县的5个大队办起了分校，学生轮流去5个分校，一住数月，半天上课，半天劳动。上课是在田间、地头。学生无桌椅，教师无黑板，教学内容随意取材。还时常请农民为师，对师生进行再教育。师生自己做饭吃，住在破庙、仓库或临时搭建的草棚内，甚至歇宿牛屋。在这种情况下，不要说办学，连度日也很艰难，教学根本没有保证。由此可见，当时的学校教育已根本说不上是“以学为主”了，完全违背了教学的基本规律。

五、学校下放

在“教育革命”中，中小学校的管理体制发生了重大变化。农村公办小学下放到大队，城市中小学下放到街道、工厂。

农村公办小学下放到大队。采取这项措施的起因是：1968年11月14日，《人民日报》发表了山东省嘉祥县马集公社教育组组长和一位公社教育组成员提出的《关于将公办小学下放到大队来办的建议》，并加上了编者按，公开征求对此建议的意见，引导全国对此开展讨论。《建议》提出，农村公办小学下放到大队来办有五条好处：从根本上改变了过去的修正主义教育管理体制，使小学直接在大队党支部的领导下进行工作；有利于对知识分子的再教育和改造；真正落实了毛主席关于在农村由贫下中农管理学校的指示，使小学教育工作不脱离政治，不脱离生产劳动，不脱离三大革命运动；教师都回本大队工作，被清出的地、富、反、坏、右分子就可以回本大队接受劳动改造；可以减轻国家负担。《建议》还提出，公办小学下放后，国家不再给教师发工资，改为记工分；在外工作的公办小学教师一律调回本大队。从当月15日起，《人民日报》以“关于公办小学下放到大队来办的讨论”为题开辟专栏，组织讨论。

此后，全国大批农村公办小学被改为大队办，大批公办小学教师被强行下放回原籍，改拿工资为大队记工分、生产队分口粮。例如，湖南省革命委员会下发了《关于实行乡村公办小学下放到生产大队办的几点

---

① 吕型伟主编：《上海普通教育史》（1949～1989），上海：上海教育出版社，1994年版，第386～387页。

意见》，在1968年冬至1969年夏，把农村公办小学全部交由生产大队管理，教师回本大队工作。农村区、公社设立教育革命办公室，负责管理区、公社范围内的学校。当时，尽管原则上公办教师的任用、调配、工资福利及民办教师的国家补贴等仍由县里统一掌握，但是，也有一部分公办小学教师国家不再发给工资，不提供商品粮，改为生产大队记工分、生产队分口粮。这一举措导致农村教师的生活水平急剧下降，也大大降低了教师的社会地位。

1970年以后，农村公办小学才逐渐恢复原有的管理体制。山东省1971年的一份统计资料表明，山东省实行农村公办小学教师下放回原籍的做法后，造成了各地区农村小学教师数量严重失衡的现象，极大地影响了文化基础较差地区教育事业的巩固与发展。当时，五莲、诸城、胶南、栖霞等县各走了教师400名至660名，而寿光县却回来了500余名教师，高密、潍县各回来200余名教师。沂蒙山区的许多地方，公办教师几乎全走了，不少学校因而不能开学。①

城市中小学下放到街道、工厂。《人民日报》在发表《关于将公办小学下放到大队来办的建议》后不久，又于1968年12月2日在报纸上发起了“城市的小学及中学应当如何办”的讨论，同时，倾向性极为鲜明地发表了上海、北京、天津等地关于城市中小学应由工厂、街道来办的建议。随后，《人民日报》连续刊登了大量支持上述建议的文章、来信以及一些“经验”。

当时的做法主要是两种：一是城市中小学下放到街道来办。例如，上海市在《人民日报》开展“城市的小学及中学应当如何办”的讨论后，加快了市区小学下放的进程。1969年2月前，市区所有的公办小学、幼儿园先后下放到各街道，由街道革委会所属的地区组、教卫组领导。与此同时，原市教育局直属的学校，原高等学校的附中、附小、附幼，除极个别的外，也全部下放到所在区和所在街道。二是中学下放到工厂，由工厂接办。在这方面，最突出的典型是由兰州市第五中学改为兰州铸造厂“五七”中学。

城市中小学下放到工厂、街道管理，一开始就有不少反对意见。但

---

① 吕可荣、尹钧荣主编：《山东教育四十年》，济南：山东出版社，1989年版，第251页。

是1971年《全国教育工作会议纪要》仍然规定，城市要进一步搞好厂矿、企业和街道办学。

农村公办小学下放到大队，城市中小学下放到街道、工厂，加剧了“文化大革命”中教育领域的混乱现象，特别是伤害了中小学教师的感情，严重影响了他们的积极性。学校下放后，管理混乱，政出多门，导致教育质量进一步下降。同时，学校管理体制的不断变动，造成学校校舍被挤占、经费被挪用的现象大量出现。这一举措所带来的后遗症，直到“文化大革命”结束后很久才逐渐被消除。

六、知识青年上山下乡

到1968年夏，全国已滞留了1966年至1968年三届初、高中毕业生四五百万人。大学、高中及中等专业学校停止招生，加上当时经济发展缓慢甚至停滞倒退，企业基本上不招工。大批城镇的中学毕业生既不能升学，又不能就业，如何安置他们成了一个亟待解决的问题。从这时起，各地除陆续安排了少数毕业生在城镇就业外，陆续将一批批毕业生安置到各地的生产建设兵团、国营农场参加劳动，但这仍不能解决大部分毕业生就业的问题。

1968年12月22日，《人民日报》登载了甘肃省会宁县城镇居民到农村安家落户的消息，并在编者按中转述了毛泽东的号召：“知识青年到农村去，接受贫下中农的再教育，很有必要。要说服城里干部和其他人，把自己初中、高中、大学毕业的子女，送到乡下去，来一个动员。各地农村的同志应当欢迎他们去。”在这之后，全国立即掀起了知识青年上山下乡的高潮。农村中学的毕业生返乡参加劳动，尚未就业的城镇初、高中毕业生基本上全部到农村插队或到农场落户。这一举措在“文化大革命”期间一度成为一种制度。以后城镇中学的毕业生一般都要先去农村插队，然后再从插队知识青年中选拔少数人到城镇就业，或者被推荐为工农兵大学生。据统计，从1967年到1976年，全国共有1 640多万城镇知识青年上山下乡。

知识青年上山下乡在“文化大革命”中曾被吹捧为“防止资本主义复辟”、“造就无产阶级革命事业的接班人”和“屯垦戍边”的伟大战略措施，但是，它实际上不过是为解决知识青年就业问题不得已而为之的一项应急举措。知识青年上山下乡，对他们这一代人来说是一段影响极深的特殊经历。他们中的多数人在当地劳动群众的关怀和帮助下，在艰苦的条件下磨练、奋斗、成长。他们中也涌现出了不少优秀集体和先进人物。例如，在珍宝岛自卫反击战中，黑龙江省生产建设兵团某部由知识青年组成的担架连三排，配合边防部队，为保卫祖国领土立了功；到黑龙江省农村插队的上海知识青年金训华为了抢救集体财产，献出了自己年轻的生命等等。但是，为此付出的代价实在是太大了：一代人的正常学业被荒废，相当多的知识青年长期处于生活困难之中，有些知识青年还受到形形色色的坏分子的摧残和迫害，造成终生的遗憾和痛苦。广泛的上山下乡运动对我国教育事业的发展造成了巨大的破坏。伴随着“上山下乡”运动的高潮，我国的中学教育出现了一派衰落景象，“读书无用论”应运而生并迅速蔓延，相当广泛地影响了一代中国青少年乃至整个社会的思想观念，进一步加剧了社会上已经出现的轻视知识、鄙薄学校教育、鄙薄知识分子的不良风气。这种氛围，又对“教育革命”的进行起到了推波助澜的作用，加剧了对我国学校教育的全面破坏。

第四节　其他各类学校的“教育革命”

在“文化大革命”中，师范院校、职业学校、工农学校和工读学校也先后开展了“教育革命”，并在“教育革命”中受到冲击和破坏。

一、师范院校的“教育革命”

“文化大革命”初期，各高等、中等师范院校便作为培养“修正主义苗子”的“温床”普遍受到冲击。中央文革小组组长陈伯达于1967年5月4日在北京师范大学公开说，“师范学校是资本主义制度下产生的，师范大学要不要办，可以讨论”，试图宣判师范院校的死刑。这种蛊惑式的宣传，当时就导致一些师范院校，特别是中等师范学校被撤销、合并、搬迁，在校学生数大幅度减少。例如，中等师范学校的在校生由1965年的15.5万人减少到1969年的7 061人。①

在“教育革命”中，师范院校的特点被否定，心理学被作为“伪科

① 中国教育年鉴编辑部编：《中国教育年鉴》(1949～1981)，北京：中国大百科全书出版社，1984年版，第982页，第983页。

学”逐出了师范院校的课堂，教育学被作为“修正主义教育路线”的理论根源而受到批判。不仅凯洛夫的《教育学》被批判为“刘少奇反革命修正主义教育路线的理论根源”，而且，当时由华东师范大学刘佛年等编写的《教育学》也被诬为“教育界反毛泽东思想的一部代表作，是对1958年教育革命反攻倒算的宣言书，是封、资、修教育黑货的大杂烩，是苏修凯洛夫《教育学》的翻版”。

1970年前后，一些地区的中小学已复课，而师资却没有来源，致使师资告急。为此，有些地区采取了一些应急措施培养师资。例如，辽宁省要求辽宁师范学院举办一年制的中学外语教师培训班，共培训了180人，以应急需；华南师范学院从广东省在职教师中招收学员997名，分设政治、中文、英语、数学、工业基础、农业基础等6个专业，组成连队进行培训；吉林师范学校办起了“社来社去”师范班，共招收364人，分配在政文、数学、理化三个学科学习，学制为一年或半年，毕业后回到当地中学任教；上海师范学院在1969年4月至1970年6月协助有关单位举办“红师班”和其他各种学习班，共培训1 500人。

在中共中央批转《北京大学、清华大学关于招生（试点）的请示报告》时，吉林师范大学（后更名为东北师范大学）也参加了大学招收工农兵学员的首批试点，共招收1 000名学员。到1971年，全国高等师范院校有在校生1.68万人，中等师范学校有在校生12万人。这一时期招收工农兵学员实行“群众推荐、领导批准、学校复审”相结合的招生办法。虽然规定学员应“具有相当于初中毕业以上的实际文化程度”，但是并没有严格执行，致使学员入学时文化程度相差悬殊，大部分学员文化程度偏低。江青一伙鼓吹的工农兵学员“上、管、改”的口号也被搬到了师范院校，提出工农兵学员要“上师范、管师范、用毛泽东思想改造师范”。工农兵学员可以“代表”正确路线，监督学校对无产阶级教育路线的贯彻，参与学校大政方针的制定，并对学校的一切工作提出批评建议。教师则是被改造的对象，很难发挥主导作用。

尽管如此，师范院校的广大教师仍然对提高学生的文化程度、专业水平及对当地中小学教师进行业务辅导等方面作出了种种努力。例如，加强对学生的文化补习和学习的考试（考查），下乡对农村中小学教师进行巡回辅导，等等。但是，这些努力却被“四人帮”一伙污蔑为“修正主义教育路线的回潮”，他们还攻击进行文化考查是“对教育革命的反扑”，是资产阶级对无产阶级的进攻。

1973 年 11 月，《文汇报》按照张春桥的授意，发表了上海师范大学一名学员的谈话，借学员之口污蔑学校加强基础理论教育是“智育第一”，说什么教育界“出现了一股翻案风”，“搞反攻倒算”，因此要进行“反击”。

“四人帮”一伙还发动了对湘剧《园丁之歌》的围剿，这对师范院校的广大教师和准备从教的广大学员造成了很大的冲击。

特别严重的是，“四人帮”一伙强行推动学习“朝农经验”，几乎将师范教育推进死胡同。

例如，为了学习“朝农经验”，北京师范学院在 1976 年制定了一个体现“无产阶级教育革命原则”、把师范院校办成“无产阶级专政工具”的“规划”。这个“规划”规定的办学指导原则是：“学校还存在着滋生资本主义的土壤，修正主义仍然是当前的主要危险。”必须在一切领域、在革命发展的一切阶段，始终坚持对资产阶级的全面专政。不断清除旧师范的痕迹，同修正主义教育路线对着干，把学院改造成为无产阶级专政的工具。如果按照这个“规划”去办，哪还有什么师范教育！

某师范大学则通过在吉林省永吉县河湾子镇所办的“五七分校”直接实践了“朝农经验”。他们对师范院校原有的科系设置进行了“彻底改造”，办了大文、大理和农科三个综合专业。文科坚持以社会为课堂，以战斗任务组织教学。学员和工农兵一起批林批孔、评论《水浒》，为“现实斗争”服务。理科结合农村的“三机一泵”和水库建设组织教学。农科结合农业生产实际组织教学。当时就有人评论这所“五七分校”是“大学的牌子、中学的底子、小学的水平；开门办学，出出进进，啥也学不到”。然而，“四人帮”一伙硬是要把这所“五七分校”树立为师范院校学习“朝农经验”的典型在全国加以推广。

中等师范学校同样要学习“朝农经验”，实行“社来社去”，走“半工（农）半读”、“几上几下”的办学道路。教育课改为“教育革命理论和实践课”，数学、音乐、图画、自然常识、军体等课程也必须反映两个阶级、两条路线的斗争。教师进修学院改成了“红专学院”，要求要与十七年的“关门进修”对着干。

这些做法由于“四人帮”的倒台而没有全面推开。

二、职业学校一度受到毁灭性打击

“文化大革命”中，职业教育是各类教育事业中受到破坏最严重的部分。

“文化大革命”一开始，刘少奇倡导的两种教育制度、半工半读学校就被错误地作为修正主义教育路线、资本主义教育制度的产物受到批判。中等专业学校（包括中等技术学校和中等师范学校）被大量撤销或削减招生人数，半工半读学校和职业中学（农业中学）绝大多数停办，致使职业教育在“文化大革命”期间少为国家培养了500万名以上的初、中级技术人才。①

据统计，1969年与1965年相比，中等技术学校数由871所下降到685所，在校学生数由39.2万人下降到23 237人。② 在这种情况下，1969年8月7日，《人民日报》发表了北京电力学校（中等技术学校）革命委员会和驻校工宣队的调查报告，反映了当时中等技术学校面临的问题。报告披露，“目前中等技术学校的状况是：有的已经改成工厂，有的准备继续办下去，有的干脆下马不办了。相当数量的中等技术学校举棋不定……总之，一个突出问题是，中等技术学校到底要不要办？要办的话，又如何办？”此外，半工半读学校、职业中学（包括农业中学）则几乎全部停办。职业教育受到了毁灭性的破坏。从1970年起，中等技术学校才又开始恢复办学。而半工半读学校、职业中学则直到“文化大革命”结束后才得以恢复。

在“教育革命”中，部分中等技术学校得以恢复。其间，遇到了许许多多的困难。例如，1972年，上海冶金学校根据冶金部的意见准备复校招生。但是当时的上海市某负责人百般刁难，质问学校恢复招生是冶金部的意见还是中央的意见，并说：上海不办中专，冶金部要办，可以代办。但是，招生只能到外地去招，上海没有初中毕业生，也不需要中专毕业生等等。

由于“文化大革命”中一批中等技术学校被撤销，学校的教学和生

---

① 闻友信、杨金梅著:《职业教育史》，海口：海南出版社，2000年版，第89页。

② 闻友信、杨金梅著:《职业教育史》，海口：海南出版社，2000年版，第88~89页。

活设施遭到严重破坏，特别是有些学校校舍大量被外单位占用，致使一些学校是在借用农场、仓库、简易工棚、郊区生产队用房的艰苦条件下复校的。例如，北京的一些中等技术学校直到“文化大革命”结束仍然没有校舍。第一轻工业学校四处借房，年年搬家；垂杨柳医院卫生学校利用两间十几平方米的洗衣房办学；宣武区卫生学校借不到房子，只好在马路边搭起两间木板房当做教室。类似的情况在中等技术学校中不胜枚举。

在“教育革命”中，中等技术学校的招生改为实行从有实践经验的工农兵中不经考试而推荐选拔的办法，致使学生入学时文化程度参差不齐，难以组织统一的教学。学习年限也普遍由原来的三年至四年缩短为两年至三年。

在“教育革命”中，学校原有的教育教学制度和规章全部作为脱离政治、脱离生产劳动、脱离工农兵群众的旧教育制度受到批判并予以废止，导致学校的教学、管理秩序全面混乱。教学工作上照搬了当时高等学校“开门办学”、“厂校挂钩，校办工厂，厂带专业”、结合“典型工程”、“典型产品”组织教学等“经验”。在实际执行中，强调以阶级斗争为主课，政治运动频繁，劳动和“开门办学”活动过多，致使“以学为主”得不到保证。

当时，中等技术学校的毕业生一般回原地区、原单位工作。非国家职工的毕业生，除分配到全民所有制企事业单位外，也可分配到集体所有制单位，也可以上山下乡。农业学校的毕业生一度实行了从公社来、回公社去的办法。

“文化大革命”中，职业教育的教材编辑出版工作基本停顿，教材不能正常供应。各个学校自编的讲义质量低劣，只不过是原有教材的删改、简化，缺乏内容之间的逻辑联系。

在“教育革命”中，中等技术学校也参照高等学校工农兵学员“上大学、管大学、用毛泽东思想改造大学”的做法，提倡学校的工农兵学员也实行“上、管、改”，导致教师不能教，学生不愿学，学校中师生关系极不正常。

在上述因素的综合作用下，“教育革命”中的职业教育的质量和水平大大下降了。

三、工农学校先抑后扬，畸形发展

“文化大革命”爆发后，工农学校与其他各类学校一样，也被污蔑为执行了刘少奇修正主义教育路线，被指责为没有“以阶级斗争为主课”，因而无论是学历的还是非学历的工农教育，从教育思想、学校制度、教育内容、教学实践等方面都被否定。随后，半工半读教育、成人扫盲教育、职工教育、农民教育等基本陷入停顿状态，函授教育、夜大学、电大等教育机构被纷纷撤销，工农教育呈现一派消亡的景象。

1968年7月21日，毛泽东在《人民日报》刊登的《从上海机床厂看培养工程技术人员的道路》一文的编者按的清样中加写了一段话：“大学还是要办的，我这里主要说的是理工科大学还要办，但学制要缩短，教育要革命，要无产阶级政治挂帅，走上海机床厂从工人中培养技术人员的道路。要从有实践经验的工人农民中选拔学生，到学校学几年以后，又回到生产实践中去。”这段话后来被称为“七二一指示”。“七二一指示”的发表，一方面促使普通理工科大学在“教育革命”中向成人技术学校的方向调整；另一方面，在一定程度上又使得工农教育的发展发生转机。

这时，上海机床厂借着“七二一指示”的东风，自己办起了一所以“七二一”命名的脱产学习的职工大学。第一期学员有52人，第二期学员有98人。在教学中，主课是马列主义毛泽东思想、阶级斗争和路线斗争，仅有的7个月的理论学习也被阶级斗争和劳动实践所代替。但是这毕竟是工农教育复苏的象征，所以各地相继效仿。于是，“七二一”大学在全国迅速兴起。

1972年，全国办起“七二一”大学68所，在校学生4 000人；1973年，增加到122所，在校学生6 000人；1974年，进一步增加到343所，在校学生为2.3万人。到1976年时，“七二一”大学的数量达到顶峰，为33 374所，在校学生达到148.5万人。①

在“七二一”大学中，学员入学文化程度参差不齐，大多数达不到应有的水平；学习年限被大大缩短；学习主课是马列主义毛泽东思想

① 中国教育年鉴编辑部编：《中国教育年鉴》（1949～1981），北京：中国大百科全书出版社，1984年版，第594页。

课、阶级斗争和路线斗争课，仅有的一点基础理论知识教育，也常常被政治斗争和劳动实践所代替。因此，从总体上说，“七二一”大学没有达到成人高等教育应有的水平。

“文化大革命”期间，由于一些原来的普通高等学校被迫下放或疏散到农村，有的甚至搬进了山沟，因此只能以农村为依托，办起了“五七”大学。它们主要招收有实践经验的回乡、下乡知识青年和有实践经验的农民，主要开办农林方面的专业，举办农林方面的短训班。“五七”大学作为一些由普通高等学校被迫扭曲为工农教育以谋生存的产物，在当时也对农村成人教育产生过一定的积极影响。

“文化大革命”中后期，工农函授教育开始少量恢复。1972 年，上海的复旦大学等 13 所高等学校分别在安徽、江西、云南、吉林、黑龙江等省的部分县为上山下乡知识青年试办函授教育。

函授的科目分政治和语文、农业生产知识、农村卫生等三类，开设有马列主义经典著作辅导、写作、电工、农用柴油机维修、农村常见病防治等 23 门课程。各科学习年限不超过一年。学员资格的取得途径为：本人自愿报名，领导批准。当年参加学习的有 3 万多人。到 1974 年，上海、北京、天津、黑龙江、吉林、河北等 17 个省、市有 73 所高等学校举办了以上山下乡知识青年为主要对象的函授教育，参加学习的学员达到十几万人。

扫除文盲教育和农村业余教育在部分地区于 1972 年后开始有所恢复。但是，每当有所恢复后，立即就被“四人帮”一伙指责为“走老路”，是“修正主义教育路线复辟”和“资产阶级教育回潮”。与此相反，他们在 1974 年“批林批孔”运动中精心炮制了“小靳庄政治夜校”的“经验”，即强行组织干部、社员进夜校学“阶级斗争”，学唱“革命样板戏”和“革命歌曲”，编排“革命文艺节目”，开“赛诗会”，要变“政治夜校”为“学习革命文化活动的中心”。“小靳庄政治夜校”的“经验”，不仅在当时的政治斗争中起了恶劣的作用，而且对广大农村的农民教育造成极大冲击和影响。

四、工读学校被否定

工读教育是转化“浪子”的特殊教育。到 1965 年底，全国各地的工读学校已发展为近 30 所。但“文化大革命”一开始，工读教育就被彻底否定。在“教育革命”中，全国除重庆市沙坪坝工读学校尚在艰难维持外，其他的工读学校全部停办。

沙坪坝工读学校校长是公安干部，本人在教师和学生中有较高的威望和凝聚力，因而学校相对比较稳定。学校教师大多数家住学校附近，也希望学校能生存下去，所以都能自觉维护学校的正常教学秩序。同时，教育主管部门每年正常给学校拨款。在这些因素的综合作用下，沙坪坝工读学校得以幸存。

其他停办后的工读学校，或改为普通中学，或校舍被其他单位占用。学校的教师，或原地留用改任普通中学的教师，或被分配到其他中学任教，或长期被占用单位借用。

工读学校被停办，学生流向社会，同时普通中学不断出现新的犯有比较严重错误的学生而得不到及时的挽救教育。这也是“文化大革命”期间青少年犯罪率急剧上升的一个重要原因。

第五节　民族教育事业遭到严重破坏

“文化大革命”使起步较晚的民族教育事业成为“重灾区”中的“重灾区”。

“文化大革命”一开始，林彪、江青两个反革命集团就打着反对“投降主义”、“修正主义”的旗号，全盘否定新中国成立以来统战、民族、宗教等方面的工作成绩。1966 年 8 月中共八届十一中全会期间，陈伯达、江青等人就在全会的小组会上向中共中央统战部发难，将其打成“修正主义司令部”。以后，全国的统战、民族、宗教工作部门都被扣上了“执行投降主义路线”的帽子，甚至被污蔑为“牛鬼蛇神的庇护所”；广大民族干部被说成是“资产阶级的代理人”，遭受到残酷的打击、迫害；各级民族工作的机构实际上都被撤销。在这种背景下，民族教育事业遭到全面的严重破坏。

一、民族普通教育事业萎缩

“文化大革命”中，民族普通高等学校减少，民族学院多数被迫改变性质，民族中小学也大多数被停办或改为普通学校，使民族普通教育事业急剧萎缩。

建国后逐步建立起来的、以招收民族学生为主的民族普通高等学校有些被停办，有些被改变了性质。

例如，1965年，全国共有民族学院10所。在“文化大革命”中，其中的8所先后被停办，只保留了中央民族学院和广西民族学院。被停办的民族学院的校舍、教学仪器设备、图书资料、生活设施等都受到程度不同的损害。特别是西北民族学院更是遭受到毁灭性的破坏，教职工被调光，校产被分光，资料被烧光。民族学院的撤销和停办不仅造成极为恶劣的政治和社会影响，而且至少为国家少培养了4万名少数民族人才，从而明显地影响了各民族地区的建设和发展。

与此同时，民族中小学也因被污蔑为“民族分裂主义的产物”而被大量撤销或合并。

例如，贵州省原有的1 000多所民族中小学先后被撤销。有的省、自治区的学校虽然还挂着民族学校的牌子，而实际上却名存实亡。特别是在“文化大革命”前刚刚兴建起来的寄宿制民族学校被扣上“三脱离”的帽子，大批被砍掉。新疆、青海、甘肃等省、自治区的少数民族牧区，寄宿制民族学校本来就很少，却在“文化大革命”中几乎全部被撤销，代之以大量发展的马背学校、牧读学校等。青海省的牧读学校在1965年时只有300余所，到1976年时发展为2 180所。马背学校、牧读学校是一种很难管理的非正规化教学的教育形式，实行流动、巡回教学，教育质量难以保证。它们作为普及牧区小学教育的一种辅助形式是可以的，但是如果把它们作为牧区教育主要的或唯一的教育形式，甚至以它们去否定已经建立的寄宿制民族学校，则完全脱离了牧区的实际。

二、民族语文教育被削弱和排斥

当时，在“左”的思想指导下，民族语言的使用和发展受到严重干扰。一些人公开宣传：“社会主义了，还讲什么民族不民族的。民族语言很快就要融合一致。”于是，原有的民族文字编译出版机构被撤销，民族文字出版工作出现大倒退。

例如，1969年，西藏自治区的民族教材编译机构被全部撤销，编译队伍被全部遣散。内蒙古自治区教育出版社曾一度被撤销，民族教材停止出版。云南省也在1969年撤销了民族教材编译室和民族出版社。这样，致使民族文字图书的出版大幅度下降，民族文字教材的出版几乎停止。

据统计，1970年与1965年相比，全国用少数民族文字出版的图书品种由644种降为159种，印数由1 002万册降至797万册；出版的少数民族文字课本品种由787种猛降至75种，其中新出课本由561种降至35种，而且印数极为有限，甚至比解放初的1952年还要少20%左右。① 民族语言文字教材出版的减少和停止，使民族教育失去了基本的载体，也使众多的少数民族群众失去了让子女接受教育的积极性。

民族学校是传承和发展民族语言文字的重要基地。新中国建立后，民族教育发展的实践证明，在有民族语言文字的少数民族学校中，使用本民族语文教学，让中小学生首先学好本民族语文，有利于普及和发展教育，有利于提高教育质量，也有利于保护和发展少数民族的优秀传统文化，增强民族大团结。所以，党和国家一贯积极倡导少数民族学生在中小学阶段首先要学好本民族语文，同时要学好汉语文。但是，在“文化大革命”期间，国家重视民族语言文字的政策被否定了，在广大民族地区，少数民族语言文字也被当做“封、资、修”的东西遭到批判。在这一背景下，除个别偏远地区外，民族语文教学在大多数民族地区被公然取消或实际上取消，代之以用汉语授课。这一做法不仅极大地伤害了少数民族的情感，加深了民族间的矛盾与隔阂，而且严重地影响了民族教育的发展。

例如，在蒙古族地区，大多数学校均改为用汉语教学，结果使许多不懂汉语的蒙古族少年儿童读了六七年书也过不了语言关，出现了“学校出文盲”的怪现象。在延边地区，大量民族教育机构被撤销，致使许多朝鲜族的中小学学生不得不到汉语学校去读书。即使是朝鲜族学生集中的学校，民族语文的教学也被排挤掉，学生只好接受汉语文的各科教育，致使在这一时期毕业的学生既没有掌握好朝语文，又没有学好汉语文，降低了一代人的文化水准。

在民族地区强行削弱以致取消民族语文教育的做法，违背了语言使用的客观规律和语言教学的规律，也违背了党和国家的民族政策，严重影响了民族教育事业的发展，造成了许多民族学生汉语文和本民族语言

① 朴胜一、程方平著：《民族教育史》，海口：海南出版社，2001年版，第126~127页。

文字“两不通”的恶果。

三、民族教育工作者受到打击、迫害

在“文化大革命”中，由于党的知识分子政策和民族政策遭到破坏，因而民族教育工作者也受到残酷打击、迫害。在高等学校中，一些学术上有成就的民族教育的老专家、老教授被打成“资产阶级反动学术权威”，遭到批判斗争，有的被迫害致残、致死，其科研成果也大量散失，造成不可弥补的损失。

民族地区的一些冤、假、错案，如内蒙古自治区的“新内蒙古人民革命党”案，“乌兰夫反党叛国集团”案，延边地区的“朱德海（朝鲜族，时任中共延边朝鲜族自治州委第一书记、吉林省副省长、中共中央候补委员）案”，其中都有一大批民族教育工作者被涉及，遭到打击、迫害。以吉林省为例，在“文化大革命”中受到迫害的民族教育干部和教师竟达1 112名之多。其中，被迫害致残、致死的有 335 名。海南黎族聚居的保亭县的中小学，在“文化大革命”中清除了 20 多名“阶级敌人”，有 5 名民族教师被开除，严重地打击了当地民族教师的积极性。①

面对由于民族政策被破坏而出现的各种打击、迫害，各民族的广大教师、干部和群众仍然坚定地相信党和政府，相信正确的民族政策还会回到民族地区。他们一方面用各种方式对“文化大革命”中的错误做法进行抵制和斗争，一方面在极其困难的情况下坚持教学和工作。

例如，在内蒙古自治区，“新内蒙古人民革命党”冤案祸及全区，许多蒙古族教师、学者、干部和群众被打成“民族分裂分子”，遭受“逼、供、信”的迫害。但是，他们没有一人逃往国外，而是不断到北京向中央反映问题，并忠于职守，等待拨乱反正的一天。

四、民族学校中少数民族师生比重下降

“文化大革命”中，由于党的民族政策被践踏，一些民族学校的性质被改变，致使本来应以少数民族师生为主体的民族学校出现了一个极为奇怪的现象——这些学校中的少数民族教师和学生所占比重大大下降了。

例如，在内蒙古自治区，所有的民族院校和民族中小学都被摘掉了

① 朴胜一、程方平著：《民族教育史》，海口：海南出版社，2001 年版，第 121 页。

"民族学校"的牌子，变成了没有民族特色的政治学校。在延边大学，"文化大革命"前，学校的性质被定为综合性民族大学，朝鲜族学生占在校生的比例为80%以上，朝鲜族教师、干部占教职工总数的比例为80%。但是，在"文化大革命"中，学校被污蔑为"推行地方民族主义的黑据点"，被强行改变了民族高校的性质，致使学校中朝鲜族学生占在校生的比例下降到20%～30%；由于人为地规定学校的朝鲜族教师、干部与非朝鲜族教师、干部的比例为1∶1，致使大批朝鲜族教师、干部被赶出校门。由此，延边大学不仅进一步失去了民族高校的特色，而且办学水平也降到了历史的最低点。

五、在民族地区盲目发展普通中学

"文化大革命"以前，民族地区中等教育的结构还是比较合理的，除普通中学外，还有大量的中专、中技类学校，基本适应了民族地区经济、社会发展的要求。但是，在"教育革命"中，民族地区大量的中等专业学校和中等职业技术学校被停办，校舍被其他学校占用或挪作他用，民族地区的中等教育向单一的普通中学方向发展，致使民族中等教育的功能萎缩，为民族地区培养的中等职业技术人才大为减少。这种状况，不仅在当时，而且在"文化大革命"结束后很多年的时间内，都严重影响了民族地区的经济和社会发展。

特别是"教育革命"后期，民族地区也与其他地区一样，不顾办学基础和办学条件，甚至大量在小学附设"戴帽"初中班，盲目发展普通中学。据统计，全国民族自治地区的普通中学的在校生，1975 年比 1965 年增长了近 4 倍。个别地区这一矛盾更为突出。例如，内蒙古自治区的普通中学由 1965 年的 332 所猛增到 1976 年的6 833所，增长了 19.6 倍。①

这种盲目发展普通中学的做法，不仅毁掉了中等职业教育，削弱了小学教育这个基础，而且，降低了中学教育的水平，造成中学毕业生徒有虚名的状况。到 1978 年恢复高考招生时，全国少数民族学生考入大学的比例，除个别地区外，都远远低于少数民族人口所占当地人口的比例。当然，造成少数民族地区教育水平低的原因很多，但是"四人帮"

① 朴胜一、程方平著：《民族教育史》，海口：海南出版社，2001 年版，第 125 页。

的干扰破坏不能不说是一个主要原因。

虽然，在“文化大革命”的中后期，民族地区的学校教育有了一定程度的恢复和发展，但是“文化大革命”以来的运动式发展教育的方式并没有改变，一哄而上、盲目冒进的现象继续制约着民族教育的发展。

第十四章　为挽救社会主义教育事业而进行的斗争

"文化大革命"爆发后，林彪、江青两个反革命集团推波助澜，并背着毛泽东进行了大量祸国殃民的罪恶活动，使党和国家遭受了极为严重的损失，一时出现了"天下大乱"的局面。周恩来等老一辈无产阶级革命家在异常困难的处境中，同林彪、江青两个反革命集团进行了各种形式的斗争。他们顾全大局，苦挽危局，维系着党和国家工作的继续运转。他们也在力所能及的情况下保护了大批老干部和党内外知名人士，知名的专家、学者、教授。特别是周恩来等老一辈无产阶级革命家抓住林彪自我爆炸后的有利时机进行了纠"左"努力，力图减少"文化大革命"造成的损失；邓小平在复出后抓住机遇，无所畏惧地领导了"全面整顿"。这两次抗争虽然都先后受挫，被迫中断，但是在共和国的历史上都留下了浓重的一笔，并为最后粉碎"四人帮"发挥了重要作用。

在"文化大革命"中，教育领域的广大干部、教师逐渐觉醒，在逆境中进行力所能及的各种抗争，坚持教育教学工作，表现出高度的事业心和责任感。他们同全国各个领域的广大干部、群众一起，构成了最后粉碎"四人帮"的强大的群众基础。

第一节　周恩来在教育领域的纠"左"努力受到干扰和破坏

1971 年 9 月，林彪反革命集团策动反革命政变、以暴力方式抢班夺权的阴谋败露。9 月 13 日，林彪携叶群、林立果等人乘飞机仓皇出逃，摔死在蒙古的温都尔汗。"九一三事件"客观上宣告了"文化大革命"理论和实践的破产。"九一三事件"后，在毛泽东的支持下，周恩来主持中央日常工作。周恩来在叶剑英、李先念等老一辈无产阶级革命家的支持和协助下，在极为困难的情况下，顶住江青反革命集团的干扰，推动“批林整风”的开展，努力克服“文化大革命”对我国经济、文化、教育、外交和组织等领域造成的危害，恢复和落实了中国共产党的一些长期以来行之有效的政策，使党和国家各方面的工作有了转机。与此同时，陷入深重灾难的教育领域也出现了重大转机。

一、教育领域的纠“左”努力

还是在林彪反革命集团自我爆炸之前的1970年11月，周恩来就先后用了五个晚上的时间同北京大学、北京外国语学院等外语院系的师生代表座谈外语教育问题。

在座谈中，周恩来指出，对解放后十七年的外语教学工作要一分为二，不能把合乎毛泽东思想、合乎规律的也否定了。他说：“学外语要天天练。天天练的时间不要仅限于一个小时。如果硬性规定一小时，其他时间就不许练，这种办法一定要脱离群众的。”“苦练，应当成为原则。”他着重谈了培养又红又专的外语人才和练好“三个基本功”的问题。周恩来指出，“外语教学有个基本功问题”。“基本功包括三个方面：政治思想、语言本身和各种文化知识。”“不光是要掌握外语的语音、词汇、语法，做好听、说、读、写、译五个字，还要懂得历史、地理。”“你不懂这些知识，做翻译时就译不出来。”“不但要有政治水平，同时要有较高的文化水平。没有基本功和丰富的知识不行。”他还十分关心中学生的学习，强调“中学生把外语学好了，进大学或以后自学就有了基础”。[①] 周恩来的这些指示为外语类院校在当时的混乱局面下恢复教学工作、培养专门人才指出了方向，同时促使了中学外语教学的恢复。

周恩来主持中央日常工作后，为党和国家的各项工作走上正轨作了不懈的努力，特别是在力所能及的范围内去纠正“文化大革命”中的一些错误。一部分遭受过打击和迫害的领导干部部分地恢复了名誉，并被重新安排工作。

在这种大背景下，也有的是在周恩来的直接过问下，一些学校的党政领导干部和一大批专家、学者、教师也被解放并重新安排工作，党的

---

① 何东昌主编：《中华人民共和国重要教育文献》（1949～1975），海口：海南出版社，1998年版，第1470页。

干部政策和知识分子政策在教育系统得到了一定程度的落实。不少学校又重新鼓励教师为社会主义建设刻苦钻研业务，并安排政治上表现好、业务能力强的教师担任教学和科研组织的领导工作，发挥了他们在教学和科研中的骨干作用，在一定程度上调动了教师的积极性。

例如，1972年下半年，北京大学一些民主人士和老教授被落实政策后，精神振奋，积极从事教学工作和学术研究。经济学家陈岱孙不顾腿伤，拄着拐棍上课。他一反自己十多年不写文章的“规矩”，自报《马克思对古典经济学理论的批判、继承和改造》和《列宁后期著作中关于政治经济学理论的几个问题》两项课题。原东语系教研室主任金克木在解除“托派嫌疑”后表示，“谁对梵文、巴利文不懂，有什么问题，都可以来找我”。他还开始着手编校《汉语印地语字典》和《乌尔都语汉语字典》。哲学系一级教授朱光潜在落实政策后，首先寻找抄家时被抄去的他翻译的黑格尔美学手稿，继续进行翻译工作。他还就《共产党宣言》、《哥达纲领批判》等译文中的一些不妥之处写信给中共中央编译局，提出自己的意见。

兰州铁道学院在1972年批判极左思潮、落实政策的过程中，充分信任和大胆使用教师，在教师中开展了制定红专规划的工作。红专规划中不仅有政治方面的要求，而且在业务方面要求编写教材、改革教学方法、提高业务水平、开展科研活动、学习一两门外语等等。学院整顿和扩充了实验室，举办外语学习班，建立科学技术情报网，减少政治活动时间。经过整顿，学院出现了空前的钻研业务的空气，教师争相报课题、搞实验，外语学习班上座无虚席。

在全国开展批判林彪抢班夺权阴谋的“批林整风”过程中，鉴于林彪反革命集团煽动极左思潮所造成的流毒和恶果，周恩来多次提出要批判极左思潮和无政府主义，有的讲话直接涉及教育系统。1971年10月26日，周恩来在政治局的一次会议中谈到，医学院、医院要专门办，没有专门知识不行。如果不办，这也属极左思潮，将来要受批判。1972年4月9日，他在观看部队文艺演出时谈到，极左思潮不肃清，将破坏艺术质量的提高。1972年8月，他在一次谈话中指出，“左”的不批透，右的还会来。同年8月8日，周恩来在接见中国驻外大使时指示，要批判林彪的“空头政治”，强调政治挂帅一定要挂到业务上，各级领导干部要理直气壮地抓业务、抓生产、抓管理。

根据周恩来的指示精神，《人民日报》1972年10月14日发表了三篇批判极左思潮的文章。其中一篇题为《无政府主义是假马克思主义骗子的反革命工具》的文章，斥责了林彪一伙所鼓吹的形形色色的极左论调，严正指出，鼓吹极左思潮的目的是破坏无产阶级纪律，瓦解社会主义生产，动摇无产阶级专政。周恩来关于批判极左思潮和无政府主义的指示以及根据他的讲话精神所发表的文章，得到饱受“文化大革命”之苦的广大人民群众的热烈欢迎，教育系统的广大干部和教职工也深受鼓舞。

周恩来特别重视教育领域的纠“左”问题。在他的亲自关心下，中央报刊发表了一系列关于建立正常的教学秩序、培养合格的社会主义建设人才的文章，推动了学校教学秩序的逐步恢复。

1972年3月21日，《光明日报》发表了题为《加强领导，认真上好社会主义文化课》的文章，强调了上好社会主义文化课的重要性。同年4月1日，《红旗》杂志发表了题为《正确理解和处理政治业务的关系》的专论，提出，“对业务工作中的客观规律认识越高，钻研技术越深，就对人民的贡献越大。不坚持为革命钻研业务、学习文化、学习技术，是不符合毛主席路线的”。“冲击社会主义生产和业务的‘政治’，决不是无产阶级政治”。“政治与业务是对立物的统一，要促进这种统一，就必须反对‘不问政治’和‘脱离业务’的两种倾向。”10月1日，《人民日报》、《红旗》杂志、《解放军报》联合发表题为《夺取新的胜利》的国庆社论，其中明确指出，要“加快社会主义建设的步伐”，“继续落实毛主席的干部政策、知识分子政策、经济政策等各项无产阶级政策”，提倡又红又专，为革命学业务、学文化和学技术。这些文章不仅对全国产生了巨大影响，而且对当时教育领域严重的“只要政治、不要业务”、“政治可以冲击一切”等极左思想和观念造成了强烈的冲击。

与此同时，报刊上出现了关于重新强调教师作用的文章。1972年8月16日，《人民日报》发表吉林省长春市教育局题为《充分发挥教师在教育革命中的作用》一文。文章强调，“转变学生的思想，传授社会主义文化科学知识，进行教学领域的一系列改革，全面落实党的教育方针，都是在党的领导下，主要由教师去做。如果不注意调动他们的积极性，轻视他们在教育革命中的作用，就会影响教育革命的深入发展。”① 一些落实党的知识分子政策的举措也先后出台。例如，1972 年 9 月 29 日，国务院批转的国务院办公室《关于老干部、高级知识分子和爱国人士住房情况的调查报告》强调，要“认真检查一下上述三种人的住房情况。住房被挤占的，原则上应予退还。退还有困难的，也可作适当调整”。②

在这种形势下，教育行政部门和各级各类学校也开始批判极左思潮和无政府主义倾向，落实党的知识分子政策，逐步开始恢复正常的教学秩序，恢复了一些被极左思潮冲掉了的教学和管理的规章制度。教育事业的发展有了新的转机。

针对当时普遍出现的轻视和削弱基础理论的教学与研究，否定课堂理论教学，单纯强调劳动实践、开门办学、以干代学的现象，周恩来在 1972 年 7 月 2 日会见美籍华人学者杨振宁时，赞赏他关于加强我国基础理论研究工作和研究人员培养的看法和建议。7 月 14 日，周恩来再次会见杨振宁，他对陪同会见的北京大学负责人周培源教授说，要“提倡一下理论”，“你回去把北大理科办好，把基础理论水平提高”，“有什么障碍要扫除，有什么钉子要拔掉”。以后，周恩来又多次指示要加强自然科学基础理论研究，指出，“现在强调实践，对理论提倡不够，学校里的基本理论课也少了”。7 月 20 日，周培源教授给周恩来写信，汇报他对我国基础理论研究和教学工作的看法，并提出了一些建议。周恩来立即将周培源教授的信转给有关人员落实。

在周恩来的支持下，《光明日报》于 10 月 6 日发表了周培源题为《对综合大学理科教育革命的一些看法》的文章。文章提出，“工和理、应用和理论都必须受到重视，不能偏废”。“要批判‘理论无用’的错误思想”，“充分认识到科学研究和自然科学理论的重大意义”。“在学校中基础课的教学工作一定要做好，这是最根本的。”“综合大学理科负有普及科学知识和提高科学水平的双重使命”，“综合大学理科要对基本理论

---

① 何东昌主编:《中华人民共和国重要教育文献》(1949～1975)，海口：海南出版社，1998 年版，第 1484 页。

② 何东昌主编:《中华人民共和国重要教育文献》(1949～1975)，海口：海南出版社，1998 年版，第 1487 页。

的研究给予足够的重视”。“理科在原则上不宜按产品设立专业”。① 这篇文章当时在教育领域产生重大而广泛的影响。尽管文章受到江青反革命集团的围攻，他们指使上海《文汇报》发表反击周培源的文章，实则把矛头指向了周恩来，但是周培源的文章，仍然对各级各类学校加强基础理论研究，加强基础理论和基础知识的教学，纠正教学中重实践、轻理论的实用主义偏向，提高教育质量，起到了积极的导向作用。

针对高等学校大量招收工农兵学员后出现学生文化程度参差不齐的情况，在周恩来的领导下，国务院科教组于 1972 年 5 月 8 日转发了《北京市革委会文教组关于高等学校试办补习班的报告》，指出，“各高等学校对于实际文化程度没有达到要求的学员，可根据各类专业的不同要求，有重点地补习必要的文化基础知识”。② 根据这一精神，各地高等学校一般都对工农兵学员增加了半年左右的文化补习时间。当然，这种为期半年的补习难以补上三五年以上的文化知识。在这种情况下，经周恩来批准，国务院科教组于 1973 年 4 月 3 日发出《关于高等学校 1973 年度招生工作的意见》，提出，本年招生工作除继续采取前一年的办法外，还要“重视文化程度，进行文化考查，了解推荐对象掌握基础知识的状况和分析、解决问题的能力，保证入学学生具有相当于初中毕业以上的实际文化程度”。③ 这一规定实际上突破了 1970 年以来高等学校招生工作中取消文化考试的做法，是对极左的高等学校招生制度改革的部分纠正。

周恩来还提出了高中毕业生可以直接上大学的问题，并领导有关部门在实际招生中进行了一定的突破。

“文化大革命”开始以后，高中毕业生就被剥夺了直接上大学的权利。在“教育革命”中，实行了从工农兵中进行选拔、免试推荐上大学的新的高等学校招生制度。这造成了此后国家各类建设人才产生断层的

---

① 何东昌主编：《中华人民共和国重要教育文献》（1949～1975），海口：海南出版社，1998 年版，第 1489～1492 页。

② 何东昌主编：《中华人民共和国重要教育文献》（1949～1975），海口：海南出版社，1998 年版，第 1484 页。

③ 何东昌主编：《中华人民共和国重要教育文献》（1949～1975），海口：海南出版社，1998 年版，第 1496～1497 页。

严重局面，而且还引发了高等学校招生工作中出现严重的“走后门”现象。中央曾多次发文，三令五申要求杜绝高等学校招生工作中的“走后门”现象。针对高等学校招生工作中的问题，周恩来在1972年10月14日会见美国哥伦比亚大学教授李政道博士时明确提出：“对学习社会科学理论和自然科学理论有发展前途的青年，中学毕业后，不需要专门劳动两年，可以直接上大学。”① 周恩来的这一主张极大地鼓舞了广大教育工作者和青年学生，却遭到了江青、张春桥等人的抵制，因而无法推广实施。但是，周恩来仍然作了进一步的努力。在周恩来的直接领导下，1973年5月和6月，国家有关部门先后发出通知，提出体育学院运动系和北京外国语学院可以招收少量应届高中毕业生。这一举措实际上为突破当时的高等学校招生制度开了一个口子，受到了广大教育工作者和学生及家长的欢迎。

周恩来批判极左思潮、纠正“文化大革命”中的一些错误的行为，特别是他在教育问题上的讲话和所采取的一些举措，在教育系统引起了热烈的反响，鼓舞了广大干部、教师，给处于逆境中的教育事业带来了一定的转机。

二、纠“左”努力的中断

周恩来批判极左思潮、纠正“文化大革命”错误的努力，使江青反革命集团极为不满。他们或明或暗地不断攻击周恩来在搞“右倾回潮”、“修正主义回潮”。他们在国务院科教组的骨干分子迟群，不仅竭力阻挠周恩来的正确主张在教育系统的贯彻，而且还在各种场合将广大教职工群众的觉醒斥为“认识模糊”、“思想混乱”、“恶意攻击”。特别是1972年底，张春桥在对外交部关于召开外事会议的请示报告下批文时，公开表示：“当前的主要问题是否仍然是极左思潮？批林是否就是批极左和无政府主义？我正在考虑。”江青则表示：“我个人认为应批林彪卖国贼的极右，同时批他在某些问题上的形左实右。”他们还授意在其控制下的《文汇报》等报刊组织文章，假借上海工人的名义攻击《人民日报》1972年10月14日所发表的三篇批极左思潮和无政府主义的文章是“大

① 陈东林、杜蒲主编：《共和国史记》（第3卷），长春：吉林人民出版社，1994年版，第770页。

毒草”，声称要大批“修正主义”、“右倾回潮”。

当时，毛泽东仍然在全局上坚持他发动“文化大革命”的错误理论和错误实践，因此，他不支持周恩来的纠“左”努力。1972 年 12 月，毛泽东在与张春桥、姚文元的一次谈话中强调：“批极左，还是批极右?”主张对极左思潮少批一点，主要应该批林彪的修正主义、分裂、阴谋诡计、叛党叛国的“极右”。① 1973 年元旦，《人民日报》、《解放军报》和《红旗》杂志联合发表社论，提出要始终把批判的矛头对准林彪一伙，“牢牢掌握这个斗争的大方向”。至此，报刊上再也见不到批判极左思潮的文章了。

此后，毛泽东又在 1973 年 7 月的一次谈话中把批林与批孔、批尊孔反法联系起来。他认为，林彪与历代反动派一样，都是尊孔反法的。同年 11 月 7 日，《人民日报》发表了经毛泽东批准的《孔子——顽固地维护奴隶制的思想家》一文。毛泽东还同意了王洪文、江青于 1974 年 1 月 12 日所写的一封信，批准将北京大学、清华大学“大批判组”所汇编的《林彪与孔孟之道》转发全国。1974 年 1 月 18 日，中共中央将《林彪与孔孟之道》作为 1974 年的一号文件下发全党，号召全党、全国开展“批林批孔”运动。

“批林批孔”运动开始后，“四人帮”一伙立即别有用心地将斗争矛头指向了周恩来等老一辈无产阶级革命家。1974 年 1 月 24、25 日，江青等人两次召开万人“批林批孔”大会，会上公开攻击和污蔑周恩来等中央领导。会后，他们进一步指使其写作班子大量炮制批判文章，批孔子，批“周公”，批“宰相”，批“现代的儒”。特别是他们借批孔子的“克己复礼”，影射或公开攻击周恩来主持中央日常工作后恢复“文化大革命”前的正确政策的做法是“复礼”，并提出，“复礼就是复辟”。“四人帮”一伙就是这样一步一步地将“批林批孔”运动转成了“反击复辟回潮风”的运动。

在“反击复辟回潮风”的运动中，“四人帮”一伙又一次首先从教育界开刀。他们首先于 1973 年 10 月至 1974 年 1 月在清华大学、北京大

① 中共中央文献研究室编：《周恩来传》（下），北京：中央文献出版社，1998 年版，第 1068 页。

学搞了约三个月的"反右倾回潮"运动。迟群等人声称，"右倾复辟势力像潮水一样向我们涌来"，"资产阶级拿起'业务'武器向我们进攻"。他们打着"反击右倾复辟回潮势力"、"反击修正主义回潮"的旗号，上揪"资产阶级复辟势力代表人物"，下扫"复辟势力的社会基础"，挥舞着搞"裴多菲俱乐部"、"自由论坛"、"反对工人阶级领导"、"反对教育革命"、"反对七二一指示"等政治帽子，派人进驻学校的教研组和一些"重点单位"，搞什么"揭盖子"、"夺权"、"占领阵地"。他们在运动中污蔑"四十岁左右的党员教师最危险"，要在运动中集中打击这些人。据不完全统计，当时清华大学被株连的有上千人，被点名批判的有403人，被立案审查和重点批判的有64人。

在此期间，迟群将他发动这一运动的讲话稿进一步修改后，以《巩固和发展无产阶级文化大革命的成果》和《再论巩固和发展无产阶级文化大革命的成果》为题，署名"秦怀文"，在国务院科教组的《教育革命通讯》上发表。文章把广大师生对"文化大革命"的不满、对"教育革命"和"两个估计"的抵制，说成是在教育界"出现了一股翻案风"，是"搞反攻倒算"，并说在知识分子中"暴露了一小撮右派"，提出要"毫不留情地揭露批判"、进行"反击"等等。江青一伙掀起的"反击右倾回潮"运动，很快又由清华大学、北京大学波及其他学校。

"四人帮"一伙在教育领域大搞"反击右倾回潮风"运动，主要采取了借助典型事件推动面上运动的方式。

他们借助"张铁生事件"，首先拿周恩来批准的国务院关于在高校招生中要进行文化考查的文件开刀，否定学校教育中的文化考查。

张铁生是当时辽宁省兴城县白塔公社的一名知识青年。在1973年高等学校招生时的文化考查中，他在四门考查中总共只得了105分。由于张铁生不会解答物理、化学试题，就在试卷的背后写了一封充满怨气和不满的信，说什么"几小时的书面考试"断送了自己"自幼的理想"。这件事被"四人帮"一伙抓住大做文章。1973年8月10日，《人民日报》转载了《辽宁日报》的按语和经过修改的张铁生的一封信，并加上了一个编者按，说什么这封信击中了教育战线两条路线、两种思想斗争中的一个重要问题。将高校招生中的文化考查说成是"旧高考制度的复辟"，是"资产阶级向无产阶级的反扑"，对刚刚恢复的高校招生中的文化考查彻底否定，并进而否定了学校教育中的学习考查。

他们借助“马振扶公社中学事件”，打击认真负责、忠于职守的干部、教师。

1973年7月10日，河南省唐河县马振扶公社中学初二（1）班举行英语考试。一名女学生交了白卷，并在试卷背后写道：“我是中国人，何必学外语，不学ABCD，也能当接班人，接好革命班，埋葬帝修反。”为此，班主任批评了她，并要她作出检查；学校负责人要求初中各班对此事讨论批评。于是，这名女生便离家出走，后来在水库中找到了她的尸体。事发后，公社、县有关部门及时做了妥善处理。江青在一份内部刊物上看到此事后却旧事重提，借题发挥。1974年1月，江青派迟群、谢静宜等人前往马振扶公社中学调查。调查回来，“四人帮”一伙炮制了《河南省唐河县马振扶公社中学情况简报》，于1974年1月31日以中共中央五号文件发出。文件把该事件作为“修正主义教育路线进行复辟的严重后果”的典型加以通报，要求河南省委严肃处理，要求各地“检查有无类似情况”。文件发出后，马振扶公社中学领导班子被改组，原学校负责人和班主任被批斗，并被判刑两年。唐河县层层办学习班，共揪斗了280多人。不少地方也根据五号文件精神抓了不少大大小小的“马振扶”。

由此，各级各类学校许多认真负责、忠于职守的干部、教师遭到残酷打击迫害，蒙受不白之冤。

例如，当时的北京市教育局在《城近郊区中学在贯彻中央五号文件过程中，检查类似河南省马振扶公社中学事件处理情况的报告》中反映，“按照市委的要求，组织了一定的力量，在批林批孔运动中，放手发动群众，注意检查类似河南省马振扶公社中学事件，其中情节、性质比较严重的共28起”。这28起案件涉及众多干部、教师，他们有的被撤职，有的被调离，有的受到批判。一时，在全国范围内造成学校领导怕负责任，教师不敢管学生，学校纪律松弛，教育质量急剧下降的局面。

当时，在关于马振扶事件的《简报》出来后，周恩来认为，马振扶事件是“个别情况”。而张春桥却针锋相对地说，这类“复辟现象”不是个别的，并把此意写进中央转发《简报》的批语中。粉碎“四人帮”

后，中共中央于1979年3月14日发文正式撤销1974年中央五号文件。河南省委也正式为“马振扶事件”平反。

“四人帮”一伙借助《一个小学生的来信和日记摘抄》，在中小学中掀起了一股“破师道尊严”、“批修正主义教育路线回潮”的浪潮。

1973年10月21日，北京市海淀区中关村小学五年级（2）班的一个小学生给《北京日报》写信，反映她写了三篇日记给老师提意见，因此造成师生关系紧张的情况。《北京日报》于1973年12月12日以《一个小学生的来信和日记摘抄》为题，发表了这个小学生的来信和日记摘抄。信是家长让她写的，日记摘抄是《北京日报》按反“师道尊严”的需要摘编的。这个材料最初刊登在《北京日报》的一个内部刊物上，后由谢静宜指令《北京日报》加上编者按语发表。按语称：“这个十二岁的小学生以反潮流的革命精神，提出了教育革命中的一个大问题，就是在教育战线上修正主义路线的流毒还远没有肃清，旧的传统观念还是很顽强的。”按语提出，“要警惕修正主义的回潮”，要反对教育革命的“促退派”，警告人们“不要成为阻力，更不要站在运动的对立面”等等。

同年12月18日，《人民日报》全文转载了《北京日报》发表的材料和编者按语，并又加了一条编者按语，赞扬“敢于向修正主义教育路线开火”的小学生，并进一步提出，“要注意抓现实的两个阶级、两条路线、两种思想的斗争”。随后，各地新闻媒体广为传播。国务院科教组电话通知各省、市、自治区教育部门，要求组织师生学习这些材料。

国务院科教组还于1973年12月28日至1974年1月7日，在北京召开的北京、上海、天津等九省、市中小学教育革命座谈会期间，组织与会代表参观了中关村一小开展“教育革命”的情况。会议提出，要“向着资产阶级和一切剥削阶级的意识形态开展新的进攻”，要“打退资产阶级右倾势力的猖狂进攻”；在教育战线上“修正主义仍然是当前主要危险”，要“学习小将敢冲敢闯、英勇善战的精神”，“经常运用‘四大’武器，揭露矛盾，解决矛盾”，“抓好典型”。迟群还在会上提出，“要组织起浩浩荡荡的队伍向顽固派反击”。于是，各地中小学迅速掀起了一股“破师道尊严”、“横扫资产阶级复辟势力”、“批修正主义教育路线回潮”的浪潮。在这种背景下，学校为建立正常的教学秩序所采取的措施，教师对学生的教育管理、严格要求，一律被指责为维护“师道尊严”、“复辟”、“回潮”，使一大批干部、教师受到新的冲击，进一步把学校干部、教师置于被批斗的地位，使各地中小学普遍出现了“干部管不了，教师教不了，学生学不了”的混乱局面。

针对这一事件，一些正直、清醒的干部、教师勇敢地站出来发表不同意见，却遭到残酷的打击迫害。

内蒙古生产建设兵团19团政治处干事王文尧、放映员恩亚立、新闻报道员邢卓等三人看到有关报道后，以“王亚卓”的笔名给中关村一小那名小学生写信说：“我向你提意见，不单是对你个人的做法谈看法。现在许多学校里，老师都成了谨小慎微的君子，学生动辄就是大字报，谓曰‘反潮流’、‘做教育革命的闯将’，其实这是一股很不好的潮流。”1974年2月11日，《人民日报》在“反潮流是马列主义的一个原则”的通栏标题下，发表了署名为中关村一小那名小学生对“王亚卓”复信的公开信，并配发了编者按语。编者按语称，该小学生接到王亚卓的来信后写了这封公开信，“这件事反映出教育战线上两条路线、两种思想的斗争，仍然十分尖锐。是前进还是倒退？是支持革命还是折中调和？是扶持和发展革命的新生事物还是对它横加指责，这是进一步发展教育革命大好形势必须解决的重要问题”。公开信发表前，江青、张春桥、姚文元、王洪文、迟群等已先后看过此信。迟群在王亚卓的信上批道：“完全是反革命语言。”“要革命就有反革命，革命就是革反革命的命。”江青对标题作了修改。公开信发表后，王文尧、恩亚立、邢卓等三人被诬为“资产阶级复辟势力的代表”，遭到批斗、隔离审查，后又被下放劳动，连他们的家属也受到株连。

“四人帮”一伙借助北京市永乐中学事件，否定学校的正常管理。

1974年3月12日，江青在北京市永乐中学一名教师反映该校1971年一个初一学生因躲避家长责打而跳楼骨折一事的来信上批示：“建议立即对此事进行调查，严肃处理。”并胡说“北京已有几个学校实行法西斯主义，让坏人专了学生的政。打、骂、死、活听之”。还说，“这种残害青年的败类，应对他们实行无产阶级专政”。第二天，国务院科教组立即将江青的批示精神用电话通知各地教育部门。随后，不仅永乐中学的党支部被改组，主要干部被停职检查，遭受批判，直至调离学校，而且类似的做法也波及其他学校，中小学的管理秩序进一步混乱。北京等地的一些学校还发生了学生砸碎学校教室的玻璃、破坏课桌椅等现象。当时，仅安德路中学就被砸碎玻璃400多平方米，破坏课桌椅400多套，砸坏学校教室和电器等大量设备，损失一万多元。然而，谢静宜却对该校负责人说，这是多么可爱的小将啊！打碎几块玻璃有什么了不起，有人想借此否定批林批孔。“四人帮”一伙的做法不仅严重伤害了广大干部、教师，腐蚀了青少年，而且还给社会上的坏人提供了公开破坏学校的机会。

“四人帮”一伙借助批判湘剧《园丁之歌》，打击忠于职守的教师和正常的教学活动。

《园丁之歌》是一部湘剧影片，描写了青年女教师俞英耐心教育、引导小学生陶利克服缺点，使其成为爱学习、守纪律的学生，同时也帮助青年教师方觉认识自己对学生态度简单粗暴的错误，树立起正确的教育思想。影片塑造和歌颂了一名忠于党的教育事业的青年教师的形象。但是，1973年7月28日，江青在审查影片时却指责说：“剧名就不合适，园丁应是共产党，怎么是教员？”她还说：“‘没有文化怎能担起革命重担’（剧中的一句话），这句话问题更大，这句话简直是反攻倒算。”张春桥说：“这部戏在教育路线上也有问题，学生受老师摆布。”等等。

在江青、张春桥为这部影片定下调子后，1974年8月4日，《人民日报》发表署名“初澜”的批判文章《为哪条教育路线唱赞歌——评湘剧〈园丁之歌〉》，攻击《园丁之歌》是“为修正主义教育路线招魂”的“坏戏”，它所歌颂的路线和人物都是错误的，其要害就是否定无产阶级教育革命，向无产阶级文化大革命反攻倒算。此后，不少报刊纷纷发表批判文章，说这部影片“掩盖和抹杀教育战线的阶级斗争和两条路线的斗争”，宣扬地主阶级“文化至上”、“智育第一”，“否定党对教育事业的领导，要让资产阶级知识分子重新统治我们的学校”等等。1974年第八期《教育革命通讯》不仅开辟了围剿《园丁之歌》的专栏，而且在专栏的编者按中提出，要发动广大师生在深入开展批林批孔运动中批判这出坏戏。上海还为此针锋相对地编演了独幕话剧《小将》，树立了一个所谓敢于同修正主义教育路线回潮现象作斗争的“红卫兵”小将杨波的形象。直到后来毛泽东看过《园丁之歌》后鼓掌，称赞这部片子好，

"四人帮"对《园丁之歌》的围剿才不得不停止。

由于"四人帮"一伙利用批林批孔运动一次次将矛头直指周恩来，利用一次次所谓事件发难，搅乱教育思想，致使学校中开始趋于正常的教学秩序又重新被打乱，狂热的极左思潮再一次在校园里横行。

第二节 邓小平领导下的教育领域的整顿及其受挫

受"四人帮"一伙借"批林批孔"之机"批党内的大儒"和"反击右倾回潮"运动的严重影响，1974 年我国国民经济的增长速度明显放慢，仅比上一年增长了1.4%；国家财政收支出现自 1968 年以来的第一次赤字，达7.7亿元；钢产量、煤产量、铁路货运量等重要工业生产指标出现下降。然而，在经济形势日渐恶化的情况下，"四人帮"一伙仍在大搞阴谋诡计，妄图篡夺第四届全国人民代表大会对于国务院的组阁权。

在以上这种情况下，1974 年国庆节后，毛泽东向中央建议，由邓小平出任国务院第一副总理。1975 年 1 月 5 日，中共中央发出一号文件，任命邓小平为中央军委副主席兼中国人民解放军总参谋长。1 月 8 日至 10 日召开的中国共产党十届二中全会，选举邓小平为中共中央副主席、中央政治局常委。在 1 月 13 日至 17 日召开的第四届全国人民代表大会上，周恩来在政府工作报告中再次提出"本世纪内，全面实现农业、工业、国防和科学技术的现代化"的宏伟目标，振奋了全国人民的精神。会上，决定周恩来继续担任国务院总理，邓小平等为国务院副总理。会后，在国务院常务会议确定分工时，决定邓小平"主管外事，在周恩来治病疗养期间，代总理主持会议和呈批主要文件"。7 月，经毛泽东同意，邓小平主持中共中央日常工作。

一、全面整顿及教育领域的整顿

邓小平复出后，面对"文化大革命"所造成的混乱局面，按照第四届全国人大提出的把我国建设成为社会主义现代化强国的宏伟目标和发展国民经济的正确方针，根据毛泽东当时提出的"三项指示"（要学习理论，反修防修；要安定团结；要把国民经济搞上去），抓住契机，大刀阔斧地开展了"以三项指示为纲"的全面整顿，着手解决"文化大革命”造成的各条战线的混乱局面。

1975年2月至10月，邓小平先后召开了解决工业、农业和军队等方面问题的一系列重要会议，系统地提出了整顿工业、农业、财贸、科学、教育、军队等方面的方针和政策。在邓小平的领导下，形成了《关于加快工业发展的若干问题》、关于科学院工作的《汇报提纲》、《论全党全国各项工作的总纲》等三个重要文件，提出了整顿工作的纲领。经过几个月的整顿，经济形势日趋好转，工业生产和交通运输中的多项指标达到历史上月产量的最高水平；军队、农业、科技、文化、教育等方面的整顿也先后展开，并取得初步成绩。

在全面整顿中，教育的整顿始终是一个重要的方面。邓小平特别注重教育指导思想上的整顿，并在一系列讲话中深刻分析了教育领域存在的问题。他指出：“我们的文化教育也要整顿。”“我们有个危机，可能发生在教育部门，把整个现代化水平拖住了。”针对当时教育领域的混乱状况，他一针见血地指出：“现在相当多的学校学生不读书，这也不符合毛泽东思想。毛泽东同志反对的是教育脱离实际、脱离群众、脱离劳动，并不是不要读书，而是要读得更好。毛泽东同志给少年儿童的题词是‘好好学习，天天向上’嘛。”“一点外语知识、数理化知识也没有，还攀什么高峰？中峰也不行，低峰还有问题。”针对当时高等教育水平大滑坡的状况，邓小平指出：“要后继有人，这是对教育部门提出的问题。大学究竟起什么作用？培养什么人？有些大学只是中等技术学校水平，何必办成大学？科学院要把科技大学办好，选数理化好的高中毕业生入学。”“要增加科技人员，这就要靠教育。”邓小平还指出：“要解决教师地位问题。几百万教员，只是挨骂，怎么调动他们的积极性？毛主席讲消极因素还要转化为积极因素嘛！教育战线也要调动人的积极性。”① 邓小平的这些指示为教育领域的全面整顿指明了方向。

邓小平关于教育整顿的思想主要是通过当时的教育部长周荣鑫来贯彻的。第四届全国人大第一次会议通过决议，恢复了教育部，并任命周荣鑫为教育部长。周荣鑫上任后，认真贯彻邓小平有关教育整顿工作的指示精神，积极推动教育整顿工作。他自1975年5月开始，多次召开

① 《邓小平文选》(第2卷)，北京：人民出版社，1994年版，第33~34页，第37页。

有关干部、教师参加的各种座谈会、汇报会，了解情况，听取意见，并在会上针对林彪反革命集团、“四人帮”一伙对教育的破坏，不断提出问题，发表了一系列重要谈话，批驳“左”的观点。

周荣鑫针对“教育革命”中的问题旗帜鲜明地指出：“我们教育革命的片面性和形而上学的倾向很严重，非出问题不行。”“当前形势，就是要把培养无产阶级革命事业接班人的任务和适应四个现代化的需要统一起来，不能割裂开来。我们现在有人把政治和经济、业务、技术总是割裂开。毛主席一再教育，要讲对立统一，割裂开的思想不对，而现在有人就是搞形而上学。”“四个现代化需要培养人，不培养人是要拖后腿的啊！不改变现在的情况，很有可能拖后腿。”“老说过去是‘智育第一’，根本不是，不对。”“贫下中农为革命种田，工人为革命做工，学校为什么不能提为革命读书呢？”“根本不要文化，就讲培养有社会主义觉悟的劳动者，行吗？”周荣鑫针对在知识分子问题上“左”的倾向指出：“不能一提知识分子就骂一通，这样符合不符合毛主席的方针？”“毛主席当时讲的500万，是指旧社会来的知识分子。现在我国有2 500万知识分子……是否大多数是资产阶级知识分子？”

周荣鑫针对“四人帮”一伙对《园丁之歌》的围剿，在文章中指出：“有的人把俞英批得体无完肤，说她是软刀子。工人、贫下中农却说，我们的孩子要是交给俞英这样的老师就放心了。从政治上，从远大的光明前途、祖国建设来启发一个小学四年级的学生‘好好学习，天天向上’，成了大问题，成了软刀子了。说这是‘文化至上’，连启发式教学也成了问题……有些对《园丁之歌》的批判，从根本上否定了学文化。”周荣鑫敢于面对教育事业被破坏的现实，敢于正视所谓“教育革命”的片面性和形而上学的倾向，敢于为广大知识分子说话，敢于全面、辩证地提出教育事业面临的任务，积极推动了教育领域的整顿。

在教育整顿工作中，由教育部主办的《教育革命通讯》发挥了重要作用。

1975年6月至10月，《教育革命通讯》连续发表了《全面关心青少年的成长》、《培养无产阶级革命接班人的正确道路》、《研究基础理论为社会主义建设服务》、《按照马克思主义认识论搞好基础理论研究》、《实用主义教育思想剖析》等文章和评论，倡导青少年要努力学习科学文化知识，批判了那种“认为坚持以学为主的原则，努力学习社会主义文化科学知识，重视基础理论教学，保证教学时间和质量，便是搞智育第一，便是走回头路”的错误认识，批判了“教育革命”中以干代学的偏向，并强调，不引导青少年学习科学文化知识，“就势必拖四个现代化的后腿”。这些文章和评论有力地配合了教育领域的整顿。

为了落实邓小平关于教育整顿的指示精神，解决当时教育上存在的种种问题，需要有一份关于教育问题的指导性文件。于是，在周荣鑫的亲自主持下草拟了《教育工作汇报提纲》稿。这个文件稿从整顿教育工作的要求出发，初步讨论了当时教育战线的形势、任务以及有关路线、方针、政策和整顿领导班子等重要问题，初步澄清了被林彪反革命集团、“四人帮”一伙颠倒了的思想、路线、政策上的是非，起到了指导思想上的整顿作用。文件最后一稿的日期是 1975 年 12 月 10 日。当时，“批邓、反击右倾翻案风”的运动已经开始，《教育工作汇报提纲》最终未能出台。

为了抵制“四人帮”一伙所吹捧的“朝阳农学院经验”及由此形成的对办社会主义农业院校乃至对办社会主义高等学校的干扰，当时的国务院副总理王震曾指出：“农学院都学‘朝阳’，我不那么赞成。”周荣鑫立即向新华社记者转述了这一精神，并表明了教育部的态度。此后，各报刊都曾一度停止了对“朝农经验”的宣传。这对抵制“四人帮”一伙利用“朝农经验”为他们篡党夺权服务，整顿学校的教学和管理秩序起到了一定的作用。

教育整顿工作的进行只有短短的几个月，甚至从严格意义上讲，只是为教育全面整顿作了一些准备，但是已经产生一定的效果：在贯彻党的教育方针和坚持社会主义办学方向等问题上的一些错误认识在一定程度上得以澄清，学校开始恢复了较为正常的教学秩序。这些，使长期受到压抑的广大教育工作者看到了希望。

二、教育整顿受挫

正当邓小平领导的全面整顿克服重重阻力并已经取得明显效果的时候，毛泽东出于维护“文化大革命”的目的，越来越不能容忍邓小平在全面整顿中系统地纠正“文化大革命”错误的做法，逐渐放弃对邓小平的支持。1975 年 11 月，毛泽东决定停止邓小平的大部分工作。特别是

1975年11月20日中共中央政治局讨论对“文化大革命”的评价问题前，毛泽东曾提出，由邓小平主持作一个肯定“文化大革命”的决议，以贯彻他本人关于“文化大革命”应该是“三分缺点，七分成绩”的总的评价的思想。但是邓小平婉言拒绝了这个提议，表示：由我主持写这个决议不适宜，我是桃花源中人，“不知有汉，无论魏晋”。出于对“文化大革命”的坚决维护，这时毛泽东决定发动“反击右倾翻案风”运动，使邓小平领导的全面整顿被迫中止，也使国家正在走向安定团结的政治局面再度陷入混乱。

全国的“反击右倾翻案风”是从教育领域首先刮起的，而教育领域的“反击右倾翻案风”又是从批判刘冰开始的。

1975年8月13日，清华大学党委副书记刘冰等四人联名给毛泽东写信，随信附有《关于迟群同志问题的材料》。《材料》列举了“四人帮”的骨干分子、清华大学的党委书记迟群五个方面的问题：资产阶级个人主义严重；毫无党的观念；搞一言堂、家长制的恶劣作风；任人唯亲，封官许愿，违反党的干部政策；资产阶级生活方式严重。同年10月13日，刘冰再次给毛泽东写信，继续揭发迟群的问题。这两封信都是经邓小平转呈毛泽东的。1975年10月下旬，毛泽东表示：清华大学刘冰等人来信告迟群和小谢（指谢静宜）。我看信的动机不纯，想打倒迟群和小谢。他们信的矛头是对着我的。他还认为，“小平偏袒刘冰”。

与此同时，迟群向中央诬告周荣鑫“制造和散布种种否定教育革命的奇谈怪论”。在迟群的指使和参与下，10月25日，清华大学的人事处负责人给毛泽东写信，诬告周荣鑫“组织上任人唯亲，搞宗派”，想把迟群“从政治上搞臭，组织上搞倒，把他从教育部门领导班子中赶出去”，“千方百计要否定科教组几年来的工作”，“已在全国特别是教育战线产生了很坏的影响”。信中还吹捧迟群为教育革命作出了贡献，等等。毛泽东看信后批示：“先做调查，然后讨论一次。”然而，当时分管教育工作的副总理张春桥却据此于11月8日找周荣鑫谈话，责令周荣鑫作检查。

1975年11月初，清华大学召开党委扩大会。后来，会议扩大到有1 700人参加。会上，传达了毛泽东对刘冰等人来信的有关批示和谈话。11月18日，清华大学召开全校大会，揭发批判刘冰等人“否定教育革命，翻文化大革命案的反动言行”。会后，清华大学、北京大学相继贴出大量公开点名批判刘冰等人的大字报。随后，教育部也出现点名批判周荣鑫的大字报。这时，北京市及一些省、市、自治区奉命组织干部、群众和学校的师生前往清华大学、北京大学看批判大字报。两校的大字报随之迅速在各地学校和社会上传抄，影响急剧扩散到全国。一些学校还相继奉命开展“教育革命大辩论”。

与此同时，12 月 2 日，《红旗》杂志第十二期发表了北京大学、清华大学大批判组的题为《教育革命的方向不容篡改》的文章。文章称：“最近，教育界有一种奇谈怪论，说什么文化大革命以来，教育革命这也不行，那也不是，教育革命的方向‘总没有解决好’，因而‘就是要扭’。这无非是说，教育革命搞过头了，搞糟了，要把教育革命的方向‘扭’回去。问题很明显，当前争论的焦点在于：是坚持教育要革命的方向，把无产阶级教育革命进行到底，还是为修正主义教育路线翻案，复辟资产阶级知识分子统治我们学校的旧教育制度?”文章再次肯定了“从工农兵中选拔大学生”、“开门办学”、“批判‘智育第一’”、“工人宣传队永远领导学校”等的正确性，同时影射攻击国务院务虚会是“右倾翻案风风源”。

12 月 4 日，《人民日报》和其他报刊均转载了《教育革命的方向不容篡改》一文。此文成为“四人帮”一伙搞“反击右倾翻案风”的“大进攻的信号”。周荣鑫等当即受到审查和批判，成为“批邓”的活靶子。1976 年 1 月以后，患有严重心脏病的周荣鑫被揪出医院，接受追查和批斗达 50 多次，致使周荣鑫在 4 月 12 日的追查、批斗会上当场昏厥，次日凌晨含冤逝世，终年 59 岁。

当时的“教育革命大辩论”以批判教育领域的整顿为中心，在“反击右倾翻案风”中起了极其恶劣的作用。随着以教育界“教育革命大辩论”为开端的“反击右倾翻案风”的逐步升级，“四人帮”一伙开始把斗争的矛头公开指向邓小平。

1976年元旦，《人民日报》、《解放军报》和《红旗》杂志发表元旦社论《世上无难事，只要肯登攀》。社论强调，“最近教育战线那种刮右倾翻案风的奇谈怪论，就是代表资产阶级反对无产阶级的修正主义路线的突出表现”。同年 2 月 6 日，《人民日报》以《无产阶级文化大革命的继续和深入》为题，报道了清华大学“教育革命大辩论”的情况，强调“走资派还在走，投降派确实有。这股右倾翻案风的风源在哪里，就在党内那些坚持刘少奇、林彪的修正主义路线，至今不肯改悔的走资本主义道路的当权派”。此后一个时期，在各种报刊上，“不肯改悔的走资派”成为专指邓小平的用语。

同年3月初，中共中央发出《关于学习〈毛主席重要指示〉的通知》，使“批邓、反击右倾翻案风”在党内公开化。3月10日，《人民日报》发表社论《翻案不得人心》，公开鼓动要“集中批判那个不肯改悔的走资派的修正主义路线”，进一步把“批邓、反击右倾翻案风”推向社会。

在“批邓、反击右倾翻案风”的过程中，由迟群、谢静宜直接控制、化名为“梁效”的北京大学、清华大学大批判组起了极为恶劣的作用。在短短的几个月时间内，“梁效”接连发表了《评“三项指示为纲”》、《“克己复礼”再批判》、《邓小平与天安门广场反革命事件》、《党内确实有资产阶级——天安门广场反革命事件剖析》、《永远按毛主席的既定方针办》等一批文章，不仅在教育界，而且在全社会都造成极坏的影响。

在愈演愈烈的“批邓、反击右倾翻案风”运动中，“四人帮”一伙在教育领域叫喊要“同十七年对着干”，“要把十分之九的精力放在同走资派的斗争上”。他们强令学校打乱正常的教学、科研秩序，组织师生去完成他们摊派的各种“政治任务”，去投入“教育革命大辩论”。他们甚至还煽动师生利用“开门办学”的机会去收集“走资派”的情况，指派一些受蒙蔽的学生去一些重点单位煽风点火、鼓动造反，直接充当“批邓、反击右倾翻案风”的打手。

“四人帮”一伙利用“批邓、反击右倾翻案风”在教育领域进行的种种倒行逆施，引起了教育战线广大师生的强烈不满，他们在能力所及的范围内采取种种方式加以抵制。因此，在“批邓、反击右倾翻案风”中，尽管学校正常的教学秩序被打乱，教育整顿的成果在很大程度上也已丧失，但是除“四人帮”一伙严密控制的少数学校外，绝大多数学校并没有按照“四人帮”一伙要求的那样去搞什么“教育革命大辩论”。

第三节 教育领域广大干部教师的抗争

尽管在“文化大革命”中，教育领域的广大干部、教师受到了林彪、江青两个反革命集团的种种打击和迫害，但是强烈的事业心和责任感促使他们逐渐转变了对“文化大革命”的认识，开始以适当的形式和方法进行抗争，以较为冷静的态度面对“教育革命”，并努力在逆境中继续为教育事业的发展尽自己的力量。

一、教育领域广大干部、教师的逐步觉醒

“文化大革命”爆发后，教育领域的广大干部、教师出于对毛泽东的无限敬仰，曾一度积极投身到运动中去。但是随着运动的逐步发展，种种反常的情况特别是违反教育规律的情况出现了。面对这些情况，他们中的多数人产生了困惑，渐渐从“文化大革命”初期的狂热状态下清醒过来，不再盲目跟随。越来越多的干部、教师开始认真思考“文化大革命”中出现的种种问题，开始分析“文化大革命”发生的原因、性质及其带来的种种反常情况的是与非，开始了力所能及的抗争。

1971年全国教育工作会议后，《全国教育工作会议纪要》受到普遍抵制，广大干部、教师尤其反对“两个估计”。当时，迫于来自上面的压力，一些学校曾多次举办学习班，要求干部、教师“从路线斗争的高度来认识‘两个估计’是正确的，是符合毛泽东思想的”，要“从立场上转变过来，从思想上接受下来”，甚至要求各级党组织出面做工作，通过典型带动的方式来扭转绝大多数人思想不通的状况。但是仍有相当多的干部、教师一直对“两个估计”表示强烈不满，并采取了不同程度的抵制行动。

例如，1973年由广东省教育局和广东工学院革委会联合进行的一次调查的报告原始稿表明，尽管“两个估计”已经提出两年多了，而且是处在政治高压下，但是当时广东工学院的大多数教师和干部仍然对“两个估计”表示强烈不满。在对十七年教育的估计上，大多数教师和干部认为，“结论不是‘黑线统治’，应该是‘红线主导，黑线干扰’”。“全国教育工作会议对十七年教育事业没有作出符合历史的分析”。在对大多数教师的世界观的估计上，他们认为，解放后培养出来的知识分子

"绝大多数对毛主席的感情是很深的，对社会主义制度是很热爱的，处处感到自己的命运同党、同社会主义制度联系在一起"。即使是从解放前过来的知识分子，经过多年党的教育和参加社会主义革命与建设的实践，思想面貌也发生了很大变化，多数人为社会主义建设事业作出了不同程度的贡献。因此，把大多数教师的世界观说成基本上是资产阶级的，"这不是阶级的、历史的、具体的分析"。

不少教育工作者慷慨直言，指出并严厉批评"教育革命"的种种做法使教育质量严重下降的现实。

例如，1972 年 10 月 31 日，在上海召开中小学教材编写和出版工作会议。会议原来的意图是，在听取各方面对新编教材的意见后，进一步组织力量进行教学参考资料的编写工作。但是与会的许多干部、教师在会上尖锐地指出，"新教材""培养不出专家，培养不出接班人，培养不出中学教师"，"不符合人的认识规律"。他们还批评了当时教育质量低下以及在课程设置和领导体制等方面存在的问题。

11 月 6 日，江青反革命集团在上海的重要骨干徐景贤亲自出面主持中小学教学工作座谈会，要求与会者就"如何估计文化知识质量"、"教育革命形势是大好、中好还是小好"等问题进行座谈。会上，全国著名模范教师顾巧英、袁瑢、姚晶、翁璇庆等，对当时学生知识质量下降及其原因作了实事求是的反映和分析。他们指出，学生的知识质量确实是下降了。原因是忽视基础知识和基本技能的训练，教学没有标准，教材编排、教学方法只顾及政治因素而不顾及学生的认识规律，没有必要的规章制度，教师的积极性调动不起来等等。张春桥、姚文元看了反映上述发言内容的会议简报后，认为这种言论是否定了"教育革命"。徐景贤则批判这些发言似"九斤老太"，站到了青年一代的对立面。此后一个时期，一些报纸上便连篇累牍地批判"九斤老太"哲学，叫喊要牢记"两条路线斗争"，牢记"教育革命"，不要着眼于"几门文化课"，不能追求教学秩序。

在"教育革命"中，当时正在清华大学汽车制造厂被"监督劳改"的原高教部部长蒋南翔，针对《为创办社会主义理工科大学而奋斗》一文和"教育革命"中"开门办学"上的错误，于 1971 年 8 月 15 日毅然在他被"监督劳改"的清华大学汽车制造厂的一个讨论会上作了关于高等学校的培养目标和校办工厂的意见的发言。他旗帜鲜明地指出，学校的培养目标是学校工作的出发点和归宿。像清华大学这样一所理工科大学，如果没有明确的和正确的培养目标，则将使我们在头绪纷繁的工作面前失去明确的统一的作战目标，失去正确的战略指导。实现教学、科研、生产的结合，如果离开以教学为主的原则，势必引起学校工作重心的转移，造成工作上的损失，削弱清华大学的作用。他还尖锐地批评说，现在为了生产50辆汽车，已使清华大学汽车制造厂负担很重，使生产、教学陷于顾此失彼的被动状态。国家对清华大学的主要希望，不在于每年能为国家生产50辆或300辆至500辆汽车，而在于能够更有力地为我国的汽车工业以至全国工业的现代化，为我国科学技术赶超世界先进水平，作出自己应有的积极贡献。①

二、在逆境中坚持教学科研工作

在“文化大革命”的特殊情况下，尽管存在来自林彪、江青两个反革命集团方面的巨大压力，但是，还是有大批教育工作者基本上没有甚至始终没有卷入“文化大革命”所挑起的批判、斗争和混战之中。他们在极其艰难的情况下，顶着随时可能扣过来的“反动学术权威”、“资产阶级知识分子”、“知识私有”、“白专典型”等帽子，仍然坚持教学和科研工作，坚持不断地提高自身的业务水平。他们成为“文化大革命”期间我国教育事业得以坚持并在某些方面得以发展的骨干与中坚力量。

北京大学周培源教授积极贯彻周恩来关于加强基础理论教学和研究的指示。他写信给周恩来，汇报自己对加强基础理论教学和研究工作的看法，并提出建议。此后，他又撰文《对综合大学理科教育革命的一些看法》，鲜明地批驳了“理向工靠”、“理工不分”、“以校办工厂代替实验教学”、“按产品划分、设置专业”等取消和削弱理科教育的倾向。周培源的建议和文章在教育界产生了积极的影响。

著名数学家、复旦大学教授苏步青在“文化大革命”初期就被打成了“反动学术权威”，被遣送到江南造船厂“劳动改造”。尽管苏步青蒙受了极大的冤屈，但是他并不气馁。当他得知厂里的技术人员和工人正

① 中国高等教育学会、清华大学编：《蒋南翔文集》（下卷），北京：清华大学出版社，1998年版，第891～899页。

在搞船体自动放样和钢板自控切削等革新项目时，便主动积极参与。他把工人、技术人员提出的有关问题归结为数学模型，然后再运用计算几何的原理加以解决。苏步青不顾身体劳累，坚持工作，大量搜集有关的国内外研究资料，利用晚上的时间翻译和校正技术论文。1975年初，技术革新基本成功，苏步青又将有关成果收集在以后他与刘鼎元合著的《计算几何》一书中，为当时的造船工业作出了可贵的贡献。

著名桥梁力学家、同济大学李国豪教授于1968年7月被隔离审查。他在极端困难的条件下仍然进行桥梁晃动问题的研究。没有资料，他就凭记忆回忆；没有纸张，他就用每天送去的报纸的边角、中缝做演算；没有工具、图表，他就用笔算，并亲自编了一本常用数学用表。他的精神感动了负责看守他的老工人。这位老工人不仅没有告发他，还偷偷给他送去几本作业本，而这竟成了他用以最后加工整理研究成果的珍贵物品。1969年9月，李国豪完成了大桥振动的初步理论研究，证明南京长江大桥的稳定没有问题，并把这个研究成果写成论文。1970年春，李国豪被撤销隔离，但是仍未获准进入实验室，无法对理论成果进行模型实验，只能在劳动之余回家进行研究。没有实验用材料，他就从旧货店买来旧废料代用；没有材料实验机，他就用计算尺、百分表作间接测量，获得了较为详尽的数据。1971年6月，李国豪终于完成了对桁梁桥模型的扭转试验，得到了试验和理论分析完全一致的结果。1973年底，李国豪写出了11万字的专著《桁梁扭转理论——桁梁桥的扭转、稳定和振动》，为我国和世界的桥梁理论填补了一项空白。

1976年7月底，著名水利专家、清华大学教授张光斗正在三门峡水库下放劳动。当他得知唐山发生大地震的消息后，担心由他主持设计的密云水库的安危，于是立即乘火车赶回北京。途中，从三门峡至郑州一段连座位也没有，他就一直站着。到达北京时正值深夜，没有公共汽车，他就徒步走向清华大学。走到动物园时，张光斗教授晕倒在地。过路的司机问明情况才将他送到清华大学。当时，密云水库已经发生局部坝体滑坡。在密云水库，张光斗教授白天带领学生研究如何加固坝体，晚上还要接受批斗。即使这样，张光斗凭着对事业的责任感，依然苦苦地支撑着，顽强地工作着。

被誉为“杂交水稻之父”的袁隆平，“文化大革命”时正在位于湖南省黔阳县安江镇的湖南省安江农业学校任教。他对杂交水稻的研究就是在安江农业学校开始起步的。

中南矿冶学院的一些干部、教师，排除各种难以想象的干扰，1970年就恢复了科研工作。从这时起到“文化大革命”结束，他们共开展科研项目566项，完成147项，其中比较重要的成果有49项。有些成果后来还获得了“国家自然科学奖”、“国家发明奖”以及国家有关部、委和省里的各种奖励。

南京大学的一些教师和科研人员顶住“四人帮”一伙的压力，坚持基础理论研究，开展了天体物理、天体力学、数学、理论物理、中国第四纪冰川和冰期问题等方面的研究。

20世纪70年代上半期，国内一些科研单位由于“文化大革命”的破坏，处于“斗、批、散”的状态，一些先进的仪器设备放在实验室无人过问，有的仪器设备甚至到货后很久连箱子也没有打开。然而，一些教师却主动找到这样的单位“住”下来，他们一边帮助维修保养仪器设备，一边抓紧时间进行科研实验。有些教师就这样夜以继日地工作在工厂、实验室和资料室，连续多年没有星期天，没有节假日，没有寒暑假，充分显示出中国知识分子的崇高精神境界和高度的责任感。

从1970年起，高等学校、中等师范学校、中等技术学校等先后开始招收工农兵学员。工农兵学员入学时普遍存在文化基础较差、程度参差不齐的问题，不少人不要说学微积分，就连学几何、代数也很困难。为了培养好这些学员，学校的教师们本着高度的责任感，深入了解学员的情况，四处收集材料，编写出成百成千的适合工农兵学员特点的讲义、教材，以保证教学的需要。在教学过程中，为了让学员更好地掌握科学文化知识，教师们课前认真备课，课堂上循循善诱、不厌其烦，课后加强辅导。有些教师晚上打着手电筒到学生宿舍为基础差的学员作个别辅导。这些都给工农兵学员以很大的鼓舞。

更多的教师则顶着各种压力始终坚守岗位，全身心地投入教学和科研工作，并且一旦需要，立即挺身而出，为国家排忧解难。

例如，1974年8月，国家为了进一步支持西藏发展教育事业，决定从上海、辽宁、江苏、河南、四川等省、市和国务院一些部委选派389名教师前往西藏参加建设。这些教师被分配到西藏的八所中学从事教学工作，同时还协助自治区在拉萨筹办一所师范学院。所有被选派的教师都十分愉快地接受了任务。

被誉为“山寨红烛”的湖南省石门县山区小学特级女教师覃申媛因家庭出身不好，在“文化大革命”中屡遭批斗。有时批判会开到深夜，但是为了孩子，她仍然连夜赶回学校，第二天照常上课。为了不使一个学生流失，她带领学生开荒种地，用勤工俭学的收入帮助学生交学费。“文化大革命”期间，她所在学校的学龄儿童入学率和历届毕业学生合格率均为100%。粉碎“四人帮”后，湖南省委和湖南省人民政府作出决定，号召全省教师向覃申媛学习。

1975 年 9 月，国务院在山西省昔阳县召开了全国农业学大寨会议。在会议的开幕式上，邓小平代表中共中央和国务院作了重要讲话，提出了实现四个现代化的关键是农业现代化的思想，强调农业搞得不好，就要拖国家建设的后腿。他要求各方面的工作都要为普及大寨县服务。会后，广大农村中小学的教育工作者积极响应这一号召，认真思考教育工作如何为普及大寨县服务的问题，并进行了大量的探索。其中，广东省屯昌中学（现属海南省）结合当地实际，通过师生的艰苦奋斗，创造了甘蔗高产的好成绩。学生在学校中不仅学到了科学文化知识，还学到了种植甘蔗的本领；学校种植的甘蔗高产，给当地农村提供了经验，为当地经济发展作出了贡献。

在“文化大革命”的逆境中，广大干部、教师坚持教学、科研的感人事迹数不胜数。正是他们，在困境中支撑着共和国的教育事业，使之得以维系。

三、广大师生积极投入“四五运动”

面对林彪、江青两个反革命集团的倒行逆施，教育界逐渐觉醒的广大干部、教师和学生尽自己的可能，以各种方式进行抵制和斗争。“两个估计”出台后，遇到广大干部、教师的普遍抵制便是一个实例。广大干部、教师和学生支持和积极投入“四五运动”，更是对抗“四人帮”的壮举。

1976 年 1 月 8 日，周恩来总理因病去世。但是在办理周恩来丧事期间，“四人帮”一伙却不顾广大人民群众强烈要求悼念周恩来的沉痛感情，下达了一系列禁令：不准戴黑纱、白花，不准送花圈，不准设灵堂。特别是电视转播中江青在参加周恩来吊唁活动时竟然不脱帽的镜头，更是深深激怒了全国人民。同时，周恩来去世后形势急转直下，“批邓、反击右倾翻案风”运动急剧升级，邓小平主持的全面整顿的成果丧失殆尽，使全国人民对稳定和发展的希望再一次受挫。同年3月25日，上海《文汇报》的一篇文章竟然说，“党内那个走资派要把被打倒的至今不肯改悔的走资派扶上台”，明目张胆地攻击周恩来和邓小平。这一举动激起了全国人民极大的愤慨。中国人民素有在清明节缅怀先人的传统，于是，利用清明节缅怀周恩来、表达对“四人帮”一伙的强烈愤慨的意愿在人民中间滋生。

3月19日，天安门广场出现了由朝阳区牛坊小学学生敬献的第一个缅怀周恩来的花圈后，广场上的花圈与日俱增。与此同时，在南京市，南京大学的部分师生从3月底起，连续数日抬着周恩来的巨幅画像和花圈在城市主要路口游行，在大街上张贴要警惕野心家篡夺党和国家最高权力的大标语，将“谁反对周总理就打倒谁”、“打倒张春桥”等标语书写在南来北往的火车车厢上。这一举动进一步推动了全国人民缅怀周恩来、反对“四人帮”的运动。

进入3月底4月初，缅怀周恩来、反对“四人帮”的运动又进一步扩展到武汉、西安、杭州、郑州、太原等地。“四人帮”一伙大为恼火，拼命镇压。4月1日，中共中央发出关于“南京事件”的电话通知，指出南京出现的大字报、大标语是“分裂党中央、扭转批邓大方向的政治事件”，要求立即采取措施，“全部覆盖”，并追查“幕后策划人”。但是运动仍在继续发展，特别是天安门广场的花圈越来越多，每天到天安门进行悼念活动的人也越来越多。到4月4日，花圈几乎摆满了整个广场，来天安门广场的人数也超过百万。人们把自制的白花和黑纱别在花圈上和纪念碑周围的松树上，并附上自己的缅怀诗句和对“四人帮”一伙的声讨话语。在成千上万的花圈中，也出现了当时被“四人帮”一伙严密控制的北京大学、清华大学等校部分师生送来的一些花圈。它们的出现受到在场人群的特别欢呼。

当时，出现过一起著名的“小白花事件”。

清华大学无线电系七三级部分学生冲破重重阻力，在天安门广场悼念周恩来的花圈海洋中，放上自己的一朵小白花，并附上了自己写的悼词，表达清华大学学生对周总理的热爱和怀念，对“四人帮”一伙的愤怒和声讨。事后，“四人帮”一伙把这件事情列为反革命事件加以追查。这个班的学生受到审查的就有11人，其中被隔离审查的有5人，1人被关押。

在天安门广场上，还有些人在人群中公开朗诵诗词，发表演说，深切缅怀周恩来，颂扬邓小平的全面整顿，愤怒声讨“四人帮”一伙祸国殃民的种种罪行。

但是，中共中央政治局当时却将天安门广场的事态定性为反革命事件。4月4日深夜，天安门广场上的花圈、挽联、标语等被全部清理。4月5日，来到天安门广场的群众被眼前空空荡荡的景象所激怒，一致要求索回失去的花圈，并与在场的警察和“工人纠察队”发生冲突，不少群众当场被捕。

事后，“四人帮”一伙一方面加紧镇压，要求各个部门、单位追查“反革命分子”，追缴从天安门广场传抄的“反动传单”。在“四人帮”一伙的重压下，有少数单位又搞起了人人过关，但是更多的单位则采取了敷衍的态度。另一方面，“四人帮”一伙加紧收集和编造材料，罗织罪名，诬陷邓小平是天安门事件的总后台和总指挥。4月7日，中共中央政治局作出决定，撤销邓小平党内外的一切职务，保留党籍，以观后效。

1976年清明节期间发生的一系列缅怀周恩来、声讨“四人帮”的活动，以后被称为“四五运动”。“四五运动”的实质是拥护以邓小平为代表的中国共产党的正确领导。觉醒了的教育工作者和青年学生积极投入了“四五运动”。“四五运动”所代表和表达的民意，又进一步促使更多的教育工作者和学生觉醒。这些，又构成日后粉碎“四人帮”的强大的思想基础和群众基础。

第四节　“文化大革命”对教育事业的严重破坏

“文化大革命”中，我国教育事业饱受林彪、江青两个反革命集团的蹂躏破坏，遭受了巨大的损失。尽管老一辈无产阶级革命家奋力抗争，广大教育工作者在逆境中坚持工作、作出奉献，使得我国教育事业得以维持，并在中小学教育、中等专业教育和工农业余教育的总体规模等方面有一定数量的增长，但是各级各类教育的质量和水平均出现不同程度的下降。

普通高等学校，1976年与1965年相比，学校数由434所下降为392所，在校学生数由67.4万人下降到56.5万人，在校研究生数由4 546人下降为零。但是，教职工总数却由33.3万人增加到43.98万人（其中专任教师数由13.8万人增加到16.7万人）。①

中等专业学校（包括中等技术学校和中等师范学校），1976年与1965年相比，学校数由1 265所增加到2 443所，在校学生数由54.7万人增加到69万人，专任教师数由12.2万人增加到19.7万人。②

普通中学，1976年与1965年相比，学校数由18 102所增加到192 152所（其中，高中及完全中学增加了56 423所，初级中学增加了117 627所），在校学生数由933.8万人增加到5 836.6万人，专任教师数由45.7万人增加到272.9万人。③

普通小学，1976年与1965年相比，学校数由168.2万所减少到104.4万所，在校学生数由11 621万人增加到15 006万人，专任教师数由385.7万人增加到528.9万人（其中，民办教师数由175.1万人增加到341.6万人，而由教育部门管理的教师数却下降了35.4万人）。④

"文化大革命"给教育事业造成的破坏，集中表现在以下几个方面：

一、党和国家的教育方针被肆意歪曲

在长期的教育实践中，中国共产党在"文化大革命"前已经形成了自己的教育方针，其基本内容是：坚持教育为无产阶级政治服务、教育与生产劳动相结合，使受教育者在德、智、体几方面都得到发展，成为有社会主义觉悟的有文化的劳动者。这个方针是在当时的历史条件下中

① 中国教育年鉴编辑部编：《中国教育年鉴》（1949～1981），北京：中国大百科全书出版社，1984年版，第963页，第965～966页，第972页。

② 中国教育年鉴编辑部编：《中国教育年鉴》（1949～1981），北京：中国大百科全书出版社，1984年版，第981～982页，第984～985页。

③ 中国教育年鉴编辑部编：《中国教育年鉴》（1949～1981），北京：中国大百科全书出版社，1984年版，第1000～1002页。

④ 中国教育年鉴编辑部编：《中国教育年鉴》（1949～1981），北京：中国大百科全书出版社，1984年版，第1021～1022页。

国共产党对社会主义教育的性质、作用、功能等基本问题的正确认识的体现，对我国教育事业的发展起了积极的指导作用。

但在“文化大革命”中，林彪、江青两个反革命集团却打着贯彻毛泽东教育思想和党的教育方针的旗号，从极左的角度歪曲了党的教育方针，并以此来指导“教育革命”，造成对教育事业的巨大摧残。他们将教育为无产阶级政治服务推向极端，甚至提出了“学校应当成为无产阶级对资产阶级实行全面专政的工具”的口号，把学校教育同无产阶级专政直接划等号，从而从根本上抹杀了学校教育的基本属性，实际上将教育变成了他们篡党夺权的工具。他们将教育与生产劳动相结合推向极端，提出并极力推行“开门办学”，要求高等学校“厂校挂钩、校办工厂、厂带专业”，结合“典型工程、典型工艺”组织教学，要求中小学学生都要“学工”、“学农”、“学军”，结果使学生要“以学为主”的最基本的要求都成为一种奢求，从而也就从根本上背离了教育与生产劳动相结合的要求，实际上是用简单劳动取代教育。他们口头上也赞成德、智、体几方面全面发展，但在实践中又以单纯的政治教育和政治运动代替德育，并大搞“政治可以冲击一切”，同时以批判“智育第一”为名，大肆冲击文化知识的教学，甚至把正常的教学活动也斥为“智育第一”。他们割裂了德、智、体三者之间的辩证统一关系，只是片面地强调被他们篡改了方向和内容的德育，甚至把“有文化”与“劳动者”对立起来，声称“宁愿要没有文化的劳动者，而不要有文化的精神贵族”。这句话貌似革命，实际上却是对教育方针和整个教育事业的否定。如果不对学生进行文化教育，培养出来的学生仍然没有文化，那还要什么学校！

与此同时，林彪、江青两个反革命集团还鼓吹和散布了关于教育问题的种种荒谬言论，并以此作为“教育革命”的指导思想，强行推行。其中危害最大的就是“两个估计”。

“两个估计”一经提出来，立即成为压在广大教育工作者身上的沉重的精神枷锁。同时，“两个估计”也成为“四人帮”一伙摧残教育事业、指导“教育革命”的“理论基石”。“四人帮”的骨干分子就公开宣扬，这“两个估计”“是无产阶级文化大革命所以从文教阵地开刀，工人阶级所以开进学校的重要依据；是制定‘教育革命’一系列方针、措施的重要前提”。“否定这两个估计，就会否定文化大革命，就会从根本上取消‘教育革命’。”因此，“四人帮”一伙拼命维护“两个估计”；而在粉碎“四人帮”，邓小平复出并分管教育工作后，首先提出的便是要否定“两个估计”。也正是在推倒了“两个估计”的基础上，教育事业才得以拨乱反正，迎来了自己的春天。

“文化大革命”中，林彪、江青两个反革命集团都把我国在毛泽东思想指导下，经过十七年努力才建立起来的社会主义教育体系说成是“修正主义教育”，并反复发动和组织对“修正主义教育路线”和“修正主义教育理论”的批判。特别是江青反革命集团扭曲了一系列教育基本理论问题上的是非：他们歪曲了教育的功能，别有用心地把教育完全归属于上层建筑领域甚至是政治范畴，荒谬地提出要把社会主义教育作为无产阶级对资产阶级实行全面专政的工具，从而也就暴露了他们利用教育为其篡党夺权目的服务的真实意图；他们否定了学校教育应以学习间接经验和书本知识为主的教育规律，搞乱了理论与实践的关系，把“实践出真知”扭曲成事事都要从直接经验开始，否定书本知识的学习；他们无视人的认识规律和教育的基本规律，把“开门办学”抬高到不适当的地步，甚至已经走到“学校消灭论”的边缘；他们在教师作用和师生关系问题上，否定教师在教学中的主导作用，肆意贬低教师，大批“师道尊严”，让教师反复接受工农兵的“再教育”，同时却不适当地抬高学生的作用，大肆鼓吹“小将上讲台”，甚至宣扬工农兵学员要“上大学、管大学、改造大学”，从根本上颠倒了正常的师生关系，损害了教师与学生两个方面的利益；他们在“教育革命”中无休止地批判“智育第一”、“知识私有”、“白专道路”和严谨治学、勤奋刻苦的教风、学风，导致教育质量严重下降，“读书无用论”大肆泛滥；他们对我国几千年的文化教育传统和国外优秀文化教育成果只讲批判，不讲继承，搞乱了批判与继承的关系，把我国的教育引向了文化虚无主义；他们还搞乱了民主与法制、自由与纪律的关系，导致在青少年学生中一度无政府主义、极端个人主义大泛滥，道德水准大幅度下降。

实践充分证明，“教育革命”中推行的一套东西根本不符合毛泽东教育思想，只不过是林彪、“四人帮”一伙从“左”的角度去歪曲毛泽东教育思想，并将毛泽东晚年关于教育的一些“左”的偏差进一步绝对化、极端化，使之成为谬误的东西而已。因此，他们在“教育革命”中提出的或在扭曲的“实践”基础上进行的理论概括，根本经不起实践的检验，也绝对称不上什么科学的教育理论。

这样，在“教育革命”中原有的教育理论被基本否定，而又没有“立”起什么新的科学的教育理论，造成了我国一时教育理论的贫困，并进而导致了教育实践的盲目和混乱。

二、干部队伍和教师队伍受到严重摧残

“文化大革命”中，中国共产党长期以来坚持的正确的知识分子政策和干部政策遭到严重践踏，教育界的广大干部、教师一次次地受到巨大冲击。具体表现为：

“文化大革命”刚一兴起，就在全国范围内掀起“横扫一切牛鬼蛇神”的运动，各级各类学校的大批干部、教师被污蔑为“执行了修正主义教育路线”、“充当了资产阶级保皇派”，被张贴大字报，被打成“牛鬼蛇神”，受到大小会的批斗及游街示众的侮辱，有些人还被关进“牛棚”并被“监督劳改”，被随意打骂，有的甚至因此致伤致残，乃至丧失生命。

20世纪60年代末，在全国范围内开展的声势浩大的“清理阶级队伍”和“整党”运动中，学校的大批干部、教师，特别是学术上有成就的老教师被诬陷为“反动学术权威”、“阶级异己分子”、“叛徒”、“特务”以及“地、富、反、坏、右分子”，被立案审查，受到批斗和关押；大批党员干部、教师被停止组织生活，甚至被开除党籍。

在“教育革命”中，学校的广大干部、教师处于改造对象甚至是打击对象的地位，欲干不能，欲罢不忍，但就是这样，还进一步被扣上了“世界观基本上是资产阶级的”帽子。在“让原有教师分期分批到工厂、农村、部队，政治上接受再教育”的指令下，大批干部、教师被纷纷驱赶到工厂、农村或“五七”干校，接受名为“再教育”的劳动改造，即使是老弱病残也不能幸免。《全国教育工作会议纪要》还把从旧社会过来的老知识分子和学术上有成就的知识分子统统归为“反动学术权威”，要求对他们“一批二看，或一批二用，或一批二养”，于是，他们又遭到进一步的批判、斗争，被剥夺教学、科研的权利，有些人甚至被长期关押、监督劳改。

在1973年的“反复辟回潮”、1974年的“批林批孔”、1975年底至

1976年上半年的"批邓、反击右倾翻案风"等运动中，又相继有大批学校的干部、教师受到株连，被立案审查、批判、斗争。

可以说，在整个"文化大革命"中，教育工作者始终处于被批判、被斗争、被改造的地位，教师这一神圣的职业受到了严重的亵渎。

"文化大革命"中，中央和地方教育行政部门以及各级各类学校的领导干部几乎全部受到过不同程度的冲击，不少人还被打成叛徒、特务、走资派，被立案审查，精神上和肉体上受到莫大的折磨，有的甚至因受迫害而含冤去世。

被迫害致死的教育行政部门的领导同志主要有：教育部部长周荣鑫，教育部副部长柳湜，北京市委大学部部长吴子牧，北京市委大学部副部长兼北京工业大学党委书记宋硕，江苏省教育厅长吴天石，上海市委教育卫生工作部长兼华东师范大学党委书记常溪萍，上海市教育局长兼党委书记孙兰，上海市高教局长陈传纲等。

被迫害致死的一些著名学校的领导同志主要有：兰州大学校长江隆基，武汉大学校长李达，西安交通大学校长彭康，北京钢铁学院院长高芸生，北京工业学院党委书记兼院长魏思文，北京师范大学党委书记程今吾，重庆大学校长郑思群，南开大学党委书记高仰云，辽宁大学党委书记邵凯，以及北京师范大学女附中校长卞仲耘，北京女三中校长沙坪，同济大学附中校长叶懋英等。

"文化大革命"中，党的知识分子政策被践踏，学校的知识分子受到反复冲击，被戴上了"臭老九"的帽子。一大批著名的学者、教授和忠诚于教育事业的教学骨干被扣上"资产阶级反动学术权威"、"学阀"、"内奸"、"修正主义教育路线的忠实执行者"、"阶级异己分子"等罪名而受到批斗，甚至被迫害致死。其中包括：著名史学家、北京大学副校长翦伯赞，文学家、云南大学校长李广田，著名体育家、甘肃师范大学副校长袁敦礼，北京大学物理系著名教授饶毓泰，华西医科大学著名病理学家江晴芬教授，南京大学气象系主任徐尔灏教授，著名地理学家、陕西师范大学地理系主任黄国璋教授等。还有更多的人因受迫害而致伤、致残或健康严重受损而丧失工作能力。

关于教育领域广大干部、教师在"文化大革命"中受打击迫害的情况，缺少统一的、全面的统计资料。但是，仅从一些局部的统计材料就可以略见一斑：

据1980年11月5日中华人民共和国最高人民检察院特别检查厅关于林彪、江青两个反革命集团罪行起诉书的统计，仅教育部所属单位和17个省、市教育界受诬陷、迫害的干部、教师就达142 000多人。卫生部所属14所高等医学院校的674名教授、副教授中，受到诬陷、迫害的达500多人。全国高等学校在1965年有教授、副教授7 800多人，1977年减少到5 800人，其中，有些就是在“文化大革命”中被迫害致死的。①

“文化大革命”中，林彪、江青两个反革命集团不仅对学校的广大干部、教师进行打击、迫害，而且还不断对他们进行精神上的折磨和污辱。其中影响最为恶劣的事件之一是在1973年底“四人帮”一伙刮起的一股“考教授风”。这股风首先是从辽宁省刮起的。

1973年12月30日，国务院科教组和北京市革委会科教组又一次采取突然袭击的办法，对北京地区17所高等学校的631名教授、副教授，用高等学校入学测验用的数学、物理、化学试题进行当场考试。试后，他们一方面用考试成绩挖苦、打击老教授，另一方面，他们又大肆宣扬“修正主义考试制度的回潮是绝对不能允许的”。在北京“考教授”后，上海、天津等地区也先后仿效。对此，许多教授采取拒绝考试、交白卷、在考卷背后写反对意见等方式予以抵制。

“文化大革命”中，教师队伍由于受到各种迫害和打击，不仅积极性严重受挫，而且由于长时间不能正常地从事教学工作和没有了培训提高的机制，造成在职的教师教学水平普遍下降。同时，“文化大革命”也造成教师队伍的大量非正常减员和流失，加上大批有经验的老教师因年龄原因先后退出教育工作岗位，而在长达十余年的时间没有了正常、有效的师资队伍的补充机制，致使在“文化大革命”结束后，立即出现全国各地普遍性的教师紧缺、教师教学水平下降、教师学历合格率大幅度下降的情况。

就全国中小学教育而言，1977年与1965年相比，高中教师中有本科学历的由70.3%下降到33.2%；初中教师中有专科以上学历的由71.9%

---

① 中国教育年鉴编辑部编：《中国教育年鉴》(1949～1981)，北京：中国大百科全书出版社，1984年版，第82页。

下降到14.3%；小学教师中有中师以上学历的由47.4%下降到28%。到1978年，各地还有不少教师是中学文化程度的教中学，小学文化程度的教小学。① 又如，广东省在“文化大革命”中的一段时间内，公办教师仅自然减员就有13 000多人，但是总共才补充了3 000人，使大批老弱病残教师得不到及时的妥善安置。②

三、高等教育规模被严重压缩

在“文化大革命”中，就全国各行各业而言，教育领域是“重灾区”。而在教育领域内，高等教育又是“重灾区”。

作为“重灾区”中的“重灾区”，最突出地表现在高等教育规模被严重压缩，在国家紧缺人才的情况下，少为国家培养了数以百万计的高级专门人才。

“文化大革命”开始后，相继有一些高等学校被撤并，到1971年全国教育工作会议前，普通高等学校数已经由1965年的434所减少到417所。在这次会议上讨论的《关于高等学校调整问题的报告》提出，工科院校一般保留下来继续办；农科、医科、师范院校多数保留下来继续办，少数改为中等专业学校或合并；综合大学一般先保留下来，通过教学改革实践再解决如何办学问题，少数将文、理分开，理科试办理工学院；政法、财经、民族院校多数撤销。根据这些原则确定的《关于高等院校的调整方案》规定，普通高等学校仅保留309所，合并43所，撤销45所，改为中等专业学校的17所，改为工厂的3所，再新增设7所。③ 其中，4所政法院校被全部撤销，18所财经院校被砍掉16所，只保留2所。④ 这一方案实际执行的结果是，全国的普通高等学校总数减少到328所，比“文化大革命”前的1965年减少了106所。其中，一些已有较长历史、办得很有成效的学校，例如新中国成立后由党和国家创办的第一所大学——中国人民大学也被撤销，人员被分流和遣散，教学设备和图书资料被分割，校址被部队占用，损失难以估量。虽然从1972年起普通高等学校又开始增加，每年增加几所、十几所，最多时增加二

---

①② 卓晴君、李仲汉著：《中小学教育史》，海口：海南出版社，2000年版，第274页。

③ 中国教育年鉴编辑部编：《中国教育年鉴》（1949～1981），北京：中国大百科全书出版社，1984年版，第235页。

④ 郝维谦、龙正中主编：《高等教育史》，海口：海南出版社，2000年版，第319页。

十几所，但是直到“文化大革命”结束时的1976年，全国普通高等学校总数仅为392所，仍比“文化大革命”前的1965年减少42所。①

工农高等教育在“文化大革命”中也受到极大的冲击。到1972年，将1965年普通高等学校中附设的206所夜校部和函授部全部停办，独立设置的工农高等教育机构也由1965年的964所猛降至195所，成人高等教育遭受到毁灭性打击。虽然从1973年起，国务院科教组按照毛泽东的指示大力推行上海机床厂“七二一”大学的“经验”，全国许多厂矿一窝蜂似的抢办“七二一”大学，使“七二一”大学的数量由1972年的68所迅速增加到1973年的122所、1974年的343所、1975年的5 228所、1976年的33 374所。② 但是，这些匆匆上马的所谓成人高等教育机构规模都很小，教学设备和教学手段缺乏，专兼职教师奇缺，学生数也少得可怜。绝大多数“七二一”大学式的成人高等教育机构只是徒有牌子，而根本没有高等学校的质量和水平。

“文化大革命”进行了10年多，纵跨11次高等学校招生期。从1966年到1969年，4年内没有招一名学生。从1970年起，首先从北京大学、清华大学等少数学校开始招收工农兵学员后，到1976年，全国共招收工农兵学员940 714名，其中还包括65 233名学制为1年的进修班学员。而在1965年，我国普通高等学校招收的本、专科生数已达164 212人，即使仅仅维持这一水平，在1966年至1976年，普通高等学校也应招收本、专科生180.63万，减去在“文化大革命”期间招收的普通班工农兵学员87.55万，则少招收学生93.08万。如果考虑到1962年至1965年期间，我国普通高等学校年招生数均比上一年增加11%至24%的情况，那么，完全有理由按年招生数递增10%计算。这样，在1966年至1976年期间，全国普通高等学校招生数应为334.7万，减去同期实际招收的普通班工农兵学员数，则少招收学生247.2万。③

---

① 中国教育年鉴编辑部编：《中国教育年鉴》（1949～1981），北京：中国大百科全书出版社，1984年版，第965页。

② 中国教育年鉴编辑部编：《中国教育年鉴》（1949～1981），北京：中国大百科全书出版社，1984年版，第594页。

③ 中国教育年鉴编辑部编：《中国教育年鉴》（1949～1981），北京：中国大百科全书出版社，1984年版，第969页。

以上仅仅是从招生数量的变化进行的统计，并没有考虑到所培养的学生的质量。即使这样计算，也完全可以说，"文化大革命"使高等学校少为国家培养了百万名以上的大学生。此外，有资料表明，"文化大革命"期间还少为国家培养了200万名以上的中等专业学校的毕业生。

"文化大革命"中，我国的研究生教育完全停顿（其间，清华大学曾按周恩来的指示办过4个研究生班，但也在"反回潮"中被迫停办）。1965年时，全国共招收研究生1 456名。如果以此为基数，每年研究生招生数不变，那么，在1966年至1976年期间应招收研究生1.6万人。① 如果也按年招生数每年递增10%计算，那么，在1966年至1976年期间应招收研究生3万人。因此，也应该说，"文化大革命"使我国高等学校少培养了两三万名研究生。

高层次专门人才培养数量和质量的大大削弱，不仅直接导致我国国民素质的整体滑坡（如，上海职工中技术人员的比重由1965年的4.8%下降为1976年的3.6%），而且人为地使我国高层次人才出现了一个十余年的断层，拉大了我国科学技术与发达国家之间的差距，进一步增加了我国在经济上赶超发达国家的难度。

四、学校基本建设停滞，教学设施遭到严重损毁

"文化大革命"初期，由于林彪、江青两个反革命集团的挑唆和煽动，学生以敢于造反、敢于砸烂"旧世界"为荣，各级各类学校几乎都出现过不同程度的打、砸、抢现象。特别是以夺权为宗旨的"一月风暴"后，几乎所有的学校都出现过派别组织相互对立、竞相夺权的局面。这些组织抢占教室、宿舍、实验室、图书馆、资料室等作为活动据点，有的学校甚至出现反复争夺、武斗不断的情况。在相互争夺、武斗的过程中，校舍受损，教学仪器设备、图书资料被大量毁坏和丢失。

在"教育革命"中，又有大批的大、中、小学校被先后撤销、合并，或被迫搬迁。被撤销、合并和搬迁的学校，校舍被其他单位大量侵占，原有的教学仪器设备和图书资料得不到保护，有的甚至被堆放在院子里任凭风吹雨淋或外人偷拿。这就对校舍、教学仪器设备、图书资料

---

① 中国教育年鉴编辑部编：《中国教育年鉴》（1949～1981），北京：中国大百科全书出版社，1984年版，第964页。

造成进一步的破坏。有的学校教学仪器、设备和图书资料几乎全部毁坏和丢失。例如，福建医学院被分散迁往山区，几乎所有的医疗设备、贵重仪器和器材都散落殆尽。

1971年，我国的高等农业院校由1965年的45所减少到17所。其中有23所高等农业院校曾搬迁45次。① 即使是没有受到撤、并、搬迁之苦的学校，在“教育革命”极左路线的影响下，学校的仪器、设备和图书资料也一再受到不同程度的损坏。例如，当时驻天津大学的工人、解放军宣传队公然提出，要实验室“开仓济贫”，结果把不少实验室的设备分光。学校当时共有49个实验室，被砸烂的有29个，其中有20个实验室的仪器、设备荡然无存。② 在一些中小学，为了“学农”，甚至把学校的操场改为菜地，类似的情况也造成大量的损失。

关于在“文化大革命”中学校的教学仪器、设备和图书资料被损毁的情况确实难以统计，但是仅从一些局部的统计资料也可以看出问题的严重性。

据湖南省的不完全统计，“文化大革命”期间，各级各类学校损失的教学设备达5 000多万元。③ 据安徽省统计，仅合肥市各中学下迁所损失的仪器、设备和图书资料，按当时的价格计算就达550多万元。据安徽省合肥工业大学等4校粗略统计，“文化大革命”中，学校的教学仪器、设备和图书资料损失约合1 733万元。江西省各高校在“文化大革命”中教学仪器设备、图书资料被洗劫一空，粗略统计损失达4 400万元以上。教学仪器、设备受损的个案更是数不胜数：天津医学院有近70台大型仪器被破坏。福建师范学院从20世纪20年代开始收集的动植物标本全部被毁光，3万多块国内外岩石和矿物标本被拿出去填坑铺路，等等。④ 据北京市统计，仅仅在批“师道尊严”的几个月里，全市中小学的玻璃就被砸碎20多万平方米。其中，玻璃、门窗损坏半数以

---

① 中国教育年鉴编辑部编：《中国教育年鉴》（1949～1981），北京：中国大百科全书出版社，1984年版，第303页。

② 郝维谦、龙正中主编：《高等教育史》，海口：海南出版社，2000年版，第322页。

③ 刘欣森、孟湘砥主编：《湖南教育史》（第3卷），长沙：岳麓书社，2002年版，第241页。

④ 中国教育年鉴编辑部编：《中国教育年鉴》（地方教育，1949～1984），长沙：湖南教育出版社，1986年版，第610、669、106、656页。

上的中学占到城镇中学的五分之一。① 中小学的其他设施遭浩劫的情况也十分严重，许多学校出现了“灯无一盏亮，桌无一张好”的情况。

学校的教学仪器、设备大量被毁，不仅直接影响了当时的教学，而且进一步影响了以后若干年教育事业的发展和教学水平的提高。

在粉碎“四人帮”、学校的教学秩序恢复正常后，全国的高等学校普遍出现了大量实验课开不出来的情况，甚至一些老学校也只能开出不到30%的实验课。中小学的教学实验课更为艰难。为了解决中小学教学实验课的问题，自1978年至1982年5年间，教育部从教育事业经费中安排了教学仪器购置费5.26亿元。但是，到了1983年底，还只是重点中学、少数的一般中学、实验小学、中心小学配有一定数量的教学实验设备，绝大多数中小学特别是农村学校几乎没有实验室和仪器设备，实验教学基本上无法按要求进行。②

“文化大革命”期间，由于我国国民经济的发展始终处于滞缓状态，财政收支极为紧张，对教育的投入也处于维持状态，甚至对教育的基本建设投入还大幅度减少。

统计资料表明，1966年至1975年，国家对全国高等学校和教育部所属普通教育事业的基本建设投资额仅为16.32亿元，比“文化大革命”前的10年（1956年至1965年）投资额31.1亿元减少了14.78亿元，比“文化大革命”结束后的5年（1977年至1981年）投资额39.77亿元减少了23.45亿元。③ 在“文化大革命”期间，学校的基本建设基本处于停顿状态，原有的校舍被大量侵占。

从1972年起，按照中共中央、国务院的要求，一些占用校舍的单位陆续退还所占校舍。但是，据教育部统计，截止到1978年5月底，全国被占用的校舍总面积仍有1 761万平方米没有退还给学校。其中，占用高等学校的校舍462万平方米，占用中小学的校舍476万平方米，占用其他学校的校舍823万平方米。

在“文化大革命”期间，北京的18所高等学校被其他单位占用的

---

① 陶西平主编：《北京市普通教育年鉴》，北京：北京出版社，1992年版，第19页。

② 卓晴君、李仲汉著：《中小学教育史》，海口：海南出版社，2000年版，第277页。

③ 中国教育年鉴编辑部编：《中国教育年鉴》（1949～1981），北京：中国大百科全书出版社，1984年版，第548页。

校舍近70万平方米，占这些学校原有校舍面积的一半以上。江西省各高等学校被占用的校舍面积达到42.1万平方米，占全省高等学校校舍面积的83%。据安徽省统计，“文化大革命”期间，该省仅中学被占用的校舍就达20.9万平方米。① 由于大量校舍被占、被破坏，造成中小学校舍紧张，危房比例增大，因危房倒塌而发生的伤亡事故屡见不鲜。

五、教育结构失衡，教育教学秩序遭到全面破坏

“文化大革命”中，我国原本比较适应当时经济和社会发展的教育结构被打乱。在高等教育领域，从层次结构来说，研究生教育被停止了十多年，本科教育由于高等教育学制的大幅度缩短而实际上被取消，这样，高等教育仅仅剩下了专科教育；从科类结构来说，哲学社会科学类院校和专业被大幅度压缩，以哲学社会科学专业为主的中国人民大学被撤销，原有的4所政法院校被全部撤销，原有的18所财经院校被撤销了16所。这些变动，造成了高等教育结构上的混乱和不平衡。

在中等教育领域，中等专业学校和农业、职业中学遭到撤、并、砍，同时，畸形发展普通初、高中教育，致使中等教育结构单一。到1976年，我国中等技术学校（包括中等师范学校）招生数和在校生数均仅占中等教育阶段学校招生数和在校生数总数的1%左右。

“文化大革命”期间，由于盲目发展普通初中和高中，致使学校虚肿现象严重。在办学条件没有发生什么变化的情况下，大量初级中学升格为高级中学或增设高中班；大量小学升格为初级中学或在小学设初中班。一些学校有其名而无其实，根本谈不上什么教育质量。

安徽省的有关资料表明，“文化大革命”期间，城乡小学大量升格为初中，大批的小学教师、校舍和办学经费被中学占用，致使当时的所谓普及小学教育只是“春进校（春季招生）、夏辍学、招得多、流得多、质量差”。到1977年，安徽省普通高级中学在校生数比1965年增加了32.9万人，增加了9.8倍；而同期，中等技术学校的学生仅增加了644人，仅增加了0.07倍。普通高中在校生数与中等技术学校在校生数之比，由1965年的4∶1变化为40∶1。同安徽省的情况相比，全国的情况

① 中国教育年鉴编辑部编：《中国教育年鉴》（地方教育，1949～1984），长沙：湖南教育出版社，1986年版，第32、669、591页。

更为严重。同期，全国普通高中在校生数增加了1 669.19万人，即增加了12.76倍；中等技术学校在校生数却减少了1 123名。① 普通高中在校生数与中等技术学校在校生数之比，由3.33∶1变化为46∶1。

教育结构单一的问题，既严重影响到教育内部，也严重影响到国家经济和社会的发展。在"文化大革命"结束很多年后，我国工农业战线的初、中等技术人才和熟练劳动者严重匮乏的状况依然没有解决，从而严重制约了我国经济和社会的发展。

"文化大革命"中，学校的各项规章制度均被废止，教学秩序被全面破坏，对教育事业的发展和学生的健康成长都造成了极坏的影响。

教学秩序被全面破坏对教育事业发展的影响，最集中的表现就是教育教学质量的严重下降。当然，造成"文化大革命"中教学质量下降的因素是多方面的：政治上的动荡、校舍和教学仪器的损毁、学制缩短的不当、学科和课程的调整、教学内容和教学时间的变化、教学方法的改变等等。但是，教学秩序被全面破坏不能不说是最重要的一个因素。

学校教学秩序的全面破坏，对广大青少年学生思想上的影响更为巨大。

首先是助长了无政府主义思潮的泛滥。"文化大革命"使得无政府主义思潮在社会上长期泛滥，学校的正常教学秩序被全面破坏。"四人帮"一伙极力鼓吹要培养"头上长角，身上长刺"的"反潮流的英雄"，使得各级各类学校的风气进一步恶化，甚至出现部分学生以敢于破坏纪律、无法无天为荣的现象。学校成为无政府主义思潮泛滥的重灾区。

其次助长了"读书无用论"思想的泛滥。在"文化大革命"中，教育质量大幅度滑坡，鄙薄知识和知识分子的思潮泛滥，理想缺失，使得广大学生的学习积极性大大下降。再加上教学秩序被全面破坏，想读书的学生也读不了书。在这种状况下，"读书无用论"在学生中急剧泛滥。

---

① 中国教育年鉴编辑部编：《中国教育年鉴》(1949～1981)，北京：中国大百科全书出版社，1984年版，第982页，第1001页。

小 结

“文化大革命”是一场长达十年之久的浩劫，对我国社会主义建设事业的破坏是持续的、全方位的，对教育事业的冲击和破坏尤为突出。“文化大革命”对教育事业的破坏是贯穿始终的：“文化大革命”由“政治批判”转为内乱，首先从教育领域发端；在以后的十年里，教育事业遭受到反反复复的冲击和摧残。“文化大革命”对教育事业的破坏是全面的、整体性的：全国各个地区的教育事业无一能幸免；各级各类教育事业无一能幸免。“文化大革命”对教育事业造成根本性的破坏：党和国家的教育方针被肆意歪曲，教育思想被搞乱；长时间失去党对教育事业的正确领导，各级教育行政部门和各级各类学校长期处于瘫痪或半瘫痪状态，不能行使或不能正常行使教育职能；广大教育工作者被扣上“世界观基本上是资产阶级的”等帽子，长期处于被批斗、被改造的地位，欲教不能、欲罢不忍；教育规律得不到尊重，教学秩序得不到维持；教育经费没有保证，教育基本建设停滞，大量校舍被侵占，教学仪器设备和图书资料损毁极为严重，基本办学条件得不到保障；广大青少年学生欲学不能，致使无政府主义思潮和“读书无用论”思想一度泛滥；整体教育水平大大降低，也降低了整个民族的科学文化素质。

“文化大革命”对我国教育事业的严重破坏，给我们留下了极其深刻的教训。

首先，要正确处理政治与教育的关系，不能以政治运动冲击教育。在指导思想上，要始终坚持教育为无产阶级政治服务的原则。党的基本路线规定，党在现阶段最大的政治任务是建设富裕、民主、文明的社会主义现代化国家。教育最根本的是通过培养人来为这个政治服务。因此，在任何情况下都要保证教育的长期稳定和持续发展。否则，就会使教育失衡，人才断层，给社会主义建设带来难以弥补的损失。

其次，在全面发展的基础上，要以德育为首，坚持从小对广大青少年学生加强思想道德教育和民主法制教育。学校培养出来的人是否具有高度的思想道德素质和民主法制观念，关系到整个民族思想道德水平和民主法制素质的提高，关系到社会主义建设事业的稳定与兴旺发达。

第三，要在全党和全社会造成尊重劳动、尊重人才、尊重知识、尊重创造的氛围。在发展教育事业的过程中，必须正确贯彻党和国家的知识分子政策，在政治上信任广大教师，在办学上依靠广大教师，在生活上关心广大教师，并使广大教师的综合素质和业务水平不断得到提高。在任何情况下，都不能把教师作为“革命的对象”。

第四，必须坚持党对教育事业的正确领导，严格按照教育规律办教育，努力适应各个时期社会发展和人的全面发展对教育提出的新要求，不断推动教育事业沿着健康的道路前进。

1976 年 10 月，中共中央一举粉碎了“四人帮”，党以自身的力量纠正了错误，结束了“文化大革命”十年动乱，使国家进入一个新的发展时期，使教育事业迎来了明媚的春天！

全国哲学社会科学规划重大课题
国家“十一五”重点图书出版规划项目

中华人民共和国教育史

主　编:何东昌
副主编:王明达　邹时炎　王炳照
海南出版社

下卷

图书在版编目（CIP）数据

中华人民共和国教育史. 下卷/何东昌主编. —海口：海南出版社，2007.4

ISBN 978－7－5443－1947－8

Ⅰ. 中… Ⅱ. 何… Ⅲ. 教育史－中国－现代
Ⅳ. G529.7

中国版本图书馆 CIP 数据核字（2007）第 053747 号

中华人民共和国教育史（上下卷）

何东昌　主编

责任编辑：邹蕴璋

＊

海南出版社出版发行

（570216. 海口市金盘开发区建设三横路 2 号）

湖南新华精品印务有限公司印刷

2007 年 4 月第 1 版　2007 年 4 月第 1 次印刷

开本：710×1000　1/16　印张：72.75

字数：1200 千　印数：1－6000

ISBN 978－7－5443－1947－8/G·852

定价：198.00 元（上下卷）

4

第四编 社会主义教育的历史转折

（1976～1982）

1976年10月6日，江青反革命集团被粉碎，“文化大革命”结束，教育战线同其他战线一样欢欣鼓舞，同时也面临着肃清“文化大革命”影响，处理“文化大革命”遗留下来的问题，进行全面拨乱反正的艰巨任务。

从“文化大革命”结束到1978年底中共十一届三中全会召开以前，由于时任中共中央、国务院主要领导职务的华国锋在思想上仍然坚持“两个凡是”（即“凡是毛主席作出的决策，我们都坚决维护，凡是毛主席的指示，我们都始终不渝地遵循”）的错误方针，在工作中仍然坚持“以阶级斗争为纲”，因此，拨乱反正遇到严重的阻碍。教育战线同全国一样，一度出现了工作在徘徊中前进的局面。后来由于邓小平领导推翻“两个凡是”和“两个估计”，并多次阐述要实现现代化“不抓教育不行”、“基础在教育”的思想，使教育战线出现了许多新气象，拨乱反正得以真正开展起来，以推翻“两个估计”为重点的揭露和批判“四人帮”在教育战线的罪行的斗争得以深入下去，全国教育工作会议得以顺利召开，教育工作得到全面恢复。

1978年12月，中国共产党召开十一届三中全会。会议的主要成果是：形成了以 邓小平为核心的第二代中央领导集体；实现了思想路线、政治路线和组织路线的拨乱反正。全会高度评价关于真理标准的讨论，批判了“两个凡是”，充分肯定了完整地准确地理解和掌握毛泽东思想科学体系的必要性，重新确立了解放思想、实事求是的思想路线。这是思想路线的拨乱反正。全会果断地停止执行“以阶级斗争为纲”的“左”的错误方针，作出把全党工作的重点转移到社会主义现代化建设上来的战略决策。这是政治路线的拨乱反正。审查和解决了党的历史上一批重大冤假错案和一些重要领导人的功过是非问题，增选了中央领导机构的成员。这是组织路线的拨乱反正。中共十一届三中全会从根本上结束了全国工作在徘徊中前进的局面，实现了中国共产党历史上具有深远意义的伟大转折。此后，中共中央于1979年4月作出了对国民经济实行“调整、改革、整顿、提高”的重大决策。经过国民经济的调整，工农业生产健康发展，科学文化教育事业发生了新的变化，人民生活有了改善。

中共十一届三中全会前后，邓小平领导了教育战线的拨乱反正，使我国社会主义教育较早走上了健康发展的轨道。在这一过程中，邓小平教育理论进一步发展。在邓小平教育理论的指引下，我国教育实现了建国以来的第二次根本性转变，即实现了教育由突出为“以阶级斗争为纲”服务向为以经济建设为中心的社会主义现代化建设服务的历史性转变。

从中共十一届三中全会到 1982 年中共第十二次全国代表大会召开以前这一阶段，广大教育工作者积极学习和贯彻中共十一届三中全会精神，在邓小平的直接领导和指导下，进一步认真进行教育战线上的拨乱反正，教育工作得到全面恢复。同时教育战线在进行“调整、改革、整顿、提高”的过程中，事业有了明显的发展，教育改革迈出了坚实的步伐。

第十五章　教育战线的拨乱反正

教育战线的拨乱反正包括指导思想上、政治上、组织上和工作上的拨乱反正。教育指导思想上的拨乱反正是教育战线一切拨乱反正的关键；而推翻“两个凡是”和“两个估计”又是推进教育战线指导思想上拨乱反正的关键。邓小平在解决这两个关键问题中起了决定性的作用。他率先批判并推翻“两个凡是”和“两个估计”，使教育战线的思想获得大解放，为彻底拨乱反正铺平了道路，扫清了思想障碍。在此基础上，教育战线深入进行了以推翻“两个估计”为重点的揭批“四人帮”的斗争，开展了真理标准问题的讨论，总结了历史经验，清理了“左”倾错误对教育的影响，引导人们完整地准确地理解和掌握毛泽东教育思想，从而澄清了教育指导思想上的是非。与此同时，教育战线开展了平反冤假错案的工作，并着手全面恢复教育工作。这一切，极大地调动了广大教育工作者全身心投入教育事业的积极性。

第一节　揭发批判“四人帮”破坏教育事业的罪行

“文化大革命”结束以后，中共中央、国务院首先领导了揭发、批判、清查“四人帮”的斗争。1976 年 10 月 18 日，中共中央将王洪文、张春桥、江青、姚文元反革命集团事件通知各级党组织，并传达到全党、全国。接着，当年 12 月 10 日、1977 年 3 月 6 日和 9 月 23 日，中共中央先后批准下发了这个反革命集团的三批罪证材料。全国各地按照中共中央通知，开展了揭批“四人帮”的斗争。

根据中共中央部署，教育战线揭批“四人帮”的斗争依次分为大揭发、大批判、大清理三个“战役”。要求通过这场斗争，把被“四人帮”篡夺的权力夺回来，粉碎其长期经营的帮派体系；以“四人帮”炮制的“两个估计”为重点，深揭狠批；对“四人帮”制造的一系列主要反革命谬论和事件，必须一桩桩、一件件查清批透，从政治上揭露他们的反革命面目，从理论上粉碎他们的反动思想体系，把被他们颠倒了的路线是非一一纠正过来，把被他们否定了的正确的东西明确地给予肯定；还要求在揭批“四人帮”的斗争中，积极落实干部政策和知识分子政策等。教育部和各地教育行政部门、学校纷纷召开大会和撰写文章揭批、声讨“四人帮”的罪行。到中共十一届三中全会提出结束全国性的揭批“四人帮”的群众运动，教育战线揭批“四人帮”的运动也随之结束。

一、初期的揭批斗争

在粉碎“四人帮”之初，教育战线的揭批内容主要集中在“四人帮”对教育方针的篡改和对周恩来的攻击以及“四人帮”在教育领域制造的一些突出事件上。

1976年11月23日，《光明日报》刊登了教育部大批判组撰写的《毛主席的教育方针岂容篡改》一文。该文集中批判了张春桥关于“宁要一个没有文化的劳动者”的谬论，指出：这个谬论宣扬取消智育，鼓吹“读书无用论”，混淆智育和“智育第一”两个不同的概念；违背了毛主席提出的培养“有社会主义觉悟的有文化的劳动者”的教育方针；其罪恶目的是肆意歪曲与篡改毛主席提出的教育方针。文章发表后，教育部于当月24日和25日连续召开由北京市部分大、中、小学和教育行政部门负责人参加的揭发、批判“四人帮”破坏教育工作罪行的大会。与会者愤怒指出，“四人帮”的倒行逆施使我国教育事业遭到极大破坏；同时指出，“四人帮”的主要罪行是：篡改毛主席的教育方针，与无产阶级争夺下一代；歪曲毛主席的五七指示精神，割裂理论与实践、“主学”与“兼学”之间的关系，破坏学校的正常秩序；挑动学生与教师对立，破坏正常的师生关系；破坏党的知识分子政策，迫害广大教师和干部；等等。上述文章的发表和大会的召开，初步澄清了有关教育方针的是非，初步揭批了“四人帮”在教育战线的罪行。

1976年11月29日，《人民日报》发表中共湖南省委宣传部写的题为《扼杀〈园丁之歌〉也是为了篡党夺权》一文，愤怒揭发、批判“四人帮”围剿《园丁之歌》、打击教师、搞乱教育思想的罪行。从此，报刊开始使用曾停用多年的“光荣的人民教师”、“辛勤的园丁”等提法。

1976年11月30日，《人民日报》发表了《辽宁日报》和《人民日报》记者写的《一个反革命的政治骗局——“四人帮”炮制〈答卷〉作者这个假典型的调查》，详细报道了对“张铁生‘交白卷’事件”的调查真相。该文的发表不仅使广大教育工作者进一步认清了“四人帮”攻击周恩来、反党篡权的罪恶面目，同时也开始扭转否定文化学习的歪风，在一定程度上清除了“闹而优则仕”对青少年思想造成的危害。

1977年1月16日，《光明日报》刊登了教育部大批判组写的《一场围绕自然科学基础理论问题的政治斗争》一文。该文系统地揭露了自1972年以来，围绕基础理论工作问题，“四人帮”发动三次进攻，以此作为陷害周恩来、进行篡党夺权的一个借口。文章首次披露了一些鲜为人知的事实。这篇文章的发表，不仅对高等教育界，而且对包括中小学教育在内的整个教育界以至科技界的拨乱反正、端正思想路线都产生了积极影响。

1977年，《人民教育》第一期发表了《一株反党乱校的大毒草》一文，对“四人帮”控制的北京大学、清华大学大批判组于1975年12月1日抛出的《教育革命的方向不容篡改》的文章进行了批判，并指出上述两校文章在“四人帮”篡党夺权阴谋中的恶劣作用。

1977年2月22日，《人民日报》发表了教育部大批判组写的《党的知识分子政策不容践踏》一文。该文揭发、批判了“四人帮”篡改毛泽东对我国知识分子状况的估计，污蔑知识分子是“资产阶级知识分子”，建国十七年培养出来的学生“基本上是对社会主义经济基础起了破坏作用”等歪曲党的知识分子政策、严重迫害知识分子的罪行。该文对全国影响较大，但由于没有从推翻“两个估计”的高度和深度去揭发批判，因而揭批得不够彻底。

1977年2月23日，《光明日报》发表《戳穿江青批判“师道尊严”的阴谋》一文，对江青等人利用一个小学生的来信和日记搞政治阴谋、搞乱学校、迫害教师的罪行进行揭发、批判。涉及此事件的北京市和内蒙古自治区等地也专门组织了揭发、批判。接着，北京市石景山区教育局等还专门组织活动，深入揭露、批判江青利用永乐中学的一封来信，打击、陷害教师和干部，破坏教育事业的罪行。

1977年11月15日，教育部召开了有1.8万人参加的大会，揭发、批判“四人帮”及其骨干分子迟群等人篡夺教育部领导权、制造河南“马振扶公社中学事件”和“朝阳农学院经验”等破坏我国教育事业的罪行。当月30日，中共河南省南阳地委召开有3万多人参加的群众大会，愤怒控诉“四人帮”制造“马振扶公社中学事件”的罪行，为受害干部、教师平反。

通过初期的一系列揭批活动，广大教育工作者和学校的师生员工在思想路线上初步划清了与“四人帮”的界限，为全面恢复正常的教育教学秩序和教育进一步的改革与发展奠定了良好的思想基础。

二、拨乱反正受阻

通过揭批“四人帮”的罪行，到1977年上半年，在“文化大革命”后还一度处于动乱状态的少数地区也恢复了安定的局面。1977年7月举行的中共十届三中全会决定把“四人帮”王洪文、张春桥、江青、姚文元永远开除出党，撤销他们的党内外一切职务。随着对“四人帮”的揭发、批判和清查工作的深入，广大干部和群众越来越强烈地要求纠正“文化大革命”的错误。但是，当时担任中共中央、国务院主要领导的华国锋在指导思想上继续犯“左”的错误，这就使拨乱反正遇到严重阻碍。

华国锋在指导思想上继续犯“左”的错误的表现是延续了毛泽东在“文化大革命”中的“左”的错误，继续肯定“文化大革命”。其典型的表现是坚持“两个凡是”和“坚持无产阶级专政下继续革命”的理论。1976年10月26日华国锋提出，凡是毛主席讲过的，点过头的，都不要批评。1977年2月7日，根据他的意见，《人民日报》、《红旗》杂志和《解放军报》发表题为《学好文件抓好纲》的社论，提出“凡是毛主席作出的决策，我们都坚决维护，凡是毛主席的指示，我们都始终不渝地遵循”。这就是“两个凡是”方针的由来。这个方针的提出，严重阻碍了全国的拨乱反正。

1977年8月和1978年2月先后召开了中共第十一次全国代表大会和全国人民代表大会第五届第一次会议。这两个会议重申要把中国建设成为农业、工业、国防和科学技术现代化的社会主义强国的目标，后一个会议还提出为了实现上述目标，必须极大地提高整个中华民族的科学文化水平，这都是正确的；但是，这两个会议仍然坚持“以阶级斗争为纲”、“坚持无产阶级专政下继续革命”，党的指导思想上的拨乱反正任务没有完成。“两个凡是”成了拨乱反正历程中的新的思想枷锁。

第二节　推翻“两个凡是”和“两个估计”

“两个凡是”的错误方针和“两个估计”的错误观点严重阻碍了教育战线的拨乱反正，阻碍了广大教育工作者要求认真清理、彻底纠正“文化大革命”及以前的“左”倾错误，尽快恢复和发展教育事业的迫切愿望的实现。教育战线是“文化大革命”的“重灾区”，因此教育战线的拨乱反正具有特别重要的意义。在这重要的关键时刻，邓小平率先旗帜鲜明地推翻“两个凡是”和“两个估计”，从根本上扭转了形势，使教育工作逐步走上正轨并打开了新的局面。

一、邓小平领导推翻“两个凡是”和“两个估计”

“两个估计”是“四人帮”强加给广大教育工作者的精神枷锁。要推翻“两个估计”，必先推翻“两个凡是”。不推翻“两个凡是”，广大教育工作者强烈要求彻底解除精神枷锁的愿望就无法实现。正是在这关键时刻，邓小平高瞻远瞩，实事求是，挺身而出，从党和国家的前途命运出发，亲手解决了这个问题。

对“两个凡是”，邓小平一开始就不同意。早在 1977 年 4 月 10 日，也就是在报刊上提出“两个凡是”后两个月，邓小平就写信给党中央，针对“两个凡是”，着重提出“必须世世代代地用准确的完整的毛泽东思想来指导我们全党、全军和全国人民”的观点。① 这就明确地划清了毛泽东思想的科学体系同“两个凡是”的界限，为突破“两个凡是”的束缚提供了理论根据，成为指导思想上拨乱反正的思想先导。1977 年 5 月 24 日，他在同中央两位同志的谈话中又指出，“‘两个凡是’不行”，马克思、恩格斯、列宁、斯大林、毛泽东都不搞“凡是”。② 1978 年，

① 《邓小平文选》(第 2 卷)，北京：人民出版社，1994 年版，第 39 页。
② 《邓小平文选》(第 2 卷)，北京：人民出版社，1994 年版，第 38 ~ 39 页。

他支持关于“真理标准问题”的讨论。这场讨论，从理论上彻底否定了“两个凡是”的错误方针，也为随后召开的中共十一届三中全会作好了充分的理论准备和思想准备。1978年12月18日至22日召开的中共十一届三中全会批判了“两个凡是”，充分肯定了完整地准确地理解和掌握毛泽东思想科学体系的必要性。全会以后，1979年7月29日，邓小平在接见中共海军委员会常委扩大会议全体同志时的讲话中再次尖锐指出，搞“两个凡是”，实际上是“打着拥护毛泽东同志的旗帜”，“换个面貌来坚持林彪、‘四人帮’那一套”。①

邓小平在领导推翻“两个凡是”的同时，还率先推翻教育战线的“两个估计”。1977年7月，中共十届三中全会决定恢复邓小平的中共中央副主席等职务。他在7月21日的全会上明确指出：“‘四人帮’把知识分子一概称为‘臭老九’……这样的话我们现在不能继续讲。”② 同年8月8日，他在科学和教育工作座谈会上一共讲了六个问题，第一个问题就讲关于对十七年的估计问题。邓小平明确指出：“毛泽东同志在文化大革命以前的大部分时间里，对科学研究工作、文化教育工作的一系列指示，基本精神是鼓励，是提倡，是估计到我们知识分子中的绝大多数是好的，是为社会主义服务或者愿意为社会主义服务的。”“对全国教育战线十七年的工作怎样估计？我看，主导方面是红线。应当肯定，十七年中，绝大多数知识分子，不管是科学工作者还是教育工作者，在毛泽东思想的光辉照耀下，在党的正确领导下，辛勤劳动，努力工作，取得了很大成绩。特别是教育工作者，他们的劳动更辛苦。现在差不多各条战线的骨干力量，大都是建国以后我们自己培养的，特别是前十几年培养出来的。”他还特别提到小学教师，说：“一个小学教师，把全部精力放到教育事业上，就是很可贵的。要当好一个小学教师，付出的劳动并不比一个大学教师少，因此小学教师同大学教师一样光荣。”③ 接着在当年9月19日同教育部主要负责同志谈话时，邓小平又一次明确指出：“所谓‘两个估计’，即文化大革命前十七年教育战线是资产阶级

① 《邓小平文选》(第2卷)，北京：人民出版社，1994年版，第192页。
② 《邓小平文选》(第2卷)，北京：人民出版社，1994年版，第43页。
③ 《邓小平文选》(第2卷)，北京：人民出版社，1994年版，第48~50页。

专了无产阶级的政，是‘黑线专政’；知识分子的大多数世界观基本上是资产阶级的，是资产阶级知识分子。这个问题究竟怎么看？建国后的十七年，各条战线，包括知识分子比较集中的战线，都是以毛泽东同志为代表的路线占主导地位，唯独你们教育战线不是这样，能说得通吗？”他批评有的负责同志“思想没有解放出来”，并尖锐地指出：“你们管教育的不为广大知识分子说话，还背着‘两个估计’的包袱，将来要摔筋斗的。”他还一针见血地说：“‘两个估计’是不符合实际的。”① 这篇讲话，是扭转教育战线被动局面，带领教育战线冲破严重思想禁锢，真正开展拨乱反正的最直接、最有力的武器和动力，是一篇重要的历史檄文。在1978年3月18日的全国科学大会上，邓小平明确指出：在社会主义社会里，总的说来，知识分子的“绝大多数已经是工人阶级和劳动人民自己的知识分子，因此也可以说，已经是工人阶级自己的一部分”。②

邓小平领导推翻“两个凡是”和“两个估计”，对于全国拨乱反正，解放思想，冲破“左”的禁锢，澄清路线是非，端正指导思想，起了决定性的指导作用；特别是上述著名的“八八讲话”和“九一九讲话”对教育战线震撼很大，极大地鼓舞了广大教育工作者，激励起他们投身于揭发批判“四人帮”的斗争和尽快恢复发展教育事业的巨大积极性。

二、以推翻“两个估计”为重点的揭批斗争

自邓小平领导推翻“两个凡是”和“两个估计”以后，教育战线揭批“四人帮”的斗争逐渐深入。其主要标志是，抓住“四人帮”在教育战线上反动思想的核心——“两个估计”为重点，深揭狠批。

教育战线在全国大张旗鼓地批判“两个估计”是在1977年11月。当月，教育部以“大批判组”的名义在同年第十一期《红旗》杂志上发表了《教育战线的一场大论战——批判“四人帮”炮制的“两个估计”》一文。文章首先揭露了“两个估计”是“四人帮”早有预谋、长期严密封锁了毛泽东的指示而炮制出笼的，与毛泽东1971年对“文化大革命”前教育情况和知识分子情况的估计完全相反。文章在揭露“两个估计”

① 《邓小平文选》(第2卷)，北京：人民出版社，1994年版，第66～67页。
② 《邓小平文选》(第2卷)，北京：人民出版社，1994年版，第89页。

由迟群“挂帅”起草，经张春桥、姚文元修改定稿的过程后说：我们授权向全党和全国人民郑重地宣告：就在1971年夏季“四人帮”把十七年抹得一团漆黑的时候，毛主席针锋相对地批驳了他们的谬论。毛主席指示的精神是：对十七年的估计不要讲得过分；多数知识分子还是拥护社会主义制度的；高校六十条，总的还是有它对的地方。文章还披露了周恩来的意见，写道：7月6日，周恩来“坚决指出：‘毛主席的红线也是照耀了教育战线的’，‘知识分子的大多数是接受共产党领导的，是为社会主义服务的’，‘对教师队伍和解放后培养的学生要作具体分析，要辩证地看问题’”。文章还回顾了十七年的历史，用大量事实说明十七年教育战线是红线主导，批驳了“四人帮”的“黑线专政”谬论；同时又用事实说明知识分子是革命力量，不是革命对象。

文章一发表，引起了社会强烈反响。1977年11月18日，《人民日报》等各大报纸都在头版以整版篇幅转载了该文。当时人们并不知道，邓小平对该文逐字逐句审看了四遍，并提出了许多关键性的意见。随后，全国教育行政机关、科研单位和学校纷纷撰写文章或召开会议，从各个角度对“两个估计”进行批判。当年12月10日，教育部联合中共北京市委召开有1.8万人参加的揭批“四人帮”炮制“两个估计”的反革命罪行大会。许多地方联系本地实际进行揭发、批判。上海市教育局召开区、县教育局长会议，举办学校干部学习班，深入批判“两个估计”对教育战线的严重破坏，推动了基层的揭批活动。该局大批判组还在《文汇报》发表《“四人帮”对教育工作客观规律的践踏——评所谓“资产阶级统治学校的八根精神支柱”》，① 指出，这“八根精神支柱”是炮制“两个估计”的主要理论根据之一，是对“文化大革命”前十七年教育工作的全盘否定。②

1979年1月4日至24日，由时任国家科委副主任的蒋南翔主持，国家科委、教育部和农林部在北京联合召开全国高等学校科学研究工作

① 指1971年8月13日中共中央批准的《全国教育工作会议纪要》中所说的“全民教育”、“天才教学”、“智育第一”、“洋奴哲学”、“知识私有”、“个人奋斗”、“读书做官”、“读书无用”等等是资产阶级统治学校的精神支柱。

② 吕型伟主编：《上海普通教育史》（1949～1989），上海：上海教育出版社，1994年版，第418页。

会议。会议根据中共十一届三中全会精神，从正反两个方面总结了建国以来高等教育事业发展的历史经验与教训，明确指出："文化大革命"前的十七年我国高等教育工作执行的基本上是一条马克思列宁主义路线，成绩是主要的；并不存在刘少奇修正主义教育路线，也不存在资产阶级知识分子统治学校的现象。尽管这一时期出现过某些错误，特别是1957年以后受到"左"的干扰，但是，总的来说工作成绩是主要的。这次会议的主题实际上对"两个估计"作了彻底否定。2月，全国人大常委会任命蒋南翔为教育部部长。2月22日，教育部党组向中共中央提交了《关于建议中央撤销两个文件的报告》，即撤销1971年中共中央批转的载有"四人帮"提出"两个估计"的《全国教育工作会议纪要》和1974年中共中央转发的《关于河南省唐河县马振扶公社中学的简报》两个文件。3月19日，中共中央批转教育部党组的报告，决定撤销上述两个文件。中共中央在批示中指出："这两个文件是在'四人帮'及其亲信一手把持下炮制出来的，是错误的。它在教育战线危害极大，流毒很深，应当继续批判，以肃清其流毒和影响。"由此，"两个估计"被彻底推翻。

全国通过对"四人帮"炮制"两个估计"的罪行的揭发、批判，比较彻底地澄清了十七年教育战线是红线主导还是黑线专政、知识分子是革命力量还是革命对象两个根本问题，解除了压在广大教育工作者身上的精神枷锁，推动了干部政策和知识分子政策的落实，极大地提高了人们的积极性，为教育战线的拨乱反正和实现历史性转折创造了良好的思想政治条件和组织条件。

第三节　开展真理标准问题讨论

在邓小平率先领导推翻"两个凡是"和"两个估计"的过程中，他特别强调要把党的实事求是的作风恢复起来。1977年8月，他在中共十一大闭幕词中再次着重强调了恢复和发扬实事求是的传统问题。中共十一大以后，不少老同志相继发表文章，论述坚持实事求是的重要性。在这样的背景下，《光明日报》发表了《实践是检验真理的唯一标准》一文，这篇文章引发了真理标准问题的大讨论。这场讨论使包括教育界在内的全党、全国的思想大大解放，在理论和实践两方面的一些根本性问题上摆脱了长期以来形成的“左”倾错误的束缚。

一、真理标准问题讨论的由来

1978 年 5 月 10 日，中央党校的内部刊物《理论动态》第 60 期发表了《实践是检验真理的唯一标准》一文。次日，《光明日报》以特约评论员的名义公开发表这篇文章，拉开了真理标准问题讨论的序幕。当时，有的同志对这场讨论持否定态度，认为这是在“丢刀子”，是“砍旗”。针对这种情况，邓小平在各种会议上多次宣传实事求是是毛泽东思想的出发点、根本点，指出，要拨乱反正，必须思想来个大解放。他有力地支持真理标准问题的讨论。同年 12 月 13 日，在中共中央工作会议闭幕会上邓小平明确指出：“关于实践是检验真理的唯一标准问题的讨论，实际上也是要不要解放思想的争论。”“一个党，一个国家，一个民族，如果一切从本本出发，思想僵化，迷信盛行，那它就不能前进，它的生机就停止了，就要亡党亡国。”“从这个意义上说，关于真理标准问题的争论，的确是个思想路线问题，是个政治问题，是个关系到党和国家的前途和命运的问题。”① 1979 年 7 月 29 日，邓小平在接见中共海军委员会常委扩大会议全体同志时强调指出：“就全国范围来说，就大的方面来说，通过实践是检验真理唯一标准和‘两个凡是’的争论，已经比较明确地解决了我们的思想路线问题，重新恢复和发展了毛泽东同志倡导的实事求是、理论联系实际、一切从实际出发的思想路线。”但“这个争论还没有完，海军现在考虑补课，这很重要。”他还强调：这场争论“实质就在于是不是坚持马列主义、毛泽东思想”。② 邓小平的这些论述得到了其他一些在任的或曾经担任过党和国家领导职务的老同志的支持。

蒋南翔到教育部任职后，在 1979 年 2 月 8 日教育部全体干部会上的讲话中突出强调，要认真学习和贯彻中共十一届三中全会精神，认真开展真理标准问题的讨论。他指出：中共十一届三中全会“突出的收获是肯定了实践是检验真理的唯一标准的讨论，肯定了实践是检验真理的

---

① 《邓小平文选》(第 2 卷)，北京：人民出版社，1994 年版，第 143 页。
② 《邓小平文选》(第 2 卷)，北京：人民出版社，1994 年版，第 190 ~ 191 页。

唯一标准的根本原则，冲破了'两个凡是'的束缚，真正恢复了党的民主集中制的原则"。"实践是检验真理的唯一标准问题，不仅是理论讨论，而且有重大的政治意义，确实关系到党和国家的命运。""教育工作中贯彻三中全会精神，就是要运用实践是检验真理的唯一标准这个思想武器，正确地总结历史经验"。① 3月份，蒋南翔到清华大学召开座谈会，动员开展真理标准问题的讨论。7月29日邓小平发表上述讲话以后，根据邓小平讲话精神，全国许多部门进行了真理标准问题讨论的补课。教育部党组考虑到教育战线的实际情况，决定从1979年下学期开学后从教育部机关到整个教育战线开展真理标准问题讨论补课。

二、真理标准问题讨论中关于教育理论问题的探讨

教育战线开展真理标准问题的讨论，一方面，联系实际工作进行，理清实际工作中"左"的重大事件；另一方面，开展了教育理论问题的讨论。这场教育理论问题的讨论使教育理论界思想活跃起来，从1979年起一直延续到以后很长一段时间，对几乎所有的重大教育理论问题都展开了讨论，并获得新的认识，其中影响较大的是对教育本质问题的讨论。由于教育本质广泛涉及教育领域中的许多问题，所以这次讨论是对我国教育理论和实践进行历史反思的一种表现形式。由于讨论处在党和国家工作重点转移时期，因而，教育本质的讨论也扩展到教育在社会主义现代化建设中的作用与地位等一系列根本问题，从而成为探索建设中国特色社会主义教育的一种理论方面的准备。

在教育本质问题讨论中，不少学者对教育只是上层建筑这一命题提出了疑问，主要有四种不同观点：教育是上层建筑；教育是生产力；教育既有属于上层建筑部分，也有非上层建筑部分；教育是培养人的实践活动。通过讨论，有以下一些认识上的重要突破：

教育的上层建筑属性问题。通过讨论大家认为，对教育的上层建筑属性要具体分析，不能简单地加以否定或全盘肯定。在阶级社会里，教育是有阶级性的。教育反映一定社会中居于统治地位的阶级的经济、政治利益和思想意识形态，并为其服务。教育的领导权、受教育的权利、

---

① 中国高等教育学会、清华大学编：《蒋南翔文集》（下卷），北京：清华大学出版社，1998年版，第914页。

教育目的、教育的许多内容、教育的思想和观点等等，都是由占统治地位的阶级的经济、政治制度和意识形态决定的。因此，教育的上述一些主要因素具有上层建筑的属性。但教育的有些内容以及教育的方法、手段等并不具有上层建筑的属性。社会结构中还有既不属于经济基础也不属于上层建筑的因素，如语言等。这一共识纠正了把教育单纯看成上层建筑的片面观点。

教育与社会生产的关系问题。长期以来，教育与社会生产的关系往往被看成是间接的。在这次讨论中，许多人指出了教育与社会生产的直接关系：一方面，教育是社会生产存在与发展的一个必要条件，特别是现代大生产的条件下，在一定的生产关系下，生产资料与劳动力结合才能成为现实的社会生产力。在社会再生产中，劳动力的再生产是不可或缺的决定性因素。教育是进行劳动力再生产的一个重要组成部分。另一方面，社会生产水平、生产方式决定教育培养人才的规格、教育结构和比例等。基于以上两点，教育具有生产力的属性。许多学者还认为，也不能因此简单化地把教育仅仅归属于生产力的范畴。许多学者指出，长期以来，人们强调把教育作为阶级斗争的工具来认识，是很不全面的；在阶级社会中，教育是阶级斗争的工具，但教育与生产斗争的联系是最本质的、永恒的联系，教育作为生产斗争的工具是其永恒的社会职能。

在邓小平 1988 年提出科学技术“是第一生产力”的科学论断以后，教育的生产力属性进一步得到理论界的阐释。这是中国共产党作出把教育放在现代化建设优先发展战略地位这一重大决策的理论前提。

教育的功能问题。在讨论中虽然存在着不同意见，但一般都把教育的功能划分为社会功能（包括政治的、经济的、文化的功能等）和发展人的功能（或称育人功能）。通过教育，使受教育者按照社会要求，获得一定的社会生活、生产等方面的知识、经验、技能和技巧，形成一定的思想、观点，养成一定的行为规范，成为一个处于一定社会关系、文化环境中的社会成员，这是教育的育人功能。通过教育培养出来的人，参加社会经济、文化生活等来发挥其作用，从而使社会得到延续和发展，这就是教育的整体的社会功能。教育主要是通过育人功能来实现其社会诸功能的，这是教育区别于其他社会现象的本质特点。在教育的社会诸功能中，教育的经济功能是讨论的热点。虽然讨论中意见不完全一致，但大多数人倾向于应该全面肯定教育为我国社会主义建设服务的功能，特别是强调教育促进生产力发展的功能。生产力越发展，教育的社会功能就越大。在社会主义制度下，它的功能有可能全面地得到发挥。1982年12月15日，《文汇报》发表《经济要发展，教育要先行》的评论员文章。有的学者认为，这是粉碎“四人帮”以后，通过真理标准问题的讨论，在全国最早明确提出“教育要先行”口号的文章。这些都为以后的教育与商品经济、市场经济的关系等问题的讨论打下了基础。

教育与人的发展问题。在讨论中，大家主要在以下三方面有了进一步认识：一是教育应该从社会需求出发还是从人的需求出发的问题。大家认为，这个问题涉及教育的两种价值和两种功能的关系问题。在过去相当长的一段时间里，较多地强调教育的社会价值和功能，相对地忽视了教育促进人的发展的价值和功能。实际上，教育的这两种价值和功能是辩证统一的，因为社会的发展是人的发展的基础，而人的发展则是社会发展的前提，教育的社会价值和功能是通过培养人来实现的。二是人的发展中的个性发展与全面发展的关系问题。不少学者认为，长期以来在教育理论和实践上存在着把人的个性发展同全面发展对立起来的倾向，应该扭转这种倾向，认识到两者是辩证统一的。因为马克思主义所说的全面发展本质上就是指个性的全面发展，全面发展的过程不能不是人的个性形成的过程。三是智力因素与非智力因素的关系问题。很多学者认为：在其他条件相同的情况下，一个人的成功=智力因素+非智力因素。一个智力水平很高的人，如果他的非智力因素没有得到很好发展，往往不会有多大成就；反之，一个常态智力水平的人，如果非智力因素发展得比较好，也有可能取得很大的成就。尽管当时有的学者对“非智力因素”的概念提出了异议，但上述观点对推进全面发展的教育方针是大有裨益的。

这场讨论既有助于克服“左”的影响，又为教育转向围绕和服务于经济建设这个中心提供了理论支持，也有利于合理地吸收国外先进的教育思想和资本主义国家教育的有益经验。后来，中共十二大把教育作为经济建设的战略重点确定下来，这是对教育社会功能的充分肯定。

在这场讨论的过程中，时任中共中央政治局委员、中国社会科学院院长的胡乔木曾于1983年5月28日约见教育部部长何东昌，谈起教育理论问题。关于教育本质，胡乔木说："教育现象很复杂，说它是生产力，又是上层建筑，我看还不能肯定。教育还包括既不是生产力，也不是上层建筑的成分。"① 他还强调："马克思主义关于生产力与生产关系、经济基础与上层建筑的区分并不是包罗万象，并不是任何的社会现象都可以划分到这里面去的。假定把任何一个社会现象都要按这个分类划分，就要碰钉子。"因此，在研究问题的时候，不能把马克思主义的经典论述绝对化，把问题看死了，这样容易争论不休。②

在真理标准问题的讨论过程中，对"文化大革命"前在教育思想批判和学术批判中的错误作了纠正。如：对 1958 年批判心理学和 1963 年批判"母爱教育"，教育部副部长张承先在 1979 年 3 月 23 日至 4 月 13 日召开的全国教育科学规划会议上代表教育部宣布，这两项批判是错误的，予以彻底平反。1979 年 9 月 14 日，在中共北京大学委员会召开的干部会议上，教育部副部长周林宣布了经中共中央批准的为马寅初平反的决定。决定指出：1958 年，对马寅初关于人口问题和综合平衡问题的讲话、文章，错误地进行了点名批判。马寅初的"新人口论"的观点和关于国民经济要综合平衡、各部门应有计划按比例地发展的观点是正确的。

通过真理标准问题的讨论，教育界在彻底推翻"两个估计"的基础上，进一步清算了"四人帮"的罪行，进一步清除了"左"的影响，进一步冲破了教育思想和教育理论上的一些"禁区"，使广大教育工作者受到了极大的教育和鼓舞，有力地推动了教育战线的拨乱反正和教育的改革与发展。

第四节　认真总结历史经验

认真总结历史经验，是教育战线联系实际开展真理标准问题讨论的一项重要内容。通过用真理标准原则总结历史经验，广大教育工作者进一步加深了对"左"的错误的认识，较为完整地准确地理解和掌握了毛

① 《胡乔木文集》(第 2 卷)，北京：人民出版社，1993 年版，第 552 页。
② 《胡乔木文集》(第 2 卷)，北京：人民出版社，1993 年版，第 551 页。

泽东教育思想。

一、清理"左"的错误

最早对教育工作进行总结，是在1979年1月4日至24日由国家科委、教育部、农林部联合召开的全国高等学校科学研究工作会议上。但是，这次会议只是对建国以后十七年的高等教育事业发展的历史经验作了初步的回顾和总结。

在1980年1月5日的教育工作会议上，教育部对整个三十年的教育工作作了正反两方面的经验总结。蒋南翔在会上指出：总结三十年的教育工作，有四条基本经验：一是社会主义的教育事业必须同经济建设协调，有计划按比例地发展。经济建设与教育建设之间要建立适当的相对稳定的比例关系，教育事业内部也要注意保持正确的比例关系。这样才能较好地适应社会主义建设的需要。二是社会主义学校的培养目标必须坚持又红又专的方向，使受教育者在德智体几方面都得到发展，成为有社会主义觉悟的有文化的劳动者，成为社会主义现代化建设的生力军。三是必须正确执行党的知识分子政策，充分调动广大教师的积极性。三十年的实践证明，对知识分子的政策正确的时候，教育事业就前进；对知识分子的政策出了偏差，教育事业就受到损失。四是教育战线必须不断加强党的领导。蒋南翔还指出，建国初的十七年特别是其中的后九年，教育工作也曾发生过不少"左"的错误。①

关于教育战线的"左"的错误问题，1980年12月1日至13日教育部在天津召开的全国教育工作座谈会上得到了较为充分的讨论。参加座谈会的有中央有关部委，各省、自治区、直辖市教育工作负责干部三百余人。会议传达了中央书记处关于教育工作的指示，分析了教育战线的形势，进一步分清了路线是非，研究了今后的工作。

在会议的最后一天晚上，蒋南翔作了总结发言。关于教育战线的"左"的错误，他谈到：十年浩劫中是一条"左"的路线，并有其前因后果。十七年就有"左"的错误。粉碎"四人帮"以后，"左"的影响还继续存在一段时间，在经济上有表现，在教育上也有表现。但二十多

① 何东昌主编：《中华人民共和国重要教育文献》（1976～1990），海口：海南出版社，1998年版，第1774页。

年来，党内还是有不少同志，在不同的时期，不同的问题上，用不同的方式，坚持了正确的方针，抵制了“左”的错误。正因为这样，我们国家在“左”的错误损害下，还能取得成绩。蒋南翔列举了“左”的错误在教育领域六个方面的表现：（1）建国以来，教育在整个国民经济计划中，没有摆到应有的地位和考虑之内，毛泽东《论十大关系》，也没有论及经济建设和文化建设的关系。我国的文教建设未能同经济建设协调发展，这是我国建设事业中比例失调的一个重要方面。（2）过去强调以阶级斗争为纲，用功读书被说成是白专道路，不断搞政治运动，冲击了学校正常的教学工作，影响了学校教学质量的提高和又红又专人才的培养。（3）知识分子的政策过“左”。说的是“重在表现”，实际上是搞唯成分论，把知识分子列入资产阶级的范畴，成为历次运动的批判对象。忽视知识分子在社会主义建设中的重要作用，教师的社会地位低，经济待遇低，低到很不合理的程度。（4）对于国家干部需要掌握科学文化知识的必要性缺乏认识，强调“外行领导内行”，助长了工作中的瞎指挥现象，也耽误了一代干部的全面成长。（5）在教育事业的发展上，追求高指标，不量力而行，造成几次大起大落，不但数量没有保住，质量严重下降；而且使工作反复折腾，陷于被动。（6）对人类文化遗产采取虚无主义态度，只讲批判，不讲继承，强调“破字当头，立在其中”。①蒋南翔的上述分析和总结符合实际，符合客观规律，不仅对当时的拨乱反正，分清是非，清除“左”的影响，而且对后来的工作，都具有指导作用。

二、完整地准确地理解和掌握毛泽东教育思想

随着指导思想上拨乱反正的深入，如何评价毛泽东和毛泽东思想的历史地位，就成为关系党和国家前途命运的重大思想政治问题。当时，除了来自“左”的方面的对毛泽东思想的损害外，还有来自右的对毛泽东思想的攻击。社会上出现了否定毛泽东思想和党的历史功绩、否定党的领导和社会主义制度即否定一切的自由化错误思潮，同时教育战线也有人撰文全盘否定“文化大革命”前十七年教育工作的成绩，大发“中

① 何东昌主编：《中华人民共和国重要教育文献》（1976 ~ 1990），海口：海南出版社，1998年版，第 1880 ~ 1881 页。

国教育今（建国后）不如昔（建国前）”的感叹；把以蒋南翔为首的教育部坚持的社会主义教育的四条基本经验（即前述的社会主义教育事业必须同经济建设协调，有计划按比例地发展；社会主义学校的培养目标必须坚持又红又专的方向；必须正确执行党的知识分子政策；必须不断加强党的领导），指责为“抱着十七年不放”，“把十七年当成理想境界”。这里，不仅涉及对十七年教育工作的评价，而且也涉及对毛泽东教育思想的评价。

邓小平受中共中央委托，在1979年3月30日党的理论工作务虚会上发表了《坚持四项基本原则》的重要讲话。讲话强调：“毛泽东思想过去是中国革命的旗帜，今后将永远是中国社会主义事业和反霸权主义事业的旗帜，我们将永远高举毛泽东思想的旗帜前进。”“毛泽东同志的事业和思想，都不只是他个人的事业和思想，同时是他的战友、是党、是人民的事业和思想，是半个多世纪中国人民革命斗争经验的结晶。”①

为了进一步把全党和全国人民的思想统一到中共十一届三中全会的路线上来，中共中央认为，必须正确地认识共和国成立以来中国共产党走过的历史道路，科学地总结中国共产党在这个时期的历史经验，必须正确地认识毛泽东的历史地位和毛泽东思想。为此，中共中央于1980年3月开始着手起草《关于建国以来党的若干历史问题的决议》。该《决议》于1981年6月在中共十一届六中全会上获得一致通过。《决议》实事求是地总结了建党以来，尤其是建国以来正反两方面的历史经验，正确评价了毛泽东的历史地位，既对中国共产党建国以来的“左”的错误和毛泽东晚年的错误作了科学的分析和批评，又坚决地维护了党在长期斗争中形成的优良传统，维护了毛泽东思想的科学体系和毛泽东的历史地位，从而分清了是非，纠正了当时存在的“左”的和右的错误观点，统一了全党和全国人民的思想认识，为维护全党全国人民的团结，为社会主义建设事业的健康发展，提供了根本保证。

教育战线广大干部、师生认真学习《决议》，认真领会《决议》精神。在此基础上，教育理论界掀起了研究毛泽东教育思想的热潮。通过学习和研讨，提高了大家完整地准确地理解和掌握毛泽东教育思想的水

---

①《邓小平文选》（第2卷），北京：人民出版社，1994年版，第172页。

平，比较清楚地认识到毛泽东思想在指导我国教育工作和教育事业发展中所作出的巨大贡献，确认毛泽东是伟大的马克思主义者，是伟大的无产阶级革命家、政治家、战略家和理论家，同时也是伟大的无产阶级教育家。

大家认为，毛泽东对教育的指导不仅体现在他对教育的直接论述上，还体现在他从马克思主义基本原理和战略全局阐述的思想对教育的指导作用上。

大家还认为，毛泽东教育思想继承、丰富和发展了马克思主义教育基本原理。例如：教育必须为革命和建设服务；教育必须与生产劳动相结合；没有正确的政治观点，就等于没有灵魂，要又红又专；应该使受教育者在德智体几方面都得到发展，成为有社会主义觉悟的有文化的劳动者；发展民族的、科学的、大众的文化；实行百花齐放、百家争鸣，古为今用、洋为中用的方针；要重视知识分子在革命和建设中的作用，知识分子要同工农相结合，通过学习马克思列宁主义、学习社会和工作实践，树立无产阶级世界观；要十分关心青少年一代的健康成长，让他们生动活泼地主动地得到发展；要加强党对教育工作的领导；在教育工作中要贯彻群众路线，实行“两条腿走路”，多种形式办学；树立实事求是、理论联系实际的马克思主义学风；坚持勤俭办一切事业；等等。毛泽东教育思想对建立我国社会主义教育制度和发展社会主义教育事业立下了不朽的功绩。他的基本思想对我国当前和未来的教育实践仍然具有重要指导意义。

至于“文化大革命”前十七年中教育工作出现的一些失误，有的是由于没有经验，有的是由于毛泽东坚持“以阶级斗争为纲”给教育工作带来的“左”的干扰而造成的；但十七年教育工作的成绩是主要的。“文化大革命”中，毛泽东对教育战线的形势作了错误的估计，对知识分子的思想政治状况作了错误的分析，提出要批判揭露“走资派”、“反动学术权威”，要停课“闹革命”等；加之林彪和“四人帮”倒行逆施，搞反革命阴谋，使教育事业遭受严重破坏。

关于阶级斗争问题，大家的认识统一到《决议》的基础上，即：在剥削阶级作为阶级消灭以后，阶级斗争已经不是主要矛盾。由于国内的因素和国际的影响，阶级斗争还将在一定范围内长期存在，在某种条件下还有可能激化。既要反对把阶级斗争扩大化的观点，又要反对认为阶级斗争已经熄灭的观点。

总之，广大教育工作者表示要切实按照《决议》精神，坚信毛泽东思想是我们党和国家的宝贵财富；要把毛泽东思想同毛泽东晚年所犯的错误区别开来；既不能把毛泽东关于教育问题的论述看做是不可移易的真理，只能照抄照办，也不能因为毛泽东晚年犯了错误而全盘否定毛泽东思想对教育工作的伟大指导作用。上述认识，说明大家在《决议》精神指引下，在完整地准确地理解和掌握毛泽东思想方面已取得一定成绩。

通过揭发批判"四人帮"罪行和推翻"两个估计"，开展真理标准问题的讨论，总结正反两方面历史经验等活动，以及通过学习中共十一届三中全会精神和《关于建国以来党的若干历史问题的决议》等重要文件，教育战线基本实现了指导思想上的转变。这个转变是新时期共和国教育的历史性转折的关键，也是建国后我国教育实现第二次根本性转变的主要标志。这一转变，不仅澄清了"文化大革命"中的路线是非，而且总结了"文化大革命"前的一些"左"的错误教训，还初步清理了教育理论方面的是非，为以后教育的发展和改革奠定了扎实的思想、政治基础。这一成效，实际上也是教育战线初步学习和应用邓小平教育理论，联系实际解决教育指导思想问题的结果。

第五节　平反冤假错案

教育战线平反冤假错案，是在知识分子政策和干部政策方面的拨乱反正。这项工作在粉碎"四人帮"后即已开始，但大规模地进行是在中共十一届三中全会之后。到 1982 年底，大规模平反冤假错案的工作基本结束。全国有 300 多万名干部的冤假错案得到平反。

"文化大革命"结束后不久，叶剑英、陈云、王震等老一辈无产阶级革命家坚决主张让邓小平出来工作，为天安门事件平反。1977 年 7 月 16 日至 21 日召开的中共十届三中全会一致通过了《关于恢复邓小平同志职务的决议》，决定恢复邓小平中共中央委员、中共中央政治局委员和常委、中共中央副主席、中共中央军委副主席、国务院副总理、中国人民解放军总参谋长的职务。邓小平的再次复出，冲破了“两个凡是”的束缚，是粉碎“四人帮”后平反冤假错案开始的重要标志，为全党和全国人民突破思想束缚，大规模地进行平反冤假错案工作铺平了道路。

在时任中共中央党校副校长胡耀邦的组织下，1977年10月7日《人民日报》发表了《把“四人帮”颠倒了的干部路线是非纠正过来》的文章；同年11月27日，《人民日报》又发表了《毛主席的干部政策必须认真落实》一文。这两篇文章为平反冤假错案工作作了舆论上的准备。当年12月5日，中共中央发出通知，要求对“凡纯属反对‘四人帮’的人，已拘捕的，应予释放；已立案的，应予销案；正在审查的，解除审查；已判刑的，消除刑期予以释放；给予党籍团籍处分的，应予撤销”。12月15日，胡耀邦出任中共中央组织部部长。随后，他在进行大量调查研究工作的基础上，有领导、有步骤地在全国范围内开展了卓有成效的平反冤假错案的工作。1978年10月31日，胡耀邦在中共中央组织部召开的落实知识分子政策座谈会上代表中央正式宣布：鉴于我国广大知识分子已经成为工人阶级的一部分，是党的依靠力量，所以以往所执行的知识分子的“团结、教育、改造”方针将不再适用。11月，中共中央组织部发出《关于落实党的知识分子政策的几点意见》，强调要做好复查和平反冤假错案工作，要充分信任、放手使用知识分子，努力改善知识分子的工作条件和生活条件。这些举措以及随后召开的中共十一届三中全会，都进一步推进了为知识分子的冤假错案平反的工作。

教育战线平反冤假错案的工作主要涉及以下几个方面：

一、为“文化大革命”中的一些事件和案件平反

在“文化大革命”中一些影响比较大的事件和案件先后得到了平反。

1977年11月15日，清华大学召开全校大会，揭露和控诉“四人帮”及迟群等人于1973年10月至1974年1月制造“反击右倾回潮运动”、镇压干部和教师的罪行。会上宣读了中共清华大学委员会对这一运动予以全盘否定，为受迫害的同志平反昭雪的决定。

同年12月10日，教育部和中共北京市委联合召开大会，为在“四人帮”制造的永乐中学、马振扶公社中学和“一个小学生日记”等事件中受到迫害的干部和教师平反昭雪。

1978 年 11 月 14 日，经中共中央批准，中共北京市委宣布：对于 1976 年清明节到天安门广场沉痛悼念周总理、愤怒声讨“四人帮”而受到迫害的人，一律平反，恢复名誉。

1979 年 3 月 19 日，中共中央撤销《全国教育工作会议纪要》和《关于河南省唐河县马振扶公社中学的情况简报》两个文件。中共中央批示指出：“这两个文件……是错误的……各地一些同志由于执行这两个文件犯了错误，是没有责任的。由此造成的冤案、错案、假案，尚未平反昭雪的，要抓紧予以解决。”

1979 年 8 月 9 日，教育部决定给河北省阳原县普及小学教育的典型恢复名誉。

1980 年 2 月，中共十一届五中全会作出《关于为刘少奇同志平反的决议》，恢复了刘少奇作为伟大的马克思主义者和无产阶级革命家、党和国家主要领导人之一的名誉。此后，教育系统清理了与此有关的案件，为受冤者平反，为遭迫害致死者昭雪；并且重新肯定了刘少奇有关“两种教育制度、两种劳动制度”等正确的教育主张。

各地认真贯彻中央精神，结合地方实际，开展平反冤假错案的工作。例如，中共北京市委在 1978 年 12 月召开的北京市中小学教育工作会议上宣布，为在“文化大革命”中被林彪、“四人帮”诬为“修正主义的黑纲领”的 1954 年由中共北京市委发布的《关于提高北京市中小学教育质量的决定》（简称《五四决定》）平反，为在“文化大革命”中因执行《五四决定》而被诬为“黑样板”、“黑典型”的学校平反，为那些因在提高教育质量方面作出突出成绩而被诬为“反动权威”的优秀教师平反。

二、为在“文化大革命”中遭受迫害的知识分子平反

各地对知识分子比较集中的高等学校的平反冤假错案工作十分重视，通过召开平反昭雪大会和召开追悼大会、举行骨灰安放仪式等形式，为许多受迫害的知名知识分子落实了政策、恢复了名誉，有的由地方党委正式颁发文件予以平反。例如：1978 年 4 月 10 日，中共甘肃省委在兰州为兰州大学原党委书记兼校长江隆基平反；5 月 31 日，中共上海市委为原中共上海市委常委、市委教育卫生部部长、华东师范大学原党委书记常溪萍平反；6 月 23 日，中共北京市委为北京工业学院原

党委书记兼院长魏思文平反；6 月 24 日，中共陕西省委为西安交通大学原党委书记兼校长彭康平反等。① 1979 年 2 月 22 日，中共北京市委发出《关于为北大党委平反的决定》，由此，被北京大学第一张大字报肆意攻击的北京大学党委领导陆平、彭珮云被正式平反；7 月，河南省为原省政协副主席、教育界著名人士王毅斋平反；8 月，河南省为原中国科学院学部委员、河南省副省长、河南大学校长嵇文甫和河南省副省长、著名学者杜孟模平反等。此外，教育部为原副部长柳湜等平反昭雪。

据 1980 年 11 月 5 日中华人民共和国最高人民检察院特别检察厅关于林彪、江青反革命集团案起诉书的材料，"文化大革命"期间，仅教育部所属单位和 17 个省、市，受诬陷、迫害的干部、教师就有 14.2 万多人。② 粉碎"四人帮"以后的几年间，对受迫害的知识分子分别予以平反昭雪。这对全国知识分子的影响极大，重新唤起了他们的工作热情和信心。

三、为"文化大革命"前的冤假错案平反

除了对"文化大革命"中的冤假错案进行平反以外，全国还对"文化大革命"以前的冤假错案进行了平反。

1978 年，各级教育行政部门和学校按照 4 月 5 日中共中央批准的中央统战部和公安部《关于全部摘掉右派分子帽子的请示报告》和 9 月 17 日批发的实施方案，对 1957 年反右派斗争中被错划为右派分子的干部、教师、员工和学生进行复查和改正工作。

1979 年 7 月，根据中共中央的通知，教育部和学校开始对在 1959 年的"反右倾"斗争中，因反映实际情况或在党内提出不同意见而被定为"右倾机会主义分子"或"右倾机会主义错误"的干部、教职工进行平反、改正的工作。

全国教育战线平反冤假错案工作取得了很大成绩。

在普教系统，据上海市教育局"沪教人（84）第 09 号"文统计，

---

① 郝维谦、龙正中主编：《高等教育史》，海口：海南出版社，2000 年版，第 346 页。

② 金铁宽主编：《中华人民共和国教育大事记》（2），济南：山东教育出版社，1995 年版，第 1037 页。

自1978年以来，市区中小学共平反冤假错案14 567件，绝大多数平反对象对此感到满意。①

山东全省中小学在“文化大革命”中造成冤假错案一万多起，反右斗争中错划右派1.8万起，“反右倾”斗争中造成错案1 655起，其他应纠正的错案3 292起。经过几年工作，到1986年，这些错案已全部得到平反、纠正。湖北省累计纠正中小学教职工中的冤假错案共5万多件。贵州省普教系统在历次政治运动中被错误处理的人数约占教职工总数的13%，到1984年已基本得到平反、纠正。②

在高教系统，平反工作的成绩也很突出。截至1984年止，上海市在7年里共平反了1 373起高等学校的冤假错案。黑龙江省为高等学校中涉及冤假错案的3 472人平反，为1 335名错划为右派分子的人摘掉了“帽子”。③

值得指出的是，在平反冤假错案的工作中，各地注意做好对少数民族干部、群众的平反工作。1978年以后，根据中共中央的有关批示，先后对内蒙古、西藏、云南、四川、宁夏、甘肃、青海、贵州、黑龙江、吉林等省、自治区涉及少数民族干部、群众的大量冤假错案和历史遗留问题进行了平反昭雪。例如：吉林省仅延边朝鲜自治州教育系统清理、平反的冤假错案就达1 247件，其中错划为右派分子和“地方民族主义分子”的共576人，均予以平反，④ 使国家的民族政策在平反冤假错案中得到进一步贯彻和落实。

各地在平反冤假错案中还注意对被平反者的工作予以调整或重新安排，对他们的生活待遇予以适当照顾，从而调动了他们的积极性。

对“文化大革命”中和“文化大革命”前的冤假错案的平反，显示了中国共产党和中国政府的巨大政治勇气，为人民和国家的利益敢于改正自己错误的坦荡气魄。通过平反冤假错案，实实在在地落实了党的干部政策和知识分子政策，创造了空前的民主氛围，使大批干部、教师、

---

① 吕型伟主编：《上海普通教育史》（1949～1989），上海：上海教育出版社，1994年版，第419～420页。

② 卓晴君、李仲汉著：《中小学教育史》，海口：海南出版社，2000年版，第314～315页。

③ 郝维谦、龙正中主编：《高等教育史》，海口：海南出版社，2000年版，第347页。

④ 朴胜一、程方平著：《民族教育史》，海口：海南出版社，2001年版，第170页。

群众重新获得活力，走上不同的工作岗位，从而为教育事业全面恢复及随后教育战线贯彻“调整、改革、整顿、提高”方针奠定了良好的思想基础，积聚了强大的组织力量。

第十六章　教育工作的全面恢复

全面恢复教育工作是教育战线拨乱反正的一个重要方面。在中共十一届三中全会以前，在邓小平的亲自指导和推动下，教育战线在进行指导思想拨乱反正的同时，采取多种措施，推动教育工作全面恢复，诸如恢复高等学校统一招生考试制度和研究生教育，恢复和健全教育系统党政组织，召开全国教育工作会议，修订颁布大、中、小学暂行工作条例，恢复和加强教师队伍建设，恢复和加强教材建设等。在这期间，邓小平提出召开并亲临指导的全国科学大会和全国教育工作会议对全国影响极大，对科技和教育战线指导思想上的拨乱反正，以及对全面恢复和进一步发展科学及教育事业具有重要指导意义。

第一节　明确教育工作的方向

在进行教育指导思想的拨乱反正过程中，教育工作逐步得到恢复。为了加快科学和教育事业的恢复与发展，邓小平提出召开全国科学大会和全国教育工作会议的建议。这两个大会为科学事业和教育事业的全面恢复与发展指明了方向，被誉为给科学界和教育界带来了真正春天的大会。

一、召开全国科学大会

1978 年 3 月 18 日，全国科学大会在北京召开。中共中央主席华国锋，中共中央副主席邓小平，国务院副总理、国家科委主任方毅，中国科学院院长郭沫若出席了开幕式并发表了讲话。

邓小平在讲话中开宗明义地提出了“四个现代化，关键是科学技术的现代化”的著名论断，并批判了“四人帮”关于“四个现代化实现之日，就是资本主义复辟之时”的谬论。接着，他讲了以下三个问题：

一是对科学技术是生产力的认识问题。邓小平强调科学技术是生产力，指出生产力的基本因素是生产资料和劳动力，历史上的生产资料都是同一定的科学技术相结合的，同样，历史上的劳动力也都是掌握了一定的科学技术知识的劳动力。他认为，现代科学技术的发展，使科学与生产的关系越来越密切了，科学技术作为生产力，越来越显示出巨大的作用。在强调科学技术是生产力之后，他认为还应该连带解决一个问题，即怎么看待科学研究这种脑力劳动。他明确指出，在我国，从事体力劳动和从事脑力劳动的，都是社会主义社会的劳动者，知识分子的绝大多数已经是工人阶级自己的一部分。

二是关于建设宏大的又红又专的科学技术队伍问题。邓小平说：“科学技术人才的培养，基础在教育。我们要全面地正确地执行党的教育方针，端正方向，真正搞好教育改革，使教育事业有一个大的发展，大的提高。”他还说：“在人才的问题上，要特别强调一下，必须打破常规去发现、选拔和培养杰出的人才。”①

三是关于研究机构中的领导管理体制问题。邓小平认为，科学研究机构要实行党委领导下的所长负责制。但是，他指出：在新的历史时期，党的工作重点要转变；党委的领导，主要是政治上的领导；党的领导干部要逐渐成为内行；做好科学研究的后勤保证工作，为科学技术人员创造必要的工作条件，这也是党委的工作内容。他还说，他愿意当大家的后勤部长。同时，邓小平还指出：“科学技术的业务领导工作，应当放手让所长、副所长分工去做。”要“充分发挥他们的作用，使他们真正做到有职有权有责”。② 他强调，科学研究机构的基本任务是出成果出人才，要出又多又好的科学技术成果，出又红又专的科学技术人才。

邓小平的这篇讲话，深刻地阐述了一些重大的理论问题和实际问题，其主题虽然是科学技术，但讲话内容中对“四人帮”的批判，以及对科学技术与四个现代化的关系、科学技术的地位作用、教育与四个现

① 《邓小平文选》（第2卷），北京：人民出版社，1994年版，第95页。
② 《邓小平文选》（第2卷），北京：人民出版社，1994年版，第98页。

代化的关系、教育与科学技术的关系、知识分子在新时期的地位作用、建设知识分子队伍的方向、如何发挥知识分子的作用等问题的论述，对当时教育工作的全面恢复和以后教育事业的发展，具有现实的和长远的指导作用。

二、召开全国教育工作会议

全国教育工作会议于1978年4月22日至5月16日在北京召开。这次会议是邓小平亲自建议召开的，也是广大教育工作者迫切要求召开的。出席会议的有各省、自治区、直辖市、国务院各部委、部分学校的负责人及解放军有关部门的负责人等600多人。李先念等党和国家领导人出席了开幕式。邓小平在会上作了重要讲话。这是邓小平恢复工作、自告奋勇分管科学和教育工作以后，出席的第一次全国教育工作会议。教育部部长刘西尧在开幕式和闭幕式上作了报告。通过会议，清算了“四人帮”的罪行，分清了路线是非，明确了今后的奋斗目标。会议全体代表学习了邓小平的讲话。会议还研究了《1978～1985年全国教育事业规划纲要（草案）》及《全国普通高等学校暂行工作条例（草案）》、《全日制中学暂行工作条例（草案）》、《全日制小学暂行工作条例（草案）》三个修改意见（讨论稿），全面部署了工作。会后，邓小平讲话公开发表，刘西尧的两个报告由国务院批转全国。

邓小平在会上主要讲了以下四个问题：

一是提高教育质量，提高科学文化的教学水平，更好地为社会主义建设服务。邓小平指出：“我们的学校是为社会主义建设培养人才的地方。培养人才有没有质量标准呢？有的。这就是毛泽东同志说的，应该使受教育者在德育、智育、体育几方面都得到发展，成为有社会主义觉悟的有文化的劳动者。”“我们要掌握和发展现代科学文化知识和各行各业的新技术新工艺，要创造比资本主义更高的劳动生产率，把我国建设成为现代化的社会主义强国，并且在上层建筑领域最终战胜资产阶级的影响，就必须培养具有高度科学文化水平的劳动者，必须造就宏大的又红又专的工人阶级知识分子队伍。”“我们要在科学技术上赶超世界先进水平，不但要提高高等教育的质量，而且首先要提高中小学教育的质量，按照中小学生所能接受的程度，用先进的科学知识来充实中小学的教育内容。”他还批驳了“四人帮”关于“智育第一”、“知识越多越反动"等谬论。他说:"'四人帮'反对严格要求学生学习科学文化,反对学生以学习科学文化为主,胡说这是'智育第一',是'脱离无产阶级政治'。他们鼓吹'宁要没有文化的劳动者',胡说'知识越多越反动',并把今天掌握了文化的劳动者及其子弟污蔑成为资产阶级知识分子。'四人帮'这些谬论的流毒,现在仍然需要大力肃清。"

二是学校要大力加强革命秩序和革命纪律,造就具有社会主义觉悟的一代新人,促进整个社会风气的革命化。他指出:"学校应该永远把坚定正确的政治方向放在第一位。""革命的理想,共产主义的品德,要从小开始培养。"他"希望从事教育工作的同志,各个有关部门的同志,整个社会的家家户户,都来关心青少年思想政治的进步,把被'四人帮'破坏了的优良革命传统恢复和发扬起来"。他要求"大力在青少年中提倡勤奋学习、遵守纪律、热爱劳动、助人为乐、艰苦奋斗、英勇对敌的革命风尚,把青少年培养成为忠于社会主义祖国、忠于无产阶级革命事业、忠于马克思列宁主义毛泽东思想的优秀人才,将来走上工作岗位,成为有很高的政治责任心和集体主义精神,有坚定的革命思想和实事求是、群众路线的工作作风,严守纪律,专心致志地为人民积极工作的劳动者"。他还严正揭露了"'四人帮'对教育事业的破坏,不仅造成科学文化的教育质量惊人下降,而且严重地损害了学校的思想政治教育,败坏了学校纪律,腐蚀了社会主义社会的革命风气"的罪行。

三是教育事业必须同国民经济发展的要求相适应。邓小平指出:"为了培养社会主义建设需要的合格的人才,我们必须认真研究在新的条件下,如何更好地贯彻教育与生产劳动结合的方针。"他在肯定马克思、恩格斯、列宁和毛泽东有关教育与生产劳动相结合的论述的正确性后指出:"现代经济和技术的迅速发展,要求教育质量和教育效率的迅速提高,要求我们在教育与生产劳动结合的内容上、方法上不断有新的发展。""要做到这一点,各级各类学校对学生参加什么样的劳动,怎样下厂下乡,花多少时间,怎样同教学密切结合,都要有恰当的安排。更重要的是整个教育事业必须同国民经济发展的要求相适应。""国家计委、教育部和各部门,要共同努力,使教育事业的计划成为国民经济计划的一个重要组成部分。这个计划,应该考虑各级各类学校发展的比例,特别是扩大农业中学、各种中等专业学校、技工学校的比例。""制定教育规划应该与国家的劳动计划结合起来，切实考虑劳动就业发展的需要。”

四是尊重教师的劳动，提高教师的质量。邓小平说：“一个学校能不能为社会主义建设培养合格的人才，培养德智体全面发展、有社会主义觉悟的有文化的劳动者，关键在教师。”“绝大多数教职员工热爱党热爱社会主义，勤勤恳恳地为社会主义教育事业服务，为民族、为国家、为无产阶级立了很大功劳。为人民服务的教育工作者是崇高的革命的劳动者。我们对广大教育工作者的辛勤努力表示慰问和敬意。特别是对广大的小学教育工作者，他们在更为艰苦的条件下，为培育革命后代不辞劳累，作出贡献，我们更要表示慰问和敬意。”邓小平还指出：“要提高人民教师的政治地位和社会地位。不但学生应该尊重教师，整个社会都应该尊重教师。”“对于优秀的教育工作者，应该大张旗鼓地予以表扬和奖励。”“特别优秀的教师，可以定为特级教师。”“要研究教师首先是中小学教师的工资制度。”要“大力培训师资”。①

邓小平的上述重要讲话突出地解决了教育工作中一系列重大的方针、政策问题，从根本上澄清了“四人帮”搞乱了的路线是非，明确了新的历史条件下教育工作的方向。这个讲话中的一些重要论述和论断，成为邓小平教育理论的重要组成部分和至理名言。例如：关于教育与生产劳动相结合的论述，反映了邓小平站在时代的高度对马克思主义教育同生产劳动相结合的原理的继承和发展，在深刻揭示我国社会主义现代化建设客观规律的基础上，进一步从宏观上深刻揭示了教育同生产劳动相结合的实质。他提出的关于教育同生产劳动相结合“更重要的是整个教育事业必须同国民经济发展的要求相适应”的著名论断，反映了现代经济的发展趋势以及现代条件下教育同经济的密切关系，揭示了教育的经济功能，把教育同生产劳动相结合的地位、作用及其重要意义提到了历史上从未有过的高度，大大开阔了人们的视野，使人们摆脱了仅在教育圈子内认识教育同生产劳动相结合的狭隘观念。

会后，1978 年 6 月至 9 月，各省、自治区、直辖市先后召开教育工作会议，传达贯彻全国教育工作会议精神，联系本地实际，揭发批判

---

① 《邓小平文选》（第 2 卷），北京：人民出版社，1994 年版，第 108 ~ 110 页。

"四人帮"破坏教育事业的罪行，对本地教育战线发生的一些突出事件等进行清理，分清是非，拨乱反正，并研究了本地的教育工作。从此，教育工作明确了方向，不断前进。

第二节 恢复和健全教育系统党政组织

粉碎"四人帮"以后，通过揭批斗争，清理队伍，教育战线被"四人帮"篡夺的权力已经夺回，"四人帮"长期经营的帮派体系受到毁灭性打击，少数教育部门和学校中同"四人帮"篡党夺权阴谋活动有牵连的人和事基本查清。各级党委都逐渐加强了对教育的领导，学校党政组织日渐恢复和健全。

一、恢复和健全国家及地方教育行政机构

"文化大革命"前，国家教育行政机构设高等教育部和教育部两个机构。"文化大革命"中的1966年7月，中共中央同意中央宣传部的建议，将高等教育部与教育部合并为教育部。由于"文化大革命"的开展，教育部的业务工作逐渐陷于停顿，但内部机构未变动。1970年6月，国务院决定撤销教育部，人员全部到五七干校进行斗、批、改。同月，中共中央对国务院的一个报告批示，成立国务院科教组，主管原教育部和国家科委的工作。1973年8月，科教组的一部分工作划归中国科学院，国务院科教组专管教育工作，一度被迟群等人把持。1975年1月第四届全国人民代表大会第一次会议决定成立教育部，国务院科教组即予撤销。周荣鑫任教育部部长，在邓小平领导下进行整顿工作。由于"四人帮"掀起"反击右倾翻案风"，周荣鑫被迫害致死。粉碎"四人帮"以后，随着教育战线拨乱反正的展开和教育工作全面恢复的启动，教育部的业务工作逐渐增加，机构得到不断调整和充实。1977年1月中共中央调刘西尧任教育部部长。到10月，教育部已配有七名副部长和两位顾问，并成立了党组。这是"文化大革命"结束后的第一届教育部领导班子。当月，国务院批准调整和加强教育部的组织机构，教育部设办公厅、政治部、高等教育一司、高等教育二司、中等专业教育司、普通教育司、工农教育司、体育司、学生管理司、科学技术司、外事局、生产供应管理局等机构。教育部领导班子的确立和组织机构的健全，标

志着国家教育行政领导管理体制的恢复，教育行政业务工作也开始正常运转。

随着国家教育行政机构的恢复和健全，地方的教育行政机构也相继恢复和健全起来。例如：黑龙江省在1980年3月建立健全省政府等领导班子后，即恢复设立了教育局等机构；1981年省政府决定将省教育局改为省教育厅。甘肃省在1980年11月恢复省教育厅的建制，随之，该省各地区、自治州、市、县教育行政部门的管理职能也逐步得到恢复和加强。

二、恢复和健全学校中的党政组织

随着国家和地方教育行政机构的恢复和健全，各级各类学校的党政组织也恢复正常工作。面对这样的形势，许多同志（包括不少工宣队员）提出，“工宣队可以撤了”。黑龙江省先于全国自行将大学的工宣队撤回进行整党整风，接着撤回中小学工宣队。一些省、自治区、直辖市的教育部门经常向教育部询问关于工宣队的去留问题。鉴于此，教育部党组于1977年10月14日向党中央和国务院写了《关于工宣队问题的请示报告》，明确提出，工宣队可以撤出学校。同年11月6日，中共中央转发了教育部党组的上述《报告》，并在批示中明确指出：“现在从学校撤出工宣队，已不影响无产阶级教育事业的发展。”根据中共中央批示精神，各地进驻大、中、小学的工宣队随即全部撤出，贫下中农管理学校的体制也相继取消，学校党组织恢复正常工作。例如：黑龙江省在1977年工人、解放军宣传队撤出学校后，于1978年撤销学校革命委员会，使基层党组织的工作职能得到恢复，学校自身的管理机制开始正常运行。同时，选拔了一批思想素质好、懂业务、年富力强的优秀知识分子进入领导班子，建立了党委（总支、支部）领导下的校长分工负责制。甘肃省从1977年底开始，全省大、中、小学的工人宣传队陆续撤出学校。从1978开始，全省各级各类学校陆续撤销革命委员会，实行党委（总支、支部）领导下的校长分工负责制。同时，一方面安排一大批在“文化大革命”中受迫害、靠边站的老同志重新回到领导岗位上，另一方面重视把符合干部革命化、年轻化、知识化和专业化要求的青年知识分子吸收到领导班子中。

与此同时，学校共青团的组织也逐渐恢复。1978年8月10日，中共中央转发共青团第十次全国代表大会筹备委员会《关于红卫兵问题的请示报告》。该《报告》指出："作为文化大革命中产生的红卫兵组织，已经完成了它的历史使命。现在，学校共青团组织早已恢复，工作在不断加强；少先队和学生会也正在恢复。""红卫兵组织可以不再继续存在了。"文件下达后，各地学校中的红卫兵组织即行撤销。当年10月，共青团第十次全国代表大会召开。根据共青团十届一中全会决议，我国少年儿童组织仍恢复中国少年先锋队的名称（简称少先队）。由此，各地"文化大革命"中出现的小学"红小兵"组织即行撤销。

第三节　恢复高等学校统一招生考试制度和研究生教育

高等学校统一招生考试制度在"文化大革命"中曾中断了整整十年之久。1972年起，虽然大多数学校开始招生，但实行的是"自愿报名，群众推荐，领导批准，学校复审"的办法，主要招生对象是"具有二至三年以上实践经验的优秀的工农兵"，不再招收应届高中毕业生，其招收学生的文化水平下降到"具有相当于初中以上文化程度"，并取消了文化考试。其结果，不仅导致高等学校新生质量下降，还影响到中小学教师的工作积极性和学生的学习积极性，而且形成了各行各业专门人才青黄不接的严重状况。粉碎"四人帮"以后，为了进行四个现代化建设，加快培养专门人才队伍，邓小平于1977年8月就提出改革高等学校招生制度。当年10月，国务院发布文件恢复高等学校统一招生考试和招收应届高中毕业生的制度。与此同时，国务院文件中还提出了高等学校招收研究生的意见。由此，中断了十二年的研究生教育得到恢复。

一、恢复高等学校统一招生考试制度

1977年6月29日，教育部在太原召开了"文化大革命"结束以后的第一次全国高等学校招生工作座谈会。由于当时思想尚未解放，这次会议在招生办法上没有重大突破，基本上维持了"文化大革命"中的招生办法，只建议招收1%～5%的应届高中毕业生。多数与会代表对此很不满意。8月8日，邓小平发表了著名的"八八讲话"，对恢复高等学校统一招生工作讲了明确的意见，直截了当地指出："今年就要下决心恢复从高中毕业生中直接招考学生，不要再搞群众推荐。从高中直接招

生，我看可能是早出人才、早出成果的一个好办法。”① 在邓小平发表讲话五天后，教育部于8月13日至9月25日在北京召开第二次全国高等学校招生工作会议。会上争论十分激烈，有四个关键性问题意见不一，难以定论：一是招收应届高中毕业生是否有悖于毛主席关于“从有实践经验的工人农民中间选拔学生”的七二一指示精神；二是恢复考试，是否会重蹈“文化大革命”中受到极力批判的“智育第一”、“分数挂帅”、“对贫下中农专政”的“刘少奇修正主义路线”的覆辙；三是政治审查究竟应该如何克服唯成分论的影响，贯彻主要看本人政治表现的政策；四是招生中择优录取与贯彻阶级路线之间的关系。② 会议期间，与会的《人民日报》记者及时向教育部负责人反映了大家的看法，要求把不同的意见向中央反映。获得批准后，该报记者于9月3日邀请了六位曾经出席过1971年全国教育工作会议并坚决拥护邓小平讲话的省部级科教负责人进行座谈。记者将座谈会内容写成《内部参考》送党中央。邓小平看到这份《内部参考》后很快作了批示，并于9月19日约见了教育部主要负责同志，进行了严肃的谈话，这就是著名的“九一九讲话”。针对上述问题，邓小平在谈话中再次强调应该从应届高中毕业生中直接招收大学生，指出1972年周总理就曾提出过这一问题，道理其实很简单，这样招生可以使学生保持学习的连续性，有利于早出人才、出好人才。他还指出，高等学校招生应该依据这样两条主要标准：“第一是本人表现好，第二是择优录取。”“政审，主要看本人的政治表现。政治历史清楚，热爱社会主义，热爱劳动，遵守纪律，决心为革命学习，有这几条，就可以了。”③ 在邓小平的直接指导下，第二次招生工作座谈会终于冲破了思想束缚，决定恢复高等学校统一招生考试制度。

1977年10月5日，中共中央政治局讨论通过了由邓小平亲自修改过的高等学校招生工作文件，该文件后由教育部报送国务院，10月12日由国务院正式批转《关于1977年高等学校招生工作的意见》。国务院在批示中强调：“高等学校招生工作，直接关系大学培养高级专门人才

---

① 《邓小平文选》(第2卷)，北京：人民出版社，1994年版，第55页。

② 教育部编：《邓小平理论指引下的中国教育二十年》，福州：福建教育出版社，1998年版，第409页。

③ 《邓小平文选》(第2卷)，北京：人民出版社，1994年版，第69页。

的质量，影响中小学教育，涉及各行各业和千家万户，是一件大事。为快出人才，早出成果，尽速改变教育与社会主义事业发展严重不适应的状况，在本世纪末把我国建设成伟大的社会主义现代化强国，各地要加强对招生工作的领导，深入批判'四人帮'的反革命修正主义路线，努力提高招收新生的质量，切实把优秀青年选拔上来。要认真总结经验，逐步健全和完善无产阶级的招生制度。"①

《意见》废止了"文化大革命"中实行的由"群众推荐"，招收具有两年以上实践经验和相当于初中毕业以上实际文化程度的工人、农民、军人入学的招生办法。《意见》规定：凡是工人、农民、上山下乡和回乡知识青年、复员军人、干部（年龄可放宽到30周岁）和应届毕业生，只要符合条件都可以报考。具体招生办法是：自愿报名，统一考试，地、市初选，学校录取，省、自治区、直辖市批准。这个招生办法的显著特点是：扩大了招生范围；提高了对考生文化水平的要求；坚持德智体全面衡量、择优录取的原则；自愿报名；必须经过统一考试。《意见》还要求学校注意招收少数民族学生，对他们文化程度可以适当放宽；注意招收一定数量的台湾青年、港澳青年和归国华侨青年；注意招收女学生；部分学校可以继续招收"社来社去"学生。

国务院批转《意见》后的第九天，即10月21日，《人民日报》发表题为《搞好大学招生是全国人民的希望》的社论，并发表了新华社记者就该年度高等学校招生问题对教育部负责人的访谈，正式宣布恢复高等学校统一招生考试制度。当年冬季就开始按新的办法招生，考生竟达570万，最后录取27.3万。② 新生于1978年春季入学。该年由于招生考试工作准备时间短促，所以由各省、自治区、直辖市命题。1978年，教育部决定从当年起实行全国统一考试，全国统一命题，由各省、自治区、直辖市组织考试。1978年考生有615万，共有40.2万名新生进入高校。③

在积极恢复全国高等学校统一招生考试制度的同时，教育部和地方还结合实际情况进行了高校招生改革工作。例如：为了加快我国高等教

---

① 何东昌主编：《中华人民共和国重要教育文献》（1976～1990），海口：海南出版社，1998年版，第1579页。

② 郝维谦、龙正中主编：《高等教育史》，海口：海南出版社，2000年版，第339页。

③ 郝维谦、龙正中主编：《高等教育史》，海口：海南出版社，2000年版，第340页。

育事业的发展速度，多出人才，1978 年 2 月 28 日教育部与国家计委联合发文，决定自 1977 届新生起，允许高等学校在完成国家招生计划的前提下，试行招收通用和急需专业的走读生。8 月 13 日，邓小平亲自批示，支持天津高校招收走读生的试验。当年，除青海省以外，全国各省、自治区、直辖市都招收了走读生。

高等学校统一招生考试制度的恢复，是教育领域在邓小平指导和帮助下拨乱反正、开始全面恢复教育事业的一个重要标志。它不仅对于提高高校的新生质量，恢复正常的教育教学秩序，调动广大教师和青少年的积极性，加速培养国家现代化建设所需要的专门人才，促进社会风气的转变产生了深远影响，而且对其他领域的拨乱反正、全面恢复工作也起到了巨大的促进作用。

二、恢复招收研究生制度

为了加速培养高级专门人才，国家在恢复高等学校统一招生考试制度的同时，着手恢复研究生教育。1977 年 10 月 12 日国务院批转的教育部《关于 1977 年高等学校招生工作的意见》中，提出了关于高等学校招收研究生的意见。《意见》要求，凡教师条件和科学研究基础比较好的学校，在办好本科的同时，要积极招收研究生。《意见》强调：招收研究生要从实现我国社会主义现代化的需要出发，重点放在填补国家科学事业的空白和赶超世界科技先进水平的基础科学、边缘科学，以及与工业、农业、国防有密切关系的最新科学技术的研究方面。在哲学社会科学方面，要积极招收研究生，加强马列主义理论队伍的建设。对那些行将断线缺门、后继乏人的学科和专业应当优先考虑，以尽快解决青黄不接现象。① 11 月 3 日，教育部又同中国科学院联合发出《1977 年招收研究生的通知》。《通知》规定：招收研究生采取本人自愿申请报考，经所在单位介绍，向招收单位办理报名手续，经过严格考试，择优录取的办法。《通知》还对报考条件、培养目标、学习年限等作了具体规定。从此，我国长期中断的研究生教育得到恢复。

---

① 何东昌主编：《中华人民共和国重要教育文献》（1976 ~ 1990），海口：海南出版社，1998 年版，第 1581 页。

《通知》发出后，受到了科学家和教授们的普遍欢迎。1978年1月10日，教育部发出《关于高等学校1978年研究生招生工作安排意见》，决定1977年和1978年两年的研究生招生工作合并进行。1978年5月，高校招收研究生的考试正式开始。同时，中共中央和国务院各部委直属的研究机构，以及中国科学院、中国社会科学院也开始试行招收研究生。当年，全国有210所高校、162个科研机构招收研究生，有63 500人报考，录取了10 708人。这个数字相当于“文化大革命”前17年招收研究生总和（2.3万多人）的46.56%。①

1978年七八月间，召开了研究生培养工作会议。会议充分肯定了研究生培养工作在实现新时期总任务中的重要地位和作用，并修订了《高等学校研究生培养工作暂行条例（草案）》，以初步规范我国的研究生教育。在《1978～1985年全国科学技术发展规划纲要（草案）》中还明确了逐步扩大研究生比重的发展方针，提出了8年内培养8万名研究生的发展规划。

研究生教育的恢复意义深远。它是为我国实现建设社会主义现代化强国的目标源源不断地输送所需各类高级专门人才的重要保证。

第四节　修订颁布学校暂行工作条例

高等学校和中学、小学三个暂行工作条例是建国以后我国社会主义教育工作经验的结晶。第一个条例分别颁布于1961年和1963年，在“文化大革命”中都被诬为“修正主义路线的产物”。“文化大革命”结束以后，根据新的情况对条例进行了修改。修改后的条例经1978年4月全国教育工作会议讨论以后，根据会议意见再次进行了修改，并于当年相继发布。

一、修订颁布中学、小学暂行工作条例

1978年9月22日，教育部发出了《关于试行全日制中学暂行工作条例（试行草案）、全日制小学暂行工作条例（试行草案）的通知》。

① 刘英杰主编：《中国教育大事典》（下），杭州：浙江教育出版社，1993年版，第1579～1580页。

《通知》肯定了1963年颁布的两个条例基本上是好的，并指出这次修订的原则是，根据1963年以后毛泽东的重要指示和教育革命发展的实际情况，根据新时期总任务的要求，进行必要的修改和补充，其他基本不动。与1963年比，两个条例有以下四个方面的重要修改和补充。

一是增加了1973年以后毛泽东的有关指示。如：增加了五七指示。《中学条例》规定，全日制中学学生必须“以学为主，兼学别样”。学校“必须组织学生学工、学农、学军，批判资产阶级，走与工农相结合的道路”，并对学工、学农、学军的具体方式和时间都作了规定。还增加了毛泽东1964年春节指示的精神。两个条例都规定，“考试不要出偏题、怪题，不要搞突然袭击”。又增加了毛泽东关于领导干部“三要三不要”的指示。两个条例都规定：“学校的领导干部必须坚持‘要搞马克思主义，不要搞修正主义；要团结，不要分裂；要光明正大，不要搞阴谋诡计’。”

二是增加了邓小平有关指示精神的内容。在知识分子政策方面，两个条例都在第一章总则里提到：“绝大多数教师是无产阶级自己的一部分，是办好学校的依靠力量。”要“发挥教师在教学中的主导作用，充分调动教师的积极性，为社会主义教育事业服务”。“教师的辛勤劳动，应当受到党和人民的尊重。必须注意提高教师的政治地位和社会地位，逐步改善他们的工作条件和生活待遇。”在思想政治教育方面，《中学条例》规定：“学校应该把坚定正确的政治方向放在第一位，必须对学生进行共产主义思想教育，促进整个社会风气的革命化。”在努力提高科学文化水平方面，《中学条例》提出，要切实加强“向科学技术现代化进军的重要基础知识”。《小学条例》提出，小学要开展科技活动。按照邓小平关于办好重点学校的指示精神，《中学条例》规定，“要认真办好一批重点学校。非重点学校也可以办重点班”。按照邓小平关于要尊重劳动，尊重知识，尊重人才，对为国家作出贡献的人要鼓励和奖励等指示精神，两个条例都规定，要“鼓励教师树立长期为教育事业服务的思想，表扬和奖励优秀教师。成绩特别优异的教师，可授予‘模范教师’、‘模范班主任’的称号”。

三是为适应新时期的要求增加了某些内容。如两个条例都规定：学校应该“为提高整个中华民族的科学文化水平，实现新时期的总任务而奋斗”。《中学条例》规定：“要对学生进行党在整个社会主义历史阶段的基本路线的教育和新时期的总任务的教育”。

四是对“文化大革命”中一些“左”的做法作了不同程度的纠正。如中小学领导体制改为：“实行党支部领导下的校长分工负责制。学校的一切重大问题必须经过党支部讨论决定。”教育行政领导管理体制改为：“全日制中学原则上由县以上教育行政部门领导和管理”；“全日制小学由县（市属区）教育行政部门统一领导和管理”；社队办的中学和小学“可以在县的统一领导下，由社队管理”。关于各级党委的领导，强调“第一书记要管教育”；“党委的领导主要是政治上的领导”，“保证正确的政治方向，保证党的路线、方针、政策的贯彻，调动各方面的积极性”；“要动员各行各业高度重视和大力支持教育事业”。在教师队伍建设方面，特别关注教师的管理、培训和生活待遇的提高。《中学条例》规定：“教师的管理、调配工作，应该在党委统一领导下，由县以上教育行政部门负责。”《小学条例》则规定，这一工作由县（市属区）教育行政部门负责。两个条例都提出了大力培训师资、提高教师队伍质量的具体措施；还专门增加了“要关心民办教师的生活，妥善解决民办教师的经济报酬”以及“必须妥善安排教师的宿舍、伙食和孩子的入托、入园”等内容。

二、修订颁布高等学校暂行工作条例

1978年10月4日，教育部发出《关于讨论和试行全国重点高等学校暂行工作条例（试行草案）的通知》。《通知》首先肯定“原《高校六十条》是得到毛主席肯定的好文件”，指出本次修改的原则是：对原条例的基本精神和主要内容一律不动，只作一些必要的修改。具体说，凡是被“四人帮”搞乱了的是非，都力求旗帜鲜明地予以澄清，同时要补充有关1961年以来教育的新发展、新精神的内容，特别是对于新时期的总任务和实现社会主义四个现代化的要求，更要充分反映。总之，力求完整地、准确地体现毛泽东的教育思想和教育根本方针。

原《高校六十条》是教育部直属高等学校暂行工作条例，经过这次修订后改为《全国重点高等学校暂行工作条例》。《通知》指出，这个条例的基本精神也适用于全国各地普通高等学校。

经过这次修订，条例的各章名称基本未变。各章的次序和某些条款也仅略有调整和修改。全条例仍为十章六十条。

修订后的条例最大的变动是领导管理体制部分。根据五届人大的规定，条例提出，今后高等学校实行党委领导下的校长负责制。由于建国后我国高等学校的校一级从未实行过这种领导体制，所以《通知》指出，这是一个新事物、新问题，要注意在试行中探索、积累和总结经验。同校一级的领导体制相呼应，条例提出，在系一级实行党总支领导下的系主任分工负责制。

由于高等学校上述领导体制的改变，过去作为学校行政工作集体领导的校务委员会不存在了，因此条例规定，高等学校要设立学术委员会。在学校内设立学术委员会，不仅有利于学校科学研究工作的开展，有利于提高教育质量和学术水平，而且便于学校特别是著名重点大学开展国际学术交流活动。同时，学术委员会也可以作为学校的一种学术咨询机构，有利于在学术业务工作中贯彻群众路线，发扬民主，更好地发挥专业技术人员的积极作用。

三个条例的重新修订和颁布，对尽快恢复正常的教育教学秩序，端正教育方向，促进科学管理学校，提高教育教学质量，起了十分重要的作用。在当时尚未制定有关教育法律和法规的情况下，三个条例对学校教育工作具有基本法规的性质。

三个条例的修改和补充反映了拨乱反正时的认识过程，有的提法以后实际上没再被采用。

第五节　恢复和加强教师队伍建设

教师队伍是全面恢复教育事业的主要依靠力量，教师队伍的建设是全面恢复教育事业的关键。只有建设好这支队伍，并充分调动他们的积极性，全面恢复教育事业才能得以顺利展开。鉴于教师队伍在“文化大革命”中受到严重创伤，因此，“文化大革命”结束后，党和政府下大力气从多方面采取措施，对教师队伍予以恢复和加强。主要措施有以下几个方面：

一、恢复教师职称制度和建立荣誉称号授予制度

邓小平早在1977年“九一九讲话”中就明确指出：在科学研究机

构"决定恢复科研人员的职称。这是很大的决策，解决了很多重要的问题，会引起震动，会影响到教育、工业等方面。教育部门要紧紧跟上。大专院校也应该恢复教授、讲师、助教等职称。多年来，许多同志考虑恢复职称的问题，这次中央在召开全国科学大会的通知中把这个问题解决了"。① 当月，中共中央在《关于召开全国科学大会的通知》中提出："应该恢复技术职称，建立考核制度，实行技术岗位责任制"。

根据邓小平和中共中央的指示精神，教育部向国务院报送了《关于高等学校恢复和提升教师职务问题的请示报告》。1978 年 3 月 7 日，国务院批转了这个《报告》。《报告》提出：在国务院没有作出新规定前，仍执行 1960 年国务院发布的《关于高等学校教师职务名称及其确定与提升办法的暂行规定》。原来已经确定提升为教授、副教授、讲师、助教的，一律有效，恢复职称，不必重新办理报批手续，并作出了可以越级提升教授、副教授，将提升教授的审批权限下放到省、自治区、直辖市人民政府，报教育部备案等新规定。同年 9 月 17 日至 21 日，教育部在北京召开高等学校确定与提升职称工作座谈会，会上确定在两三年内逐步妥善地解决十多年来积压的职称问题。从此，中断多年的教师职称评定工作首先在高等学校开展起来。

到 1981 年，高等院校中原有的教授、副教授、讲师和助教都恢复了职称。各高校还根据"坚持标准，保证质量，全面考核，择优提升"的原则，分期分批地提升和确定了一批教师的职称。据统计，全国高等学校有145 629名教师被提升或确定为讲师以上职称。其中，被提升或确定为教授的2 728人，副教授21 827人，讲师121 074人；由助教越级提升为副教授的 477 人，由讲师越级提升为教授的 175 人。② 由于教师职称工作的恢复，教师队伍结构发生了显著变化。与恢复高校职称工作前的 1977 年相比，教授、副教授占专职教师总数的比例由3.1%上升到9.67%，讲师比例由14.8%上升到47.3%。③

教育部还建立了中小学荣誉称号授予制度，于 1978 年 4 月 28 日批

---

① 《邓小平文选》(第 2 卷)，北京：人民出版社，1994 年版，第 70 页。
② 方晓东等著：《中华人民共和国教育史纲》，海口：海南出版社，2002 年版，第 318 页。
③ 郝维谦、龙正中主编：《高等教育史》，海口：海南出版社，2000 年版，第 379 页。

准北京景山学校马淑珍、郑俊选、方碧辉三位小学教师为特级教师。随后，一些省、自治区、直辖市也照此做法批准了一批教师为特级教师。教育部还和北京市于7月1日决定授予北京通县一中数学教师、班主任刘纯朴“模范班主任”称号。《人民教育》第七期以《春雨之歌》为题发表通讯，介绍其先进事迹。这一决定对全国震动很大，各地也陆续授予一批中小学教师以“模范班主任”、“优秀教师”等光荣称号。

为了使评选特级教师的工作制度化和规范化，同年10月，教育部、国家计委制定了《关于评选特级教师的暂行规定》。该《规定》经国务院批准同意后，于当年12月17日下发。《规定》提出的评选对象，主要是中小学（包括民办和厂矿企业办的中小学）、师范学校、盲聋哑学校、教师进修学校、教学研究机构、校外教育机构的教师和幼儿园的教养员。原系教学水平较高的教师，长期从事中小学、师范、盲聋哑和幼儿教育工作，领导教学教育工作有特长的校长、教导主任和幼儿园主任，也应列为评选对象。该文件还对评选条件、评选面、奖励办法、评选办法和审批手续等作出了规定。到1982年1月底，26个省、自治区、直辖市共评选出特级教师1 113名。①

恢复教师职务提升制度和建立荣誉称号授予制度，有力地提高了教师的地位待遇，增强了教师的光荣感、责任感，调动了广大教师的积极性，使他们能长期坚守教育工作岗位，鼓励他们学习先进，不断提高自己的政治、文化、业务水平，努力提高教育教学质量，为社会主义教育事业贡献力量；同时，对树立良好的社会风气乃至对整个社会主义现代化事业的发展，都具有深远的影响。

二、恢复和加强教师培训工作

在“文化大革命”中，广大教师得不到应有的培训和提高，队伍被搞乱，尤其是小学教师被大量调往盲目发展的中学任教，新教师成为中小学教师队伍的主体，严重影响到中小学教育质量的提高；而高等学校却面临着教师队伍结构严重“老化”问题，培养青年教师的任务十分艰巨。面对建设社会主义现代化强国要求迅速把教育质量搞上去的紧迫任务，大力提高教师队伍的质量已成为刻不容缓的大事，因此亟需恢复和

① 卓晴君、李仲汉著：《中小学教育史》，海口：海南出版社，2000年版，第305页。

加强教师培训工作。

针对这种状况，邓小平在“八八讲话”中明确指出：“要研究如何提高教师的水平。前几年教师不敢教，责任不在他们。现在要敢于教，还要善于教。要做到这一点，就要加强师资培训工作。要请一些好的教师当教师的教师。大学教师要帮助中学教师提高水平……要把师资培训列入规划，列入任务。”① 在1978年全国教育工作会议的讲话中，邓小平又指出：“一个学校能不能为社会主义建设培养合格的人才，培养德智体全面发展、有社会主义觉悟的有文化的劳动者，关键在教师。”② 他还对教师培训工作提出了具体措施。他说：“教育战线任务愈来愈重，各级教育部门不能不努力提高现有教师队伍的教学能力和教学质量。教育部和各地教育行政部门，要采取切实有效的措施，比如充分利用广播、电视，举办各种训练班、进修班，编印教学参考资料等，大力培训师资。”③

中小学教师的培训工作抓得比较早。1977年，教育部在召开中小学教师培训工作座谈会的基础上，于当年12月10日提出了《关于加强中小学在职教师培训工作的意见》，向全国部署了这项工作。首先，要求各地采取应急措施，对1978年秋季使用的新编的提高了教学要求的教材，通过培训，使现有大多数教师能够适应。同时，力争在三五年内，使小学教师大多数达到中师毕业程度，初中教师和高中教师分别在所教学科方面大多数达到师专、师院毕业程度。为了实现上述培训任务，教育部提出，需要尽快建立健全省、地、县、社和学校师资培训网；除高等师范院校和中等师范学校有责任承担培训任务外，其他高等院校也应承担一定的培训任务。

中小学教师培训工作部署以后，在短短的两年时间内，全国就恢复和建立了省级教育学院、教师进修学院和函授学院近30所；地、市级教育学院、教师进修学院和县级进修学校（包括中师函授部）2 000多所；举办高师函授的或为中学教师办轮训班的高等师范院校有50多所。据1979年统计，参加高师进修的中学教师有100多万人，占应进修教

---

① 《邓小平文选》（第2卷），北京：人民出版社，1994年版，第55页。

② 《邓小平文选》（第2卷），北京：人民出版社，1994年版，第108页。

③ 《邓小平文选》（第2卷），北京：人民出版社，1994年版，第109～110页。

师总数的41%；参加中师进修的小学教师有130多万人，占应进修小学教师总数的47%。① 通过这一阶段的师资培训，缓解了“文化大革命”十年破坏造成的中小学教师队伍整体素质下降、骨干教师和学科带头人紧缺的状况，为以后进一步提高师资队伍的质量奠定了良好的基础。

同一时期，高等学校也逐渐恢复和加强了师资培训工作，逐渐健全和完善了高等学校的师资培训体系。各高等学校对老教师用其所长，充分发挥他们在业务上的指导作用，抢救与继承造诣较深的老教师、老专家们的科研成果与教学经验，为他们配助手。与此同时，各高校尤其注重对青年教师和学术带头人的培养。其具体做法有：（1）举办多种形式的教师进修班。有的省、市，在三年内，平均每位高等学校教师都参加过一次以上的进修学习。（2）选送骨干教师到重点高等学校进修。仅1981～1982学年度，就有2 600多名高等学校中青年教师在全国重点大学进修，另有400名教师参加了各重点大学短期进修班学习。②（3）选派教师出国进修，聘请外国教师来华讲学。1978年以后，各高等学校纷纷派遣教师到国外考察、进修、参加国际学术会议或短期工作。截至1981年止，共有2 000多名高等学校教师到国外进修或短期工作，800多名教师参加了国际学术会议，120名教师在国外高等学校任教。国内各高等学校也根据实际需要先后聘请了约1 440名外国专家、教授来华任教，约请了2 000余名外国专家来华短期讲学。③（4）进行岗位培训。通过上述多种培训渠道，高等学校教师队伍的质量特别是青年教师和学术带头人的水平有了明显提高。

三、恢复和加强教师队伍的管理工作

“文化大革命”以前，中小学教师队伍是在地方党委领导下由教育行政部门统一管理的。“四人帮”将其污蔑为“搞资产阶级的一统天下”。“四人帮”的破坏使教育部门既不能管教师，也不能管师范院校毕业生的分配，从而导致教师被随意借用、调出，编制被占用，师范院校毕业生不能如数分配到教育战线，自然减员得不到补充，严重影响了教

① 方晓东等著：《中华人民共和国史纲》，海口：海南出版社，2002年版，第320页。
② 郝维谦、龙正中主编：《高等教育史》，海口：海南出版社，2000年版，第380页。
③ 郝维谦、龙正中主编：《高等教育史》，海口：海南出版社，2000年版，第380～381页。

师队伍的建设。粉碎“四人帮”以后，山西、河南、浙江等省委率先决定，教师队伍的管理和师范毕业生的调配等人事工作由当地各级教育行政部门负责，并对解决教师归队问题、民办教师管理等提出了明确的措施。教育部认为上述做法很好，于是参照部分省的经验，提出了《关于加强中小学教师队伍管理工作的意见》。《意见》明确规定，中小学公办教师的管理、调配工作由县以上各级教育行政部门负责，师范院校毕业生应全部分配到教育战线工作，公办教师的自然减员应由教育部门于当年如数从民办教师中选择补充，各级行政部门不得占用教育事业编制，此外还要加强对民办教师的管理等。《意见》于 1978 年 1 月 7 日由国务院批转下达。

《意见》发出以后，各地教育行政部门收回了教师管理权，进行了中小学教师队伍的整顿工作，调回了大批被借调做其他工作的教师。仅山东省到 1978 年 3 月底止就调回8 488人，占全部被借调教师10 360人的80%以上。① 随着教师队伍管理体制的变更，还改变了一些大、中城市实行的由街道管理小学的体制。在农村则重建学区、中心小学。这样，城乡中小学先后恢复由教育部门直接领导和管理。

高等学校也加强了对教师队伍的管理，建立了科学合理的高等学校教师考核制度。1979 年 11 月，教育部颁布了《关于高等学校教师职责及考核的暂行规定》，分别对助教、讲师、副教授和教授提出了不同的职责要求，规定从政治表现、业务水平和工作成绩三个方面定期考核教师，并将考核结果存入教师的业务档案，作为奖励的依据。后来，教育部又决定在高等学校试行教师工作量制度，使高等学校教师职责考核制度更为科学、完善。

恢复和加强教师队伍的管理工作是教师队伍建设的一项重要内容，有利于调动广大教师的积极性，提高其工作效率和工作质量。

四、恢复和加强师范教育

“文化大革命”结束后，教育事业亟待全面恢复，但教师队伍数量不足、质量下降的问题却成为教育事业全面恢复中的难点。以中小学教师队伍为例：1977 年全国中学在校学生比 1965 年净增约6 000万人，按

---

① 卓晴君、李仲汉著：《中小学教育史》，海口：海南出版社，2000 年版，第 303 页。

1965 年中学生与专职中学教师实际比例 20∶1 计算，应增教师 300 万人；同一时期高等师范院校毕业生仅 21 万人，只占应增教师数的7%。由于师范院校毕业生补充不够，中学教师中民办教师的比例高达39.94%，其中高中为16.84%。1977 年小学在校学生人数比 1965 年净增约3 000万人，按 1965 年小学生与专职小学教师实际比例 30∶1 计算，应增 100 万名教师，而同一时期，中师毕业生补充任小学教师的仅 40 万人；小学教师中民办教师的比例更高达65.8%。教师队伍的文化业务素质较低。据统计，高中教师中，高等学校本科毕业的，1965 年为70.3%，1977 年下降到33.2%；初中教师中，高等学校专科毕业及以上的，1965 年为71.9%，1977 年下降到14.3%；小学教师中，中师毕业及以上的，1965 年为47.4%，1977 年下降到28%。①

面对这样的形势，必须恢复和加强师范教育。1978 年 10 月 12 日，教育部在征求了参加当年 4 月全国教育工作会议的代表的意见基础上，经修改后，颁发了《关于加强和发展师范教育的意见》。《意见》要求各地统筹规划，建立好师范教育网，并明确规定，今后学校补充的新师资应尽快地逐步做到：高中教师具有师范学院（师范大学）或相当这一级的高等学校毕业程度，初中教师具有师范专科学校或相当这一级的专科学校毕业程度，小学教师具有中等师范学校毕业程度。按照对新师资的这种学历要求，《意见》提出：在三五年内，有计划有步骤地新建若干师范学院。一般地区应在 1980 年内，依托现有条件较好、已有多年担负培训初中师资任务的中等师范学校，加以充实提高，建立起一所师范专科学校；也可以由省、自治区、直辖市统一规划，在两三个地区范围内建立一所师范专科学校。要努力办好中等师范学校。教育部主管的北京师大、上海师大、吉林师大、华中师院、西南师院、陕西师大等六所高等师范院校，应担负为各地师院、师专、中师和重点中学培养师资的任务。少数确有条件的中等师范学校可以举办师专班。要积极办好幼儿师范学校。

1978 年 12 月 28 日，教育部发出通知：经国务院批准，恢复和增设 169 所普通高等学校，其中师范院校 77 所，占恢复和增设学校总数的 45.6%，师范院校总数达到 157 所。到 1980 年又增加了 15 所师范院校，

---

① 金长泽、张新贵主编：《师范教育史》，海口：海南出版社，2002 年版，第 151 ~ 152 页。

总数达到172所，相当于1977年59所的近3倍。其中17所是高等民族师范院校，以适应少数民族教育事业的发展。① 为了给职业中学、技工学校提供师资，1979年2月16日国家劳动总局和教育部联合发出通知，经国务院批准，在天津、山东、河南、吉林设立4所技工师范学院。

1978年是中国师范教育发展历史上成立高等师范院校最多的一年。在这一过程中，个别不具备条件的地区也办起了师范学院、师专或师范"大专班"，教学质量无法保证，有的甚至出现办不下去的情况；但绝大多数师范院校在为全面恢复教育事业、提高教育教学质量、加强教师队伍建设方面作出了重要贡献。

第六节　恢复和加强教材建设

由于"文化大革命"的原因，教材的正常编写、审查、出版和发行工作长期基本处于停顿状态，致使不少地方出现了建国以后罕见的学生上课没有课本的严重现象。恢复和加强教材建设已成为"文化大革命"结束后全面恢复教育事业的一项重要内容。

一、恢复和加强教材建设的方针和办法

邓小平高度重视恢复和加强教材建设。他在1977年7月29日与方毅、刘西尧谈教育工作时指出：要大力搞好教材建设。要进口一批外国教材（自然科学的），要进口日本的、英国的、美国的、法国的、联邦德国的自然科学教材。要结合本国的国情编写教材，要组织一个很强的班子，编大、中、小学教材。结合我们自己的实际编好教材，以后就按新教材来上课。今年实行起来有困难，从明年招生开始……要编几种教材，以供选择。在上述讲话几天以后的"八八讲话"中，邓小平再次强调："关键是教材。教材要反映出现代科学文化的先进水平，同时要符合我国的实际情况。"②

根据邓小平的指示，中央拨给教育部10万美元，人民教育出版社在我国驻外使馆的协助下，从美国、英国、联邦德国、法国、日本等国

① 金长泽、张新贵主编：《师范教育史》，海口：海南出版社，2002年版，第153页。
② 《邓小平文选》（第2卷），北京：人民出版社，1994年版，第55页。

家选购了大批教材，供我国编写教材参考。至1978年2月，我国进口的外国教材达2 200册，其中小学教材占15%，中学教材占20%，大学教材占65%。①

在邓小平的关怀下，1977年12月20日至28日，教育部和国家出版事业管理局联合召开了全国教材出版发行工作会议。会议讨论和制定了1978年度中小学教材出版计划和高等学校、中等专业学校教材出版计划。会议确定，中小学教材今后由教育部负责统编，暂无统编教材的课程仍由地方参照统编教材的编写大纲编写出版；乡土教材和补充教材由各省、自治区、直辖市自行编写出版；少数民族文字教材，参照原有的蒙古、藏、维吾尔、哈萨克、朝鲜五种民族文字协作区，分别协商组织编写和翻译出版；高等学校和中等专业学校的教材由教育部和国务院各部委及所属出版社，按专业对口的原则分工负责编写、出版工作。会议还提出，教材出版发行工作要做到“按时”、“定量”供应学校，实现“课前到手，人手一册”的要求。1978年4月3日，国务院批转此次会议的报告。从此，恢复了教材编审体制和出版发行办法。

二、教材建设取得初步成绩

1977年9月，教育部开始组织人力编写中小学各科全国通用教材。参加编写的有200多人，大多数是从18个省、自治区、直辖市选调来的。同时，聘请了关肇直、吴文俊、江泽涵、苏步青、段学复、唐敖庆、贝时璋、童第周、周培源、王竹溪、褚圣麟、何祚庥、叶圣陶、吕叔湘、夏鼐、白寿彝、高士其等45位专家担任各科教材编写的顾问。教育部还成立了以副部长浦通修为组长的教材编审领导小组。

1978年秋季，小学一年级和初中一年级开始使用新教材。到1979年底，中小学各科教材基本编成。仅1979年就要出版中小学统编教材157种和部分各地编写的教材，合计18亿册。② 这套教材强调提高科学水平，注意用先进的科学知识充实教学内容，中学数学增加了微积分、概率统计、逻辑代数等的初步知识，中学物理增加了电子技术等基础应

① 金铁宽主编:《中华人民共和国教育大事记》(2)，济南：山东教育出版社，1995年版，第1020页。

② 何东昌主编:《中华人民共和国重要教育文献》(1976～1990)，海口：海南出版社，1998年版，第1680页。

用知识，中学化学加强了以物质结构的初步知识为主要理论来认识和研究物质的内容，等等。显然，这套教材反映了国家试图挽回十年浩劫对人才培养造成的重大损失的强烈愿望，反映了广大群众把教育迅速搞上去以兴国图强的迫切要求。其教学要求比过去有了较大的提高，但对于刚刚结束“文化大革命”后的学生和教师来说，有些内容要求过高。

此外，为了解决聋哑学校的教材问题，1977 年 10 月，教育部委托上海市统一编写供聋哑学校使用的一至八年级语文、数学教材。

少数民族文字教材的编写出版在 1978 年以后得到了加强。主要是进一步加强了内蒙古、吉林、黑龙江、辽宁、新疆、甘肃、青海、宁夏等省、自治区的蒙古文，西藏、青海、四川、甘肃、云南等省、自治区的藏文和吉林、黑龙江、辽宁三省的朝鲜文教材的编译出版协作。其中，中断多年的藏文教材的编写出版协作得到了恢复。

高等学校教材建设的恢复工作也很有成效。1978 年 2 月 15 日，国务院批转教育部《关于高等学校教材编审出版工作的请示报告》及《关于高等学校教材编审出版工作若干问题的暂行规定》。这两个文件规定了高等学校教材编审出版的分工办法；恢复了高等学校理工农医教材工作领导小组，在教育部内设立理工农医教材办公室；并陆续恢复和建立了各科教材编审委员会。按文件规定，工科各类全国通用的专业教材和部分基础课教材，以及农科、医科及体育、艺术类的全部通用教材，由有关部委和出版社负责组织编审和出版；各类专业的公共课教材、理科教材以及工科各类专业中适用面广的基础课教材，由教育部及所属出版社负责编审和出版；文科及艺术类教材由国家出版事业管理局所属出版社出版。七二一工人大学所需教材，适当选用普通高等学校教材；无法选用的，参照普通高等学校分工办法编写。在此前后，国务院 27 个部委按照各自的分工，分别召开了各类专业的教材工作会议，拟订了各类专业 1978 年至 1980 年教材建设规划，下达了2 413种通用教材的编写任务。承担编写任务的学校组织了几千名有经验的教师参加编写工作。至 1979 年，共出版大专文科教材 71 种，理工农医各科教材548 种。①

① 金铁宽主编：《中华人民共和国教育大事记》（2），济南：山东教育出版社，1995 年版，第 1048 页。

此外，这段时期还编写出版了中专教材 265 种，业余教育教材 113 种。①

教材的编写、审查、出版、发行工作的恢复和加强，对学校教育工作的正常开展，对提高教育教学质量，对组织教师和专家队伍及调动他们的积极性，对学校教育以至整个教育事业以后的改革和发展，都起到了重要的促进作用。

教育工作全面恢复的整个过程，是在邓小平的直接指导和关怀下进行的。这也是教育战线在中共十一届三中全会召开前敢于批判“两个估计”，敢于在某些方面冲破“左”的束缚，实事求是地完整地准确地理解和掌握毛泽东教育思想的主要原因。邓小平教育理论也在教育工作的全面恢复过程中开始得到贯彻。教育工作的全面恢复使整个教育面貌有了明显的变化。

① 金铁宽主编：《中华人民共和国教育大事记》（2），济南：山东教育出版社，1995 年版，第 1048 页。

17 第十七章 教育在调整中发展，教育改革重新起步

粉碎“四人帮”以后，全国各族人民以极大的热情投入到各项建设中。国家为恢复和发展国民经济采取了一系列措施，使工农业生产得到恢复，有些方面还有所发展。但是，由于对长期以来指导思想上“左”的错误尚未认真加以清理和纠正，对“文化大革命”所造成的严重后果估计不足，因而这一时期的经济工作中发生了急于求成、急躁冒进的倾向，出现了国民经济重大比例失调的失误。在中共十一届三中全会决定党和国家的工作中心转移以后，中共中央在 1979 年 4 月召开的中央工作会议上决定对国民经济实行“调整、改革、整顿、提高”的方针。1979 年 6 月，全国人民代表大会五届二次会议正式通过实施这一方针。

中共中央提出“调整、改革、整顿、提高”的方针以后，教育部根据这一方针提出了以调整为中心、调整改革同时进行的工作思路，并明确了具体任务。在教育部的统一部署下，教育战线大力普及小学教育，改革中等教育结构，发展职业教育，多层次多形式创造性地发展高等教育，调整和发展成人教育、民族教育，加强和改革思想政治教育，努力开创教育国际交流与合作的新局面。在调整过程中，教育改革开始起步，并取得可喜成效。

第一节 教育战线贯彻“调整、改革、整顿、提高”方针

由于教育在四个现代化建设中的地位和作用日益得到全党和全国的重视，特别是邓小平高瞻远瞩，高度重视并亲自抓教育，这次教育战线贯彻“调整、改革、整顿、提高”方针与以往不同，不是经济一有困难

就一味地压缩教育、“挤”教育，而是力保教育经费并使之略有增加，教育事业的一些方面还有了一定的发展。

一、贯彻“调整、改革、整顿、提高”方针的指导思想

邓小平复出后专门就教育工作和国民经济调整方针发表的重要讲话，使教育战线贯彻“调整、改革、整顿、提高”的方针有了明确的指导思想。特别是邓小平对经济与教育的关系、教育在国民经济建设中的地位和作用等问题的指示，对教育战线贯彻这一方针具有十分重要的指导意义。邓小平在1980年1月16日所作的《目前的形势和任务》的报告中指出，这次调整不仅要注意解决好经济内部各方面比例失调的问题，还要注意“一个重要的比例，就是经济发展和教育、科学、文化、卫生发展的比例失调，教科文卫的费用太少，不成比例”。“我们非要大力增加教科文卫的费用不可”。① 他再次强调，没有教育、科学，现代化就化不了。他在1980年12月的中共中央工作会议上重申，“这次调整，在某些方面要后退，而且要退够。其他方面，主要是农业、轻工业和有关人民生活的日用品的生产，能源、交通的建设，以及科学、教育、卫生、文化事业，还要尽可能地继续发展。”②

在教育战线贯彻“调整、改革、整顿、提高”方针的初期即1980年，中共中央书记处成立。当年书记处分别于5月8日、5月12日、10月23日和11月3日四次听取教育部党组的工作汇报，讨论教育工作。前两次讨论教育部党组汇报的教育工作基本情况和发展教育事业十年规划的初步设想。在这两次会议上，书记处讨论的问题和对教育工作所作的指示集中在以下几个方面：关于教育在国民经济建设中的地位问题；关于当前教育工作基本情况的分析和80年代的奋斗目标；关于发展我国教育事业的指导思想；教育一定要适应经济建设的需要，教育结构必须改革，教育制度要与劳动制度、干部制度相结合；关于加强思想政治教育、改革政治理论课的教学问题；关于普及小学教育问题；关于大力发展成人教育问题；关于民族教育问题；关于实行两种教育制度、两种劳动制度，采取多种形式办学，多快好省地发展教育事业；关于全党全

---

① 《邓小平文选》（第2卷），北京：人民出版社，1994年版，第250页。

② 《邓小平文选》（第2卷），北京：人民出版社，1994年版，第354～355页。

民办学，改革教育的领导管理体制；关于改进领导方法问题；关于改善办学条件及其他一些具体问题。10 月 23 日书记处会议主要听取和讨论教育部党组关于小学教育的汇报。11 月 3 日书记处会议主要听取和讨论教育部党组关于高等教育工作中存在的问题的汇报。

书记处会议在谈到教育在国民经济中的地位时特别强调：中国不提高教育水平，四化搞不成。四化建设不单纯是工农业生产建设，科学文化建设也是四化建设的重要内容。没有文化建设，没有人才，物质建设也搞不好。要把教育作为国民经济计划的一部分。胡耀邦还提出，力争 80 年代使我国教育事业有一个大的发展。书记处会议还一致注意到在教育方面投资太少，不成比例，致使经济建设同教育建设严重脱节，决定“宁可把经济发展速度降低一点，增加一些教育经费”。①

邓小平的指示和 1980 年中共中央书记处四次会议精神，为教育战线贯彻“调整、改革、整顿、提高”方针指引了方向。

二、贯彻“调整、改革、整顿、提高”方针的工作思路与任务

根据邓小平和中共中央书记处的指示精神，教育部确定了以调整为中心、调整改革同时进行的工作思路。强调要狠抓调整，教育的必要改革要与调整同时进行，但改革要服从于调整、有利于调整。只有搞好调整，才能为改革创造条件，调整本身就包含着改革。

教育的调整包括两个方面：一是调整教育的外部比例关系，使教育事业能够逐步做到与经济建设协调发展；二是调整教育的内部比例关系，使各级各类学校有计划按比例地稳步发展，保证教育质量的不断提高。

通过调整，要求达到以下三个目的：（1）要使教育事业尽可能地适应四化建设的需要，尽可能地做到有计划按比例地发展。要逐步做到教育制度能够同劳动制度、干部制度很好地结合起来。招工、选拔干部，都应有一定的学历或文化程度的要求，使培养出来的人才能够学用一致，人尽其才。要使教育事业发展的规模和速度同国家的经济实力相适

① 何东昌主编：《中华人民共和国重要教育文献》（1976 ~ 1990），海口：海南出版社，1998 年版，第 1871 ~ 1872 页。

应，使教育投资能够发挥更大的经济效益。（2）要更好地贯彻德、智、体全面发展的方针，努力提高教育质量，逐步克服各级各类学校中存在的虚肿现象。（3）要整顿、加强领导班子，充实、提高师资队伍，逐步改善办学条件，以发展安定团结的局面。

教育战线贯彻“调整、改革、整顿、提高”方针的主要任务涉及小学、中学、职业教育、高等教育、成人教育、民族教育、思想政治教育和教育国际交流与合作等方面。

第二节　大力普及小学教育

在贯彻“调整、改革、整顿、提高”方针中，中央一再强调，不能只限于调整经济内部的比例，还必须调整教育与经济之间的比例，要把加强教育事业列为调整的重要内容。大力普及小学教育便是贯彻中央上述指导思想的具体体现。当时全国小学教育一直没有普及，新文盲继续大量产生，这种情况同经济发展对人才培养的要求很不适应，同建设现代化的、高度民主和高度文明的社会主义强国的要求很不适应。为了切实改变这种状况，以利于新时期总任务的实现，中共中央和国务院对普及小学教育作出了决定。

一、颁布普及小学教育的决定

1980 年中共中央书记处四次会议中的 10 月 23 日的会议主要研究小学教育问题。会议特别强调要搞好普及小学教育工作，指出：“要实现四化，最根本的一条是要提高我们民族的文明程度和科学文化程度；而提高科学文化程度的基础是办好小学教育”。① 会议还就办好小学教育提出了一些具体政策措施。例如：从中央到地方各级党委对小学教育的重要性要有明确认识；普及小学教育不要一刀切，不同地区可以提出不同要求；要逐步提高小学教师的工资待遇；教育经费可以戴帽下放到县；对少数民族地区的小学教育要采取特殊措施；等等。这些为中共中央、国务院后来起草和颁布的《关于普及小学教育若干问题的决定》从

① 何东昌主编：《中华人民共和国重要教育文献》（1976～1990），海口：海南出版社，1998 年版，第 1868 页。

指导思想、方针政策到具体措施等方面奠定了良好的基础。

1980年12月3日，中共中央、国务院发布了《关于普及小学教育若干问题的决定》(以下简称《决定》)，对普及小学教育作出如下决定：

第一，教育事业在四化建设中具有重要作用。我们的社会主义现代化建设，不仅要建设高度的物质文明，还要建设高度的精神文明。没有文化教育事业的充分发展，就不可能有完全的社会主义。要把加强教育事业列为调整的重要内容。在国民经济长远规划、调整计划、年度计划中，都要提出教育规划和实现规划的措施。必须逐步提高教育投资的比重，改变教育经费过少的状况。各省、自治区、直辖市的地方财力，一定要拿出一部分钱来办教育。国家补助给经济条件较差的省份的经费，也应拿出一部分来办小学教育。

第二，在80年代，全国应基本实现普及小学教育的历史任务，有条件的地区还可以进而普及初中教育。小学教育是整个教育的基础。要提高教育质量，提高全民族的科学文化水平，必须从小学抓起。普及小学教育应当根据各地区经济、文化基础和其他条件的不同，由各省、自治区、直辖市进行分区规划，提出不同要求，分期分批予以实现，绝不要搞"一刀切"。普及教育涉及学制问题。中小学学制准备逐步改为十二年制。今后一段时期，小学学制可以五年制与六年制并存，城市小学可以先试行六年制，农村小学学制暂时不动。教育部应当尽快提出学制改革方案，确定统一的基本学制。在少数民族地区普及小学教育，任务十分艰巨。各有关地区必须制定适合民族特点的教育规划和教育体制，办学形式更要强调灵活多样。国家对少数民族地区的教育事业应给予大力扶持。对文化教育十分落后的一些少数民族，更须采取一些特殊措施；最贫困的地区要由国家包下来，实行免费教育。

第三，在我们这样一个人口众多、经济不发达的大国，普及小学教育不可能完全由国家包下来，必须坚持"两条腿走路"的方针，以国家办学为主体，充分调动社队集体、厂矿企事业等各方面办学的积极性。还要鼓励群众自筹经费办学。贯彻"两条腿走路"的方针，国家应加强师范教育，负责训练合格的教师。中小学教师主要由国家派遣，由教育行政部门管理，也允许社队、企业自行招聘。坚持"两条腿走路"的方针，必须正确处理普及与提高的关系，各地应首先集中力量办好一批重点学校，创造经验，典型示范；并应切实办好公社中心小学，使之成为农村学校的骨干，起到以点带面的作用。力求使学校布局和办学形式与群众生产、生活相适应，便于学生就近上学。在办好全日制学校的同时，还应举办一些半日制、隔日制、巡回制、早午晚班等多种形式的简易小学或教学班（组）。要切实改善农村办学条件。用两三年或稍长一些时间，做到“校校无危房，班班有教室，学生人人有课桌凳”（简称“一无两有”）。

第四，必须形成尊师的良好社会风气，提高教师的社会地位，建设一支稳定、合格的教师队伍。现在，小学教师平均工资居于全国各行业之末，中学教师是倒数第二，这是极不合理的。必须切实改革中小学教师工资制度，适当提高他们的工资待遇。中小学要开始实行教龄津贴制度。要改变中小学民办教师比重过大、待遇过低、队伍极不稳定的状况。各级教育部门必须大力做好教师队伍的整顿和培训工作，提高工作效率。教育部应从速制定中小学教师工作条例，就教师工作的性质、条件、职责、任用、进修、考核、晋升以及奖惩等问题作出规定，切实提高教师的荣誉感和责任感。严格禁止把一些富有教学经验的教师抽去做一般行政工作。

第五，必须切实改革普通教育的领导管理体制，大力加强对这一事业的领导。在国家财政体制和经济管理体制改革之后，地方对办好普通教育责任更为重大。今后普通教育的发展规划和年度计划、事业经费、基建投资、人员编制，由各省、自治区、直辖市党委和政府统筹安排，组织实施。普通教育经费要由省、自治区、直辖市戴帽下达到县，专款专用，严禁挪用。各级党委和政府应该把普及小学教育工作纳入重要议事日程，省、地、县党委和政府的主要负责人要亲自关心教育工作，县和公社的党、政机关要对本地普及小学教育工作切实负起责任。教育部要认真检查各地普及小学教育的情况，做好调查研究工作，总结、推广典型经验，综合、制定全国普通教育事业的发展规划，拟定指导性的教学计划和大纲，组织编写出版通用教材，抓好基本规章制度的建设。

《决定》还提出要搞好教育立法。

这个《决定》是建国三十年来中共中央和国务院关于普及小学教育的第一个正式决定。它的颁布是一项极其重要的举措，是新时期小学教育改革和发展的先声，是中国普及小学教育史上具有深远意义的重大事件。它有力地促进了小学教育工作的普及，是当时推动教育事业调整、改革、整顿、提高的重要武器，并为以后制定和实施《义务教育法》奠定了良好的基础。它虽然是针对小学教育作出的，但很多原则适用于整个基础教育乃至整个教育战线，从而具有长远的指导意义。它提出的有的改革，例如普通教育领导管理体制的改革，不仅在当时是一个重大的突破，而且对以后的改革起到了引领的作用。认真贯彻这一决定，对我国教育战线乃至整个四个现代化建设，都产生了深远的影响。

二、认真贯彻普及小学教育的决定

《决定》发布后，教育部在根据《决定》要求确定学制、制定教学计划和教学大纲、组织编写和发行通用教材、总结推广经验等方面做了大量工作。

首先，确定学制。教育部于 1981 年 3 月 13 日发出了《关于在城市试行六年制小学问题的意见》。教育部认为：一是鉴于教育事业受到林彪、江青两个反革命集团的严重破坏，普通教育存在着相当严重的虚肿现象，小学教育质量不高，师资水平差距较大，教育经费、办学条件还有较多的实际困难，而且重点高中正在逐步进行由两年延长为三年的学制改革，因此，在城市试行六年制小学的工作必须量力而行。为了有利于稳定大局，贯彻中央《决定》中关于学制问题的决定要有计划有步骤地进行，防止继续扩大虚肿现象。1985 年前应集中力量搞好调整工作，打好基础，稳步提高。除北京、上海、天津可先行试点外，其他省、区的大城市是否试行六年制，应根据上述精神慎重研究。北京、上海、天津试行六年制，也要在调整、整顿好现有五年制小学的基础上，有计划有准备有步骤地先在城区试行。二是鉴于现行全日制五年制小学各科教学大纲和教材的程度已经不低，有相当一部分教师还不适应，因此，试行的全日制六年制小学的教学程度原则上同现行五年制小学一样，不再提高。试行的六年制小学教学计划、教学大纲和教材，由有关市教育部门参照全日制五年制小学教学计划、教学大纲和教材，自行拟定和编写。这既避免了中小学衔接方面的困难，又有利于城乡、工农的团结。

其次，颁发教学计划。由于当时不少地方仍坚持小学五年制，教育部于 1981 年 3 月 13 日颁发了全日制五年制小学教学计划（修订草案）。

该教学计划于1981年秋季开学到1982年秋季开学分步试行。虽然《关于普及小学教育若干问题的决定》提出中小学学制准备逐步改为十二年制，但坚持小学五年制的地方认为："文化大革命"以前，由林枫负责的全国学制改革试验领导小组已作过结论，小学五年是可行的；目前安排的小学教学内容和教学要求，只要教师合格，五年内能基本完成教学任务；改为六年制，需增加一年的教师、经费、设备和校舍等条件，普遍感到难以承担。还有许多地方从中小学整体来考虑，认为小学学制不必延长，初中学制应由三年延长为四年。因为从中小学的课程安排、教育质量和学生身心发展的实际情况来看，主要矛盾集中在初中阶段：课程门类多，课业负担重；教育质量相对其他教育阶段低，学生分化严重；学生正处在少年期和青年初期，生理和心理方面变化较大，但还不够成熟和稳定，需要特别予以关注和指导；农村大量初中毕业生不能升入高一级学校学习，需要有时间在校时就对他们进行必要的从事生产劳动方面的准备教育。基于上述考虑，很多地方实行"五四三"学制，即小学五年、初中四年、高中三年。教育部及后来的国家教委基本上也持上述意见。

第三，组织编写与教学计划相配套的通用教材。当时五年制小学教学计划中规定的课程有：思想品德、语文、数学、外语、自然、地理、历史、体育、音乐、美术、劳动。除地理、历史课试用教材及新编美术教材在教学计划颁发的当年即1981年秋季供应外，其他各科教材均于1982年秋季供应。

第四，加强调查研究，总结推广典型经验。例如，1981年8月12日教育部转发了江苏省制定有关教育经费的三条规定的经验，其内容是：各地、市、县在地方财力中，每年用于教育事业的经费不得少于5%～10%；从人民公社基本核算单位每年提取的公益金中提取5%～10%用于农村教育事业（贫穷的生产队可以不提或少提）；从社队企业上缴公社、大队的利润中提取4%～5%，由公社统筹用于教育事业。该项经验当时在全国影响很大。

各地也积极贯彻《关于普及小学教育若干问题的决定》的精神，加强了对小学教育的领导，调整了小学教育领导管理体制；确定了地方财力用于教育事业的比例，使有限的教育经费得到了保障；提高了小学教师的地位和待遇，开展了教师培训进修工作；新建和修缮了校舍，改善了办学条件；逐步健全了规章制度。

《决定》颁布后，湖南省教育厅于1981年2月召开了教育工作会议。鉴于全省小学数量虽然多而质量偏低的情况，决定将小学学制改为六年。城市小学首先改制，农村小学则由五年制向六年制过渡。同时，要求各地采取增、调、并、减等措施，实现小学合理布局，使学生"进得来，留得住，学得好"，坚持"三率"（入学率、巩固率、合格率）一齐抓。在少数民族地区和边远地区，因地制宜，开设寄宿制小学、简易小学和巡回教学点，制定普及小学教育的规划。省委、省政府和省教育厅于1982年先后批转发达地区的醴陵县和少数民族地区的江华县普及小学教育的规划。1983年省委、省政府召开"东安会议"，以普及小学教育为重点，全面加强普通教育工作，促进了这一战略任务的落实。

河南省委在转发教育厅党组有关报告中批示：农村教育工作以普及小学五年教育为重点，党委要重视教育，要把普及小学教育当成一件大事来抓。省教育厅提出，河南是个农业大省，普及小学教育的重点和难点都在农村。县教育局的一把手要把主要精力用在小学上，地区教育局也必须把小学教育放在重要位置。1981年，省教育厅经过检查验收，认定温县、林县、孟县、博爱、偃师等五县符合普及小学教育的要求，成为全省第一批基本实现普及小学教育的县。为推进全省小学教育的普及工作，1982年6月，省教育厅又在林县专门召开了全省普及小学教育工作会议，交流普及小学教育的经验，要求各地制订切实可行的规划和措施，坚持多种形式办学，建立普及小学教育的岗位责任制，搞好师资队伍建设。该县1981年学龄儿童入学率达到98.7%，巩固率达到85.7%，合格率达到82.8%。①

通过上述工作，全国小学教育事业获得了可喜的发展。据统计，1982年全国共有小学88.05万所，小学在校学生数13 972万人；② 全国共有学龄儿童11 762.7万人，已入学10 958.0万人，全国学龄儿童入学

---

① 王日新、蒋笃运主编：《河南教育通史》（下），郑州：大象出版社，2004年版，第187页。

② 教育部计划财务司编：《中国教育成就》（1949～1983），北京：人民教育出版社，1985年版，第213页。

率为93.2%,[1] 农村地区和少数民族地区的小学教育也得到了发展。

在小学教育发展的同时，我国的幼儿教育事业也得到了发展。1979年，国务院召开了全国幼托工作会议，设立了托幼工作领导小组。此后，教育部先后颁布了《城市幼儿园工作条例（试行草案）》、《幼儿园教育纲要（试行草案）》和发展农村幼儿教育以及培训幼教师资的若干政策、措施。幼儿教育事业也从此摆脱“文化大革命”造成的混乱无序的状态，走上了健康发展的轨道。

第三节 改革中等教育结构，发展职业教育

由于“文化大革命”中中等专业学校、技工学校大量被撤并或停办，农业、职业中学则一律被撤销，形成基本上只有普通中学一种类型的单一的中等教育结构，同国民经济的发展需要严重脱节。普通高中毕业生除少数升入大学外，每年有数百万人需要劳动就业，但他们却没有任何专业知识和技能；同时，各行各业亟需技术力量，对招来的新工人还得进行两至三年的学徒培训，影响劳动生产率的提高。因而，改革中等教育结构，发展职业教育，已是势在必行。

一、改革中等教育结构

邓小平1978年在全国教育工作会议上强调，教育的结构比例、事业发展的规模速度要与国民经济发展要求相适应。他还具体谈到，应该考虑各级各类学校发展的比例，特别是扩大农业中学、各种中等专业学校、技工学校的比例。

根据邓小平的指示，教育部于1978年至1980年开展了中等教育结构问题的调查研究，三次到辽宁阜新市总结该市中等教育结构改革的经验。1979年5月，教育部、煤炭工业部联合发出《关于试办煤炭工业中学的通知》。随后，教育部又在大量调查研究的基础上，对如何进行中等教育结构改革的问题提出了意见，并在1980年初教育部召开的教育工作会议上进行了讨论；后又同国家计委、财政部、国家农委和农业部

① 教育部计划财务司编：《中国教育成就》（1949～1983），北京：人民教育出版社，1985年版，第226页。

等有关部门进行了多次商讨，起草了《关于中等教育结构改革的报告》，会同国家劳动总局于9月27日上报国务院，国务院于10月7日批转了该报告。

在批转该报告前两个月，即8月，中共中央转发了全国劳动就业会议关于《进一步做好城镇劳动就业工作》的文件，指出：必须积极地逐步地把一部分普通中学改为职业学校。要把职业教育作为教育体系的重要组成部分，逐步建立起职业教育网。

国务院批转的《关于中等教育结构改革的报告》对改革的方针和要求、改革的内容和途径、改革需要解决的几个问题（毕业生的安排、经费和编制、教师的配备、开办和审批）以及加强领导等都作了具体规定。其主要内容如下：

第一，关于改革的方针和要求：中等教育结构改革，主要是改革高中阶段的教育。要使高中阶段的教育适应社会主义现代化建设的需要，应当实行普通教育与职业、技术教育并举，全日制学校与半工半读学校、业余学校并举，国家办学与业务部门、厂矿企业、人民公社办学并举的方针。县以下教育事业应当主要面向农村，为农村的各项建设事业服务。在城乡要提倡各行各业广泛举办职业（技术）学校。经过调整改革，要使各类职业（技术）学校的在校学生数在整个高级中等教育中的比重大为增长。

第二，关于改革的内容和途径：普通高中逐步增设职业（技术）教育课；将部分普通高中改办为职业（技术）学校、职业中学、农业中学；各行各业举办职业（技术）学校，有条件的大中城市还可试办职业技术教育中心；积极发展和办好技工学校；努力办好中等专业学校。

第三，关于改革需解决的几个具体问题：（1）毕业生的安排。职业（技术）学校、职业中学、农业中学的毕业生国家不包分配，可以自由择业，经用人单位考核合格，择优录用。他们可以报考高等学校，考试成绩在同一分数段内优先录取。（2）经费和编制问题。职业技术教育应有专项经费开支，各省、自治区、直辖市可根据实际情况，制定具体开支规定。提倡半工半读、半农半读，坚持勤俭办学、勤工俭学。职业（技术）学校的教职员工编制，列为各主办单位事业编制。（3）教师配备问题。各业务部门和劳动部门举办的职业（技术）学校、技工学校的师资，由办学单位自行解决，教育部门给予协助。由普通中学改为职业（技术）学校、职业中学的专业课师资，由有关业务部门和协作单位帮助解决，也可聘请一定的兼课教师。提倡省、自治区、直辖市积极筹办职业技术师范学院。

第四，关于加强对中等教育结构改革的领导：建议各省、自治区、直辖市建立领导小组，吸收有关单位参加，统管中等教育结构改革和职业技术教育。地方，特别是市、县两级，要在党委的统一领导下，把教育结构的调整改革同经济结构的调整改革结合起来，紧密结合当地经济发展和劳动就业的需要，提出职业技术教育发展规划，组织教育、劳动、计划、财政等有关部门具体实施。

此外，《报告》还对教育部门和劳动部门在业务上的分工以及不同类型的职业技术学校的开办和审批作出了规定。

国务院批转《关于中等教育结构改革的报告》是一项极其重要的举措，是新时期职业技术教育改革和发展的先声，是中国职业技术教育发展史上具有深远意义的重大事件。

《报告》批转后，有力地推动了各地的中等教育结构改革。省、自治区、直辖市先后建立了中等教育结构改革领导小组。山东省委书记亲自抓职业技术教育，带动全省近百名县委书记、县长兼任农业技术学校校长，以推动工作的展开。1982 年 8 月 28 日教育部发出《关于转发山东省委批转省中等教育结构改革领导小组〈关于加速农村中等教育结构改革问题的报告〉的通知》，推广山东省的经验，支持该省中等教育结构改革工作。辽宁省通过中等教育结构改革工作，高中阶段的职业技术教育比重已由 1976 年的2%上升到 1982 年的41%。该省锦州市 1982 年职业高中有8 125名学生毕业，其中7 644人被企业录用，很多人成了企业的骨干。① 北京市对职业高中毕业生的就业采取了一些优先政策，有力地促进了全市职业技术教育的发展。上海市政府批准了该市教育卫生办公室《关于进一步改革中等教育结构，发展职业技术教育若干问题的报告》，推动了全市职业技术教育的发展。1984 年 9 月，上海市中等专业学校、技工学校和职业高中合计招生总数已占高级中等教育阶段招生总

① 闻友信、杨金梅著：《职业教育史》，海口：海南出版社，2000 年版，第 103 页。

数的50.8%。① 吉林省农安县到1983年已办11所农业高中（其中6所由普通高中改办），另有12所农村初中办了职业班，初步形成了统一规划、县乡两级四个层次（短训班、一年制农村职业班、两年制技术学校、三年制农村职业高中）多种规格、多种形式的职教体系。②

虽然各地贯彻落实国务院批转的《关于中等教育结构改革的报告》的工作取得了明显成绩，一些地方初步改变了中等教育结构单一的状况，但是发展很不平衡，不少地方对发展职业技术教育的必要性和重要性在思想认识与实际行动上都没有到位。例如，在实际工作中，一些地方基本上是把办学条件最差的普通中学改办为职业中学。而实际上办职业中学要比办普通中学的条件要求高，要有实习训练设施等。这种状况影响了职业中学的社会形象，反映了中等教育结构改革中面临的困难。另外，《报告》中提出的一些方针政策和原则虽然至今仍适用，但《报告》未提及初级中等教育阶段特别是农村普通初中的改革，这不能不说是个缺失。

二、恢复和发展技工教育，加强中等专业教育

1. 恢复和发展技工教育

"文化大革命"结束时，全国400万技术工人中，高级技工只占2.3%。原本技术力量最为雄厚的上海市，在1977年至1980年安置的104万职工中，经过职业培训的仅有18万人，只占总数的17.3%。③ 针对这种状况，党和国家在贯彻"调整、改革、整顿、提高"方针的过程中，采取了一系列措施来恢复和发展技工教育。

第一，调整管理体制，加强对技工教育的领导和管理。1964年4月，国务院确定，技工学校的综合管理工作由劳动部划归教育部。"文化大革命"时期的1969年，技工学校实际上已不复存在。在"文化大革命"结束初期，领导管理分散，职工教育归经委系统管，技工教育归教育系统管，劳动就业归劳动总局管。为了促进技工教育逐步恢复和发展，1977年12月15日，教育部和国家劳动总局在联合向国务院的请示

① 闻友信、杨金梅著：《职业教育史》，海口：海南出版社，2000年版，第102页。
② 闻友信、杨金梅著：《职业教育史》，海口：海南出版社，2000年版，第103页。
③ 闻友信、杨金梅著：《职业教育史》，海口：海南出版社，2000年版，第105页。

报告中提出：为了加强对技工教育的领导，更好地有计划地发展技工学校，以适应工农业发展的需要，许多省市提出应把技工学校交回劳动部门管理，这有利于加强技工学校的招生同劳动计划的衔接，从而搞好综合平衡。不久，经国务院批准同意，教育部和国家劳动总局于 1978 年 2 月 11 日联合发出《关于全国技工学校综合管理工作由教育部划归国家劳动总局的通知》，决定将技工学校划归国家劳动总局管理。技工学校领导管理体制调整后，教育部作为全国职业教育统一归口机构仍具有宏观指导职责。技工学校管理机构调整后，国家劳动总局相继召开了技工培训会议、技工学校招生工作会议，制定了《技工学校工作条例》，使技工教育日渐走向健全。

第二，明确提出任务和要求，直接推动事业发展。国家明确提出要对青年职工进行“双补”（补文化、补技术）教育。1979 年 9 月，国家经委、国家劳动总局发出《关于进一步搞好技术培训工作的通知》，此后，技术培训工作在各地开展起来。1981 年 2 月 20 日，中共中央、国务院颁布了《关于加强职工教育工作的决定》。为了贯彻这个《决定》，1982 年 1 月 21 日，全国职工教育管理委员会、教育部、国家劳动总局、中华全国总工会、共青团中央发出了《关于切实搞好青壮年职工文化、技术补课工作的联合通知》，明确要求：1968 年至 1980 年初、高中毕业但实际文化水平达不到初中毕业程度的职工，和未经过专业技术培训的三级工以下的职工，均应补课。一个有计划的全员培训便在全国展开了。这对技工教育和职业培训产生了广泛和深远的影响。此后，又开展了对中级、高级工人的技术培训。

第三，强化激励机制，使技工教育进一步同劳动就业结合。为了鼓励“双补”，上述的 1982 年五单位发出的《联合通知》中作出了四项规定：（1）1983 年起学徒未达到初中毕业文化水平的延期转正，学习优秀的可提前转正；（2）干部正规专业培训要求多数人达到中专以上水平；（3）专业人员必须系统进修；（4）工人在完成“双补”基础上可进行中级技术教育。其后，还实行技师制度，修订工人技术等级标准。为鼓励部门办学，提出了谁办、谁管、谁受益的原则。

第四，改进学徒培训工作，改革技校毕业生分配制度。1981 年 5 月 21 日，劳动部门发出《关于加强和改进学徒培训工作的意见》，正式规定改招工为招生，先培训，后上岗，实行现场培训同学校培训相结合的办法。技工学校毕业生的分配多年来实行统包统分的办法，不利于调动学生的学习积极性和办学单位的积极性，改革的做法是把无条件的统分改为有条件的统筹安排。

第五，加强技工学校的基建、设备和师资队伍等建设。为了加强技工学校的建设，有的部门确定了三项原则：一是有大中型建设项目的工厂，应对厂设的技工学校的改扩建予以照顾；二是要在每年小型项目中安排用于对本单位的技工学校的建设投资；三是将本系统的教育基金和技校自筹资金用于技校建设。中国铁路机车车辆工业总公司在两年时间里就对技工学校投入1 232.5万元，共完成建筑面积近7万平方米，配备了计算机15台，[①] 出现了一批教学设施基本齐全，生产实习、教学实验设备大体配套，逐步采用先进教学手段的技工学校。为了加强师资队伍建设，劳动部在天津等地着手筹建四所技工师范学院，并对技校的教师队伍提出了学历和职称等方面的要求。各地和各部门还积极解决师资培训经费问题。

上述各项措施促进了技工教育的迅速恢复和发展。到1984年，全国已有技工学校3 465所，在校生63.9万人，当年招生30.9万人，有教职工18.7万人。[②] 技工学校的恢复和发展为经济建设作出了应有的贡献。

2. 加强中等专业教育

20世纪70年代末，中等专业教育面临很多新情况和新问题，亟待妥善解决。一是培养的人才数量严重不足。当时职工队伍中，高级和中级技术管理人才的比例严重失调，为1:0.67，中等专业技术人才数量严重不足。二是学制和培养目标不明确。50年代我国学习苏联经验，开办了中等专业学校，但当时没有大学专科。“文化大革命”后，我国设立了大学专科。由于当时高中毕业生较多，高校招生数较少，很多高中生不能升学，教育部门决定让部分中等专业学校招高中毕业生。办学部门考虑到高中毕业生入校后培养周期短、就业后易于使用，加之部分学

① 闻友信、杨金梅著：《职业教育史》，海口：海南出版社，2000年版，第109页。
② 闻友信、杨金梅著：《职业教育史》，海口：海南出版社，2000年版，第110页。

校期望通过招收高中毕业生为学校升格创造条件等诸多原因，中专招生的对象为高中毕业生，学习期限均为两年至三年。社会上把招收高中毕业生的中专称为“大中专”，招收初中毕业生的称为“小中专”。这样就出现了中专内部以及中专与大专在学制与培养目标上不明确的问题。三是教育质量不适应新时期的要求，亟待重新明确培养目标，更新教学内容，补充现代化生产所需的基础理论、专业知识和技能，拓宽专业面，增强适应性。四是学校建设落后，师资、校舍、经费和设备等十分缺乏，亟待加强。

为了提高认识，统一思想，尽快解决中专所面临的新问题，并推动中专工作向前发展，教育部主要采取了以下措施：

第一，印发《全日制中等专业学校工作条例》（征求意见稿）。为了更好地适应四个现代化建设的要求，加强对中等专业学校的领导，使学校各项工作有章可循，教育部从中等专业学校的实际出发，吸收《全日制高等学校暂行工作条例》（试行草案）和《全日制中学暂行工作条例》（试行草案）中适用于中等专业学校的部分，并努力反映中专的特点，草拟了《全日制中等专业学校工作条例》（征求意见稿），于1979年6月18日发出以征求意见。该条例共9章55条，其9章的题目是：总则，教学工作，生产劳动和生产实习，思想政治工作，学生，教师，后勤工作，领导体制和行政组织，党的组织和党的工作。该条例的出台推动了中等专业学校加快恢复、整顿和发展的步伐。

第二，召开全国中等专业教育工作会议。经国务院批准，教育部于1980年4月10日至25日在北京召开了全国中等专业教育工作会议。这次会议总结了建国三十年来中等专业教育的基本经验，研究了中专教育在新时期的任务，讨论了如何贯彻“调整、改革、整顿、提高”方针。会议明确了中等专业教育的地位、作用、任务，确定了一批重点中等专业学校，解决了工作中的一些重大问题。

同年10月8日，国务院批转了这个会议的纪要。纪要中提到，认真贯彻“调整、改革、整顿、提高”方针，必须着重抓好以下几项工作：（1）确定中专学制。根据我国经济文化发展不平衡和中专专业门类多、要求不一的情况，中专学制可以多样化：招收初中毕业生，一般为四年，个别专业五年，有的专业仍保持三年；招收高中毕业生，一般为两年，医科和工科等有些专业可为两年半或三年。（2）全面规划，搞好调整。要在保证质量的前提下有计划地稳步发展；要逐步提高经济管理、政法等专业的招生比例，增设缺门的专业。（3）要切实办好重点学校。会议讨论并确定了239所重点中专。（4）加强师资队伍建设。除了要规划好师资的培养以外，还要采取多种形式培训和提高师资。要使尚未达到大学毕业水平的教师努力达到大学毕业水平。（5）稳定教学秩序，搞好教材建设，提高教学质量。（6）增加学校经费，切实改善办学条件。（7）加强领导，健全领导管理体制。

第三，全面加强教学工作。这方面的工作主要有：

（1）修订专业目录。1980年12月2日，教育部发出《关于修订中等专业学校专业目录的通知》，提出要对1963年的专业目录进行修订，编制新的专业目录。1963年的目录是由教育部会同有关部委编制并颁发的，共分8科348个专业。由于科学技术和社会主义建设事业的发展，这个目录已不能完全适应四化建设的需要，有关部门和学校陆续增设了一些新专业。据1978年34个部委统计，累计有473个专业。从整体看，多数专业是适用的。但是，还存在一些问题：有些内容基本相同的专业名称不统一，所需专业尚不齐备，新技术专业有待增设，有些专业同大学专科、技工、职业教育的分工尚需研究。为了使中等专业学校的专业设置更好地适应新时期现代化建设的要求，教育部提出了编制新目录的任务。中专专业目录是编制教学计划和编写教材的重要依据。修订专业目录对稳定教学秩序、提高教育质量都有重要作用，是中专教育调整、整顿工作的一项重要内容。

（2）确定和实施中等专业学校通用教材五年规划。1981年6月27日，教育部发出了《关于确定和实施中等专业学校通用教材五年规划的几点意见》，提出至1985年争取做到通用的工科类、财经类普通课及工科类技术基础课教材（含大纲）基本配套，内容要符合我国社会主义现代化建设对中等专业人才的要求，并做到通用性强，深浅及分量适当。教育部对规划的分工、规划的要求和规划的落实等都提出了具体意见。同时，教育部还对制定中等专业学校普通课及技术基础课的教学大纲提出了几项原则。

以上两项工作的展开标志着中等专业学校开始全面加强教学工作。

第四，理顺领导管理体制。1980 年 11 月 5 日，教育部发出《关于全日制中等专业学校领导管理体制的暂行规定》，对中专学校实行分工分级、按系统归口管理的制度。按照隶属关系，分为部属学校和地方学校，分别由有关部委直接领导或省市有关业务部门主管。教育部则根据党的教育方针和党中央、国务院指示，对中专学校负责业务指导和制定具体工作方针及规章制度。

1980 年以后，各地大办职业中学、农业中学，亟需加强管理和指导。经国务院批准，1982 年 8 月 16 日，教育部将原中等专业教育司改为职业技术教育司，对全国的中等专业学校（或称中等技术学校，不含中师，下同）、职业中学、农业中学进行综合管理，对全国职业教育进行统一归口和全面指导。

通过上述工作，中等专业教育得到了加强。到 1982 年，全国中等技术学校共有2 168所，比 1978 年的1 714所增加了 454 所，增长26%，比 1966 年的 871 所增加了1 297所，增长149%①；在校生 628 063 人，比 1978 年的 529 289 人增加了 98 174 人，增长19%，比 1966 年的 336 004 人增加了 292 059 人，增长86%。②

第四节　多层次多形式创造性地发展高等教育

在高等教育贯彻“调整、改革、整顿、提高”方针的过程中，蒋南翔提出了要“逐步建立中国式的社会主义教育体系”的任务。他认为，这个体系的建立，必须面向我国社会主义现代化建设的需要，认真总结我国自己的经验，借鉴国外一切有益的经验。通过“调整、改革、整顿、提高”方针的贯彻，适合我国国情的多层次多形式的高等教育体系的雏形已初见端倪。

一、创立学位制度

早在 20 世纪五六十年代，党中央曾组织力量起草学位条例，以求

① 教育部计划财务司编：《中国教育成就》，(1949 ~ 1983)，北京：人民教育出版社，1985 年版，第 272 ~ 274 页。

② 教育部计划财务司编：《中国教育成就》，(1949 ~ 1983)，北京：人民教育出版社，1985 年版，第 279 ~ 281 页。

从根本上解决好我国学位制度建立问题。后来由于种种原因，此项工作中断。

“文化大革命”结束后，党和国家的工作重点转移到社会主义现代化建设的轨道上来，迫切需要大力发展科学和技术事业，迫切需要大力培养高层次的专门人才。鉴于当时我国的研究生教育已有很大发展，实行学位制度的条件已比较成熟，1979年3月，中共中央书记处作出关于我国建立学位制度的决策，并指定教育部牵头起草学位条例。邓小平在1979年11月1日中国科学院成立三十周年纪念会上提出：“要建立学位制度”。

在蒋南翔的主持下，教育部会同国务院科技干部局联合组成了学位小组，负责学位条例起草工作。通过先后向国家科委、中国科学院、中国社会科学院和国务院科技干部局等二十多个中央部门和省市科委以及三十多所高等学校征求意见，通过与有关部门负责人、人大常委法制委员会部分委员以及著名学者、科学家近千人的多次座谈，《中华人民共和国学位条例》几经修改，于1980年2月12日经第五届全国人民代表大会常务委员会第十三次会议审议通过，于1981年1月1日起施行。这是发展中国教育尤其是中国高等教育和科学技术事业的一项重要立法，也是我国进入新的历史时期以后的第一部教育法规。它标志着新中国学位法规的诞生，也标志着新中国教育开始走向法制化的道路。

《中华人民共和国学位条例》共有二十条。内容包括：建立学位制度的目的、学位的划分、学位获得者的条件、学位授予办法、学位授予机构及其职责、现有在职人员的学位授予、名誉博士学位、学位条例施行时间等。《条例》规定，国务院学位委员会负责领导学位评定与授予工作。

1980年12月1日，国务院批准成立国务院学位委员会。第一届国务院学位委员会共四十四名委员。主任委员为国务院副总理方毅；副主任委员为：中国社会科学院副院长周扬，教育部部长蒋南翔，国家科委副主任武衡，中国科学院副院长钱三强，清华大学副校长张光斗；教育部副部长黄辛白任秘书长。

当月15日至18日，学位委员会在北京召开了第一次（扩大）会议。会议审议通过了《中华人民共和国学位条例暂行施行办法》和《国务院学位委员会关于审定学位授予单位的原则和办法》两个文件，研究制定了 1981 年实施《条例》的工作部署，决定设立理、工、农、医、文、史、哲、经、法和教育十个学科评议组。

1981 年 4 月至 7 月间，国务院有关部委、中国科学院、中国社会科学院和中国人民解放军学位领导小组在国务院学位委员会的统一部署下，对所属高等学校与研究机构申报的博士、硕士学位授予单位分别进行了初审。7 月，国务院学位委员会召开学科评议组第一次会议，根据“保证质量，逐步开展”的方针和“坚持标准，严格要求，保证质量，公正合理”的原则，对初审结果作了复审和评议。

11 月 3 日，国务院正式批准了首批博士和硕士学位授予单位名单，共有 151 个博士学位授予单位，812 个学科、专业点和1 155名博士生导师以及 358 个硕士学位授予单位和3 185个学科、专业点。①

学位制度实施后，我国从 1981 年开始招收攻读硕士学位和博士学位的研究生。随后，教育部在总结交流培养研究生经验的基础上，分别制订并下达了化学工程、固体物理等 7 个学科 11 个专业的示范性培养方案和通过硕士学位论文的要求，使硕士生的培养要求更加明确、具体，从而有力地保证了培养质量。

在 1981 年实行学位制度以后的几年里，我国建立起了布局基本合理、学科门类比较齐全、指导力量较强和科研条件较好的研究生培养基地和各级学位授予体系。到 1985 年，研究生在学人数达 87 331 人②，比 1981 年的 18 848 人增加了 68 483 人，增长363%。其中，攻读硕士学位的研究生 83 692 人，攻读博士学位的研究生3 639人。③

学位制度的实施，有利于激发人们在学术上的进取心，有利于提高教育质量和科学研究水平，有利于开展中外学术文化交流，有利于为国家培养大批社会主义现代化建设所需要的各类高层次专门人才，从而为探索中国特色的研究生教育制度和社会主义教育体系奠定了良好的

---

① 郝维谦、龙正中主编：《高等教育史》，海口：海南出版社，2000 年版，第 356 页。

② 国家教育委员会计划财务司编：《中国教育成就》（1980 ~ 1985），北京：人民教育出版社，1986 年版，第 42 页。

③ 国家教育委员会计划财务司编：《中国教育成就》（1980 ~ 1985），北京：人民教育出版社，1986 年版，第 47 页。

基础。

二、调整与改革普通高等教育

1. 调整科类结构和专业划分

第一，科类结构调整。由于我国长期实行高度集中的计划经济体制，建国以后的一段时间内又仿照了苏联的模式，致使形成了理工科所占比例太大，而文、法、商比例太小的高等教育结构体系。1978 年，文科学生只占学生总数的5.4%，政法学科学生只占学生总数的0.2%，财经学科学生占学生总数的2.1%。① 虽然这个体系基本适应了当时大规模工业建设和教育发展的需要，但已严重不适应实现现代化建设和改革开放的新历史时期的发展需要，迫切需要予以调整。

1978 年 6 月 8 日至 29 日，教育部在武汉召开了全国高等学校文科教学工作座谈会。会议在强调文科专业重要性的基础上，对如何加强文科提出了意见：文科专业的设置和规模必须根据新时期任务的需要和学校的条件，统筹规划。文科一般应按学科设置专业，要适当放宽口径，使学生毕业后有较大的适应性。原被撤销的院、系、专业，凡有条件恢复的，要尽快恢复；被削弱的专业，要创造条件充实、加强；有些急需而缺门的专业要增设；对行将“断线”而又需要的专业，要采取有效措施予以“抢救”。会议还提出，要努力办好一批重点专业。具体来讲，就是要在继续加强基础性学科的基础上，积极发展财经、政法等应用性学科。

1979 年 8 月，教育部会同财政部、中国人民银行、外贸部、商业部、全国供销合作社和国家统计局在北京联合召开了全国高等财经教育会议。会议针对高等财经教育培养的人才数量远远不足、布局不尽合理、质量不高等问题，提出了以下加强此项教育的原则：及时填补新兴专业和边缘学科的空白，创造条件上马急需专业；拓宽专业面，增强适应性，打好基础；注意专业设置的科学性和稳定性；根据各地经济发展特点与高校办学实际，办出学校、专业特点；合理利用教育资源，完善高等财经教育体系，如经济法专业当以综合大学和政法院校发展为主等。

---

① 郝维谦、龙正中主编：《高等教育史》，海口：海南出版社，2000 年版，第 360 页。

1981 年 7 月，司法部召开了政法学院教育工作座谈会，研究讨论了如何加强政法教育问题。会议明确了加强政法专业的基本原则，强调在当时情况下不宜将法学专业再划分为若干专业，研究制定了《法学专业学时制教学方案（草案）》。截至 1981 年底，全国政法类院校由 1977 年的 1 所增加到 7 所，在校学生由 1977 年的 576 人激增至9 944人，[①] 经济法、国际法等新兴专业也初步发展起来。

经过几年的调整和发展，文科、财经、政法专业得到加强。与 1978 年相比，到 1984 年高等学校文科、财经类、政法类专业在校学生的比例分别提高了 1、4.9 和 1.6 个百分点。[②]

与此同时，一大批新兴边缘学科和社会急需的专业，例如电子技术、计算机科学、环境科学、材料科学、医疗技术等，也得到了较大发展。早在 1977 年 10 月，教育部即在北京召开过一次重点高等学校应用科学和新技术学科规划会议，研究制订了机械学、电子学、计算机科学和材料科学等 14 门应用科学和新技术学科的科学规划草案，填补了一些我国高等学校新兴学科的空白。1979 年 6 月，教育部直属综合大学理科专业调整会议期间，13 所综合大学共新增专业 19 种 29 个点，如北京大学的计算机软件、计算机系统结构、微电子学和遗传学等专业，清华大学的经济管理数学及计算机和计算机程序系统（软件）等专业，华中工学院的信息工程和计算机软件等专业。此后，新兴学科和边缘学科的专业在我国高等学校里增设得很快，并呈现出理、工、农、医各类专业相互渗透与结合的可喜趋势，逐渐填补了我国高等学校原先在计算机科学与技术、电子与信息科学、材料科学与工程、生物工程与技术以及环境科学与工程等领域的空白。

第二，专业划分调整。“文化大革命”期间，高等学校的专业设置十分混乱。1978 年到 1981 年间，教育部对高等学校的专业设置进行了初步调整和改革，使新兴和边缘学科的专业增加较多，文科、财经、政法类专业发展较快，文、理、工、农、医各类专业相互结合渗透，在一定程度上克服了专业设置中的弊病。但是，仍然存在一些问题：相当多

---

① 郝维谦、龙正中主编：《高等教育史》，海口：海南出版社，2000 年版，第 359 页。
② 郝维谦、龙正中主编：《高等教育史》，海口：海南出版社，2000 年版，第 360 页。

的专业划分过细，业务范围过窄，有些甚至还仅限于某类产品或工种的范围；部分专业名称不科学、不规范；专业结构布局不够合理；专业划分的原则不够明确等。

为了解决上述问题，教育部从1982年下半年开始，组织力量研究专业划分、修订专业目录的基本原则，有计划、有步骤地进行了各科类本科专业目录的修订和专业调整工作。这次调整所确定的基本原则有四条：一是适应经济和社会发展需要的原则。必须从中国实际出发，面向现代化，面向世界，面向未来，积极主动地适应社会主义物质文明和精神文明建设的需要。二是科学性原则。必须适应当代科学的发展，建立学科门类比较齐全的专业目录体系；每一种专业必须有明确的主干学科或主要学科基础，有相对独立的课程体系、明确的业务范围，专业名称必须科学、准确、规范。三是符合教育规律性原则。只适宜在研究生阶段或专科教育阶段的专业，不列入本科目录。四是拓宽专业面，增强适应性原则。要尽力使之有利于培养知识面宽广的专门人才。

这次修订专业目录和调整专业划分比过去前进了一大步。但是限于当时的条件，有些问题遗留了下来，例如还有一些业务口径偏窄的专业（特别是军工）没有拓宽，有些专业的业务方向、服务对象不明确，目录总体有机“装配”的问题没有解决，由于高等教育事业发展而带来专业点总数猛增等。鉴于此，20世纪80年代末又进行了新一轮本科专业目录的修订工作。到1993年7月，国家教委颁布新修订的《普通高等学校学科门类和专业目录》，同国务院学位委员会、国家教委联合颁布的《授予博士、硕士学位和培养研究生的学科、专业目录》中的学科门类基本一致。

2. 改革领导管理体制

为了提高教育质量和工作效率，在贯彻“调整、改革、整顿、提高”方针的过程中，对高等学校的领导管理体制也进行了改革。“文化大革命”中的1969年决定下放高等学校，由此，全国高等学校下放给省、自治区、直辖市领导和管理，原有的规章制度基本上不再执行，导致各地各自为政，管理状况比较混乱。“文化大革命”结束后，这种情况有所好转，但由于对高等学校的领导管理还存在分工不清、职责不明的问题，造成工作中的困难和被动。为了尽快改变这种情况，稳定学校秩序，提高教育质量，1979 年 9 月 18 日，中共中央批转教育部党组《关于建议重新颁发关于加强高等学校统一领导、分级管理的决定的报告》，重申对全国高等学校实行中央统一领导，中央和省、自治区、直辖市两级管理的制度；明确了教育部和中央部委及省、自治区、直辖市的职责，从领导、管理层面保证了“调整、改革、整顿、提高”方针的贯彻执行。与此同时，从 1979 年至 1981 年，还调整和加强了高等学校的领导班子，任命了一批知名教授为重点大学校长，例如：唐敖庆担任吉林大学校长，苏步青担任复旦大学校长，李国豪担任同济大学校长等。

三、创办高等职业教育

我国进入新的历史时期以后，国家建设的发展不仅需要大量从普通高等学校毕业的适宜于从事研究、设计、教学、工程技术管理等方面的高级专门人才，还需要大量从高等职业学校毕业的能密切配合地方经济发展需要的从事第一线生产、服务、管理的实用技艺人才。但是，已有的高等学校远不能满足这方面的需要。加之我国地域广大，发展不平衡，因而必须采取多种途径，广开学路，充分发挥各方面办学的积极性，大力发展教育事业。鉴于此，有些大中城市开始试办高等职业学校，职业大学便应运而生。

1980 年全国共出现七所职业大学，其中最早创办的是南京金陵职业大学、合肥联合大学和武汉江汉大学。职业大学根据地方的需要设置专业，基本为专科层次，学制不尽相同，主要是三年制，也有两年制，少数是一年制或四年制。学校采取崭新的办学机制，采取走读、收费、毕业生不包分配、企校联合办学等改革措施，办得灵活、有生气。如江汉大学，由武汉市政府创办，经湖北省和教育部先后批准，在汉口设学校总部，在汉阳、武昌设分部，以举办二、三年制专科为主，是一所以文、法、财专业为主，兼有理、工、农、艺术、体育、师范等专业的适合多种职业类别的综合性高等职业大学。

在兴办初期，由于社会上对这类学校的培养目标缺乏足够了解，教育界内部对高等职业教育的理论研究不够，有不少人抱有疑虑；反映到办学方针上，一度出现高职定位不清的情况，学校的管理归属也得不到明确和落实，很多政策一时难以配套，以致学校运转困难重重。

1983年5月10日，教育部、财政部、国家计委、对外经济贸易部在向国务院专项请示报告中进一步明确了这些职业大学都由大中城市利用地方财力、物力举办，宗旨是为地方培养急需的各种专门人才，办学方针是短期（一、二、三年制），实行收费走读，毕业生不包分配，择优推荐给用人单位录用。

这类高等职业教育结合地方需要，办学针对性强，直接为当地经济发展和社会进步服务，办学目标明确，教学中重视职业道德和职业精神培育，教学内容紧扣生产、服务、管理第一线急需，能密切结合生产实际，学以致用，因而毕业生普遍受到用人单位的欢迎和赞誉。职业大学一经诞生就显示出强大的生命力，发展很快。到1984年，全国已发展到82所，开设专业200个以上，遍及各主要行业，在校学生46 956人，毕业8 260人。①

高等职业教育的办学形式除职业大学外，还有技工师范学院这种形式，这就是经国务院批准、国家劳动总局和教育部于1979年设置的吉林技工师范学院、山东技工师范学院、河南技工师范学院和天津技工师范学院。

高等职业教育的迅速兴起是中国高等教育结构改革的一件大事，为发展高等教育开创了一条新路子，它对职业教育的发展，对建立中国特色的社会主义教育体系，具有深远的影响。

四、兴办广播电视大学，恢复发展高等函授教育和夜大学

为了培养四个现代化建设所需要的大量又红又专的人才，必须坚持贯彻发展高等教育事业的"两条腿走路"的方针，这是我国发展教育事业成功的历史经验，又是当时现实的迫切需要。为此，教育部与中央广播事业局于1978年开始筹办广播电视大学。

当年11月26日至12月3日，教育部与中央广播事业局共同召开了全国广播电视大学工作会议。参加会议的有各省、自治区、直辖市文教办、教育局、高教局、广播事业局、电视台的负责人和国务院各部委、全国总工会、共青团中央以及中国人民解放军的代表，共190人。会议讨论了广播电视大学筹备工作的指导思想，制订了《中央广播电视大学

① 闻友信、杨金梅著：《职业教育史》，海口：海南出版社，2000年版，第112页。

试行方案》，对开办广播电视大学急需解决的编制、经费、物质条件等问题作了初步的安排。

1979 年 1 月 11 日，国务院批转了教育部、中央广播事业局《关于全国广播电视大学工作会议的报告》。① 国务院在批示中指出：举办广播电视大学，是我国高等教育事业发展中的新生事物，对于扩大高等教育的规模，提高广大群众的科学文化水平，加速培养大量又红又专人才，将会起到重大作用。国务院要求各有关部门大力支持这项工作。

关于中央广播电视大学的性质，《报告》作了这样的规定：中央广播电视大学是面向全国的以广播和电视为主，并准备增加函授教学手段的高等学校。目前开设理工科通用性大的基础课程和专业基础课程，用电视播出。三年播完规定的课程。毕业考核采取学分制。学生学完规定的课程，学满规定的学分，由转播中央广播电视大学课程的省、自治区、直辖市广播电视大学发给毕业证书。自学广播电视大学课程的，经向所在地区指定的机构申请批准，可到指定的教学班参加考试，成绩合格者，发给单科结业证书或毕业证书。持有毕业证书者，国家承认其学历相当于高等专科学校毕业。举办广播电视大学的目的，在于提高群众的科学文化水平，它不解决学生的工作分配问题。关于招生对象，《报告》定为：在职职工、学校教师和人民解放军指战员以及城乡知识青年。

中央广播电视大学于 1979 年春季开学。自此以后，中央广播电视大学越办越大，学生人数越来越多，覆盖全国。1981 年，全国有 29 所广播电视大学，在校生268 026人，单科毕业47 590人。②

高等函授教育和夜大学在"文化大革命"以前已发展到一定规模。据 1965 年统计，全国有 123 所高等学校举办了函授教育，83 所高等学校举办了夜大学，共占同年高等学校的47%；在校人数，仅函授生就有将近 19 万人，相当于同年普通高等学校在校生数的28%。③ 但高等函授

---

① 何东昌主编：《中华人民共和国重要教育文献》（1976～1990），海口：海南出版社，1998 年版，第 1661～1663 页。

② 教育部计划财务司编：《中国教育成就》（1949～1983），北京：人民教育出版社，1985 年版，第 240～241 页。

③ 何东昌主编：《中华人民共和国重要教育文献》（1976～1990），海口：海南出版社，1998 年版，第 1803 页。

教育和夜大学在“文化大革命”中受到破坏，“文化大革命”结束后经过拨乱反正才得以逐渐恢复和发展。到1980年初，全国已有72所高等学校举办了函授教育，参加学习的有24万人，已经超过“文化大革命”前最高年份的数字。有30所高等学校办了夜大学，学生有7 600多人。①

尽管函授教育和夜大学已得到恢复和发展，但仍不能适应当时形势和社会发展的需要，还必须大力发展函授教育和夜大学。当时的实际情况是：（1）全国职工队伍的水平不高。县团级企业领导干部中受过专业培训的不到三分之一。在26个省、直辖市1 800万工人中统计，初中、小学文化程度的占71.4%，文盲、半文盲占8.3%。②（2）60%的初中毕业生还不能进入高中，96%左右的高中毕业生不能进入大学。（3）适龄青少年入学机会很不够。如果高等学校不大幅度增加招生人数，每年仍保持30万左右，则全国同龄青年只有1.22%有机会接受高等教育。如果加上每年招收的50万中专生，接受中等以上专业教育的人数也只有3.2%。③

为了解决好上述问题，教育部于1980年4月召开了高等学校举办函授夜大学工作座谈会。会议交流了经验，讨论了《关于积极发展高等学校函授夜大学的意见（讨论稿）》；会议还提出了在恢复、巩固、提高的基础上积极发展高等学校函授夜大学的工作方针等。

1980年9月5日，国务院批转的《教育部关于大力发展高等学校函授教育和夜大学的意见》中提出了以下七点意见：高等学校的函授教育和夜大学要有一个大的发展；把函授教育和夜大学纳入高等教育事业计划；采取灵活多样的形式办学；注重提高函授教育和夜大学的教学质量；解决好人员编制和经费问题；明确毕业生的使用和待遇问题；切实加强对函授教育和夜大学的领导。此后，教育部又对函授教育某些专业的教学计划、教材和自学用书等多项工作提出了指导意见。

通过以上工作，函授教育和夜大学发展很快。1981年，有238所普通高等学校举办了夜大学和函授部，另有5所独立函授学院，合计函授

---

①② 何东昌主编：《中华人民共和国重要教育文献》（1976～1990），海口：海南出版社，1998年版，第1803页。

③ 何东昌主编：《中华人民共和国重要教育文献》（1976～1990），海口：海南出版社，1998年版，第1804页。

和夜大学在校生达240 872人。①

广播电视大学、函授教育和夜大学同普通高等学校并驾齐驱，为四化建设培养又红又专的人才作出了应有的贡献。这是我国教育改革中的一大创举。

五、创立高等教育自学考试制度

为了调动广大在业人员和知识青年的学习积极性，通过多种途径发展高等教育，加速培养和选拔专门人才，更好地适应我国社会主义现代化建设的需要，我国建立了高等教育自学考试制度。高等教育自学考试是采用个人自学、社会助学和国家考试相结合的教育形式。参加考试的人员不受性别、年龄、民族、职业和学历的限制。自学者只要学完专业考试计划规定的全部课程，并取得合格的考试成绩，即可获得相应的毕业证书。考试分单科、专科和本科多层次。自学者可按照学用一致的原则自行选择应考专业。这是一种方便、灵活、开放和讲究实际应用的教育形式，它为广大学习者开通了自学成才的广阔道路。

1981年1月 13日，经国务院批准，教育部出台了《高等教育自学考试试行办法》，这标志着我国高等教育自学考试制度正式建立。该《办法》规定：凡属中华人民共和国公民，均可自愿申请考试。考试方法，在统一标准的前提下，由各省、自治区、直辖市根据不同情况采取不同考试方法。在职人员经过业余自学或待业人员自学获得毕业证书者，国家都承认其学历。在职人员由所在工作单位或其上级主管部门本着用其所学、发挥所长的原则，根据需要调整他们的工作；待业人员由省、自治区、直辖市计划、人事、劳动部门根据需要择优录用，按其所学专业安排适当工作。其工资待遇，待业人员与普通高等学校毕业生相同；在职人员的工资低于普通高等学校毕业生工资标准的，按普通高等学校毕业生工资标准执行。由于考虑到高等教育自学考试在我国是一项新的工作，所以，先在北京、天津、上海、辽宁等三市一省试点。

高等教育自学考试办法进行试点后，在社会上引起了强烈反响，受到干部、群众的广泛欢迎。试点地方公布开考专业后，有关部门和群众团体按照考试计划的要求，办起了补习班、辅导班、讲座和自学考试咨

---

① 教育部计划财务司编：《中国教育成就》（1949～1983），北京：人民教育出版社，1985年版，第244～245页。

询服务站等。

经过一年多试点，为了交流试点工作情况，研究试点中提出的问题，教育部于1982年3月10日至16日召开了高等教育自学考试制度试点工作座谈会。座谈会上再次明确指出，高等教育自学考试是国家考试；它的质量标准就是一般普通高等学校的水平；在这个前提下，可以适当结合自学的特点，既能考查必需的基础知识，又能考查综合运用所学知识（包括专业知识）研究和解决实际问题的能力。

鉴于许多省要求参加扩大试点行列，座谈会提出了扩大试点的几条原则：（1）开考专业必须是当地社会主义建设和培养干部所必要的，而且是适应性比较广的。（2）当地职工文化水平比较高，业余教育开展得比较好。自学的人比较多，有考生来源。（3）有负责考试的力量。（4）在各方面都有充分的准备。（5）要采取由少到多、稳步推进的方法。

为了加强对这项工作的领导，在国务院领导下，于1983年5月成立了全国高等教育自学考试指导委员会，由教育部、国家计委、国家人事局、国家劳动总局、国务院科技干部局、高等学校和有关专家、教授组成，具体工作由教育部承担，其任务是制定考试的方针、政策，统一考试标准，研究指导考试工作。各省、自治区、直辖市则在人民政府领导下成立省、自治区、直辖市高等教育自学考试委员会，办理有关考试事宜。第一届全国高等教育自学考试指导委员会主任由何东昌兼任，专职副主任为臧伯平。当月，全国高等教育自学考试指导委员会第一次全体会议在北京召开。何东昌就高等教育自学考试的意义、试点经验及在全国推广等问题作了报告。会上提出了“态度要积极，工作要扎实”的工作原则。此后，高等教育自学考试由试点逐步向全国推广。到1985年底，全国有29个省、自治区、直辖市实行了高等教育自学考试制度。

高等教育自学考试由于适应群众的要求，适应国家的需要，又具有工学矛盾少、形式灵活、费用低、管理严、质量有保证等特点，所以发展很快。到自学考试制度建立的第十年，即1990年2月，全国参加过高等教育自学考试的人数累计达1 500万，已有52.8万人毕业。①

---

① 何东昌著：《十年历程——建设有中国特色社会主义教育的探索》，北京：人民教育出版社，1994年版，第488页。

从以上可以看到，从中共十一届三中全会以后到 1982 年，我国多层次多形式创造性地发展高等教育已取得显著成效。它调动了广大青少年和干部群众的学习积极性，也调动了中央和地方、教育职能部门和其他有关部门、政府和群众团体等办学的积极性。它适应广大群众的学习要求，适应干部专业化、知识化的要求，适应国家现代化建设的要求，对经济和社会的发展起了重要的促进作用。

第五节　调整和发展成人教育

为了适应新时期社会主义现代化建设的需要，中共中央和国务院把扫盲教育、农民文化技术教育、职工教育和干部教育列入了重要议事日程。通过调查研究、颁发文件、召开会议和成立必要的组织机构等途径，指导扫盲教育、农民文化技术教育、职工教育和干部教育的恢复、调整和发展。教育部等有关职能部门在中共中央和国务院的领导下，在贯彻“调整、改革、整顿、提高”方针过程中，在扫除文盲、发展农民文化技术教育、搞好职工业余教育以及加强干部教育等方面采取了许多重大措施，推动了成人教育的调整和发展。

一、发展扫盲教育

1978 年据一些地区调查，在少年、青年、壮年中，文盲、半文盲一般占30%～40%，边远地区和少数民族地区达50%以上。[①] 针对这种情况，1978 年 11 月，国务院发出了《关于扫除文盲的指示》，指出：扫除文盲是提高全民族科学文化水平的起码要求。各地要制定具体的扫盲规划，分别于 1980 年、1982 年或者稍长一点时间内基本扫除少年、青年、壮年文盲。同时提出了“一堵、二扫、三提高”的工作指导方针。“一堵”就是抓好普及小学五年教育，以堵截新文盲的产生；“二扫”就是要把 12 周岁到 45 周岁的少年、青年、壮年中的文盲基本上扫除；“三提高”就是对已经脱盲的，要采取各种形式，组织他们继续学习，使他们的文化水平进一步得到巩固和提高。虽然这个《指示》对基本扫除文

① 何东昌主编：《中华人民共和国重要教育文献》（1976～1990），海口：海南出版社，1998 年版，第 1651 页。

盲的时间要求急了点，有些脱离实际；但自《指示》发布后，扫盲教育普遍得到重视，并逐渐得以恢复和持续发展。

在提出贯彻“调整、改革、整顿、提高”的方针后，1979 年 11 月 6 日，中共中央批转了湖南省桃江县委《关于发展农村教育事业的情况报告》，在批示中指出：不少地区至今没有普及小学五年教育，原有的扫盲工作没有很好完成，新的青少年文盲还在继续增加。这种情况如不改变，要加快农业生产的发展，逐步建设社会主义现代化的新农村是困难的，甚至是不可能的。

1979 年 11 月 28 日至 12 月 11 日，教育部、农业部、共青团中央、中国科协在天津联合召开第二次全国农村教育工作会议。会议强调要抓紧扫盲教育。1980 年 10 月 22 日至 28 日，教育部召开了全国农民教育座谈会。会议总结了成绩，分析了现状。根据当时 25 个省、自治区、直辖市统计，1979 年冬和 1980 年春季参加学习的农民有1 978万余人，其中扫盲班学员1 236万余人，有 598 万学员脱盲。①

1982 年 12 月 4 日经修改颁发的《中华人民共和国宪法》第十九条明文规定：“国家发展各种教育设施，扫除文盲。”再次强化了扫盲教育的法律地位。

这一时期，地方扫盲教育也明显得到重视和加强。例如云南省，1978 年省教育厅发出《关于立即开展扫盲和工农业余教育的意见》，对扫盲的组织机构、经费、步骤、对象、重点、师资、课本、奖励控制新文盲的办法以及脱盲标准等一系列问题作了明确规定。云南省教育部门认为，虽然《意见》中对扫盲的标准当时定得较高，脱离了云南的实际，但《意见》中的主要精神和若干措施还是正确的、有力的，是十年动乱后云南扫盲工作的第一个纲领性文件。这个《意见》下发后，各地认真贯彻和执行，掀起了自 1949 年以来的第三个扫盲高潮。1982 年，全省扫盲教育开始推行以合同形式确定扫盲工作责任的“责任制”，主要内容是：乡镇政府负责组织扫盲、半文盲入学和解决办学条件等问题；学校和教师负责教学和脱盲；扫盲专职干部负责检查和督促。这使全省扫盲工作稳

---

① 何东昌主编：《中华人民共和国重要教育文献》（1976～1990），海口：海南出版社，1998 年版，第 1879 页。

步发展，入学人数和脱盲人数逐年提高。1982年第三次人口普查，云南省的文盲率为33.7%。1984年，经省政府同意，省教育厅颁发了《云南省扫除文盲标准及基本扫除文盲单位验收办法》；编写了三种识字课本和扫盲教学参考书。以后，全省扫盲工作继续向前发展。1990年第四次人口普查，云南省文盲率降至25.4%；1995年降至21%；到20世纪末，全省已有30个县通过省政府验收，实现基本扫除青壮年文盲的目标。①

由于这一时期扫盲教育得到恢复和发展并取得了成效，因此为整个20世纪80年代以至90年代扫盲工作的大力推进和扫盲辉煌业绩的创立打下了良好而坚实的基础。根据国家统计局第三次、第四次全国人口普查及1995年全国1%人口抽样调查数据推算，青壮年文盲率1982年为20.56%，1990年降至10.38%，1995年降至6.14%，1998年进一步降至5.5%以下，已接近20世纪末将全国青壮年文盲率降到5%以下的宏伟目标。② 由于扫盲工作成效卓著，我国自1984年以后多次获联合国教科文组织颁发的国际扫盲大奖，为世界扫盲行动作出了重要贡献。

二、调整和发展农民文化技术教育

我国是一个农业人口众多的国家。在广大农村，我国既拥有丰富的人力资源，也背负着沉重的人口包袱和教育压力。我国能否实现农业现代化以至整个国家的现代化，关键在于农村人口素质是否能得到显著提高。由于历史原因和“文化大革命”的破坏，我国农村教育水平还相当低。在贯彻“调整、改革、整顿、提高”的方针中，农村教育的重点除普及小学教育、扫除文盲以外，还要发展农民文化技术教育。

农民文化技术教育的发展是从两个方面进行的：一是发展农民文化教育，二是发展农民技术教育。“文化大革命”结束后，一些重视农村教育的地方，随着农业生产的恢复和发展，积极主动地发展农民文化技术教育。例如，湖南省桃江县，1977年就办起了业余小学、业余中学和农民技术夜校241所。③ 教育部和有关部门多次召开会议或发出文件，指导全国农民文化技术教育的发展。例如，1979年第二次农民教

---

① 蔡寿福主编：《云南教育史》，昆明：云南教育出版社，2001年版，第857～859页。

② 教育部编：《共和国教育50年》，北京：北京师范大学出版社，1999年版，第290页。

③ 何东昌主编：《中华人民共和国重要教育文献》（1976～1990），海口：海南出版社，1998年版，第1751页。

育工作会议明确指出，要大力发展业余初等教育，积极举办业余初中，广泛开展农业科学技术教育。1980 年的全国农民教育座谈会对积极稳妥发展农民业余小学、业余初中和农民技术学校的重要性以及学习内容、课程设置、办学形式和条件等，分别提出了明确的意见。根据 25 个省、自治区、直辖市的统计，1979 年冬至 1980 年春参加学习的1 978 万余名青壮年农民中，有业余小学班学员 426 万余人，业余初中班学员 92 万余人，业余高中班学员 9 万余人，各种技术班学员 212 万余人。①

特别值得指出的是，农民技术教育的发展获得了前所未有的好机遇。中共十一届三中全会以后，党中央作出了关于加快农业发展的决定，改善和健全了农业生产责任制，积极提倡发展农村多种经营，采取了一系列新的政策措施，进行了农村经济的调整和改革，从而激发了亿万农民的生产积极性，促进了农村经济的蓬勃发展，同时也掀起了农民学科学、用科学的热潮，农民技术教育由此得到长足发展。

1980 年 4 月 20 日至 25 日，教育部在北京召开五七大学② 座谈会，提出整顿县办五七大学问题，确定把教育部门办的五七大学改办成农民技术学校。这是促进农民技术教育发展的重要措施。当时鉴于五七大学的性质、任务、培养目标和管理体制等问题没有明确统一的规定，一些学校并不具备必要的办学条件，许多学校已停办，有的改办成别的学校，保留下来的几百所学校不少已无法办下去，因此座谈会提出，对已有的县办五七学校要进行整顿，一般不再建新的学校。座谈会对教育部门办的五七大学改办成农民技术学校后的学校任务、招生对象等问题进行了讨论。认为农民技术学校的任务是为农村社队培养具有一定文化科学技术的人才，招生对象是具有初中毕业以上文化程度的农村青年、社队管理干部和农民技术员。

1980 年 10 月召开的全国农民教育座谈会也再次强调了农民技术教

---

① 何东昌主编：《中华人民共和国重要教育文献》（1976～1990），海口：海南出版社，1998 年版，第 1879 页。

② 指为执行毛泽东五七指示所办的大学。五七指示为 1966 年 5 月 7 日毛泽东审阅军委总后勤部《关于进一步搞好部队农副业生产的报告》后给林彪的信。信中讲到人民解放军应该是一个大学校，这个大学校，要学政治，学军事，学文化，又能从事农副业生产，又能办一些中小工厂，生产自己需要的若干产品和与国家等价交换的产品。

育，并明确提出，要根据各地的实际需要安排同生产实际相结合的教学内容。农民技术教育同群众的经济利益密切相关，既是普及农业科学技术、实行科学种田、促进农业生产的需要，也是社队培养农业技术骨干和全面提高技术水平的需要。有条件的地方要广泛开展农民技术教育，认真办好县农民技术学校。

为了进一步适应农民学习科学技术的需要，1982年12月2日，国务院办公厅转发的农牧渔业部《关于迅速加强农业技术培训工作的报告》指出：迅速加强农业技术培训工作是推动农业生产持续增长的一项迫切而有效的措施，重点要抓好在乡的初、高中毕业生，能工巧匠和科技户、重点户、专业户的各种技术培训。需要什么就学什么，学用结合，满足农民学科学用科学的迫切要求。为搞好农业技术培训，要广开学路，采取多种形式举办学校、短训班、专题讲座、科技咨询服务站、现场技术交流，还要努力创造条件，办好县、社农民技术学校和农业广播学校，为农村培训具有初、中级生产技能的农业劳动者。

由于重视农民的技术教育，所以扫盲的教学内容也以识字学文化为主转向识字学文化同学科学技术相结合。大力提倡学习农业技术之举，使我国农村在20世纪80年代初出现了一批科技户、专业户，农民收入明显提高。

三、调整和发展职工教育

“文化大革命”结束时，我国职工队伍的思想、文化及业务水平很不适应四化建设的需要。在政治思想方面，有些人对社会主义认识不足，缺乏主人翁态度，劳动纪律性差；在文化素质方面，80%以上的职工没有达到初中程度，缺乏现代科学技术的基础知识；在业务技术方面，实际操作技术水平低，缺乏经营管理现代化企业的知识。工业部门的技术人员只占职工总数的2.8%，其中相当多的人未受过高等专业教育。针对这种状况，国家十分重视调整和发展职工教育。当时国家强调，要把职工教育重新纳入国家计划，使职工教育同经济建设结合起来，要把加强职工教育作为实施经济调整措施的一项重要内容。同时，中共中央和国务院以及有关职能部门相继采取了一系列重大举措，以促进职工教育的发展。

到1978年底，许多企业恢复了职工教育活动，许多职工学校也恢复了正常的教学工作。1979 年 7 月和 9 月，全国总工会和教育部先后召开了有关职工教育的会议，对全面推动职工教育的发展产生了重要作用。全国总工会于 7 月 25 日至 8 月 6 日在北京召开全国职工业余教育工作座谈会。会议讨论了国民经济调整时期职工业余教育的方针、任务，提出要抓住有些关停并转企业的调整机遇，把职工业余教育搞上去。

9 月 14 日至 24 日，教育部在郑州召开全国职工教育工作会议。会议提出：对广大职工要实行全员培训，要把提高“文化大革命”开始后参加工作的职工的政治、文化、技术水平作为职工教育的重点。力争在 1985 年前，使实际文化程度不到初中毕业的达到初中毕业水平；实际文化程度已达到初中毕业的要继续接受高一级的教育，在技术上达到中级或高级水平。力争在一两年内扫除青壮年职工中剩余的5%左右的文盲；积极组织具有高中毕业文化水平的职工进入各种职工高等学校学习，培养一批技术人才。同年，各地对“文化大革命”中兴办的七二一大学进行了全面治理整顿，大部分予以撤销，少数改为职工大学、职工业余大学或职工学校。

为了进一步加强职工教育，1980 年 4 月 28 日正式成立了全国职工教育委员会，作为组织领导全国职工教育工作的最高管理机构。委员会由国家经委、全国总工会、教育部、国家劳动总局等 14 个单位 15 名委员组成。主任为国家经委主任袁宝华，副主任为全国总工会副主席宋侃夫和教育部副部长臧伯平。

1981 年 2 月 20 日，中共中央、国务院颁布了《关于加强职工教育工作的决定》。《决定》总结了我国职工教育的历史经验，并根据新时期的任务和当时的实际，从理论和实践上明确了职工教育在新时期的地位和作用，提出了职工教育工作的方针、政策、任务和目标以及一系列重大措施。《决定》要求青壮年职工争取在两三年内扫除文盲，并在 1985 年以前，使现有文化程度不到初中毕业水平的职工60%～80%达到初中毕业水平，使现有初中毕业文化水平的职工三分之一达到相当于高中和中专毕业的水平。《决定》是我国 20 世纪 80 年代初职工教育的重要纲领性文件，它标志着我国职工教育开始进入有领导、有计划地实施全员培训和建立比较正规的职工教育制度的新阶段。在此文件中，中共中央、国务院作出了 10 项决定：（1）各级党政领导和所有厂矿企业、事业单位的党委、行政、工会、共青团都要十分重视职工教育。(2) 要制订职工教育的长远规划和具体计划。近两三年内，职工教育的重点是对领导干部的培训和对“文化大革命”开始后进厂的青壮年职工进行政治思想教育和文化、技术补课。(3) 在调整国民经济期间，要采取有效措施，大力开展职工教育。尤其是关停并转企业，主要领导干部要亲自抓好干部、职工的培训工作，有的厂长可担任职工学校校长或培训中心主任。(4) 要因地制宜，广开学路，提倡多种形式办学。(5) 要制定教学计划，明确培养目标和达到目标的标准。(6) 积极建立一支教师队伍。(7) 要勤俭办学，认真解决必要的办学条件。(8) 要充分发挥普通学校的作用。普通高校和中等专业学校都应承担一定的在职培训任务。(9) 加强领导，建立和健全专职机构。从国务院到各省、自治区、直辖市人民政府到基层企事业单位都要有专门的职工教育管理机构，改进领导管理体制。(10) 着手制定《职工教育法》，为进一步开展职工教育提供法律依据。

为了贯彻好中共中央、国务院的上述《决定》，国务院于 1981 年 3 月 20 日至 26 日在北京召开了全国职工教育工作会议。会议规模相当大，与会者达1 100人。会议由姚依林副总理主持。会议期间，中共中央书记处研究室主任邓力群作了《关于社会主义制度优越性和职工教育与发展生产关系问题》的报告。会后，各地都大力加强了职工教育。全国有 23 个省、自治区、直辖市，37 个部、委、总局召开了职工教育工作会议；有 29 个省、自治区、直辖市成立了职工教育委员会，或调整充实了工农教育委员会，大多数由副省长（副主席、副市长）兼任委员会主任。此外，党、政府和职能部门下达了一系列指导性文件，以指导解决发展职工教育必须解决的编制、教育教学、管理等方面的问题。在上述《决定》和全国会议的指导下，全国职工教育发展加快。1981 年，全国参加学习的职工达1 336.9万人，占职工总数的16.32%。①

职工教育的调整和发展提高了职工队伍的整体素质，为提高劳动生产率和国民经济的持续发展提供了可靠保证。不过，从总体来看，当时我国职工队伍的素质状况只能说大有好转，却还是不能适应现代化建设

① 董明传、毕诚、张世平著：《成人教育史》，海口：海南出版社，2002 年版，第 133 页。

发展的需要。职工教育还存在着缺乏统一领导、各有关方面的分工不够明确等问题需要解决。

四、调整和发展干部教育

为了适应国家工作重点的转移，中共中央对干部提出了革命化、年轻化、知识化和专业化的四化要求，促进了干部教育的发展。

1980年1月16日，邓小平在中央召集的干部会议上发表了《目前的形势和任务》的重要讲话，专门讲了要有一支坚持走社会主义道路的、具有专业知识和能力的干部队伍的问题。他在论述了干部必备的政治素质以后，着重阐述了干部的专业知识和专业能力问题。他说：干部问题主要是懂得各行各业专业的人太少，必须加强干部的专业化建设。要解决这个问题，办法就是学习，加强干部教育。一是办学校和办训练班进行教学，一是自学。他还指出："无论在什么岗位上，都要有一定的专业知识和专业能力，没有的要学，有的要继续学，实在不能学、不愿学的要调整。我们要按照专业的要求组织整个领导班子，充分发挥专业人才的作用，并且领导广大群众，按照专业的要求，去学习和工作。"① "今后的干部选择，特别要重视专业知识。我们长期都没有重视，现在再不特别重视，就不可能进行现代化建设。"②

在邓小平讲话发表以后，2月25日，中共中央宣传部、组织部联合发出了《关于加强干部教育工作的意见》，干部教育受到了党中央和全党的重视。8月30日，教育部、国家计划委员会、财政部联合发布了《高等学校、中等专业学校举办干部专修科和干部培训班暂行办法》，干部教育实实在在地开展起来。各省、自治区、直辖市及中央各部门在高等学校相继举办干部专修班和培训班。到1981年底，全国工交、基建、财政、金融、商业系统的干部，累计轮训达到370万人。其中工交系统已完成轮训干部160万人，占干部总数的23%。③ 此外，全国还逐步建立了一批管理干部学院；各地还建立了一批独立设置的成人高校；一些普通高校也建立了成人教育学院或继续教育学院。

---

① 《邓小平文选》(第2卷)，北京：人民出版社，1994年版，第262页。

② 《邓小平文选》(第2卷)，北京：人民出版社，1994年版，第264页。

③ 董明传、毕诚、张世平著：《成人教育史》，海口：海南出版社，2002年版，第133～134页。

干部教育的调整和发展，大大促进了我国干部队伍向革命化、年轻化、知识化和专业化方向发展，顺应了新时期社会主义现代化建设的需要。

第六节　调整和发展少数民族教育

中共中央和国务院对少数民族教育十分重视，召开过多次专门会议，批转了多份专门文件，以指导全国少数民族教育工作。其中针对全局的、影响较大、内容比较全面的是：经中共中央、国务院领导批示同意的1980年10月9日教育部、国家民委《关于加强民族教育工作的意见》和1981年2月16日召开的第三次全国民族教育工作会议。《意见》和第三次全国民族教育工作会议的主要内容有：分析了少数民族教育的形势；总结了三十年少数民族教育的经验教训；明确了民族教育在四化建设中的地位和作用；提出了少数民族教育工作在贯彻“调整、改革、整顿、提高”方针中应当实行的方针政策等。全国贯彻《意见》和第三次全国民族教育工作会议精神，使少数民族教育工作出现了新气象。

一、调整和发展少数民族教育的方针与任务

当时确定的调整和发展少数民族教育的总方针是：一定要从各地的实际情况出发，认真贯彻“调整、改革、整顿、提高”的方针，认真贯彻中央关于在经济上实行进一步调整、在政治上实行进一步安定的正确方针，调整好教育建设同经济建设的比例关系，调整好少数民族教育内部的比例关系，使少数民族教育稳步向前发展。同时，特别强调要注意以下两点：

一是必须提高对发展少数民族教育事业的重要战略意义的认识。发展少数民族教育，是国家和少数民族地区四个现代化建设的需要，是尽快医治少数民族地区十年浩劫造成的创伤，增强民族团结，巩固边疆，落实民族政策的需要。没有大批从少数民族出身的坚持社会主义道路和党的领导的、有专业知识和能力的干部，特别是大批的科学技术人才和管理人才，要真正增强民族团结，繁荣民族经济，并逐步消除民族间实际上的不平等，显然是不可能的。还应当看到，我国2.1万多公里的陆地边境线上，大多是少数民族聚居区，只有他们的经济、科学文化水平

提高了，建设四化、建设边疆、巩固国防，才有确切的保证。从这点来说，发展少数民族教育不仅是教育问题，而且是个很严肃的政治问题，必须严肃对待。

二是必须认真总结和吸取建国以后发展少数民族教育的经验教训。其主要经验教训是以下四点：必须认真贯彻执行党的民族政策，切实尊重和充分保障少数民族在政治上、经济上和文化教育上的平等权利和自治权利；发展少数民族教育，必须从少数民族地区的实际出发，充分注意和尊重民族特点、地区特点，注意把社会主义内容同民族形式正确地结合起来，使我国的少数民族教育成为中国社会主义教育体系的一个重要组成部分；发展少数民族教育，需要国家和地方采取特殊措施，在人力、财力、物力上给予重点扶持，还要把国家的支援同少数民族地区的自力更生正确地结合起来；必须加强各级党委和政府对少数民族教育事业的领导。

关于任务，综合起来主要有以下五项：

（1）加强各级各类学校的政治思想教育。要特别注意进行坚持四项基本原则、热爱社会主义祖国和各民族团结互助的教育，使各民族青年学生树立爱国主义思想。要经常注意进行科学教育，以抵制和消除封建迷信对青少年一代的影响。要继续贯彻宗教信仰自由政策，但坚决反对宗教干预学校教育。要在学生中大力进行革命传统教育，提倡艰苦奋斗的革命精神。还要加强纪律教育和法制教育。（2）切实抓好中小学教育。要根据少数民族地区的实际情况，制定切实可行的规划，采取多种形式普及小学教育。对文化教育十分落后的一些少数民族要采取一些特殊措施；最贫困的地区实行免费教育。要求中学教育分别不同情况加以调整。在中学数量严重不足的地方，应新建和发展一定数量的民族中学。在中学教育有一定基础的地区，要注意巩固和加强现有基础，提高质量，并注意适当发展职业教育，力求避免走中学教育结构单一的老路。（3）调整和办好少数民族的中等专业教育和高等教育。要切实办好已有的十所民族学院；采取措施提高中等专业学校的教育质量，并使少数民族在校生人数逐步达到同少数民族人口比例相适应；要解决好有关高等学校财经、政法专业少，理科质量低，适应地区需要的专业有缺口等问题；有关高等学校和地区要积极创造条件，采取举办少数民族预科班或民族班、举办业余高等教育、选派一些少数民族留学生出国深造等多种形式，招收少数民族学生入学。(4) 大力扫除文盲，逐步发展业余教育。首先扫除社队干部和技术人员中的文盲。在有条件的地方，要逐步发展业余中小学和各种技术学校，不断提高农牧民的科学文化水平。(5) 加强民族师范教育，搞好少数民族师资队伍建设。因此，要恢复和发展民族师范教育；加强在职教师的培训提高工作；解决好少数民族地区中小学民办教师的生活待遇问题，包括由国家或地方逐年安排专项劳动指标，把考核合格的民办教师转为公办教师。

二、调整和发展少数民族教育的政策与措施保证

综合起来，有以下七个方面：

一是切实保障民族自治地方在教育事业决策和管理上的自治权。强调必须遵照在中央统一领导下充分行使民族区域自治权利的精神，保证民族自治地方在教育上的自治权，在国家统一的教育方针指导下，对制定教育规划，确定学校管理体制、办学形式、学制、教材建设、教学内容、人员编制、教师任用和招聘、经费管理和使用等方面，都应由民族自治地方根据实际情况作出决定。

二是重建民族教育行政机构。教育部于 1980 年 1 月恢复了民族教育司的建制。1981 年 2 月，教育部报请国务院批准，通知各省、自治区、直辖市，结合各地实际情况，迅速建立和恢复管理少数民族教育的各级行政机构。到 1981 年底，黑龙江、吉林、辽宁、青海、甘肃、四川、云南、贵州和内蒙古等九个省、自治区完成了在省、自治区一级恢复和设置民族教育行政机构的工作。其他有少数民族的地区也陆续设置和恢复了各级民族教育行政机构。

三是落实民族语文政策。强调凡有本民族语言文字的，应使用本民族的语言文字进行教学，在学好本民族语文的同时兼学汉语文。没有本民族文字而有独特语言的，也应以本民族语言辅助教学。还着重提出：对民族文字教材的建设应该给予足够的重视，并加强有关省、自治区之间的协作。关于民族文字教材的内容和形式，应注意体现民族特点和地区特点，在语文、历史、地理等教材中，都要有民族和地区的内容。为了落实语文政策，还要求大力培养双语兼通的中小学教师。

四是实行少数民族教育的经费扶助政策。由于少数民族地区的特

点，发展少数民族教育需要更多的资金。因此，国家十分注意实行对少数民族教育的资金扶助政策。除了正常教育经费照拨之外，每年还给予特殊的补贴，在财政上设立少数民族教育专项补助费。按照当时新的财政管理体制，国家预算中列有占预算总数约2%的支援经济不发达地区发展资金，还有少数民族地区事业补助费、边境地区事业补助费和基建补助费等，统由中央专案拨款，在这几项经费中均划出适当比例，作为发展少数民族教育之用。

五是对少数民族文化遗产坚持实行保护、整理、研究、继承和发展的政策。中共中央批转的《西藏工作座谈会纪要》明确指出：一定要尊重并继承西藏文化固有的优良传统，发展藏族的语言、文学、史学、艺术、医学等，建设具有西藏民族特点的社会主义精神文明。1981 年 4 月，经中共中央书记处批准的《云南民族工作汇报会纪要》也指出：要帮助各少数民族保护、继承和发展本民族的文化遗产，去其糟粕，留其精华，保持、利用群众喜爱的各种民族形式，充实健康的、进步的、科学的内容，以发展、提高民族文化事业。中共中央对文化遗产的这些指示对调整和发展少数民族教育也产生了积极的指导作用。据此，当时加强了民族艺术教育、民族医学教育；并在少数民族地区高等院校和中专学校增设了有关专业，如民族语言文学、民族史、民族学、民族宗教、藏画等课程。

六是落实知识分子政策。中央有关部门及各有关省、自治区政府都制定了一些政策规定，明确提出：要认真贯彻知识分子政策，做好支边人员的安定工作。在政治上充分信任他们，热情关怀他们的成长，注意吸收其中的优秀分子入党；在生活上给予适当照顾，安排好支边人员的家属、子女的学习、工作和生活；工作上要为他们创造良好的学习条件和工作环境，使他们能够发挥自己的长处，在学术上有所成就；对于那些长期扎根边疆，为发展民族地区的各项事业作出贡献的应该给予表扬，其中有突出成绩的应在政治上给予适当安排；对于长期扎根边疆的教师，其工资可以适当高于内地教师。此外，国家还对新分配到边远民族地区工作的大学毕业生采取优待政策；注意发挥在少数民族传统文化方面有研究和学术造诣的知识分子的作用。上述各项政策的贯彻执行，极大地调动了从事少数民族教育工作的知识分子的积极性，有利于少数民族教育的师资队伍的建设，使调整和发展少数民族教育有了一支可信赖的依靠力量。

七是重申教育与宗教分离的原则。当时在一些地方出现了超出正常宗教活动范围的种种问题，如在学校公开进行宗教活动，擅自开办经文学校，大批儿童退学入寺当"扎巴"（学经小喇嘛）、小和尚，有的地方校舍被强占、拆校建寺等。针对这种状况，中共中央和国务院多次重申教育与宗教分离的原则。1983 年 2 月 17 日，中共中央办公厅、国务院办公厅转发了教育部《关于正确处理少数民族地区宗教干扰学校教育问题的意见》，着重提出：（1）不得在学校内向学生宣传宗教、灌输宗教思想；学校不得停课进行集体宗教活动；不得强迫学生信仰宗教，不得强迫他们当和尚、喇嘛或"满拉"（清真寺学经学员）等；不得以任何形式在学校开设或讲授宗教课；不得利用宗教干扰或破坏学校的正常教学秩序；不得以任何形式干扰或阻挠学校向学生进行马列主义、毛泽东思想教育和科学文化教育。（2）对擅自开办的经文学校，要积极做好信教群众的疏导工作，逐步予以解决。（3）关于学校被占问题，应根据有关政策，妥善加以解决。今后，任何人不得强占校舍、强拆校舍。（4）做好群众和宗教职业人员的工作，使他们爱国守法，遵守宗教不得干预学校教育的原则。在正确处理宗教干预学校教育问题的过程中，有的地区对如何团结爱国宗教人士，发挥他们支持办教育的积极性方面，进行了有益的探索，收到了良好的效果。

三、少数民族教育在调整中健康发展

通过以上各项政策和措施的实施，少数民族教育有了一定的改观，主要表现在以下几个方面：

一是全国各级学校民族学生数占学生总数的比重有明显增长。1983 年与 1978 年相比，普通高等学校中的少数民族学生数占学生总数的比重增长了0.7%，中等技术学校增长了1.1%，普通中学增长了0.4%，农业中学和职业中学增长了3%，小学增长了0.7%。① 特别需要指出的是，从上述增长的比重中可以看出，少数民族学生在中等技术学校、农业中

---

① 教育部计划财务司编：《中国教育成就》（1949～1983），北京：人民教育出版社，1985 年版，第 44 页。

学和职业中学中的比重上升得较快，说明少数民族学生升入中等专业学校比例少的情况有所改变。

二是学校的虚肿现象下降。四川省经过调整，到1984年，三个自治州的中小学校数量减少了三分之一，在校生减少了四分之一。该省教育厅认为，经调整后的民族教育的数量基本适合当地经济承受能力和群众觉悟程度，学校教育效益低的情况有所改变。内蒙古半农半牧区的奈曼旗，有蒙古族人口7.5万人，到1979年民族中学发展到63所，几乎是平均1 000人有1所中学。后经调整，减少到16所。① 调整幅度虽较大，但质量却得到了提高。

三是教师队伍得到加强。首先是在全国各级学校中少数民族教师数占教师总数的比重有所提高。1983年在普通高等学校、中等技术学校、中等师范学校、普通中学、农业中学和职业中学、小学中的少数民族教师占教师总数的比重比1978年分别增加了0.7%、0.3%、0.3%、0.6%、3.1%和0.5%。② 特别需要指出的是，由于对能用民族语文教课的中小学教师培养的加快，一些民族地区的本民族语文教学得以恢复。如广西壮族自治区自1980年开始在小学恢复推行中断了十余年之久的使用壮族语文授课的制度。同时，经过调整，教师队伍的质量也得到了提高。四川省三个自治州，经过几年的培训，到1983年，小学教师中达到高中毕业以上程度的占60%，初中教师中达到专科毕业以上程度的占24%，分别比1979年提高了22%和6%。③ 内蒙古自治区使用蒙古语教学的小学、初中教师的学历达标情况，1983年与1981年相比，小学由33%提高到49.9%，初中由14%提高到20.3%。④

四是办学条件得到初步改善。如西藏自治区1980年的教育事业费为2 979.4万元，1983年增加到5 234.6万元，增长76%；同期，全区教育事业费占当年财政总支出的比例，由6.39%增加到9%。⑤

---

① 朴胜一、程方平著：《民族教育史》，海口：海南出版社，2001年版，第186页。

② 教育部计划财务司编：《中国教育成就》（1949～1983），北京：人民教育出版社，1985年版，第46页。

③ 朴胜一、程方平著：《民族教育史》，海口：海南出版社，2001年版，第194页。

④ 朴胜一、程方平著：《民族教育史》，海口：海南出版社，2001年版，第209页。

⑤ 朴胜一、程方平著：《民族教育史》，海口：海南出版社，2001年版，第208页。

总之，少数民族教育经过调整后走上了健康发展的轨道。

第七节　加强和改进思想政治教育工作

“文化大革命”结束以后，通过拨乱反正，广大学生的学习积极性有所提高，纪律性有所加强。他们思想活跃，愿意为实现四个现代化贡献力量，主流是好的。但是，由于林彪、“四人帮”两个反革命集团的流毒的肃清尚需时日，而教育部门和学校急于把教学质量搞上去，一时放松了对学生的思想政治教育，加之社会上极少数人掀起的资产阶级自由化思潮使少数学生受到一定影响，因此，思想政治教育工作亟待加强和改进。针对这种情况，党和政府十分重视学校的思想政治教育工作，采取了许多重要措施予以加强和改进。

一、明确思想政治教育工作的方向和任务

对如何加强学校的思想政治教育工作，这项工作的方向和任务是什么，在党和政府召开的有关会议以及拟定的有关文件上都提出了明确的意见。这些意见主要有：

1979年3月30日，邓小平在党的理论工作务虚会上指出：“我们要在中国实现四个现代化，必须在思想政治上坚持四项基本原则。这是实现四个现代化的根本前提。这四项是：第一，必须坚持社会主义道路；第二，必须坚持无产阶级专政；第三，必须坚持共产党的领导；第四，必须坚持马列主义、毛泽东思想。”① 他还强调，要向人民和青年进行坚持四项基本原则的教育，努力克服一小部分群众特别是一小部分青年中间的思想混乱。邓小平的这篇重要讲话不仅对当时以至长远的学校思想政治教育工作和办学的社会主义方向起了根本性的指导作用，而且所提出的四项基本原则更成为我们的立国之本。1980年12月，在党中央召开的中央工作会议上，邓小平作了《贯彻调整方针，加强安定团结》的讲话，强调对于四项基本原则必须坚持，决不允许任何人加以动摇，并且要用适当的法律形式加以确定，要加强各级学校的政治教育、形势教育、思想教育，包括人生观教育、道德教育。

① 《邓小平文选》(第2卷)，北京：人民出版社，1994年版，第164～165页。

1980年中央书记处四次会议也讨论了学校思想政治工作，并作了指示：一要正确估计青年；二要重建学校的政治工作队伍；三要由中央直接抓高校政治课教材；四要动员教师既教书又教人。

1981年6月27日，中共十一届六中全会通过的《关于建国以来若干历史问题的决议》进一步重申：四项基本原则，是全党团结和全国各族人民团结的共同的政治基础，也是社会主义现代化建设事业顺利进行的根本保证。一切偏离四项基本原则的言论和行动都是错误的，一切否定和破坏四项基本原则的言论和行动都是不能容许的。

《决议》对澄清思想混乱，统一全党和全国人民的思想，团结起来为建设社会主义现代化强国而奋斗，具有极其重大的现实意义和深远的历史意义。

根据中共中央的上述精神，结合教育战线的实际，教育部召开了两次思想政治教育工作会议，部署如何贯彻中央精神，搞好学校思想政治教育工作。

1979年4月22日至5月7日，教育部在北京召开全国中小学思想政治教育工作座谈会，研究和部署中小学思想政治教育工作中迫切需要解决的问题。会后发表了《全国中小学思想政治教育工作座谈会纪要》。会议认为，要加强中小学思想政治教育工作，必须从新时期的总任务出发，联系整个中小学教育工作的全局，从根本上解决好以下三方面的问题，即：要面向全体学生，全面完成中小学的培养任务；要坚持“三好”(身体好、思想品德好、学习好）原则，全面贯彻执行教育方针；要充分发挥教师的主导作用，依靠全体教师做好思想政治教育工作。会议还提出，应主要抓好坚持四项基本原则的宣传教育活动，并结合进行革命理想和共产主义道德品质教育；下大力量编出一套政治课教材；制定和颁发中小学学生守则；从中小学生实际出发，切实改进教育方法。这次会议之后，中小学思想政治教育工作的面貌有了明显变化。

1981年8月1日至11日，教育部在中共十一届六中全会之后立即召开了全国学校思想政治教育工作会议。会议突出了贯彻中共十一届六中全会的精神，并强调指出，学校党委要拿出主要时间和精力抓好思想政治教育工作，同一切违反四项基本原则的形形色色的错误倾向作斗争，努力改变软弱无力和涣散状态，引导学生德、智、体全面发展；同时指出，当前教育战线的中心任务是贯彻中共十一届六中全会精神，以《决议》为教材，加强对学生的思想政治教育。

上述会议和领导同志讲话的精神为加强和改进学校思想政治教育工作指明了方向，明确了任务。

二、充实思想政治教育内容

针对思想政治教育和学生的实际，主要充实了以下三项内容：

首先，进行坚持四项基本原则的教育。根据中央的精神和教育部的部署，全国学校加强了对学生的四项基本原则的教育。在此项教育中，各地和学校都注意了以下几点：

一是注意正确对待青少年学生。对他们要有正确的估计，相信学生中的绝大多数是好的，他们所存在的问题绝大多数是思想认识问题。

二是注意在教育中执行正确的工作方针。善于疏导，不搞堵塞，不搞压制，强调正面教育，摆事实，讲道理，以理服人，启发自觉。

三是注意掌握正确的政策。对学生中出现的自发组织、自发刊物，决不简单地抓辫子、戴帽子、打棍子。对闹事的学生要进行具体分析，正面引导，给以帮助。

四是注意针对性。在高等学校，对学生中暴露出来的在四项基本原则方面的认识问题，组织马列主义理论课教师进行分析和讲解，从理论与实际结合的高度，帮助学生提高认识；针对一部分党员、干部中党的观念薄弱的问题，开展坚定党的信念，加强党的纪律教育；针对当地出现的一些无政府无纪律现象，进行社会主义民主与法制教育。在中学，安排了一段时间，集中进行一次坚持四项基本原则的教育，使学生分清是非，认清真理，树立坚定正确的政治方向。对小学生，根据四项基本原则的精神，进行“五爱”（爱祖国、爱人民、爱劳动、爱科学、爱社会主义）教育。

五是注意方式方法的多样性。这项教育更多的是通过政治课（大学的马列主义理论课）、形势教育课、党团组织生活和其他形式的教育活动进行。高等学校还采取组织学习中共十一届六中全会决议、举办专题讲座和讨论会、开展社会调查、组织参观访问等形式进行教育。

六是注意严明纪律。不让错误的言行任意泛滥，采取坚决措施，维护安定团结。

第二，加强道德教育和良好行为习惯的培养。为了培养学生良好的道德风尚和文明行为，教育部于1981年8月26日发出通知，决定从当年的9月1日起正式颁布执行《中学生守则》和《小学生守则》。两个守则各十条，其要求学生做到的主要内容是：热爱祖国，热爱人民，热爱中国共产党；按时到校，努力学习，专心听讲，认真完成作业；坚持锻炼身体，积极参加课外活动；积极参加劳动，爱惜劳动成果；生活俭朴，讲究卫生，不吸烟，不喝酒，不随地吐痰；遵守纪律，遵守公共秩序，遵守国家法令；尊敬师长，团结同学，对人有礼貌；关心集体，爱护公物，不做对人民有害的事；诚实勇敢，有错就改等。

1982年至1983年，教育部又相继颁发了高等学校、中等专业学校和中等师范学校的《学生守则（试行草案）》。这三个守则各有八条，其要求学生做到的主要内容是：热爱祖国，拥护中国共产党的领导，立志为社会主义事业服务，为人民服务；认真学习马列主义、毛泽东思想，逐步树立无产阶级的阶级观点、劳动观点、群众观点、辩证唯物主义观点；勤奋学习，努力掌握基础理论、专业知识与基本技能；坚持体育锻炼，积极参加体力劳动和军事训练；尊敬师长，关心集体，正确开展批评与自我批评；遵守社会公德，爱护公共财物，勤俭节约，讲究卫生；遵守国家法令，遵守学校规章制度，保守国家机密；听从祖国召唤，服从国家分配等。

在对学生进行守则教育的同时，学校还开展了以"五讲四美"（讲文明、讲礼貌、讲秩序、讲卫生、讲道德，心灵美、语言美、行为美、环境美）为主要内容的文明礼貌活动。同时，继续开展"学雷锋，创三好"活动。

第三，重视劳动技术教育。劳动技术教育对教育学生继承中华民族的优秀传统，确立正确的劳动态度，尊重劳动、尊重劳动人民，磨炼坚强的意志品质，树立艰苦奋斗的精神等方面具有独特的重要作用。特别是邓小平在1978年全国教育工作会议上深刻阐述了教育与生产劳动相结合的必要性，并且指出必须研究在新的历史条件下如何更好地贯彻教育与生产劳动相结合的方针以后，广大教育工作者提高了对教育与生产劳动相结合的重要性的认识。

1981年3月13日，教育部在颁发《全日制五年制小学教学计划

(修订草案)》的通知中，规定了在小学四、五年级开设劳动课，每周一课时，组织学生参加公益劳动或简易生产劳动。对一、二、三年级学生，规定在课外时间适当安排一些力所能及的自我服务性劳动。农村学校还可以结合农忙假统一安排。后来，教育部在《全日制六年制城市小学教学计划（草案)》和《全日制六年制农村小学教学计划（草案)》中也都规定了劳动课的开设。

1981年4月17日，教育部在颁发的《全日制六年制重点中学教学计划试行草案》和《全日制五年制中学教学计划试行草案的修订意见》中，规定了初中和高中都要开设劳动技术课，初中三年共为144课时，高中三年共为432课时。劳动技术教育的内容包括工农业生产、服务性劳动的一些基本技术和职业技术教育以及公益劳动等。其目的是，使学生既能动脑，又能动手，手脑并用，全面发展，以利于培养劳动观点，形成劳动习惯，初步学会一些劳动技能，不仅为培养人才打下良好的基础，而且为就业准备一定的条件。

高等学校开展劳动技术教育的主要形式是根据基础理论教学和专业教学的需要，加强生产实习和社会实践，并有少量的公益劳动。1980年5月7日，教育部发出《关于部属高等学校生产实习问题的通知》。《通知》指出：高等学校学生的生产实习是使学生获得生产技术和管理知识，巩固所学理论，增长独立工作能力的重要环节。《通知》规定：生产实习工作由各校自行与有关厂矿、企业联系，协商解决，尽可能就地、就近选择确定生产实习的场所。此后，各高等学校都在教学计划中安排了必要的生产实习次数和时间，并同有关部门及企业、事业单位挂钩，安排学生到第一线基层单位实习。这就使青年学生在学习科学文化专业知识的同时有机会积极参加社会实践，更多地了解国情，了解社会主义建设和改革开放的实际，了解人民群众的思想感情，使自己逐步锻炼成为社会主义现代化建设所需要的德才兼备的合格人才。

在学校加强劳动技术教育的同时，勤工俭学也逐步开展起来。1982年8月1日至10日，教育部、国家计委、国家经委和财政部联合在北京召开了全国中小学勤工俭学工作会议。会后，四部委给国务院写了《关于进一步开展勤工俭学活动的请示》，并附上《全国中小学勤工俭学暂行工作条例》。1983年2月20日，国务院发出通知，批转了上述《请示》和《工作条例》。国务院通知指出：开展勤工俭学是全面贯彻党的教育方针，加强对学生的劳动观点教育和劳动技能训练，提高教育质量，培养全面发展的社会主义一代新人的重要途径之一，也是促进教育结构、教育制度改革，发展我国教育事业的一个有效措施。通知要求，各级政府、教育部门加强领导和管理，有关部门积极支持，注意总结交流经验，及时解决勤工俭学活动中出现的问题。这次会议和国务院文件为勤工俭学正了名、立了法。

三、加强政治理论课教学

教育部在总结正反两方面经验的基础上，于 1980 年 7 月 7 日颁发了《改进和加强高等学校马列主义理论课的试行办法》，明确规定了高等学校马列主义理论课的地位和任务，强调政治理论课的教学必须坚持四项基本原则教育，为实现社会主义现代化建设服务。同年，重新修订后正式出版发行了《中国共产党历史》、《政治经济学》、《辩证唯物主义与历史唯物主义》、《国际共产主义运动史》四门政治理论课的教学大纲。这些措施都促进了高等学校思想政治教育的加强。

中学政治课也得到了加强。在“文化大革命”中，政治课长期处于无固定课时、无稳定教材、无专职教师的“三无”状态。1979 年 4 月，胡耀邦在听取教育部负责人关于中小学德育工作的汇报时指出：当务之急就是总结建国三十年政治课的经验教训，改革课程设置，编出一套适合中小学生用的较好的教材。有了课本，才有章法，这是一项基本建设。他要求教育部尽快组织力量在一两年内付诸实施。根据上述指示，教育部于 1980 年 9 月发出《关于加强和改进中学政治课的意见》，对中学政治课的地位、任务、课程设置、教材编写、教学方法以及师资队伍的建设与管理等有关问题均作了明确规定。《意见》提出的设课方案是，从初中一年级到高中二年级分别依次开设《青少年修养》、《政治常识》、《社会发展简史》、《政治经济学常识》、《辩证唯物主义常识》。以后，在编印教学大纲时，考虑到各方面的意见，将初中二年级的课程改为《社会发展简史》，初中三年级改为《法律常识》。1981 年制定了五门课程的教学大纲，出版了全套教材和教学参考书，供全国统一使用。上述一系列措施，加强了中学政治课的地位，保证了这门课程的相对稳定，调动了广大德育工作者的积极性，为加强中学生的思想政治教育工作提供了有力的保证。

在小学，专门开设了思想品德课。“文化大革命”以前，小学的思想品德教育没有专门设课，主要通过每周一节的周会进行。1978 年 1 月教育部曾规定，小学四、五年级开设政治课，每周两课时。后因教学内容脱离学生实际，教育部于 1981 年将小学政治课改为思想品德课，一至五年级每周一课时。1982 年 5 月正式下发了《小学思想品德课教学大纲（试行草案)》。小学思想品德课的主要内容是：进行以“五爱”为中心的社会公德教育、理想和纪律教育、浅显的政治常识教育，培养学生良好的思想品德和行为习惯。这门课程的开设对于提高小学生的思想道德素质具有重要意义。

四、重视思想政治教育工作队伍建设

加强学校的思想政治教育工作，必须有一支精干的、稳定的思想政治教育工作队伍。思想政治教育也是一门科学，需要不断总结和积累经验，不断探索客观规律，并根据各级各类学校的不同特点开展工作。因此，各级各类学校都必须有自己专门的思想政治教育工作队伍。

鉴于学校的思想政治教育工作队伍存在着人数少，思想、文化水平不适应，不安心工作和后继乏人等问题，在加强思想政治教育工作的同时，各级各类学校都加强了思想政治教育队伍的建设。采取的措施主要有：（1）提高思想政治教育工作者的地位。对学校思想政治教育工作干部视同学校教师一样，都是教育工作者，都是学生的老师，他们的劳动和贡献同样受到社会的承认、支持和鼓励。（2）加强对思想政治教育工作者的培养和培训，以提高他们的思想、文化水平和工作能力。（3）采取切实措施解决他们的实际困难，鼓励他们安心工作。（4）提高思想政治教育工作者的生活待遇，改善他们的工作条件。（5）发动和依靠学校的全体教职工共同做好学生的思想政治教育工作，进一步提高全体教师的思想、政治水平，并进一步落实知识分子政策，以调动他们工作的积极性。通过以上措施，各级各类学校思想政治教育工作队伍的面貌有了一定的变化，水平有了一定的提高。

以加强中小学班主任工作队伍建设为例。班主任是中小学班级思想政治教育工作的主要承担者、指导者和协调者，他们绝大多数既负责班级的思想政治教育工作，同时又担任某一门课程的教学工作。他们的工作状况和水平，直接影响到对学生的思想政治教育工作。“文化大革命”期间“四人帮”制造的种种恶性事件严重挫伤了班主任队伍的积极性，老教师不愿当班主任、青年教师不会当班主任的现象十分突出。鉴于这种情况，教育部从表彰优秀班主任入手，恢复和加强了班主任队伍建设。除了授予工作优秀的班主任以“模范班主任”称号以外，教育部还于 1979 年暑假会同全国教育工会在北戴河召开了 23 个省、自治区、直辖市的班主任经验交流会。教育部、全国总工会、共青团中央的领导专程到会看望代表，著名社会活动家赵朴初为会议创作了《金缕曲·敬献人民教师》。代表回到北京后，国务院副总理王震接见了全体代表，蒋南翔、张承先与代表进行了座谈。这次会议鼓舞和调动了中小学班主任的积极性，并引起社会各方面对班主任的关注。1979 年 11 月，经国务院批准，教育部、财政部和劳动总局决定在全国普通中学和小学公办教师中试行班主任津贴，并在《关于普通中学和小学班主任津贴试行草案》中明确规定了班主任的条件和职责要求。这些措施对于加强班主任工作和队伍建设发挥了重要作用。

五、加强防治青少年犯罪工作

“十年动乱”酿成的一个严重社会问题就是无政府主义泛滥，青少年犯罪现象增多。根据 1979 年 6 月 19 日中共中央宣传部、教育部、文化部、公安部、国家劳动总局、全国总工会、共青团中央、全国妇联等八单位联合写给党中央的《关于提请全党重视解决青少年违法犯罪问题的报告》反映，在当时刑事案件的作案人员中，青少年占很大比重，大、中城市一般占70% ~ 80%，农村占60% ~ 70%。据北京、天津、上海、西安、南宁、长春、吉林七市统计，在当年第一季度查获的犯罪青少年中，在校学生占47%。① 同年 8 月，中共中央在批准上述报告的通知中强调指出，要大力加强中小学生的思想政治工作，并提出对违法犯罪青少年着眼于教育、挽救和改造的方针。

在八单位向党中央提交上述报告的同时，1979 年 6 月 21 日教育部、公安部、共青团中央转发了《北京市九所工读学校的初步总结》，要求

① 何东昌主编：《中华人民共和国重要教育文献》(1976 ~ 1990)，海口：海南出版社，1998 年版，第 1719 页。

各地教育部门会同公安部门抓紧把工读学校办起来。1980年10月，教育部在北京召开全国工读学校座谈会，参加会议的有各省、直辖市教育行政部门负责干部和十几个城市的工读学校校长80余人。会议总结交流了办好工读学校的经验，讨论修改了《关于办好工读学校的试行方案》（初稿），蒋南翔在会上讲了话。他在讲话中指出，要像办重点中学那样下功夫办好工读学校。1980年底，有23个省、自治区、直辖市建立工读学校102所，在校学生8 000人。1981年4月21日，国务院批转教育部、公安部、共青团中央报送的《关于办好工读学校的试行方案》，并发出通知指出："各级人民政府，特别是青少年犯罪比较严重的大中城市，要把工读学校办好。"

在各地办好工读学校的工作中，涌现出一批先进典型，上海市黄浦区第二工读学校就是当时的先进典型之一。该校于1980年9月开办，首批学生104名。经过校内一年多的一系列教育，学生都有了不同程度的进步，有5人考入高中，1人考入职业学校，还有一批人就业（包括被录取进工厂）。学生毕业离校一年后，表现好的和比较好的87人，占学生总数的84%。该校取得成绩的重要原因是，坚定地贯彻"挽救孩子，造就人才，立足教育，科学育人"的办学指导思想。当时该校的经验被誉为"变'顽石'为'金子'"，受到中共中央书记处书记胡乔木的肯定。1982年4月9日，胡乔木前往北京市朝阳区工读学校看望师生，并把他创作的《金子》诗篇送给学校，还对工读教育作了重要指示，明确提出："把工读学校办成两个部分，一部分是工读，一部分是普通学校，办成职业学校，统一由学校管理，让学生用职业学校名义毕业，好比甲、乙两部，甲部完成思想转化过程，乙部完成职业教育过程。"胡乔木这一指示对进一步办好工读学校及其以后的改革具有深远意义。1982年8月20日，教育部转发了上海市黄浦区第二工读学校的经验，并在转发通知中传达了胡乔木的上述指示。

从1978年到1982年，全国工读学校发展到122所，共招收学生17 425人，结业9 422人，教育成功率为85%~90%。工读学校在教育、挽救和改造违法和轻微犯罪青少年学生方面发挥了重要作用。①

---

① 卓晴君、李仲汉著：《中小学教育史》，海口：海南出版社，2000年版，第318~320页。

在防治青少年犯罪方面，教育部还会同公安部、共青团中央向中共中央报告了关于淫秽书刊在中学流传的情况，并按照中央领导同志的指示精神，认真进行了收缴、查禁工作。

通过上述各项措施，学校思想政治教育工作软弱涣散的状况有所改变，思想政治教育工作的领导和管理有所加强，思想政治教育工作队伍的水平有所提高，学生的精神面貌也有所变化。在高等学校，正气上升，学生坚持四项基本原则的自觉性有所提高；学生中积极要求入党的人数增加，初步形成了一支由共产党员、要求入党的积极分子、优秀团员、三好学生组成的学生骨干队伍；学校里出现了较为良好的教学、生活秩序，学风好转，学生学习成绩提高，道德风尚有了新的变化。在中小学，三好学生、优秀学生干部和先进集体增多。1982 年 2 月 3 日至 5 日，共青团中央、教育部在北京召开了建国以来第一次全国三好学生、优秀学生干部和先进集体代表会议，受表彰的三好学生、优秀学生干部 449 名，先进集体 52 个。① 但是这些变化还是初步的。学校的思想政治教育是一项长期的、复杂的、艰巨的工作，特别是在新的历史条件下，思想政治教育工作如何适应四化建设和改革开放的要求并提高其实效性，是一项很值得深入探讨的课题。

第八节　开创教育国际交流与合作的新局面

在 20 世纪 70 年代初，由于周恩来力挽狂澜，毛泽东亲自过问，我国在国际关系方面有了重要突破，联合国恢复了我国的合法席位，中美关系明显改善，同我国建交的国家数量增多，国际形势朝着有利于我国的方向发展。到 1982 年底，同我国建立正式外交关系的国家已有 125 个。我国不仅同多数发展中国家建立了正式外交关系，而且还同世界上所有主要资本主义国家建立了正式外交关系。这样的国际环境为我国的改革开放提供了有利的国际条件，也为开创教育国际交流与合作新局面创造了良好机遇。

① 卓晴君、李仲汉著：《中小学教育史》，海口：海南出版社，2000 年版，第 322 页。

一、大量派遣出国留学人员

为了加快国家的现代化建设，使我国尽早赶上世界先进水平，邓小平多次对留学工作作出指示。他强调，派人出国留学是使我国赶上世界先进水平的一项具体措施。他还多次表示："赞成留学生数量增大，主要搞自然科学。"1978 年 6 月，他在听取清华大学主要负责人汇报工作时再次强调，"要成千成万地派，不是只派十个八个……今年派三千出去"。① 教育部为此于 1978 年 8 月发出《关于增选出国留学生的通知》。在中共中央直接领导下，教育部以及其他有关部门共同努力，在从 1978 年开始的三年多时间里，我国共派遣公费出国留学人员6 800多人；从 1978 年一年派出几百人，增加到 1981 年一年派出近3 000人。②

同时，出国留学人员的派遣和管理的基本制度也逐步建立健全起来，派遣工作的经验也逐渐积累起来。主要表现在以下几个方面：

第一，调整派遣方针。1978 年开始大量选派留学生时，国内高等本科教育尚未完全恢复，研究生教育规模小，因此当时确定派遣出国留学人员包括大学生、研究生和进修生三类，出国留学生学习的专业主要是理、工科（包括农、医）的有关专业。到 1980 年，鉴于我国本科高等教育的良好发展，向外派遣留学生的方针改为：多派研究生，少派或不派大学本科生。关于出国学习的专业，1982 年开始强调以自然科学和工程技术为主，并把重点放在我国比较薄弱或者需要开拓的学科和领域上；同时派出一定数量的人员考察和研究外国的政治、经济、法律、教育和语言等。

第二，建立出国留学人员培训基地。1979 年，教育部决定在北京第二外国语学院、上海外国语学院、广州外国语学院、大连外国语学院、西安外国语学院和四川外国语学院等六所外语院校设立出国留学生培训部。1980 年，教育部又决定在北京语言学院增设出国留学生培训部。此外，东北师范大学承担一定数量的日语培训任务，由中日双方合作进行；同济大学承担德语培训任务，由我国和联邦德国合作进行。为了更好地

---

① 于富增、江波、朱小玉著：《教育国际交流与合作史》，海口：海南出版社，2001 年版，第 128 页。

② 于富增、江波、朱小玉著：《教育国际交流与合作史》，海口：海南出版社，2001 年版，第 129 页。

指导开展上述培训部的工作，教育部还制定了有关培训工作的规章制度。

第三，开辟出国留学人员的派遣渠道。除了积极通过国家间的联系以解决出国留学人员的派遣渠道外，还发动各省、自治区、直辖市的有关单位，主动与国外单位联系，扩大派遣渠道。此外，以民间名义与未建立外交关系的国家互换留学生也是一种渠道。例如1978年，我国尚未与美国建立正式外交关系，便以民间方式，由美国驻北京联络处利用美国政府拨款的富布来特计划，派遣英语教师到北京大学任教。同年，我国还以民间方式同美国达成协议，实现了建国以来我国第一批52名访问学者和科技工作者踏上赴美的行程，揭开了中美大规模教育交流的序幕。此外，还有利用项目作为派遣渠道的，例如李政道先生的“中美物理研究生考试”项目，在1980～1986年间，通过这个项目共派出700多名研究生赴美学习。①

第四，支持自费出国留学。随着大量派遣留学人员工作的开展，自费留学的问题自然地被提上议事日程。1981年1月，国务院批准了教育部等七个部门联合提出的《关于自费出国留学的请示》和《关于自费出国留学的暂行规定》。后者是建国以来第一个关于自费出国留学的政策性文件。文件明确指出：自费出国留学是培养人才的一条渠道；自费出国留学人员是我国出国留学人员的组成部分；对自费留学人员和公费留学人员在政治上应一视同仁。1981年9月，教育部发布了《关于在校研究生自费出国留学问题的通知》，1982年3月，中共中央发出《关于自费出国留学若干问题的决定》，促进了自费出国留学工作的健康发展。据统计，自公布第一个自费出国留学规定后的两年时间里，全国共有6 000多人自费出国留学。

第五，做好留学人员学成回国工作。做好出国留学人员学成回国的工作是出国留学工作的重要环节，也是出国留学工作的目的。为了使更多的出国留学人员能够按期回国服务，1981年2月，教育部专门发出了《关于做好留学人员回国工作的通知》。在1982年以前，我国出国留学人员完成学习任务按期回国服务的情况还是比较好的，特别是进修人员

---

① 于富增、江波、朱小玉著：《教育国际交流与合作史》，海口：海南出版社，2001年版，第136～137页。

大多数能按期回国。据统计，1979年和1980年两年派出的出国留学人员共3 800多人，1981年和1982年两年学成回国的留学人员达3 100多人。①

总之，这一时期的派遣出国留学人员工作具有开创性，虽然经验不足，但在中共中央和国务院的直接领导下，克服了各种困难，成功地打开了派遣出国留学人员工作的新局面，为以后的更大发展奠定了基础。

二、进一步开放来华留学教育

来华留学教育的进一步开放主要表现在接受发达国家的学者来华进行研究以及开放自费来华留学等方面。

1978年以后，发达的资本主义国家向我国派来的进修生和研究学者要求在我国搞一些社会调查，或利用我国的图书资料进行专题研究。当时，我方的物质条件等还不能满足这些外国留学人员的要求，因此，这成为双方领导人会见时外方经常提出的问题之一。到1982年，在我国的这类外国进修生和研究学者总数达到125人（其中美国101人），②而且保持继续增加的趋势。

为了解决好外国来华留学及研究人员的问题，国务院批转了教育部、外交部、公安部联合发出的《关于安排外国进修生和研究学者有关问题的请示通知》，解决了外国进修生和研究学者在我国学习期间进行调查和查阅资料的问题。《通知》规定：在我国高等学校的外国学生和学者要求到校外进行短期考察、访问或社会调查，须由本人提出考察计划或调查提纲，经学校报有关省主管部门审批后进行；此类考察每学期可进行一次，每次两周左右，由学校派人陪同；由于目前条件限制，对要求搞较长时间社会调查的要从严掌握；凡可对外开放的档案资料，有关部门要制定相应的规定，在规定范围内，对查阅资料的外国学者开放。同时《通知》还要求国内有关部门对此要有统一认识。这个《通知》无疑大大改善了我国接受外国留学生学习的社会条件，有利于来华留学生教育的发展。

---

① 于富增、江波、朱小玉著：《教育国际交流与合作史》，海口：海南出版社，2001年版，第143～144页。

② 于富增、江波、朱小玉著：《教育国际交流与合作史》，海口：海南出版社，2001年版，第150页。

关于开放接受自费来华留学生的工作，起自于1978年法国提出自费在北京语言学院为法方一所设有中文课程的高等学校学习中文的学生在暑期举办汉语短训班一事。虽然这批来华留学生在华学习时间仅几周，但这是我国自费来华留学教育发展的起点，对以后的来华留学教育的发展具有重要意义。1979年，经国务院批准的《关于接受自费外国留学生收费标准问题的请示》中，第一次明确规定了对自费外国留学生的收费标准，这为我国自费来华留学生教育提供了发展条件。1980年，教育部为了规范汉语培训班的办班行为，发出《关于高等学校开办外国人中文短训班问题的通知》。《通知》中的有关政策规定，同过去招收外国留学生的政策相比有了新的突破，包括扩大了可以举办汉语短训班的高等学校的范围，举办汉语短训班的审批由省、自治区、直辖市政府有关部门负责，高等学校在举办汉语短训班方面具有招生自主权等。这些政策措施大大推动了来华汉语短训班教育的发展，也对我国来华留学教育的发展产生了重要影响。

此外，为了促进来华留学教育的发展，我国还在提高来华留学生的新生质量方面做了许多工作。1979年召开的第二次全国来华留学生教育工作会议确定，今后招收来华留学生的工作方针是：坚持标准，择优录取，创造条件，逐步增加。会议还明确规定，今后来华的理科、工科、农科、医科等学科的本科留学生必须经过考试，并根据标准录取；文学、历史、哲学、中医等专业本科留学生必须学习两年汉语后方可进入专业学习。来华留学生质量的提高促进了来华留学教育的健康发展。

三、高等学校对外教育交流与合作的发展

高等学校对外教育交流与合作的发展程度，实际上反映了一个国家的对外教育交流与合作的发展程度。我国实行改革开放政策后，高等学校的对外教育交流与合作有了较大的发展，高等学校不仅在派遣出国留学人员和接受来华留学人员方面有了自主权，而且聘请外籍教师、派遣教师出国任教、派遣人员出国参加国际学术会议、与国外大学开展科研合作等方面也有了自主权。可以说，外国高等学校在教育国际交流中所能采取的一些方式方法，在我国高等学校的教育国际交流中也都开始采用了。这是高等学校教育国际交流的一个重要发展。

据统计，在聘请外籍教师来华任教或讲学方面，以教育部直属高等

学校为例，1979 年聘请的外国专家和教师共 143 人，其中短期讲学的仅 26 人；1980 年聘请的外籍专家和教师增加到 545 人，是 1979 年的 3.8 倍，其中短期讲学的 288 人，是 1979 年的 11 倍多；到 1982 年，总数增加到 925 人，比 1980 年又增加了70%，其中短期的数量达 469 人，比 1980 年增加了63%。①

在派遣教师出国任教或讲学方面，1979 年至 1981 年间，我国通过官方渠道派遣出国任教的教师为 278 人。在同一时期，我国高等学校派遣出国任教或讲学的教师为 124 人，其中除少数为汉语教师外，其余教师涉及的学科领域有人文学科、自然科学和工程技术学科等。②

在与外国互聘名誉教授、客座教授方面，教育部于 1980 年 9 月、10 月先后发出了《关于聘请外籍学者为名誉教授的几点意见》、《关于聘请外籍客座教授的意见》两个文件。根据这两个文件的精神，不少高等学校聘请了外国学者担任名誉教授或客座教授。与此同时，外国高等学校也授予我国高等学校的学者名誉学术称号。1980 ~ 1981 年间，北京大学周培源教授、复旦大学谢希德教授、武汉大学高尚荫教授等，分别被授予美国普林斯顿大学、美国史密斯女子学院、美国劳林斯大学的名誉博士学位。

在参加国际学术会议方面，据统计，1979 年至 1981 年间，教育部所属的 35 所高等学校中的 32 所学校共派遣了 800 多名学者、教授，出国参加了 260 多个国际学术会议，其中自然科学和工程技术学科的会议占88%。③

四、多边教育交流与合作机制的启动和发展

多边教育交流与合作是指同联合国的下属组织进行的教育交流与合作。同我国进行教育方面合作的联合国下属国际组织主要有联合国计划开发署（以下简称开发署），联合国儿童基金会（以下简称儿基会）和

---

① 于富增、江波、朱小玉著：《教育国际交流与合作史》，海口：海南出版社，2001 年版，第 160 页。

② 于富增、江波、朱小玉著：《教育国际交流与合作史》，海口：海南出版社，2001 年版，第 160 ~ 161 页。

③ 于富增、江波、朱小玉著：《教育国际交流与合作史》，海口：海南出版社，2001 年版，第 163 页。

联合国人口基金会（以下简称人口基金会）等。

一是与开发署的教育合作。这项合作是从 1980 年开始的。合作的方式主要是该组织提供资金和技术援助，我方为实施合作项目给予与对方相同比例的投入。具体的合作领域有：（1）提高英语教学与培训能力。这是双方合作的一个重要领域。开发署先后批准实施了北京外国语学院提高外语教学能力项目和西南地区英语师资培训项目。后一个项目的目标包括在云南师范大学建立一个英语师资培训中心。在实施项目的四年期间，该中心共为西南地区培训英语师资 750 人次。① 此外，还实施了中学层次的英语教学和培训项目。（2）提高高等学校科学研究和管理能力。在这方面，实施了“加强部分重点大学人才培养与研究项目”和“大学管理人员培训与研究项目”。前者实施的单位是厦门大学和南开大学；后者实施的单位是国家高级教育行政学院和教育部所属的几个教育部培训中心。在实施项目的 4 年间，共培训了高等学校管理人员 1 000多人次，编写并出版了 12 本教材，完成了 6 个科研课题。② （3）提高中小学管理和教学能力。在这方面实施的项目有：“中小学校长培训”、“中小学师资培训”、“中学教学手段现代化”等。（4）加强职业学校和职业学校后培训。内容是选定一些职工业余大学和一些职业技术学校，培训学校各类人员，以提高学校的培训和管理水平，使其毕业生更能适应企业的需要。

二是与人口基金会的教育合作。此项教育合作是从 1980 年开始的。人口基金会的援助宗旨是：提高发展中国家人口的知识和能力，以使之适应人口计划生育方面的需要。其合作方式基本上是，该组织主要提供技术援助，我国提供相应比例的配套经费。合作的第一周期是 1980 年至 1984 年。当时有一项名称为“普通中学人口教育”的合作项目，其主要目的是对高中学生进行正规的人口教育的试点，主要内容有：培训师资、开设课程、编写教材、修订教学计划、提供设备、组织经验交流和派人出国考察等。参加此项目第一周期的有 10 所中学和 10 所教育学

---

① 于富增、江波、朱小玉著：《教育国际交流与合作史》，海口：海南出版社，2001 年版，第 169 页。

② 于富增、江波、朱小玉著：《教育国际交流与合作史》，海口：海南出版社，2001 年版，第 170 页。

院。在第一周期内共培训了1.7万名中学教师，编写了供中学使用的《人口教育讲座》、《人口教育》等教材。由于参加培训的中学教师不仅仅限于参加项目的10所中学，因此，实际开设人口课的中学要多得多，使受过人口教育的初、高中学生达几百万人之多。这是我国对中学生进行人口教育最早的举措，为以后对中学生进行青春期教育和性健康教育打下了良好的基础。后来，此项经验推广到25个省、自治区、直辖市。教育部还明确规定，人口教育课是高中学生必须选修的课程之一。①

三是与儿基会的教育合作。儿基会实施的是为十四岁以下儿童服务的各类项目，其中教育项目占重要地位。我国与儿基会的教育合作从1982年开始。其合作方式也是该组织主要提供技术援助，我国提供相应比例的配套经费。此项教育合作的主旨是，如何使每一个儿童都能够接受基础教育。该项合作的第一周期是1982年到1984年，合作的项目有：由教育部实施的学前和小学师资培训项目、科学教育项目及彩色教材和儿童读物项目，以及由南京师范大学实施的特殊教育项目。

五、与联合国教科文组织的合作与交流

联合国教科文组织是联合国下属的一个专业性政府间国际组织，全称为“联合国教育、科学及文化组织”（以下简称教科文组织），成立于1945年，中国是该组织的创始国之一。该组织的使命是“通过教育、科学和文化来促进各国间之合作，对和平与安全作出贡献，以增进对正义、法制及联合国宪章所确认之世界人民不分种族、性别、语言或宗教，均享人权与基本自由之普遍尊重”。②

1971年10月29日，教科文组织执行局第88届会议通过了恢复中国在该组织合法席位的决定。1972年，我国决定正式参加该组织的一些活动，经中央批准，以我国驻法大使黄镇为团长的代表团出席了教科文组织第十七届大会，同时参加了教科文组织执行局成员的竞选，我国推荐的清华大学教授张维当选为执行局委员。随着我国改革开放政策的实施，我国与教科文组织的合作逐步扩大。1978年10月11日，国务院

---

① 于富增、江波、朱小玉著：《教育国际交流与合作史》，海口：海南出版社，2001年版，第176页。

② 于富增、江波、朱小玉著：《教育国际交流与合作史》，海口：海南出版社，2001年版，第306页。

批准成立中华人民共和国联合国教科文组织全国委员会（以下简称中国教科文全委会），由教育部负责。第一任中国教科文全委会主任是教育部副部长李琦（1979～1981），全委会秘书处设在教育部。

我国同联合国教科文组织合作与交流的框架内容包括：中国政府派政府官员和专家参加教科文组织的会议；教科文组织资助中国有关专家考察其他会员国的教育、科学、文化方面的情况；教科文组织与我国合作，在我国举办有关教育、科学、文化方面的研讨会，并聘请其他国家的专家与会；教科文组织在我国举办教育、科学、文化等各领域的培训班，培训我方有关人员；教科文组织资助我方人员赴教科文组织会员国学习、进修；我国向教科文组织提供奖学金，资助其他会员国人员来我国学习和进修；我国与教科文组织交换教育、科学、文化领域的出版物，教科文组织向我国提供其他组织出版的各种出版物，并且以中文出版教科文组织的一些重要出版物等。根据合作内容，我国多次派遣了政府高级官员和专家参加教科文组织的一些重要会议，到教科文组织的会员国学习、考察；在教育业务领域开展了包括扫盲、小学、中学、高等教育、职业技术教育在内的全方位的合作交流，如1981年参加了教科文组织的“亚太地区教育革新为发展服务计划”项目，1982年开始参加了“教育为大众服务计划”项目等。通过上述各类活动，我们不仅学习了世界上的先进经验，而且也为推动世界教育的发展作出了我们的贡献。

总之，我国教育国际交流与合作的内容非常广泛，进行交流与合作的地区和组织也非常广泛，而且这类国际交流与合作一直保持着良好的发展势头，取得了较好的效果。这不仅加强了我国教育界同世界的联系，而且向世界介绍和宣传了我国教育发展的真实情况，增进了我国同世界各国人民之间的友谊。

小结

从 1976 年 10 月至 1982 年中共十二大召开以前的六年，是我国社会主义教育的历史性转折阶段。在这个阶段，我国教育结束了在十年“文化大革命”中的动乱局面，实现了由突出为“以阶级斗争为纲”服务向为“以经济建设为中心”的社会主义现代化建设服务的历史性转变。这是我国教育的第二次根本性转变。我国教育又回到了建设中国特色社会主义教育的轨道上来，并以此为新的起点，取得了更大的进步。

这个阶段最重要的理论建树是：开启了我国社会主义教育事业发展以邓小平教育理论为指导思想的新时代。虽然邓小平建设中国特色社会主义理论在全党的指导地位是在 1992 年召开的党的十四大上才确立的，但在这个转折阶段，无论是教育战线的拨乱反正，还是以调整为中心的教育改革，无不是在邓小平的直接领导和指导下进行的。邓小平领导推翻“两个估计”，挽救了中国社会主义教育事业；邓小平一系列有关教育的论述和讲话，指引和推动了中国社会主义教育事业的胜利转折和继续前进。在这一阶段，邓小平教育理论的内容已涉及许多方面，其中关于教育的地位和作用与知识分子的地位和作用两个问题的理论贡献极为重大，实践影响极为深远，彻底纠正了建国以来在这两个问题上曾经犯过的“左”的错误，并为现实的和未来的社会主义教育事业的健康发展和广阔前景提供了有力的保证。邓小平教育理论深刻揭示了社会主义现代化建设的本质和发展规律及社会主义教育事业的本质和发展规律，是建国以来我国社会主义教育建设正反两方面经验的结晶，是坚持解放思想、实事求是的思想路线在教育领域的具体体现。坚持认真学习邓小平教育理论并运用这一理论指导工作，是每一位教育工作者紧迫而又长期的任务。

这个阶段的重大实践成果是：完成了教育战线上的拨乱反正，既完成了拨林彪、“四人帮”两个反革命集团破坏之乱，又完成了拨“左”倾错误之乱；既纠正了“文化大革命”中的“左”倾错误，又纠正了“文化大革命”前的“左”倾错误。教育指导思想的拨乱反正推动了教育工作的拨乱反正。教育工作从组织机构、教育教学、思想政治工作、队伍建设到学校管理等各个方面都得到全面恢复。在此基础上，教育战线贯彻执行“调整、改革、整顿、提高”的方针，坚持以调整为中心、调整改革同时进行，推动了教育改革的起步。通过以上工作，教育指导思想上的是非得到澄清，党和国家的各项正确政策得以贯彻，广大学生的思想面貌积极向上，广大知识分子的积极性被调动起来，学校重新建立起正常的教学秩序，教育工作走上了正轨，初步实现了邓小平在1977年“八八讲话”中提出的教育事业要“五年初见成效”的奋斗目标。

但是，这些成绩只是初步的，教育还很不适应新的历史时期的需要，有待于全面的改革和发展。

5

第五编

社会主义教育的全面改革和发展

（1982～1992）

从 1982 年中共十二大起，经过十三大到 1992 年十四大召开的前夕，是我国全面开创改革开放和社会主义现代化建设新局面的十年，是在建设中国特色社会主义道路上不断探索前进的十年。在这期间我国经历了国内风波和国际的风云变幻，全国人民在建设中国特色社会主义理论的指引下，贯彻执行社会主义初级阶段的基本路线，团结奋战，取得了社会主义现代化建设的巨大成就。

1982 年 9 月，中共十二大召开。大会提出了党在新的历史时期的总任务，制定了我国全面开创社会主义现代化建设新局面的宏伟纲领。大会确定了“走自己的路，建设有中国特色社会主义”的发展道路。根据邓小平的设计，大会确定：从 1981 年到本世纪末的二十年，我国经济建设总的奋斗目标是，在不断提高经济效益的前提下，力争使全国工农业的年总产值（后来改为国民生产总值）翻两番，使人民生活达到小康水平。在战略部署上分两步走，前十年主要是打好基础，积蓄力量，创造条件；后十年要进入一个新的经济振兴时期。这次大会把教育和科学确定为经济发展的战略重点。

1987 年 10 月，中共十三大召开。大会作出了“我国正处在社会主义初级阶段”的正确论断，提出了党在社会主义初级阶段的基本路线。大会的中心任务是加快和深化改革。这次大会明确提出：“把发展科学技术和教育事业放在首要位置，使经济建设转到依靠科技进步和提高劳动者素质的轨道上来。”“必须坚持把发展教育事业放在突出的战略位置，加强智力开发。”

按照中共十二大和十三大的战略部署，经济体制改革在全国范围内全面展开。农村经济改革在巩固的基础上进一步深化，全国改革的重点由农村转向城市，城市的经济改革迈出了重大的步伐；克服了在改革前进中出现的通货膨胀及经济秩序混乱的现象，采取了治理经济环境、整顿经济秩序、全面深化改革的方针，经济建设总体上有了很大发展；“六五”计划全面和超额完成，国民生产总值年平均增长10%（大大超过原计划4%～5%的速度），① “七五”计划也胜利完成，国民生产总值

① 胡绳主编：《中国共产党的七十年》，北京：中共党史出版社，1991 年版，第 516 页。

年平均增长7.8%。①

这十年中，党和政府确立了教育在经济建设中的战略重点地位；确立了“三个面向”的战略指导方针；中共中央颁布了《关于教育体制改革的决定》。教育战线逐步明确了教育改革的大思路，即教育思想、观念的转变是前提；教育体制改革是关键；教育教学改革是核心；从教育体制改革入手，推进教育全面改革。循着这个思路，教育改革逐渐全面展开，整个教育事业保持了持续、协调、健康发展：各级各类教育的结构趋于合理，规模效益都有不同程度的提高；实施九年制义务教育取得初步成效和经验；农村和城市教育综合改革实验取得明显进展；学校德育工作进一步改革和完善；教育国际交流与合作有了很大发展。

按照中共十二大的战略部署，全国人民在中国共产党领导下努力奋斗，取得了建设有中国特色社会主义伟大事业的巨大成就，为我国进入新的经济振兴时期打下了坚实的基础。

① 胡绳主编：《中国共产党的七十年》，北京：中共党史出版社，1991年版，第544页。

第十八章　教育战略重点地位和指导方针的确立

由于长期受“以阶级斗争为纲”的“左”的思想影响，建国以来我国教育事业在经济建设中长时期没有放到应有的重要地位。“文化大革命”更使教育事业遭到严重破坏。中共十一届三中全会后，全党工作重点转移到社会主义现代化建设上来，特别是邓小平亲自抓科技和教育工作，邓小平教育理论进一步建立起来并得到贯彻落实，教育在经济建设中的重要地位才逐渐被认识并受到重视。1982年，党中央、国务院正式确立了教育在社会主义现代化建设中的战略重点地位，这在党的历史上还是第一次。这是对社会主义建设规律认识上的一个飞跃，也是我国教育发展史上的重要里程碑。1983年，邓小平提出了“教育要面向现代化、面向世界、面向未来”的战略指导方针。这是对毛泽东教育思想的继承和发展。1985年后，“三个面向”被载入党和国家的重要决定和文件之中，成为长期指导我国教育改革和发展的战略指导方针。为了落实教育的战略重点地位和指导方针，中共中央、国务院于1985年召开了全国教育工作会议，颁布了《中共中央关于教育体制改革的决定》，推动教育全面改革。

第一节　确立教育在社会主义建设中的战略重点地位

社会主义阶段的最根本任务就是发展生产力。在科学技术迅猛发展的现代社会，要发展生产力，必须依靠科学技术和教育。我国要实现现代化，必须确立和落实教育在社会主义建设中的战略重点地位，同时必须坚持教育为社会主义现代化建设服务的方向。

一、确定教育为经济发展的战略重点

1982年9月，中国共产党第十二次代表大会通过的政治报告提出："在今后二十年内，一定要牢牢抓住农业、能源和交通、教育和科学这个根本环节，把它们作为经济发展的战略重点。"这就把教育提高到了全国经济发展的战略重点之一。从此，教育被正式列入党和国家的重要议事日程，得到各级党委和政府的重视。经1982年11月第五届全国人大第五次会议批准的国务院《关于第六个五年计划的报告》中专设一节说明"关于教育、科学、文化事业的发展"，并提出：不断提高全体人民受教育的程度和科学文化水平，既是保证现代化物质文明建设的重要条件，又是加强社会主义精神文明建设的重要内容；要增加"六五"期间对教育、科学事业经费的投入。1983年3月，第六届全国人大第一次会议的《政府工作报告》中设专章报告"关于教育科技文化建设"，并提出：今后应该十分重视智力开发，把发展教育和科学技术为重点的文化建设放在十分重要的地位，这是实现经济振兴的必要前提；要把大力发展高等教育事业，加速培养各方面的建设人才，放在突出的地位。

中共十二大后，教育工作被列入各级政府的重要议程。

辽宁省在全省开展了教育战略地位问题大讨论，提高了各级党委和政府的认识。1983年8月，省委、省政府召开了教育工作会议，作出了《关于加强教育工作的决定》，提出了"经济要发展，教育须先行"的口号。省委要求各级党委和政府"在实际上而不是在口头上真正把教育摆在战略重点的地位"，"要把教育工作列入重要议事日程，每年一定要讨论几次，每次切实解决一二个实际问题"；并规定："今后，要把对教育工作搞得好不好，作为考核各地工作的重要内容。"这次会后，全省十二个市（地）和大部分县都召开了教育工作会议，研究加强教育工作的措施。各地普遍增加了教育投入，改善办学条件，提高教师待遇，进一步发展教育事业。

山东省委、省政府组织各级领导干部学习中共十二大文件，把教育问题作为一个重点，强调联系山东实际，深刻认识新时期教育的战略地位和特殊作用。在省委的带动下，平度县委在一年内开了七次县委常委会，统一对教育战略地位的认识，研究发展教育的对策，然后召开县、乡、村干部4 000人大会，动员发展教育事业。几年后，平度县成为全国发动群众集资办学、实现普及义务教育的先进典型。

黑龙江省委于1983年10月召开全省普通教育工作会议，向各级党委和政府提出了五点要求：(1) 在认识上要真正把教育提到战略重点的高度，要像抓经济那样抓教育，要像办工厂那股劲头办学校，要像关心自己孩子那样关心在校学生；(2) 党委、政府每年最少集中讨论两次教育工作，召开一次有各级领导参加的教育工作会议，解决一些实际工作中的问题；(3) 党政主要领导每年抽出一定时间深入学校调查研究，尽可能掌握教育方面的第一手材料；(4) 真正把普通教育当成地方事业，不等不靠，动员各行各业支持教育工作，形成全党全民办教育的局面；(5) 在人、财、物安排上要体现出教育是战略重点之一，不断地改善办学条件，尽可能帮助教师解决实际问题。

1987年10月，中国共产党召开第十三次全国代表大会，作出了“我国正处在社会主义初级阶段”的正确论断，对于防止和纠正“左”和右的干扰，把建设有中国特色社会主义的伟大事业不断推向前进，具有重大而深远的历史意义。中共十三大提出了党在社会主义初级阶段的基本路线，即“领导和团结全国各族人民，以经济建设为中心，坚持四项基本原则，坚持改革开放，自力更生，艰苦创业，为把我国建设成为富强、民主、文明的社会主义现代化国家而奋斗”。这条路线和党的一系列基本方针，为我国以后的建设和改革规划了基本蓝图。

中共十三大提出了新时期经济发展战略，这个战略的基本要求是：经济建设“要从粗放经营为主逐步转上集约经营为主的轨道”。为此，必须“把发展科学技术和教育事业放在首要位置，使经济建设转到依靠科技进步和提高劳动者素质的轨道上来”。“从根本上说，科技的发展，经济的振兴，乃至整个社会的进步，都取决于劳动者素质的提高和大量合格人才的培养。百年大计，教育为本。必须坚持把发展教育事业放在突出的战略位置，加强智力开发。”

从中共十二大把教育确定为经济发展的战略重点之一，到中共十三大把教育的战略地位又提升到“突出的战略位置”和“首要位置”，这充分表明，随着我国现代化建设的迅猛发展，党和政府对教育地位和作用的认识日益深刻，越来越认识到教育在整个经济和社会发展中发挥着基础性、全局性的关键作用。

二、教育战略地位得到初步落实

党中央把教育确定为经济发展的战略重点，要求各级党委和政府把教育工作提到突出的战略位置后，全国人民特别是各级党政领导对教育在社会主义现代化建设中的作用，不仅认识上大大提高，而且在实际工作中，教育的战略重点地位也开始在全国得到初步落实。

1985年以后，全国所有省、自治区、直辖市都先后召开了省级教育工作会议。会议规格高、规模大，党政部门的主要负责人出席会议并作重要讲话，省、地、县三级党委和政府的领导及教育行政部门的负责人参加。通过传达、学习中央的指示，进一步提高了各级领导干部对教育战略地位的认识。各省、自治区、直辖市党委和政府纷纷作出加强对教育工作领导的决定。许多地方都组织力量进行调查研究，制定符合本地实际情况的落实教育战略地位、发展教育事业的各项具体规划。有的地方建立了各级党委和政府领导联系学校的制度，规定每个领导人都要直接联系至少一所学校，了解情况，研究工作，帮助基层解决问题。

同时，中央和地方政府普遍采取有效措施增加教育经费，改善办学条件，促进教育发展。1987年以后，教育经费的投入有了较大的增长。第一是中央和地方政府的教育拨款有较大增长：1987年国家财政预算内教育经费277亿元（占当年国家财政收入的11.69%）、1988年为323.56亿元（占12.3%）、1989年为397.72亿元（占13.6%）、① 1990年为426.4亿元（比上年增长7.14%）、② 1991年为459.73亿元（比上年增长7.88%）。③ 地方预算内教育经费总体上也是逐年增长的，除个别省市外，绝大多数省市都是逐年增长的。第二是预算外教育资金有较大幅度增长。随着教育战略地位的提升，各级政府积极开辟了多种渠道筹措教育经费，增加社会和个人对教育的投入。如1991年全国教育经费支出合计为731.50亿元，其中财政预算内教育经费459.73亿元（占全国合计的62.8%），预算外教育资金为271.77亿元。④ 此后，预算外教育资金逐

① 刘英杰主编：《中国教育大事典》（上），杭州：浙江教育出版社，1993年版，第94页。

② 中国教育年鉴编辑部编：《中国教育年鉴》（1991年），北京：人民教育出版社，1992年版，第123页。

③④ 中国教育年鉴编辑部编：《中国教育年鉴》（1992年），北京：人民教育出版社，1993年版，第79页。

年有所增加。教育经费的增加，使各级各类学校的办学条件逐步得到改善。

教育战略地位的确立，大大激发了群众办学的积极性，全国各地，特别是在农村掀起了群众性集资办学、捐资助学的高潮。如陕西省1985年至1986年全省筹集教育资金3.28亿元，其中群众集资2.4亿元。① 1991年，全国预算外教育资金为271.77亿元，其中群众集（捐）资为62.82亿元。② 群众集资主要用于改善农村学校的办学条件，不少地方结束了长期存在的“黑屋子、土台子、泥孩子”的学校设施非常落后的状况。海外侨胞捐资兴学的热情也日益高涨。如福建省自1979年到1988年，华侨、港澳台同胞共捐资近3亿元人民币，用于兴办家乡的教育事业。广东省自1979年到1988年，华侨、港澳台同胞捐资新建和扩建大、中、小学3 200多所。③ 这一阶段，华侨、港澳台同胞独资或集资新建的有汕头大学、宁波大学、嘉应大学、五邑大学等高等学校。

由于历史的、社会的原因以及限于当时我国的经济水平，教育的战略地位虽然已经确立，办学条件大有改善，教育事业空前发展，但仍面临着一些困难和问题。诸如，教育经费不足的问题尚未从根本上得到解决，作为主渠道，中央和地方财政拨款的水平依然偏低，《中共中央关于教育体制改革的决定》中早已规定的教育经费年增长幅度，中央财政并没有每年都实现，地方财政有些省、自治区还没有按规定执行。国务院规定的征收教育费附加，有的省、自治区一直没有开征或没有足额征收。教师待遇偏低、拖欠教师工资、民办教师问题、农村义务教育阶段教师学历不达标等问题长期没有得到妥善解决，严重影响了教育质量的提高。要真正使教育的外部条件和社会提供的支持保障体系同教育所处的战略地位相一致，真正使教育的质量、培养人才的素质适应社会主义现代化建设的需要，还需要长期不懈的努力；要真正落实教育的战略重点地位，还任重而道远。

---

① 中国教育年鉴编辑部编：《中国教育年鉴》（1985～1986年），北京：人民教育出版社，1988年版，第377页。

② 中国教育年鉴编辑部编：《中国教育年鉴》（1992年），北京：人民教育出版社，1993年版，第79页。

③ 刘英杰主编：《中国教育大事典》（下），杭州：浙江教育出版社，1993年版，第2136页。

第二节 确立“三个面向”的战略指导方针

邓小平高瞻远瞩，从社会主义现代化建设全局的高度，重视教育，改革教育，发展教育，发表了许多精辟的关于教育的新思想、新观念，形成了富有中国特色和时代特征的邓小平教育理论。邓小平教育理论是建设中国特色社会主义理论的重要组成部分，而“三个面向”则是邓小平教育理论中关于如何办好社会主义教育的精髓。

一、“三个面向”的提出

中共十二大以后，全国进入了全面开创社会主义现代化建设新局面的时期，国家建设的发展要求教育与之相适应。在新形势下教育如何发展，教育整体改革如何进行，是整个教育界都在思考和探索的问题。带着这些问题，1983年9月7日，北京景山学校全体师生给邓小平写了一封信，请他为学校题词。9月9日，邓小平为景山学校题词：“教育要面向现代化，面向世界，面向未来”（简称“三个面向”）。9月11日，全国各主要报纸都在第一版刊登了题词。“三个面向”一经发表，立即引起教育界的广泛重视，兴起了一个学习邓小平教育论述和学习“三个面向”的高潮。通过对“三个面向”的学习和讨论，广大教育工作者提高了对教育本质、教育功能的认识，进一步解放思想，摆脱了就教育论教育的思想束缚，把思考教育问题的视野扩展到既要立足于我国的社会主义现代化建设，又要面向整个世界、面向长远的未来这样宽广的境界，从而大大促进了教育思想大转变。

二、“三个面向”的内涵及意义

“三个面向”的内涵是十分丰富和深刻的。

“教育要面向现代化”，要求教育工作必须立足于、适应于、服从于我国社会主义现代化建设，必须为社会主义物质文明和精神文明建设服务。教育要从我国社会主义现代化的实际情况和实际需要出发，改革现行的体制，改革同社会主义现代化不相适应的教育思想、教育制度、教育内容和教育方法，实现自身的现代化。要求建立适应社会主义现代化建设需要的教育体系，使我国教育事业有一个大的发展。要求进一步提高我国全民族的科学文化素质和思想道德素质，培养大批能够满足现代化建设需要的、又红又专的各级各类专门人才，输送数以亿计的高素质的现代化建设劳动大军，充分发挥教育在加速社会主义现代化建设进程中的积极作用。

教育要“面向世界”，要求教育工作坚持对外开放的方针，从中国实际出发，继承和发扬优秀的民族传统，在独立自主、自力更生的基础上，积极发展同世界各国的教育交流与合作。要博采各国之长，努力吸收、借鉴世界上一切对我国现代化建设有益的先进的教育思想、教育内容、教育方法、教育技术，以及教育评价、教育管理等方面的成果和经验，做到“洋为中用”。要通过“派出去，请进来”等渠道广泛地开展国际间交流与合作，增加了解，促进友谊，沟通信息，互惠互利，培养更多的适应我国现代化建设和对外开放需要的能够立足于世界、参与国际竞争的复合型、外向型各类人才。还要使我国教育质量、教育管理水平不断提高，跻身于世界先进行列，对世界文化科技的发展作出贡献。

教育要“面向未来”，要求教育工作要以对国家和民族的前途和命运高度负责的精神，遵循人的全面发展和教育自身的规律，培养好青少年一代，使他们成为国家的建设者和接班人。“十年树木，百年树人。”人才的培养，有一个较长的过程，既包括学校教育，又包括工作后知识更新的终身教育。教育的这种特点决定了教育是“面向未来”的事业，要求以发展的、长远的、战略的观点发展教育。不但要看到近期的需要，而且必须预见到远期的需要；不但要依据生产建设发展的要求，而且必须估计到现代科学技术的发展趋势。为使教育事业具有长远的发展后劲，必须坚持教育改革，源源不断地培养能够适应和满足未来社会发展需要的改革创新型人才。

“三个面向”是一个有机统一的整体。教育“面向现代化”是“面向世界、面向未来”的基础和前提以及出发点与归宿；而“面向世界、面向未来”则是教育“面向现代化”的必然要求，是教育“面向现代化”在空间和时间两个方面的拓展以及层次与水平的提升。它说明，教育不仅要面向国内的现代化，而且要面向世界的现代化；不仅要面向现实的现代化，而且要面向未来的现代化。只有这样，才能使教育更好地为社会主义现代化建设服务，为建设有中国特色的社会主义服务。

“三个面向”是邓小平从当代世界发展的大趋势和中国社会主义现

代化建设的全局高度，对我国整个教育工作指出的战略方向、战略要求，使教育工作全面、充分发挥应有的社会功能，真正成为建设中国特色社会主义伟大事业的重要组成部分。“三个面向”是邓小平教育理论的重大发展，并成为邓小平教育理论的核心内容之一，对我国教育的改革和发展具有重大的现实指导意义和长远的理论价值。

随着“三个面向”日益深入人心并在教育改革实践中发挥了巨大的指导作用，“三个面向”已作为我国教育改革和发展的战略指导方针被确立下来。1985 年 5 月《中共中央关于教育体制改革的决定》提出：“必须极大地提高全党对教育工作的认识，面向现代化、面向世界、面向未来，为 90 年代以至下世纪初叶我国经济和社会的发展，大规模地准备新的能够坚持社会主义方向的各级各类合格人才。”中共中央、国务院颁发的《中国教育改革和发展纲要》在阐述我国新形势下教育改革和发展的任务时，重申了“面向现代化、面向世界、面向未来”的要求。后来，中共十五大的报告进一步指出：“建设有中国特色社会主义的文化，就是以马克思主义为指导，以培育有理想、有道德、有文化、有纪律的公民为目标，发展面向现代化、面向世界、面向未来的，民族的科学的大众的社会主义文化。”从而将“三个面向”由教育领域扩展到整个文化领域，作为发展社会主义文化的战略方针；同时，把“三个面向”同民族的科学的大众的社会主义文化联系起来，体现了邓小平理论同毛泽东思想是一脉相承的。

第三节　落实教育战略地位，推进教育体制改革

随着全党、全国的工作重点转到社会主义现代化建设上来，党中央确定了对内搞活经济、对外实行开放的方针，社会主义现代化建设进入了新的时期。1984 年 10 月，中共十二届三中全会通过了《中共中央关于经济体制改革的决定》这一指导中国经济体制全面改革的纲领性文件，提出要加快以城市为重点的整个经济体制改革的步伐。随着经济体制改革的深入，教育体制同经济体制改革不相适应的矛盾愈来愈突出。于是，1985 年 5 月，中共中央、国务院召开了全国教育工作会议，颁布了《中共中央关于教育体制改革的决定》。从此，全国的基础教育、职

业教育、高等教育、成人教育都进入了从体制改革入手，推进教育教学全面改革的新阶段。

一、召开全国教育工作会议

虽然改革开放以来教育的各个领域都取得了很大的成就，但同经济体制改革以及经济与社会发展的要求相比，教育还存在着许多与之不相适应的问题。主要是：在教育事业管理权限的划分上，政府有关部门对学校主要是对高等学校统得过死，使学校缺乏应有的活力；在教育结构上，基础教育薄弱，学校数量不足、质量不高、合格的师资和必要的设备严重缺乏，经济建设大量急需的职业和技术教育没有得到应有的发展，高等教育的科系、层次比例失调；在教育思想、教育内容、教育方法上，培养学生独立生活和思考的能力很不够，学校思想道德教育薄弱，不少课程内容陈旧，教学方法死板，实践环节不被重视，不同程度地脱离了经济和社会发展的需要，落后于当代科学文化的发展。因此教育必须改革。

教育改革应从何入手？党中央认为，除必须统一思想，使全党充分认识到教育的极端重要性以外，还要从体制改革入手，着重先解决体制问题，然后逐步地、系统地解决其他问题。为此，《中共中央关于经济体制改革的决定》着重指出："科学技术和教育对国民经济的发展有极其重要的作用。""随着经济体制的改革，科技体制和教育体制的改革越来越成为迫切需要解决的战略性任务。中央将专门讨论这方面的问题，并作出相应的决定。"会后，中央书记处成立了由总书记胡耀邦、国务院总理赵紫阳亲自主持的科技、教育体制改革文件起草领导小组，并责成教育部进行教育体制改革文件的前期草拟工作。中共中央书记处的领导亲自率领教育部领导深入部分省市和国务院部分部委进行调查研究，此后提出的教育体制改革文件，得到中央政治局原则上的肯定。邓小平批示："很赞成。"后来，将文件第五稿印发给全国各省、自治区、直辖市、中央和国务院各部门、各民主党派、各人民团体征求意见。在 1985 年 3 月召开的全国人大六届三次会议和政协六届三次会议期间，中共中央还征求了人大常委、部分人大代表、政协委员的意见。

为了进一步提高全党对教育重要战略地位的认识，为了有效地贯彻教育体制改革的决定，中共中央书记处决定召开一次全国教育工作会议，对《中共中央关于教育体制改革的决定（草案）》再进行一次讨论。

1985年5月15日至19日，中共中央、国务院在北京召开了全国教育工作会议。这次会议是我国进入工作重点转移和实行改革开放政策的新时期以来，由中共中央、国务院召开的第一次全国教育工作会议。会议主要内容是讨论《中共中央关于教育体制改革的决定（草案）》，并研究如何贯彻落实《决定》。目的是进一步统一全党，首先是党政各级领导对落实教育战略地位重要性和教育改革紧迫性的认识，调动各级党政领导机关、教育战线广大教职工和全社会办好教育的积极性，推动教育改革全面展开。这次会议规模大，规格高，历史意义重大。出席会议的有各省、自治区、直辖市党委和政府主管教育工作的负责人，省委宣传（科教、教卫）部部长，省政府高教和教育厅（局）长，中共中央、国务院各部委有关负责人，部分市、地县和厂矿企业、事业单位代表，各级各类学校代表，各民主党派、人民团体代表，知名教育家和专家学者等共600多人。中共中央领导人胡耀邦、邓小平、赵紫阳、彭真、万里、胡启立等出席了大会。国务院副总理万里在会议开幕式上作了重要讲话。与会代表经过认真的学习和热烈的讨论，对教育战略地位的落实和教育体制改革的迫切性的认识进一步提高。

在5月19日大会闭幕式上，邓小平作了《各级党委和政府要把教育工作认真抓起来》的重要讲话。他深刻指出："我们国家，国力的强弱，经济发展后劲的大小，越来越取决于劳动者的素质，取决于知识分子的数量和质量。"他还语重心长地提出："忽视教育的领导者，是缺乏远见的、不成熟的领导者，就领导不了现代化建设。"这个讲话成为了号召全党全国特别是高级领导干部重视教育的巨大精神动力；成为了各级党和政府领导者正确处理教育与经济的关系，做一个领导现代化建设的领导者的经典格言。

二、颁布和实施《中共中央关于教育体制改革的决定》

1985年5月27日，中共中央正式颁布了《中共中央关于教育体制改革的决定》(以下简称《决定》)。《决定》总结了我国教育发展的历史经验，明确了党和国家的教育指导思想并作出了一系列重大教育决策，是指明教育体制改革方向，切合我国教育改革发展实际情况的纲领性文件。其主要内容共分五部分：

第一，首次明确提出“教育必须为社会主义建设服务，社会主义建设必须依靠教育”的指导思想。为此，必须极大地提高全党对教育工作的认识，面向现代化、面向世界、面向未来，为90年代以至下世纪初叶我国经济和社会的发展，大规模地准备新的能够坚持社会主义方向的各级各类合格人才。这一指导思想要求，从根本上解决教育与社会主义现代化建设相互协调发展的问题，真正确立起教育在社会主义建设中的战略地位。这是贯穿《决定》的一条红线。《决定》还指出：发展教育事业不增加投资是不行的。在今后一定时期内，中央和地方政府的教育拨款的增长要高于财政经常性收入的增长，并使按在校学生人数平均的教育费用逐步增长（简称“两个增长”）。

第二，关于基础教育的管理体制《决定》明确规定：基础教育管理权属于地方。除大政方针和宏观规划由中央决定外，具体政策、制度、计划的制定和实施，以及对学校的领导、管理和检查，责任和权力都交给地方。实行九年制义务教育，实行基础教育由地方负责、分级管理的原则，是发展我国教育事业、改革我国教育体制的基础一环。《决定》还将全国划分为三类地区，要求因地制宜地实行九年制义务教育。

第三，关于职业技术教育，《决定》提出了“调整中等教育结构，大力发展职业技术教育”的要求。《决定》指出：职业技术教育是当前我国整个教育事业最薄弱的环节。一定要采取切实有效的措施改变这种状况，力争职业技术教育有一个大的发展。（1）要充分发掘现有中等专业学校和技工学校的潜力，扩大招生，并且有计划地将一批普通高中改为职业高中，或者增设职业班，加上新办的这类学校，力争在五年左右，使大多数地区的各类高中阶段的职业技术学校招生数相当于普通高中的招生数，扭转目前中等教育结构不合理的状况。（2）发展职业技术教育要以中等职业技术教育为重点，发挥中等专业学校的骨干作用，同时积极发展高等职业技术院校，逐步建立起一个从初级到高级、行业配套、结构合理又能与普通教育相互沟通的职业技术教育体系。（3）中等职业技术教育要同经济和社会发展的需要密切结合起来。（4）要充分调动企事业单位和业务部门的积极性，并且鼓励集体、个人和其他社会力量办学。（5）中等职业技术教育主要由地方负责。（6）在改革教育体制的同时改革有关的劳动人事制度，实行“先培训，后就业”的原则。

第四，关于高等教育《决定》确定我国高等教育发展的战略目标是：到本世纪末，建成科类齐全，层次、比例合理的体系，总规模达到与我国经济实力相当的水平；高级专门人才的培养基本上立足于国内；能为自主地进行科学技术开发和解决社会主义现代化建设中重大理论问题和实际问题作出较大贡献。为了实现这个目标，当前高等教育体制改革的关键，就是改变政府对高等学校统得过多的管理体制，在国家统一的教育方针和计划的指导下，扩大高等学校的办学自主权，加强高等学校同生产、科研和社会其他各方面的联系，使高等学校具有主动适应经济和社会发展需要的积极性和能力。为了调动各级政府办学的积极性，实行中央、省（自治区、直辖市）、中心城市三级办学的体制。要求改革大学招生的计划制度和毕业生分配制度，扩大高等学校的办学自主权，根据经济建设、社会发展和科技进步的需要，调整和改革高等教育的结构，改革教学内容、教学方法、教学制度，提高教学质量。

第五，强调要“加强领导，调动各方面积极因素，保证教育体制改革的顺利进行”。在整个教育体制改革的过程中，必须牢牢记住改革的根本目的是提高民族素质，多出人才，出好人才。衡量任何学校工作的根本标准不是经济收益的多少，而是培养人才的数量和质量。紧紧掌握这一条，改革就不会迷失方向。在教育体制改革中，必须尊重教育工作的规律和特点，坚持实事求是，一切从实际出发。改革既要坚决，又要谨慎，注重试验。为了加强党和政府对教育工作的领导，成立国家教育委员会，负责掌握教育的大政方针，统筹整个教育事业的发展，协调各部门有关教育的工作，统一部署和指导教育体制的改革。《决定》最后强调：“改革教育体制要调动各方面的积极性，最重要的是要调动教师的积极性。”还“要动员和教育全党、全社会和全国人民关心和支持教育体制改革，发展教育事业。鼓励各民主党派、人民团体、社会组织、离休退休干部和知识分子、集体经济单位和个人，遵照党和政府的方针政策，采取多种形式和办法，积极地自愿地为发展教育贡献力量。”

《中共中央关于教育体制改革的决定》公布后，根据邓小平关于“纲领有了，蓝图有了，关键是要真正重视，扎扎实实地抓，组织好施工”的指示，全国各地立即行动起来，形成一个深入发动群众、认真学习《决定》、研究制定规划、积极贯彻落实的高潮。

各省、自治区、直辖市党委和政府将教育工作列入重要议事日程，主要领导带动各级党委和政府负责干部认真学习《决定》，贯彻全国教育工作会议精神，提高了各级领导对教育重要战略地位及教育体制改革紧迫性的认识，加强了对教育工作的领导，增加了对教育的投入，开始形成全党重视教育的新局面。

各省、自治区、直辖市普遍在提高认识的基础上开展深入的调查研究，制订符合本地实际的教育发展计划，召开教育工作会议进行动员部署。在教育工作会议后，各地都在精心"组织好施工"上下功夫，并普遍注意增加教育经费投入，落实《决定》规定的"两个增长"。

根据《决定》，国务院总理向全国人大常委会提出了关于提请审议设立国家教育委员会和撤销教育部的议案。议案中说：发展教育事业，改革教育体制，不仅涉及基础教育、高等教育，而且涉及职业教育、成人教育，不仅要调动教育部门的积极性，而且要调动各个部门、各地区、各行各业办教育的积极性。为了保证和推动教育事业的健康发展，统一部署和指导教育体制改革，国务院需要有一个主管教育工作的综合部门。在简政放权的同时，保证党和政府对教育工作的统一领导，加强宏观指导和管理，加强与有关方面的协调。实践证明，教育部很难起到统筹安排教育工作全局的作用。

1985 年 6 月 18 日，全国第六届人大常委会第十一次会议通过了"关于设立国家教育委员会撤销教育部的决定"，任命国务院副总理李鹏为国家教育委员会主任（兼），任命何东昌、杨海波、朱开轩、柳斌、彭珮云、邹时炎、王明达、刘忠德为副主任。1985 年 6 月 13 日，中共中央决定何东昌为国家教委党组书记，杨海波、朱开轩为党组副书记。

1985 年 6 月 25 日，国家教委举行第一次全体会议。李鹏主持会议并讲话。他说：国家教委比原来教育部的职权范围扩大了，领导力量加强了。作为一个综合部门，国家教委将领导和指导地方各部门的教育工作。为了使这个委员会更具有广泛的代表性，已聘请国家计委、国家经委、国家科委、财政部和劳动人事部等五个部门的三位副主任和两位副部长担任兼职委员，参加国家教委的领导工作。

这次会议决定，在今后的一个时期，国家教委围绕贯彻执行《中共中央关于教育体制改革的决定》重点抓好五项工作：（1）对各地学习、执行《决定》的情况进行检查，并督促贯彻落实；（2）抓实施九年制义务教育、征收教育费附加等方面的立法工作；（3）研究职业技术教育方面贯彻《决定》的经验；（4）抓紧进行高等学校的简政放权工作；（5）为起草关于成人教育的改革文件作好准备。

随后，国家教委于1985年7月4日召开国务院各部委主管教育工作的负责人会议。李鹏主持会议，要求各部委一定要重视教育工作，把教育工作摆到应有的重要议事日程。各部委党组要认真学习《中共中央关于教育体制改革的决定》，作出本部门教育工作的规划。随后，国家教委于8月29日在天津召开北京、上海、天津、辽宁、山东、江苏、浙江、广东等省、直辖市贯彻《决定》的情况汇报会，万里到会听取汇报并作了重要讲话；于11月17日在北京召开了吉林、黑龙江、河北、山西、福建、安徽、江西、河南、湖北、湖南、四川、陕西等省贯彻《决定》的情况汇报会，李鹏到会听取汇报并作了重要讲话；于1986年12月在烟台召开甘肃、青海、宁夏、新疆、内蒙古、云南、贵州、西藏、广西等省、自治区贯彻《决定》情况的汇报会，李鹏到会听取汇报并作了重要讲话。这几次会议推动了各地学习、贯彻《决定》工作的进一步深入。针对汇报中反映的情况，国家教委要求各地区从本地实际情况出发，实事求是地积极地制定本地实施《决定》的规划，特别是普及九年制义务教育的可行规划，并要求各地要采取有力措施认真解决教育战略地位、教育经费、师资队伍建设、发展职业技术教育等问题。

国家教委成立后，各省、自治区、直辖市为了加强对教育工作的领导，也先后成立了教育委员会。1998年3月，第九届全国人民代表大会第七次会议通过国务院机构改革方案，将国家教委更名为教育部。

随着贯彻全国教育工作会议精神和《中共中央关于教育体制改革的决定》的逐步广泛深入，全党全国各级领导对教育战略地位的认识进一步提高，教育体制改革逐步深入，各级各类教育按着《决定》的要求得到迅速的发展。

第十九章　基础教育改革和实施九年制义务教育

基础教育是普通小学、普通中学（初中、高中）以及学前教育、特殊教育的统称。由于我国人口的大多数生活在农村，所以基础教育的主体在农村。长期以来，我国基础教育的管理体制过于集中，而且各级政府的管理职责不够明确、规范，不利于调动基层政府、社会各界和广大农民群众办学兴教的积极性，影响了基础教育的快速发展。1985 年《中共中央关于教育体制改革的决定》提出："把发展基础教育的责任交给地方，有步骤地实行九年制义务教育。"从此基础教育从体制改革入手，逐步进行系统的改革，增加教育投入，改善办学条件，加强教师队伍建设，深入进行教育教学改革，整个基础教育的改革和发展都取得了显著成效。

第一节　基础教育体制改革

基础教育体制改革，是发展我国教育事业、改革我国教育体制的基础一环，主要解决基础教育地方管理权的问题，以调动各级政府管理基础教育的积极性。

一、实行基础教育地方负责、分级管理体制

《中共中央关于教育体制改革的决定》明确规定："基础教育管理权属于地方。除大政方针和宏观规划由中央决定外，具体政策、制度、计划的制定和实施，以及对学校的领导、管理和检查，责任和权力都交给地方。省、市（地）、县、乡分级管理的职责如何划分，由省、自治区、直辖市决定。"

《决定》颁布后的两年中，各省、自治区、直辖市从本地区实际情况出发，贯彻落实《决定》，对当地的分级管理职责作出了具体规定。

例如：山东省政府于1985年颁发了《关于中小学领导管理体制的暂行规定》，实行分级办学、分工管理的领导体制，明确规定了省、市（地）、县（区）、乡（镇）、村各级办学和管理的职责：(1) 城市初中由区或市举办和主管，小学一般由区举办和主管；盲、聋哑学校由市举办和主管；厂矿企业办的学校由主办单位主管，接受所在地的县以上教育行政部门的指导和监督。(2) 农村盲童学校由市（地）举办和主管；示范性初中、实验小学和聋哑学校由县（市、区）举办和主管；一般初中和中心小学，由乡（镇）举办和主管；一般小学由村主办，乡（镇）主管，村协助管理。

安徽省政府于1986年颁布了《农村中小学分级管理职责的暂行规定》，决定对全省农村中小学实行以县、乡（镇）为主，区和行政村为辅的分级管理体制。县的主要职责是：制定实施中小学教育工作的具体政策、规定和制度；负责审批全县中小学的设置、停办，以及布局的调整；管理少数示范性初中、实验小学、示范幼儿园和特殊教育学校；负责区、乡教育管理干部的培训工作；负责全县教职工的定编定员，负责管理公办教师，负责民办教师的资格考核和聘任、辞退的审批；负责县级教育事业费的安排和管理，负责制定并实施教育事业费附加的筹措方案。乡的主要职责是：制定并实施本乡教育规划和规章制度；主管本乡一般初中、初等学校和幼儿园，保证适龄儿童入学接受义务教育；对中心小学校长的任免提出建议，决定中心小学副校长、一般小学校长和幼儿园主任的任免；负责本乡教职工的调配，主管初等学校教育教学研究和改革实验，组织安排教师的培训进修；负责筹措本乡一般初中教育事业费附加，保证乡财政主要用于教育。村主要是起办学的后援作用，并协助乡管理本村小学和幼儿园。

为了使农村基础教育管理体制改革更加健康、深入地进行，1987年6月，国家教委会同财政部联合发布了《关于农村基础教育管理体制改革若干问题的意见》。《意见》强调，科学划分地方各级政府的职责权限是搞好农村基础教育改革的关键。省、地（市）、县、乡四级都要明确各自的职责。省、地（市）要加强对农村基础教育的领导，应把县、乡两级职责权限的划分作为工作重点。具体的举措有：

第一，县一级政府，长期以来担负着管理农村学校的重要责任，更应注意发挥县一级的作用，从当地实际出发，把教育事业的发展纳入全县的总体规划，制定调动本地区各级政府和社会力量办学积极性的具体办法；抓好干部和师资队伍建设；制定有关民办教师的政策，努力改善办学条件；加强对教学业务的指导，提高教育质量；规划和调整教育结构，使基础教育、职业技术教育、成人教育更好地结合起来，使教育与经济协调发展，着重为当地的经济和社会发展服务。

第二，乡是我国农村的基层政权，扩大乡一级管理农村学校的职责权限是这次改革的一个重要特点。为了充分发挥乡管教育的作用，要求乡成立管理教育的机构，在乡政府直接领导和县教育行政部门的指导下，做好职责范围内的工作；协助县教育行政部门搞好教育规划和教师、教育行政干部队伍建设；筹措并管好、用好本乡教育经费，切实解决民办教师工资福利待遇问题；密切学校与社会的联系，逐步改善办学条件等。

第三，在农村基础教育管理体制改革中，要注意发挥村这个基层的自治组织的作用，主要是发挥在解决危房、改善办学条件、提高教师待遇、筹措解决民办教师的工资、管理学校财产、维护学校权益、动员适龄儿童入学、参与监督学校工作等方面的作用。

第四,教师资格的考核和任用，应分别情况，由县或县以上教育行政部门负责。乡只负责在本乡范围内教师的使用和调动。学校领导干部的任免权不宜下放过低。一般情况下，学校校长应由县或县以上有关部门考核任免。

由于全国特别是农村实行了基础教育由地方负责、分级管理的体制，各级政府对基础教育的管理权限分清了，职责明确了，干部积极性大为高涨，管理效率大为提高，推动了基础教育的发展和改革。

二、增加教育经费，拓宽办学经费来源

《中共中央关于教育体制改革的决定》明确指出，发展教育事业不增加投资是不行的，中央和地方政府的教育拨款要做到“两个增长”。还规定了地方机动财力中应有适当比例用于教育，乡财政收入应主要用于教育。地方可以征收教育费附加，此项收入首先用于改善基础教育的教学设施。此外，允许基础教育筹集预算外的办学资金。

在增加各级政府预算内教育经费方面，1985 年后，中央和地方都

积极贯彻落实《决定》对增加教育经费的要求。据对26个省、自治区、直辖市的抽查，1985年至1988年财政预算内教育拨款做到“两个增长”的有23个。多数省、自治区、直辖市的预算内教育拨款占地方财政总支出的比例也有所提高。全国预算内教育拨款占全国财政总支出的比例由“六五”时期的平均为10.99%，增加到“七五”时期（1986年至1990年）的12.82%。①

在多渠道筹措预算外教育资金方面，按有关政策，地方可筹集用于基础教育的预算外教育资金有：农村教育事业费附加、中小学收的杂费、中小学勤工俭学收入、社会捐赠、募集教育基金等。基础教育实行“分级办学、分级管理”体制后，地方政府特别是县、乡两级政府，制订了许多项筹资的具体政策和措施。

各地认真贯彻《决定》，在多渠道筹措教育经费、改善办学条件方面取得了显著成绩，涌现出一批先进典型。

1989年12月，国家教委和财政部召开了“全国筹措教育经费、改善办学条件山东现场会”，参加会议的有各省、自治区、直辖市主管教育工作的副省长（副主席、副市长）及教委和财政厅的负责同志，计划单列市主管教育的副市长等。国务委员兼国家教委主任李铁映出席开幕式，并受李鹏总理委托代表国务院对山东省在筹措教育经费、改善办学条件方面取得的成绩给予表彰。此后，于1990年在北京和1992年在河南先后召开了多渠道筹措教育经费、改善办学条件现场会，表彰先进单位，总结出“依靠人民办教育，办好教育为人民”的经验，认为这是一条符合中国国情的改善办学条件的路子。这些会议有力地推动了各地集资办学活动的开展，取得显著成效。

1992年全国教育经费总投入为867.05亿元，其中预算外教育资金达到246.62亿元②（占总投入的28.4%）。全国绝大部分地区的中小学校已基本实现了“一无两有”（即校校无危房，班班有教室，学生人人有课桌凳）。1992年正式宣布我国中小学校改造危房的任务已基本完成。

---

① 教育部编：《共和国教育50年》，北京：北京师范大学出版社，1999年版，第473页。

② 中国教育年鉴编辑部编：《中国教育年鉴》（1993），北京：人民教育出版社，1994年版，第261页。

三、办学体制改革

1982年12月，第五届全国人大第五次会议通过并公布的《中华人民共和国宪法》第十九条规定："国家鼓励集体经济组织，国家企业事业组织和其他社会力量依照法律规定举办教育事业。"第一次对国家鼓励社会力量办学作出原则规定，为以后社会力量办学的发展奠定了基本的法律基础。

社会力量举办的基础教育在《中共中央关于教育体制改革的决定》和《中华人民共和国义务教育法》关于鼓励和指导社会力量举办基础教育的政策法规的正确引导与积极鼓励下，得到健康、持续的发展。短短几年内，社会力量办的基础教育学校数较快增加，办学水平逐步提高，形成一定规模，有些还办出了自己的特色。到1991年，社会力量举办的幼儿园发展到12 101所，在园幼儿38.50万人；小学发展到655所，在校学生2.65万人；中学发展到544所，在校学生8.86万人。①

这一阶段，社会力量办的基础教育有以下几个主要特点：

第一，办学主体多元化。归纳起来有公民个人办学、若干人合办、企业办学、事业单位办学、社团办学、公办学校改制等。其中公民个人办学最多，约占社会力量办学总校数的40%以上，企业、事业、社团办学的校数各占约9%左右，公办学校改制校数约占3%。

办学主体多元化带来了投资主体的多元化和产权所有制多元化。比如有：政府资助，国营或非全民所有制企业投资，社团资助，侨胞和港澳台同胞投资与捐赠，公民个人出资，社会募集资金，以及这些资金的组合。

办学主体多元化形成了办学模式的多样化，主要有：民办公助型，公办民助型，"教育储备金"型，社会集资型，公立"转制"型等。

第二，扩大了办学自主权。办学自主权是社会力量办学区别于政府办学的最大特点。学校在自觉遵守国家法律、法规，贯彻执行国家教育方针，接受政府监督管理的前提下，有权自行招聘教职员工，有权制订教职工工资的分配原则，有权管理和使用本单位的经费与设施，有权自行招生并颁发相应的学业证书，还可以在完成国家规定的课程计划和教学

① 中国教育年鉴编辑部编：《中国教育年鉴》（1994），北京：人民教育出版社，1995年版，第947页。

大纲的前提下，在教学内容、教学方法、课外活动等方面发挥自主性。

第三，发展不平衡。由于我国区域经济发展不平衡，导致了社会力量办的基础教育呈现了明显的地区差异。从办学条件看，东部地区的设施和条件普遍较好，其中还有一部分标准高、要求高、收费高的学校，这类学校多为企业参与或引进境外投资的学校；西部地区的办学条件则相对比较差。从办学水平看，由于师资来源和生源的条件不同，办学的水平差距悬殊，城乡之间、学校之间已经拉开了差距。从办学层次分布看，东部地区和中心城市办的基础教育结构层次比较齐全，中部地区和中小城市则以办初中较多，西部地区和农村基本上是小学层次。城市中社会力量办的中小学力求办成名、特、优质学校，主要满足部分学生择校需要。农村的民办中小学一般办学条件较差，但却补充了农村义务教育学校的不足。

第四，总体规模较小。1991 年社会力量办中学校数占全国中学校数的比重只有0.63%，在校生所占比重只有0.056%；小学校数所占比重仅为0.09%，在校生所占比重仅有0.02%。社会力量办中小学的规模仅分别为社会力量办的职业学校、高等学校所占比重的几分之一和十几分之一。由于规模小，因而在整个中小学教育事业改革和发展中所起的作用受到一定的局限。

社会力量举办基础教育在一定程度上弥补了政府办学经费的不足，给社会提供了多样化的教育选择，对教育体制改革和教学改革起到了一定的促进作用。

1992 年以后，我国的社会主义现代化建设进入了一个新的快速发展时期，国家对社会力量办学的政策发生了积极的变化，形成了关于“办学体制”的总体构想，明确提出：“为满足社会日益增长的需求，要逐步建立以政府办学为主的社会各界共同办学体制。”对社会力量办学采取“积极鼓励、大力支持、正确引导、加强管理”的方针，社会力量举办的基础教育得到了空前的大发展。

第二节　实施九年制义务教育

世界绝大多数国家和地区都实行了义务教育。普及义务教育是实现教育平等的一项重要措施，世界各国都把普及义务教育作为一项基本国策，并颁布义务教育法予以保证。

1985年5月27日，《中共中央关于教育体制改革的决定》指出："我国基础教育还很落后，这同我国人民建设富强、民主、文明的现代化社会主义国家的迫切要求之间，存在着尖锐矛盾，决不能任其继续。现在，我们完全有必要也有可能把实行九年制义务教育当作关系民族素质提高和国家兴旺发达的一件大事，突出地提出来，动员全党、全社会和全国各族人民，用最大的努力，积极地、有步骤地予以实施。"此后，国务院责成国家教委草拟了义务教育法。1986年4月12日，经中华人民共和国第六届全国人民代表大会第四次全体会议审议，通过了《中华人民共和国义务教育法》，并于同年7月1日起在全国施行。至此，通过立法程序，正式确定了我国义务教育制度，标志着我国普及教育事业进入了一个依法治教的新阶段。

一、九年制义务教育的提出

中华人民共和国成立后，党和政府十分重视教育的普及。在"文化大革命"中，普及初等教育受到严重挫折。改革开放后，党和政府把普及小学教育作为一件大事来抓，使小学教育逐步走上了正常发展的轨道。

1985年5月27日，《中共中央关于教育体制改革的决定》首次提出了实施九年制义务教育的任务。《决定》在全面总结了建国以来我国教育事业改革和发展正反两方面经验的基础上，根据我国经济和社会发展的新形势，明确提出了要有步骤地实施九年制义务教育的任务。《决定》指出："义务教育，即依法律规定适龄儿童和青少年都必须接受，国家、社会、家庭必须予以保证的国民教育，为现代生产发展和现代社会生活所必需，是现代文明的一个标志。"

我国在20世纪80年代中叶提出在全国有步骤地实施九年制义务教育，具有十分重要的战略意义。

首先，实施九年制义务教育对我国政治民主建设和精神文明建设具有重要作用。我国各级各类学校人口占社会人口的比例很大。特别是接受义务教育的中小学生有两亿多人。这些少年儿童正处在形成良好道德习惯和世界观、人生观的关键时期，具有很大的可塑性。因此，有目的、有计划地实施义务教育，对学生思想品德素质和文化修养的提高都具有极其重要的作用。广大学生和教师在精神文明上的进步，必然会影响到整个社会的精神文明建设。

其次，实施九年制义务教育能有效地促进我国的社会主义物质文明建设。义务教育是国民基础教育，它将为劳动者全面素质的提高奠定良好的基础。实践证明，劳动者所具备的文化知识基础和劳动技能对生产和经济发展所起的作用不亚于增加资本和劳动力的数量，而只有通过教育才能使科学知识和劳动技能同劳动者结合起来，同生产实践结合起来。实施九年制义务教育就是使青少年、儿童具备一定的文化知识基础，为掌握一定的先进的劳动技术、进行科学生产作准备。实施九年制义务教育对于培养大批专门人才，发展生产力，促进社会主义物质文明建设具有重要的奠基作用。

第三，有利于缩短我国同世界各国实施义务教育的差距。实施义务教育是现代文明的基础和标志。高一级的职业技术教育和高等教育的发展，有赖于基础教育的普及与提高。现代经济、社会和科技的发展也要求有较高水平的基础教育。为此，世界各国都把延长义务教育年限，提高教育质量，作为一项重要国策，置于特殊重要的地位。在此背景下，我国必须提出和致力于实施九年制义务教育，以缩短同世界各国的差距。

二、《义务教育法》的颁布及配套法规的制定

为了确保九年制义务教育的实施，《中共中央关于教育体制改革的决定》提出要制定义务教育法。国务院在经过调查研究，比较广泛地听取各方面意见后提出了《义务教育法（草案)》，提交全国人大常委会第十四次和第十五次会议审议。1986年4月2日，国务院副总理兼国家教委主任李鹏在六届全国人大四次会议上作了关于义务教育法草案的说明。

1986年4月12日，经第六届全国人民代表大会第四次全体会议审议，通过了《中华人民共和国义务教育法》。同日，中华人民共和国第38号主席令公布《中华人民共和国义务教育法》，决定于当年7月1日起正式施行。

《义务教育法》全文为十八条，其基本内容有：

规定了义务教育的性质。义务教育是依据法律规定，适龄儿童和少年必须接受的，国家、社会、学校和家庭必须予以保障的国民教育。实

施义务教育，既是国家对人民的义务，也是家长对国家和社会的义务。国家和社会要提供条件使每个中国儿童和少年受到法律规定年限的教育，家长也要保证自己的子女接受这种教育。《义务教育法》第四条规定："国家、社会、学校和家庭依法保障适龄儿童、少年接受义务教育的权利。"第十五条规定："地方各级人民政府必须创造条件，使适龄儿童、少年入学接受义务教育。"在《义务教育法》的其他条款中，还分别对国家、社会、学校和家庭应承担的义务作了具体规定。法律规定了义务教育具有强制性质。《义务教育法》对不履行应承担的各项义务的行为，规定了适当的强制性措施。《义务教育法》第十五条规定："除因疾病或者特殊情况，经当地人民政府批准的以外，适龄儿童、少年不入学接受义务教育的，由当地人民政府对他的父母或者其他监护人批评教育，并采取有效措施责令送子女或者被监护人入学。""对招用适龄儿童、少年就业的组织或者个人，由当地人民政府给予批评教育，责令停止招用；情节严重的，可以并处罚款、责令停止营业或者吊销营业执照。"这些强制性措施是保证义务教育实施的必要手段。

规定了义务教育的年限和入学年龄。《义务教育法》第二条规定："国家实行九年制义务教育。"第五条规定："凡年满六周岁的儿童，不分性别、民族、种族，应当入学接受规定年限的义务教育。条件不具备的地区，可以推迟到七周岁入学。"

规定了义务教育应遵循的教育方针。《义务教育法》第三条规定："义务教育必须贯彻国家的教育方针，努力提高教育质量，使儿童、少年在品德、智力、体质等方面全面发展，为提高全民族的素质，培养有理想、有道德、有文化、有纪律的社会主义建设人才奠定基础。"

规定了实施义务教育的步骤。在国家宏观指导下，各地实施九年制义务教育要分阶段、有步骤地进行。《义务教育法》第七条规定："义务教育可以分为初等教育和初级中等教育两个阶段。在普及初等教育的基础上普及初级中等教育。"按照这个规定，各地应首先实施初等义务教育，在初等义务教育尚未普及或尚不巩固时，不能盲目地实施初级中等义务教育。

规定了实施义务教育的师资队伍建设。建设一支数量足够、质量合格、结构合理并相对稳定的教师队伍，是实施九年制义务教育的关键所在。《义务教育法》第十三条规定："国家采取措施加强和发展师范教育，加速培养、培训师资，有计划地实现小学教师具有中等师范学校毕业以上水平，初级中等学校的教师具有高等师范专科学校毕业以上水平。""国家建立教师资格考核制度，对合格教师颁发资格证书。"

规定了实施义务教育的经费和基建投资。免收学费，是实施义务教育的一项重要措施，也是我国长期实行普及教育的一项行之有效的政策。《义务教育法》第十条规定："国家对接受义务教育的学生免收学费。"并进一步规定："国家设立助学金，帮助贫困学生就学。"这些规定，为适龄儿童、少年接受义务教育提供了基本必要条件。增加必需的事业费和基建投资，逐步改善办学条件，是实施义务教育的物质保证。从我国的国情出发，教育经费必须实行以政府财政拨款为主、多渠道筹措的方针。《义务教育法》第十二条规定："实施义务教育所需事业费和基本建设投资，由国务院和地方各级人民政府负责筹措，予以保证。""国家用于义务教育的财政拨款的增长比例，应当高于财政经常性收入的增长比例，并使按在校学生人数平均的教育费用逐步增长。""地方各级人民政府按照国务院的规定，在城乡征收教育事业费附加，主要用于实施义务教育。"国家鼓励各种社会力量以及个人自愿捐资助学。

规定了义务教育的管理体制。《义务教育法》第八条规定："义务教育事业，在国务院领导下，实行地方负责，分级管理。"这种管理体制，克服了过去集中过多、统得过死的弊端，有利于调动地方各级人民政府和广大人民群众办学的积极性，有利于各地把实施义务教育同当地社会、经济发展有机地结合起来。

规定了教师的地位和待遇。《义务教育法》第十四条规定："全社会应当尊重教师。国家保障教师的合法权益，采取措施提高教师的社会地位，改善教师的物质待遇，对优秀的教育工作者给予奖励。"

规定了学校用语和教学用语。鉴于我国是一个多民族的国家，为了便于思想和文化交流，促进经济和社会发展，非常有必要推广和使用全国通用的普通话，同时又必须尊重少数民族的语言。为此《义务教育法》第六条规定："学校应当推广使用全国通用的普通话。""招收少数民族学生为主的学校，可以用少数民族通用的语言文字教学。"

规定了各级地方政府的法律责任。除保证义务教育的经费投入和保障适龄儿童、少年的就读条件外，地方政府还应对违反《义务教育法》的组织或个人采取必要的批评和处罚措施。

《义务教育法》使实施九年制义务教育有了法律保障。从此，保证少年儿童接受九年义务教育，不仅是党和政府的号召、决定和应遵守的社会义务，而且成为政府、社会各界、学校、家庭和儿童少年必须依法执行的行为准则。

《义务教育法》第十七条规定："国务院教育主管部门根据本法制定实施细则，报国务院批准后施行。"对此，国家教委进行了调查研究，广泛地听取了各省、自治区、直辖市教育部门和社会各方面的意见。大家认为，立即制定实施细则，条件尚不成熟。为便于各地实施《义务教育法》，同时为了便于检查、督促和指导这项工作，先就实施《义务教育法》的若干问题拟定了几条原则意见。

国家教委于 1986 年 3 月组织各有关部门的负责同志着手草拟《关于实施〈义务教育法〉若干问题的意见》，几经修改后由国家教委、国家计委、财政部、劳动人事部四部委联名报国务院办公厅审批转发。

为了使实施义务教育的工作搞得更扎实，《意见》的第一条就明确提出："目前普及小学教育的检查验收工作，仍按原规定的'四率'(即：入学率、巩固率、毕业率、普及率）等要求执行。经检查验收合格的不设区的市、县（区)，要再用一段时间，继续采取有效措施，进一步加强小学建设，巩固、提高普及程度和教育水平，按质按量地完成普及初等义务教育的任务。在此基础上，实施普及初级中等教育。"

文件起草过程中，各地普遍反映，希望国家能提出明确要求，各地才有章可循。经济条件好的地区希望标准定得高一些，有困难的地区希望能提一个基本要求，就像普及小学教育那样，也搞一个新的"四率"。经研究认为，从执行《义务教育法》的角度要求，凡我国适龄公民都必须接受义务教育，如果在文件中规定"四率"，则会直接同《义务教育法》相抵触。但是如果不写普及的标准要求，则又不利于执行《义务教育法》。因此，在《意见》第一条写上，在按质按量完成普及初等义务教育的基础上，"保证小学毕业生升入初级中等学校，并受完九年义务教育。十七至十八岁年龄段的青少年，大多数达到初级中等学校毕业程度"。

文件起草过程中，各地希望国家能制定出统一的中小学办学标准。

这个问题包含两个方面的内容：一是中小学的办学标准应该有一个要求，否则不能保证义务教育的实施。在这一点上，意见是一致的。二是由谁制定标准，也就是说这个标准在多大范围内统一。经过广泛征求意见，鉴于我国各地经济、文化、教育的差异，认为全国统一制定标准是有困难的，在执行中也会给各地造成困难。因此，在《意见》第十八条规定："各省、自治区、直辖市应根据实际情况，拟订和逐步健全城乡小学和初级中等学校的经费预算定额、教师编制、校舍及教学设备的标准，并积极创造条件，争取逐步实现。"《意见》第二条规定，普及初等或初级中等教育应做到："学校的经费、校舍（含住宿生的宿舍和体育运动场地）、教学设备、仪器和图书资料等办学条件，符合省、自治区、直辖市规定的标准和要求。"

义务教育阶段中小学基本学制要不要确定，如何确定，这是文件起草过程中各地普遍希望解决的问题之一。当时我国小学、初中学制大致有三种情况：一是"六三"制，这一种比较多；二是"五四"制，少数地区的部分学校在进行试验；三是"五三"制，主要是农村还有相当部分的小学是五年制。按《义务教育法》的要求，"五三"制向哪种过渡？在权衡利弊后，《意见》第六条写成："目前，我国九年制义务教育的学制年限实行小学六年、初中三年的'六三'制，或小学五年、初中四年的'五四'制或九年一贯制，小学五年、初中三年为过渡学制，将在相当长的时期内存在。因此，目前的五年制小学不要急于向六年制过渡。"鉴于学制问题不但涉及国家的经济财力、师资培养、办学条件，而且涉及是否符合教育教学的科学规律和青少年生长发育规律等问题，《意见》第七条规定："在科学论证和试验的基础上，国家教育委员会负责确定我国九年制义务教育的基本学制年限。"

国家确定在我国实施九年制义务教育后，加大教育投入及义务教育阶段实行免费教育的问题立即成为全社会普遍关注的问题。所以《意见》第二十、二十一条规定："中央和地方人民政府要采取措施，负责筹措义务教育经费。""各地按有关规定在城乡征收的教育事业费附加，主要用于实施义务教育。"第十一、十二条规定："义务教育阶段免收学费。""少数民族地区，贫困、边远地区等，已实行免收杂费的，仍按原有规定执行。""有条件的地区可以免收杂费。"

实施九年制义务教育的最大困难是师资问题，特别是初中师资。一是现有初中师资合格率偏低，亟待培训提高；二是初中师资数量不足，高等师范专科规模偏小，新培养的师资数量同初中发展所需师资缺额过大。为此，《意见》第二十三、二十四条规定："动员各方面力量，采取各种有效措施，用十五年或更长一些时间，建立一支有足够数量的、专业结构合理的、德才兼备的师资队伍。""中央和地方都应拨出专款，优先发展和加强师范教育。"中央决定在"七五"期间拨出13亿元专款，用于发展和加强师范教育事业，解决义务教育师资不足的问题。

1986年9月，国务院办公厅转发了国家教委、国家计委、财政部、劳动人事部《关于实施〈义务教育法〉若干问题的意见》。

与此同时，各省、自治区、直辖市也先后颁布了本地区实施义务教育的地方性法规或规章。这些法规、规章的施行，对我国依法实施义务教育起到了指导和推动作用。

经过几年执法实践后，国家教委制定了《中华人民共和国义务教育法实施细则》，1992年2月29日经国务院批准，于1992年3月14日以国家教委第19号令发布。这部《实施细则》包括：总则、实施步骤、就学、教育教学、实施保障、管理与监督、罚则、附则等8章，共46条。它根据《义务教育法》的规定，规范了政府、社会、家庭、学校为保障儿童、少年接受义务教育的有关行为和法律责任，是国务院批准的一部重要行政法规。地方各级人民政府、各级教育行政部门和政府其他有关部门，社会的各种经济组织、事业单位、人民团体和居民组织，实施义务教育的各类学校，以及儿童、少年的家长和公民个人，都必须严格执行《义务教育法》及其《实施细则》，履行法律规定的各项义务。

《实施细则》专门就实施义务教育所需的资金、办学条件和师资条件作出规定。省级人民政府必须根据有关规定，制订实施义务教育各类学校的经费开支定额，并制订按照学生人数平均的公用经费开支标准、教职工编制标准和校舍建设、图书资料、仪器设备配置等标准。省及省以下各级地方政府应当制订实施规划，使学校分期分批达到办学条件标准要求，并进行检查验收。同时，各级教育主管部门应当按照有关规定，加强实施义务教育学校教师的培训工作，使教师的思想政治素质和业务水平达到义务教育法规定的要求。

1992 年 4 月 25 日，国家教委召开电视会议，就如何学习、贯彻《中华人民共和国义务教育法实施细则》作了具体部署。

三、实施九年制义务教育的初步成效

《义务教育法》公布后，国家教委会同全国人大教科文卫委员会及时组织地方教育行政部门和人大有关部门的领导干部，学习《义务教育法》，研究实施义务教育的指导思想、方法、步骤，同时编印《义务教育法》宣传提纲，要求各地认真组织干部、群众学习。1987 年 8 月，国家教委会同司法部联合发出《关于进一步宣传贯彻〈义务教育法〉的通知》，对学习和宣传的内容与重点提出了具体要求。1991 年，司法部又把《义务教育法》列入全国普及法律常识教育的内容，要求县级以上干部首先学好《义务教育法》，进一步增强法制观念。地方各级人民政府和教育行政部门按照上述要求，把学习《义务教育法》列入了重要日程，广泛印发了《义务教育法》条文，并通过各种形式，向广大干部和群众宣传《义务教育法》精神。地方各级人民代表大会或其常务委员会，根据《义务教育法》陆续制订和颁布了本地区实施《义务教育法》的条例、办法或细则。这些地方法规，使实施义务教育的工作逐步做到有法可依，有章可循。

为了实施义务教育法，国家教委制定了《义务教育全日制小学、初级中学试行教学计划》。《计划》把九年制义务教育作为一个整体考虑，按照小学、初中两个阶段分别确定培养目标。《计划》体现了国家对九年制义务教育的基本要求。《计划》从我国幅员广大、经济文化发展很不平衡的实际情况出发，面向大多数地区和大多数学校，实行统一性和灵活性相结合的原则。各省、自治区、直辖市教育委员会、教育厅(局)，可根据本地区实际情况进行调整。除此以外，国家教委还在加强教材建设、师资队伍建设、改革教学内容和教学方法、改善办学条件等方面做了大量工作。

到 1991 年，《中华人民共和国义务教育法》颁布已有五年，各省、自治区、直辖市积极贯彻《义务教育法》的各项规定，取得显著成效。

首先从全国来看：

普及初等教育取得突破性进展，初级中等教育稳步发展。1991 年，初等义务教育适龄儿童入学率达到97.87%，比 1985 年提高 1.97 个百分点。城乡基本普及初等教育的人口数占全国人口总数的91%。小学在校生辍学率下降到2.35%（含因病休学），为建国以来的最低点。当年，全国城乡小学毕业生升入初中的占毕业生总数的77.7%，比1985年提高了9.3个百分点。初中在校生的辍学现象，在多数地区已基本得到控制。全国初中学生平均辍学率降到5.38%（含因病休学）。①

基础教育管理体制改革取得成效。中央和地方各级对基础教育的管理职责得到明确，调动了各级地方政府和广大人民群众的办学积极性。

以国家拨款为主、多渠道筹措义务教育资金的体制逐步形成。由于贯彻了"依靠人民办教育，办好教育为人民"的方针，多渠道筹措教育经费，财政预算外的教育投入有了较大增长，在解决"穷国办大教育"的矛盾中，人们的观念发生了可喜的变化，初步摸索出一些适合我国国情的解决教育经费的办法。

实施九年制义务教育的师范教育体系和培养规模初步形成。在"七五"期间，国务院拨出13亿元师范教育补助专款，加强了师范院校建设。经过五年的努力，在中小学教师中，学历符合《义务教育法》规定要求的比例普遍有了较大提高。小学教师符合规定学历的占80.7%，初中教师占51.8%，分别比1985年提高了20.1和24.3个百分点。②在提高教师素质的同时，各地普遍重视提高教师待遇，稳定教师队伍。

中小学办学条件有了明显改善。"七五"期间，各级政府重视多渠道筹措建设资金，中小学办学条件得到了较大改善。据统计，在1986年到1991年的五年中，全国共维修、改造中小学校舍约2亿平方米，校舍中危房比例从1986年的7.4%下降到1991年的2.75%。③全国大部分省、自治区和直辖市向着按办学条件标准化的要求进行配套建设。

教育教学改革逐步深化。各地认真贯彻义务教育的宗旨，为基础教育由应试教育转向全面提高民族素质的轨道奠定了基础。普遍加强了对学生的爱国主义、集体主义和社会主义教育。试行新的教学计划、教学大纲和教材。义务教育阶段的学制、课程教学内容、教学方法和招生考试制度的改革十分活跃。全国有70%的中等城市和一半以上的县级市取

---

①②③ 中国教育年鉴编辑部编：《中国教育年鉴》（1992），北京：人民教育出版社，1993年版，第97页。

消了小学升初中的考试，实行小学毕业就近升入初中就读的制度。

实施义务教育虽然取得了上述成绩，但在普及的速度和质量方面还存在一些问题。为此，1991年3月11日，全国人大常委会委员长会议决定，要求各省、自治区、直辖市组织力量对本地执行《义务教育法》的情况进行检查，并在各地自查的基础上，由全国人大教科文卫委员会牵头，会同国家教委对各省、自治区、直辖市进行了重点抽查。这对推动《义务教育法》的贯彻落实，促进我国基础教育的健康发展，把我国国民教育逐步纳入依法治教的轨道，起了积极的作用。

其次，从地方来看：

东部地区以江苏省为例。

江苏省在1984年时11个市和64个县中的56个县已基本普及初等教育。1985年，全省以县为单位基本普及了初等教育。全国实施九年制义务教育后，该省采取了以下几项主要措施：

一是重视地方性教育法规的建设。1986年4月，《中华人民共和国义务教育法》颁行后，江苏省有关部门立即组织调查，广泛征求意见，并由省人大常委会通过了《江苏省实施〈中华人民共和国义务教育法〉办法》。为了尽快地实施义务教育法，各地开展了宣传教育活动，农村有的乡、村结合各自情况制订了乡规民约，依法治教，有力地保证了义务教育的逐步实施。

二是制订切实可行的实施规划，处理好量和质的关系。根据1986年9月国务院办公厅转发国家教委、国家计委、财政部、劳动人事部《关于实施〈义务教育法〉若干问题的意见》中“实施九年制义务教育的基本要求”的精神，江苏省坚持以县、乡为主，坚持普及的速度与效益、数量与质量统一，坚持从实际出发，由乡到县再到市、到省制订实施规划。1990年，江苏省又制定了全省实施义务教育的总体规划。首先由各地对本地区的经济、文化、教育、人口出生等状况进行调查、分析，对实施义务教育所需的师资、经费、校舍设备逐乡、逐校、逐项进行测算、论证。经过自上而下和自下而上的反复酝酿，从实际出发制定了本地区实施义务教育的规划。在此基础上，全省汇总形成了义务教育总体规划，并经江苏省七届人大常委会第十一次会议通过。根据这个总体规划，江苏省于1998年普及了九年制义务教育。

三是结合调整学校布局，理顺教育内部的关系。从1986年开始，江苏各地结合制订义务教育规划和危房改造，根据各地原有学校状况、人口分布状况、地域和经济发展状况等，由乡到县调整学校布局，以方便学龄儿童、少年入学。到1986年底，全省近2 000个乡镇都办成一所办学条件较好、师资力量较强、教育质量较高的中心初中，还给不少小学摘掉了初中“帽子”；两年制的“帽子”初中从1984年的1 671所减少到1986年的929所，1988年减少到412所，1989年减少到216所。中小学布局也进行了大的调整，1990年小学比上一年减少939所，初中减少159所。①

四是加强学校管理，贯彻教育方针，提高教育质量。1985年，中小学都修订了《学生学籍管理规定》。同年，全省取消了小学毕业生的升学考试，实行就近入学。1985年9月，省教育厅颁发了《改革和加强中学生思想政治工作的意见》，对中学生思想政治工作的地位和作用、目标和内容、方法和途径、队伍建设、领导体制等作了全面论述，提出了明确要求。1986年制订了《江苏省中小学教学改革纲要》，对教学改革工作提出了具体意见，结合中学生体质健康调研，加强了中学生的体育卫生工作，下达了关于加强学校美育工作的意见，提出了在中学普遍开设劳动技术课的措施和要求等。所有这些，都对提高基础教育的质量起了重要作用。

到1992年，江苏省学龄儿童的入学率为99.49%，小学毕业生升入初中的升学率为85.86%。在校生的年巩固率，小学为85.86%，初中为95.07%。到1992年年底，全省有807个区和乡（镇）达到了规定的义务教育办学条件标准。其中，实施九年义务教育的单位有316个。全省经过6年的努力，基本普及了初等义务教育的区、乡（镇）达760个，九年义务教育的人口覆盖率达35.67%。②

中部地区以山西省为例。

山西省在《中华人民共和国义务教育法》颁行后，省教育厅结合山

① 中国教育年鉴编辑部编：《中国教育年鉴》（1991），北京：人民教育出版社，1992年版，第567页。

② 中国教育年鉴编辑部编：《中国教育年鉴》（1993），北京：人民教育出版社，1994年版，第465页。

西实际草拟了《山西省实施〈中华人民共和国义务教育法〉的办法》及时提请省六届人大四次会议于1986年5月审议通过。《实施办法》将全省实施九年制义务教育的性质、目标、步骤、入学年龄、学制、经费、师资等有关问题以法律形式确定下来。

1986年7月，山西省人民政府召开全省教育工作会议，就贯彻《义务教育法》和《实施办法》的工作进行了研究和部署。为了保证义务教育顺利进行，省政府办公厅还转发了省教育厅等五部门《关于贯彻国务院办公厅转发国家教委等部门关于实施〈义务教育法〉若干问题的意见》，作为《实施办法》的配套文件下发执行。按照《中共中央、国务院关于普及小学教育若干问题的决定》要求，山西省1990年完成了普及初等教育的历史任务。

1991年，根据《义务教育法》的有关规定，山西省建立了实施义务教育检查确认制度。当年经各地、市认真检查确认，全省共有45个县（市、区）达到省实施义务教育基本要求，占全省县（市、区）总数的38.2%；达到实施小学阶段义务教育基本要求的乡（镇）有1 052个，占全省乡（镇）总数的53.2%；实现小学阶段义务教育地区的人口为1 928.4万人，占全省总人口的67.7%。全省有10个市（区）达到实施初中阶段义务教育的要求，占全省县（市、区）总数的8.5%，达到实施初中阶段义务教育基本要求的乡（镇）306个，占全省乡（镇）总数的15.5%；实现初中阶段义务教育地区的人口为802.7万人，占全省人口总数的28.2%。①

西部地区以贵州省为例。

《义务教育法》颁布后，贵州省人大常委会于1986年组织省教委、省民委、省计委、省财政厅、省劳动局、省教育工会的部分干部分成四个调查组深入地、县开展调查，省政协也派同志参加。调查组分别到遵义地区的遵义县、安顺地区的息烽县、黔东南苗族自治州的台江县，对上、中、差三种不同经济、教育基础的乡贯彻落实《义务教育法》的情况进行抽样调查。调查组工作历时四个月，搜集了大量的情况和数据。

① 中国教育年鉴编辑部编：《中国教育年鉴》（1992），北京：人民教育出版社，第1993年版，第344页。

调查工作结束后，省人大常委会教科文卫委员会和省教委分别向全国人大常委、国家教委写了调查报告。报告认为，贵州省实施义务教育遇到的主要问题是：教师数量少、素质低，各门学科师资不配套，并且还不稳定，教育经费严重不足，群众经济承受力与实施九年制义务教育的要求不相适应。根据当时的经济基础、教育基础，实施九年制义务教育必须分类要求，分段逐步实现。全省大致分为四类地区。一类是占全省人口10%的市和县、镇，这类地区人均年收入460元以上，初等教育已基本普及，初中教育有一定的基础，目前主要抓好初等教育的巩固提高，到1990年实施九年制义务教育。二类是占全省人口25%左右的经济较好的部分县、镇、乡，这类地区人均年收入300元以上，初等教育基础较好，到1988年前可普及初等教育。三类是占全省人口40%左右的经济落后地区，这类地区人均年收入200元左右，初等教育基础差，1995年前可望普及初等教育。四类是占全省人口25%的经济特别落后的“少、边、穷”地区，这类地区人均年收入100元，温饱问题还没有解决，随着经济的发展，到20世纪末可普及初等教育。

1994年11月贵州省人大常委会颁布《贵州省实施〈中华人民共和国义务教育法〉办法》。根据国家教委《实施细则》的要求，贵州省教委制定了《关于推进我省义务教育实施的意见》、《普及九年义务教育的评估验收及奖励办法》、《义务教育入学通知书及证书制度》、《义务教育办学条件》等配套文件。

到1991年，全省7岁~11岁适龄儿童入学率达到92.67%，① 消除了所有的普及初等教育空白地区。贵阳市和遵义地区全部普及初等教育。全省普及初等教育的县（市、区）达到51个，占全省总县数的59.3%，普及初等教育县的人口占全省总人口的59%。② 在推进普及初等教育的基础上，普及初中也有所发展。

虽然我国实施九年制义务教育的最初五年里成绩巨大，但也还存在着以下一些主要问题：（1）对义务教育的重要性认识不足，义务教育法制观念淡薄。一些地方的领导只重视本地区经济建设，对落实义务教育

---

①② 中国教育年鉴编辑部编：《中国教育年鉴》（1992），北京：人民教育出版社，1993年版，第633页。

却说得多，干得少；一些地方甚至长期拖欠教师工资。一些地区的群众不送孩子上学，造成义务教育阶段的学生大量流失，童工现象时有发生，等等。(2) 义务教育经费短缺。教育投入总量不足是造成义务教育经费严重短缺的原因之一。(3) 义务教育师资队伍质量不高，队伍不稳定。至1992年，仍有17.3%的小学专任教师和44%的中学专任教师学历不合格。在贵州、内蒙古、云南、西藏等部分省、自治区，小学专任教师的学历不合格率竟达50%。此外，中小学教师待遇仍不尽如人意，使教师队伍不稳定。(4) 义务教育发展极不平衡。主要表现在：城乡在实施义务教育发展速度上不平衡；男女儿童接受义务教育比例仍不够平衡；不同民族的义务教育发展不平衡；特殊儿童与正常儿童之间义务教育发展不平衡；等等。如何解决好上述这些问题，成为我国实施九年制义务教育所面临的重大课题。

第三节　中小学教学改革和教师队伍建设

教育改革的根本目的是提高民族素质，多出人才，出好人才。教学改革是教育改革的核心。从教育体制改革入手，最终要把教育改革落实到教学改革上来。中小学教学改革的主要任务，一是改革教学内容和教学方法，提高教学质量；二是建立高素质教师队伍，提高教学水平。

一、中小学教学改革

这一阶段中小学的教学改革从教学方法改革向教学内容改革发展，从单项改革向综合性、整体性改革发展，涉及学制、课程、教材、招生考试制度、教学方法等各个方面。

1. 制定新的教学计划

《义务教育法》颁布后，国家教委即组织力量制定义务教育阶段的新教学计划。几经修改后，确定了《义务教育全日制小学、初级中学试行教学计划》的初稿。1986年10月23日，国家教委召开新闻发布会，并于10月25日在《中国教育报》登载《计划》初稿的全文，发动全社会进行讨论。

《计划》是把九年制义务教育作为一个整体考虑的，按照小学、初中两个阶段分别确定培养目标。

小学阶段的培养目标是：要使学生具有爱祖国、爱人民、爱劳动、爱科学、爱社会主义等思想品德，具有良好的行为习惯，活泼开朗的性格和初步分辨是非的能力。要使学生具有阅读、表达、计算的基本能力，学到一些自然常识和社会常识，培养学生的学习兴趣，养成良好的学习习惯，培养观察、思考和动手的能力。要使学生具有健康的身体，爱美的情趣，良好的卫生习惯、劳动习惯和初步的生活自理能力。

初中阶段的培养目标是：要使学生热爱社会主义祖国，热爱社会主义事业，热爱中国共产党，初步树立为人民服务的思想，培养学生为社会主义现代化建设献身的精神，培养学生具有社会主义的思想品德和讲文明礼貌的良好习惯，使学生具有一定的分辨是非和抵制不良影响的能力；要使学生掌握必需的文化科学基础知识，具有必需的基本能力，培养实事求是的科学态度和不断探求新知的精神，初步掌握正确的学习方法，发展独立思考和动手操作的能力；要使学生具有健康的体魄，奋发向上的精神和一定的审美能力；要使学生具有劳动观点、劳动习惯和生活自理能力，初步掌握一些生产劳动的基础知识和基本技能。

为了实现培养目标，《计划》注意了合理安排各类学科：加强思想政治课；打好语文、数学的基础，在师资条件具备的学校，也要打好外语基础；学好自然科学和社会科学的学科；适当加强音乐、美术、体育等学科；切实加强劳动教育，适当进行职业技术教育。《计划》中增加了体育、历史等学科的课时数，将劳动技术课正式列入课表，增加了社会活动时间，适当延长了假期。考虑到我国当时多种学制并存的现状，教学计划分为两套，分别适应小学六年、初中三年的“六三”学制和小学五年、初中四年的“五四”学制的需要。“五四”学制的初中阶段比“六三”学制延长了一年，因此，各门学科的课时总数都有所增加，但周课时总数比现行教学计划少。

《计划》体现了国家对九年制义务教育的基本要求。为了从我国幅员广大、经济文化发展很不平衡的实际情况出发，面向大多数地区和大多数学校，《计划》实行统一性和灵活性相结合的原则。各省、自治区、直辖市教育委员会、教育厅（局），可根据本地区实际情况进行调整。

《计划》虽然只是初稿，但在报刊上全文公布后，对推动义务教育阶段的教学改革、提高教育质量起了很大的作用。

1987年，编出了义务教育全日制小学、初级中学各科教学大纲（送审稿）。经过广泛征求意见和修改，1988年9月20日，国家教委印发了《义务教育全日制小学、初级中学教学计划（试行草案）》和二十四个学科教学大纲（初审稿）的通知。通知要求各地教育部门组织力量对新教学计划和教学大纲进行研究分析，用以指导当前的教学工作。

1992年8月6日，国家教委发布了《九年义务教育全日制小学、初级中学课程方案（试行）》。这个《课程方案》由《九年义务教育全日制小学、初级中学课程计划（试行）》和小学、初中二十四个学科教学大纲（试行）组成。《课程方案》是国家教育行政部门对义务教育阶段教学工作的指导性文件，实行《课程方案》是普及九年义务教育、全面贯彻教育方针、全面提高教育质量的一项重要工作，要求自1993年秋季起在全国逐步试行。

2. 教材改革

1983年，全国普通教育工作会议提出了在统一基本要求的前提下实行教材多样化的方针，即改变"一纲一本"，实行"一纲多本"，并决定成立中小学教材审定委员会。1985年，教育部制定了《全国中小学教材审定委员会工作条例（试行）》，规定：中小学教材编写和审查分开，除人民教育出版社外，省、自治区、直辖市教育部门及学校、教师和专家都可以编教材，经全国中小学教材审定委员会审定后，由教育部推荐各地使用。1986年9月，成立了全国中小学教材审定委员会及各科教材审定委员会。从此，中小学教材的编审制度由国家统一编审制改为编审分开的审定制。

1986年5月，国家教委召开九年制义务教育教材编写工作会议，决定编写适用于"五四"学制、"六三"学制使用的三种程度的教材：面向全国大多数地区适用的一般水平的教材（称基本教材）；面向经济文化比较发达地区和办学条件较好学校使用的教材；面向经济文化基础较薄弱的边远地区和办学条件较差学校使用的教材。

国家教委还组织人民教育出版社、北京师范大学、广东省、四川省、上海市、浙江省等地方和单位分别编写适合不同程度的教材。此后，共编写了八套半教材（河北省编写的农村复式小学教材称为半套），经实验、送审后，从1993年秋季起在全国小学一年级、初中一年级全面选用，以适应全国不同地区的需要。经审查通过供全国选用的义务教育教材有五套半全套教材和七十五种单科教材。

除对全国通用教材进行改革外，还提倡编写地方教材。地方教材包括乡土教材、劳动（劳动技术）课教材和本地需要补充的教材。这些教材由地方编写和审定，在本地区推荐使用。1987年，国家教委召开了全国乡土教材工作会议。到1990年，不少省、地、县编写了乡土地理教材，有的省编写了乡土历史教材，少数民族较多的省、自治区编写了少数民族地区的乡土教材。

3. 初中、高中招生考试制度改革

小学毕业生升初中，长期以来一直是以升学考试为前提，以县为单位统一考试，不同办学水平的学校按学生考试总分分档次择优录取。这种招生办法导致学生课业负担过重，片面追求升学率现象严重。为了改变这种状况，1985年5月，教育部向全国推荐长春、石家庄、大同、厦门、昆明等五市初中招生考试制度改革的经验，明确提出应从改革初中招生考试制度入手，克服片面追求升学率的倾向，减轻学生过重的课业负担，全面提高小学教育的质量。具体做法是，在已经普及小学和初中教育的地方，逐步取消小学升初中的统一招生考试，对准予毕业的小学生，采取分学区就近入学的办法，升入初中学习，并逐步取消重点初中。据1992年对29个省、自治区、直辖市的统计，已经进行初中招生考试制度改革的地级市148个，占地级市总数的79%；县级市172个，占县级市总数的59%，① 全国有6个省已全面实行了这项改革。这项改革有效地改善了大多数初中学校的生源质量，调动了许多学校、教师和学生的积极性。一大批薄弱初中在领导班子、办学条件、教师队伍、学校管理等方面得到了加强。同时，这项改革也引导社会、家庭用正确标准评价学校和教师的工作，有助于克服片面追求升学率的现象。

普通高中实行毕业会考制度。1983年，教育部在《关于进一步提高普通中学教育质量的几点意见》中提出：有条件的地方可按基本教材命题，试行初、高中毕业会考。

---

①中国教育年鉴编辑部编：《中国教育年鉴》（1993），北京：人民教育出版社，1994年版，第124页。

1985年，上海市率先进行会考试验。1988年，浙江省也进行会考试验。以后进行试验的省市逐年增加，到1990年，已扩大到八个省市。

高中毕业会考是国家承认的省级普通高中文化课毕业水平考试。它是检查、评估普通高中教学质量的一种手段，也是考核普通高中学生文化课学习是否达到必修课教学大纲规定的基本要求的重要手段。它与高等学校招生选拔考试具有不同的性质。会考成绩均达到毕业标准的学生，可以取得普通高中毕业证书。当时已经进行高中毕业会考制度改革试验的省市取得的初步成效表明，这一改革具有一定的积极意义：一是逐步扭转了高中教育质量只有通过高考结果才能获得承认，高中教育的价值只有通过升学率才能实现的不正常现象。对学校端正办学指导思想，克服片面追求升学率倾向和调动大多数普通高中的办学积极性，起了很好的作用。二是有利于克服偏科现象，促进学生文化知识结构的逐步合理化。三是加强了中学教育的宏观管理，为大面积提高教学质量创造了条件。

在高中毕业会考制度改革试验的基础上，国家教委于1990年8月印发了《关于在普通高中实行毕业会考制度的意见》，决定从1990年起，有计划地在全国逐步实行普通高中毕业会考制度。目的是为了全面贯彻教育方针，加强教学管理，推动教学改革，大面积提高教学质量，给中学教学以正确的导向。《意见》规定：会考采取考试和考查两种方式。考试和考查一律在本学科教学全部结束后进行，学完一门考一门。考试科目由省、自治区、直辖市统一命题，统一考试，统一评卷，统一统计、分析和报告成绩。

4. 教学方法改革

这一阶段教学方法的改革十分活跃，主要体现在教学中注意加强基础，启发思维，培养能力，发展智力，发挥教师的主导作用和学生的主体作用等方面。与此同时，电化教育和实验室建设得到迅速发展，促进了教学手段的改革。

在众多教学方法改革试验的成果中，有不少在全国产生了广泛的影响，除校际之间、地区之间互相交流经验外，国家教委也多次开会组织交流推广。

1987年11月、1992年7月国家教委先后两次发出通知，决定在全国推广以“注音识字、提前读写”为主要方法的小学语文改革实验。这项实验从黑龙江省开始，得到国家教委和国家语言文字改革委员会的支持。实验的总体构想是：以学好汉语拼音，发挥其多功能作用为前提，以发展语言，寓识汉字于学汉语之中为原则，在儿童入学不久，未识汉字或识汉字不多的情况下，采取提前读写和阅读与写作同时起步，密切配合，互相促进的办法，以达到发展儿童语言，培养听说读写能力，发展儿童智力的目的。具体目标是：用三年时间进行听说读写的全面训练，基本完成《全日制五年制小学语文教学大纲（试行草案）》规定的读、写教学任务。这个实验在几个省市部分小学进行后取得了明显效果。它符合儿童学习语文的规律，有利于从小学起就实行启发式教学方法，有利于促进学生听说读写能力的协调发展，有助于学生开阔视野，增长知识，开发潜力。这是一项意义重大的改革，对扫盲工作也具有重要意义。

1990年和1992年国家教委先后两次发文在全国推广以顾泠沅为首的初中数学改革小组探索和实验“尝试指导、效果回授”教学法。

“尝试指导、效果回授”教学法的实验起步于1977年上海市青浦县，经过十年的潜心研究，获得许多宝贵经验，探索出一定的客观规律。该实验以培养学生获得和应用知识的能力为目标，其基本方法是将教材组织成一定的尝试层次，通过教师指导学生尝试来进行学习；同时，非常注意回授学习的结果，以强化所学得的知识和技能。这种教学方法包括五个环节，即：把问题作为教学的出发点；指导学生开展尝试活动；组织变式训练，提高训练效率；归纳总结，纳入知识系统；根据教学目标分类细目，及时回授调节。该项实验在青浦县初中数学教学中获得大面积提高教育质量的成果，在全国引起了较大反响，获得首届全国教育科学优秀成果一等奖。

国家教委肯定的华东师范大学第一附属中学快速提高学生外语水平的教学方法，群众称之为“张思中外语教学法”。

“张思中外语教学法”的基本内容是：在一定条件下，集中适当的时间，运用一定量的材料，在听说读写等方面对学生进行有一定难度的技能训练，通过反复循环、强化，以较少的时间获取较大的收益。对上、中、下不同水平的学生采取分组复式教学，使不同层次的学生都能有所得。该教学法总结为“适当集中，反复循环，阅读原著，因材施教”十六字方法。全国许多地方进行了这一教学法的推广实验。1992年，中央教育科学研究所专门成立了“张思中外语教学法推广小组”。1996年6月，国务院副总理李岚清肯定了这是一种好的外语教学方法。

全国各地还有不少教改经验，中小学教学改革呈现一派生气勃勃的景象。国家教委在宣传、推广好的教改经验时，一贯主张百花齐放的方针，提倡各种方案的实验探索，并要求融各家之长，不拘泥于一种模式，要互相学习、互相切磋、共同发展。

中小学的电化教学也迅速发展起来。主要表现在：一是课堂教学中使用幻灯机、投影仪、录音机、电视机等设备作为教学辅助手段的学校和教师不断增多。二是购置计算机设备的中小学校数不断增多。三是除文字教材以外，视听音像教材以及计算机教学软件等不断增多。电化教学的发展，有利于学生发展能力，开发智力，培养创新意识，减轻负担，激发学习兴趣，从而推动教学质量和学习质量的提高。

在实验室建设方面，为了使之与全国实行九年制义务教育、中等教育结构改革以及大面积提高教育质量的要求相适应，国家教委于1988年3月印发了《关于加强中小学实验室和仪器设备工作的若干意见》、《加强中学实验教学的暂行办法》、《中小学校实验室工作的规定》等系列配套文件，对中小学实验室的地位、作用及任务，实验室建设的业务要求，实验室的管理，队伍建设和人员岗位职责，经费筹措渠道，实验室改革方向等都有了明确的意见，有力地促进了实验教学和实验室建设的发展。

1990年10月28日，国家教委召开全国中小学实验教学普及县现场会，提出20世纪90年代要把普及中小学实验教学和实验室建设作为基础教育的一件大事来抓，集中力量用10年时间把这项工作抓上去；并决定在全国开展中小学实验教学普及县工作。到1992年，全国已有29个省、自治区、直辖市以及14个计划单列市的县，共有全面普及中学实验教学县496个，全面普及小学实验教学县404个。① 为普及中小学实验教学，1992年全国各地用于购置各类仪器设备的经费达8亿元，其中财政拨款3亿元。②

①② 中国教育年鉴编辑部编：《中国教育年鉴》（1993），北京：人民教育出版社，1994年版，第280页。

二、加强中小学教师队伍建设

《中共中央关于教育体制改革的决定》强调指出："建立一支有足够数量的、合格而稳定的师资队伍，是实行义务教育、提高基础教育水平的根本大计。"为贯彻《决定》，国家提出了一系列重要措施以保证"根本大计"的有效实现。

1. 采取特殊措施，提高教师的地位和待遇

设立并隆重庆祝教师节。为了提高教师的政治地位和社会地位，第六届全国人民代表大会常务委员会第九次会议于1985年1月通过决议，决定每年9月10日为教师节。

为了庆祝第一个教师节，国家主席李先念发表致全国教师的信，党和国家领导人陈云、彭真、王震等到各级学校看望教师。1985年9月10日，首都隆重举行庆祝教师节大会。赵紫阳总理出席大会，万里副总理代表党中央、国务院发表题为《教师工作在很大程度上决定着国家未来》的重要讲话。此后，每年教师节，中央和地方党政领导及教育行政部门领导都到各级各类学校慰问教师，表彰优秀教师，并为教师办实事、办好事。每年的教师节活动使尊师重教蔚然成风，教师的政治地位、社会地位得到提高，生活也逐步得到改善，从而大大鼓舞了广大教师教书育人、献身教育事业的积极性。

成立教师奖励基金会。在全国人大教科文卫委员会、国家教委和全国教育工会以及热心基础教育事业的知名人士倡导下，李鹏副总理于1986年9月10日在庆祝第二届教师节大会上宣布成立中国中小学幼儿教师奖励基金会，中央顾问委员会副主任王震任理事长，理事会由全国人大、全国政协、国家教委和全国教育工会及各省、自治区、直辖市有关负责人和国内外知名人士共57人组成。其主要任务是向社会各界和国内外友好团体与个人募集奖励基金，从事奖励优秀教师的活动。1989年是中华人民共和国成立40周年和设立教师节5周年，教师奖励基金会会同国家教委、人事部和全国教育工会，联合开展了建国以来较大规模的表彰优秀教师的活动，共提供奖励资金4 000多万元，全国共表彰奖励优秀教师30多万人。其中，国家级优秀教师2万人，省级优秀教师3万人，县级优秀教师25万人，合计约占教师总数的3.5%。此后，奖励基金还组织大批优秀教师参加夏令营、园丁之家、健康疗养和多种

形式的学术、教学经验观摩交流活动。截止到1991年底，全国已有25个省、自治区、直辖市的600多个县（市）成立了教师奖励基金会，总共拥有基金约8亿元。1991年全国各级教师奖励基金会共表彰了优秀教师、先进教育工作者35万人。

提高教师的工资待遇，改善教师的工作和生活条件。中小学教师的工资水平一直是比较低的。《中共中央关于教育体制改革的决定》颁布后，国家采取了一系列措施提高中小学教师的工资水平。1985年工资制度改革，中小学教师实行新工资制度的时间比全国提前半年，改制后人均增资高于全国人均增资水平。从1986年10月起，给各级各类学校20%左右的教职工提高一级工资。1987年，通过对中小学教师全面实行专业技术职务聘任和任命制进一步提高工资待遇。从1987年10月起，将中小学教师和幼儿园教师现行的工资标准提高10%。从1989年10月1日起，教育、科研、卫生、文化等事业单位的国家正式职工，在本人现行职务工资标准的基础上增加一级工资。此后逐步建立了正常的晋级增薪制度，中小学教师的工资继续得到提高，改变了中小学教师工资待遇处于各行业末位的状况。

除逐渐提高中小学教师工资水平外，还特设了若干津贴制度。1985年，为了鼓励中小学教师长期从事教师职业，国家教委规定：中小学教师除按规定发给工龄津贴外，另外加发教龄津贴。1988年，经国务院批准，提高了班主任津贴标准，提高幅度由各省、自治区、直辖市结合情况自行决定；在中小学教师中实行超课时酬金制度，超课时酬金标准由各省、自治区、直辖市结合情况自行决定。中小学教师奖金一般执行国家机关每年一个半月工资额的标准。1989年，国务院批准中小学勤工俭学收入的一部分可以用于教职工的集体福利及个人分配。通过上述一系列措施，教师工资和福利待遇水平逐步上升。

解决民办教师的问题。1986年12月，国务院批准国家教委、劳动人事部、国家计委的文件，规定“今后，各地一律不得再吸收新的民办教师”。此后，国家教委采取措施逐步减少现有民办教师。一是对现有不合格的民办教师进行调整，辞退或调离第一线，这部分大约占10%；二是扩大中师和师专招收民办教师的数额，毕业后为公办教师；三是有计划地、分期分批地将优秀民办教师转为公办；四是使一部分年老、病残的民办教师无后顾之忧地办理退休手续。通过采取上述措施，民办教师人数由1988年的310万人减少为1991年底的263万人，占中小学教职工总数的比例由1988年的30%降为1991年的25.7%。①

1991年，国家教委召开全国民办教师工作会议，明确了国家教委关于民办教师工作总的指导思想是：适应教育事业发展的需要，减少数量，提高质量，改善待遇，加强管理，统筹解决民办教师问题。

2. 积极发展师范教育和加强在职教师培训

在发展师范教育方面，首先是明确办学思想。1986年3月，国家教委颁发了《关于加强和发展师范教育的意见》，提出坚持为基础教育服务的指导思想。

其次是提高各级师范院校教育教学质量。各地、各校普遍进行了教育思想、教学方法和教学内容的改革。

再次是改善办学条件，加快师范院校的发展。1985年以后，中央和地方教育经费的增加部分，优先用于加强师范教育和师资培训工作。“七五”期间，国家拨出13亿元补助专款，加强师范院校建设。

由于采取了积极有效的措施，师范教育有了显著发展，到1991年，高等师范院校有257所，招生人数18.37万人，在校生由1985年的42.5万人增加到51.9万人，占高校在校生总数的25.4%；② 中等师范院校有948所，③ 招生人数由1985年的21.6万人增加到23.3万人，④ 在校生人数由1985年的56.2万人增加到67.4万人。⑤ 这期间，高等师范院校和中等师范学校分别输送合格的基础教育师资91.5万人和119.3万人，大大缓解了基础教育师资严重短缺的状况。

在培训在职教师方面。（1）1985年11月，国家教委召开全国中小学师资工作会议，确定了师资队伍建设的目标、方针和步骤。（2）为解决中小学教师数量奇缺、业务水平不高的当务之急，1985年后，中央决定动员和组织党政机关一部分具备条件的干部，到地方参加培训中小学师资的工作。1985年8月，中央直属机关和国家机关各部委组成了由

---

① 中国教育年鉴编辑部编：《中国教育年鉴》（1992），北京：人民教育出版社，1993年版，第207页。

②③④⑤ 中国教育年鉴编辑部编：《中国教育年鉴》（1992），北京：人民教育出版社，1993年版，第60、58、94、99页。

3 250人组成的中央机关讲师团。1986 年、1987 年又相继组织了第二届和第三届中央机关讲师团。(3) 建立以教师进修院校为主渠道的培训教师网络。1986 年 2 月，国家教委印发了《关于加强在职中小学教师培训工作的意见》，提出师资培训的任务和要求："在今后五年或者更多一点时间内，师资培训工作的重点，是通过认真的培训，使现在不具备合格学历或不胜任教学的教师，绝大多数能够胜任教学工作，并取得考核合格证书或合格学历。"全国各地普遍设立和充实了省教育学院、地（市）教育学院或教师进修学院和县（市、区）教师进修学校，基本形成了省、地、县三级教师培训网络。再加上其他渠道的培训，经过五年的不懈努力，中小学教师中能够胜任教学工作并取得考核合格证书或合格学历的比率迅速提高，基本上达到了《中共中央关于教育体制改革的决定》要求的目标。

为了加快培训师资的步伐，中国教育电视频道于 1986 年 10 月开通，并招收了电视中等师范学生。1987 年，国家教委成立了中国电视师范学院，其主要任务是运用卫星电视培训中小学教师，当年开始招收电视高等师范专科学生。同年，国家教委成立了中国教育电视台，其主要任务是编辑和播放培训中小学教师的教育节目。上述举措，为培训中小学师资开辟了一条新路子。

第四节　幼儿教育和特殊教育的改革与发展

《中共中央关于教育体制改革的决定》提出："在实行九年制义务教育的同时，还要努力发展幼儿教育，发展盲、聋、哑、残人和弱智儿童的特殊教育。"各地认真贯彻《决定》，把幼儿教育和特殊教育推进到一个新的发展阶段。

一、幼儿教育的改革和发展

1987 年 10 月 12 日，国家教委召开全国幼儿教育工作会议，出席会议的有各省、自治区、直辖市、计划单列市教育委员会，国务院有关部委，军委总政治部，全国总工会、全国妇联、民盟中央、民进中央等有关单位的负责人，设置学前教育专业的高等院校、幼儿师范学校、职业高中幼教专业以及幼儿园的代表等 180 人。会议着重讨论了关于幼儿教育事业的发展方针、政策和措施，幼儿教育师资队伍的建设等问题。

会议期间，国务院办公厅转发了国家教委等部门《关于明确幼儿教育事业领导管理职责分工的请示》，提出："幼儿教育是社会主义教育事业的重要组成部分，是我国学校教育的预备阶段，同时又是一项社会公共福利事业，各级政府都应重视幼儿教育事业的改革和发展。"对各部门在幼儿教育工作中的职责分工明确为：教育部门负责贯彻中央、国务院有关幼儿教育工作的方针、政策、指示，拟定行政法规和重要的规章制度；负责对各类幼儿园的业务领导；组织培养和训练各类幼儿园的园长、教师等。卫生部门负责拟定有关幼儿园卫生保健方面的法规和规章制度，对幼儿园卫生保健业务工作进行指导。还对计划部门、财政部门、劳动人事部门、城乡建设环境保护部门，以及轻工、纺织、商业部门的职责分工作了规定。

1988 年 8 月 15 日，国务院办公厅转发的国家教委等八部委《关于加强幼儿教育工作的意见》，对发展幼儿教育的原则、形式、任务、师资队伍建设和领导管理等作出明确规定：

第一，我国发展幼儿教育事业必须按照因地制宜、积极创造条件、以条件定发展的原则，坚持在保证一定质量前提下的数量与质量的统一，逐步做到基本适应当地经济和社会发展的需要，并使幼儿师范教育协调发展；幼儿教育事业的发展应把重点放在城市以及经济发展快、教育基础比较好的农村地区。

第二，幼儿教育事业具有地方性和群众性，发展这项事业，要依靠国家、集体和公民个人一起来办，要继续调动企业、事业、机关、团体、部队、学校等单位举办幼儿园的积极性，可采取单独举办或联合举办幼儿园的形式。在办园的形式上，要因地制宜，适应家长的需要，坚持灵活多样的原则。

第三，幼儿园教育的任务是贯彻保教结合的原则，对幼儿进行体、智、德、美全面发展的教育，使其身心和谐发展，为入小学作好准备，为培养造就一代新人打好基础。要克服无视幼儿身心发展规律和特点的"小学化"倾向。

第四，要建立一支合格、稳定的幼儿园师资队伍；要加强领导，坚持实行"地方负责，分级管理"和各有关部门分工负责的原则。

《意见》的转发，大大调动了各部门、社会各界的积极性，教育部门和有关部门通力合作，广大幼教工作者努力工作，形成了幼儿教育事业迅速发展的新局面。

为了规范幼儿园的设置及其教育、卫生保健、内部管理等各方面的工作，提高保育和教育质量，1989 年 6 月 5 日，国家教委发布了《幼儿园工作规程》。为了从宏观上加强对全国各类幼儿园的管理，促进幼儿教育事业的发展，经国务院批准，1989 年 9 月 11 日国家教委发布了《幼儿园管理条例》。上述文件进一步明确："国家教育委员会主管全国的幼儿园管理工作，地方各级人民政府的教育行政部门主管本辖区内的幼儿园管理工作。"两个法规性文件的发布，基本上理顺了全国幼教的管理体制，幼儿教育纳入了本地区经济和社会发展规划。大多数省、自治区、直辖市设立了幼教专门管理机构，各级教育行政部门配备了专职幼教管理人员。在地方政府的统一领导下，建立起省、地、县、乡四级幼儿教育行政管理、教研、科研、培训的网络，把办学权力下放到最基层，实现了幼教管理地方化、规范化，同时发挥了有关部门和妇联、工会的积极作用。各级政府和教育行政部门从本地实际出发，制定了一系列地方性幼儿教育行政管理法规和规章制度。

根据 1988 年《关于加强幼儿教育工作的意见》中关于要发展幼儿师范教育和加强新师资培养以及在职教师培训工作的指示精神，各地大力开展了幼教师资队伍的建设工作。到 1991 年，全国有独立设置的幼儿师范学校 68 所。此外，普通师范学校附设的幼师班、职业高中的幼师专业班以及各种幼儿教育短期培训班培养了大批新师资，充实了幼儿园的师资队伍。各级各类幼儿师范教育机构还对大批在职幼儿园教师进行了培训。

在党中央、国务院重要精神和国家教委文件的推动下，在全国各有关部门的支持下，在幼教工作者的努力下，幼儿教育事业有了数量的大发展和质量的大提高。到 1991 年，全国幼儿园园数发展到 16.44 万所，在园幼儿发展为2 209万人，教师总数达 76.89 万人（1985 年为 58.94 万人），全国幼儿教育事业继续呈蓬勃发展之势。

二、特殊教育的改革和发展

《中华人民共和国义务教育法》正式把特殊教育纳入义务教育的范

围，保障适龄残疾儿童受教育的权利，要求“地方各级人民政府为盲、聋哑和弱智的儿童、少年举办特殊教育学校（班）”。经国务院批准，国家教委、民政部和中国残疾人联合会等八个部门于1988年11月18日联合召开了全国特殊教育工作会议。由国务院有关部门联合召开专门研究残疾人教育问题的会议，在我国这是第一次。这次会议研究制定了《关于发展特殊教育的若干意见》。1989年5月4日，国务院办公厅转发了这个《意见》。

《意见》对发展特殊教育的原则、方针、领导管理、布局、发展目标等作出了具体规定。

首先，发展特殊教育要贯彻普及与提高相结合，以普及为重点的原则。在当前和今后一个时期，发展特殊教育事业的基本方针是：着重抓好初等教育和职业技术教育，积极开展学前教育，逐步发展中等教育和高等教育。把残疾少年儿童教育切实纳入普及义务教育的工作轨道。各级教育部门要把残疾少年儿童教育同当地实施义务教育工作统一规划，统一领导，统一部署，统一检查。

其次，在各级人民政府的统一领导下，以教育部门为主，民政、卫生、劳动、计划、财政和残疾人联合会等部门与组织紧密配合，各司其职，共同做好特殊教育工作。发展残疾少年儿童教育应遵循地方负责，中央给予指导帮助，有关部门分工协作，社会各界积极支持的原则，多种渠道办学，充分调动各方面办学的积极性。在国家办学的同时，积极提倡并鼓励社会团体、工矿区、林区、垦区、集体经济组织、私营经济组织和个人办学或捐资、捐物、出力助学。

第三，特殊教育的布局要合理，盲童教育，原则上以省、自治区、直辖市为单位划片设校，或以地市为单位设校；并有计划地在聋童学校和普通小学附设盲童班，或吸收掌握盲文的盲童在普通小学随班就读。聋童教育根据生源情况原则上以县为单位办班办校。弱智教育，城市可以在普通小学、残疾儿童福利机构分散办班或随班就读，也可以集中办校；农村实行就近入学，随班就读，加强个别辅导；有条件的县、乡（镇）也可以办班或建校。

会议的召开和《意见》的转发，对全国特殊教育的发展起了很大的作用。到1990年1月，全国已有16个省、自治区、直辖市和3个计划单列市召开了本地区特殊教育工作会议，部署了工作，大多数地方把残疾少年儿童的教育纳入义务教育的轨道，制定了特殊教育的发展规划。有一半左右的省、市配备了特殊教育工作的专职干部。全国还建起残疾人职业技术教育中心20所，民政部门的社会福利机构有400多处办了残疾儿童特教班。

1990年2月22日，国家教委、民政部、中国残疾人联合会联合召开了全国特殊教育第二次工作会议。各省、自治区、直辖市、计划单列市教育、民政部门和中国残联的有关同志参加了会议。会议总结交流了各地贯彻1988年全国特殊教育工作会议精神的情况和经验，讨论了进一步推动特殊教育事业发展的措施，部署了今后几年的工作。

1990年5月30日，国家教委办公厅、民政部办公厅、中国残联办公厅印发了《1990年全国特殊教育工作会议纪要》。《纪要》指出：当前各地特殊教育事业的发展很不平衡。仍有一些地方对发展特殊教育缺乏认识，尚未把这项工作摆上自己的工作议程。要求这些地方要按照国务院办公厅批转的文件，尽快改变局面。《纪要》对今后几年的工作作了部署：要求各级领导要进一步提高对特殊教育的认识，采取积极态度，抓好这项工作，这是当前特殊教育能否得到发展的关键；要坚持多种形式办学，逐步形成以一定数量的特殊教育学校为骨干，以大量的特教班和随班就读为主体、城乡兼顾地发展残疾少年儿童教育的新格局；各地教育部门要配备干部管理特殊教育，制定切实可行的事业发展规划，并认真组织实施，做好师资培训工作，落实地方特教专项补助款等；各地民政部门要遵照养、治、教相结合的方针，在社会福利机构中积极开展对残疾儿童的特殊教育工作，积极推动街道社区开办特教班。会后，全国各地认真贯彻《纪要》精神，使特殊教育又有了新的进展。

1994年8月23日，国务院颁布了《残疾人教育条例》，对残疾人教育的指导方针、学前教育、义务教育、职业教育、普通高中以上教育及成人教育、教师和物质条件保障等作出详细而具体的规定，对全面推进特殊教育事业，促进特殊教育的发展和提高起了极为重要的作用。

1998年12月2日，教育部发布了《特殊教育学校暂行规程》，对残疾教育学校的办学方针、培养目标、教育教学工作等方面作出具体规定，对规范学校管理、全面贯彻教育方针、全面提高教育质量提供了有力的保证。此后，特殊教育得到了持续、稳定的发展。到2001年，全国盲、聋、弱智学校已有1 531所，在校生（含特殊教育班、随班就读学生）38.64万人。①

2001年4月，教育部、民政部、中国残联联合召开全国第三次特殊教育工作会议。同年11月，国务院办公厅批转了教育部、民政部等九部门制定的《关于“十五”期间进一步推进我国残疾教育改革和发展的意见》，把全国特殊教育推进到一个新的发展阶段。

① 中国教育年鉴编辑部编：《中国教育年鉴》（2002），北京：人民教育出版社，2003年版，第138页。

20

第二十章　高等教育改革

《中共中央关于教育体制改革的决定》指出："当前高等教育体制改革的关键，就是改变政府对高等学校统得过多的管理体制，在国家统一的教育方针和计划的指导下，扩大高等学校的办学自主权，加强高等学校同生产、科研和社会其他各方面的联系，使高等学校具有主动适应经济和社会发展需要的积极性和能力。"《决定》颁布后，高等教育管理体制、高等学校招生和毕业生分配制度、高等学校教学等进行了改革，高等教育结构进行了调整，扩大了高等学校的办学自主权，出现了高等教育改革和发展的新局面。

第一节　高等教育领导管理体制改革

长期以来，我国的高等教育一直实行由中央统一领导，中央和省、自治区、直辖市两级管理的领导管理体制。这种管理体制已不能适应社会主义现代化建设的需要，不能适应改革开放特别是经济体制改革全面开展的新形势。为了调动地方各级政府办学的积极性，增强高等学校办学活力，国家决定对高等教育领导管理体制进行改革。这次改革主要是加强宏观管理，实行简政放权，扩大学校的办学自主权。

一、办学体制改革

《中共中央关于教育体制改革的决定》提出："实行中央、省（自治区、直辖市）、中心城市三级办学的体制。"此后，一些经济较发达的城市新办了一批高等学校，有些省、自治区新办了一批工科类的高等学校。全国高等学校数逐年递增，1985 年为1 016所，1986 年为1 054所，

1987年为1 063所，1988年至1991年为1 075所。

实行“三级办学”的体制，只解决了办学主体与政府之间的上下级关系，扩大了下级政府的办学权，但政府对学校包得过多、统得过死，以及“条块分割”（即业务部门办的学校同地方各省办的学校都各自成体系）的问题，并没有得到根本解决。全面改革高等教育管理体制，涉及高教投资体制和学校隶属关系等方面的改革，难度较大，一时难以完全实现。为此，《决定》提出了一项在当前条件下比较可行的政策：“中央部门和地方办的高等学校，要优先满足主办部门和地方培养人才的需要，同时要发挥潜力，接受委托，为其他部门和单位培养学生，积极倡导部门、地方之间联合办学。”从而为逐步解决“条块分割”问题创造了条件。

跨部门、跨地区联合办学，是指中央、国务院业务部门之间，地方省、自治区、直辖市及地、市级政府之间，中央部门同地方之间，在对方直接管理的高等学校中进行长期稳定的共同投资，联合进行人才培养、科学研究及技术开发。联合办学有以下特点：一是合作办学长期稳定，合同期一般在十年以上；二是投资主体是中央部门或地方政府，所需基建投资和经常费用一般是国家财政拨付；三是合同内的人才培养计划纳入国家任务招生计划，生源质量有保证。

联合办学有多种形式：

一是部门与部门的联合办学。例如，水利电力部与机械工业委员会依托陕西机械学院联合办了水利电力学院。水电部投资基建费800多万元，使机械学院水利系的规模由500人发展到1 200人，并改建为独立学院。这样既发挥了水利系的教育资源优势，改善了办学条件，又满足了水电部对西北地区专门人才的需要。又如轻工部、纺织部与国家教委所属的成都科技大学联合创办了轻工业学院和纺织学院，各院的招生规模都在1 000人左右，办学所需经费全部由轻工部和纺织部承担。通过合作，成都科技大学在校生人数大大增加，形成了新的学科，建立了新的专业，办学经费也有较大增长。

二是部门和地方的联合办学。例如，石油部、中国石化总公司、国家计委、旅游总局等部门同陕西省的西北大学联合办学，各部门给学校的投资总额达3 000万元，学校规模扩大了2 500多人。又如江苏省属南京师范大学、南京医学院等8所高等学校分别同石油部、煤炭部、商业部、纺织部等中央7个部门实行联合办学，总共获得了基建投资5 400多万元。这些学校分别新建了教学楼、实验楼、学生宿舍、教职工宿舍、体育馆等共约25万平方米的建筑物，大大改善了办学条件，新建校迅速达到了计划规模。

三是地方和学校之间的联合办学。例如，江苏省徐州师范学院同徐州市人民政府联合办学。市政府拨基建费在学院附近新建6 000平方米的学生公寓，学院在10年内为徐州市培养2 450名中学教师。盐城工业学院同盐城市计经委联合办学，由市里出资60万元，在学校内建一幢2 500平方米的学生宿舍，学院每年为盐城市定向招生140名。

四是不同部门所属院校之间的联合办学。例如，1986年在北京航空学院的倡议下，北京师范大学、中国人民大学、北方交通大学、北京科技大学、北京钢铁学院、北京邮电学院、北京工业学院等八所分属八个中央部门的院校联合成立了校际教育和科研协作组，校际之间开展了学生跨校听课、互聘教师、联合培养研究生、互相开放实验室研究室图书馆、联合承接科研课题和技术开发项目等广泛领域的合作，推动了各校教学、科研工作的改革和水平的提高。

《决定》颁布后，联合办学迅速发展。

1988年5月，国务院办公厅转发了国家教委《关于推动联合办学和校际协作若干问题的意见》，在总结经验的基础上，明确了联合办学的目标和原则，对联合办学中若干问题的处理作了规定：中央部门之间、地方之间、中央部门和地方之间联合办学，培养学生在10届以上的，经审批纳入国家任务招生计划。中央部门之间联合办学纳入国家计划的，基建投资由用人部门拨给高等学校，经常费由财政部核拨给学校主管部门，再由主管部门拨给高等学校。纳入国家计划联合办学的规模，一般应由学校在其尚未达到的原核定规模内安排，如果需要，也可经有关部门批准，适当扩大办学规模。与高等学校签订办学合同的中央部门或地方，可以对联合办学的学科专业的服务方向、培养规格和教育质量提出意见。纳入国家计划联合办学的毕业生，国家一般不予抽成。中央部门之间联合办学的毕业生，地方所需专业的留成比率不高于10%等。《意见》还特别强调，凡在现有普通高等学校通过联合办学和委托培养等途径，能够基本满足有关专门人才需求的，就不另行增设新的普通高等学校。凡已有专业能够满足或合理扩充后能够满足专门人才需要的，近期内一般不再增设新的专业点。

随着经济体制和政府机构改革的深入，实行政企分开以后，大部分中央部门职能转换，一些部门不再直接管企业，也不再直接管理高等学校，中央部门出资联合办学的形式逐渐发生了变化。有些中央部门出资联合办的学校划拨给了地方，有的通过联合办学培养的学生改由大中型企业出资采取合同制委托培养的办法，学生毕业时按合同就业。

二、扩大高等学校办学自主权

扩大高等学校办学自主权是高等教育体制改革的重要内容。《中共中央关于教育体制改革的决定》把扩大高等学校办学自主权作为一项重大决策提出，使高等学校逐步建立起主动适应经济和社会发展需要的办学机制，不断提高办学质量和办学效益。

根据《决定》的要求，国务院于 1986 年 3 月 12 日发布的《高等教育管理职责暂行规定》对扩大高等学校办学自主权作了八条规定：

第一，在保证完成国家下达的培养人才任务的前提下，可以按照国家规定的比例实行跨部门、跨地区的联合办学，接受委托培养生和自费生，落实国家下达的毕业生分配计划，制定毕业生分配方案，并向用人单位推荐部分毕业生。

第二，在遵守国家财务制度的前提下，可以按照包干使用、超支不补、节余留用、自行平衡的经费预算管理原则，安排使用主管部门核定的年度事业经费。接受委托培养生、自费生及开展社会服务的收入，按照国家有关规定安排用于发展事业、集体福利和个人奖励。

第三，按照主管部门批准的总体设计任务书、总体规划、长远和年度基建计划，以及在向主管部门实行投资包干的前提下，学校可以自行择优选择设计施工单位，审定设计文件，调整长远和年度基建计划。

第四，按干部管理权力，根据规定的干部条件、编制、选拔步骤，校长可以提名报请任免副校长；任免其他各级行政人员；可以聘任、辞退教师和职工。

第五，经过批准的高等学校可以按国家有关规定评定副教授的任职资格，少数具备条件的高等学校可以评定教授的任职资格。

第六，根据国家的教育方针、修业年限、培养规格，按社会需要调整专业服务方向，制订教学计划、教学大纲，选用教材，进行教学内容和方法的改革。

第七，在保证完成国家下达的科研任务的前提下，可以自行决定参加其他科研项目的投标，承担其他单位委托的科研任务，面向社会开展技术服务和咨询。

第八，在国家外事政策和有关规定的范围内，积极开展对外教育交流活动。为贯彻落实《暂行规定》的有关规定，国家教委和有关部委此后颁布了一些规章，例如，1986 年国家教委、财政部发布《高等学校财务管理改革实施办法》，1987 年国家教委发布了《普通高等学校招生暂行条例》、《关于扩大普通高等学校录取新生工作权限的规定》、《关于高等学校各级领导干部任免的实施办法》、《关于高等学校基本建设管理职责暂行办法》，1989 年国务院批转国家教委《关于改革高等学校毕业生分配制度的报告》等。

为了使《暂行规定》在国家教委直属高等学校有效实行，国家教委根据本委的职责权限提出教委直属高等学校扩大高等学校自主权较具体的便于执行的意见。其主要内容有：

（1）在现已设置的专业内，学校可确定与调整专业方向；可举办各种形式和层次的继续教育与岗位培训等非学历教育。

（2）在年度招生总数的25%内，学校可接收委托培养生和自费生。在年度招收研究生计划数内，可调整在职的和定向的研究生比例。

（3）在不增加国家批准的编制人数情况下，学校可自行确定调整校内科学研究机构及其人员，创办科技产业实体。

（4）根据上级有关部门的批准、授权，学校可按设计任务书自行审定生活用房和部分教学用房设计文件，可自筹资金适当调整住房标准和贷款解决某些急需基建项目的建设。

（5）根据“包干使用、超支不补、结余留用、自求平衡”原则和有关法规的规定，学校可自主统筹使用预算内事业费和预算外经费；可根据国家政策和实际情况，提出年度向学生收取学杂费和委托培养生、自费生的收费标准，报上级有关部门批准执行。

（6）学校有权选用不同的用人制度和管理体制，确定和调整各类人员及其比例；在不增加国家投入的情况下，增设部分流动编制和校办产业的企业编制。根据有关规定，有权设置和调整专业技术职务岗位和评聘工作，有教授审定权的学校可聘名誉教授，报国家教委备案。在国家法规和工资总额包干的前提下，有权确定和实行校内的分配办法和津贴制度。

(7) 除中共中央和国务院规定必设机构外，学校可自行确定校内机构及其人员配备。按国家的规定，提名副校长，报上级有关部门批准任命；有权任免副校长以下干部。

(8) 根据国家规定和上级领导部门的委托，由校长或学校中共党委书记代行审批出国留学人员、副校长以下人员出国进行合作研究和参加国际会议及校际交流等活动，以及外籍人员来华讲学。根据国家计划可直接录取自费来华留学生，并规定其学费标准。

扩大高等学校办学自主权的若干政策、规定的出台，激活了高等学校的办学主动性和积极性以及主动适应经济与社会发展的能力。许多学校很快行动起来，在调整专业、教学改革、扩大学校招生来源计划，在改革校内财务管理制度、人事管理制度、机构设置，在自主开展国际教育交流等方面，都取得了显著成效。

三、调整高等教育结构

《中共中央关于教育体制改革的决定》强调："高等教育的结构，要根据经济建设、社会发展和科技进步的需要进行调整和改革。"其重点是"改变高等教育科类比例不合理的状况"和"改变专科、本科比例不合理的状况，着重加快高等专科教育的发展"。具体是"加快财经、政法、管理等薄弱系科和专业的发展，扶持新兴边缘学科的成长"。

1985 年以后，全国认真贯彻《决定》关于调整学科结构的指示精神，增建新的财经、政法类院校，原有财经、政法类院校和专业扩大招生，单科院校增设财经、政法类学院或系科、专业，地方办的短期职业大学设立财经、管理、政法类专业等，以多种途径、多种形式发展财经、管理、政法类系科。到 1991 年，财经类院校由 1985 年的 62 所增加到 80 所，财经类专业由 1985 年的 45 种增加到 47 种，专业点由 1985 年的1 116个增加到1 564个，财经类专业的在校学生由 1985 年的 14.95 万人增加到 21.55 万人，占全国本专科在校生人数的10.55%。政法类院校由 1985 年的 24 所增加到 25 所，政法类专业由 1985 年的 11 种增加到 12

种，专业点由157个增到195个，政法类专业的在校生由1985年的3.61万人增加到4.07万人，占当年在校大学生总数的1.99%。① 与此同时，各高等院校为适应经济建设的需要还增设了许多应用性的学科和专业，根据现代科技发展的需要新建了一批新兴学科和专业。

我国高等专科教育的发展经历了一个曲折的过程。《决定》颁布后，形成逐年持续发展的势头。到1989年，普通高等专科学校校数从1982年的190所发展到458所；招生人数从1982年的8.4万人增加到29.7万人，占当年普通高等学校本、专科招生总数的比例从27%上升到近50%；在校生人数从1982年的22.5万人增加到76万人，占普通高等学校本、专科在校生总数的比例从19%上升到36%。② 累计培养了各种专业的高等专科毕业生178万，为国家建设事业输送了一大批急需的专门人才，也使普通高等教育中长期存在的本科与专科学生比例不合理的状况有了明显改变。在事业发展的同时，许多专科学校及其主管部门还在办好专科、办出特色方面进行了改革探索，取得了一定的成绩。

但是，普通高等专科教育事业的现状仍不能适应我国社会主义现代化建设的需要。高等专科教育在高等教育体系中仍然是比较薄弱的部分，面临着一些困难和问题。主要是：普通高等专科教育的性质、地位、作用和发展方针有待进一步明确；国家对高等专科教育的投入长期不足，办学条件普遍较差，现行的某些政策和制度不利于高等专科教育的巩固和发展；普通高等专科教育的办学特点不够明显，对培养目标、基本培养规格、修业年限和培养模式等问题，认识上和实践上都存在分歧；专科教育与本科教育、高专与中专、普通专科与成人专科、专科学校与短期职业大学之间，上下左右关系不顺。为了妥善解决上述问题，推动普通高等专科教育持续、稳定、健康地发展，国家教委组织有关省、自治区、直辖市和国务院部分部委的教育行政部门，对普通高等专科教育的现状和问题进行了广泛、深入的调查研究。

经过两年多的准备，国家教委于1990年11月在广州召开了全国普

① 中国教育年鉴编辑部编：《中国教育年鉴》（1992），北京：人民教育出版社，1993年版，第60页。

② 中国教育年鉴编辑部编：《中国教育年鉴》（1991），北京：人民教育出版社，1992年版，第164页。

通高等专科教育工作座谈会。这是建国以来第一次由国家教育行政部门召开的全面研究高等专科教育工作的全国性会议。会议明确了普通高等专科教育的性质、地位、作用，明确提出了普通高等专科教育的办学指导思想和今后一段时期内的工作方针以及加强普通高等专科教育应采取的政策措施。这次会后，国家教委于 1991 年 1 月下发了《关于加强普通高等专科教育工作的意见》。其要点有：

（1）普通高等专科教育（不含师专）是在普通高中教育基础上进行的专业教育，培养能够坚持走社会主义道路，适应基层部门和企事业单位生产工作第一线需要的，德智体诸方面都得到发展的高等应用性专门人才。它同本科教育、研究生教育一样，都是我国普通高等教育体系中不可缺少的重要组成部分。

（2）我国经济建设和社会发展（尤其是广大农村）需要普通高等专科教育培养大批高等应用性专门人才。

（3）现有独立设置的普通高等专科学校是专科教育的骨干，要在努力改善现有办学条件的基础上，把工作的着重点放到办出专科特色和本校特色、提高教育质量上来。现有短期职业大学实际上是由地方举办的综合性高等专科学校。办学部门应根据本地区经济建设和社会发展的实际需要，研究这些学校的办学方向。一部分应办成以培养高级技艺性人才为目标的高等职业教育，一部分则根据需要，经过上级主管部门审定并报国家教委批准，可以明确为普通高等专科学校。

（4）普通高等专科教育的修业年限，定为两年至三年。其中，工程、医药、政法类教育的基本修业年限定为三年。其他各类专科教育的修业年限为两年至三年。普通高等专科教育的专业应强调针对经济建设和社会发展的实际需要设置，可以宽窄并存。

（5）普通高等专科教育的教学要突出理论知识的应用和实践动手能力的培养。基础理论的教学以应用为目的，以必需、够用为度，以掌握概念、强化应用为教学重点。专业课的教学内容要加强针对性和实用性。

（6）各办学部门应增强专科教育的投资，切实改善专科学校的办学条件。

（7）高等专科学校要在主管部门的支持下，努力争取社会用人部门参与，承担专科人才的培养工作。

此外，《意见》还对普通高等专科教育开展科学技术工作、教育评估工作、教师职务评聘工作、招生工作等作了规定。《意见》的颁发有力地推动了普通高等专科教育事业的进一步发展。1992 年，专科招生 40.43 万人，超过本科招生人数，专科在校生人数达 85.49 万人。①

第二节　高等学校招生和毕业生分配制度改革

招生和毕业生分配，是直接关系到高等学校培养的人才能不能同社会需要挂钩的两个环节，是关系到高等教育能不能适应社会主义建设需要，为社会主义建设服务的重要环节。长期以来，高等学校完全按国家指令性计划统一招生，而招生计划并不能充分反映和满足社会多方面的需要。毕业生全部由国家包下来统一分配，往往出现供需脱节的情况。这严重影响了高等学校为社会主义建设服务功能的有效发挥，也影响了高等学校自主办学的积极性。招生计划制度和毕业生分配制度的改革，就是要逐渐减少国家指令性计划统一招生的比重，逐步增加调节性计划招生的比重；打破"包分配"的单一分配制度，通过多种形式、多种途径，逐步由国家分配向社会就业方向转变，使学校与社会、用人单位，毕业生与用人单位直接联系起来，从而既使高等学校能主动适应社会需求，又调动了学校、用人单位和毕业生的积极性。

一、招生制度改革

为了逐步减少国家指令性计划招生数，逐步增加调节性招生数，当时实施招生制度改革采取了三种办法：

第一种是国家计划招生。这是国家指令性计划，是大学招生的主体。为了解决广大农村及生活、工作比较艰苦的地区和行业长期存在的专门人才"招不来，分不去，留不住"，人才极度缺乏的问题，国家指令性计划招生也进行了改革，按国家招生计划的一定比例实行定向招生。

1983 年 2 月 21 日，教育部在《关于 1983 年全国全日制高等学校招

① 中国教育年鉴编辑部编：《中国教育年鉴》（1993），北京：人民教育出版社，1994 年版，第 82 页。

生工作会议报告》中提出：高等学校招生要把招生来源地区和毕业生分配去向适当结合起来，实行定向招生、定向分配的办法。

1988年11月24日，国家教委制定《普通高等学校定向招生、定向就业暂行规定》，进一步明确了定向招生的范围："国家教委、中央其他部门的所属高等学校可面向内蒙古、广西、贵州、云南、西藏、甘肃、青海、宁夏、新疆等九省区，以及国家重点建设项目中，工作环境比较艰苦的单位定向"，同时"还可面向农业、林业、地质、能源、建材、气象、国防军工、解放军等部门中，工作环境比较艰苦的单位定向"。"省、自治区、直辖市所属学校可面向老革命根据地、少数民族聚居地区、山区、边远地区的县，以及工作环境比较艰苦的行业定向"。《暂行规定》规定：（1）定向计划是国家任务招生计划的一部分，要认真贯彻德智体全面考核择优录取定向生，一般与非定向生执行同一录取分数标准，在院校录取控制分数线以上如果不能完成定向招生来源计划，可在该院校录取分数线下20分以内择优录取。（2）定向生的招生数量不超过当年国家计划招生总数的5%。（3）定向生免缴学杂费，还可根据学习成绩和表现享受定向奖学金。定向生毕业后，依照招生时确定的地区或部门范围内实行双向选择就业。（4）定向生的服务期限，一般不应超过六年（含见习期一年），服务期满，允许流动。定向招生办法的实施，在我国经济发展不平衡的情况下，对于保证边远地区高层次人才的培养和发展欠发达地方经济起了一定的作用。

此外，在贯彻执行高等学校招生计划制度改革实践中，国家教委还出台了一些新的办法。

第一种是招收保送生。

1987年4月21日，国家教委颁布的《普通高等学校招生暂行条例》规定，为了全面贯彻教育方针和因材施教的原则，弥补考试的不足，由国家教委授权的高等学校可以招收保送生。

1988年2月2日，国家教委颁发的《普通高等学校招收保送生的暂行规定》中规定，为了完善我国普通高等学校招生制度，授权北京大学、清华大学、中国人民大学等52所学校招收保送生，各地未经国家教委许可不应确定除师范、外语院校以外的其他高等学校招收保送生。实行保送的中学及中等师范学校，是经过教育主管部门和督导机构确定的全面贯彻教育方针，办学思想端正，教育质量较高的学校。保送生的数量，中学原则上不超过该校当年应届毕业生总数的5%；中等师范学校不应超过2%。高等学校招收保送生的数量，师范院校可为该校当年招生计划总数的10%，其他类型高等学校为3%。《暂行规定》还对保送生应具备的条件、中学推荐保送生的确定原则、高等学校录取保送生的程序作了规定。

第二种是用人单位委托招生。

1983 年 2 月，教育部在《关于 1983 年全国全日制高等学校招生工作会议的报告》中首次提出："要打开培养单位和用人单位直接联系的渠道，采取合同制委托培养人才的办法，作为国家培养人才计划的补充。"当年，部分高等学校即进行了试验，招收了委托培养学生3 000 人。

1984 年 6 月 24 日，教育部、国家计委、财政部共同颁发的《高等学校接受委托培养学生的试行办法》规定：省、自治区、直辖市，党中央、国务院各部门，全民所有制和城乡集体所有制企事业单位及个体户，均可通过协商，签订合同，委托高等学校培养本、专科学生和研究生。接受委托的高等学校必须首先保证完成指令性计划，不得冲击指令性的年度计划和中、长期计划。委托培养学生一律采取合同制的办法，委托培养学生的合同必须经学校的主管部门批准才能生效。委托培养的学生必须参加全国统一招生考试，择优录取。其中，省、自治区、直辖市和中央、国务院部门及全民所有制企事业单位委托培养的学生必须从统一招生中录取，录取分数不应低于招生学校所在地的最低录取分数线；农业、石油、地质、煤炭等全民所有制企事业单位和山区、边疆、少数民族聚居地区及城乡集体所有制企事业单位或个体户委托培养的学生，可由委托单位推荐学生参加全国统一招生考试，录取分数线可适当降低。《试行办法》还规定："根据谁委托培养学生谁负责经费的原则，委托单位要负担为其培养学生所需的基本建设投资和经常费。"

国家教委于 1986 年 1 月 11 日制定的《普通高等学校接受委托培养学生管理工作暂行规定》强调指出："普通高等学校委托培养的学生（自费生）与按国家计划招收的学生相比，仅是培养费用的来源与毕业输送的方式不同。"因此，国家关于学生管理工作的各项规定原则上都适用于委托培养学生。《暂行规定》要求："省、自治区、直辖市党政机关，中央、国务院部门，全民所有制企事业单位委托培养学生一般应在省、自治区、直辖市范围内招生，不能缩小招生范围，不得降低录取标准。农场、牧场，生产建设兵团，林区、林场、矿区、基地、油田、野外地质队，水电施工单位和国防科技工业三线地区所属企事业单位，城乡集体所有制企事业单位，个体户，以及山区、边远地区、少数民族聚居区的委托培养，可以划定招生范围，同时明确预备生源，参照同批国家计划内定向招生的录取标准，首先在划定的招生范围内择优录取，如录取不满额，则在预备生源中择优录取。”这一措施调动了学校和用人单位双方的积极性，委托培养学生的数量增加很快。1988 年高等学校招收委托培养学生 6.31 万人，占当年本专科招生总数 66.97 万的9%。同年，在校的委托培养生总数达 16.71 万，① 占当年全日制高等学校在校生总数的8.1%。1991 年招收委托培养学生 5.48 万人，占当年本专科招生总数的8.7%。②

第三种是在国家计划外招收少数自费生。

国家教委《1986 年普通高等学校招生规定》，把招收自费生纳入普通高等学校招生计划中，并规定：“录取自费生，录取分数线不应低于考生所在省、自治区、直辖市最低控制分数线；特殊情况，经省、自治区、直辖市普通高等学校招生委员会批准，可适当降低。”

1988 年 4 月 7 日，国家教委制订的《1988 年普通高等学校试行招收自费生办法》规定，普通高等学校在完成国家招生任务的前提下，可以根据社会需要和自身的培养能力安排自费生招生计划。招收自费生的计划属调节性计划，有条件的省、自治区、直辖市可适当缩小国家任务招生计划，扩大调节性招生计划。普通高等学校招收自费生必须面向社会公开招生，从参加全国统一招生考试的考生中择优录取。自费生的录取工作在国家任务、委托培养录取之后进行。自费生的录取控制分数线，由省、自治区、直辖市普通高等学校招生委员会根据报考自费生人数、统考成绩及招生计划自行确定。但自费生录取分数与国家任务、委托培

---

① 中国教育年鉴编辑部编：《中国教育年鉴》（1989），北京：人民教育出版社，1990 年版，第 68 页。

② 中国教育年鉴编辑部编：《中国教育年鉴》（1992），北京：人民教育出版社，1993 年版，第 130 页。

养学生相比不应过低。《办法》还规定：自费生在校学习期间须向学校交纳培养费。交纳标准应不低于国家任务招收同类学生所需的费用。

1990年5月，国家教委、人事部、国家计委、公安部、商业部联合发布《普通高等学校招收自费生暂行规定》，进一步规范了招收自费生的工作，同时对自费生的户口、粮食关系迁移、毕业后就业等事项作了明确规定。

招收自费生的办法受到青年学生和有条件出资的家长欢迎。1987年全国招收自费生1.1万人，1988年全国招收自费生4.22万人，①1991年全国招收自费生1.18万人。②1994年后推行高等学校学生收费制度，到1997全国所有高校都对学生实行收费制度。

二、毕业生分配制度改革

由于高等学校招生计划制度的改革，大学毕业生的分配和就业办法也相应地进行了改革。按国家计划招生办法入学的学生，毕业时“实行在国家计划指导下，由本人选报志愿、学校推荐、用人单位择优录用的制度”。按用人单位委托招生办法入学的学生，毕业时国家不负责分配，应按合同规定到委托单位工作，实行按合同就业。按自费生办法入学的学生，毕业后可以由学校推荐就业，也可以自谋职业。

毕业生分配制度改革就是要使人才培养与人才使用结合起来，使学校和社会紧密联系，增强学校主动适应社会发展需要的活力，逐步把高等学校毕业生由国家计划分配工作制度改为社会选择就业制度。我国的高等学校毕业生分配制度改革是有步骤分阶段逐步深化的。

第一步是实行招生计划制度的改革，对毕业生就业实行分流，按调节计划招进来的学生实行按合同就业，使这部分毕业生逐年增加，由国家统一分配的毕业生比重逐年减少。

第二步是在由国家统一分配的毕业生中，除在艰苦行业、边远地区实行“定向招生、定向分配”政策对毕业生分流外，广泛实行“供需见面”的办法安排毕业生。“供需见面”的主要做法是：以学校或学校主

---

① 中国教育年鉴编辑部编：《中国教育年鉴》（1989），北京：人民教育出版社，1990年版，第68页。

② 中国教育年鉴编辑部编：《中国教育年鉴》（1992），北京：人民教育出版社，1993年版，第130页。

管部门为“供”方代表，用人单位或用人单位主管部门为“需”方代表，通过一定方式“供”、“需”双方接触，沟通情况，共同制定单位之间的分配计划方案。方案经各自上级批准后，由学校再将分配方案落实到毕业生。

1985年，经国务院批准，上海交通大学、清华大学在原来实行“供需见面”试点的基础上，试行“招聘”、推荐与考核录用相结合的办法。国家对这两所学校不制定直接控制的毕业生分配计划，具体分配计划全部交由学校与用人单位联系制定。在制定计划之前，学校向有关单位、有关单位向毕业学生介绍相关情况。然后由学校邀请部分用人单位到学校直接同毕业生对话，在相互有所了解的基础上，由学生自愿报名，学校推荐，用人单位考核，择优录用。这种试验受到学生、学校和用人单位的欢迎。此后，又有一些院校进行了类似的改革试验。

1989年，国家教委在总结各校试验经验的基础上制定了《高等学校毕业生分配制度改革方案》，国务院批转全国贯彻执行。具体做法是：逐步将毕业生计划分配就业制度改为社会选择就业制度；人事部门应建立和健全人才交流服务机构，逐步完善人员合理流动的调节机制；各地方、各部门和高等学校应建立毕业生就业指导机构；按长远改革方向，毕业生将主要通过人才（劳务）市场自主择业。

第三节　高等学校教育教学改革

高等学校的根本任务是培养人才，教学是高等学校的中心工作，而教育教学改革则是整个教育改革的核心。教育教学工作包括教育过程和教学领域的各项工作，主要有各科类人才培养目标和培养规格、专业设置和管理、教学制度的制定、教学质量的评估和检查，以及教学计划的制定、教学大纲和教材的编选，教学内容、教学方法、教学手段的选定等等。随着教育体制改革的深入，高等学校的教育教学改革也全面展开。

一、各科类本科培养目标和培养规格的调整

《中共中央关于教育体制改革的决定》和1986年中共中央、国务院批转的国家教委《关于加强高等学校思想政治工作的决定》，对新时期高等教育人才培养提出了新的要求。据此，国家教委决定对各科类的培

养目标和基本规格进行修订。

1986年11月，国家教委印发了《普通高等学校工科四年制本科教育的培养目标和本科生的基本规格（征求意见稿）》。其培养目标规定为：工科本科教育培养适应社会主义建设需要的、德智体美全面发展的、获得工程师基本训练的高级工程技术人才。学生毕业后主要去工业生产第一线，从事设计、制造、运行方面的研究和管理等工作。本科生的基本规格主要是：热爱社会主义祖国，拥护共产党领导，坚持走社会主义道路，有为国家富强、民族振兴而奋斗的理想，有为人民服务、艰苦创业的精神和社会主义事业心、责任感；懂得马克思列宁主义、毛泽东思想的基本原理，了解国内外形势和党的路线、方针、基本政策，支持改革开放，对社会思潮有一定的辨别是非的能力；积极参加社会实践，受到必要的军事训练，能够同群众结合，理论联系实际，热爱劳动，具有实干、创新精神和良好学风；懂得社会主义民主和法制，遵纪守法，有良好的道德品质。比较系统地掌握专业所必需的自然科学基础和技术科学基础的理论知识，具有一定的专业知识、相关的工程技术知识和技术经济、工业管理知识，对本专业范围内科学技术的新发展有一般的了解；具有本专业所必需的制图、运算、实验、测试、计算机应用等技能，以及一定的基本工艺操作技能；有较强的自学能力和一定的分析、解决一般工程实际问题的能力，具有工程经济观点，受到工程设计方法和科学研究方法的初步训练；初步掌握一门外国语，能够比较顺利地阅读本专业的外文书刊。了解体育运动的基本知识，掌握科学锻炼身体的技能，养成锻炼身体的习惯，达到国家规定的大学生体育合格标准，讲究卫生，身体健康，能胜任未来工作。具有较好的文化素养和心理素质以及一定的美学修养。

上述基本规格同1984年提出的基本规格相比较又有了改进，德、智、体三方面的要求内容都有所增加，要求明确具体，宜于掌握，同时还增加了美育方面的要求。除印发征求意见稿以外，国家教委还分别召开文、理、农、林、医等科的教学改革座谈会或工作会议，研究各科的培养目标和基本规格的修订问题。

1988年4月，国家教委颁布了《关于加强普通高等学校本科教育工作的意见》。《意见》指出：本科教育的培养目标和本科生基本培养规格，是国家对本科教育和本科毕业生的基本要求，也是高等学校进行教育教学改革的具体努力方向。《意见》对各科的培养目标提出了指导性的原则：文科教育必须坚持以马克思主义为指导，贯彻执行“双百”方针，在学校教育同社会实践的紧密结合中，培养既有系统理论知识又有实际工作能力的人才。理科教育担负着培养理论研究人员和实际工作者两方面的任务。理科教育应当充分重视和加强理论研究和教学人员的培养。但是，从国民经济建设当前和今后一段时间的需要来看，理科教育应把工作的重点放到培养社会需要的、从事某些领域实际工作的人才上。工、农、医各科教育要注意克服目前在人才培养中存在的重学科理论、轻实际应用的现象，培养能到基层解决工农业生产和医疗卫生保健工作中实际问题的各种专门人才。师范教育应当以培养合格的中学教师作为义不容辞的任务，教育学生热爱人民的教育事业，教书育人，为人师表。

在国家教委的主持下，在《意见》颁布的前后，工科、农科、林科、医科等先后在制定各专业教学计划时修订了本科生的基本培养规格。理科方面在 1990 年修订了本科生基本培养规格。

二、科类、专业的调整和改革

我国高等学校以“系”为基本教学单位，系内设专业，按专业制定教学计划和培养人才。全国分为文科、财经、政法、理科、工科、农科、林科、医药、师范、艺术、体育等十一个科类，每科类又分若干专业。由于科类发展不平衡，专业划分过细过窄，专业内涵不清，培养目标不够明确，专业名称比较混乱、缺乏规范，空白和缺门专业需要填补，因此亟需调整和改革。

从 1982 年到 1987 年，为了解决专业设置中存在的弊端，全国有计划、有组织地进行了大规模的修订本科专业目录工作。这次专业目录修订的原则是：要立足于现实，着眼于未来，根据我国四化建设的需要和科学发展的水平与趋向，对现有专业进行适当调整；专业目录应体现不同教育层次和不同教育类型的要求；划分专业一般以学科为主，适当兼顾业务部门的需要；每个专业应有自己独立的课程体系，其基本理论、基本知识、基本技能要求应有别于其他专业。同一专业的名称必须统一。1982 年 8 月，教育部着手组织力量进行调查研究，并决定先从工科专业开始。1983 年 1 月，教育部发出《关于做好修订高等学校工科专业目录的通知》。经过国务院有关部委，各省、自治区、直辖市教育行政部门和有关高等工业学校的共同努力，1984 年制定出《高等学校工科本科专业目录》，并于 1984 年 7 月 31 日由国家计委、教育部联合发文批准试行。《专业目录》共列本科通用专业 172 种，试办专业 32 种，军工专业 51 种，共计 255 种。①《专业目录》公布后，从 1984 年至 1985 年对全国高等工业学校的工科专业进行了调整，并于 1985 年秋季开始按调整后的《专业目录》所列专业招生。

1985 年，国家教委发出《关于做好修订高等学校文理法经本科专业目录工作的意见》，并与有关部委组织力量，调查研究，提出方案，征求意见，召开审定会。1986 年 7 月，国家教委发布了全国《普通高等学校农科、林科本科专业目录》；1987 年 8 月，国家教委发布了《全国普通高等学校医药本科专业目录》；1987 年 11 月，国家教委公布了《普通高等学校理科本科专业目录》；1987 年 12 月，国家教委公布了《普通高等学校社会科学本科专业目录》。经过这次调整专业、修订专业目录后，各科专业的变化情况如下表：

普通高等学校各科专业调整变化情况表②

专业数	文科	财经	政法	理科	工科	农(林)科	医(药)科	合计
调整前	118	99	10	138	664	93	50	1 172
调整后	107	48	9	70	255	75	57	621

修订后的《专业目录》与以前比较有如下特点：拓宽了专业口径，调整了专业内容，专业名称更加科学化、规范化，有利于扩大学生的知识面，增强学生毕业后对工作的适应性；调整了专业结构，充实和加强了新兴边缘学科和薄弱学科专业，使之更好地适应社会主义建设的需要；编写了专业简介，明确了培养目标和基本规格，有利于提高教育质量和进行教学检查。

为了主动适应新形势的需要，及早制定一个体系完整、统一规范、

---

① 中国教育年鉴编辑部编：《中国教育年鉴》（1982～1984），北京：人民教育出版社，1986 年版，第 138 页。

② 刘英杰主编：《中国教育大事典》（1949～1990）（下），杭州：浙江教育出版社，1993 年版，第 1178～1195 页。

比较科学合理的本科专业目录，国家教委于 1989 年开始着手进行各科类统一的专业目录总体修订工作，到 1993 年全部完成。修订后的《专业目录》其学科门类与国务院学位委员会、国家教委联合颁布的《授予博士、硕士学位和培养研究生的学科、专业目录》基本一致。在前几次修订工作的基础上，进一步拓宽了专业口径和业务范围，调整归并了一批专业，充实扩大了专业内涵。同时根据社会对专业人才的需要和某些门类、专业的办学现状，保留了部分专业范围较窄的专业，增设了少数应用性专业。经过修订，专业种数比修订前有了较大幅度减少。新的《专业目录》分设哲学、经济学、法学、教育学、文学、历史学、理学、工学、农学、医学十大门类，下设二级类 71 个，504 种专业，专业比修订前减少 309 种。

为了加快对专业设置的管理，国家教委于 1989 年颁布了《普通高等学校本科专业设置暂行规定》，对专业设置的条件、审批权限、审批程序和监督等方面作了规定。《规定》要求：今后凡增设或调整新的《专业目录》内的专业，由学校主管部门审批，国家教委备案；凡增设或调整“试办专业”、“限个别学校设置的专业”以及由国家“统筹布点”的专业，由国家教委审批。

1992 年，全国高等教育工作会议决定，进一步下放专业设置的审批权限，新设本科专业目录内的专业，重点高等学校在上级有关部门核定的本校专业总数和相近学科范围内，由学校自行调整或确定，报学校主管部门和国家教委备案；其他学校由学校主管部门研究确定审批办法。新设《专业目录》以外的专业，由学校主管部门组织论证并审批后，报国家教委备案。

为了落实《普通高等学校本科专业设置暂行规定》，有计划、有步骤、积极稳妥地进行高等教育结构和布局的调整工作，加强专业设置的宏观管理，国家教委于 1990 年 7 月发出通知，对普通高等学校本科专业设置清理工作作了部署，对各普通高等学校现设本科专业设置进行一次核查。自 1990 年 7 月至 1992 年 1 月，国家教委用了一年半时间，对全国 35 个省、自治区、直辖市及计划单列市，53 个部委和总公司及其所属 620 所普通高等学校进行了认真清理。清理结果：被清理学校上报国家教委的专业共7 646个，经国家教委审核同意设置的专业7 371个，占96.4%；不同意设置的专业275个，占3.6%。①

三、教学管理制度改革

我国高等学校长期以来一直实行以学年制和班级制为核心的教学管理制度。随着高等教育各项改革的深入开展，高等学校针对教学管理制度存在的过分强调统一性和标准化，不能有效地因材施教的弊端，探索试行以学分制为重点的教学管理制度改革。

从1978年开始，清华大学、北京航空学院、上海交通大学和浙江大学等一些高校相继探索实行学分制。《中共中央关于教育体制改革的决定》发布后，实行学分制的高等学校迅速增加。到1992年，全国已有三分之一的高等学校在实行各种形式的学分制。

学分制是以学分作为课程或等价于课程的教学量的计算单位，以修满规定的学分数作为衡量完成学业标准的一种教学管理制度。学分制教学计划将课程分为必修、选修两类或必修、限制性选修、任意选修三类，学生可在教师指导下选修若干课程，修满规定的各类课程学分数即准予毕业。

学分制又分为学年学分制、复合学分制、全面加权学分制和绩点学分制。

（1）学年学分制。把学年制和学分制结合起来，体现计划性和灵活性的统一。实行学年学分制，学生可以提前修完某些课程和跨专业、跨系选修某些课程。但多数学校不改变学生在校的修业年限，保留学年的规定和升留级制度；只有少数学校规定学生修完规定课程总学分并达到教学计划规定的其他要求，允许提前毕业，授予规定的学位和证书。

（2）复合学分制。将学年制与学分制综合交叉运用。有的学校前两年采用学年制，而后两年采用学分制；有的学校必修课采用学年制，而选修课采用学分制。

（3）全面加权学分制。"全面"是指：按德、智、体的全部教育和教学活动全面计算学分，或按课程所需要教学活动总时数全面计算学分。"加权"是指：不同的课程其学分的价值不相等，按课程、教学环节在教学计划中的地位，确定"加权系数"。学分数乘以加权系数才是

① 中国教育年鉴编辑部编：《中国教育年鉴》（1992），北京：人民教育出版社，1993年版，第114页。

实得学分数。

（4）绩点学分制。这里的“绩”是指学生的学习成绩。“绩点”是把计算学习成绩的文字表述——优、良、中、及格、不及格，转换为4、3、2、1、0五个等效数值，称为绩点。学生某门课程的学分乘以该课程的绩点为该课程的绩点学分。一学期所修各门课程获得的绩点学分之和除以该学期所修各门课程学分数之和，为该学期平均绩点学分数。学分表示学习的量，绩点表示学习的质，把两者有机地结合起来，用以衡量学生学习的质量优劣。

学分制的特点是在国家计划和教育方针的指导下，吸收了国外学分制的做法，使教学中的统一性与灵活性、全面发展与因材施教原则结合起来。当时各种模式的学分制都在试点和探索之中，各校都根据实际情况予以不断完善和创新。

除了试行学分制外，高等学校在教学管理制度方面还进行了其他的改革。

（1）试行主辅修制和双学位制度。主辅修制，即允许学生主修一个学科专业，辅以攻读另一学科专业，并达到一定的要求，但一般不延长在校学习时间。辅修专业成绩合格者，在毕业证书和成绩单中注明，以利于就业和用人单位使用。双学位制度，即学生在攻读本科学位的同时，学有余力者，经过学校或系的批准，可以辅读另一学科专业的本科学士学位，相同的课程可以免修，辅攻学位的学分要求一般占主攻学位的三分之一左右，一般不延长学制，毕业时授予双学位证书。另外还有一种第二学士学位制，是在获得第一学士学位后经考试录取攻读第二学士学位，一般学制为两年，相同课程可以免修，毕业时授予第二学士学位证书，毕业生按研究生待遇。

（2）试行三学期制。我国的高等学校一般实行两学期制，20世纪80年代以后，一些高等学校为了更好地实行学分制，搞活教学管理，开始试行“两长一短”的三学期制。两个长学期各18周。短学期为6周，多安排在暑期前后，又称“夏季学期”，主要是开设选修课、小课题科研活动，或安排生产实习和社会实践等。

（3）试行导师制。“导师制”又称教师指导学生责任制。

我国建国初期，已在研究生教育阶段普遍采用了导师制。20世纪

80年代以来，为了加强教师对学生的指导，并对学生德、智、体全面发展负责，一些高等学校在本、专科教育中也试行了导师制。有的学校在学生一入学时就实行导师制，有的在高年级实行导师制，有的只对优秀学生实行导师制。

四、建立高等教育评估制度

1985年《中共中央关于教育体制改革的决定》提出：教育管理部门还要组织教育界、知识界和用人部门定期对高等学校的办学水平进行评估。为了贯彻《决定》精神，国家教委决定首先从高等工程教育开始，开展教育评估的研究和试点工作。1985年11月，国家教委发出《关于开展高等工程教育评估研究和试点工作的通知》，开始有计划、有组织地进行高等教育评估试点。

高等教育评估试点工作集中对本科工作状况和本科生全面教育质量进行评估。1987年6月23日，国家教委召开高等工程教育评估试点工作会议，并于7月16日发出《关于正式开展高等工程教育评估试点工作的几点意见》，随即在国家教委部署的87所高等工业学校进行评估试点。1988年底，试点工作按计划完成。1989年12月25日，国家教委召开普通高等学校教育评估工作会议，总结了1985年以来的工作，决定今后五年继续开展高等教育评估研究与试点工作，确定了“深入研究、扩大试点、逐步开展”的工作方针。

1990年10月，国家教委颁布了《普通高等学校教育评估暂行规定》，对普通高等学校教育评估的目的、任务、方针，以及评估机构和程序等方面都作了规定。《暂行规定》提出，普通高等教育评估的主要目的是，增强高等学校主动适应社会需要的能力，发挥社会对学校教育的监督作用，自觉坚持高等教育的社会主义方向，不断提高办学水平和教育质量，更好地为社会主义建设服务。

根据《暂行规定》要求，普通高等教育评估主要采取三种基本形式：

第一，合格评估（鉴定）。这是国家对新建普通高等学校基本办学条件和基本教育质量的一种认可制度，由国家教委组织实施，在新建高校被批准建立后，有第一届毕业生时进行。鉴定结论分为合格、暂缓通过和不合格三种。鉴定不合格的学校，由国家教委责令其限期整顿、停止招生或停办。

第二，办学水平评估。这是对已经鉴定合格的学校进行的经常性评估，分为整个学校办学水平的综合评估和学校中专业、课程和其他教育工作的单项评估。办学水平的综合评估，根据国家对不同类别学校所规定的任务与目标，由上级政府和有关学校主管部门组织实施，目的是全面考察学校的办学指导思想，贯彻党和国家的路线、方针、政策的情况，学校建设情况以及思想政治工作、人才培养、科学研究、为社会服务等方面的水平和质量。这是对学校监督与考核的重要形式。综合评估一般每五年进行一次。专业、课程或其他教育工作单项评估，主要由国务院有关部委和省、自治区、直辖市教育行政部门组织实施。评估结束后对被评单位作出评估结论，并提出评估报告。

第三，选优评估。这是在普通高校进行的评比选拔活动，目的是在办学水平评估的基础上，遴选优秀，择优支持，促进竞争，提高水平。选优评估分为省（部门）、国家两级，对成绩卓著者给予表彰、奖励。

《暂行规定》颁布后，普通高等学校教育评估工作开始启动。省、自治区、直辖市和国务院有关部门的教育行政部门着手建立教育评估机构，开展对所属高校进行自查。国家教委确定先对新建普通高等学校分期分批进行合格评估。

第二十一章　职业技术教育和成人教育改革

经过贯彻“调整、改革、整顿、提高”方针，恢复和发展中等专业学校、技工学校，大力兴办职业高中，各类中等职业技术学校的在校生数量大为增加，占整个高中阶段在校生总数的比重大幅上升。《中共中央关于教育体制改革的决定》颁布后，进一步推动了中等专业学校、技工学校、职业中学的改革和发展。1986年，国务院批转了《关于改革和发展成人教育的决定》，推动了成人教育体制改革和教学改革。

第一节　职业技术教育改革

职业技术教育改革和发展的重点是中等职业技术教育，改革的目标是为社会主义现代化建设培养千百万受过良好职业技术教育的中、初级技术人员和管理人员与技工。当时，职业技术教育是整个教育事业最薄弱的环节，必须经过改革求得一个大的发展。《中共中央关于教育体制改革的决定》颁布后，中等专业学校、技工学校、职业中学的改革步伐加快，得到迅速发展。

一、职业技术教育改革的方针任务和重要举措

《中共中央关于教育体制改革的决定》明确提出，职业技术教育改革总的方针是“调整中等教育结构，大力发展职业技术教育”。具体任务是：(1) 要在全党和全社会进行教育，提高对职业技术教育重要性的认识。要从适应社会主义建设需要建立结构合理的人才队伍的高度认识职业技术教育的地位和作用，要更新观念，树立新人才观。(2) 力争在五年左右，使大多数地区的各类高中阶段的职业技术学校招生数相当于

普通高中的招生数。(3) 以发展中等职业技术教育为重点，同时积极发展高等职业技术院校，逐步建立起一个从初级到高级、行业配套、结构合理又能同普通教育相互沟通的职业技术教育体系。(4) 要充分调动企业事业单位和业务部门的积极性，并且鼓励集体、个人和其他社会力量办学。提倡联合办学，这些学校可以接受委托培养生并招收自费生。在管理体制方面，中等职业技术教育主要由地方负责。中央各部门办的这类学校，地方也要予以协调和配合。(5) 在改革教育体制的同时改革有关的劳动人事制度，实行“先培训、后就业”的原则，在专业性技术性较强的行业要实行经过考核取得合格证书，持证上岗制度。(6) 中等职业技术教育要同经济和社会发展的需要密切结合起来，在城市要适应提高企业的技术、管理水平和发展第三产业的需要，在农村要适应调整产业结构和农民劳动致富的需要。此外，改革和发展职业技术教育，还要着重解决师资严重不足的突出问题。《决定》是新时期指导我国职业技术教育发展的纲领性文件。

《决定》颁布后，全国认真组织学习，提高认识，统一思想，并组织力量贯彻落实各项要求。

1986 年 7 月 2 日至 6 日，国家教委、国家计委、国家经委、劳动人事部联合召开了第一次全国职业技术教育工作会议。会议的主要任务是认真贯彻《中共中央关于教育体制改革的决定》，推动职业技术教育的改革和发展。李鹏出席会议并发表了重要讲话。他着重强调：“提高认识仍然是发展职业技术教育的首要问题。统一认识是统一行动、统一政策的基础。”四个部委的领导也都在会上作了报告，分别就发展职业技术教育的方针、政策、体制改革、具体措施等方面进行了阐述。

1987 年 1 月 3 日，国务院办公厅转发了《关于全国职业技术教育工作会议情况报告》。《情况报告》指出，我国职业技术教育有了进一步发展的基础，形势是好的。但也存在几个突出问题：职业技术教育的规模、层次和结构不能适应城市经济和社会发展的需要；大多数地区农村的职业技术教育还很薄弱，发展很不平衡；中等专业学校和技工学校发展缓慢；教育质量和办学效益不高。

针对上述情况，《情况报告》对“七五”期间全国职业技术教育的发展提出了明确的任务和重要的举措：

（1）在1990年前后使全国大多数地区高中阶段职业技术教育学校的招生数达到与普通高中的招生数大体相当；五年内培养出800万新的初级、中级技术人员和管理人员，初步改变人才结构上初级、中级比例过低的不合理状况。

（2）要实行“先培训、后就业”制度，教育部门、劳动部门和各产业部门对实行这个原则必须坚定不移。

（3）发展农村职业技术教育，关键在于领导者的办学思想必须明确。农村的教育应该从办学单纯为了升学转到主要为本地区两个文明建设服务，并适当兼顾向高一级学校输送新生的方向上来。

（4）要改革中等专业学校和技工学校毕业生的分配制度，逐步将包分配改为不包分配，由用人部门择优录用。

（5）要逐步改革领导管理体制。国家教委在国务院领导下，从宏观上统筹管理全国职业技术教育事业，并协同计划、经济、财政、劳动人事各口分工管理有关职业技术教育的各项工作。技工学校、就业培训中心和学徒培训工作，在国家教委的统筹指导下，仍由劳动人事部门管理。在地方，职业技术教育的规划、计划、布局、学校设置、人才合理使用等，应以地方政府为主进行统筹领导。

此外，《情况报告》还对改善办学条件、解决师资缺乏问题和提高教学质量等提出了要求和拟采取的措施。

1991年1月25日，国家教委、国家计委、劳动部、人事部、财政部联合召开了第二次全国职业技术教育工作会议。会议的主要任务是：总结十年来发展职业技术教育的经验，进一步提高认识，明确今后发展职业技术教育的目标、方针、任务和政策措施。

1991年10月17日，国务院发布了《关于大力发展职业技术教育的决定》。《决定》提出：发展职业技术教育不仅是提高劳动者思想道德和科学文化素质、实现社会主义现代化的一项具有战略意义的基础建设，而且对于进一步巩固以工人阶级为领导的工农联盟为基础的社会主义制度有特殊重要的意义，因此，要高度重视职业技术教育的战略地位和作用。《决定》要求，在90年代要逐步做到：使大多数新增劳动力基本上能够受到适应从业岗位需要的最基本的职业技术训练，初步建立起有中国特色的，从初级到高级、行业配套、结构合理、形式多样，又能与其他教育相互沟通、协调发展的职业技术教育体系的基本框架。

全国各地深入贯彻全国职教会精神和国务院《关于大力发展职业技术教育的决定》，各类职业技术学校都得到了加强，办学条件有所改善，教育质量逐步提高。1992 年全国各类中等职业学校（不含中师）为 17 235所，比 1991 年增加 418 所；在校生为 672.64 万人，比 1991 年增加 53.28 万人；招生数为 276.16 万人，比 1991 年增加 28.82 万人。整个职业技术教育事业出现可喜局面，进入了新的发展阶段。

二、各类职业技术学校的改革

1. 中等专业学校改革

随着经济体制改革的深入，政企分开的步伐加快，所有制结构发生了变化，与经济建设关系密切的中等专业教育也随之进行了相应的改革。

1986 年 10 月，国家教委发布了《普通中等专业学校设置暂行办法》。《办法》强调：应根据经济和社会发展对中等专门人才的需求以及实际可能提供的办学条件设置；应讲求投资效益和社会效益，广泛开展跨部门、跨行业、跨地区的横向联系，联合办学或委托培养学生；要妥善处理好发展中等专业学校与相关的各类学校的关系；以应届初级中学毕业生为主要招生对象。

1987 年 8 月 10 日，国家教委召开了全国中等专业学校教育改革座谈会。会后印发了《全国中专教改座谈会纪要》。《纪要》明确提出：中专教育改革的方向，就是随着我国经济和政治体制改革的深入发展，切实转变办学思想，使学校教育始终能自觉地、主动地适应经济和社会不断改革、发展的需要；使学校培养人的全过程始终与社会保持密切的联系，从而使中专教育更好地为社会主义现代化建设服务。当前改革的重点，一是要继续推进中专教育管理体制的改革，充分发挥地方统筹职业技术教育的作用；在现行管理体制不作大的变动的情况下，各部委，各省、市要大力支持中等专业学校广泛开展联合办学，尽可能地挖掘潜力，扩大学校的服务面向。二是要从毕业生分配环节入手，认真研究和试验改革招生和分配制度，促进学生学习的积极性和用人单位选择用人的积极性。三是要把加强实践教学作为教学改革的突破口，推动整个教学过程、教学内容和教学方法的全面改革。中专学校要把教学、技术服务（社会服务）、生产实践三结合作为办学的基本路子。在教学上要扭转重理论、轻实践的倾向。要适当拓宽专业面，改革课程结构，增加一些社会科学方面的知识。

《纪要》发布后，各地围绕着中专教育改革的重点，逐步开展了以下几项改革。

开展联合办学，拓宽学校的服务面向。天津市开展联合办学较早，到1988年全市已有三分之二的中等专业学校实行了跨部门、跨地区的联合办学，招生范围遍及全市各部门，还扩大到全国28个省、自治区、直辖市，为61个城市的340多个单位代培了学生。全市中等专业学校有20多个专业成为华北地区的重点专业培训基地。联合办学不限于代培学生，还发展到咨询服务、技术协作、联办企业等方面，不仅扩大了招生规模，而且提高了办学效益和教育质量。安徽纺织工业学校打破单纯的部门所属观念，提出了“面向大纺织行业，为生产第一线服务”的办学宗旨，与纺织、轻工、司法、煤炭等部门100多家纺织类企业联合办学，还为大中企业、新兴企业在校外开设教学点、办教学班，赢得了企业的信任和支持，被纺织部授予“全国纺织教育先进集体”称号。到1988年，全国已有35个部委的250多所中等专业学校同各省教育部门合作，实行跨地区、跨部门联合办学。

改革招生、分配制度。随着中专教育改革的深入，统一招生、统一分配的制度被突破。中专学校招生、分配制度的改革，首先是从面向农村、为农业生产服务的农科、林科、卫生等中专学校开始试点的。到1988年，全国已有23个省、直辖市的农业中等专业学校进行招收不包分配学生的试点，所招不包分配的在校生数已占农业中专总在校生数的12.7%。同年，国家教委、农牧渔业部、财政部、国家计委等8部委联合发出《关于农业中等专业学校招收农村青年不包分配班的若干规定》，强调“不包分配班的招生必须面向农村，贯彻招生来源与毕业去向，培养与使用密切结合的原则”。到1989年，全国农业中等专业学校招不包分配班的试点地区已发展到26个省、自治区、直辖市，招生突破万人，在校生所占比重由1988年的12.7%上升为15%。开展试点较早的四川省，这个比重已达58%。① 同年，国家教委、农业部召开了“全国农业

① 中国教育年鉴编辑部编：《中国教育年鉴》（1990），北京：人民教育出版社，1991年版，第219页。

中专深化改革现场会”，会议总结了改革经验，研究了进一步深化改革的政策和措施。会议提出，要进一步提高认识，坚定改革的信心和决心，克服困难，加快改革步伐。1991年，国家教委召开“全国中专改革招生分配制度为科教兴农服务座谈会”，听取了农业部、卫生部、国家建材局和浙江、黑龙江、四川、吉林等省改革中专招生分配制度的经验介绍，讨论了有关改革文件。会议指出，农业中专要继续办好不包分配班，逐步扩大招生数量。与农业建设有关的农村林业、水利、医药卫生、商业、机械、电子、轻纺、建筑、建材等类中专，从1992年起，也要积极办不包分配班。招生计划中要扩大面向县以下农村单位的定向招生、定向分配的比例。国家计划内录取的中专学生，毕业时要按一定比例分配到农村集体企事业单位就业。这次会议对全国产生了重要影响，推动了各类中等专业学校招生分配制度改革的启动和进一步发展。

加强实践环节，深化教学改革。加强实践教学是中专学校教学改革的突破口。这里提出的实践教学，不仅指加强实验、实习和技能训练，更强调通过实践教学使学校培养人的全过程始终同工厂、企业和社会的生产建设保持密切的联系。为此，各地进行了多方面的改革探索。国家教委《关于制定和修订全日制普通中等专业学校（四年制）教学计划的意见》对学生四年中理论教学的周数和实践性教学环节的周数的安排作了原则规定。为适应本地区经济和社会发展的需要，江西省扩大中等专业学校服务面向，适当增设新专业，逐步改造原有专业，拓宽专业面，陆续新增设了国际贸易、审计、中药、针灸医士、营养士、农经管理、平版制版、陶瓷热工、城市规划等专业，培养本省经济建设最需要的这些方面的中级技术人才。天津市按照经济建设和社会发展的需求调整了专业设置，停办、合并19个专业，新建了14个专业，加大了轻工、企业管理、医护、对外贸易、秘书档案方面专业的比重。北京市的试点学校试行建立系统的实践教学体系：派青年教师到工厂进行实践锻炼，提高教师的动手能力和实践水平，制定专业实践能力的培养大纲、考核标准；调整实验教学时数，实验单独设课，有单独的教学计划、教学大纲和考核标准；加强厂校联合，建立固定的实习基地，对学生和青年教师实行顶岗实习、实践制度；努力办好校内实习基地，开展社会技术服务等。

1991年，国家教委发出《关于开展普通中等专业学校教育评估工作的通知》，决定从1991年开始在全国范围内开展中专教育评估工作。《通知》提出了评估分三步走，依次完成合格评估、办学水平评估和选优评估。至1991年底，全国中专教育的合格评估已基本完成。

2. 技工学校改革

在各类职业技术学校中，技工学校的发展比较缓慢。到1986年，技工学校在校生为89万（职业中学为256万，中专为114万），毕业生为23.28万（职业中学为57.92万，中专为32.1万），数量都是比较低的。当时社会上存在的阻碍技工学校顺利发展的问题主要是：有的人鄙视职业技术教育，认为技工学校不正规，不能算学历教育；有的地区、部门任意把一些条件较好的技工学校改为中等技术学校或职工大学；有的把技工学校和实习工厂改为全民所有制工厂。

为了解决上述问题，进一步办好和发展技工学校，劳动人事部、国家教委于1986年11月联合制定了《技工学校工作条例》。《条例》明确提出：技工学校是培养技术工人的中等职业技术学校，是国家职业技术教育事业的重要组成部分，属于高中阶段的职业技术教育。培养中级技术工人，主要招收初中毕业生，学制为三年。已经批准开办的技工学校，不准改为中等专业学校或其他性质的学校。技工学校改革的任务是：技工学校在完成培养中级技术工人任务的前提下，应当根据需要和可能，积极承担多种培训任务；技工学校毕业生的分配办法必须进一步改革，改革的方向是国家不统包分配，改为在国家统筹规划下，劳动部门介绍就业、自愿组织起来就业、自谋职业三者结合起来的方针就业；技工学校的教学必须着重操作技能的训练，并紧密围绕培养目标，安排必要的文化技术理论基础课程。《条例》的颁布实施有力地推动了技工学校的健康发展。

为了深入贯彻《条例》，加快改革步伐，提高教育质量和办学效益，劳动部于1989年5月颁发了《关于技工学校深化改革的意见》。《意见》提出技工学校的发展方向是：稳定学校规模，调整专业结构，强化实习教学，提高培训质量，在一定时期内不再兴建类别相同、培训任务不饱满的学校；要有计划地发展生产需要的缺口、短线工种（专业）。加强实习工厂（场）的建设，争取1995年每个学生在上生产实习课时都有一个工位。在完成实习教学任务的同时，因地制宜地开展勤工俭学活动，搞好生产经营，增强学校自我完善能力。技工学校在完成本部门培养人才任务的前提下，积极开展横向联合，承担委托培训任务。要改革毕业生分配制度，实行在国家计划指导下由用人单位择优录用，未被录用的毕业生可进入劳动力市场通过“双向选择”就业。技工学校毕业生实行毕业证书和技术等级证书两种证书制度。毕业后就业当合同制工人的不再实行试用期，按已达到的实际技术等级确定起点工资。

为了改善技工学校办学条件和有效解决办学经费不足问题，劳动部颁发了《关于加强技工学校生产实习教学开展勤工俭学活动的意见》。《意见》要求，各学校主管部门、办学企业要负责解决技工学校生产实习场地，帮助学校建立实习工厂（场、店）。在保证完成基本功训练的基础上，应给学校安排一定的生产任务，促进学校结合教学组织学生进行有价值产品的生产。技工学校要坚持教育与生产劳动相结合，实行教学与生产（经营）相结合的方针，达到既出人才又出产品，既保证培训质量又提高经济效益的目的；技工学校要发扬自力更生、艰苦奋斗的精神，在国家政策允许的范围内，积极组织勤工俭学，校办工厂和勤工俭学收益主要用于增添教学设备和改善办学条件。全国各地贯彻上述文件精神，落实各项措施，普遍建立了实习工厂，提高了培训教学的质量，办起了校办工厂，开展了勤工俭学活动，许多学校实现了经费自给自足，全国技工学校的年生产总值达数亿元，创利润数千万元，大大改善了办学条件。

到 1991 年，技工学校的校数由 1985 年的3 548所发展到4 269所，在校生人数由 74.2 万人发展为 142.2 万人。①

3. 职业中学改革

职业中学在“文化大革命”后开始恢复。由于我国经济快速发展，因而需要大批有较高素质的工、农业生产第一线的技术人员、管理人员、从业人员。在这一新形势下职业中学得到了迅速发展。它的任务是培养中级技术工人，具有中等技术水平的农民、中级管理人员、技术人员和其他从业人员，要求毕业生掌握直接从事某一种专业、工种必需的

---

① 中国教育年鉴编辑部编：《中国教育年鉴》（1992），北京：人民教育出版社，1993 年版，第 55 页。

文化基础知识和素养、专业技术知识和操作技能。其发展规模要同我国工农业生产中对中级技术、管理人才队伍的需要相适应；发展途径实行多层次、多种形式、大家来办的方针，除政府和各行各业举办外，民主党派、群众团体以及个人都可以办学。由于职业中学具有办学主体多元化、直接为当地经济建设服务、办学形式灵活多样、毕业生不包分配等特色，因而深受各地和社会各界欢迎，一经提倡，便迅猛发展起来。到1985年，其发展规模就跃居各类中等职业技术学校的首位（占51%），并呈继续发展的势头。但在发展过程中缺乏统筹规划，造成学校布局分散，办学规模过小，专业设置重复，办学层次不当，不少学校办学条件差、效益低，影响了学校的巩固和教育质量的提高。为此，许多地方提出城市职业中学以调整、充实、改革、提高为主，农村以发展为主的方针。

例如，辽宁省于1986年开始对职业高中进行调整，调整的目的是使全省职业高中的发展规模、学校布局、专业设置同城乡经济建设和社会发展相适应。具体做法是：对城市的职业高中，强调促进按行业、系统集中办学，强调专业设置要适需对路，着重提高质量和效益。其中，中心城市的市区，大企业一般可以单独办学，并为中小企业代培人才。中小企业由主管部门集中办学或企业间联合办学。企业办的职业高中规模一般不少于240人。教育部门办的职业高中都独立设置，不在普通中学设职高班，学校之间专业设置尽量不重复，学校规模一般不少于720人。农村地区的职业高中，要在市的统筹规划下由县办，多数县办一所职业高中（大县可以多办），专业实行分工设置，县之间尽量不重复设置专业，打破县之间和城乡之间的界限，面向全市招生。乡镇一般不办职业高中，可举办初级职业技术学校，承担农民和乡镇企业职工的职业技术培训，一般不搞学历教育。

湖南省教委对业务部门办学作出政策性规定，并分别同有关业务部门联合兴办和调整职业中学。具体举措是：业务部门举办的职业中学，其办学经费由主管部门筹措，专业课教师从本系统技术干部中调剂选派，实验实习场地及仪器设备由主管部门解决，专业设置和人才培养规格以及招生计划根据当地和本系统的需要，由主管部门确定，毕业生的使用由主管部门同劳动部门协商安排。各级教育部门协助政府做好部门办学的统筹和协调工作，积极支持部门办学，凡业务部门举办一所职业中学，省教委给予三万元开办费，并为其配齐文化课教师，给予教学业务方面的帮助。经过调整、改革，许多城市的职业高中进一步适应了本地区经济结构、人才结构调整和改革的需要，同时加强了实践环节的教学，实行教学、科研、生产、服务相结合，提高了教育质量。部门集中办学已成为城市职业中学的主体，湖南全省业务部门、工商企业主办的职业中学占全省职业高中学校数的45%。河北省城市部门联合办学发展也很快，至1988年已占到职业中学总数的50%，其中保定市达到90%。

这一阶段农村着重解决职业学校为当地农村经济和农民致富服务以及建立农村职业教育网络的问题，以促进农村职业教育的大发展。

城乡的职业中学都利用政府提供的优惠政策和条件积极开展勤工俭学，并举办小型工厂、农场等企业，把职业中学办成既是培养人才的基地，又是创造价值的经济实体，所得收入改善了学校的办学条件，增强了职业中学持续发展的后劲。据统计，1990年全国职（农）业中学勤工俭学收入达2.45亿元。到1991年，全国城乡的职（农）业中学（含高中、初中阶段）校数达9 572所，在校生315.5万人。①

4. 加强中等职业技术教育师资队伍建设

师资的数量和质量直接关系到职业技术教育发展的规模、速度和培养人才的质量。但是，中等职业学校的师资队伍在数量和质量上都很不适应：职业中学专业课教师奇缺，且无稳定来源；中专学校教师年龄老化、知识陈旧，需补充年轻力量和进行知识更新；技工学校长期被忽视，各类师资普遍不足。为了扭转上述状况，《中共中央关于教育体制改革的决定》强调指出，“师资严重不足，是当前发展中等职业技术教育的突出矛盾”，并很有针对性地提出了解决矛盾的原则措施和目标要求。

为了落实《决定》提出的奋斗目标，国家教委于1986年6月颁发了《关于加强职业技术学校师资队伍建设的几点意见》。《意见》强调，要多渠道解决职业技术学校师资的来源。各类职业技术学校的理论课、文化课老师主要依靠现有各类普通高等院校解决。有关大专院校要有计划地

① 中国教育年鉴编辑部编：《中国教育年鉴》（1992），北京：人民教育出版社，1993年版，第55页。

设置职业技术师范班、专业或系，纳入高校招生计划，为职业技术学校培养师资。高等师范院校应增设相关或相近专业的职业技术系、科、班，担负起培养部分专业课、专业基础课师资的任务。职业技术师范院校或师资培训中心担负培养空白、短线专业及需要量大的通用专业师资。职业技术师范院校及有关高等院校开设的职业技术师范系、科、班，可以招收一定数量的中等职业技术学校的优秀应届毕业生，实习指导教师可以从职业技术学校优秀毕业生中选留，经过教育学和教学法的培训后任教。具体的做法是：各类职业技术学校文化课教师的培训提高，由高等师范院校、教育学院和综合大学以及有条件的其他高等学校承担；专业课、专业基础课和实习指导教师的业务进修、技能培训，由职业技术师范院校、师范学校、教育学院、师资培训中心及有关高等院校、科研、企事业单位负责。对达不到规定学历的现任教师，经过推荐、考核后进行脱产或不脱产的培训，进入高等学校举办的各种师资培训班。职业技术学校师资的培训提高，还可利用广播、函授、电视等方式进行。为解决某些国内难于培养的空白、短线专业的师资来源并吸收国外职业技术教育的经验，提高师资水平，还应有计划地派遣一些教师出国留学、进修。

《意见》颁布后，国家教委和各地都采取了积极贯彻落实的措施。国家教委发出了《关于选派职业技术学校教师出国进修问题的通知》、《普通高等学校招收少量职业技术学校应届毕业生的暂行规定》；国家教委和一些省、自治区、直辖市，创建或增建了一批专门培训职业技术学校师资的学院或培训中心，加强在职教师队伍建设的力度。

到1990年，全国已初步建成一批职业技术学校教师培养、培训基地，进一步拓宽了师资来源渠道。主要有：

（1）发挥现有各类普通高等院校培养职教师资的主渠道作用。全国有160所高校设置了职业技术教育师范系、师范专业或师资班。1989年共有在校生2.1万多人，当年招生6 700多人，毕业6 100多人。[①] 普通高校还分配一部分非师范专业毕业生到职业技术学校任教。

（2）开办职业技术师范学院。除1980年已有吉林、天津两所职业

① 中国教育年鉴编辑部编：《中国教育年鉴》（1991），北京：人民教育出版社，1992年版，第259页。

技术师范学院外，1984 年以后，经国家教委和有关省市政府批准，又成立了 12 所职业技术师范学院。1989 年本专科在校生达 1.3 万多人。①

（3）选调、聘任有实践经验的专业技术人员和能工巧匠担任或兼任专业课与实习指导课教师。1990 年全国职业中学共有兼任教师 1.89 万人，占专任教师的8.5%。

（4）有计划地建立职业技术教育学院、教师进修学院和师资培训中心。1989 年国家教委批准成立天津大学职业技术教育学院、浙江大学职业技术教育学院，后来又委托湖南农学院、河北农业技术师范学院为农村职业技术学校培训师资和干部。到 1990 年底，共举办培训班 20 期，培训1 029人。山东、辽宁、广东等省成立了职业技术教育师资培训中心，黑龙江省成立了技工教师进修学院，上海等地建立了高级技工培训中心等。

（5）有计划地选派教师出国进修。从 1987 年开始，计划每年选派公费出国进修教师 50 名，1989 年陆续派出，派往美国、加拿大、英国、联邦德国、丹麦、瑞士等国。根据中日两国间的合作协议，每年选派 10 名青年教师前往日本高等专业学校进修。到 1990 年底，国家教委共派出 200 余名职业技术学校教师出国进修。各地和各部门也在国际合作项目中选派部分教师出国进修。

经过采取上述各项措施，职业技术教育师资队伍数量有了发展，质量有了提高。1991 年，中等专业学校专任教师 17.51 万人，职业中学专任教师 23.47 万人，技工学校专任教师 14.36 万人。② 各类职业技术学校在任教师中具有中、高级职称的比例有所增加，教师学历合格率也有所提高。

第二节　成人教育改革

国家教委成立后的第一次全体会议决定：为起草关于改革成人教育的文件作好准备。随后，国家教委同劳动人事部、农牧渔业部、中共中

① 中国教育年鉴编辑部编：《中国教育年鉴》（1991），北京：人民教育出版社，1992 年版，第 259 页。

② 中国教育年鉴编辑部编：《中国教育年鉴》（1992），北京：人民教育出版社，1993 年版，第 162 页。

央组织部、中共中央宣传部、全国职工教育委员会和北京市成人教育局、天津市第二教育局组织了五个调查组，分赴黑龙江、山西、上海、湖北、四川等省（直辖市）进行系统调查，同时委托十三个工业部门进行专题调查。国家教委在调查研究的基础上，起草了《关于改革和发展成人教育的决定》（讨论稿），并于1986年召开了全国成人教育工作会议。此后，成人教育进行了体制改革和教学改革，取得了可喜的成绩。

一、成人教育改革的方针任务

1986年12月1日至5日，国家教委、国家计委、国家经委、劳动人事部、中共中央组织部、全国职工教育委员会联合在山东省烟台市召开建国以来首次全国成人教育工作会议。会议的主要任务是：研究成人教育的改革和发展问题，讨论和修改《关于改革和发展成人教育的决定》（讨论稿），以及成人教育的若干条例和工作制度。会上李鹏作了关于改革和发展成人教育的重要报告。李鹏的报告共分三部分。

第一部分：关于成人教育在四化建设中的地位和作用。李鹏明确指出：成人教育是我国教育事业极为重要的组成部分。基础教育、职业技术教育、普通高等教育都属学校教育，是为社会主义建设事业培养输送后备力量的教育。而成人教育是对已经走上工农业生产岗位的劳动者和其他从业人员进行的教育。成人教育的任务主要包括五个方面：第一是岗位和职务培训，即提高本职工作能力，这是成人教育的重点。第二是基础教育补课。对没有受完初中教育和必要的职业培训的、已走上岗位的职工进行文化和技术补课，在农村主要是扫除文盲和进行初等文化教育。第三是成人高等教育（主要是大专）和中专教育，也就是学历教育。第四是新知识、新技术的继续教育。第五是社会文化和生活教育。基础教育、职业技术教育、普通高等教育和成人教育都同等重要。前三类教育，要等学生毕业走上工作岗位后，经过一段实践，才能发挥作用；成人教育的作用是能够直接提高劳动者和工作人员的素质，可以直接提高工作效率和经济效益。所以，成人教育在我国教育事业中具有极其重要的地位。

第二部分：关于成人教育的指导方针。李鹏指出：成人教育总的方针，一是要发展，二是要改革。具体讲有五条：第一，成人教育应以提高本职工作能力为重点，提倡学用结合，按需施教，干什么学什么，缺什么补什么。第二，要调动各方面力量来办好成人教育。特别要发挥企业的作用。第三，成人教育的改革同人事制度、工资制度、招工制度的改革配套进行。第四，要坚持以业余学习为主，鼓励自学，解决好工学矛盾。第五，采取各种各样的办学形式，利用各种各样的办学手段。特别要强调发展电化教学，即利用广播、电视、录像设备来发展成人教育。

第三部分：关于会议中提出的几个问题。李鹏就体制问题、经费问题、分工问题、社会力量办学等问题讲了原则意见。

会议着重讨论了《关于改革和发展成人教育的决定》（讨论稿），并提出了修改意见。会议还对《成人高等学校设置暂行条例》、《高等教育自学考试暂行条例》、《普通高等学校函授教育暂行工作条例》、《成人中等专业学校暂行条例》、《中华人民共和国扫除文盲条例》、《关于开展大学后继续教育若干意见》以及《关于社会力量办学若干管理问题的通知》等七个成人教育工作文件征求意见稿进行了讨论。这次会议促进了成人教育的进一步发展，在我国成人教育发展历程中是一次承前启后、继往开来的重要会议，标志着我国成人教育事业进入了一个新的发展阶段。

1987 年 6 月，国务院批转了《关于改革和发展成人教育的决定》（以下简称《成人教育决定》）。《成人教育决定》对改革开放以后的成人教育进行了系统、全面的总结；确立了成人教育是当代社会经济发展和科学技术进步的必要条件，是我国教育的重要组成部分的地位；确定岗位培训、成人基础教育、成人高等中等学历教育、继续教育、社会文化和生活教育为成人教育的主要任务，其中岗位培训为成人教育的重点；明确了发展成人教育的总方针、成人教育体制改革的目标和要求等。《成人教育决定》是指导成人教育工作的具有里程碑意义的纲领性文件。

在全国成人教育工作会议和《成人教育决定》的推动下，成人教育工作的重点由对青壮年职工进行思想政治教育、文化技术补课为主，向开展岗位培训为主转移；各级各类的成人学校教育根据生产和工作的实际需要，结合成人教育特点进行了改革；成人教育的管理体制逐步理顺，成人教育的管理和服务工作得到加强；继续教育和社会力量办学迅速发展起来。

二、成人教育体制改革

为了加强和改进对成人教育的宏观管理，协调中央各部门有关成人教育的工作，充分调动各方面的积极性，1986 年 2 月成立了“成人教育指导协调工作委员会”。委员会首届主任为国家教委副主任邹时炎，委员由国家计委、国家经委、国家科委、劳动人事部、财政部、农牧渔业部、广播电影电视部、中共中央组织部、中共中央宣传部、全国总工会、共青团中央、全国妇联、全国科协、全国职工教育管理委员会、国家教委等十五个部门的二十位有关部门负责人组成。其主要任务是：贯彻执行中央、国务院和国家教委制订的有关成人教育的方针、政策和法令，并检查贯彻落实的情况；在国家教委领导下，对各部委、有关部门和省、自治区、直辖市的成人教育工作进行指导和协调；调查研究成人教育工作中的重大问题，提出改革工作的意见；组织成人教育质量的检查和评估；互通情况，交流经验。工作委员会还制定了工作制度。

成人教育体制改革的思路是：成人教育是涉及全社会的事业，范围广大，门类繁多，形式多样，必须充分发挥各地区、各部门和社会各方面力量的积极性，实行多渠道办学。成人教育的管理体制与普通学校教育有所不同，因此，要把发展成人教育的责任和权力交给地方和基层单位，给予充分的主动权。中央各部门要加强宏观指导和必要的监督检查，克服政出多门、行政干预过多的弊端，积极扎实地为基层服务。各级政府的职责是：在国务院领导下，由国家教委负责并会同有关部门制定成人教育工作的方针政策和法规，协调国务院各部委有关成人教育的工作，掌管国家认定的各类学历规格标准，审批成人高等学校的设置。国务院各部委负责管理各自职能范围内的成人教育工作，制定培训要求，搞好编写教材、培训师资、交流经验、提供信息等各项服务。省、自治区、直辖市人民政府对本地区成人教育要加强领导，健全和充实成人教育管理机构，协调各有关方面的工作，作好宏观管理。县人民政府应当对本县的基础教育、职业技术教育和成人教育统筹兼顾，充分发挥各方面的积极作用。教育部门的农村成人教育机构和专职人员要相应地健全和充实。

根据《成人教育决定》的精神，全国职工教育管理委员会撤销，成人教育统一归口管理。成人教育主要交由地方政府管理，中央各部门主要是业务指导，并有所分工。劳动人事部负责管理工人的培训，国家经委负责管理工厂企业的职工教育、岗位职务培训，中共中央组织部和劳动人事部分工负责管理党政干部教育。农牧渔业部负责管理农村的干部和专业技术人员的培训。其他各行各业的成人教育均由各行各业自行负责管理。

1988年，国家教委印发了《关于下放普通高等学校举办函授、夜大学专科教育审批权限的意见》，扩大了省、自治区、直辖市和国务院有关部委的自主权。国家教委把原有几个司（局）分管的成人教育工作，由新成立的成人教育司统一管理。地方各级教育部门大多专设了成人教育处（科、办），有的地方成立了成人教育委员会（或局），负责制定地方的成人教育发展规划，指导地方成人教育工作，从而形成了从中央到地方相对独立的成人教育管理体系，大大调动了地方发展成人教育的积极性，促进了整个成人教育事业的发展。

三、发展社会力量办学

改革开放以后，随着我国经济、科技的快速发展，对人才的需求和对劳动者素质的要求也不断提高。人民群众日益增长的接受教育的需求同政府财力有限、教育资源供应不足的矛盾逐渐突出。社会上各方面的组织自发举办各种学校和教育机构、积极参与教育建设的活动开始兴起。1982年《中华人民共和国宪法》提出："国家鼓励集体经济组织、国家企业事业组织和其他社会力量依照法律规定举办各种教育事业。"社会力量办学的合法地位得到宪法和法律的肯定，自发的办学行为受到国家的鼓励。

最初，社会力量举办的教育机构，多为补课、辅导性质的助学机构。1982年，由全国科学社会主义学会（筹备会）和北京科学社会主义学会举办的第一所民办大学——中华社会大学成立，标志着我国民办的学历教育的学校的诞生。此后，各级各类的民办学校逐步发展起来。

1985年，《中共中央关于教育体制改革的决定》再次重申："鼓励各民主党派、人民团体、社会组织、离休退休干部和知识分子、集体经济单位和个人，遵照党和政府的方针政策，采取多种形式和办法，积极地自愿地为发展教育贡献力量。"由此，进一步推动了社会力量办学的发展。

1987年，国家教委颁布了《关于社会力量办学的若干暂行规定》，明确肯定"社会力量办学是我国教育事业的组成部分"，并对"社会力量"作出了界定："是指具有法人资格的国家企业事业组织、民主党派、人民团体、集体经济组织、社会团体、学术团体，以及经国家批准的私人办学者。"

社会力量办学由于办学主体的性质和办学资金来源的不同，所办学校又有"公办"和"民办"之分。按有关规定，民办学校是指：除国家机关和国有企业事业组织以外的各种社会组织以及公民个人自筹资金设立的教育机构。由私营企业或农民个人举办的私立学校也属于"民办"。但在实际管理工作中，国有企业事业组织举办的职业学校和职工子弟学校、农村乡（镇）政府及村民委员会集资举办的中小学都不纳入社会力量办学的管理范畴。

社会力量办学从1982年到1987年属于起步阶段。这期间各类学校数从少到多，发展很快，但因无法可依、无章可循，管理上政出多门，很不规范，所办学校面临的困难和问题不少。

1987年，国家教委针对民办教育在管理和办学方面存在的问题，颁布了《关于社会力量办学的若干暂行规定》，要求各省、自治区、直辖市教育行政部门要进一步加强对社会力量办学的领导和管理。据此，各省、自治区、直辖市政府及其教育行政部门也制定了相应的规章和办法，采取必要的措施，加强了对民办教育的管理，撤销了一批不合格的民办学校。

从1987年到1991年，我国的民办教育进入调整、规范和健康发展的阶段。民办学校数量稳步发展，教学质量逐渐提高，办学管理趋于规范，初步形成了多类型、多层次、多学科的民办教育体系。

四、各级各类成人学校的改革和发展

成人学校教育主要包括：成人初等和中等文化教育、成人中等专业教育、成人高等教育。成人教育总体上学校规模较小，师资力量薄弱，办学条件较差。《成人教育决定》对成人学校教育改革的总要求是"提高办学效益和质量"，并根据各级各类成人教育的不同情况分别提出了不同的改革要求。各级各类成人教育认真贯彻《成人教育决定》，取得了显著的成绩。

1. 成人初等、中等文化教育改革

《成人教育决定》指出："成人初等、中等文化教育是我国基础教育的组成部分，是进行岗位培训的前提条件，要切实搞好。"

在职工初、中等教育方面，1981 年到 1985 年，把"双补"（即对青壮年职工补上文化课和技术课）作为工作重点。到 1985 年 9 月，累计应补课的3 000万青壮年职工，文化补课合格率达75.9%，技术补课合格率达到74.4%。①"双补"这一特定历史任务基本完成，为进一步学习和接受新技术打下基础。1986 年以后，职工初、中等教育转入经常性文化教育。由于成人教育的重点转向以岗位培训为主，职工中等教育规模逐年减小，到 1991 年职工中等教育的校数由 1986 年的 1.31 万所减为2 787所，招生数由 110.3 万减少到 41.71 万，在校生由 148.79 万减少到 48.16 万。职工初等教育由于有大量新工人（有相当一部分是农村进城的和乡镇企业职工）的出现则有较大发展，职工初等教育的学校数由 1986 年的3 130所调整到2 171所，招生人数由 10.52 万增加到 28.43 万，在校生由 15.43 万增加到 34.65 万人。②

在农民初、中等教育方面，中共十一届三中全会以后，农村面貌发生了巨大变化，农村经济迅猛发展。发展农业要依靠科学技术，学文化、学科技已成为农民的普遍要求。农民初、中等教育适应形势的需要，有了新的进展。农民中等教育，主要是使农村成人学校同农村普通学校、职业学校互相沟通，采取不同形式联合举办各种技术培训班或文化班。到 1991 年，单纯的农民中等教育的校数由 1986 年的9 584所减少到3 944所，招生人数由 38.56 万人减少到 34.46 万人，在校生由 64.17 万人减少到 41.71 万人。农民初等教育，由于农村扫除文盲人数的增加而有所发展。到 1991 年，农民初等教育学校数虽比 1986 年有所减少，招生数和在校生人数都有所增加。③

2. 成人中等专业教育改革

《成人教育决定》提出："成人中等专业教育要在保证质量的前提下

---

① 董明传、毕诚、张世平著：《成人教育史》，海口：海南出版社，2002 年版，第 137 页。

②③ 中国教育年鉴编辑部编：《中国教育年鉴》（1992），北京：人民教育出版社，1993 年版，第 63 页。

积极发展，使高级、中级人才的比例逐步趋于合理。”

（1）干部中等专业教育。1983年，中共中央组织部《全国干部培训规划要点》提出：干部专修科和干部培训班的招生，要列入高等院校和中等专业学校年度招生计划。从1985年起，干部专修科和干部中专班的招生人数，应逐步达到占高等学校和中等专业学校年度招生总数的10%。提倡采用电视、广播、录音、录像等现代化教学手段进行教学。

1986年9月，中共中央组织部、中共中央宣传部、国家教委《关于加强干部中等专业教育的意见》提出：一般地说，干部不具有中等专业水平（有的是高中文化水平），是难以胜任工作的。因此，年龄在45岁以下，只有初中文化水平的干部，必须接受中专（高中）教育，学习本职工作需要的专业知识。完成干部中专教育任务的期限规定为：条件较好地区，要争取在“七五”期间基本完成；地（市）以上党政领导机关，大、中型骨干企业和科研单位，也要争取“七五”期间基本完成。普通中等专业学校和各种形式的成人中等专业学校（职工中等专业学校、干部中等专业学校、农民中等专业学校、广播电视中等专业学校等），都要按主管部委和地区的成人中等专业发展计划招收干部。为了有利于从工作需要出发对干部进行中专教育，也为了有利于加快干部实现专业化，要对干部中专教育进行改革，实行干部中专的毕业证书、专业证书和单科证书三种证书制度，并分别举办干部中专的全科班、专修班和单科班三种班次。由于中央和各级政府高度重视，并采取有力措施，以及许多普通学校和成人学校的积极工作，干部中等专业学校由1984年的20所增加到1991年的1 869所，在校生由0.33万人增加到43.85万人。

（2）职工中等专业教育。1982年9月，教育部《关于举办职工中等专业学校的试行办法》规定：职工中等专业学校的招生对象是具有初中毕业的实际文化程度并具有两年工龄的正式职工，年龄一般不超过35岁（确有学习条件的，年龄不超过40岁）。经批准的职工中等专业学校的学生，学完教学计划规定的全部课程，考试及格者，发给其所学专业的毕业证书，国家承认其学历。

1987年4月，国家教委颁布了《成人中等专业学校暂行条例》，重申和进一步明确成人中等专业学校的设置和管理、办学原则、招生办法、教学规格、学习年限等有关问题：

①成人中等专业学校的设置和管理工作，在国家教委指导下，分别由省、自治区、直辖市、计划单列市或国务院各部委主管。国务院部委批准举办的成人中等专业学校应接受学校所在省、自治区、直辖市教育行政部门的业务指导。

②成人中等专业学校根据按需施教、学用结合的原则，对从业人员进行成人中等专业教育，培养适应经济和社会发展需要的，德智体全面发展的应用型中级专门人才。

③成人中等专业学校主要招收具有与报考专业对口的、有实践经验的初中毕业文化程度或同等学历的干部、工人、农民和其他劳动者。脱产学习的全科班学员须有两年以上工龄。成人中等学校的招生考试，由省、自治区、直辖市教育行政部门统一组织。

④各种形式的成人中等专业学校，教学规格应基本统一，相同专业课程成绩应逐步做到互予承认。

⑤成人中等专业学校实行学年制或单科累进制，全日制的成人中等专业学校的学习年限（招初中毕业生的），工科、医科为三年，文科、农科、林科某些专业一般为两年半。业余学习的学习年限应适当延长。

在《关于改革和发展成人教育的决定》的推动下，一些省、市和部门对成人中等专业教育的招生工作进行了改革。有的省、市和部委、部队对各级各类劳动模范、先进工作者、荣立战功者，以及华侨子女、归侨、归侨子女、台籍考生、野外艰苦环境作业者等一些考生，按照照顾一定分数段的办法录取。到1991年，职工中等专业学校有了很大发展，学校数为271所，招生数为2.55万人，在校生为5.07万人。①

（3）农民中等专业教育。1982年6月，教育部颁发的《县办农民技术学校暂行办法》指出：农民技术学校是属于农业（包括林、牧、副、渔、工等）中等专业教育性质的学校。其任务是为农村人民公社、生产大队、生产队培养具有相当于中等农业科技水平的人才。农民技术学校以县（市、区）为单位设置，由县（市、区）人民政府举办，由教育部门主管。其设置和撤销报省、自治区、直辖市教育厅（局）审核批准。

---

① 中国教育年鉴编辑部编：《中国教育年鉴》（1992），北京：人民教育出版社，1993年版，第63页。

农民技术学校招收具有初中以上实际文化程度的社队管理干部、技术员、有一定生产经验的农村青年和从事农民教育的教师，入学年龄一般在30岁以下。农民技术学校，应使学生学习比较系统的农业科学基础知识和基本技能，培养和提高解决实际问题的能力。教学计划应根据农民技术学校的特点和学习年限，参考普通中等农业学校同类专业的教学计划制定。学习年限，分别定为两年、三年。学生学习期满，成绩合格者，由学校发给毕业证书。学生毕业后，由哪里来仍回哪里去，国家不管工作分配。按照上述规定，各地纷纷办起了农民中等专业（技术）学校。到1991年全国建有农民中等专业（技术）学校375所，招生5.32万人，在校生11.54万人。①

中央农业广播电视学校是对农民进行中等专业教育的学校。1980年，国家农委、农业部牵头筹备，成立了由十个单位组成的中央农业广播学校领导小组。1981年7月，中央农业广播学校正式开学，通过中央人民广播电台向全国播出中等专业水平的农业技术课程。1983年8月，教育部复函农牧渔业部，原则同意给予中央农业广播学校中等专业学校学历。

1984年，农牧渔业部明确规定了中央农业广播学校的培养目标：通过广播教学手段，有计划地为农村基层、国营农场、部队农场、赛马场、劳改农场培养具有农业中等专业水平的农村建设人才。

1987年2月，中央电视台开始播出中央农业广播学校适合用形象表现的部分课程和演示性实验实习课，中央农业广播学校更名为中央农业广播电视学校。

1987年8月，经过调整，联合举办中央农业广播电视学校的单位有国家教委、广播电影电视部、财政部、劳动人事部、林业部、农牧渔业部、中国科协、共青团中央、全国妇联、中国农学会、民主建国会、全国工商业联合会等十二个部委和团体，决定把校总部设在农牧渔业部内，在校总部统一领导下，形成全国三级的垂直组织系统，即省（自治区、直辖市）、地（市）、县三级设分校，分别由有关联合举办单位组成领导小组，并分别设办事机构，一般以乡为单位组成教学班。

---

① 中国教育年鉴编辑部编：《中国教育年鉴》（1992），北京：人民教育出版社，1993年版，第63页。

1988年，国家教委、农业部根据《成人教育决定》的精神颁发的《关于改革农业广播电视学校管理体制及有关问题的意见》规定：中央农业广播电视学校不再实行垂直管理的办法，按“要把发展成人教育的责任和权力交给地方”的精神，实行分级办学、分级管理。

农业广播电视学校1988年正式纳入国家和地方各级成人教育系列后，全国设有省级农业广播电视学校36所，地级分校329所，县级分校2306所，乡镇教学班1.38万余个。自1981年建校，十年共招收注册学员190多万人，其中培养具有农业中等专业学校学历的毕业生53万多人，① 并培训了数以百万计的实用技术人才，形成了多学科、多层次、多形式、多功能的农村远距离教学体系，对发展我国农村技术教育作出了贡献。

此外，属于成人中等专业教育层次的还有教师进修学校、成人技术培训学校以及中等专业教育自学考试等。它们在实行成人中等专业教育发放“三种证书制度”（学历毕业证书、专业证书和单科结业证书）方面发挥了积极作用。随着社会主义经济建设发展的需要和整个教育事业的发展，上述学校在《成人教育决定》颁布后都有了新的发展。1991年，教师进修学校有2 061所，招生14.11万人，在校生46.32万人；职工技术培训学校有1.11万所，招生396.7万人，在校生377.86万人；农民技术培训学校有21.7万所，招生3 070.9万人，在校生2 787.8万人。②

1990年全国28个省、自治区、直辖市的自学考试，共开考中等专业50种，专业点186个。1984年至1990年累计建档考生53.58万人次，累计毕业生10.05万人，取得单科合格证书者260.8万人次。③

3. 成人高等教育改革

《成人教育决定》提出：成人高等教育以专科为主，要在调整、改革、提高质量的基础上有计划地发展。

成人高等教育是以在职、在业人员为对象的培养高层次人才的教

---

① 刘英杰主编：《中国教育大事典》（下），杭州：浙江教育出版社，1993年版，第1943页。

② 中国教育年鉴编辑部编：《中国教育年鉴》（1992），北京：人民教育出版社，1993年版，第63页。

③ 刘英杰主编：《中国教育大事典》（下），杭州：浙江教育出版社，1993年版，第2023页。

育，包括学历教育和非学历教育。属于学历教育的，包括独立设置的成人高等学校、普通高等学校举办的成人高等教育，以及其他高等教育机构举办的成人高等教育。独立设置的成人高等学校有：职业高等学校、农民高等学校、管理干部学院、教育学院（教师进修学院）、广播电视大学等。普通高等学校举办的高等教育有：函授学院、函授部、夜大学、继续教育学院等。其他高等教育机构举办的成人高等教育有：高等教育自学考试、经批准有权授予学历证书的社会力量举办的高等学校。

中共十一届三中全会后，由于成人中等教育的发展，在职、在业人员中要求接受高等教育的人员激增；同时由于国家经济建设的快速发展，对高层次专业技术人员的需求更加迫切，因而成人高等教育不论在数量上还是质量上都远不能满足社会的需要。存在的主要问题是：管理体制上没有理顺，政出多门，为基层服务不够；办学同社会需要脱节，为社会主义建设服务不够；办学基础条件较差，规模偏小，办学效益不高；教育思想、教育内容和教学方法不尽符合成人高等教育的要求和特点，教育质量有待提高。成人高等教育必须改革，以改革促发展。

《成人教育决定》为成人高等教育的改革指明了方向，作出了重要决策，提出了明确要求。此后，全国成人高等教育以不断提高劳动者素质、更好地为社会主义建设服务为根本任务，进入了改革和发展的新阶段。除同其他类成人教育一样进行管理体制改革外，成人高等教育主要还进行了以下几个方面的改革：

（1）实行专业证书制度。1988年4月，国家教委、人事部联合发出《关于成人高等教育试行专业证书制度的若干规定》。专业证书制度是成人高等教育改革的一项重要举措。长期以来，我国高等成人教育实行单一的学历证书制度。在用人制度上和专业技术职务任职中，只以大专毕业证书为依据。实际上，当时在岗位上工作的许多中年业务骨干中，有相当数量的人具有高中毕业文化程度，通过多年实践锻炼已具备了一定的专业知识和解决实际问题的能力，只是因为没有大专文凭，受聘、任职都受到了限制。按工作要求，这些人不必再去接受全科的高等学历教育去追求文凭，而通过有针对性地充实本岗位需要的专业理论知识的学习，使他们在专业知识水平上达到大专程度，就完全能胜任工作，发挥更大的作用。专业证书制度正是为此而建立的。

《关于成人高等教育试行专业证书制度的若干规定》提出：举办专业证书教学班，应由有关业务主管部门提出要求，委托普通学校和成人高校承办。参加省专业证书班学习的学员，由所在单位根据实际专业岗位的需要选拔产生。学员条件是：从事专业技术工作或专业性较强的管理工作；确属本系统、本单位工作需要，已有高中毕业文化程度，但没有大专文凭，年龄在35岁以上，有5年以上本岗位工龄，所学专业对口。学员经过办班学校文化考核合格方能入学。学员按教学计划和教学大纲学完指定课程，考试合格，发给专业证书。专业证书是表明学员已达到岗位所要求的大专层次专业知识水平的一种证明。它不同于大学专科毕业证书，只是在本系统、本专业适用，作为评定、聘任专业技术职务、管理职务和其他职务资格的依据之一。

专业证书制度受到企事业单位和中年在职人员的欢迎。1988年，全国有30个省、自治区、直辖市以及21个行业主管部门相继在一部分高等学校试办了专业证书教学班。① 到1990年，山东省有57个省直部门、单位，委托53所高校举办专业证书班，三年中共招收学员5.21万人，已结业4万余人，在校生仍有9 777人。② 辽宁省有45个厅局，委托42所高校举办专业证书班662个，开设专业119个，在校生2.5万多人。③

（2）非学历教育。举办各种形式的非学历成人高等教育，把成人高等学校办成多层次、多规格、多形式的多功能教育实体，是成人高等教育的又一重大改革举措。非学历成人高等教育包括大学后的继续教育和各类培训、进修、助学辅导。学习方式可以是脱产的，也可以是业余的，都是短期的，短到几天、几周，最长不超过一年半。入学不需要经过考试，学完学业，考核及格者，发给《结业证明》。这种教育对在职、在业人员学习非常适合，解决了工作学习的矛盾，而且学后可直接提高生产能力和工作效率，有效地为经济建设服务。

《成人教育决定》提出“把开展岗位培训作为成人教育的重点”后，

---

① 中国教育年鉴编辑部编:《中国教育年鉴》(1989)，北京：人民教育出版社，1990年版，第247页。

②③ 中国教育年鉴编辑部编:《中国教育年鉴》(1991)，北京：人民教育出版社，1992年版，第643、522页。

各类培训班迅猛发展，给成人高等学校提供了发挥多功能的极好机会，成人高校的非学历教育得到了大发展。

例如，上海市1988年春开始，各成人高等学校先后接受市、区、县、局一级共88个单位委托，开办118个专业的大专专修班，吸收学员1.56万人。全市成人高校通过开拓高层次的岗位培训、业务技术培训、大学后教育等渠道大办非学历教育，按学员人次和总共累计学时折算在学人数有2.4万人，相当于成人高校举办学历教育在学人数的29%。全市还有19所职工大学开办了20个专业的招收高中毕业生的高等职业技术教育班，在学人数1 084人；① 并开始试办在职人员的高等职业技术教育班。在郊区各县推行电视、函授、自学考试三结合的开放性教育，为各县集体企事业单位开设了“通用机械”和“经营管理”两个专业的大专班。

又如，北京市，宣武区红旗业余大学、机械局职工大学、总工会职工大学、财贸管理干部学院等院校，1988年共开办各类培训班187期，培训人数达3.38万，培训内容门类繁多，适合企业需要，如冷加工高级工培训班、工会干部培训班、企业公共关系班等。由于教育内容都是各系统所急需的，教育形式灵活多样，教育效果直接、显著，深受企业单位和学员的欢迎。

此后，非学历教育在成人高校中的比重逐渐加大，成为成人高等教育的重要组成部分。同时，成人高等教育成为了培养短期的、企事业急需的、应用型专业人才的重要基地，克服了成人高等教育长期存在的学习和工作脱节的问题，更直接、更有效地体现了成人教育为国家经济建设服务的宗旨。

（3）自学考试制度。在《成人教育决定》中关于要完善和发展高等和中等专业教育自学考试制度的要求推动下，这项考试制度有了很大的发展。到1990年，全国30个省、自治区、直辖市都建立起高等教育自学考试制度。全国共开考文、理、工、农、医、财经、政法、教育等102个本科、专科专业，625个专业点。全国近200所普通高等学校担

① 中国教育年鉴编辑部编：《中国教育年鉴》（1989），北京：人民教育出版社，1990年版，第509页。

任主考学校，参与命题的高等学校教师达1.5万多人。自1981年建立高等教育自学考试制度到1990年，已有1 500万人走进考场，有52.46万人取得大学专科毕业证书，有3 785人取得大学本科毕业证书，并有859人获得学士学位。① 这些自学成才者在社会主义现代化建设中发挥了积极作用。

（4）发展多种形式的联合办学。独立设置的成人高等学校中有相当一部分没有达到《成人高等学校设置的暂行规定》的要求，“小而散”、效益不高的问题相当普遍，影响了教学质量的提高和事业的发展。由此，加强横向联系、实行联合办学成为成人高校改革的必然要求。许多省、自治区、直辖市在《成人教育决定》颁布后及时地对成人高等学校进行了各种形式的合并、联合。主要有以下三种形式：

一是以地区联合为主。同一地区的成人高校实行合并或联合办学。例如，苏州市区有8所职工大学，联合成立苏州市职工大学，由市政府统一领导，市教育局直接管理，原有的8所学校作为分校（不再隶属于原来的主办单位），面向全市各行各业招生，扩大了服务范围，提高了总体办学效益。又如，南京市打破部门所有束缚，全市先后建立了城南、城北、大厂、雨花台、栖霞5个地区性成人教育协作会，成员包括93个中央部委和省市属的办学单位，实行联合办学。

二是按系统联合。例如，黑龙江省教委经与有关业务主管部门协调，将23所职工大学分别按纺织、兵工、机械、建筑几个系统联合办学，学校的人、财、物隶属关系不变，在教学上实行实体联合（即“五统一”：统一专业设置，统一招生，统一教学计划，统一学籍管理，统一使用教师和设备）。又如，浙江省下发了《关于我省成人高等学校经济管理类专业实行联合办学的通知》，同时下发了有关《实施细则》和《统一教学计划》。全省共有26所成人高校和普通高校24个专业参加了联合办学。以上两种是主要的联合形式。此外还有成人高校与成人高校的联合，如南京市区有6所厂办的职工大学，为克服一厂一校办学的局限性，6校联合起来建立南京电子工业联合职工大学，拓宽了办学路子，加强了整体实力，提高了教学质量和办学效益。

---

① 刘英杰主编：《中国教育大事典》（下），杭州：浙江教育出版社，1993年版，第2016页。

三是成人高校和企业集团联合。例如，无锡市轻工业局职工大学与无锡长征自行车集团、菊花电扇集团、小天鹅洗衣机集团联合办学，既促进了各企业集团的生产，又为职工大学自身发展创造了良好的条件。

通过联合办学，达到了对成人高等学校调整、充实、提高的要求。一些办学条件差、规模过小的学校减少了。全国独立设置的成人高等学校的总数1990年为1 321所，比1986年减少100所，但教师总数增加，单校的平均规模增大，教学管理更规范，整体水平和效益都得到了提高。

4. 大学后继续教育

《成人教育决定》提出：积极开展大学后继续教育和专业培训、实践培训。专业培训、实践培训和继续教育是与研究生教育并行的、培养高级专门人才的一条基本途径。大学后继续教育是对具有大学专科以上学历和中级以上职称的专业技术人员和管理人员进行扩展知识、提高技能的教育。专业培训、实践培训是对新毕业的大学生进行扩展、补充所需的知识，打好专业技术工作的实践基础，加快人才成长的教育。

1987年12月，国家教委、国家科委、国家经委、劳动人事部、财政部、中国科协发布的《关于开展大学后继续教育的暂行规定》指出：大学后继续教育是成人教育的重要组成部分。各地区、各部门必须加强领导，统筹规划，依靠各方面力量，多种渠道、多种层次、多种形式开展继续教育。企业、高等学校、科学研究机构既是需要开展继续教育的重点单位，又是实施这一教育的主要基地。大学后继续教育应当以短期培训、业余学习为主。教学方式要灵活多样，可采用开班面授，专题研讨，实地指导，辅导自修，电视、声像和函授等多种形式实施。办学单位可向学员颁发同学习内容相符的学习证明。用人单位应将参加大学后继续教育人员的情况和学习成绩记入本人的业务档案，作为聘任和晋职的重要依据之一。

我国的大学后继续教育是适应我国社会主义现代化建设和新技术革命的需要，于20世纪80年代中期开始创办的。其办学形式有以下四类：

政府主管部门办学。例如，航空工业部、煤炭工业部、地质矿产部、电子工业部等分别成立了继续教育协会，统一管理和指导在职人员的继续教育，并有专款用于培训工作。有的委托普通高等学校举办总工程师培训班，学习社会主义经济建设理论、产品质量保证体系、财务管理等课程，学习四个半月。

科技部门办学。中国科学院以科学院教育局、十二个分院的教育处、三所职工高等院校和六个分院的科技干部进修学院作为继续教育的基地，还建立了中国科学院科技人员继续教育协会，作为组织和推动继续教育的团体，举办了多种短期培训。例如，中国科学院金属研究所，重点对具有中、高级专业技术职务的中、青年科技骨干及学术带头人进行培训，培训内容有外语，电子计算机应用技术，系统论、信息论、控制论的基本原理，本学科领域出现的新理论、新技术及新设备等。中国科学院上海分院科技干部进修学院，聘请院内科技人员为兼任教师，举办各种科技讲座。

高等院校办学。主要是接受委托或联合举办由社会经济部门、省市科委和省市科技干部处根据需要提出的各种培训班。院校内部设立继续教育学院或继续教育中心、继续教育处，主要从事管理、组织工作，根据培训内容组织有关院系教师进行教学。例如，1985 年清华大学成立了继续教育学院，为许多单位举办过计算机技术、环境保护、新型工程材料、能源规划利用等专业培训班，举办过总工程师进修班、经济领导部门管理干部进修班，还在有关国际组织的支持下，举办过国际合作的继续教育进修班。又如，北京师范大学建立了高等学校师资培训交流北京中心，作为开展学校师资继续教育的重要基地。

企业办学。大型企业内部举办的继续教育。这种教育完全符合本单位的需要，节省时间，费用较少，效果直接。教师可以由单位内部聘，也可以到社会上请，还可以购买学校编制的录像和电视讲座的教材。例如，北京燕山石油化工公司研究院举办过各种专业学习班、技术培训班、基础理论班、计算机和外语培训班等，还组织部分人员参加外语提高班学习，并出国考察。又如，首都钢铁公司举办过计算机操作培训班和专为提高工程技术人员口语能力的电教口语班。还根据需要派技术干部外出学习对外贸易经济、法律等课程。此外，还开办经常性的科技讲座。北京第一机床厂结合发展规划，制定“七五”期间科技人员教育规划，建立科技人员继续教育培训中心，有计划地对全厂科技人员进行轮训。

我国的成人教育，自 1986 年国家教委颁布《关于改革与发展成人教育的决定》以后，进入了蓬勃发展的新阶段。规模空前扩大，并向着高层次、宽领域发展。到 20 世纪 90 年代已初步形成多渠道、多门类、多形式、多层次、多规格的成人教育结构体系。为 21 世纪构建学习型社会，逐步实现终身教育创造了条件。

第二十二章　改进和加强学校德育工作

中共十二大再次郑重提出：我们在建设社会主义物质文明的同时，一定要努力建设社会主义精神文明。这是建设社会主义的一个战略方针问题。是否坚持这样的方针，将关系到社会主义的兴衰和成败。

学校德育工作是社会主义精神文明建设的奠基工程，为了适应社会主义精神文明建设的新形势和新要求，中共中央作出了一系列重要决策，以改进和加强学校德育工作。当学校德育工作受到资产阶级自由化思潮的冲击时，中共中央及时采取一系列措施，进一步加强对学校党建和思想政治工作的领导，加强和完善党委领导下的校长负责制，加强领导班子建设和党员队伍建设，推动邓小平理论学习逐步深入，使学生思想面貌呈现积极向上的势头，遭到冲击的学校德育工作得到恢复和加强。

第一节　确定新形势下学校德育工作的指导方针

十二大以后，全国人民特别是教育界广泛开展了建设精神文明的群众性活动，不少学校主动开展了改进和加强学校德育工作的实验，并取得了不少成效。但由于历史的、社会的原因，学校德育工作面临着许多亟待解决的问题和矛盾。针对这些问题，中共中央及时作出一系列重要决策，改进和加强了学校德育工作。

一、学校德育工作面临的新情况、新课题

经过对《关于建国以来党的若干历史问题的决议》的深入学习和1981年教育部召开的全国学校思想政治教育工作会议的部署，各级各

类学校普遍进行了坚持四项基本原则等教育，德育工作在逐步恢复的基础上得到加强。

但是，一些教育领导部门和学校受片面追求升学率的影响，对德育在学校教育工作中的地位和作用缺乏足够的认识，德育工作的实际问题长期得不到解决。学校德育工作的指导方针需要进一步明确，德育工作制度需要进一步健全。中国特色社会主义的理论还在形成、发展之中，还需要时间在实践中来显示出它的巨大生命力。因而德育工作还容易落后于实际生活。德育内容比较教条和枯燥，大、中、小学之间有些重复，脱离我国国情，脱离青少年思想、心理实际，现实针对性较差，缺乏时代气息。德育方法存在着一些脱离实际和呆板生硬、成人化等倾向，缺乏吸引力。学校德育工作的专职队伍数量不足，且没有稳定的来源，兼职队伍流动性比较大，德育教师很少有机会得到培训学习和提高。“文化大革命”的影响一时难以完全肃清，改革开放和发展商品经济不可避免地会出现某些消极现象，国际反社会主义势力进行的思想文化渗透、资产阶级自由化思潮的侵蚀将会长期存在。

以上这一切必然会影响和侵袭教育阵地，腐蚀青少年一代，给学校德育工作的顺利进行造成困难。这些问题的存在，引起了中共中央和教育主管部门的高度重视，他们积极研究新情况，解决新问题，并采取一系列措施改进和加强学校德育工作。

二、改进和加强学校德育工作的指导思想

1982年7月4日，邓小平提出：“搞社会主义精神文明，主要是使我们的各族人民都成为有理想、讲道德、有文化、守纪律的人民。”1982年9月，这个论点被写入了党的十二大报告和《党章》（文字表述为“有理想、有道德、有文化、有纪律”，简称为“四有”），为改进和加强学校德育工作指明了方向。

1985年5月《中共中央关于教育体制改革的决定》提出：“要坚持用马克思主义教育广大师生，激励他们立志为祖国的富强奋勇进取、建功立业，保证学生德智体的全面发展，使学校真正成为抵御资本主义和其他腐朽思想的侵蚀，建设社会主义精神文明的坚强阵地。”

1985年8月《中共中央关于改革学校思想品德和政治理论课程教学的通知》提出了“改革马克思主义思想理论课的教学，关键是坚决贯彻

执行理论联系实际的方针”。马克思主义的基本原理是放之四海而皆准的，同时又是随着时代和其他科学的发展而不断发展的。因此，在它的教学中必须面向现代化、面向时代、面向未来；必须紧密联系青少年不同时期的思想、知识、心理发展的特点，循序渐进，引导他们逐步树立正确的人生观和世界观。《通知》详细地提出了改革大中小学德育课程的原则、内容和要求。同时，提出了要改变注入式的教学方法、编写较高水平的新教材、建设一支思想理论教育工作的师资队伍等方面的规定和具体要求。

1986 年 9 月中共中央颁布的《关于社会主义精神文明建设指导方针的决议》明确提出：社会主义精神文明建设的根本任务是用现阶段共同理想团结教育全国人民。

上述这三个中央文件是新的历史时期指导学校德育工作改革的纲领性文件。为落实文件精神，1987 年 5 月，中共中央下发了《关于改进和加强高等学校思想政治工作的决定》；1988 年 12 月，中共中央下发了《关于改革和加强中小学德育工作的通知》。随后，国家教委召开了一系列会议，制定了相关的文件，学习和贯彻中共中央的文件精神，落实具体措施，推动了学校德育工作的改革进程，并取得了明显的进展。

第二节　改革和加强中小学德育工作

1982 年以后，一些学校认真分析形势，总结历史经验，大胆进行改革实验，探索学校德育工作改革之路。《中共中央关于教育体制改革的决定》和《关于改革学校思想品德和政治理论课程教学的通知》颁布后，中小学德育工作改革进入了一个新的阶段。经过有组织地开展德育改革实验，召开全国中小学德育工作会议等，进一步推动了中小学德育工作的整体改革。

一、开展中小学德育工作改革实验

国家教委着重抓了两项改革实验：

一是中学思想政治课的改革实验。经过较长时间的调查研究，国家教委于 1985 年 10 月召开中学思想政治课改革设想汇报会，讨论研究了中学思想政治课进行改革实验的课程设置方案、实验步骤和方法。同年

11月，国家教委发出了《关于落实中学思想政治课改革实验的通知》。《通知》决定用三年左右时间，在北京、天津、上海、吉林、贵州五省市的少数中学和北京师范大学先进行改革实验。

1986年3月，国家教委召开中学思想政治课改革实验教学大纲讨论会。同年6月，国家教委印发了《中学思想政治课改革实验教学大纲》（初稿），规定中学思想政治课改革实验的课程设置方案是：初中一年级《公民》，初中二年级《社会发展简史》，初中三年级《中国社会主义建设常识》，高中一年级《共产主义人生观》，高中二年级《经济常识》。根据统一的《教学大纲》（初稿）进行实验的地方开始编写实验教材。

1987年3月，国家教委召开了中学思想政治课改革实验工作会议，会后发出《关于进一步扩大中学思想政治课改革实验的通知》。《通知》决定：从1987年秋季开始，各省、自治区都要选择一些学校在初一、高一两个年级开始改革实验。1987年9月，国家教委召开了《中学思想政治课改革实验教学大纲》（初稿）修订会议，根据中共十三大精神，研究修订大纲和教材。1988年3月，国家教委印发了经修订后的中学六门课程的改革实验大纲。

二是中小学德育改革实验，研制全国统一的德育大纲。这项工作起步较早，1983年北京师大、华东师大、华南师大就承担了《中小学德育大纲的研制与实验》课题，并在几十所中学进行实验，全国也有十多个省自行制定和实验中学德育大纲。

1986年10月，国家教委召开了中学德育大纲研讨会，就制定全国统一的德育大纲的必要性、理论依据、可行性和指导思想进行了讨论，并确定了工作步骤。会议决定，在国家教委指导下成立制定全国统一德育大纲的小组。

1987年，《中小学德育的整体改革研究》列为全国哲学社会科学“七五”规划国家级重点研究课题，并确定以《小学德育纲要》、《中学德育大纲》为主要成果形式。1988年上半年，课题组起草出了《小学德育纲要》、《中学德育大纲》（讨论稿）。

二、总结经验，推动整体改革

在中小学德育工作改革实验取得阶段性成果的基础上，1988年6月1日至5日国家教委在北京召开了全国中小学德育工作会议。这次会议是承前启后、总结经验进一步推动改革的重要会议。会议分析了中小学德育工作面临的形势，明确了当前的任务，重申了中小学德育工作的战略地位，进一步明确中小学德育工作的指导思想，讨论和修改了《小学德育纲要》、《中学德育大纲》（试行稿），讨论了《小学生日常行为规范》和《中学生日常行为规范》，《小学班主任工作暂行规定》和《中学班主任工作暂行规定》。会议着重讨论了正在起草的《关于改革和加强中小学德育工作的决定》（文件正式下发时改为《通知》）。

1988 年 12 月 25 日，中共中央颁发了《关于改革和加强中小学德育工作的通知》。《通知》强调，德育即思想品德和政治教育，对坚持学校的社会主义性质，促进学生德智体美全面发展，具有重要的作用。《通知》对中小学德育工作的战略地位和指导思想、中小学德育的基本任务和内容方法、德育队伍的建设和领导体制，以及党和政府、社会各界的责任都作了明确规定。

第一，中小学德育工作必须坚持以马克思主义为指导，认真贯彻党在社会主义初级阶段的基本路线，遵循党关于社会主义精神文明建设的指导方针。要在继承和发扬好传统、好经验的基础上，适应不断发展变化的新情况，赋予德育具有的时代气息的新内容、新方法。要坚持实事求是的思想路线，从我国社会主义初级阶段的实际出发，从中小学教育工作的实际出发。要用共同理想教育全体学生。

第二，中小学德育工作的基本任务是把全体学生培养成为爱国的具有社会公德、文明行为习惯的遵纪守法的好公民。在这个基础上，引导他们逐步确立科学的人生观、世界观，并不断提高社会主义思想觉悟，使他们中的优秀分子将来能够成为坚定的共产主义者。

第三，要把社会和家庭教育同学校教育密切结合起来，形成全社会关心中小学生健康成长的舆论和风气。各级党委和政府要切实加强对中小学德育工作的领导。

全国中小学德育工作会议的召开和中共中央《通知》的颁发，有力地推动了全国中小学德育工作改革的步伐，中小学德育工作进入了整体改革的新阶段。这一时期改革的主要措施有以下几项：

1. 在全国推行中学思想政治课的新课程和教材

根据国家教委《关于进一步扩大中学思想政治课改革实验的通知》

中关于实施新课程和教材的步骤，全国高中从1988年秋季起，用两年时间，初中从1989年秋季起，用三年时间，逐步推开新课程的设置和新教材的使用。1991年完成了新旧课程和教材的过渡。

1991年3月，江泽民总书记致信李铁映、何东昌，提出要坚持对青少年进行近、现代史和国情教育。同年8月，国家教委制定了《中小学加强中国近、现代史及国情教育的总体纲要（初稿）》。为保证1991年秋季开学后的初三和高中各年级学生用书，国家教委基础教育司组织编写了初中《国情教育读本》和高中《国情教育读本》，作为学生课外必读读物；组织编写了《我爱你，中国》、《小学生国情十知道》，分别作为小学低年级、高年级的必读读物。

1992年国家教委对《中学思想政治课改革实验教学大纲》（试行）进行了修订，并编写了全国统一的示范性教材，从1992年秋季起在全国使用。

2．试行《小学德育纲要》和《中学德育大纲》

《小学德育纲要》和《中学德育大纲》经全国中小学德育工作会议讨论修改后，1988年8月，由国家教委下发全国中小学试行。国家教委要求各地从1988年新学年开始，选择部分学校进行实验（实验期为三年），取得经验后，于1989年后逐步推开。

《纲要》和《大纲》对中小学德育的任务、目标、内容、方法、实施途径、考核评定、领导管理等进行了整体设计，是对建国以来中小学德育工作的历史经验和改革开放以来创造的新经验的总结与概括。它的下发实行，使中小学德育工作有章可循，加强了工作的科学性和规范管理，促进了整体改革，提高了整体效果。

《纲要》明确提出：小学德育是社会主义精神文明建设的奠基工程，它贯穿于学校教育教学工作的全过程和学生日常生活的各个方面，在小学教育中居重要地位。《纲要》规定小学德育的培养目标是："为提高整个中华民族的思想道德素质，培养学生初步具有爱祖国、爱人民、爱劳动、爱科学、爱社会主义的思想感情和良好品德；遵守社会公德的意识和文明行为习惯；良好的意志、品格和活泼开朗的性格；自己管理自己、帮助别人、为集体服务和辨别是非的能力。为使他们成为有理想、有道德、有文化、有纪律的社会主义公民，打下初步的思想品德基础。"

《大纲》是中学德育工作的依据，也是各级教育部门对学校德育工作实行科学管理的指南。《大纲》规定中学德育目标包括思想、政治、道德品质、个性心理素质和能力等方面。通过中学阶段的教育，学生达到以下目标：热爱祖国，拥护党在社会主义初级阶段的基本路线；初步树立为人民服务的思想和为实现社会主义现代化而奋斗的意向；具有良好的道德品质和文明行为；具有诚实正直、自尊自强、勤劳勇敢、开拓进取等品质和一定的道德判断能力及自我教育能力。成为有理想、有道德、有文化、有纪律的社会主义公民。中学的德育目标，还按初中、高中分别提出了不同层次的要求和不同阶段的基本内容。

3. 颁布和试行《小学生日常行为规范》和《中学生日常行为规范》

1988年8月10日，国家教委颁布了《小学生日常行为规范（试用草案)》，并发出通知指出：《规范》是依据1981年教育部颁布的《小学生守则》制定的，是国家对小学生日常行为最基本的要求，其目的是为了加强对小学生的基本道德教育和行为训练，以促使学生从小养成良好的行为习惯。《规范》的具体内容共20条，于1988年秋季开学后在全国小学普遍试行。为了便于小学生记忆，国家教委初教司还将其编成“三字歌”，刊登在《人民日报》上。此外，还印发了挂图、图册和幻灯片、录像片供学校进行教育时选用。《规范》经过三年的试行后进行了修订，国家教委于1991年8月20日正式发布施行。

1988年8月20日，国家教委颁布了《中学生日常行为规范（试行稿)》。《规范》是国家对中学生在学校、家庭、社会生活中行为的规范性要求。制定《规范》的目的在于加强对中学生的基本伦理道德教育和基础文明训练，使中学生养成良好的行为习惯，促进他们的身心健康发展，进而提高学生的思想道德素质。《规范》的内容包括五个方面：自尊自爱，注重仪表；真诚友爱，礼貌待人；遵规守纪，勤奋学习；勤劳俭朴，孝敬父母；遵守公德，严于律己。《规范》的具体内容共四十条。《规范》于1988年秋季开学后在全国中学普遍试行。国家教委在颁布《中学生日常行为规范》的通知中指出：要把《规范》的教育与训练，渗透到教学、管理和其他各项活动中去。以后，每年的新生入学教育，要把《规范》作为重要内容，逐步形成制度。

中小学《规范》的颁布和试行为中小学生的道德教育和行为养成教

育提供了良好的内容与形式，收到了很好的效果，受到广大师生和家长、社会的欢迎。

4. 对中小学生继续进行劳动技术教育

根据1981年教育部制定的普通中学教学计划和1982年颁发了《关于普通中学开设劳动技术课的试行意见》，全国普通中学开设了劳动技术课。

1987年3月国家教委印发了《全日制普通中学劳动技术课教学大纲（试行稿）》。该《大纲（试行稿）》指出：劳动技术教育是全面贯彻教育方针的需要，是中学教育不可缺少的组成部分。普通中学开设劳动技术课，对于培养全面发展的人才，对于提高全民族的素质，具有重要意义。劳动技术课的教学目的是：培养学生的劳动观念、劳动习惯和热爱劳动人民的思想感情，使学生初步掌握一些生产劳动或通用的职业技术的基本知识和基本技能。《大纲（试行稿）》规定：初中劳动技术课每学年两周，每天按4课时安排，3年共计144课时；高中每学年4周，每天按6课时安排，3年共432课时。

1988年9月，国家教委印发了《义务教育全日制小学、初级中学教学计划（试行草案）》和包括劳动技术课在内的24个学科教学大纲（初审稿）以后，初中劳动技术课即按新的大纲（初审稿）执行。

1990年3月国家教委印发了《现行普通高中教学计划的调整意见》以后，高中的劳动技术课即按《调整意见》执行。

小学的劳动课按1988年9月国家教委颁布的《义务教育全日制小学、初级中学教学计划（试行草案）》和劳动课教学大纲（初审稿）执行。

1990年4月13日，国家教委颁布了《关于进一步加强中小学德育工作的几点意见》。《意见》提出：劳动和社会实践教育既是德育的重要内容，又是德育的重要途径。各中小学应根据学生的特点和教育需要，制定学生参加劳动和社会实践的方案，制定整体和分年级的目标、内容、时间、教育方法、考核办法、指导力量等，逐步使中小学生参加劳动和社会实践活动制度化、规范化。

5. 实行校长负责的德育工作领导管理体制

1988年，中共中央《关于改革和加强中小学德育工作的通知》明确提出："建立校长负责的德育工作体制"；"中小学校长对德育工作负有领导责任。校长不仅应当精通教学业务，而且应当具有正确的教育思想，重视学生的全面发展，保证党和国家教育方针的贯彻执行。德育工作状况应作为考核校长工作成绩的重要依据。"

为了保证这一领导体制的实施，1991年6月25日，国家教委颁发的《全国中小学校长任职条件和岗位要求（试行）》中关于"校长的主要职责"的规定是：中小学校长要"领导和组织德育工作。把德育放在首位，坚持教书育人、管理育人、服务育人、环境育人的工作方针，制定德育工作计划，建设德育骨干队伍，采取切实措施，坚持不懈地加强对学生的思想、政治、品德教育"。

与中小学建立校长负责的德育工作体制相配套，国家教委于1988年8月10日、20日先后发布《小学班主任工作暂行规定》（试行草案）和《中学班主任工作暂行规定》，对班主任的地位和作用、班主任的任务和职责、班主任工作的原则和方法、班主任的条件和任免、班主任的待遇和奖励、班主任工作的领导和管理等问题作出具体规定。两个《暂行规定》的实施，使校长负责的德育工作体制有了基本的组织保证。

第三节　改进和加强高等学校德育工作

为了把大学生培养成为有理想、有道德、有文化、有纪律的社会主义现代化建设人才，在新形势下，高等学校必须把改进和加强德育工作作为自己的重要任务。1982年以后，中共中央作出了一系列重要决定，为新时期高等学校德育的改进和加强指明了方向，奠定了理论基础，创造了有利条件。高等学校贯彻中共中央的决定，落实了政治理论课的课程设置，编写了教材，把开展社会实践活动纳入教学计划，加强了德育工作队伍的建设。

一、加强高等学校德育工作的指导方针

1987年5月13日，国家教委和中共中央宣传部联合召开了全国高等学校思想政治工作会议。会议主要任务是讨论中共中央《关于改进和加强高等学校思想政治工作的决定》（征求意见稿），统一思想，提高认识，研究落实《决定》的政策性措施。

1987 年 5 月 29 日，中共中央颁发了《关于改进和加强高等学校思想政治工作的决定》。《决定》贯彻党的基本路线，总结了建国以来特别是党的十一届三中全会以来高等学校思想政治工作的经验，提出了在改革、开放的条件下改进和加强高等学校思想政治工作的指导方针和措施。主要内容有：要进一步明确办学指导思想，坚持高等教育的社会主义方向。高等学校培养出来的大学生、研究生应当有坚定正确的政治方向，爱祖国、爱社会主义，拥护共产党的领导，努力学习马克思主义；应当热心于改革和开放，有艰苦奋斗的精神，努力为人民服务，为实现有中国特色的社会主义现代化而献身；应当自觉地遵纪守法，有良好的道德品质；应当勤奋学习，努力掌握现代科学文化知识。同时，要从他们中间培养出一批具有共产主义觉悟的先进分子。要努力改进学生思想政治工作的内容、形式和方法；要加强教职工队伍的思想建设，大力提倡教书育人、服务育人；要建设一支坚强的马克思主义理论队伍和思想政治工作队伍；高校领导班子要加强和改善对思想政治工作的领导；全党全社会都应当关心青年学生的健康成长。

为落实中央的《决定》，1987 年 6 月 10 日、13 日，李鹏等领导亲自在北京主持召开首都部分高等学校学生思想政治工作座谈会。6 月 25 日，中央书记处听取了国家教委关于当前高校思想政治工作情况的汇报，讨论并原则同意了《首都部分高等学校学生思想政治工作座谈会纪要》。《纪要》认为，贯彻落实中央《决定》，要对高校学生的思想状况有一个清醒的认识，把思想政治工作放到重要日程上来，坚持不懈地抓下去；要辩证地认识“大气候”和“小气候”的关系，立足学校做好工作；要整顿校纪校风，加强校园社会治安管理；要实行高校学生思想政治工作的责任制；继续深化高校的各项改革。

二、改革政治理论课，加强社会实践活动

全国高等学校为贯彻落实中共中央有关改进和加强高校德育工作的重要决策，切实加强了政治理论课和社会实践活动。

1. 改革和加强了大学马克思主义政治理论课

1986 年 3 月 20 日，国家教委发出《关于在高等学校进一步贯彻〈中共中央关于改革学校思想品德和政治理论课程教学的通知〉的意见》。《意见》规定：今后高等学校政治理论课开设《中国革命史》、《中

国社会主义建设》、《马克思主义原理》三门必修课，有条件的学校可开设选修课《世界政治经济和国际关系》。从1986年起，大体用三到五年时间完成这一课程改革。1987年国家教委先后制订了《中国革命史教学大纲》（试行）和《中国社会主义建设教学要点》（试行）、《马克思主义原理教学要点》（试行）。为了使全国在教学内容上遵循统一要求，国家教委于1988年秋季正式发布了上述三门课程的“教学大纲”（试用本）和“教学要点”（试用本）。还组织编写了《中国社会主义建设》课教材、《马克思主义原理》课教材，以及《中国革命史课阅读材料汇编》，作为高等学校的选用教材。

关于大学的思想教育课改革，1987年国家教委提出：思想教育课程要从学生的思想实际出发，加强教育的针对性。规定设置五门课：《形势与政策》、《法律基础》两门为必修课，《大学生思想修养》、《人生哲理》、《职业道德》三门课因校制宜，可以列为必修课，也可以列为选修课，但要求列入教学计划。

1988年国家教委组织编写了《法律基础教学大纲》和《法律基础》（试用）教材。到1991年，全国有近95%的高等学校开设了《形势与政策》课和《法律基础》课，70%左右的高等学校开设了《大学生思想修养》和《人生哲理》课，50%以上的学校开设了《职业道德》课。这些课程均收到了较好的效果。

2. 有组织、有领导地开展社会实践活动

组织大学生积极开展社会实践活动，实施开放式教育，是德育的一种有效形式。

1982年北京地区的大学生率先深入基层宣传宪法。清华大学、北京大学等首都十四所高校的部分学生利用暑假时间，组成“好儿女志在四方考察团”，沿老一辈知识分子开拓西北的足迹，赴延安、甘肃、青海等省市进行考察活动。全国各地的高校学生社会实践活动迅速兴起。

1987年《中共中央关于改进和加强高等学校思想政治工作的决定》指出：“青年学生只有在学习科学文化的同时积极参加社会实践，更多地了解国情，了解社会主义建设和改革的实际、人民群众的思想感情，才能树立起为建设祖国而献身的信念，逐步锻炼成为有用人才。”1987年6月，国家教委、共青团中央联合发出的《关于广泛组织高等学校学生参加社会实践活动的意见》指出："学生参加社会实践活动，作为高等教育的一个重要组成部分。""社会实践主要是开展各种社会考察和社会服务活动。"《意见》还规定社会实践活动"要有领导地进行"，使每个学生都能在学习期间得到一定的实践锻炼。高等学校本科学生在校期间至少利用假期和课外时间参加两次社会实践活动，其中文科学生总计不少于45天，理、工、农、医科学生不少于30天，专科学生不少于20天。各高校认真贯彻《意见》精神，积极组织学生开展了各种社会实践活动。1987年暑假，出现了百万大学生参加社会实践活动的盛况。

例如，北京大学组织了"北京大学京郊社会实践团"赴北京郊区37个贫困乡挂职锻炼，组织"北京—广州"自行车考察队沿途考察，组织了"北京大学社会实践建设营"分赴秦巴山、沂蒙山、吕梁、太行山、陕北等地考察。

有的高校组织学生调查了解党和国家的方针政策在某地区、某部门落实的情况；有的去调查了解人民群众生产生活状况和精神面貌，包括先进单位的事迹和后进变先进的奋斗史；有的组织学生回乡搞勤工俭学、扶贫支教、科技咨询等为家乡服务；有的去参观革命遗址等。通过各类社会实践活动，学生接触工农，了解社会，增强了社会责任感，培养了他们为人民服务的思想和艰苦奋斗的精神，正确认识了个人价值与社会集体的关系。学生回校后要填写《参加社会实践活动登记表》，个人或集体作总结。有不少学生写出了内容丰富的调查报告，有的还向考察单位或家乡所在的县提出了进一步改革的建议，收到了很好的效果。每年寒、暑假都有几十万大学生参加社会实践活动。

此外，还建立了一批德育基地。

1987年中共中央《关于改进和加强高等学校思想政治工作的决定》提出："要鼓励学生利用假期进行各种有益的社会实践活动。有条件的高等学校应逐步建立业务实习和社会实践基地。"国家教委、共青团中央《关于广泛组织高等学校学生参加社会实践活动的意见》提出："要逐步建立社会实践基地，这样可以使学生把平时和假期参加社会实践活动有机地结合起来，保证活动经常化、制度化。"

1987年9月国务院批转了国家教委《关于改进和加强高等学校生产实习和社会实践工作的报告》，要求"中央和地方工业、农业、商业等部门，人民解放军，以及社会有关行业和单位，都要把支持和接受师生参加社会实践、业务实习和军事训练，作为自己应尽的一项社会义务，积极提供必要的条件”。根据《报告》的精神和要求，中央和地方的有关部门相应地制订了适合本部门、本地区的具体办法，组织高等学校同厂矿、企业、农场等基层单位共建了一批校外社会实践基地。

1988 年 5 月，国家教委专门印发了《关于进一步加强高等学校文科社会实践工作的意见》。《意见》提出：高校文科专业“基地的选择要尽可能就地就近。要根据专业特点和培养目标的要求，选择适应面较宽，能进行较为长期、稳定协作的单位”。

1991 年，中共中央宣传部、国家教委、共青团中央在北京、河北、河南、山西、辽宁、吉林、黑龙江、山东、江苏、浙江、江西、湖南、湖北、广东、陕西、四川等 16 个省、直辖市建立了 100 个高校学生实践活动联系县（市），各地、县也设立了若干联系点。各地学校同一万多个厂矿、企业、乡村、农场联系建立了较为稳定的学生社会实践活动基地。其中，有革命传统教育基地、兴教助学基地、学工基地、学农基地、学军基地等。

三、加强德育工作队伍建设

长期以来，高等学校的德育工作人员按党政工作人员对待，没有教师的资格和职称，没有接受业务进修和培训的机会，待遇一般也较教师低，影响了德育工作队伍的稳定和德育工作水平的提高，同德育工作在学校教育工作中的重要地位很不适应。为了改革和加强德育工作，这一时期对加强德育工作队伍建设采取了一些重要措施：一是明确思想政治教育是一门科学，思想政治工作专职人员应列入教师编制；二是创建思想政治专业，开辟培养德育工作队伍的新途径。

1. 对现有思想政治工作专职人员实行教师职务聘任制

1984 年 6 月，中共中央召开全国高等学校思想政治工作会议，提出要以改革的精神改善和加强高校思想政治工作。

同年 11 月 13 日，中共中央宣传部、教育部发布《关于加强高等学校思想政治工作队伍建设的意见》，提出“高等学校的思想政治工作队伍必须实行专职和兼职相结合”，应配备精干的专职人员（包括党、政、工、团各系统所必需的专职人员）作为思想政治工作队伍的骨干。同时，动员和组织一些教师、高年级大学生、研究生兼职做思想政治工作。专职思想政治工作人员可从本校教师和干部中选调，可从本校毕业生中选留，也可从马列主义理论专业、思想政治专业和其他文科专业的毕业生中调配。

1986年12月31日，国家教委颁布了《关于高等学校学生思想政治工作兼职人员若干问题的规定》，对兼职干部的来源、经济待遇、培养、工作量等问题作了规定。

1987年5月29日中共中央《关于改进和加强高等学校思想政治工作的决定》指出：思想政治教育是一门以马列主义理论为基础，综合性和实践性都比较强的科学，必须有专职人员作为骨干，并且要培养造就一批思想政治教育的专家、教授和理论家；从事学生思想政治教育的专职人员，是教师队伍的组成部分，应列入教师编制，实行教师职务聘任制。

据此，教育部发出《关于在高等学校学生思想政治教育专职人员中聘任教师职务的实施意见》和《关于在高等学校思想政治教育专职人员中聘任教师职务工作的补充通知》，对学生思想政治教育队伍的素质提出明确要求，同时提出了在聘任教师职务时应重点评审的内容。当时立即部署在19所院校开始试点，1987年6月以后在全国高校中分期分批展开。

首次高校学生思想政治教育专职人员教师职务评聘工作于1988年基本结束。据26个省、自治区、直辖市统计，1 041所高校中有思想政治教育教师20 767人。在这次评聘中，定为教授的4人（占参评教师的0.02%）；定为副教授的716人（占3.4%）；定为讲师的4 582人（占22%）。加上原有在其他学科审定的职务，全国这支队伍中共有教授14人（占思想政治教育教师的0.07%）；副教授921人（占4.4%）；讲师6 029人（占30%）；助教8 371人（占40.3%）。① 这是加强高校思想政治教育队伍建设的一项重要措施，对提高思想政治教育教师的素质和水平，推动思想政治教育工作起了积极作用。

此后，思想政治教育教师职务的晋升和聘任转入经常性工作，同其

① 中国教育年鉴编辑部编：《中国教育年鉴》（1989），北京：人民教育出版社，1990年版，第204页。

他教师的职务晋升与聘任同步进行。与此同时，思想政治教育教师的培训也开始拓宽。国家教委政教司和中央教育行政学院共同举办了高等学校思想政治教育研讨班，参加研讨班的有各省、直辖市教育部门和高等院校主管学生思想政治工作的专职人员185人。研讨班组织学员学习了马克思主义的基本理论、中共中央关于坚持四项基本原则和改革开放的总方针、反对资产阶级自由化、加强学生思想政治教育等方面的文件，联系在高校学生中影响较大的社会思潮举办了哲学、经济体制改革、社会政治制度、文学艺术和思想政治工作等方面的讲座，并对新形势下如何加强和改进学生思想政治教育问题进行了研讨，使学员们受到教育，得到提高。

2. 开辟德育工作队伍培养、培训的新途径

加强思想政治教育学科的专业建设，是推进德育科学化和提高德育队伍素质的重要措施。

1983年7月，中共中央批转的《国营企业职工思想政治工作纲要(试行)》指出："中央和地方要筹办以培养思想政治工作的领导干部为目标的政治院校。现有的全国综合性大学、文科院校，各部委、总局所属的大专院校，有条件的都要增设政治工作专业"，在全国逐步建立起初级、中级、高级思想政治工作人才正规化的教育培训体系。

教育部于1984年4月13日颁发了《关于在12所院校设置思想政治教育专业的意见》，决定采取正规化的方法培养各种规格的思想政治工作人才。《意见》规定：思想政治教育专业的培养目标是使学生成为德智体全面发展、又红又专的思想政治工作专门人才。培养的规格层次是大专生、本科生、第二学士学位生和研究生。本科学制为四年。

1984年，12所院校招生计划总数为360人。《意见》确定了南开大学等12所院校开始试点招生，并划定了各校招生的范围。

1984年6月9日，教育部颁发了《关于在六所高等院校开办思想政治教育专业第二学士学位班的意见》，批准清华大学等六所院校首批招收第二学士学位班，招生计划总数为191名。招生对象是年龄在30岁以下（个别可放宽到35岁），已获得理工农医学士学位、在高等学校从事思想政治工作一年以上的优秀在职人员。

1984年11月13日，中共中央宣传部、教育部颁发的《关于加强高

等学校思想政治工作队伍建设的意见》提出：对现有的专职思想政治工作人员有计划地进行培训，提高他们的思想政治水平和业务水平。要将具有大学本科学历、又红又专、经过一定的工作实践考查、具有从事思想政治工作良好素质的青年干部，有计划地选择一部分送到思想政治教育专业第二学士学位班学习；凡具有高等专科毕业文化程度、已定向专职从事思想政治工作的青年干部，可分批选送到思想政治教育本科班学习。

1987年9月20日，国家教委颁发了《关于思想政治专业教育培养硕士研究生的实施意见》，决定从1988年开始，首批在复旦大学等十所院校招收思想政治教育专业硕士研究生。其培养目标是使学生成为德智体全面发展、又红又专的从事思想政治教育工作的高级专门人才。招生对象是大学本科毕业或具有同等学力，从事思想政治工作两年以上的在职人员。学习年限一般为两年至三年。

到1992年，全国共有62所高校设置思想政治教育专业，覆盖全国24个省、自治区、直辖市。其中综合大学18所，师范院校18所，理工科院校26所。举办四年制本科班的33所，第二学士学位班的18所，拥有硕士学位授权点18个。已毕业六届四年制本科生2 000多人，七届大专起点本科生2 000多人，七届第二学士学位生1 600多人，四届硕士研究生300多人，共培养、培训了6 000余人。仍在校学习的各学历层次的学生3 000多人。① 思想政治教育专业稳步发展，取得了明显的成绩和不少成功的经验。特别是注意了教育的实践环节。第一学年安排学生参加一定时间的军训，第二学年组织学生进行一定时间的社会调查，第三学年安排学生担任见习辅导员，第四学年组织学生参加一个多月的毕业实习。这种教学实践的模式，收到很好的培养效果。

第四节　总结经验教训，加强党的领导

80年代初期我国社会上出现了一股反对四项基本原则的资产阶级自由化思潮，对社会各界特别是广大青年学生造成严重影响。在整个

① 中国教育年鉴编辑部编：《中国教育年鉴》（1993），北京：人民教育出版社，1994年版，第191页。

80年代，长期存在着坚持四项基本原则和反对四项基本原则的政治上的尖锐斗争。这个斗争时起时伏，有时还是很激烈的。曾酿成1986年的学潮，发生了1989年的政治风波。这对社会造成很大的危害，对学校德育工作造成严重的干扰和冲击，给学校的思想政治教育工作留下了十分深刻的教训。1989年3月，邓小平在接见外宾时说，我们最近十年的发展是很好的。我们最大的失误是在教育方面，思想政治工作薄弱了，教育发展不够。我们要认真总结经验教训，切实加强和改进学校的思想政治工作。

一、认真总结经验教训

1989年6月中旬到7月中旬，国家教委先后召开部分高校党委书记座谈会及全国暑期高校工作会议，认真总结经验教训，深入反思，形成了加强高等学校德育工作的一致意见，并上报中共中央。同年7月，中共中央下发了《关于当前高等学校工作中几个问题的意见》。《意见》要求各级党委、政府和教育行政部门要切实加强对高等学校工作的领导，把坚定正确的政治方向放在教育工作的第一位，坚持社会主义方向，坚持马列主义、毛泽东思想教育，加强思想政治工作，严格校纪、校风管理，搞好教育改革，真正把高等学校办成培养社会主义建设者和接班人的坚强阵地。此后，各省、自治区、直辖市普遍召开高等学校工作会议，部署贯彻落实中共中央文件的工作。

首先，各地高等学校在认真组织学习邓小平重要讲话和中央《意见》的基础上，初步整顿了高等学校党的组织，对少数高等学校领导班子作了调整和加强，并确定以后每年召开一次全国高等学校党建工作会议，把思想政治建设放在党建工作的首位，使高等学校成为坚强的社会主义阵地。

第二，根据国家教委发出的《关于新学年对学生集中进行政治教育和理论课教学的通知》以及国家教委举办的高等学校思想政治工作研讨班的内容和要求，各高等学校发动干部、教师骨干和学生积极分子提前结束暑假，集中一段时间进行学习，经过充分准备，在新学年开学时对全校师生集中进行一段政治形势教育，取得了良好的效果。

第三，各高等学校普遍加强了管理，重申和修订了各项管理条例和规章制度，加强对学生课外活动和校园秩序的管理，及时处理了极少数严重违反校纪的学生，维护了学校的正常秩序。

在中共中央和各级党委、政府的领导下，经过广大干部、教师和学生的努力工作，加上社会各方面思想政治工作的加强，到1989年下半年，高等学校的教学秩序正常，学生的政治思想面貌发生了稳定向上的变化。许多学生从这场政治风波中汲取了教训，提高了学习马列主义、毛泽东思想的自觉性。

此后几年，学校德育工作进入了长期稳定、持续发展、成效显著的阶段。这是改革开放以来坚持不懈地加强和改进学校德育工作的必然结果。学校德育工作不仅是学校工作中起主导作用的重要组成部分，更是社会主义精神文明建设的重要组成部分。因此，学校德育同社会政治生活、社会大环境的关系非常密切，德育离不开社会大环境，社会大环境影响和制约着学校德育。社会大环境是纷繁复杂的，对德育的影响也是多重的，有积极的也有消极的。党的正确路线、方针、政策在实践中逐步落实，在社会政治生活中日益发挥巨大的作用，这是对学校德育产生积极作用的最好社会大环境，对德育效果具有决定性的影响。但人们对大环境的认识和理解有一个时间过程，学校德育工作就是通过对学生进行"润物细无声"的持之以恒的政治理论与思想品德教育，从而不断扩大社会大环境的积极影响，克服和抵制一切消极影响，提高学生的思想道德素质和政治觉悟，增强识别是非和抵御腐蚀的能力，使学生在有利于全面发展的环境中健康成长。

1989年政治风波后，出现了学校德育工作的大好形势。党和国家经受住了西方国家无端对我国实施制裁，以及东欧剧变、苏联解体等国际风云变化的严峻考验。广大学生头脑比较冷静，认识比较清楚，情绪比较稳定。这充分反映了学校德育工作的不可替代的作用，各级各类学校的领导和广大德育工作者更加坚定了把德育放在学校工作的首位、坚持正确的政治方向的决心。

二、召开首届全国高等学校党的建设工作会议

加强党的领导是学校一切工作的根本。经中共中央批准，中共中央组织部、中共中央宣传部和国家教委党组于1990年4月12日至16日在北京联合召开了首届全国高等学校党的建设工作会议。参加会议的有全国30个省、自治区、直辖市党委的负责同志及党委组织部、宣传部、

党委教育部门和教育行政部门的负责同志，国务院 35 个部委教育司（局）的负责同志，以及 107 所高等学校的党委书记，共约 300 人。举行这样大规模的会议专门研究高等学校党的建设工作，这在建国以后还是第一次。

这次会议，从培养社会主义事业的建设者和接班人的战略高度出发，联系到 1989 年政治风波所反映出来的问题，总结高等学校党建工作中的经验教训，提高认识，扎扎实实地研究和解决高等学校党建工作中亟待解决的问题。李铁映作了题为《加强高等学校党的建设，培养社会主义事业的建设者和接班人》的主报告。会议期间，党和国家领导人江泽民、李鹏、宋平、李铁映等在中南海接见了全体与会代表，江泽民、宋平等与部分代表座谈，并作了重要讲话。

1990 年 7 月，中共中央正式发出《关于加强高等学校党的建设的通知》，对加强高等学校党的建设提出了以下要求：明确高等学校的领导体制，坚持党委的领导地位；加强领导班子建设，保证学校领导权掌握在忠于马克思主义的人手中；把思想建设放在高等学校党的建设的突出位置，不断提高党员的政治素质；切实搞好党支部建设，增强党组织的凝聚力、吸引力和战斗力；建设一支素质较高，以精干的专职人员为骨干、专兼职结合的党务工作队伍；加强对入党积极分子的培养教育，做好发展党员工作；加强对工会、共青团和学生会的领导，充分发挥群众组织的作用；地方党委要加强对高等学校党的工作的领导，中央国家机关有关部委党组（党委）对所属院校党的工作要予以指导。

各地和各高等学校认真传达、贯彻全国高等学校党的建设工作会议和《中共中央关于加强高等学校党的建设的通知》精神。绝大多数省、自治区、直辖市党委召开了本地区高等学校党的建设工作会议，制定了有关文件。各地和国务院有关部委普遍建立了领导同志联系高等学校的制度。他们深入学校，与师生座谈，讲党课，作报告，帮助学校解决了一些实际问题。

许多省、自治区、直辖市党委成立了负责高等学校党建工作和思想政治工作的专门机构（一般为省委教育工委或省委高教工委）。到 1990 年底，省级党委的教育专门机构已有 23 个。各地党委普遍加强了高等学校领导班子建设，经过调整、充实，领导能力普遍有所加强。许多试行校长负责制的高等学校，大部分转换为实行党委领导下的校长负责制。高等学校普遍建立了党校和业余党校，对基层干部、党员和入党积极分子进行培训。高等学校党员重新登记工作以较高质量如期完成。高等学校党务和思想政治工作队伍建设得到加强。在学生中发展党员的工作开始恢复。

1990年全国高等学校党的建设工作会议后，中共中央组织部、中共中央宣传部、中共国家教委党组在党中央领导下，坚持不懈地抓高等学校党建工作，坚持每年联合召开一次全国高等学校党建工作会议，直到21世纪初从未间断。

经过持续不断的努力，高校党建和思想政治工作的状况发生了重大变化。各级领导更加重视高校党建和思想政治工作；加强和完善了高等学校党委领导下的校长负责制；加强了高校领导班子建设，提高了领导干部的政治理论水平，提拔了一大批年轻干部，领导班子整体结构得到优化；按照《中国共产党普通高等学校基层组织工作条例》的要求，加强了高校党的组织建设，使党总支的政治核心作用、党支部的战斗堡垒作用和党员的先锋模范作用得到进一步发挥。学生中党员数量有显著增加，规模较大的学校普遍做到低年级班有党员，高年级班有党小组，年级有党支部；学校的思想工作得到加强，邓小平理论学习逐步深入，学生精神面貌呈现积极向上的发展势头。

三、进一步加强学校德育工作

1. 进一步加强中小学德育工作

在1989年政治风波平息后，根据小学、初中、高中学生的不同特点，结合《小学德育纲要》和《中学德育大纲》提出的教育内容和要求，国家教委于1989年6、7月先后发出《关于在小学生中开展热爱中国共产党、热爱社会主义祖国、热爱中国人民解放军教育活动的通知》、《关于对高中学生进行形势教育的通知》等文件，要求在新学年开始后，全国各地的中小学都要认真进行“三热爱”教育和形势教育。各地各级教育部门和中小学校从实际出发，认真贯彻上述《通知》精神，在开学前做好了教师培训工作，开学后通过思想政治（品德）课以及升国旗、唱国歌、团队活动等各种途径和形式，广泛开展了教育活动，取得了较好的效果。

1989年11月，国家教委印发了《关于在中小学语文、历史、地理等学科教学中加强思想政治教育和国情教育的意见》。《意见》明确了进行思想政治教育和国情教育要突出的内容：（1）结合国际、国内阶级斗争的形势和特点，加强渗透与反渗透、和平演变与反和平演变斗争长期性、复杂性的教育；（2）加强中国和世界近、现代史的教学，使学生牢记历史的经验，不忘帝国主义侵略中国和中国人民英勇反抗的历史；（3）教育学生了解当代资本主义世界存在的阶级矛盾和社会矛盾，了解我国解放40年来，特别是近10年来在政治、经济、科学、技术、文化、教育等方面取得的巨大成就；（4）讲解我国自然国情和人文国情。《意见》规定从1990年春季开始，初中和高中各年级语文教学每学期增加一册以时文为主的补充教材；高中历史教学增加中国近、现代史的内容，教学时数由每周三课时增加为四课时。

国家教委于1990年4月13日发出《关于进一步加强中小学德育工作的几点意见》。《意见》指出：中小学必须进一步端正办学思想，切实把德育工作放在学校教育工作的首要地位，保证学校的社会主义办学方向，形成由校长负责、党支部充分发挥政治核心作用的德育工作体制；全体教职工要做到教书育人、管理育人、服务育人；重视学校教育与家庭教育和社会教育相结合，形成校内外协调一致的德育工作网络。《意见》要求各地教育行政部门必须在当地党委和政府领导下，将德育工作列入重要议事日程，做到有机构，有专管人员，每年有工作部署和检查，及时总结经验，解决学校工作的问题和实际困难。

1988年国家教委发布的《小学生日常行为规范（试行）》，经过三年实践和广泛征求意见后进行了修改。国家教委于1991年8月20日正式发布实施《小学生日常行为规范》，加强了对小学生道德、文明行为的养成教育。

为贯彻江泽民总书记关于“要对小学生（甚至幼儿园的孩子）、中学生一直到大学生，由浅入深、坚持不懈地进行中国近代史、现代史及国情教育”的重要指示，1991年8月，国家教委制定了《中小学加强中国近代、现代史及国情教育的总体纲要（初稿）》，要求中小学校根据学生的年龄特点和认识规律，有计划地把加强中国近、现代史及国情教育纳入到教育、教学活动之中。国家教委根据《总体纲要》的指导精神及学科特点，分别制定了中小学语文、历史、地理和中学思想政治等学科加强国情教育的纲要和实施意见，作为几门学科现行教学大纲的重要补充，并以此为依据调整现行教材的相关内容，编写补充教材、教学挂图和图册。为提高干部、教师对加强中国近、现代史和国情教育的认识与教学能力，国家教委于1991年8月开始，通过教育电视台举办了中国近、现代史和国情教育师资培训讲座。为了认真学习贯彻邓小平南方谈话精神，进一步明确在改革开放新形势下中小学德育工作的指导思想和任务，推动地方政府切实加强对中小学德育工作的领导，中共中央宣传部和国家教委于1992年5月21日至25日联合召开了全国中小学德育工作会议。

2. 进一步加强高等学校德育工作

1990年以后，高等学校德育工作逐渐摆脱了被动局面，各级教育部门和高等学校继续努力，扎实工作，使高等学校德育工作得到切实的加强。具体表现为以下几个方面：

（1）坚持不懈地对学生进行坚持党的基本路线教育，引导学生深入剖析错误思潮的实质，以邓小平理论武装头脑，提高分辨大是大非能力，增强走建设中国特色社会主义道路的信念。大学生的思想政治状况呈稳定向上的趋势。

（2）积极推进马克思主义理论课和思想品德课的改革，特别是以邓小平理论“进教材、进课堂、进学生头脑”为主要内容的理论课程建设和教学改革，对于指导学生掌握马克思主义立场、观点和方法，确立科学的世界观、人生观和价值观，树立社会主义的理想和信念，提高品德修养，收到了积极的效果。

（3）20世纪90年代以后，大学生社会实践活动已形成制度，被列入学校的教育教学计划，并以多种形式更加广泛地开展起来。90年代中期，社会实践活动又与迅速兴起的青年志愿者活动紧密结合。通过社会实践活动，使得大学生不仅了解了社会和国情，还增进了与工农的感情，增强了社会责任心和历史使命感。

（4）建立高素质的思想政治教育队伍。思想政治工作者的教师地位进一步确立，他们的教师职务聘任工作同其他业务教师一样，形成了制度。思想政治教育专业的建设得到加强，形成从本科到博士生的专业教育体系，培养了大批从事思想政治教育的高素质人才。在努力建设高素质的专职思想政治教育队伍的同时，各高校也加强了兼职思想政治教育队伍的建设，许多学校形成了德育工作以精干的专职人员为骨干，以兼职人员为重要力量，广大教职工全员参与的新格局。

中共中央十三届四中全会后，出现了长期稳定的社会政治局面。高等学校的各项改革顺利进行，学校德育工作切实得到了加强，学生的精神面貌健康向上。各级各类学校为把学校真正办成培养社会主义建设者和接班人的坚强阵地而继续努力。

第二十三章　开展农村和城市教育综合改革

党的工作重点转移到社会主义现代化建设上来以后，“三农”（农业、农村、农民）在经济和社会发展中的重要性便日益凸显出来。我国的改革首先从农村开始，实行了家庭联产承包责任制，调动了农民的积极性，农业生产大幅提高，乡镇企业异军突起，农村面貌和农民生活发生了历史性的变化。中共十二大把农业确定为社会主义现代化建设的战略重点，进一步推动了农村经济改革向纵深发展。

农村经济体制改革的深入，需要农村教育改革与之相适应。20 世纪 80 年代，农村教育改革应运而生，探索农村教育改革的实验方兴未艾。在此基础上，有领导、有计划的农村教育综合改革实验全面展开，端正了农村教育办学方向，实行“三教统筹”、“农科教结合”，推行“燎原计划”，使农村教育逐步深入地开展起来，并取得了有价值的经验和可喜的效果。与此同时，城市和大中型企业的教育综合改革也开始有组织、有计划地展开。

第一节　农村教育改革的兴起

全国农村经济体制改革，冲破了传统的农村经济结构，极大地解放了农村的生产力。农村长期施行的跟城市教育基本相同的普通教育已经不能适应农村经济发展的需要，农村经济的改革呼唤农村教育的改革。

1982 年以后，中共中央就农村改革作出的一系列重要指示中，就包括了农村教育改革的指导方针。国家教委从转变农村教育办学方向入手，采取有力措施贯彻落实中共中央指示，开始进行有组织、有领导的农村教育综合改革实验。

一、农村教育改革的指导方针

1982年1月1日，中共中央批转的《全国农村工作会议纪要》要求县级以及县以下农村的中学要设置农业课程，有的可以改为农业专科学校。要求高等农业院校和中等农业学校都要拿出必要的力量承担培训各级农业领导干部、管理干部以及职工的任务。要积极创造条件，加强农民教育。要求各级农业科研、教育和推广机构要相互配合，加强协作。

1982年12月，中共中央政治局通过的《当前农村经济政策的若干问题》要求：要继续进行农业技术改造，建立与健全农业科学技术研究推广体系和培养农村建设人才的教育体系。要注意把从事农业科研、技术推广、教育培训等各方面的力量组织起来，形成一个合理分工、协调一致的工作体系，为农村建设提供富有成效的服务。农村教育必须适应而不可脱离广大农民发展生产、劳动致富、渴望人才的要求，必须考虑而不可忽视乡村居民劳动、生活的特点。

1983年1月，中共中央《关于加强农村思想政治工作的通知》要求：农村教育制度要改革，以适应农村的现状和农民的要求。要采取几条腿走路的方针，实行多种形式办学，逐步形成具有中国特色的农村教育体系。要充分发挥农村知识分子和在乡知识青年的作用，开发农村中的智力资源。

1983年5月6日，中共中央、国务院《关于加强和改革农村学校教育若干问题的通知》指出：提高劳动者的政治、文化素质，造就农村需要的各种人才，是农村社会主义建设的一个重要方面。办好农村学校教育，是落实党的十二大精神，抓好农业和教育科学这两个战略重点，促进四化建设的一件大事。各级党政领导要以对国家和民族的未来着想的高度责任感，切实把农村学校教育工作抓紧抓好。农村学校的任务，主要是提高新一代和广大农村劳动者的文化科学水平，促进农村社会主义建设。一定要引导广大学生热爱农村，热爱劳动，学好知识和本领。改革农村中等教育结构，发展职业技术教育，是振兴农村经济，加速农业现代化建设的一项战略措施。有关高等学校要为农村培养和输送专门人才，为农村各类学校培训师资。

上述一系列重要指示提出了一个新的问题，即“农村教育”。这里提出的"农村教育"是一种培养农村建设人才的新型教育体系。农村教育的办学方向是为振兴农村经济、发展农业生产、农民劳动致富服务的。农村教育必须在党和政府的统一领导下，各有关部门齐心协力，共同办好。许多农村经济体制改革的先行县，对农村教育改革开展了广泛的探索。四川省广汉市、山西省临猗县在农村教育改革探索中取得了可喜的经验。

1979年，四川省确定广汉市为农村经济体制改革试点县（市）。改革之初，从调整生产关系入手，把农民的生产积极性调动了起来。到1983年，全市基本解决了农民的温饱问题。在取得初步成效的基础上，干部、群众要求致富的愿望更加迫切。致富心切促进求才心切。为了应急，在办乡镇企业的过程中采取了"三背靠""四引进"的办法，即背靠大专院校，背靠科研单位，背靠国营大中型企业；引进技术，引进人才，引进资金，引进设备。这个办法很快收到了效果，缓解了乡镇企业急需高、中级人才的矛盾。但由于大量劳动者素质不高，不能适应日新月异的农村经济社会发展的需要，影响了农村经济发展的后劲。市委、市政府认识到，要从根本上解决发展经济对大量人才的需求，出路只有一条，就是立足本地，培养人才，走农村教育改革之路。为此提出了"全民办教育"的口号。具体做法是：

首先，要办大教育。从对象上讲，包括全市一切具有学习能力的人；从内容上讲，包括基础教育、职业教育、成人教育、思想政治教育、道德教育等等。办学的思路是：大教育大家办，发动社会参与，在政府统筹下，政府办、部门办、企业办、联合办，互相渗透，齐抓共管。

第二，大教育大统筹。市里成立教育领导小组，由市长兼任组长，有关部门负责人任成员，负责根据全市经济社会发展的需要制定教育发展和改革的总体规划，对各类教育进行统筹协调，落实保障措施。依靠文教局具体推进多方面的统筹：统筹校点布局、统筹招生计划、统筹办学经费、统筹基地建设、统筹使用设备、统筹师资调配、统筹考核评估、统筹使用人才。

第三，重点发展职业技术教育。致富需要实用型人才，需要量最大的是中、初级人才。市里决定在大力实施九年制义务教育的基础上积极发展职业技术教育，培养、造就一大批立足广汉、服务广汉的本地中、初级技术人员、管理人员、技术工人和其他从业人员。将一所普通高中改办为第一高级职业中学，面向农村，服务农业；新建第二高级职业中学，面向城市，服务工业；新建职教中心、教育电视台，进行在职职工的岗位培训。市里还成立了职业教育管理委员会，全市建成了职业技术教育的体系。

第四，保证教育质量，注重教育效益，充分发挥教育在广汉“两个文明”建设和家庭幸福、勤劳致富中的重要作用。

再以山西省临猗县为例。在农村经济体制改革以后，该县农村经济有了很大发展，但在调整产业结构、从传统农业向现代化农业转化上却没有大的突破。县委、县政府深入调查后发现，现行农村教育体制存在的弊端，影响着当地建设的发展。弊端之一是基础教育、职业教育、成人教育缺乏统筹规划和管理。基础教育是普通教育一条腿办学，自我封闭，盲目发展，严重脱离当地建设的实际；职业技术教育未得到应有的重视，经费、师资、设备、实习基地得不到妥善解决，专业教育质量不高，职业技术教育发展缓慢，成为农村教育的薄弱环节；成人教育不被重视，在基本完成扫盲任务以后，却不能满足实行家庭联产承包责任制多种多样的学科学、学技术的要求，因而成人教育逐渐萎缩。整个农村教育难以承担为农村当地建设培养人才的重任。弊端之二是教育投资上追求“小而全”，基础教育、职业教育、成人教育（三教）互相脱节，把有限的投资分散在重复的机构设置上；师资、设备封闭，资源不能共享，造成投资的浪费。弊端之三是办学质量、效益不高，不利于调动各部门和全社会支持教育的积极性。教育部门“就教育论教育”，办的是“离农教育”“盲目升学教育”；经济部门是粗放经营，低水平发展，没有树立依靠科技、教育的观念，形成教育、经济两张皮。县委、县政府认识到，要使农村教育真正为当地经济和社会发展服务，必须坚持对农村教育进行改革，于是决定走“三教统筹，整体优化”的路子。具体做法是：

首先，在管理体制上统一领导。县政府抓宏观统筹，建立县三教统筹协调委员会，由县长任主任，县委一位副书记和分管文教的副县长任副主任，由教育、农业、科委、经委、计委、财政、劳动、人事、组织、乡镇企业等部门主要负责人组成。委员会充分发挥实体作用和综合平衡作用，负责方针、政策的贯彻执行，负责事业发展规划、学校布局、教师培训、人事、财务、物资的配备和教育教学工作。

其次，把三教统筹的重心放到乡镇。乡镇政府作为一级政权，处在领导农村建设的第一线，能最直接有效地把教育发展同农村经济发展结合起来，容易取得明显的社会效益。有的乡通过抓农民教育、促农民致富，把整个教育带动起来，利用普通教育的日校办农民夜校，一个阵地几块牌子，发挥了学校的多功能作用。在普及九年制义务教育的同时，多层次、多渠道、多形式培训农民技术员、专业技术骨干、科技示范户等，使全乡38%的农户接受过直接培训，发展了生产，增加了农民收入，干部群众对教育更加重视和支持，群众集资办校热情更高，从而促进了三教的共同发展。

“六五”期间是我国农村经济体制改革全面展开的阶段，农民渴望致富、渴望学科学的热潮极大地促进了各类教育的改革和发展。各省、自治区、直辖市都涌现了一批积极探索适应农村经济新形势的新型农村学校，都取得了可喜的成果。尽管各地的经济条件不同，教育改革的形式、内容、特点不一样，但共同的认识是：必须探索出一条有中国特色的农村教育改革发展之路。

二、转变农村教育办学方向

国家教委从抓转变农村教育办学方向入手进行农村教育改革。1986年7月，国家教委、国家计委、国家经委、劳动人事部联合召开了第一次全国职业技术教育工作会议。会上讨论了《关于加速发展农村职业技术教育的意见》。会后，“三委一部”党组向国务院写了《关于全国职业技术教育工作会议情况报告》，其中第三部分专门写了“明确农村办学的指导思想，大力发展农村职业技术教育”。《报告》提出开发农村智力资源的新观点：农村的1.2亿初、高中毕业生是亟待开发的巨大的智力资源，几千万在校的中学生也需要具有建设农村的思想准备和必要的职业技能。如果使他们在原有的文化基础上再掌握一定的专业知识和实用生产技术，将会对农业生产和整个农村经济的发展起极大作用。《报告》第一次正式提出农村教育必须“转轨”，必须确立为发展农业生产、振兴农业经济服务的方向，指出发展农村职业技术教育的关键在于领导者必须端正办学思想。农村教育应该从单纯为了获得高学历转到主要为本地区两个文明建设服务，并适当兼顾向高一级学校输送新生的方向上来。农村的职业技术教育必须确立为振兴农村经济、发展农业生产和为农民劳动致富服务的办学方向。因此，发展农村职业技术教育不能照搬城市的做法，而要根据各地的经济发展水平和文化教育基础，采取更加灵活多样的形式，以发展初、中级职业技术教育为主，长期与短期结合，大力开展周期短、见效快的培训。

1987 年 9 月，国家教委主持召开了农村教育办学方向研讨会。与会者分析了农村教育的形势，总结了近几年农村教育改革的实践经验，研讨了农村教育的办学方向。会上何东昌发表了“农村教育办学方向要转变”的讲话。他指出：“研究农村教育改革的方向，就是农村教育怎样贯彻（中共十一届）三中全会路线。”教育不能离开基本国情和基本路线的基本点。要根据一个中心两个基本点（即以经济建设为中心，坚持四项基本原则，坚持改革开放），同建设有中国特色的社会主义这个总目标联系起来考虑农村教育。农村教育要为以经济建设为中心的社会主义建设服务，培养德智体美全面发展的人才，使教育和生产劳动结合起来。现在我们把方向转过来，着重为本地培养人才，从长远讲，也是发展教育的根本措施。教育和经济之间要找到一种方法，形成良性循环。基础教育要实行“分级管理，分级办学”。要解决两个问题：一个是加强县级政府领导管理基础教育的职责和权力；另一个就是使农村教育把方向转到为县里发展经济服务为主的轨道上来。农村的成人教育、基础教育、职业技术教育三块要统筹研究。初、高中毕业了，只是一个文化人是不够的，还要有一技之长，加上实践锻炼，才是人才。

1987 年 12 月，国家教委、农牧渔业部联合在山东省平度县召开“农村教育为当地经济建设服务经验交流会”。国家教委、农牧渔业部的领导，各省、自治区、直辖市教育部门负责职业技术教育和成人教育的领导以及农业部门负责教育的领导与部分高校的校长参加了会议。

会议的主要任务是按照中共十三大提出的加快和深化改革的精神，总结交流近几年各地改革农村教育，努力为当地经济建设服务的经验，进一步推动全国农村教育改革的深入发展。会议明确了农村教育深化改革主要是解决办学指导思想问题，使农村教育从盲目的升学教育转到主要为当地经济服务、提高劳动者素质的轨道上来。中国教育的重点和难点在农村，一定要重视农村教育。农村教育主要是指县和乡镇办的教育，绝大部分是中等和中等以下的教育，包括基础教育、职业技术教育的学校教育和学校后的成人教育。农村教育改革一定要重点解决教育的面向问题，要把农村教育的“头”掉过来，面向为本地服务，把教育和经济两张皮变成一张皮。解决“掉头”问题的关键是领导干部，县长、县委书记、教育部门负责人和校长。教育的形式、内容都要同本地的实际紧密结合起来等。

会上，山东省平度县重点介绍了《办好农村教育为全县经济建设服务》的经验，着重介绍了端正教育思想，使“三教”都为本县经济建设服务的经验。县委认识到，不仅要大力发展教育事业，而且要端正办学思想，使县办的各种教育主要为本县经济建设服务。基础教育要适当引入和增加职业教育的课程，学习同本县经济建设有关的知识和技能，为毕业后建设本县作思想准备和技术准备；职业技术教育要面向农村培养本县适用人才，立足于教给学生独立经营、劳动致富的真本领；成人教育坚持从实际出发，讲究实效，干什么学什么，缺什么补什么，着重岗位职务培训。这次会议对全国农村教育改革的深入，特别是明确办学指导思想起了积极的推动作用。

三、开展农村教育综合改革实验

为了对分散的、单项的农村教育改革经验进行系统、全面的总结，取得直接的第一手经验，以有利于大范围推广，国家教委决定开展农村教育综合改革实验。国家教委同河北省政府教育主管部门组织干部深入农村，进行农村教育现状及改革情况的调查，为开展农村教育综合改革作准备。

1987年2月27日至28日，国家教委同河北省人民政府在涿州市召开河北省农村教育改革实验区第一次工作会议。会议确定，在河北省的阳原县、完县（后改为顺平县）、青龙满族自治县，开辟农村教育改革实验区。具体做法是：

第一，实验区的工作要切实贯彻《中共中央关于教育体制改革的决定》，以“教育必须为社会主义建设服务，社会主义建设必须依靠教育”为指导思想，探索在贫困的农村如何使教育同经济协调发展，经济开发同智力开发密切结合的途径。

第二，实验区的任务是：协同各方面力量搞好经济开发，逐步改变贫穷落后的面貌；明确发展农村教育的指导思想，改变社会上普遍存在的办学只是为了升学的倾向；保质保量地逐步普及九年制义务教育；改革农村教育的结构，把普通教育、职业技术教育同成人教育结合起来统一规划、合理安排，使各类教育逐步适应经济、社会发展的需要；改革教学内容和教学方法；大力培训和培养师资。

第三，实验区的工作目标是：争取在十年或多一点的时间，在经济方面，通过经济开发，使这些地区在"七五"期间摆脱贫困，并在这个基础上继续努力，争取使经济进一步发展到接近国内的中等水平；在教育方面，通过教育改革，使教育在结构、规模和质量方面能基本适应本地区经济、社会发展的需要，教育质量赶上国内的中等水平。

第四，实验区工作在国家教委和河北省政府领导下进行，并指定专人负责领导这项工作。其职责是：研究和制定改革实验的方针、政策；动员和组织有关高校、科研机构、业务部门对实验县的经济开发和教育改革进行指导和帮助；疏通师资培养、进修渠道，并在相关经费上给予支持；提供必要的专项经费补助；协调各实验县的扶贫力量，共同搞好试点工作。在国家教委职业技术教育司和河北省教委分别设立办事机构，办理日常事务。实验区工作的组织实施主要依靠试点县及所在地区的力量。同时还组织了清华大学、天津大学、北京师范大学、河北农业大学等高等院校，分别对各县的经济开发和教育改革给予指导和帮助。

会后，各实验县立即行动起来，重点抓了资源调查，制定县的经济发展规划；改造和发展县办企业和乡镇企业，落实一批见效快的开发项目；抓师资的培养、培训；着手进行教育结构和教学内容的改革。

1987年9月26日至28日，国家教委与河北省政府在保定市联合召开了河北省农村教育改革实验区第二次工作会议。会议总结了前一段各县教育改革实验的工作，研究并解决了工作中遇到的问题，确定了下一段工作的重点：

首先，进一步提高思想认识，增强搞好实验区工作的自觉性，主要领导要亲自过问实验工作，边实践、边总结、边推广。

第二，坚持从经济开发入手，立足于多层次地培养当地适用的人才，增强地方经济的自我发展能力，抓好群众的脱贫致富工作，走出一条经济开发同智力开发密切结合、互相促进的路子。

第三，端正办学方向，深化教育改革。

此次会议进一步推动了实验区工作健康发展。

从 1987 年初到 1988 年末，河北省农村教育改革实验区的各项改革实验取得了初步成效。三县的领导和群众，特别是领导干部的教育观念发生了变化，自觉地贯彻“教育必须为社会主义建设服务，社会主义建设必须依靠教育”的指导思想，教育与经济两张皮的状况已开始逐步改变，呈现出教促富、富促教的良性循环势头；端正了办学方向，各类教育都有了新的发展。三县群众集资1 074万元改善了基础教育的办学条件，共拨出4 763.6亩实习基地（按初中每班 1 亩，小学每班 0.5 亩拨地），作为各校开好劳动技术课、培养学生实际操作能力的实习用地；每县都重点加强了县职业技术学校建设，进行了专业调整和招生改革；普遍建立了乡、村两级农民文化技术学校，开展了以初、高中在乡毕业生为主的实用技术培训；以智力开发促进三县的经济发展，三县的工农业总产值、财政收入、农民人均收入都有较大幅度增长。

阳原县早在 1964 年就普及了小学教育，受到教育部表彰，被誉为全国普及小学教育的一面红旗。然而由于种种原因，县里经济发展迟缓，长期未摆脱贫困。1986 年，全县人均收入只有 150 元左右，全县还有连续三年人均收入不足 120 元的贫困村 120 个。1987 年进行农村教育改革实验后两年，教育、经济面貌都发生了变化。普及九年制义务教育稳步发展，职业高中同普通高中的招生比例达到 1∶1，有 5 万多名在乡初、高中毕业生受到不同层次、不同内容的实用技术培训，全县有农民技术员 347 人，乡镇企业技术骨干 166 人，人才匮乏的矛盾开始缓解。全县共引进、推广农业项目 29 个，技术 26 项，工农业生产水平都有所提高。

1988 年 11 月 29 日，国家教委和河北省政府在石家庄联合召开了河北省农村教育改革实验区第三次工作会议。鉴于农村教育改革实验区已经在全省各地产生了积极影响，河北省政府决定将农村教育改革实验由贫困地区扩展到经济发达和比较发达的地区，把全省实验县由 3 个县扩展到 12 个县。

第二节 全面推进农村教育综合改革

国家教委、河北省政府共同决定在河北省范围内开始农村教育综合改革实验后，改革进展顺利，效果良好，在全国许多地方产生了积极影响。在总结实验经验的基础上，国家教委决定在全国全面推进农村教育综合改革，主要是推广实施“燎原计划”、推行“农科教结合”的经验，促进农村教育改革的深入。

一、实施“燎原计划”

发展农业“一靠政策，二靠科学”。农村经济体制改革以后，在党的政策极大地调动了农民的生产积极性，使农业生产有了很大发展的基础上，要进一步发展就要“靠科学”了。而当时农村农业劳动者文化技术素质不高，吸收和运用科学技术的能力以及经营管理水平低，不仅先进技术难以推广，就是传统技术也难以推广。全国耕地中有三分之二是中、低产田。另外，农村几千万的在校学生和几千万留乡的初、高中毕业生，虽然有一定的文化基础，却不具备农业实用技术本领，农村教育的潜力没有发挥出来。为了改变这一状况，许多农村教育改革的先进典型树立教育为当地农村经济建设服务的办学思想，大力发展灵活多样的职业技术教育，使农村的在校学生和留乡的初、高中毕业生这支重要的文化力量成为发展农村经济的文化技术骨干和推广农业科技成果的火种，促进了当地农业生产的发展。如何使先进典型的示范作用，迅速形成燎原之势，就成了农村教育改革深入发展的必然要求。

通过有计划地抓点带面，逐县、逐乡推广农村教育改革的先进典型，直接把其经验推广到全国的广大农村，这就是“燎原计划”的设想。

1988年5月，国家教委提出了在全国农村组织实施“燎原计划”的报告，上报国务院。报告提出了实施“燎原计划”的总体设想：

首先，“燎原计划”立足于提高农业劳动者的素质，增强农村最基层吸收、运用科学技术的能力。“燎原计划”的主要任务是：在做好普及义务教育工作的基础上，充分发挥农村各级各类学校智力、技术的相对优势，积极开展同当地建设密切结合的实用技术和管理知识的教育，培养大批新型的农村建设者，并积极配合农业与科技等部门，开展以推广当地适用技术为主的试验示范、技术培训、信息服务等多种形式的活动，促进农业的发展。

第二，通过“燎原计划”的实施，切实建立一批真正依靠教育、科技，促进农业发展、使农民致富的乡。其主要目标是：“七五”期间在全国500个县内建设1 500个实施“燎原计划”的示范乡，其他地区可适当布点以取得经验。“八五”期间争取扩展到全国大多数县，使10 000个乡达到示范乡的水平。对示范乡在教育改革和经济发展上提出了明确的要求。如，要实现九年义务教育，要坚持教育与生产劳动相结合，教学内容要改革；要扫除青壮年文盲，建立农民文化技术学校；对大部分在乡的初、高中毕业生进行有效的技术培训，实行基础教育、职业技术教育和成人教育统筹规划协调发展；乡要确定推广实用技术的具体规划，力求通过适用技术的运用，使乡的粮食生产和多种经营有明显的提高和发展；农民人均收入有较大的增长等等。

第三，建设示范乡的县政府要切实把教育纳入当地经济发展的总体规划，根据当地经济和社会发展的需要，全面统筹各级各类教育的发展。

第四，“燎原计划”的制订和组织实施主要由各省、自治区、直辖市负责。国家教委将会同有关部门和地方拟定实施“燎原计划”第一期工程（“七五”期间的目标）的意见。有关县、乡政府提出具体目标和实施措施，并切实组织落实好。

第五，“燎原计划”要同国家科委提出的“星火计划”、农业部提出的“丰收计划”紧密配合。通过“燎原计划”的实施，在“星火”、“丰收”计划开发的新技术同农村经济之间架起教育的“桥梁”，使科学技术大面积地得到推广应用，转化为生产力。

1988年5月8日，李鹏总理批示：“同意‘燎原计划’的设想，可先试点。”后来，国务院正式下文批准“燎原计划”的总体设想，并批准“七五”期间每年由银行安排6 000万元的贷款额度。

1988年8月，国家教委在河北省南宫市召开了实施“燎原计划”工作会议，正式部署实施“燎原计划”。会后，各省、自治区、直辖市根据会议精神制订本地实施计划。

河北省政府提出的实施“燎原计划”总体设想是：“七五”期间全省建设示范县50个、示范乡250个；“八五”期间，示范县扩展到100个、示范乡1 000个；“九五”期间，全面铺开，力争全省80%的乡镇达到示范乡水平。根据全省经济开发和行政区划，将全省划分为五个燎原区，制定了实施“燎原计划”第一期工程的具体计划。

黑龙江省制定了《关于组织实施“燎原计划”的试行方案》，规定了全省“七五”、“八五”、“九五”期间的目标和实施步骤。《方案》对示范乡、县的具体标准和实施“燎原计划”的主要措施提出了详细的意见。

此后，各省、自治区、直辖市逐步开始了“燎原计划”示范县、乡的建设。截止到1989年初，全国已进行农村教育综合改革实验并开始实施“燎原计划”的有786个县（超过了原定的500个）、2 870个乡（超过了原定的1 500个）。

“燎原计划”的贷款取得了明显收效。根据国务院对实施“燎原计划”的批复和国家教委《关于“燎原计划”贷款问题的通知》，从1988年开始，在中国人民银行的支持下，国家每年发放“燎原计划”贷款的额度为6 000万元，执行国务院批准的低利率标准。国家教委根据当年国家信贷计划确立的“燎原计划”专项贷款指标和各地实施“燎原计划”的情况，将贷款指标分别下达到各省、自治区、直辖市及计划单列市教育主管部门。贷款的对象是国家教委建立的“燎原计划”示范乡及其所在县范围内承担了建设示范乡任务的农村普通中小学、职业学校、成人学校所属的经济实体。贷款主要用于生产经营中必需的生产基础设施、机械仪器设备、原材料、苗种、饲料、化肥等生产性开支。贷款优先投向种植、养殖及农副产品加工等方面的项目，以扶持县级的骨干职业学校和成人学校及乡级学校的实施项目为重点。

1988年和1989年两个年度共发放“燎原计划”专项贷款1.2亿元。同时，争取到1.93亿元的配套资金，缓解了实施“燎原计划”经费紧缺的局面，支持各地“燎原计划”项目1 790个，取得了明显的经济效益。围绕贷款项目对农民进行的实用技术培训超过1 200万人次。

二、全面推进“农科教结合”

为了促进县一级政府实施“农科教结合”，并在更高层次上实行有效结合，1989年8月，农业部、国家科委、国家教委、林业部、中国农业银行联合成立了“农科教统筹与协调指导小组”，由农业部牵头。指导小组组长为农业部副部长洪绂曾，副组长为国家科委副主任郭树言、国家教委副主任王明达，小组成员有国家科委星火办、农业部教育宣传司、国家教委职教司、林业部教育宣传司、中国农业银行教育部的有关负责人。指导小组的任务是负责制定有关政策，进行宏观协调指导，了解掌握各地情况，表彰推广先进典型等。

8月20日，农业部、国家科委、国家教委、林业部、中国农业银行联合下发了《关于农科教结合，共同促进农村、林区人才开发与技术进步的意见》（试行）。《意见》强调：我国人口多，耕（林）地少，农、林业资源相对不足。依靠科技进步，提高农村劳动者素质，是振兴农村、林区经济，建设社会主义新农村的必由之路。农科教结合是增加农村、林区智力投入并获得更好效益的有力保证，是促进农村和林区社会主义建设事业的一项重要措施。当前需要农村科技和教育部门加强协调，密切合作，以提高整体效益。

实施“农科教结合”的具体做法是：

第一，以发展农村、林区生产和精神文明建设为中心，坚持科技、教育必须为农村、林区社会主义建设服务，农村、林区社会主义建设必须依靠科技、教育的原则；齐心协力因地制宜，把农村、林区人才开发同技术开发、推广密切结合起来，以加速文化科学知识的普及和技术成果的推广，促进农村、林区经济的发展和社会主义文明新风的建设。

第二，必须加强领导。省、地政府和农科教部门，要把农科教结合作为振兴农村、林区的大事，加强领导，从实际需要出发，建立相应的组织，明确分工与职责，定期部署与检查工作，积极支持县、乡搞好农科教结合，认真解决实际问题。农科教结合的重点在县、乡两级，要发挥县、乡政府的领导作用。县、乡的主要领导人要抓统筹协调工作，坚持从当地实际出发，采取灵活多样的形式，各负其责，独立开展本部门的业务工作。

第三，对农科教结合的主要任务、内容项目、师资队伍等问题作了规定。

1989年《意见》下发后，在全国范围内形成了自上而下的，以县、乡为主的农科教结合体系，农科教结合工作向纵深发展，大大推进了农村的教育综合改革和农村经济的发展。农村教育综合改革开始进入了最佳的发展时期。

1990年，“燎原计划”和农村教育综合改革实验更加扩大、更加成熟。在农科教统筹与协调指导小组成立一年的时候，农业部、国家科委、国家教委、林业部、中国农业银行联合在安徽省滁县召开了部分省、直辖市农科教结合工作座谈会。安徽、河北、湖南、云南、吉林、上海、浙江、河南、四川、甘肃、山东等11个省、直辖市的有关领导及代表150余人参加了会议。主办单位的领导到会讲了话。会议代表参观了安徽省滁县农科教结合试点乡、校，进行了座谈讨论。

在农科教结合的实践中，涌现了一批像安徽省滁县地区黄山市、河北省张家口地区、河南省三门峡市农行、四川省宜宾市、山东省五莲县等先进典型，创造了一些新经验。

安徽省在农科教结合中的经验是：

第一，构建农科教统筹组织体系。各地、市、县相继成立了由政府主要负责人领导的农科教统筹、协调领导小组，设立办公室，落实了人员、办公地点和经费。1990年底，县级以上农科教办公室共配备专职人员132人。部分试点乡还配备了专职或兼职农科教干事，建立乡（镇）工作站或办公室、科技服务合作协会等。

第二，上下结合，多渠道地增加教育投资，省、地、县和试点乡镇层层落实。据对11个地市的不完全统计，1989年共统筹教育经费约1 200万元。

第三，组建农科教讲师团。有计划地组织农业、科技、教育和各类经营管理人才到农村第一线工作。1989年已组建各级讲师团143个，成员2 178人。

第四，制定优惠政策，鼓励技术人员为农村服务。对长期在农村兼任教师的科技人员和从事科技开发与推广工作的教师，凡工作成绩显著，在职称评定、工资福利待遇、晋级等方面优先考虑。对各类职校毕业生和培训合格人员，由有关部门发给技术等级证书或合格证书，技术岗位招聘时予以优先录用；上述人员如回乡从事农业生产，在承包耕地、山场、水面、果林及提供贷款、化肥、农药、良种等方面给予优惠。

第五，使各部门的科技兴农计划配套衔接。“丰收”“星火”“燎原”三项计划衔接，还要同扶贫工程、菜篮子工程配套实施。通过农科教结合，安徽省11个地市培训农民300多万人次，推广实用技术517项，产生了明显的经济效益和社会效益。

三、加强对农村教育综合改革的领导

为了加强对农村教育综合改革工作的领导，1989年4月，国家教委成立了农村教育综合改革实验领导小组，由王明达任组长，由国家教委、河北省教委有关负责人任副组长，成员有国家教委、国家科委、农业部、中国人民银行总行等有关司（处）负责人。领导小组的任务是：在国家教委领导下，负责制定农村教育整体改革实验的方针政策和发展战略，实施“燎原计划”的规划和部署，协调各方面力量参与并支持实施，对实施过程及其结果进行指导、检查和监督。领导小组下设农村教育综合改革实验办公室（“燎原计划”办公室），其主要职责是负责对农村教育改革实验和“燎原计划”的实施情况进行调研，为领导小组制定方针政策、规划部署和决策提供服务。领导小组成立后，为了突出重点，更有效地指导和推进“燎原计划”的实施，决定采取分层次、有步骤的办法。

1989年5月，国家教委下发了《关于在全国建立“百县农村教育综合改革实验区”的通知》。《通知》指出：国家教委决定会同各省、自治区、直辖市重点抓好一百个县，作为全国“百县农村教育综合改革实验区”。通过实验区为实施“燎原计划”的其他县、乡提供经验和示范，以推动全国的农村教育改革。其具体做法是：

（1）实验区的教育改革，在所在省、自治区、直辖市的领导下，由有关地（市）县负责组织实施。省要派得力人员下去抓，并动员和组织一部分高校和科研单位帮助实验区搞好经济开发和教育改革。

（2）实验县把教改实验列入政府的主要工作日程，政府主要负责人亲自抓教育改革。在实施教育综合改革的过程中，每个实验县首先抓好一批乡、村和学校的示范点，使改革由点到面逐步推广和深化。

（3）公布了全国“百县农村教育综合改革实验区”实验县名单，共115个县。

1989年7月17日至8月5日，国家教委农村教育综合改革实验办

公室与中央教育行政学院共同举办了有“百县农村教育综合改革实验区”115个实验县主管教育的县长、教育局长（教委主任）参加的研讨班。研讨期间，李铁映与学员进行了座谈。李铁映在座谈会上指出，农村办好教育的关键是县委书记、县长。农村教育最主要的任务是从当地实际出发，为当地经济服务。这次研讨班的举办对全国推进“百县农村教育综合改革实验区”的工作起了积极的促进作用，115个实验县的工作蓬勃发展起来。

1989年10月25日至31日，国家教委与湖南省政府在长沙市联合召开了全国第一次“燎原计划”与农村教育改革实验工作会议。李铁映参加了开幕式并讲了话。他指出：“燎原计划”是农村教育改革的重要组成部分，是推动农村教育改革深入发展的重要措施。当前的首要任务是扎扎实实搞好115个实验县的工作，总结经验，取得实效。在此基础上，有组织、有领导地把教育改革在较大范围推广开来，深入下去。通过示范乡向周围县、乡辐射，最终把全国农村的教育改革带动起来，使星星之火，形成燎原之势。何东昌在会上以“中国农村教育的希望所在”为题讲了话。他说：我们这次会很重要，涉及中国农村教育走什么路子的重要问题。教育要从根本上同国民经济的发展相适应。农业是国民经济的基础，所以我们必须重视农村教育。农村教育不仅是农业教育，它要为农村经济服务，整个农村教育不能办成城市教育，也不能办成在农村的不符合农村需要的教育，而必须走一条教育为当地农村经济和社会发展有效服务的路子。“三教统筹”、“农科教结合”，使我们找到了使教育同经济相互依靠、相互促进的具体形式。使教育发展与农村经济发展相结合，使智力开发与经济开发相结合，促进农村两个文明建设，这是我们初步找到的农村教育改革的路子。尽管现在农村教育改革实验的面还不够广，却是中国农村教育的希望所在。会议期间，代表们现场参观了湖南省郴县等先进单位，交流了各地经验。国家教委在会上表彰了1989年度实施“燎原计划”的先进单位。

经过一年多的努力，各地的领导普遍提高了对发展农村教育的自觉性，综合改革的意识不断加强；教育内部实行“三教统筹”，教育外部实行农科教结合，理顺了关系，既充分利用了教育资源、发挥了整体效益，教育质量不断提高，又直接推动了当地经济的发展；“燎原计划”

的实施对开发当地农村资源、培训实用技术人员、推广科技成果、形成社会化服务体系等方面起到了促进作用，并取得可喜成效。例如，江苏省铜山县，近几年引进工农业适用新技术480多项，开发新产品220种，农业良种覆盖面积达80%，兴办了乡镇企业400余家。该县工农业总产值、农民人均纯收入都有所提高。

1990年10月26日至11月10日，国家教委在四川省温江县和广汉市召开全国第二次“燎原计划”与农村教育改革实验县工作会议。与会代表实地参观，学习了四川省温江县和广汉市农村教育综合改革实验的先进经验。与会代表认为，温江县、广汉市的经验有普遍意义，值得借鉴。温江县、广汉市都建立了由县（市）委书记任组长的教育综合改革领导小组，负责总体规划，落实8个方面的统筹，即：校点布局、招生计划、办学经费、基地建设、设备使用、师资调配、考核评估和人才使用。温江县还建立了三个体系：（1）科技应用、推广体系，把全县的科技推广项目、指标、内容逐级逐项分解落实到户，带动农民致富。（2）教育培训体系，负责“三教统筹”，促进职前、职后一体化。（3）管理激励体系，实行教育、科技推广责、权、利相结合。三个体系全方位统筹，互相配合，使全县经济、科技、教育步入良性循环的轨道。

1990年7月，国家教委颁发了《全国农村教育综合改革实验区工作指导纲要（试行）》（1990～2000）。《纲要》分四大部分：指导思想与原则、目标与任务、措施与条件、领导与评估，全文共30条。《纲要》指导思想明确，措施具体可行，目标、任务及主要指标比较符合实际，体现了因地制宜、分类指导的原则，便于各地贯彻执行。从此农村教育综合改革实验区的工作有了依据，实行了规范化的管理。1991年，国家教委陆续组织了区域性的经验交流和工作研讨，并开展对全国116个实验县的督导检查。

四、农村教育综合改革取得初步成效

从全国来看，凡是进行农村教育综合改革实验的县(市)和实施“燎原计划”的示范县(市)，都取得了明显的成绩。主要表现在以下几方面：

第一，各级领导日益重视农村教育，把农村教育的改革和发展提到了农村社会主义建设的重要战略地位。不少省委、省政府直接抓农村教育改革工作。例如，河北省1987年建立农村教育综合改革实验区，到

1991 年，省政府先后开过五次专门研究和部署实验区工作的会议，不断把实验区工作一步一步推向前进，还制定了河北省《实施〈全国农村教育综合改革实验区工作指导纲要〉细则》。山西省召开全省农村教育改革经验交流会，推动教育改革工作，还由省政府发布《关于加快和深化农村教育改革若干问题的试行意见》，明确指导思想，解决实际问题，安排实施步骤。辽宁省为了加速"燎原计划"示范县经验在全省的推广，省教委决定，利用每年冬季和初春农闲时间，普遍开展对广大农民和初、高中学生进行以农业实用技术培训为主的"燎原之冬"活动，印发了《关于在全省农村开展"燎原之冬"活动的通知》，提出了"双十双五"的要求，即每年接受培训的农民和初、高中学生要分别达到各自总人数的10%，以乡（镇）为单位，结合培训普遍推广五项农业实用技术，其成果增产增收要在5%以上。

第二，以教促富，兴教为农，调动了群众积极性，办学条件得到改善。农村教育改革把各级各类教育的服务方向转到为当地经济建设服务的轨道上来，农民直接感受到了教育的兴农、致富作用，不再把教育看成是与己无关的事情，而是把教育看成是农民自己的事业。随着农民教育观念的转变，迎来了群众集资办学的热潮，进一步改善了办学条件。例如，天津市农村 12 个区县，1991 年共集资 1.29 亿元，共新建、翻建、大修校舍 30.2 万平方米，新置和修复课桌椅 8.88 万套，充实价值 1 076.1万元的教学仪器等，① 基本满足了教学大纲规定的进行演示和分组实验的要求，同时，加快了学校危房率的下降。

第三，实行"三教统筹"使各类教育得到协调发展。基础教育引进职业技术教育因素，改革教学内容，提高教学质量；职业技术教育起教育改革的"龙头"作用，经过调整专业，上挂、横联、下辐射，直接为农村经济发展服务；成人教育依托基础教育和职业技术教育的教育资源，提高培训质量，培养农村实用的"短平快"致富人才。例如，上海市嘉定县实行"三教统筹"成效显著：

一是完善基础教育的内容结构，扎扎实实办好九年制义务教育，为

---

① 中国教育年鉴编辑部编：《中国教育年鉴》（1992），北京：人民教育出版社，1993 年版，第 312 页。

职教与成教的发展奠定坚实的基础。切实加强学校德育工作，培养学生热爱农村、建设农村的思想。全面落实中小学的劳动技术教育。劳动技术课的课时、师资、内容借助职业技术教育的支持得到保证和落实。县里建立了一个占地320亩的农业劳动基地，各校普遍建立了工农业生产实践基地。

二是构建职业技术教育的新体系，拓宽直接为本县培养中级人才的主渠道。实行产学联合办学，由县政府牵头，经教育部门与产业部门充分协商，把教育部门和产业部门办的职业技术学校组建成骨干型职业技术教育基地（中心校），与乡镇工业局联办县工业中专，与商业部门联办县职业学校，与农副等部门联办县农职业学校。产学联办体制的建立，形成了一个新型的农村职业教育体系：以基础教育为依托的就业前培训，以初中毕业生为对象，进行为期一年左右的职业技术教育补课，主要培养初级技术工人；举办学制 3 年左右的正规的职业技术教育，培养中级技术人才；以成人文化技术学校为基地的岗位技术培训，为劳动者提供知识、技术更新服务。这样一个层次分明、上下沟通、功能互补的职业技术教育体系，充分发挥了职业技术教育的多种功能。

三是调整成人教育学校的结构布局，把分散的、规模较局限的、办学水平不够高的县教师进修学校、电视中专、职工业余中专、农业广播电视中专、统计中专、自学中专等 6 所教育机构合并，建立县成人教育中心，指导、管理各乡镇、各局办的成人学校，培训成教师资，充分显示了它在统筹经费、师资、办学条件等方面的优势，提高了全县成人教育办学的社会效益。

嘉定县实行“三教统筹”后，普通教育质量稳步上升，学生的总体素质明显提高；职业技术教育有了较大的发展，每年招生数与普通高中达到 1∶1 的比例；各类成人教育蓬勃开展，青壮年文盲率急速下降，每年接受岗位培训的有 5 万到 7 万人次之多。

第四，教育为当地经济建设服务，实行农科教结合，实施“燎原计划”，促进了当地农村经济的发展，产生了很大的经济效益。例如，1988 年到 1990 年三年间，通过贷款项目，各地共培训农民2 195万人次，推广实用技术11 239项次，[①] 带动了群众的致富。又如山东省诸城

① 中国教育年鉴编辑部编：《中国教育年鉴》（1992），北京：人民教育出版社，1993 年版，第 71 页。

市（县级市），实行农科教结合，大面积提高了农村劳动者素质，培养了6 000多名初、中级专业技术人才，培养了农民技术员4 007名，举办了实用技术培训班2 300多期，接受培训的农民达30多万人，占农村劳动力的70%；增强了农村吸收和运用科学技术的能力，加快了科学技术向现实生产力的转化，推广新技术、科研新成果，开发良田20万亩，改造中低产田30万亩，全市80%的畜禽和95%以上的农作物实现了良种化。

第五，"燎原计划"有了比较明显的发展。1989年开始实行"百县农村教育综合改革实验区"时，全国有实施"燎原计划"的县786个，乡2 870个；1990年6月，实施"燎原计划"的县增加到859个，乡3 326个；到1992年，实施"燎原计划"的县增加到1 231个，占全国县数的43.5%，比1989年增加445个县，实施的乡增加到5 838个，占全国乡数的10.7%，① 比1989年增加2 968个乡。农村教育综合改革实验之"火"，初步形成"燎原"之势。

为推动我国农村教育综合改革的深入和发展，加强国际交流与合作，1991年6月18日至24日，国家教委和中国联合国教科文组织全国委员会在山东省泰安市举办了"农村教育研讨会"。苏联、法国、日本、印度、巴西、埃及等26个国家派代表参加了会议。联合国教科文组织、联合国开发计划署、世界银行等8个国际组织也派代表出席了会议。联合国教科文组织总干事马约尔亲自来华参加会议并在开幕式上讲话：这次会议是继1990年3月联合国教科文组织在泰国举行的"世界全民教育大会"的一项后续活动，是教育史上的里程碑。许多与会代表介绍了各自国家发展农村教育的经验和情况，我国河北、吉林等省介绍了我国农村教育综合改革的经验。各国代表对中国农村教育、莱芜农村教育现场，给予了高度评价。

1994年，国家教委与联合国教科文组织签署协议，在河北省保定市成立"国际农村教育研究培训中心"作为教科文组织的联系机构。目的是通过这个中心在世界范围内加强农村教育的研究和培训，为发展中国家农村教育人员提供培训，以促进发展中国家全民教育的发展。

---

① 中国教育年鉴编辑部编：《中国教育年鉴》（1993），北京：人民教育出版社，1994年版，第99页。

1994年9月22日，国家教委召开了全国农村教育综合改革工作会议，讨论国家教委《关于深化农村教育综合改革的意见》，进一步动员和部署新形势下深化农村教育综合改革的工作。会议提出：今后的主要任务是，继续坚持农村教育综合改革"点上深化，面上推广"的工作方针，加大改革力度，在全国加快推广已经取得的成功经验。

农村教育综合改革实验自1987年开始全面推进，到1992年的五年时间中取得了显著成效，涌现出一批先进典型，也曾出现过可喜的发展势头。但由于开展实验的时间还不长，实验的面还不够广，许多改革经验还没有制度化、规范化，已经取得的经验巩固和坚持得不够。从总体上看，全国农村教育的办学方向、办学模式、教育结构、教学内容和方法，仍不同程度地存在着脱离农村实际的倾向，没有办出农村教育的特点，更没有建立起农村教育的新体系，不能很好地适应农业和农村经济发展的需要。1994年农村教育综合改革工作会议之后，"点上深化"创造的新经验在"面上推广"进展缓慢。真正实现农村教育综合改革的目标，还须坚持不懈地努力。

第三节　城市及企业教育综合改革

《中共中央关于教育体制改革的决定》指出："中等职业技术教育要同经济和社会发展的需要密切结合起来，在城市要适应提高企业的技术、管理水平和发展第三产业的需要，在农村要适应调整产业结构和农民劳动致富的需要。"随着全国城市经济的巨大发展，城市的教育改革也普遍开展起来。

1987年国家教委在有组织、有计划地建立农村教育综合改革实验区的同时，把如何推进城市教育综合改革的问题提上了议程。

一、城市教育综合改革实验

1987年11月18日，国家教委在湖北沙市召开佳木斯、锦州、烟台、洛阳、芜湖、沙市、无锡、绍兴、自贡、长沙、江门等11个中等城市关于教育改革的研讨会。与会者通过回顾过去，总结经验教训，着重研究中等城市教育改革的思路，所以这次会称为"中等城市办学方向研讨会"。

会议认为，中等城市的教育主要是中等和中等以下的教育。中等城市的办学方向是：在切实保证九年义务教育质量、提高青少年素质的基础上，主要培养为本市经济和社会发展服务的中、初级人才，并发挥中等城市对县、乡的辐射作用。教育改革的重点是：明确办学方向，从体制改革入手，适应本市经济体制改革需要调整中等教育结构。这次会议还涉及地方高等学校参与城市教育综合改革和城市教育要实行“三教统筹”、充分发挥教育的整体效益的问题。

1988年，洛阳、常州、无锡、芜湖、江门、沙市、绍兴、自贡、苏州等九个城市先后制定出本市的教育综合改革方案，上报国家教委。1988年4月国家教委对无锡市教育改革方案的批复指出：“进行中等城市教育改革，首先需要地方各级人民政府，真正把教育在经济发展战略中的首要位置落到实处，像抓经济工作那样抓好教育工作。认真贯彻‘教育必须为社会主义建设服务，社会主义建设必须依靠教育’的方针，明确教育指导思想，端正办学方向。中等城市要把主要精力放在办好中等以下各级各类教育上，保质保量普及九年制义务教育，努力办好和改革职业技术教育和成人教育，提高劳动者的素质，培养当地建设所需要的中初级人才。”“中等城市教育改革的重点是改革教育管理体制，调整、改善教育结构。要根据当地的产业结构、经济发展水平和社会发展的需要，调整各级各类教育发展的规模和速度，使之形成合理的比例构成。”

1988年6月10日，国家教委在江苏省无锡市召开了江苏省教委及沈阳、苏州、无锡、常州、沙市、芜湖市政府和教委领导同志参加的研讨会，对无锡市教育改革方案进行了论证，并就城市教育改革中有关学校管理体制、筹措教育经费、教育如何为当地经济建设和社会发展服务等问题进行了探讨。

1989年8月25日，国家教委成立城市教育综合改革领导小组，由王明达任组长，国家教委三位司长和无锡市副市长任副组长，成员中还有国家体改委、劳动部、中汽总公司等单位的有关负责人。领导小组的任务是：在国家教委的领导下，对各城市和企业的教育改革实验进行宏观指导，协调解决改革实验中的有关政策，组织改革实验中的理论研究、人员培训、经验交流和检查评估。领导小组下设办公室，其职责是：负责落实和处理改革实验中的日常事务，编辑资料，交流信息，组织各项活动，为城市和企业的改革服务。

从1987年起，国家教委先后确定沈阳、锦州、佳木斯、苏州、无锡、常州、绍兴、芜湖、烟台、威海、洛阳、沙市、长沙、江门、自贡等15个城市为城市教育综合改革实验试点城市。各试点城市按照各自制定的改革方案，根据国家教委对各市改革方案批复的精神，着重在教育与经济结合、理顺教育管理体制、完善教育政策、调整教育结构、进行教育内部管理改革等方面全面展开，取得了可喜的成效：（1）15个城市多数成立了由市长或主管教育的副市长任组长，教育、人事、劳动、计划、财务等部门负责人参加组成的教育综合改革领导小组，有的还下设了办公室，加强了全市教育综合改革的领导；（2）进一步理顺了管理体制，15个城市中多数成立了市的教育委员会，有的把成人教育机构归口到教育局，加强了对各级各类教育的统筹、协调；（3）调整了教育结构，大力发展中等职业教育，职业技术学校与普通高中在校生比例均达到或超过1:1；（4）改革考试制度，15个城市全部取消了小学升初中的考试，实行了就近直升初中，取消了重点初中；（5）增加了教育投入，改造了薄弱初中。

1990年9月13日，国家教委在佳木斯、沈阳召开城市教育综合改革实验经验交流工作会议。15个实验城市的主管副市长、教委主任、劳动局长，试点城市所在省的教委负责人，劳动部有关负责人参加了会议。会议讨论的主要问题有：加强对中等及中等以下各类教育的统筹管理权限，理顺、完善宏观管理体系；城市教委如何实现职能转变，更好地规划、指导、管理、协调本市各级各类教育，使教育更好地与经济建设、社会发展相结合；如何确立城市教育综合改革实验目标等。会议推动了城市教育改革的进一步深入发展。

1991年12月9日，国家教委在江苏省常州市召开全国城市教育综合改革实验经验交流会。全国100个大中城市分管教育的副市长，各省、自治区、直辖市教委主任，15个教育综合改革实验城市的教委主任、劳动局长以及国家计委、劳动部的代表共250余人参加了会议。会上有18个城市、两个企业分别介绍了本地、本单位教育综合改革实验的情况，比较充分地交流了经验。会上还讨论了国家教委起草的《关于深化城市教育综合改革的意见》（讨论稿）和《全国城市教育综合改革实验工作指导纲要》（征求意见稿）。

会议认为，进行城市教育综合改革取得的主要成效有：（1）教育的战略地位得到了进一步落实，出现了一批“教育书记”、“教育市长”；（2）城市政府对教育的统筹认识和统筹能力逐步提高；（3）各级各类学校的德育工作普遍得到加强；（4）教育结构特别是中等教育结构调整取得新进展，逐步做到了与城市经济结构、产业结构、就业结构有机结合；（5）全社会的重教意识普遍增强，教育受到全社会多方面支持，办学条件有所改善，教学质量有所提高。

会议认为，在今后城市教育的综合改革中，市政府要加强对教育的决策、统筹权，要在“综合”上下功夫。要实行“经、科、教”统筹结合，有关部门要密切配合、通力合作。各级各类教育也要实行“三教统筹”，充分发挥教育的整体效益。

1992年，在邓小平南方谈话的鼓舞下，全国的社会主义建设和各项改革都出现了加速发展的势头，城市教育综合改革实验也大大加快了步伐。为适应经济加速发展的新形势，许多城市在调整了原定的改革方案后作出了新的决定。苏州市出台了加快教育发展和改革的30条决定。沈阳市提出加快教育改革的四个转变：变教育被动适应经济建设为主动为建立社会主义市场经济服务；变政府独家办教育为大家办教育；变政府单纯以行政计划手段调控教育为辅之以市场调节手段；变片面应试教育为全面素质教育。许多城市都积极探索以政府为主、社会力量参与的办学体制，形成全社会兴办职业技术教育和成人教育的新局面。进行实验的城市基本上都进行了学校内部管理体制改革，普遍实行了校长负责制、教师聘任制、岗位责任制、奖励考核制，努力提高办学效益和教职工待遇，有的学校还实行校企合作，对学校实行“自主办学、自我发展、自我约束、自负盈亏”的企业化管理的试点。此外，在继续优化教育结构、拓宽教育经费渠道、提高各类学校教育质量方面，都取得了明显的成绩。城市教育综合改革实验的试点面也有所扩大，根据各地申报，经与有关省、自治区商定，在原有15个试点城市基础上，又从计划单列市和省会城市中确定了32个城市作为新的全国试点城市。各省、自治区自己也确定了55个本地的试点城市。这样，全国共有102个城市开展了城市教育综合改革实验。

1992年11月16日，国家教委在四川省自贡市召开了“全国城市教育综合改革交流研讨会暨研究会① 首届年会”。会议交流了各地城市教育综合改革取得的新进展、新经验，研究了深化城市教育综合改革的新思路、新做法。

二、企业教育综合改革实验

1989年，国家教委成立城市教育综合改革领导小组后，鉴于大、中型企业对我国经济发展有举足轻重的重要作用，考虑到在城市中经济活动的主体是企业，要把城市的教育综合改革搞好搞深入，必须同时抓企业的教育综合改革。国家教委在确定了苏州、无锡、沈阳等15个城市作为全国城市教育综合改革实验试点城市后，又与有关部、委、省、直辖市、计划单列市共同磋商，启动大、中型企业教育综合改革实验。在全国确定了鞍钢、大庆石油管理局、第二汽车制造厂等101家企业作为试点单位。

1989年9月25日，国家教委发出《关于在一百个企业进行教育综合改革实验的通知》，明确企业教育指的是企业内部举办的教育，包括职工中等、高等专业学历教育，职前职业技术教育，工程技术和管理人员的继续教育，大量的职工岗位培训教育，以及有的企业直接办的普通基础教育。企业进行教育综合改革实验的具体举措有：(1) 进行教育综合改革就是使各种教育要注意综合协调，又要突出重点。教育改革实验工作主要由企业自己组织实施。(2) 进一步提高企业领导对企业教育重要地位和作用的认识，切实加强企业教育工作；明确企业教育的指导思想、办学模式、工作重点，进而优化企业教育结构。(3) 通过综合改革实验，促进职工队伍素质和企业素质的提高、生产的发展；加强企业社会主义精神文明建设，为发展、提高全国的企业教育起示范作用。(4) 各试点单位根据各自的特点，从目前和长远需要出发制定教育综合改革规划，抓住重点，确定改革起步项目。(5) 成立由有关部门参加的改革实验领导小组。

1989年10月21日，国家教委在江苏无锡市召开15家大、中型企业主管教育的负责人参加的企业教育综合改革座谈会。会上各企业介绍

① 指1991年成立的中国教育学会城市教育综合改革研究会。

了本单位教育改革的情况，无锡市和第二汽车制造厂分别介绍了本单位制定的教育综合改革方案。与会者还就改革实验的指导思想、目标、任务、方法、步骤等进行了座谈讨论。与会者认为，企业教育综合改革实验最根本的目的是要使企业教育更好地面向企业需要，为全面提高企业职工队伍素质、提高经营管理水平、提高产品质量、提高经济效益和社会效益服务。会后国家教委办公厅印发了座谈会纪要，企业教育综合改革实验开始启动。

1990年10月8日，为了推进企业教育综合改革实验工作，国家教委在上海宝山钢铁总厂举办了一期企业教育综合改革实验讲习班，全国百家企业教育综合改革实验试点企业的300人参加。会上宝山钢铁总厂、第二汽车制造厂、大庆油田等11个单位，就本企业教育综合改革的情况作了专题发言。国家体改委、劳动部有关司（局）负责人分别作了报告。讲习班还邀请了来自德国和日本的5位企业教育专家介绍了各自国家企业教育的情况。王明达在讲习班开幕式上的讲话中指出：企业教育综合改革主要应靠企业自身的力量进行，国家教委主要是为企业教育改革服务，首先是提供大量的信息。企业教育的种类很多，内容很广泛，但重点应该放在各种层次的以岗位培训为主要内容的成人非学历教育，以及职前的职业技术教育上。因为这些教育是直接为企业的生产发展服务的。

到1990年底，已有铁道部、纺织部等95个部、委、总公司和广东、湖北等7个省、市分别召开了专门会议，研究部署了本部门、本行业、本地区的企业教育综合改革实验工作。纺织部、轻工部、建设部等成立了部级教育综合改革领导小组，各实验企业相继成立了由厂长（经理）或党委书记任组长，企业各有关部门负责人参加的企业教育综合改革领导小组，多数企业设立了教育综合改革办公室。在确定的101个实验企业中已有87家企业向国家教委报送了本企业教育综合改革的初步方案。企业教育综合改革实验全面展开。

1992年以后，全国经济进入了快速发展的新时期，企业教育综合改革也加快了步伐。各试点企业普遍增强了依靠科技进步和提高劳动者素质的自觉性和紧迫感，努力做到生产开发、技术开发、智力开发一起抓，进一步落实了教育在企业中的战略地位。各试点企业普遍建立了由企业主要领导人全面统筹，人事、劳动、财务、教育等部门负责人参与的企业内部协调一致的教育领导体制。各试点企业进一步优化了企业教育结构，在学校布局、专业设置、办学规模、硬件建设等方面都有了明显改善。在职工教育中突出岗位培训，在职业技术教育方面实行变招工为招生，突出技能培训的配套改革；在基础教育中渗透职业教育因素，使基础教育和职业技术教育相互沟通和衔接。各试点企业普遍增加了教育投入，支持企业教育改革的实施，企业教育的综合改革也促进了企业经济效益的提高。企业教育综合改革实验试点的面也有所扩大，许多部门和城市自动确定了一批直接指导的教育综合改革实验企业，进行试点的企业由原定的 101 个发展为近 300 个。

为了总结交流三年来企业教育综合改革实验的经验，研究在新形势下如何加快企业的发展等问题，1992 年 8 月 20 日，国家教委在大庆石油管理局召开了“企业教育综合改革实验经验交流会暨研究会① 年会”。通过会议，进一步提高了认识，增强了改革的紧迫感和责任感；进一步明确了企业教育综合改革的基本思路；学习了大庆经验，增强了进一步搞好企业教育综合改革的信心。

① 指中国成人教育协会企业教育研究会。

第二十四章　教育国际交流与合作全方位展开

从20世纪80年代至90年代初，我国的对外开放空前发展。从一开始的建立“经济特区”，到开放沿海城市，再到开放沿边城市，形成了全面开放的格局。1992年以后，发展为全国范围的开放。对外贸易、引进外资与技术、对外经济技术交流与合作，都取得了辉煌的成就。

随着我国对外开放政策的推进和教育体制改革的不断深入，我国教育国际交流与合作不断向新的深度和广度发展，交流与合作的规模日益扩大，内容日益丰富，形式日益多样。在派遣出国留学、接受来华留学，以及双边和多边的国际交流与合作方面，都取得了可喜的成就。

第一节　加强出国留学工作

自1978年邓小平在清华大学发表有关留学问题的谈话以后，派出留学人员就成为我国对外开放的重要组成部分。1982年以后，我国出国留学工作进入了快速发展时期。1986年，提出了“按需派遣，保证质量，学用一致”的出国留学工作方针。此后，对出国留学人员的选拔办法进行了改革，逐步完善了对出国留学人员管理和服务的各项制度，制定了吸引出国留学人员回国工作的政策和办法。进入21世纪，我国出国留学人员数量稳步增长，层次质量稳步提高。

一、出国留学工作的指导原则

新中国成立后，即开始派遣留学人员出国学习。每年派出人员的数量少则几十人，一般为五六百人，最多的一年达2 041人。1978年6月23日，邓小平在听取清华大学主要领导汇报工作时，发表了关于扩大派遣出国留学人员的重要讲话。

在邓小平这一讲话和国家关于派遣留学人员的一系列原则指导下，出国留学工作迅速出现了新局面。1980年派出留学人员2 124名，1984年派出留学人员超过3 000名。

1986年，国家教委在北京召开出国留学人员工作会议。会议回顾了1978年以来向国外派遣留学人员工作的情况，总结了出国留学工作的经验，针对当时派遣出国留学工作中出现的新问题和矛盾，讨论了如何加强和改进出国留学工作。

1986年12月，国务院转发了国家教委《关于出国留学人员工作的若干暂行规定》。这是我国第一个公开发表的关于出国留学工作的法规性文件。《暂行规定》明确提出了出国留学工作的指导原则：（1）出国留学工作是我国对外开放政策的组成部分，必须长期坚持。（2）出国留学工作应从我国社会主义现代化建设实际出发，密切结合国内生产建设、科学研究和人才培养的需要，以解决科研、生产的重要问题和增强我国培养高级人才的能力。（3）派遣出国留学人员的方针是：按需派遣，保证质量，学用一致，加强对出国留学人员的管理和教育，努力创造条件使留学人员回国能学以致用，在社会主义现代化建设中发挥积极作用。（4）出国留学工作应坚持博采各国之长的原则。根据上述指导原则，国家对出国留学人员工作进行了多项改革。

1989年后，国际国内环境发生了重大变化。不少公派留学人员滞留国外，逾期不归；国内高级人才的培养规模大幅增加，培养水平不断提高，自费出国的留学人员急剧增加。在这种情况下，国家一方面坚持大量公派出国人员的方针政策不变，一方面从实际情况出发，正确对待和处理已经在国外的学成未归的出国留学人员问题，采取了灵活的政策。

1992年1月，邓小平南方谈话中专门谈到了出国留学人员回国工作的问题。他说：希望所有的出国学习的人回来，不管他们过去的政治态度怎么样，都可以回来，回来后妥善安排。这个政策不能变。告诉他们，要作出贡献，还是回国好。

根据邓小平的指示精神，国家提出了新的出国留学工作方针。1992年5月，国务院办公厅发出了《关于在海外留学人员有关问题的通知》，全面阐述国家对留在国外的出国留学人员的一系列具体政策。其总的指导思想是：公派出国留学人员有义务为国家服务；不能长期回国服务，也可以短期回国服务；国家保证留学人员来去自由。

1993 年 3 月，在第八届全国人大第一次会议上，李鹏在《政府工作报告》中明确提出，对出国留学人员实行“支持留学，鼓励回国，来去自由”的政策，欢迎他们采取多种方式参加祖国建设。自此，“支持留学，鼓励回国，来去自由”便成为我国出国留学工作的总方针。

二、公派留学工作的深化改革

公派留学人员包括国家公派人员和单位公派人员两类。按国家统一计划，面向全国招生，统一选拔、派出，执行统一经费开支规定的出国留学人员，为国家公派出国留学人员；面向本地区、本单位招生、选拔、派出，执行部门、地方、单位经费开支规定的出国留学人员，为单位公派出国留学人员。

按照“按需派遣，保证质量，学用一致”的方针，我国公派留学工作进行了改革，主要体现为：调整出国人员结构，改革出国人员选拔办法，使出国留学工作法制化。

1. 调整公派留学人员结构

公派留学人员分为大学生、研究生、进修人员和访问学者几类。随着我国高等教育的发展和社会主义现代化建设的实际需要，国家逐步将留学人员结构向高层次调整。

首先是调低国家公派出国攻读硕士研究生的比例，增加攻读博士学位的研究生。中共中央、国务院 1986 年 5 月发布的《关于改进和加强出国留学人员工作若干问题的通知》明确规定：要适当减少攻读硕士学位的研究生，增加攻读博士学位的研究生，积极开辟中外合作进行科学研究和培养博士的途径。同年 6 月，国家教委进一步规定：我国高级专门人才的培养应基本上立足于国内，派人出国留学的制度要有助于国内人才的培养，不能影响我国高等教育事业的发展。在制定 1987 年派遣出国留学人员计划时，国家教委又进一步具体规定：国家公派出国研究生名额一般占国家公派留学人员总数的25%，为 600 人左右。这个数字比 1982 年至 1986 年间每年国家公派出国研究生的数量减少了一半以上。1987 年，国家教委还规定：从 1988 年开始，各省、自治区、直辖市和中央各部委所管辖范围内的单位公派留学人员中研究生的比例，要降低到20%左右。

其次是调高公派出国留学人员中进修人员和访问学者的比例。中共中央、国务院规定，公派出国留学人员应在保证质量的前提下，着重派出进修人员和访问学者。国家教委在1987年12月发出的《关于进一步贯彻中央出国留学人员工作方针的通知》中明确规定，从1987年起，出国访问学者和进修人员要占国家公派出国留学人员总数的70%。

第三是增派高级访问学者一类留学人员。为了加强对国外科技发展最新动向的了解，跟踪国外先进科学技术研究，促进我国同外国高层次学者之间的学术交流和科研合作，从1987年起，国家公派出国留学人员中增加了高级访问学者一类留学人员。高级访问学者，即具有副教授、副研究员以及相应专业技术职务以上，在国内科技、教学战线上直接参加较高水平的科技研究并有较高学术水平，能用外语直接与国外同行交流的人员，出国进行短期研究。鉴于20世纪80年代初期从国外回国的留学人员已经在国内工作了数年，以及在高等学校和科研机构任职的具有国内博士学位的教学和科研人员数量增加，国家教委于1991年规定，高级访问学者应该优先从以下两类人员中选拔：曾在国外留学，回国后至少工作两年以上并做出成绩的人员；在国内取得博士学位后，经两年以上工作实践并取得成绩的人员。一般出国进修人员的年龄规定为不超过50岁，高级访问学者的年龄可适当放宽。一般进修人员在国外的学习时间一般为一年，高级访问学者在国外研究的时间一般为半年。

2. 改革公派出国留学人员选派办法

（1）改革出国留学研究生的招生办法。1982年以后，国家公派出国研究生主要从高等学校的本科毕业生中选拔，国家公派出国研究生的选拔和派遣均由国家教委统一负责。1986年以前，虽然出国研究生的招生同国内研究生的招生是一起进行的，都由高等学校录取，但出国研究生系国家教委委托有关高等学校招生，因而出国研究生同有关高等学校没有隶属关系。从1986年起，国家教委把大部分公派出国研究生名额分配到用人单位，即高等学校、科学研究单位和其他用人单位，小部分由国家统一掌握。同时规定，国家公派出国研究生不仅应为具有大学毕业水平的成绩优秀的人员，而且不同学科的出国研究生必须具有不同年限的国内实际工作经验。

（2）改革单位公派出国留学人员的选派办法。中共中央1986年发布的新的出国留学人员工作的有关通知，要求国家教委要加强对单位公派出国留学人员的管理。根据国家教委对1987年派出的单位公派出国留学人员数量的统计，当年单位公派的出国留学人员总数达5 000多人（在这期间，每年国家公派出国留学人员的总数一般仍为3 000人左右）。① 到20世纪80年代中期，我国每年的公派出国留学人员中，单位公派出国留学人员的数量已经超过国家公派出国留学人员的数量。我国公派出国留学人员已经是以单位公派为主。

国家教委于1987年发布了《单位公派出国留学人员选派工作和经费的管理细则》。《管理细则》规定，单位公派出国留学人员的选派，应遵循国家派遣出国留学人员的方针、政策，根据部门、地方、单位的需要和可能，有计划、有目的地进行。单位公派出国留学人员以派遣在职人员出国进修（期限一般不超过一年）为主，少派在职人员出国攻读学位。国内在读的本、专科大学生和研究生一般不能以单位公派方式选派。单位公派出国留学人员的计划（包括拟派遣人数、身份、国别、经费来源等），须由各中央部门、省、自治区、直辖市一级上报国家教委审核。单位公派出国留学人员的选拔条件与国家公派出国留学人员相同。在职、在学人员，未经批准，不得自行联系国外奖学金、贷学金等资助，各单位也不准为上述未经批准的在职、在学人员提供成绩单、推荐信、介绍信等对外联系出国留学的材料。

（3）改革进修人员和访问学者选派办法。从1978年开始大量派遣出国留学人员以后，出国进修人员和访问学者的选拔一直是把名额分配到中央各部门、省、自治区、直辖市，再由中央各部门、省、自治区、直辖市把名额分配到其所属单位，尔后，由有关单位按照国家规定的统一标准进行选拔。

出国进修人员和访问学者的选拔标准包括四项，即政治、业务、外

---

① 中国教育年鉴编辑部编：《中国教育年鉴》（1988），北京：人民教育出版社，1989年版，第385页。

语和身体。其中，政治、业务、身体三项均由有关单位考核审查，外语由中央有关部门、省、自治区、直辖市统一组织考试（由教育部统一命题）。然后，由中央有关部门、省、自治区、直辖市有关部门，综合审查情况和外语考试成绩，提出本部门和地区的出国进修人员和访问学者名单，报国家教委审核批准。国家教委1986年12月发布的《关于出国留学人员工作的若干暂行规定》把这种办法称为：公派出国进修人员和访问学者的选拔，实行单位推荐，学术组织、技术部门评议（考核），人事部门审核，领导批准的办法。在上述选拔办法中，政治、业务、身体三个方面的审查都由推荐单位主持进行，只有外语需参加统考。所以，出国留学人员的确定在很大程度上取决于推荐单位。

1989年，国家教委对沿用了十年的出国进修人员和访问学者的选拔办法进行了改革。国家公派出国进修人员和访问学者的选拔，除个别单位外，一律采用由各中央有关部门、省、自治区、直辖市按照统一规定推荐人选，然后由国家教委组织专家对被推荐人进行评议，最后，国家教委根据专家评议结果进行审核并决定录取名单。为了保证有比较充分的选择余地，中央各部门、省、自治区、直辖市按1988年分配名额数的两倍推荐人选。新的选拔办法可简单归纳为：单位推荐，专家评议，主管部门审核批准。

在推荐出国进修人员和访问学者人选时，除了按规定对政治、业务、身体条件进行审核外，还要考虑国内经济建设的需要。否则，即使有合适的人选，也不能纳入出国进修人员和访问学者的范围。为此，国家教委1990年提出，各单位推荐出国进修人员和访问学者候选人时，要优先保证国家社会主义现代化建设中下述项目的需要：国家或中央有关部门、省、自治区、直辖市的重点科技攻关项目、重点建设项目和重点学科建设项目；国家和中央有关部门、省、自治区、直辖市急需的高级专门人才培养项目；个别单位因工作的特殊要求而确定的急需项目等。还规定对被推荐的人员，要有具有高级专业技术职务（称）或行政机关司（局）级及以上职务人员的推荐信予以支持。具有中级专业技术职务（称）的出国进修人员和访问学者候选人，必须有两封推荐信予以支持；具有副教授以上及相应专业技术职务（称）的出国进修人员和访问学者候选人，应至少有一封推荐信予以支持。

新的选拔出国进修人员和访问学者的办法的关键是专家评议。为此，国家教委对专家评议的主要内容作出了明确规定：出国进修研究的项目是否是国家和中央各部门、省、自治区、直辖市急需的项目；出国进修人员拟去的国家或国外单位是否具有达到其出国目的的进修和研究的条件；对出国进修人员实际能力的评价；进修人员的国内派出单位是否具有出国进修人员学成回国的工作条件等。

新的选拔办法使出国进修人员和访问学者的业务质量更具有可信性。

(4) 改进公派出国留学工作的新探索。为了进一步贯彻执行中共中央、国务院关于出国留学的方针、政策，1993 年，在改进和进一步做好国家公派出国留学工作方面进行了以下三个方面的有益尝试：一是针对不同类型部门的特点，实施相应的选拔办法，扩大派出单位选拔出国人员自主权的试点。对试点单位主要从政策和计划上进行管理，将具体留学人选选派权交试点单位；对地方各主管部门实施按地方的特殊需要，自行设立出国留学项目，经国家教委聘请的专家评审后，由地方主管部门自行确定人选。二是设立优秀中青年科技人员出国留学项目，突出重点，努力培养一批跨世纪人才。三是努力探索国家公派出国留学新的运行机制，研究留学基金的设立与管理办法，使国家公派留学“精选精派”。

1994 年 7 月 3 日，国务院颁发的《关于〈中国教育改革和发展纲要〉的实施意见》提出了一个很重要的措施，就是建立国家留学基金管理委员会，使来华与出国留学生的招生、选拔和管理工作走上法制化的轨道。次年，教育部在吉林省和江苏省进行采用新的选拔机制选拔出国留学人员的试点工作。具体内容是：改变了过去由国家按照计划下达指标的做法，采取“个人申请，专家评审，平等竞争，择优录取，签约派出，违约赔偿”的二十四字方针。试点工作非常顺利，并且取得了预期的效果。试点成功后，1996 年在全国范围普遍推广。

1996 年，正式成立了国家留学基金管理委员会。国家留学基金管理委员会的成立是国家公派留学工作走上法制化的一个重要标志，也是国家公派留学改革走出的重要一步。其主要意义有三点：一是改变了过去通过红头文件层层下达名额的行政指令模式，建立了个人申请、公开竞争的机制。二是理顺关系，依法管理，用经济和法律的手段代替了单纯的行政管理的手段，实行了“签约派出，违约赔偿”的管理办法。三是改变了政府直接操作的状况，通过国家留学基金管理委员会这样一个具有法人地位的非政府机构，承担大量的日常工作，为政府转变职能、加强宏观管理创造了有利的条件。

3. 实行新的公派出国留学政策，取得了显著成绩

具体可以总结为以下几个方面：

一是规模逐年扩大，选派人员的素质不断提高，回归率稳步提升。1996年国家留学基金管理委员会成立的当年，录取的出国留学人员为2 049人；① 2004年的录取人数为3 524人，② 是改革开放以来国家公派留学选派规模最大的一年。从选拔的结果看，录取人员的个人素质不断提高。2004年录取人员中大部分都是学科带头人或者参与主持过国家科研项目的骨干。2004年共录取各类出国留学人员3 987人，其中面上录取2 375人，项目录取1 612人，涉及48个国家。在录取的高级研究学者、访问学者和进修人员中，有硕士以上学历的占80.04%，具有高级以上专业技术职称的占70.73%。③ 从1978年到2004年底，各类出国留学人员总数达814 884人，留学回国人员总数达197 884人。从回归率来看，1997年为92.25%，到2003年达到98.31%。④ 从2000年以后，国家公派留学人员按期回归率连续保持在95%以上。⑤ 回归率高的主要原因是，经过1996年改革以后，采取签约的办法，明确了国家和个人的责任与义务，这对敦促出国留学人员回国起到了有效的促进作用。

二是留学目的地层次明显提高。国家留学基金管理委员会同世界上许多大学签署协议，其中包括牛津大学、剑桥大学等，引导出国留学人员到这些著名学府进行深造。

三是突出了我国经济和科技发展的战略重点，有效地促进了我国经济和科技的发展。出国留学工作已经纳入了国家留学人才的战略体系，

---

① 《中国教育报》，2006年5月30日，第1版。

② 中国教育年鉴编辑部编：《中国教育年鉴》（2005），北京：人民教育出版社，2005年版，第466页。

③ 《中国教育报》，2006年5月30日，第1版。

④ 《中国教育报》，2003年12月26日，第1版。

⑤ 《中国教育报》，2003年12月20日，第1版。

确立了优先自主的七大学科领域，即通讯信息技术、农业高新技术、生命科学与人口健康、材料科学与新型材料、能源与环境、工程科学、应用社会学和世界贸易组织（WTO）相关学科。凡是受国家留学基金管理委员会资助的人员，70%都集中在以上七大学科领域。国家留学基金管理委员会根据国家经济建设和社会发展的需要，适时设立了针对性和时效性比较强的项目，比如入世后设立了金融行业急需人才的培养项目，这对我国加入世贸组织后国内金融行业人才的长期发展起到了积极的促进作用。神舟五号、神舟六号等国家重点项目的主创人员中，都有受国家留学基金资助的出国留学人员。

四是出国留学资金来源多样化，资助方式更加灵活。为了扩大资金来源，创新留学机制，国家留学基金管理委员会以联合资助、补足差额、外方提供全额资助、减免学费等方式同国内外机构开展合作，在一定程度上扩大了留学经费的来源。对留学人员的资助方式，也从单一的全额资助改为全额资助与差额资助和提供国际旅费相结合的多种资助模式。

三、逐步放宽自费出国留学政策

1981 年的《关于自费出国留学的暂行规定》首次明确提出“自费出国留学是国家培养人才的一条重要渠道，自费留学人员是我国留学人员的组成部分”，并对自费留学范围、自费留学审批程序、自费留学取得学历及自费留学生国外期间的管理等作了说明。《暂行规定》奠定了我国自费出国留学发展的基础。

1982 年以后，国家公布了一系列文件，逐步放宽自费出国留学政策，大大促进了自费出国留学的发展。

1982 年 7 月 16 日，国务院批转教育部、公安部、外交部、劳动人事部制定的《自费出国留学的规定》，规定自费留学人员要有国内外亲属提供全部费用资助，在校专科、本科、研究生要在毕业后工作满两年后申请自费留学（属于国外华侨、港澳同胞、外籍华人和归国华侨在内地和内地的子女、亲兄弟姐妹及其子女［含配偶］，可不受以上条件的限制）。《自费出国留学的规定》同时宣布 1981 年 1 月颁布的《关于自费出国留学的暂行规定》废止。

同 1981 年的《暂行规定》相比，新的自费出国留学规定主要有以下几个方面的变化：(1）关于留学经费问题，把过去规定的由国外亲友提供全部经费，改为定居国外的亲友或国内亲属提供全部经费。(2）新规定增加了自费出国留学的年龄限制，即出国上大学或读研究生的年龄不得超过35岁，到国外进修的年龄不得超过45岁。(3）新规定增加了高等学校在校本科生、专科生以及高等学校（含科研机构）在校研究生（包括在职研究生）不准自费出国留学的规定。(4）新规定增加了高等学校毕业生必须服从国家统一分配，工作两年后，经组织批准，才能对外联系出国留学的规定。(5）规定国外华侨、港澳同胞、外籍华人和归国华侨在国内的子女、亲兄弟姐妹及其子女（含配偶），具备自费出国留学条件的，不受高等学校在校学生不准自费留学和高等学校毕业生需工作两年后方可自费留学的限制。(6）在职职工自费出国留学，必须经地区一级有关主管部门批准。

由于1982年的《规定》对自费留学限制较多，政策偏严，不利于更多的人自费出国留学，1984年12月，国务院又颁布了新的《关于自费出国留学的暂行规定》。同1982年的《自费出国留学的规定》相比，新的自费出国留学规定在以下几个方面作出了新的规定：(1）自费出国留学的经费来源不再限于亲友，通过正当和合法手续取得外汇资助或国外奖学金的也可以办理自费出国留学手续。(2）出国自费留学不受学历、年龄和工作年限的限制。(3）应届毕业专科生、本科生和研究生，凡属国家统一分配的，应服从国家分配，到工作岗位后，再申请和办理自费出国留学手续。(4）因为规定了自费出国留学不受学历、年龄和工作年限的限制，因此在职职工自费出国留学也就不存在经单位批准的问题。(5）自费出国留学人员在国外学习期间，可以回国探亲、休假、实习等，次数不限，来去自由。(6）各行业骨干以及毕业研究生自费出国留学，必须经所在单位同意，报主管部门批准。(7）自费公派出国进修人员，具有两年以上工龄的，在批准出国年限内，由原单位照发工资。

1984年的《关于自费出国留学的暂行规定》极大地鼓舞了青年人出国留学的热情。一些重点高校的学生申请出国留学的比例相当高，许多学生不安心在国内学习，对高等学校造成了一定的冲击。1986年，中共中央、国务院发布了《关于改进和加强出国留学人员工作若干问题的通知》，以及经国务院批准，国家教委颁布了《关于出国留学人员工作的若干暂行规定》，其中有关自费出国留学规定的部分，对1984年发布的自费出国留学的有关规定进一步作了修订。修订的内容主要有以下几个方面：（1）关于自费留学的经费来源，恢复到1982年的规定精神，即由居住国外及香港、澳门、台湾地区的亲友提供资助，或使用本人、亲友在国内的外汇资金。（2）重新规定国内在学研究生一般不能中断学习自费出国留学。（3）重新规定高等学校毕业班学生不能办理自费出国留学，要服从国家分配。（4）重新规定在职人员自费出国留学必须经过所在单位批准，而在职职工中的骨干人员自费出国留学，尽量纳入公派范围。

1990年1月17日，中共中央提出了对自费出国留学要正确引导的方针。中共中央指出："对自费留学要正确引导。凡国家培养的大学毕业以上人员，有为国家服务的义务，要严格执行五年服务期的规定。大学三年级以上学生和研究生不得退学办理自费出国留学，三年级以下大学生在偿还培养费后方可申办自费出国留学。今后，具有大学学历人员申办自费出国留学，归口当地省、自治区、直辖市一级教育委员会审核，经核准后方可到公安部门申请办理出国手续。"①

这个指示提出了处理自费出国留学问题的三项新办法：一是"服务期"。这个"服务期"是指国内大学生毕业后至少要为国家服务五年，五年期满后才可以自由流动。二是偿还培养费。因为当时国内大学生的绝大多数是国家公费大学生，对三年级以下大学生，允许他们以偿还培养费的方法，退学办理自费出国留学。三是在校大学生和研究生自费出国留学，必须经所在单位批准，方可去有关部门办理出国手续。

1990年1月25日，国家教委发布了《关于具有大学和大学以上学历人员自费出国留学的补充规定》。该规定主要包括以下内容：（1）规定了不同类别的高等学校学生的服务期年限，即本科毕业生、双学位毕业生、研究生班毕业生、硕士和博士毕业研究生、在校的四年级以上学生、在学研究生等服务期为五年；二年制和三年制专科毕业生的服务期分别为两年和三年；全日制成人高等学校公费专科毕业生服务期为两年，本科毕业生服务期为五年。（2）全日制高等学校在读的四年级以下学生和全日制成人高等学校在读学生，偿还学习期间国家负担的培养

① 《出国留学工作文件》(1978～1991)，北京：群众出版社，1992年版，第647页。

费，可申请自费出国留学，但自出国之日起八年内回国服务的，退还其所交的培养费。经国家物价部门批准，国家教委还规定了高等教育培养费的标准。(3) 归国华侨，国外华侨，香港、澳门、台湾同胞和外籍华人在国内或内地的配偶及子女、孙子女及外孙子女（均含配偶），属高等学校在校大学生和研究生，要求自费出国留学者，可免除服务期和免交培养费。(4) 自费出国留学的申请，必须经省、自治区、直辖市一级教育委员会审核并出具证明后，方可到公安部门申请办理出国手续。

1993年，经国务院批准，国家教委颁发了《关于自费出国留学有关问题的通知》，进一步放宽自费出国留学政策。这个自费出国留学政策也是国家新的出国留学方针在自费出国留学问题上的反映。新的自费出国留学政策的内容包括：(1) 中等学校毕业生和在校自费大学生申请自费出国留学，由本人直接到当地公安机关办理有关手续。(2) 大专以上的公费在校生和公费培养的具有大专以上学历人员（包括归国华侨，国外华侨，香港、澳门、台湾同胞和外籍华人的直系、非直系眷属），在国内服务一定年限或偿还高等教育培养费后，均可自费出国留学。(3) 国内博士毕业生自费出国做博士后研究，不收取高等教育培养费。(4) 在校大专以上学生申请自费出国留学，原学校应保留其学籍一年。

同1990年实施的自费出国留学政策相比，1993年的规定有三个重点变化：(1) 增加了中等学校毕业生自费出国留学的规定，对此没有任何限制。(2) 一般公费在校大专以上学生和公费培养的具有大专学历以上在职人员，同归国华侨，国外华侨，香港、澳门、台湾同胞和外籍华人的直系、非直系眷属中具有同等学力的人员，在出国自费留学上一视同仁，不再有区别。(3) 国内公费大专以上在校学生和公费培养的具有大专学历以上在职人员，或者完成规定的服务期后，或者交付国家的高等教育培养费后，均可申请自费出国留学。申请自费出国的留学人员，是选择完成服务期，还是选择交付国家的高等教育培养费，由申请自费出国留学人员自己决定。

1993年的自费出国规定，对申请自费留学的人来说，在国内已经不存在政策上的限制，只要他们能够获得外国高等学校的录取证明，本人能够筹集足够的经费，就可以达到自费出国留学的目的。在国外的留学市场空间还相当充裕，国内经济继续发展，很多家庭都有一定的偿付培养费能力的情况下，国家这项自费出国留学政策极大地满足了许多自费出国留学人员的愿望，自费出国留学人员的数量急剧增加。2004 年度我国各类出国留学人员总数为 11.47 万，其中国家公派3 524人，单位公派6 858人，自费留学 10.43 万人，自费生占了近90.9%。2004 年度各类留学回国人员总数为25 116，其中国家公派2 761人，单位公派3 965人，自费留学18 390人，自费生占总数的73%。①

四、大力争取留学人员回国工作

1983 年以后，随着大量公派出国留学人员学习期满，如何使这些学习期满，特别是获得博士学位的公派留学人员回国，为国家的建设服务，就成为了出国留学工作的重点。

1. 党和国家对留学人员回国工作高度重视

从 1978 年到 20 世纪 80 年代末，我国派出的留学生多数是公派出国留学生。邓小平十分关心出国留学人员学习期满回国工作的问题。1985 年，他在会见美籍华裔学者李政道时，谈到出国留学人员回国工作问题时明确指出："要把人弄回来。我们有几万人在国外，这是财富，要收回来。"②"我们的留学生有几万人，如何创造他们回来工作的条件，很重要。可以搞个综合的科研中心，设立若干个专业，或者在现有的一些科研机构和大学里增设一些专业，把这些人放在里面，攻一个方面，总会有些人做出重大贡献。否则，这些人不回来，实在可惜啊。"③

1992 年 1 月，邓小平南方谈话中专门提到我国出国留学生学成回国后的工作问题。他说："希望所有出国学习的人回来。不管他们过去的政治态度怎么样，都可以回来，回来后妥善安排。这个政策不能变。告诉他们，要做出贡献，还是回国好。"④ 邓小平的指示充分体现了党和政府对出国留学人员的信任。

根据邓小平的指示精神，中央提出了新的出国留学工作方针。1992 年 3 月，李鹏在全国科技工作会议讲话中说，对于出国留学人员来说，祖国社会主义四化建设是他们施展才华的广阔天地。对因种种原因仍在

---

① 《中国教育报》，2005 年 2 月 28 日，第 1 版。

② 《出国留学工作 20 年》，北京：高等教育出版社，1999 年版，第 212 页。

③ 《出国留学工作 20 年》，北京：高等教育出版社，1999 年版，第 359 页。

④ 《邓小平文选》（第 3 卷），北京：人民出版社，1993 年版，第 378 页。

海外的留学人员，欢迎他们回国进行学术交流、合作研究，参加促进科技成果商品化、产业化、国际化等方面的工作，国家从政策上保证他们来去自由，往返方便。① 这是国家第一次提出，已在国外的学成未归的留学人员可以回国短期交流。

2. 争取国外留学人员回国工作的举措

（1）建立博士后科研流动站。1984 年 5 月，美籍华裔学者李政道提出《如何安排“博士后”科技青年的一些建议》，建议在我国建立博士后科研流动站制度，吸引在国外的我国留学人员回国工作。对此，邓小平等中央领导作出批示予以肯定。邓小平在与李政道谈话时明确表示支持在我国建立博士后科研流动站的建议，认为这是争取国外留学人员回国工作的一个好办法。

经国务院批准，很快建立了博士后科研流动站管理协调委员会。委员会由教育部 2 人、中国科学院 2 人、国家科委 1 人、有关工业部 1 人、地方科委 1 人组成，主任由国家科委选定适当人员担任。委员会的职责是：组织高水平的专家对申请建站单位进行评审，确定建站单位和招收博士后研究人员的数量；审议和批准进入博士后科研流动站的人选、资助金额；对各博士后科研流动站工作进行监督检查等。

国务院拨出专款用于博士后科研流动站工作，资金的一部分作为博士后科研基金，其余部分用于对博士后人员专用公寓建设的补助。

博士后科研流动站管理协调委员会于 1985 年召开了第二次会议。会议决定：在全国 73 个单位建立 102 个博士后科研流动站；1985 年和 1986 年两年共招收 250 名人员进入博士后科研流动站，每站不得少于 2 人；博士后科研流动站对国内外所有 40 岁以下的博士毕业生开放；进入博士后科研流动站人员的工作期限为两年，在博士后科研流动站工作期间的工资待遇、科研资金、住房待遇、配偶的工作安排及子女就学等问题，国家均给予一定照顾。

1986 年，经博士后科研流动站管理协调委员会第三次会议通过，发布了《博士后研究人员管理工作暂行规定》，对于进入博士后科研流动站人员的待遇等问题作了具体规定。

---

① 《出国留学工作 20 年》，北京：高等教育出版社，1999 年版，第 356 页。

1986年，经博士后科研流动站管理协调委员会第四次会议通过，发布了《国家博士后科学基金实行条例》，使博士后科研基金的管理制度化。

（2）开展留学生回收工作，出国招聘留学人员。1987年11月5日至12月2日，国家教委派出第一批留日博士生回收工作组赴日本。在驻日使馆教育参赞的领导下，向133名博士生提供国内需求信息，阐述有关政策，同留学生直接对话，激发他们的民族自尊心，强调责任和义务，欢迎他们按时回国，参加四化建设。国家教委1982年派往日本的第一批博士生133人，于1988年3月期满，大多数博士生按时毕业，获得博士学位。① 此次留日博士生的回收工作取得了较好的效果，是一个良好的开端，对以后各届博士生的回收工作产生了很大影响。

1989年至1992年间，国内先后有90个部门和单位参加了12个留学人员招聘团，分赴11个国家，会见了14 000多名我国留学人员，当场录用了700多人，并同2 000多名留学人员建立了联系。例如，1989年，深圳市参加国家教委组织的赴联邦德国、英国和法国的“中国人才招聘小组”同我国留学人员广泛接触，介绍深圳的人才需求情况，宣传深圳安置回国留学生的政策。在这次招聘中，初步确定了49名留学人员回国后去深圳工作。

（3）为回国留学人员提供科研启动经费。1985年，中央引进国外智力领导小组办公室、国家教委、国家科委联名呈报国务院的《关于争取留学博士毕业生早日回国工作的请示》中，提出了考虑回国留学人员的特点，在研究经费方面给予必要支持和照顾的具体办法。一是“国家科学基金”允许即将毕业的留学研究生，通过其提前安排的国内工作单位，在回国前即开始办理申请研究经费的手续，使他们回国后即可解决开展科学研究所需要的经费。二是国家拨出专款，专门用于解决回国留学人员的科研启动经费及出国参加学术活动所需经费。

自1990年设立留学回国人员科研启动基金，截至2003年6月，共资助24批留学回国人员10 487人，资助金额达3.4亿元，平均每年资助

---

① 中国教育年鉴编辑部编：《中国教育年鉴》（1988），北京：人民教育出版社，1989年版，第391页。

近千名留学人员。① 自1993年启动“跨世纪优秀人才计划”，每年拨专款资助优秀留学回国人员，资助金额达1.3亿元。

（4）资助留学人员短期回国交流。虽然许多出国留学人员已经在国外任职，但他们仍希望为国家的建设作贡献。因此，国内各个单位采取灵活方式吸引出国留学人员为国家服务，其中资助出国留学人员短期回国交流是一种重要形式。

1996年，国家推出“春晖计划”。“春晖计划”是指国家拨出专项经费支持在外留学人员以多种方式为国家服务的计划。至2004年，完成了七批《教育部“春晖计划”资助海外留学人才学术休假回国工作项目》的评审和资助工作；仅2004年就完成了两批《春晖计划科研合作项目》的评审和资助工作，共资助项目261项。截至2004年底，先后有近万名在国外的留学人员短期回国参加学术交流，包括：回国参加重要国际学术会议；参加国家科技和教育重大项目的合作研究；参与国家级科研基地和人才基地的建设；参加联合培养博士生；参与联合攻关，为科研机构、企业解决关键技术问题；合作开发高科技产业及拓展国际市场等。

2003年以后，教育部利用“春晖计划”，鼓励和组织在外留学人员以“集团式、捆绑制、基地化”的团队服务模式为国服务，特别是到西部去工作或为西部服务。这些服务团在当地进行信息服务，举行学术报告、专题讲座，提供咨询服务，联合培养人才，帮助搭建国际合作桥梁，进行科研合作项目，协助招商引资、创办企业，就一些重大问题建言献策，收到了良好的效果。

3. 回国留学人员工作的安排

（1）回国留学人员工作安排的归口管理。1986年11月24日，国家教委发出了《关于出国留学人员毕业回国后工作分配问题的通知》。《通知》规定，从1986年11月1日起，出国留学人员回国后的工作安排统一由国家教委归口管理。1987年是国家教委归口管理全国出国留学人员回国后分配工作的第一年，共接待和安排回国留学人员122人。

为了作好回国留学人员的工作安排，掌握国内用人单位对回国留学

---

① 《中国教育报》，2004年3月3日，第5版。

人员的需要情况，国家教委于1987年5月26日发出了《关于填报〈需要1988～1989年回国留学生登记表〉的通知》。《通知》指出，1988年、1989年将有大批留学生学成回国工作。根据中央关于改进和加强出国留学人员工作的指示精神，为作好出国留学生回国后的工作安排，需要给他们提供国内需要人才的信息，征求他们的工作志愿，使留学生和国内用人单位之间建立联系，作好聘用工作的准备。国家教委将国内各用人单位报送的《登记表》经过整理和分类后陆续汇编成册，发往各驻外使（领）馆，供留学生回国前选择工作时参考。

（2）制定回国留学人员工作安排暂行办法。为了作好回国留学人员的工作安排，国家教委、国家科委1987年10月7日联合印发了《回国留学人员工作安排暂行办法》。其主要内容有：

一是工作安排原则。国家公派出国的研究生、大学生学成回国后，除派出时已明确工作单位的人员外，由国家安排工作。回国留学人员的工作安排，要在国家建设需要的前提下，贯彻学用一致、人尽其才的原则。留学人员要树立勤俭建国、艰苦创业的思想，自觉到国家最需要的地方去工作。用人单位要珍惜人才，努力为回国留学人员创造工作条件。获得大专以上学历的自费留学人员学成回国后，本人愿意由国家安排工作的，与国家公派留学人员同等对待。出国前已明确工作单位的公派留学人员回国后，原则上回原选派单位，不再另行安排工作。

二是有关部门的职责分工。国家教委会同国家科委拟定有关工作安排的具体政策和办法，掌握和汇总国内需要留学人员的情况，向留学人员提供这方面的信息，以便他们回国择业时参考。留学人员要求到教育系统工作的由国家教委负责安排；要求到非教育系统工作的，由国家科委安排；自费留学人员一律由国家教委负责安排。

三是工作安排的具体方式。在留学期间，留学人员可直接同国内用人单位联系，也可请国内有关主管部门同用人单位联系。留学人员回国探亲、休假或学成回国后，可同用人单位直接面谈。国家教委会同国家科委在国内不定期召开回国留学人员同用人单位见面会，在会上落实工作单位。回国留学人员工作单位落实后，可与用人单位签订合同或协议书，明确双方的权利、责任和义务。

4. 留学人员保持很高的回归率

从1978年到2004年底，我国各类出国留学人员达到81.49万人，回国人数达到19.79万人。① 进入21世纪以后，我国每年都有12万左右的人走出国门到世界各地留学。其中，2004年全国公派留学人员达1万多人。从2000年以后，国家公派留学人员按期回归率连续保持在95%以上，② 在世界各个发展中国家特别是人口大国中位居前茅。

第二节　加强来华留学工作

我国政府始终重视接受和培养外国留学生工作，把它看做是我国对外交流的一项重要内容。建国五十多年来，已逐步形成了较为系统的有中国特色的外国留学生教育管理模式，为许多国家特别是广大发展中国家培养了大批科技、教育、外交和管理人才，对发展和巩固我国同世界各国政治、外交和经贸关系，开展文化、教育和人员交流作出了积极贡献。

1982年以后，是我国来华留学生教育发展的重要阶段。1982年，全国高等学校的外国留学生总数为4 500多人，③ 超过了1978年以前任何一年在华留学生的数量。1989年，国家教委把接受留学生院校的审批权下放给各省、自治区、直辖市教育主管部门，留学生的招生数量由学校自主决定，不占国家下达的计划招生指标。1990年，全国有资格接受留学生的高等院校发展到一百余所，外国人来华学习的渠道和形式也开始多样化。

1992年邓小平南方谈话发表以及党的十四大召开以后，我国进入了一个深化改革、扩大开放、建设有中国特色社会主义的新的历史时期，来华留学工作也进入了一个全面快速发展的新阶段。从1992年到1996年，五年里来华留学生人数平均递增超过30%，其中自费留学生增长速度超过了40%。

---

① 中国教育年鉴编辑部编：《中国教育年鉴》（2005），北京：人民教育出版社，2005年版，第463页。

② 《中国教育报》，2003年12月20日，第1版。

③ 中国教育年鉴编辑部编：《中国教育年鉴》（1982～1984），长沙：湖南教育出版社，1986年版，第302页。

为了抓住机遇，进一步推动来华留学工作的发展，国家教委于1998年2月在北京召开了全国来华留学工作会议。会议总结了改革开放以来我国来华留学工作的成就和经验，研究确定把“深化改革，完善管理，保证质量，积极稳妥发展”作为来华留学工作的指导方针，讨论了进一步加强宏观管理的意见和办法，并对来华留学工作的改革进行了部署。此后，来华留学，不论是规模、层次、水平，还是国别，都呈现着良好的发展势头。

一、多方面合作促进外国留学生来华学习

随着我国改革开放的深入，来华留学工作也取得了长足发展。

1. 拓宽了来华留学人员的范围

从1982年到1984年，我国共接受107个国家和地区的外国长期留学人员3 196人，短期班留学人员10 255人。长期留学人员分布在全国55所院校，短期班留学人员分布在60所院校。①

1983年以后，教育部颁布了一系列文件，拓宽了来华留学人员的范围。（1）鼓励高等学校开办以外国人为对象的汉语或其他有关专业的短期学习班，并逐步扩大有权举办短训班的高等学校的范围，使国内具有条件的高等学校都有了为外国人举办短训班的权利。同时，扩展了短训班的教学内容。教学内容不仅仅限于汉语，也包括其他一些外国人感兴趣的学科。（2）增加了来华留学生的类别，扩大了范围。接受外国留学生的类别为本科大学生、硕士研究生、博士研究生、普通进修生、高级进修生。能够接受外国留学生的高等学校中有权授予硕士、博士学位的学科、专业，可以招收和培养外国留学研究生。对通过学位课程考试和论文答辩并达到《中华人民共和国学位条例》有关条款要求的，可授予硕士或博士学位。（3）开始接受外国研究学者来华从事某一项科学研究工作。

1992年以后，我国社会政治稳定，经济建设实现持续高速发展，综合国力和国际地位显著提高，来华留学工作也取得了前所未有的大发展。来华留学生数量大幅度增加，留学生层次也明显提高。作为这一时

① 中国教育年鉴编辑部编：《中国教育年鉴》（1982～1984），长沙：湖南教育出版社，1986年版，第302页。

期来华留学工作发展的一大标志是自费留学生人数大幅度增加，成为来华留学生的主流。

2. 改革来华留学生招生办法

建国初期，来华留学生可分为交换留学生和奖学金留学生两类。1978年，自费留学生开始进入我国。一些接受政府奖学金留学生的高等院校开始招收自费来华留学生。1989年，我国政府将接受来华留学生高等学校的审批权下放给各省、自治区、直辖市的教育主管部门，来华留学生的数量由高等学校自主决定，不再用国家下达的计划招生的指标。1990年，我国具有招收和培养来华留学生资格的高等学校有192所。外国来华留学生可以申请政府间规定的奖学金名额，也可以通过高等学校间的校际学生交流渠道。随着全球化的进展，校际交流渠道越来越发展，形式越来越多样化，欧盟、北美、东亚、东南亚的许多国家都开始同中国建立定期的校际交流。国外学生可以通过中介服务机构来华留学，还可以个人申请来华留学。来华留学基本上同国际上通行的惯例相衔接。

3. 增加提供来华留学生的奖学金名额和奖学金数量

从建国初期开始，我国政府即拨出经费作为来华留学生的奖学金。我国政府提供奖学金的名额，1950年只有来自匈牙利、罗马尼亚、保加利亚的15名留学生，1978年也只有18名来自东欧国家的留学生，1982年则增加为794名，以后名额逐年增加，留学生来源国的范围也逐年扩大。

教育部负责根据我国政府同外国政府或国际组织达成的协议或计划，对外提供中国政府奖学金。中国政府奖学金按学生类别分为本科生奖学金、硕士研究生奖学金、博士研究生奖学金、汉语进修生奖学金、普通进修生奖学金和高级进修生奖学金。另外，按项目分为长城奖学金、优秀生奖学金、汉语水平考试优胜者奖学金、外国汉语教师短期研修项目和中华文化研究项目奖学金等。2004年，享受中国政府奖学金的来华留学生6 715人，[①] 比1982年增加了8倍。

北京市、上海市和云南省分别设立了地方政府来华留学奖学金。

---

① 中国教育年鉴编辑部编：《中国教育年鉴》（2005），北京：人民教育出版社，2005年版，第466页。

2004年9月，云南省政府来华留学奖学金设立后，首批58名来自周边国家的留学生开始在云南省9所高等学校学习。此外，“985工程”和“211工程”建设的部分高等学校也设立了学校奖学金，以吸引更多的优秀来华留学生到校学习，扩大学校的国际影响。

另外，奖学金的数量也不断提高。2002年以前，对外国留学生的政府资助金额大概只相当于自费生的最低学费。从2002年开始，政府把资助额度增加了将近三分之一。

二、加强对来华留学生工作的宏观管理

在改革开放以前，主要由政府管理外国来华留学生，而学校对来华留学生的教学和管理权非常有限。改革开放以来，国家调整了来华留学生教育政策，开始注重权力下放，体现了政府职能由包揽一切转变为宏观调控的特点。

由于来华留学工作涉及学校、公安、医疗等社会的各个方面，管理工作从招生、教学，到日常生活及出入境管理等，纷繁复杂。针对新时期自费留学生大量增加，学生的国别增多，层次提高而水平不一等情况，教育部先后制定下发了一系列文件和规定。在不断扩大学校办学自主权的同时，重点抓教育质量，有力地保障了我国来华留学生教育事业稳定、健康地发展。

1. 加强教学管理和学籍管理

在教学管理方面，国家教委（教育部）相继发布了《关于普通高等学校授予来华留学生我国学位试行办法》（1991年）、《接受外国来华留学研究生试行办法》（1992年）、《关于接受外国高等专科院校毕业生来华攻读本科毕业文凭课程有关问题的通知》（1995年）、《关于外国留学生凭〈汉语水平证书〉注册入学的规定》（1995年）、《关于加强来华接受中医药本科教育留学生教学质量宏观管理的通知》（1996年），以及《高等学校接受外国留学生管理规定》（2000年）等文件。这些规定的制定和实施，不仅规范了学校教学和管理的标准，维护了我国高等教育的水平和声誉，也有力地保障了来华留学生教育的健康发展。

在学籍管理方面，逐步试行与中国学生的趋同管理，有效地减少了以往留学生管理上出现的一些问题。同时，大胆探索校内管理校园化、校外管理社会化的管理模式。这些实践，为最终实现来华留学生管理工

作的规范化、法制化和社会化积累了宝贵的经验。

2. 规定自费来华留学生费用标准

自费来华留学生的费用标准是由国家管理的。1980年，我国第一次公布对自费来华留学生的各项收费标准。到20世纪80年代中期，由于人民币同美元比值的变化以及国内物价的上涨因素，原来规定的自费来华留学生费用标准明显偏低，不利于来华留学生教育的发展。1985年9月，国家调整了来华留学生收费标准。这次调整的自费来华留学生费用标准主要包括学费和住宿费两项。国家规定的对外国留学生的收费标准只是一个宏观标准，每个学校的具体收费标准由学校自己决定。

1998年2月，国家教委、国家计委联合发出《关于调整自费来华留学生收费标准的通知》。《通知》指出，由于我国物价水平不断提高，来华留学生教学及管理费用普遍增大，继续按1989年制定的《自费外国来华留学生收费标准》收费，有些接受来华留学生的学校和专业将难以支付教学和管理中的各项正常费用。为此，根据我国高等学校接受来华留学生的实际情况，经国务院批准，自1998年1月1日起调整自费来华留学生的收费标准，各项费用略有增加。学费方面，文科本科大学生、进修生每年为1.4万元到2.6万元，硕士研究生、高级访问学者每年为1.8万元到3万元，博士研究生每年为2.2万元到3.4万元；理科、工科、农科类，比照文科相应类别的学费标准上浮10%～30%；医学、体育、艺术科类，比照文科相应类别的学费标准上浮50%～100%。这次收费标准的修订和颁布，制止了个别学校高收费或者为争夺生源而少收费等乱收费现象，规范了学校的收费标准，同时也保护了留学生和学校的合法权益。

3. 简化手续

经外交部同意，国家教委规定，从1988年1月起，高等学校接受外国留学生一律使用《外国来华留学人员审批登记表》（简称JW202表），该表具有申办来华签证的职能。凡向我国驻外使（领）馆提供JW202表，经审查合格，即可领取来华学习签证（X签证）。1989年6月，该表名称改为《外国来华留学人员申请表》。1993年又修改为中英文对照的《外国留学人员来华签证申请表》，表的名称同其职能更加一致了。《外国留学人员来华签证申请表》的统一使用，既加强了留学生的出入境管理，也方便了留学生办理来华签证的申请手续。

为了适应形势发展的需要，实现政府职能转变，在加强政策研究和宏观管理的同时，自1997年1月1日起，将奖学金留学生的招生工作和日常管理等事务性工作移交给国家留学基金管理委员会。有关高等学校根据教育部的规定对享受中国政府奖学金在校学习的留学生进行奖学金资格的年度评审，建立起对享受奖学金留学生的激励和约束机制。国家留学基金管理委员会编辑印制了《"中华文化研究奖学金"指导教授名录》、《外国留学生招生工作指南》，重新修订印制了《中国接受外国留学生院校及专业介绍》等文字材料。同时，国家留学基金管理委员会和中国留学服务中心还分别在各自的主页上开设了专栏，通过计算机国际互联网免费提供留学中国的有关信息，并开展了网上检索和报名服务。

4. 开发、实施汉语标准考试

外国留学生到我国留学，不论是以学习汉语为目的，还是为了攻读我国高等学校的学位，都必须学习汉语。发展汉语教学是我国外国留学生教育发展的关键。为此，我国开发了一种针对外国人的汉语考试，即汉语水平考试（HSK）。教育部规定：学习文科、中医专业的留学生，汉语一般应达到汉语水平考试六级证书水平；学习其他专业的留学生，汉语应达到汉语水平考试三级证书水平。为了方便更多的外国人到我国留学，我国同一些国家合作，在这些国家举办汉语水平考试，以便于外国人参加考试，为来华留学作准备。汉语水平考试有利于我国外国留学生教育的发展，它将随着我国来华留学生教育的发展而不断完善，在我国来华留学生教育中发挥重要作用。

三、来华留学工作的成效和影响

来华留学工作的成效和影响，正越来越凸显出来。

2004年，共有178个国家的110 844名来华留学人员，分布在我国31个省、自治区、直辖市（不含台湾省和香港、澳门特别行政区）的420所高等学校和其他教学、科研机构学习。①

从建国到2004年，来华留学生超过了63万，来华留学毕业生已经

---

① 中国教育年鉴编辑部编：《中国教育年鉴》（2005），北京：人民教育出版社，2005年版，第464页。

遍布世界上170多个国家。他们正在为本国的建设与发展，促进本国同中国的交流与合作，发挥着积极的作用。从中国毕业回国的留学生中有30多人在本国担任了部长一级的领导职务，各国驻华使馆中的中青年外交官大部分都在中国学习过，有10多人先后担任驻中国的大使，有30多人担任驻华使馆的参赞，有120多人在各国的大学担任教授或者副教授，还有很多成为了优秀的企业家。有相当一部分从事同中国的经济贸易、科技教育、文化卫生、体育等各个领域的交流与合作。很显然，他们已经成为沟通中国和世界各国的重要桥梁。

第三节　开展双边与多边的教育交流与合作

我国通过各种形式，搭建了多种区域教育交流与合作的平台，如"中非教育部长论坛"、"中欧（盟）高等教育论坛"、"亚洲教育北京论坛"等。通过这些区域教育交流与合作平台，中外教育各有关方面建立了"官民互动"、定期交流的有效机制。这些交流活动惠及中外各级各类教育，形成我国教育对外开放的互利、共赢、共享的和谐局面。除了政府间的合作，我国还积极推动中外民间的教育交流。中国教育国际交流协会便是我国第一个专门从事民间教育国际交流的非政府组织。

我国按照"政府与民间并举，双边与多边并行"的原则，积极推动教育国际交流与合作的发展。

一、国际教育交流与合作的水平不断提高

随着对外开放的深入发展，我国国际教育交流与合作的水平不断提高，呈现出高层次、宽领域和全方位的发展态势。具体表现在以下几个方面：

一是加强同国家和国际组织之间的教育交流与合作。到2004年底，我国已同160多个国家和地区以及联合国教科文组织等国际组织建立了教育交流与合作关系，同亚洲、欧洲、美洲、大洋洲和非洲的一些国家建立了教育高层工作磋商机制，签署政府间双边及多边教育交流与合作协议和执行计划达100多项，先后同20多个国家和地区签署了政府间学历学位互认协议。我国教育机构已经开始有组织地赴境外办学和举办各种各样的中国教育展。

二是积极推进教育高层领导互访。教育部领导分别出访世界各国，并接待到访的副部级以上代表团和大学校长。例如，中韩两国于1992年8月24日建交后，在教育领域的关系得到了迅速发展：中韩两国教育部经过多次协商，双方于1995年7月在北京签署了《中华人民共和国教育部与大韩民国教育部教育交流与合作协议》。2001年，双方续签了《中华人民共和国教育部与大韩民国教育部2001~2003教育交流与合作协议》；国家留学基金管理委员会同韩国教育振兴院、KDI国际政策大学院签署互换留学生协议；两国的高等院校在政府主管部门支持下，中方的130所院校同韩方的120所院校签订协议并建立了校际交流关系。1994年10月，国家教委主任朱开轩率中国教育代表团访韩；1995年7月，韩国教育部长官朴瑛植率韩国教育代表团访华。根据两国教育交流协议，双方每年各派一个教育行政官员代表团互访。

三是同外国相互承认学历学位取得突破性进展。继1984年我国成为亚太地区相互承认高等教育学历、文凭和学位公约的正式缔约国后，我国先后同俄罗斯等20多个国家和地区签订了相互承认高等教育学历、文凭和学位的双边协议，同德国政府签署《关于相互承认高等教育等值的协定》，对推动我国学历学位进一步得到世界公认具有重大意义。设立"中俄教文卫体合作委员会秘书处"，形成了中俄教育交流与合作的制度。加强同各大洲有关国家和地区著名大学、科研机构以及跨国公司的各类教育交流与合作，凸现"强强合作"的特点，并取得积极成果。

根据中央"智力援非"的方针，我国从1990年正式立项起，共在19个非洲国家实施了36期教育项目，共派出教师70余人次，建立各类实验室15个。

二、进一步加强同国际组织的教育合作

邓小平于1978年同联合国教科文组织总干事姆博的谈话，大大推动了我国同联合国教科文组织的交流与合作，使我国同联合国教科文组织在其业务领域的交流与合作蓬勃发展起来。1978年9月，教育部部长刘西尧同联合国教科文组织总干事姆博签署了我国同联合国教科文组织在教育、科学、文化等各个领域交流与合作的第一个备忘录。1983年8月，教育部部长何东昌同联合国教科文组织总干事姆博签署了我国同联合国教科文组织在教育、科学、文化等各个领域交流与合作的第二个备

忘录。这两个备忘录不但奠定了我国同联合国教科文组织交流与合作的框架，而且规定了同联合国教科文组织交流与合作的内容。我国同联合国教科文组织交流与合作的框架内容包括：中国政府派政府官员和专家参加教科文组织的会议，包括由教科文组织主持召开的一些地区性会议；教科文组织资助中国有关专家考察其他会员国的教育、科技、文化方面的情况；教科文组织同我国合作，在我国举办有关教育、科学、文化方面的研讨会，并聘请其他国家的专家与会；教科文组织在我国举办教育、科学、文化等各领域的培训班，培训我方有关人员；教科文组织资助我方人员赴教科文组织的会员国学习、进修；我国向教科文组织提供奖学金，资助其他会员国人员来我国学习和进修；我国同教科文组织交换教育、科学、文化领域的出版物，教科文组织向我国提供其组织出版的各种出版物，并且以中文出版教科文组织的一些重要出版物等。

在我国实施对外开放的初期，派遣我国政府高级官员参加联合国教科文组织的一些重要会议，主要是了解情况，开阔视野，使我们了解世界，同时也是我国向世界介绍中国实际情况、使世界了解中国的好机会。

在教育领域，中国同官方国际组织的交流与合作伙伴还包括：联合国儿童基金会，联合国开发计划署，联合国人口基金会，同时还包括同其他一些区域机构的合作，如：亚太经济合作组织、亚欧基金、亚洲开发银行、经济合作与发展组织等。

我国同以上机构开展了 30 多个教育合作项目，涉及幼儿教育、中小学教育、高等教育、师范教育、职业教育、远程教育、中小学教材、教具、人口教育、大学人口研究、人力资源开发等方面。这些合作支持了老、少、边地区以及女童教育，受益面遍及 30 个省、自治区、直辖市。

多边合作项目包括：同中国联合国儿童基金会合作的“加强教育规划和管理”、“调整教育内容和过程”、“远距离教育”和“促进贫困地区初等教育”项目；同中国联合国开发计划署合作的“以女童为重点、促进贫困地区基础教育”项目；同中国亚太经合组织合作的“高效能学校：通过测量改进学校管理、提高教学质量”项目等。此外，我国还同加拿大、澳大利亚、英国、法国、德国、美国、日本等国确立了教育合作项目。

我国通过国际组织开展国际多边教育合作，促进了对国际上高新科学技术、先进的教育管理经验的吸收、利用和传播，引进了一定数量的资金，增强了我国开发、利用现有教育资源的能力，从而有力地促进了我国教育事业的发展。

三、中外民间教育交流与合作日趋活跃

随着政府官方对外教育交流活动不断增加与扩大，中外民间教育交流与合作日趋活跃，其他非官方的对外教育交流渠道也逐渐打开。

在我国改革开放初期，为了做好中国教育对外交流与合作工作，参照国际上许多国家的经验和做法，周培源、季羡林等一大批全国著名教授、学者和教育管理部门的领导提出倡议，认为我国应该成立一个专门机构来从事教育民间交流和友好往来的工作。1981 年 7 月，由教育部、外交部联合上报国务院批准，正式成立中国教育国际交流协会，以非政府、民间的形式加强和推动我国对外教育交流与合作工作。在交流协会成立以前，我国的对外教育交流基本上都是由政府部门的有关机构承担的，一些国外的非政府组织也习惯于同我国政府有关部门打交道，开展有关教育交流的工作。因此，交流协会成立后，首先要做的工作是在开展教育国际交流中确立自己的地位，使更多的国际非政府组织了解交流协会，并建立经常性的交流关系，以利于交流协会有效地开展工作。

中国教育国际交流协会成立后，一些省、自治区、直辖市和计划单列市也相继成立了地方的、民间性质的教育国际交流协会。

中国教育国际交流协会同中国各地方教育国际交流协会联合构成非官方的中国教育国际交流的网络。中国教育国际交流协会是该网络的中心，具有指导、协调各地教育国际交流协会及其团体会员单位工作的责任。到 2004 年底止，全国已有 31 个省、自治区、直辖市建立了地方协会，有 11 个城市建立了独立的市级协会。1991 年北京大学等 60 所高等学校及一些全国性的教育组织也纷纷加入到非政府教育国际交流这个网络中来。

通过开展各项非政府教育交流活动，一方面在教育文化领域开拓了视野，借鉴了经验，增进了友谊；另一方面带动了国际间城市友好关系的迅速发展，促进了地方引进外资、吸纳人才的工作，为地方经济发展

作出了贡献。

交流协会的主要工作和成绩有以下几点：

第一，初步建成了我国开展非政府教育国际交流与合作的重要平台。交流协会在国内有 145 个会员单位，同世界上 50 多个国家和地区的 170 多个教育组织建立了交流、合作关系。

第二，交流协会在积极发展同各国各地区教育组织的合作关系，特别是同非政府教育组织建立高层次合作关系和机制方面，已积累许多有益的经验，是中国政府有关主管部门批准和授权负责开展境外培训工作的全国性组织之一，获得"联合国经社理事会特别咨商地位"，是中国教育界唯一获此地位的组织，为我国教育界在国际上开展交流与合作打开了新渠道。

第三，交流协会在积极承担并认真完成一系列政府委托或支持的重要任务的同时，主动开展和举办大型的教育交流与合作项目，在境内外产生了重大影响，增强了世界对中国的了解，增进了中外人民之间的友谊。举办的大型活动主要有："华夏园丁大联欢"，"第四届世界妇女大会'95 北京非政府组织妇女与教育论坛"，"联合国第五届全民教育高层会议非政府组织圆桌会议"，还有自 2000 年起连续举办的"中国国际教育论坛"，以及"中国国际教育展"，"21 世纪中国高等教育展"，"中俄大学生艺术节"，"境内外中小学夏令营、冬令营活动"，"外语（英、日）演讲大赛"，"汉语快速识字国际研讨会"等。教育国际交流与合作的重点项目有：美中友好志愿者项目、中美艾森豪威尔基金会高级学者交流项目、教育领导者和管理人才能力建设项目、中外师生教育文化交流项目、中外优秀青年交流计划、中外联合培养人才计划、中外英语教师培训项目、中国西部和欠发达地区外语人才培训计划等。

第四，完成和开展的国际教育交流与合作领域涉及高等教育、职业教育、基础教育、成人教育、远程教育等，形式也多种多样。截至 2005 年底，交流协会秘书处先后派出各类考察培训团组 576 个，达8 500余人；接待国外来华团组 854 个，达13 000余人；组织召开各类国际研讨会 227 个，参加人员达37 990人；在境内外举办教育展 11 届，观众达 26 万余人次；帮助中外师生进行教育文化交流，达13 700余人；在国内举办短训班 445 个，参加者达84 500人次；编辑出版了大量有交流价值的出版物和宣传资料，如《中国教育国际论坛》四辑、《中国高等院校大全》（英文版）四版、《中华留学教育史录》、《东方伦理道德和当代青少年教育国际研讨会学术论文集》、《中国妇女教育》（中英文版）、《民族教育国际研讨会论文集》等一百余种，促进了中外文化交流。同时，各地方协会以及各级各类学校等团体会员单位开展的教育国际交流与合作工作更是内容丰富、形式多样、活动众多，都收到了良好的效果。

第四节　开展对外汉语教学与中外合作办学

随着中国在更大范围和更深程度上加入经济全球化进程，学习汉语在世界各国有了更为强烈的需求。到2004年底，我国已向62个国家派遣了汉语国际推广教师和志愿者，境外学习汉语的人数超过了3 000万人。有60多个国家的2 300多所高校开设了汉语课程，100个国家的12 400所教育机构开展了汉语教学活动。① 截至2004年底，我国已有中外合作办学项目800多个，② 分布在28个省、自治区、直辖市。中外合作办学项目不仅涉及自然科学领域，同时在管理学科、财经、语言以及相当多的应用社会学科和人文学科中也逐步开展起来。

一、对外汉语教学

作为联合国工作语言之一，汉语越来越受到世界各国的重视；作为一种重要的商业用语，汉语的实用价值在不断提升。1988年9月，我国召开了第一次全国对外汉语教学工作会议。会议明确指出："对外汉语教学是国家和民族的事业。"根据这一指导思想，我国的对外汉语教学事业得到了前所未有的发展。

1. 成立国家对外汉语教学领导小组

在我国，不仅高等学校开展对外汉语教学工作，其他一些部门也开展此项工作。例如，广播电视部门通过广播和电视进行对外汉语教学；国务院侨务部门针对海外华人开展对外汉语教学工作等。

根据对外汉语教学工作的需要，经国务院批准，1987年成立了国

---

① 《中国教育报》，2006年10月16日，第2版。

② 《中国教育报》，2005年10月12日，第1版。

家对外汉语教学领导小组这一跨部门的对外汉语教学领导机构。该小组的成员单位包括：国家教委（教育部）、国务院侨务办公室、外交部、文化部、广播电影电视部、国务院外办、国家新闻出版署、国家语言文字工作委员会和北京语言学院等。组长由国家教委负责人担任。第一任组长是国家教委副主任何东昌。领导小组设办公室负责处理日常事务。

对外汉语教学领导小组提出的对外汉语教学工作的基本方针是：根据我国对外开放的总方针，把向世界推广汉语当做一项国家和民族的事业，立足国内，放眼世界，动员各有关方面的力量，通过政府和民间渠道，采取多种形式，在国内外积极发展对外汉语教学。1995 年 1 月，国家对外汉语教学领导小组会议提出了“加强周边，开发欧美，兼顾亚、非、拉其他国家和地区”的发展对外汉语教学的工作方针。

国家有关部门加大了对外汉语教学工作的领导和支持，采取了一系列重大举措。

1990 年 6 月，国家教委颁布了《对外汉语教师资格审定办法》，随后成立了国家教委对外汉语教师资格审查委员会，委员会主任由国家教委副主任担任。

1992 年 9 月，国家教委颁布了《中国汉语水平考试（HSK）》，把 HSK 确立为国家级考试；后又于 1997 年 8 月成立了国家汉语水平考试委员会，由教育部副部长任主任委员。

1993 年，中共中央、国务院颁布的《中国教育改革和发展纲要》明确提出要“大力加强对外汉语教学工作”。这是建国以来第一次把对外汉语教学工作写入国家的教育法规。此后，“对外汉语”便作为学科名称出现在我国正式的学科目录上。

1995 年，国家教委、外交部、文化部、国务院侨务办公室联合向我驻外使、领馆发出文件，要求各驻外使、领馆在国外加强对外汉语教学工作。

1998 年，经国务院批准，把成立于 1987 年由八个中央部委和一所高校组成的国家对外汉语教学领导小组调整扩大为由中央十一个部委组成，即：教育部、外交部、国务院侨务办公室、财政部、文化部、对外贸易经济合作部、国家发展计划委员会、国务院新闻办公室、国家新闻出版署、国家广播电影电视总局、国家语言文字工作委员会。

1999年3月，教育部颁布了《中华人民共和国教育部“中国语言文化友谊奖”设置规定》，以奖励在汉语教学、汉学研究以及中国语言文化传播方面作出突出贡献的外国学者和友人。

2004年9月23日，教育部颁布了《汉语作为外语教学能力认定办法》，取消了原国家教委1990年颁布的《对外汉语教师资格审定办法》。新办法设置了初级、中级、高级三级能力证书，扩大了参加能力认定的受众面，能力认定办法打破了中外教师的区别。

正是国家这些重大、有力的举措，加之我国国力增强、国际地位提高，从而迎来了近十年对外汉语教学的新发展。

2. 成立国际性的汉语教学组织

世界汉语教学学会于1987年8月在北京正式成立，学会总部设在北京。来自世界10多个国家的从事汉语教学的代表参加了成立大会。会议通过了世界汉语教学学会章程和第一届理事会名单。理事会由15个国家和地区的36位理事组成。第一届理事会选举了常务理事会，并选举朱德熙为会长，吕必松为副会长。学会的成员既有单位会员，也有个人会员。到2004年底，世界汉语教学学会先后在我国和其他国家举办了7次国际汉语讨论会，为推广汉语教学发挥了有益作用。

3. 加强对外汉语教学的规范化

1984年，教育部明确规定，对外汉语教学是一门新兴学科。尔后，北京语言学院和上海华东师范大学设置了对外汉语教学专业，开始培养本科生。这是我国对外汉语教学作为学科建设的重要发展。

对外汉语教学规范化不但是推广对外汉语教学的必要条件之一，也是国内外对外汉语教学发展的需要。因此，1988年，对外汉语教学领导小组通过并出版了《汉语水平等级标准和等级大纲》。这个大纲是对外汉语教学科学化、规范化、标准化的集中体现，是制定教学大纲、编写各类教材、组织课堂教学和实行汉语水平考试的重要依据。

1989年编订出版的《对外汉语教学语法系统大纲》和1990年编写出版的《高等学校对外汉语专业教学大纲》，使我国高等学校的对外汉语教学有了可以遵循的基本标准。

4. 实施对外汉语教师资格制度

随着对外汉语教学的迅速发展，提高对外汉语教师质量便显得尤为必要。因此，对外汉语教学领导小组把提高对外汉语教师质量作为重要工作之一。其中，对外汉语教师资格规范化便是提高对外汉语教师质量的一项重要措施。国家教委于 1990 年 6 月发布了《对外汉语教师资格审定办法》。这是我国政府颁布的第一个有关对外汉语教师资格的规定性文件。这个文件对于对外汉语教师的政治思想、职业道德、学历、知识结构、能力结构等都作了明确的规定。文件规定：凡出国从事对外汉语教学工作的教师，必须具有对外汉语教学资格证书。

1991 年 1 月，国家教委成立对外汉语教师资格审查委员会，负责领导对外汉语教师资格审查和证书颁发工作。当年，我国的 32 所高等学校进行了对外汉语教师资格审查和资格考试试点工作。1992 年，444 名教师申请对外汉语教师资格，经评审，其中 372 名获得通过。1993 年 4 月，国家对外汉语教学领导小组召开对外汉语教师资格审定工作会议，23 个省、自治区、直辖市派人出席了会议。会议要求加强教师的培训工作，使更多的教师达到国家规定的标准，以适应对外汉语教学工作的需要。1993 年，对外汉语教学领导小组委托国内的几所高等学校，举办以海外汉语教师为对象的培训班。该培训班先后共举办了 10 期，参加培训的海外汉语教师 170 人。1996 年 9 月，国家教委发出《关于重新发布〈“对外汉语教师资格审定办法”实施细则〉的通知》。通知重申，从事对外汉语教学的教师必须具有资格证书。但考虑到当时教师队伍的状况，通知要求到 2000 年底，所有对外汉语教师必须持证上岗。

2004 年 10 月起，教育部实施《汉语作为外语教学能力认定办法》。按照以往规定，申请对外汉语教师资格者至少需要具有大学本科以上学历，并具备 320 课时正规大学对外汉语教学经验。《办法》则放宽了条件：具有大专（含）以上学历和必要的普通话水平就可以报考，其中中国公民应具有相当于大学英语四级以上或全国外语水平考试合格水平。

5. 推行对外汉语水平考试

1984 年底，我国成立了汉语水平研究小组。1988 年，发布了《汉语水平考试（HSK）大纲》，并开始试用，同时，制定了《汉语水平考试（HSK）命题人员守则》。从 1988 年起，我国开始在国内外进行汉语水平考试的试点。1990 年 2 月 20 日，国家有关部门联合召开中国汉语水平考试专家鉴定会。与会专家认为，汉语水平考试已初步形成了具有自己特点的模式，达到了一定的标准化和自动化水平；汉语水平考试的研究成果填补了我国汉语测试的一项空白，对于我国语文考试标准化具有借鉴作用。这个项目在国内外同类研究中处于先进水平。1991 年，首届汉语水平考试学术讨论会召开，11 个国家和地区的 32 名海外代表和 65 名国内代表出席了会议。1992 年 9 月，国家教委宣布成立“汉语水平考试委员会”，具体负责汉语水平考试，并负责颁发考试证书。

汉语水平考试在 1991 年开始推向国外。到 2004 年，国内已设汉语水平考试考点 59 个，海外考点达 90 多个。

为了进一步推广和发展汉语水平考试，从 2003 年起国家又开始研发少儿、商务、旅游、文秘等四种专项汉语水平考试。

二、中外合作办学稳步发展

中外合作办学，包括外国教育机构在我国合作办学和我国教育机构在外国合作办学。中外合作办学始于 20 世纪 80 年代中期，至 90 年代有了一定的发展。

我国改革开放以来的第一个中外合作办学机构，是经国务院批准于 1986 年 9 月成立于南京大学的南京大学—约翰·霍普金斯大学中美文化研究中心。霍普金斯大学是美国的一所私立大学。这个研究中心由中美双方学校投资建设。研究中心的教学内容是关于两国文化的研究，研究中心的教员由中美双方学校配备，招收的学员为中美两国具有大学本科以上学历的学生。至今，这个研究中心仍然在正常运转，基本保持稳定的发展规模。

1988 年，经国家教委批准，德国的歌德学院在北京外国语学院内建立了歌德学院北京分院。分院是北京外国语学院下属的二级机构，其主要工作是进行德语培训和就德国问题举办讲座等。因为歌德学院北京分院的教学内容牵涉到教育和文化两个部分，所以，分院的工作由国家教委和文化部协调管理。

随着改革开放的深入发展，为了适应中外合作办学发展的需要，1993 年 6 月，国家教委发布了《关于境外机构和个人来华合作办学问题的通知》。《通知》指出，通过接受捐资助学、合作办学等形式，有条件、有选择地引进和利用境外于我国有益的管理经验、教育内容和资金，有利于我国教育事业的发展。《通知》规定的合作办学是指：国内办学机构同境外机构或个人在中国境内合作建立教育机构，双方共同承担办学经费，共同参与学校的教学与管理。《通知》强调，与境外机构或个人在我国内合作办学，应坚持积极慎重、以我为主的原则。《通知》对境外机构或个人在我国举办非学历教育的各类短训班，中等学历教育的职业高中、中等专业学校、技工学校和高等学历教育等各类合作教育机构的审批作出了具体规定；《通知》规定基础教育不属于合作办学范围，不接受宗教组织在我国合作办学。据对20个省、自治区、直辖市至1994年底的不完全统计，当时国内已经设立的中外合作办学机构有70个，其中实施高等学历教育的机构20个，高等非学历教育的机构23个，中等职业教育的机构10个，其他为进行短期成人教育的机构。

1995年，国家教委发布了《中外合作办学暂行规定》。《规定》指出：中外合作办学是中国教育对外交流与合作的重要形式，是对中国教育事业的补充；中外合作办学可以举办除义务教育和国家规定的其他教育以外的各类教育机构；中外合作办学必须贯彻中国的教育方针，不得以盈利为目的；中国不接受境外组织和个人在中国境内独立举办以招收中国公民为对象的学校及其他教育机构；中外合作办学机构校（院）长或其主要负责人，必须由在中国境内定居的中国公民担任，并报审批机关核准；中外合作办学机构的理事会或联合管理机构中，中方人员不得少于总人数的二分之一。

2003年3月，国务院颁布《中华人民共和国中外合作办学条例》。该条例是我国适应加入世界贸易组织的新形势，进一步扩大教育对外开放，满足人民丰富多样的教育需求，推进教育改革与发展的重要措施。制定中外合作办学条例，最重要的原则和出发点是扩大开放，引进优质教育资源；规范管理，维护各方合法权益。《条例》的颁布实施有利于我国教育在更大范围、更广领域和更高层次上参与教育对外合作，增加人民群众接受优质教育的机会，提高教育对外开放的整体水平；有利于引进外国优质教育资源，规范中外合作办学行为，提高办学质量，维护中外合作办学双方和受教育者的合法权益；有利于借鉴国外有益的教学和管理经验，引进我国现代化建设急需的学科、专业，推动我国课程、教材和教学改革，促进教育管理体制和运行机制的进一步改革，提高学校的办学水平，从而全面提高我国教育的国际竞争力。

到2004年为止，在我国的中外合作办学机构，可分为从事学历教育的合作办学机构和从事非学历教育的合作办学机构两种。

所谓从事学历教育的合作办学机构，是指经国务院学位委员会批准的授予我国学位的合作办学机构；以及对国内急需的专业，利用国外合作者在教学、教材、教学保障等方面的优势，经国务院学位委员会批准，授予境外学位的合作办学机构。在1995～1999年间，北京大学、清华大学等22所国内大学，先后同美国、澳大利亚、法国、挪威、新加坡、泰国等国家的大学，在运输与物流管理（学士）、国际经济、传媒与交流（学士）、国际工商管理（硕士，MBA）、制造工业工程学（硕士）、法律（硕士）、高级护理（硕士）等学科领域进行合作办学。这些合作办学机构，有的授予我国的学位，有的授予外国的学位。

另外还有从事高中学历教育的中外合作办学机构。这类合作办学机构招收中国学生，其课程体现两国的长处，特别是强调外语教学。

非学历教育的合作办学机构是指进行各种类型培训的教育机构。外国许多在华企业参与这种合作培训，这类培训是为企业的发展服务的。

我国高等学校到外国办学是在20世纪90年代发展起来的。主要有两类，一类是汉语教学机构，另一类是中医教学机构。

在国外合作举办汉语教学机构的教材基本上采用我国的对外汉语教学教材。我国合作学校派遣教师任教，学生学习一定时间后（一般为一年，也有的时间稍长一些），再转到中国有关院校学习。北京语言文化大学同韩国、日本的一些单位进行了此类合作办学。

在国外合作举办中医教学机构的基本模式是，合作办学机构基本上采用我国中医教学教材，我国参与合作的中医院校派遣教师在合作机构中任教，学生毕业成绩合格者授予我国中医院校的毕业证书。我国的一些中医院校同国外机构合作，在国外举办了一些这样的教学机构。例如，北京中医药大学已先后同德国、英国、西班牙、韩国等国家的教育机构合作建立了中医学科的合作办学机构。

总之，中外合作办学的形式是多种多样的，它是教育国际交流与合作的重要组成部分。但是，对世界上任何主权国家来说，合作办学部分仅为其国内教育很小的一部分。合作办学在我国的发展历史很短，还有许多政策需要完善。

据不完全统计，截至2004年初，全国已有28个省、自治区和直辖市，经批准设立和举办的中外合作办学机构或项目近800个。从地域分布看，中外合作办学机构相对集中在我国沿海省份及大中城市，如上海、北京、山东、江苏、辽宁、浙江、广东等，基本符合这些地区经济和社会发展对各类人才的迫切需求。从合作对象国别和地区分布看，外方合作者主要来自经济发达、科技及教育先进的国家和地区，如美国、澳大利亚、加拿大、日本、新加坡、英国、法国等。从办学层次分布看，学历教育机构占大多数，非学历教育机构也拥有相当的数量，主要偏重于职业教育和技能培训。从专业分布看，开设工商管理类专业（如工商管理、市场营销、会计学、财务管理、人力资源管理、旅游管理）的机构和项目居多，外国语言文学类（如英语、德语、法语、俄语、日语）次之，其他专业还有诸如电气信息类（如计算机、计算机科学与技术、电子科学与技术）、经济学类（如国际经济、国际贸易、财政学、金融学）、艺术类（如艺术设计、戏剧影视文学）、教育学类等。

总体上看，中外合作办学的发展趋势健康平稳，已形成一批办得好、质量高、有特色、受欢迎的中外合作办学机构或项目。一些中外合作办学机构在办学实践中积极引进国外优质教育资源，大胆探索新的办学模式和人才培养模式，积累了不少好的经验。我国的教育行政部门坚持依法行政、规范管理，不断探索有效的管理方式和手段，努力引导中外合作办学向着健康有序的方向发展。

实践证明，中外合作办学在发展过程中日益显示出其独特的优势和作用。主要体现在：一是成为培养现代化建设急需的短缺学科、急需人才的捷径。中外合作办学可以解决目前中国高等教育中存在的短缺学科、急需学科和新兴学科建设和发展的问题，培养中国改革开放及经济建设事业急需的各类人才。二是可以成建制地系统引进国外知名高等教育机构的课程计划、教材、教法，掌握外国教育和科技前沿的发展动态，促进中国教育事业的发展。三是让中外合作办学成为“不出国的留学”，以解决部分中国学生在国内接受国外教育，满足其出国学习先进文化科技知识的需求，同时达到节约受教育成本的目的。

小结

1982年至1992年这十年，是建国以来社会主义教育发展史上具有重要意义和深远影响的阶段。在这一历史阶段，教育思想有了重大发展，教育地位得到历史性提升，教育改革特别是教育体制的改革取得了突破性进展，开启了全面建设中国特色社会主义教育的新时代。

在这期间，我国在构建中国特色社会主义教育理论上取得了重大突破。邓小平从当代社会发展的大局和中国社会主义现代化建设全局的高度，提出了“教育要面向现代化，面向世界，面向未来”的教育战略指导方针，以及一系列关于教育的新思想、新观念，形成了具有中国特色和时代特征的、内涵十分丰富而深刻的邓小平教育理论，为教育的改革和发展指明了方向，成为指导我国教育改革和发展的理论基础。邓小平教育理论是对毛泽东教育思想的继承和在新时期创造性的发展，对教育既具有伟大的现实指导意义又具有长远的理论指导价值。党和国家把教育确定为社会主义现代化建设的战略重点，这在建国后还是第一次。这是中国共产党对教育的社会功能、社会地位和作用认识的重大突破，也是对中国特色社会主义的教育理论的重大贡献。

在这十年间，中共中央颁布的《关于教育体制改革的决定》进一步确立了教育必须为社会主义建设服务，社会主义建设必须依靠教育的根本指导思想。由此，我国从教育体制改革入手，推动教育教学全面改革与教育事业发展，并取得了显著的成绩。

基础教育通过实行“地方负责、分级管理”的体制改革，实施九年制义务教育，调动了全社会关心支持教育的积极性，从根本上改变了我国中小学特别是农村中小学的落后面貌。通过调整中等教育结构，中等职业技术教育得到迅速发展，为逐步建立初、中、高等职业技术教育体系奠定了良好基础。成人教育的重点转向以岗位培训为主，各级各类成人学校根据生产和工作需要进行改革，取得新的成绩。高等学校管理体制改革扩大了高校的自主权，高等教育结构日趋合理，为国家经济建设和社会发展培养了大批急需的专业人才。学校教育教学改革全面展开，德育工作得到了改进和加强，教育质量不断提高。通过实施农村教育综合改革，推行“燎原计划”、“农科教结合”、“三教统筹”，走出了一条适合我国国情的农村教育改革和发展的成功路子。城市和企业教育综合改革迈出了可喜的步伐。教育国际交流与合作十分活跃，取得了历史性的大发展。各级各类教育事业实现了健康、持续的发展，是建国以来教育发展史上最好的时期之一，为 20 世纪 90 年代乃至 21 世纪初期教育的深化改革和蓬勃发展，开拓了道路，奠定了基础。

但是，在教育改革和发展过程中也存在着不尽如人意的问题，如教育经费还没有按国家规定实现增长，影响了教育战略地位的落实；教育发展还不平衡；农村教育综合改革实验未能一贯地以足够的力度坚持下去，农村教育问题从全局上尚未得到根本解决；等等。

1992 年以后，我国进入加快现代化建设和改革开放步伐的新阶段，教育改革进一步深化，教育发展进一步加快。

6

第六编 社会主义教育改革与发展的新阶段（1992～2004）

1992年1月18日至2月21日，中国改革开放的总设计师邓小平先后赴武昌、深圳、珠海和上海等地视察，沿途发表了著名的南方谈话。谈话内容极为丰富。他强调：要坚持党的十一届三中全会以来的路线方针，关键是坚持党的“一个中心、两个基本点”的基本路线，一百年不动摇；要加快改革开放的步伐，以“三个有利于”指导改革，即改革开放的判断标准主要看是否有利于发展社会主义社会的生产力，是否有利于增强社会主义国家的综合国力，是否有利于提高人民的生活水平；不要纠缠于姓“资”还是姓“社”的问题讨论，计划和市场不是社会主义和资本主义的本质区别；发展才是硬道理，要抓住有利时机，集中精力把经济建设搞上去；发展经济必须依靠科技和教育，科技是第一生产力。① 邓小平视察南方的重要谈话，从理论上深刻地回答了长期困扰和束缚人们思想的许多重大认识问题。这对进一步解放思想，继续推进改革开放和社会主义现代化建设，具有重大而深远的意义。我国迎来了改革开放的“第二个春天”。

1992年10月，中共十四大在北京召开。这次代表大会根据邓小平南方谈话精神，坚持十一届三中全会以来的路线、方针和政策，作出了三大战略决策：一是加快社会主义现代化建设步伐；二是坚持用邓小平理论武装和统一全党思想；三是确定建立社会主义市场经济体制的改革目标。

从邓小平发表南方谈话到中共十四大召开，标志着我国改革开放和社会主义现代化建设进入了一个新的发展阶段。在这个阶段，以江泽民为核心的第三代中央领导集体，在国际国内十分复杂的形势下，高举邓小平理论伟大旗帜，坚持党的基本路线不动摇，团结带领全党和全国各族人民，抓住机遇，深化改革，扩大开放，促进发展，保持稳定，推动中国特色社会主义事业取得了举世瞩目的新进展。

1997年9月，在世纪之交召开的中共十五大，是中国共产党在邓小平逝世后召开的第一次全国代表大会，具有承前启后、继往开来的重要意义。大会更加完整、科学地提出党的社会主义初级阶段经济、政治、文化的基本纲领，要求全党高举邓小平理论伟大旗帜，把建设有中国特

---

① 《邓小平文选》（第2卷），北京：人民出版社，1993年版，第370～383页。

色社会主义事业全面推向21世纪，并根据邓小平理论和党的基本纲领，对我国跨世纪的现代化建设事业作出了战略部署，要求我国经济体制改革要有新的突破，政治体制改革要继续深入，精神文明建设要切实加强。江泽民在十五大报告中初步勾画了实现"三步走"战略目标的蓝图，即21世纪第一个十年实现国民生产总值比2000年翻一番，使人民的小康生活更加宽裕，形成比较完善的社会主义市场经济体制；再经过十年的努力，到建党一百年时，使国民经济更加发展，各项制度更加完善；到21世纪中叶新中国成立一百年时，基本实现现代化，建成富强民主文明的社会主义国家。

2000年，江泽民提出"三个代表"的重要思想，不仅为党的建设提供了根本的指导思想，也为我国各项事业的改革与发展指明了方向。在邓小平理论和"三个代表"重要思想的指引下，我国的生产力水平、综合国力和人民生活水平不断提高，处于建国以来发展最快、变化最大、效果最好的历史时期。

在改革开放和现代化建设取得重大成果的基础上，2002年11月，中共十六大在北京召开。大会把"三个代表"重要思想和马克思列宁主义、毛泽东思想、邓小平理论一道确立为党的指导思想，提出了全面建设小康社会的奋斗目标，对建设中国特色社会主义经济、政治、文化和党的建设等项工作进行了全面部署，突出强调发展要有新思路，改革要有新突破，开放要有新局面，各项工作要有新举措。

十六大以后，中共中央确立了以人为本、全面协调可持续的科学发展观，突出了实施科教兴国战略和人才强国战略在全面建设小康社会中的重要战略地位。这标志着我国进入了全面建设小康社会，加快推进改革开放和社会主义现代化建设的又一个新阶段。

从邓小平南方谈话到2004年的十多年间，为了适应经济社会发展对教育提出的新的更高要求，我国教育事业进入深化改革、加快发展的新阶段。在这个阶段，教育战线坚持以邓小平理论、"三个代表"重要思想和科学发展观为根本指针，实施科教兴国战略和人才强国战略，提出教育改革与发展的蓝图和总体规划，全面推进素质教育，加快依法治教进程，进一步深化教育体制改革，不断促进教育发展，在探索建立中国特色社会主义教育体系的道路上迈出了坚实的步伐。

第二十五章　新阶段教育的指导思想与伟大战略

20世纪90年代以后，在邓小平理论、“三个代表”重要思想和科学发展观的指引下，党和国家始终把提高全民族素质作为关系社会主义现代化建设全局的一项根本任务。为了实现这个战略任务，党和国家不失时机地确定实施科教兴国战略和人才强国战略，对我国教育的深化改革与快速发展产生了巨大的推动作用。

为了进一步落实科教兴国战略和人才强国战略，党和国家先后绘制了我国教育改革与发展的蓝图和总体规划：《中国教育改革和发展纲要》、《面向21世纪教育振兴行动计划》和《2003～2007年教育振兴行动计划》，指导我国教育改革与发展取得了令人瞩目的成就，一个充满生机的、有中国特色的社会主义教育体系基本框架初步形成。

第一节　新阶段教育改革与发展的根本指针

邓小平理论是中国共产党在把马克思主义同中国实际相结合的过程中实现的第二次飞跃，它找到了中国自己的社会主义建设道路。第三次飞跃是在中共十三届四中全会以后，中国共产党坚持马克思主义的思想路线，尊重实践，尊重群众，集中全党智慧，创立了“三个代表”重要思想和科学发展观，实现了党在指导思想上的又一次与时俱进。邓小平理论、“三个代表”重要思想和科学发展观是发展着的马克思主义，为我国教育改革与发展指明了方向。

一、高举邓小平理论伟大旗帜

中共十四大作出了坚持用邓小平理论武装和统一全党思想的决策，

强调学习马克思列宁主义、毛泽东思想，中心内容是学习邓小平建设中国特色社会主义理论。这是党的思想理论建设的一项长期的具有战略意义的重大任务。

中共十五大把邓小平理论同马克思列宁主义、毛泽东思想一起作为党的指导思想写入《中国共产党章程》，要求全党高举邓小平理论伟大旗帜，用邓小平理论指导我们整个事业和各项工作。

为了贯彻十五大精神，教育部于1998年编写的《邓小平教育理论学习纲要》，比较全面、系统地阐述了邓小平教育理论的基本观点。邓小平深刻地阐明，社会主义的根本任务是发展生产力，科学技术是第一生产力，科技人才的培养，基础在教育，教育是实现"三步走"战略目标和现代化建设的重点；中国人口多、底子薄，只有发展教育才能使人口重负转变为人才资源的优势，充分发挥社会主义制度的优越性；教育要面向现代化，面向世界，面向未来，教育事业的发展要成为整个社会主义事业的重要组成部分，要同社会主义建设的要求相适应；发展社会主义事业，要尊重知识，尊重人才；社会主义精神文明建设的根本任务是培育有理想、有道德、有文化、有纪律的社会主义新人，提高整个中华民族的思想道德素质和科学文化素质；要改革教育体制，改革教学内容和方法，不断提高教育质量；各级领导要像抓经济工作那样抓教育工作，忽视教育的领导者，是缺乏远见的、不成熟的领导者，就领导不了现代化建设；等等。邓小平教育理论是邓小平理论的有机组成部分。①

1998年5月22日，中共中央宣传部、教育部发出《关于认真学习〈邓小平教育理论学习纲要〉的通知》。《通知》明确指出：邓小平教育理论是我国社会主义教育事业发展的指导思想。必须认真学习和全面掌握邓小平教育理论，用这一理论指导新时期的教育工作。

二、学习贯彻"三个代表"重要思想和科学发展观

在世纪之交的重要时刻，江泽民于2000年2月在出席广东茂名高州市领导干部"三讲"（讲学习、讲政治、讲正气）教育会议时发表重

① 教育部编：《邓小平教育理论学习纲要》，北京：北京师范大学出版社，1998年版，第3~4页。

要讲话，首次提出“三个代表”的重要思想。他指出，我们党“总是代表着中国先进生产力的发展要求，代表着中国先进文化的前进方向，代表着中国最广大人民的根本利益”。① 同年5月，江泽民在江苏、浙江、上海考察工作时又指出，“始终做到‘三个代表’，是我们党的立党之本、执政之基、力量之源”。②

中共十六大高度评价“三个代表”重要思想的历史地位和重要作用，把“三个代表”的重要思想同马克思列宁主义、毛泽东思想、邓小平理论一道确立为党必须长期坚持的指导思想。2004年，十届全国人大二次会议通过的宪法修正案，把“三个代表”重要思想写入了《中华人民共和国宪法》，成为全党全国人民在新世纪新阶段继续团结奋斗的共同思想基础。

十六大报告全面阐述了党的教育方针，增加了教育要“为人民服务”的表述，这是“三个代表”重要思想在教育宗旨上的具体体现。教育战线在学习和实践“三个代表”重要思想中明确提出，要办好让人民满意的教育。这一号召得到了全国教育战线的拥护，也得到广大人民群众的赞同。

2003年3月19日，教育部党组书记、部长周济在接受记者采访时指出，教育为人民服务主要有三个方面的内涵。

第一，培育实现中华民族伟大复兴的一代新人，是教育为人民服务的集中体现。中华民族的伟大复兴，是近代以来中国人民梦寐以求的理想，是中国人民的根本利益所在。一百多年来中国人民的一切奋斗，都是为了实现祖国的富强、人民的解放和中华民族的伟大复兴。教育为人民服务，就要为中华民族复兴的伟大理想服务，培育一代信念坚定、艰苦奋斗、有能力实现中华民族复兴伟业的人才。

第二，让人民享有接受良好教育的机会，是教育为人民服务的前进方向。必须加快建设比较完善的现代国民教育体系和终身教育体系，巩固和提高普及九年义务教育的发展成果，实现高等教育的健康持续快速发展，积极发展高中阶段教育，大力发展以就业为导向的职业教育，积

① 江泽民：《论“三个代表”》，北京：中央文献出版社，2001年版，第2页。
② 江泽民：《论“三个代表”》，北京：中央文献出版社，2001年版，第7页。

极推进教育信息化，加快建设学习型社区，发展和完善各种形式的继续教育，千方百计增加高质量的教育供给，努力保障人民受教育权益的实现，满足人民丰富多样的教育需求。

第三，办让人民满意的教育，是教育为人民服务的最高宗旨。中国的老百姓从来就重视子女的教育，而在实现温饱、小康的今天，人民群众更加重视子女的教育。教育好我们的下一代，让每一个孩子成"人"、成"才"，已经成为人民群众的最大愿望，这也是我们教育的神圣职责。同时，必须实现教育同经济发展和社会进步更紧密的结合，为人民过上更加幸福的生活作出更大的贡献。

为了帮助广大干部群众学习贯彻"三个代表"重要思想教育理论，教育部于2004年编写了《"三个代表"重要思想教育理论学习纲要》，比较全面、系统地阐述了"三个代表"重要思想教育理论的新思想、新观点、新论断。《纲要》强调："三个代表"重要思想教育理论提出了一系列关于教育改革发展创新的理论和主张，为我们正确认识和应对有关我国教育改革发展的一系列重大问题指明了方向，提供了科学理论和方法。

"三个代表"重要思想教育理论的主要内容，包括以下十个方面：(1)教育在现代化建设中具有基础性、先导性、全局性作用，国运兴衰，系于教育；(2)实施科教兴国战略和人才强国战略，培养造就高素质的人才队伍，是关系国家强盛和民族振兴的重大决策，必须把科技和教育摆在经济和社会发展的重要位置，繁荣发展哲学社会科学；(3)必须坚持社会主义办学方向，全面贯彻党的教育方针；(4)全面推进素质教育，促进人的全面发展；(5)必须把思想政治教育摆在重要地位，进行马克思主义理论教育，爱国主义、集体主义和社会主义教育，中国近代史、现代史和国情教育，弘扬和培育中华民族精神，使受教育者树立正确的世界观、人生观和价值观；(6)要特别关心青少年的进步与成长，对他们一要爱，二要严；(7)振兴教育的希望在教师，要努力造就一支献身教育事业的高水平的教师队伍；(8)要坚持教育创新，深化教育改革，积极探索社会主义市场经济条件下教育的新体制和发展的新路子；(9)大力发展教育事业，构建现代国民教育体系和终身教育体系，形成学习型社会；(10)教育是一种崇高的社会公益事业，全党全社会都要满腔热情地关心和支持教育工作。①

2004年11月17日，中共中央宣传部、教育部发出《关于认真学习〈“三个代表”重要思想教育理论学习纲要〉的通知》。《通知》指出：学习贯彻“三个代表”重要思想教育理论，要把研读江泽民同志的著作同学习马列著作、毛泽东著作和邓小平著作结合起来，同学习胡锦涛同志的一系列重要讲话结合起来，同学习党的十六届四中全会精神结合起来。通过学习，进一步从整体上把握“三个代表”重要思想的科学体系，在对“三个代表”重要思想教育理论的认识上达到新高度，在认真贯彻“三个代表”重要思想、落实科教兴国、推动教育战线各项工作上取得新成效。②

中共十六大以后，党中央高举邓小平理论和“三个代表”重要思想伟大旗帜，把中国特色社会主义事业继续推向前进。十六届三中全会明确提出，要坚持以人为本、全面协调可持续的科学发展观。科学发展观是我们党以邓小平理论和“三个代表”重要思想为指导，对长期发展实践的经验总结和理论升华，是全面建设小康社会和推进现代化建设始终要坚持的重要指导思想。科学发展观的提出，对包括教育在内的我国各项事业的发展产生了重大的影响。教育战线明确提出要用科学发展观统领教育工作全局的宏观思路，并且提出，全面落实科学发展观，必须坚定不移地实施科教兴国战略和人才强国战略，切实把科教兴国和人才强国摆在更加突出的战略位置。具体来说就是：坚持“巩固、深化、提高、发展”的方针；坚持教育以育人为本；坚持统筹教育规模、结构、质量、效益的协调发展，统筹各级各类教育的协调发展，统筹城乡教育和区域教育的协调发展，统筹教育事业的改革、发展和稳定。在科学发展观的指引下，新世纪新阶段教育改革与发展的方向更加明确了。

---

① 教育部编：《“三个代表”重要思想教育理论学习纲要》，北京：高等教育出版社，2004年版，第3~4页。

② 教育部编：《“三个代表”重要思想教育理论学习纲要》，北京：高等教育出版社，2004年版，第2页。

第二节　确立科教兴国战略和人才强国战略

1995年5月，我国确立了实施科教兴国的战略；2001年3月，我国将人才战略确立为国家战略。这两个战略是党中央全面分析我国面临的国际国内形势，在社会主义现代化建设新的历史时期作出的重大战略决策，对我国教育的改革与发展产生了巨大的推动作用，同时也对教育发挥“兴国”、“强国”作用提出了更高的要求。

一、确立科教兴国战略

科教兴国战略的提出，有着深刻的国外国内的背景。

从国际环境来看，我国正面对着世界经济和科技前所未有的大发展，也面对着前所未有的激烈国际竞争。教育同经济、科技、社会实践越来越紧密地结合，正在成为推动科技进步和经济、社会发展的重要力量。离开教育和科技的发展，要把国家的经济搞上去是不可能的。同时，知识将成为财富的源泉，人才将是发展生产的关键。正因为如此，科技和教育已经成为国家发展的基础和国际竞争的热点，受到国际社会普遍关注。许多国家的政府都把发展科技和教育作为基本国策和首要任务，不遗余力地加快各类人才的培养，努力提高劳动者的科学文化水平。

从国内形势和基本国情来看，1987年，在中共十三大上，邓小平设计了我国分“三步走”基本实现现代化的宏伟蓝图。1992年召开的中共十四大明确提出：“必须把教育摆在优先发展的战略地位，努力提高全民族的思想道德和科学文化水平，这是实现我国现代化的根本大计。”我国教育工作取得的巨大成就是有目共睹的。同时，我国又是一个人口众多，而且农村人口比重很高的发展中国家，工业化水平还不高，科技和教育在总体上仍不发达，地区发展又很不平衡，特别是教育的战略地位在实际工作中还没有完全落实，教育投入不足，教师待遇偏低，办学条件较差，教育思想、教育内容和教育方法程度不同地脱离实际，学校思想政治工作还需要进一步加强和改进，教育体制和运行机制不适应日益深化的经济、政治、科技体制改革的需要。因此，如何发展科技和教育事业，提高全民族的科学文化素质，把经济建设转到依靠科技进步和提高劳动者素质的轨道上来，把沉重的人口负担转变为人才资源优势，已成为关系我国实现社会主义现代化进程的全局性问题。

在邓小平理论的指导下，党中央、国务院要求各级党政领导在当前工作和中长期规划中把经济发展、科技进步同教育事业三者统筹考虑、紧密结合，力求形成良性循环的运行机制。因此，在中共中央正式明确提出“实施科教兴国战略”之前，全国已有不少地区提出了“科教兴省”、“科教兴市”和“科教兴县”的目标。1988 年，江苏省率先提出实施“科教兴省”战略，决定转换经济增长方式，从过去主要依靠大量耗费资源和廉价劳动力逐步转换到主要依靠科技水平和劳动者素质上来。

正是基于对上述国际环境和基本国情的正确把握，以及对科技和教育战略地位的前瞻性思考，以江泽民为核心的党中央继承和发展了邓小平“科学技术是第一生产力”、“尊重知识，尊重人才”等思想，不失时机地确立了实施科教兴国的战略。

1995 年 5 月 6 日，中共中央、国务院作出《关于加速科学技术进步的决定》，第一次提出要“坚定不移地实施科教兴国战略”。5 月 26 日，中共中央、国务院召开了第三次全国科技大会。江泽民在讲话中首次对“科教兴国”的内涵作了阐发：“科教兴国，是指全面落实科学技术是第一生产力的思想，坚持教育为本，把科技和教育摆在经济、社会发展的重要位置，增强国家的科技实力及向现实生产力转化的能力，提高全民族的科技文化素质，把经济建设转移到依靠科技进步和提高劳动者素质的轨道上来，加速实现国家的繁荣强盛。”①

同年 9 月 28 日，中共十四届五中全会通过的《中共中央关于制定国民经济和社会发展“九五”计划和 2010 年远景目标的建议》，正式把“实施科教兴国战略，促进科技、教育与经济紧密结合”作为实现未来十五年国民经济和社会发展的指导方针。1996 年，全国人大八届四次会议正式通过《中华人民共和国国民经济和社会发展“九五”计划和 2010 年远景目标纲要》，确定了我国中长期教育发展目标和改革的总体思路，其中把实施科教兴国战略作为我国的一项基本国策。

---

① 中共中央文献研究室编：《江泽民论有中国特色社会主义》（专题摘编），北京：中央文献出版社，2002 年版，第 232 页。

1997 年 9 月，中共十五大进一步强调实施科教兴国战略，把发展教育和科学作为文化建设的基础工程。在这次代表大会上，江泽民作了题为《高举邓小平理论伟大旗帜，把建设有中国特色社会主义事业全面推向 21 世纪》的报告，再次提出把科教兴国战略和可持续发展战略作为跨世纪的国家发展战略。

1998 年 5 月 4 日，江泽民在北京大学建校 100 周年庆祝大会上的讲话中号召全党全社会"紧紧围绕经济建设这个中心，坚持不懈地实施科教兴国战略"，并要求"全党全社会都要高度重视知识创新、人才开发对经济发展和社会进步的重大作用，使科教兴国真正成为全民族的广泛共识和实际行动"。"在教育和科研战线上努力开创人才培养和知识创新的生机勃勃的新局面。"① 这就进一步向全党和全国人民发出了实施科教兴国的动员令。

为了全面落实科教兴国战略，党和政府始终坚持把实施科教兴国战略作为主要任务。1998 年 3 月，第九届全国人大一次会议刚闭幕，新任国务院总理朱镕基就向中外记者宣布："科教兴国是本届政府的最大的任务。我们有决心进一步把科教兴国的方针贯彻到底。本届政府决心精简机构，减掉一半的人，同时制止重复建设，把钱省下来贯彻科教兴国的方针。"② 6 月，经中共中央批准，国务院成立了国家科技教育领导小组，由朱镕基亲自担任组长，国务院副总理李岚清任副组长。

国家科技教育领导小组成立以后，加强了对全国科技、教育工作的组织协调，先后召开了十多次会议，审议了几十项有关科技、教育的重大议题，作出了一系列实施科教兴国战略的重要决策，从体制、机制、政策以及思想观念等多方面促进了科技、教育同经济、社会发展的结合，促进我国科技教育事业实现跨越式发展。

"科教兴国"作为一项全国性的战略提出后，农业、工业、国防、财贸、教育等行业和部门都提出了依靠科教振兴行业的发展战略。自国家科技教育领导小组成立后，各省、自治区、直辖市及各地（市）、县（市）也相继成立了科技领导小组或科教兴省（区、市）领导小组，并

① 《江泽民文选》（第 2 卷），北京：人民出版社，2006 年版，第 123 页。
② 《人民日报》，1998 年 3 月 20 日，第 1 版。

结合本地实际，研究制定了科教兴省、科教兴市、科教兴县的发展战略和发展方针，从而加速了地方科技、教育和经济的发展。

经过近十年的发展，我国科技事业实现了新的跨越，教育事业不断跃上新的台阶，已经成为推动我国经济总量提高和现代化建设各项事业迅速发展、社会全面进步的关键性因素，为社会主义现代化建设提供了强有力的人才支持和智力贡献。这些成绩的取得，为我们进一步实施科教兴国战略积累了经验、奠定了基础。

二、确立人才强国战略

21 世纪的国际经济、科技竞争，归根结底是劳动力素质的竞争，是人才的竞争。但是，我国人才的总量、结构和素质还不能适应经济、社会发展的需要，特别是现代化建设急需的高层次、高技能和复合型人才短缺；市场配置人才资源的基础性作用发挥不够，人才流动的体制性障碍尚未消除，人尽其才的用人机制有待完善。总的来看，我国人口资源的潜在优势还没有充分转化为现实的人才优势，在全球性的人才竞争中，我们还面临着严峻的考验。如何抓住机遇，迎接挑战，下大力气做好人才的培养、吸引和使用工作，为全面建设小康社会提供坚强的人才保证，已经成为摆在全党、全国人民面前的一项重大而紧迫的战略任务。

为了适应新世纪新阶段的需要，2000 年召开的中共十五届五中全会提出，要把培养、吸引和用好人才作为一项重大的战略任务切实抓好，努力建设一支宏大的、高素质的人才队伍。2001 年 3 月，九届人大四次会议批准的国家“十五”计划纲要专门列出“实施人才战略，壮大人才队伍”一章，提出要加快培养和选拔适应改革开放和现代化建设需要的各类人才，加快建立有利于优秀人才脱颖而出、人尽其才的有效机制。这是我国首次将人才规划作为国民经济和社会发展规划的一个重要组成部分，将人才战略确立为国家战略。

2001 年底，中国加入世界贸易组织，从此，全方位、深层次、宽领域的对外开放格局初步形成。加入世界贸易组织后，我国经济和社会发展对高层次人才的需求更加强烈，经济结构调整对人才结构调整的要求也更加迫切。2002 年 7 月，为了适应我国加入世界贸易组织后的新形势，保证中国特色社会主义事业的健康发展，中共中央制定下发了

《2002~2005年全国人才队伍建设规划纲要》，明确提出要实施人才强国战略，对新时期我国人才队伍的建设进行了全面部署。这是中共中央为迎接全球化带来的国际人才竞争而制定的第一部综合性人才规划纲要，标志着我国人才工作进入了新的发展阶段。

2002年12月，中共十六大提出了全面建设小康社会的宏伟目标，对我国人才资源开发工作提出了更高要求。十六大报告确立了“尊重劳动、尊重知识、尊重人才、尊重创造”的重大方针，号召全社会大力营造鼓励人们干事业和干成事业的社会氛围。

为了保证全面建设小康社会宏伟目标的实现，2003年5月，中共中央政治局召开会议，研究了进一步加强人才工作的问题。会议总结了中国共产党近年来人才工作的成绩，明确了新世纪新阶段人才工作的紧迫任务，提出了做好人才工作的总体要求，并决定召开一次全国人才工作会议，解决人才工作和人才队伍建设面临的主要问题，从而推进人才强国战略的实施。会议强调，人才工作的紧迫任务是：适应全面建设小康社会的需要，抓住培养、吸引、用好人才三个环节，开发利用国内国际两个人才市场、两种人才资源，着力建设党政人才、企业经营管理人才和专业技术人才三支队伍，重点培养一批适应社会主义现代化建设和改革开放要求的高层次人才，创新人才工作机制，努力创造人才辈出、人尽其才的良好局面，把各类优秀人才集聚到党和国家的各项事业中来。

为了实现中共十六大提出的全面建设小康社会的宏伟目标，大力实施人才强国战略，建设宏大的高素质人才队伍，2003年12月19日至20日，中共中央、国务院在北京召开了全国人才工作会议，全面部署实施人才强国战略。中共中央总书记胡锦涛在全国人才工作会议上强调：“人才问题是关系党和国家事业发展的关键问题。全党同志必须从全局和战略的高度，以高度的政治责任感和历史使命感，把实施人才强国战略作为党和国家一项重大而紧迫的任务抓紧抓好，努力造就数以亿计的高素质劳动者、数以千万计的专门人才和一大批拔尖创新人才，建设规模宏大、结构合理、素质较高的人才队伍，充分发挥各类人才的积极性、主动性和创造性，开创人才辈出、人尽其才的新局面，大力提升国家核心竞争力和综合国力，为全面建设小康社会和实现中华民族的伟大复兴提供重要保证。”①

会议讨论了中共中央、国务院《关于进一步加强人才工作的决定》。2003年12月26日，中共中央和国务院正式颁布了这份文件。这是中共中央和国务院第一次专门就加强人才工作作出决定。《决定》强调：(1)坚持“以人为本”，把促进发展作为人才工作的根本出发点。(2)坚持科学的人才观，把品德、知识、能力和业绩作为衡量人才的主要标准，执行不拘一格选拔人才的“四个不唯”标准：不唯学历，不唯职称，不唯资历，不唯身份。(3)努力形成科学的人才评价和使用机制，建立由品德、知识、能力和业绩四要素构成的素质评价指标体系。(4)遵循人才资源开发规律，坚持市场配置人才资源的改革取向，推进政府部门所属人才服务机构的体制改革，实现各类人才和劳动力市场联网贯通，建立充满生机与活力的人才工作机制。(5)以鼓励劳动和创造为根本目的，加大对人才的有效激励和保障，形成鼓励人才干事业、支持人才干成事业、帮助人才干好事业的社会环境。(6)着重培养造就大批适应改革开放和社会主义现代化建设的高层次和高技能人才，带动整个人才队伍建设。党政人才、企业经营管理人才和专业技术人才是我国人才队伍的主体，必须坚持三支人才队伍建设一起抓，同时要坚持分类指导，整体推进。(7)人才资源开发要与经济社会协调发展，按照统筹城乡发展、统筹区域发展、统筹经济社会发展、统筹人与自然和谐发展、统筹国内发展和对外开放的要求，实行人才结构的战略性调整，优化人才资源配置，促进人才合理分布，发挥人才队伍的整体功能。(8)坚持党管人才的原则，重点做好制定政策、整合力量、营造环境的工作，努力做到用事业造就人才、用环境凝聚人才、用机制激励人才、用法制保障人才。

《决定》站在全面建设小康社会、加快推进社会主义现代化建设的高度，坚持“人才资源是第一资源”的科学论断，把实施人才强国战略确定为新世纪新阶段的根本任务，确立了党和国家人才工作的基本思路和宏观布局，对增强我国的综合国力和国际竞争力具有十分深远的影响。

---

① 《人民日报》，2003年12月20日。

从改革开放初期邓小平提出“科学技术是第一生产力”、“尊重知识，尊重人才”，到20世纪90年代中期中共中央和国务院决定实施科教兴国战略，我国教育事业都及时抓住了历史机遇，取得了跨越式发展。历史进入21世纪，中共中央和国务院又提出“人才资源是第一资源”，确立并实施人才强国战略，表明中国共产党对建设中国特色社会主义规律的认识产生了又一次重要的飞跃，同时表明发展观与人才观始终是紧密联系的一个有机整体。人才强国战略是科教兴国战略的“制高点”，两者紧密结合，相互促进，为提升综合国力和国际竞争力奠定了更为坚实的基础。

第三节　绘就教育改革与发展蓝图

在建设中国特色社会主义的过程中，为了充分发挥教育在提高民族素质及为经济社会发展提供各类人才支持和知识贡献的重要作用，从我国的国情出发，促进教育与现代化建设的结合，开创教育改革和发展的新局面，中共中央、国务院颁布了《中国教育改革和发展纲要》，并召开改革开放后的第二次全国教育工作会议，部署实施《纲要》。

一、《中国教育改革和发展纲要》的制定与颁布

20世纪90年代即将开始的时候，随着我国经济体制改革和科技体制改革逐步深入，教育体制改革也取得了很大进展。但是教育不能适应经济和社会发展需要的问题还没有从根本上得到扭转。对于这种状况，全国人大代表和全国政协委员在1988年3月召开的两会上提出了不少中肯的批评和许多建设性意见。中共中央十分重视这些批评和建议，于是在同年4月下旬召开的中共中央政治局会议上专门讨论了教育问题。会议决定组织力量认真研究教育工作中存在的问题，提出切实解决教育问题的方案。

根据政治局会议的精神，国务院成立了教育工作研讨小组，由国务委员兼国家教委主任李铁映任组长，国家教委副主任何东昌、国务院副秘书长刘忠德任副组长，并在国家教委内成立办公室，负责研讨小组的日常事务和文件起草工作。国家教委、国家计委、国家科委、国家体改委、财政部、人事部、劳动部等单位抽调人员参加研讨小组工作。研讨

小组的主要任务是：研究我国教育面临的形势与任务，制定到20世纪末教育发展战略和规划的指导方针，以及有关教育的一些重大问题。研讨小组成立后，依托国家教委有关司局组成教育规划、教育立法、教育体制改革、教育经费、教师工资待遇、教学改革等十二个专题研究小组，负责研究和提出改革方案。研讨小组在各专题研究小组提出初步意见的基础上，通过调查研究，召开各界人士参加的座谈会、研讨会、论证会、专题讨论会，广泛听取各方面的意见和建议，起草了《深化教育体制改革和发展教育事业若干问题的思路》（初稿）。

由于中共中央计划在1989年召开的中央全会上专门讨论教育工作，所以研讨小组又在1988年12月起草了《中共中央关于发展教育事业和深化教育改革的决定》（代拟稿）、《中国教育发展和改革纲要（1989～2000）》（草案）、《中华人民共和国教育法》（草案）三个文件。其中，《中共中央关于发展教育事业和深化教育改革的决定》经过中共中央办公厅组成的《决定》起草小组修改后，同作为《决定》配套文件的《纲要》和《教育法》一起，准备提交中共中央全会讨论。

1989年4月，中共中央政治局开会讨论教育工作，并原则通过了《中共中央关于发展教育事业和深化教育改革的决定》。接着，中共中央召开各民主党派负责人座谈会征求意见。1990年1月，国家教委在全国教育工作会议上征求了各地方的意见。同年12月，经国务院同意，国家教委将《中国教育改革和发展纲要》的第17次修改稿印发全国，供各地制定教育事业十年规划和"八五"计划时参考，并进一步征求意见。

邓小平南方谈话发表后，研讨小组又根据对建设中国特色社会主义理论的新认识，对《纲要》再次进行了重要修改，形成送审稿。1992年7月和8月，国务院两次召开常务会议，讨论并原则上通过了《纲要》。

中共十四大召开以后，江泽民于1992年10月29日主持召开中共中央政治局常委会议，对《纲要》进行了认真讨论。根据中共十四大精神和中央政治局常委会议讨论意见，国家教委对《纲要》又进行了修改，并再次征求各省、自治区、直辖市和中央有关部委的意见，其后将修改稿报送中共中央。1993年2月13日，中共中央、国务院正式印发了

《中国教育改革和发展纲要》。

《中国教育改革和发展纲要》以邓小平教育理论为指导，总结了共和国建国四十多年，特别是中共十一届三中全会以后教育改革和发展的经验，分析了我国在社会主义初级阶段的国情以及教育工作面临的形势，提出了到20世纪末中国教育改革和发展的方针任务、目标战略、总体思路和重大政策措施。《纲要》分为六个部分：教育面临的形势与任务，教育事业发展的目标、战略和指导方针，教育体制改革，教师队伍建设，教育经费，共50条。主要内容可以概括为以下几个方面：

第一，在建设社会主义市场经济体制、加快改革开放和现代化建设的新形势下，《纲要》明确提出了教育工作的任务是：遵循中共十四大的精神，以建设有中国特色社会主义的理论为指导，坚持党的基本路线，全面贯彻教育方针，面向现代化、面向世界、面向未来，加快教育改革和发展的步伐，进一步提高劳动者素质，培养大批人才，建立适应社会主义市场经济体制和政治、科技体制改革需要的教育体制，更好地为社会主义现代化建设服务。

第二，在总结历史经验的基础上，《纲要》提出了建设中国特色社会主义教育体系的主要原则：（1）教育是社会主义现代化建设的基础，必须坚持把教育摆在优先发展的战略地位。（2）必须坚持党对教育工作的领导，坚持教育的社会主义方向，培养德智体全面发展的建设者和接班人。（3）必须坚持教育为社会主义现代化建设服务，与生产劳动相结合，自觉地服从和服务于经济建设这个中心，促进社会的全面进步。（4）必须坚持教育的改革开放，努力改革教育体制、教育结构、教育内容和教育方法，大胆吸收和借鉴人类社会的一切文明成果，勇于创新，敢于试验，不断发展和完善社会主义教育制度。（5）必须全面贯彻党和国家的教育方针，遵循教育规律，全面提高教育质量和办学效益。（6）必须依靠广大教师，不断提高教师的政治素质和业务素质，努力改善他们的工作、学习和生活条件。（7）必须充分发挥各级政府、社会各方面和人民群众的办学积极性，坚持以财政拨款为主、多渠道筹措教育经费。（8）必须从我国国情出发，根据统一性和多样性相结合的原则，实行多种形式办学，培养多种规格人才，走出一条符合我国和各地区实际的发展教育的新路子。

第三，制定了近期我国教育发展的目标、战略和指导方针。《纲要》规定，根据我国社会主义现代化建设“三步走”的战略部署，到20世纪末，我国教育发展的总目标是：全民受教育水平有明显提高；城乡劳动者的职前、职后教育有较大发展；各类专门人才的拥有量能基本满足现代化建设的需要；形成具有中国特色的、面向21世纪的社会主义教育体系的基本框架。再经过几十年的努力，建立起比较成熟和完善的社会主义教育体系，实现教育的现代化。

第四，全面贯彻教育方针，全面提高教育质量。《纲要》提出，教育改革和发展的根本目的是提高民族素质，多出人才，出好人才。各级各类学校要认真贯彻“教育必须为社会主义现代化建设服务，必须与生产劳动相结合，培养德、智、体全面发展的建设者和接班人”的方针，努力使教育质量在20世纪90年代上一个新台阶。

第五，加强教师队伍建设。《纲要》强调，振兴民族的希望在教育，振兴教育的希望在教师。要下决心，采取重大政策和措施，提高教师的社会地位，大力改善教师的工作、学习和生活条件，努力使教师成为最受人尊重的职业。《纲要》还提出，要进一步加强师资培养培训工作，建设一支具有良好政治业务素质、结构合理、相对稳定的教师队伍。具体措施是进一步加强师资培训工作；提高教师工资待遇，在住房和其他社会福利方面实行优待教师的政策；精简机构和人员，提高办学效益；进一步改善民办教师工作；对优秀教师和教育工作者，应进行精神的和物质的奖励，对有突出贡献的教师要给予特殊津贴或奖励，并形成制度。

《中国教育改革和发展纲要》是20世纪90年代中国教育改革和发展的纲领性文献。它从战略高度规划了教育在发展规模、速度方面的目标，也明确了教育在结构、质量和效益方面的要求，制定了各级各类教育的发展方针和发展任务。20世纪90年代教育发展的基本要求可以概括为：“两基”（基本普及九年义务教育、基本扫除青壮年文盲）、“两全”（全面贯彻教育方针、全面提高教育质量）、“两重”（建设100所左右重点大学和一批重点学科），使全民教育水平有明显提高，形成有中国特色的面向21世纪的社会主义教育体系的基本框架。

二、1994年全国教育工作会议的召开

为了动员全党全社会认真实施《中国教育改革和发展纲要》规定的任务，中共中央、国务院决定召开改革开放后的第二次全国教育工作会议。会议筹备期间，江泽民、李鹏分别主持召开了中共中央政治局常委会议和国务院总理办公会议，确定这次教育工作会议的任务是：以邓小平建设有中国特色社会主义理论和党的基本路线为指导，为了实现我国在20世纪90年代国民经济翻两番的奋斗目标，加快建立社会主义市场经济体制和现代化建设的步伐，动员全党全社会认真实施《中国教育改革和发展纲要》，进一步落实教育优先发展的战略地位，开创我国教育工作的新局面。

1994年6月14日至6月17日，全国教育工作会议在北京隆重召开。江泽民在会上作了重要讲话。他站在我国社会主义现代化建设的全局和国家、民族前途命运的高度，强调实现现代化的根本大计就是把经济建设转移到依靠科技进步和提高劳动者素质的轨道上来，真正把教育摆在优先发展的战略地位，努力提高全民族的思想道德水平和科学文化水平。

在这次教育工作会议上，一些省、自治区、直辖市以及国家教委的代表就如何落实教育优先发展战略地位、加强“两基”、大力发展职业教育和成人教育、推进高等教育体制改革、加强和改进德育工作以及深化农村、城市和企业的教育综合改革等方面的问题交流了思想和经验。其他代表也都在小型座谈会上介绍了当地贯彻落实《纲要》，做好教育工作，促进经济和社会发展的经验。

这次教育工作会议还对《关于〈中国教育改革和发展纲要〉的实施意见》的征求意见稿进行了讨论，并提出了补充和修改的建议，使之更趋完善和成熟。这个文件后由国务院于1994年7月3日正式发布。《实施意见》根据国民经济和社会发展的客观要求，围绕《纲要》确定的教育事业发展的总目标，对各级各类教育发展、调整宏观教育结构、教师队伍建设分别提出了具体的目标和工作重点，并制定了保障教育改革、提高教育质量效益的相应政策措施。

在中共中央、国务院的直接领导下，经过与会全体同志的共同努力，这次教育工作会议完成了预期的任务，取得了以下重大成果：

（1）这次会议进一步增强了全党、全社会落实教育优先发展战略地位的自觉性和紧迫感，成为推动教育事业和社会主义现代化建设发展的强大动力。各地区、各部门的党政主要领导干部也纷纷通过新闻媒体表态，表示一定要十分重视并切实抓好教育工作，真正落实教育优先发展的战略地位，特别是要在落实“优先”二字上下功夫，做一个清醒的、有远见的领导者，全面担负起领导社会主义现代化建设的责任。

（2）进一步明确了教育改革和发展的目标、任务与基本思路。这次教育工作会议之后，各地区、各部门相继召开了教育工作会议，制定了本地区、本部门教育改革和发展的目标与措施。许多与会代表认为，这次会议是中国进入 21 世纪之前，振兴教育以迎接新世纪挑战的动员大会，并表示要在《纲要》及其《实施意见》的指导下，结合本地区、本部门的实际，扎扎实实地组织好教育改革与发展的工作，开创教育工作的新局面。

（3）进一步明确了各级党委、政府和社会各界共同办好教育的责任，提出了促进教育改革和发展的保障措施。许多地区和部门的领导都表示，宁可少上几个建设项目，也要千方百计地增加教育投入，支持和保障教育的发展。

例如，山东省信阳县是经济欠发达地区。为了加快脱贫致富，县委和县政府确定了改革开放、加快科教兴“阳”的基本工作思路，坚持越穷越要抓教育和发展教育事业一靠投入二靠改革的指导思想，积极探索贫困地区农村教育发展的路子。县教委直接参与财政对教育经费的预算，在每年的财政预算中，优先留足教育经费；在教育经费中，优先拨付教师工资，从未发生过拖欠教师工资的情况。同时，全县先后投入 1 240万元，为 310 户城镇学校教师解决了住房问题，而县委、县政府却 8 年未盖一间宿舍，机关干部仍住在 20 世纪 70 年代建造的旧房子里。

大连市委和市政府把解决教师住房问题作为振兴教育的战略性措施。1993 年，全市开工建设中小学教师住宅面积达 20 万平方米，当年投资 1.2 亿元，是前 8 年的总和。1994 年末全部竣工，基本解决了大连市中小学教师的住房问题。

改革开放后的第二次全国教育工作会议对进一步落实教育优先发展战略，全面部署和认真实施《中国教育改革和发展纲要》，研究和解决我国教育改革和发展中的重大问题，实现20世纪90年代教育改革和发展的战略目标，促进我国社会主义现代化建设，产生了重大而深远的影响。从此，我国教育事业进入深化改革、加快发展的新阶段。

第四节　制定跨世纪教育发展总体规划

20世纪末，世界科学技术突飞猛进，知识经济① 初见端倪，国际竞争日趋激烈。面对这种严峻的国际环境和我国的基本国情，在世纪之交的重要历史时刻，中共十五大提出了跨世纪社会主义现代化建设的宏伟目标与任务，对落实科教兴国战略作出了全面部署。为了实现十五大所确定的目标与任务，落实科教兴国战略，全面推进教育的改革和发展，提高全民族的素质和创新能力，教育部在贯彻落实《教育法》及《中国教育改革和发展纲要》的基础上，制定了《面向21世纪教育振兴行动计划》，对跨世纪教育的改革与发展作出总体规划。中共十六大后，教育部又根据新形势、新任务，制定了《2003～2007年教育振兴行动计划》，对实现教育的新跨越作出总体规划。

一、制定《面向21世纪教育振兴行动计划》

为了提高我们民族的创新能力和竞争能力，主动迎接21世纪知识经济的挑战，教育部在1998年5月成立了由主要领导牵头的调查研究小组，研究和论证跨世纪教育事业为科教兴国服务的总体思路和工作重点。

调研小组成立后，连续多次召开专题座谈会，进行一系列调研活动，广泛听取教育界、科技界、经济界及社会各界近百名专家的意见，并作了综合分析。与此同时，教育部有关司局和部分省、市教委或教育厅（局）以及有关教育科研单位也提交了数十份专题调研报告和背景材料。调研组在上述工作的基础上，起草了《面向21世纪教育振兴行动计划》初稿。

在《行动计划》初稿的起草过程中，李岚清两次直接听取汇报，并

① 20世纪90年代初，国际上提出了知识经济的概念。1996年，世界经济合作组织的一份报告提出，知识经济是以知识的生产、传播和运用为基础的经济。

作了明确的指示。教育部部长、部党组书记陈至立也主持召开了十多次不同范围的会议，对《行动计划》初稿进行了专门讨论和反复修改，在数易其稿的基础上，最后形成了《行动计划》的送审稿。

1998 年 10 月 28 日，朱镕基、李岚清召开国家科技教育领导小组会议，听取教育部关于《行动计划》（送审稿）的汇报。朱镕基、李岚清在汇报会上作了指示，科教领导小组的成员也提出了许多建议。会议原则上同意了这个《行动计划》。会后，教育部根据中央领导的指示和大家的建议，对《行动计划》进行了认真修改，并将新的修改稿送国家科教领导小组各成员及有关部门审改。这期间，教育部又召开了部分省、自治区、直辖市教委主任或教育厅（局）长会议听取意见，还与财政部协调了实施教育振兴行动计划所需经费的问题。同年 12 月下旬，教育部根据反馈意见，对《行动计划》作了进一步的修改，并报请国务院审批。

1999 年 1 月 13 日，国务院发布了《国务院批转教育部〈面向 21 世纪教育振兴行动计划〉的通知》，要求"各级人民政府和各有关部门要切实把教育摆在优先发展的战略地位，充分认识全面振兴教育事业的重要性，认真实施《面向 21 世纪教育振兴行动计划》，把生机勃勃的中国教育带入 21 世纪"。

《面向 21 世纪教育振兴行动计划》以邓小平理论为指导，以实施科教兴国战略为主线，以事关全面振兴中国教育事业的重大工程为重点，兼顾当前和长远，具有指导性和可操作性，体现了面向 21 世纪中国教育改革与发展的基本思路。《行动计划》实施期限为 1998 ~ 2002 年，分为 12 个部分，共 50 条。其基本内容是：

第一，确定了教育事业的主要目标：全国基本上普及九年义务教育，基本扫除青壮年文盲，大力推进素质教育；完善职业教育培训和继续教育制度，城乡新增劳动力和在职人员能够普遍接受各种层次和形式的教育与培训；积极稳步地发展高等教育，高等学校毛入学率达到11%左右；瞄准国家创新体系的目标，培养和造就一批高水平的具有创新能力的人才；加强科学研究并使高校高新技术产业为培育经济发展新的增长点作贡献；深化改革，建立起教育新体制的基本框架，主动适应经济社会发展。

第二，对2010年教育事业的发展作了初步规划：在全面实现“两基”目标的基础上，城市和经济发达地区将有步骤地普及高中阶段教育，全国人口受教育年限达到发展中国家先进水平；高等教育规模有较大扩展，入学率接近15%，若干所高校和一批重点学科进入或接近世界一流水平；基本建立起终身学习体系，为国家知识创新体系以及现代化建设提供充足的人才支持和知识贡献。

第三，为了实现上述目标，行动计划确定了今后3～5年中实施的若干项工程和重点工作：（1）实施“跨世纪素质教育工程”，整体推进素质教育，全面提高国民素质和民族创新能力。（2）实施“跨世纪园丁工程”，大力提高教师队伍的整体素质，特别要加强师德建设。（3）实施“高层次创造性人才工程”，加强高等学校科研工作，积极参与国家创新体系建设。（4）继续并加快进行“211工程”建设，大力提高高等学校的知识创新能力。（5）创建若干所具有世界先进水平的一流大学和一批一流学科。（6）实施“现代远程教育工程”，形成开放式教育网络，构建终身学习体系。（7）实施“高校高新技术产业化工程”，带动国家高新技术产业的发展，为培育经济新的增长点作贡献。（8）贯彻《高等教育法》，积极稳步发展高等教育，加快高等教育改革步伐，提高教育质量和办学效益。（9）积极发展职业教育和成人教育，培养大批高素质劳动者和初中级人才，尤其要加大教育为农业和农村工作服务的力度。（10）深化办学体制改革，调动各方面发展教育事业的积极性。（11）依法保证教育经费的“三个增长”，切实增加教育的有效投入。（12）高举邓小平理论伟大旗帜，加强高等学校党的建设和思想政治工作，把高等学校建设成为社会主义精神文明建设的重要阵地。

《面向21世纪教育振兴行动计划》是立足于我国社会主义初级阶段的基本国情，为迎接新世纪知识经济挑战早作准备的战略举措。它对全面实施科教兴国战略，全面振兴教育事业，建立高质量的教育体系，提高国民素质，开发人才资源，缩小我国与发达国家综合国力的差距，具有特殊的战略意义和十分紧迫的现实意义，对我国跨世纪教育的改革和发展具有重要的指导作用。

为了学习、宣传和贯彻《面向21世纪教育振兴行动计划》，教育部于1999年2月24日发出《关于学习、宣传和全面贯彻〈面向21世纪教育振兴行动计划〉的通知》。全国教育系统以邓小平教育理论为指针，结合贯彻十五大精神，广泛组织学习和宣传。各级教育行政部门在当地党委和政府领导下，结合本地实际，进一步开展调查研究，制定本地振兴教育事业使之适应经济社会发展需要的配套政策措施，因地制宜，创造性地开展工作，并依靠教育界与社会各界的通力合作，努力开创社会参与支持教育的新局面。

二、制定《2003～2007年教育振兴行动计划》

面对新世纪的挑战，中共十六大对推进社会主义现代化建设和中华民族伟大复兴进程作出了全面战略部署，提出要在新世纪头二十年，集中力量，全面建设惠及十几亿人口的更高水平的小康社会。这是我国现代化建设必须紧紧抓住并且可以大有作为的重要战略机遇期。这一时期新型工业化、信息化和城镇化的进程将显著加快，我国的综合国力、国际竞争力和人民生活水平将进一步提高，同时对于国民素质和创新能力也将会提出新的更高要求。

但是，我国毕竟是在经济实力不强的条件下支撑着世界上最大规模的教育，人民群众不断增长的教育需求同教育供给特别是优质教育资源供给不足的矛盾，是现阶段的主要矛盾，而且是一个长期存在的矛盾。从国际竞争和国内现代化建设的多方面需要来看，我国教育在取得历史性成就的同时，仍面临着前所未有的严峻挑战，面临着许多热点和难点问题。

为了贯彻落实中共十六大和十六届三中全会的精神，教育部经过深入思考和广泛调研，在充分总结1998～2002年《面向21世纪教育振兴行动计划》实施以来教育工作取得的丰硕成果和宝贵经验的基础上，制定了《2003～2007年教育振兴行动计划》（以下简称新一轮《行动计划》)。2003年12月30日，国家科技教育领导小组召开第二次全体会议审议了这个计划，并广泛征求中央各部委、省、自治区、直辖市人民政府、民主党派中央和人民团体等方面的意见。2004年3月3日，国务院正式批转了《2003～2007年教育振兴行动计划》。

新一轮《行动计划》凝聚了重要战略机遇期教育发展的战略思考和行动方向，共有14个部分50条。《行动计划》的指导思想是，高举邓小平理论伟大旗帜，以“三个代表”重要思想为指导，坚持教育为人民服务的宗旨，巩固成果，深化改革，提高质量，持续发展，办好让人民满意的教育，努力实现中共十六大和十六届三中全会对教育系统提出的三大历史性任务。其核心内容，归纳起来就是坚持“一个宗旨”、实现“三大任务”和贯彻“八字方针”。

坚持一个宗旨，就是办好让人民满意的教育。中共十六大确定的教育方针突出了教育为人民服务的思想，提出了教育在促进人的全面发展中不可替代的重要历史使命。办好让人民满意的教育，是教育系统坚定不移地实践“三个代表”重要思想，以人为本，努力促进人与经济社会全面发展的根本立足点。

实现三大任务，是十六大对教育提出的要求。一是构建中国特色社会主义现代化教育体系，形成比较完善的现代国民教育体系，形成全民学习、终身学习的学习化社会。二是培养一代社会主义建设者和接班人，造就数以亿计的高素质劳动者、数以千万计的专门人才和一大批拔尖创新人才。三是加强教育同科技、经济的结合，推进科技创新，加速科技成果向现实生产力转化，为现代化建设事业作出知识贡献。这三大任务反映了我国全面建设小康社会的基本要求，也符合国际教育改革与发展的普遍趋势，标志着我国教育进入了建设现代国民教育体系和学习型社会、从教育大国逐步迈向教育强国行列的新时期。

贯彻“巩固、深化、提高、发展”的八字方针。这是贯穿于新一轮《行动计划》的一条主线。一是巩固成果。要充分总结第一轮《行动计划》实施以来教育工作取得的丰硕成果和宝贵经验。二是深化改革。教育改革是一项复杂的社会系统工程，必须以改革促发展，坚持整体配套、重点推进。三是提高质量。质量是教育的生命线，在加快发展的同时，要把提高教育质量作为头等大事来抓。四是持续发展。发展是硬道理，要聚精会神搞建设，一心一意谋发展，全力促进各级各类教育持续健康协调快速发展。

新一轮《行动计划》紧密联系我国教育工作的实际，重在具体行动和专项措施，有很强的可操作性。概括起来包括两大战略重点、六项重大工程和六个重要举措。

两大战略重点：

一是重点推进农村教育发展。具体工作思路是：全面贯彻《国务院关于进一步加强农村教育工作的决定》，坚持把农村教育摆在重中之重的地位，加快农村教育发展，深化农村教育改革，促进农村经济社会发展和城乡协调发展。

二是重点推进高水平大学和重点学科建设。具体工作思路是：充分集成各方面资源，统筹协调学科建设、人才培养、科技创新、队伍建设和国际合作等各方面工作，深化改革，开拓创新，使重点建设高等学校和重点学科的水平显著提高，带动全国高等教育持续健康协调快速发展。

六项重大工程：

一是实施“新世纪素质教育工程”，全面贯彻党的教育方针，以培养德智体美等全面发展的一代新人为根本宗旨，以培养学生的创新精神和实践能力为重点，加强和改进学校德育工作；深化基础教育课程改革；加快考试评价制度改革；积极推进普通高中、学前教育和特殊教育的改革与发展；加强和改进学校体育和美育工作；加强语言文字规范化工作，优化国家通用语言文字的应用环境。

二是实施“职业教育与培训创新工程”，大力发展职业教育，大量培养高素质的技能型人才特别是高技能人才，以就业为导向，大力推动职业教育转变办学模式，大力发展多样化的成人教育和继续教育。

三是实施“高等学校教学质量与教学改革工程”，进一步深化高等学校的教学改革，完善高等学校教学质量评估与保障机制。

四是实施“促进毕业生就业工程”，健全毕业生就业工作的领导体制、运行机制、政策体系和服务体系，面向就业需求，深化教育系统内外的各项改革。

五是实施“教育信息化建设工程”，加快教育信息化基础设施、教育信息资源建设和人才培养，全面提高现代信息技术在教育系统的应用水平。

六是实施“高素质教师和管理队伍建设工程”，全面推动教师教育创新，构建开放灵活的教师教育体系，完善教师终身学习体系，加快提高教师和管理队伍素质，进一步深化人事制度改革，积极推进全员聘任制度。

六个重要举措：

一是加强制度创新和依法治教。加强和改善教育立法工作，完善中国特色社会主义教育法律法规体系；切实转变政府职能，强化依法行政，促进决策与管理的科学化和民主化；健全教育督导与评估体系，保障教育发展与改革目标的实现；推进教育管理体制改革，为教育发展提供制度保障；深化学校内部管理体制改革，探索建立现代学校制度。

二是大力支持和促进民办教育持续健康协调快速发展。认真贯彻《民办教育促进法》，积极鼓励和支持民办教育的发展；注重体制改革和制度创新，多种形式发展民办教育。

三是进一步扩大教育对外开放。加强全方位、高层次的教育国际交流与合作；深化留学工作制度改革，扩大国际间高层次学生、学者交流；大力推广对外汉语教学，积极开拓国际教育服务市场。

四是改革和完善教育投入体制。建立同公共财政体制相适应的教育财政制度，保证经费持续稳定增长；拓宽经费筹措渠道，建立社会投资、出资和捐资办学的有效激励机制；完善国家和社会资助家庭经济困难学生的制度；严格管理，不断提高教育经费的使用效益。

五是加强党的建设和思想政治工作。加强和改进学校党的建设工作；实施高等学校马克思主义理论课和思想品德课建设计划；增强高等学校思想政治工作的针对性、实效性和吸引力、感染力；抓好党风廉政及行风建设，保证教育事业持续健康发展。

六是构建和完善中国特色社会主义现代化教育体系；加大对西部地区、少数民族地区、革命老区和东北地区等老工业基地的教育支持力度，促进东、中、西部地区教育协调发展；立足全面建设小康社会目标，研究制定《2020年中国教育发展纲要》。

制定和实施新一轮《行动计划》，体现了新一届政府把教育作为一项最重要的工作、用更大的精力和更多的财力加快教育事业发展的坚定信心，是教育系统在“三个代表”重要思想指导下谋划发展、规划未来的智慧结晶，是教育系统进一步落实科教兴国战略和人才强国战略，实现教育新跨越的行动纲领。

第二十六章　全面推进素质教育，促进人的全面发展

全面推进素质教育，是克服“应试教育”倾向，全面贯彻教育方针，培养高素质人才的需要，是实现教育兴国重任的必然要求。经过多年实践，素质教育正逐步成为全国教育工作者和社会各界的广泛共识，并正在向纵深推进。

第一节　素质教育的提出与发展

素质教育从提出到全面推进有一个过程。1985 年召开的改革开放后第一次全国教育工作会议之后，教育界开始研究和探索关于素质教育的问题，并在一些中小学开展教改实验。1994 年召开的第二次全国教育工作会议之后，素质教育开始在基础教育阶段进行区域性实验并取得初步成效和经验。1999 年召开的改革开放后第三次全国教育工作会议之后，实施素质教育作为党和国家的战略决策，进入国家推进、重点突破、全面展开的进程之中。

一、素质教育的思想源头

建国以后，特别是改革开放后，党和国家始终把提高全民族的素质作为关系社会主义现代化建设全局的一项根本任务。1985 年 5 月，邓小平在改革开放后第一次全国教育工作会议上，从社会主义现代化战略和中华民族的根本命运的高度，强调要把我国沉重的人口负担尽快转化为巨大的人力资源优势。他指出：“我们国家，国力的强弱，经济发展后劲的大小，越来越取决于劳动者的素质，取决于知识分子的数量和质量。一个十亿人口的大国，教育搞上去了，人才资源的巨大优势是任何

国家比不了的。有了人才优势，再加上先进的社会主义制度，我们的目标就有把握达到。”“如果现在不向全党提出这样的任务，就会误大事，就要负历史的责任。”①

同年发布的《中共中央关于教育体制改革的决定》明确指出：“在整个教育体制改革过程中，必须牢牢记住改革的根本目的是提高民族素质，多出人才，出好人才。”此后，在《中华人民共和国义务教育法》、《中共中央关于社会主义精神文明建设指导方针的决议》和中共十三大报告中，都强调“提高整个中华民族的思想道德素质和科学文化素质”的问题。这是素质教育最初的思想源头。

此后，理论界关于“素质”、“民族素质”、“劳动者素质”、“国民素质”的研究日益增多。研究主要涉及素质观念、素质与培养目标、素质与社会发展、素质与教育的关系等方面。1986年，教育理论界针对片面追求升学率和由此引发的学生课业负担过重等诸多弊端，开展了“端正教育思想，明确教育目标”的讨论，重点讨论了树立正确的人才观和提高民族素质等问题，并对片面追求升学率现象作了一些分析批评。与此同时，为了解决片面追求升学率和学生课业负担过重带来的问题，一些中小学进行了改革探索，涌现出“愉快教育”、“成功教育”、“和谐教育”、“创造教育”、“主体性教育”等一批体现素质教育思想的教改实验模式。这些研究、讨论和教改实验为素质教育的提出奠定了理论和实践基础。

二、素质教育的提出与实验

20世纪80年代末、90年代初，教育工作者在纠正采用违反教育规律的手段片面追求升学率的现象的过程中，很自然地把素质同教育联系起来，逐步地就产生了素质教育的概念。素质教育的概念开始是针对片面追求升学率的，后来把片面追求升学率概括为单纯的“升学教育”。1990年，国家教委在沈阳召开全国城市教育综合改革实验工作会议时，参加会议的几位国家教委的领导集体商议，把“变升学教育为素质教育”提法中的“升学教育”改为“应试教育”，即指脱离人的发展和社会发展的实际需要，单纯为应付考试争取高分，采用违反教育规律的手

① 《邓小平文选》(第3卷)，北京：人民出版社，1993年版，第120～121页。

段片面追求升学率的教育。素质教育是针对当时基础教育领域存在着的"应试教育"的倾向而提出来的，是广大教育工作者对教育工作探索实践的积极成果。

1990年，《江苏省教育委员会关于当前小学教育改革的意见（试行)》指出："实施以提高素质为核心的教育，关键是转变教育思想，树立国民素质教育的观念。各级教育行政部门要组织学校和教师学习教育科学理论，开展素质教育的研究和讨论，并扩展到家庭和社会，唤起为中华民族的未来而全面提高学生素质的公众教育意识，形成强大的舆论力量和良好的改革环境，推进小学素质教育的全面实施。"这是第一次正式在地方政府部门文件中使用"素质教育"的概念。

1993年2月13日，中共中央、国务院在发布的《中国教育改革和发展纲要》中指出："中小学要从'应试教育'转向全面提高国民素质的轨道，面向全体学生，全面提高学生的思想道德、文化科学、劳动技能和身体心理素质，促进学生生动活泼地发展，办出各自的特色。"《纲要》中提到"素质"一词的地方多达20处，并提出了全面提高学生四个方面素质的要求。

为了贯彻和落实《纲要》，中共中央于1994年召开的全国教育工作会议提出："基础教育必须从'应试教育'转到素质教育的轨道上来，全面贯彻教育方针，全面提高教育质量。"同年8月，《中共中央关于进一步加强和改进学校德育工作的若干意见》明确要求："增强适应时代发展、社会进步，以及建立社会主义市场经济体制的新要求和迫切需要的素质教育。"这是第一次正式在中央文件中使用"素质教育"的概念。

1996年，八届全国人大四次会议通过的《中华人民共和国国民经济和社会发展"九五"计划和2010年远景目标纲要》又明确提出，要"改革人才培养模式，由'应试教育'向全面素质教育转变"。这就以法规性文件的方式，确立了素质教育在基础教育改革中的地位。

为了促进教育方针的全面贯彻，摆脱"应试教育"的束缚，一些省市率先在中小学开展区域性实施素质教育的改革实验，并取得了重要经验。

例如，湖南省汨罗市从1984年开始推进农村教育综合改革，在实施素质教育方面进行了长期的探索。到1996年，该市已积累了一套比较系统、比较完整的经验，主要是：有正确的教育指导思想，即政府要把每一所学校办成合格的学校，学校要教育好每一个学生；有科学的方法，市、乡镇、学校形成了一整套科学的管理体系；有扎实的作风，一直坚持扎扎实实、勤勤恳恳地为“全面贯彻党的教育方针，全面提高教育质量”目标的落实而努力；建立有效的机制——教育督导评估，用科学的评估办法代替了单纯分数评价的办法，改变了“应试教育”的做法。同时汨罗市委、市政府和岳阳市委、市政府以及湖南省委、省政府、省政协和省教委等都给予了强有力的领导。

1996年2月，《人民教育》、《湖南教育》联合推出长篇报道，介绍了湖南汨罗大面积推行素质教育的经验。李岚清于1996年5月视察了该市，肯定了该市素质教育的经验，并发表了重要讲话。他指出：实施素质教育要从转变观念抓起，特别是各级领导的观念；实施素质教育要有一个较好的大环境；要构建素质教育的运行机制，包括有效的导向机制、有力的制约机制、科学的评估机制、广泛的社会参与机制等；要搞素质教育，就必须对校长、教师有更高的要求。

1996年6月，国家教委在湖南省汨罗市召开会议，推广该市实施素质教育的经验。同年，中国教育学会以素质教育为题在长沙召开了学术年会。

1997年9月，国家教委在山东省烟台市召开了全国中小学素质教育经验交流会，李岚清作了重要讲话。他着重讲了三个问题：一是实施素质教育的根本目的是全面贯彻党的教育方针，培养全面发展的跨世纪人才，迎接21世纪的挑战；二是抓住关键环节，采取有力措施，扎实推进中小学实施素质教育；三是党政推动和支持，家庭与社会共同努力，为实施素质教育创造良好的社会大环境。教育部部长朱开轩作了《全面贯彻教育方针，积极推进素质教育》的主题报告。会议进一步总结推广了汨罗、烟台等地大面积推进素质教育的经验，交流了全国各地实施素质教育的经验，进一步提高了对实施素质教育的认识，并对在中小学实施素质教育作了全面部署。

1997年10月29日，国家教委颁发《关于当前积极推进中小学实施素质教育的若干意见》。《意见》强调，在中小学全面贯彻国家的教育方针，积极推进素质教育，已经是摆在我们面前的刻不容缓的重大任务。

根据国家教委的部署，全国首批建立了十个素质教育实验区，一些省市也建立了省级素质教育实验区。

1998 年和 1999 年，李鹏和朱镕基都在《政府工作报告》中提出要大力实施素质教育。1999 年，国务院批转教育部制定的《面向 21 世纪教育振兴行动计划》明确提出，要实施“跨世纪素质教育工程”，整体推进素质教育。要改革教育内容和教学方法，推行新的评价制度，开展教师培训，启动新课程的实验。尽管此时的素质教育仍然定位在基础教育阶段，但已拉开了素质教育从典型示范转向整体推进和制度创新的序幕。

与此同时，广大教育理论工作者对素质教育的内涵、实施素质教育的意义、国民素质的构建、中小学素质教育的目标、素质教育人才培养模式、课程结构、运行机制、督导评估等方面作了大量研究，取得了较好的成果。这些都为全面推进素质教育提供了大量的理论和实践依据。

三、素质教育的全面推进

在世纪之交综合国力竞争日趋激烈的国际环境下，培养和造就适应 21 世纪现代化建设需要的社会主义新人的要求比任何时候都更加迫切。但是面对新的形势，我国在教育观念、教育体制、教育结构、教育内容、教育方法和人才培养模式等方面都相对滞后，远远不能适应面向 21 世纪社会主义现代化建设和提高国民素质的要求。尤其是片面追求升学率的现象还没有得到有效遏制，不正常的升学竞争还在不断加剧，这就使广大青少年难以得到全面发展。为了尽快改变这种状况，进一步唤起教育界内外对实施素质教育重要性的认识，深化教育改革，提高实施素质教育的成效，提高教育质量，从而提高中华民族整体素质和创新能力，党和国家作出了全面推进素质教育的重大决策。

1999 年，中共中央、国务院作出了《关于深化教育改革全面推进素质教育的决定》，并召开了以素质教育为主题的全国教育工作会议，进一步强调了实施素质教育的重要性和必要性，明确了素质教育的内涵及实施素质教育的具体举措。由此，素质教育开始作为党和国家的战略决策，进入国家推进、重点突破、全面展开的新阶段。

1.《关于深化教育改革全面推进素质教育的决定》的颁布

为了使我国教育适应新世纪的要求，不断推进教育改革，中共中央、国务院在改革开放后第三次全国教育工作会议召开的前夕，于1999年6月13日正式颁布了《关于深化教育改革全面推进素质教育的决定》。

《关于深化教育改革全面推进素质教育的决定》是在李岚清的亲自主持下起草和定稿的。当《决定》的初稿完成后，李岚清于1999年5月中旬先后多次召开专门会议，听取有关部门及各民主党派负责人和无党派专家、学者的意见。各省、自治区、直辖市教育行政部门的负责人也分两批到北京座谈，对《决定》的初稿提出了修改意见和建议。同时，还将《决定》初稿送全国人大、全国政协有关领导和教育部老领导征求意见。起草小组根据各方面的意见和建议，在李岚清的主持下又对《决定》初稿作了多次修改，才最后定稿和颁布。

《关于深化教育改革全面推进素质教育的决定》共4章26条。《决定》以全面推进素质教育为主题，对跨世纪中国教育改革与发展作了全面部署，在深化教育改革、全面推进素质教育、促进各级各类教育发展，以及实施科教兴国战略、构建21世纪充满生机活力的具有中国特色的社会主义教育体系等方面都有新的突破。《决定》在科学地总结我国广大教育工作者实施素质教育的丰富实践经验的基础上，赋予素质教育以时代的特征和新的内涵，从而将实施素质教育提高到了一个崭新水平，反映了我国现代化建设和时代进步对教育的新要求，反映了我国新时期教育方针的进一步完善和教育理论与实践的新发展。

2. 1999年全国教育工作会议的召开

1999年6月15日至18日，中共中央、国务院在北京召开了改革开放后的第三次全国教育工作会议。这次会议的主题是：动员全党同志和全国人民，以提高民族素质和创新能力为重点，振兴教育事业，实施科教兴国战略，贯彻落实中共中央、国务院《关于深化教育改革全面推进素质教育的决定》，为实现党的十五大确定的社会主义现代化建设宏伟目标而努力奋斗。全国各省、自治区、直辖市的党政主要领导及教育行政部门主要负责人、中央各部委有关负责人、全国人大和全国政协的领导、各民主党派的负责人和大中小学代表共300多人出席了会议。中共中央政治局常委全部出席了会议开幕式。江泽民在开幕式上作了题为《教育必须以提高国民素质为根本宗旨》的重要讲话。会议期间，李岚清作了题为《深化教育改革，全面推进素质教育，为实现中华民族的伟大复兴而奋斗》的主题报告。在会议闭幕式上，朱镕基发表了重要讲话。

江泽民在讲话中深刻地分析了国际国内形势及新形势下教育的先导性、全局性和基础性地位，要求全党同志和全国各族人民都要从实现祖国富强和民族振兴的高度，继续关心和支持我国教育的发展；各级党委和政府要将教育纳入战略发展重点和现代化建设整体布局之中，切实把教育摆到优先发展的战略重点地位；必须全面贯彻党的教育方针，坚持教育为社会主义服务、为人民服务，坚持教育与社会实践相结合，以提高国民素质为根本宗旨，以培养学生的创新精神和实践能力为重点，努力造就有理想、有道德、有文化、有纪律的，德智体美等全面发展的社会主义事业建设者和接班人。

江泽民等中央领导的重要讲话是向全党全社会发出了全面实施素质教育的动员令。他们的讲话对于深化教育改革、全面推进素质教育具有重要的指导意义和深远的历史意义。会议期间，与会代表认真学习了这些重要讲话，讨论了如何贯彻落实《关于深化教育改革全面推进素质教育的决定》精神，并进行了大会交流。

第二节　素质教育的基本内容及实施举措

经过多年的研讨和总结，素质教育的内涵逐步得到充实和发展。为了达到全面实施素质教育的目标，党和政府提出了一系列深化教育改革的举措，为全面推进素质教育作出努力。

一、素质教育的基本内容

根据中共中央、国务院颁布的《关于深化教育改革全面推进素质教育的决定》精神，素质教育具有极为丰富的内容。

首先，实施素质教育要面向现代化、面向世界、面向未来，使受教育者坚持学习科学文化与加强思想修养的统一，坚持学习书本知识与投身社会实践的统一，坚持实现自身价值与服务祖国人民的统一，坚持树立远大理想与进行艰苦奋斗的统一。这就明确了实施素质教育的根本指导思想。

第二，实施素质教育，就是全面贯彻国家的教育方针，以提高国民素质为根本宗旨，以培养学生的创新精神和实践能力为重点，造就“有理想、有道德、有文化、有纪律”的、德智体美等全面发展的社会主义事业建设者和接班人。这就揭示了素质教育的基本内涵。

第三，全面推进素质教育，要坚持面向全体学生，为学生的全面发展创造相应的条件，依法保障适龄儿童和青少年学习的基本权利，尊重学生身心发展特点和教育规律，使学生生动活泼、积极主动地得到发展。

概括起来，素质教育具有以下重要的特征：

（1）素质教育是面向全体学生的教育。素质教育坚持面向全体学生。这就要求，政府和教育部门应该依法为所有义务教育阶段适龄儿童和青少年提供平等的受教育条件和受教育机会；学校和教师，则要努力使每个班级的每个学生都有平等机会得到健康的发展。因此，义务教育阶段的素质教育不是英才教育，而是国民教育；不是选拔教育，而是普及教育；不是淘汰性教育，而是发展性教育。与此同时，在做好普及九年义务教育基础上，要积极发展非义务教育，使每一个人都在社会条件和自身天赋允许的范围内得到充分发展。

（2）素质教育要以学生的全面发展为本位。针对“应试教育”只重视智育，轻视德育、体育和美育，在智育中又只重视知识传授、忽视能力培养的倾向，素质教育要求全面发展学生的思想政治素质、文化科学素质、劳动技能素质、身体心理素质和审美素质等。这就要求各级各类学校要为学生的全面发展创造良好宽松的条件，通过教育与生产劳动、社会实践相结合的途径，使德育、智育、体育、美育等诸方面教育相互渗透，从而促进学生全面和健康地发展。

（3）思想政治素质是最重要的素质，各级各类学校必须更加重视德育工作，在任何时候都不能放松和削弱。要进一步改进德育工作的方式方法，寓德育于各学科教学之中，加强学校德育与学生生活和社会实践的联系，讲究实际效果，克服形式主义的倾向。

（4）素质教育要以培养学生的创新精神和实践能力为重点。在基础教育阶段，要培养每一个人的创造性，为培养能够攀登世界科学高峰的高层次创造性人才打下基础。这就要求每一个学校，每一个教师，都要爱护和培养学生的好奇心、求知欲，帮助学生自主学习、独立思考，保护学生的探索精神、创新思维，营造崇尚真知、追求真理的氛围，为学生的禀赋和潜能的充分开发创造一种宽松的环境。高等学校要重视培养大学生的创新能力，普遍提高大学生的人文素养和科学素质；要在培养大批各类专业人才的同时，努力为优秀人才的脱颖而出创造条件，尤其是要下功夫造就一批真正能站在世界科学技术前沿的学术带头人和尖子人才，以带动和促进民族科技水平与创新能力的提高。职业教育和成人教育要使学生在掌握必需的文化知识的同时，具有熟练的职业技能和适应职业变化的能力。

为此，要改革人才培养模式，积极实行讨论式和启发式教学，激发学生独立思考和创新意识，让学生感受知识产生和发展的过程，培养学生的科学精神和创新思维的习惯。同时，要改变那种只重书本知识、忽视实践能力培养的现象。各级各类学校要从实际出发，加强和改进对学生的生产劳动和社会实践教育，使其接触自然、了解社会，培养实践能力，培养热爱劳动的习惯和艰苦奋斗的精神。社会各方面要为学校开展生产劳动、科技活动和其他社会实践活动提供必要的条件，要加强学生校外劳动和社会实践基地的建设。

（5）素质教育要使学生生动活泼、积极主动地得到发展。从促进学生主动精神和个性健康发展出发，素质教育不是把学生看作知识的被动接受器，而是看作学习和掌握知识的主人。因此，各级各类教育都要坚持因材施教，坚决克服用“一个模子”来限制个性发展的倾向。

（6）实施素质教育要贯穿于幼儿教育、中小学教育、职业教育、成人教育、高等教育等各级各类教育中，贯穿于学校教育、家庭教育和社会教育等各个方面，并与德育、智育、体育、美育等有机地统一在教育活动的各个环节中。

二、全面推进素质教育的重大举措

为了达到全面实施素质教育的目标，中共中央、国务院《关于深化教育改革全面推进素质教育的决定》紧紧围绕着培养适应 21 世纪现代化建设需要的社会主义新人这个中心，提出了一系列深化教育改革的重大举措：

第一，在 2000 年实现“两基”目标的基础上，着力调整宏观教育结构，拓宽人才成长的道路，减缓升学竞争的压力，加快非义务教育的发展，构建有利于实施素质教育的人才成长的“立交桥”，使爱劳动、肯学习的人都有机会得到发展。要采取多种形式积极发展包括普通教育和职业教育在内的高中阶段教育；扩大高等教育的规模，特别是要大力发展高等职业教育。

第二，努力构建与社会主义市场经济体制和教育内在规律相适应、不同类型教育相互沟通相互衔接的教育体制，为毕业生提供继续学习深造的机会。高等学校和中等职业学校要创造条件实行弹性的学习制度，放宽招生和入学的年龄限制，允许分阶段完成学业，构建横向沟通、纵向衔接的教育体制，逐渐形成终身教育体系。

第三，加大省级人民政府发展和管理本地区教育的权力以及统筹力度，形成中央政府与省级地方政府两级管理、以省级人民政府管理为主的新体制。为此，要继续完善基础教育主要由地方负责、分级管理的体制；要改革和调整高等教育管理体制和布局结构，充分调动地方政府的积极性，把发展高等职业教育和大部分高等专科教育的权力以及责任交给省级人民政府，切实落实和扩大高等学校的办学自主权，增强学校适应当地经济社会发展的活力。

第四，积极鼓励和支持社会力量以多种形式办学，满足人民群众日益增长的教育需求，形成以政府办学为主体、公办学校和民办学校共同发展的格局。

第五，加大招生、考试和评价制度改革的力度，逐步建立具有多种选择的、更加科学和公正的高等学校招生选拔制度，改变“一次考试定终身”的状况，为学生全面发展创造宽松的环境；要对学生进行创新精神和实践能力的培养，促使教育与经济社会的实际紧密结合，改变那种只重书本知识、忽视创新精神和实践能力培养的现象等等。

第六，调整和改革课程体系、结构、内容，建立新的基础教育课程体系，实行国家课程、地方课程和学校课程。

第七，大力提高教育技术手段的现代化水平和教育信息化程度。大力发展以中国教育和科研网与卫星视频系统为基础的现代远程教育，加强经济实用型终端平台系统和校园网络或局域网络的建设，运用现代远程教育网络为社会成员提供终身学习的机会。在高中阶段的学校和有条件的初中、小学普及计算机操作和信息技术教育。

第八，改革教育、科技、经济条块分割的体制，促进教育与经济、科技和社会发展密切结合，使教育在科教兴国中发挥更大作用。高等教育要加强产学研结合，不断提高办学水平，为国家创新体系建设和现代化建设作出贡献。继续推进城市和农村教育综合改革。

实施素质教育的保证措施主要有：

（1）建设高质量的教师队伍是全面推进素质教育的基本保证。为此，《决定》要求把提高教师实施素质教育的能力和水平作为师资培养、培训的重点，继续加强教师的培养和培训工作，进一步加强教师队伍建设；建立优化教师队伍的有效机制，严格执行教师资格制度，吸引优秀人才从教；实行竞争上岗制度，分流富余人员，促进教师的合理流动；继续采取有效措施改善教师的工作和生活条件。

（2）进一步完善教育经费拨款办法，明确提出中央政府每年增加一个百分点的投入，并提出教育成本的分担机制，即政府的教育拨款主要用于保证普及义务教育和承担普通高等教育的大部分经费，在非义务教育阶段，则依靠适当增加缴费在培养成本中的比例，逐步建立符合社会主义市场经济体制以及政府公共财政体制的财政教育拨款政策和成本分担机制。同时要采取各种措施，保证品学兼优的学生不因经济原因而辍学；重视社会用人制度对实施素质教育的导向作用，改革用人制度和大中专毕业生分配制度；鼓励学生到国家最需要的地方去。

（3）全面推进素质教育是党和政府的重要职责，因此，要采取有效措施切实加强党和政府的领导，要依靠法制和制度作为全面推进素质教育的保证。

（4）建立政府、社区、家庭、学校相互支持、相互协作的机制，形成有利于青少年学生健康成长和终身学习体系不断完善的系统的良好社会环境。

第三节　全面推进素质教育的成效

在新的历史条件下，全面推进素质教育是一次深刻的教育变革。国家教育行政部门在邓小平理论指引下，在党中央和国务院的领导下，为实施素质教育进行了不懈的努力，做了大量工作。教育部于1999年6月22日发出《关于学习贯彻全国教育工作会议精神和〈中共中央国务院关于深化教育改革全面推进素质教育的决定〉的通知》。《通知》要求各级教育行政部门、各级各类学校要在当地党委和政府的领导下，组织广大师生认真学习和贯彻全国教育工作会议精神，把全面推进素质教育作为今后教育工作的一项重要任务；要进一步解放思想，抓住机遇，以改革的精神创造性地开展工作；在深入调查研究的基础上，从本地区经济社会和教育发展的实际情况出发，提出切实可行的贯彻落实全国教育工作会议精神的方案与措施。

根据《通知》精神，各地党委和政府从1999年6月底至9月都召开了本地区的教育工作会议，对深化教育改革、全面推进素质教育的工作作出了具体部署，进一步在全国范围内推动了教育的发展和改革以及素质教育的开展。

从1999年召开改革开放以后的第三次全国教育工作会议，到中共十六大召开，再到新修订的《义务教育法》，素质教育已提升为党和国家的重大决策和法律规定，成为国家意志的体现并逐步形成社会各界的共识。

全面推进素质教育，促进了我国教育的深化改革和教育事业的发展，取得了一些成绩，同时也存在一些亟待解决的问题。主要表现在以下几个方面：

一、转变教育观念

在实施素质教育的过程中，导致“应试教育”的狭隘教育价值观、片面的质量观、陈旧的人才观有所转变，素质教育的观念逐步深入人心，从而为实施素质教育提供了良好的思想基础和舆论氛围。调研表明，在总体上，大多数教育局长、校长、教师和家长都表示赞同实施素质教育。① 正是由于有了这样的转变，才使一度大行其道的“应试教育”受到广泛的批评。

但是，传统教育观念仍然根深蒂固。观念的转变是一个长期的过程，不可能一蹴而就。尤其是我国传统文化中“望子成龙”、“学而优则

---

① 朱小蔓主编：《对策与建议》，北京：教育科学出版社，2006年版，第85页。

仕”、“万般皆下品，唯有读书高”等思想观念至今仍深刻地影响着我国社会。有些家长根本不考虑孩子应该学什么、适合学什么，而是认为只要考上好学校就行，分数越高素质就越高。有些地方的党政领导对辖区内学校的评价主要以高考和中考成绩为依据；相应地，校长对教师的评价、教师对学生的评价、家长对学校的评价都围绕考试成绩做文章，从而导致“应试教育”久禁不止。

树立正确的教育观和人才观是全面实施素质教育的前提。各级党政领导干部要树立素质教育观念，把实施素质教育作为政府应负的重要责任，加大政府推进素质教育的力度。广大学校教育工作者要进一步增强实施素质教育的历史紧迫感和职业责任感。媒体也要加强这方面的舆论宣传，正确引导学生、家长和社会各界树立新的人才观和质量观，在全社会造成重实践、重素质的好风气，形成全社会关心、支持、参与实施素质教育的良好环境。

二、扩大高等教育规模

根据《关于深化教育改革全面推进素质教育的决定》的精神和改革开放后第三次全国教育工作会议的部署，1999 年全国各类高等教育招生 280 万人，其中，普通高等教育招生约 160 万人，较上年增加 51 万人，增长47%，在校生人数较上年增加 76 万人，增长 22%；成人高等教育招生约 116 万人，较上年增长近16%。1999 年全国普通高等教育录取率达到49%，较 1998 年提高了 13 个百分点，使高等教育的毛入学率达到10.5%，较 1991 年的3.5%、1998 年的9.8%分别高出 7 个百分点和0.7 个百分点，并逐年增长。到 2002 年，在扩招后的短短 3 年里，高等教育的毛入学率已达到15%。这标志着我国已开始迈入高等教育大众化的门槛。① 到 2004 年，我国高等教育的毛入学率已达19%，普通高等学校在学人数达 2 000 多万，我国高等教育的规模跃居世界第一。尽管用高校扩招“拉动内需”值得商榷，但在客观上，高等教育规模的扩大，大大地增加了高等教育的学生入学机会，缓解了高等教育长期形成的“供求”矛盾和压力，使人民群众接受高等教育的强烈愿望不断得到满足，为实施

① 美国学者马丁·特罗提出，一个国家高等教育发展可划分为三个阶段：毛入学率15%以下为精英阶段，15%至50%为大众化阶段，50%以上为普及化阶段。

素质教育创造了良好条件，也为现代化建设奠定了人力资源基础。

在高等教育规模大发展的同时，高等教育质量问题日益引起社会各方面的关注。尽管政府为提高教育质量采取了一些重大的举措，但连年“扩招”，学生数量快速增加，加之高等教育投入增长跟不上规模发展，造成不少高等学校的办学条件赶不上招生发展需要，使高校生均师资、仪器设备、实习场地、教室、宿舍等都有不同程度的下降。同时，高校的教育观念、人才培养方式、教学内容和方法需要进一步转变；高等教育培养的人才结构还不能适应经济社会发展的需要，造成高校毕业生就业面临较大压力，等等。

这些问题的出现使一些人开始质疑自1999年开始的高校扩招的增长速度是否科学和理性。其一，我国高等教育大众化的速度比2000年制定的“十五”计划中的目标，即在2010年实现高等教育大众化，提前了8年；也大大超过英国、法国、德国、日本和韩国等发达或新兴工业化国家。在20世纪60年代到80年代之间，上述国家用了至少10年以上的时间，才实现了高等教育从精英到大众化的转变，而我国只用了3年。其二，从1999年至2004年，本、专科生招生的年增长率平均为26.1%，1999年和2000年的增幅最大，分别比上年增长47.4%和31.5%。研究生的招生人数也从1999年的9.2万人激增到2004年的32.6万人，6年间增长了3倍多，年均增幅达28.6%，其中增幅最高的2000年和2003年，分别为39.3%和32.7%。这样的发展规模和速度，大大超过了同期国民经济的发展速度。一般说来，高等教育的增长速度应不高于或略低于国民经济增长的速度。但由于有些地方盲目扩招，高等教育的增长速度实际已经远远超过了国民经济增长的速度，这是不符合高等教育发展规律的。

高等教育大众化是一个国家经济社会发展到一定程度的必然阶段。国际经验表明，在高等教育由精英教育向大众化教育的发展过程中，数量与质量的矛盾极易凸显。解决这一问题的根本出路在于，要在科学论证的基础上，根据高校办学的质量标准和实际办学条件，确定招生增长幅度和在校生的规模。同时，还要调整和优化高等教育的结构，包括学科结构、类型结构、层次结构等，使我国高等教育的结构更加科学、合理，从而产生更大的效益。总之，高等教育只有始终坚持规模、质量、结构、效益协调发展，并建立起能够主动适应社会需要和根据市场需求调整培养目标、教学内容的机制，才能步入健康发展的轨道。

三、加强和改进青少年思想道德建设

党和国家历来十分重视青少年学生的思想道德建设。在全面建设小康社会、实现中华民族伟大复兴的新时期、新阶段，中共中央、国务院于2004年2月26日下发了《关于加强和改进未成年人思想道德建设的若干意见》（简称中央八号文件），又于同年6月下发了《关于进一步加强和改进大学生思想政治教育的意见》（简称中央十六号文件），并召开两次中央工作会议，对青少年学生思想道德建设工作进行了部署，使学校德育的重要性日益凸现。教育部门认真贯彻落实中央两个文件精神，整体构建学校德育体系，增强德育的针对性和实效性，使学生的精神面貌发生了可喜的变化。

1. 加强和改进中小学德育工作

（1）中共教育部党组于2004年6月10日下发《关于学习贯彻〈中共中央国务院关于进一步加强和改进未成年人思想道德建设的若干意见〉的通知》，并组织开展教育思想大讨论，推动教育系统从树立和落实科学发展观，坚持以人为本、执政为民、办好让人民满意的教育的高度，增强做好未成年人思想道德建设工作的政治责任感、历史使命感和现实紧迫感。

（2）教育部会同中共中央宣传部于2004年3月30日印发《中小学开展弘扬和培育民族精神教育实施纲要》，并在全国中小学广泛开展“民族精神月”活动，重点开展弘扬和培育民族精神教育及理想信念教育。

（3）教育部及时修订和颁发了《中小学生守则》、《小学生日常行为规范（修订）》和《中学生日常行为规范（修订）》。《小学生守则》、《中学生守则》和《小学生日常行为规范》、《中学生日常行为规范》分别于1981年、1991年、1994年发布，对中小学生良好行为习惯的养成，以及学校形成良好的校风、学风、教风等都起到了重要作用。

随着社会的发展变化，中小学生思想道德建设面临许多新情况和新问题。教育部根据《中共中央国务院关于进一步加强和改进未成年人思想道德建设的若干意见》、《公民道德建设实施纲要》的要求，对上述守则和规范进行了修订，将《小学生守则》和《中学生守则》合并为《中小学生守则》，对《小学生日常行为规范》、《中学生日常行为规范》的内容进行了必要的调整和补充。合并后的《守则》仍为10条，修订后的两个《规范》仍各为20条和40条。

根据中小学生身心发展的特点和规律，《守则》从大处着眼，对学生思想品德形成和行为习惯养成提出了基本要求；《规范》从小处着眼，从行为习惯养成入手，提出具体的、操作性较强的要求。《规范》是对《守则》的细化，两者应结合使用。《守则》和《规范》除对部分内容进行修改和调整外，根据社会发展对人才培养提出的新要求，分别增加了符合时代特征的内容，如诚实守信、加强实践、合作意识、创新意识、网络文明、安全自护、远离毒品等。

《守则》和《规范》集中体现了对中小学生思想品德和日常行为的基本要求，对学生树立正确的理想信念，养成良好的行为习惯，促进身心的健康发展起着重要作用。《守则》和《规范》的发布，是教育系统加强青少年学生思想道德建设的一项重要措施。

（4）深化基础教育德育课程改革。为了落实中央八号文件的要求，教育部基础教育司在组织义务教育阶段各科课程标准的修订工作中要求：进一步突出强调爱国主义、集体主义、社会主义教育，中华民族的优秀传统教育和革命传统教育以及民主法制教育；进一步加强社会实践能力。为了充分发挥学校作为对未成年人进行思想道德建设主课堂、主渠道、主阵地的作用，教育部还组织专家编制了一系列专题教育大纲，包括可持续发展和环境教育、毒品预防教育、预防艾滋病教育、反邪教和宗教渗透教育、廉政和反腐败教育、安全教育等。

2003年5月13日，教育部印发全日制义务教育《思想品德课程标准（实验稿）》，从2003年9月秋季开学后，在部分国家级基础教育实验区进行实验，并根据实际情况，在不断修订完善的基础上逐步在全国推开。至此，义务教育阶段所有学科的课程标准（实验稿）已经全部研制完成。

思想品德课是在小学品德与生活、品德与社会课的基础上，在初中阶段开设的一门为初中学生思想品德健康发展奠定基础的综合性必修课。《思想品德课程标准（实验稿）》坚持党和国家的教育方针，坚持正确的教育方向，积极反映社会进步、时代发展的新特点；坚持以育人为本的教育思想，突出思想品德教育的实践性、科学性，根据学生实际提出思想品德教育的目标和要求；坚持素质教育的基本理念，强调思想品德教育的生活化、科学化；坚持综合化的课程形态，从初中学生的认知水平和生活实际出发，围绕“成长中的我”，“我与他人”，“我与集体、国家和社会”等关系，整合道德、心理健康、法律和国情教育等方面的内容，以主题模块的方式组织教育材料，力求增强思想品德课程的针对性、实效性、主动性。

（5）切实减轻中小学生课业负担。教育部《关于学习和贯彻〈关于加强和改进未成年人思想道德建设的若干意见〉的实施意见》明确提出了新形势下减轻学生负担的五项要求和两项工作重点。

五项要求是：要坚持正确的政绩观和科学的评价观，不准把升学率作为衡量学校办学水平的唯一指标；坚持义务教育阶段公办学校一律实行免试就近入学，不准小学、初中招生举行选拔考试；坚持认真执行国家课程计划，不准随意增加课程门类、难度和课时；坚持开展丰富多彩的课外活动，不准占用学生休息时间组织集体补课；坚持全面评价学生的发展，不准按考试成绩排队。

两项工作重点：一是重点对大中城市学生过重负担情况进行专项督查。要求各级教育行政部门在近期对辖区内大中城市中小学生学习时间过长、休息时间不足、书包越背越重等情况进行专项督查，发现问题，及时整改。二是重点检查义务教育阶段学校执行国家课程计划和学生课业负担情况。要求每学期检查一至两次，违反规定的要立即整改，并将检查结果在媒体上公布，对社会反映强烈、屡禁不止的地区和学校，要追究有关领导的责任。

各地根据教育部的要求也相继制定了减轻学生过重负担的具体措施。2004 年 12 月 8 日至 10 日，教育部基础教育司与北京市教委联合召开“贯彻中央八号文件精神，深化基础教育课程改革、减轻学生课业负担全国教学经验交流与工作研讨会”。会议主要通过观摩北京市中小学现场和展示全国课程改革试验区优秀课例光盘，展开交流和研讨。

（6）加强教师职业道德建设。教师应当在思想品德方面成为学生学习的典范。为此，必须大力加强教师的职业道德建设。在这方面采取的主要措施有：一是对教师提出最基本的职业道德规范，要求广大教师身体力行。二是加强对教师的职业道德教育，把职业道德作为教师继续教育的重要内容。同时，树立正面典型，弘扬正气。三是进一步健全教师职业道德建设的保障机制，加强领导，加强考核，加大落实的力度。四是强化班主任制度，选派责任心强、素质高的教师担任班主任。

2. 加强和改进高校德育工作

20世纪90年代以后，党中央及党和政府的有关部门先后发出一系列对高校德育工作产生重大影响的文件。在各级教育部门和高等学校不断努力和扎实工作下，高校德育工作取得了新的进展。

（1）坚持不懈地对广大学生进行爱国主义教育。各类高等学校创造条件，开设中国历史、文学、艺术、科技等内容的传统文化选修课，开设以爱国主义教育为主要内容的专题讲座。组织学生参加适当的生产劳动、社会实践和军事训练等活动，增强他们对工农兵的感情和对国家的责任感。

2003年，教育部组织专家，结合国内外的形势和大学生普遍关心的热点问题与思想实际，以经济形势、反腐败斗争、"三农"问题、台海局势、朝鲜核危机、人才强国战略等为主题，在高校开展"形势与政策"教育，引导大学生全面准确地理解国内经济和社会发展的形势与国际形势，使广大学生把思想认识统一到中央一系列重大决策和工作部署上来。

据教育部2004年对京、津、沪、鄂、粤、陕、苏、赣等8省市74所高校的2.4万余名教师、学生的调查表明，大学生的思想主流继续呈现出积极、健康、向上的良好态势。主要表现为，拥护"三个代表"重要思想和全面建设小康社会的奋斗目标，高度认同以人为本和全面协调可持续的科学发展观；对以胡锦涛为总书记的中央领导集体更加信任，对改革和建设取得的成绩高度肯定；关注国际国内经济政治形势，支持高等教育改革，积极参加社会实践活动。

（2）充分发挥"两课"（马克思主义理论课、思想品德课）在学校德育工作中的主渠道作用，以邓小平理论和"三个代表"重要思想"进教材、进课堂、进学生头脑"为主要内容，坚持不懈地用马列主义、毛泽东思想、邓小平理论和"三个代表"重要思想教育广大学生，帮助大学生树立正确的世界观、人生观、价值观。2002年进一步充实“两课”中有关道德教育的内容，根据十六大和《公民道德实施纲要》精神，修订思想道德修养课教学基本要求，把《纲要》提出的公民道德基本规范和要求融入到教育教学中去，并贯穿到课堂教学之中，做到大、中、小学道德教育既区分层次，又整体衔接。

2004年3月18日，中央领导对进一步加强和改进高校思想政治课作出重要批示。为了落实批示精神，教育部会同中共中央宣传部开展了历时九个月的调研工作。在此基础上，形成了《关于进一步加强和改进高等学校思想政治理论课的意见》。该《意见》经中共中央政治局常委会审议并原则通过后，以中共中央宣传部、教育部的名义印发。《意见》是贯彻落实中央十六号文件的配套文件之一，对加强和改进高校思想政治理论课提出了六方面的具体任务。一是大力推进高校思想政治理论课的学科建设。二是完善高校思想政治理论课的课程体系。三是抓紧组织编写高校思想政治理论课教材。四是要切实改进高校思想政治理论课教育教学的方式和方法。五是努力造就一支高素质的高校思想政治理论课教师队伍。六是要切实加强和改进党对高校思想政治理论课的领导。

（3）进一步加强学生德育工作的实践环节。把专业实习、军事训练和劳动教育等社会实践活动纳入教育教学计划。推进教育部、共青团中央、全国学联共同开展的“大学生素质拓展计划”试点工作。组织学生参加中共中央宣传部、教育部、共青团中央实施的全国大中专学生志愿者暑期和寒假“三下乡”社会实践活动。在社会实践活动中，广大学生增强了社会责任心和历史使命感。各地教育行政部门和高等学校广泛组织学生参加社会公益劳动以及尊老爱幼、扶残助残、手拉手、扶贫支教、保护环境等丰富多彩的道德实践活动。举办“五月的鲜花”、“民族之光”音乐会，通过歌曲、舞蹈等艺术形式，使大学生在潜移默化中受到爱国主义、集体主义、社会主义和民族精神的教育。

（4）推进高校校园文化建设，营造有利于思想道德建设的校园文化氛围。广大学生积极参与文明校园建设，维护校园的正常秩序，参加净化、美化校园的劳动；积极开展树校园新风的活动，争创优良的校风、学风和班风；积极开展健康向上的文艺、体育、娱乐活动，陶冶情操，健全体魄；广泛进行课外学术科技活动，培养创新意识和创造能力。这些校园文化活动改善了学校的育人环境，促进了学生身心健康发展和文化素质的提高，激发了他们努力学习、奋发成才的热情。

（5）积极探索新形势下加强和改进学校德育工作的新途径、新方法。随着教育体制改革的不断深化，特别是高校实行学分制、招生和毕业生就业制度改革、学籍管理制度改革，以及上学要收取部分学杂费等改革，引起学生思想观念和行为方式发生一些变化：原来的学生班集体有所松散，按兴趣爱好、住宿或选修课程所组合的群体迅速发展，学生中的人际关系呈现许多新特点，部分学生心理和精神障碍增多。面对这些新情况，各高校积极探索、开拓德育的新途径，大力推进思想政治工作进网络、进公寓、进社团和大学生心理健康教育工作，不断扩大高校思想政治工作的覆盖面。

2002 年，各高等学校按照“积极发展，加强管理，趋利避害，为我所用”的原则加强了高校思想政治教育进网络工作；推动思想政治工作进公寓，落实辅导员进公寓、党团组织进公寓、学生自我管理组织进公寓，探索以学生公寓为基地开展校园文化活动的方式和途径；加强思想政治工作进社团的工作，加强对学生社团的管理和引导，取得了较好的成效。

在加强大学生心理健康教育方面，教育部制定《普通高等学校大学生心理健康教育工作实施纲要（试行）》，对大学生心理健康教育工作的指导思想、主要内容、途径和方法以及师资队伍建设等方面提出具体要求；组织专家研制大学生心理健康评定量表，使心理健康教育工作更加科学化；自 2001 年到 2004 年，共举办了八期全国普通高校大学生心理健康教育骨干教师培训班，为构建全国大学生心理健康教育网络体系发挥了重要作用；在 2002 年组织编写出版了五本高校大学生心理健康教育教师用书的基础上，2003 年，教育部组织有关专家学者围绕大学新生适应、人生困惑及应对、恋爱、人际交往、学习、择业、理想和人格八个方面编写了八本大学生心理健康教育读本，于 2004 年陆续出版；与卫生部疾病控制司、团中央学校部和中国青年报社共同发起了“心理阳光工程”活动，以唤起全社会对青少年心理健康教育工作的关注和重视。

（6）学生中的党建工作得到加强。20 世纪 90 年代以后，各高校党委加强了学生中的党建工作，学生中申请加入中国共产党的积极分子队伍迅速壮大，对他们的培训工作得到加强，党员发展工作加快。各高校普遍做到低年级班有党员，高年级班有党小组，年级有党支部。学生中党员比例的提高带动了学生积极分子队伍的壮大，不少高校中学生积极分子队伍占到了学生总数的三分之一左右。学生积极分子队伍的壮大又推动了整个学生工作的活跃。

3. 加强校外教育

校外教育工作是培养中小学生德智体美全面发展的重要途径。我国中小学的校外教育是在教育、文化、体育、工会、共青团、妇联和科协等部门齐抓共管、共同配合下，与有关部委共同进行的。校外教育始终坚持学校、社会、家庭三结合的原则，努力发挥少年儿童校外教育机构的独特教育功能。广大中小学生走出校门后，可以去少年宫、少年之家、青少年科技馆、儿童少年活动中心等活动场所进行各种科学、文化娱乐活动。校外教育主要是根据学生的年龄特点、兴趣爱好开展丰富的校外活动。如文艺汇演、体育训练、航空、航海和各种车辆模型竞赛，科技小发明、小创作、小制作竞赛以及各种夏令营、冬令营等，通过活动陶冶情操，培养意志品质。全面推进素质教育以后，校外教育进一步取得长足发展。

（1）重视校外教育场所建设。我国青少年学生校外教育活动场所是建国以后逐步发展起来的。五六十年代，我国共有县级以上少年宫、青年宫不足200所。改革开放以来，少年儿童校外教育工作有了较大发展，至“九五”末期，全国以少年儿童为主要服务对象的青少年宫（家、站）、青少年活动中心、青少年科技馆（站）、妇女儿童活动中心等各种形式的校外教育活动场所有1万多个，其中具备一定规模、建筑面积在1 500平方米以上的综合性青少年学生校外活动场所近1 000个。这些场所无论从数量上还是规模上，都难以满足两亿多青少年学生校外教育的需要；而且它们大多分布在东部经济发达地区的大中城市，中、西部地区大部分县级城市没有青少年学生活动场所，西部的一些省、自治区，地、县两级青少年活动场所几乎为零。为数不多的场所也面临着活动设施少、档次低、投入不足、管理不规范，甚至被挤占、挪作他用等现象。

为了全面推进素质教育，为广大青少年学生创造良好的社会育人环境，中共中央办公厅、国务院办公厅于2000年6月3日发出《关于加强青少年学生活动场所建设和管理工作的通知》，要求各级党委和政府要认真加强青少年学生校外活动场所的建设和管理，全社会也要积极支持这项工作。

为了贯彻落实《通知》精神，切实加强对青少年学生校外教育工作的领导，"全国青少年校外教育工作联席会议"于2000年10月正式成立，成员单位有30个。其主要职责是统筹协调和指导全国青少年学生校外教育工作，指导各省、自治区、直辖市青少年学生校外教育协调机构的工作；统筹协调全国各级各类青少年学生校外活动场所建设、规划和管理工作。"全国青少年校外教育工作联席会议"办公室设在教育部。

2000年10月，第一次全国青少年校外教育工作联席会议召开。当年筹集6亿元彩票公益金专项用于青少年校外活动场所的建设和维护。2001年国家扶持中、西部地区160个青少年校外活动场所建设项目的申报、审批及资金拨付工作顺利完成。其中，内蒙古自治区13个，广西壮族自治区13个，四川省13个，重庆市10个，贵州省13个，云南省13个，西藏自治区4个，陕西省13个，甘肃省12个，青海省6个，宁夏回族自治区5个，新疆维吾尔族自治区13个，新疆生产建设兵团3个，山西省2个，辽宁省1个，吉林省3个，黑龙江省3个，安徽省3个，福建省1个，江西省3个，河南省3个，湖北省4个，湖南省4个，海南省2个。

2002年，全国青少年校外教育工作联席会议第二次全体成员会议召开。会议重点讨论并原则通过了《2000～2005年全国青少年学生校外活动场所建设与发展规划》。《规划》制定了青少年校外活动场所建设的总体目标、分阶段目标、具体任务以及实现目标的主要措施，同时明确了各省、自治区、直辖市的任务。这是迈入21世纪后，我国教育特别是校外教育一项具有历史意义的重大工程。这项工程的实施将大大丰富和充实青少年学生课余生活，在促进青少年学生德、智、体、美等全面发展过程中发挥重要作用。联席会议主席、教育部部长陈至立在会上强调，搞好青少年学生校外活动场所的规划和实施，为广大青少年学生提供更好的校外活动场所，创造青少年学生健康成长的良好社会环境，是实践"三个代表"重要思想的具体体现。各地联席会议及各有关部门要采取有效措施，努力完成《规划》提出的各项目标和任务。

“十五”期间，国家继续扶持中西部青少年活动场所的建设，重点扶持没有一所综合性青少年学生活动场所的中、西部地区的县或县级市。“十五”期间，国家重点扶持中、西部地区建设1 000多个青少年校外活动场所，同时地方筹集资金自建场所500多个，加上原有场所，到“十五”末期，全国10万人口以上的县，90%至少拥有一个综合性青少年学生校外活动场所，并配备了一支专（兼）职的校外辅导员队伍。

（2）关心下一代工作委员会发挥积极作用。我国正式建立老干部离退休制度以后，一大批老干部自觉组织起来，满腔热情地投入到关心下一代工作之中。经中共中央批准，1990年5月，中国关心下一代工作委员会（简称“中关工委”）正式成立。1991年4月9日，国家教委发出《关于成立国家教委关心下一代工作委员会（简称“国家教委关工委”）的通知》。《通知》要求各地教育行政部门和学校建立相应的关心下一代工作委员会（简称“关工委”）。1998年，国家教委更名为教育部，国家教委关工委也随着更名为教育部关工委。

关工委是以离退休老同志为主体，在职同志参加的，广泛团结热心教育的自愿者参与的，全面关心青少年健康成长的群众性工作机构；是配合教育部门和学校全面推进素质教育，促进学校教育、家庭教育、社会教育紧密结合的重要组织形式。

关工委的主要任务是：针对青少年的实际，坚持以德育为主线，以理想信念教育为核心，以社会主义思想道德建设为基础，以爱国主义、集体主义、社会主义教育为主旋律，加强对青少年的社会主义思想道德教育和中华民族、中国革命的传统教育，全面推进素质教育，把青少年培养成为有理想、有道德、有文化、有纪律、身心健康的社会主义事业建设者和接班人。

十多年来，老同志以高度的政治责任感，采取各种生动活泼的形式，在加强青少年理想信念教育、思想品德教育、科学文化教育、捐资助学、开办家长学校、挽救失足青少年、关心进城打工的农村青年、净化社会环境、关怀青少年中的困难群体和特殊群体、维护青少年合法权益等方面，做了大量卓有成效的工作，创造了许多新的经验和做法，取得了显著成绩。

据2003年统计，十多年来，各地关工委以老同志为主体，组织的对青少年进行爱国主义教育、理想信念教育和革命传统教育的各种报告团、宣讲团达123万多个，其中有93.8万老同志担任了报告员、宣讲员，听报告的青少年达4.66亿人次；关工委同教育部、团中央等有关部门在全国青少年中开展读书活动，一年一个主题，先后吸引了4.8亿多人次参加；关工委同有关部门一起举办科技讲座或培训班85万多次，向青少年传授科普知识和实用技术，听课的达9 200多万人次；捐资助学达7.8亿元，帮助了一大批失学、辍学青少年就学；配合司法、公安部门，组织对失足青少年进行帮助的帮教小组43万多个，183万老同志参加，帮教对象近160万人。据有关省、自治区、直辖市关工委的典型调查，帮教后转化比较好的在80%左右。①

全国从事关心下一代工作的老同志已达700多万人，遍及城市、村镇、企业和学校。人们说他们是一支“不求索取、只讲奉献，不计报酬、只讲服务”的老年志愿工作者队伍，赞扬他们是“献了青春献白发，为了江山为子孙”。老同志们的崇高品格和执著精神，受到党委、政府和社会各界的重视和肯定，成为协助党委、政府加强青少年教育的一支重要力量。

总之，中共中央、国务院两个文件下发以后，教育部门认真贯彻落实，结合实际创造性地开展工作，学校德育工作进一步加强，未成年人思想道德建设和大学生思想政治教育工作取得了明显成效，师生的精神面貌发生了可喜的变化。但也必须清醒地看到，我国青少年思想品德状况仍然存在着令人担忧的问题，如意志力薄弱，缺乏爱心和尊重生命的意识，缺乏团队精神，少数青少年精神空虚、行为失范，有的甚至走上违法犯罪的歧途。同时，社会上还存在种种不利于青少年健康成长的消极因素。学校的德育工作还存在一些问题和不足，少数地方和部分学校对加强青少年思想道德建设重视不够，育人为本、德育为先的办学理念在有些学校还没有得到认真落实，加强青少年思想道德建设的长效机制尚未形成，一些工作措施还没有落实到位。上述问题还需要我们做大量艰苦细致的工作加以解决。

① 《中国关工委2004年工作总结》。www.zgggw.com

四、改革基础教育课程

中小学全面实施素质教育，课程教材的改革是关键环节。随着基础教育改革的深入，有些课程内容显得陈旧，且过于强调理论基础知识而忽视实践活动，既不适应时代发展的需要，也不利于学生的全面发展。为了克服“应试教育”的弊端，全面推进素质教育，使基础教育的课程更好地反映时代的要求，1999 年教育部全面启动了国家基础教育课程改革工作，调整和改革基础教育的课程体系、课程结构、课程内容，构建符合素质教育要求的新的基础教育课程体系。新的课程体系涵盖幼儿教育、义务教育和普通高中教育。

新一轮基础教育课程改革是从 2001 年 6 月 7 日教育部发出《关于印发〈基础教育课程改革纲要〉（试行）的通知》以后开始的。此项改革第一步从 2001 年秋季开始，在 30 多个区、县开展新课程的培训与实验工作，第二步于 2003 年扩大实验区域，并逐步在全国范围内推行。

本次课程改革主要有以下初步的进展：

（1）初步改变了有些课程过于注重知识传授的倾向，开始注重在课程实施过程中使学生获得基础知识与基本技能的同时形成正确的价值观。

（2）初步改变了课程实施过于强调接受学习死记硬背、机械训练的状况，注意倡导学生乐于探究、勤于动手，培养学生搜集和处理信息的能力、获取新知识的能力、分析和解决问题的能力以及交流与合作的能力。教学中从注重教师如何教，转向创造条件引导学生学会学习，突出培养学生积极主动的学习态度。

（3）课程结构有了变化，体现了均衡性、基础性、综合性和选择性。小学以综合课程为主，初中设置以分科为主或以综合为主的课程，高中以分科课程为主。从小学到高中还设置了综合实践活动课程。

（4）初步改变了课程内容过于注重书本知识的状况，加强课程内容与学生生活以及现代社会和科技发展的联系，关注学生的学习兴趣和经验，精选对学生终身发展有价值的教育内容。

（5）初步改变了只注重学业成绩、过分强调甄别与选拔功能的评价，注意发挥评价在发现和发展学生多方面的潜能，帮助学生认识自我、建立自信，促进每个学生在已有水平上发展的教育功能。强调教师对自己教学行为的分析与反思，探索建立了以教师自评为主，校长、教师、学生、家长共同参与的多元评价制度。

（6）初步改变了课程管理过于集中的状况，许多地方基本建立起国家、地方、学校三级课程管理体制，提高了课程适应性，满足不同地方、学校和学生的要求。

基础教育课程改革虽然取得了上述进展，但还存在一些亟待解决的问题，如全国各地区的发展仍不平衡，一些缺乏师资等客观条件的地区对新一轮课改的计划落实有困难；由于高考的内容和形式同新课程改革的要求没有全面配套，增加了人们对新课改的思想疑虑；由于传统教育观点的影响，一些学校在新课改中仍然采用题海战术、频繁考试，加重了学生的学习负担；一些教师由于不能有效地根据新课改精神应对新的教育教学方式的变革而产生了职业倦怠，等等。因此，各级教育行政部门和学校尚需进一步提高对新课改重大意义的认识；坚持不懈地更新教育理念，用素质教育的观点指导新课改实践；要加强教师培训，把课程改革与教师发展紧密结合起来；坚持组织强有力的专业队伍并充分发挥他们的作用；坚持科学决策、民主决策，为课程改革顺利开展提供有力保障；坚持加强社会的宣传和动员以及教育系统内部的相互配合，以形成合力，为课改营造良好的社会环境和政策环境。

五、改革招生和考试评价制度

长期以来，招生和考试评价制度一直是基础教育实施素质教育的“瓶颈”。为了改变这种状况，教育部于1998年启动了新一轮高考改革。新一轮高考改革坚持有利于高等学校选拔人才、有利于中学实施素质教育、有利于高等学校扩大办学自主权的原则，提出用三年或更长的时间，对高考科目设置、高考内容、高考形式、录取方式和管理制度等方面进行改革，把高校招生考试工作提高到一个新水平。主要包括四个方面的改革：

一是高考科目设置改革，主要是实行“3＋X”方案。“3”即语文、数学、外语；“X”可以是单科、综合科（综合文科或综合理科）。2000年，广东、江苏、浙江、山西、吉林五省进行了这项改革。这既有利于减轻高考对中等教育的负面影响，又有利于高校根据自己特点选拔新生。

二是高考内容改革，主要是进一步突出对能力的综合素质的考查，这可以说是高考改革中最关键的。

三是高考批次化问题，进行每年举办两次高等学校招生考试的试点。北京市和安徽省2000年进行了春季高考。

四是高考录取手段现代化，主要是推进实现远程异地网上录取。1999年，天津、广西等省、自治区、直辖市率先进行网上录取试点，参与网上录取的高等学校478所，网上录取学生20万。2000年，21个省、自治区、直辖市进行网上录取，通过网上录取的省、自治区、直辖市数、学校数以及学生数均实现超过各自总数一半的目标。2001年全国所有省、自治区、直辖市都实现网上录取，远程网上录取的学生达到录取总数的50%。2002年全面实行远程网上录取模式，全国远程录取学生数超过招生计划总量的80%。同时，广西、湖北、宁夏等省、自治区、直辖市在高考评卷工作中进行了网上评卷的试点。网上录取是高校招生手段的革命性变革，不仅节省了时间、人力，而且更加公平、公正，并为高考录取组织、制度和网上评卷等改革创造了条件。

招生和考试评价制度改革取得了重要的进展。有16个省、直辖市进行了分省、市命题改革，53所高校进行了扩大招生自主权的试点，单一形式的统考统招模式开始得到改变。但是，此次高考改革还没有从根本上改变高考指挥棒"指挥"高中、左右初中以及对小学甚至幼儿园的辐射或导引作用。

尽管社会上和教育部门已开始认识到全面发展对于学生未来发展的重要性，并开始关注学生综合素质和创新能力的培养，但仍有一些人把升学率作为衡量教育质量高低的唯一标准，而且升学竞争的压力仍居高不下，许多学生、家长都把升学的目标定位在重点大学。因而，有些中学校长因为其任职的学校没有学生考上北大、清华而被撤职；当一些学校努力为学生减负时，一些家长却努力为学生加负，并对学校和教师施加压力。

要扭转这种局面，重要措施之一是加快高考制度改革。考试是检查学习情况和教学效果的重要方法和必要环节。推进素质教育不是不要考试，而是要克服"应试教育"的弊端。同时，还必须完善教育督导评估制度，建立符合素质教育要求的对学校、教师和学生的评价机制，鼓励社会各界、家长和学生以适当方式参与对学校工作的评价。

还要加强对校长和教师队伍的建设。教师是教育过程的组织者，是素质教育的最终实践者。建设一支高素质的校长和教师队伍是实施高质量的素质教育的根本保证。

此外，社会用人制度对于实施素质教育有着重要的导向作用。因此，改革用人制度是全面推进素质教育的当务之急。积极和加快改革社会用人制度，能给实施素质教育提供宽松的环境。要在全社会实行学业证书、职业资格证书并重的制度，形成使用人才重全面素质、重实际能力的良好风气。

综上所述，在全面推进素质教育的进程中，虽然各级政府和教育系统下了很大力气，教育领域也发生了积极的可喜的变化，但是就全国范围来看，素质教育发展并不平衡，有些地方“应试教育”仍然大行其道。其主要原因是：传统文化的影响和一些领导干部的思想认识不到位；教育评价体系不健全，特别是中考、高考制度改革缓慢，制约了素质教育的推行；基础教育发展不均衡的问题依然突出，导致素质教育难以整体推进；现行考试内容与形式同新课程改革没有配套，影响了素质教育的推行；国民教育体系不健全，不能为学生个性发展提供广阔的平台；教育督导制度没有很好地发挥作用；教师队伍的素质、结构和数量不能适应素质教育的需要；推进素质教育的社会环境有待改善；等等。由此可见，实施素质教育是一项长期而艰巨的任务，也是一项复杂的社会系统工程，必须从振兴中华民族的高度认识实施素质教育的重要性和紧迫性，下大力气解决教育中存在的突出问题；还需要全社会的共同参与和坚持不懈的努力；关键是要坚持科学发展观，以教育改革和创新促进教育的健康发展。

第二十七章　加快教育法制建设，推进依法治教

教育法制建设是国家整个法制建设的有机组成部分，也是建设中国特色社会主义教育体系的重要组成部分。它包括教育立法、教育行政执法、教育执法监督、教育法律知识的宣传和普及等诸多方面。用教育法律法规来规范教育管理，协调教育关系，调解教育纠纷，保护师生和学校的合法权益，是我国教育改革与发展的重要内容和根本保障。进入20世纪90年代以后，在社会主义市场经济不断完善和民主、法制建设不断加强的新形势下，教育法制建设也进入了快速发展的新阶段，初步形成了中国特色社会主义教育法律法规体系的框架，逐步走上了依法治教的轨道。

第一节　初步形成中国特色社会主义教育法律法规体系

为了建立中国特色社会主义教育法律法规体系，国务院和教育行政部门组织教育界、法律界的专家经过深入研究，认真总结建国以来教育立法正反两方面的经验，把建国以来的立法经验同吸取、借鉴外国有益经验相结合，制定了教育立法规划，并确定这个教育法律法规体系分为教育法律、教育行政法规及教育规章三个层次。

教育法律是国家最高权力机关或专门的立法机关制定的教育最高层次的规范性文件，包括教育基本法律和教育专门法律两种。

教育行政法规是国家最高行政机关或地方的立法机关为实施和管理教育事业，根据宪法和教育法律制定的规范性文件，包括有关教育问题的条例、规定、办法或细则以及地方性教育法规，共四种。

教育规章是国务院各部委和省、自治区、直辖市人民政府根据法律和国务院行政法规，在自身权限内发布的有关教育的规定，它对教育活动具有很重要的规范作用。教育规章按制定发布的范围可分为两类：一类是国家教育行政部门制定的教育规章，这是部门教育规章，通常称之为规定、办法、规程、大纲、标准等，它是对教育法律法规的重要补充，应在全国范围内实施；一类是地方性教育规章，它由省、自治区、直辖市人民政府制定，实施范围局限在本行政区域之内，但在内容的性质上同中央教育行政机构和国务院有关部委制定的规章是一致的。

上述教育立法原则对加强教育立法的科学性和针对性，加快教育立法进度，建立适应社会主义现代化建设需要的、科学的、合理的教育法律法规体系发挥了重要的作用。

改革开放以后，我国教育立法取得了重大进展。到20世纪末，我国已初步形成以宪法确立的基本原则为基础，以《教育法》为核心，以教育专门法律和行政法规为骨干，以教育规章和地方性法规、规章为主体的中国特色社会主义教育法律法规体系的框架。这些教育法律法规针对教育领域的关键、重大问题，建立了涵盖教育各个领域、各个方面的较为完备的法律规范，从根本上改变了教育无法可依的局面，各项教育工作逐步走入制度化、规范化、法制化的轨道。

一、教育法制建设的重要指导思想

我国的教育法制建设经历了一个曲折的发展历程。建国初期，在1949年公布的《共同纲领》和1954年公布的第一部宪法中，就以国家根本大法的形式，对我国教育的基本原则和发展方针作出了明确的规定。按照这些规定，中共中央、国务院（政务院）和中央教育行政部门在20世纪50年代和60年代制定了许多关于教育的规章和政令，发布了一系列关于教育工作的指示和决定。这些规章、政令、指示和决定保障了旧教育的改造和新教育制度的建立，规范了各级各类学校的教育教学工作，也为共和国的教育法制建设奠定了基础。但是，在“文化大革命”中，国家的法制遭到践踏，已有的教育法制建设成果也随之荡然无存，致使教育管理陷于瘫痪，教育事业遭到严重破坏。

党的十一届三中全会后，我国的法制建设重新起步。1978年，邓小平在《解放思想，实事求是，团结一致向前看》的重要讲话中，总结了“文化大革命”期间法制惨遭践踏，导致社会秩序混乱的历史教训，从新时期经济和社会发展的需要出发，深刻阐明了依法治国的重要思想。他说：“为了保障人民民主，必须加强法制。必须使民主制度化、法制化，使这种制度和法律不因领导人的改变而改变，不因领导人的看法和注意力的改变而改变。”“应该集中力量制定刑法、民法、诉讼法和其他各种必要的法律……经过一定的民主程序讨论通过，并且加强检察机关和司法机关，做到有法可依，有法必依，执法必严，违法必究。”① 这些有关法制建设的重要理论，成为党的十一届三中全会后加强社会主义民主法制建设的重要指导思想，奠定了社会主义民主与法制建设的理论基础。

党的十四大以后，党中央始终高度重视社会主义民主与法制建设，努力推进和完善社会主义法律法规体系。党的十五大提出了“依法治国，建设社会主义法治国家”的基本方略。在九届全国人大二次会议上，这一基本方略又写入宪法，标志着我国社会主义民主与法制建设进入了一个新的历史时期。

1999 年 11 月，国务院颁布了《关于全面推进依法行政的决定》，要求各级政府和政府各部门增强依法行政的自觉性，不断提高依法行政的能力和水平。党的十六大进一步提出：要加强立法工作，提高立法质量；加强对执法活动的监督，推进依法行政；加强法制宣传，提高全民法制素质，尤其要增强公职人员的法制观念和依法办事能力。

改革开放以后，党和国家十分重视教育法制建设。早在 1980 年颁布的《中共中央、国务院关于普及小学教育若干问题的决定》就提出“要搞好教育立法”。1985 年颁布的《中共中央关于教育体制改革的决定》针对教育体制改革的新情况，提出“在简政放权的同时，必须加强教育立法工作”，把加强教育立法、实行依法治教作为保障教育改革和发展的重大决策。

20 世纪 90 年代以后，在社会主义市场经济不断完善和民主、法制建设不断加强的新形势下，我国加快了推进依法治教的进程。

1993 年 2 月 13 日，中共中央、国务院印发的《中国教育改革和发

① 《邓小平文选》(第 2 卷)，北京：人民出版社，1994 年版，第 146 ~ 147 页。

展纲要》系统地提出了教育法制建设的目标和任务，其中第二十五条明确要求："加快教育法制建设，建立和完善执法监督系统，逐步走上依法治教的轨道。制定教育法律、法规，要注意综合配套，逐步完善。要抓紧草拟基本的教育法律、法规和当前急需的教育法律、法规，争取到本世纪末，初步建立起教育法律、法规体系的框架。地方要从各自的实际出发，加快制定地方性的教育法规。"

1999年6月13日，中共中央、国务院颁布的《关于深化教育改革全面推进素质教育的决定》进一步强调："全面推进素质教育，根本上要靠法治、靠制度保障。"《决定》还对完善教育立法、各级政府及各部门依法行政、加大教育执法力度、深入开展普法宣传和加强法制工作机构建设等问题提出了具体要求："继续完善国家教育立法，加大教育执法力度，加强教育法制机构和队伍建设，完善教育行政执法监督机制。制定有关素质教育的制度和法规，逐步实现素质教育制度化、法制化。进一步健全教育督导机构，完善教育督导制度，在继续进行'两基'督导检查的同时，把保障实施素质教育作为教育督导工作的重要任务。"

为了在教育领域贯彻实施中央依法治国的基本方略，教育部于1999年12月2日制定了《关于加强教育法制建设的意见》。《意见》就加强教育法制建设、全面推进依法治教提出了十条意见，主要内容包括：依法治教的重要性和必要性；教育法制建设的目标；加快教育立法、依法行政、依法治校、完善教育行政执法监督机制、加强教育普法工作、加强教育法制工作机构和教育行政执法队伍建设、加强对教育法制建设的领导等具体措施。《意见》要求各级教育行政部门在党委和政府的领导下，在人大的监督下，自觉将依法治教作为贯穿教育工作始终的全局性、战略性的指导原则，结合本地方教育改革与发展所面临的重大、关键问题，加大工作力度，加快推进依法治教的进程。

1999年12月7日，全国人大教科文卫委员会和教育部联合召开了建国以来第一次全国教育法制工作会议。会议的主要任务是，以邓小平理论为指导，深入贯彻党的十五大和宪法修正案所确定的依法治国基本方略，总结、交流改革开放二十年来我国教育法制建设取得的成绩与经验，研究、部署在新形势下全面推进依法治教的工作。这次会议标志着我国教育领域按照依法治国基本方略的要求，进一步走上了全面依法治教的轨道。

二、宪法是教育立法的最高法律准则

宪法是国家的根本大法，通常规定一个国家的社会制度和国家制度的基本原则，国家机关的组织和活动的基本原则，公民的基本权利和义务等重要内容，涉及到国家生活的方方面面。宪法具有最高法律效力，是制定其他法律的依据，一切法律、法规都不得同宪法相抵触。

新中国成立以后，全国人民代表大会先后于 1954 年、1975 年、1978 年和 1982 年制定、颁布了四部《中华人民共和国宪法》。1954 年 9 月 20 日，第一届全国人民代表大会第一次会议全票通过了我国第一部崭新的社会主义宪法。它用根本大法的形式规定了国家人民民主和社会主义两个基本原则，为中国从新民主主义过渡到社会主义提供了法律保障。这部宪法比较完善，是一百年来中国革命历史经验的总结，也是新中国成立以来新的历史经验的总结。1975 年和 1978 年两部宪法是在特定历史条件下颁布的。由于历史原因，这两部宪法都存在着缺陷，是过渡性的宪法。1982 年 12 月 4 日，第五届全国人大第五次会议通过了我国第四部宪法，即现行宪法。它是一部继承和发展 1954 年宪法优良传统、体现新的时代精神的中国特色社会主义性质的好宪法。1982 年宪法经过 1988 年、1993 年、1999 年和 2004 年四次修订，其中尤其以第四次修改后的宪法更加完备。

在这部宪法“总纲”的第十九条，将教育单列一条，同时整部宪法中涉及教育的条款有十余处之多。宪法以国家根本大法的形式为新时期教育立法奠定了最高法律准则，对于建设社会主义的物质文明和精神文明，是不可缺少的条件。其相关的主要内容有：

国家发展社会主义的教育事业，提高全国人民的科学文化水平。

国家举办各种学校，普及初等义务教育，发展中等教育、职业教育和高等教育，并且发展学前教育。

国家发展各种教育设施，扫除文盲，对工人、农民、国家工作人员和其他劳动者进行政治、文化、科学、技术、业务的教育，鼓励自学成才。

国家鼓励集体经济组织、国家企业事业组织和其他社会力量依照法律规定举办各种教育事业。

国家推广全国通用的普通话。

国家对就业前的公民进行必要的劳动就业训练。

国家培养为社会主义服务的各种专业人才，扩大知识分子的队伍，创造条件，充分发挥他们在社会主义现代化建设中的作用。

国家通过普及理想教育、道德教育、文化教育、纪律和法制教育，通过在城乡不同范围的群众中制定和执行各种守则、公约，加强社会主义精神文明的建设。

国家提倡爱祖国、爱人民、爱劳动、爱科学、爱社会主义的公德，在人民中进行爱国主义、集体主义和国际主义、共产主义的教育，进行辩证唯物主义和历史唯物主义的教育，反对资本主义的、封建主义的和其他的腐朽思想。

中华人民共和国公民有受教育的权利和义务。

国家培养青年、少年、儿童在品德、智力、体质等方面全面发展。

国家和社会帮助安排盲、聋、哑和其他有残疾的公民的劳动、生活和教育。

中华人民共和国公民有进行科学研究、文学艺术创作和其他文化活动的自由。国家对于从事教育、科学、技术、文学、艺术和其他文化事业的公民的有益于人民的创造性工作，给以鼓励和帮助。

中华人民共和国妇女在政治的、经济的、文化的、社会的和家庭的生活等各方面享有同男子平等的权利。

国家保护妇女的权利和利益，实行男女同工同酬，培养和选拔妇女干部。

婚姻、家庭、母亲和儿童受国家的保护。

国务院领导和管理教育、科学、文化、卫生、体育和计划生育工作。

县级以上地方各级人民政府依照法律规定的权限，管理本行政区域内的经济、教育、科学、文化、卫生、体育事业、城乡建设事业和财政、民政、公安、民族事务、司法行政、监察、计划生育等行政工作，发布决定和命令，任免、培训、考核和奖惩行政工作人员。

民族自治地方的自治机关自主地管理本地方的教育、科学、文化、卫生、体育事业，保护和整理民族的文化遗产，发展和繁荣民族文化。

国家从财政、物资、技术等方面帮助各少数民族加速发展经济建设和文化建设事业。国家帮助民族自治地方从当地民族中大量培养各级干部、各种专业人才和技术工人。

党的十一届三中全会以后，我国教育法制建设逐步走上正常发展的轨道，教育法律法规的制定都坚持以宪法为教育立法的最高法律准则，充分体现了社会主义教育法的性质，体现了党的基本路线的精神，真正代表了广大人民的共同意志和根本利益，从而保障了教育的社会主义方向，促进了社会主义教育事业的改革和发展。

三、我国教育立法的历程

改革开放后，我国教育立法的历程大致可以分为两个阶段：教育立法起步阶段；教育立法快速发展阶段。

1. 教育立法起步阶段

20 世纪 80 年代，我国相继颁布了《中华人民共和国学位条例》和《中华人民共和国义务教育法》，标志着我国的教育立法工作迈出了极其重要的一步。

1980 年 2 月，第五届全国人大常委会第十三次会议审议通过了《中华人民共和国学位条例》，1981 年 1 月 1 日实施。它是新中国成立后由国家最高权力机关按照法定程序制定的第一部教育专项法律，标志着我国改革开放时期教育立法的开端。同时它又是“文化大革命”之后，教育领域拨乱反正、思想解放的重要成果，极大地促进了我国高等教育特别是研究生教育的迅速恢复，并为此后的繁荣发展奠定了坚实的基础。1981 年 5 月，国务院制定和公布了《中华人民共和国学位条例暂行实施办法》。

1986 年 4 月 12 日，第六届全国人民代表大会第四次会议审议通过了《中华人民共和国义务教育法》，1986 年 7 月 1 日开始施行。该法使我国普及九年义务教育的工作进入了一个新的阶段。

《义务教育法》以法律的形式确立了我国实行九年制义务教育制度，明确了基础教育新的指导思想和管理体制，使我国基础教育的普及有了法律、制度的保障；明确了适龄儿童、少年接受义务教育的权利和义务；对接受义务教育的对象、义务教育的年限、各地方实施九年制义务教育的方式以及国家、学校、家庭和社会在普及义务教育中的义务等作了规定，为九年制义务教育的实施和基础教育的发展奠定了法律基础。这是中国教育史上关系国家民族未来的一项具有战略意义的重大措施。

1986年9月国务院办公厅转发国家教育委员会、国家计划委员会、财政部、劳动人事部《关于实施〈义务教育法〉若干问题的意见》；1992年4月国务院批准公布了《〈中华人民共和国义务教育法〉实施细则》。

《学位条例》和《义务教育法》两部教育法律的制定颁布，标志着被"文化大革命"所破坏的教育法制建设重新起步，使得法制建设对教育改革与发展的规范、引导和保障的作用越来越得到重视，为此后教育法制建设快速发展奠定了基础。

2. 教育立法快速发展阶段

20世纪90年代，我国加快了教育立法的进程。全国人大及其常委会相继出台了我国的教育基本大法：《中华人民共和国教育法》（1995年）和三部教育专门法律：《中华人民共和国教师法》（1993年）、《中华人民共和国职业教育法》（1996年）和《中华人民共和国高等教育法》（1998年）。

1995年3月18日，第八届全国人大第三次会议审议通过了《中华人民共和国教育法》，自1995年9月1日起施行。这是一部依据宪法制定的调整各类教育关系，全面规范我国教育改革与发展的基本原则的教育基本法，可以说是我国教育法律法规体系中最高层次的"教育宪法"或"教育母法"。这部《教育法》历经10年，修改了12稿，才最终完成。

《教育法》全面总结了新中国成立以来，特别是改革开放以来，党和国家领导管理教育工作的重要政策及教育改革与发展的成功经验，以法律形式确立了教育是立国之本的思想，规定了国家保障教育优先发展的一系列重大原则和法律措施，对我国教育一系列全局性的重大问题作出了根本性和原则性的规范。该法共10章，总计84条。其中，第一章"总则"16条，规范了我国教育发展的一系列基本原则，教育的社会主义性质、地位与作用；第二章"教育基本制度"8条，从现代社会"大教育"的宏观视野，规范了我国教育的一系列基本制度；第三章"学校及其他教育机构”7条，规范了学校和其他教育机构的法律地位及其权利和义务；第四章“教师和其他教育工作者”4条，规范了我国教师和其他教育工作者的合法权益和管理制度；第五章“受教育者”9条，系统地规范了受教育者的权利、义务和保障；第六章“教育与社会”8条，规范了国家机关和各种社会组织在教育活动中的权利和义务；第七章“教育投入与条件保障”14条，规范了我国的教育投资体制和教育条件保障制度；第八章“教育对外交流与合作”4条，规范了我国教育对外交流与合作的原则和内容；第九章“法律责任”11条，全面规范了违反教育法律与法规应负的法律责任及其追究制度；第十章“附则”3条，规范了军事教育、宗教教育、境外组织和个人在中国办学以及本法的实施时间。

《教育法》是一部针对性与全面性、规范性与导向性、原则性与操作性相结合的教育基本大法，为其他教育专项法律和配套的法规、规章的制定提供了立法依据。《教育法》的颁布和实施是我国社会主义教育法制建设的重要里程碑，也是共和国走上依法治教轨道的重要标志。

1993年10月，第八届全国人民代表大会常务委员会第四次会议审议通过了《中华人民共和国教师法》，自1994年1月1日起施行。这是我国历史上第一部专门为教师制定的重要法律。它以提高教师的法律地位和教师队伍的素质与待遇为宗旨，规定了教师的权利与义务、教师的资格和任用、教师的培养和培训、教师的考核、教师的奖励，并且明确规定了逐步提高教师工资、津贴、退休金，及有关住房、医疗保健等的优惠原则。《教师法》的颁布和实施，使共和国教师队伍的建设走上了法制化、规范化的轨道，为建立一支高素质的教师队伍提供了法律保障。为了有效地贯彻《教师法》，国务院于1993年11月21日发出了《关于贯彻实施〈中华人民共和国教师法〉若干问题的通知》。《通知》要求：“各省、自治区、直辖市人民政府和国务院有关部门要高度重视，以提高教师的素质、改善教师的工作条件和生活待遇为重点，全面贯彻落实《教师法》。”①

① 何东昌主编：《中华人民共和国重要教育文献》（1991～1997），海口：海南出版社，1998年版，第3575页。

1996年5月，第八届全国人大常委会第十九次会议审议并通过了《中华人民共和国职业教育法》，自1996年9月1日起施行。它以我国《教育法》和《劳动法》为基本依据，对职业教育的地位作用、体系结构、方针原则、办学职责、管理体制和经费渠道等有关职业教育的重大问题作了明确的规范，理顺了职业教育的管理体制，明确了国家和行业组织发展职业教育的责任。它的颁布和实施标志着我国的职业教育已经进入了法制化的轨道，为职业教育的改革和发展提供了强有力的法律保障。

1998年8月29日，第九届全国人大常委会第四次会议审议通过了《中华人民共和国高等教育法》，自1999年1月1日起施行。这部专门法律在总结共和国高等教育改革成功经验的基础上，规定了高等教育的性质与地位、高等教育改革与发展的基本原则、高等教育的基本制度、高等教育的投入和条件保障、高等学校的设立条件、高等学校的法律地位和办学自主权、高等学校教师和学生的权利与义务等内容。这部专项法律是我国高等教育的根本大法，它体现了21世纪对高等教育的要求，具有鲜明的时代特色。

1998年11月27日，全国人大教科文卫委员会、教育部、司法部发出《关于学习、宣传和贯彻实施〈中华人民共和国高等教育法〉的通知》。1999年5月25日，教育部发出《关于实施〈中华人民共和国高等教育法〉若干问题的意见》，要求各省、自治区、直辖市教育行政部门加强领导，做好《中华人民共和国高等教育法》的学习、宣传和落实工作，促进高等教育的改革和发展。《高等教育法》的颁布，实现了《中国教育改革和发展纲要》提出的“争取到本世纪末，初步建立起教育法律、法规体系的框架”的要求。

进入21世纪以后，教育立法逐步完善。2000年10月31日，第九届全国人民代表大会常务委员会第十八次会议通过《国家通用语言文字法》，自2001年1月1日起施行。该法包括：总则、国家通用语言文字的使用、管理和监督、附则4章，共28条。该法主要规定：国家推广普通话，推行规范汉字，公民有学习和使用国家通用语言文字的权利，国家为公民学习和使用国家通用语言文字提供条件，地方各级人民政府及其有关部门应当采取措施，推广普通话和推行规范汉字；国家机关以普通话和规范汉字为公务用语用字（法律另有规定的除外），学校及其他教育机构以普通话和规范汉字为基本的教育教学用语用字（法律另有规定的除外）；学校及其他教育机构通过汉语文课程教授普通话和规范汉字，使用的汉语文教材应当符合国家通用语言文字的规范和标准，汉语文出版物应当符合国家通用语言文字的规范和标准；广播电台、电视台以普通话为基本的播音用语，公共服务行业以规范汉字为基本的服务用字；因公共服务需要，招牌、广告、告示、标志牌等使用外国文字并同时使用中文的，应当使用规范汉字；提倡公共服务行业以普通话为服务用语，信息处理和信息技术产品中使用的国家通用语言文字应当符合国家的规范和标准；国家通用语言文字以《汉语拼音方案》作为拼写和注音工具，初等教育应当进行汉语拼音教学；以普通话作为工作语言的播音员、节目主持人和影视话剧演员、教师、国家机关工作人员的普通话水平，应当分别达到国家规定的等级标准；对尚未达到国家规定的普通话等级标准的，分别情况进行培训；对外汉语教学应当教授普通话和规范汉字。

《国家通用语言文字法》科学地总结了建国五十多年来语言文字工作的成功经验，是我国第一部关于语言文字工作的专门法律。该法的颁布和实施标志着我国语言文字工作全面走上法治轨道，有利于维护国家主权和民族尊严，有利于国家统一和民族团结，有利于社会主义物质文明建设和精神文明建设，对于推动国家通用语言文字的规范化、标准化及其健康发展具有重要意义。《国家通用语言文字法》颁布后，多数地方和系统重视宣传、贯彻和实施。至 2002 年，全国有 25 个省、自治区和直辖市制定了当地的《〈国家通用语言文字法〉实施办法》或修订了已颁布的相关地方性法规和规章。

2002 年，《中华人民共和国民办教育促进法》的颁布进一步推动了我国民办教育的健康、快速和持续的发展。

综上所述，全国人大及其常委会在 1980 年至 2004 年共通过了八部教育法律。每一部教育法律都遵循从实际出发，解决教育改革与发展中的突出矛盾的思路，正确处理了教育同经济与社会发展的关系，科学界定了教育在社会主义现代化建设全局中的地位，成为促进教育事业健康发展的里程碑。我国教育体系的几个重要组成部分：基础教育、高等教育、职业教育，都已依法调整了基本的权利义务关系，初步形成了中国特色社会主义教育法律法规体系的基本框架，为进一步制定各级教育的法规、规章和规范性文件提供了基本依据，也为全面依法治教打下了坚实的基础。

与此同时，全国人大和全国人大常委会发布的其他一些非教育的法律，如《婚姻法》、《兵役法》、《未成年人保护法》中也有关于教育的条款，其法律效力相当于教育专门法律。还有全国人大和全国人大常委会发布的有关教育的决定、决议等也都属于教育法律的范畴。国务院还发布或批准、批转了《残疾人教育条例》、《教学成果奖励条例》、《教师资格条例》、《幼儿园管理条例》、《学校体育工作条例》、《学校卫生工作条例》、《扫除文盲工作条例》、《高等教育自学考试暂行条例》、《普通高等学校设置暂行条例》、《高等教育管理职责暂行规定》、《征收教育费附加的暂行规定》、《关于加快改革和积极发展普通高等教育的意见》等 17 项教育行政法规；教育部（含原国家教委）依据国家法律法规制定了《教育督导暂行规定》、《教师和教育工作者奖励暂行规定》、《中学生日常行为规范》、《小学生日常行为规范》、《少年儿童校外教育机构工作规程》等覆盖教育各方面工作的近 200 项部门规章和一大批有关教育的政府规章，使各项教育工作逐步做到有法可依。

在此期间，国务院和中央教育行政部门对建国以来颁布的教育法律法规进行了一次全面系统的清理工作，公布了明令废止和自动失效的教育法规和教育规章。建国以来，国务院（政务院）制定和发布了一大批有关教育的行政法规和法规性文件，国家教委（教育部、高等教育部）也制定和公布了数量更多的部门规章和规章性文件。由于教育形势的发展，教育体制改革的深入，有些法规已经自然失效，有些法规的规则已不合时宜。为了使现行法规更规范化，国务院要求各行政部门对建国以来的行政法规、部门规章进行一次大清理。经过清理，国务院于 1987 年 1 月公布了 1949 年至 1984 年明令废止和宣布自行失效的行政法规和法规性文件目录，其中关于教育方面的共 100 件。包括应予废止的 4 件，已明令废止的 6 件，自行失效的 90 件。国家教委也于 1989 年 8 月公布了 1949 年至 1988 年废止和自行失效的规章及规章性文件目录，共 415 件。其中应予废止的 68 件，自行失效的 347 件。

我国幅员广大、人口众多，各地发展很不平衡。因此，国家和政府从具体国情出发，实行集权和分权相结合的立法体制。具体来说就是，根据宪法，实行中央统一领导下的多级立法体制，以充分发挥中央与地方两个积极性。在教育立法方面，除基本法律、法规只能由全国人大及其常委会制定外，授权和允许地方各级人大及其常委会和地方各级政府，根据本地实际需要，依据宪法、法律制定地方性教育法规。改革开放以来，国家教育行政部门和各省、自治区、直辖市及有立法权的市的立法机关，在国家教育法律法规的基础上，制定和颁布了一系列配套的部门性、地方性教育行政法规。例如，为了贯彻《义务教育法》，许多省、自治区、直辖市制定了本地区的义务教育条例；河北、贵州、江苏、北京等省市在《职业教育法》出台以前，制定了《职业教育条例》；吉林省人大常委会制定了《校园、校舍管理保护条例》；天津市人大常委会制定了《职工教育条例》；等等。这些地方性教育行政法规都在与国家的宪法、教育法律法规保持一致的前提下，结合地方实际，注重落实法律的原则规定，成为国家教育立法的有益补充。此外，各省、自治区、直辖市人民政府还制定了一批在本地方适用的教育规章。据不完全统计，自1982年宪法颁布以来，已出台的地方性教育行政法规有150余项。由于其具有具体性、针对性、及时性等特点，在有效保障中央制定的法律法规贯彻落实，指导和促进地方教育改革和发展方面发挥了积极作用。这些教育法规和教育规章的制定与出台，使我国初步形成了由教育法律、教育行政法规和教育规章三个层次构成的教育法律法规体系的基本框架。

四、我国教育法律法规体系的基本特点

我国教育法律法规体系的基本特点是：

第一，确定了教育的社会主义性质、党和国家的教育方针、教育的战略地位、教育活动应遵循的基本原则、教育的基本制度、教育行政权限等重大问题，以及保障公民享有平等的受教育权利等基本原则，充分反映了我国教育的社会主义方向和本质要求。

第二，在教育法律法规的统领下，依法规范和实施了从学前教育到高等教育的学校教育制度，义务教育制度、职业教育制度和成人教育制度，教育考试制度、学业证书制度和学位制度，以及教育督导和学校教

育评估制度等教育基本制度，明确了我国基础教育、职业教育、高等教育的管理体制、投入体制，中央与地方在管理教育事业中的职责与权限；确立了各类教育活动主体的行为规则及权利义务关系，在教育各个重要方面、各个重要环节上都形成了较为完善的制度规范。这些制度规范，将我国教育改革的重要成果和成功经验上升为必须普遍遵循的行为准则，形成了我国教育体制的基本框架，同时也成为推动和保障教育改革的重要制度资源，为构建21世纪充满生机的中国特色社会主义教育体系奠定了坚实的基础。

第三，规定了学校、教师、学生的法律地位及其权利、义务，学校与政府、学校与社会、学校与公民等各主体的法律关系，以及违反教育法的法律责任；不仅确定了学校、教师、学生等各主体的行为规则，而且也确定了各级人民政府及其有关部门、企业、事业单位和其他社会组织、学生家长和其他公民等各主体与教育相关活动的行为规则，基本上覆盖了包括举办、实施、管理、接受和参与教育的主要活动。较为完备的教育法律规范已经将我国教育纳入了规范化、制度化的发展轨道，为国家管理教育事业和保障人民群众参与教育事务提供了基本依据，从而使教育工作初步做到了"有法可依"。

需要指出的是，我国教育法律法规体系的基本框架虽然已经初步形成，但横向的覆盖面还不完整，一些在教育实践中急需的重要教育法律，比如《成人教育法》、《教育行政法》和《教育经费法》等还没有制定。同教育法律配套的国务院教育行政法规、地方性教育法规以及部委教育规章和地方教育规章还有待完善。这表明我国在教育立法方面仍然需要进一步加强。由于教育立法过程复杂，周期较长，所以在教育立法方面还有很多工作要做。

第二节　初步建立教育法制运行机制

随着教育法律法规体系的逐步健全，在进一步推动教育立法工作的同时，加快各级政府特别是教育行政部门依法行政和转变职能，加强教育的执法监督工作，维护教育法律的权威，是教育法制建设的关键环节。因为只有法律的制定和颁布而缺乏贯彻实施和监督的机制，法律就只是一纸空文。要使法律产生实际效力，做到依法行政和依法治教，就必须把教育行政执法和教育执法监督的机制建立起来。

一、加快教育行政部门依法行政和转变职能

教育行政执法主要是指国家政府机关特别是教育行政机关依照法定的职权和程序，依法作出具体行为，最终实现对教育工作的管理，以教育法律法规规范教育教学工作，全面推进依法治教。为了加快教育行政部门依法行政和转变职能，1999 年，国务院颁布《关于全面推进依法行政的决定》，明确提出“要把依法行政作为关系改革、发展、稳定大局的一件大事，真正落实到行政活动的各个方面、各个环节”。与此同时，随着《行政诉讼法》、《国家赔偿法》、《行政处罚法》等一系列行政法律法规的出台，对依法行政和提高行政管理水平也提出了新的要求。

20 世纪 90 年代以后，教育行政部门在依法行政和转变职能方面取得了重要的进展。

首先，规范了教育行政主体的职权。1993 年，中共中央和国务院制定的《中国教育改革和发展纲要》对中央和地方各级人民政府管理教育的权责作了原则上的规定。1998 年，国务院办公厅根据《国务院组织法》印发了《教育部职能配置内设机构和人员编制规定的通知》，对教育部的职权作了明确的规定。同时地方各级人民政府根据《地方人大和政府组织法》，也对地方各级教育行政部门的职权作出了规定。这就保证了教育行政机关职权的法定化，对于教育行政机关从人治转变为法治，依法行使权力，公开、公正地开展教育行政执法具有重要作用。

其次，为了依法行政，中央和各省、自治区、直辖市的教育行政部门普遍建立了负责法制工作的专门机构，在一定程度上解决了教育执法有机构抓、有人管的问题。上海、吉林、天津等省、市在县以上的教育行政部门中也设立了类似的机构。政府对这些法制工作机构给编制，配人员，从而建立了一支专职的教育执法队伍。其任务是负责调查研究，起草有关教育的政策法规文件，受理有关教育的申诉案件、行政复议案件和解决有关教育的纠纷。这些机构在教育行政执法中发挥了归口管理的作用，推动了教育法制工作的开展，加强了教育行政执法工作的力度。

第三，教育行政执法制度逐步健全、规范。国务院教育行政部门依

据《行政处罚法》制定了《教育行政处罚暂行实施办法》，依法对教育行政处罚的种类、处罚主体以及处罚程序作了具体规定。同时，根据《行政处罚法》、《行政复议法》等法律法规和关于公务员的一系列规定，逐步使教育行政执法行为不仅在实体上合法，而且在程序上也趋于合法，这就增强了教育行政部门依法行政的责任和守法执法的意识。省级教育部门普遍进行了行政执法职责分解，完善了行政执法制度，许多地方教育部门建立了主要领导抓法制工作的责任制度，完善了行政执法责任制度，正逐步健全教育行政处罚、教育行政复议、教师和学生申诉、部门内部法制工作规程、教育规范性文件备案等程序性制度，有的地方还建立了教育行政执法目标责任制度、重大教育行政处罚报告制度等，从而为推进部门依法行政奠定了基础，已经成为保障教育发展、规范和管理教育活动的有效手段。各地依据教育法律法规，结合保证义务教育经费投入、教育费附加征收、教育经费监控、加强对社会力量办学的管理、控制流失生、制止中小学乱收费等实际工作，建立了相关的实体性制度，切实针对教育领域的热点难点问题加强了执法的力度。全国还涌现了吉林、江苏、上海等一批执法典型地区和单位。

通过教育行政执法的探索与实践，推进了教育行政部门转变职能的步伐，教育行政部门和领导干部的法律意识不断增强，教育法制队伍得到加强，提高了依靠法律手段进行教育管理的能力和水平。同时，教育行政执法工作从试点探索到逐步规范，有力地促进了我国教育管理和运行方式的转变。行政执法已经成为各级教育部门和其他有关部门保障教育发展、管理和规范教育活动的有效手段，促进了教育管理由主要运用行政手段向主要依靠法律手段的方向转变。这种转变使教育领域的行政管理突破了传统管理模式，向现代教育行政迈出了重要一步，为构建适应社会主义市场经济体制要求的教育行政管理体制积累了有益的实践经验，也有效地维护了学校、教师和学生的合法权益，同时对推动教育行政机关依法行政和学校依法治校也发挥了一定的积极作用。

二、教育执法监督的探索和进展

教育执法监督是各级国家机关、社会组织和公民依法对教育法制活动的合法性所进行的监督。教育执法监督不仅要监督政府及教育行政主管部门是否履行了法律所规定的权利与义务，而且要监督教育行政机关在查处违法案件和处理教育纠纷时所作的裁决是否合法、执行程序是否规范等事项。

加强执法、维护法律的权威是法制建设的关键环节。教育涉及到广大人民群众的切身利益，法律关系的调整十分复杂。因此，加强教育执法监督，确保教育法律法规的履行，从某种意义讲，直接关系到整个教育法制建设的成败。随着教育立法的进一步开展和不断完善，对教育法律法规实施情况即教育行政执法情况进行监督也就提上了议事日程。教育法律的实施与监督工作日益受到各级人大、各级政府及政府各部门的重视。根据我国的实际情况，教育执法监督方面已经形成了权力机关监督、行政机关监督、社会监督、民主党派监督和中国共产党监督的格局。

1. 权力机关监督

作为权力机关，全国人大和各级地方人大依法实施的教育执法监督，包括对教育法律制定活动的监督和对教育法律实施活动的监督。这是保证制定和实施教育法律的重要机制。权力机关对教育法律制定活动的监督，旨在使教育法律法规的制定程序和实体内容符合宪法的要求，并且不违背高一级权力机构和行政机构制定的法律法规。

自1986年起，全国人大常委会和教科文卫委员会先后对《义务教育法》、《教师法》、《教育法》、《职业教育法》的执行情况，在全国范围进行了多次教育执法检查。其中，1996年全国人大常委会在全国进行的《教育法》实施情况的执法检查，主要是了解国务院有关部门的教育投入情况，并将检查结果经全国人大常委会审议后，以书面形式送交国务院办理。

国务院也多次对一些省进行教育执法检查；国家教育行政部门也根据有关法律，坚持对“两基”工作、教育收费、拖欠教师工资、办学秩序等群众关心的问题进行专项检查、验收，对推动教育行政部门和学校贯彻实施教育法起到了积极作用。

与此同时，各省、自治区、直辖市人民代表大会也相应加强了教育执法监督工作，如组织各种经常的和定期的执法检查活动，针对义务教育经费投入、教育费附加征收情况、拖欠教师工资、中小学乱收费、保护中小学校园环境等热点难点问题加强了监督的力度，对推动地方政府贯彻教育法律法规发挥了积极作用。

2. 建立教育执法监督的机构和制度

（1）根据《中华人民共和国行政监察条例》规定，教育部（国家教委）设置了监察局，作为行政机关内部执法监督的职能机构。其任务是监督检查教育行政部门和所属单位以及本部门工作人员在贯彻执行教育法律法规、政策方针、决定命令方面的情况，开展综合的和专项的教育执法监察工作。各省、自治区、直辖市教育部门也都设置了监察处（室），部（委）属高等院校都设置了监察处或专职监察工作人员。上述机构分别开展了全国范围的、全省范围的专项执法监察工作，各校都进行了本校的专项执法监察。

（2）在全国教育系统建立了自上而下的教育督导机构。教育督导机构是伴随着《义务教育法》的公布实施而建立起来的。1986 年 7 月，《义务教育法》开始实施，同年 9 月，国家教委成立督导司，作为对中小学教育进行执法监督的专门职能机构。1987 年，国家教委转发了《督导工作座谈会纪要》，明确了督导工作的范围、建立督导机构、开展督导工作等原则问题。1991 年 4 月 26 日，国家教委发布了我国关于教育督导的第一个法规性文件——《教育督导暂行规定》。此后，有 20 多个省、市政府陆续出台了相应的关于教育督导的地方性法规，教育督导工作开始有章可循。全国已基本建成中央、省、市、县四级教育督导机构网络。中央组建了国家教育督导团；全国 31 个省、自治区、直辖市都建立了省级教育督导机构；97%以上的地（市）和县（市、区）也都建立了教育督导机构。同时，全国形成了一支专兼结合的教育督导队伍，已有专兼职督导人员 1.7 万多人。教育督导在实现“两基”目标和全面推进素质教育的进程中发挥了独特的作用。

（3）建立教育审计制度。这种审计是在不受任何行政机关、社会团体和个人干涉的情况下对各级各类教育机构和学校进行财政和财务收支以及其经济效益进行审核和评价。这是一种具有独立性的经济监督活动，是教育执法监督的重要组成部分。

3. 加强社会监督和中国共产党的监督

社会对教育执法的监督是以社会力量的名义或依据人民群众的主动精神来实行监督。这在教育执法监督中是不可缺少的。在社会监督方面，以新闻舆论的监督最为重要。这种监督影响大，反应快，震动也大。许多教育方面的问题久拖不决，而一经新闻媒体曝光，就能引来有关方面的重视，使问题得到较快的和较好的解决。当然，因为我国是社会主义国家，所以人民群众的直接监督乃是进行教育执法监督的基础和力量源泉。为了健全这个监督渠道，还需要制定必要的制度来建立和健全人民群众直接进行监督的机制。

中国共产党对教育执法的监督是十分重要和十分关键的。事实上，教育法律的制定和实施都是在党的领导下进行的。党领导人民制定教育法律、实施教育法律，也领导人民遵守和执行教育法律，并且对教育法制实行监督。党对教育法制实行的监督，除了要求自己的党员和各级党组织模范地遵守教育法律法规外，主要是通过党的各级纪律检查机关，对自己的党员和各级党组织的活动进行全面监督。对违犯教育法律法规的党员和党组织可以实行党纪处分。需要指出的是，党纪是不能代替法律的。因此，凡是触犯教育法律法规的党员和党组织，除受党纪处分外，还必须受到法律的严惩。

教育法制监督是推进依法治教进程的重要保障机制。中共十四大以后，我国在完善教育立法的基础上，已经初步形成了以严格执法为核心，以法制监督为保障的教育法制的运行机制，教育法制监督工作由起步到日渐完善。各级人大依法对教育法律实施情况进行监督，大大增强了教育法律法规的实施力度，有力地推动了教育法律法规的全面落实，使教育工作做到有法可依，有法必依，执法必严，违法必究，走上了依法治教的道路，从多方面为教育改革和发展提供了有力的支持和保障。

三、开展教育法制宣传教育

开展法制宣传教育是社会法制建设的重要环节。进行教育法制的宣传教育，不断提高全民族对于教育法律法规的认识，是教育法律法规得以实施的前提和基础。只有使全体人民群众，包括各级领导机关的公务员、广大教育工作者和各级各类学校的学生与家长都受到教育法制教育，学法懂法，才能做到执法守法，才能学会用法律武器来保护自己的合法权益，同违法现象及违法分子进行斗争。因此，党和国家十分重视法制宣传教育工作。邓小平明确指出："加强法制重要的是要进行教育，根本问题是教育人。法制教育要从娃娃开始，小学、中学都要进行这个教育，社会上也要进行这个教育。”① 邓小平还说，“要讲法制，真正使人民懂得法律，使越来越多的人不仅不犯法，而且能积极维护法律。”

在邓小平关于加强法制教育思想的指导下，中共中央和全国人民代表大会决定用三个五年的时间在全国人民中连续开展普及法律常识的活动（简称“三五”普法）。1985 年 6 月，中共中央、国务院转发了《关于向全体公民基本普及法律常识的五年规划》。同年 11 月全国人大常委会通过了《关于在公民中基本普及法律常识的决议》，提出用五年左右的时间（即从 1985 年起到 1990 年前后）有计划地、比较系统地向全体公民基本普及宪法和法律常识（以下简称“一五”普法工作）。“一五”普法重点学习宪法、婚姻法、刑法、兵役法等九个法律和治安管理处罚条例。经过五年的不懈工作，第一个五年全民普及法律常识工作取得了预期的效果。全国约 7.5 亿普法对象增强了法律意识，提高了法制观念，懂得了一些必要的法律常识。1991 年，全国人大常委会又决定开展第二个五年全民普及法律常识工作（简称“二五”普法工作）。1996 年，全国人大常委会又决定开展第三个五年全民普及法律常识工作（简称“三五”普法工作）。

教育战线认真贯彻落实中共中央和全国人民代表大会关于在全国开展“三五”普法教育的决定。在教育领域开展普法活动，提高全社会对教育的支持与重视程度，是教育法律建设的重要组成部分。教育普法还担负着重要的特殊使命，即不仅要向全体人民和教育系统宣传和普及教育法律的知识，还要不断地加强对青少年学生的法制教育。根据全国人大常委会关于开展法制宣传教育的决议和中共中央、国务院批转的中共中央宣传部、司法部所作的普法规划的要求，教育系统从 1985 年开始全面开展了普法活动。国家教育行政部门先后制定了教育系统开展法制宣传教育的“一五”、“二五”和“三五”普法规划，对全国教育系统开展“三五”普法工作作出部署。各地也根据当地的实际情况，制定了相应的普法规划和计划，并通过编写普法教材、举办普法培训班、开展知识竞赛、举行教育法律宣传月等活动，广泛深入地开展教育普法活动。十几年来集中抓了以下三个方面的工作：

① 《邓小平文选》（第 3 卷），北京：人民出版社，1993 年版，第 163 页。

一是抓住重大教育法律出台的时机，进行教育法律的集中宣传。《义务教育法》、《教师法》和《教育法》颁行之后，被作为普法学习的重点内容，广泛动员社会各界认真系统地学习、掌握。在普及教育法律知识的工作中，国家教育行政部门印发了《教育法规实用要览》、《基础教育法规文件选编》、《普通高等教育法规文件选编》等教育法律资料，在报纸、刊物和广播电视节目中经常宣传教育法律知识和依法治教的案例。特别是《教育法》颁布以后，全国人大教科文卫委员会、中共中央宣传部、国务院法制局和国家教委联合召开了《教育法》座谈会。李岚清在座谈会上发表了题为《落实教育优先发展战略地位的法律保障》的重要讲话，各省、自治区、直辖市的党政领导都撰写了学习宣传和贯彻实施《教育法》的文章在报刊上发表，从而大大促进了《教育法》学习和宣传活动的深入开展。这期间各地还以宣传《教育法》为中心，运用多种形式向社会广泛宣传教育法律法规，规模大、效果好，不仅提高了广大人民群众对教育法律的认识水平，而且为全面贯彻执行教育法律法规创造了较好的社会环境。

二是抓好教育行政干部和教师的普法工作。教育行政部门的干部担负着执行党和国家教育方针及制定教育政策的重任，广大教师也是教育方针、教育政策的执行者。为了使教育行政干部和广大教师认真贯彻执行党和国家的教育方针与教育政策，做到依法办教育，教育部门在普及教育法律的过程中对干部和教师进行了教育法律的培训和多种形式的教育法制宣传教育活动，努力做到教育领域的领导干部率先学法、知法、用法，把法制教育列为教育行政干部和校长、教师培训考核的重要内容，提高他们的法律意识，树立和加强他们依法行政、依法管理的观念。1996年，国家教委举办了第一期全国教育法制干部培训班，对各省、自治区、直辖市及计划单列市教委政策法规处负责人和部分地、市、县教委主任，就教育法制工作、教育行政执法、教育纠纷处理等问题进行了研讨和培训。会后不少地方也相继举办了各级干部的教育法制培训班或学习班，从而提高了广大干部和教师的法制观念。

三是抓紧青少年学生的法制宣传教育。各级各类学校都把法制教育纳入了教育计划，结合大、中、小学生的实际，调整了学校的思想政治教育和思想品德教育教材内容，对不同年龄层次的学生规定了不同的法制学习内容，增加了法律知识和法制观念的教育，并采取如举行法律知识竞赛、开设模拟法庭、普法宣传月等多种形式进行法制宣传教育活动，使广大青少年学生通过法制教育对我国主要的法律法规有了初步认识，知道了青少年学生在法律法规中所处的位置和应该享受的权利与应尽的义务，并使他们认识到守法光荣，违法可耻，增强了法制观念。全国已有95%以上的中小学校开设了法制教育课程或结合品德课进行法制教育，全部高等学校都开设了法制课。

进入21世纪，在总结前三个五年普法规划经验的基础上，教育部制定了"四五"教育普法规划，教育部、司法部等四部门下发了《关于加强青少年学生法制教育工作的若干意见》，部署全面推进教育普法工作，进一步提高教育系统广大干部、教师和全社会的教育法制意识与青少年学生的法律素质。

通过长期的法律宣传教育，不仅增强了广大人民群众特别是广大教育工作者和青少年学生的法律意识，提高了法制观念，懂得了一些必要的法律常识，而且显著提高了全社会支持、参与、重视教育事业的程度。教育领域已逐步形成了有利于教育事业积极、健康发展的法治氛围，教育已成为全党关注、全社会共同参与的一件大事。

综上所述，改革开放以后，我国教育法制建设取得了长足的进展，通过立法确立了一系列重要的教育制度与规范。同时，按照"有法可依、有法必依、执法必严、违法必究"的社会主义法制的基本原则，初步形成了以教育立法为前提、以守法为基础、以严格执法为核心、以法制监督为保障的运行机制，使我国教育初步走上了依法治教的轨道，也为今后进一步加强教育法制建设，全面推进依法治教进程奠定了坚实的基础。

应该指出的是，虽然我国在教育法制建设方面已经取得了一定的成绩，但由于我国教育法制建设起步较晚，教育法制建设方面的基础比较薄弱，还不能完全适应当前教育改革和发展的需要。主要表现在以下几个方面：

一是教育法规不够完备。现行有效的教育法规从数量上看已粗具规模，但从内部结构上看分布不平衡，有些领域还没有立法，如终身教育的立法。

二是各地教育法制建设进展很不平衡，一些地方教育法制工作的机构、队伍和制度尚不健全，一些地方的教育立法进展相对迟缓，法律规范的针对性与操作性也需要进一步加强。

三是法制观念比较淡薄。由于计划经济体制下形成的单纯以行政手段管理教育的惯性依然非常大，还没有形成自觉运用法律手段管理教育、调处纠纷、维护权益的观念与习惯。教育系统自身的法制观念也还比较淡薄，依法治教的意识亟待提高。在实际工作中，依法行政还没有真正成为各级教育行政部门普遍、自觉的行为，依法治校工作在有些地方还没有起步，教育行政执法与监督不力的现象较为普遍，现行教育法律法规的实施不尽如人意，有法不依的情况还比较突出。

四是执法不严，对不执行或违反教育法律的行为，教育法规显得软弱无力。一方面由于不少教育法规没有明确法律责任，没有明确的罚则；另一方面已明确法律责任的，对国家机关的违法行为制约不够。如《义务教育法》规定地方政府用于义务教育的财政拨款要做到“两个增长”，但不少省、县多年来一直没有依法执行，却没有受到任何制裁。又如《教师法》规定，对拖欠教师工资的，地方政府应当责令其限期改正。但《教师法》公布施行以来，有些地方政府仍在拖欠教师工资；甚至限期后仍不改正者也没有追究责任。这种有法不依、执法不严的现象妨碍了教育法规的贯彻实施。

五是法制宣传教育还需要加强。由于长时期实行高度集中的行政管理体制，广大干部和群众的民主法制观念不强。因此，今后还要进一步加强对干部、教师、学生进行教育法规知识教育和遵纪守法、依法治教的教育，提高他们的法制意识，保证社会主义法律的实施，这也是我国教育法制建设不可缺少的重要组成部分。

从上述情况来看，我国教育法制建设仍然任重道远。尤其是在现代教育日益普及化、社会化和多样化的形势下，为了坚持走“依法治教”之路，我们就必须进一步完善教育法律法规体系，强化教育执法力度，严格教育法制监督。只有这样，才能使教育法制建设切实地为我国教育的改革与发展保驾护航，真正地落实科教兴国战略和人才强国战略。

第二十八章　坚持教育创新，深化教育体制改革

中共十四大确定了建立社会主义市场经济体制的目标，我国进入由计划经济向社会主义市场经济过渡的转型时期。随着经济体制改革的深入，我国教育在总体上仍比较落后，不能适应改革开放和现代化建设新形势需要的矛盾日益显露出来。尤其是教育投入不足，教育体制及其运行机制同日益深化的经济、政治、科技体制改革的需要不相适应等问题更是亟待解决。因此，要大力推进教育创新，关键是推动教育体制的创新，通过深化改革，不断健全和完善同社会主义现代化建设要求相适应的教育体制。

《中国教育改革和发展纲要》提出，我国教育体制改革的主要任务是：采取综合配套、分步推进的方针，加快步伐，改革包得过多、统得过死的体制，初步建立起同社会主义市场经济体制、政治体制和科技体制相适应的教育新体制。教育体制改革的评价标准主要是看：是否有利于坚持教育的社会主义方向，培养德智体全面发展的建设者和接班人；是否有利于调动各级政府、全社会和广大师生员工的积极性，提高教育质量、科研水平和办学效益；是否有利于促进教育更好地为社会主义现代化建设服务。这就为深化教育体制改革，构建中国特色社会主义教育体制指明了方向。

从实践情况来看，我国教育体制改革的主要内容包括：办学体制、管理体制、投资体制、招生和就业制度等方面的改革。

第一节　办学体制改革

20 世纪 90 年代以后，我国办学体制改革的主要任务和目标是，改变由政府包揽办学的格局，解决好政府与社会之间的关系，鼓励多渠道、多形式的社会集资办学和民间办学以及利用外资办学，充分发挥社会各方面的办学积极性，逐步形成以政府办学为主体、社会各界共同参与办学的新体制，以及公立学校和民办学校共同发展的格局。

一、民办教育逐步纳入法制轨道

1992 年初，邓小平在南方谈话中澄清并解决了社会主义建设中的若干理论问题和实际问题，特别是关于姓“资”还是姓“社”的标准的论述，大大推进了思想解放的进程，也推动了民办教育的发展。中共十四大报告提出，“鼓励多渠道、多形式社会集资办学和民间办学，改变国家包办教育的做法”。《中国教育改革和发展纲要》规定，要“改变政府包揽办学的格局，逐步建立以政府办学为主体、社会各界共同办学的体制”。“国家对社会团体和公民个人依法办学，采取积极鼓励、大力支持、正确引导、加强管理的方针”。这个“十六字”方针成为处理政府与民办学校关系的基本准则。在随后颁布的《国务院关于〈中国教育改革和发展纲要〉的实施意见》提出，“基础教育主要由政府办学，同时鼓励企事业单位和其他社会力量按国家的法律和政策多渠道、多形式办学”。1995 年，全国人大八届三次会议通过的《中华人民共和国教育法》规定：“国家鼓励企事业组织、社会团体、其他社会组织及公民个人依法举办学校及其他教育机构。任何组织和个人不得以营利为目的举办学校和其他教育机构。”

为了全面提高民办教育办学水平，规范办学行为，1997 年 7 月 28 日，国务院颁布了《社会力量办学条例》。这是新中国第一个规范民办教育的行政法规，标志着我国民办教育进入了依法办学、依法管理、依法行政的新阶段。同年 9 月，国家教委下发了《关于实施〈社会力量办学条例〉若干问题的意见》。2000 年 6 月，中共教育部党组会同中共中央组织部联合下发了《关于加强社会力量举办学校党的建设工作的意见》。2000 年 11 月，中共教育部党组会同共青团中央联合下发了《关于加强社会力量举办学校团的建设工作的意见》。2002年6月，教育部和全国总工会联合下发了《关于在社会力量举办的学校建立工会组织的意见》。由此，我国逐步形成了一套民办学校及民办教育机构管理的相关规章，有力地促进了民办教育的发展。

此后，许多地方也相继采取了一系列政策，为社会力量办学创造了良好的社会环境。河北、山西、辽宁、黑龙江、四川、陕西等省颁布了地方社会力量办学法规。北京、天津、山西、内蒙古、上海、浙江、安徽、福建、江西、山东、河南、广东、海南、四川、贵州、云南、陕西、青海、新疆、西藏等省、自治区、直辖市针对实施《社会力量办学条例》中出现的问题，从不同角度完善有关规章。各省、自治区、直辖市还先后下发了一系列涉及行政、教学、财务、师资、校产、证书和党团组织建设等方面的管理文件。

由于民办教育发展在其过程中不断出现一些新情况和新问题，《社会力量办学条例》的一些规定不适应民办教育发展的需要，于是全国人大第九届常委会于1998年将民办教育的立法列入规划，责成全国人大教科文卫委员会牵头起草《民办教育促进法》。全国人大教科文卫委员会广泛听取了有关部门负责人和专家学者、各地民办学校教育工作者的意见，在多次召开研讨会、论证会后，拟出了《中华人民共和国民办教育促进法》（草案），并先后四次提交全国人大常委会审议。2002年12月28日，第九届全国人大常委会第三十一次会议审议通过了《中华人民共和国民办教育促进法》，自2003年9月1日起施行。国务院原来颁布的《社会力量办学条例》同时作废。

《民办教育促进法》是依据宪法和教育法制定的，进一步明确了民办教育事业属社会公益性事业，是社会主义教育事业的组成部分，国家对民办教育实行积极鼓励、大力支持、正确引导、依法管理的方针，民办学校与公办学校具有同等的法律地位，国家保障民办学校的办学自主权。该法规定了民办教育的办学宗旨、民办学校的设立、民办学校的组织与活动、民办学校教师与受教育者的法律地位和权利、民办学校资产与财务管理、民办学校的管理与监督、民办学校扶持与奖励。

为了更好地贯彻《民办教育促进法》，2004年2月25日，国务院第四十一次常务会议通过《民办教育促进法实施条例》，自2004年4月1

日起施行。《实施条例》针对当时民办教育中的一些重大问题，对原有法律规定的原则和措施进行了细化和补充，其立法宗旨是扶植民办教育发展，规范民办学校办学行为，提高民办学校教学质量，进一步推动我国民办教育健康、快速和持续地发展。

二、民办教育迅速发展

党和政府对民办教育采取支持、鼓励、引导、规范的政策，促使我国教育办学体制发生了深刻的变化，原有的由国家单一办学的体制逐步转变为国家办学为主，社会各界参与，多种形式办学的体制，民办教育越来越成为推动我国教育事业发展的一支重要力量。民办学校数量迅速增加；办学范围逐步从幼儿教育、成人教育扩大到整个基础教育、职业教育和高等教育各个领域；办学主体、办学形式日趋多样化，有民主党派、工商联及其他社会团体办学，有企业和公民个人投资或集资办学，有政府部门与企业联合办学，等等。在这个过程中，涌现出一批办学条件较好、教育质量较高的学校和一批办学思想端正、乐于奉献的办学者。

宁波的民办教育走在全国的前列。宁波具有深厚的文化底蕴，良好的投资环境吸引着众多投资办学者，特别是企业。宁波民办教育可以说是投资大、起点高。如大红鹰集团投资4亿元创建大红鹰教育集团，华茂集团投资4.5亿元创办华茂外国语学校，恒威公司投资1.3亿元创办神舟学校等。至2004年底，各类民办教育（不含民办高校）投入教育资金达39亿元。这一数字同该市当年财政性教育经费总支出相当。正因为有强大的经济作为支撑，才保障了民办教育持续、健康地发展。例如，创办于1996年的宁波万里国际学校已成为一个专业的教育集团，下属6所学校，并形成学前教育、普通基础教育、普通高等教育以及中等技术教育、高等职业技术教育两大体系完整的教育格局，在校学生达6 000余人。宁波大红鹰教育集团仅仅用6年时间，就形成涵盖中职、高职和职业培训的教育体系，在校生已接近万人。到2005年，宁波有各类民办中小学112所，在校生数占全市中小学生数的23.1%；民办高校3所，在校生数占高校在校生总数的27.5%，加上转制的“国有民办”学校和幼儿园，各类民办教育机构共1 585个，总资产达39亿元。其中万里、华茂、慈吉、大红鹰、神舟等教育集团资产总额超过24亿元，占民办学校资产总额的61%。宁波民办教育的快速发展，使全市的高中入学率、高等教育毛入学率分别达到了92%和36%，为普及十五年教育和高等教育大众化作出了贡献。①

我国民办基础教育经过 20 多年的发展，已经从基础教育体系的补充部分成为重要的组成部分。2004 年，我国民办幼儿园62 167所，占全国幼儿园总数的52.73%；在园儿童 584.11 万人，占全国在园儿童总数的27.96%。民办小学6 047所，占全国小学总数的1.53%；在校生 328.32 万人，占全国小学在校生总数的2.92%。民办初中4 243所（其中民办职业初中 24 所），占全国初中总数的6.65%；在校生 317.17 万人（其中民办职业初中在校生 1.49 万人），占全国初中在校生总数的4.86%。民办高中4 586所（其中民办中等职业学校1 633所），占全国高中总数的14.60%；在校生 294.67 万人（其中民办中等职业学校在校生 109.94 万人），占全国高中在校生总数的8.08%。② 尽管民办中小学所占的比例不大，但许多民办学校以观念新、机制活、重质量、有特色和讲效益而不断壮大，改变了政府单一办教育的局面，对于满足社会对基础教育的多样化需求起到了重要作用。

在基础教育阶段民办学校迅速崛起的同时，一些大中城市对公办中小学办学体制开始进行改革试点，主要是兴办“公办民助”、“民办公助”的学校。它是介乎政府办学与民间办学之间的一种办学形式。社会上一般把以“公办民助”、“国有民办”等方式进行办学体制改革试点的公办中小学称为“改制学校”。需要指出的是，一些地方在公办中小学办学体制改革试验过程中出现了不少问题，如有的地方简单套用经济领域改革的一些做法，以改制为名将义务教育阶段的公办学校出售、转让，有的地方和学校以改制为名进行不规范收费，还有的地方和学校举办“校中校”（即指在公办学校中办民办学校）、“校中民办班”，实行一校两制高收费。这些做法偏离了教育宗旨和办学体制改革的方向，引起了社会的广泛关注和人民群众的不满。为了全面落实科学发展观，构建

① 《中国教育报》，2005 年 10 月 2 日。

② 中国教育年鉴编辑部编：《中国教育年鉴》（2005），北京：人民教育出版社，2005 年版，第 303、94～96 页。

社会主义和谐社会，办好让人民满意的教育，进一步深化办学体制改革，促进教育事业健康发展，教育部与有关地方决定停止审批新的改制学校，并要求各地对已有改制学校进行清理整顿。

我国民办高等教育起步较晚，一些民办高校从最初的“三无”（无先期投资、无自建校舍、无专职教师）起步，通过艰苦创业，有了长足的发展。

例如，创办于1984年的浙江树人大学，是改革开放以来我国最早成立并经教育部首批批准承认学历的全日制民办普通高校之一。学校开创之初，没有校舍、没有师资、没有资金，办学条件相当艰难。校董事会和行政领导凭着一颗忠诚于教育事业的爱心，为学校发展无私奉献。1985年，为节省几百元的邮费，十几位教师充当邮递员，用自行车将在杭州的新生入学通知书送到了学生家中。学校创办初期，董事会、学校领导率先垂范，不拿学校一分钱的工资。这种艰苦创业、敬业奉献的精神，是树人大学上规模、上层次、上水平的精神支柱。经过20年的发展，这所初创时期的“三无”学校，如今已经发展成为占地近500亩，建筑面积25万多平方米，藏书70余万册，专职教职工630多人，涵盖经济、管理、文学、工学、法学与艺术的多学科民办高校。该校已为社会输送了3万多名合格的大学生。浙江树人大学的历程浓缩了我国社会力量办学和高等教育改革的历史，对我国民办高校的办学思想、方针、运行管理机制、资金筹措渠道、学科设置等方面都进行了有益的探索。2000年2月，浙江树人大学被省政府授予“浙江省优秀民办学校”的光荣称号。

同时，有一些民办高校是高投入、高起点或通过国有改制建立的。

例如，1995年，浙江金华职业技术学院首创我国高等教育校企产权联结、政府予以政策倾斜扶助的“民办公助”的新办学机制。

为了适应我国高等教育快速发展的需求，1999年全国教育工作会议召开之后，一些地方利用普通高校的教育教学资源吸引社会资金，进行了试办独立学院的探索，拓展了我国民办教育发展的新空间。2004年，全国共有独立学院249所，在校生68万余人，其中本科生55万人。①

我国民办高校的人才培养目标主要是为地方社会经济发展培养所需

① 中国教育年鉴编辑部编：《中国教育年鉴》（2005），北京：人民教育出版社，2005年版，第303页。

的应用型人才。

例如，创办于 1998 年的江苏硅湖职业技术学院是经省政府批准、国家教育部备案的全日制普通高校。该学院 1999 年开始招生，设有机电工程系、信息工程系、城市建设系、环境工程系、工商管理系、法学系、外语系、艺术设计系等 8 个系和 1 个基础部，32 个专业。通过反复的市场调研和论证，学院在全国较早提出着力培养能为本地区经济建设服务的创新型应用人才，以适应苏南经济快速发展对技师和高级技工人才的需要的办学目标。学院还根据办学定位，提出"立德诚信，文化扎实，技术过硬，证书多样"的人才培养要求；始终以就业为导向，实施"订单式教育"的办学模式，实现同企业的"无缝对接"；在江苏率先实行"召回返读"制度，对毕业生可持续发展给予了人性化的关怀。学院同苏州、昆山等地的 70 多家企事业单位签订了常年合作办学协议，使毕业生就业有保障。自 2002 年起已毕业的三届学生，除部分专升本、专接本或出国留学外，连续三年一次性就业率分别达94.9%、97.5%和98.3%，在全省名列前茅，其中有一半在苏州、昆山、上海等地就业。这种先进的办学理念与高就业率赢得了良好的社会信誉。

随着我国高等职业教育的迅猛发展，民办高等职业教育也呈现出快速发展的势头。2004 年，全国民办高等职业学校达 217 所，占全国被批准有学历授予权的民办高校总数的95.2%，占全国高等职业学校和高等专业学校总数的20.1%。这说明，民办高等职业学校是对我国传统公立高等职业学校的必要补充，在满足人民群众对高等教育的不同需求，以及社会经济发展对各级各类人才的需求等方面发挥着重要作用。

经过短短 20 多年的发展，我国民办学校不论在数量上还是在校生总量上都已远远超过了 20 世纪 50 年代的私立学校。据统计，2004 年，全国共有各级各类民办学校（教育机构）7 万余所，比 1996 年的 2.9 万余所增加了 4.1 万所，其中经教育部和省级人民政府审批设立的民办高等学校已由 1996 年的 21 所增至 2004 年的 228 所；在校生1 769万人，比 1996 年的 338 万人增加了1 431万人。① 各种社会力量办学机构已经培养

① 中国教育年鉴编辑部编：《中国教育年鉴》（2005），北京：人民教育出版社，2005 年版，第 303、94 ~ 96 页。

和培训出了数以千万计的毕业（结业）生，从而在一定程度上缓解了我国社会主义市场经济发展和社会进步对于各种专门人才的需求压力，也缓解了公办学校数量不足同广大人民群众日益增长的学习文化科学知识的需求之间的矛盾。

但是，民办教育的发展也遇到一些困难。例如，民办教育和公办教育在一些相关待遇上不尽相同。依照《民办教育促进法》的相关规定，民办学校、民办学校的教师以及民办学校的学生都应享有同公办学校平等的权益，这就为从根本上落实民办学校的“同等待遇”提供了法律依据。但要完全贯彻这个原则，现实上还有许多问题需要进一步解决。特别是义务教育阶段的民办学校数量逐渐萎缩，在校生数量急剧下降，更有一批学校相继倒闭，义务教育阶段的民办教育在持续发展过程中面临着非常严峻的挑战。产生这一问题的原因是多方面的，除了公办学校的办学条件和教育质量不断提高，小学、初中学生数量总体下降等原因之外，义务教育阶段的“校中校”挤占了民办学校的生存空间也是一个重要原因。这说明，要实现“形成以政府办学为主体，公办学校和民办学校共同发展的格局”的办学体制改革的目标，还有相当长的一段路要走。

第二节　教育管理体制改革

根据《中国教育改革和发展纲要》和《教育法》的要求，我国在总结前几年经验的基础上，继续深化教育管理体制的改革。我国教育管理体制改革的目标是：正确处理中央政府同地方政府的关系；政府同学校的关系；政府、学校同社会的关系，逐步建立政府宏观管理、社会积极参与、学校自主办学的体制。

一、高等教育管理体制改革

高等教育管理体制改革是20世纪90年代难度、力度最大的一项全局性改革。为了实现改革目标，党和国家制定了一系列政策措施。国务院成立了院校体制改革协调小组，全面开展了高教管理体制的改革。

高等教育管理体制改革的总目标是：面向21世纪，建立起管理体制、布局结构基本合理，办学形式多样，学科门类齐全，规模效益好，教育质量高，适应社会主义市场经济体制和现代化建设需要的高等教育体系。

高等教育管理体制改革的首要任务，是解决好政府与高等学校、中央与地方、中央教育行政部门与各业务部门之间的关系，逐步形成中央和省级政府两级管理、分工负责、以省级政府管理为主的新体制，实现规模、质量、结构、效益的统一。具体的举措是：

第一，在政府与学校的关系上，按照政事分开的原则，通过立法明确高等学校的权利与义务，使高等学校真正成为面向社会依法自主办学的法人实体。各高等学校要善于行使自己的权力，承担应负的责任，建立起主动适应经济建设和社会发展需要的自我发展、自我约束的运行机制。政府要转变职能，由对学校实行直接行政管理，转变为运用立法、拨款、规划、信息服务、政策指导和必要的行政手段进行宏观管理。

第二，在中央与地方的关系上，进一步确立中央与省、自治区、直辖市分级管理、分级负责的教育管理体制。中央直接管理一部分关系国家经济、社会发展全局并在高等教育中起示范作用的骨干学校和少数行业性强、地方不便管理的学校。其余大部分由国务院行业主管部门管理的高等学校，改由省级政府管理或以省级政府为主管理。高等职业技术教育（专科层次）的发展与管理在国家宏观政策指导下，主要由省级政府负责。按照这个精神，中央进一步简政放权，扩大省、自治区、直辖市的教育决策权和包括对中央部门所属学校的统筹权，也包括有权决定地方高等学校的招生规模和专业设置。

第三，在中央教育行政部门与中央业务部门的关系上，教育行政部门负责统筹规划、政策指导、组织协调、监督检查、提供服务；业务部门要加强对本行业人才的预测和规划，协助教育行政部门指导本行业的人才培养工作，负责管理其所属学校，包括在国家宏观指导下决定所属学校的招生规模、专业设置、经费筹措、学生就业等事项。随着中央业务部门职能的继续转变和政企分开，所属学校要面向社会，在管理体制方面也应继续进行改革。

为了积累高等教育管理体制改革的经验，国家教委与上海市、广东省及机械工业部联合，进行从打破高等学校单一隶属关系入手，以共建和高校间开展合作办学为主要形式的高等教育管理体制改革试点。1993年，国家教委在认真总结以往体制改革经验教训的基础上，积极促成广东省人民政府同国家教委共建中山大学和华南理工大学。这就在管理体制改革方面作出了示范。此后，以“共建”和高校间开展合作办学为主要形式的高教管理体制改革便迅速展开。

为了总结经验，全面推动高教管理体制改革的进程，1994年以后，国务院先后在上海、南昌、北戴河、扬州召开了四次全国高等教育体制改革座谈会。李岚清出席会议并发表了重要讲话。这些会议取得了重要的成果：一是交流了进行教育管理体制改革的经验，研究了改革过程中普遍存在的困难和问题，讨论了进一步推动改革必须采取的措施。二是提出高等学校在改革管理体制时可采取部门和地方共建高等学校、高等学校之间合作办学、合并高等学校、中央部委院校划转由地方政府管理以及企业和科研单位参与高校管理等五种联合办学的模式。三是形成了“共建、调整、合作、合并”的高等教育管理体制改革的方针。

“共建”是将部委同地方条块分割办学转变为条块结合办学，学生主要来源于当地，学校的教学和科研主要为当地的经济和社会发展服务，以调动中央和地方的积极性共同把学校办好。同时，地方高校也可实行省市共建。

“调整”是对在一个区域内的高等学校设置或系科、层次设置不合理的情况，根据需要，从实际出发，有步骤地进行领导体制改革和院系调整。在学科设置方面，重点解决某些学科大量重复设置、分散、封闭的问题。在领导体制方面，以政府机构改革和职能转变为契机，加快行业、部门管理高等学校的体制改革的步伐。原由国务院有关部门管理的高等学校，多数调整为实行中央与地方共建、以省级政府管理为主；省级业务部门主管的高等学校，鼓励划转省级教育行政部门管理。

“合作”是指高等学校之间资源共享，优势互补，开展校际间教学和科研方面的合作，以逐步解决封闭办学和学科重复建设的问题。积极鼓励和支持高等学校通过采取互聘教师、互相承认学分、合办专业、共同开展科学研究和技术开发、联合培养研究生、合作开展对外交流活动、合作开发信息资源以及后勤资源共享等方式进行合作。

“合并”是为了提高教育质量和办学效益，发挥学科优势互补和规模效益，因地制宜地对某些高校进行资源重组、合并办学。包括：在科学论证的基础上，推动部分规模小的单科性学院并入规模较大的院校；

支持同层次、不同科类、互补性强的学校合并。

在“共建、调整、合作、合并”方针的指导下，高等学校管理体制改革在全国范围内普遍展开并且不断深化。1997年，中共十五大明确提出，要“优化教育结构，加快高等教育管理体制改革的步伐，合理配置教育资源，提高教学质量和办学效益”。这就为我国高教管理体制改革指明了方向。

为了贯彻中共十五大提出的关于高教管理体制改革的精神，1998年1月，国家教委再次在扬州召开会议。会议总结了前一阶段高教管理体制改革的经验，部署了下一阶段的改革任务。从此，高教管理体制改革又进入了一个新的阶段。

1999年颁布的《中共中央国务院关于深化教育改革全面推进素质教育的决定》提出：“今后三年，继续按照‘共建、调整、合作、合并’的方式，基本完成高等教育管理体制和布局结构的调整。”

在此阶段，1998年、1999年和2000年分三批对原机械工业部等9个撤并部门、原核工业总公司等5大军工总公司以及铁道部等49个部门（单位）所属高校的管理体制进行了调整，将改革推向了高潮。经过三次大规模的调整，中央部门所属普通高校从1994年最多时的367所减少到111所，减少256所；中央部门所属成人高校从1995年最多时的281所减少到20所，减少261所。三次大规模调整的完成，标志着我国原有的高教管理体制已发生了历史性的深刻变革，由行业的业务主管部门举办并直接管理学校的体制基本结束，形成了中央和省两级管理、以省级政府管理为主的新体制，形成了综合性、多科性、单科性院校较为合理的布局和结构。这对于构建我国21世纪高等教育管理体制和布局结构新格局具有深远意义。

据统计，1992年至2002年，有708所高等学校（其中普通高校493所，成人高校215所）合并组建为302所高等学校（其中普通高校278所，成人高校24所），合并调整减少了406所高校。通过合并调整，组建了如浙江大学、四川大学等一批文、理、工、农、医等各大学科门类比较齐全、规模较大的综合性大学。①

---

① 教育部编：《跨世纪中国教育》，北京：高等教育出版社，2002年版，第139页。

高校合并取得了一定的成效，一批学科综合性更强的高等学校应运而生。一些有历史渊源或专业互补性强的学校合并后效果不错。例如，1993年由江西大学和江西工业大学合并组建的南昌大学，经过七年的努力奋斗，教学上质量、科研上水平、办学上效益，逐步形成“多学科交叉渗透、学研产紧密结合”的新型综合大学的办学模式。四川大学由原四川大学、成都科技大学、华西医科大学三所全国重点大学于1994年和2000年两次“强强合并”组建而成。该校通过狠抓校内管理体制改革，在学校机构、干部和管理人员设置与安排上远远小于原三校之和，达到了“1 + 2 < 3”，而在办学质量、水平和效益上则产生了“1 + 2 > 3”的效应，走上了良性发展的道路。

高等学校管理体制改革主要取得了以下四方面的成效：一是高校向多科性和综合性发展，学科建设得到增强，形成多学科、学科交叉、文理渗透的局面，有利于培养知识结构比较健全的人才。二是高等教育的整体结构发生了变化，从原来“条块分割”、重复设置、单科性院校过多，转变为“条块有机结合”、资源共享、优势互补、布局更加合理，增强了学校的综合实力和竞争能力，提高了科研水平，拓宽了服务领域，扩大了社会影响。三是精简机构、压缩人员，形成了精干、高效、结构合理的队伍。四是改善了办学条件，扩大了办学规模，提高了办学水平和办学效益。

但也应当看到，高校在合并中形成个别巨型大学，但这些学校要真正形成综合性优势还要有一个过程。有的地方在高校合并中盲目跟风，在未经过仔细分析论证可行性的情况下，几所同城的大学便聚在一起，换个新校名，就算合并了；结果，因缺乏历史上的联系，没有特色和优势，加之校区分散增加了运行成本，导致仍然各自为政，并未达到高校合并的真正目的。事实上，高校合并并不是一件简单的事情，尤其是合并给管理工作带来的问题更是显而易见的。必须给已合并高校一段时间去融合，然后才能进一步提高科研竞争力，发挥综合优势。同时，必须认真做好体制改革和布局结构调整的后续工作，对合并中出现的问题必须实事求是地认识和把握，以便找到解决问题的办法。鉴于以往的经验教训，地方高校的合并应从实际出发，因校而异，因地而异，决不能贪大求全，搞“一刀切”。

二、高校内部管理体制改革

1991 年初，国家教委选择南京大学和东南大学作为高等学校校内体制改革的试点。不久又增加清华大学、浙江大学、南开大学、天津大学和东北师范大学等校为试点学校。在取得经验的基础上，国家教委于 1992 年 8 月发布了《关于直属高校内部管理体制改革的若干意见》。《意见》指出，直属高校校内管理体制改革的指导思想是：在党的基本路线指引下，逐步建立和完善学校能主动适应国家经济和社会发展的学校内部管理体制和运行机制，积极探索建设有中国特色的社会主义大学的路子。①《意见》对直属高校校内管理体制改革提出了以下具体要求：

第一，在改革过程中，应该依据学校教学、科研、科技开发、后勤服务所承担的任务和工作性质的不同，建立不同的管理体制和运行机制。学校要以教学和科研为主，进一步完善事业化的管理体制。校办产业则应以生产经营为主，实行企业化管理。学校的后勤和部分直属单位应以服务于学校的中心工作为自己的重要职能，推行事业单位企业化管理，有条件的要逐步转向社会化。

第二，直属高校要调整学校队伍的整体结构，实行人员的合理分流。要建立一支精干优化的教学、科研和管理的骨干队伍，以保证教学、科研任务的完成。同时，要加强校办产业、科技开发和后勤服务等系统的队伍建设，充分发挥高等学校多功能的作用，增强自我发展能力，不断提高学校的整体办学水平。

第三，直属高校要实行校内人事改革，采取多种形式的用人制度，逐步建立固定编制与流动编制、事业编制与企业编制相结合的用人制度，实现校内人才资源的合理配置，不断提高工作效率和办学效益。

第四，对直属高校的自主权限作出了明确的规定，还对校内分配制度、住房、医疗、退休保险制度的改革提出了原则性的指导意见。②

这个《意见》虽然是为直属高校制定的，但实际上，所有的高等学校在进行校内管理体制改革时都可以参照。

---

① 何东昌主编：《中华人民共和国重要教育文献》（1991 ~ 1997），海口：海南出版社，1998 年版，第 3372 页。

② 何东昌主编：《中华人民共和国重要教育文献》（1991 ~ 1997），海口：海南出版社，1998 年版，第 3373 页。

《中国教育改革和发展纲要》发布后，高等学校内部管理体制改革进入了一个新的高潮。在这个高潮中，高校内部管理体制改革已经从个别试点发展为普遍实施。例如天津市，当时有三分之二的高校实施了内部管理体制改革。许多学校在校内管理体制改革中结合学科领域的改革，调整或重组了教学科研组织，将校、院、系并存的三级管理过渡为以院（或系）为实体，实行校、院（或系）两级管理体制。同时，完成了教学岗位聘任制，强化了教师队伍建设，提高了教学质量。对于高等学校内的党政机构，采取了定岗定编、明确职能责任、同步调整的办法，这样就收到了精简机构、转换职能和提高效率的效果。

与此同时，高校人事分配制度改革取得突破性进展，大大地加快了高校内部管理体制改革的步伐。

高校内部人事分配制度的改革在20世纪80年代中后期和1993年前后形成两次高潮。在此基础上，1999年5月，教育部在上海召开了全国高等学校内部管理体制改革座谈会。会后下发的《关于当前深化高等学校人事分配制度改革的若干意见》，对高等学校开展新一轮的人事分配制度改革具有重要意义。此后，为了广泛推动全国各地高等学校人事制度改革工作，教育部根据教育部直属高校及各地改革的情况，会同中共中央组织部、人事部，经过一年的调研和征求意见，于2000年6月联合印发了《关于深化高等学校人事制度改革的实施意见》。新一轮高校人事分配制度改革主要在以下几个方面取得了新的进展和突破。

一是调整、合并校部管理机构，大幅精简人员编制，管理重心向院系倾斜。许多高校按照“精简高效、规范剥离、放权搞活、服务指导”的思路，明确学校管理机构职能，合理划分职责权限，剥离机关经营职能，通过撤销、合并、合署办公等形式精简机构。按照学校规模大小，学校校级管理机构减少到10～20个，人员精简幅度为30%～50%。在此基础上，以学科建设为龙头，调整各院系教学科研组织机构，减少管理层次和管理人员，增加教学和科研人员的比例，管理重心向院系进一步下移。

二是转变用人观念，强化竞争机制，探索实行岗位聘任制度。为了进一步强化竞争机制，实现高等学校人事管理由身份管理向岗位管理、由行政任用关系向平等协商聘用关系的转变，许多高校在校本部管理机构改革和院系教学科研组织机构调整基本完成后，对教学和科研岗位，按照“按需设岗、公开招聘、平等竞争、择优聘用、严格考核、合同管理”的原则，实行岗位聘任制。有的高校取消了过去长期实行的专业技术职务（职称）评审，建立岗位津贴制度，以岗定薪，按劳取酬，加大分配制度改革力度，并建立规范化、科学化的考核制度，加强聘后考核，牢固树立教职工履行岗位职责的责任感。

三是进行制度创新，开展高校职员制度试点工作。长期以来，高校管理人员队伍建设存在着管理制度不健全、缺乏竞争激励机制、工资待遇不平衡、同教师专业技术职务系列的关系不顺等问题，妨碍了高校管理队伍积极性的发挥，同时也造成高校管理队伍人员不稳、活力不强、整体素质不高。为了改变这种状况，建设高素质的管理队伍，进一步提高高校的教育质量和管理水平，教育部自1999年起，在武汉大学、华中科技大学、华中师范大学、厦门大学、东北师范大学五所高校开展了高校职员制度试点工作。在总结实践经验、反复研讨论证的基础上，教育部起草了《高等学校职员制度暂行规定（征求意见稿)》，提出要探索建立符合高校管理工作和管理队伍特点的管理制度，设立反映高校管理岗位职责和职员专业水平、工作能力的职员等级系列；强化岗位聘任，转换用人机制，实行竞聘上岗与合同化管理；明确管理人员与专业技术人员和工勤人员的关系，防止和克服高校管理队伍评聘专业技术职务所带来的岗位管理上的混乱现象。经过几年努力，高校职员制度试点工作取得了初步成效：一是理顺人员关系，初步做到了分类管理；二是转换职员任用机制，推进了学校用人制度改革；三是强化岗位职责、以岗定薪和按劳取酬，调动了职员工作的积极性；四是对学校职员进行了一次爱岗敬业的教育；五是有合校任务的试点高校通过实行职员制，促进了来自不同学校的管理队伍的有机融合。

四是运用分配杠杆，实行津贴制度，建立激励机制。2000年6月2日，中共中央组织部、人事部、教育部联合下发的《关于深化高等学校人事制度改革的实施意见》给予了高校分配制度改革四个方面的政策：一是扩大高校分配自主权，建立重实绩、重贡献，向高层次人才和重点岗位倾斜的分配激励机制；二是高校可以建立以岗定薪、按劳取酬、优劳优酬、以岗位工资为主要内容的校内分配办法；三是允许和鼓励高校专业技术人员通过科技成果转化，促进科技进步先富起来；四是高校可以高薪聘用优秀拔尖人才，努力实现一流人才、一流业绩、一流报酬。此后，北京大学、清华大学等根据创建世界一流大学的要求，在国家的政策支持下，率先实行了同岗位聘任制相适应的岗位津贴制度。不少高校按照“效率优先，兼顾公平”、“存量（即国家工资）保留，增量（即校内津贴）拉开”的原则实施津贴制度，将津贴分配同岗位、任务、业绩、贡献等结合起来，产生了较好的激励效果。改革后，高校教职工待遇均有不同程度的提高，高层次人才待遇提高的幅度尤为明显。

实践证明，我国高校人事分配制度改革取得了显著成效，广大教师开展教学、科研工作的积极性高涨；高校学科建设、人才培养、教学科研水平和科研管理水平得到了明显加强和提高，高校教师已成为社会上令人羡慕的职业之一。

三、高等学校后勤社会化改革

随着高等教育的不断发展，高校后勤工作滞后的问题日益凸显出来。为了加快高校后勤改革，1999 年 11 月，经国务院批准，国务院办公厅在上海召开第一次全国高校后勤社会化改革工作会议，全面动员和部署此项工作。2000 年 1 月，国务院办公厅转发了教育部、国家计委、财政部、建设部、中国人民银行、国家税务总局等六部委《关于进一步加快高等学校后勤社会化改革的意见》，进一步明确了改革的指导思想，提出高校后勤社会化改革的主要目的是实现高校后勤管理模式与运行机制的根本转变，用三年左右的时间，在全国绝大部分地区基本实现高等学校后勤社会化，建立起有中国特色、符合高等教育特点与需要的新型高校后勤保障体系。其后，国务院办公厅又分别于 2000 年 12 月和 2001 年 12 月，在武汉和西安召开第二、第三次全国高校后勤社会化改革工作会议，总结经验，提出进一步工作的要求。李岚清三次亲临会议并作了重要讲话，对推动高校后勤社会化改革的进程，保证改革的顺利进行，起到了关键性作用。2002 年 12 月，教育部召开第四次全国高等学校后勤社会化改革工作电视电话会议。国务委员陈至立作了重要报告，要求进一步推进和深化高校后勤社会化改革。

在党中央、国务院的领导下，国务院办公厅和教育部、国家计委、财政部、国土资源部、建设部、国家税务总局、中国人民银行制定出台了一系列指导改革、保证改革健康进行的文件与政策。各省、自治区、直辖市政府加强了领导、统筹和规划，各省会城市大力配合，各级教育行政部门努力组织实施，高校主动参加，社会力量积极参与，保证了全国高校后勤社会化改革稳妥、健康地推进，并取得突破性进展。一种新型的、有中国特色的、适应社会主义市场经济体制和高校办学规律的高校后勤保障体系逐步形成，有效地缓解了制约我国高等教育事业发展的瓶颈因素，保证并支撑了我国高等教育自 1999 年扩招后的快速发展。

首先，通过社会化多元筹资，迅速扩大学生公寓等高校后勤服务设施建设，初步缓解了高校扩招的“瓶颈”制约问题。1999 年以前，高等学校学生宿舍等后勤服务设施的建设完全依靠政府投入。由于资金有限，因而进展缓慢。建国 50 年，全国共建成高校学生宿舍3 200万平方米和食堂 570 万平方米。我国高等教育连续扩招后，在校大学生已由 1998 年的 340 万人增长到 2004 年的1 340万人。随着在校生人数的增加，学生宿舍等高校后勤服务设施日趋紧张。如果继续按照以往的方式按部就班地进行建设，要解决高校扩招后新增1 000多万学生的食宿条件和教学用房问题是不可想象的。

1999 年全面启动高校后勤社会化改革后，各地、各高校普遍采取了新的运作方式，即利用社会资金和社会力量建设学生公寓等后勤服务设施。各地政府实行统筹规划、减免税费等政策，并采取特事特办的措施，积极支持改革，使学生公寓等高校后勤服务设施建设取得了突破性进展。从 1999 年到 2003 年底，全国新建大学生公寓5 400万平方米，新建学生食堂 750 余万平方米；全国普通高校校舍面积从 1998 年的 1.6 亿平方米，增长到 2004 年的 4.7 亿平方米，其中学校不拥有产权的有7 000万平方米。在学校拥有产权的新增校舍中，政府投入的基建经费只占30%。新增学生公寓和食堂的面积超过建国 50 年建设量的总和。

在利用社会资金和社会力量建设后勤服务设施的同时，各高校还借助社会资金来建设教学科研设施。如上海市淞江大学城采用新的筹资与管理体制进行建设。大学城的3 600亩校舍用地由淞江区政府无偿提供，25 亿元的建设资金主要通过社会化的方式筹集，后勤服务完全社会化。又如，地处西部贫困地区的陕西省榆林高等专科学校的后勤集团采取学校控股、企业入股、职工参股的企业运作方式，投入资金近 1 亿元，向银行贷款5 000万元，不仅建成了 2 万平方米的学生公寓，还为学校建设了 8.1 万平方米的教学和科研用房，使学校面貌焕然一新。

其次，全国高校基本实现了后勤服务系统同学校行政系统的分离，逐步形成新型后勤产业。各地、各高校围绕如何运用社会化的机制和产业化的形式，建立产权清晰、权责明确、校企分开、管理科学的新型后勤保障体制这个重要课题，积极探索、大胆实践，创造了多种模式。有些学校后勤实体正式注册成立了后勤服务公司或二级企业法人公司；有些学校把全部后勤服务工作交给社会企业，彻底实现了后勤服务社会化。为了逐步实现高校后勤产业的集约化、专业化经营，不少地区和学校还探索了校际之间后勤实体的联合和后勤实体同社会企业的联合。如上海市成立了高校后勤服务中心和高校后勤发展中心，广西以广西大学等三所高校为试点成立了跨校际的广西高校后勤股份有限公司，北京东方大学城化工大学等四校联合成立了后勤集团。

在改革过程中，一批高校后勤实体（企业）抓住机遇迅速发展壮大，不仅为学校提供更好的服务，而且跨出校门拓展校外市场，取得良好业绩。例如华中科技大学后勤集团年营业额（产值）从 1998 年的 8 000万元发展到 2004 年的 5 亿元，在校外承包了 20 余家食堂、4 个超市，实现了学校固定资产的保值和超常规增值。浙江大学后勤集团经过几年发展，目前属下有 13 个门类的数十家企业，年产值近 5 亿元，成为在当地具有相当影响的著名企业。

再次，通过改革管理体制和运行机制，不仅为学校节省了人力财力，降低了成本，而且大大提高了高校后勤服务质量和保障能力。由原学校后勤部门转制而成的各种形式的后勤实体（少数成立了独立企业）运用企业化管理，在人员管理、分配制度、考核奖惩机制以及集约经营、成本核算等方面进行了一系列改革探索，工作效率大大提高。如后勤转制以后，一般没有再进事业编制的职工。仅此一项，全国约可减少 20 万后勤职工编制（按 50 名学生 1 名职工计算），如按平均年工资 2 万元计算，可节约 40 亿元。上海普通高校在校生从 1998 年的 18.5 万人增加到 2004 年的 45 万人，新增 26.5 万人，而在编的职工却并未相应增加，这就节约编制5 000余人。上海外国语大学国资处（甲方）核算，仅人力一项，一年即可节省 700 万元。

各地在规模经营方面也探索出不少成功经验，如采用集中招标采购、连锁餐厅、连锁超市等形式，既降低了成本，又提高了采购物品和服务的质量。与此同时，高校各后勤实体还按照企业化的要求，建章立制，不断规范、加强管理工作。

一系列改革激发了高校后勤职工的积极性，工作效率和服务质量明显提高。在全国高校连续扩招的情况下，服务质量不但没有下降，反而有很大改善，如学生伙食条件得到改善，菜肴品种大量增加，供应时间普遍延长，价格搭配相对合理，方便师生选择用餐，受到广大师生的普遍欢迎。

总之，通过高校后勤社会化改革，后勤服务同学校剥离，不仅校领导可以集中精力办好教育，而且学生食堂的饭菜丰盛了，学生公寓宽敞了，校园环境改善了，从而增强了高校培养人才、吸引人才、凝聚人才的能力，并促进了高校和社会的政治稳定。与此同时，高校后勤社会化改革取得的显著成效，对其他部门和单位起到了示范带头作用，许多机关、医院、企事业单位纷纷效仿，加速了全社会整个后勤服务行业社会化、产业化、市场化改革的进程，促进了社会主义市场经济体制的建立和完善。

四、中等及中等以下教育管理体制改革

中等及中等以下教育管理体制改革主要包括领导管理体制改革和中小学人事制度的改革。

1. 领导管理体制改革

根据《中国教育改革和发展纲要》和《关于〈中国教育改革和发展纲要〉的实施意见》，中等和中等以下学校在管理体制改革方面仍然是继续完善在中央的宏观指导下的“分级办学、分级管理”的体制。

在基础教育方面，实行在国家宏观指导下主要由“地方负责、分级管理”的体制。各级政府的具体职责划分是：

国家制定有关基础教育的法规、方针、政策及总体发展规划，颁布基本学制、课程设置和课程标准、教师资格和基本工资等规定；设立用于贫困地区、民族地区、师范教育的专项补助资金；对省级教育工作进行监督和指导等。

省级政府负责本地区基础教育的实施工作，包括制定本地区基础教

育发展规划，确定教学计划，选用教材和审订省编教材；确定教师职务限额和工资水平；组织对本地区基础教育的评估、验收；建立用于补助贫困地区、少数民族地区的专项基金，对县级财政教育事业费有困难的地区给予补助等事项。

地、市级政府根据国家和省级政府制定的法规、方针、政策，对于本地区实施义务教育进行统筹和指导。

县级政府在组织义务教育的实施方面负有主要责任，包括统筹管理教育经费，调配和管理中小学校长、教师，指导中小学教育教学工作等。

乡级政府负责落实义务教育的具体工作，包括保障适龄儿童、少年按时入学，筹措并管好本乡的教育经费，逐步改善办学条件等。

事实证明，这种县、乡、村三级办学，县、乡两级管理，以县为主的管理体制对于中小学教育的发展是有积极作用的。

2001 年《国务院关于基础教育改革与发展的决定》进一步强化了农村义务教育管理体制“以县为主”的原则。

在中等和中等以下职业教育与成人教育方面，中央和地方教育行政部门对职业教育和成人教育负有统筹、协调和宏观管理的责任。有责任规范各类职业学校的学制，以及各类职业学校毕业生的就业待遇。以进行学历教育为主的职业学校和成人学校，原则上由各级教育部门进行管理。职业培训和在职的岗位培训工作，原则上由各级劳动、人事部门和有关业务部门进行管理。

为了适应社会主义市场经济体制建立后对中等专业教育的改革和发展提出的新要求，国家教委于 1995 年 5 月发出了《关于普通中等专业教育改革与发展的意见》。《意见》规定，中等专业学校管理体制改革的基本思路是由政府行业主管部门进行直接的行政管理转变为政府宏观管理、社会广泛参与、学校自主办学的新体制和运行机制。也就是说，在中等专业教育方面，实行“分级管理，分工负责，条块结合，地方统筹”的管理体制。在这种管理体制下，地方政府对中等专业教育的改革与发展负有主要责任，教育行政部门要加强对中等专业学校的统筹管理，同时要充分发挥计划、劳动、人事部门和业务部门的管理职能，使之在人才预测、学校布局等方面发挥好宏观协调作用，开展好业务指导和评估督导工作。少数行业性强的部门，也可以继续由中央业务部门举办，但也要拓宽服务范围，面向社会，服务地方。政府要进一步扩大中等专业学校的自主权，使中等专业学校真正成为具有法人地位的办学实体。在中专学校内部管理体制改革方面，要继续实行校长负责制。校长作为学校的法人代表，对学校的办学方向、教育教学、思想政治、后勤管理等各项工作负有全面的责任。

2004年6月，经国务院批准，教育部、国家发改委、财政部、人事部、劳动保障部、农业部、国务院扶贫办等七部门建立了职业教育工作部际联席会议制度。此后，全国多数地方都建立了省级职业教育工作部门联席会议制度。这一制度的建立，强化了政府对职业教育的统筹领导，促进了政府有关部门对职业教育工作的沟通与协调，是我国职业教育发展史上的一个重要的体制创新，对我国职业教育的改革和发展具有重要意义。同时，与社会主义市场经济体制相适应的职业院校招生、毕业生就业制度基本建立。经过多年的探索和努力，初步形成了“政府主导、依靠企业、充分发挥行业作用、社会力量积极参与，公办与民办共同发展”的多元办学格局和“国务院领导下，分级管理、地方为主、政府统筹、社会参与”的管理体制。

2. 中小学人事制度的改革

随着我国教育事业的发展以及干部、人事制度改革的不断深化，加快推进中小学人事制度改革的重要性和紧迫性日益突出。

20世纪80年代末开始，为了更好地适应基础教育改革与发展的需要，各地在地方党委和政府的领导下，结合本地实际，在中小学人事制度改革方面进行了积极探索和大胆实践。90年代中期以后，各地在中小学人事制度改革方面积累了很多有益的经验。这些基本经验可以概括为：以转变观念为先导，以实行教师聘任制和校长负责制为主线，以改革用人制度和分配制度为重点，以建立“人员能进能出，职务能上能下，待遇能高能低”的竞争激励机制为目标。各地中小学人事制度改革的重点有以下几个方面：

一是改进中小学校长聘任和选拔办法。推进中小学校长选拔任用制度的改革是加强中小学教师队伍建设的关键所在，也是中小学人事制度改革的重要内容。湖北、吉林等省通过改革校长选拔任用方式和管理体制，推动了校长队伍建设，促进了教育人事制度的改革，取得了较好的成效。主要体现在：实现了治事用人的统一，管理体制逐步完善；优化了校长队伍的结构，整体素质得到提高；加强了中小学校的建设，促进了基础教育的改革与发展。

二是全面推行教职工聘任制，强化岗位管理。山西、辽宁、吉林、湖南等地通过合理调整规模，严格核定编制，科学设置岗位并确定教师工作量，全面推行教职工聘任制，建立竞争上岗的用人机制，激活了用人机制，强化了内部管理，调动了广大教职工的积极性，优化了教师队伍，提高了教学质量和办学效益。

三是改革工资分配制度，建立优劳优酬的分配机制。北京、上海、广东、浙江、山西、吉林等地积极探索教职工工资分配制度的改革，在教职工聘任制的基础上，将教职工的实际收入同岗位责任、个人工作实绩挂钩，真正体现了按劳分配、多劳多得、优劳优酬的原则。

四是完善教育人才市场，合理配置人力资源。人才的合理流动是实现教育人才资源合理配置的重要前提和手段。北京、山西、湖南等地通过中小学人事制度改革，建立教育人才交流服务体系，拓展全方位的人事代理服务，完善教育人才市场，探索新型人才流动机制，创造人才流动的多种形式，引导教师由超编学校向空编学校流动，城镇学校向农村学校流动，重点学校向薄弱学校流动。教师资源的合理流动促进了教师队伍良性运行机制的形成，优化了中小学人才资源的合理配置，提高了人才的使用效益。

通过积极的改革实践，全国中小学教师队伍结构在调整中不断得到优化，整体素质有了进一步提高，教师的地位和待遇有了较大改善，中小学校长和教师的培训逐步走向制度化、法制化，促进了中小学教师队伍建设。中小学人事制度的改革，为基础教育事业的改革和发展提供了强有力的人才保障。

2002 年 5 月，教育部在北京召开了全国中小学人事制度改革工作经验交流会。会议交流总结了各地在促进教师队伍流动和交流、改进中小学校长聘任和选拔办法、实行教师聘任制以及提高教师待遇和完善社会保障等方面的做法和经验，研究部署了核定中小学教职工编制、推行教师聘任制度、改革校长选拔任用制度以及教师队伍人才流动和调整优化等深化中小学人事制度改革的重点工作。经验交流会议取得了很好的效果，产生了广泛的影响。

第三节 教育投资体制改革

改革开放后，特别是在20世纪90年代以后，随着社会主义市场经济体制的逐步确立和科教兴国战略的实施，为了保证教育经费稳定、持续地增长，解决好国家、社会、集体和个人合理分担教育经费的问题，党和政府加大了对教育投资体制改革的力度，中央有关部门和地方各级党委、政府采取切实措施，不断完善教育经费筹措机制，千方百计加大教育投入，使我国的教育投入保持了较快的增长，教育经费投入总量有了较大的增加，为教育的改革和发展提供了有力的经费保障。

一、不断完善教育经费筹措机制

这个阶段，教育投资体制改革的重点是进一步健全完善多渠道筹措教育经费、保证教育经费稳步增长的机制，并把这种机制用法律的形式确定下来。为此，各级政府特别是中央和省级政府采取了一系列具体措施。

一是确定了国家财政性教育经费支出占国内生产总值的比例应达到4%的目标。根据世界发展中国家在20世纪80年代中期公共教育支出占国内生产总值的比例平均已达到或超过4%的实际情况，党中央、国务院在1993年颁布的《中国教育改革和发展纲要》中规定，到20世纪末，国家财政性教育经费支出与国民生产总值的比例达到4%。4%的目标的确立，有利于保证教育经费投入的落实，在我国教育史上具有重要意义。

二是明确教育经费投入的财政主渠道地位，确保教育投入的"三个增长"。《中国教育改革和发展纲要》和《中华人民共和国教育法》规定："国家建立以财政拨款为主，其他多种渠道筹措教育经费为辅的体制，逐步增加对教育的投入。""国家财政性教育经费支出与国民生产总值的比例，应当随着国民经济的发展和财政收入的增加，逐步提高。"并明确规定"各级人民政府教育财政拨款的增长应当高于财政经常性收入的增长，并使按在校学生人数平均的教育费用逐步增长，保证教师工资和学生人均公用经费逐步增长”。这个表述被概括为“三个增长”。“三个增长”的规定不仅进一步明确了教育经费投入的财政主渠道地位，也便于各级政府操作，有利于对教育经费投入情况的检查与监督。

此后，从国家到社会到学校，都在积极地探索增加教育投入的新途径。通过实践，我国逐步地建立起了“以国家财政拨款为主，辅之以征收用于教育的税费、收取非义务教育阶段学生学杂费、校办产业收入、社会捐资集资和设立教育基金”的六条教育经费来源的渠道（通称“财”、“税”、“费”、“产”、“社”、“基”）。正是由于我国的教育投资体制按照这个教育投资主体多元化的路子进行了改革，所以教育经费投入的总量有了很大增长，办教育的物质条件逐步得到改善。

三是制定了中央本级财政支出中教育经费所占比例连续五年提高“1个百分点”的政策。1999年1月，《国务院批转教育部〈面向21世纪教育振兴行动计划〉的通知》规定：“逐步提高中央本级和省级财政支出中教育经费支出所占的比例。自1998年起，中央本级财政按同口径每年提高1个百分点，2000年，将此比例提高3个百分点左右。”“同时，各省、自治区、直辖市财政支出中教育经费所占的比例，也应根据各地实际每年提高1~2个百分点。”

1999年6月，《中共中央国务院关于深化教育改革全面推进素质教育的决定》又进一步明确规定：“自1998年起至2002年的5年中，提高中央本级财政支出中教育经费所占的比例，每年提高1个百分点。各省、自治区、直辖市人民政府也要根据本地实际，增加本级财政中教育经费的支出。”这一政策是解决教育经费问题上的一个重大突破。

中央财政“1个百分点”的政策出台后，全国大部分省、自治区、直辖市人民政府也比照中央的做法，相继增加了本级财政的教育经费支出。1998年至2002年，仅中央本级财政通过增加“1个百分点”，5年累计就比1997年（1997年中央级教育事业费仅为89亿元）增加教育经费489亿元。

四是开征地方教育费附加，进一步扩大教育经费来源。为了适应税制改革的要求并不断加大对义务教育的投入，国务院决定，自1994年起，城市教育费附加按增值税、营业税、消费税的3%计征，农村教育费附加则统一为按上年农民人均纯收入的1.5%~2%（包括在5%的总提留范围之内）征收。同时还规定：城市教育费附加由税务部门组织征收，农村教育费附加由乡镇政府组织征收。据初步统计，2001年，全国共征收城乡教育费附加256亿元，占财政性教育经费支出总额的比例达8.4%。为了体现和落实地方政府举办教育责权相统一的原则，1995年，《教育法》又以法律的形式规定："省、自治区、直辖市人民政府根据国务院的有关规定，可以决定开征用于教育的地方附加费。"据统计，2001年全国征收的地方教育附加费总计达25亿元。①

五是进一步完善农村义务教育投入体制。2002年4月，国务院办公厅下发了《国务院办公厅关于完善农村义务教育管理体制的通知》。《通知》和前述的《国务院关于基础教育改革与发展的决定》针对"分级办学、分级管理"体制下农村义务教育投入存在的困难和问题，提出了进一步完善农村义务教育投入体制，建立保工资、保运转、保安全的"三保"机制的措施。农村义务教育投入出现了一些新变化，主要体现在：

（1）各级财政对农村义务教育经费投入明显增加，农村义务教育投入格局发生变化。1997年，全国农村义务教育经费预算内拨款为430亿元，占当年农村义务教育经费总投入的54.8%。2002年，全国财政预算内对农村义务教育的拨款达990亿元，占当年农村义务教育经费总投入的78.2%，5年间增加了1.3倍。

（2）中央财政对农村义务教育的支持更是明显增加。如在工资性转移支付和农村税费改革转移支付方面，同时加大了对农村义务教育的专项支持。2002年，中央财政用于农村义务教育的支出为359亿元，占全国财政预算内农村义务教育支出的36.3%。在中西部地区，中央财政投入所占的比重更大。

（3）到2002年8月底，已有30个省、自治区、直辖市的2 452个县、市、区将农村中小学教职工工资管理上收到县，占2 648个应上收县、市、区的比例为93%。各地通过采取措施，调整财政支出结构，合理调度资金，加大清欠工作的力度，使农村中小学教职工工资拖欠情况有了很大好转。

六是建立了非义务教育成本分担机制。为了改变由国家"包办"教

① 教育部编：《跨世纪中国教育》，北京：高等教育出版社，2002年版，第86页。

育的状况，高等学校在1986年开始招收收费的“委培生”和“自费生”。从1989年开始，部分高等学校开始向学生收取每学年100～300元的学费，并逐步提高收费水平。1997年全国普通高校统一实行“公费生”和“自费生”并轨，统一收费。

2000年，学费从1998年的1 000元左右提高到5 000元左右。同时，中等专业学校和高中也开始收取学费、杂费。既向学生收取一定费用，又充分考虑社会和学生家长的承受能力，各地在核定非义务教育学生生均培养成本的基础上，相继制定了非义务教育学生培养成本的分担标准和办法。非义务教育成本分担制度向法制化建设迈进并得到了实质性推进，初步建立了高中阶段、高等教育以及其他各类成人教育和培训的不同水平的成本分担制度。这一机制不仅缓解了教育经费短缺的状况，也转变了办学机制和社会消费观念。但是，2000年以后高等学校学费标准增长过快，超出城市低收入家庭和农村大多数家庭的承受能力，已引起社会的广泛关注。

七是建立和逐步完善贫困学生的资助体系。同建立教育成本分担和成本补偿制度相配套，教育部协调有关部门相继研究制定资助经济困难的学生的政策和措施：在高等学校，对过去实行的“人民助学金”制度进行了改革，逐步建立起以助学贷款为主，以奖学金、助学金、减免学费、勤工助学为支撑的多元化的贫困学生的资助体系。为了使每一个考入公办大学的学生不因经济困难而辍学，各高校还建立了“绿色通道”制度，即被录取入学、家庭经济困难的新生，一律先办理入学手续。但贫困学生的资助体系还需要进一步完善和落实。

在义务教育阶段，为了帮助家庭经济困难的学生完成义务教育学业，各级政府认真完善并落实中小学助学金制度。从2001年秋季学期开始，教育部、财政部联合对中西部农村义务教育阶段贫困家庭学生试行免费提供教科书制度。中央财政用于提供免费教科书的专项资金逐年增加，2001年为1亿元，2002年为2亿元，2003年增加到4亿元。中西部农村中小学贫困学生受益面由2001年的10%提高到2003年的32%。2003年9月17日，国务院作出决定，到2007年，争取全国农村义务教育阶段贫困家庭学生都能享受“两免一补”（免书本费、免杂费、补助寄宿生生活费），努力做到不让学生因家庭经济困难而失学。为了实现这个目标，2004年中央财政再次大幅增加免费教科书的专项资金，达18亿元，使免费教科书的发放范围扩大到中西部22个省份和新疆生产建设兵团农村义务教育阶段贫困家庭的2 400万学生。

同时，地方各级政府采取多种措施实行“两免一补”政策，让更多的孩子感受到党和政府的关怀。如北京、浙江、广东等省、直辖市对农村义务教育阶段家庭经济困难的学生减免杂费、课本费，对贫困的寄宿学生给予生活费补助。其他省份，如河南、陕西、青海等省级教育和财政部门也都相继设立了义务教育助学金专款，对农村贫困学生和城市“低保”家庭子女减免义务教育费用。

对农村义务教育阶段贫困家庭学生实行“两免一补”政策，是党中央、国务院着眼于从根本上解决“三农”问题，保证农村义务教育持续健康发展的重大举措，是贯彻“三个代表”重要思想和落实科学发展观的具体体现。这项政策自实施以来，学生受益，农民拥护，产生了积极的社会影响。

八是发展校办产业，增加学校收入。这是20世纪90年代以后解决教育经费不足的重要措施之一。各级政府都实行了对校办企业税收减免制度和建立了校办产业的周转金，以扶持校办产业有效益的项目。其中，如1993年国家教委建立了委属院校校办企业周转金，当年就把2 000万元周转金下放给北京大学和清华大学等院校，使这些学校的校办产业有了较充足的资金，能够以较大的增幅迅速发展。经过十余年的发展，我国高等学校的高技术企业得到了飞速发展，建立起了一大批具有较强活力和良好发展前景的高校控股或参股公司，形成了具有中国特色并粗具规模的高校科技产业群，成为高新技术产业化的一支重要力量。到2001年底，高校通过技术转让培育发展科技型企业的资产总额为745.56亿元，2001年实现销售收入452亿元，利润32亿元。这不仅为企业带来了巨大的经济效益，增加了学校的经费，也为社会创造了巨大的物质财富。

九是鼓励和提倡各种社会力量捐资助学和集资办学，并积极利用外资支持教育的发展。据统计，1991～2002年社会捐资和集资办学经费1 444.53亿元（各年度分别为：62.82亿元、69.63亿元、70.86亿元、97.45亿元、162.84亿元、188.42亿元、170.66亿元、141.85亿元、

125.87亿元、113.96亿元、112.89亿元、127.28亿元）；① 1981～2000年，我国利用世界银行贷款吸纳教育资金26亿美元。这些捐赠款项和外资的利用，对缓解我国教育经费短缺的局面发挥了积极的作用。

其中最著名的捐助项目是希望工程——百万爱心行动。1989年，河北省涞源县有377名儿童因贫穷交不起学费而失学；桃木疙瘩村小学13名小学生中竟有11名失学。共青团中央派调查组查实后首先予以救助，并决定：根据全国贫困地区儿童失学状况，发起实施救助失学儿童重返校园的千百万人爱心行动。当年10月17日，张胜利等11名失学儿童热泪盈眶地从领导手中接到《资助就读证》，重返校园上课，成为希望工程第一批受益儿童。1990年5月19日，全国第一所希望小学在安徽金寨县诞生，被救助的500名失学儿童重返校园。

1992年11月2日，国家教委发出《关于支持中国青少年发展基金会实施"希望工程"的通知》。《通知》指出，我国普及初等教育的任务还十分艰巨。实施"希望工程"，帮助贫困地区失学儿童少年重返校园接受教育，是一件很有意义的事情，是动员人民参与办教育的一种好形式。《通知》要求各级教育行政部门积极支持并严密组织接受资助，开展教育工作。国家教委率先在机关和在京单位开展"献爱心"的捐助活动。

1995年3月，中国青少年发展基金会又推出为贫困地区农村学校建立"希望书库"的活动，汇集500册优秀读物就可以建立一个书库。

1997年4月，第七次全国希望工程工作会议确定：在全国范围开展本世纪最后一轮"希望工程"募捐行动，为扶贫开发和普及九年义务教育发挥积极作用。在本轮募捐活动中，中国建设银行同中国工商银行联合开展"希望工程百万企业献百元活动"；中国青少年发展基金会同中国农业银行联合开展"全国青少年献爱心储蓄活动"。

2004年1月，中国青少年发展基金会再次向社会宣布：启动"希望工程助学进城计划"，资助城市农民工子女上学。该计划是在坚持已有助学活动的同时，随着农民的大举进城，将助学活动跟踪进城，以体现

① 中国教育年鉴编辑部编：《中国教育年鉴》（2004），北京：人民教育出版社，2004年版，第111页。

希望工程“让农民的后代人人有书读”的使命。该计划启动后受到社会广泛关注，10个月里已在全国27个大中城市资助农民工子女2万多名。

党和国家领导人对希望工程的关心和支持，对推动该工程的发展起了重要的作用。邓小平在1990年曾为“希望工程”亲笔题名，1992年先后以“一个老共产党员”的名义捐款。江泽民、李鹏、杨尚昆、邓颖超及其他党和国家领导人都分别捐资，并热情关怀和积极支持这项工程。社会各界，港、澳、台同胞和海外侨胞与友好人士纷纷解囊相助，使受惠地区和儿童少年逐年增加。

希望工程在1989年10月30日宣布实施至2004年获得首届中国消除贫困奖的15个年头里，从在贫困乡村援建希望小学到在中学、大学设立“希望之星”奖学金，从“远程教育计划”到“助学进城计划”，希望工程不断创新助学模式，逐步完善并形成了从小学到大学的教育资助体系。从1989年到2004年，全国累计接受海内外捐款25亿多元，资助援建了11 266所希望小学，以“一助一”的方式，改变了260万名贫困学子的人生命运。与此同时，希望工程为13万余名家庭贫困、品学兼优的大、中学生提供了“希望之星”奖学金；援建了150多个希望网校，以帮助农村师生上网接受远程教育；资助1万多所偏远地区的乡村小学配置了“希望书库”和“希望图书室”；向1.3万多所乡村小学赠送了“三辰影库”；为提高希望小学的办学质量，培训、奖励了1.3万余名希望小学和农村小学教师。①

希望工程已经成为社会参与最广泛、最富影响的民间公益事业。它的实施保障了受助儿童的受教育权，改变了受助儿童的命运，促进了各级政府对教育事业的重视，扩大了共青团的影响，推动了精神文明建设，为发展我国民间公益机构和社会公益事业提供了成功的范例。

此外，还有“春蕾计划”。“春蕾计划”是1989年全国妇联和中国儿童少年基金会发起并组织实施的一项救助贫困地区失学女童重返校园的社会公益事业。由于自然条件的限制，社会经济、文化等发展的不平衡，特别是传统习俗的影响，在我国，特别是贫困山区尚有少数文盲存在，而女性文盲占文盲总数的三分之二以上；失学儿童中，女童约占三

① 《人民日报》，2004年10月29日。

分之二。今天的女童是未来的母亲。母亲的素质影响未来全民族的素质。要提高妇女素质，必须从女童教育抓起。实施“春蕾计划”，扶持女童入学，是提高民族素质、造福子孙后代的一项基础工程，也是我国实施普及九年义务教育、扫除青壮年文盲的关键一步。为了加强女童素质教育，培养女童自力更生建设家乡的本领，中国儿童少年基金会还设立了“春蕾计划实用技术培训专项基金”。截止到2004年，实施“春蕾计划”已经遍布全国各地，募集资金6亿多元，共救助150余万人次失学女童重返校园。

在大力拓宽教育经费来源渠道、增加教育投入的同时，我国还从“穷国办大教育”的基本国情出发，十分重视提高教育经费的使用效益。这首先通过大、中、小学规模与布局的调整，提高各级各类学校办学的规模效益。同时，国家还制定了一系列有关教育经费投入和管理的配套规章，在教育经费管理制度的建设方面也有了很大进展。

二、持续增加教育投入

在教育经费筹措机制不断完善的过程中，教育投入持续快速增长。

一是教育投入总量持续增加。

2004年，全国教育投入总量达7 242.60亿元。这一数额，比2003年的6 208.27亿元增加1 034.33亿元，增长16.66%；比1997年的2 531.73亿元增加4 710.87亿元，增长186.07%。1997年至2004年，教育投入平均每年增幅达16.10%。①

二是各级财政预算内教育拨款逐年增长。

2004年，各级财政预算内教育拨款总数达4 465.86亿元。这一数额比2003年的3 453.86亿元增加1 012亿元，增长29.30%；比1997年的1 357.73亿元增加3 108.13亿元，增长228.92%。1997年至2004年，各级财政预算内教育拨款平均每年增幅达17.78%。②

三是加大对贫困地区教育的拨款。

首先是实施“国家贫困地区义务教育工程”。为了推动贫困地区普

---

① 《教育部、国家统计局、财政部关于2004年全国教育经费执行情况统计公告》，www.moe.edu.cn；教育部编：《跨世纪中国教育》，北京：高等教育出版社，2002年版，第81页。

② 《教育部、国家统计局、财政部关于2004年全国教育经费执行情况统计公告》，www.moe.edu.cn；教育部编：《跨世纪中国教育》，北京：高等教育出版社，2002年版，第82页。

及九年义务教育的发展，中央财政先后拨百亿元专项资金，实施“国家贫困地区义务教育工程”。1995～2000年，国家实施了第一期“国家贫困地区义务教育工程”。中央财政投入专款39亿元，地方配套资金87亿元，共计126亿元。2000年底，一期工程胜利结束，实现了规划目标，取得了巨大的成就。“十五”期间，在一期工程的基础上，中央财政再安排50亿元，加上地方配套资金，实施第二期“国家贫困地区义务教育工程”。二期工程减少了地方政府配套资金的比例，并增加了免费为家庭经济困难学生发放教科书以及在贫困地区实施信息技术教育等新的内容。两期“国家贫困地区义务教育工程”中，中央和地方财政总投入近200亿元。这是我国有史以来财政资金投入最多的教育扶贫工程。这一工程的实施大大地改善了贫困地区义务教育的办学条件，改变了贫困地区基础教育落后的状况；中小学教师水平有了较大提高，教学质量有了明显改善。

其次是实施“中小学危房改造工程”。中央实施的“中小学危房改造工程”，重点是支持中、西部地区。国务院于2001年至2002年两年内由中央财政投入了30亿元，改造15 000所中小学，总计1 700万平方米校舍。到2002年年底，投入危房改造资金总量达120亿元，共改造农村中小学危房3 000万平方米，使全国中小学危房比率降低了2个百分点。在此基础上，中央继续实施“全国农村中小学危房改造工程”。据统计，2004年，中央投入危房改造专项资金20亿元，地方各级政府共投入危房改造资金54亿元，改造危房面积1 855万平方米。从2001年到2004年，中央和地方政府共投入危房改造资金260亿元，改造危房面积5 650万平方米。①

四是增加对高等教育的投入力度。

中央本级财政增加“1个百分点”经费中，主要安排用于支持高校扩招政策的实施；大力推进高等教育管理体制改革；帮助高校消灭青年教师住用筒子楼现象；支持“211工程”重点建设；重点支持创建世界一流大学、高水平大学和一流学科；启动高校修购专项资金，在重点支

---

① 中国教育年鉴编辑部编：《中国教育年鉴》（2005），北京：人民教育出版社，2005年版，第453页。

持部分高校的同时，确保中央部委高校的均衡发展。通过这些项目的实施，实现了我国高等教育的跨越式发展。高等学校基础设施和基本办学条件得到改善，教学技术手段进一步改进，师资队伍建设得到加强，教职工待遇明显提高，学科建设取得重大成就，科研综合实力大为增强，学校整体水平明显提高。

五是加大对西部地区教育和民族教育发展的投入力度。

为了紧密配合西部大开发战略目标的实施，国家进一步加大了对西部地区教育事业的投入力度。第一期“国家贫困地区义务教育工程”中央专款中的72.6%用于西部地区；第二期“工程”用于西部地区的中央专款超过了90%。2001 年起实施的“中小学危房改造工程”，中央专款用于西部地区的比例也达56.5%。针对西部地区经济不发达、家庭经济困难的学生比例偏高的实际，中央财政决定从 2001 起，把“贫困地区义务教育助学金”从原来的每年3 000万元增加到每年 1 亿元，并且全部用于资助西部地区的中小学生。同时，为了加大对民族地区教育的扶持力度，中央财政拨付专款，用于举办内地西藏班和新疆班、编写中小学民族语言教材、培训中小学双语教师。为了解决西藏农牧区学生入学困难问题，中央财政还通过综合转移支付，对西藏农牧区义务教育阶段学生实行“三包”，即包吃、包住、包学习费用。通过采取这些措施，进一步改善了少数民族地区的办学条件，提高了少数民族学生的入学率。在中央财政的支持和带动下，西部和少数民族地区的教育面貌发生了巨大的变化。

此外，中央财政还通过安排专项资金实施“现代远程教育工程”，加强现代远程教育设施建设，加快了教育信息化的步伐；通过投资进一步改善职业教育办学条件，推动了职业教育的改革与发展。

尽管 20 世纪 90 年代以后，我国在改革教育投资体制方面取得了一定成绩，教育投入保持了快速增长的势头，教育经费投入总量有了较大的增加，但仍然不能满足教育事业提高质量和持续发展的需求，公共教育经费短缺、教育资源和教育机会分配不均等问题仍然相当突出。主要表现在三个方面：

第一，我国财政性教育经费占国内生产总值的比例仍然偏低。《中国教育改革和发展纲要》提出的到 2000 年底财政性教育经费支出达到国内生产总值4%的目标依然没有能够完成。1995年至2003年国家财政性教育经费支出占国内生产总值的比例分别为：2.41%、2.44%、2.49%、2.55%、2.79%、2.87%、3.19%、3.32%、3.28%。① 其中，2002年达到1989年对此项指标进行监测以来的最高水平，比1995年提高了0.91个百分点。但2003年国家财政性教育经费占国内生产总值的比例为3.28%，比2002年的3.32%下降了0.04个百分点，这种下降是1995年以来的第一次。2004年继续出现下滑，全国财政性教育经费占国内生产总值的比例仅为2.79%，并有11个省份预算内教育经费的增长低于财政经常性收入增长，有19个省份预算内教育经费占财政支出比例比上年有不同程度的下降。② 虽然我国国家财政性教育经费统计口径尚不能完全反映政府安排教育经费的总量，但也反映出财政"蛋糕"做大后，切给教育的虽然每年有所增加，但是所占份额有逐年缩小的趋势。教育投入的不足，影响和限制了各级各类教育的发展。

第二，一些贫困地区的县乡公共财政困难，严重影响了农村教育的投入和发展，导致农村教师工资拖欠，农村学校基本办学条件得不到保障。同时，有的地方将政府举办义务教育的责任层层下放，造成基层财政不堪重负，不得不采取摊派集资等办法解决教育经费的不足，从而加重了农民的负担。实行基础教育地方负责、分级管理体制以后，教育资源地区间、城乡间不均衡的问题突出，特别是地区间的教育投入差距越来越大。

第三，教育乱收费严重影响教育的形象。由于公共教育投入严重不足，加之受市场经济和"教育产业化"思潮的负面影响，部分学校出现教育乱收费的现象。

为了扭转上述局面，教育部采取了一系列措施：

一是逐步健全教育投入的保障机制和教育经费管理体制，切实增加教育投入，提高教育经费的使用效益，并注意调控教育投资方向，促进教育均衡发展。

---

① 教育部编：《跨世纪中国教育》，北京：高等教育出版社，2002年版，第83页；中国教育年鉴编辑部编：《中国教育年鉴》(2005)，北京：人民教育出版社，2005年版，第444页。

② 《教育部、国家统计局、财政部关于2004年全国教育经费执行情况统计公告》，www.moe.edu.cn。

二是教育部会同国家发展改革委员会、财政部等有关部门和地方各级人民政府，于2004年下发了《关于在全国义务教育阶段学校推行“一费制”收费办法的意见》。《意见》要求从2004年秋季开学起，在全国义务教育阶段学校实行“一费制”。“一费制”的收费办法，要求各地对现行的收费项目和标准进行全面清理，在严格、合理地核定杂费、课本和作业本费标准的基础上，由省级人民政府确定一次性统一向学生收取费用的标准，学校必须严格执行，不许再乱收其他费用。这对治理教育乱收费，进一步规范学校收费行为，加强对学校收费的管理，切实减轻学生家长的经济负担，进一步推动落实各级政府对义务教育的投入责任和加大政府对义务教育的投入力度，保证义务教育持续、健康发展，具有积极的作用。“一费制”收费办法在实行过程中不断改进和完善，各地也积极制定全面推行“一费制”具体实施方案。2004年秋季开学前，全国所有省份都已完成实施方案的制定工作并开始推行。通过各方面的共同努力，治理乱收费的工作已经取得了阶段性的显著成果。

第四节　高等学校招生制度和毕业生就业制度改革

高等学校招生制度和毕业生就业制度的改革主要是指高等学校方面的改革，同时也涉及到中等专业学校和技校的招生制度和毕业生就业制度的改革。

一、改革高校招生制度

20世纪80年代中至90年代初，高校招生曾存在着以国家任务招生为主、以招收委托培养生和自费生为辅的“双轨制”格局。在这个制度中，国家之所以要提出指导性的宏观调控的招生总量目标，下达国家任务计划，主要是为了保证国家重点建设项目、国防建设、文化教育、基础学科、边远地区和某些艰苦行业所需要的专门人才。与此同时，在保证完成国家任务计划的前提下，国家允许高等学校根据社会各方面的需求和各高等学校自身的办学条件，逐步扩大招收委托培养生和自费生的比重。这部分委托培养生和自费生属于调节性计划的范围，由学校及其主管部门确定具体的招生方案。委托培养生和自费生所需要的费用，由委托培养单位和学生家长负担。

由于社会各方面对大学毕业生的需求日益增多，调节性招生计划在招生总计划中所占的比例大幅度地提高。到1993年，通过调节性计划招收的学生几乎占了全部新生的50%。在当时的历史条件下，这在一定程度上对挖掘高等学校的办学潜力，以适应社会对人才的需求，转变人们上大学不交费、由国家包经费的观念，产生了积极作用。按调节性计划录取的新生是自费，录取时可以低于控制的最低分数线，但他们入校后是与按国家任务计划招收的学生同班上课、共同生活，这样就在招生工作“双轨制”下形成了同一个学习集体中的学生在经济待遇、录取资格、文化程度等方面差距很大的局面。因此，“双轨制”带来了一些弊端和矛盾。

为了解决这些问题，1993年，《中国教育改革和发展纲要》提出，不再区分两种计划形式，改变学生上大学由国家包下来、毕业时由国家包安排工作的做法。同时建立相应的奖学金、贷学金以及专项奖学金制度，逐步建立学生上大学自己缴纳部分培养费制度。1994年国务院《关于〈中国教育改革和发展纲要〉的实施意见》要求1997年大多数学校按新制度运作。

1994年4月，国家教委发出《关于进一步改革普通高等学校招生和毕业生就业制度的试点意见》，对高等学校招生制度的进一步改革提出了具体意见：（1）高等学校可以向所有学生收取部分培养费。收费标准可因地因校因专业而异。（2）建立与收费制度及人才培养计划相配套的奖学金与贷学金制度。通过收费制度和奖学金、贷学金制度的实施，来体现招生计划中的国家任务计划与调节性计划两种形式。（3）高等学校在录取新生时，对同一学校只划定一个最低控制分数线，不再按国家任务和调节性任务两种计划分别划定分数线，也就是说，实行招生工作中的“并轨”。（4）坚持德智体全面考核以及公平竞争、公平选拔的原则，以文化考试为主要入学考试形式。在此基础上，逐步实现选拔新生办法的多样化。（5）在高等学校内设立专项奖学金，供入学新生自行选择申请。（6）招生“并轨”的改革试点院校应一步到位，不能以新、老两种形式同时招收同一层次的新生。此后，高校招生“并轨”改革正式启动。1996年，全国招生学校、招生人数的三分之二进行了“并轨”。1997年，全国所有普通高校完成了招生“并轨”。招生“并轨”改革是我国高等教育综合性、系统性改革的一个重要组成部分，涉及高等学校招生、收费、教学、学生管理和毕业生就业等多方面的改革。

高校在招生“并轨”改革的同时，还形成了规范严格的招生管理制度。教育部以1987年国家教委颁布的《普通高等学校招生暂行条例》为依据，结合新情况，对原有的高校招生管理办法进行了系统、认真的审查、清理，使招生管理更趋规范和科学。2002年，各高校开始制定、发布招生章程并按章招生，这是体现依法治招的重要标志。此外，在招生来源计划编制工作，保送生招生办法，招生监察、监督和招生收费管理等方面也不断进行改进和规范，有力地保障了高校招生工作的健康进行。

二、改革高等学校毕业生就业制度

20世纪90年代以后，我国高校毕业生就业制度逐步从以指导性计划为特征的计划分配，逐步转变为以市场为导向的双向选择。

随着社会主义市场经济的形成和发展，迫切要求对高等学校毕业生的就业制度进行改革。《中国教育改革和发展纲要》明确地提出了改革高等学校毕业生就业制度的目标和步骤。其改革的目标是：改变高等学校毕业生由国家统一分配的制度，逐步实行在国家政策指导下少数毕业生由国家安排就业，多数由学生参与市场竞争、自主择业的制度。改革的步骤分两步：第一步，在近期内，凡是按国家任务计划录取的学生，原则上仍由国家负责在一定范围内安排就业。实行学校与用人单位供需见面，落实毕业生就业方案，并逐步推行毕业生与用人单位双向选择的办法。委托和定向培养的学生按合同就业，自费生自主择业。第二步，随着社会主义市场经济体制的建立和劳动人事制度的改革，除对师范学科和某些艰苦行业以及边远地区的毕业生，实行在一定范围内的定向就业外，大部分毕业生实行在国家方针政策指导下，通过人才市场，采取自主择业的就业办法。

在高等学校毕业生就业制度的改革中，各高等学校大都按第一步要求进行实施；与此同时，有的学校也按第二步要求进行了探索性试验，从而把毕业生就业制度的改革推向了深入。

为了总结经验，更好地搞好高等学校毕业生就业工作的改革，国家教委于1997年颁发了《普通高等学校毕业生就业工作暂行规定》。《暂行规定》指出：毕业生（内含毕业研究生）就业工作要贯彻统筹安排、合理使用、加强重点、兼顾一般和面向基层，充实生产、科研、教学第一线的方针。在保证国家需要的前提下，贯彻学以致用、人尽其才的原则。毕业生就业工作程序分为就业指导、收集发布信息、供需见面及双向选择、制定就业计划和进行毕业生资格审查、派遣、调整、接收等阶段。其中，在国家方针政策指导下进行的供需见面和双向选择活动是落实毕业生就业计划的重要方式。在制定就业计划时，中央及省级教育行政部门与有关部门根据招生“并轨”改革的进程和本地区、本部门的实际情况，确定所属高校毕业生的就业范围。①

为了做好高等学校毕业生的就业工作，各有关学校在就业制度改革的过程中都加大了思想教育和就业指导的力度，采取多种形式开展毕业教育活动，帮助毕业生正确处理好个人择业志愿同国家需要的关系，鼓励毕业生到国家需要的和比较艰苦的地方去工作。与此同时，中央和省级教育行政部门及有关部委建立了高校毕业生就业指导机构，为毕业生提供信息、咨询、指导等服务，并且积极培育高校毕业生的就业市场，从而使高等学校毕业生就业制度的改革不断向前发展。

参照高等学校招生制度和毕业生就业制度改革的精神，中等专业学校和技校的招生制度与就业制度也加快了改革的步伐。中专和技校的招生与毕业生就业是由中央制定相关政策，由地方人民政府或主管部门制定具体办法进行实施的。在中专和技校招生时，除通过统一考试录取新生外，还采取联合办学、委托培养和自费等形式招收新生。中专和技校毕业生主要是面向城乡多种所有制单位就业。

2001 年，在国务院的直接推动下，共青团中央、教育部、人事部、财政部联合发出《关于实施大学生志愿服务西部计划的通知》，正式启动“大学生志愿服务西部计划”。

为了鼓励高校毕业生到西部、到基层、到祖国最需要的地方锻炼成长、建功立业，从而为大学生就业创业开辟新渠道，参加西部计划的志愿者还享受生活、交通补贴，报考研究生、公务员加分等若干优惠政策。2001 年，经过选拔、培训，全国有6 000名志愿者分赴西部 12 个省

① 何东昌主编：《中华人民共和国重要教育文献》（1991 ~ 1997），海口：海南出版社，1998年版，第 4175 ~ 4176 页。

区基层从事支教、支农、支医、扶贫等志愿者活动。北京、辽宁、河北、宁夏、甘肃等省、自治区、直辖市也结合本地实际，地方财政给予支持，启动了地方项目，推动大学生到基层建功立业。同时，中共中央组织部、人事部、共青团中央、中央编制办公室、教育部联合发出《关于选拔高校毕业生到西部基层工作的通知》，选拔了600名优秀毕业生到西部乡镇政府工作。

2003年，按照国务院部署，继续实施"大学生志愿服务西部计划"，全国项目志愿者总数达到了10 193名，其中新招募6 212名。同时，北京、河北、山西、辽宁、黑龙江、浙江、福建、安徽、山东、河南、湖北、广东、重庆、四川、贵州、甘肃、宁夏、新疆等18个省、自治区、直辖市实施了地方项目。地方项目志愿者总数达6 939名，其中新招募志愿者4 636名。这些大学生志愿者按照远程教育、宣传文化工程、基层检察院、青年中心以及支教、支医、支农等7个专项行动在中西部地区和基层开展服务。

高等学校因势利导，有针对性地加强了毕业生的思想教育，奏响了毕业生到西部、到基层去建功立业的主旋律。大学生志愿者踏实工作、艰苦奋斗，在教育、卫生、农技、青年工作等方面服务，促进了西部地区经济社会的发展，为当地群众带来了实惠。大学生志愿者在西部基层经受磨炼，综合素质得到提高，促进了优秀青年人才队伍的健康成长。通过志愿服务这种非市场化手段探索了人才资源开发配置的新途径，促进了人才的东西互动、城乡互动，弘扬了"奉献、友爱、互助、进步"的时代新风。同时，在西部贫困地区志愿服务的实践，使大学生志愿者进一步了解了国情，增进了与人民群众的感情，增加了工作经历和人生阅历，提高了就业创业技能，增强了就业创业能力。经过一到两年的志愿服务后，他们对自己职业的选择也会更加切合实际，更能发现和发挥自己的长处和优势。这些大学生在服务期间，有的成为了教学骨干，有的成为了小有名气的医生，有的成为了基层党政干部，还有一些成为了科技致富带头人，涌现出一大批优秀志愿者典型。

2003年是1999年高校扩招后本科学生毕业的第一年，全国高校毕业生总数达到212.2万，比2002年增长46.2%。党中央、国务院高度重视毕业生就业工作。胡锦涛在多次会议上反复强调，要高度重视大学生的就业工作，要求各级党委、政府以及教育、人事等有关部门都要把促进大学生实现就业和创业作为一项十分重要的工作，全力以赴地抓好。国务院总理温家宝在 2003 年 5 月 28 日主持召开国务院常务会议专题研究部署毕业生就业工作，并强调，毕业生就业工作是一个涉及全局的重大问题，解决好了既有利于社会的稳定，也有利于促进经济发展。6 月 3 日，国务院召开全国高校毕业生就业工作电视电话会议，国务院副总理黄菊在会上讲了话。这次会议明确了任务，提出了要求，为做好毕业生就业工作指明了方向。

为了全面落实国务院办公厅《关于进一步做好 2003 年普通高等学校毕业生就业工作的通知》，中央有关部门出台了一系列政策和措施。例如，国务院出台的 11 项政策措施，中共中央组织部、中央编制办公室、教育部、人事部、劳动和社会保障部、国家发展改革委员会、财政部、国家工商总局、团中央、全国工商联等单位先后出台 14 个配套文件，明确了 107 项具体政策。教育部明确提出了将高教发展规模、专业设置、高职培养、教育评估等与毕业生就业状况挂钩的 18 项具体措施。同时，大部分省市成立了由主要领导同志牵头的高校毕业生就业工作领导协调机构，领导亲自部署、督促落实。针对高职毕业生就业率低的现状，教育部与劳动和社会保障部共同开展了“2003 年高职毕业生职业资格培训工程”。此外，毕业生就业服务体系进一步完善，就业指导的能力和水平逐步提高，就业服务信息化建设取得明显成效。

2003 年毕业生就业工作成效显著。到 9 月 1 日，高校毕业生已落实就业的近 150 万人，比 2002 年同期净增 50 万人，就业率为70.1%。其中，研究生就业率93.4%，本科生83.8%，高职（专科）生55.9%，均比 2002 年有所增长。截至 12 月底，高校毕业生就业率达到83%，比 2002 年底上升 3 个百分点；实现就业人数 176 万，比 2002 年底净增 60 万。①

2003 年 6 月 13 日，教育部开通了“中国高校毕业生就业服务信息网”，各地、各高校也按要求加快了建网进度，开辟了新的招聘形式。

2004 年，有两场针对大学毕业生的大型网上招聘会可供求职者选

---

① 中国教育年鉴编辑部编：《中国教育年鉴》(2004)，北京：人民教育出版社，2004 年版，第 229 页。

择：一个是国家发展改革委员会和教育部在2004年联合举办的为期一个月的全国中小企业网上招聘活动。另一个是教育部举办的“2004年全国高校毕业生就业网站联合招聘会”，北京、河北、山西、辽宁、吉林、上海、江苏、浙江、福建、山东等省、直辖市的近20个高校毕业生就业网站联手为毕业生提供就业机会，受到高校学生的普遍欢迎。

但毕业生就业工作也存在一些问题，如有的地方和高校对高校毕业生就业工作的认识还不到位；高职（专科）毕业生跨省区、跨地市就业问题还没有从根本上解决；在毕业生就业市场建设、市场规范、市场监督方面的主导作用也有待进一步强化；毕业生就业服务体系尚待完善；引导毕业生转变就业观念，鼓励毕业生到生产第一线、到基层去等方面还有大量工作要做。

第二十九章　实现教育跨越式发展

中共十四大以后，以江泽民为核心的党中央坚持发展是硬道理，抓住发展机遇，推动教育快速发展。这是根据我国国情而实施的重大战略举措。我国人口众多，人力资源有待进一步开发。随着经济改革和经济发展对高素质劳动者的需求不断增长，科技进步对人才需求的不断强化，人民群众对教育需求的不断高涨，需要把沉重的人口负担转化为人力资源优势。这既是现代化建设的迫切要求，也是我国教育事业的紧迫任务。

经过十几年教育的深入改革与创新，我国的基础教育、职业教育、成人教育和高等教育得到迅速发展，培养了大批各级各类人才，对提高国民素质、促进国家经济建设、科技进步和社会发展作出了重大贡献。

第一节　实现"两基"与健全教育督导制度

20世纪90年代以后，我国教育改革与发展的重大成就之一，就是在我国这样一个幅员辽阔、人口众多、经济发展水平相对滞后的国家，如期实现了"基本普及九年义务教育，基本扫除青壮年文盲"的宏伟目标，实现了教育发展史上的历史性跨越，标志着中国教育事业步入了一个新的发展阶段。在"两基"不断推进的过程中，我国教育督导制度也逐步建立和完善起来。

一、确立"两基"在教育工作中"重中之重"的地位

改革开放以后，我国普及义务教育和扫盲工作取得了历史性的进展。1992年10月，中共十四大进一步提出：到20世纪末，全国要基本

普及九年义务教育、基本扫除青壮年文盲。《中国教育改革和发展纲要》将“两基”确定为我国20世纪90年代教育发展的重要目标。同年，在印度新德里召开的九个人口大国全民教育大会上，中国政府签署了《德里宣言》，就2000年实现“两基”这一目标向全世界作出了庄严承诺。1994年全国教育工作会议确定“两基”为我国教育工作的“重中之重”。

在以前工作的基础上，20世纪90年代党和政府又采取一系列措施落实“两基”工作。这个时期“两基”工作呈现出以下特点：

一是在普及义务教育方面，考虑到我国幅员广大，各地区、各民族之间经济文化发展很不平衡的情况，提出了积极进取、实事求是、分区规划、分类指导的原则，并对不同地区分别提出切合实际的指标。国家教委于1994年9月印发了《关于在90年代基本普及九年义务教育和基本扫除文盲的实施意见》。《实施意见》根据各地区经济、教育发展水平的不同，在实现“两基”中以省、自治区、直辖市为单位，把全国大体上划分为三类地区，并明确要求，到2000年全国在85%人口的城市和经济发达地区普及九年义务教育；在10%人口的贫困地区普及和巩固5~6年级小学教育；在5%人口的特别贫困地区普及3~4年级小学教育。

二是提高扫除文盲的标准。《实施意见》提出了到2000年全国在90%以上人口地区扫除青壮年文盲，使青壮年人口文盲率降到5%以下的目标，并要求各地坚持把扫盲教育同初等教育、扫盲后的继续教育统筹规划，把学文化和学技术结合起来，做到“一堵二扫三提高”的有机结合。2002年7月22日，中共中央办公厅、国务院办公厅转发的《关于“十五”期间扫除文盲工作的意见》将青壮年非文盲率提高到90%至95%以上。这一目标比1988年国务院发布的《扫除文盲工作条例》中规定的85%至90%的目标提高了5个百分点。

三是为了使义务教育管理工作规范化和制度化，建立了以县为单位的评估验收制度。国家教委于1993年下发了《普及九年义务教育评估验收办法》等三个文件，决定对普及九年义务教育和扫除青壮年文盲工作建立以县（市、区）为单位的评估验收制度，并于当年开始试点验收。1994年，教育部下发了《普及义务教育评估验收暂行办法》，规定每年在县级人民政府进行自查的基础上，由省、自治区、直辖市人民政府进行验收，国家教委进行抽查。

1998年8月3日，教育部又印发《关于认真做好“两基”验收后巩固提高工作的若干意见》的通知，要求建立健全县级“两基”工作每年自查自评制度和上级政府对县级“两基”巩固提高工作督导评估制度。对通过“两基”验收的县（市、区）要有计划地进行复查，对特殊教育等薄弱环节要重点进行专项督导和抽查。连续两年不能保持“普九”和“扫盲”各项指标要求的，由省、自治区、直辖市人民政府撤销其“基本普及九年义务教育县”和“基本扫除青壮年文盲县”称号，并报教育部备案。对“两基”巩固提高工作取得显著成绩的县（市、区），省级人民政府可给予表彰和奖励。有条件的地方，应建立九年义务教育实施水平监控制度，并在教育部统一规划下，逐步形成全国监控网络。教育部对“两基”巩固提高工作进行指导、监督、检查。

此后，“两基”工作的实施与评估验收工作便扎扎实实地开展起来。国家和各级地方政府大幅度地增加义务教育经费的投入，尤其是对贫困地区、边远地区和少数民族地区，更是加大了经费支持的力度；社会各界也踊跃集资办学，使各地中小学办学条件出现了巨大的变化。随着普及九年义务教育目标的实现，我国义务教育学校形成了同当地人口规模相适应的办学规模，教育质量和办学效益不断提高，从而为基础教育和其他各级各类教育的发展以及素质教育的实施打下了坚实的基础。

为了完成扫盲任务，1994年，由中央和地方的教育行政部门及其他有关部门联合成立了负责此项工作的各级扫盲工作协调小组，形成了对扫盲工作齐抓共管的良好氛围。同时，广大教育工作者和青年妇女组织积极参与扫盲工作。各地把扫盲教育同群众的生产、生活需要结合起来，在扫盲过程中不失时机地向群众进行时事政策教育、思想道德教育、法制教育、人口教育，编印了各种扫盲教材，并且从实际出发，分区规划，分类指导，因地制宜，灵活多样地开展扫盲工作。

由于我国坚持“两基”重中之重的战略地位不动摇，2000年底在全国范围内如期实现了“两基”的宏伟目标。截止到2001年底，全国通过“两基”验收标准的县（市、区）累计2 573个，“两基”人口覆盖率从20世纪90年代初的40%提高到90%左右；初中阶段毛入学率从1990年的66.7%提高到88.7%，小学学龄儿童入学率从1990年的97.8%

提高到99.1%；青壮年文盲率从1990年的10.38%降低到4.8%。① 2003年，全国共扫除文盲204.58万人，扫盲教育教职工10.84万人，其中专任教师2.89万人。到2004年底，全国实现“两基”的地区人口覆盖率进一步提高，达到93.6%。通过“两基”验收的县（市、区）总数达到2 774个（含其他县级行政区划单位199个），比2001年增加了201个。小学学龄人口入学率达到98.95%，初中阶段毛入学率达到94.1%。② 我国义务教育的普及率在9个发展中人口大国中位于前列。我国扫盲工作的成就得到国际社会的高度评价，多次获得联合国教科文组织颁发的“国际扫盲奖”。

实施“两基”，对于促进全国中小学的发展，保障公民受教育的基本权利，提高中华民族的科学文化素质和促进两个文明建设的协调发展等具有重大的意义和深远的影响。

首先，增加教育投入，改善了中小学的办学条件。从1990年到1999年，预算内义务教育经费增加4倍多，生均事业费和生均公用经费都显著增长。10年间，各级政府开征用于教育的税费1 717.33亿元，社会捐集资金1 394.17亿元，合计3 111亿元，其中大部分用于义务教育。③ 教育投入的大幅度增长，使全国中小学特别是原来基础极其薄弱的农村中小学校面貌焕然一新。许多地方出现了最好的房子是学校、最好的环境是学校的喜人景象，大批农村学校实现了办学条件标准化。城市和发达地区的一些中小学办学条件实现了现代化。

第二，扩大学校规模和学校布局的合理调整，提高了办学效益。各地在加快中小学发展的同时，注意数量与质量、规模与效益的统一，使学校布局逐渐趋于合理。小学校均规模由1985年的160.7人增加到255.3人，增长幅度为58.9%。普通初中校均规模由1985年的522.3人增加到1999年的981.5人，增长幅度为87.9%。④ 有条件的农村地区实行了村级小学合并。不少地方的乡镇所在地建立了中心幼儿园、中心小学、乡镇初中和成人教育中心。这些学校和中心面向全乡镇开放，发挥

---

① 教育部编：《跨世纪中国教育》，北京：高等教育出版社，2002年版，第101、108页。

② 中国教育年鉴编辑部编：《中国教育年鉴》（2005），北京：人民教育出版社，2005年版，第94页。

③④ 教育部编：《跨世纪中国教育》，北京：高等教育出版社，2002年版，第111页。

辐射作用，成为全乡镇的教学研究实验中心，电教、图书阅览中心、农民技术推广中心，实现了资源共享。

第三，增强了学习者脱贫致富的能力，促进了两个文明建设的协调发展。各地实施“两基”工作坚持同经济社会进步紧密结合，努力提高受教育者的科学文化素质，不仅为高一级学校培养合格学生，也为不能升学的学生奠定了适应社会所需能力的基础。例如，在贫困地区的义务教育阶段开设职业技术教育的课程，扫除文盲与推广实用技术相结合，提高了学习者脱贫致富的能力，在全国城乡涌现了一大批以教促富的典型。

第四，进一步保障公民受教育的基本权利，提高了整个中华民族的科学文化素质。2000 年第五次全国人口普查数据表明，同 1990 年第四次全国人口普查相比，我国每 10 万人中具有大学程度的由1 422人上升为3 611人；具有高中程度的由8 039人上升为11 146人；具有初中程度的由23 344人上升为33 961人；人口平均受教育年限从 1990 年的 6 年左右提高到 2001 年的 8 年左右，超过了世界平均水准，人均受教育水准在 9 个发展中人口大国中居于前列。①

但是，我们也应该清醒地看到，我国的“两基”工作还任重道远。例如，我国确定的普及义务教育的标准同发达国家相比是比较低的，还只是这一阶段的基本要求；有些地区“两基”工作发展极不平衡，特别是老、少、边、穷地区和弱势群体（女童、残疾儿童、流动人口子女等）的义务教育，亟待国家和社会进一步给予更多的关注并采取切实有效的措施加以扶持；边远农村和贫困地区的扫盲攻坚任务还十分艰巨，那里的初中辍学率较高等等。因此，我国必须借鉴世界各国的成功经验，继续坚持依法治教，在巩固“两基”已取得成果的基础上，持续不断地做好“两基”工作。

二、教育督导制度的进一步健全与发展

教育督导是促进教育法律法规和方针政策贯彻落实的重要手段，是保障教育目标实现的有效机制，是转变政府职能、加强教育宏观管理的重要环节，也是我国现代教育管理体制和依法治教机制日趋完善的重要

① 教育部编：《跨世纪中国教育》，北京：高等教育出版社，2002 年版，第 66 页。

标志。教育督导制度的建立与健全在推进我国如期实现“两基”的目标、全面实施素质教育、保障农村义务教育经费投入和不断提高基础教育的质量水平方面作出了独特的贡献。

1. 健全督导机构和队伍

20世纪90年代，在加快依法治教的背景下，教育督导工作取得长足的进展。1991年4月26日，国家教委发布了我国关于教育督导的第一个法规性文件——《教育督导暂行规定》。此后，有20多个省、直辖市政府陆续出台了相应的关于教育督导的地方性法规，教育督导工作开始有章可循。1992年，中共十四大提出20世纪末实现“两基”目标，国家建立了“两基”督导评估验收制度，保证了“两基”目标如期实现，同时也初步形成了符合我国国情的督政与督学相结合的督导制度框架。1995年颁布的《中华人民共和国教育法》明确规定，“国家施行教育督导制度和学校及其他教育机构教育评估制度”，这就确立了教育督导与评估制度的法律地位。从此，教育督导与评估制度由国家法律确定为我国教育的一项基本制度，从而为进一步建立和完善中国特色的教育督导与评估制度、依法开展教育督导和评估工作提供了法律依据。

在中共十五大提出依法治国、加强监管部门的工作以后，经中央编制办公室批准，国家教委教育督导团更名为国家教育督导团，从而带动各级政府在机构改革中普遍成立了政府教育督导机构，强化了督政职能。1999年召开的改革开放后第三次全国教育工作会议和《中共中央国务院关于深化教育改革全面推进素质教育的决定》明确提出：“进一步健全教育督导机构，完善教育督导制度，在继续进行‘两基’督导检查的同时，把保障实施素质教育作为教育督导工作的重要任务。”这不仅为教育督导工作提出了新的目标和任务，而且为进一步建立健全教育督导机构和制度提供了依据。

为了贯彻落实全国教育工作会议精神，指导各地开展教育督导工作，教育部于1999年在总结教育督导与评估工作实践经验的基础上，制定了《关于加强教育督导与评估工作的意见》。《意见》对加强教育督导与评估工作的重要性，教育督导与评估工作的性质，督导机构的职责，教育督导与评估制度建设，以及如何加强和改善教育督导与评估工作的领导，充分发挥督学的作用等方面提出了指导性意见。2001年召开的全国基础教育工作会议对教育督导工作提出了更高的要求，教育督导事业进一步发展壮大。

中共十六大提出全面建设小康社会的目标，同时提出，要按决策、执行和监督相协调的要求，深化行政体制改革，我国教育督导事业发展面临着新的挑战和机遇。

经过十几年的不懈努力，我国逐步建立起中央、省（自治区、直辖市）、市、县四级教育督导机构网络，并形成了一支专职与兼职相结合的教育督导队伍。

中央教育督导机构是国家教育督导团。国家教育督导团及督导团办公室的主要职责是：依据国家的教育法律、法规、方针、政策，制定教育督导与评估工作的方针、政策、规章和有关文件；组织国家督学对地方各级政府和教育行政部门以及中等和中等以下各类学校贯彻执行国家教育法律、法规、方针、政策情况进行督导、评估、检查、验收；宏观指导各地的督导与评估工作。特别是要抓好“两基”实施和巩固提高的督导检查与评估验收；建立素质教育的督导评估和检查验收机制，保障素质教育的全面推进。

全国31个省、自治区、直辖市建立了省级教育督导机构。省级教育督导机构的主要职责是：对本行政区域贯彻执行教育法律、法规、方针、政策的情况进行督导检查；对下级人民政府及有关职能部门履行教育职责的情况进行督导检查；对本行政区域内“两基”的实施和巩固提高工作进行督导检查和评估验收；对本行政区域内中等和中等以下学校及其他教育机构实施素质教育工作进行督导评估和检查验收；制定地方教育督导与评估的工作制度和指导性文件。此外，97%以上的地（市）和县（市、区）也都建立了本级政府的教育督导机构。

在加强教育督导评估工作机构的同时，各级政府还十分重视队伍建设，努力建立一支行政管理型和专家型相结合、专职和兼职相结合、数量足够、素质较高、年龄和知识结构合理的督学队伍。自1986年以后，教育部（国家教委）连续聘请了七届国家督学。国家督学肩负的责任重大。他们积极参加教育督导活动，深入实际调查研究，特别是对社会关注的教育难点、热点问题进行深入调研，向部党组提供有分量的调研报告，成为教育部的参谋和助手。省、地、县级督学也成为当地人民政府和教育行政部门的参谋与顾问。

2. 开展教育督导工作

1989年初，国务院委托国家教委牵头，请有关部门参加，对全国各省、自治区、直辖市的中小学教育工作进行督导检查。国家教委发出了《关于对中小学教育工作开展五项督导、检查的通知》，重点检查各地贯彻《中共中央关于改革和加强中小学德育工作的通知》；教育经费增长政策和教师经济待遇的落实；校舍中危房改造；制止中小学生流失；纠正乱收费等情况（简称“五查”）。在各地自查的基础上，国家教委会同全国人大教科文卫委员会、国家计委、财政部、人事部、劳动部、国家工商行政管理局、全国教育工会等部门，先后组成18个督导、检查组，对26个省、自治区、直辖市进行了抽查。抽查结束后，各地政府都在当地省级报纸上公布了本地区“五查”情况。国家教委于1990年2月将全国“五查”情况向国务院写了报告。国务院于同年6月转发了《关于中小学教育工作五项督导、检查的报告》。这是建国以来第一次全国规模的教育督导活动，收到了很好的效果，推动了《义务教育法》的贯彻落实。1990年，国家教委又组织力量对六个省和直辖市进行了以中小学德育工作为重点的“五查”复查，主要检查各地对1989年“五查”工作中发现的问题进行整改的落实情况，其中着重检查德育工作的改进落实情况。这项检查促进了各地进一步采取措施，解决好贯彻执行《义务教育法》和中共中央《关于改进和加强中小学德育工作的通知》中存在的问题。

1991年，《义务教育法》颁布五周年，全国人大常委会委员长会议决定，由全国人大教科文卫委员会牵头，会同国家教委等部门组织力量，在当年对《义务教育法》进行执法大检查。这是建国以后由国家最高权力机关牵头对教育法律进行的第一次大规模的执法监督。

1993年，《中国教育改革和发展纲要》提出，为保障“两基”目标的实现，要建立义务教育的检查、监督和奖励机制。据此，国家教委决定，从1993年起，建立对普及九年义务教育和扫除青壮年文盲县（市、区）评估验收制度。于是，“两基”督导检查和评估验收工作就成为教育督导工作的首要任务。1993年3月至10月，国家教委督导团分别对山东、天津、江苏、吉林、上海、浙江、北京等七省、直辖市“两基”

的评估验收工作进行了抽查，为1994年对全国省级“两基”评估验收工作的抽查作准备。

3. 逐步健全督导制度

（1）逐步形成了省级负责评估验收县（市、区）普及九年义务教育和扫除青壮年文盲的工作，国家负责对省级“两基”工作的指导和抽查，并对各省上报的县级“两基”验收材料进行审查，以及公布合格者名单的制度。国家还建立了“两基”工作先进县的奖励制度和义务教育监测系统，及时真实地反馈“两基”工作的发展状况及存在的问题，提出解决的措施。对已经通过“两基”验收的县（市、区）建立复查制度，推进“两基”在巩固已有成果的基础上不断发展和提高。

（2）逐步建立了对普通中小学进行督导评估的制度。1991年，国家教委下发了《普通中小学校督导评估工作指导纲要》及其试点意见。1997年2月，在总结各地试点经验的基础上，国家教委又下发了《普通中小学校督导评估工作指导纲要（修订稿）》，对各级政府的教育督导工作作了更进一步的规范，并在全国范围推行对中小学校督导评估的制度。《纲要（修订稿）》要求，以监督和引导学校实施素质教育为中心内容，全面开展对普通中小学校的综合督导评估工作，把对中小学校的督导评估同考试制度改革结合起来，引导学校逐步把升学竞争转变为提高办学水平和提高教育质量、效益的竞争；要理顺学校评估工作体制，对学校的各类评估工作应以综合督导评估为主，各有关部门相互配合，减少评估项目，减轻基层和学校负担，提高评估效益和信度；通过在普通中小学试点取得经验后，逐步开展对中专学校、职业学校、技工学校、幼儿园、特殊教育学校、社会力量举办的中等及中等以下学校和其他教育机构的督导评估工作。

（3）建立全面推进素质教育的督导评估制度。1999年全国教育工作会议后，为了大力推进素质教育，加强了对中小学校全面贯彻教育方针、全面推进素质教育工作的督导检查，着重检查《中共中央国务院关于深化教育改革全面推进素质教育的决定》中对地方政府提出的要求是否落到实处，推进素质教育工作是否扎实而有成效。教育部制定了对县（市、区）全面推进素质教育工作督导评估的指导性文件，各省、自治区、直辖市也结合本地实际，制定了实施办法。

（4）建立对地方教育行政工作的督导检查制度。2001 年，根据全国基础教育工作会议及《国务院关于基础教育改革与发展的决定》精神，加强了对地方政府教育行政工作的督导检查。主要工作是：开展对地方各级政府贯彻执行《教育法》、《义务教育法》、《教师法》、《职业教育法》、《扫除文盲工作条例》、《残疾人教育条例》、《社会力量办学条例》等法律法规的督导检查；开展对地方各级政府实施科教兴国战略和把教育放在优先发展战略地位的督导检查，并开展对区域性教育综合水平的督导评估。各地利用教育督导评估机制开展创建教育先进乡（镇）、先进县（市、区）等活动，并把它同全面推进素质教育的督导评估工作结合起来，推动政府教育行为全面到位。

（5）建立专项督导检查制度。专项督导检查是指对教育热点、难点问题的督导检查或调查研究。各地围绕教育的中心工作，先后针对教师职业道德建设、教育乱收费、中小学生过重课业负担、课程计划实施、教师继续教育等问题，有计划地开展了专项督导检查工作。此外，各地还对那些侵占教育资源，侵犯教师的教育权和学生的受教育权，违反法律、法规等做法，进行了督导检查。

我国教育督导制度恢复重建以来，通过各种综合的和专项的督导检查，增强了地方各级政府及有关行政部门依法治教、依法行政的意识，促进了科教兴国战略和教育优先发展的战略地位的落实，进一步规范了学校的管理和教学工作，促进了教育的改革和发展。实践证明，教育督导作为现代教育行政管理的重要组成部分，既是依法治教的重要手段，也是政府和教育行政部门依法行政的主要形式之一，是全面推进教育改革和发展的有效运行机制。教育督导机构的职能和作用是不可替代的。

但是，由于我国教育督导制度恢复重建时间不长，许多方面还亟待发展和完善。例如，教育督导事业在全国发展还不平衡；一些地方和部门对教育督导工作的重要性还缺乏应有的认识；教育督导制度、队伍建设还不能完全适应教育改革和发展的需要；等等。在进入新世纪之后，我国在教育观念、教育制度、课程教材体系、教学方法、教育手段、教育模式等方面，不断发生着深刻的变化。因此，教育督导承担着新的更为重大的使命，必须进一步重视、加强和完善教育督导工作。

第二节 基础教育改革与发展的新进展

党和国家高度重视基础教育，《中国教育改革和发展纲要》明确指出："基础教育是提高民族素质的奠基工程，必须大力加强。"① 此后，基础教育改革和发展取得了长足的进展。

一、高度重视发展农村基础教育

我国农村基础教育面广量大，中小学在校生多达1.6亿。农村中小学教育质量的高低，不仅直接关系到农村青少年德智体美全面发展，而且关系到国家各级各类人才的培养和全民族素质的提高。为了进一步发展农村基础教育，党和政府出台了一系列相关政策和重大举措。

1. 明确农村基础教育工作的方向

2003年，国务院认真分析了农村教育形势，颁布了《关于进一步加强农村教育工作的决定》。同年9月，国务院召开全国农村教育工作会议，就进一步加强农村教育工作进行部署。国务院召开会议专门研究部署农村教育工作，这在新中国历史上还是第一次，充分体现了以胡锦涛为总书记的新一届中央领导集体坚持实施科教兴国战略的坚定决心。会议和《国务院关于进一步加强农村教育工作的决定》以"三个代表"重要思想为指导，抓住了当前我国在全面建设小康社会当中教育应该解决的突出问题，指导思想明确，重点突出，针对性和操作性强，对加快农村教育发展，深化农村教育改革，促进农村经济社会和城乡协调发展，具有十分重要的意义。温家宝在全国农村教育工作会议上作重要讲话。他强调，发展农村教育，有利于提高农村人口的素质，有利于缩小社会差别和实现社会公平，有助于积累国民经济增长的后劲。"没有农村全面'普九'，没有农民素质的全面提高，就很难实现全面小康。我们必须充分认识农村教育在全面建设小康社会中的基础性、先导性、全局性作用。"② 会议和《决定》进一步明确了今后一个时期我国农村教育的地位、目标、任务和一系列重大政策措施，为进一步做好农村教育

① 何东昌主编：《中华人民共和国重要教育文献》（1991～1997），海口：海南出版社，1998年版，第3468页。

② 《人民日报》，2003年10月30日，第1版。

工作指明了奋斗的方向，为农村教育健康、持续、快速、协调发展提供了宝贵的机遇，为推进农村教育改革开辟了更加广阔的道路。

2003年9月21日，教育部向全国教育系统发出了《关于深入学习贯彻〈国务院关于进一步加强农村教育工作的决定〉和全国农村教育工作会议精神的通知》，要求各级教育部门深入学习贯彻国务院《决定》和全国农村教育工作会议精神。2004年3月3日，国务院正式批转的教育部制定的《2003～2007年教育振兴行动计划》进一步强调要“重点推进农村教育发展与改革”。上述政策措施无一不反映出党和政府对农村教育工作的高度重视与实施科教兴国战略的坚定决心。

2. 改革农村义务教育管理体制

2001年，国务院召开的全国基础教育工作会议，明确了农村义务教育“实行在国务院领导下，由地方政府负责、分级管理、以县为主的体制”，并要求各级政府加大财政转移支付力度，确保教师工资按时足额发放。这一新体制从根本上实现了农村义务教育经费主要由农民承担向主要由政府承担的转变，实现了农村义务教育以乡镇管理为主向以县管理为主的转变。经过三年的努力，农村义务教育新的管理体制基本确立并不断完善。全国已经基本将农村中小学教职工工资和农村中小学校长、教师的人事管理权限上收到县（市、区），有23个省、自治区、直辖市将教师核编到县（市、区），确保教师工资按时足额发放，拖欠教师工资的情况有所好转。

各地在实践中还创造了一些成功的经验，如安徽、浙江等地积极探索建立县级教育经费结算分中心和教师人事管理中心等模式；大部分地区撤销了乡教育办公室，强化了县域内教育发展的统筹规划和管理。

3. 实施国家西部地区“两基”攻坚计划

由于我国经济、文化教育发展不平衡，到2002年，西部地区仍有372个县（市、区）以及新疆生产建设兵团的38个团场尚未实现“两基”。为了扶持这些地区实现“两基”目标，国务院决定实施《国家西部地区“两基”攻坚计划（2004～2007年）》。

该计划于2003年12月30日由温家宝主持召开的国家科技教育领导小组会议审议通过，2004年2月6日国务院批转执行。国务院成立了国家西部地区“两基”攻坚领导小组，陈至立任组长，教育部、国家发展改革委员会、财政部、科技部、农业部、国务院扶贫办、国务院西部开发办等有关部门的负责人为成员。“两基”攻坚计划的目标是：（1）到2007年，西部地区整体上实现基本普及九年义务教育和基本扫除青壮年文盲目标，“两基”人口覆盖率达到85%以上，初中毛入学率达到90%以上，扫除600万文盲，青壮年文盲率下降到5%以下。（2）到2007年，西部各省、自治区、直辖市及新疆生产建设兵团要分别实现各自的“两基”目标，切实巩固提高现有的“两基”成果，完成攻坚任务，有条件的省、自治区、直辖市通过国家“两基”评估验收。（3）截至2002年尚未实现“两基”的372个县（市、区）以及新疆生产建设兵团的38个团场，到2007年，除特别困难的达到国家“普六”验收标准外，其余的要达到国家“两基”验收标准。具体措施是：实施“农村寄宿制学校建设工程”，解决西部“普九”的瓶颈问题；实施“两免一补”，扶持贫困家庭学生就学；实施“农村中小学现代远程教育工程”，缓解西部优质教学资源短缺和师资不足问题，促进均衡发展；大力加强教师队伍建设；深化教学改革，提高教育质量；加大教育对口支援力度；明确各级政府责任，进一步完善农村义务教育管理体制。

2004年2月26日，国务院办公厅召开国家西部地区“两基”攻坚工作会议，部署工作任务。会议明确提出，实施“两基”攻坚是政府行为。陈至立出席会议并讲话。会后，西部各省、自治区、直辖市和新疆生产建设兵团均相继成立了领导小组，其中一半以上省份的领导小组组长由政府主要领导担任。2004年7月5日，教育部、国家发展改革委员会和财政部分别与西部12个省、自治区、直辖市和新疆生产建设兵团签署“两基”攻坚责任书。随后，各省也相继同所辖攻坚县签订了责任书。有关单位还相继制定和完善一系列制度：教育部、国家发展改革委员会和财政部制定了《国家西部地区农村寄宿制学校建设工程实施方案》，国务院办公厅转发了教育部、国家发展改革委员会、财政部、建设部、国土资源部《关于进一步做好农村寄宿制学校建设工程实施工作的有关意见》，国家“两基”攻坚办制定了《国家西部地区农村寄宿制学校建设工程专项资金管理暂行办法》、《西部地区农村寄宿制学校建设工程土建项目管理暂行办法》等制度。

国家西部地区“两基”攻坚计划是党中央、国务院着眼于最广大人民群众的根本利益，从根本上解决西部地区农业、农村和农民问题的重大战略举措，它给千百万农村孩子带来了一生的希望。为了实现这个计划，2004年，中央财政安排用于农村义务教育的各项资金达到100亿元，比2003年增长了72%。① 中央还以前所未有的力度投入100亿元，专项用于农村寄宿制学校建设，首先解决农村孩子上学“进得来”的问题；中央还计划用5年时间，每年投入10亿元，建设农村中小学现代远程教育工程，要求地方提供相应的配套资金，让走进校门的农村学生“学得好”；同时通过建立和完善资助困难学生的制度，加大“两免一补”力度，解决让农村孩子“留得住”的问题。

在党中央、国务院的高度重视和关怀下，通过各级政府和相关部门的共同努力，国家西部地区“两基”攻坚工作初见成效，一些地方已取得阶段性成果。

4. 建立进城务工就业农民子女接受义务教育的制度

随着我国城市化进程不断加快，进城务工就业农民子女接受义务教育的问题日益突出。针对这种新情况，国家先后出台了一系列政策、措施，保障进城务工就业农民的子女接受义务教育。

2003年9月17日，国务院办公厅转发了由教育部、中央编制办公室、公安部、国家发展改革委员会、财政部、劳动保障部制定的《关于进一步做好进城务工就业农民子女义务教育工作的意见》。《意见》强调，做好进城务工就业农民子女义务教育工作，是实践“三个代表”重要思想的具体体现，是贯彻落实《中华人民共和国义务教育法》、推动城市建设和发展、推进农村富余劳动力转移以及维护社会稳定的需要，是各级政府的共同责任。各级政府要以强烈的政治责任感，认真扎实地做好这项工作。进城务工就业农民流入地政府（以下简称流入地政府）负责进城务工就业农民子女接受义务教育工作，以安排他们到全日制公办中小学就读为主。地方各级政府特别是教育行政部门和全日制公办中小学要建立完善保障进城务工就业农民子女接受义务教育的工作制度和机制，使进城务工就业农民子女受教育的环境得到明显改善，九年义务

---

① 中国教育年鉴编辑部编：《中国教育年鉴》（2005），北京：人民教育出版社，2005年版，第169页。

教育普及程度达到当地水平。

为了贯彻落实《意见》精神，教育部成立了“进城务工就业农民子女义务教育工作领导小组”；进一步完善有关政策法规，要求各地对进城务工就业农民子女的教育收费与当地学生一视同仁，督促各地将涉及农民工子女教育的有关费用纳入正常的财政预算支出范围。2004 年 11 月 29 日至 12 月 10 日，国家教育督导团派出督查组对天津、湖北、浙江和福建四省、直辖市进城务工就业农民子女义务教育工作进行了专项督导检查。

各地坚持“以流入地政府管理为主，以在全日制公办中小学就读为主”的原则，积极发挥各地方政府的作用，规范民工子女学校的办学行为，扩大公办学校借读规模，妥善安排、依法保障进城务工就业农民子女接受义务教育，从而使进城务工就业农民的子女接受义务教育的状况有了明显改善。

例如，武汉市加大对进城务工就业农民子女义务教育的投入，市级财政设立专项资金，补助接收进城务工就业农民子女人数较多的区和学校；在安排教育费附加时，将进城务工就业农民子女入学数作为基数同标准划拨。福建省晋江市对公办学校接收进城务工就业农民子女就学，在公用经费拨付方面与本地学生执行同一标准。北京、上海、天津、湖北、福建等地对安排到指定公办学校就学的进城务工就业农民子女，一律免收借读费，与本地学生一样严格按“一费制”收取费用。一些地方还建立了贫困生入学救助机制，减免了家庭贫困的进城务工就业农民子女的杂费，有的学校还对特别困难的学生给予了生活补助。与此同时，留守在农村老家的“留守儿童少年”也得到社会和有关部门的关注。

但进城务工就业农民子女的义务教育工作也存在一些问题。诸如：接受进城务工就业农民子女就读的公办学校数量仍然不足；保障进城务工就业农民子女接受义务教育的经费不足；进城务工就业农民义务教育阶段随迁子女的基本情况不详，义务教育资源供给同进城务工就业农民子女急剧增加的态势不适应；一些民工子女学校办学条件较差，教育教学质量较低；等等。为了解决上述问题，各级政府有许多工作要做，例如：加强调查研究，密切关注进城务工就业农民子女义务教育工作中出现的新情况、新问题，综合考虑城市化进程和进城务工就业农民的流入趋势，科学规划中小学发展和学校布局，努力改善接收进城务工就业农民子女较多的学校的办学条件，加强对民办民工子女学校的管理和扶持等。

二、基础教育事业的发展

在党中央、国务院的高度重视和正确领导下，我国基础教育进入建国以来最好的发展时期，取得了前所未有的成绩。

由于小学学龄人口逐年减少，因而小学校数、招生数和在校生数继续减少。2004 年，全国共有小学 39.42 万所，比上年减少 3.17 万所；招生1 747.01万人，比上年减少 82.38 万人；在校生11 246.23万人，比上年减少 443.51 万人；小学学龄儿童入学率达到98.95%，其中男女童入学率分别为98.97%和98.93%，男女入学性别差为 0.04 个百分点。小学辍学率为0.59%，其中女童0.60%。小学毕业生升学率为98.10%，比上年提高 0.2 个百分点。小学教职工和专任教师略有减少，专任教师学历合格率继续提高。全国小学教职工 617.14 万人，比上年减少 8.48 万人；其中专任教师 562.89 万人，比上年减少 7.39 万人。小学专任教师学历合格率为98.31%，比上年提高 0.46 个百分点；小学学生、教师比例为 19.98∶1，比上年的 20.5∶1 略有降低。

随着“普九”目标的实现和学龄人口的逐渐减少，初中校数、招生数和在校生数略有减少，但毕业生数有所增加。2004 年，全国共有初中学校63 757所（其中职业初中 697 所），比上年减少 973 所。招生2 094.64万人，比上年减少 125.49 万人；在校生6 527.51万人，比上年减少 163.32 万人；毕业生2 087.30万人，比上年增加 68.84 万人。初中阶段毛入学率94.1%，比上年提高 1.4 个百分点。初中阶段辍学率为2.49%，其中女生2.19%。初中毕业生升学率63.8%，比上年提高 4.2 个百分点。全国初中专任教师 350.05 万人，比上年增加 0.03 万人。初中专任教师学历合格率93.75%，比上年增长 1.77 个百分点。学生、教师比例为 18.65∶1，比上年的 19.13∶1 有所降低。

普通中小学校办学条件进一步得到改善。2004 年，全国普通中小学校舍建筑面积123 284.12万平方米，比上年增加4 733.60万平方米。小学体育运动场（馆）面积达标率51.38%，音乐器械配备达标率40.08%，美术器械配备达标率38.17%，数学、自然实验仪器达标率50.91%；普通初中体育运动场（馆）面积达标率66.38%，音乐器械配备达标率55.20%，美术器械配备达标率53.72%，理科实验仪器达标率70.57%。各项指标均比上年有所提高。

普通高中教育在办学体制、管理体制、课程教材、教育教学管理等方面进行积极的探索和实践，不断探索在加大政府投入的同时，积极拓宽优质高中教育资源的新途径，推动高中教育改革不断深化，促进办学规模迅速扩大，办学条件明显改善，高中教育实现了持续的快速增长。2004年，全国普通高中15 998所，比上年增加219所；招生人数和在校生人数分别由1990年的249.8万和717.3万增长到821.51万和2 220.37万，分别增长了2.29倍和2.10倍；毕业生546.94万人，比上年增加88.82万人，增长19.39%。普通高中专任教师119.07万人，比上年增加12.01万人。生师比18.65:1，比上年的18.35:1有所提高。专任教师学历合格率79.59%，比上年增长3.88个百分点；普通高中体育运动场（馆）面积达标率为74.63%，体育器材配备达标率75.21%，音乐器材配备达标率68%，美术器材配备达标率67.89%，理科实验仪器达标率79.70%；建立校园网的学校占普通高中学校总数的比例为52.29%。各项办学条件均比上年有所改善。

在学前教育方面，我国坚持在地方政府举办幼儿园的同时，依靠和动员社会各方面力量办园，多形式、多渠道地发展幼儿教育事业，基本形成国家、集体、公民个人一起办园的局面。在城市是以三年制的全日制幼儿园为主；在农村，主要是以一年制学前班为主；在一些经济发展较差、人口居住分散、交通不便的边远贫困地区、山区和牧区，出现了季节班、周末班、游戏小组、巡回辅导站、入户指导、家长互助等灵活多样的非正规幼儿教育形式。这些形式有效地利用了社区、家庭、教育机构的教育资源，为更多的学龄前儿童提供了接受教育的机会。2004年，全国幼儿园园数、在园幼儿数及幼儿园园长和教师均有明显增加。全国共有幼儿园11.79万所，比上年增加0.15万所，在园幼儿（包括学前班）2 089.40万人，比上年增加85.49万人。幼儿园园长和教师共75.96万人，比上年增加5.05万人。在一些大中城市已经能够基本满足社会对幼儿教育的需求。全国幼儿入园率达到40%，农村学前一年入园率达到60%。

残疾儿童少年义务教育受到各级政府的高度重视。20世纪90年代，中央财政共投入特殊教育补助费达2.6亿元人民币，地方投入在20亿元以上。在各级党委、政府的关怀支持下，残疾儿童少年义务教育发展十分喜人，基本形成以专门的特殊教育学校为骨干、以普通学校特教班和残疾儿童少年随班就读为主体的特殊教育格局，并基本建立了盲、聋学校的课程教材体系。特殊教育的教育教学改革日益活跃，特殊教育师资队伍不断发展壮大。特殊教育学校数、招收残疾儿童数及在校残疾儿童数均有增加。2004年，全国共有特殊教育学校1 560所，比1990年的746所增加814所，增加了1.09倍；招收残疾儿童5.08万人，比上年增加0.19万人；在校残疾儿童37.18万人，比1990年的7.20万人增加29.98万人，增加了4.16倍。其中在盲人学校就读的学生4.17万人，在聋人学校就读的学生11.28万人，在弱智学校及辅读班就读的学生21.73万人。在普通学校随班就读和附设特教班就读的残疾儿童招生数和在校生数分别占特殊教育招生总数和在校生总数的62.02%和65.35%。残疾儿童毕业人数4.67万人，比上年增加0.22万人。①

第三节　加快高等教育的改革与发展

1992年，邓小平南方谈话之后，我国经济出现快速发展的势头，但专门人才供不应求的问题也日益凸现。因此，积极发展高等教育，培养大批高质量的高级专门人才，就成为社会主义现代化建设事业的迫切要求。

一、探索积极发展高等教育的新路子

为了适应经济建设和社会发展的需要，尽可能满足人民群众接受高等教育的要求，党和国家采取一系列重大举措加快高等教育的发展和高等院校教育教学改革。

1993年，《中国教育改革和发展纲要》提出："90年代，高等教育要适应加快改革开放和现代化建设的需要，积极探索发展的新路子，使

① 中国教育年鉴编辑部编：《中国教育年鉴》（2005），北京：人民教育出版社，2005年版，第95页。

规模有较大的发展，结构更加合理，质量和效益有明显提高。”

1996年3月28日，江泽民在同上海交大、西安交大、西南交大和北方交大负责人座谈时指出：“高等教育在整个教育事业中处于龙头地位。高等教育的发展程度和发展质量，不仅影响整个教育事业，而且关系到社会主义现代化建设的未来。”此后，他多次强调：实施科教兴国战略，高等教育是非常重要的一环。要积极发展高等教育；要充分发挥高校和科研机构在国家知识创新体系和人才培养中的作用，更好地为国家的经济建设服务。

1999年6月，《中共中央国务院关于深化教育改革全面推进素质教育的决定》作出积极发展高等教育、扩大高等教育规模的重大决策。《决定》提出：“调整现有教育体系结构，扩大高中阶段教育和高等教育的规模，拓宽人才成长道路，减缓升学压力。通过多种形式积极发展高等教育，到2010年，我国同龄人口的高等教育入学率要从现在的百分之九提高到百分之十五左右。”“高等职业教育是高等教育的重要组成部分。要大力发展高等职业教育，培养一大批具有必要的理论知识和较强实践能力，生产、建设、管理、服务第一线和农村急需的专门人才。现有的职业大学、独立设置的成人高校和部分高等专科学校要通过改革、改组和改制，逐步调整为职业技术学院（或职业学院）。”“进一步解放思想、转变观念，积极鼓励和支持社会力量以多种形式办学，满足人民群众日益增长的教育需求，形成以政府办学为主体、公办学校和民办学校共同发展的格局。”“鼓励社会力量以各种形式举办高中阶段和高等职业教育。经国家教育行政主管部门批准，可以举办民办普通高等学校。”①

二、建设世界一流大学和高水平大学

建设世界一流大学和高水平大学是党和国家的重大决策，对于增强高等教育综合实力，提高我国国际竞争力具有重要的战略意义。为了在全国建设世界一流大学、高水平研究型大学和一批世界一流的重点学科，造就高层次拔尖创新人才及其团队，我国从1995年开始实施“211

① 何东昌主编：《中华人民共和国重要教育文献》（1998～2002），海口：海南出版社，2003年版，第288～290页。

工程”，1999 年正式启动“985 工程”。

实施“211 工程”。“211 工程”是新中国成立以来高等教育领域规模最大的重点建设工程。其建设目标是：面向 21 世纪，集中精力，重点建设 100 所左右高等学校以及一批重点学科，使其总体上处于国内先进水平，其中一部分重点高等学校和重点学科，接近或达到国际同类学校和学科的先进水平，大部分学校办学条件得到明显改善，在人才培养、科学研究、学科建设、管理水平、办学效益上取得较大成绩，以适应国家、地区和行业发展需要，起到骨干和示范作用。同时，推动高等教育体制改革，为实现我国经济和社会发展战略，建设培养高层次人才和解决重大科技问题的基地，以增强综合国力和国际竞争力。主要内容包括重点学科、公共服务体系和基础设施建设三大部分。

实施“211 工程”是 1991 年 12 月国家教委、国家计委和财政部在报送给国务院的《关于落实建设好一批重点大学和重点学科的实施方案的报告》中正式提出的。1993 年 7 月，国家教委印发了《关于重点建设一批高等学校和重点学科的若干意见》的通知，提出了“211 工程”前期工作的指导方针，对工程的定义、建设目标、实施办法、立项程序、资金筹措等作了明确的阐述。该文件及后来国务院发布的《关于〈中国教育改革和发展纲要〉的实施意见》，将《中国教育改革和发展纲要》中提出的“建设 100 所重点大学”调整为“重点建设 100 所大学”。同年 10 月“211 工程”部门预审陆续展开。1995 年 11 月，经国务院批准，国家计委、国家教委、财政部联合发布了《“211 工程”总体建设规划》，该工程正式列入国民经济和社会发展第九个五年计划，并由规划设计阶段转入全面实施阶段。1996 年 3 月，为了加强对工程建设的统筹规划和领导，成立了由国务院和国家教委、国家计委、财政部有关负责人组成的“211 工程”部际协调小组，下设办公室并发布了一系列管理文件，逐步建立起比较健全和完善的管理体系，保证了工程建设的顺利实施。

2002 年，“九五”“211 工程”建设圆满完成。“九五”期间，国家计委共批复 99 所“211 工程”学校和 2 个公共服务体系（即中国教育和科研计算机网、中国高等教育文献保障体系）正式立项建设，安排 602 个重点学科建设项目。建设资金总量为 108.94 亿元，其中中央专项资金27.55亿元，部门配套资金31.72亿元，地方政府配套资金24.89亿元，学校自筹资金23.63亿元，其他渠道资金1.15亿元。此外，另由部门和地方政府安排相关基础设施配套资金74.72亿元。在建设资金使用上，用于重点学科建设为62.11亿元，用于公共服务体系建设为36.77亿元，用于基础设施建设为10.06亿元。据统计，"211工程"建设资金总完成率达到103%。①

"十五"期间，国家先期批复北京大学等44所高等学校"十五""211工程"建设项目可行性研究报告，并安排了777个"211工程"重点学科建设项目，建设资金总量为184亿元，其中中央专项资金60亿元，由部门、地方政府和学校自筹安排的配套资金为124亿元。② 为确保"十五""211工程"建设的顺利完成，"211工程"部际协调小组办公室下发了《关于开展"十五""211工程"中期检查工作的通知》，并对先期批复建设的44所高等学校进行中期检查。2004年，国家发展改革委员会又批复了51所高等学校和3个公共服务体系"十五""211工程"建设项目可行性研究报告。

"211工程"建设成效显著：实现了重点建设、推动整体发展的战略构想，重点建设起了一批重点院校和重点学科，有效带动了高等教育整体水平的提高，成为有力落实科教兴国战略的基础性工程和创建世界一流大学的启动工程；较大程度改善了高等学校的办学条件，提高了高等学校办学的整体实力和培养高层次创造性人才的能力；一批重点学科已成为国家知识创新、技术创新和高层次人才培养的主要基地；提高了中国高等教育信息化程度。"九五"和"十五"期间工程总体建设目标的实现，为21世纪"211工程"的继续发展打下良好的基础。

启动"985工程"。1998年5月4日，江泽民在庆祝北京大学建校100周年大会上向全社会宣布了对实施科教兴国具有战略意义的决定："为了实现现代化，我国要有若干所具有世界先进水平的一流大学。"江泽民还高度概括了建设具有世界先进水平的一流大学的发展方向："这

① 中国教育年鉴编辑部编：《中国教育年鉴》（2003），北京：人民教育出版社，2003年版，第192页。

② 中国教育年鉴编辑部编：《中国教育年鉴》（2005），北京：人民教育出版社，2005年版，第223页。

样的大学，应该是培养和造就高素质的创造性人才的摇篮，应该是认识未知世界、探求客观真理、为人类解决面临的重大课题提供科学依据的前沿，应该是知识创新、推动科学技术成果向现实生产力转化的重要力量，应该是民族优秀文化与世界先进文明成果交流借鉴的桥梁。”

2001 年，江泽民在庆祝清华大学建校 90 周年大会上的讲话中进一步阐述了建设世界一流大学的目标：“一流大学应该坚持正确的办学思想，注重形成优秀的办学传统，形成鲜明的办学风格，发展优势学科，努力建设一支高素质、高水平的教师队伍，为国家和民族的兴旺发达作出贡献。一流大学应该站在国际学术的最前沿，紧密结合先进生产力的发展要求，依托多学科的交叉优势，努力进行理论创新、制度创新、科技创新，特别要抓好科技的源头创新，并推动科技成果加速转化为现实生产力。一流大学应该成为继承传播民族优秀文化的重要场所和交流借鉴世界进步文化的重要窗口，成为新知识、新思想、新理论的重要摇篮，努力创造和传播新知识、新理论、新思想，不断促进社会主义文化的发展。一流大学应该成为培养人才的重要基地，不断为祖国为人民培养出具有正确的世界观、人生观、价值观，具有创造精神和实践能力的全面发展的人才。”①

为了贯彻落实科教兴国战略和江泽民的讲话精神，教育部在《面向 21 世纪教育振兴行动计划》中决定，重点支持部分高等学校创建若干所具有世界先进水平的一流大学和一批一流学科，即“985 工程”。

1999 年，“985 工程”正式启动。一期“985 工程”重点建设的学校共 34 所：清华大学、北京大学、中国科技大学、南京大学、复旦大学、上海交通大学、西安交通大学、浙江大学、哈尔滨工业大学、南开大学、天津大学、东南大学、华中科技大学、武汉大学、厦门大学、山东大学、湖南大学、中国海洋大学、中南大学、吉林大学、北京理工大学、大连理工大学、北京航空航天大学、重庆大学、电子科技大学、四川大学、华南理工大学、中山大学、兰州大学、东北大学、西北工业大学、同济大学、北京师范大学、中国人民大学。二期签约“985 工程”

---

① 教育部、中共中央文献研究室编：《毛泽东、邓小平、江泽民论教育》，北京：中央文献出版社、人民教育出版社、北京师范大学出版社，2002 年版，第 294 页。

重点建设的学校共 4 所：中国农业大学、国防科技大学、中央民族大学、西北农林科技大学。

在"985 工程"支持下，各校工作取得良好进展，主要表现在以下几个方面：（1）通过共建、调整、合作、合并的途径，促进学科优势互补，增强学科的综合性，在支持重点学科、发展优势学科、鼓励新兴学科方面合理投入。（2）在培养与引进并重的原则下，推出了凝聚海内外高层次人才和提高师资队伍素质的举措，并大力推进校内人事分配制度改革，促进了教师队伍素质和工资待遇的提高。（3）各校承担国家重大科研项目的竞争能力大大加强，涌现出一批具有标志性、突破性的重大科研成果，并注重科技成果的转化及高新技术产业化，努力以一流的科研成果为基础，以多种形式促进产学研结合。（4）为了更好地培养高素质人才，推出了一系列全面加强素质教育、培养学生创新意识和创造能力的举措，人才培养质量不断提高。（5）推动了各高校的国际交流与合作。

另外，通过实施"高层次创造性人才工程"和"长江学者奖励计划"等一系列优秀人才计划，在推进高校高层次拔尖人才和骨干教师队伍建设方面取得了显著成效。同时，我国高等学校建设的国家重点实验室占全国的三分之二。在"十五""863"计划六大领域中，有四个领域的首席科学家来自高等学校，高等学校为主体承担的课题占课题总数的48%。中国高校哲学社会科学研究取得了显著进展。2001 年，具有哲学社会科学研究力量的各类高等院校共有 739 所，比 1991 年的 513 所增长44%。2003 年，高等院校为各级政府和企事业单位提供应用性研究成果和咨询报告9 000余份，在促进国家经济社会发展方面发挥了"思想库"和"智囊团"作用。

三、深化教学改革，不断提高教育质量

1. 改革高等教育教学内容和课程体系

20 世纪 90 年代初，通过各学科专家、学者的调查研究，发现有一些高等学校的教育内容和课程体系已经比较陈旧落后，反映 20 世纪后半期以来的科学技术新成就明显不够。因此，国家教委于 1994 年启动"高等教育面向 21 世纪教学内容和课程体系改革计划"。为了全面推动这一计划的实施，国家教委印发了《关于积极推进"高等教育面向 21

世纪教学内容和课程体系改革计划”实施工作的若干意见》，并成立了由17位各学科著名专家组成的教学内容和课程体系改革顾问组，组织编写了数百种“面向21世纪课程教材”，对提高课程教材质量起到积极作用。

教学内容和课程体系改革计划几乎覆盖了文、理、工、农、医等所有学科和专业。其内容包括：研究21世纪对人才知识、能力和素质的要求，改革人才培养的模式；研究和调整专业结构、专业目录和专业设置；研究和改革各专业或专业群的教学计划和课程结构；研究和改革基础课程、主干课程的教学内容和体系。改革计划的重点是：对主要专业或专业群进行教学内容和课程体系的整体优化改革，制定新的教学计划或教学方案；编写出版一批高水平、高质量的“面向21世纪课程教材”，为进行大规模的教学改革奠定基础。

从“面向21世纪教学内容和课程体系改革计划”开始实施，到1996年9月，全国已有566所高校的23 373名教师申报了3 030个相关研究项目，经过专家评审和适当组合，国家教委先后批准了221个大项目，其中包括985个子项目，有1万多名高校教师和教学科研人员承担了这些项目的研究和改革实验工作。与此同时，有些省、自治区、直辖市和国务院有关部委及高等学校也分别制定和实施了各自的高等教育面向21世纪教育内容和课程体系改革的计划。

1997年6月，国家教委召开了第一次高等教育面向21世纪教学内容和课程体系改革经验交流会，标志着这项改革已经进入了实质性阶段。此后，一批经过实验取得良好效果的面向21世纪的课程教材开始出版，一些专业人才培养及教学内容体系改革的方案经过实验取得了良好的成效，有些立项的项目取得了阶段性成果。

2. 加强高等学校本科教学工作

高等学校的质量和水平代表着国家科学文化教育事业的发展程度，是综合国力的重要标志。为了促进高等学校不断提高教育质量，教育部（国家教委）采取一系列有效措施，切实加强高等学校本科教学工作。

国家教委从1993年开始积极开展高等学校本科教学评估工作，先后成立了由各科教学专家组成的各类高校教学工作评估课题组，研究评估方案，选择不同类型的学校进行自评和试评。从1995年起，国家教委分期分批对高等学校本科的教学工作进行评估。评估的形式主要有合格评估、优秀评估和随机水平评估三种。评估的原则是：以评促改，以评促建，评建（改）结合，重在建设。评估工作的基础是学校的自我建设，其目的是通过评估使学校能够建立起教学质量自我监控系统。到2003年，共完成对254所学校的评估，其中合格评估192所，随机性水平评估46所，优秀评估16所。教学评估工作的开展，促进高校加大了经费投入，完善了教学质量监控体系，评估学校的校园环境和教学条件得到改善，对教学工作的重视程度明显提高，为建立具有中国特色的高等学校教学评估制度积累了宝贵的经验。

为了进一步促进教学质量提高和转变政府职能，教育部决定从2003年起，建立五年一轮的普通高等学校评估制度，对我国所有普通高等学校进行教学评估，并建立普遍高等学校教学状态数据采集和发布制度，让社会更全面地了解各高等学校的人才培养工作。2004年，教育部成立了高校教学质量评估中心，开始了五年一次的高校教学评估工作。

2004年，教育部启动了“高等学校教学质量与教学改革工程”（简称质量工程）。其内容包括：（1）以信息技术为手段，深化教学改革和人才培养模式改革。（2）继续推进教授上讲台，每年评选和表彰100名国家级教学名师，鼓励教授为学生讲授大学基础课程和专业基础课程。（3）建设1 500门精品课程，并将精品课程的教案上网，推进优质教育资源共享。（4）改革大学公共英语教学标准、手段和考试方法，推进基于计算机的个性化英语教学，提高大学生的英语综合实用能力。（5）积极推进制度创新，改革教学评估工作，建立五年一轮的普通高等学校评估制度。（6）建设一批基于互联网的国家级示范教学基地和基础课程实验教学示范中心，促进并提高学生的创新能力和实践能力。（7）大力发展以就业为导向的高等职业教育，促进产学研结合，培养应用性技术人才。（8）进一步调整学科专业结构，规范专业设置管理，加强对高职高专院校专业建设与发展的宏观指导。（9）推动高等医学教育的改革和发展，逐步理顺医学教育体制。（10）加强电子图书馆与教材建设以及实验设备等优质教育资源共享。（11）进一步加强素质教育，加强对大学生的爱国主义教育、法制教育、诚信教育和社会责任心教育。（12）实施访问教师计划，继续推进双语教学和聘请国外优秀教师来华讲授专业课程。教育部把“质量工程”的有关内容纳入高等学校教学评估指标体系，作为国家和社会检查评估学校教学工作的重要指标之一。

对教学工作的评估使各高等学校的领导干部进一步明确了办学指导思想，使高等学校的师资队伍、实验实习基地、专业、课程、学风等教学基本建设和教学管理工作得到了加强，同时也使高等学校的人才培养模式、教学内容、课程体系改革和教学、科研、生产三结合基地的建设等方面的教育改革工作不断深化，教学质量和办学水平也有了明显提高。

虽然高校教学改革取得了成效，但面临的困难和存在的问题还不少。例如，高等教育规模连年扩大，办学条件没有相应发展，教学质量有所下降；在某些地区、某些高校，轻视教学、忽视质量的现象还相当严重；最为突出的问题是教学投入严重不足，教学管理相当薄弱，教学改革亟待深入。

为了扭转这种局面，教育部于 2004 年 12 月召开了全国普通高等学校本科教学工作会议。会议主题是大力加强教学工作，切实提高教学质量。会后教育部印发了《关于进一步加强高等学校本科教学工作的若干意见》。《意见》明确提出了加强本科教学工作的主要任务和基本措施：着眼于国家发展和人的全面发展的需要，加大教学投入，强化教学管理，深化教学改革。坚持传授知识、培养能力、提高素质协调发展，注重能力培养，着力提高大学生的学习能力、实践能力和创新能力，全面推进素质教育，培养数以千万计德智体美全面发展的高素质专门人才和一大批拔尖创新人才。教育部部长周济在讲话中强调，要进一步学习和落实科学发展观，继续贯彻“巩固、深化、提高、发展”的方针，就必须一方面坚持促进高等教育的持续发展，另一方面更加注重深化改革和提高质量，尤其要重视教学质量的提高。按照这样一种思路，要将工作重心由前一阶段高度重视规模发展，转移到在规模持续发展的同时，更加注重提高质量。由于教学工作在提高质量中处于突出地位，因此，在工作重心转移的过程中，尤其要大力加强教学工作，切实提高教学质量。实现工作重心的转移，既是时代的必然要求，也是高等教育发展的根本需要，更是高等教育领域贯彻落实科学发展观的必然选择。会后，各地和高校出台了许多加强教学工作、提高教育质量的措施，高等教育教学质量工作得到加强。

3．学位制度和研究生教育的改革与发展

高等学校在培养大批各类专业人才的同时，还要努力为优秀人才的脱颖而出创造条件。为了实现立足于国内培养高层次人才的目标，我国着手进一步改革和完善学位制度与研究生教育。

（1）进行学位授权审核及其改革工作。根据“坚持标准、严格要求、保证质量、公正合理”的方针，我国在全国范围内先后进行了八次学位授予单位及其学科、专业的审核工作，基本建成了具有中国特色的学位授权体系。

为了主动适应国家现代化建设的需要，促进授权学科、专业结构调整，形成硕士授权学科和专业合理的地区布局，从 1995 年开始，逐步实行了新的学位授权审核办法，即新增博士、硕士学位授予单位和博士点由国务院学位委员会组织审核和批准，硕士点由地方、部门或学位授予单位根据规定组织审核、批准，学位授予单位在自行审核招收培养博士生计划的同时遴选确定博士生指导教师。全国有 30 个省、自治区、直辖市设立省级学位委员会，在国务院学位委员会授权的职责范围内，对本地区的学位工作统筹规划和管理。在一定的学科范围内和一定的总量控制下，硕士点审批权也下放给成立了省级学位委员会的省、自治区、直辖市和一部分条件较好的高等学校。

专业学位研究生教育是我国学位制度改革的一项重要内容。为了加强对高层次应用型专门人才的培养，拓展人才培养的类型和规格，我国从 1991 年开始实施专业学位研究生教育制度，已先后批准设置了工商管理、建筑、法律、教育、工程、临床医学、农业推广、兽医、公共管理、公共卫生、口腔医学、军事等 12 个专业学位。全国有 62 所高校获准开展工商管理硕士教育，24 所高校获准开展公共管理硕士教育，22 所高校获准开展建筑学专业学位教育，28 所高校获准开展法律专业硕士教育，29 所高校获准开展教育硕士教育，123 所高校获准开展工程硕士教育，70 所院校获准开展临床医学专业学位教育。

从 1997 年开始，国家在工商管理硕士、法律硕士、教育硕士、工程硕士等专业学位工作中陆续开展了在职攻读硕士学位工作。1999 年和2000年还分别开展了高等学校“两课”任课教师和中等职业学校教师在职攻读硕士学位的工作。2003年，国务院学位委员会批准设立会计硕士专业学位，至此，我国共设置13种专业学位。2003年至2004年新批准251所高校为专业学位研究生培养单位，其中包括MBA、MPA、法律硕士、会计硕士、教育硕士、工程硕士、临床医学硕士等专业学位。经过二十余年发展，专业学位教育正在成为高层次专业人才成长的重要途径。

为了适应现代科学技术交叉融合、向纵深发展的趋势，以及我国高等教育管理体制改革的客观要求，造就具有较宽知识面和较强适应能力的高水平科学技术人才，从1996年起，国务院学位委员会通过一级学科选优评估，确定了部分学术水平高、整体力量强、培养研究生质量好的有条件的博士学位授予单位，确定的单位有权在一级学科范围内招收培养研究生并授予博士、硕士学位，其博士、硕士学位授权范围由原来的若干二级学科点扩大到一级学科，成为具有博士、硕士学位授予权的一级学科。2004年，全国共有培养研究生单位769个，其中高等学校共454个，科研机构315个。①

（2）围绕国家发展战略，集中建设一批高层次专门人才的培养基地。1987年，国家教委在全国高等学校有权授予博士学位的学科、专业点中，择优评选出416个重点学科点，予以重点扶持。1995年，为了培养数量较多、质量较高的专门人才，在长期试点的基础上，国家正式批准33所高等学校建立研究生院，力争使这些学校在基础学科方面，保持住一支高水平、精干的科研和教学力量，形成比较集中的培养基地，同时面向现代化建设的主战场，加速推进适应发展社会主义市场经济所需要的财经、政法等应用学科领域，以及与发展支柱产业相关的各类工程技术和管理人才的培养工作。2001年，全国普通高等学校研究生院已增加到55所，基本建立起一批学科门类比较齐全、指导力量比较雄厚、科研基础比较扎实的研究生培养基地。2002年，381个授予博士、硕士学位和培养研究生的学科、专业，全部招收、培养了硕士研究

---

① 中国教育年鉴编辑部编：《中国教育年鉴》（2005），北京：人民教育出版社，2005年版，第96页。

生。2004年，教育部对试办的研究生院进行了评估，又批准22所高等学校正式建立了研究生院。

我国历来十分重视西部及少数民族地区的学位制度和研究生教育。为了配合国家西部大开发战略的实施，加快西部地区高层次人才培养步伐，国家在学科建设、发展规模、教育投资等方面予以政策倾斜，为西部及少数民族地区开办了一批硕士、博士学位授予单位，对西部及少数民族地区在职人员攻读工商管理硕士、工程硕士、教育硕士等专业学位以及"两课"教师、中等职业学校教师在职攻读硕士学位，实行积极扶持政策；鼓励东部已建成的研究生培养基地充分发挥学科点建设和人才培养的优势，支持西部和民族地区建立研究生培养基地。

（3）逐步完善学位和研究生教育质量的监督评估制度。国务院学位委员会从1985年开始，在哲学、经济学、理学、工学、农学、医学等学科门类选择了22个学科、专业，开展了学位授予质量的检查和评估试点工作。20世纪90年代以后，学位与研究生教育质量检查和评估工作的制度和办法不断丰富与完善，在实践中建立了一套行之有效的评估指标体系。

1994年，"高等学校与科研院所学位与研究生教育评估所"成立，使学位与研究生教育质量检查评估的组织和实施工作逐步由事业性机构来承担。1996年，已接受过评估的一级学科12个，内含二级学科103个，共涉及171个博士点和1 099个硕士点；1997年，全国1 718个博士点和3 814个硕士点通过了合格评估，分别占全国博士点总数的66%、硕士点总数的40%。至2004年，学位与研究生教育方面的各种质量检查评估工作已经开展了20余次。通过评估，撤销或暂停了一些不合格的博士点、硕士点的学位授予权，确保了学位授予质量。

为了鼓励创新，提高博士生培养质量，使高水平人才脱颖而出，自1999年起，建立了每年评选百篇优秀博士学位论文并给予奖励的制度。至2004年，全国已经评选出近600篇优秀博士学位论文，产生了良好的效果。

经过不断改革和体制创新，我国逐步形成了有中国特色、符合教育规律、比较科学的学位制度和研究生教育制度，促进了我国科学技术与人文社会科学、经贸、管理等专门人才的培养和成长，为国家的科技、教育、经济、文化、国防建设和各项事业输送了一大批急需的高层次专门人才。据统计，到 2004 年，我国共培养并授予了 13.49 万名博士，103.67 万多名硕士，1 000余万名学士；已经授予的学位，覆盖了哲学、经济学、法学、教育学、文学、历史学、理学、工学、农学、医学、管理学和军事学等学科门类。

此外，为了促进各行业高层次专门人才的成长，促进我国经济、教育、科技和社会的发展，1998 年国务院学位委员会正式颁布了《关于授予具有研究生毕业同等学力人员硕士、博士学位的规定》，这就为具有同等学力的高级科研人员采用多种形式攻读硕士、博士学位提供了渠道。它极大地调动了广大在职人员钻研业务、刻苦学习、奋发向上的积极性。

学位制度和研究生教育的改革与发展，从根本上改变了我国高等教育的层次结构，为我国建立有自己特色、独立自主、完整的高等教育体系作出了重要贡献。在我国研究生教育战线上，汇集了国内各学科领域的主要学术带头人和骨干，有力地提高了高等学校的教学和科研水平，形成了专科、本科和研究生三个层次教育相互促进、协调发展、高层次人才培养基本立足国内的新局面。

4. 高校科技工作迅速发展

20 世纪 90 年代以后，尤其是科教兴国战略实施以后，我国高等学校科技工作发展迅速，科技实力和综合竞争力不断增强，已经成为我国科技发展的重要力量和国家科技创新体系的重要组成部分。近年来，高等学校基础研究和高新技术前沿领域新的突破与具有应用前景的科技成果不断涌现，高等学校科技发展的基础建设和设备条件有了较大改善，科研实力不断提高，为国民经济、社会发展和国家安全作出了巨大贡献。具体表现在以下几个方面：

（1）高等学校科技创新体系不断完善。“九五”期间，随着“211 工程”和“面向 21 世纪教育振兴行动计划”的实施，高校科技创新基地的基础条件和科研设施有了较大改善，国际学术声誉不断提升。2004 年，全国高校有上级主管部门批准的研究与发展机构2 008个，建设了 158 个国家重点实验室和 137 个国家工程（技术）研究中心。1990 年至 2004 年，高等学校科研经费年均增长超过20%，与同期国内生产总值年均增长约9%相比，显得十分突出。高校科技经费逐渐集结在经费总额排名前50所的高校。这批高校占我国600多所本科高校数量不到十分之一，培养着我国80%的博士生，研究生与本科生的比例在1∶3左右；国家目标的科技任务、科技经费和科技创新基地明显向这些高校集结，从而初步构筑了高校科技创新体系。这表明一批有较强科技实力和较高科技水平的研究型大学正在逐步形成，并日益成为国家科技创新体系的重要组成部分。

（2）高等学校已经初步形成了一支精干的、高水平的科技创新队伍。1993年以后，我国高等学校的研究开发人员基本上保持在24万左右。2004年，全国高校从事科技活动的人员有24.2万，其中科学家和工程师22.5万人，占高校从事科技活动人员的93%。① 高校科技工作在取得了一批创新成果的同时，造就、凝聚了一批学术造诣深厚、富有创新意识和组织管理能力的学术带头人。全国高校共有两院院士464人，占全国院士总人数的三分之一以上；有640人获得国家杰出青年基金，占总人数的65%；有20个群体成为基础研究优秀创新群体，占资助总数的60%。在"973国家重大基础研究发展规划"项目中，高等学校有首席科学家56人，占总数的40%以上；国家"十五""863计划"共选聘250名专家，其中来自高校的专家有121名，占总数的48.4%。另有"长江学者"特聘教授和讲座教授444名，教育部"跨世纪优秀人才"711名和315名高校青年教师奖获得者。此外，教育部高等学校骨干教师资助计划资助3 000多名优秀年轻教师开展创新研究，在国家科技工作的各个领域发挥了重要作用，产生了重要影响。

（3）高等学校科技工作为现代化建设作出了重大贡献。高等学校承担的国家科技攻关项目占四分之一左右；承担的国家"863项目"占三分之一以上，承担的"973国家重大基础研究发展规划"项目占三分之一以上；承担的国家重大基础研究前期研究专项约占总数的三分之一。高校获得的国家自然科学基金面上项目占全国的70%以上。高等学校发表的SCI论文，占《科学引文索引（SCI）》中收录我国论文总数的近

① 中国教育年鉴编辑部编：《中国教育年鉴》（2005），北京：人民教育出版社，2005年版，第263页。

70%。高等学校发表的 EI 论文，占《工程索引（EI)》收录我国论文总数的75%以上。

中共十三届四中全会以后，高校累计获得国家自然科学奖 196 项，占全国的54.14%；国家发明奖 561 项，占全国的38.06%；国家科技进步奖1 515项，占全国的27.95%。“九五”期间，高校获国家自然科学奖项数占全国的平均比重为60.11%，获国家发明奖项数占全国的平均比重为45.98%，获国家科技进步奖项数占全国的平均比重为33.56%。国家奖励制度改革后，高校获国家三大奖更呈现明显优势。2000 年，高等学校作为第一完成单位，获得国家三大奖 85 项，其中自然科学奖 7 项，占总数的46.7%；技术发明奖 15 项，占总数的71.4%；科技进步奖 63 项，占总数的33%。2001 年，高校获国家三大奖 83 项，其中国家自然科学奖 9 项，占全国总数 18 项的50%；国家技术发明奖（通用项目）8 项，占全国总数 12 项的66.67%；国家科学技术进步奖 63 项，占全国总数 137 项的45.99%。截至 2004 年，高等学校拥有专利 2.2 万件，其中发明专利 1.2 万件。①

（4）高等学校在基础研究、高技术研究和产业化方面取得了一大批创新成果，为我国国家创新体系建设和高新技术产业化作出了重要贡献。

清华大学范守善教授等利用碳纳米管反应的方法制备氮化镓一维纳米晶体，为一维纳米材料的制备开辟了有效的新途径。

复旦大学表面物理国家重点实验室在三个方面取得了具有国际先进水平的科研成果，在国内外引起强烈反响：首次提出了一种用 InP 清洁极性表面制备的方法，并且提出了原子结构模型；在国际上首创了两种新的 GaAs 表面 S 钝化方法；在国际上首先报道多孔硅蓝光发射。

中南大学夏家辉院士在人类遗传神经性高频性耳聋疾病基因克隆方面取得重大进展，实现了中国遗传学家在中国境内遗传疾病基因研究领域零的突破。

西北大学舒德干教授在古生物学研究中取得重大进展，连续在英国《自然》杂志上发表六篇论文。论文《中国澄江化石库中发现新的后口

---

① 中国教育年鉴编辑部编：《中国教育年鉴》（2005），北京：人民教育出版社，2005 年版，第 264 页。

动物门》入选“2001 年中国十大科技进展新闻”。

清华大学、华中科技大学在 CIMS 研究开发与应用领域的成果先后获得了国际学术权威机构美国制造工程师学会颁发的 CIMS 应用与开发“大学领先奖”。

东南大学与北京第一机床厂合作开发成功的 CIMS 示范工程，也被美国制造工程师学会评为“企业领先奖”。

高校科技工作所取得的成就充分表明，我国科技创新任务，特别是基础研究的重担越来越多地落到高校身上。高校正在迅速成为我国科技创新特别是基础研究的主力军，也反映出我国的科技管理体制、科技运行机制正在趋向成熟，科技资源配置和科技队伍建设正在逐渐优化。

（5）一批高等学校积极推进产学研结合，成果转化和产业化效益明显，已经成为我国技术创新和高新技术产业化的重要力量。截至 2003 年 6 月，36 个国家大学科技园的在孵科技企业数达3 886个，其中高新技术企业数为1 273个，占在孵企业的32.8%，毕业企业数为1 012个。园区内现有 753 个研发机构，园内企业承担国家各类科技计划项目3 152项，在孵企业累计申请专利4 882项，获批准专利2 293项。吸引留学回国创业人员1 600余人，创造就业岗位约 10 万个。①

第四节　大力发展职业教育与成人教育

20 世纪 90 年代以后，职业教育与成人教育工作不断适应社会主义市场经济对高素质劳动者的需要，逐步建成结构较完整、专业门类齐全的职业教育和成人教育体系。

一、职业教育的改革与发展

职业学校是培养社会主义建设事业需要的应用型专门人才和高素质劳动者的重要教育机构，是广大青少年从学校进入工作岗位和社会生活的重要桥梁，是把科学技术转化为生产力的重要途径。发展职业教育对于走新型工业化道路，推进产业结构调整和经济增长方式转变，加快发

① 中国教育年鉴编辑部编：《中国教育年鉴》（2004），北京：人民教育出版社，2004 年版，第 239 ~ 240 页。

展制造业和现代服务业，建设社会主义新农村，促进就业再就业，构建社会主义和谐社会至关重要。20世纪90年代以后，我国职业教育改革不断深化并取得了新的发展，突出表现在以下几方面：

1. 逐步确立职业教育的战略重点地位

改革开放以后，我国职业教育的改革与发展不断前进，但总体上看，我国的职业教育仍然是一个薄弱环节。例如，一些地方和部门对发展职业教育的重要性缺乏足够的认识，在统筹人力资源开发中仍存在着忽视技能人才培养和使用的倾向，在统筹各类教育发展中仍存在着忽视职业教育的倾向；职业教育投入不足，基础薄弱，导致职业教育办学条件比较差；办学机制不够灵活，人才培养的数量、结构和质量还不能很好满足经济建设和社会发展的需要；生产服务一线技能人才特别是高技能人才严重短缺，广大劳动者的职业技能和创业能力与劳动力市场需求有较大差距；就业准入制度没有得到有效执行，影响了受教育者的积极性；地区之间、城乡之间发展不平衡；等等。为了改变职业教育发展相对滞后的局面，党中央、国务院先后采取了一系列重大举措发展职业教育。

1991年，国务院作出了《关于大力发展职业教育的决定》，明确了职业教育的发展任务。

1993年颁布的《中国教育改革和发展纲要》明确提出了到20世纪末我国职业教育的发展目标。

1996年，我国颁布实施《职业教育法》，为职业教育事业的改革和发展提供了法律保障，也为各地制定职业教育配套法规提供了法律依据，为职业教育持续健康稳定的发展奠定了坚实的基础，标志着我国职业教育走上了依法治教的新阶段。同年，国家教委、国家经贸委和劳动部联合召开了第三次全国职业教育工作会议。会议提出，大力发展职业教育，是促进劳动者就业、深化企业改革的重要条件，也是保持社会稳定的一个重要因素。要建立完善的、与其他教育相互沟通、协调发展的职业教育体系；要深化职业教育的改革，走出一条符合我国国情的发展职业教育的道路。为此，就要坚持在政府统筹管理下，真正形成社会兴办职业教育的格局，进一步推进教育的三级分流，重点发展中等职业教育，积极发展高等职业教育，大力发展职业培训机构，并且要加强职业道德教育，全面地提高受教育者的素质。在这次会议精神的指导下，我国职业学校的改革与发展迈上了一个新台阶。

1999 年，《中共中央国务院关于深化教育改革全面推进素质教育的决定》要求："要大力发展高等职业教育，培养一大批具有必要的理论知识和较强实践能力，生产、建设、管理、服务第一线和农村急需的专门人才。"

2002 年，由于高校扩招和一度盲目普及普通高中以及传统观念的影响，中等职业教育迅速滑坡，造成生产服务一线技能型人才紧缺，直接影响国家的经济建设，引起社会强烈反响。为了扭转这种局面，国务院召开全国职业教育工作会议，印发了《国务院关于大力推进职业教育改革与发展的决定》。《决定》明确提出，要"推进职业教育办学思想的转变。坚持'以服务为宗旨、以就业为导向'的职业教育办学方针，积极推动职业教育从计划培养向市场驱动转变，从政府直接管理向宏观引导转变，从传统的升学导向向就业导向转变。促进职业教育教学与生产实践、技术推广、社会服务紧密结合，推动职业院校更好地面向社会、面向市场办学"。这个职业教育的办学思路逐步成为各级政府和全社会的共识，并引导着职业教育不断深化体制、运行机制和教育教学的改革创新，在服务中求支持，在改革中求发展。

2004 年 6 月 17 日至 19 日，经国务院批准，教育部、国家发改委、财政部、人事部、劳动和社会保障部、农业部和国务院扶贫办等七部门再次召开全国职业教育工作会议，并印发了《教育部等七部门关于进一步加强职业教育工作的若干意见》，对推进职业教育在新形势下快速持续健康发展提出了一系列政策措施。具体举措是：认真实践"三个代表"重要思想，坚持科学发展观，大力推进职业教育快速持续健康发展；坚持以就业为导向，增强职业教育主动服务经济社会发展的能力；切实加快技能人才培养，为新型工业化提供人力资源支持；大力加强农村职业教育，为解决"三农"问题提供服务；深化办学体制改革，促进多元办学格局的形成；完善就业准入制度和职业资格证书制度，积极推进职业院校学生职业资格认证工作；加快职业教育实训基地建设，切实提高学生职业技能；深化职业院校人事制度改革，加强"双师型"教师队伍建设；多渠道增加投入，为职业教育的改革与发展提供坚实的条件保障；加强领导，营造发展职业教育的良好社会氛围，在全社会弘扬

“三百六十行，行行出状元”的风尚，营造有利于职业教育发展和技能人才培养与使用的良好环境。

在党中央和国务院的领导下，我国职业教育改革和发展的思路日益清晰，主动服务经济社会发展的能力明显增强，对我国职业教育的改革和发展起到了巨大的推动作用。同时，各级政府不断加大投入，职业教育的基础能力建设得到进一步加强。“十五”期间，在财政部和国家发改委的支持下，中央财政对职业教育的投入力度不断加大，职业教育专项经费逐年增加，国债资金开始用于职业教育。财政部支持的“示范性职业院校建设项目”和“职业教育实训基地建设项目”累计安排资金11亿多元；国家发改委支持的“国债西部地区中等职业学校建设项目”和“县级职教中心建设项目”等，累计安排资金18亿多元。这些项目直接支持了近1 500所职业院校，大大增强了职业教育的基础能力。在中央的示范带动下，各地也纷纷加大财政对职业教育的投入，有力地支持了职业教育的改革与发展。

2. 加快发展高等职业教育

为了尽快培养适应21世纪经济、社会、科技发展的需要，具有一定专业知识和较高实践能力、面向基层，面向生产、服务和管理第一线的实用型、技能型技术人才，国家加快了高等职业教育发展的步伐。

1997年10月，国家教委在深圳召开了全国高等职业教育教学改革研讨会。会议总结了发展高等职业教育工作的经验，分析了高职教学工作的形势和任务，研究了加快高职教育发展的步伐和办出高职特色的问题。这次会议推动了高等职业教育的发展与改革。通过新建和改建，职业技术院校获得空前发展。

1999年全国教育工作会议以后，经国务院授权，把发展高等职业教育和大部分高等专科教育的权力与责任交给省级人民政府，加快了高等职业教育的发展。

2004年，高职（专科）院校已达1 074所，招生237.43万人，在校生595.65万人，① 分别比2001年的628所、66.56万人和146.79万人增

① 中国教育年鉴编辑部编：《中国教育年鉴》（2005），北京：人民教育出版社，2005年版，第96页。

加了66.72%、256.72%和306.47%。① 高等职业教育的迅速发展增强了高等教育主动适应市场经济和社会发展的能力。

3. 中等职业教育规模持续扩大

由于多方面的原因，前些年，我国职业教育的发展遇到了许多困难和问题。一方面是生产服务一线技能型人才严重紧缺，另一方面是以培养技能型人才和高素质劳动者为重要任务的中等职业教育招生数连续几年出现下降，规模有所缩小，跟不上经济社会发展的需要。经历了1999年到2001年的下滑后，2002年、2003年、2004年中等职业学校招生开始止跌回升，呈现出恢复性增长的势头。2004年，全国中等职业教育招生人数566.2万，在校生1 409.2万，② 比2001年的399.9万和1 164.9万增加了41.6%和21%。③

4. 实施“职业院校制造业和现代服务业技能型紧缺人才培养培训工程”

2003年12月3日，教育部、劳动保障部、国防科工委、信息产业部、交通部、卫生部联合发出《关于实施“职业院校制造业和现代服务业技能型紧缺人才培养培训工程”的通知》，教育部办公厅分别会同有关部委办公厅或行业组织印发了相关专业领域技能型紧缺人才培养培训指导方案，并公布了参加此项工程的职业院校和合作企事业单位的名单，正式启动了“职业院校制造业和现代服务业技能型紧缺人才培养培训工程”。

“工程”以经济结构调整和行业人力资源需求预测为基本依据，进一步引导职业院校从劳动力市场的实际需要出发，坚持正确的办学指导思想，坚持以就业为导向，以全面素质为基础，以能力为本位，帮助学生形成健康的劳动态度、良好的职业道德和正确的价值观，把提高学生的职业能力放在突出的位置，加强实践教学，努力造就制造业和现代服

① 中国教育年鉴编辑部编：《中国教育年鉴》（2002），北京：人民教育出版社，2002年版，第88页。

② 中国教育年鉴编辑部编：《中国教育年鉴》（2005），北京：人民教育出版社，2005年版，第95页。

③ 中国教育年鉴编辑部编：《中国教育年鉴》（2002），北京：人民教育出版社，2002年版，第86页。

务业一线迫切需要的高素质技能型人才。

“工程”的目标任务是：在数控技术应用、计算机应用与软件技术、汽车运用与维修、护理4个专业领域，在全国选择确定500多所职业院校作为示范性培养培训基地（其中高职院校250多所，中等职业学校340多所）；建立校企合作进行人才培养的新模式，由相关职业院校与各地推荐的1 400多个企事业单位合作，加强基地建设，培养培训技能型紧缺人才。要求2003～2007年相关专业领域共输送毕业生100万人，提供短期技能提高培训300万人次，以缓解劳动力市场上技能型人才的紧缺状况。

2004年4月30日，教育部、财政部制定了《关于推进职业教育若干工作的意见》，决定实施“职业教育实训基地建设项目”，计划从2004年到2007年，用四年左右的时间，在全国分期分批建设一批条件较好、适应技能型人才培养培训需要的职业教育实训基地。主要涉及的专业领域有数控技术、汽车维修技术、计算机应用与软件技术、电工电子技术、建筑技术等。文件印发后，教育部和财政部认真组织实施，到2004年底，初步落实资金1亿多元，支持江苏、上海、浙江、江西、湖北、四川、辽宁、吉林、黑龙江等9省市51个职业教育实训基地建设。

“工程”的启动标志着职业教育和成人教育制度创新、机制创新以及教育教学改革和课程建设进入新的阶段。2004年，参加“工程”的职业院校已达1 000多所，企业达2 000多家，促进了校企合作、工学结合，实现了校企双赢。“工程”的实施还带动了全国中等职业学校的专业建设。北京、上海、天津、辽宁、内蒙古等20个省、自治区、直辖市教育厅（局）结合当地实际情况，在4个专业领域之外增加了本地区技能型紧缺人才的其他专业领域，如北京增加了物流、机电技术、电子信息技术等专业；天津增加了旅游管理专业；新疆增加了棉花、石油化工、餐饮等专业。此外，各地也结合实际制定了更加具体的目标和措施，如河南提出3年内提供10万职业学校毕业生，短训30万人次；江苏、四川、山东、辽宁都提出停止通过简单组织文化课统考来评价职业学校教学质量的做法。

“工程”的实施是适应我国经济结构调整、促进制造业和现代服务业发展、实现工业化的需要，也是职业教育系统求真务实、认真实践

"三个代表"重要思想，努力办让人民满意的职成教的具体体现。

5. 面向农村进城务工人员开展职业教育与培训

为了适应经济社会发展的需要，满足农村进城务工人员的学习要求，2001 年 5 月 14 日，教育部印发了《关于中等职业学校面向农村进城务工人员开展职业教育与培训的通知》。《通知》要求，各地教育行政部门要把这项工作作为重要责任，按照"实际、实用、实效"的原则，因地制宜地抓紧抓好。在对农村进城务工人员进行职业技能教育和基础文化教育的同时，还要注重加强对他们进行现代生产技术、信息技术、安全生产、环境保护、法制纪律、心理健康和职业道德等方面的教育，努力提高他们的思想道德和文化科技水平。各地教育行政部门根据通知精神，结合当地实际，采取切实有效的措施，加强了对农村进城务工人员开展职业教育与培训工作的管理与指导。

2003 年 12 月 30 日，国家科教领导小组审议通过的《2003～2007 年教育振兴行动计划》进一步提出了实施"农村劳动力转移培训计划"，它既是职业教育培训与创新工程的组成部分，也是我国教育的战略重点——农村教育的组成部分。这个计划要求进一步加大人力资源开发力度，把农村劳动力培养成高素质的劳动者，努力将我国沉重的人口负担转化为巨大的人力资源优势。

2004 年 2 月，教育部在成都召开全国农村劳动力转移培训经验交流会，并印发了《教育部农村劳动力转移培训计划》，推动教育系统更好地为农村劳动力转移培训工作服务。会后，教育部成立了农村劳动力转移培训领导小组。同年 3 月，教育部与农业部等六部门联合启动了农村劳动力转移培训"阳光工程"。

为了贯彻会议精神和落实《教育部农村劳动力转移培训计划》，28 个省、自治区、直辖市的教育行政部门制定了规划。据统计，2004 年，全国教育系统实施的农村劳动力转移培训规模达3 146万人，比 2003 年增加了2 000万人，河南、山东、四川、河北、陕西、江苏、云南、广东、浙江、山西、湖南等 11 个省培训规模超过 100 万人。①

---

① 中国教育年鉴编辑部编：《中国教育年鉴》（2005），北京：人民教育出版社，2005 年版，第 203 页。

6. 职业学校的课程与教学改革

我国从20世纪90年代以后积极借鉴国外的先进经验，如德国的“双元制”，加拿大的以能力为本位的课程开发模式，以及世界劳工组织倡导的就业培训模块和联合国教科文组织倡导的“小企业创业技能课程”等；并根据市场调查和供求分析来确定学生的培养方案和内容，以此作为开发课程的依据。这样就使课程的结构模式能够因地区、行业、教育对象的不同而向多元化的方向发展，与课程结构改革相适应的课程资源也得到了调整和加强，同时也增强了学校对课程的灵活性管理。

职业学校实行学分制，是进行教育教学制度创新，建立适应经济建设、社会进步和个人发展需要的更加灵活、更加开放的教学组织和管理制度的重要举措。2001年《教育部办公厅关于在职业学校进行学分制试点工作的意见》指出，学分制是以学分作为衡量学生学习分量、学习成效，为学生提供更多选择余地的教学制度。学分是计算学生完成课业的必要时间和成效的单位，是学生获得学业证书的主要依据，也是学校组织教学的依据。明确职业学校计算学分应以课程（含实践课程）在教学计划中的课时数为主要依据，一般课程以16~18个课时为1个学分。公益劳动、军训、毕业教育等，以1周为1个学分。三、四年制专业总学分分别一般不少于170学分、220学分；五年制或“三加二”学制专业总学分一般不少于270学分。该《意见》对试点学校的教学组织和管理均提出了明确的要求，全国多数省、自治区、直辖市选择学校开展了学分制试点工作。

在开展学分制试点工作的基础上，2004年8月教育部印发了《关于在职业学校逐步推行学分制的若干意见》，根据当地经济、教育发展状况，确定学分制的试点和推行进度，逐步建立和完善职业学校学分制。增强职业学校的培训功能，促进具备条件的职业学校面向进城务工人员、下岗失业人员和在职职工开办夜校或周末学校，提供灵活多样的教育培训服务并承认相应学分。加大职业教育专业课程改革的力度，调整文化基础课程教学目标，实施有针对性的个性化教学，逐步建立同实行学分制相适应的职业教育课程体系，为学习者自主选课并顺利完成所选定的课程目标创造条件。探索和建立职业学校学分累积与转换信息系统（“学分银行”），为学习者转换学分、取得学历、终身学习和就业提供服务。

2004年，教育部以实施“制造业和现代服务业技能型紧缺人才培养培训工程”为契机，邀请行业、企业专家按照工作流程和岗位需要共同开发的“核心课程与训练项目”，替代了传统的教学大纲和教材，彻底改变了职业教育闭门造车的办学模式，更大程度地体现了行业、企业技术发展与进步，从满足用人单位的需要出发，为学生提供更多的“做中学”的机会，并形成职业教育教学改革的新机制，推动产教结合、校企合作的进展。

中国机械工业联合会、西门子公司、微软、Autodesk、ATA、高等教育出版社、北大青鸟等一大批企业积极参与“工程”实施，为相关院校提供师资培训、教学软件和设备支持。一汽丰田公司与教育部签订协议，从2004年至2010年，连续出资对职业院校进行捐助，2004年已经捐赠价值500多万元的教具与实训设备；美国Autodesk公司提供了50个节点的AUTOCAD软件实验室100个，并提供免费的师资培训；珠海市欧亚汽车有限公司向28所院校捐赠汽车维修软件，并投资200多万元与珠海第三职业中学共建汽修实训基地。

经过多年探索，我国初步形成了适应社会主义市场经济体制，与市场需求和劳动就业紧密结合，学历教育与培训并举，中高职衔接，灵活开放、有中国特色的职业教育体系。职业教育承担起为社会主义现代化培养数以亿计的高素质劳动者和数以千万计的高技能专门人才的重任。中高等职业院校从服务经济社会发展出发，坚持面向社会、面向市场办学，全面实施素质教育，进一步加强德育工作，突出以诚信、敬业为重点的职业道德教育，高度重视学生实践能力的培养，学生的职业意识、职业技能和就业创业能力明显增强，职业教育的质量和效益得到显著提高，使中职毕业生保持了较高的就业率。调查表明，2004年，中职毕业生就业率达到90%，高职达到70%以上。① “十五”期间，职业教育为社会培养了大批高素质劳动者，职业院校共向社会输送了2 600多万名毕业生，培训城乡劳动者4亿多人次，有效地提高了劳动者的素质，改善了劳动力的技术结构，为我国经济社会的快速发展、为全面建设小康

① 《中国职业技术教育》，2004年第16期。

社会作出了积极贡献。

职业教育工作虽然取得了很大的成绩，但仍然是我国教育事业的薄弱环节。主要表现在：发展不平衡，投入不足，办学条件比较差，办学机制以及人才培养的规模、结构、质量还不能适应经济社会发展的需要，等等。由此可见，我国职业教育改革与发展的任务依然十分艰巨，距离实现全国职业教育工作会议提出的目标和任务还有很大差距。我们必须高度重视和认真对待面临的困难和挑战，努力通过改革和发展的办法来解决发展中的问题和困难。

二、成人教育的改革与发展

进入20世纪90年代以后，为了促进经济建设向依靠科技进步和提高劳动者素质的轨道转移，成人教育以岗位培训、继续教育为重点，围绕行业、企业职工教育和下岗职工再就业培训和农村实用技术培训等，大力发展社区教育、现代远程教育和其他各种形式的成人教育与培训，完善自学考试制度，逐步建立终身教育体系，努力满足广大人民群众对各种培训的需求。

1. 城市成人教育

为了提高职工的整体素质和工作能力，我国城市成人教育继续推进城市教育综合改革、行业企业职工教育和下岗失业人员再就业培训。

中共十六大召开以后，多年来坚持开展的城市教育综合改革把工作的重点放到推进学习型城市的创建上来，促进大中城市率先建设全民学习、终身学习的学习型社会。2003年8月12日至13日，教育部职业教育与成人教育司、中国职业技术教育学会、中国成人教育协会和教育部职业技术教育中心研究所联合召开了全国创建学习型城市工作研讨会。研讨会认为，创建学习型城市必须坚持以“三个代表”重要思想为指导，在党委、政府的领导下整体推进。要以国民教育体系为支撑，大力构建终身教育体系，实现人的全面发展，实现经济、社会全面发展。要继续大力发展城乡成人教育，大力发展社区教育，继续推进学习型企业的创建工作，努力发展多种形式的学习型组织，开展多样化的教育培训活动。

企业教育综合改革的工作重点是加强行业、企业职工教育。为了贯彻落实《国务院关于大力推进职业教育改革与发展的决定》，2002年12

月2日，教育部、国家经贸委、劳动和社会保障部印发了《关于进一步发挥行业、企业在职业教育和培训中作用的意见》。《意见》要求进一步加强企业职工转岗培训和再就业培训。利用企业自有培训基地或与社会培训机构合作，根据本企业的实际需要、劳动力市场和用工单位的需求，组织开展"订单式培训"、"个性化培训"等多层次、多形式的培训，增强培训的针对性、实用性和有效性，使转岗和下岗人员掌握新的技能，尽快适应新岗位的要求。要积极开展创业培训，促进下岗职工自主创业。

为了进一步推动行业、企业开展职工教育，2004年，教育部与全国总工会等8个部门共同组织实施了"创建学习型组织，争做知识型职工"活动，与行业、地方教育部门共同确定了上海宝钢、四川长虹等114个企业为"创建学习型企业成绩突出单位"，召开全国创建学习型企业实践高级研讨会。交通、电力、水利、铁路、电子、冶金、建设、化工等部门、行业高度重视职工教育。例如，铁路系统大力推进学习型企业建设，促进行业职工培训工作，2004年培训规模达到102万人，培训率超过50%，有效地提高了职工队伍素质，为铁路发展提供了人力资源保证。

此外，各类职工培训学校积极开展下岗失业人员再就业培训工作。2002年10月，教育部发出《关于动员各类学校积极开展下岗失业人员再就业培训工作的通知》，要求各级教育行政部门会同劳动保障部门，在省级以上重点中等职业学校或具有一定办学特色、条件的普通高等学校和各级成人学校中选择一批学校确定为"再就业培训定点学校"，使其成为各级政府认定的再就业培训基地。要根据当地再就业工作的总体规划，结合下岗失业人员的特点，按照"实际、实用、实效"的工作要求，加强再就业培训的针对性、实用性和有效性。2002年，各类职工培训学校开展各类职业技术培训达437万人次。

2. 农村成人教育

随着我国经济和社会的发展，农村成人教育已经由单纯的扫盲教育发展到实用技术培训、公民教育和社会文化生活教育，为农业生产、农村经济和社会发展服务。

"九五"期间，农村成人教育取得了显著成绩。五年累计培训农民

4.56亿人次，各级农村成人学校数增加55 484所，年培训人数增加1 232.75万，其中1999年教育培训数量达到10 157万人次，首次突破1亿人次，创造了年度培训农村劳动者人数最多的新记录。这五年间，农民文化教育的规模有所缩小，技术教育培训的规模迅速增长。1999年与1996年相比，县办农民技术培训学校从2 823所减少到1 976所，办学面从98.7%缩小到93%，乡办农民技术培训学校从40 892所增加到42 717所，办学面从89.9%扩大到94%，村办农民技术培训学校从397 441所发展到478 196所，办学面从53.7%扩大到64.62%，加上农民中专、农民中学和农民初等学校等办学机构，可以说，一个覆盖全国的县、乡、村三级农村成人教育网络基本形成。各地普遍建立了一批骨干示范性学校，创建了一批农村成人教育的先进典型，推动农村成人教育的培训规模和培训质量上了一个新台阶。农村成人教育的广泛深入开展，有效地提高了农村劳动者的科学文化素质，促进了农村经济建设和社会发展，也为新世纪农村成人教育的新发展奠定了较好的基础。

“十五”期间，农村成人教育继续深化办学体制、管理体制和运行机制的改革，加强统筹规划和领导，加强学校布局、专业设置、培养目标等方面的调整，调动各方面力量，努力增加投入，不断改善办学条件，努力提高质量和效益，更好地为农村经济社会发展和农民增收服务。

2002年11月，教育部印发《关于进一步加强农村成人教育的若干意见》。各地积极行动，普遍加大农村成人教育工作的力度。上海、北京、浙江、山西、贵州、河南、云南等省、直辖市制定了加强农村成人教育工作的有关文件，明确工作思路和目标要求，逐步形成以县级职业学校和成人学校为龙头，以乡镇成人文化技术学校为骨干，以村成人文化技术学校为基础的县、乡、村三级实用型、开放型农民文化科技教育培训体系。

据统计，2004年，全国农民实用技术培训人数达到5 127万人次，向广大农村劳动力传授了大量农业生产与经营的新知识、新技术，有力地促进了农业增效、农民增收和农村发展。其中农民实用技术培训人数超过300万的省份有云南、江苏、河南、四川、浙江、山东、河北等；云南省教育厅与州、市签订目标责任书，并在年终进行考核，全年培训农民494万人次，超计划培训45万人次；河南农村成人培训458万多人次，有12.1万人已成为乡镇企业职工，58.2万人成为专业户、示范户，年增收500元以上的有145万多户，经济效益和社会效益十分明显。①

与此同时，农村教育综合改革工作取得了新进展。2001年，湖北、江苏、贵州、黑龙江、安徽等地先后召开农村教育综合改革工作会议，总结经验，部署工作。黑龙江省政府在全省宣传推广呼兰县和佳木斯市开展农村教育综合改革，加强三教统筹和农科教结合，促进教育更好地为“三农”服务的先进经验。贵州省政府要求各级党委政府要把推进农村教育综合改革摆在政府工作的重要位置，切实加强领导和统筹，尤其是各级教育行政部门的主要负责同志要切实担负起具体抓农村教育综合改革的责任。

各地继续以工程或项目等形式，推进农村教育综合改革工作，促进教育为“三农”服务。

湖北省教育厅与农业厅联合开展“教育兴农示范县（市）”创建活动，省政府教育督导室与教育厅共同制定了《湖北省教育兴农示范县（市）评估标准与细则（试行）》，明确提出了人才培养培训、学校建设、新技术推广与服务等方面的量化指标，将教育兴农工程由项目推进发展到整体推进，由教育部门主动服务发展到几个部门协调配合服务。

江苏省教育厅与农业厅、劳动与社会保障厅、科技厅、科协等部门联合实施“5112”教育富民工程，即在“十五”期间，通过职业教育与成人文化技术培训，促进500万农村劳动力转移，培训100万农村致富骨干，重点推广1 000个农业科技致富项目，培训200万下岗（失业）、转岗职工，为富民强省作出应有贡献。

浙江省教育厅开展“百万农民培训工程”，要求培养百万农民致富带头人，推广一批农业科技，建立一批示范培训基地。西藏自治区教委在2000年冬和2001年春，结合牧区实际，以全区21个农牧区教育综合改革实验县为主，在全区开展首届“燎原科普之冬”，广泛进行实用科技和文化、法制培训。

---

① 中国教育年鉴编辑部编：《中国教育年鉴》（2005），北京：人民教育出版社，2005年版，第202页。

3. 社区教育实验工作

鉴于我国社会已经进入一个空前重视知识和技术的时代，新的形势已经把成人教育推向了构筑我国终身教育体系的前沿。为此，进入20世纪90年代以后，我国积极推进终身教育的发展，尝试打通和强化各级各类教育的沟通与衔接，促进学校向社会开放，鼓励人们分阶段完成学业、继续学习。其教育对象是面向全体人民，贯穿人的终身，体现了它的全民性和全程性。其教育形式是因需施教，学以致用，需要什么样的人才就兴办什么样的学校，使学者有其校，人人都享有继续教育的权利与机会。

1999年，国务院批转的教育部《面向21世纪教育振兴行动计划》进一步明确了建立终身学习体系的具体目标，并提出了“开展社区教育的实验工作，逐步建立和完善终身教育体系，努力提高全民素质”的工作任务。社区教育是推动成人教育向终身教育发展的有效途径之一，同时又是一项涉及面广而且复杂的系统工程，因此，教育部首先选择了部分社会经济比较发达，文化教育基础好，并在社区教育方面有了一定探索的地方开始进行社区教育的实验工作，然后在总结经验的基础上逐步向全国推广。

2000年4月教育部印发《关于在部分地区开展社区教育实验工作的通知》。此后，北京、上海、江苏等地率先提出建设学习化城市、构建终身教育体系的发展目标，全国大多数省、自治区、直辖市都采取各种形式，广泛开展社区教育实验工作。

为了扩大社区教育实验规模，推动社区教育深入开展，教育部于2001年11月召开全国社区教育实验工作经验交流会议，确定28个开展社区教育实验工作有一定基础，地方积极性较高，发展思路、目标明确，地方教育、经济与社会发展条件相对较好的大中城市的城区和部分农村市（县）作为全国社区教育实验区。它们是：北京市朝阳区、西城区，天津市河西区、和平区，山西省太原市杏花岭区，辽宁省沈阳市和平区，黑龙江省哈尔滨市南岗区，上海市闸北区、嘉定区、浦东新区，江苏省苏州市金阊区、南京市玄武区、江阴市，浙江省杭州市下城区，安徽省芜湖市镜湖区，山东省济南市历下区，湖北省武汉市硚口区，湖南省长沙市雨花区，广东省广州市天河区，广西壮族自治区南宁市新城区，四川省成都市青羊区，重庆市渝中区，新疆维吾尔自治区克拉玛依市独山子区，大连市甘井子区，青岛市四方区，宁波市鄞县，厦门市鼓浪屿区，深圳市宝安区。确定全国社区教育实验区的目的是通过实验，积累有关社区教育的经验，建立健全科学、高效的社区教育管理体制和运行机制，充分利用、拓展和开发社区内各类教育资源，建立能满足社区全体成员基本学习需求的教育培训网络，建立一大批学习型组织，大力提高社区居民的整体素质和生活质量，促进社区两个文明建设，对其他地区起到示范和带动作用，为构建终身教育体系、逐步形成学习化社会奠定基础。

此后，全国社区教育实验工作继续深入发展。全国 20 多个省、自治区、直辖市和计划单列市的教育部门、28 个全国社区教育实验区，制定了社区教育的发展规划和相关工作文件。北京、上海、宁波、青岛、苏州、无锡等城市社区教育实验活动正在向农村乡镇延伸。各地充实现有教育资源，扩展功能，建设了一批县、乡（镇）农村社区教育实验区，农村社区教育实验区约占新增实验区的40%。全国各社区教育实验区普遍建立了由实验区区委、区政府主要领导挂帅的"社区教育实验工作领导小组"、"社区教育指导委员会"等领导机构，形成了"政府统筹领导、教育部门主管、有关部门配合、社会积极支持、社区自主活动、群众广泛参与"的社区教育管理模式。不少地方还建立了社区教育学会、社区教育专业委员会、社区教育研究中心等群众组织和研究机构。

据统计，2002 年，28 个全国社区教育实验区已有专职人员3 800多人，兼职人员17 000多人，志愿人员 23 万多人；全国社区教育实验区投入达 1.1 亿元（含基建投入），各实验区普遍利用现有各类教育资源，建立起2 400多个社区教育培训学校（中心），开展了形式多样的社区教育培训，累计培训 570 多万人次。

为了在更大的范围内推进社区教育发展和学习型社区创建活动，教育部于 2003 年在原有 28 个全国社区教育实验区基础上又确定北京市海淀区等 33 个城区（市）为第二批全国社区教育实验区。2004 年 12 月，教育部印发《关于进一步推进社区教育工作的意见》，提出开展社区教育工作的指导思想、工作目标和相关政策措施，积极推动各地开展社区教育创建工作。随着全国社区教育实验工作深入开展，各实验区努力建立和完善社区教育管理体制、运行机制和教育培训网络，广泛开展了面向社区居民的各类教育培训活动，多形式、多层次满足社区居民不断增长的多样化学习需求，创建了一大批富有朝气与活力的学习型组织，促进了全民学习活动的开展，为社区建设的全面推进和社区居民整体素质的不断提高作出了积极贡献。

根据对39个全国社区教育实验区的统计，2004年，培训各类人员1 460万人次，其中培训进城务工人员200多万人次，占辖区农民工总数的73%；试验区居民全员培训率达56%；创建学习型组织102个，区一级社区教育中心（学院）110个，街道（乡镇）社区教育中心711所；社区教育专职人员10 806人，兼职人员38 164人。①

总之，我国成人教育在20世纪90年代以后快速发展起来，并逐步建成结构较合理、专业门类齐全的成人教育体系。

2004年，全国高等学校举办的各类成人非学历教育结业人数达318.84万人次，注册学生242.74万人。各种非学历中等教育结业人数达6 957.34万人次，注册学生6 198.35万人。其中，中等职业学校举办的各类成人非学历教育结业人数达780.35万人次，注册学生450.21万人；职业技术培训机构共培训结业学员6 176.99万人次，注册学生5 748.14万人。全国职业技术培训学校（机构）27.71万所，教职工51.45万人，专任教师23.43万人。② 此外，社会上举办的各种培训班也很活跃，每年培训近亿人次。

与此同时，成人高、中等学历教育为广大青年成才架设了新的桥梁。成人高等学校根据实际需要，对在职的、具有中等文化程度的专业人员进行更高层次的文化教育、专业教育和职业技术教育。学生学完规定的课程，经考试合格者，发给毕业证书，国家承认其学历。据统计，2004年，全国有成人高等学校505所，招生221.16万人，在校生419.80万人，毕业生189.62万人。③

---

① 中国教育年鉴编辑部编：《中国教育年鉴》（2005），北京：人民教育出版社，2005年版，第203页。

② 教育部编：《2004年全国教育事业发展统计公报》，《中国教育报》，2005年7月28日，第2版。

③ 中国教育年鉴编辑部编：《中国教育年鉴》（2005），北京：人民教育出版社，2005年版，第96页。

此外，高等教育自学考试制度进一步完善，服务领域进一步拓宽，参加自学考试的有已取得本科学历的人，甚至有研究生学历的人，考生年龄的分布从年轻人到已退休的老人。这表明，自学考试已成为终身学习的一种有效形式。其特点是开放程度高，形式灵活，投资较少，非学历证书考试的比重越来越大。改革开放以后，参加考试的人已达4 000多万人，其中已毕业的有500万人。

各种类型、各种层次的成人学校和成人教育机构给广大人民群众和干部提供了多种学习形式，在对在职人员进行岗位培训和继续教育、对成年男女进行终身教育和开展丰富多彩的社会文化生活教育等方面发挥了重要作用。不过，各类成人技术培训虽然规模较大，但其质量和水平还需进一步提高。

第五节　建立和完善教师教育体系，造就高水平的教师队伍

百年大计，教育为本；教育大计，教师为本。造就一支政治坚定、思想过硬、品格高尚、知识渊博、精于教书、勤于育人、献身教育事业的高水平的教师队伍，是振兴教育的希望所在，是教育改革与发展的根本大计，是教育工作的一项根本任务。

一、依法建设教师队伍

1993年10月，《中华人民共和国教师法》的颁布与实施，是国家用法律维护教师的合法权益、推动教师队伍建设的重大举措，标志着我国教师队伍建设走上了法制化轨道。

《教师法》的基本精神可以概括为：一是维护广大教师的合法权益，保障教师待遇和社会地位的不断提高，使教师成为社会上受人羡慕的职业；二是加强教师队伍的规范化管理，确保教师队伍整体素质的不断优化和提高。具体的举措有："各级教师进修学校应当承担培养和培训中小学教师的任务。非师范学校应当承担培养和培训中小学教师的任务"；"各级人民政府应当采取措施，加强教师的思想政治教育和业务培训，改善教师的工作条件和生活条件，保障教师的合法权益，提高教师的社会地位"；"教师的平均工资水平应当不低于或者高于国家公务员的平均工资水平，并逐步提高"，"教师的医疗同当地的公务员享受同等待遇"；

“对城市教师住房的建设、租赁、出售实行优先、优惠”。

为了提高教师的工资水平，国家制定和实施了新的教师晋级增薪制度。各级各类学校也采取实施特聘教师岗位制度、建立教学课时津贴、中青年骨干教师补贴等措施努力改善教师工资待遇。特别值得提出的是，在党中央、国务院的关心下，各级政府关注并重视加强教师住房建设，在 1994 年至 1998 年投入 700 多亿元，为教师建造了 103 亿平方米的住房，加快了缓解教师住房困难的进度。截至 2000 年底，全国城镇中小学和普通高校教职工家庭人均住房面积已达 10.81 平方米，比 1992 年的 6.29 平方米增加了 4.52 平方米，超过了全国城镇居民平均住房面积水平。① 教师工作生活待遇的不断提高和教师住房的改善，对稳定教师队伍，提高教育教学质量，保证教育事业的健康发展起到了重要作用，教师职业正在逐步成为受人羡慕的职业。

为了全面贯彻和落实《教师法》，1995 年 12 月 2 日，国务院颁布了《教师资格条例》。2000 年 9 月，教育部正式发布《〈教师资格条例〉实施办法》，并于 2001 年 1 月，在北京召开全国教师资格制度实施工作会议，正式全面启动教师资格制度实施工作。到 2004 年底，全国所有省、自治区、直辖市均完成了面向学校在编正式教师的首次认定工作；除西藏自治区外，其他省份都开展了首次面向社会认定教师资格的工作。据不完全统计，2001 ~ 2004 年全国 31 个省、自治区、直辖市和新疆生产建设兵团共认定在职教师和社会人员 608 万人。②

上述法规的颁布与实施，使教师资格认定、遴选任用、职务聘任、培养培训、流动调配、考核奖惩、工资待遇等方面实现了政府依法治教、学校依法管理、教师依法执教的局面，从而促进教师队伍的管理走向法制化和规范化。

与此同时，国家教委根据《中国教育改革和发展纲要》和国务院办公厅《关于解决民办教师问题的通知》要求，全面贯彻民办教师工作“关、转、招、辞、退”五字方针，加快了解决民办教师问题的步伐。

---

① 教育部编：《跨世纪中国教育》，北京：高等教育出版社，2002 年版，第 217 页。

② 中国教育年鉴编辑部编：《中国教育年鉴》（2005 年），北京：人民教育出版社，2005 年版，第 296 页。

到20世纪末，我国基本完成合格民办教师转为公办教师的工作。

但是由于编制、经费保障、待遇等原因，全国仍有不少地区的教师队伍存在结构性失衡问题，其中有人员构成上的不合理、教师年龄偏大和教师不够用等问题。有些经济欠发达地区小学教师老龄化，平均年龄已经到了58岁；有的地区年轻教师大量外流，师范类院校的新毕业生因为种种问题分不到学校。为了解决燃眉之急，农村代课教师队伍逐渐壮大。在许多地方，代课教师支撑着农村义务教育，越是贫穷的地方代课教师越多。他们大多奋战在教育战线最艰苦的地方，但每月的工资只有几十元，最多的也不足250元。

为了解决这一问题，教育部提出，要结合农村中小学布局调整和人事制度改革，结合教师资格制度的实施，淡化公办和代课这种身份上的区分。具体做法：一是从岗位管理和合同管理入手做工作。岗位不需要的，要坚决予以清退；确因岗位需要短期聘任的，必须从具备教师资格的人员中招聘，并与之签订有期限的聘任合同，实施合同管理。既要将不合格的人员清理出教师队伍，也要将优秀的临时聘任人员稳定在农村教育教学的第一线，解决他们的后顾之忧。二是各地要建立和完善教师交流制度，运用政策导向，引导超编学校教师调整充实到缺编学校任教，城市超编教师调整到农村和边远地区任教。三是有计划地开展“城镇支援农村、近郊支援边远、强校支援弱校”的工作，定期将城市和强校的骨干教师与中青年教师交流到农村和薄弱学校任教，从整体上提高教师队伍的素质，切实解决农村和贫困地区合格教师紧缺和素质不高的问题，促进中小学教育均衡发展。①

此后，各地按照教育部的要求，采取多种措施积极做好清退代课人员工作。中小学代课人员总量从1999年的81.9万人，下降到2004年的49.9万人。随着农村义务教育经费保障机制的完善，各地通过优化教师资源配置，创新农村中小学教师补充机制，加大城镇教师支援农村教育工作力度和积极推进农村中小学布局结构调整等措施，确保逐步满足农村学校对合格教师的需求。

二、建立和完善教师教育体系

---

① 《中国教育报》，2002年7月19日，第1版。

师范教育是培养中小学师资的工作母机，是培养和增加新的师资力量的主要途径。改革开放以后，我国师范教育事业有了长足的进步，培养了大批优秀教师和教育工作者，为我国教育事业发展作出了卓越的贡献。但我国教育的深化改革和快速发展，对教师的数量和质量提出了新的更高的要求，而原有师范教育体系已不能与之相适应。

1996 年 9 月，国家教委召开了全国师范教育会议。国家教委主任朱开轩在会上指出，我国的师范教育“将由以规模数量发展为主要特征，进入以提高教育教学质量，优化学科结构，提高办学效益为核心的改革发展新阶段”。① 此后，调整师范院校布局结构，建立和完善教师教育体系便被提到重要的议事日程。

1. 调整师范院校布局结构，提高办学层次

1999 年，教育部印发了《关于师范院校布局结构调整的几点意见》。其主要精神是：师范院校布局结构的调整必须坚持师范教育适度超前、优先发展，以及坚持分区规划、分类指导、分步实施等重要原则。为达到从城市到农村、从沿海向内地逐步推进，由三级师范（高师本科、高师专科、中等师范）向二级师范（高师本科、高师专科）过渡的目标，结合当地实际，通过多种形式对师范教育资源进行重组。

根据《意见》精神，各级各类师范院校积极进行结构调整，教师培养已经基本完成了从三级师范向二级师范的过渡，资源配置渐趋合理，教师教育从规模数量发展为主要特征进入到以提高质量、优化结构、提高办学层次和规模效益为核心的新时期，从而满足了基础教育对新师资的需求。同时，随着一批教育学院并入师范院校，进一步加强了教师的职前培养和职后培训，使师范教育的作用更加重要。据统计，从 1995 年到 2004 年，普通高等师范本、专科院校规模有较大发展，学校数由 236 所减少到 195 所，但校均规模由2 470人提高到9 365人；过大的中师办学规模合理收缩，学校数由 897 所减少到 282 所；教育学院由 242 所减少到 83 所。1995 年至 2004 年，全国高等师范院校共计培养了本、专科毕业生约 237 万人，培养了教育硕士约 7 万人。中等师范学校共计培

---

① 何东昌主编：《中华人民共和国重要教育文献》（1998 ~ 2002），海口：海南出版社，1998 年版，第 4042 页。

养中师毕业生约245万人。①

2. 建立以师范院校为主体，其他高校共同参与的教师教育体系

1999年，中共中央、国务院《关于深化教育体制改革全面推进素质教育的决定》明确指出："鼓励综合性高等学校和非师范类高等学校参与培养、培训中小学教师工作，探索在有条件的综合性高等学校中试办师范学院。"

2001年，《国务院关于基础教育改革与发展的决定》进一步提出：完善以现有师范院校为主体、其他高等学校共同参与的开放的教师教育体系。

2002年，教育部发布的《关于"十五"期间教师教育改革与发展的意见》指出：造就具有正确的世界观和教育思想，掌握现代教育内容、方法和技术，善于从事素质教育的教师队伍，必须进一步建立和完善适应我国教育发展需要的、开放灵活的教师教育体系。要拓宽教师来源渠道，促进社会人才合理配置，提高教师学历层次、改善教师学科结构，从而使各级各类学校专任教师的专业结构、职务结构和年龄结构更为合理，专任教师的数量、知识结构能够满足学校的规模发展和课程改革的需求。要根据新世纪基础教育的发展和实施素质教育的需要，以及教师专业化的国际趋向，制定我国新世纪教师培养的规格与要求。实施新世纪高等师范教育教学改革工程，改革和调整专业设置，构建教师教育职前培养和职后培训一体化的课程体系，大力更新教学内容，改进教学方法和手段。创造有利于教师专业化的良好环境，推进教师专业化进程。

2004年，教育部发布的《2003～2007年教育振兴行动计划》明确规定：全面推动教师教育创新，构建开放灵活的教师教育体系。改革教师教育模式，将教师教育逐步纳入高等教育体系，构建以师范大学和其他举办教师教育的高水平大学为先导，专科、本科、研究生三个层次协调发展，职前职后教育相互沟通，学历与非学历教育并举，促进教师专业发展和终身学习的现代教师教育体系。

---

① 中国教育年鉴编辑部编：《中国教育年鉴》(1996)，北京：人民教育出版社，1997年版，第249页；《中国教育年鉴》(2005)，北京：人民教育出版社，2005年版，第292页。

经过几年的不懈努力，我国传统的封闭性、定向型的师范教育体系开始被打破，逐步形成职前职后相互沟通，以独立设置的师范院校为主体、其他高校共同参与的开放的教师教育体系。据统计，2004 年举办教师教育的非师范院校共有 315 所，师范类专业在校生 47.7 万人，约占师范生总数的26.1%。① 同时，各级普通师范院校和举办教师教育的非师范院校积极参与教师培训，教师职前培养与职后培训逐步相互衔接，取得可喜进展。

三、提高教师队伍整体素质

为了造就一支高水平的教师队伍，党和国家采取了一系列有力的举措，培养了一大批合格教师，促进了教师队伍整体素质的提高。

1. 加强教师职业道德建设

《中共中央关于改进和加强高等学校思想政治工作的决定》对加强教师队伍思想政治工作提出了明确的具体的要求：学校要向教师介绍国家的形势，组织学习党的方针政策，积极提供参加社会实践、了解社会、接触群众的机会，使他们支持改革，正确认识和对待改革中出现的矛盾和问题。要帮助教师树立正确的教育思想和治学态度，使他们能够正确处理政治与业务、教书与育人、理论与实践、教学与科研、个人与集体等关系。做好教师思想政治工作的关键是发挥党组织的核心作用和党员教师的先锋模范带头作用。

为了贯彻中央文件精神，教育部将师德建设作为加强教师队伍建设的重要举措来抓，组成师德建设工作小组，提出要在以往工作的基础上，加大工作力度，采取强有力措施，使师德建设有一个突破性的进展，使教师队伍的思想道德素质和职业道德水平踏上一个新台阶。

各级各类师范院校把师范生的思想政治教育放在素质教育的首要位置，切实加强和改革师范院校德育工作。1999 年，教育部组织召开中师德育工作经验交流会，会后印发了《关于进一步加强和改进中师德育工作的意见》。2000 年 9 月，教育部组织全国优秀教师师德报告团赴北京、福建、上海、浙江、湖北、陕西、黑龙江等省、直辖市作巡回报

① 中国教育年鉴编辑部编：《中国教育年鉴》（2005），北京：人民教育出版社，2005 年版，第 292 页。

告，引起了强烈反响。教育部连续组织举办了四期国家级培训班，对数千名教师培训基地的培训者和从事德育教学工作的骨干教师进行了培训。教育部还组织摄制了师德教育系列教学片《师德启思录》，编写了面向广大农村中小学教师的职业道德教育读本等。2004 年，教育部主办"首届全国师德论坛"，并与中宣部联合组织了全国优秀教师师德典型重点宣传和报告团巡回报告活动，有效地推动和强化了各级学校的师德建设。

2. 加强课程教材建设，推进师范院校教育教学改革，提高教师培养质量

各级师范院校为了主动适应社会主义现代化建设和基础教育改革与发展的需要，以课程教材改革为突破口，深入推进教育教学改革，提高教师培养质量。重点是对中等师范学校的培养规格、培养目标、教学内容、教学管理等方面进行改革，特别是打破了必修课一统天下的旧课程结构，推出了由必修课、选修课、教育实践和课外活动四个模块组成的新的课程结构，相继制定出中师必修课各学科教学大纲，编写出版了新的配套教材。

在此基础上，1996 年对中师必修课各学科的教学大纲和教材又进行了重新修订。1997 年启动了"高等师范教育面向 21 世纪教学内容和课程体系改革"项目，共投入资金1 500万元，完成课题 200 项。通过项目实施，在改革教师教育培养模式，调整课程结构，用现代文化、科技发展的新成果充实和更新教育内容，逐步实现教学内容、课程体系、教学方法和手段的现代化，提高师范教育专业化水平等方面取得了丰硕成果，在我国教师教育领域中产生了较大的影响，对高师院校教育教学改革起到了明显的推动和指导作用。

中小学教师继续教育教材采取全国组织编写与地方组织编写相结合、以地方为主的方式。教育部组织编写了《邓小平理论概论》、《中小学教师职业道德修养》、《教育法学基础》和《现代教育技术》等 61 种公共必修课和专业课教材。1999 年在全国评选并推荐了地方开发的 244 种继续教育教材。2001 年以招标形式组织开发了第二批中小学教师继续教育教材，共计 215 种；专项支持开发了 75 种双语教材；对全国 592 个国家级贫困县捐赠了价值 307 万元的最新开发的教师继续教育教材。

3. 全面推进中小学教师继续教育工作，建设骨干教师队伍

1999年教育部颁布了《中小学教师继续教育规定》，开始启动中小学教师继续教育工程。明确全面推进中小学教师继续教育要以全员培训为目标，突出骨干教师培训；中小学教师继续教育和校长培训都要以提高实施素质教育的能力和水平为重点。提出在5年内对现有约1 000万名中小学教师基本轮训一遍，提高教师队伍的整体素质，以基本适应实施素质教育的需要；全国市（地、州、盟）遴选100万名中小学和职业学校骨干教师，省、自治区、直辖市遴选10万名，教育部遴选1万名，分别进行地（市）级、省级、国家级培训，使骨干教师梯队基本形成；在全国中小学教师中开展以普及计算机应用技术为基础的现代教育技术培训；加强中小学教师继续教育和校长培训课程教材建设；加大对继续教育的投入，"九五"期间中央师范教育补助专款主要用于中小学教师和校长培训。"贫困地区义务教育工程"专款有一定比例用于中小学教师和校长培训。中央投入"跨世纪园丁工程"1.3亿元，其中1亿元用于加强中小学骨干教师队伍建设，主要是用于1万名中小学及职业学校骨干教师（含千名骨干校长）的国家级培训；3 000万元用于中小学教师和校长培训教材建设。

2001年10月，教育部启动了新课程师资培训工作。新课程师资培训工作分地区、分阶段、滚动式地逐步展开，按照"先培训，后上岗；不培训，不上岗"的原则，各年级教师在实施新课程前都必须接受培训。截至2004年，全国已有2 576个区县进入义务教育阶段新课程，近80%的小学和初中学生进入新课程，有近500万的小学和初中教师接受了新课程岗前培训。

2004年9月，教育部以推进教师网络联盟计划为依托，实施新一轮中小学教师全员培训工作。其目标是：按照"面向全员、突出骨干、倾斜农村"的方针，组织实施以"新理念、新课程、新技术"和师德教育为重点的新一轮中小学教师全员培训，组织优秀教师高层次研修和骨干教师培训，提高广大中小学教师的学历、学位层次和实施素质教育的能力水平，促进教师队伍整体素质显著提高。通过培训，教师在思想政治与职业道德、专业知识与学术水平、教育教学能力与教育科研能力等方面的综合素质有了显著提高。

经过上述改革，中小学教师队伍整体素质不断提高。各级各类师范院校培养培训了大批中小学教师，中小学教师实施素质教育的能力和水平明显提高。小学、初中、高中专任教师的学历达标率分别由 1991 年的 80.7%、51.8%、47.2%,① 提高到 2004 年的 98.31%、93.75%、79.59%。② 与此同时，国家建立了优秀教师和教育工作者表彰奖励制度。自 1986 年至 2004 年，共有45 234名全国优秀教师和优秀教育工作者受到表彰。全社会逐步形成尊师重教的风气。

第六节　进一步加强少数民族教育

党和国家历来十分重视民族地区的建设和民族教育事业的发展，始终坚持向民族教育倾斜的政策，大力发展民族教育，不断促进、巩固和发展“平等、团结、互助”的社会主义新型民族关系，促进各民族的共同繁荣和进步。

一、新阶段少数民族教育的地位与任务

1992 年 3 月 4 日至 20 日，国家教委、国家民委在北京共同召开了第四次全国民族教育工作会议。会议的主要任务是交流民族教育改革和发展的经验，明确到 20 世纪末民族教育改革和发展的方针任务。国务委员兼国家教委主任李铁映，全国政协副主席兼国家民委主任司马义·艾买提，国家教委副主任、党组书记何东昌等出席会议并讲了话。各地代表交流了民族教育的成就与经验。

同年 10 月 21 日，国家教委印发了《全国民族教育发展与改革指导纲要（试行)》。《纲要》明确了新时期民族教育的地位与作用是：民族教育是我国整个教育事业的重要组成部分，也是党和国家民族工作的重要内容。加速少数民族和民族地区教育事业的发展，对于加快改革开放步伐，实现我国国民经济发展战略第二步目标和各民族共同繁荣具有重要意义。《纲要》提出了新时期民族教育的任务是：各级党委和政府要

① 中国教育年鉴编辑部编：《中国教育年鉴》（1992），北京：人民教育出版社，1993 年版，第 53 页。

② 中国教育年鉴编辑部编：《中国教育年鉴》（2005），北京：人民教育出版社，2005 年版，第 94 ~ 95 页。

根据当地经济、教育的不同发展水平和产业结构，合理确定本地区各级各类民族教育事业的发展规模、速度、教育结构和办学形式。把提高劳动者素质，培养初、中级技术人才，提高教育质量，增强办学效益，为当地的经济与社会发展服务，作为教育发展与改革的重点，逐步走出符合本民族和本地区实际的办学路子。

少数民族地区各级政府认真贯彻和落实第四次全国民族教育工作会议和《纲要》精神，在指导思想上程度不同地实现了两个重要转变：一是从不重视或不大重视到重视教育，并在实际工作中注意落实教育的战略地位。二是从过去教育与经济相脱节转到确立教育必须为经济建设服务的思想，以提高劳动者素质为根本任务，并加强了基础教育、职业教育和农民文化技术教育。例如，甘肃省委、省政府确立了“科技立省”、“教育兴陇”的方针，并结合民族地区经济和社会发展实际，把普及小学教育和发展职业教育，培养各类中、初级人才，作为民族教育工作的重点。四川省经过调查研究，对牧区、半农半牧区教育的特点有了较深刻的认识，并形成了比较切合实际的办学思路，使这些地区的教育开始出现较好的发展势头。

为了进一步推动民族教育工作，国务院于 2002 年 7 月 7 日印发了《关于深化改革加快发展民族教育的决定》。《决定》明确了“十五”期间乃至以后一个时期我国民族教育发展的指导思想、目标任务、基本方针和原则，以及加快发展民族教育的政策措施，要求各地、各有关部门加强对民族教育工作的领导。这是民族教育工作的重要指导性文件。

《决定》提出民族教育工作的目标任务是：在“十五”期间，民族地区实现“两基”的县要从 2001 年的51%提高到70%以上，95%的民族地区基本普及小学阶段义务教育；到 2010 年，我国民族地区将基本普及九年义务教育和基本扫除青壮年文盲，形成具有中国特色、适应 21 世纪现代化建设需要、充满生机活力的民族教育体系。

为了确保上述目标的实现，《决定》提出八项具体政策措施：

（1）实现阶段目标，首先要大力加快“两基”步伐，促进各级各类教育健康、协调发展。已实现“两基”的地区，要巩固“普九”成果，提高“普九”水平；未实现“两基”的地区，则要加快普及小学阶段义务教育。为了协调发展，学前教育要“积极发展”，普通高中教育要

"稳步发展"，职业技术教育则要"大力发展"，还要努力办好民族地区的高校和民族院校。

（2）发展教育，离不开高素质的师资队伍。因此要大力加强教师队伍建设，将其"摆在优先位置"。根据当前实际，首先要着力建设一支数量适应需要、质量符合要求的"双语型"教师队伍，同时鼓励非师范院校和内地高校毕业生到民族、西部地区任教；采取定向招生等特殊措施，重点加强农牧区、高寒地区、山区和边境地区各级各类学校师资的培养。

（3）要大力推进民族中小学"双语"教学工作，在民族中小学逐步形成民族语和汉语教学的课程体系，条件成熟的地区应开设一门外语课。国家对"双语"教学的研究、教材开发和出版都要给予重点扶持，要对"双语"师资培养和教材建设予以重点保障。

（4）运用现代化手段，大大促进民族教育的发展。大力开发推广使用适合民族地区需要的教学光盘，有重点地发展现代远程教育，建立县级远程教育教学中心和乡级教育电视收视点。有条件的地区和学校要启动校园网或局域网建设，积极推进信息技术教育。

（5）针对目前我国民族教育办学主体单一的状况，要改革办学体制，增强办学活力。非义务教育阶段要实行多元化投入，以各级政府办学为主，多渠道办学；鼓励、支持社会力量和多种形式办学；支持沿海和内地社会力量到民族和西部地区办学，或者面向民族和西部地区在沿海和内地办学。

（6）大力加强对民族教育的支援。继续推动东西部地区学校对口支援和西部地区学校对口支援本地区学校两个"工程"的实施，启动少数民族高层次骨干人才培养计划，在内地若干所重点高校培养少数民族硕士、博士；对民族地区高校和民族院校学位点的建设和研究生招生指标等给予扶持与倾斜。

（7）加大对民族教育的投入。"十五"时期，中央财政设立的"国家贫困地区义务教育工程"、"国家农村中小学危房改造工程"等许多工程专款，国际组织的教育贷款、海外和港澳台的教育捐款等都将重点投向民族和西部地区，地方本级财政教育经费的支出要切实做到"三个增长"。

（8）在各级各类学校教育中，要有重点、分层次、有针对性地大力加强民族团结教育。这是爱国主义教育、公民道德教育和素质教育的重要内容。

为了贯彻落实《国务院关于深化改革加快发展民族教育的决定》精神，2002年7月26～27日，国务院召开了第五次全国民族教育工作会议。这次会议既是建国以来规模最大的一次全国性的民族教育工作会议，又是新世纪的第一次全国民族教育工作会议。会议筹备期间，朱镕基专门听取了汇报，并对会议提出了明确要求。会议期间，党和国家领导人接见了与会代表，李岚清、司马义·艾买提、陈至立出席会议并作了重要讲话。会议在认真总结第四次全国民族教育工作会议以来实践经验的基础上，进一步明确民族教育改革发展的方针任务、政策措施和努力方向。这是一次加强学习、提高认识、交流经验、明确任务的会议，也是一次解放思想、开拓思路、振奋精神、坚定信心的会议。

《国务院关于深化改革加快发展民族教育的决定》的下发和第五次全国民族教育工作会议的召开，对推动民族教育事业的快速发展具有重要意义。

二、少数民族教育事业的新发展

在党和国家的高度重视和大力扶持、内地发达地区和高等院校的大力支援下，通过民族地区自力更生和艰苦奋斗，我国民族教育事业有了新的发展。

一是初步形成包括幼儿教育、基础教育、职业技术教育、成人教育和高等教育在内的比较完整、具有我国特色的民族教育体系；少数民族青少年和群众受教育的规模不断扩大，教育质量有了进一步的提高。据统计，2004年与1991年相比，全国各级各类学校中少数民族在校学生已达到2 135.13万人，增长47.89%，其中普通高校少数民族在校生80.73万人，增长435.55%；普通中学少数民族在校生676.11万人，增长92.74%；普通小学少数民族在校生1 097.15万人，增长12.20%。①

二是国家和地方政府加大了对少数民族教育的投入，使民族地区各

① 中国教育年鉴编辑部编：《中国教育年鉴》（2005），北京：人民教育出版社，2005年版，第297页；《中国教育年鉴》（1993），北京：人民教育出版社，1994年版，第220页。

级各类学校的办学条件和环境得到改善。自1990年起，国家设立民族教育补助经费，专门用于民族教育事业的发展。“九五”期间，中央财政设立“国家贫困地区义务教育工程”专款39亿元，其中22亿投向了“普九”困难较大、少数民族人口集中的西部12个省、自治区；“国家贫困地区义务教育助学金”向少数民族地区投入了1.3亿元，资助因家境困难的各民族儿童就学。此外，师范教育、职业技术教育等专项经费的分配，也向少数民族地区倾斜。国家安排的4期世界银行贫困地区基础教育发展项目贷款中，投入2亿美元重点支持西部少数民族地区200个县发展教育事业。“十五”期间，中央财政安排50亿元义务教育专款重点投向西部民族地区。

三是少数民族地区“两基”取得一定成绩。各少数民族地区从当地实际出发，采取灵活多样的办学形式，加快了义务教育的普及。截至2004年底，全国699个民族地区县中已有474个实现了“两基”目标，占民族地区县总数的67.8%。① 与此同时，少数民族地区青壮年文盲率已平均降到了15%以下。

四是根据西部大开发和民族地区现代化建设的需要，加快了少数民族专业人才的培养。为此，民族地区的中等专业教育和高等教育改革招生和毕业生分配制度，在招生和培养方面对少数民族考生采取“降分录取，先办预科打基础，后上本科专业，定向招生、定向分配”，以及举办民族班、民族预科班等措施，为少数民族考生创造更多的升学深造机会。到2004年，国家部委及东部地区所属高校的民族预科班招生达4 933人。同时，充分考虑民族地区的特点，在授权的学科范围和增列指标上对民族地区高校和民族院校采取了倾斜政策，并授权西部有关省、自治区自行审批硕士点。此外，为了支持民族传统医学的发展，在学科目录中专门增设了藏医学和蒙医学；对民族和西部地区高校建设给予了大力扶持。

五是形成了一支稳定的少数民族专任教师队伍。国家采取一系列措施，组织内地发达地区高校、中小学积极为民族地区培养、培训了大批

---

① 中国教育年鉴编辑部编：《中国教育年鉴》（2005），北京：人民教育出版社，2005年版，第297页。

各民族教师，并鼓励内地教师到民族地区任教。同时，采取举办短训班、组织教育管理及教学改革经验交流、到内地高校挂职锻炼、在职进修等多种措施，帮助民族地区培养、培训师资。自2000年起，实施了民族贫困地区中小学教师综合素质培训，先后有17个省、自治区近40万名教师参加了培训，教师的综合素质显著提高。截至2004年，全国各级各类学校少数民族专任教师已达102.57万人，形成了在数量和质量上基本适应教学需要的少数民族专任教师队伍。

六是“双语”教学得到进一步重视和加强。根据国家有关法律的规定，在民族自治地方的民族中小学实行民族语文授课和汉语教学的“双语”教学体制。国家和地方财政设立了专项补助经费，对“双语”教学、民族文字教材建设和教师培训给予扶持，少数民族“双语”教学取得了很大成绩。2004年，全国共有1万多所民族中小学使用21个民族语言开展“双语”教学，接受教育的在校学生达600多万。此外，全国每年编译出版的少数民族文字教材达3 500多种，总印数达1亿多册。

七是教育对口支援取得显著成效。从1992年起，国家教委和国家民委组织上海、广东、北京等东部13个省、直辖市与内蒙古、云南等9个省、自治区的143个民族贫困县（旗）建立帮扶关系，从资金、教学仪器设备、培训教育管理人员和骨干教师，以及指导教育教学改革等方面给予援助和支持。从2000年起，教育部实施了东西部地区校对校对口支援及城乡对口支援的“两个工程”，加大了对民族教育的扶持力度。根据中央第四次援藏会议的要求，教育部又组织落实内地15个省、直辖市对口支援西藏7个地市的教育工作。从1992年至2001年，内地省、直辖市教育对口支援民族地区的资金、教学设备及培训费总计达1.6亿元；救助民族地区失学儿童38 000余名；培训中小学教师15 000余人次，培训教育管理干部4 898人次。特别是，内地20个省、市的西藏班（校）16年累计招收初中生2万多人，中专、中师、高中生1万多人，大学生3 000多人，现有在校生已达1.3万多人，已向西藏输送大中专毕业生近1万人，同时为西藏培养了一批研究生。从2000年开始，在内地12个城市重点高中开办了新疆高中班，到2004年共招生6 000多人。

八是中小学民族团结教育成效显著。从1994年开始，国家教委和国家民委陆续在全国中小学开展了民族团结教育活动。这项教育活动对增强中华民族的凝聚力发挥了十分重要的作用。例如，新疆在重视以爱国主义、集体主义、社会主义思想教育各族青少年的同时，还紧密结合新疆实际，把民族团结教育放在非常重要的位置，从小抓起，常抓不懈，取得了较好的效果。西藏把培养维护祖国统一、增强民族团结的社会主义建设者和接班人，作为自治区教育工作的首要任务，并在各级学校中普遍开展爱国主义教育。

九是民族教育法制建设得到加强。如黑龙江省于1997年颁布了《黑龙江省民族教育条例》，吉林省于1998年颁布了《吉林省少数民族教育条例》，四川省于2000年开始实施《四川省民族教育发展十年行动计划》，宁夏回族自治区于2001年颁布了《宁夏回族自治区民族教育条例》，重点支持本省民族教育的发展并加强对民族教育工作的依法管理，使民族教育的发展有了法律保障。

虽然民族教育事业取得了显著的成就，但仍然不能满足民族地区经济建设和社会发展的需要，特别是不能满足实施西部大开发战略的需要。存在的主要问题是：还有32.2%的地区未实现"两基"目标；普通高中和中等职业教育发展缓慢；高等教育规模偏小，教学科研水平亟待提高；教师队伍质量偏低，数量不足；教育投入不足，导致贫困民族自治地方的县、乡教育经费严重不足、拖欠教师工资的情况严重、学校办学条件较差、学生上学困难；一些民族地区教育观念、教育思想相对滞后，办学思路与指导思想还需要进一步转变；民族地区各级各类学校的德育、政治思想教育特别是爱国主义和党的民族、宗教政策的教育有待进一步加强；等等。

少数民族教育要改变上述状况，赶上其他发达地区，必须更加重视落实教育的优先发展战略地位，加大各级政府教育经费投入的力度，并进一步采取重点倾斜的政策；必须更加坚持改革开放，吸收国内外先进的教育经验，有步骤地加快教育改革的步伐，优化教育结构，调整学校布局，提高教育质量和办学效益，不断加快民族教育事业的发展，促进各民族团结进步和共同繁荣；必须由政策性照顾更多地转向自力更生。同时，还需要国家的大力扶持和内地发达地区在教育方面的大力支援和帮助；必须坚持实事求是，从各少数民族和民族地区的实际和特点出发，采取灵活多样的办学形式，因地制宜，提出不同要求，不能搞一刀切。

第七节　全面推进教育信息化建设

世纪之交，信息技术的进步和广泛应用深刻地改变着传统的教育模式，世界教育发展处在巨大的变革之中，教育技术成为这场变革中最积极、最活跃的因素之一。积极发展教育技术，推动教育的信息化，是实现教育跨越式发展的重要途径。

一、我国教育信息化面临的形势与任务

教育信息化作为我国国民经济和社会信息化的重要组成部分，是实现中共十六大提出的形成比较完善的现代国民教育体系，使全体人民享有良好教育的机会，形成全民学习、终身学习的学习型社会，促进人的全面发展的内在要求。它不仅是教育发展全局中的一个关键环节，也是我国实现教育现代化的一种必然选择。

为了迎接世界教育信息化发展的浪潮，《面向 21 世纪教育振兴行动计划》明确提出要“实施现代远程教育工程，形成开放式教育网络，构建终身学习体系”。

《2003 ~ 2007 年教育振兴行动计划》确定的六大重点工程，其中之一是实施教育信息化工程。通过这个工程的建设，构建教育信息化公共服务体系，建设硬件、软件共享的网络教育公共服务平台；加快中国教育和科研计算机网、中国教育卫星宽带多媒体传输网的升级扩容工程建设，积极参与新一代互联网和网络的建设；强化资源整合，加强地区网的建设和管理，建立健全服务体系以及运行机制；加强高校校园网建设，创建国家级教育信息化应用支撑平台；加大各级各类教育信息资源的开发力度，形成多层次、多功能、交互式的国家教育资源服务体系；大力加强信息技术应用性人才培养，着力改革信息化人才培养模式，扩大培养规模，提高培养质量。这项工程的实施，将进一步加强信息技术教育，普及信息技术在各级各类学校教学过程中的应用，为全面提升教育教学质量和科研水平提供技术支持；建立网络学习与其他学习形式相互沟通的体制，推动高校数字化校园、数字图书馆和数字博物馆建设；开展高校科研基地的信息化建设，研究开发学校数字化实验与虚拟实验

系统，创建网上共享实验环境；建立高校在校生管理信息网络服务体系，大力推动和加强教育资源政务建设。

二、加快教育信息化建设步伐

我国过去在很长时间里用“电化教育”这个概念来表示运用先进的媒体技术进行教育教学活动。直到1993年，在国家教委发布的“高师本科专业目录”中，才正式将“电化教育专业”改为“教育技术学专业”。

1979年，教育部就成立了电化教育局和中央电教馆，负责全国的电教管理工作和业务工作。同年，中国中央广播电视大学开学。此后各地电教机构陆续成立，各级各类学校的电化教育工作也迅速地开展起来。1986年，中国教育电视台成立并开通卫星频道。到20世纪90年代初，全国已经形成了一个由中央电大、省级（含计划单列市）电大、地市级电大、县级电大组成的远距离高等教育系统。截至2004年秋，经过25年的发展，全国陆续成立了44所省级电大、961所地（市）级电大分校及省校直接管理的工作站、2 075个县级工作站、26 698个教学点。各级电大具有不同的职能和任务，组成了一个统筹规划、分级办学、分级管理的现代远程开放教育教学系统。据统计，全国电大有各类学历教育在校学生278万人，其中高等专科、本科258万人，中专20万人，试点注册学生累计210.9万人，毕业学生38.1万人。中国的广播电视大学被列为世界上10所巨型开放大学之首，是全球最大的远程开放教育教学系统。①

“十五”期间，国家采取了一系列的重要举措，以中央财政投入、国债等多种形式，加快教育信息化建设的步伐。我国教育信息化的基础设施已经粗具规模，建成了覆盖全国高校和部分中小学的中国教育和科研计算机网、中国教育卫星宽带多媒体传输平台，初步形成了“天地合一”、“天罗地网”的教育网络。

我国从1994年开始建设的中国教育和科研计算机网（CERNET）是由国家投资建设，教育部负责管理，清华大学等高等学校承担建设和管

① 中国教育年鉴编辑部编：《中国教育年鉴》（2005），北京：人民教育出版社，2005年版，第312~313页。

理运行的全国性学术计算机互联网络。到2004年底，中国教育和科研计算机网传输网建成主干线光纤超过27 000公里，实际安装设备15 200公里，机站162个，传输设备197套，覆盖全国31个省、自治区、直辖市200多座城市，联网的大学、教育机构和科研单位超过1 300个，用户超过1 800万人，成为世界上最大的国家级公益性计算机互联网①。中国教育和科研计算机网的建设与发展，是整合高校优势力量，多单位联合承担国家重大科技项目的成功范例。其建设与发展经验，对我国教育信息化建设及重大科技工程和科技基础条件平台的建设都具有重要的借鉴意义。

中国教育电视台已开通三个卫星电视频道，省、地、市级教育电视台也已发展到104个，还有卫星电视地面接收站1万多座。网络的发展推动了现代远程教育的发展。以网络作为技术支撑的现代远程教育与利用卫星传输的广播电视教育结合，构成了覆盖全中国的远程教育体系。

我国已经建立起远程教育的卫星宽带多媒体传输平台，并于2000年10月31日正式开通，具备了播出8套电视、8套语音、20套以上IP数据广播的能力，CERNET网和教育卫星网的高速连接，已经初步形成了“天地合一”的现代远程教育网络，为我们利用电视、广播、VCD/DVD等放像设备、互联网等多种形式，实现优质教育资源的共享创造了条件。

由于以计算机应用技术为基础的教育信息技术正在成为现代教育技术的主流，发展计算机教育便成了教育改革的重要内容。我国从1978年以后也开始发展计算机教育。20世纪90年代，计算机逐渐进入众多的学校和家庭，多媒体PC机开始应用于教育，教育软件的研制和开发也有了很大发展，从而使中小学教育信息化有了长足发展。

2000年11月教育部提出了在中小学开设信息技术课和全面实施中小学“校校通”工程的目标。“校校通”工程、“西部大学校园计算机网络建设工程”、“教育部现代远程教育扶贫示范工程”和李嘉诚基金会“西部中小学现代远程教育项目”，以及“现代远程教育工程试点示范项

---

① 中国教育年鉴编辑部编：《中国教育年鉴》（2005），北京：人民教育出版社，2005年版，第271页。

目”等工程项目的建设和实施，带动了我国各级各类学校信息化建设。到2003年底，全国已经有超过70%的高等院校建立了不同层次、规模的校园网。截至2003年9月，全国中小学建成的校园网已达3.5万多个。

与此同时，一系列适应国内高等教育和基础教育信息化需求的应用平台、软件、网络课程和资源的开发与逐步推广应用，初步改善了过去“有路无车，有车无货”的局面。职业成人教育信息化、教师教育信息化、教育政务信息化、教育信息化标准建设等也都有了较快的发展。在教育系统内初步形成了用现代信息技术建设新型教育体系的意识，有效地调动了广大师生应用信息技术促进教学、改善学习的积极性和创造性，奠定了我国教育信息化发展的重要基础。

此外，为了尽快缩小东部与西部、城市与农村之间的教育信息化发展差距，教育部于2003年启动了“农村中小学现代远程教育工程”，以落实农村教育在教育工作中“重中之重”的战略位置。在拥有数亿人口的广阔大地上，利用现代远程教育技术实现农村中小学教育的跨越式发展，这是我国教育史上的一次伟大实践。农村现代远程教育试点示范项目进展顺利，中央已经投入3.64亿元，为西部各地配备教学光盘播放设备59 490套，建设卫星教学收视点5 016个，计算机教室200间。面向西部各省、自治区、直辖市以及新疆生产建设兵团和中部6省的以及更大范围的农村中小学现代远程教育工程试点工作已经开始。2004年，中央投入资金10亿元，地方配套9亿多元，完成试点地区3种模式的建设工作。在试点地区将建设20 594个教学光盘播放点，49 598个卫星教学收视点，6 934个计算机教室。

2004年，教育部、农业部、中组部、财政部、国家发改委等23个部门联起手来，以中央农业广播电视学校为依托，构建天网（卫星网）、地网（互联网）、人网（办学队伍）三网合一的农业现代远程教育公共服务平台，重点做好农业科技入户、农村实用人才培养，积极推进农业远程教育数字化进程。

由于我国农民数量多，农村教育培训资源相对短缺，农民教育培训的任务还十分繁重。我国农民平均受教育年限不足7年，而发达国家已达到12～14年，全国92%的文盲、半文盲在农村，农民科技文化素质偏低，导致接受新技术的能力较差，严重制约了农业生产效率的提高。因此，农业广播电视学校紧紧围绕农业增产、农民增收这个农业和农村经济发展的中心任务，大面积普及农业先进实用技术，大范围开展农民主体培训，大规模培养农村实用人才。

经过多年的建设，中央农业广播电视学校已发展成为世界上最大的农村远程教育机构，拥有近3 000所分校、2.3 万个教学班和 4.6 万名办学人员，运用广播、电视、卫星网络、互联网以及音像教材等教学手段，形成了覆盖广大农村的办学体系。已累计开展农民实用技术培训1.2 亿人次，培养农村实用人才 800 多万人，其中一大批成长为全国劳动模范、杰出青年农民、种粮大户和科技人才，也有一大批成为各级农业部门的领导干部和农业技术推广服务人员。

第三十章　繁荣和发展教育科学研究事业

“文化大革命”结束以后，我国的教育科学研究事业获得了恢复，并走上健康发展的道路。进入 20 世纪 80 年代以后，随着教育改革实践的步步深入，呼唤教育理论的引领、依靠科学研究指导实践逐渐成为广大教育工作者的共识。

20 世纪 90 年代初，《中国教育改革和发展纲要》第一次在中共中央、国务院的文件中明确了教育科学研究的地位和作用，指明了教育科研的方向和途径。此后，我国教育科研事业进入了一个新的发展阶段。各级政府和教育行政部门依靠教育科学进行决策的意识日益加强；教育科研的领导管理体制逐步完善；广大教育实际工作者、研究工作者和管理工作者积极参与的专兼结合的教育科研队伍迅速壮大；教育科研的价值取向更加注重研究教育改革与发展中的重大理论和实际问题；教育科研内容逐步向多学科、跨领域、综合化方向发展。实践证明，教育科研在支持教育决策、指导教育实践和促进学术发展等方面发挥了不可替代的重要作用。到 21 世纪初，我国教育科研事业发展已具有相当规模，并得到了前所未有的历史性发展。

第一节　加强领导和管理

随着教育战略地位的逐步落实，教育科研的地位和作用得到不断提升。同时，教育行政部门不断加强对教育科研事业的领导和管理，建立了负责领导和组织制定全国教育科学规划的工作机制，使教育科研管理逐步科学化、规范化。

一、明确教育科学研究的地位和作用

1978年2月26日，国务院总理华国锋在五届人大一次会议的《政府工作报告》中提出，必须“积极开展哲学、政治经济学、政治学、军事学、法学、历史学、教育学等方面的研究”。4月22日，教育部部长刘西尧在全国教育工作会议的报告中提出：各级各类学校，都要广泛开展科学试验，加强科学研究。教育科学研究，包括教育理论、教学方法、教育心理学、教育史、教育情报、各国教育制度、教学现代技术、各级各类学校管理等的研究，必须积极开展。教育部拟筹建教育科学研究所；高等学校要恢复并新建一批研究所（室）；重点师范院校要增招教育科学专业方面的学生。① 这标志着，“文化大革命”结束后，教育科学研究作为科学研究特别是作为哲学社会科学研究的重要组成部分，开始重新受到党和政府的重视。

“八五”期间，教育科学的地位和作用进一步受到党和国家的重视。国务院总理李鹏在《关于国民经济和社会发展十年规划和第八个五年计划纲要的报告》中强调指出，要“加强教育科学研究”。国家教委在《教育事业发展十年规划和“八五”计划》中把教育科学研究列为重要工作。

1993年，《中国教育改革和发展纲要》首次明确了教育科学研究的地位和作用：“加强教育改革和发展的理论研究和试验。各级政府和教育行政部门要把教育科学研究和教育管理信息工作摆到十分重要的地位。社会主义市场经济体制的建立，对教育改革和发展提出了许多新的课题。教育理论工作者和实际工作者，要以马克思主义为指导，研究和回答建设有中国特色的社会主义教育体系的理论问题和实际问题，要积极开展教育决策咨询研究，密切教育科研同教育决策、教育实践的联系，发挥教育科研对教育改革和发展的促进作用。鼓励和支持学校、教师和教育研究工作者积极进行教育改革试验。”在1994年全国教育工作会议上，许多省的省长在发言中谈及了教育科研工作的重要，并介绍了本省的教育科研推动教育改革的情况。

---

① 何东昌主编：《中华人民共和国重要教育文献》（1976～1990），海口：海南出版社，1998年版，第1614页。

1995年，全国人大通过的《中华人民共和国教育法》规定："国家支持、鼓励和组织教育科学研究，推广教育科学研究成果，促进教育质量提高。"这就把教育科研的发展纳入了法制轨道，并把教育科学研究的地位和作用提到了一个新的高度。此后，在《中共中央国务院关于深化教育改革全面推进素质教育的决定》和《国务院关于基础教育改革与发展的决定》等重要文件中都反复强调了发展教育科研的重要性，明确提出要加强教育科研工作。1997年，李岚清为中央教育科学研究所题词："进一步搞好教育科学研究，为科教兴国的千秋伟业作贡献。"

2001年8月7日，江泽民在北戴河同国防科技和社会科学专家座谈时深刻论述了哲学社会科学的重要地位，提出了"四个同样重要"的著名论断："在认识和改造世界的过程中，哲学社会科学与自然科学同样重要；培养高水平的哲学社会科学家，与培养高水平的自然科学家同样重要；提高全民族的哲学社会科学素质，与提高全民族的自然科学素质同样重要；任用好哲学社会科学人才并充分发挥他们的作用，与任用好自然科学人才并发挥他们的作用同样重要。"①

2002年4月28日在考察中国人民大学时，江泽民又提出了"五个高度重视"。他指出："社会主义现代化，应该有发达的自然科学，也应该有繁荣的哲学社会科学。""我们要始终高度重视哲学社会科学在治党治国和建设有中国特色社会主义事业中的巨大作用，高度重视哲学社会科学领域高等教育的改革和发展，高度重视改善哲学社会科学研究和人才培养的条件，高度重视哲学社会科学研究领域重大课题的攻关，高度重视为哲学社会科学发展作出杰出贡献的学者的成就和作用。希望各级党委和政府以及全社会共同努力，大力促进我国哲学社会科学事业的发展和繁荣。"②

2004年，中共中央颁布了《关于进一步繁荣和发展哲学社会科学的意见》。这是中国共产党第一次以中央文件的形式明确提出繁荣和发展哲学社会科学的纲领性文献，是哲学社会科学发展历程上又一里程

① 中共中央文献研究室编：《江泽民论有中国特色社会主义》（专题摘编），北京：中央文献出版社，2002年版，第275页。

② 中共中央文献研究室编：《江泽民论有中国特色社会主义》（专题摘编），北京：中央文献出版社，2002年版，第276～277页。

碑，是科学发展观的具体体现，是中央领导关于自然科学与社会科学“同等重要”和“五个高度重视”指示精神的具体体现。教育科学是哲学社会科学的重要组成部分，因此，这是对包括教育科学研究在内的哲学社会科学研究地位作用的充分肯定，也是对包括教育科学工作者在内的广大哲学社会科学工作者的巨大鼓舞与鞭策，为教育科学的繁荣和发展提供了重大的机遇。

随着教育科研地位的提升，“教育事业要发展，教育科研需先行”成为越来越多的教育行政领导和教育工作者的共识；向教育科研要质量、靠教育科研上台阶（出特色），成为广大教育工作者的自觉行动。许多地方教育行政部门都提出了“科研兴教（校）”的要求。这为教育科研提供了持续发展的良好环境。

1996年，内蒙古兴安盟把“科研兴教”列为“九五”期间教育工作的重点。1997年，成立了盟教科所，教育科研实行所长负责制，纳入各级教育行政部门工作议程，凡属重要的科研计划、举措、总结、表彰都由教育行政部门发文件，确保尽快贯彻落实，从而初步形成了行政和科研“双轮驱动”的趋势。

1997年，深圳市政府确立并积极实施“科教兴市”和“科研兴教”战略。3月，市政府制定了《深圳市教育教学科研成果奖励暂行规定》，推动了教研、科研工作的深入开展。全市教研、科研机构、制度和网络健全，建立了市、区、镇、校四级教育科研管理机构，一半以上的学校设立了教育科学研究室。

2003年，山东德州市教育局实施了科研兴教工程。3月1日，“中小学当堂达标教学理论与实践”在宁津县正式开题，并确定宁津县为当堂达标教学课题研究实验县。之后，德州四中、德州五中、临邑五中、武城镇中学、齐河县焦庙镇中学和贾市中学等学校，相继成为当堂达标教学课题研究实验基地。在德州市教育局的正确领导和全国目标教学研究专业委员会的正确指导下，经过广大教育科研人员和实验教师的共同努力，在课题理论研究特别是教学实践探索方面成效显著，大面积地提高了农村中小学教学质量。此后，德州市教育局在宁津县召开了全市科研兴教现场会，并授予宁津县教育局“科研兴教先进单位”称号，总结和推广了宁津县科研兴教的基本经验，当堂达标教学课题研究初见成效。

2003年，河南省教委出台《关于加强我省教育科学研究工作的若干意见》及《河南省教育科研基地建设意见》，提出教育科研基地建设的目标为：充分发挥省级教育科研单位和高等院校在教育科研方面的人才与智力优势，推进高层次科研单位与基层学校及教育工作者相结合，推进教育理论与教育实践相结合，共同创办一批教育科研的窗口学校和示范学校，培养一支学者型、科研型的校长和教师队伍，促进学校走“科研兴校”之路。文件出台后，河南省掀起“科研兴教（校）”的热潮，推动了全省教育事业的改革和发展。

2004年，湖北省教育厅出台了教育科研工作的指导性文件——《关于进一步加强教育科学研究工作的意见》，初步形成了以省级教育科研机构为主研究宏观决策重大课题，以地方教育科研机构为主研究区域教育特色课题，以一线学校研究微观教育教学改革课题为主的工作格局，涌现出了一大批科研兴校的先进典型。

经过十几年的努力，“科研兴校”已经在部分中小学取得显著成效，一些骨干教师实现了从“教书匠”转变为研究型教师的飞跃。例如，江苏省南通师范第二附属小学李吉林老师从20世纪80年代初开始，长期坚持教学改革实验，创立了情境教学理论体系及操作体系，并运用于小学语文教学，有效地克服了“注入式”教学的种种弊端。在教学过程中，她注意激发学生的学习积极性，丰富学生的感知，并协调大脑两半球的相互作用，平衡两个信号系统的发展，从根本上提高了教学的科学性和艺术性，使情境教学成为促使儿童生动活泼学习的重要途径。后来，她又把情境教学理论运用于其他学科和德育工作中，提升为情境教育理论。李吉林老师的理论与实践相结合的科研成果，受到教育界普遍的欢迎与尊重，成为我国基础教育界著名的小学教育专家。

为了交流“科研兴校”的理论和经验，2001年4月和2004年10月，中央教育科学研究所《教育研究》杂志社主办了两届“全国中小学科研兴校理论研讨会暨经验交流会”，集中了许多专家的观点和实践的做法与经验。2004年3月至6月，《中国教育报》组织开展了“校长如何实施科研兴（强）校”的大讨论，发表了七组（篇）讨论文章，最后达成了三点共识，即学校必须坚持走科研兴（强）校之路，学校科研务必求真务实，学校科研需要专家亲临一线指导。“科研兴教”战略思想日益深入人心，“科研兴教（校）”的理论与实践不断发展和丰富。

随着党和国家关于教育科研工作的要求逐步落实，国家教育行政部门和各级政府及地方教育行政部门对教育科研的重视程度不断提高，依靠科研进行科学决策的意识也不断增强。教育部部长周济多次强调了加强教育科学研究对教育发展和改革的重要性，提出要科研兴教，并对教育科研工作提出新的要求。他指出：教育科学研究对教育改革和发展作出了重要贡献，必须站在新的历史起点，在谋划教育发展未来的过程中，加强教育科学研究工作和队伍建设，“科研兴教”。教育科学研究要继续坚持以邓小平理论和“三个代表”重要思想为指导，在学习和继承的基础上形成有中国特色的教育理论体系。教育科学研究要更加紧密地联系实际，要源于教育改革的伟大实践，同时要注重应用，指导工作。要把教育科学研究和政府的政策研究及教育改革实践有机结合，集中力量，统筹兼顾，重点突破，争取快出成果、多出人才。

“科研兴教（校）”是“科教兴国”战略对教育的必然要求。教育创新要以教育科研为先导。正如科学技术是经济发展的第一生产力一样，教育科学是推动教育改革与发展的第一生产力。实践证明，教育科研是推动教育改革与发展的理论武器，是繁荣教育理论的必要手段，是产生教育知识和教育观念的重要方式，是促进教育决策科学化和教育实践理性化的重要基础和依据。“科研兴教（校）”的提出，进一步调动了广大教育科学工作者和教育实际工作者的积极性，促进了我国教育科研事业的发展和繁荣。

二、建立教育科学规划制度，逐步实现科学化管理

1978年10月，教育部成立教育科学规划小组，其办公室设在中央教育科学研究所。1979年3月23日至4月13日，教育部与中国社会科学院在北京联合召开了全国第一次教育科学规划会议。当时十年动乱结束不久，教育科研工作面临的主要任务是尽快恢复和重建教育的主要学科，在一些重大教育理论问题上拨乱反正，从理论上总结教育工作的历史经验，为教育科研工作的发展扫清障碍。教育部副部长兼中央教育科学研究所所长董纯才主持会议并致开幕词。教育部副部长张承先在闭幕式上作重要讲话。他指出：各级党政领导机关，特别是教育行政部门的

领导干部，要切实解决对教育科研工作的重要性和迫切性的认识问题；教育科研工作要紧密联系实际，解决教育工作前进中迫切需要解决的问题；要在马克思列宁主义、毛泽东思想指导下继续解放思想，坚持“百花齐放、百家争鸣”的方针，使教育科学事业日益繁荣起来；要建设教育科研基地和培养教育科研队伍；要加强对教育科研工作的领导。

会议审议通过了《教育科学发展规划纲要（草案）》（1978～1985）。《规划纲要》提出了教育科学研究的七项主要任务：系统、深入地研究马克思、列宁、毛泽东教育思想，以指导教育实践；研究建国三十年来教育的重大理论和实际问题，总结经验教训，探索我国教育发展的规律，为教育建设事业服务；深入研究国民经济与教育发展的关系，为有关部门根据教育规律办教育提供参考；对我国教育制度进行深入调查研究，并研究外国教育制度的改革经验，提出改革教育制度的实验方案；研究各级各类学校管理体制，并研究世界工业化国家学校管理体制和制度，提出改革建议；深入研究我国各级各类学校教学内容、教学方法和思想政治教育，为提高教育质量服务；加强教育科学各门类基础理论研究，为编写教育学、教育心理学、中外教育史、各科教材教法、幼儿教育学打基础。为了完成上述七项任务，会议要求，必须贯彻“百花齐放、百家争鸣”的方针；各级领导要按照科学发展的规律领导教育科学研究；坚持实行“古为今用、洋为中用”，在理论和实践一致原则的指导下，把加强基础理论的研究同实际问题研究辩证地统一起来；提倡调查研究，进行科学实验，提倡用教育统计法进行研究；要把长远课题同目前急需解决的问题适当结合起来进行研究。

《规划纲要（草案）》确定的研究重点有11个方面、51个项目。至1982年底，这些项目大都按计划完成。这次会议以后，各级教育科学研究机构得到迅速恢复和发展。

1983年5月24日至30日，教育部在北京召开了全国第二次教育科学规划会议。为了贯彻中共十二大精神，落实国家第六个五年计划，开创中国教育事业的新局面，会议对教育科学研究工作提出了新要求。教育部部长何东昌在会上作了《开创我国教育事业新局面，必须大力加强教育科学研究》的报告。这次会议制定的教育科学“六五”规划是国家哲学社会科学“六五”规划的组成部分。这是建国以来教育科学研究第一次被正式纳入国民经济和社会发展的总体规划。

“六五”教育科学规划确定的研究重点项目36个（国家级重点项目17个，部级重点项目19个）。其中：应用性研究项目23个，占项目总数的64%；基础理论研究项目6个，占17%；比较教育研究项目7个，占19%。教育科学“六五”规划，坚持了“教育要面向现代化，面向世界，面向未来”的战略方向，在科研的目标和方向上，强调从我国教育改革和建设的实际需要出发，重视教育理论研究同实际应用性研究紧密结合。

经过几年的研究，教育科学“六五”规划课题取得了一批较为优秀的科研成果。这些科研成果不仅在理论上有一定的突破，具有较高的学术价值，而且对教育决策和教育实际工作也具有较大的参考和推动作用，为建设具有中国特色的社会主义教育体系作出了贡献。此后，教育部又召开多次教育科学规划会议，分别制定和实施了“七五”“八五”“九五”和“十五”教育科学规划。

1983年9月，教育部正式批准全国教育科学规划领导小组成员由教育部、中央教育科学研究所的有关负责人和全国教育科学的知名学者14人组成，何东昌任组长，彭珮云、张健任副组长。全国教育科学规划领导小组受全国哲学社会科学规划领导小组和教育部双重领导，负责领导和组织制定全国教育科学规划及课题指南、评审和确定重点课题、评审和奖励教育科学优秀成果等职责。此后，教育部历任主要领导都亲自担任全国教育科学规划领导小组的组长、副组长，并领导制定了历次全国教育科学规划，从而使教育科学研究工作走上了有领导、有组织的发展轨道。

经过二十多年的不懈努力，全国教育科学规划领导小组在领导和组织、推动全国教育科学的研究工作，促进理论和实际的结合、鼓励教育科学研究的创新等方面取得了巨大成绩。全国教育科学规划事业获得了长足的发展。

一是从“六五”开始，全国教育科学规划领导小组制定和组织实施了全国教育科学规划，这标志着我国教育科学规划工作步入了制度化建设轨道，形成了中国特色的教育科学规划体系。列入全国规划的教育科研课题，从“六五”规划的36项、“七五”规划的151项，持续增加到

"八五"规划的592项、"九五"规划的1 100余项、"十五"规划的2 840项。从"八五"规划开始，教育学科成为全国哲学社会科学规划的单列学科。历次教育科学规划是相互衔接的，但又各有不同的历史背景和不同的侧重点，其研究内容覆盖教育的各个领域。国家教育科学规划项目在引领教育科研方向上发挥了核心导向作用，增强了教育科学界的凝聚力和对教育实践的影响力，对全国教育事业改革和发展的作用日益增强。与此同时，许多教育和教育科学研究发展较快的地方也相应制定了省、直辖市级的教育科研规划，确定了课题，投入了较多的经费，从而初步形成多层面、全方位的规划与课题格局。具体来说就是，国家教育科研规划以宏观决策研究、改革和发展中重大问题的综合研究、空间跨度较大的教改实验研究和教育基础理论研究为主，而地方教育科研规划则以区域性教改实验研究、普及与提高相结合的群众性研究和内容广泛的微观教学改革研究为主。改革开放以来，我国的教育科学研究在探索教育规律，指导教育实践，推动教育改革，提高教育质量，推动教育决策科学化等方面作出了积极的贡献。

二是科研经费不断增加。随着国家对社科基金投入的增加，国家社科基金和教育部拨给教育科学规划的专项经费总数，从"六五"规划时的50万元、"七五"规划时的278万元，增加到"八五"规划的670万元、"九五"规划的1 050万元、[①]"十五"规划的2 200万元左右；[②] 总计投入约4 268万元。[③] 另外，中央各部委、地方教育行政部门对本部门、本地区教育科研的经费投入也在逐年增加。这就大大改善了教育科研的条件，为我国教育科研事业的繁荣与发展提供了物质保证。但地方教育科研投入情况也不均衡。例如，北京、上海、湖南等省、直辖市年度教育科学课题资助经费均达到200万元，但仍有三分之一省区没有专门的课题经费。

三是建立了教育科学规划工作的机构与运行机制和规章制度。1983

① 教育部编：《跨世纪中国教育》，北京：高等教育出版社，2002年版，第316页。

② 全国教育科学规划领导小组办公室：《中国教育科学规划回顾与展望》，北京：教育科学出版社，2006年版，第177页。

③ 全国教育科学规划领导小组办公室：《中国教育科学规划回顾与展望》，北京：教育科学出版社，2006年版，第1062页。

年，全国教育科学规划领导小组办公室正式成立。它是全国教育科学规划领导小组的常设机构，在中央教育科学研究所办公，历任所长担任办公室主任。全国教育科学规划领导小组办公室的主要职能是：在全国教育科学规划领导小组的领导下，负责具体组织全国教育科学规划及课题指南的制定工作；组织各类课题的评审工作；制定全国教育科学规划课题管理办法及有关的章程、规定，编制重点课题经费预算；负责列入全国教育科学规划的全部课题的管理工作，指导委托机构的管理工作；编发教育科学规划简报，组织课题成果交流和推广活动，组织学术研讨活动；负责全国教育科学优秀成果评选和奖励的具体组织工作；完成领导小组负责人交办的其他工作。从 1986 年开始，在全国教育科学规划领导小组下又设立由各领域专家组成的 14 个学科规划组。领导小组和学科规划组分别承担起制定和组织实施全国教育科学规划、评选和确定重点科研课题、指导和检查课题研究等职责，在我国新时期教育科学事业发展中发挥了重要作用。这就在制度上保证了教育科研规划工作的科学性和权威性。

四是评选全国教育科学优秀成果，以表彰为教育科研作出突出贡献的集体和个人。1989 年组织了全国第一届教育科学优秀成果评奖活动，评审出一等奖 57 项、二等奖 100 项。1999 年组织了全国第二届教育科学优秀成果评奖活动，评审出一等奖 33 项、二等奖 191 项。这些成果对教育决策、教改实践和教育科学的发展都产生了良好的影响，是社会广泛认可的政府最高教育科研成果奖。

五是逐步形成从中央到地方的教育科学规划管理网。首先，在全国哲学社会科学规划领导小组的领导下，成立全国教育科学规划领导小组，通过制定和发布规划，组织协调全国的教育科学研究工作。其次，全国大多数省、自治区、直辖市及计划单列市相继建立了教育科学规划领导小组及其办公机构。领导小组由各地教育行政部门建立和领导，办公室大多数挂靠地方教育科研院所（上海市、广东省、四川省挂靠在教育厅）。各地教育科学规划机构及其主管部门，以立足本地、服务本地为宗旨，以本地教育发展与改革的重大理论问题与实践问题为重点，以本地教育优势和特色为突破口，规划并实施地区教育科学规划，有力地推进了地方教育事业的改革与发展。

第二节 教育科研机构和队伍的建设与发展

为了适应教育改革和发展的需要，我国教育科研机构和科研队伍建设有了较大发展。

一、教育科研机构的建设与发展

改革开放以后，我国教育科研机构迅速发展，逐步形成国家、地方、学校三级教育科研机构。

国家级教育科研机构以国家教育政策研究与综合性研究为主要方向。国家级教育科研机构主要有：1957 年，经国务院和中共中央书记处批准教育部建立的中央教育科学研究所；1986 年，经国务院批准国家教委建立的国家教育发展研究中心；1990 年，经国务院批准国家教委和劳动部联合建立的职业技术教育中心研究所。

其中，中央教育科学研究所是教育部直属的综合性国家级教育科学研究机构。其前身是中国共产党在革命战争时期创建于延安的中央研究院中国教育研究室，该研究室主要研究马克思主义教育思想、党的教育方针和革命教育家的教育思想。1957 年 1 月 26 日，为响应中共八大提出“向科学进军”的号召和贯彻第一次全国科学大会的精神，国务院和中共中央书记处批准建立中央教育科学研究所。但由于当时正值全国开展整风运动，研究人员难以抽调，因此直到 1960 年 10 月，中央教育科学研究所才正式成立。“文化大革命”期间，中央教育科学研究所被撤销。1978 年 7 月，经邓小平等中央领导批示、国务院批准重建中央教育科学研究所。

经过几届领导班子和广大研究人员的共同努力，中央教育科学研究所在诸多教育分支学科和研究领域已经形成了自己的传统优势和研究特色，为推动我国教育改革与发展，繁荣教育科研作出了应有的贡献。这些分支学科包括：教育基本理论及其重大问题研究，中外教育史研究，德育研究，中小学劳动技术教育研究，课程教材与教学研究，幼儿教育研究，高等教育研究，成人与职业教育研究，教育发展战略研究，教育督导评估研究，心理与特殊教育研究，农村教育研究，比较教育研究，科学教育研究，教育情报和信息技术研究等。随着教育的深化改革和发展的需要，新涌现出的优势研究领域有：现代学校制度研究，农村留守儿童和城市务工人员子女教育研究，新农村建设与农村教育发展研究，学校效能评价研究，区域教育特色发展研究，教师教育研究，学习化社区研究和素质教育研究等。

中央教育科学研究所以课题研究为主要研究模式，聚集了一批优秀的科研人才，发表了大批有较高学术价值和现实意义的科研成果。自"六五"至"十五"期间承担了大量的研究课题，其中承担全国教育科学规划各类课题160项，位居全国各教育科研机构和高等院校前茅。与此同时，中央教育科学研究所每年还自行设立10余项所级课题，承担大量横向课题和国际合作项目。在首届和第二、第三届全国教育科学优秀成果评选中，获一等奖10项、二等奖14项、三等奖2项。

地方教育科学研究机构以地方和学校的教育改革与发展为研究的主要方向。地方教育科研机构主要有，全国各省、自治区、直辖市和计划单列市建立的教育科学研究院所，以及各市（地）、县（区）和基层学校建立的教育科学研究所（室）。到20世纪90年代中期，全国30个省、自治区、直辖市和17个计划单列市全部建立了教育科学研究院所，并迅速向市（地）、县（区）和基层学校延伸，许多地方已初步形成自省、市（地）、县（区）直至基层学校的教育科研网络。地方教育科研机构建立后，在服务区域教育实践、提供教育理论指导及咨询，开展教改实验、培训教师和推广教育科研成果等方面发挥了重要作用，成为将教育学术理论转化为广大教师的精神财富和行动准则的传播者，成为国家教育观念、教育政策、教改方略有效地与教育实践密切联系的纽带和桥梁。

高等学校所属的教育科研机构主要为改善教育学科教学和培养教育专业人才服务。改革开放以后，我国高等师范院校普遍建立了教科所（室），部分与师范教育有关的综合性大学，如杭州大学（现并入浙江大学）、河北大学、河南大学、山西大学等也建立了教育科研机构；全国有700多所大学，如厦门大学、南开大学、华中科技大学、北京航天航空大学、哈尔滨工业大学等建立了高等教育研究所（室）；一些地方院校或专科技术大学，如江汉大学和浙江工业大学等成立了职业技术研究所。在此基础上，一些高校的教科所改建为教科院（教育学院）；一些综合性大学，如北京大学、清华大学、复旦大学和湖南大学也建立了相应的教育科研机构。高等学校所属教育科研机构发挥了理论基础雄厚、学科门类齐全、文献资料丰富的优势，成为我国教育科研体系中理论研究和学科建设的骨干力量。

除了国家、地方、学校的教育科研机构之外，群众性的教育学术团体及民办教育科学研究机构也相继建立起来，并开展了广泛的教育科研活动。改革开放以后，教育部（国家教委）先后批准成立了四个全国性群众教育学术团体，均属于教育部的直属单位。

1. 中国教育学会

中国教育学会成立于 1979 年 4 月 12 日。到 2004 年，有分会、专业委员会 51 个，单位会员 48 个，是全国最大的群众性教育学术团体。其宗旨是：以马克思列宁主义、毛泽东思想、邓小平理论为指导，坚持党的基本路线，遵守宪法、法律、法规和国家政策，遵守社会道德，全面贯彻国家的教育方针，团结和组织全国有志从事教育科学研究的教育工作者，遵循“百花齐放、百家争鸣”的方针，开展学术活动，研究教育的理论和实际问题，为促进教育的改革和发展，繁荣教育科学，建立具有中国特色的社会主义教育体系，实现社会主义现代化作出贡献。

中国教育学会的业务范围是：开展群众性教育科学研究、教育教学改革实验和学术交流活动；普及教育科学知识，介绍国内外教育科学研究动向、优秀成果和教育教学改革经验；为教育决策提供科学分析、信息反馈和咨询意见；组织教育科学研究成果和教育教学改革实验成果的鉴定和推广；研究、编写教材，出版学术性书刊，举办基础教育的实验学校；开展培训活动；开展业务咨询、政策咨询和法律咨询；开展对香港、澳门和台湾地区及对外教育学术交流与合作；等等。中国教育学会在开展群众性的教育科研工作中发挥了重要作用。

2. 中国成人教育协会

中国成人教育协会成立于 1981 年 4 月。其宗旨是：团结全国各类成人教育团体和成人教育工作者，遵守宪法、法律、法规和国家政策，遵守社会道德风尚，面向社会，开展成人教育理论与实践问题的研究和服务活动，为提高劳动者素质，培养有理想、有道德、有文化、有纪律的国家建设人才，促进成人教育的改革与发展而努力。

该会于1983年加入国际成人教育协会，1998年加入亚太成人教育总会等国际组织。协会承担了“十五”规划教育部重点课题《农村农民文化技术学校能力建设研究》和《农村数字图书馆建设研究》；承担了联合国教科文组织的《农村社区学习中心协调能力建设》、《农村信息交流建设促进农村发展》、《农村少数民族教育扫盲现状与发展研究》等科研项目，完成了一批研究成果。协会还组织或参与论坛、研讨会等多项学术活动，不断提高成人教育科研水平。

3. 中国高等教育学会

中国高等教育学会是高等教育工作者及高等教育机构自愿组成的全国性研究高等教育科学的学术团体，成立于1983年5月。学会下设56个分支机构，有108个会员单位。其宗旨是：以马列主义、毛泽东思想、邓小平理论和“三个代表”重要思想为根本指针，贯彻落实科学发展观，贯彻党和国家的教育方针和“百花齐放、百家争鸣”方针，遵守宪法、法律、法规和国家政策，开展高等教育的理论与实际问题的研究，总结经验，探索规律，为高等教育改革与发展服务。

该学会举办了多次高等教育国际论坛，大力宣传“以科学发展观指导高等教育创新”、“人文教育与科学教育融合”等理念，推动教育思想变革。同时，学会还组织了“20世纪的中国高等教育”等一大批重大课题研究，有力地推动了群众性教育科研活动。

4. 中国职业技术教育学会

中国职业技术教育学会是全国群众性职业技术教育学术团体，成立于1991年。学会下设10个分支机构。其宗旨是：以马列主义、毛泽东思想、邓小平理论和“三个代表”重要思想为指导，坚持党的路线，遵守宪法、法律、法规和国家政策，遵守社会道德，全面贯彻国家的教育方针，团结、组织全国热心从事职业技术教育事业的工作者，遵守“百花齐放、百家争鸣”的方针，开展学术活动，研究职业技术教育的理论与实践问题，促进职业技术教育的改革与发展。

该学会深入进行调查研究，积极开展职业教育科学研究、教育教学改革经验和学术交流活动，开展有关评价与推广、培训与交流等方面的活动，努力为教育行政部门的决策服务，发挥了咨询、建议和参谋作用，也促进了职业教育的发展。

上述群众性教育学术团体在组织和团结广大教育工作者认真学习和贯彻执行党和国家的教育法律法规、方针政策，为教育部和有关行政部门决策提供服务，积极开展群众性的教育理论研究和实践探索，提高广大教育工作者的学术素养和专业水平，加强国内外学术交流等方面取得了显著成绩。

此外，一些部委、行业也建立了专门的教育科研机构，其中规模较大的有：机械工业部教育研究所、卫生部医学教育研究中心、铁道部教育研究室、军委系统的军事教育科学研究所。这些科研机构的主要任务是为本行业的教育决策和教育管理服务。

总之，我国已初步形成从国家到地方及基层学校，从专业机构到群众团体的多层次、多样化的教育科研组织机构体系。各级各类教育科研机构从实际出发，发挥自己的优势，形成了各自的特色。

随着我国改革开放不断深入，教育科研的国际交流与合作日益加强。我国许多教育科研机构、高等学校等与联合国教科文组织、联合国儿童基金会、国际教育成就评价协会等国际组织，以及欧、美、亚洲的许多国家和地区建立了广泛的联系，在众多领域开展了合作研究和培训、讲学、考察、学术交流等活动，取得了一批有价值的研究成果。

二、教育科研队伍的建设与发展

在发展教育科研机构的同时，国家还十分重视教育科研队伍的建设。教育部（国家教委）在历次教育科研规划会议上都强调要充分重视并认真抓好教育科研队伍建设，以逐步形成一支数量和结构比较合理、能适应科研工作需要的科研队伍。

各级教育科研机构为实现这个目标采取了各种措施。在队伍结构方面，注意在素质、年龄、学科和层次等方面形成比较合理的教育科研队伍。一些科研院所聘请教育第一线的优秀教育工作者及相关学科的专家为兼职研究人员，建立一支专兼结合的科研队伍。原国家教委还委托北京师大、华东师大、东北师大教育系，招收有教育实践经验的中青年做研究生，毕业后充实教育科研队伍。由于教育科学是涉及面广的综合性科学，研究课题需要多学科联合攻关。为此，在队伍建设上，许多科研机构注意补充一些相关学科的人员（如自然科学和应用数学、经济学、法学等学科的人员），同时，组织原有教育科研人员学习相关学科的知识和技能（如计算机、教育统计、系统论、控制论等）。

经过不懈的努力，我国教育科研队伍逐步壮大。“六五”期间，专职的教育研究人员主要集中在中央教育科学研究所和少数高等师范院校，总计只有几百人；到“七五”期间，中央及地方教育科研部门和高校的专职教育研究人员达到三千多人；到“八五”规划中期，已超过一万人；到“十五”期间，专业教育科研工作者已达到三万多人。群众性的教育科研队伍更是迅速壮大。上述全国性群众教育学术团体和部门、行业性群众教育学术团体吸纳了近百万教育工作者，形成了世界上最大规模的群众教育科研队伍，有力地推动了我国群众性教育科研的蓬勃发展。

与此同时，教育科研队伍的整体素质也有很大提高。一支老、中、青结合，专、兼、群结合，教育科研人员、教育行政人员和第一线教师、校长相结合的，数量持续发展、质量逐步提高、结构层次趋向合理的教育科研队伍已初步形成。这支队伍以专业科研系统科研人员为“主力军”，学校科研人员为“方面军”，以青年骨干为“生力军”。教育科研队伍的壮大和整体素质的提高，推动了教育科学研究和学科建设，促进了科研成果的推广。

第三节　教育科学研究事业迅速发展

改革开放以后的二十多年，是我国教育科学发展最快的时期。无论是教育基础理论的研究和应用研究，还是教育的宏观研究、中观研究和微观研究，都对教育的科学决策和教育教学改革与发展起到了一定的促进和指导作用。

一、加强教育科学理论体系建设，促进教育学科的发展

教育作为我国改革开放和现代化建设的重要组成部分，面临着许多新情况、新问题，迫切需要进行创造性的理论探索，提供强大的理论支撑，并在此基础上推动教育学科理论建设和教育思想观念更新。

1. 加强了对马克思主义教育理论、毛泽东教育思想、邓小平教育理论和“三个代表”重要思想教育理论的研究

“六五”“七五”规划中关于毛泽东教育思想，“八五”规划中关于

周恩来教育思想，“七五”“八五”“九五”规划中关于邓小平教育思想的研究都达到了历史新水平。特别是对邓小平教育思想不断深入、持久的学习与研究，是作为建设有中国特色社会主义理论的一个组成部分，并同改革开放以来国家的大政方针紧密联系在一起的，因此对现实的教育改革实践和教育科学发展都有着极其重要的现实意义。“十五”规划中，关于马克思主义教育理论的研究深入到关于人的学说、知识论等领域；毛泽东教育思想和邓小平教育理论的研究，在毛泽东诞辰110周年和邓小平诞辰100周年时达到了历史新高度；江泽民教育论述与“三个代表”重要思想教育理论的研究进一步巩固了马克思主义在教育研究领域的指导地位，提高了在新的形势下运用马克思主义教育基本观点和思想体系指导我国教育改革与发展实践的自觉性。

上述研究成果不仅使我们对中国特色社会主义教育理论体系的指导思想认识得更为清晰和深刻，而且为建立和完善中国特色社会主义教育理论体系奠定了坚实的基础。

2. 加强了对教育基本理论问题的研究

由于中国共产党在十一届三中全会形成的以“解放思想，实事求是”为精髓的思想路线，为全党、全社会和广大教育工作者提供了正确的世界观与方法论，使他们在思想上冲破了许多禁区，开始重新审视一系列重大的教育基本理论问题。在这种氛围下，教育理论界对教育本质，教育起源，教育功能与性质，教育与生产劳动相结合及人的全面发展，教育与社会子系统的关系，教育与政治、经济、文化、科技的关系，教育法学，教育政策等问题展开了深入的讨论和研究，以期恢复教育的本来面目，使全党、全社会更加重视教育和发展教育。这些问题的讨论和研究既有助于克服“左”倾思潮对教育理论的束缚，促进教育思想的解放，又为教育从为阶级斗争服务向为以经济建设为中心的社会主义现代化建设服务的转变提供理论上的支持，为教育改革实践提供了有益的指导，并由此产生了一大批新成果，丰富和发展了教育理论。

3. 教育学科建设得到了迅速发展

改革开放以后，教育科学在内部不断分化与综合，同时与其他相邻科学在内容和方法论上交叉与渗透，使我国教育科学的学科体系不断得到丰富和发展，从师范院校开设的几门非常有限的课程，拓展出几十个二级、三级学科。例如，元教育学、教育哲学、教育经济学、教育政治学、教育文化学、教育人类学、教育社会学、教育统计学、教育心理学、中外教育史、比较教育学、教育工艺学、教育法学、教育美学、教学论、各科教学法、课程论、德育原理、教育行政学和学校管理学等，逐步形成一个庞大的教育科学学科群。其中，一些老学科勃发出新的发展点，取得了新的研究成果。

例如，教育史的研究取得了一系列重要成果。中国教育思想史、中国近代教育史的研究都达到各自领域的新水平，中华人民共和国教育史和地方教育史的研究也有新的突破。教育心理学因其与教学改革关系密切，发展十分迅速。近年来运用实证性研究方法开展的大量实验研究，都取得了显著效果，初步建立起比较完整的教育心理学学科理论体系。一些新兴的分支学科得到完善。例如，德育研究在一些重要方面取得突破性进展，理论体系逐渐形成，产生了一批在全国有一定影响的德育教材和德育理论专著。高等教育学领域取得了一批创新性的成果，有力地推动了高等教育学学科体系的构建与发展。同时，艺术教育、体育教育、少数民族地区教育、贫困地区教育等边缘、交叉学科的研究也得到了加强。

4. 加强教育新理念的研究，促进教育观念变革

二十多年来，许多新的教育理论问题被列为各级规划课题进行研究。例如：围绕素质教育与人的全面发展、教育与新技术革命、科教兴国战略、教育与社会主义市场经济、知识经济与教育发展、加入世界贸易组织后教育面临的挑战、素质教育与课程改革、教育创新等教育问题展开了深入研究和广泛讨论。通过长期的学术讨论和研究，取得了多方面的成果，出版了大量反映教育新理念、探索教育规律的科研论著。这些成果在引导整个社会特别是引导广大教育工作者更新教育观念、提高理性认识等方面发挥了重要作用，产生了十分显著的社会效益。

二、重大问题研究为教育决策提供科学依据

教育部领导和全国教育科学规划领导小组一贯强调，要对教育改革和发展的重大理论问题和实践问题进行系统的、深层次的研究。二十多年来，教育科学研究工作认真贯彻这一指导方针，许多高水平的课题研究成果为教育决策提供了重要科学依据。

例如："八五"国家教委重点课题"全国不同地区普及九年义务教

育进展情况及发展水平的比较研究”课题组在1993年上半年，向国家教委有关司局提出建议，全国2000年实现基本普及九年义务教育地区的人口覆盖比例和初中入学率应由90%调整为85%；还协助有关司局重新测算和修订2000年普及义务教育的规划目标。1995年，课题组将关于我国九年义务教育发展规模预测及师资供求分析的研究成果提供给国家教委师范教育司，为我国制定师范教育发展规划起到了重要咨询作用。此外，课题中关于我国实现基本“普九”目标的教育资源不足与地区不平衡矛盾的研究，为缓解义务教育资源矛盾提供了对策建议，从而对改善我国九年义务教育发展的环境，推进义务教育发展作出了有价值的咨询。

又如：全国哲学社会科学“八五”规划国家重点课题“教育同生产劳动相结合的研究与实验”课题组，从文献资料研究、现状调查研究、基本理论研究、比较研究、历史经验研究、实验研究和对策研究七个方面进行了理论和实际相结合的研究。在认真总结我国教育与生产劳动相结合在中小学实施的经验和理论研究已有成果的基础上，针对当时普遍存在的问题，课题组专门提出了一份供国家教育决策部门参考的建议，即《关于促进中小学教育与生产劳动相结合的行动建议》。在《行动建议》中，对中小学教育与生产劳动相结合的地位、作用，中小学劳动技术教育的内容，建立健全劳动技术教育课程，建立劳动技术教育的操作体系，建立实施劳动技术教育的政策保障体系，积极探索中小学教育与生产劳动相结合新模式等重大问题，提出了具有鲜明特点的决策建议，得到了国家教委主要领导的重视。

再如：“九五”规划国家重大项目“21世纪初中国教育结构体系研究”，把教育结构体系放在教育发展全面适应经济、社会、科技发展和转变的全局中，并以建立终身教育体系为原则，提出了构建当代中国教育结构体系的指导思想和基本原则，所提政策建议及所绘制的21世纪初我国教育结构体系示意图等，对新世纪的中国教育改革具有重要参考价值。“十五”规划国家重点课题“学生体质健康标准研究”，根据我国学生体质的现状，参照国际上学生体质研究的经验，建立了以运动和健康素质为主体的评价指标体系。该课题制定的《学生体质健康标准（试行）》已由教育部、国家体育总局颁布并在全国执行。

我国教育改革和发展进入新世纪后面临的一系列重大问题，诸如农村教育，教育法规与教育政策，21 世纪人才观和人才评价，人才培养与教育制度创新，发展高校高新科技产业，高校后勤社会化，一流大学建设与国家创新体系建设，西部大开发与教育发展，人才培养模式变革与人力资源开发，加入世界贸易组织与我国教育发展，构建终身教育体系，教育现代化与人文精神，知识更新与基础教育课程改革，信息技术与教学——学习方式变革，教育公平与效率，文化多样性与学校德育改革，教师教育体制与方式的改革等都成为重要的研究项目。这些研究和探讨有力地促进了决策者同研究者之间的不断对话、沟通和理解，对提高教育政策制定的科学化、民主化、规范化水平，提高教育政策的效能，提高教育政策研究的理论水平和技术分析能力，都具有重要作用。

此外，一批课题紧紧围绕教育改革与发展的热点问题开展研究，如基础教育课程改革，民办教育，教育投资和资源配置，办学体制和教育管理体制，农村职业技术教育办学模式，流动人口子女教育问题等。其研究成果或被有关教育行政部门采纳，或为相关教育政策的制定提供了咨询，对教育立法、教育政策制定具有重要的科学价值。

历史经验证明，教育决策研究对教育发展和改革具有十分重要的意义。教育决策的正确与否，不仅影响当代，甚至影响到几代人。宏观决策的正确是事业发展和成功最重要的条件和因素，而宏观决策的失误则是最大的失误。因此，要高度重视教育科学研究为教育决策提供科学依据的作用。

三、教育科研有力地推动教育的改革与发展

教育科学是一门应用性、实践性极强的科学。教育改革和发展的实践是教育科研发展的土壤和动力，也是教育科学研究的主要内容。改革呼唤理论，实践需要科学。二十多年来，各级教育科研机构和大多数科研课题顺应时代的潮流，把研究工作植根于教育实践之中，使我国教育科研从整体上进入了源于实践、高于实践、服务实践、指导实践的健康发展轨道，在探索教育规律、推动教育改革、提高教育质量方面取得了显著成绩。

德育是教育改革和各级各类学校教育工作的重点，也始终是教育科研的重要内容。在邓小平关于加强社会主义精神文明建设的思想和江泽

民关于德育工作的一系列具体要求的指引下，大量的相关课题展开了全方位、多视角的实验与研究，一些重要成果被中央和各级教育行政部门采纳，在推进德育工作社会化、学校德育科学化和提高德育工作实效性等方面发挥了巨大的作用。如国家教委1995年正式颁发的《中学德育大纲》就是教育科研"六五""七五"规划课题的直接成果之一。"九五""十五"规划课题"整体构建德育体系"的研究成果也被写入教育部文件。

以素质教育为核心内容的研究自20世纪90年代中期开始成为教育科研的热点和重点，研究的内容比较广泛，包括素质教育的概念、内涵、时代意义等。到1999年第三次全国教育工作会议以后，对素质教育的认识和理解基本趋于统一，研究重点转向素质教育如何实施，主要涉及素质目标构建，素质教育的课程结构、教育教学体系，实施素质教育的途径、运行机制、办学模式、区域推进，素质教育的师资队伍建设、评价体系、考试制度改革以及对学生创新精神和实践能力的培养等问题。通过研究与实验，出现了一大批素质教育搞得比较好的有特色的学校和地区，推动了教育教学改革的深入，提高了教育教学质量。

基础教育领域各类教育实验开展得极为活跃，相继出现很多有广泛影响的研究范例和优秀成果。

例如，由华东师范大学叶澜教授负责的"九五"国家教委重点课题"面向21世纪新基础教育研究"在全国产生了很大的影响。叶澜教授从人的生命特征角度提出，"无论是教师还是学生都是以整体的生命，而不是生命的某一方面投入到各种教育活动中去的"，因此，教育对教师和学生都"具有个体生命价值"，要从"生命的层次，用动态生成的观念，重新全面地认识课堂教学，构建新的课堂教学观"，"让课堂焕发出生命的活力"。① 该课题正是从这种新的教育理念出发，设计学校教育活动的整体改革，重点是对小学和初中以及对语文、数学、外语、思想品德四门课程的教学改革和班级建设进行探索性研究；并在实验学校开展实验方案的设计。其实验结果突破了传统课堂教学模式，使学生（包括后进生）在课堂上都能主动学习，参与教学。通过师生互动，使课堂

① 《教育研究》，1994年第9期。

教学呈现动态生成、充满活力的新基础教育课堂教学模式。鉴于此项研究的成功，上海市教委和闵行区政府、教育局支持创建了新基础教育研究所和新基础教育实验学校。到 2000 年底，全国有 100 多所学校参加了实验。“十五”期间，叶澜教授又通过对新基础教育理论及其推广性、发展性研究，进一步在理论上取得突破，在实践上取得经验，为深化我国基础教育的改革提供了理论基础和实践经验。

围绕素质教育和新课程等开展的各类教改实验也取得了积极的成果，成为广大教师积极参与的群众性科研活动。

如顾泠沅的青浦数学教改实验、李吉林的小学语文情境教学法、卢仲衡的数学自学辅导教学法、张思中的外语教学法、邱学华的小学数学尝试教学法；还有小学语文的“注音识字、提前读写”，“集中识字、大量阅读、分步习作”，小学数学的“三算结合试验”，初中语文的“六步教学法”，“读读、议议、讲讲、练练”八字教学法，等等。这些实验研究由于在不同层面上揭示了教育教学的客观规律，又有很强的可操作性，受到广大中小学教师的欢迎，参与面和推广范围迅速扩大，在落实素质教育目标、促进教师素质和教育质量提高、促进学生全面发展等方面成效明显。

在此基础上，广大教育科研人员、学校教师对教育领域中的一些重要理论和实践问题开展了研究，出版了一批教育著作、学术论文和学术刊物，整理了一批教育资料，并以多种形式开展了学术交流和教育科学的普及活动。

四、教育研究价值取向与方法的转变

改革开放以后，我国教育科学研究发展的一个重要方面是价值取向与研究方法的演进。这是教育科学研究取得突破性进展的一个必要条件。对教育研究价值取向与研究方法的演进起主导作用的是中共十一届三中全会重申的坚持实事求是、实践是检验真理的唯一标准的马克思主义认识路线。

教育研究价值取向的重大转变主要表现在，更加注重探讨人在教育中的地位、人的发展的可能性和对健全人格的培养；更加注重教育政策的研究，特别是研究政策发挥作用的过程；更加注重问题研究，教育研究从“学科体系时代”转向“问题取向时代”，如新课程改革问题、教

师教育问题、素质教育问题等成为教育研究的重大问题。

教育研究方法也发生了重大的转变。

一是吸收和整合现代科学的研究方法。教育科学是一门综合性的科学。它与社会科学、人文科学、自然科学的许多学科都有着密切的关系。在教育科学研究中，根据教育实践的需要，不仅引进了相关学科的一些理论、原则，也引进了不少方法，使教育研究方法呈现出多样化、综合化、数学化的发展趋势。例如，教育管理学就把行政学研究法、财政学研究法及经营学和社会学等方法，综合运用于教育管理的研究上。在教育史学科的研究中，也开始有选择地运用人类学、社会学、政治学、人口学等方法。数学方法在教育科学研究中的运用范围越来越广。在我国教育科研中，无论是教育调查、实验和经验总结，都开始重视有关数据的收集，运用统计、测量等手段，并使定量分析与定性分析相结合。教育研究中定量分析的加强，不仅表现在数量上，还表现在研究对象的扩展和运用数学工具的多样化上。最初较多的是在教育规划、试卷评定、学生身体素质分析等定量指标较清晰、易确定的范围内运用，后来逐渐扩展到教育评价所涉及的模糊而复杂的系统研究上。同时，质的研究与量的研究有机地结合在了一起。教育研究经历了纯思辨研究、提倡和盛行量的研究、再度重视量的研究等阶段，现在又逐步趋向于强调质的研究与量的研究的结合，这是由教育现象的复杂性决定的。

二是行动研究法、未来研究法、跨文化研究法、内容分析法、因果分析法在教育研究上得到应用。尤其是行动研究法，在方法论上具有重要的意义，它对教育理论与教育实践的关系给予了一种全新的理解，打破了西方长期以来占主流地位的教育实践与理论关系的范式，不再把理论的产生和实际运用看成是可以相互分离的过程，而是在行动中将两者统一起来，以反思为中介，在理论与实践的辩证互动中寻求实践的改进和理论的发展。

三是在教育科研中广泛应用计算机等现代化技术手段，用以帮助观察对象、贮存信息、检索文献、处理数据等。教育科学研究从感官的直接观察到借助一定的仪器设备进行科学实验，再到电子计算机的应用。这是教育研究工具、手段的划时代的发展，大大提高了教育科研的效率和准确性。今后，计算机发展的生物化趋势将对教育科研产生更深刻的影响。

五、主要经验和问题

由于党和国家日益重视教育科研事业，在法律和政策上明确鼓励教育科研活动，建设教育科研机构和教育科研队伍，建立教育科学规划体制，从而推动教育科研在决策服务、学术建设和指导实践方面发挥了不可替代的重要作用，为我国教育的改革与发展作出了重要贡献。

改革开放以后的二十多年来，我国教育科研取得了突破性的发展，研究成果大量涌现。据2002年不完全统计，教育科研机构主办的公开期刊达130种，报纸24种，内刊达到900余种。全国前100位的100家出版社出版的教育理论和教育知识类图书达到9 582种。① 这从一个侧面反映出我国教育科研的繁荣局面。

二十多年来，我国教育科研取得了很大的成绩，也积累了重要的经验。

首先，坚持以马列主义、毛泽东思想、邓小平理论和“三个代表”重要思想为指导，坚持科学发展观。这是我国教育科学发展的一个最基本的经验。教育学学科在总体上属于社会科学，因此，坚持以马克思主义为指导尤为重要。实践证明，坚持了正确的指导思想，教育科学事业就能够繁荣发展；而背离了正确的指导思想，教育科学事业就要受到挫折。

第二，坚持解放思想、实事求是的思想路线。解放思想、实事求是的思想路线，是开创我国社会主义现代化建设新局面的思想保证，也是建设中国特色的社会主义教育体系，发展和繁荣我国教育科学的思想保证。在这个思想路线的指引下，党的“双百方针”在教育学术研究中得到了较好的贯彻，民主、和谐的学术研究氛围有了很大的发展。

第三，注重研究教育改革与发展中的重大理论和实际问题，为教育决策服务，为教育改革和发展实践服务。要针对教育改革与发展中的热点、重点和难点问题进行深入的探讨。在学科建设和教育科学研究工作中，应重视开展调查研究。在课题研究中，应加大应用性研究的比例。

---

① 全国教育科学规划领导小组办公室：《中国教育科学规划回顾与展望》，北京：教育科学出版社，2006年版，第503页。

参加研究的不仅要有教育理论工作者，还应有教育行政领导，特别是要吸收一线的校长和教师共同参与，以使研究取得更好的成效，为教育的宏观决策提供科学依据，并指导实际工作健康发展。

第四，坚持理论联系实际的原则。理论与实际相结合是开展教育科研活动的重要原则，也是教育科研成功的重要保证。教育科研的目的是解决教育实践问题，其重要任务是探讨教育实践中的新问题，总结实践经验，进行理论升华，指导新的教育实践。因此，教育科研工作者应树立实践第一的观点，坚持为教育实践服务，在任何情况下都不能离开教育实践。改革开放以后，教育理论工作者和实践工作者更加自觉地结合在一起，一些课题组成为了理论工作者和实践工作者相互依存、共同发展的科研共同体。特别是一批知名教授、专业理论工作者深入教改实践，发挥了理论研究的指导作用，提升了教育实践水平，也为理论的进一步发展奠定了基础。

第五，教师广泛参与，形成专兼职的研究队伍。教育实践是教育科研的基础，是教育科研的出发点和归宿。教育实践者是教育科研的主力。但长期以来，教育科研脱离教育实践，教育实践工作者不依靠教育科研或者不相信教育科研的作用的现象还没有得到根本扭转。为此，要在广大教育工作者中确立教育科研必须为教育实践服务，教育实践必须依靠教育科研的理念。广大教师的积极参与，为教育科研带来了丰富、鲜活的实践经验，也带来了教改前沿对教育科研的需求信息。中国教育科研的每一步发展和每一项成果，几乎都包含着广大教师的努力与贡献。而通过参与教育科研，大批中青年教师成长为教学骨干，成为学者型与专家型教师。实践证明，教育科研不只是教育科研专门机构的事，也是广大教育实践工作者的事。只有教育实践工作者积极参与教育科研，主动将科研成果运用于教育实践，教育科研才能得到真正的发展和繁荣。

第六，坚持继承、借鉴与创新相结合。改革开放以来，尤其是1985年《关于教育体制改革的决定》发布以后，广大教育科研工作者对各级各类教育的改革实验和各类问题的科学研究不断地掀起高潮，既创造了一批批新鲜的改革经验，也提出了一系列改革中的热点、重点课题。教育科研应注意从这些教育改革实践中总结成功的经验，不断充实、丰富教育理论。同时，教育科学研究也应注意吸收和借鉴国外成功的教育改革经验及先进的教育理论，及时地、有目的地研究国外相关的理论及政策措施，在教育改革的实践中主动创新，为发展和繁荣中国风格、中国气派的教育科研作出贡献，并在这个过程中，用我国教育改革的成就和教育科研成果，为世界的教育改革与发展作出应有的贡献。

总的来说，二十多年的教育科学研究，在指导思想、发展方向以及制定规划、选题等方面，注意根据进一步解放思想、改革开放的形势需要，努力把握教育改革与发展的基本趋势和热点、重点、难点问题，使教育科研与教育实际紧密结合，为科研兴教作出贡献。但是，我们也必须看到，教育科研工作在取得成绩和经验的同时，还存在着一些问题。从总体上看，我国教育科研还处于初级阶段，落后于自然科学研究，落后于文史哲等传统学科，落后于经济、管理等新兴学科。主要表现为对重大现实问题的研究力度不够大；理论与实践脱节的问题仍显突出，不同程度地存在着教育科研远离实践、远离基层等问题；虽然成果丰富，但有影响的精品力作还比较少；教育研究及其成果的原创性不够，低水平重复，研究方法的科学化水平有待进一步提高；课题成果的应用推广工作还需进一步加强。困扰教育科研发展的症结是多方面因素造成的，有体制障碍和投入不足的问题；也有传统文化的因素。

要改变这种状况，首先，要以科学发展观为指导发展教育科研。教育科研必须为促进教育的全面、协调、可持续发展服务。教育科研本身的发展也要以科学的即全面、协调、可持续发展作为评价标准，坚持基础研究、应用研究、开发推广研究并存，为教育学科建设服务、为教育决策服务、为教育改革实践服务并重。

其次，要进一步改善和加强教育科研管理，既要重视和抓好教育科学规划工作，形成教育科研中长期发展战略和年度建设重点，体现国家需要，发挥规划课题凝聚科研力量，引领科研发展方向，促进学术规范，扩大社会影响力的作用；又要以科学的发展观为指导，处理好基础研究和应用研究的关系，处理好规划项目和自主研究的关系，处理好优势学科和弱势学科的关系。同时，坚持人才为本、道德为本的管理思想，建立多元评价的科研指标体系以及一系列的科研管理制度。

第三，增强教育科研学术规范，提高研究质量。一是教育科研要借鉴国际上通用的学术规范，突出实证和创新，保证研究的科学性。二是要正确处理好规范性和多样性的关系。在强调学术规范化的同时，要在不失批判性的前提下兼容各种观点，根据研究问题的特点，采用不同方法开展研究。三是倡导实践性研究。这就要求教育理论工作者既要了解国际教育改革与发展的趋势，又要关注国内教育改革与发展的热点问题，密切结合我国教育改革中的重大理论与实践问题，致力于扎根本土的原创性的教育研究。应多开展校本“行动研究”，力图在教育实践中寻求科学研究的问题与方法。同时，思辨性研究仍有它的地位和作用，但是也要强调思辨性论文的针对性、现实性和创造性。四是建立一套教育科研成果的评价标准，对如何选题，如何研究文献，如何设计研究方法，如何收集和分析数据，如何表述研究结果等问题进行规范。

小　结

从 1992 年春邓小平发表南方谈话到 2004 年中华人民共和国成立 55 周年的 12 年，是我国社会主义教育改革与发展的新阶段。在这个阶段，我国教育实现了由为计划经济服务向为社会主义市场经济服务的第三次重大转变。到 20 世纪末，我国已经形成了中国特色社会主义教育体系的基本框架，并且取得了显著成绩和重要经验。

在这个阶段，我国在建设中国特色社会主义教育理论上取得了新的突破。

首先，确定邓小平理论和“三个代表”重要思想是我国教育改革与发展的根本指针。“三个代表”重要思想教育理论是“三个代表”重要思想的重要组成部分。“三个代表”重要思想教育理论，在马克思列宁主义教育理论、毛泽东教育思想，特别是邓小平教育理论的基础上，进一步科学地阐明了教育在建设中国特色社会主义和全面建设小康社会中的地位与作用，全面论述了我国教育改革与发展的一系列重大理论和实践问题，深刻揭示了我国社会主义教育的本质和发展规律，内容丰富，思想深刻，论述全面，构成了完整的科学体系，为我们正确认识和应对我国教育改革与发展的一系列重大问题指明了方向，提供了科学的理论和方法。

其次，基于对国际环境和基本国情的正确把握，以及对科技和教育战略地位的前瞻性思考，党中央继承和发展了邓小平“科学技术是第一生产力”、“尊重知识，尊重人才”等思想，不失时机地确定实施科教兴国战略和人才强国战略，重视发挥教育在现代化建设中的基础性、全局性、先导性作用，把人才资源作为最重要的战略资源。

在邓小平教育理论和“三个代表”重要思想教育理论指导下，党和政府绘就教育改革与发展的蓝图和总体规划，坚持科学发展观和以人为本的科学理念，进一步深化教育体制改革，即深入改革以往那种适应社会主义计划经济体制下高度集中的教育体制，逐步建立起适应社会主义市场经济体制、政治体制和科技体制的教育新体制，进一步增强了教育主动适应社会主义市场经济和社会发展的活力。

与此同时，教育系统加快依法治教进程，全面推进素质教育，坚持教育创新和科研兴教，不断深化教育教学改革，推动我国教育实现了跨越式的发展。这突出表现在两个方面：在基础教育方面，我国在20世纪末如期实现了“基本普及九年义务教育，基本扫除青壮年文盲”的宏伟目标。这是提高全民素质和实现中华民族伟大复兴的奠基工程。在高等教育方面，在质量得到基本保证的前提下，招生和在校生规模持续增加，高等教育实现了从精英教育到大众化教育阶段的飞跃。我国各级各类教育的迅速发展，提高了国民的素质，培养了大批人才，为国家的经济建设、科技进步和社会发展作出了重大贡献。

但是，我们也要清醒地看到，我国的基本国情是穷国办大教育，在今后相当长时期里还处在社会主义初级阶段和经济体制转轨的进程中。因此，教育的改革与发展还面临着许多困难、问题和挑战。我国教育的整体水平还落后于发达国家；教育的现状与经济社会发展的要求、与人民群众日益增长的教育需求还有相当大的差距。教育投入不足，区域间、校际间教育发展不平衡，人才培养结构还不能适应国际竞争和产业结构调整的要求，教育的质量水平和人才的国际竞争力需要进一步提升，教育体制和机制的不适应、不完善仍然制约着教育事业的发展。因此，我国要在激烈的国际竞争中立于不败之地，实现可持续发展战略和实现全面建设小康社会的总体目标，就必须加大教育投入，继续推进教育的改革与发展，不断提高教育的质量和水平，为实现我国社会主义现代化和中华民族的全面复兴作出新的贡献。

结束语

中华人民共和国自1949年成立至今（2004年）已经55年了。我国的社会主义教育事业，在中国共产党的领导下，在实践中不断探索，不断总结经验，不断改革发展，基本形成了中国特色社会主义教育体系的基本框架。

中国教育有悠久的历史。中华人民共和国的教育是中国悠久教育发展史上的飞跃，是最辉煌的篇章。在这个时期，中国创立了社会主义教育制度，劳动人民成为了教育的主人，教育规模在较短的时间内空前壮大，教育的功能日益适应经济发展和社会进步的需求，得到了充分发挥。

中华人民共和国的教育史是探索建设中国特色社会主义教育的创业史。旧中国是一个经济、文化都比较落后的人口大国，旧中国教育是文盲充斥、教育水平很低的半殖民地半封建的教育。在这样物质条件很差、教育起点很低的基础上建立起先进的社会主义教育制度，建设受教育人口最多的教育大国，在历史上无先例可循，这是非常艰巨的事业。中国共产党以大无畏的革命精神，领导全国各民族和广大教育工作者，将马克思列宁主义教育基本原理创造性地同中国实际相结合，经过长期探索，终于明确必须找出一条既符合教育规律又适合中国国情的建设中国特色社会主义教育的道路。

中华人民共和国的教育史是从中国实际出发，顺应时代潮流，与时俱进的改革史。中国正处于并将长期处于社会主义初级阶段，这是一个在改革中前进的历史阶段。改革是社会主义生产关系和上层建筑革除不适应生产力发展部分的自我完善，是社会主义初级阶段推动一切工作的动力。中共十一届三中全会后，我国逐步确立了教育优先发展的战略地位，广大教育工作者在中国共产党的领导下，对教育进行了系统的、全面的改革。随着教育改革的不断深入，教育事业得到了空前的发展，取得了举世瞩目的成就，也积累了丰富的历史经验。

主要教育成就

中华人民共和国成立55年来，我国社会主义教育事业在创建、发展和改革中取得了巨大成就。教育事业蓬勃发展，教育战略地位逐步得到确立，建成了高素质的教师队伍，培养了各级各类人才，为共和国的经济建设和社会发展作出了巨大贡献。

一、教育事业蓬勃发展，教育法制逐步完善

共和国建立后，经过半个多世纪的不懈努力，不仅建立起社会主义的教育制度，而且规模不断扩大，结构趋于合理，质量逐步提高，法规制度日臻完善，我国的社会主义教育事业得到蓬勃发展。

教育规模不断扩大。我国已从一个教育基础十分薄弱的国家，发展成为教育大国。建国初期，我国广大山区、牧区、少数民族地区、经济特别贫困地区的教育十分落后，办学条件非常差，“黑屋子（教室）、土台子（课桌椅）、泥孩子”是这些地区“学校”状况的真实写照。经过半个多世纪的艰辛创业，至2004年，全国正在接受各种形式教育的人口已超过3亿，全国各级各类全日制学校在校生已达到2.48亿人（1949年仅为2 578万人）。我国的基础教育规模是世界各国中规模最大的，并且在20世纪末实现了基本普及九年义务教育和基本扫除青壮年文盲的伟大历史任务。2004年，全国各类高等教育的总规模已达到2 000多万人（其中普通高等教育在校生为1 333.50万人，1949年仅为11.7万人），名列世界前茅，高等教育毛入学率达到19%，已跨入国际上公认的高等教育大众化的阶段。①

教育结构趋于合理，教育质量逐步提高。各级学校之间，高等教育的专科、本科、研究生教育层次之间的发展比例，经过多年的调整，比

① 教育部：《2004年全国教育事业发展统计公报》，2005年4月。

较符合我国的实际需要与国力，层次结构趋向合理。通过抑制盲目追求高层次，把发展重心放在基础教育，以及大力发展中等职业技术教育和高等职业技术教育，基础教育同专门人才教育、普通教育同职业技术教育之间发展比较协调均衡，专门人才教育中学科门类、专业结构比较适应经济建设和社会发展的需要。教学改革不断深入，教育教学水平逐步提高，现代教育技术广泛应用，各级各类教育的质量逐步提高。

教育法规和教育制度逐步健全，从强调政策调节到依法治教。1980年颁布的《中华人民共和国学位条例》，是建国以后由国家最高权力机关通过的第一部国家教育专项法律。此后逐步加快了立法进程。到21世纪初，我国已基本形成了以宪法所确立的教育基本原则为基础，以《教育法》为母法，以教育专门法规和行政教育法规为骨干，以教育规章和地方性教育法规、规章为主体的中国特色社会主义教育法律法规体系的框架，彻底结束了我国教育领域长期以来无法可依的历史。依据教育法律的规定，我国形成了包括学校教育制度、九年义务教育制度、职业教育制度和成人教育制度、国家教育考试制度、学业证书制度、学位制度、教育督导制度和学校及其他教育机构教育评估制度、扫除文盲制度在内的基本教育制度，从制度上奠定了终身教育体系的基础。

经过55年的创建和发展，我国的教育事业从小到大、从初级到高级、从失调到均衡、从无序到规范，现已建成同我国人口状况和经济社会发展水平相适应，符合教育发展规律的比较完整的社会主义国民教育体系，并为构建终身教育体系奠定了基础。

二、教育战略地位逐步得到确立和落实

建国55年来，教育在国家建设中的地位发生了巨大的变化。在相当长的一个时期里，我国对教育促进经济发展的作用缺乏足够认识，只重视了教育的上层建筑属性，对教育同经济相互促进的关系认识不够，只强调经济制约教育的一面，而忽视了教育是开发人力资源的根本，同时人力资源又可以促进经济发展和社会进步的一面。国家对教育投入长期不足，使不断增长的教育需求同长期投入不足的矛盾日益突出，严重影响了教育事业的可持续发展。这种状况到1982年后发生了飞跃性的变化。1982年，中共十二大把教育确立为经济建设的战略重点之一，教育在改革开放和现代化建设中占据了重要的战略地位。1985年，《中

共中央关于教育体制改革的决定》首次提出“教育必须为社会主义建设服务，社会主义建设必须依靠教育”的方针。1987 年，中共十三大进一步提出，百年大计，教育为本。必须把发展科学技术和教育事业放在首要位置，使经济建设转到依靠科技进步和提高劳动者素质的轨道上来。这表明，我国对教育在国家经济社会发展中的战略地位的认识在不断深化，并从此开始走上经济与社会协调统筹发展的轨道。1995 年，《中华人民共和国教育法》进一步明确规定：“教育是社会主义现代化建设的基础，国家保障教育事业优先发展。”从此，确立了教育在社会主义现代化建设中优先发展的战略地位。1995 年，国家决定实施“科教兴国”战略。21 世纪初，党中央决定实施“人才强国”战略，并将此作为国家的基本国策。教育不仅在理论上成为战略重点，为全社会所认同，而且落实为全社会支持教育、发展教育的实际行动。

——各级政府和社会各界加大了对教育的投入，不断改善教育的经费来源状况。在政府投入逐步增长的前提下，建立以国家财政拨款为主，辅之以征收用于教育的税费、收取非义务教育阶段学生学杂费、校办产业收入、社会捐资集资和设立教育基金等多渠道筹措教育经费的体制，促进了教育经费的持续增长。

——各级政府在制定经济社会发展规划时，都日益重视将教育发展规划作为重要的组成部分，使教育事业发展处于当地经济社会发展的优先地位。

——社会各界主动积极关心教育，广大群众热心教育，积极捐资助学。各民主党派、各人民团体、人大代表、政协委员每年都在人大、政协会议上提出许多关于发展教育的提案、意见、建议，有力地促进了教育优先发展战略地位的落实。

——办学主体多元化。初步改变了长时期基本上由政府一家办学的格局，使社会各方面办学的积极性变为办学的行动，社会力量办学迅速发展，有力地推动了教育事业的全面发展。

教育优先发展的战略地位正在逐步深入地得到贯彻落实。落实教育优先发展的战略地位和实施科教兴国战略，并在全国形成共识、化为行动，这是我国教育事业顺利发展的根本保证。在社会主义现代化建设的总体战略布局中，确立教育优先发展的战略地位，这是新中国 55 年教育发展史上对教育本质和功能认识上的飞跃和理论突破，是对社会主义建设规律认识上的飞跃，而且已在我国社会经济发展中发挥巨大作用。

三、建成一支适合我国教育发展需要的教师队伍

百年大计，教育为本；教育大计，教师为本。这里所讲的教师应该作广义的理解，其中包括专任教师（这是主体）、政工人员（这是中国特色的教师）和各级教育管理人员。这三者是统一的整体，缺一不可。教师是教育生产力中最重要最关键的组成要素。有了稳定的教师队伍才有可持续发展的教育事业，有了高素质的教师队伍才有高质量的教育成果。建国55年来，我国已建成数量足够、质量合格、献身教育事业的稳定的教师队伍。他们是支撑我国庞大教育事业的中坚力量，是维持教育事业可持续发展的根本保证。

1. 教师队伍由小到大，日趋稳定

建国之初，我国的专任教师队伍很弱小。1949年只有高等学校教师1.6万人，中等学校（含中等职业教育）教师8.3万人，小学教师83.6万人，三级教育教师总和只有93.5万人，连当时规模很小的教育事业的需要都满足不了。建国55年来，国家采取了一系列应急的和长远的有效措施，大力发展师范教育，加强教师队伍建设。到2004年，已有高等学校教师85.84万，中等学校（含中等职业教育）教师532.54万，小学教师562.89万。① 专任教师总规模达到1 249.99万，建成了世界上最庞大的教师队伍。由于国家采取了一系列尊师重教的政策、措施和颁布了《教师法》，教师的工资待遇提高，生活和工作条件改善，社会地位受到尊重。曾一度发生的教师大量流失的现象已一去不复返，教师队伍长期保持稳中有升的势头，基本上适应了各个时期各级教育的需求。

2. 教师整体素质不断提高

振兴民族的希望在教育，振兴教育的希望在教师。国家始终把提高教师素质、大力发展教师教育作为发展教育的战略措施。主要举措有：颁布中小学教师职业道德规范，加强对在职教师师德教育，加强师范院校的德育工作，提高新任教师思想道德素质；建立健全中小学教师培养

---

① 教育部：《2004年全国教育事业发展统计公报》，2005年4月。

体系和在职教师的培训网络，不断提高教师的教学水平；实行中小学教师考核合格证书制度和贯彻教师资格条例，对政治、业务素质不合格的教师进行调整，对文化业务水平不高的教师加强培训、提高；加强中小学校长培训工作，实行持证上岗制度；在部分高等学校开设思想政治专业，培养学校的思想政治教育的专门人才。通过坚持不懈的教师队伍建设工作，我国的教师整体素质有了明显提高。小学、初中和高中的专任教师学历合格率分别由 1978 年的47.1%、9.8%、45.9%，提高到 2004 年的98.31%、93.75%、79.59%。①

3. 初步建成教师教育的新体系

教师教育是教育事业发展的工作母机。进入 21 世纪，我国教师教育面临着新的任务，即基本实现了普及九年义务教育的历史任务后需要进一步巩固成果和提高水平，大力发展高中阶段教育，面对国际上人才资源的激烈竞争，要尽快造就数以千万计的专门人才和一大批拔尖创新人才。新的任务对教师的数量和质量都提出了新的更高的要求。为了适应新形势、新任务，使教育事业的发展与时俱进，国家构建了教师教育的新体系。教师教育体系走向开放，开始构建以高等师范院校为主体，其他高等院校共同参与的教师教育体系。目前，已有 300 多所非师范类高等学校举办了师范类专业，承担培养教师的任务。为了适应各级学校教师学历合格层次逐步提高的新要求，师范院校也相应地提高办学层次，即大力发展本科层次，调减专科层次，合理收缩中等师范层次，教师培养基地已经从三级师范向二级师范过渡。对现有在职教师进行有计划的全员培训，提高教师整体素质。推进中小学教师继续教育工程，突出培养各级骨干教师、学科带头人。在高等教育，通过实施“高层次创造性人才工程”和“长江学者奖励计划”等一系列优秀人才培养计划，推动了高校高层次拔尖人才和骨干教师队伍建设，取得了显著成效。

四、教育有力地促进了经济和社会的发展

社会主义教育的根本作用，就在于通过它所培养的一代又一代又红又专的社会主义新人，为建设中国特色社会主义服务，为经济和社会的发展服务。衡量任何学校工作的根本标准是培养人才的数量和质量；衡

① 教育部：《2004 年全国教育事业发展统计公报》，2005 年 4 月。

量整个教育工作的标准是提高全民族的素质，多出人才、出好人才，促进社会主义物质文明和精神文明建设。建国后，55年来进行了社会主义教育建设，提高了全民族的素质，培养出大批在社会主义建设中作出贡献的人才。这是55年教育建设取得的根本成就。

1. 提高了全国人民的科学文化水平

建国前，我国的文盲占全国人口的80%，学龄儿童入学率只有20%，全国各级各类教育在校生仅占全国人口的5.6%。整个国家的国民素质较低。经过55年的教育发展，现在全国文盲率已降至14%以下，青壮年文盲率已降至5%以下。我们可以自豪地宣布，在中国，文盲充斥的历史已一去不复返了。学龄儿童入学率达到99%以上，已基本实现了普及九年义务教育的宏伟目标。共为国家建设输送了4.6亿具有初、高中文化水平的劳动者，使全国人口平均受教育程度达到8年以上，从而提高了全民族的科学文化素质。

2. 培养出大批高级专门人才

旧中国的教育十分落后，各级建设人才严重匮乏。据统计，从1912年到1948年的36年间，全国共培养大学毕业生21.08万人。建国之初，1949年只有大学毕业生2.1万人（其中研究生只有107人），中等专业学校毕业生7.2万人。

建国55年来，我国高等教育和中等职业技术教育有了飞速发展，培养高、中级专门人才的能力大大增强。2004年全国共有普通高校毕业生254.2万人，其中研究生15.08万人，本科生119.63万人，高职（专科）119.49万人。职业高中毕业生125.56万人。① 55年来，共为国家建设输送了高、中级专门人才8 700多万，扭转了高层次人才极度匮乏的局面，基本上适应了我国社会主义建设对人才的需求。现在，国民经济建设各部门的各级骨干绝大部分是我们自己的学校培养出来的，这为国家经济社会发展提供了较充足的人才支持。

3. 促进了自然科学和社会科学事业的发展

高等学校担负着培养高级专门人才和发展科学技术文化的重大任务。55年来，我国高等学校的科研力量逐步增强。高等学校承担的国

---

① 教育部：《2004年全国教育事业发展统计公报》，2005年4月。

家自然科学基金项目占70%以上，其中重点项目达一半左右；承担国家“863计划”项目30%以上；承担国家社会科学规划和基金项目历年都占项目总数的60%以上；高等学校在国内外发表的重要论文数占全国发表论文总量的60%以上。高等学校已经成为我国科技创新特别是基础研究领域的生力军。高等学校在高新技术产业化和哲学社会科学成果应用方面作出了突出贡献。高等学校已创办科技型企业2 000多个，控股与参股的上市公司30多家，已建立国家级大学科技园22个，涌现出北大方正、清华同方、东软集团等多家高新技术企业，开发出许多重大科技新产品。高等学校哲学社会科学工作者深入研究改革开放和社会主义现代化建设中的理论问题和实践问题，在发展先进文化、服务“两个文明”建设、为政府和企业提供决策咨询、促进国家经济社会发展方面，发挥了“思想库”和“智囊团”的作用。高等学校依仗不断增强的科研实力，为我国独立自主地进行科学技术开发和解决社会主义现代化建设中的重大理论问题和实践问题作出了重大贡献。

五、积累了丰富的建设社会主义教育的经验

建设中国特色的社会主义教育是史无前例的创举。只有依据马克思主义教育基本原理，结合中国的教育实际，发扬优秀的历史传统，吸取世界各国的有益经验，在实践中不断探索前进，才能达到预期的目的。半个多世纪以来，在中国共产党的领导下，广大教育工作者边实践、边总结、边前进，经过艰辛的努力，不仅使社会主义教育事业得到巨大发展，而且积累了丰富的经验。这是共和国教育继续改革和发展的宝贵财富。

重要历史经验

建国55年来，我国的教育经历了曲折的发展历程，为进一步发展社会主义教育事业积累了丰富的经验。我国教育总的发展水平仍然较低，还处于向科技教育比较发达的目标迈进的历史过程之中。要达到更高的发展目标，我国教育的改革与发展还任重而道远。为了今后始终坚持教育的社会主义方向，巩固教育优先发展的战略地位，推动社会主义教育不断改革和发展，应当善于借鉴建国以来我国建设中国特色社会主

义教育的宝贵历史经验，从中吸取营养和智慧。

一、必须坚持以马克思列宁主义为根本指针

建设中国特色社会主义教育事业，必须以马克思列宁主义为指导。只有坚持以正确的理论为指导，才能把握教育改革与发展的方向，使教育事业沿着正确方向不断前进。建设中国特色社会主义教育事业，发展面向现代化、面向世界、面向未来的民族的科学的大众的教育，必须以中国化的发展中的马克思主义，即毛泽东思想、邓小平理论和“三个代表”重要思想为根本指导思想。中国化的马克思主义是制定中国社会主义教育方针、政策的理论依据，是指导社会主义教育建设各项工作的行动指南。这是全国各族人民和广大教育工作者积55年的教育建设实践，获得的最重要的经验。共和国建立以来的历史证明，坚持了正确的指导思想，教育事业就发展、前进；反之，教育工作就要遭到挫折、受到损失。毛泽东教育思想、邓小平教育理论和“三个代表”重要思想教育理论是一脉相承的，其内涵十分丰富而深刻，其中关系到教育全局的教育战略指导思想主要有：

1. 关于教育方针。制定并不断完善具有长远指导意义的党和国家的教育方针，是毛泽东教育思想、邓小平教育理论和“三个代表”重要思想教育理论中教育战略指导思想的集中体现。教育方针明确了教育同政治、经济、文化和社会的关系，规定了教育的宗旨和服务方向。教育方针强调教育必须与生产劳动和社会实践相结合，指出了培养全面发展新人的教育要同社会生产力的发展、社会全面进步的实践结合起来。教育方针规定了教育的培养目标，明确了社会主义现代化建设对建设者和接班人的要求以及评价教育工作成败优劣的标准。党和国家的教育方针，过去是现在仍然是指导我国教育改革和发展的根本方针。要全面贯彻党和国家的教育方针，就必须实现教育观、人才观的深刻变革，坚持不懈地克服传统教育观念的消极影响，坚决纠正长期阻碍深入贯彻教育方针的“应试教育”倾向。这需要全社会的共同努力。

2. 关于加强思想政治工作。这是中国特色社会主义教育的政治优势。其主要内涵有：思想政治工作是经济和其他一切工作的生命线；为什么人的问题是一个根本的问题，要全心全意为人民服务；思想政治工作，各个部门都要负责任，共产党应该管，共青团应该管，政府主管部

门应该管，学校的校长、教师更应该管；学校应该永远把坚定正确的政治方向放在第一位，在建设物质文明的同时，大力加强精神文明建设，做到“两手抓”，“两手都要硬”；越是改革开放，越要加强思想政治工作。加强思想政治工作是我国教育史上最重要的经验之一。

3. 关于教师队伍建设。教师是教育战线的基本群众，是教育事业发展和改革的主要依靠力量。教育工作的成败得失同能否很好地依靠教师有密切关系。这是为我国教育发展史所一再证明了的重要经验。在建设教师队伍的过程中，要强调人民教师忠诚党的教育事业，教师要在教育同生产劳动的结合中同工农相结合，同时，通过学习马克思主义、学习社会和工作实践，树立无产阶级世界观，走又红又专的道路。在社会主义现代化建设时期，要特别突出强调“尊重知识，尊重人才”，强调理论联系实际的学风，强调贯彻“百花齐放、百家争鸣”的方针，使学术得到繁荣和发展。

4. 关于“两条腿走路”方针。要充分发挥中央和地方两个积极性，调动一切积极因素发展社会主义教育；要多种形式办学，实行统一性与多样性相结合，普及与提高相结合，全面规划与地方分权相结合的两条腿走路的办学方针；教育事业决不只是教育部门的事，各级党委要认真把它作为大事来抓，各行各业都要来支持教育事业。

5. 关于教育的战略地位。确立教育在社会主义现代化建设中优先发展的战略地位，是邓小平教育理论的核心。经济是中心，科技是关键，教育是基础，整个教育事业必须同国民经济发展要求相适应，这是确立教育优先发展战略地位的理论基础。落实教育战略地位的关键是各级领导要重视教育，并善于领导教育，充分发挥教育的全面社会功能来为社会主义现代化建设服务。忽视教育的领导者，是缺乏远见的、不成熟的领导者，就领导不了现代化建设。发展教育事业不增加投资是不行的，要加大教育投入，实施科教兴国的伟大战略。

6. 关于教育的改革和开放。教育要面向现代化、面向世界、面向未来，是邓小平教育思想的精髓，是建设中国特色社会主义教育的战略方向，也是现阶段进行教育改革和发展的指导方针。教育要为社会主义现代化建设服务，教育要与国民经济发展的要求相适应，不但要看到近期的需要，而且必须预见到远期的需要，必须充分预见到现代科学技术的发展趋势。因此必须对教育思想观念、教育体制、教育结构、教材内容等进行必要的改革。要不断推进教育创新，要实行依法治教。教育要面向世界就必须实行对外开放政策，要有敏锐的世界眼光，吸取一切民族的长处，吸收和借鉴人类社会一切有益的文明成果。

二、必须确立教育在社会主义现代化建设中的战略地位

事物的地位是由其在系统中所起的作用而决定的。有人表述为“有为（作出贡献）才能有位（地位），有位才能更好地有为”，这是实践经验的总结。教育的本质和功能决定了教育在社会主义建设事业中应有的地位。必须正确地确立教育在经济和社会发展中应有的地位，才能促进教育的作用得到充分发挥。我国的教育实践从正反两方面印证了这个重要经验。

我国对教育历来是比较重视的。但在20世纪70年代以前，由于对教育本质和功能的认识不够全面，对教育为经济建设服务的功能认识不够，使得教育在整个国民经济计划中处于边缘地位，教育经费长时期得不到应有的保证。“一工交，二财贸，有了剩余给文教”的国家财政分配格局，使教育长期处于经费短缺、发展滞后的被动局面。教育没有“位”，妨碍了教育更好地“有为”。在这种情况下，政治（运动）可以冲击教育，经济也可以挤压教育，使教育发展受到严重损失。

中共十一届三中全会以后，随着党的工作重点从以阶级斗争为纲转移到以经济建设为中心的轨道上来，经济增长方式由粗放型经营向集约型经营转变，党和国家对教育本质与功能的认识逐渐深刻和全面。社会主义现代化的关键是科学技术现代化，科学技术是第一生产力，科学技术人才的培养，基础在教育。这些新的思想逐渐成为全党、全社会的共识，教育才开始成为国家经济建设的战略重点，上升到“百年大计，教育为本”的突出地位，再到实施科教兴国战略的教育优先发展的战略地位。由于有了高度的战略地位，教育得到了国家的高度重视和社会的大力支持，教育才有了空前的大发展，也才为社会主义建设作出了更大的贡献。

确立教育应有的战略地位的重要性和必要性，已为世界各国特别是发达国家的发展史所证明。从总体上说，我国已确立了教育优先发展的战略地位，但这种地位还没有完全落实到位，还有待进一步巩固和加

强。要真正落实教育的战略地位，首先要加强领导。其次，各级政府必须履行自己的职能，为优先发展教育提供必不可少的基本保证，依法增加教育投入，这是落实教育战略地位的根本措施和重要标志。必须扭转长期以来不少地方不执行国家关于增加教育投入的决定的不正常局面。中共中央、国务院及《教育法》早有关于各级财政对教育拨款增长比例的规定，但有些地方至今仍基本上没有兑现。第三，教育自身要深化改革，用“有为”来巩固“有位”。要坚持教育必须为社会主义现代化建设服务的方向，为提高全民族的素质、为多出人才出好人才、为科技创新和经济发展、为精神文明建设多作贡献。必须坚持教育与生产劳动相结合的方针，加强教育与经济和社会的联系，实行经（农）科教结合，发展产学研合作，使教育不仅通过培养人才而且直接为经济和社会发展服务，使受教育者成为全面发展的合格的建设者和接班人。

落实教育优先发展的战略地位是实施科教兴国战略和可持继发展战略的基础，是实现中华民族伟大复兴的必由之路，是一个艰巨而又长期的历史过程，必须全党重视，坚持不懈地努力。各级党委和政府都要把落实教育战略地位作为大事来抓，各行各业都要支持教育事业。广大教育工作者要为巩固和加强教育优先发展战略地位不断作出更大的贡献。

三、必须按教育规律办事

教育是社会的重要组成部分，是一种培养人的复杂的社会活动，它同政治、经济、文化有着密不可分的互动关系。教育不能脱离政治、经济和文化，但教育有自身的发展、运行规律，办教育必须按教育自身的规律办事，不能违背教育规律，也不能照搬社会上别的系统的规律。我国社会主义教育发展史中的基本经验之一，就是必须按社会主义教育的基本规律办事。否则，教育事业必将出现偏差甚至造成严重损失，这已经为历史事实所证明。

按教育规律办事就是要处理好教育系统内外诸方面的关系。教育同系统外部的关系，即教育同政治、经济、文化等的关系，主要是教育同经济的关系；教育系统内部的关系，即教育系统内诸因素之间的关系，如德育、智育、体育之间，师生之间，各级各类教育之间，教育内容同教育方法、教育手段之间，学校教育同家庭教育、社会教育之间等方面的关系。

1. 教育同系统外部的关系。教育同系统外部的关系，概括地说，就是教育必然受经济、社会的制约，必须适应并能动地促进经济、社会的发展。中共十一届三中全会决定将党的工作重点转移到经济建设上来之后，逐步明确了教育同经济的关系，即教育必须为社会主义建设服务，社会主义建设必须依靠教育。这是教育同经济关系的本质的反映。按教育规律办事就必须处理好“服务”同“依靠”的关系。一方面，教育必须主动服从、服务于经济建设这个中心，为社会主义精神文明建设服务；另一方面，经济建设必须转到依靠科技进步和提高劳动者素质的轨道上来，并为教育事业的发展提供必要的经费保障。

2. 教育系统内部的关系。教育系统内部的关系，概括地说，就是教育必须遵循受教育者身心发展的特点和规律，促进受教育者的身心得到和谐发展。社会主义教育的目的是培养德、智、体等方面全面发展的社会主义事业的建设者和接班人。因而，在教育内部的关系上主要是要解决好培养什么样的人和怎样培养人的问题。从实践的情况看，我国社会主义教育建设中应当处理好以下几个方面的问题：

一是正确处理德育和智育的关系。社会主义教育必须通过德育、智育、体育、美育培养全面发展的人。在培养过程中要正确处理好德育、智育、体育、美育之间的关系，特别是德育和智育的关系。要防止出现只抓某一方面而忽视甚至妨碍另一方面的问题。我国一贯强调又红又专，强调永远把坚定正确的政治方向放在第一位，既反对不懂业务的空头政治家，也反对迷失方向的实践家。遵循这个原则，我国教育培养了一代又一代的“四有”新人。回顾我国55年的教育历程，在处理德育和智育关系的实际工作中曾出现过两种不良倾向。一种是把德育同智育对立起来，把学生用功读书视为走“白专道路”加以反对，或把德育强调得不适当，认为搞政治活动可以冲击正常的教学活动；另一种是重智育、轻德育，强调教学任务压倒一切，只注意引导学生埋头读书，不注意引导学生关心政治和培养良好的政治思想道德素质。这两种倾向都导致学生不能全面发展的严重后果，必须永远引以为戒。

二是正确处理发展数量和提高质量的关系。为了适应社会主义建设的需要，教育事业必须随着经济的发展而发展。但发展要符合客观规律。衡量教育工作的根本标准是培养各级各类合格人才的数量和质量。

发展教育要从实际条件出发，实事求是，不能盲目追求发展的速度和规模，更不能用牺牲质量要求来发展数量。我国历史上曾有过数次超过了国民经济的支撑能力，超过了学校师资和设备的承受能力，盲目追求教育发展的高指标，导致不少学校的师资、设备、校舍等必要条件得不到起码的保证，教育质量严重下降，不得不进行调整，造成教育发展的大起大落，结果欲速而不达。实践证明，教育的发展必须根据需要与可行性的统一，在保证质量的前提下积极发展数量。教育的发展还要做到教育内部各级各类教育之间协调发展，使各级教育之间在不同发展时期保持合理的比例关系，使各类教育之间形成互补的和谐发展，避免发生上下脱节、左右掣肘、影响教育正常发展的弊端。

三是正确处理继承同改革开放的关系。教育是全人类最广泛、历史最久远的社会活动之一。它伴随着人类的产生而产生，伴随着社会的发展而发展。每一个时代的教育固然都具有那个时代的特征和统治阶级打下的烙印，但都同以往的教育有着传承接续的关系，并在传承的同时，努力改革教育中不适应时代发展要求的东西。教育改革是经济和社会发展的必然要求，是推动教育发展的动力。教育有很强的继承性，改革必须在继承的基础上进行，不能割断历史，不能全盘推翻以往的教育，要处理好继承同改革的辩证关系。我国历史上曾出现过两种不良倾向，要引以为鉴。一种是一味否定过去，对传统经验一概排斥，大破却不能大立，结果造成教育秩序混乱，教学无法正常进行，给教育事业造成严重损失。一种是受传统教育思想观念的影响和束缚，不考虑当前社会的实际需要，因袭守旧，迈不开改革的步伐，结果束缚了教育的发展，影响了培养目标的实现。无论是固守传统、不锐意改革，还是摒弃优良传统、盲目改革，都是不可取的。

教育是全人类都在进行的一种社会活动，教育活动自身有着普遍起作用的教育规律。各国的教育除具有各自的特色外，也有许多共性的东西。尤其是知识体系、教学过程、教育手段以及先进的教育思想理论等，都是前人长期实践和智慧的结晶，是全人类共同的宝贵教育资源。这些都是可供我国借鉴的。当今世界是开放的世界，教育必须面向世界实行开放政策，博采各国之长，“洋为中用”，以利于我国教育事业的迅速发展。但学习别国经验一定要有分析、有鉴别、有选择，特别是要符合中国国情，结合中国实际，切不可照抄照搬，更不能崇洋媚外。

四、必须加强党对教育事业的领导

中国共产党是中国人民的领导核心。没有这样一个核心，社会主义事业就不能胜利。社会主义教育事业是整个社会主义事业的一个重要组成部分，只有加强党对教育工作的领导，才能坚持正确的政治方向，保证党的教育方针、政策的全面贯彻执行，充分发挥教育在社会主义建设中的作用，为社会主义现代化建设作出应有的贡献。这是为历史所证明了的真理，是我国教育发展史上最重要、最基本的经验之一。55年的教育历史经验证明，无论是要从全局上解决教育的指导思想、战略地位问题，还是要把党的教育方针、政策、决定、指示真正落实到基层，都离不开党的领导。特别是实行党委领导下的校长负责制的高等学校如何加强党的领导和党的建设，是共和国教育一条非常重要的经验。在共和国教育历史上，曾经因为"左"的指导思想的影响，有些学校发生党委包办一切、党政不分、党的各级组织都实行"一元化领导"的不正常现象，严重影响了学校行政部门的积极性，而党委应该管的思想政治工作反而削弱了。至于"文化大革命"期间"踢开党委闹革命"造成的极端无政府主义状况，给国家、学校带来巨大损失的悲剧更是绝不能重演。中共十一届三中全会后，各级各类学校尤其是高等学校普遍重视了学校党的建设，从政治上、思想上、组织上加强了党的领导。

政治上的领导，就是要保证党的路线、方针、政策的全面贯彻落实，保证办学的正确方向。学校党委要确立政治领导核心的地位，统一领导全校的工作，保证学校工作坚持社会主义的方向，正确贯彻党的教育方针，保证培养社会主义建设人才的合格质量，保证学生德智体全面发展。要正确贯彻党的知识分子政策，调动教职工的工作积极性。要贯彻党的统一战线政策，团结各民主党派和党外人士合作共事。要贯彻"双百"方针，繁荣科技学术。要保证学校的一切工作都符合国家的法律法规，要反腐倡廉，遵纪守法，杜绝违法乱纪行为的发生。

思想上的领导，就是要用马克思主义、毛泽东思想、邓小平理论和"三个代表"重要思想武装全体党员和全校师生，加强学校思想政治工作，保证思想上的统一。要对复杂的社会政治形势保持清醒的头脑，时刻警惕西方敌对势力对我"西化"、"分化"的图谋，抵制意识形态领域的资产阶级自由化思潮对青年学生的侵蚀，提高学生的政治思想和道德素质，提高学生抵御资产阶级腐朽思想的能力。要引导学生关心国家大事，愿意为社会主义建设、为人民服务，好好学习，自觉成长为“四有”新人。在学校中要确立马克思主义的领导地位和巩固马克思主义的思想阵地，把学校建成精神文明建设的辐射园地。

组织上的领导，就是坚持从严治党、党管干部、党要协调各方关系的原则。要加强自身建设，使党组织发挥战斗堡垒作用，每个党员发挥先锋模范作用。要组建好各级领导班子，选拔、培养、使用好干部，使领导权真正掌握在马克思主义者手中。要强调懂教育的内行领导教育工作，加强对干部的教育和监督。特别要注意发挥校长和行政机构的作用。要加强对共青团、工会等组织的领导，特别要充分发挥共青团组织的先进作用。

五、必须实行统一性和多样性相结合

中国不仅是一个幅员辽阔、人口众多，各地经济、文化发展不平衡的发展中国家，而且是多民族的城市和农村发展极不平衡的社会主义国家。中国的教育改革和发展必须从中国的实际出发，符合中国的国情，不能搞“一刀切”。为了更好地贯彻教育必须为社会主义服务的总方针，全国各级各类学校必须坚持社会主义办学方向和中国共产党对教育事业的领导，必须贯彻党和国家的教育方针、政策，这是对全国教育事业的统一要求；与此同时，还要从各地区、各民族教育事业发展不平衡的实际情况出发，因地制宜，拟定不同的教育发展战略、发展规划和发展步骤，实施切实可行的教育改革和发展方案。

为了使全国各地区、各民族的教育从各自的实际出发，共同发展，提高全国教育的整体水平，国家实行了统一性和多样性相结合的原则，区别对待，重点扶植，取得了成功的经验。

关于实行九年制义务教育，《中共中央关于教育体制改革的决定》明确规定：“由于我国幅员广大，经济文化发展不平衡，义务教育的要求和内容应当因地制宜，有所不同。”还把全国划分为三类地区，各地区可以根据不同情况，制定本地区推行九年制义务教育的步骤、办法和年限。到20世纪末，各地都按各自的规划实现了既定目标，推动了全国九年制义务教育的顺利实施。

农村教育方面，长期以来，我国实行的是农村同城市基本一样的教育制度和教育内容，很不适应农业生产、农村建设和农民致富的需要，使农村教育远远落后于城市教育，农村成为全国普及教育的难点和重点。20 世纪 80 年代，我国进行了农村教育综合改革试验，把农村教育同城市教育区别对待，提出农村教育要转向，要以为当地经济建设和社会发展服务为主，探索出适合农村教育发展的"农科教结合"和"三教统筹"的改革途径，实施"燎原计划"，大力发展农村职业技术教育，取得了很好的效果。进入 21 世纪，国务院专门召开了农村教育工作会议，制定了向农村教育倾斜的优惠政策，把农村教育列为普及教育的"重中之重"，加大扶持力度，发展和改革农村教育已成为解决"三农"问题的一项战略性举措。

民族教育方面，我国是一个统一的多民族国家，由于历史原因，各民族之间经济、文化发展极不平衡。为了有效地发展民族教育，国家采取了统一性和多样性相结合的方针，实行因地制宜、量力而行、各按步伐、共同前进的原则。明确民族教育必须为民族地区经济建设服务。为了更好地贯彻国家的民族政策，正确对待民族地区文化传统，正确处理传统同发展的关系、教育同宗教的关系，国家制定了帮助少数民族地区加快发展教育的特殊政策。历史已经证明，发展民族教育采取统一性和多样性相结合的方针，从理论上到实践上都取得的巨大的成功。

回顾 55 年建设中国特色社会主义教育的光辉历程，我们完全有理由为取得的非凡成就而自豪。但我们也应清醒地看到，目前我国教育总体水平还是偏低的。我国人口占世界总人口的20%以上，而我国的教育投入只占世界教育总投入的1%；我国教育投入占国内生产总值的比重，比发展中国家的平均水平还低；我国各级学校教师的合格学历要求水平也是偏低的；我国人口平均受教育年限只有 8 年，仅相当于一个世纪前美国达到的水平。这些因素将制约教育总体质量的提高。教育要赶上世界先进水平，还任重而道远。

展望未来，我国教育要开创全面推进素质教育、提高创新人才培养质量的新局面。教育工作者要再接再厉，深化改革，科学发展，为我国从人口大国迈向人力资源强国作出新贡献。

建设中国特色社会主义教育的历史还在发展。作为中华人民共和国

55 年教育的亲历者、实践者，也是受益者和见证者，我们有幸能把 55 年新中国教育走过的道路、创造的成就和取得的经验，如实地、全面地介绍给国人，使人们能够进一步了解国情，从中吸取爱国主义和社会主义教益，同时使广大教育工作者有所借鉴、受到启迪，为继续创建中国特色社会主义教育的美好明天而奋勇前进。为此，我们感到无比的欣慰！

衷心地祝愿我国的教育明天更美好！

衷心地祝愿伟大的社会主义祖国明天更美好！

附 录

一、国家教育行政机构沿革

(1949.10～2004.12)

(一) 教育部的机构与职责

(1949.10～1985.6)

1949 年 9 月 27 日，中国人民政治协商会议第一届全体会议通过的《中华人民共和国中央人民政府组织法》规定，政务院下设教育部。

根据政务院第二次会议的决定，以华北人民政府教育部和华北人民政府高等教育委员会为基础，于 1949 年 11 月 1 日正式成立中央人民政府教育部。教育部掌管全国教育行政事务，设办公厅、高等教育司、中等教育司、初等教育司、社会教育司和视导司。

1950 年底，成立参事室。

1951 年，设办公厅、高等教育一司、高等教育二司、师范教育司、中学教育司、中等技术教育司、初等教育司、工农业余教育司、民族教育司、人事司和荣军教育处、华侨教育处、留学生管理处、直属学校管理处、参事室。

1952 年 7 月机构精简后，设办公厅、计划财务司、高等教育司、师范教育司、普通教育司、工农业余教育司、民族教育司、留学生管理处、体育处、参事室。华侨教育处撤销，工作划归华侨事务委员会办理。荣军教育处于 1952 年初改称革命残废军人教育处，7 月合并于内务部优抚司。

1952年11月15日，中央人民政府委员会第十九次会议决定成立高等教育部。教育部主管普通教育、师范教育（包括全国高等师范学校）、民族教育和工农业余教育。设办公厅、高等师范教育司、中等师范教育司、中学教育司、小学教育司、工农业余教育司、民族教育司、教学指导司和计划财务处、幼儿教育处、盲哑教育处、体育指导处。

1953年，撤销教学指导司，工农业余教育司同扫除文盲工作委员会合署办公，计划财务处扩大为计划财务司，成立翻译室。

1954年3月，高等教育部的工农速成中学教育处移交给教育部，11月扩大为工农速成中学教育司。同年11月10日，国务院通知，扫除文盲工作委员会合并于教育部；政务院文化教育委员会领导的干部文化教育局改为教育部的一个直属单位。翻译室改称专家办公室。

1955年，工农业余教育司同干部文化教育局合并成立工农业余教育局；工农速成中学教育司撤销，并入中学教育司；盲哑教育处改为盲聋哑教育处；参事室取消；成立普通话教学指导处；专家办公室改称专家工作室。

1956年3月，成立军事训练指导处；7月成立视察研究室。

1957年7月，撤销视察研究室和专家工作室；12月，撤销军事训练指导处。

1958年2月11日，中华人民共和国第一届全国人民代表大会第五次会议通过《关于调整国务院所属组织机构的决定》，高等教育部和教育部合并成为教育部。3月1日起正式合并办公。

1958年8月4日，《中共中央、国务院关于教育事业管理权力下放问题的决定》明确指出：教育部“应该集中主要精力研究和贯彻执行中央的教育方针和政策；综合平衡全国的教育事业发展规划；在中央领导下协助地方党委进行政治思想工作，指导教学和科学研究工作；组织编写通用的基本教材、教科书；拟定必要的全国通用的教育规章、制度；对高等学校教师进行必要的调配；及时总结交流经验。并且应该办好直接管理的学校”。

1958年，设办公厅、高等教育教学第一司、高等教育教学第二司、普通教育司、普通教育师资培训司、中等专业教育司、高等学校政治教育司、高等学校干部管理司、高等学校学生管理司、业余教育司、对外文化联络和留学生管理司、计划司、财务基建生产设备司、民族教育委员会、普通教育教材编审指导委员会和体育处。

1959年4月，高等学校毕业生调配、统计工作由教育部移交给国务院人事局。

1959年8月，设办公厅、高等教育一司、高等教育二司、普通教育司、中等专业教育司、业余教育司、政治教育司、计划财务司、人事司、留学生研究生管理司和民族教育委员会、教材编审委员会。

1960年5月，成立生产供应管理局。8月，将高等教育一司、二司合并为高等教育司，留学生研究生管理司改为留学生管理司。10月，成立政策研究室。

1961年5月，高等教育司又分设为高等教育一司、二司。

1962年4月，内务部人事局的高等学校毕业生调配处划归教育部。5月成立精简调整办公室；撤销政治教育司。

1963年，恢复政治教育司，成立高等学校文科教材编审工作办公室；9月，设立劳动实习办公室。11月初，撤销精简调整办公室。

1963年10月23日，国务院第137次全体会议决定，教育部分设为高等教育部和教育部。教育部主管普通教育、业余教育和职业教育方面的工作。1964年3月，两部正式分开办公。

1964年6月，设办公厅、政治工作司、中学教育司、小学教育司、师资培训司、职业教育司、业余教育司、计划司、生产供应局和研究室。

1964年4月2日，国务院决定，将技工学校的综合管理工作由劳动部划归教育部主管，劳动部予以协助。10月，高等教育部的中等专业教育司划归教育部。12月，职业教育司并入中等专业教育司，设立半工半读教育办公室。

1966年5月开始“文化大革命”。7月23日，中共中央同意中央宣传部的建议，将高等教育部和教育部合并为教育部。业务工作逐步陷于停顿，因此内部机构未变动。

1968年7月27日，中共中央、国务院、中央军委、中央文革决定对教育部实行军事管制，成立军事管制小组。

1969年4月3日，首都工人毛泽东思想宣传队进驻教育部，会同军事管制小组成立联合指挥部领导斗、批、改。

1970年6月22日，根据周恩来批示，原教育部外事工作移交外经委。

1975年1月17日，中华人民共和国第四届全国人民代表大会第一次会议决定，成立教育部，国务院科教组即予撤销。

1975年6月，设政治部、办公厅、计划司、高等教育司、普通教育司、业余教育司和外事局。11月，成立体育司。

经过揭发批判“四人帮”的运动和教育战线的拨乱反正，教育部的任务逐渐增加，机构不断调整。

1977年10月，设政治部、办公厅（内设政策研究室）、计划司、高等教育一司、高等教育二司、科学技术司、普通教育司、中等专业教育司、工农教育司、学生管理司、体育司、生产供应管理局、外事局。

1978年，政策研究室改为司局级单位，增设留学生管理司和电化教育局。

经国务院批准，1978年2月11日，全国技工学校的综合管理工作由教育部划归国家劳动总局主管，教育部予以协助。

1978年10月，经国务院批准，成立中国联合国教科文组织全国委员会，由教育部抓总。教育部教科文工作组改为中国联合国教科文组织全国委员会秘书处。

1979年1月，增设政治理论教育司。10月，撤销政治部，建立干部局。

1980年1月，设办公厅、干部司、政策研究室、计划司、高等教育一司、高等教育二司、科学技术局、政治理论教育司、中学教育司、小学教育司、中等专业教育司、工农教育局、学生管理司、师范教育司、民族教育司、体育司、留学生管理司、外事局、生产供应管理局、基本建设局。3月，中学教育司改为普通教育一司，小学教育司改为普通教育二司。4月，留学生管理司和外事局合并为外事局。

1980年3月25日，国务院决定，中国文字改革委员会的普通话推广工作（包括推广工作的机构）划归教育部管理。

1980年5月，经国务院批准，建立国务院学位委员会办公室，负责管理全国有关学位的日常工作，由教育部代管。

1982 年 3 月 8 日，第五届全国人民代表大会常务委员会第二十二次会议通过《关于国务院机构改革问题的决议》。

1982 年 8 月，经国务院同意，教育部设办公厅、政策研究室、干部司、计划财务司、高等教育一司、高等教育二司、研究生司、政治思想教育司、科学技术司、学生管理司、中学教育司、初等教育司、师范教育司、职业技术教育司、民族教育司、成人教育司、体育司、老干部管理局、外事局、基本建设局、生产供应局。

1983 年 4 月，新建教育规划研究室、高等学校文科教材办公室、高等教育自学考试指导委员会办公室、情报资料室、外资贷款办公室、高等学校师资培训交流办公室、中小学教材办公室。7 月，新建高等学校理工农医教材办公室。以上均为行使行政机构职能的司局级事业单位。

1984 年 3 月，将推广普通话办公室改为司局级单位。8 月，增设高等教育三司、总务司和视导室。

1985 年 6 月 18 日，第六届全国人民代表大会常务委员会第十一次会议决定，设立国家教育委员会，教育部即予撤销。

（二）高等教育部的机构与职责

（1952.11 ~ 1958.2；1963.10 ~ 1966.7）

1952 年 11 月 15 日，中央人民政府委员会第十九次会议决定成立高等教育部，主管全国除高等师范学校、民族院校以外的高等学校，师范学校以外的中等专业学校，工农速成中学及有关留学生的派遣、接受和回国等事项。设办公厅、综合大学教育司、工业教育第一司、工业教育第二司、农林卫生教育司、中等技术教育司、留学生管理司、教学指导司、计划财务司、学校人事司和政治教育处、工农速成中学教育处、基本建设处。

1953 年 8 月，工业教育第一司和第二司合并为工业教育司；基本建设处并入计划财务司，改称计划财务基建司。

根据中央人民政府委员会第十九次会议的决定，于 1953 年 3 月成立中央人民政府高等教育部华东高等教育管理局、中南高等教育管理局和西南高等教育管理局。同年 10 月 25 日，政务院决定改变领导关系，分别改为华东行政委员会高等教育局、中南行政委员会高等教育局、西南行政委员会高等教育局。

1954年，工农速成中学教育处移交给教育部；原中央人事部第三局（主管高等学校毕业生统一分配工作）合并到高等教育部，成为人事第二司，原学校人事司改称人事第一司；成立教材编审处。大行政区撤销后，华东行政委员会高等教育管理局划归高等教育部领导，改名为中央人民政府高等教育部上海高等教育管理局。

1955年，计划财务基建司分成计划司、财务司和基本建设司；政治教育处扩大成政治教育司；中等技术教育司改称中等专业教育司；增设业余高等教育处；人事一司改名为干部管理司，人事二司改名为学生管理司。11月，高等学校毕业生分配计划的拟制工作由高等教育部移交国家计划委员会办理。

1956年，设立科学研究司；增设军事训练处；将教学指导司的体育科扩建为体育处；农林卫生教育司的卫生教学科工作划归卫生部后，改称农林教育司；基本建设司和财务司合并为财务基建司；学生管理司的毕业生调整工作划归国务院人事局掌管；留学生管理司所属争取资本主义国家留学生回国工作处改由国务院专家局领导。

1957年，农林教育司划归农业部，上海高等教育管理局划归上海市领导；撤销军事训练处、教学指导司、科学研究司、教材编审处和业余高等教育处；计划司和财务基建司合并成计划财务基建司。

1958年初，设办公厅、教学与科学研究一司、教学与科学研究二司、中等专业教育司、政治教育司、干部管理司、学生管理司、对外文化联络与留学生管理司、计划司、财务基建生产设备司、研究室、体育处。

1958年2月11日，中华人民共和国第一届全国人民代表大会第五次会议通过《关于调整国务院所属组织机构的决定》，高等教育部和教育部合并为教育部。

1963年10月23日，国务院第137次全体会议决定，教育部分设为高等教育部和教育部。1964年3月，两部正式分开办公。高等教育部主管有关高等教育、中等专业教育（不包括中师）、留学生管理等方面的工作。

1964年6月，设办公厅、高等教育第一司、高等教育第二司、外语教育司、中等专业教育司、留学生管理司、人事司、学生管理司、计划财务司、生产供应局、研究室、文科教材办公室。同年6月，建立政治部。9月，设立政治理论教育司和高等业余教育司。10月，中等专业教育司划归教育部。

1965年，高等业余教育司改称高等教育第三司，留学生管理司改称对外工作司。

1966年7月23日，中共中央同意中央宣传部的建议，将高等教育部和教育部合并为教育部。此后，再未单独设立高等教育部。

（三）扫除文盲工作委员会

（1952.11～1954.11）

1952年11月15日，中央人民政府委员会第十九次会议通过决议，成立扫除文盲工作委员会。下设办公厅、城市扫盲工作司、农村扫盲工作司和编审司。

1953年，设干部训练司和研究室。

经政务院同意，从1953年10月19日起，扫除文盲工作委员会同教育部工农业余教育司合署办公。

1954年11月10日，国务院通知，扫除文盲工作委员会合并于教育部。

（四）国务院科教组

（1970.6～1975.1）

根据中共中央1970年6月22日对国务院报告的批示，成立国务院科教组，主管原教育部和国家科委的工作。下设办公室、大学组、中小学组、外事组和政工组。

1972～1973年，设科技一、二、三组。1973年8月，科技一、二组划归中国科学院，国务院科教组专管教育工作。

1972年8月起，我国对联合国教科文组织工作由国务院科教组抓总。

1975年1月17日，四届全国人大一次会议决定成立教育部，国务院科教组即予撤销。

（五）国家教育委员会的机构与职责

（1985.6～1998.3）

1985年5月27日，《中共中央关于教育体制改革的决定》指出："为了加强党和政府对教育工作的领导，成立国家教育委员会，负责掌握教育的大政方针，统筹整个教育事业的发展，协调各部门有关教育的工作，统一部署和指导教育体制的改革。"

1985年6月18日，第六届全国人民代表大会常务委员会第十一次会议决定，为了加强对教育工作的领导，设立国家教育委员会。国家教育委员会成立后，教育部即予撤销。国家教育委员会是国务院主管教育工作的综合部门。

国家教委成立时，沿用原教育部的内部机构，即设立办公厅、政策研究室、干部司、计划财务司、高等教育一司、高等教育二司、高等教育三司、研究生司、政治思想教育司、科学技术司、学生管理司、中学教育司、初等教育司、师范教育司、职业技术教育司、民族教育司、成人教育司、体育司、总务司、外事局、基本建设局、生产供应局、老干部局、视导室和审计室；另有教育规划研究室、教师管理办公室、情报资料室、外资贷款办公室、高等学校自学考试指导委员会办公室、高等学校文科教材办公室、高等学校理工农医教材办公室、中小学教材办公室等机关事业单位，它们行使行政机构的职能。

1985年9月10日，经国务院批准，从1986年起，原由国家计委主管的大学毕业生、毕业研究生分配计划编制工作移交国家教委统一主管。

1986年5月，中共中央、国务院在《关于改进和加强出国留学人员工作若干问题的通知》中决定，国家教委归口管理全国出国留学人员工作，包括出国留学人员的计划、选派、国外管理和回国后的分配工作。6月，将推广普通话办公室移交给国家语言文字工作委员会，由国家语委与国家教委双重领导，以国家语委为主。

1986年10月，干部司、计划财务司分别改为干部局、计划财务局，总务司改为行政管理局，生产供应局改为教育技术装备局（同时挂学校生产与劳动教育办公室的牌子），体育司改为体育卫生司，学生管理司改为高等学校学生管理司，视导室改为督导司。

1987年，国家教委设办公厅、政策研究室、干部局、计划财务局、外事局、基本建设局、教育技术装备局（学校生产与劳动教育办公室）、电化教育局、行政管理局、老干部局、高等教育一司、高等教育二司、高等教育三司、研究生司、政治思想教育司、科学技术司、高等学校学生管理司、师范教育司、中学教育司、初等教育司、民族教育司、职业技术教育司、成人教育司、体育卫生司、督导司、高等教育自学考试办公室和审计室（直属处），还有教育规划办公室、师资管理办公室、外资贷款办公室、教材和图书情报管理办公室、中小学教材审定委员会办公室、情报研究室等行使行政职能的机关事业单位。

1988年，国务院各部委根据“转变职能、下放权力、调整结构、精简人员”的方针进行了机构改革。12月，国务院批准国家教委“三定”方案。方案规定：

国家教育委员会是国务院主管全国教育工作的职能部门。担负振兴教育，改革教育，综合管理教育的任务。负责掌握教育工作的大政方针；统筹规划教育事业的发展；指导、组织和协调各地、各部门有关教育的工作；统一部署和指导教育改革，努力提高劳动者的素质，培养德智体美全面发展的各级各类专门人才，为社会主义物质文明和精神文明建设服务。主要职责是：

1. 贯彻执行党中央、国务院有关教育工作的路线、方针。拟定教育工作的指导思想、政策、基本法规和重要规章制度。

2. 编制有关教育事业的发展规划。研究确定教育事业的发展重点、规模、速度和步骤。指导、协调和监督教育规划、计划的实施。

3. 组织和指导教育改革，建立适应社会主义建设需要的教育体制和运行机制。

4. 宏观管理和指导全国基础教育、高等教育、职业技术教育、成人教育、师范教育、民族地区教育和广播电视教育等工作。指导、推动各类教育的课程发展、教材、图书资料和实验室的建设工作。

5. 指导和推动高等学校的科学研究工作。指导、管理高等学校和科学研究机构培养研究生的工作。

6. 拟定普通高等学校、成人高等学校、中等专业学校以及研究生招生和毕业生分配计划，以及提出改革的方针、政策，并指导贯彻实施。

7. 指导全国高等教育、中等专业教育的学历考试。参与指导资格考试和证书管理工作。

8. 统筹规划各级各类教师队伍的建设和培训工作。主管各级各类学校教师的职务评聘工作。参与拟定教师工资待遇政策。

9. 拟定教育系统劳动、工资、人事管理工作的具体政策和规章制度。指导各级教育行政干部队伍的建设。按照干部管理权限任免直属高等学校、代管单位和委属企事业单位的主要领导干部。

10. 拟定教育基建投资、事业经费、人员编制和统配物资设备的管理制度及定额标准的原则。拟定筹措基建投资、教育经费的方针、政策和法规。管理国外对我国的教育贷款和援款。

11. 拟定教育外事工作的方针、政策与规定。归口管理教育对外交流工作、出国留学人员工作和来华留学人员工作，以及同港、澳、台地区的教育交流。负责实施对外智力开发援助计划。

12. 检查和监督地方政府及教育行政部门贯彻执行中央和国务院关于教育工作的方针、政策，以及有关法规的情况。

13. 规划和实施国家教育管理情报、统计、信息系统的开发和建设工作。

14. 办好国家教委机关报刊，负责指导教育方针、政策的宣传和舆论监督工作。

15. 做好直属高等院校和直属企事业单位的服务、管理工作。

16. 国务院学位委员会办公室设在国家教委。代管中国联合国教科文组织全国委员会秘书处。归口管理国家语言文字工作委员会。指导有关教育学会、协会、基金会等组织的工作。

设置23个职能厅司，即：办公厅、政策法规司、人事司、计划建设司、财务司、国际合作司、留学生司、直属高校工作司、高等教育司、社会科学研究与艺术教育司、科学技术司、高校学生司、思想政治工作司、基础教育司（全国中小学教材审定委员会办公室）、督导司、师范教育司、职业技术教育司、成人教育司（全国高等教育自学考试指导委员会办公室）、民族地区教育司、学校体育卫生司、条件装备司、电化教育司、行政司。另设审计局和监察局，作为国家审计署和监察部的派驻机构。设立老干部局。新机构自1989年4月1日起运行。

1989年5月，成立农村教育综合改革实验办公室（即燎原计划办公室）。8月成立城市教育综合改革办公室。

1991年2月，成立研究生工作办公室，归口负责全国研究生工作（原高等教育司承担的研究生招生工作转移到高校学生司管理），与国务院学位委员会办公室合署办公。

1993年8月，成立国家教委直属高校工作领导小组，办公室设在高等教育司。9月，成立“211工程”领导小组，下设办公室；撤销城市教育综合改革办公室和农村教育综合改革实验办公室，成立城市与农村教育综合改革办公室，设在政策法规司。11月，成立国家教委国防科学技术研究委员会。12月，设国家教委机关服务中心（对外可称国家教委行政服务局）。

1994年2月14日，国务院办公厅印发国家教委职能配置、内设机构和人员编制方案，规定：国家教委是国务院主管全国教育事业的职能部门。主要职责是：

1. 研究制定全国教育发展战略和教育工作的方针、政策、法规及重要规章制度并监督执行，研究教育理论等。

2. 研究制定教育事业的发展规划，拟定教育事业的发展重点、规模、速度和步骤，指导、协调教育规划、计划的实施。

3. 综合管理全国的基础教育、普通高等教育、职业技术教育、成人教育等工作，指导、协调各地区、各部门有关教育的工作，负责教育督导与评估。

4. 参与国家经济体制和科技体制改革方案的研究和制定工作，并根据其基本精神和要求，统筹规划、协调指导教育体制和办学体制的改革，理顺教育内部同外部的关系，建立适应社会主义市场经济体制和政治体制、科技体制需要的具有中国特色的社会主义教育体制及运行机制。

5. 按照中共中央、国务院确定的教育经费“两个增长”的原则，监测各地贯彻“两个增长”的执行情况；会同有关部委制定筹措教育经费、教育拨款、教育基建投资的方针、政策、法规，归口管理国外对我国的教育援助和教育贷款。

6. 会同有关部门制定教育系统劳动工资及人事管理工作的有关政策和规章制度，指导学校内部管理体制改革，统筹规划并指导各级各类教师和教育行政干部队伍的建设工作。

7. 指导各级各类学校的思想政治工作、德育工作、体育卫生与美育工作、国防教育工作。

8. 归口管理全国的学历教育及其考试工作，规划、指导大学后继续教育工作、成人自学考试工作、扫除青壮年文盲工作。

9. 改革高校的招生制度，会同有关部门制定普通高校、成人高校、中等专业学校以及研究生层次的招生指导计划并组织指导实施，会同有关部门改革高校毕业生就业分配制度，组织实施高校毕业生就业分配计划。

10. 组织高校承担国家重大科研项目并协调实施，规划、指导并推动教育系统的自然科学研究、发展高新技术及科研成果转化工作，规划并指导高校哲学、社会科学研究工作。

11. 归口管理教育系统对外交流，负责出国留学人员、来华留学人员等工作以及同港、澳、台地区的教育交流，负责实施教育对外智力开发援助计划。

12. 规划并管理国家教育管理情报、统计资料及信息系统的开发和建设工作。

13. 管理委属高校和委属企事业单位，指导有关的教育学会、协会、基金会等社团组织的工作，按照干部管理权限和程序，考核任免有关单位的主要领导干部。

14. 完成国务院交办的其他事项。

按国务院规定，管理国家语言文字工作委员会。

国家教委设置18个职能司，即：办公厅，政策法规司，人事司，计划建设司，财务司，条件装备司，基础教育司（教育督导团办公室），高等教育司（国家教委直属高校工作办公室），职业技术教育司，成人教育司，民族教育司，师范教育司，社会科学司，科学技术司，思想政治工作司，高校学生司，体育、卫生与艺术教育司，外事司。

方案还明确了国家教委与人事部在高校毕业生就业分配方面的职责

分工："高校毕业生就业分配制度改革是高等教育改革的重要内容，以国家教委为主组织实施。人事部有人才调控指导的职责。国家教委和人事部在这方面的具体分工是：国家教委要向人事部提供高校毕业生人才资源信息；人事部根据总的人才需求，提出少量国家急需、应予保证的指令性分配计划和指导性分配原则以及相应的政策措施；毕业生分配后的检查调整，由人事部负责。两部委在工作中要互相配合，密切合作。"

1994年4月，老干部局改名为离退休干部局；6月，成立国家教委电化教育委员会，下设办公室负责其日常工作；9月24日，经国务院批准，成立全国扫盲工作部际协调小组，办公室设在国家教委。

1995年6月，成立国家教委委属企业管理委员会，其办公室设在条件装备司。

1996年9月，"211工程"部际协调小组办公室挂靠在学位委员会办公室，原"211工程"领导小组更名为国家教委"211工程"协调小组。

1997年6月23日，国家教委港澳台办公室更名为国家教委港澳台事务办公室，仍设在外事司。

1998年3月10日，九届全国人大一次会议通过国务院机构改革方案，国家教育委员会更名为教育部。3月29日，国务院通知，国家语言文字工作委员会并入教育部，对外保留国家语言文字工作委员会名称。

（六）教育部的机构与职责
（1998.3～2004.12）

1998年7月21日，国务院办公厅印发《教育部职能配置、内设机构和人员编制规定》，教育部职能配置与内设机构情况如下：

1. 职能调整

(1) 划出的职能

①经国务院授权的省、自治区、直辖市人民政府，可以审批设立实施专科学历教育的普通高等学校。

②普通高等学校序列中的高等职业技术学校和成人高等学校的指令性招生计划逐步改为指导性计划；成人高等学校毕业证书及发放办法，由各省、自治区、直辖市制定。

③中等专业学校招生计划由省、自治区、直辖市制定。

④将省属本专科院校的本专科专业设置审批权，下放给各省、自治区、直辖市教育行政管理部门。

⑤将省属本科院校学士学位授予单位的审批权和已定为硕士学位授予单位的省属高等学校的硕士学位授予点的审批权，下放给经国务院学位委员会批准授权的省、自治区、直辖市学位委员会。

⑥教育部直属高等学校学费的收费标准，由学校所在地教育行政部门审核后，报所在地省级人民政府批准。

⑦将组织中学生参加国际数、理、化、生物、信息等奥林匹克竞赛活动的审批工作，交给中国科学技术协会承担。

⑧在实行工资总额包干和执行高等学校编制管理有关规定的前提下，将教育部直属高等学校的内部用人制度、劳动工资和收入分配的管理、内部机构的设置以及在专业技术职务宏观结构调控下学校专业技术职务岗位设置与调整的审批权，下放给直属高等学校。

⑨将教育部直属高等学校副校级（不含副校级）以下领导职务任免管理权，下放给直属高等学校。

⑩已批准设立研究生院的高等学校及科研机构，可自行审批本单位相关专业的硕士学位授予点。

⑪将博士学位授予单位的博士生指导教师的审批权，下放给已批准为博士学位授予单位的高等学校和有关科研机构。

⑫教育部直属高等学校根据国家房改政策和教育部有关规定制定的学校住房制度改革办法，由学校报当地房改部门审批并报教育部备案。

（2）划入的职能

①将国家语言文字工作委员会并入教育部，对外保留国家语言文字工作委员会的牌子。

②学生思想政治工作由教育部负责，重大事项请示中央宣传部。

③将人事部承担的管理非教育系统出国留学人员派出的职能，交给教育部承担。

④在中央本级财政中，教育部直属院校的经费预算（含教育事业费、教育基建投资）确定后，由教育部安排；国家发展计划委员会在确定非教育部直属院校的基建投资项目时要征求教育部意见；中央教育费

附加及各项教育专款的使用，由教育部、财政部共同提出方案、联合下达。

⑤有关国际援助和外国政府贷款中教育合作项目的立项、审批后的具体管理，教育部直属高等学校和直属单位申请的项目经批准后，由教育部负责指导执行；省、自治区、直辖市所属教育单位申请的项目经批准后，由教育部负责行业指导。

⑥各类职业技术学校的学历教育管理，由教育部指导。

2. 主要职责

根据以上职能调整，教育部的主要职责是：

（1）研究拟定教育工作的方针、政策；起草有关教育的法律、法规草案。

（2）研究提出教育改革与发展战略和全国教育事业发展规划；拟定教育体制改革的政策以及教育发展的重点、结构、速度，指导并协调实施工作。

（3）统筹管理本部门教育经费；参与拟定筹措教育经费、教育拨款、教育基建投资的方针、政策；监测全国教育经费的筹措和使用情况；按有关规定管理国外对我国的教育援助、教育贷款。

（4）研究提出中等和初等教育各类学校的设置标准、教学基本要求、教学基本文件；组织审定中等和初等学校的统编教材；指导中等及中等以下各类教育的教育教学改革；组织对普及九年义务教育、扫除青壮年文盲工作的督导与评估。

（5）统筹管理普通高等教育、研究生教育以及高等职业教育、成人高等教育、社会力量举办的高等教育、成人高等教育自学考试和继续教育等工作。研究提出高等学校设置标准，审核高等学校的设置、更名、撤销与调整；制定学科专业目录、教学基本文件，指导高等学校教育教学改革和高等教育评估工作；负责“211 工程”的实施和协调工作。

（6）统筹和指导少数民族教育工作，协调对少数民族地区的教育援助。

（7）规划并指导高等学校的党建工作和各级各类学校的思想政治工作、品德教育工作、体育卫生与艺术教育工作及国防教育工作。

（8）主管全国的教师工作，制定各级各类教师资格标准并指导实施；研究提出各级各类学校的编制标准；统筹规划学校教师和管理人员的队伍建设工作。

（9）统筹管理各类高等学历教育的招生考试工作；制定各类高等学校招生计划；负责各类高等学历教育的学籍管理工作；归口管理高校毕业生就业制度改革，拟定高校毕业生就业政策，组织实施高校毕业生就业分配工作。

（10）规划并指导高等学校的自然科学和哲学、社会科学研究；宏观指导高等学校的高新技术应用研究与推广、科研成果转化和“产学研”结合等工作；协调并指导高等学校承担国家重大科研项目、国防科技攻关项目的实施工作；指导高等学校国家重点实验室、工程研究中心的发展建设。

（11）统筹管理并协调、指导教育系统的外事工作，拟定出国留学和来华留学管理工作的方针、政策；规划并协调、指导对外汉语教学工作；指导我驻外教育机构的工作。负责协调同香港特别行政区及澳门、台湾地区的教育交流。

（12）负责教育基本信息的统计、分析和发布。

（13）拟定国家语言文字工作的方针、政策；编制语言文字工作中长期规划；制定汉语和少数民族语言文字的规范和标准，并组织协调、监督检查；指导推广普通话和普通话测试工作。

（14）统筹规划学位工作，起草有关学位工作的法规；负责实施国家的学位制度；负责国际间学位对等、学位互认等工作；承办国务院学位委员会的有关具体工作。

（15）负责协调“中国联合国教科文组织全国委员会”各委员单位及其他部门、机构，与联合国教科文组织开展教育、科技、文化等方面的合作与交流；负责与联合国教科文组织总部、亚太地区办事处、驻京办事处的联系与交流；负责与我国驻联合国教科文组织常设代表团的联络并指导其工作。

（16）承办国家科技教育领导小组交办事项。

（17）承办国务院交办的其他事项。

3. 内设机构

根据上述职责，教育部设18个职能司（厅、室），即：办公厅、研究室、发展规划司、人事司、财务司、基础教育司、职业教育与成人教育司、高等教育司、民族教育司、师范教育司、教育督导团办公室、社会科学研究与思想政治工作司、高校学生司、科学技术司、体育卫生与艺术教育司、语言文字应用管理司、语言文字信息管理司、国际合作与交流司。

国务院学位委员会办公室、中国联合国教科文组织全国委员会秘书处仍设在教育部。

1999年10月20日，成立教育部行政复议办公室，挂靠在研究室。

2000年5月30日，教育部研究室更名为政策研究与法制建设司。

2004年1月12日，根据中央机构编制委员会办公室的批复，教育部设立学位管理与研究生教育司，与国务院学位委员会办公室合署办公，履行教育部学位与研究生教育行政管理职责。

2004年8月27日，根据中央机构编制委员会办公室《关于教育部所属部分事业单位机构编制调整的批复》，决定设立教育部高等教育教学评估中心。

2004年9月6日，决定由师范教育司归口负责全国中小学教师队伍建设的宏观管理、政策指导、协调服务等工作，原由人事司等司局负责的有关中小学教师队伍建设的管理职能及专项工作划入到师范教育司。

二、国家教育行政部门领导人名录

（以机构设置的变化和任职时间为序）

（一）教育部

（1949.10～1985.6）

部　长

马叙伦（1949.10.19～1952.11.15）

张奚若（1952.11.15～1958.2）

杨秀峰（1958.2.11～1964.2）

何　伟（1964.10.12～“文化大革命”）

周荣鑫（1975.1～1976.4.13去世）

刘西尧（1977.1.15～1979.2）

蒋南翔（1979.2.23～1982.4.24）

何东昌（1982.5.4～1985.6.18）

临时代理部长

刘季平（1964.2.23～1964.10.12）

副部长

钱俊瑞（1949.10.19～1952.11.15）

韦　悫（1949.10.19～1959.6）

曾昭抡（1950.12.26～1952.11.15）

董纯才（1952.11.15～1965.4.30）

（1979.4.9～1982.4.24）

林砺儒（1952.11.15～“文化大革命”）

柳　湜（1952.11.15～1959.4.2）

叶圣陶（1954.10.31～“文化大革命”）

陈曾固（1954.10.31～1958.6.3）

林汉达（1954.10.31～1958.7.12）

蒋南翔（1960.1.7～1964.2）

周荣鑫（1961.7.9～1963.3.23）

刘季平（1963.9.14～1964.2）

（1964.10.12～“文化大革命”）

刘皑风（1959.4.16～“文化大革命”）

刘子载（1959.4.16～1964.2）

黄松龄（1958.2.11～1959.3.9）

雍文涛（1977.1.15～1979.2.16）

周　林（1977.9.28～1982.4.24）

李　琦（1977.10.15～1981.3.25）

李琦涛（1977.10.15～1982.4.24）

高　沂（1977.10.15～1982.4.24）

刘雪初（1977.10.15～1980.9.11）

刘仲候（1977.10.15～1978.12.19）

浦通修（1977.10.15～1982.4.24）

张承先（1979.4.9～1982.4.24）

刘仰峤（1979.4.9～1980.8.17去世）

黄辛白（1979.4.9～1985.6.25）

杨蕴玉（女）（1979.4.9～1982.4.24）

臧伯平（1979.8.16～1982.4.24）

曾德林（1979.8.16～1982.4.24）

彭珮云（女）（1979.8.16～1985.6.18）

张文松（1981.7.14～1985.6.18）

部长助理

孙文淑（女）（1955.1.31～1958.6.4）

顾　问

董纯才（1977.6.30～1979.4.9）

段洛夫（1977.6.30～1982.4.24）

张孟旭（1979.1.10～1982.4.24）

叶圣陶（1979.2.1～1985.6.18）

刘皑风（1979.2.1～1982.4.24）

郭明秋（女）（1979.2.24～1982.4.24）

陈曾固（1979.12.14～1982.4.24）

蒋南翔（1982.4.24～1982.8.21）

高　沂（1982.4.24～1985.6.18）

周　林（1982.6.16～1985.6.18）

党组小组

书　记　钱俊瑞（1950.1～1952.11.15）

董纯才（1952.12.29～1955.1.17）

副书记　刘皑风（1950.8.31～1952.11.15）

柳　湜（1952.12.29～1955.1.17）

成　员　郝人初（1950.1～1952.12.29）

张宗麟（1950.1～1952.12.29）

张萃中（1950.1～1955.1.17）

方与严（1950.1～1955.1.17）

江　凌（1950.1～1952）

柳　湜（1950.1～1952.12.29）

程今吾（1950.1～1951）

韦　悫（列席）（1950.1～1952.12.29）

黄啸曾（1952.12.29～1955.1.17）

聂一苇（1952.12.29～1955.1.17）

孙文淑（女）（1952.12.29～1955.1.17）

李　实（1952.12.29～1955.1.17）

崔阶平（1952.12.29～1955.1.17）

张凌光（1952.12.29～1955.1.17）

辛安亭（1952.12.29～1955.1.17）

高云屏（1952.12.29～1953.8）

党　组

书　记　董纯才（1955.1.17～1958.4.2）

副书记　陈曾固（1955.1.17～1958.4.2）

成　员　柳　湜（1955.1.17～1958.4.2）

孙文淑（女）（1955.1.17～1958.4.2）

黄啸曾（1955.1.17～1958.4.2）

临时党组

书　记　杨秀峰（1958.4.2～1959.3.9）

成　员　董纯才（1958.4.2～1959.3.9）

黄松龄（1958.4.2～1959.3.9）

刘皑风（1958.4.2～1959.3.9）

刘子载（1958.4.2～1959.3.9）

柳　湜（1958.4.2～1959.3.9）

陈曾固（1958.4.2～1958.6.3）

丁　华（1958.4.2～1959 病休）

党　组

书　记　杨秀峰（1959.3.9～1963.12.23）

副书记　蒋南翔（1960.7.8～1963.12.23）

周荣鑫（1961.7.13～1963.12.23）

成　员　刘皑风（1959.3.9～1963.12.23）

董纯才（1959.3.9～1963.12.23）

刘子载（1959.3.9～1963.12.23）

崔仲远（1961.2.4～1963.12.23）

段洛夫（1961.2.4～1963.12.23）

刘季平（1963.10.8～1963.12.23）

临时党组

党组会召集人　刘皑风（1963.12.23～1964.5.30）

成　员　刘季平（1963.12.23～1964.11.5）

戴伯韬（1963.12.23～1964.11.5）

党　组

书　记　何　伟（1964.5.30～"文化大革命"）

成　员　刘季平（1964.11.5～"文化大革命"）

戴伯韬（1964.11.5～"文化大革命"）

张桂如（1964.11.5～"文化大革命"）

党　组

书　记　刘西尧（1977.1.15～1979.1.31）

蒋南翔（1979.1.31～1982.4.24）

张承先（1982.4.24～1983.8.29）

何东昌（1983.8.29～1985.6.13）

副书记 雍文涛（1977.1.15～1979.2.16）

李　琦（1977.10.15～1981.3.25）

张承先（1979.4.9～1982.4.24）

刘仰峤（1979.4.9～1980.8.17 去世）

周　林（1981.3.25～1982.4.24）

高　沂（1981.3.25～1982.4.24）

何东昌（1982.4.24～1983.8.29）

成　员 李琦涛（1977.10.15～1982.4.24）

高　沂（1977.10.15～1981.3.25）

刘雪初（1977.10.15～1980.9.11）

刘仲侯（1977.10.15～1978.12.19）

浦通修（1977.10.15～1982.4.24）

晋桂香（女）（1977.10.15～1978.11）

刘道玉（1977.10.15～1980.6）

董绍杰（1977.10.15～1979.5.22）

王发武（1978.8.3～1979.5.22）

董纯才（1979.4.9～1982.4.24）

黄辛白（1979.4.9～1985.6.13）

杨蕴玉（女）（1979.4.9～1982.4.24）

张　健（1979.4.9～1982.4.24）

宋　诚（1979.4.9～1982.4.24）

臧伯平（1979.5.3～1982.4.24）

曾德林（1979.8.16～1982.4.24）

彭珮云（女）（1979.8.16～1985.6.13）

张文松（1981.7.14～1985.6.13）

李治时（1981.7.14～1982.4.24）

李　滔（1981.7.14～1982.4.24）

（二）高等教育部

（1952.11～1958.2；1963.10～1966.7）

部　长

马叙伦（1952.11.15～1954.9）

杨秀峰（1954.9.29～1958.2.11）

（1964.2～1965.1）

蒋南翔（1965.1.4～1966.7.23）

副部长

杨秀峰（1952.11.15～1954.9.29）

黄松龄（1952.11.15～1958.2.11）

周建人（1952.11.15～1958.2）

曾昭抡（1952.11.15～1958.7.12）

刘皑风（1952.11.15～1958.2）

刘子载（1954.10.31～1958.2）

（1965.11.31～“文化大革命”）

刘仰峤（1964.1.5～“文化大革命”）

高　沂（1965.7.19～“文化大革命”）

段洛夫（1965.7.19～“文化大革命”）

黄辛白（1965.7.19～“文化大革命”）

部长助理

丁　华（1955.1.31～1958.6.4）

党组小组

书　记　杨秀峰（1952.12.29～1958.4.2）

成　员　黄松龄（1952.12.29～1958.4.2）

刘皑风（1952.12.29～1958.4.2）

郝人初（1952.12.29～1953.8）

张勃川（1952.12.29～1953.10.17）

李云扬（1952.12.29～1958.4.2）

李曙森（1952.12.29～1953.10.17）

李蔺田（1952.12.29～1958.4.2）

刘披云（1952.12.29～1953.10.17）

张宗麟（1952.12.29～1957.11）

张　健（1952.12.29～1958.4.2）

周达夫（1952.12.29～1958.4.2）

刘阳生（1953.2.25～1957.9）

党　组

书　记　杨秀峰（1963.12.23～1965.1）

副书记　蒋南翔（1963.12.23～1965.6.7）

成　员　刘子载（1963.12.23～1965.6.7）

段洛夫（1963.12.23～1965.6.7）

刘仰峤（1964.3.9～1965.6.7）

党　委

书　记　蒋南翔（1965.6.7～“文化大革命”）

成　员　刘仰峤（1965.6.7～“文化大革命”）

刘子载（1965.6.7～“文化大革命”）

高　沂（1965.6.7～“文化大革命”）

段洛夫（1965.6.7～“文化大革命”）

黄辛白（1965.6.7～“文化大革命”）

曾德林（1965.6.7～“文化大革命”）

肖泽西（1965.6.7～“文化大革命”）

张雄飞（1965.6.7～1966.4去世）

（三）扫除文盲工作委员会

（1952.11～1954.11）

主任委员　楚图南（1952.11.15～1954.11.10）

副主任委员　李　昌（1952.11.15～1954.11.10）

林汉达（1952.11.15～1954.11.10）

祁建华（1952.11.15～1954.11.10）

党组书记　李　昌（1952.11.15～1954.11.10）

（四）国务院科教组

（1970.6～1975.1）

组　长　李四光（1970.6～1971.4.29 去世）因病未到职，由刘西尧、迟群主持日常工作。

（五）国家教育委员会

（1985.6～1998.3）

主　任　李　鹏（兼）（1985.6.18～1988.4）
李铁映（兼）（1988.4.12～1993.3）
朱开轩（1993.3.28～1998.3.18）

副主任　何东昌（1985.6.18～1992.6.19）
杨海波（1985.6.18～1988.5.3）
朱开轩（1985.6.18～1993.3.28）
柳　斌（1985.6.18～1998.3.18）
彭珮云（女）（1985.6.18～1988.1.21）
邹时炎（1985.6.18～1993.5.28）
王明达（1985.6.18～1996.10.11）
刘忠德（1985.6.18～1988.5.3）
滕　藤（1988.5.3～1993.5.28）
张孝文（1993.5.28～1998.3.18）
韦　钰（女）（1993.5.28～1998.3.18）
张天保（1993.5.28～1998.3.18）
周远清（1995.12.21～1998.3.18）
张保庆（1996.10.11～1998.3.18）
陈至立（女）（1997.9.8～1998.3.18）

兼职委员　张　寿（1985.6.25～1985.9）
刘中一（1985.9～1988.5）
郝建秀（女）（1988.5.26～1993）
张彦宁（1985.6.25～1993）
滕　藤（1985.6.25～1988.5.3）

田一农（1985.6.25～1988.5）

何　光（1985.6.25～1986.10.24）

李伯勇（1986.10.24～1990）

郭树言（1986.11.10～1990.3）

刘仲藜（1988.5.26～1988.9）

刘积斌（1988.9～1993）

李沛瑶（1990～1993）

朱丽兰（女）（1990.4～1993）

程连昌（1988.5.26～1993）

张彩珍（女）（1988.5.26～1992.3）

江家福（1990.1.18～1993）

刘　吉（1992.4～1993）

专职委员　黄辛白（1985.6.25～1988.5.26）

郝克明（女）（1988.5.6～1994.12.22）

朱育理（1989.3.30～1990.9）

郭福昌（1989.3.30～1994.12.22）

林炎志（1992.11.18～1995.1.19）

陶遵谦（1993.3.5～1994.12.1）

周远清（1995.1.19～1995.12.21）

张保庆（1995.1.19～1996.10.11）

陈文博（1996.11.8～1998.3.18）

于富增（1996.11.1～1998.3.18）

秘书长　刘忠德（兼）（1985.6～1988.5）

主任助理　朱育理（1990.2.6～1990.9）

党　组

书　记　何东昌（1985.6.13～1992.5.16）

李铁映（兼）（1992.5.16～1993.3.18）

朱开轩（1993.3.18～1997.8.13）

陈至立（女）（1997.8.13～1998.3.18）

副书记　杨海波（1985.6.13～1988.4.5）

朱开轩（1985.6.13～1993.3.18）

滕　藤（1988.10.11～1993.4.27）

张孝文（1993.4.27～1998.3.18）

柳　斌（1995.11.27～1998.3.18）

成　员　柳　斌（1985.6.13～1995.11.27）

彭珮云（女）（1985.6.13～1987.12.25）

邹时炎（1985.6.13～1993.5）

王明达（1985.6.13～1996.9.26）

刘忠德（1985.6.13～1988.5.2）

林炎志（1992.11.18～1995.2.28）

朱新均（1995.2.28～1998.3.18）

周远清（1995.11.27～1998.3.18）

张保庆（1996.9.26～1998.3.18）

陈文博（1996.9.26～1998.3.18）

（六）教育部

（1998.3～2004.12）

部　长　陈至立（女）（1998.3.18～2003.3.17）

周　济（2003.3.17～　　　）

副部长　吕福源（1998.4.9～2002.3.6）

韦　钰（女）（1998.4.9～2002.7.6）

张天保（1998.4.9～2000.4.5）

周远清（1998.4.9～2001.4.4）

张保庆（1998.4.9～　　　）

王　湛（2000.4.5～2004.1.7）

袁贵仁（2001.4.4～　　　）

章新胜（2001.4.4～　　　）

赵沁平（2001.4.4～　　　）

周　济（2002.4.14～2003.3.17）

吴启迪（女）（2003.6.3～　　　）

陈小娅（女）（2004.4.27～　　　）

部长助理　章新胜（2000.9.14～2001.4.4）

郑树山（2001.12.25～　　）
李连宁（2001.12.25～2003.5.1）
陈小娅（女）（2003.7.14～2004.4.27）

党　组

书　记　陈至立（女）（1998.3.18～2003.3.17）
周　济（2003.3.17～　　）

副书记　吕福源（1998.3.20～2002.2.26）
周　济（2002.4.4～2003.3.17）
张保庆（2003.5.22～　　）

成　员　韦　钰（女）（1998.3.20～2002.6.20）
张天保（1998.3.20～2002.3.28）
周远清（1998.3.20～2001.3.22）
张保庆（1998.3.20～2003.5.22）
陈文博（1998.4.3～1999.12.23）
王　湛（2000.3.23～2003.12.25）
章新胜（2000.8.29～　　）
袁贵仁（2001.3.22～　　）
赵沁平（2001.3.22～　　）
郑树山（2001.12.11～　　）
李连宁（2001.12.11～2003.4.23）
田淑兰（女）（2002.3.28～　　）
李卫红（女）（2002.3.28～　　）
吴启迪（女）（2003.5.22～　　）
陈小娅（女）（2003.7.1～　　）

（荣文珂整理）

三、中华人民共和国教育大事记

（1949.10～2004.12）

1949 年

10 月 1 日　中华人民共和国成立。中央人民政府主席毛泽东发布政府公告，宣布接受《中国人民政治协商会议共同纲领》为本政府的施政方针。《共同纲领》规定：中华人民共和国的文化教育为新民主主义的，即民族的、科学的、大众的文化教育。人民政府的文化教育工作，应以提高人民文化水平，培养国家建设人才，肃清封建的、买办的、法西斯主义的思想，发展为人民服务的思想为主要任务。在知识分子中进行革命的政治教育，有计划、有步骤地改革旧的教育制度、教育内容和教学法。共和国教育建设由此起步。

11 月 1 日　中央人民政府教育部举行成立典礼。

12 月 23 日～31 日　教育部召开第一次全国教育工作会议。会议提出，教育必须为国家建设服务，学校必须向工农开门。建设新教育要以老解放区新教育经验为基础，吸收旧教育某些有用的经验，特别要借助苏联教育建设的先进经验。教育工作的发展方针是普及与提高的正确结合。必须坚决地正确地执行团结、教育、改造知识分子的政策。这次会议对共和国教育产生了深远影响。

△本年　中国人民解放军各地军管会接收新解放区的各级原公立学校，还颁布有关私立学校的暂行办法，把私立学校管了起来，组织开学复课，对各级公私立学校进行初步整顿改造，取消国民党反动训导制度和反动课程，开设革命的政治课程和其他新课程。

1950 年

4 月 3 日　北京实验工农速成中学开学。这是全国第一所工农速成中学。此后全国各地相继举办工农速成中学。至 6 月初，全国已有工农速成中学十二所。

5 月 1 日　《人民教育》杂志创刊。毛泽东为该刊题词：“恢复和发展人民教育是当前重要任务之一。”

6月1日~9日 教育部召开第一次全国高等教育工作会议，讨论改造高等教育的方针和共和国高等教育的建设方向。毛泽东接见出席会议的代表，周恩来在会上作了重要指示。会议提出，应以理论与实际一致的方法，培养国家高级建设人才。

6月6日 毛泽东在中国共产党七届三中全会上作《为争取国家财政经济状况的基本好转而斗争》的讲话，指出：“有步骤地谨慎地进行旧有学校教育事业和旧有社会文化事业的改革工作，争取一切爱国的知识分子为人民服务。在这个问题上，拖延时间不愿改革的思想是不对的，过于性急、企图用粗暴方法进行改革的思想也是不对的。”

6月19日 毛泽东就健康问题写信给教育部长马叙伦，要求各校注意健康第一，学习第二。次年1月15日，再次写信给马叙伦，提议采取行政步骤，具体地解决学生健康问题。

7月25日 政务院发出指示，对救济失业教师与处理学生失学问题提出具体措施。

8月1日 教育部颁布《中学暂行教学计划（草案)》。

8月2日~11日 中国教育工会召开第一次全国代表大会，明确教育工作者是工人阶级队伍的一部分。教育工会以保护教育工作者利益，提高教育工作者阶级觉悟为主要任务。

9月6日 共和国第一批留学生赴波、捷、罗、保、匈五国学习。11月30日，上述五国来华留学生陆续到达北京，进入清华大学学习。

9月20日~29日 教育部、全国总工会联合召开第一次全国工农教育工作会议，讨论工农教育的实施方针、领导关系等问题。毛泽东、朱德同出席会议的代表见面。会议提出，工农教育必须实现“政府领导、依靠群众组织、各方面配合”的原则，着重以工农干部和积极分子为主要教育对象，分别以文化教育、政策时事教育为主要内容。

10月3日 中国人民大学举行开学典礼。这是共和国创办的第一所新型大学。

12月1日 人民教育出版社正式成立。

12月14日 政务院发出《关于举办工农速成中学和工农干部文化补习学校的指示》。

12月29日 政务院第六十五次会议通过《关于处理接受美国津贴的文化教育救济机关及宗教团体的方针的决定》。据此，1951年1月11日教育部发出《关于处理接受美国津贴的教会学校及其他教育机关的指示》，确定了处理接受外资津贴学校的原则、办法和接收工作中的具体政策、措施。至1951年末，按不同情况，对接收外资津贴的大、中、小学校，分别改为公办和中国人民自办，收回了教育主权。此前，教育部已明令接办辅仁大学。

1951年

3月19日～31日 教育部召开第一次全国中等教育会议，制定发展和建设中等教育的方针与措施。会议提出，普通中学的宗旨和教育目标是使青年一代在德育、智育、体育、美育各方面获得全面发展，成为新民主主义社会自觉的积极的成员。

5月20日 《人民日报》发表毛泽东为该报写的社论《应当重视电影〈武训传〉的讨论》。全国文教界由此开展批判《武训传》及“武训精神”的运动。

8月27日～9月11日 教育部合并召开第一次全国初等教育会议和第一次全国师范教育会议，讨论制定发展与建设共和国初等教育和师范教育的方针、任务。会议提出，争取十年内基本普及小学教育；以正规师范教育与大量短期培训相结合，五年内培养百万小学教师。

9月20日～28日 教育部召开第一次全国民族教育会议，讨论制定共和国民族教育方针。会议提出，目前少数民族教育要以培养少数民族干部为主要任务，同时要加强少数民族地区的小学教育和成人业余教育。

9月 北京、天津二十所高等学校教师开展以改造思想、改革高等教育为目的的学习运动。9月29日，周恩来在京津高校教师学习报告会上作《关于知识分子改造问题》的报告。11月30日，中共中央发出《关于在学校进行思想改造和组织清理工作的指示》。

10月1日 政务院公布实施《关于改革学制的决定》。这是共和国第一个学制。它以法令形式确立了充分保障工农劳动人民和工农干部受教育的机会，明确规定了工农干部教育和业余教育在学制中的适当地位。

1952年

3月18日 教育部颁发《中学暂行规程（草案）》、《小学暂行规程（草案）》。

5月2日 中共中央发出《关于克服目前学校教育工作中偏向的指示》。

6月5日 教育部公布汉字常用字表，列出常用汉字1 500个。这个常用字表成为扫除文盲工作中的脱盲标准。

6月27日 政务院发出关于国家工作人员实行公费医疗的指示。指示规定，从本年秋季起，全国各级学校的教职员工实行公费医疗制度。后政务院会议决定，从1953年春季起，高等学校的学生也开始享受公费医疗的待遇。

7月8日 政务院发出通知，决定在全国高、中等学校学生中实行人民助学金制。此前该制度已在一些地区的公立学校中实行。

9月1日 中共中央发出《关于培养高等、中等学校马克思列宁主义理论教师的指示》。

9月10日 教育部发出《关于接办私立中小学的指示》，提出将全国私立中小学全部由政府接办，改为公立。此项工作于1956年全部结束。

△本年 教育部以培养工业建设人才和师资为重点，进行全国高校院系调整工作，相继新设钢铁、地质、航空、矿业、水利等专门学院和专业，并把私立大学全部改为公立。1955年又调整部分高等学校院系、专业的设置和分布，以改变高等学校过于集中大城市和沿海地区的状况。经过两次大的调整，初步形成了共和国的高等教育的基本框架格局。

1953年

1月13日～24日 政务院文教委员会召开大区文教委主任会议。会议根据党和国家过渡时期总路线的精神，提出“整顿巩固、重点发展、提高质量、稳步前进”的文教工作方针。

5月 中共中央政治局召开会议讨论教育工作，毛泽东主持了会议。会议作出抽调干部充实学校领导，编写教材，允许小学民办，办重点中学，注意青年健康，中小学毕业生参加生产劳动等决定。

6月30日 毛泽东接见青年团第二次全国代表大会主席团，提出“要使青年身体好，学习好，工作好”。

9月24日 中共中央转发教育部党组、高等教育部党组、扫盲工作委员会党组三个工作报告。提出要使全国文教工作在中央的统一方针领导下，逐步纳入国家建设计划的轨道。

1954年

5月17日 中共中央批转政务院文教委员会党组《关于全国文化教育工作会议情况报告》。批示指出，各级党委必须加强对文化教育工作的领导，使文教事业更有效地为逐步实现国家的社会主义工业化和社会主义改造事业服务。

5月24日 中共中央转发教育部党组《关于解决高小和初中毕业生学习与从事生产劳动问题的请示报告》。为此，5月29日《人民日报》发表中共中央宣传部《关于高小和初中毕业生从事劳动生产的宣传提纲》。此后，许多城镇高小、初中毕业生响应党的号召上山下乡，参加农业生产劳动，形成知识青年上山下乡第一个高潮。

8月29日 中共中央转发北京市委《关于提高北京市中小学教育质量的决定》，在批示中提出，要加强党对教育工作的领导，改进中小学教育，提高教育质量。

9月20日 一届全国人大一次会议通过《中华人民共和国宪法》。这是共和国第一部宪法。其中规定：国家设立并且逐步扩大各种学校和其他文化教育机关，以保证公民有受教育的权利；对从事科学、教育、文学、艺术和其他文化事业的公民的创造性工作，给以鼓励和帮助。

1955年

2月9日 《人民教育》发表署名文章《实行全面发展教育中若干问题的商榷》，由此在教育界展开了关于全面发展教育问题的大讨论。

2月10日 教育部发布《小学生守则》，5月13日又发布《中学生守则》，作为规范中小学生行为的准则。

7月9日 教育部、高等教育部发出《关于工农速成中学停止招生的通知》。

7 月 30 日 一届全国人大二次会议通过《中华人民共和国发展国民经济的第一个五年计划》，其中提出教育事业五年建设的计划和工作重点。

11 月 4 日 中共中央转发教育部党组《关于实用主义思想在中国教育中的影响和批判实用主义教育思想的初步计划》。由此，教育界展开对杜威、胡适资产阶级实用主义教育思想的批判。

12 月 27 日 中共中央办公厅编辑的《中国农村的社会主义高潮》出版。毛泽东在该书的序言和按语中对教育工作作了许多重要指示。

1956 年

1 月 14 日 ~ 20 日 中共中央召开知识分子问题会议，周恩来作《关于知识分子问题的报告》，并代表中央发出“向现代科学进军”的号召。

3 月 29 日 中共中央、国务院发布《关于扫除文盲的决定》。

6 月 2 日 中央教育科学研究所筹备处成立，四年后正式建所。

9 月 15 日 ~ 27 日 中国共产党第八次全国代表大会召开。刘少奇、周恩来在会上作报告，指出文教事业在整个社会主义建设事业中占有重要地位。要根据“掌握重点、照顾其他”及需要与可能相结合的方针，进行全面教育规划。要加强专门人才的培养，逐步扩大小学教育，争取在十二年内分期普及小学义务教育。要开展工农群众的业余教育，努力扫除文盲。

1957 年

2 月 27 日 毛泽东在扩大的最高国务会议上作《关于正确处理人民内部矛盾的问题》的报告。提出“我们的教育方针，应该使受教育者在德育、智育、体育几方面都得到发展，成为有社会主义觉悟的有文化的劳动者”。

3 月 7 日 毛泽东和七省市教育厅局长座谈中小学教育改革与发展问题。

3 月 12 日 毛泽东在全国宣传工作会议上讲话，指出：没有知识分子，我们的事情就不能做好，所以我们要好好地团结他们。知识分子也是劳动者。

6月　全国开始反右派斗争。这场斗争有扩大化错误。从1957年夏至1958年春，在各级教育行政机关和各级学校中，一批干部、教师、职工和大学生被错划为右派分子。1980年中共中央为被错划为右派的同志全部平反。

11月17日　毛泽东同邓小平、彭德怀、乌兰夫、陆定一、杨尚昆、胡乔木等在莫斯科大学会见我国在莫斯科的留学生、实习生。毛泽东在会见时指出："希望寄托在你们身上。"

1958年

4月、6月　中共中央分两段召开教育工作会议，总结建国以来的教育工作经验，讨论教育方针和教育改革等问题。会议确定，党的教育工作方针，是教育为无产阶级政治服务，教育与生产劳动相结合。为了实现这一方针，教育工作必须由中国共产党领导，并提出了教育事业发展的措施。9月19日，中共中央、国务院发布《关于教育工作的指示》。由此全国教育系统的教育大革命进入高潮。

5月30日　刘少奇在中央政治局扩大会议上讲话，提出"我们国家应该有两种主要的教育制度和劳动制度，同时并行。一种是现在的全日制的学校制度，一种是半工半读的学校制度；一种是八小时的劳动制度，一种是四小时工作的劳动制度"。此前，在刘少奇直接关怀下创办的第一所半工半读学校——天津国棉一厂半工半读学校开学。接着全国各地相继办起各种类型的半工半读学校。

8月13日　毛泽东视察天津大学和南开大学时说，高等学校应抓三个东西：一是党委领导，二是群众路线，三是把教育和生产劳动结合起来。9月12日，他视察武汉大学时指出，对师生的半工半读教学改革应给予积极的支持与鼓励。

11月1日～12月31日　教育部和共青团中央在北京联合举办教育与生产劳动相结合展览会。

1959年

5月17日　中共中央为逐步提高教育质量，指定北京大学等十六所高校为重点学校。此后，又分批增加若干所学校，进行重点高等院校建设。

5 月 24 日　中共中央、国务院发出《关于试验改革学制的决定》，要求各地各部门有组织、有领导地进行学制改革试验。

11 月 20 日～12 月 4 日　国家科委、教育部、中国科学院联合召开高等学校科研工作（自然科学部分）会议。会议指出，高等学校是科学战线的一个方面军。开展科学研究是高等学校的重要任务之一。要把高等学校的研究力量纳入国家科技发展规划。

1960 年

3 月、5 月　中共中央文教小组召开省、市委文教书记会议。会议提出了教学改革的方针、原则和关于文教部门大办生产企业、开展学术批判和学生参加生产劳动等问题的具体政策。

3 月 8 日　北京电视大学开学。这是我国第一所电视大学。

4 月 9 日　陆定一在二届全国人大二次会议上作《教学必须改革》的发言，提出在中小学教学改革中应“适当缩短年限，适当提高程度，适当控制学时，适当增加劳动”。此后，全国各地开始较大规模的教学改革试验。

4 月 10 日　二届全国人大二次会议通过《1956～1967 年全国农业发展纲要》。提出要大力提倡群众办学、集体办学，在十二年内基本扫除青壮年文盲。

6 月 1 日～11 日　全国教育和文化、卫生、体育、新闻方面社会主义建设先进单位和先进工作者代表大会（全国文教群英会）召开。在受表彰的个人中，教育工作者占 65.4%。

11 月 24 日～12 月 12 日　中共中央文教小组召开全国文教工作会议。会后向中共中央写了《关于 1961 年和今后一个时期文化教育工作安排的报告》。次年 2 月 7 日，中共中央批转了这个报告。批示指出，当前文教工作必须贯彻执行“调整、巩固、充实、提高”的方针。由此，教育系统开始进行教育事业和教育政策的调整、整顿。

1961 年

2 月　中共中央书记处讨论高等学校和中等专业学校的教材问题。决定由中宣部、教育部成立高等学校及中等专业学校理工农医各科教材工作领导小组，负责组织教材编写工作。

7月、12月 教育部两次召开全国高、中等学校调整工作会议。会议提出高、中等学校要缩短战线、压缩规模、合理布局，通过调整工作集中力量提高教学质量，并讨论制定了调整教育事业的具体计划。

7月30日 毛泽东给江西共产主义劳动大学写信，赞成和支持该校实行半工半读和勤工俭学，希望各省也应该有这样的学校。从此，江西共产主义劳动大学成为全国探索半工半读办学道路的样板之一。

9月15日 中共中央批准试行《教育部直属高等学校暂行工作条例（草案）》。1963年3月23日，中共中央批准试行《全日制中学暂行工作条例（草案）》和《全日制小学暂行工作条例（草案）》。三个《条例》在调查研究的基础上总结了建国以来特别是1958年教育革命以来教育方面正反两方面的经验教训，使全国教育工作逐步走向正轨，对稳定教学秩序，改进教学工作，提高教育质量，并调动知识分子积极性，发展国家教育事业起了积极作用。

1962年

3月2日 周恩来在全国科学技术工作会议（广州会议）上作《关于知识分子问题的报告》，指出对知识分子要采取团结、教育和改造的方针，要信任、要帮助，应改善关系，解决问题，对过去批评错了的要向人家道歉。陈毅也在会上讲话，指出知识分子"是为无产阶级服务的脑力劳动者"，要给知识分子"脱帽加冕"。

4月21日~5月中旬 教育部召开全国教育工作会议，讨论调整教育事业和精简学校教职工问题。5月25日，中共中央批发教育部党组《关于进一步调整教育事业和精简学校教职工的报告》，指出在我国发展教育事业，必须贯彻执行国家办学和人民办学两条腿走路的方针，坚决改变国家对教育事业包得过多的办法。

12月21日 教育部发出通知，要求各地首先集中力量，有重点地办好一些全日制中小学校，并提出了办好这类学校的措施和要求。

1963年

3月5日 毛泽东及刘少奇、周恩来、朱德、邓小平题词，号召向雷锋同志学习。由此，全国各级各类学校普遍开展了学习雷锋的活动。

5月8日 毛泽东在东北、河北的两个报告上批示：用讲校史、家史、社史、厂史的方法教育群众。此后，全国各级学校广泛开展访贫问苦，请老贫农、老工人、老红军作忆苦思甜报告，通过社会调查写村史、家史、社史、厂史等活动，向学生进行阶级斗争教育。还指定一些城市中学开设了贫下中农子女班，招收少量优秀农村子女入学。

10月18日 周恩来召集教育部及有关部委、共青团中央、全国妇联负责人讨论中小学教育和职业教育问题。指出中小学教育和职业教育数量大，关系也很大，决不能忽视，必须努力办好。要有一个规划，加强中小学教育，扩大职业教育。

△同日，中共中央发出《关于加强少年儿童校外教育和整顿中小学教师队伍的指示》，要求各地党政领导机关采取措施，加强对少年儿童的保护和教育；结合城乡社会主义教育运动，对中小学教师队伍有步骤地加以整顿。

1964年

2月13日 毛泽东主持召开教育工作座谈会（即春节座谈会）。他在会上说：教育的方针路线是正确的，但办法不对。学制、课程、教学方法都要改。之后，教育部召开全国教育厅局长会议，传达学习毛泽东讲话和中央有关指示，检查教育工作中的缺点、错误，提出要加强学校思想政治工作，减轻学生负担，进一步贯彻“两条腿走路”的方针，逐步实行两种教育制度。

5月4日 中共中央、国务院批转教育部临时党组《关于克服中小学学生负担过重现象和提高教学质量的报告》。中央批示：解决这些问题，不但是提高教学质量所必须的，而且关系到办什么样的学校，培养什么样的人的重大问题，必须引起各级党委和政府的足够重视。

7月～8月 刘少奇在向中央各部委和北京市委干部作报告及在各地视察时，建议各省、市、自治区试办半工（农）半读学校。至少在五年后才能初步总结经验，扩大试验，十年以后推广。

9月11日 中共中央、国务院发出通知：组织高等学校文科师生参加社会主义教育运动。1965年2月，又指示组织高等学校理、工科师生参加社会主义教育运动。此后，中共中央宣传部在北京大学，中共北京市委在北京市几所中学进行了社会主义教育运动的试点。

1965 年

3 月 教育部召开全国农村半农半读教育会议。10 月，召开全国城市半工半读教育会议。12 月，召开全国半工（农）半读高等教育会议。由此，全国再次掀起试行两种教育制度、大办半工半读学校的热潮。此前，11 月 17 日，中共中央转发江苏省委《关于发展半工（耕）半读教育制度的规划（草案）》，中央批示：半工（耕）半读学校代表了我们今后教育发展的方向。

7 月 3 日 毛泽东写信给陆定一，指出："学生负担过重，影响健康。"建议从学生活动总量中砍去三分之一，使学生有充分的休息时间和自由支配的时间。此信简称"七三指示"。

1966 年

5 月 7 日 毛泽东在给林彪的信中提出，各行各业都要以本业为主，兼学政治、军事、文化，从事生产，批判资产阶级。学生也应该"以学为主，兼学别样"。"学制要缩短，教育要革命，资产阶级知识分子统治我们学校的现象，再也不能继续下去了"。此信简称"五七指示"。在"文化大革命"中产生了严重的消极影响。

6 月 1 日 经毛泽东批准，新华社播发北京大学聂元梓等七人攻击学校党委和北京市委的一张大字报。同日，《人民日报》发表题为《横扫一切牛鬼蛇神》的社论。从此"文化大革命"席卷全国。

8 月 8 日 中共八届十一中全会通过《关于无产阶级文化大革命的决定》（简称十六条）。决定提出：在这场文化大革命中，必须彻底改变资产阶级知识分子统治我们学校的现象。这一提法在"文化大革命"中一直为学校进行的"斗、批、改"所奉行。

8 月 18 日 毛泽东在天安门首次接见全国各地来北京进行串连的红卫兵和学校师生。至 11 月 26 日，共 8 次接见红卫兵和学生教师共 1 100万人。此时全国各地的学校已完全停课，广大学校师生冲向社会"扫四旧"，卷入全国大串连，从而造成了社会大动乱。

1967 年

1 月 19 日 中央教育部被聂元梓等带领的一批人夺权，部印被抢走，一批公文案卷被劫走，办公室被占领。此后，各地教育部门和学校也先后被夺权。

3月7日 毛泽东在《天津延安中学以教学班为基础实现全校大联合和整顿巩固发展红卫兵的体会》的材料上批示：军队应对学校师生进行军训，并参与关于学校的各项工作。要说服学生实行联合。此即“三七指示”。由此，人民解放军进驻各级学校，进行军政训练。办毛泽东思想学习班，帮助建立“三结合”革命委员会。

10月14日 中共中央、国务院、中央军委、中央文革小组发出《大、中、小学校复课闹革命的通知》。

11月3日 《人民日报》发表同济大学、北京林学院、北京师范大学的三个教育革命的初步方案。此后，一些高等学校提出了各种各样“教育革命方案”，进行了名目繁多的“教育革命试验”，全盘否定了建国以来形成的高等学校的教学组织和规章制度。

12月7日 中共中央、国务院、中央军委和中央文革小组印发《毛主席论教育革命》一书。

1968年

7月10日 周恩来在对北京市公安局军管会关于中国人民大学教授何思敬死亡情况报告的批示中，严厉批评那种撇开国法和专政机关，由群众组织来“私捕私讯，打人致死，专政机关置之不问”的所谓“群众专政”的做法，指出这种做法“决非善策”。

7月21日 毛泽东在对一个调查报告的批示中指出：大学还是要办的。但学制要缩短，教育要革命。要从有实践经验的工人农民中间选拔学生，到学校学几年以后，又回到生产实践中去。该批示简称为“七二一指示”。

7月27日 根据毛泽东的决定，工人宣传队进驻清华大学。8月25日，中共中央、国务院、中央文革小组发出《关于派工人宣传队进驻学校的通知》。此后，各大中城市的大、中、小学普遍派进了工人宣传队，领导学校的斗、批、改工作。

8月 遵照毛泽东的指示，各地贫下中农从本月起陆续向农村中小学派进代表或毛泽东思想宣传队，成立贫下中农管理学校委员会，对学校实行管理。

9月12日 《人民日报》发表了该报与《红旗》杂志评论员的文

章《关于知识分子再教育问题》。

11 月 14 日　《人民日报》发表山东省嘉祥县马集公社两个小学教师的一封信。信中建议所有农村公办小学下放到大队来办。该信简称为“侯王建议”。在它的影响下，许多地区的农村公办小学和教师被下放，严重地影响了农村小学教育的发展。

12 月 22 日　《人民日报》在一篇报道中引述毛泽东的指示：“知识青年到农村去，接受贫下中农的再教育，很有必要。”从此，全国各地城镇出现了知识青年上山下乡的热潮。“文化大革命”期间，全国上山下乡的知识青年有1 600多万。

1969 年

1 月 29 日　中共中央、中央文革小组批转清华大学工人、解放军宣传队《关于坚决贯彻执行对知识分子“再教育”、“给出路”政策的报告》。该报告成为中共中央向全国推广的经验之一。

4 月 14 日　中国共产党第九次全国代表大会通过的政治报告指出：把上层建筑包括教育、文艺、新闻、卫生等各个文化领域中的革命进行到底。

10 月～12 月　大批高等学校和中等专业技术学校根据中共中央加强战备的“第一号令”，从大中城市外迁或被裁并。12 月 26 日，中共中央发出《关于高等院校下放问题的通知》，规定中央所属的高等院校全部下放地方管理。

1970 年

6 月 27 日　中共中央批转《北京大学、清华大学关于招生（试点）的请示报告》。《报告》提出废除招生考试制度，实行“群众推荐，领导批准和学校复审相结合的办法”招收工农兵学员。从此高等学校开始招生复课。

7 月　国务院科教组成立，并开始办公。

9 月　周恩来主持中央日常工作后，提出批极左思潮，在积极纠正经济、外交、文化宣传、干部工作以及卫生、体育等领域中“左”的错误的同时，十分重视肃清极左思潮在教育战线的影响。

11 月 6 日～20 日　周恩来五次同北京外国语学院、北京大学等外语院系负责人和师生座谈外语教学问题。

11月24日 毛泽东在一份报告的批示中提出：大、中、小学（高年级）可以利用寒假实行野营拉练。12月10日，中共中央发出通知，大中城市学校的野营拉练可以在寒假或暑假期间分期分批地进行。

1971年

4月15日～7月31日 国务院在北京召开全国教育工作会议。会议通过的《全国教育工作会议纪要》全面否定了解放后十七年的教育工作。提出了“两个估计”，即：教育战线是资产阶级专了无产阶级的政，是“黑线专政”；知识分子的大多数世界观基本上是资产阶级的，是资产阶级知识分子。

10月29日 联合国教育、科学及文化组织执行局通过恢复中华人民共和国合法权利的决议。1978年10月4日，经中共中央批准，中国联合国教科文组织全国委员会正式成立。

1972年

7月2日 周恩来在会见美籍华人学者杨振宁时，赞赏他关于加强我国基础理论研究工作和培养研究人才的看法和建议，并要求陪同会见的北京大学教授周培源要“提倡一下理论”，“把北大理科办好，把基础理论水平提高”。

10月6日 周培源在《光明日报》发表《对综合大学理科教育革命的一些看法》的文章，提出在理科教育中“对基础理论的教学、研究应予足够的重视”。此后，张春桥指使上海《文汇报》连续发表文章对周培源进行围攻，并把矛头指向周恩来。

1973年

7月19日 《辽宁日报》以《一份发人深省的答卷》为题，刊登在高校招生的文化考查中交了白卷的张铁生的一封信，并加了编者按语。8月10日，《人民日报》予以转载。江青、张春桥吹捧张铁生是“反潮流的英雄”。由此煽起了一股否定文化学习的歪风。

10月 清华大学工、军宣传队发动“三个月运动”，批“右倾复辟回潮”，全国各高校纷起仿效。

12月12日 《北京日报》以《一个小学生的来信和日记摘抄》为

题，发表一个小学生在同班主任老师发生矛盾后根据家长的意思写的信，和《北京日报》按照反“师道尊严”的需要摘编的日记。12 月 28 日，《人民日报》予以全文转载。由此，在全国各地的中小学中掀起了一股“破师道尊严”、“批判修正主义教育路线”的浪潮。

1974 年

1 月 18 日　中共中央将“四人帮”组织编辑的《林彪与孔孟之道》材料转发全党。

1 月 31 日　中共中央发出《关于河南省唐河县马振扶公社中学的情况简报》，要求就一个中学生因外语考试交白卷，受到老师批评后自杀身亡事件进行严肃处理。由此，许多教师遭批斗、下放、开除、判刑。影响所及，使许多学校出现了教师不敢管学生，不敢抓文化课教学，不敢进行文化考查的局面，严重影响了学校的正常教学工作。

2 月 5 日～8 日　国务院科教组召开教育战线第二次批林批孔座谈会，以此推进正在开展的“批林批孔”运动，在教育界揪“复辟势力的代表”。

8 月 4 日　《人民日报》发表署名初澜的文章：《为哪条教育路线唱赞歌——评湘剧〈园丁之歌〉》。

9 月 29 日　国务院科教组、财政部联合发出关于开门办学的通知。要求各地大、中、小学普遍搞“开门办学”，由此打乱了学校的教学计划，搞乱了学校的正常秩序。

12 月 21 日～28 日　国务院科教组、农林部、中共辽宁省委联合召开学习朝阳农学院教育革命现场会。会议提出，要使学校真正成为无产阶级专政的工具。此后，全国各地的学校掀起宣传、学习“朝农经验”的浪潮，大搞“阶级斗争”。

1975 年

5 月～10 月　教育部部长周荣鑫根据毛泽东、周恩来和邓小平等中央领导的指示精神，开始积极整顿教育工作，力争使教育战线上的混乱局面有所扭转。

9 月 15 日　邓小平在一次谈话中说：“我们的文化教育也要整顿。”10 月 27 日，邓小平又说：“现在相当多的学校学生不读书，这也不符合毛泽东思想。"他坚定地支持和领导了教育整顿工作。

12月2日 《红旗》杂志发表北京大学、清华大学大批判组的文章《教育革命的方向不容篡改》。12月4日，《人民日报》和其他报刊予以转载。此文是"四人帮"搞"反击右倾翻案风"的"大进攻信号"。

1976年

2月6日 《人民日报》以《无产阶级文化大革命的继续和深入》为题，发表了关于清华大学"教育大辩论"的情况报道。在此前后，北京、上海、辽宁等地的学校相继开展"教育大辩论"，掀起了"反击右倾翻案风"的浪潮，但遭到多数师生的抵制。

4月 北京和全国各地学校的师生参加悼念周恩来、反对"四人帮"的群众运动，遭到了"四人帮"的残酷镇压。

10月 "四人帮"被粉碎。各地学校师生同全国人民一起举行集会、游行，热烈庆祝粉碎"四人帮"反党集团的胜利，愤怒声讨"四人帮"的滔天罪行。

1977年

3月5日 教育部发出通知，要求各地教育部门和学校"把教育战线学习雷锋的运动，既轰轰烈烈又扎扎实实地开展起来，深入持久地进行下去"。

4月10日 邓小平写信给中共中央，提出"两个凡是"问题。5月24日，他同中央两位同志谈话时指出，"两个凡是"不符合马克思主义。

8月8日 邓小平在主持召开的科学和教育工作座谈会上否定"两个估计"。他说：教育战线十七年的工作，主导方面是红线，绝大多数知识分子是好的。他还说：我自告奋勇管科教方面的工作，中央也同意了。我们国家要赶上世界先进水平，要从科学和教育着手。

9月19日 邓小平与教育部长刘西尧谈话时指出：对1971年的全教会《纪要》要进行批判，划清是非界限。我们要准确地、完整地理解毛泽东思想体系。"两个估计"是不符合实际的，教育部要争取主动，大胆放手去抓。由此教育战线以推翻"两个估计"为突破口，进行拨乱反正，平反冤假错案。

10月12日 国务院批转教育部《关于1977年高等学校招生工作的意见》，从此恢复了高等学校招生统一考试的制度。

11月3日 教育部、中国科学院联合发出《关于1977年招收研究生的通知》。“文化大革命”期间长期中断的招收培养研究生的工作从此开始恢复。

11月6日 中共中央批转教育部党组《关于工宣队问题的请示报告》，提出撤销工宣队。

11月18日 《人民日报》发表教育部大批判组的文章《教育战线的一场大论战》，揭批“四人帮”炮制的“两个估计”。

1978年

△年初 根据邓小平指示，教育部成立巡视室。它标志着我国督导制度的恢复。

3月7日 国务院批转教育部《关于高等学校恢复和提升教师职务问题的请示报告》。至1981年，高等院校中原有的教授、副教授、讲师和助教都恢复了职称。同时，各高校还进行了提升和确定教师职称的工作。

3月18日 邓小平在全国科学大会开幕式上讲话指出，四个现代化，关键是科学技术的现代化。科学技术人才的培养，基础在教育。要全面地、正确地执行党的教育方针，端正方向，真正搞好教育改革，使教育事业有一个大的发展和提高。

4月22日~5月16日 教育部在北京召开全国教育工作会议。22日，邓小平发表重要讲话，强调要提高教育质量，提高科学文化的教学水平，更好地为社会主义建设服务；学校要大力加强革命秩序和革命纪律，促进整个社会风气的革命化；教育事业必须同国民经济发展的要求相适应，培养社会主义建设需要的合格人才；尊重教师的劳动，提高教师的质量。会后，6月至9月，各省、市、自治区先后召开教育工作会议。

7月 经国务院批准，教育部重建中央教育科学研究所。

8月26日 教育部发出通知，决定从9月1日起在全国中小学执行《小学生守则》和《中学生守则》。以后又相继发布了《高等学校学生守则（试行草案）》、《中等专业学校学生守则（试行草案）》和《中等师范学校学生守则（试行草案）》，成为新时期各级各类学校学生的行为准则。

8月30日 国务院批准教育部筹建中央电化教育馆和中央教育电影制片厂。

9月22日 教育部修订和重新颁发《全日制中学暂行工作条例（试行草案）》和《全日制小学暂行工作条例（试行草案）》；10月4日，又修订和重新颁发《全国重点高等学校暂行工作条例（试行草案）》，从而恢复和重建了大、中、小学各项工作制度，使学校教育迅速摆脱"文革"造成的混乱局面，逐步走上健康发展的轨道。

9月 全国大、中、小学开始使用新编教材。

10月12日 教育部印发《关于加强和发展师范教育的意见》。

12月17日 国务院下发《关于评选特级教师的暂行规定》。

1979年

2月2日 教育部、外交部、财政部发布《关于加强外国教材引进工作的规定和暂行办法》。本办法自1979年起试行，对加速编审出版反映国内外科学技术先进水平的社会主义新教材，提高我国高等学校的教学质量起了推动作用。

2月6日 教育部、中央广播事业局共同举办的中央广播电视大学在北京举行开学典礼。

3月19日 中共中央批转教育部党组的报告，决定撤销1971年中共中央批转的《全国教育工作会议纪要》和1974年中共中央转发的《关于河南省唐河县马振扶公社中学的情况简报》两个文件。中央批示指出，这两个文件是在"四人帮"及其亲信一手把持下炮制出来的，是错误的。它在教育战线的危害极大，流毒很深，应当继续批判。由此而造成的冤案、错案、假案，尚未平反昭雪的，要抓紧解决。

3月23日~4月13日 教育部、中国社会科学院在北京联合召开全国教育科学规划会议。会议讨论了1978~1985年的《全国教育科学发展规划纲要（草案）》。教育部副部长张承先到会讲话，并代表教育部宣布，1958年批判心理学和1963年批判"母爱教育"是错误的，予以彻底平反。

4月12日 中国教育学会成立。

4月15日 中央教育科学研究所主办的《教育研究》杂志创刊。

4月22日～5月7日 教育部在北京召开全国中小学思想政治教育工作座谈会。

8月17日 中共中央批转中央宣传部等八单位《关于提请全党重视解决青少年违法犯罪问题的报告》，要求各级党委都要把加强对青少年的培养教育，包括解决其中极少数人的违法犯罪问题，放到重要议事日程上来。

12月6日～19日 中国教育工会在北京召开全国教育工会工作会议。方毅、邓颖超、胡耀邦等中央领导同志到会讲话。会议提出了新时期教育工会的基本方针和当前应着重做好的几项工作。

12月21日～30日 教育部在北京召开教育事业计划座谈会，讨论贯彻"调整、改革、整顿、提高"方针的具体措施。

1980年

2月12日 五届全国人大常委会第十三次会议审议通过《中华人民共和国学位条例》，于1981年1月1日起施行。它标志着我国学位制度的正式建立。1981年5月20日，国务院批准了《中华人民共和国学位条例暂行实施办法》。国家教委据此制定了研究生培养和学位授予等一系列规章制度。此后，我国本科生和研究生的培养能力显著增强，规模不断扩大。

9月5日 国务院批转教育部《关于大力发展高等学校函授教育和夜大学的意见》。《意见》指出，发展高等教育应贯彻"两条腿走路"的方针，采取多种形式办学。

10月7日 国务院批转教育部、国家劳动总局《关于中等教育结构改革的报告》，把改革中等教育结构、大力发展职业技术教育作为教育改革的重要内容之一。

10月21日 中共中央、国务院批准教育部、国家民委《关于加强民族教育工作的意见》。《意见》提出了大力扶持和发展民族教育的方针和具体措施。

12月3日 中共中央、国务院发出《关于普及小学教育若干问题的决定》。《决定》提出，在20世纪80年代全国应基本实现普及小学教育的历史任务，有条件的地区还可以进而普及初中教育。

1981 年

1 月 13 日　国务院批转教育部《关于高等教育自学考试试行办法的报告》。高等教育自学考试在北京、天津、上海、辽宁先行试点。

1 月 14 日　国务院批转教育部等七单位《关于自费出国留学的请示》和《关于自费出国留学的暂行规定》。明确提出，自费出国留学是培养人才的一条渠道，并对自费出国留学人员的条件、审批、费用、待遇、政治思想工作和管理教育工作等作了具体规定。

3 月 31 日　国务院批转教育部《关于抓紧解决中小学危房倒塌不断发生重大伤亡事故问题的请示报告》。批示指出：请各地根据实际情况，认真研究落实教育部建议采取的六条措施，尽早解决中小学危房的维修和翻建等问题。

8 月 1 日～11 日　教育部在北京召开全国学校思想政治教育工作会议。会议强调，要以《中共中央关于建国以来党的若干历史问题的决议》为教材，加强学生的思想政治工作，全面贯彻党的教育方针，积极引导学生德、智、体全面发展，走又红又专的道路。

11 月 18 日　教育部发出通知：凡“文化大革命”以来参加工作的青壮年职工，其语文、数学、物理、化学的实际水平不及初中毕业程度者，一般都应补课。1982 年 1 月 21 日，全国职工教育管理委员会、教育部、国家劳动总局、中华全国总工会、共青团中央发出《关于切实搞好青壮年职工文化、技术补课工作的联合通知》。此后，各地方、各企业开展了“双补”工作。

1982 年

3 月 9 日　国务院批转教育部、外交部、公安部《关于安排外国进修生和研究学者有关问题的指示》。

5 月 6 日　中共中央、国务院发出《关于加强和改革农村学校教育若干问题的通知》。

8 月 1 日～10 日　教育部、国家计委、国家经委、财政部在北京联合召开第一次全国中小学勤工俭学工作会议。万里、胡乔木会见参加会议的全体代表，并进行座谈。

8 月 5 日　中国儿童少年活动中心在北京开始启用。邓颖超代表中共中央、国务院在开幕式上讲话。

8月10日～19日 第一届全国大学生运动会在北京举行。

9月1日 中共十二大把农业、能源和交通、教育和科学作为经济发展的战略重点。从此，确立了教育在整个社会主义现代化建设中的战略地位。

9月14日 中共中央宣传部同意教育部恢复出版《教师报》，并改称《中国教育报》。

1983年

8月24日 中共中央、国务院发出《关于引进国外智力以利四化建设的决定》。《决定》指出，在充分利用外资和引进国外先进技术的同时，积极地有计划有步骤地引进国外人才，特别是引进现在国外的华侨华裔人才，将大大有利于我国的社会主义现代化建设。

9月9日 邓小平为景山学校题词：教育要面向现代化、面向世界、面向未来。

9月26日 全国教育科学规划领导小组成立。

1984年

2月 邓小平在上海视察中国福利会儿童计算机活动中心时说：计算机要从娃娃抓起。5月28日，教育部发出通知：在小学进行计算机教育试点工作。6月，教育部拨款20万元购置300台计算机及配套设备，装备30所小学作为试验点。

8月8日 教育部发出通知，在22所全国重点高等院校试办研究生院，并发出《关于在部分全国重点高等院校试办研究生院的几点意见》。

1985年

1月21日 六届全国人大常委会第九次会议通过《关于教师节的决定》，决定每年9月10日为教师节。

3月7日 邓小平在全国科技工作会议上发表重要讲话。指出：我们在建设有中国特色的社会主义社会时，一定要坚持发展物质文明和精神文明，坚持五讲四美三热爱，教育全国人民做到有理想、有道德、有文化、有纪律。

3月18日 教育部发出通知：建立科学技术进步奖励制度，奖励高等学校在推动科学技术进步中作出重要贡献的集体和个人。

3月28日 教育部发出关于印发长春等五市初中招生制度改革材料的通知。从此逐步推广取消初中招生入学考试，凡准予毕业的小学生可就近直接升入初中学习的办法。

5月15日~19日 中共中央、国务院在北京召开改革开放以来的第一次全国教育工作会议。会议的主要议题是：讨论《中共中央关于教育体制改革的决定（草案)》，并结合各地、各部门实际情况，研究贯彻执行的步骤和措施。5月19日，邓小平出席闭幕式，并作了重要讲话。他强调，各级领导要像抓好经济工作那样抓好教育工作。5月27日，中央政治局讨论通过了《中共中央关于教育体制改革的决定》，并于5月29日在《人民日报》公开发表。

6月18日 六届全国人大常委会第十一次会议决定设立国家教育委员会。国家教委成立后，教育部即予撤销。

7月5日 国务院批转国家科委、教育部、中国科学院《关于试办博士后科研流动站的报告》。11月，全国博士后科研流动站管理协调委员会确定，由北京大学等73所高等院校和科研机构首批试办102个博士后科研流动站。

8月11日 国家教委、中共中央直属机关党委、国家机关党委联合举行欢送中直机关和国家机关培训中小学师资讲师团大会。胡耀邦在会上讲话，阐述讲师团工作的意义和当代年轻知识分子的成长道路。

1986年

2月25日~28日 国家教委、广播电影电视部、国务院电子振兴领导小组等九单位在京召开卫星电视教育工作会议。会议决定积极采用先进技术，开展卫星电视教育。10月1日，卫星电视教育正式开播。

4月12日 六届全国人大四次会议通过《中华人民共和国义务教育法》，7月1日起施行。其中规定，国家实行九年制义务教育。义务教育事业在国务院领导下，实行地方负责，分级管理。

4月28日 国务院发布《征收教育费附加的暂行规定》，自7月1日起施行。规定教育费附加专用于改善中小学办学条件。1990年，国务院对此规定进行了修改。

9月6日 国家教委发出《中小学教师考核合格证书试行办法》。

9月22日 全国中小学教材审定委员会及各学科教材审查委员会成立。

9月25日 中共十三届六中全会通过《中共中央关于社会主义精神文明建设指导方针的决议》。指出：精神文明建设包括思想道德建设和教育科学文化建设两个方面。培养"四有"新人，提高整个中华民族的思想道德素质和科学文化素质是根本任务。

12月30日 邓小平就1986年学潮约见中央负责同志并作重要讲话。指出，要理直气壮地坚持社会主义道路，坚持四项基本原则，要旗帜鲜明地反对资产阶级自由化，争取安定团结的政治局面。

1987年

2月27日～28日 国家教委和河北省政府联合在河北涿州市召开农村教育改革实验区工作会议，标志着我国农村教育改革实验工作的启动。1988年9月30日，国务院办公厅批复国家教委《关于组织实施"燎原计划"的请示》，原则批准国家教委实施"燎原计划"的总体设想。1989年5月23日，国家教委发出在全国建立百县农村教育综合改革实验区的通知。

5月29日 中共中央发出《关于改进和加强高等学校思想政治工作的决定》，提出了在改革开放条件下改进和加强高等学校思想政治工作的指导方针与措施。

6月6日 国家教委、国家计委、财政部联合发出《高等学校培养第二学士学位生的试行办法》。本年，国家教委批准二十六所高校举办第二学士学位班。

6月15日 国家教委、财政部发出《关于农村基础教育管理体制改革若干问题的意见》。

6月23日 国务院批转国家教委《关于改革和发展成人教育的决定》。明确提出从根本上改变成人教育基础薄弱状况的工作指导方针与措施，强调把开展岗位培训作为成人教育的重点。这是成人教育的一次重大改革。

7月8日 国家教委发出《关于社会力量办学的若干暂行规定》。指出社会力量办学是我国教育事业的组成部分，是国家办学的补充，应予以鼓励和支持。

7月31日 国家教委、财政部发布《普通高等学校本、专科学生实行奖学金制度的办法》和《普通高等学校本、专科学生实行贷款制度的办法》。规定在1987年入学的本科普通高等院校的新生中全面实行奖学金制度和学生贷款制度。

10月25日 中共十三大提出，百年大计，教育为本，必须把发展科学技术和教育事业放在首要位置，使经济建设转到依靠科技进步和提高劳动者素质的轨道上来。

11月18日~22日 国家教委在湖北沙市召开了十一个中等城市办学方向研讨会，从此启动了城市教育综合改革工作。

1988年

2月5日 国务院颁发《扫除文盲工作条例》。

6月1日~4日 国家教委在北京召开全国中小学德育工作会议，推进中小学德育工作的整体改革。

12月25日 中共中央发出《关于改革和加强中小学德育工作的通知》，要求中小学必须把德育工作放在首位。

1989年

3月23日 邓小平在会见乌干达总统约韦里·穆塞韦尼时指出："我们最近十年的发展是很好的。我们最大的失误是在教育方面，思想政治工作薄弱了，教育发展不够。"

5月5日 国家教委发出《1989年普通高等学校试行招收自费生的意见》。

9月29日 江泽民在庆祝建国四十周年大会上发表重要讲话，指出要大力发展教育和科学，继续贯彻"尊重知识、尊重人才"的方针，努力为知识分子创造和提供良好的工作条件和生活条件，要关心青年知识分子的成长。

10月30日 中国青少年发展基金会决定实施"希望工程——百万爱心行动"。1990年5月19日，全国第一所希望小学在安徽金寨县诞生，救助500名失学儿童重返校园。

12月11日 江泽民给北京医科大学学生布仁巴雅尔回信。信中指出：青年中有一大批热爱共产党、热爱社会主义，决心为共产主义事业而献身的人，他们代表了当代青年的主流。

12月17日~24日 国家教委召开全国筹措教育经费、改善办学条件山东现场会。

1990年

4月12日~16日 中共中央组织部、宣传部、国家教委党组联合在京召开第一次全国高等学校党的建设工作会议。江泽民接见全体代表并同部分代表进行座谈，要求对青年学生进行近代史教育、国情教育、形势教育，对青年学生要热情关怀。

5月3日 首都举行纪念"五四"报告会。江泽民作《爱国主义和我国知识分子使命》的重要讲话，阐述了新时期爱国主义的特征和知识分子在社会主义现代化建设中的使命。

8月20日 国家教委发出《关于在普通高中实行毕业会考制度的意见》。到1993年，全国各地均实行此项制度。

12月17日~21日 国家教委、国家科委联合在北京召开全国高等学校科学技术工作会议。会议提出，高校科技工作是我国科技工作十分重要的组成部分，要把建设国家重点实验室、承担重大科技攻关项目同培养人才密切结合起来。

1991年

3月9日 江泽民致信国家教委负责人李铁映、何东昌，就对青少年儿童进行中国近代史、现代史及国情教育问题作出指示。为了落实江泽民的指示，国家教委颁发了《中小学加强中国近代、现代史及国情教育的总体纲要》。

4月15日 国务院发布《禁止使用童工规定》。

4月26日 国家教委发布《教育督导暂行规定》。5月21日，国家教委又发出《普通中小学校督导评估工作指导纲要》和《实施〈普通中小学校督导评估工作指导纲要〉试点的意见》。我国普通中小学校的督导评估工作逐步走向规范化轨道。

6月6日 国家教委发出《关于大力发展乡（镇）、村农民文化技术学校的意见》。

7月29日 国家教委发出《关于实施〈现行普通高中教学计划的调整意见〉和普通高中毕业会考制度的意见》。实施“调整”和“会考”，是对普通高中课程、教材和考试制度的两项改革。

9月4日 七届全国人大常委会第二十一次会议通过《中华人民共和国未成年人保护法》。

10月17日 国务院发出《关于大力发展职业技术教育的决定》。根据20世纪90年代我国经济社会发展需要，明确了职业技术教育的发展任务。

1992年

1月27日 国家教委办公厅印发《关于深化城市综合改革若干问题的意见》、《全国城市教育综合改革实验工作指导纲要》。

5月20日 江泽民同首都应届高校毕业生代表座谈，指出努力为各种人才的脱颖而出和正确使用创造良好的条件，最大限度地发挥知识分子的创造才能，应当始终成为我们党和政府坚定不移的方针。

8月21日 国家教委发出《关于国家教委直属高校深化改革，扩大办学自主权的若干意见》，提出了加大高校改革力度、激活办学机制的十六项措施。

8月23日 中共中央办公厅受邓小平委托给北京大学等高校学生回信，对学生们的良好祝愿表示谢意，殷切希望大学生担负起振兴中华的重任。此前，北京大学等十几所高校学生给邓小平写信，对他视察南方的讲话表示衷心拥护。

10月12日～18日 中共十四大召开，江泽民作《加快改革开放和现代化建设步伐，夺取有中国特色社会主义事业的更大胜利》的报告，提出科技进步、经济繁荣和社会发展，主要取决于劳动者的素质，培养大批人才。要把教育放在优先发展的战略地位，各级政府要增加教育投入，鼓励多渠道、多形式社会集资办学和民间办学，改变国家包办教育的做法。

1993年

1月7日 国务院办公厅转发国家教委《关于进一步改革和发展成人高等教育的意见》，提出了成人高等教育发展的方针及任务。

1月12日 国务院批转国家教委《关于加快改革和积极发展普通高等教育的意见》，要求高等教育必须面向经济建设主战场，改革办学体制，积极发展以高新技术产业为主的校办产业。

2月13日 中共中央、国务院印发《中国教育改革和发展纲要》。《纲要》制定了我国教育20世纪90年代发展的目标、战略和指导方针。这是我国改革开放以来最有指导意义的关于教育改革与发展的决策性文件。1994年7月3日，国务院发出《关于〈中国教育改革和发展纲要〉的实施意见》，要求各级党委和政府、各级教育行政部门和各级各类学校认真贯彻实施《纲要》。

3月1日~4日 中国全民教育国家级大会在河南郑州召开。会议通过《中国全民教育行动纲领》，提出了全民教育的目标及措施。

8月1日 国务院发布《关于修改〈扫除文盲工作条例〉的决定》，对扫盲的组织工作、基本扫除文盲单位的标准、巩固扫盲成果等条款作了修订。

10月31日 八届全国人大常委会第四次会议通过《中华人民共和国教师法》，自1994年1月1日起施行。

1994年

1月11日 全国教育系统“邓小平建设有中国特色社会主义理论研究中心”在北京成立，李岚清致信祝贺。

3月14日 国务院发布《教学成果奖励条例》。此条例旨在鼓励教育工作者从事教育科学研究，提高教学水平和教育质量。

△同日，国务院办公厅转发农业部《关于实施“绿色证书工程”意见》。《意见》提出，要把“绿色证书”的组织工作作为一项工程来实施，对具有初、高中文化程度的农民进行岗位培训，培养一支能够起示范带头作用的农民技术骨干队伍。

4月6日 国家教委发出通知：建立国家教育督导团，负责对国家有关教育工作的方针政策、法规的执行情况进行监督、检查；对各省、自治区、直辖市政府和职能部门推动中等及中等以下教育及有关工作的管理进行督导和评估；指导地方督导工作等。

6月14日~17日 中共中央、国务院在北京召开改革开放以来第二次全国教育工作会议。会议的主要内容是：以邓小平建设有中国特色社会主义理论和党的基本路线为指导，贯彻中共十四大和十四届三中全会精神，进一步落实教育优先发展的战略，动员全党全社会认真实施《中国教育改革和发展纲要》，为实现20世纪90年代我国教育改革和发展的任务而奋斗。江泽民和李鹏、朱镕基、李岚清等党和国家领导人出席会议并讲话。

8月23日 中共中央印发《爱国主义教育实施纲要》。指出：爱国主义教育是全民教育，重点是广大青少年。学校是对青少年进行教育的重要场所，要把爱国主义教育贯穿到幼儿园直至大学的教学、育人过程中去，特别要发挥好课堂教学主渠道的作用。

△同日，国务院发布《残疾人教育条例》。

8月31日 中共中央发出《关于进一步加强和改进学校德育工作的若干意见》，对新时期学校德育工作提出具体要求，是加强和改进学校德育工作的指南。在此前后，国家教委等单位在全国中小学开展了观看一百部爱国主义教育影片，阅读一百种爱国主义教育图书，建立一百个爱国主义教育基地和学唱一百首爱国主义歌曲等活动。

9月1日 国家教委发出《关于在90年代基本普及九年义务教育和基本扫除青壮年文盲的实施意见》。

10月22日~24日 国务院办公厅在大连召开全国教师住房工作经验交流会，总结交流和推广各地、各部门解决教师住房问题的经验及做法，研究加快教师住房建设和改革的方针政策及目标任务，以推动全国教职工住房条件的全面改善。李岚清出席会议并讲话。

1995年

1月26日 国家教委发布《中外合作办学暂行规定》，指出中外合作办学是中国教育对外交流与合作的重要形式，是对中国教育事业的补充。

3月16日 国家教委办公厅印发《关于开展〈中华人民共和国教育史〉研究工作的报告》。指出：开展中华人民共和国教育史研究，是一项复杂的长期的任务，对于建设有中国特色的社会主义教育体系，促进我国教育改革与发展具有重大意义。

3月18日 八届全国人大三次会议通过《中华人民共和国教育法》，自1995年9月1日起施行。《教育法》以宪法为依据，规定了我国教育的基本性质、地位、任务，基本法律原则和基本教育制度，是我国关于教育的“母法”。

4月 国家教委设立国家教委留学基金管理委员会，决定改革现行国家公派留学人员的选派和管理办法，实行面向社会、公开报名、平等竞争、择优录取、公布录取结果、签约派出、违约赔偿的新选派办法。

5月26日 江泽民在全国科技大会上正式提出科教兴国发展战略。他强调，我国要实现经济体制从传统的计划经济向市场经济的转变，经济增长方式从粗放型向集约型转变，就必须重视科技和教育，认真实施科教兴国战略，使国民经济和社会发展依靠科技进步和劳动者素质的提高。

7月19日 国务院办公厅转发国家教委《关于深化高等教育体制改革的若干意见》。《意见》提出，要着重抓好高等教育管理体制的改革。其目标是：争取到2000年或稍长一点时间，基本形成举办者、管理者和办学者职责分明，以财政拨款为主，多渠道经费投入，中央和省、自治区、直辖市人民政府两级管理、分工负责，以省、自治区、直辖市人民政府统筹为主，条块有机结合的体制框架。

9月14日 国家教委、财政部发出《关于进行国家“贫困地区义务教育工程”项目规划和可行性研究的通知》，启动了“国家贫困地区义务教育工程”。从1995年至2000年，中央财政拨出专款39亿元支持贫困地区义务教育的发展，加上地方各级政府的配套资金等，工程资金投入总量超过100亿元。这是建国以来中央财政教育专项资金投入规模最大的全国性教育工程。

11月 国家计委、国家教委、财政部联合发布《“211工程”总体建设规划》，标志该工程正式列入国民经济和社会发展中长期规划和第九个五年计划，并由规划设计阶段转入全面实施阶段。

12月12日 国务院发布《教师资格条例》，对教师资格分类与适用、条件、考试、认定等作出规定。

1996年

3月25日 第一个“全国中小学生安全教育日”。李岚清在此之前发表电视讲话，要求全社会都要关心中小学生的安全工作。

3月28日 江泽民同上海、西安、西南、北方四所交通大学领导干部座谈，指出：我们的经济工作正在实现经济体制和经济增长方式的“两个重要转变”。在这种新形势下，我们的教育工作必须进一步解决好两个重要问题：一是教育要全面适应现代化建设对各类人才培养的需要，二是要全面提高办学质量和效益。

5月15日 八届全国人大常委会第十九次会议通过《中华人民共和国职业教育法》，自1996年9月1日起施行。

9月9日～12日 全国师范教育工作会议在北京举行。江泽民和李岚清等出席并讲话。会议提出，从现在起到21世纪初师范教育改革和发展的方针是：坚持方向，深化改革，优化结构，促进发展，提高质量，提高效益。

9月27日 江泽民向部分贫困地区中小学转赠音像设备仪式在人民大会堂举行。江泽民将出访时外国朋友赠送的20套音像设备转赠给贫困地区的中小学校，以支持这些贫困地区的基础教育。

11月19日 “中国教育科研网（CERNET）和德国学术研究网（DFN）联网开通仪式”在清华大学举行。

1997年

7月31日 国务院发布《社会力量办学条例》，自10月1日起施行。提出国家对社会力量办学实行积极鼓励、大力支持、正确引导、加强管理的方针。

9月12日 中共十五大在北京开幕。江泽民在开幕式上作题为《高举邓小平理论伟大旗帜，把建设有中国特色社会主义事业全面推向21世纪》的报告。指出：要切实把教育摆在优先发展的战略地位，尊师重教，加强师资队伍建设。发挥各方面的积极性，大力普及九年义务教育，扫除青壮年文盲，积极发展各种形式的职业教育和成人教育，稳步发展高等教育。优化教育结构，加快高等教育管理体制改革步伐，合理配置教育资源，提高教学质量和办学效益。

10月14日 教育部在深圳召开全国高等职业教育教学改革研讨会。会议的主要内容是：总结高等职业教育发展的经验，研究加快发展高等职业教育的步伐和办学特色。

10月16日～18日 全国城市教育综合改革会议在湖南省长沙市举行。国家教委党组书记、副主任陈至立在开幕式上宣读李岚清致会议全体代表的信并讲话。会议总结了十年来各地城市教育综合改革的成绩和经验，分析了城市教育改革面临的机遇和挑战，明确了进一步深化城市教育综合改革的思路和任务。

11月20日　李岚清视察清华大学教师筒子楼改造工作，了解高校教师住房建设情况，指出尊师重教不能只在口头上讲，要为教师办实实在在的事。

1998年

3月10日　新一届国务院机构改革方案经九届全国人大一次会议通过，国家教育委员会更名为教育部。

3月19日　朱镕基宣布，中央决定成立国家科技教育领导小组，由朱镕基担任组长，李岚清担任副组长。6月9日，国家科技教育领导小组召开第一次会议。

5月4日　江泽民在庆祝北京大学建校一百周年大会上发表重要讲话，强调大学是科教兴国的强大生力军，提出要建设若干所世界一流大学的历史性任务。

5月22日　中共中央宣传部、教育部发出《关于认真学习〈邓小平教育理论学习纲要〉的通知》。要求学习邓小平教育理论，要同学习邓小平理论的科学体系结合起来，同学习贯彻十五大精神结合起来，发扬理论联系实际的学风，紧密联系建设有中国特色社会主义的实践，紧密联系我国教育事业发展和教育改革的实践，研究教育工作面临的新情况、新问题，创造性地开展工作。

6月　根据中共中央政治局的决定，中共中央宣传部、教育部印发了《关于普通高等学校“两课”课程设置的规定及其实施工作的意见》。新的“两课”设置方案，突出了邓小平理论在教学内容体系中的中心地位，总结和继承了建国以来高校思想政治课教学的经验和近年来教学改革的成果，同时注意到各部分课程的衔接以及同中学思想政治教育课程的衔接，基本形成一个结构合理、功能互补，大、中、小学相互衔接的马克思主义理论教育和思想品德教育的课程体系。

8月29日　九届全国人大常委会第四次会议通过《中华人民共和国高等教育法》，于1999年1月1日起开始实施。该法的颁布标志着中国教育法律法规体系的基本框架已经形成。

9月15日 原浙江大学、杭州大学、浙江农业大学、浙江医科大学合并组成新浙江大学。这是目前我国规模最大、学科门类最全的大学。

1999年

1月13日 国务院批转教育部《面向21世纪教育振兴行动计划》。它是在贯彻落实《教育法》及《中国教育改革和发展纲要》的基础上提出的跨世纪教育改革和发展的施工蓝图，明确提出了到2000年和2010年我国教育发展的目标。

4月25日 江泽民写信给北京师范大学教授白寿彝，祝贺他主持编写的《中国通史》全部出版。江泽民在信中强调，中华民族的历史，是全民族的共同财富，全党全社会都应该重视对中国历史的学习。

6月15日~18日 中共中央、国务院在北京召开改革开放以来第三次全国教育工作会议，颁布《关于深化教育改革全面推进素质教育的决定》。会议的主题是：动员全党同志和全国人民，以提高民族素质和创新能力为重点，深化教育体制和结构改革，全面推进素质教育，振兴教育事业，实施科教兴国战略，为实现党的十五大确定的社会主义现代化建设宏伟目标而奋斗。江泽民和朱镕基、李岚清等党和国家领导人出席会议并讲话。这次全教会和《决定》赋予素质教育以时代的特征和新的内涵，并紧紧围绕全面推进素质教育，培养适应21世纪现代化建设需要的社会主义新人，提出了一系列教育改革和发展的重大决策，取得了一系列突破性进展。会后，教育部根据会议精神，进一步扩大了当年全国高校的招生规模。

8月12日 教育部召开教育界深入揭批“法轮功”座谈会。教育部部长陈至立在会上指出，今后要加强学校思想政治工作，为教育事业继续前进提供坚强有力的思想政治保障。

9月7日 教育部启动国家助学贷款工作，并与中国工商银行一道，制定《国家助学贷款管理操作规程（试行）》。国家助学贷款的目的是通过银行贷款帮助高等学校中经济确实困难的学生支付在校期间的学费和日常生活费。国家助学贷款利息由国家财政予以补贴。

2000年

1月3日 教育部发出《关于在小学减轻学生过重负担的紧急通知》。7日，教育部召开减轻中小学生过重负担工作电视会议。教育部部长陈至立要求各级教育行政部门和学校要切实转变教育观念，树立全面实施素质教育的思想；有关部门要在政府的统一领导下，密切配合，齐抓共管，从实际出发，分阶段、有重点地推进减轻中小学生过重负担的工作，并首先以减轻小学生过重负担为突破口；各地要不断完善“减负”管理工作，加强领导和监督，严肃查处加重学生负担的违法违纪行为。

1月14日 国务院办公厅转发教育部、国家计委、财政部、建设部、中国人民银行、国家税务总局《关于进一步加快高等学校后勤社会化改革的意见》。要求从2000年起，用三年左右的时间，在全国绝大部分地区基本实现高等学校后勤社会化，建立起有中国特色、符合高等教育特点与需要的新型高等学校后勤保障体系。

△国务院办公厅发出《关于国务院授权省、自治区、直辖市人民政府审批设立高等职业学校有关问题的通知》。国务院授权省、自治区、直辖市人民政府审批设立的高等职业学校，是指在本地区范围内实施职业技术教育的专科层次的高等学校，须报教育部备案。据此规定，教育部从2001年起，多次公布备案的高等职业学校名单。

1月26日 教育部发出《关于实施“新世纪高等教育教学改革工程”的通知》。

2月12日 国务院办公厅转发《教育部、国家计委、财政部关于调整国务院部门（单位）所属学校管理体制和布局结构的实施意见》。这次调整的完成，标志着我国高教管理体制发生了历史性的深刻变化，部门办学体制基本结束，由中央和省级政府两级办学、以地方管理为主的新体制的框架基本确立。

3月1日 《人民日报》、《求是》杂志和《光明日报》全文发表江泽民2月1日《关于教育问题的谈话》。同日，教育部发出通知，要求教育系统一定要认真学习、深刻领会、坚决贯彻落实《谈话》精神，努力开创我国教育改革和发展的新局面。

3月15日 教育部发布《高等职业学校设置标准（暂行）》。

4月7日 中共中央办公厅、国务院办公厅发出《关于推动东西部地区学校对口支援工作的通知》，4月25日，国务院办公厅召开东西部地区学校对口支援工作座谈会，进一步动员各方力量大力支持西部贫困地区的教育事业。4月20日，教育部、国务院扶贫开发领导小组、中共中央组织部、国家计委、财政部、人事部印发《关于东西部地区学校对口支援工作的指导意见》。

5月16日 教育部、全国教育工会印发《中等职业学校教师职业道德规范（试行）》。

6月2日 中共中央组织部、人事部、教育部印发《关于深化高等学校人事制度改革的实施意见》。高等学校在精简机构和人员的基础上，进行全员聘用制和教师聘任制改革。

6月3日 中共中央办公厅、国务院办公厅发出《关于加强青少年学生活动场所建设和管理工作的通知》。

6月6日 中共中央组织部、中共教育部党组联合印发《关于加强社会力量举办学校党的建设工作的意见》。

6月14日 教育部印发《关于贯彻全国教育工作会议精神进一步改革和完善高等教育自学考试制度的意见》。

7月3日 中共教育部党组印发《关于进一步加强高等学校学生思想政治工作队伍建设的若干意见》。高校学生思想政治工作队伍建设，要坚持德才兼备和专兼结合的原则，按照队伍精干和有利于工作的原则，优化队伍结构，提高队伍素质。原则上可按1∶120～1∶150的比例配备专职学生思想政治工作人员。

7月7日 李岚清出席第九次全国高校党建工作会议和全国中小学教育工作会议，代表党中央、国务院在会上发表讲话，对高校党建和思想政治工作以及中小学德育工作提出要求。

8月15日 教育部印发《关于加强中小学教师职业道德建设的若干意见》。

10月2日 中国近代教育史上的第一所大学——天津大学建校105周年。

10月15日 中国人民大学命名组建50周年纪念大会举行，李鹏出席大会并发表讲话。50年来，中国人民大学已为各条战线输送16万名专业人才。

10月25日～26日　全国中学信息技术教育工作会议在北京举行。会议决定，从2001年起，用五到十年时间在全国中小学基本普及信息技术教育。全面实施“校校通”工程。

10月31日　江泽民签署主席令，公布《中华人民共和国国家通用语言文字法》，自2001年1月1日起施行。

12月1日　人民教育出版社建社50周年庆祝大会在北京举行。全国人大常委会副委员长许嘉璐、全国政协副主席钱正英、教育部部长陈至立、中宣部副部长龚心瀚等出席。庆祝会上，人民教育出版社向内蒙古、广西、西藏、宁夏和新疆5个民族自治区捐赠了价值300万元的教育图书。

12月5日　李岚清与俄罗斯副总理马特维延科共同主持了中俄两国教育、文化、卫生、体育领域合作委员会第一次会议，并签署了会议纪要。

12月14日　中共中央办公厅、国务院办公厅印发《关于适应新形势进一步加强和改进中小学德育工作的意见》。《意见》深刻分析了国内外形势的新变化、教育改革与发展的新任务以及青少年思想教育面临的新情况，强调要充分认识加强中小学德育工作的紧迫性和重要性，提出了新时期中小学德育工作必须坚持正确的指导思想。强调要从三个方面切实加强与改进中小学德育工作：第一，切实提高中小学德育工作的针对性和实效性。第二，把大力加强教师职业道德建设摆在重要位置。第三，推动全社会进一步关心、重视青少年健康成长。

2001年

1月4日～5日　教育部在北京召开全国教师资格制度实施工作会议，动员和部署全面实施教师资格制度。5月14日，教育部印发《关于首次认定教师资格工作若干问题的意见》。

1月18日　教育部印发《关于积极推进小学开设英语课程的指导意见》。决定从2001年秋季开始，全国城市和县城小学逐步开设英语课程；2002年秋季，乡镇所在地小学逐步开设英语课程。小学开设英语课程的起始年级一般为三年级。

2月1日　中共教育部党组、共青团中央发出《关于在各级各类学校广泛开展“校园拒绝邪教”活动的通知》。

2月5日 教育部印发《高等教育学历证书电子注册管理暂行规定》。

2月17日 国务院办公厅转发《教育部、国家计委、财政部关于实施中小学危房改造工程的意见》。

2月24日 国务院办公厅转发《教育部、体育总局、国家计委、财政部关于调整体育总局所属学校管理体制的实施意见》。

3月6日 教育部印发《关于“十五”期间普通高等教育教材建设与改革的意见》，提出“十五”期间普通高等教育教材建设的指导方针和工作任务，制定“十五”教材规划的基本要求、原则和主要措施。

3月16日 教育部印发《关于加强普通高等学校大学生心理健康教育工作的意见》，对大学生心理健康教育工作的主要任务和内容，工作的原则、途径和方法，队伍建设等作出了明确规定。

4月14日~15日 教育部、民政部、中国残联在北京联合召开第三次全国特殊教育工作会议。会议提出要从我国社会全面发展和发挥社会主义制度优越性的战略高度，进一步提高对发展特殊教育事业重要性的认识，加强领导，加大投入，促进我国特殊教育事业的发展。

4月29日 党和国家领导人江泽民、朱镕基、胡锦涛、李岚清等出席庆祝清华大学建校90周年大会。江泽民在会上发表重要讲话，祝贺清华大学90周年校庆，并向全国大学生提出殷切希望。

5月11日 科技部、教育部发出通知，认定首批22个国家大学科技园。5月30日~31日，科技部、教育部联合召开全国大学科技园工作会议。6月6日，科技部、教育部印发《国家大学科技园“十五”发展规划纲要》，明确了“十五”期间国家大学科技园的发展方向、总体目标和重点任务。

5月14日 教育部发出《关于中等职业学校面向农村进城务工人员开展职业教育与培训的通知》。这是教育战线落实“三个代表”重要思想、贯彻教育为社会主义现代化建设服务方针、扩大职业教育服务面和拓宽办学渠道、推进终身教育体系建立的重要举措，对于提高我国劳动者整体素质和促进城市经济社会发展具有重要意义。

△人事部、教育部、科技部、公安部、财政部印发《关于鼓励海外

留学人员以多种形式为国服务的若干意见》。

5月29日 国务院作出《关于基础教育改革与发展的决定》，明确提出了“十五”期间我国基础教育发展的目标和不同地区基础教育事业发展的基本任务。同时，从调整完善农村义务教育管理体制、确保农村中小学教师工资发放入手，制定了保证农村义务教育发展的治本之策。

6月8日 教育部印发《基础教育课程改革纲要（试行）》。

6月11日～12日 国务院召开了改革开放以来第一次全国基础教育工作会议。会议的主要任务是：以邓小平理论和江泽民“三个代表”重要思想为指导，认真贯彻落实党的十五届五中全会和改革开放后第三次全国教育工作会议精神，以全面实施素质教育为核心，以调整农村义务教育管理体制为重点，进一步加快基础教育的改革与发展，努力提高基础教育的质量和水平，为改革开放和现代化建设提供强大的人才储备和智力支持。会议期间，朱镕基、李岚清发表了重要讲话，教育部部长陈至立、国家计委主任曾培炎、财政部副部长楼继伟作了工作报告。

7月2日 教育部印发《中等职业学校设置标准（试行）》。

△教育部印发《幼儿园教育指导纲要（试行）》。

7月9日 教育部、国家保密局印发《教育工作中国家秘密及其密级具体范围的规定》。

8月28日 教育部印发《关于加强高等学校本科教学工作提高教学质量的若干意见》。10月25日，教育部印发《关于做好普通高等学校本科学科专业结构调整工作的若干原则意见》。这两个重要文件对调整高校学科专业结构、提高教学质量提出了明确的措施和意见，在全国产生了广泛影响。

9月8日 国家教育督导团发出《关于加强基础教育督导工作的意见》。

9月24日 教育部、财政部、国务院扶贫开发领导小组办公室发出《关于落实和完善中小学贫困学生助学金制度的通知》。

11月1日 国家体育总局、教育部印发《中等体育运动学校设置标准（试行）》。

11月9日 教育部、国务院学位委员会在北京召开首次全国专业学位教育工作会议，总结交流十年来专业学位教育工作经验，探讨专业学位教育的特色和规律，以加强和改进专业学位教育工作。

11月9日~11日 教育部、总参谋部、总政治部在天津联合召开全国学生军训工作会议。中央军委副主席、国务委员兼国防部长迟浩田出席会议并在讲话中强调，要把学生军训工作作为利国强军的一件大事来抓。

11月27日 国务院办公厅转发《教育部、国家计委、民政部、财政部、税务总局、人事部、劳动保障部、卫生部、中国残联关于"十五"期间进一步推动特殊教育改革与发展的意见》。

12月3日 教育部、国家计委发出《关于批准有关高等学校试办示范性软件学院的通知》，批准35所高校试办首批示范性软件学院。

12月12日 文化部、教育部印发《中等艺术学校设置标准（试行）》。

2002年

2月21日 教育部印发《高等学校出版社管理办法》。

2月22日 教育部印发《关于进一步加强高等学校学生公寓管理的若干意见》。

2月26日 教育部印发《关于加强基础教育办学管理若干问题的通知》。就各地在进行公办学校办学体制改革、鼓励社会力量办学、改造薄弱学校、扩大优质教育资源、推进义务教育阶段招生考试制度改革、加强基础教育办学管理等方面，作出明确规定。

2月27日 教育部印发《关于加强学术道德建设的若干意见》，提出端正学术风气、加强学术道德建设的基本要求和切实措施。

3月2日 国务院办公厅转发教育部、公安部、人事部、劳动和社会保障部《关于进一步深化普通高等学校毕业生就业制度改革有关问题的意见》。要求认清形势，深化改革；进一步完善高校毕业生就业工作管理体制；加快调整人才培养结构；拓宽高校毕业生到基层就业的渠道；切实解决非公有制单位聘用高校毕业生的有关问题；制定鼓励人才合理流动的政策；完善未就业高校毕业生的有关政策；进一步整顿和规范高校毕业生就业市场秩序；进一步加强对高校毕业生的思想教育和就业指导。

3月27日 教育部印发《关于进一步办好五年制高等职业技术教

育的几点意见》。

4月14日 国务院办公厅发出《关于完善农村义务教育管理体制的通知》。完善农村义务教育管理体制，是实践“三个代表”重要思想，实施科教兴国战略的重要内容；是进一步落实地方政府举办义务教育的责任，加强农村义务教育管理，保证经费投入，减轻农民负担，促进农村义务教育持续健康发展的治本之策；是提高农村人口素质，推动我国农村经济和社会长远发展的重大举措。

4月16日 财政部、教育部印发《国家奖学金管理办法》。国家奖学金是中央政府对家庭经济困难、品学兼优的全国普通高等学校全日制在校本专科生提供的无偿资助。国家奖学金分为两个等级，全国每年定额发放给45 000名学生，其中10 000名特别优秀的学生享受一等奖学金，标准为每人每年6 000元；35 000名学生享受二等奖学金，标准为每人每年4 000元。国家奖学金获得者，其所在学校减免当年的全部学费。

4月28日 江泽民到中国人民大学考察，并与师生代表座谈。他在讲话中强调要高度重视哲学社会科学领域及高等教育的改革和发展。

5月10日 第四届高等教育国家级教学成果奖暨第三届教育部高校青年教师奖颁奖大会在北京举行。共有495项教学成果获国家级教学成果奖，有115名教师获高校青年教师奖。

5月17日 教育部印发《中国高校人文社会科学研究优秀成果奖励暂行办法》。

△教育部印发《关于在中小学加强写字教学的若干意见》。当前，在重视学生掌握计算机输入技术的同时，必须继续强调中小学生写好汉字。继承和弘扬中华民族优秀文化，写字教学应该加强，不应削弱。

6月7日 教育部、国家语委发出《关于在教育系统试行〈第一批异形词整理表〉的通知》。

7月7日 国务院作出《关于深化改革加快发展民族教育的决定》。《决定》全面总结了改革开放以来民族教育工作的经验，分析了在新形势下民族教育工作面临的困难和问题，深刻阐述了民族教育在提高少数民族科学文化素质、推进民族地区经济社会全面进步、增强民族团结、维护国家统一中的重要作用，明确了“十五”期间及至2010年民族教育改革与发展的指导思想、目标任务、方针原则和政策措施。

7月8日 教育部印发《关于加强高校网络教育学院管理提高教学质量的若干意见》，进一步明确高校网络教育学院的主要任务，要求积极发展，规范管理，实现现代远程教育的快速、健康和可持续发展。

7月22日 中共中央办公厅、国务院办公厅转发教育部等12部门《关于"十五"期间扫除文盲工作的意见》。

7月22日～31日 首届中外大学校长论坛在北京举行，来自教育部、国防科工委、中国科学院所属高校的81位校长参加论坛。邀请哈佛大学、牛津大学、斯坦福大学、东京大学等17所世界著名大学校长和专家作了高水平的学术报告，并同中国大学校长进行学术交流。陈至立在开幕式上致辞。23日，李岚清会见了出席论坛的世界著名大学校长，就高等教育的改革和发展同客人交换了意见。

7月26日～27日 第五次全国民族教育工作会议在北京举行。国务院副总理李岚清、国务委员司马义·艾买提出席会议并同会议代表座谈，李岚清作了重要讲话，要求与会代表从加快经济发展、巩固民族团结和维护国家统一的战略高度，充分认识加快民族教育事业发展的重大意义。明确指出要坚持以发展为主题，以改革开放为动力，突出重点，循序渐进，努力开创民族教育事业发展的新局面。陈至立代表教育部和国家民委作了工作报告。国家民委主任李德洙代表国家民委、教育部作了会议总结。

7月28日～30日 国务院召开的全国职业教育工作会议在北京举行。朱镕基和李岚清、吴邦国出席会议并发表重要讲话。强调要加快体制创新和制度创新，充分发挥地方、企业和各个方面的积极性，面向社会需求，合理配置结构，着力提高职业教育质量，培养和造就亿万高素质的劳动大军，为新世纪我国经济和社会可持续发展服务。教育部、国家计委、财政部、国家经贸委、劳动保障部五部委的部长（主任）到会讲话。

8月24日 国务院作出《关于大力推进职业教育改革与发展的决定》。《决定》要求：深刻认识职业教育在社会主义现代化建设中的重要地位，明确"十五"期间职业教育改革与发展的目标；推进管理体制和办学体制改革，促进职业教育同经济建设、社会发展紧密结合；深化教育教学改革，适应社会和企业需求；采取切实措施，加快农村和西部地区职业教育发展；严格实施就业准入制度，加强职业教育同劳动就业的联系；多渠道筹集资金，增加职业教育经费投入；加强领导，推动职业教育持续健康发展。

9月8日 北京师范大学举行建校100周年庆祝大会。江泽民出席庆祝大会并发表重要讲话，指出只有按照“三个代表”要求，大力推进教育创新，不断发展有中国特色的社会主义教育事业，才能不断为我国经济和社会发展培养高素质的劳动者、建设者、管理者和领导者。朱镕基、李瑞环、胡锦涛、尉健行、李岚清等出席庆祝大会。

9月24日 中共中央宣传部等五部委在北京举办党的十三届四中全会以来改革开放和现代化建设成就报告。陈至立在会上作关于我国教育事业改革与发展的历史性成就的报告，指出十三年来，我国教育事业已进入最快最好的发展时期。

10月1日 国务院发布《禁止使用童工规定》，自2002年12月1日起施行。1991年4月15日国务院发布的《禁止使用童工规定》同时废止。

10月12日 教育部在天津召开全国高级中学发展与建设工作经验交流会。李岚清出席会议并发表讲话，对加快基础教育特别是高中教育发展与建设提出了要求。

10月25日 教育部、公安部、国家工商行政管理总局发出《关于进一步规范自费出国留学中介活动秩序的通知》。

10月31日 教育部印发《关于加强职业技术学校职业指导工作的意见》。提出了开展职业指导工作的基本原则和重要途径。

11月8日 中国共产党第十六次全国代表大会在北京开幕。江泽民代表第十五届中央委员会向大会作报告。他在报告中强调，要大力发展教育和科学事业。教育是发展科学技术和培养人才的基础，在现代化建设中具有先导性全局性作用，必须摆在优先发展的战略地位。要全面贯彻党的教育方针，坚持教育创新，深化教育改革，全面推进素质教育，造就数以亿计的高素质劳动者、数以千万计的专门人才和一大批拔尖创新人才。

12月27日 教育部发出《关于积极推进中小学评价与考试制度改革的通知》。

12 月 28 日　九届全国人大常委会第三十一次会议通过了《中华人民共和国民办教育促进法》，自 2003 年 9 月 1 日起施行。1997 年 7 月 31 日国务院颁布的《社会力量办学条例》同时废止。

△全国第一所特殊教育高等学校——南京特殊教育职业技术学院在南京举行揭牌典礼。

2003 年

2 月 10 日　教育部印发《关于进一步发展繁荣高校哲学社会科学的若干意见》，启动"高校哲学社会科学繁荣计划"。

2 月 28 日　教育部、卫生部、中国残疾人联合会印发《普通高等学校招生体检工作指导意见》。

3 月 1 日　国务院发布《中华人民共和国中外合作办学条例》，自 2003 年 9 月 1 日起施行。制定《条例》，最重要的原则和出发点是扩大开放，引进优质教育资源；规范管理，维护各方合法权益。中外合作办学者可以合作举办各级各类教育机构，但不得举办实施义务教育和实施军事、警察、政治等特殊性质教育的机构。2004 年 6 月 2 日，教育部发布《中华人民共和国中外合作办学条例实施办法》，自 2004 年 7 月 1 日起施行。

3 月 4 日　国务院办公厅转发教育部、中央编办、国家计委、民政部、财政部、劳动保障部、建设部、卫生部、国务院妇儿工委、全国妇联关于幼儿教育改革与发展的指导意见。这是继 1987 年以来，再一次由国务院发布的有关幼儿教育改革和发展的纲领性文件，对建立新时期的幼儿教育管理体制，推动市场经济条件下我国幼儿教育事业的健康发展具有里程碑的作用。

3 月 7 日　教育部印发《关于进一步加强高等教育自学考试工作若干问题的意见》。二十多年的实践证明，质量是自学考试赖以生存和发展的重要保证。农村自学考试工作是当前和今后一段时期自学考试工作的重点。要加快改革步伐，拓展社会服务功能，探索自学考试发展的新领域。

4 月 7 日　教育部印发《教育部科学技术研究项目管理办法》。新办法规定：教育部根据国家需求和科技发展趋势发布重大项目指南，根据指南受理重大项目申请；规定对取得明显成果的项目给予评优鼓励并进行后续支持，优秀项目总数不超过当年结题项目的10%。

4月~6月 非典型性肺炎疫情对全国教育系统特别是疫情较重地区学校的正常教育教学、科研活动、国际交流与合作、招生和就业工作均带来不同程度的影响。各地教育部门和各级各类学校把防治“非典”工作放在第一位，把师生的安全放在第一位，与党和政府同心同德、同舟共济、共渡难关，取得了教育系统抗击“非典”斗争的胜利，并为支持全国的抗“非典”斗争作出了应有的贡献。

4月23日 教育部印发《关于规范并加强普通高校以新的机制和模式试办独立学院管理的若干意见》。试办独立学院要贯彻“积极支持、规范管理”的原则，一律采用民办机制，现阶段仍由教育部负责审批。

4月25日 教育部印发《关于进一步深化教育改革，促进高校毕业生就业工作的若干意见》。地方和高校要把毕业生就业状况作为确定高等教育事业发展规模的重要依据。

6月12日 教育部党组发出教育系统学习《“三个代表”重要思想学习纲要》的通知，兴起学习、贯彻“三个代表”重要思想新高潮，推动“三个代表”重要思想进教材、进课堂、进学生头脑的工作。

7月2日 国务院办公厅转发《教育部、卫生部关于加强学校卫生防疫与食品卫生安全工作的意见》。这是在认真总结抗击“非典”所取得的成功经验基础上形成的文件。

7月17日 教育部印发《关于加强依法治校工作的若干意见》。

8月20日 教育部部长周济在2003年教育部高等学校本科教学工作水平评估研讨班上宣布，从2003年开始，用五年左右的时间，对我国所有普通高等学校教学工作进行一次全面评估，并形成五年一轮的教学评估制度。

9月4日 教育部印发《关于实施全国教师教育网络联盟计划的指导意见》。教育网络联盟计划旨在以现代远程教育为突破口，在政府的支持和推动下，充分调动各级各类举办和支持教师教育的高等学校（机构）的积极性，整合资源，构建以师范院校和其他举办教师教育的高校为主体，以高水平大学为核心，区域教师学习与资源中心为服务支撑，社会力量积极参与，职前职后教育一体化，教师教育系统、卫星电视网同计算机互联网相融通，学校教育同现代远程教育等各科教育形式相结合，学历教育同非学历教育相沟通，系统集成，优势互补，共建共享优质教育资源，覆盖全国城乡的教师教育网络体系，大幅度提升全国中小学教师队伍素质。

△国务院办公厅转发教育部、中宣部、中央文明办、中直机关工委、中央国家机关工委、国资委、银监会、财政部、铁道部、国务院扶贫办、总政治部、全国总工会、共青团中央、全国残联《关于开展经常性助学活动的意见》。

△国务院办公厅转发教育部、中央编办、公安部、国家发展改革委员会、财政部、劳动保障部《关于进一步做好进城务工就业农民子女义务教育工作的意见》。

9月9日 国务院总理温家宝在人民大会堂会见全国农村中小学优秀教师代表和第一届高等学校教学名师奖获得者，强调要在全社会大兴尊师重教之风。

9月17日 国务院印发《关于进一步加强农村教育工作的决定》。9月19日～20日，国务院召开全国农村教育工作会议。温家宝出席会议并发表讲话。《决定》和会议均要求：明确农村教育在全面建设小康社会中的重要地位，把农村教育作为教育工作的重中之重；加快推进"两基"攻坚，巩固提高普及义务教育的成果和质量；坚持为"三农"服务的方向，大力发展职业教育和成人教育，深化农村教育改革；落实农村义务教育"以县为主"管理体制的要求，加大投入，完善经费保障机制；建立健全资助家庭经济困难学生就学制度，保障农村适龄少年儿童接受义务教育的权利；加快推进农村中小学人事制度改革，大力提高教师队伍素质；实施农村中小学现代远程教育工程，促进城乡优质教育资源共享，提高农村教育质量和效益；切实加强领导，动员全社会力量关心和支持农村教育事业。

10月8日 欧美同学会成立90周年庆祝大会在北京举行，国家主席胡锦涛出席大会并发表讲话。他号召广大留学人员要把自己的前途命运同党和国家的前途命运紧紧联系在一起，与时俱进、发愤学习，为国服务、建功立业，心系祖国、热爱祖国，积极为全面建设小康社会贡献智慧和力量。

10月14日 中国共产党第十六届中央委员会第三次全体会议通过

《中共中央关于完善社会主义市场经济体制若干问题的决定》。《决定》提出要深化科技、教育、文化、卫生体制改革，提高国家创新能力和国民整体素质。

10月15日 中国幼教百年纪念大会暨中国幼教百年学术研讨会在北京举行。

10月21日 教育部发出《关于进一步加强中小学教师队伍管理和职业道德教育的通知》。

12月9日 一部反映中国跨世纪教育改革与发展七年历程的文献——《李岚清教育访谈录》由人民教育出版社出版。教育部在人民大会堂举行出版座谈会。

12月19日~20日 中共中央、国务院在北京召开全国人才工作会议。中共中央总书记、国家主席胡锦涛在讲话中强调，要以“三个代表”重要思想为指导，大力实施人才强国战略，为全面建设小康社会提供坚强的人才保证和智力支持。12月26日，中共中央、国务院发出《关于进一步加强人才工作的决定》。《决定》指出：实施人才强国战略，必须以邓小平理论和“三个代表”重要思想为指导，贯彻落实十六大精神，根据人才资源是第一资源的科学判断，坚持党管人才原则，坚持以人为本，充分开发国内国际两种人才资源，紧紧抓住培养、吸引、用好人才三个环节，大力加强以党政人才、企业经营管理人才和专业技术人才为主体的人才队伍建设，努力把各类优秀人才集聚到党和国家各项事业中来，为全面建设小康社会提供坚强的人才保证和广泛的智力支持。

2004年

1月4日 教育部印发《普通高等学校基本办学条件指标（试行）》。

1月14日 国务院办公厅转发教育部、中央编办、国家发展改革委、财政部、人事部《关于进一步做好教育援藏工作的意见》。进一步做好教育援藏工作，必须全面贯彻党的十六大精神，以邓小平理论和“三个代表”重要思想为指导，全面贯彻党的教育方针和民族政策，加速推进西藏基本普及九年义务教育和基本扫除青壮年文盲工作进程，促进各类教育健康、协调发展；加强西藏班建设，重点建设西藏大学，大力培养西藏建设急需的高层次人才。坚持规模、结构、质量和效益相统一，坚持自力更生与国家扶持、内地支援相结合，充分发挥教育援藏工作在促进西藏社会稳定、经济发展，增强民族团结，维护国家统一中的重要作用。

1月17日 国务院办公厅转发《教育部关于建立对县级人民政府教育工作进行督导评估制度的意见》。对县级人民政府教育工作的督导评估由省级人民政府负责，国家教育督导团负责宏观指导和监督检查。

1月20日 国务院办公厅发出《关于妥善解决国有企业办中小学退休教师待遇问题的通知》。

2月2日 教育部印发《关于进一步加强基础教育新课程师资培训工作的指导意见》。各地要按照"边实验、边培训、边总结、边提高"的原则，根据新课程实验推广的要求，统筹规划、分区推进、分步实施，分阶段、滚动式地展开新课程师资培训。

2月16日 国务院办公厅转发教育部、国家发展改革委、财政部和国务院西部开发办《国家西部地区"两基"攻坚计划（2004～2007年）》。2月26日，经国务院批准，国家西部地区"两基"攻坚工作会议在北京召开。国务委员陈至立在讲话中强调，要从践行"三个代表"重要思想的高度，明确责任，狠抓落实，确保西部地区"两基"的攻坚目标如期完成。

2月26日 中共中央、国务院发出《关于进一步加强和改进未成年人思想道德建设的若干意见》。《若干意见》指出，加强和改进未成年人思想道德建设，是全党全社会的共同任务。各有关部门和社会各有关方面，都要大力弘扬求真务实精神，大兴求真务实之风，根据各自担负的职责和任务，采取有效措施，狠抓贯彻落实，勇于开拓创新，注重工作实施，切实把加强和改进未成年人思想道德建设的各项工作落到实处。3月24日，教育部党组就教育战线学习贯彻《若干意见》发出通知，提出要求。5月10日～11日，中共中央在北京召开全国加强和改进未成年人思想道德建设工作会议。胡锦涛在讲话中强调，全党全社会要共同做好未成年人思想道德建设工作，大力培育中国特色社会主义事业建设者和接班人。6月1日，教育部发出《关于学习贯彻〈中共中央国务院关于进一步加强和改进未成年人思想道德建设的若干意见〉的实施意见》，就充分发挥学校在未成年人思想道德建设中的主渠道、主阵地、主课堂作用，提出当前要重点做好的各项工作。

3月1日 教育部、国务院纠风办、监察部、国家发展改革委、财政部、审计署、新闻出版总署等七部门在北京联合召开全国治理教育乱收费工作电视电话会议。陈至立出席会议并讲话，强调建立完善治理乱收费长效机制，一是要在义务教育阶段全面推行“一费制”；二是要进一步完善公办高中招收择校生的“三限”政策；三是要严格规范高校收费行为；四是要加大对搭车收费和各种形式摊派的治理力度；五是要进一步加强对教育收费资金的管理。同时，要加强监督检查，严肃查处违纪案件。3月8日，教育部、国务院纠风办等七部门印发《关于2004年治理教育乱收费工作的实施意见》。

3月3日 国务院批转教育部《2003～2007年教育振兴行动计划》。这是在成功实施国务院1999年批转的《面向21世纪教育振兴行动计划》基础上实现教育新跨越的行动方略。新一轮《行动计划》是在国家科教领导小组的直接领导下研究制定的，凝聚了重要战略机遇期教育发展的战略思考和行动方向。

3月25日 教育部发布《中小学生守则》、《小学生日常行为规范（修订)》和《中学生日常行为规范（修订)》，于2004年9月1日起施行。

3月26日 经教育部批准，《“国际汉语教师中国志愿者计划”实施办法》发布实施，这是大规模派遣志愿者到世界各国从事汉语教学工作的计划，由对外汉语教学发展中心组织实施。

4月30日 教育部、财政部发出《关于推进职业教育若干工作的意见》，决定采用中央财政资金引导的方式，推动各地职业教育实训基地建设，促进职业教育改革不断深入。

5月8日 中央综治委、教育部、公安部印发《关于深入开展安全文明校园创建活动的意见》。要求切实维护学校师生正常教学、科研和生活秩序，保证师生生命财产安全，营造安全、稳定、文明、健康的育人环境。

5月17日 经国务院同意，教育部、中宣部、公安部、监察部、信息产业部、国家保密局、武警总部印发《关于全面加强教育考试环境综合整治工作的通知》。

6月12日 国务院办公厅转发教育部、财政部、人民银行、银监会《关于进一步完善国家助学贷款工作的若干意见》。以“方便贷款，防范风险”为原则，进一步加强了对国家助学贷款工作的领导、管理与监督，进一步理顺了国家、高校、学生、银行之间的经济关系，进一步强化了高校和银行的管理责任。

6月17日~19日 教育部、国家发展改革委、财政部、人事部、劳动保障部、农业部和国务院扶贫办等七部门联合召开全国职业教育工作会议。陈至立出席会议并讲话。会后，经国务院同意，教育部等七部门于9月14日联合印发了《关于进一步加强职业教育工作的若干意见》。

6月21日 教育部社会科学委员会成立大会暨第一次工作会议在北京召开。来自30所高校的99名教授成为首届社科委委员。8月16日，教育部印发《教育部社会科学委员会章程》和《教育部社会科学委员会〈高等学校哲学社会科学研究学术规范（试行）〉》。

6月28日 教育部发出《关于取消高等教育学历文凭考试的通知》。

6月28日~7月7日 教育部副部长章新胜在江苏省苏州市主持召开了联合国教科文组织第28届世界遗产委员会会议。

8月4日~10日 第二届中外大学校长论坛在北京举行。本届论坛的主题为“大学发展战略规划”和“大学科研与科研成果转化”。来自美国、英国、法国、德国、俄罗斯、日本，以及中国内地和香港特区的100余所知名大学的校长和专家出席了开幕式。陈至立在开幕式上说，中国政府始终鼓励和支持大学开展全方位、高层次、多形式的国际交流与合作，提倡在教育国际交流与合作中坚持平等互惠，坚持政府与民间并举，坚持双边与多边并行。

8月26日 中共中央、国务院发出《关于进一步加强和改进大学生思想政治教育的意见》。这是指导我们加强和改进大学生思想政治教育的纲领性文献。由党中央、国务院下发加强和改进大学生思想政治教育的文件，这在党和国家历史上还是第一次。

8月28日 十届全国人大常委会第十一次会议通过《关于修改〈中华人民共和国学位条例〉的决定》。该决定自公布之日起施行。

9月1日 温家宝主持召开国务院常务会议，研究解决高校贫困家庭学生困难问题。3日，国务院办公厅印发《关于切实解决高校贫困家庭学生困难问题的通知》。

9月23日 教育部、国务院西部开发办印发《2004～2010年西部地区教育事业发展规划》。

10月12日 教育部发出《关于废止部分规章和其他规范性文件的通知》。

10月26日 教育部印发《教育信访工作规定》。

11月8日 教育部、国家知识产权局印发《关于进一步加强高等学校知识产权工作的若干意见》。

11月15日 教育部印发《高等学校中长期科学和技术发展规划纲要》。

12月2日～7日 教育部在北京召开第二次全国普通高等学校本科教学工作会议。周济在会上强调，要大力加强教学工作，切实提高教学质量。

12月15日 教育部印发《中小学教师教育技术能力标准（试行)》。这是指导中小学教学人员、中小学管理人员、中小学技术支持人员教育技术培训与考核的基本依据。

注：《中华人民共和国教育大事记》的收辑范围主要是建国55年来（1949年10月～2004年12月）具有全国性的教育史事，包括中共中央、全国人大、国务院和教育部（高教部、国家教委）等中央部委制定、发布的教育方针、法律法规；党和国家领导人有关教育的重要讲话、指示；对中国教育理论与实践产生过重大历史性影响的重要会议与事件。

（撰　稿　李玉非　宋荐戈　方晓东
毕　诚　王洪元　荣文珂）

（审　稿　卓晴君）

四、中华人民共和国教育事业发展基本统计

（一）各级普通学校校数

Number of Regular Schools by Level & Type

单位：所

		1949年	1965年	1978年	1980年	1985年	1997年	1999年	2004年
一	普通高等学校 Reg. Inst. of Higher Education	205	434	598	675	1 016	1 020	1 071	1 731
二	普通中等学校 Reg. Secondary Schools	5 219	81 274	167 118	128 065	108 494	97 308	94 991	91 543
	中等专业学校 Specialized Sec. Schools	1 171	1 265	2 760	3 069	3 557	4 143	3 962	3 047
1	中等技术学校 Sec. Technical Schools	561	871	1 714	2 052	2 529	3 251	3 147	–
	中等师范学校 Teachers Training Schools	610	394	1 046	1 017	1 028	892	815	–
2	技工学校 Skilled Worker Schools	3	281	2 013	3 305	3 548	4 395	4 098	2 884
	普通中学 General Sec. Schools	4 045	18 102	162 345	118 377	93 221	78 642	77 213	79 058
3	高中 Senior	1 597	4 112	49 215	31 300	17 318	13 880	14 127	15 998
	初中 Junior	2 448	13 990	113 130	87 077	75 903	64 762	63 086	63 060
4	职业中学 Vocational Schools	–	61 626	–	3 314	8 070	10 047	9 636	6 478
5	工读学校 Correctional Work-study Schools	–	–	–	–	98	81	82	76
三	小学 Primary Schools	346 769	1 681 939	949 323	917 316	832 309	628 840	582 291	394 183
四	特殊教育学校 Special Education Schools	–	266	292	292	375	1 440	1 520	1 560
五	幼儿园 Kindergartens	–	19 226	163 952	170 419	172 262	182 485	181 136	117 899

(二)各级普通学校学生数

Enrolment of Regular Schools by Level & Type

单位:万人

in 10 thousands

		1949 年	1965 年	1978 年	1980 年	1985 年	1997 年	1999 年	2004 年
一	研究生(人) Graduate Education(Person)	629	4 546	10 934	21 604	87 331	176 353	233 513	819 896
二	普通高等学校本专科 Undergraduate Education	11.65	67.44	85.63	114.37	170.31	317.44	413.42	1 333.5
三	普通中等学校 Reg. Secondary Schools	127.05	1 441.97	6 675.37	5 747.83	5 167.46	7 188.90	7 977.46	10 013.21
1	中等专业学校 Specialized Sec. Schools	22.88	54.74	88.92	124.34	157.11	465.41	515.50	554.47
	中等技术学校 Sec. Technical Schools	7.71	39.24	52.93	76.13	101.29	374.32	424.98	–
	中等师范学校 Teachers Training Schools	15.17	15.50	35.99	48.21	55.82	91.09	90.52	–
2	技工学校 Skilled Worker Schools	0.27	10.10	38.20	70.04	74.17	193.10	156.05	193.14
3	普通中学 General Sec. Schools	103.90	933.79	6 548.25	5 508.08	4 705.96	6 017.86	6 771.28	8 695.37
	高中 Senior	20.72	130.82	1 553.08	969.79	741.13	850.07	1 049.71	2 220.37
	初中 Junior	83.18	802.97	4 995.17	4 538.29	3 964.83	5 167.79	5 721.57	6 475
4	职业中学 Vocational Schools	–	443.34	–	45.37	229.57	511.89	533.92	569.43
	高中 Senior	–	77.50	–	31.92	184.34	431.00	443.84	516.92
	初中 Junior	–	365.84	–	13.45	45.23	80.89	90.08	52.51
5	工读学校 Correctional Work-study Schools	–	–	–	–	0.65	0.63	0.71	0.8
四	小学 Primary Schools	2 439.10	11 620.90	14 624	14 627	13 370.20	13 995.37	13 547.96	11 246.23
五	特殊教育学校 Special Education Schools	–	2.29	3.09	3.31	4.17	34.06	37.16	37.18
六	幼儿园 Kindergartens	–	171.30	787.70	1 150.80	1 479.70	2 518.96	2 526.26	2 089.40

(三)各级普通学校招生数

Enrolment of Regular Schools by Level & Type

单位:万人

in 10 thousands

		1949 年	1965 年	1978 年	1980 年	1985 年	1997 年	1999 年	2004 年
一	研究生(人) Graduate Education(Person)	242	1 456	10 708	3 616	46 871	63 749	92 225	326 286
二	普通高等学校本专科 Undergraduate Education	3.06	16.42	40.15	28.12	61.92	100.04	159.68	447.34
三	普通中等学校 Reg. Secondary Schools	50.97	673.11	2 769.29	2 044.92	1 825.70	2 575.27	2 955.47	3 424.61
1	中等专业学校 Specialized Sec. Schools	9.74	20.85	44.70	46.76	66.83	162.11	163.67	203.84
	中等技术学校 Sec. Technical Schools	4.28	14.64	26.79	25.29	45.36	129.57	134.25	–
	中等师范学校 Teachers Training Schools	5.46	6.21	17.91	21.47	21.47	32.54	29.12	–
2	技工学校 Skilled Worker Schools	–	–	25.70	33.13	35.54	73.40	51.55	91.64
3	普通中学 General Sec. Schools	41.23	345.78	2 698.89	1 934.31	1 606.91	2 128.20	2 546	2 899.74
	高中 Senior	7.11	45.89	692.91	383.40	257.51	322.61	396.32	821.51
	初中 Junior	34.12	299.89	2 005.98	1 550.91	1 349.40	1 805.59	2 149.68	2 078.23
4	职业中学 Vocational Schools	–	306.48	–	30.72	116.10	211.22	194.14	229.08
	高中 Senior	–	55.67	–	24.06	98.49	180.34	160.38	212.66
	初中 Junior	–	250.81	–	6.66	17.61	30.88	33.76	16.42
5	工读学校 Correctional Work-study Schools	–	–	–	–	0.32	0.34	0.41	0.31
四	小学 Primary Schools	680.00	3 296.02	3 315.36	2 942.34	2 298.17	2 462.04	2 029.53	1 747.01
五	特殊教育学校 Special Education Schools	–	–	0.59	0.59	0.92	4.61	5.01	5.08
六	幼儿园 Kindergartens	–	–	–	–	–	1 824.37	1 617.54	1 350.3

(四)高中阶段学生数的构成

Composition of Students in Reg. Secondary Schools

	合计 Total	普通高中 Senior General Secondary Schools	中等职业教育 Secondary Vocational-technical Schools			
			小计 Subtotal	中等专业学校 Specialized Sec. Schools	技工学校 Skilled Worker Schools	职业高中 Vocational Schools
学生数(万人) No. of Students (in 10 thousands)						
1965年	271.1	130.8	140.3	52.7	10.1	77.5
1980年	1 196.0	969.8	226.2	124.3	70	31.9
1985年	1 156.7	741.1	415.6	157.1	74.2	184.3
1990年	1 322.0	717.3	604.7	224.4	133.2	247.1
1996年	1 779.6	769.2	1 010.4	422.8	191.8	395.8
1997年	1 939.6	850.1	1 089.5	465.4	193.1	431
1999年	2 165.1	1 049.7	1 115.4	515.5	156.1	443.8
2004年	3 484.9	2 220.4	1 264.5	554.5	193.1	516.9
比重(%) Percentage						
1965年	100	48.2	51.8	19.5	3.7	28.6
1980年	100	81.1	18.9	10.4	5.8	2.7
1985年	100	64.1	35.9	13.6	6.4	15.9
1990年	100	54.3	45.7	17.0	10.0	18.7
1996年	100	43.3	56.7	23.8	10.6	22.3
1997年	100	43.8	56.2	24	10	22.2
1999年	100	48.5	51.5	23.8	7.2	20.5
2004年	100	63.7	36.3	15.9	5.6	14.8

(五)各级普通学校专任教师数

Number of Regular Schools Full-time Teachers by Level & Type

单位:万人

in 10 thousands

		1949 年	1965 年	1978 年	1980 年	1985 年	1997 年	1999 年	2004 年
	总计 Total	93.43	476.89	902.31	939.48	933.48	1 125.01	1 179.15	1 249.99
一	普通高等学校本专科 Undergraduate Education	1.61	13.81	20.63	24.69	34.43	40.45	42.57	85.84
二	普通中等学校 Reg. Secondary Schools	8.22	70.93	330.96	323.30	305.65	418.71	460.16	532.54
	中等专业学校 Specialized Sec. Schools	1.56	5.51	9.96	12.87	17.40	27.64	27.37	19.71
1	中等技术学校 Sec. Technical Schools	0.66	4.37	6.93	9.10	12.80	21.26	21.18	–
	中等师范学校 Teachers Training Schools	0.90	1.14	3.03	3.77	4.60	6.39	6.19	–
2	技工学校 Skilled Worker Schools	–	–	2.80	6.14	8.89	11.57	15.03	16.5
	普通中学 General Sec. Schools	6.66	45.71	318.20	301.97	265.16	358.68	384.05	466.75
3	高中 Senior	1.40	7.79	74.13	57.07	49.17	60.51	69.24	119.07
	初中 Junior	5.26	37.92	244.07	244.90	215.99	298.16	314.81	347.68
	职业中学 Vocational Schools	–	19.71	–	2.32	14.07	32.24	33.55	29.43
4	高中 Senior	–	5.29	–	1.65	11.58	28.23	29.61	27.06
	初中 Junior	–	14.42	–	0.67	2.49	4.01	3.94	2.37
5	工读学校 Correctional Work-study Schools	–	–	–	–	0.13	0.15	0.16	0.15
三	小学 Primary Schools	83.60	385.71	522.55	549.94	537.68	579.36	586.05	562.89
四	特殊教育学校 Special Education Schools	–	0.26	0.42	0.48	0.73	2.85	3.14	3.11
五	幼儿园 Kindergartens	–	6.18	27.75	41.07	54.99	83.64	87.24	65.61

(王红进、荣文珂整理)

五、中华人民共和国现行学校系统图

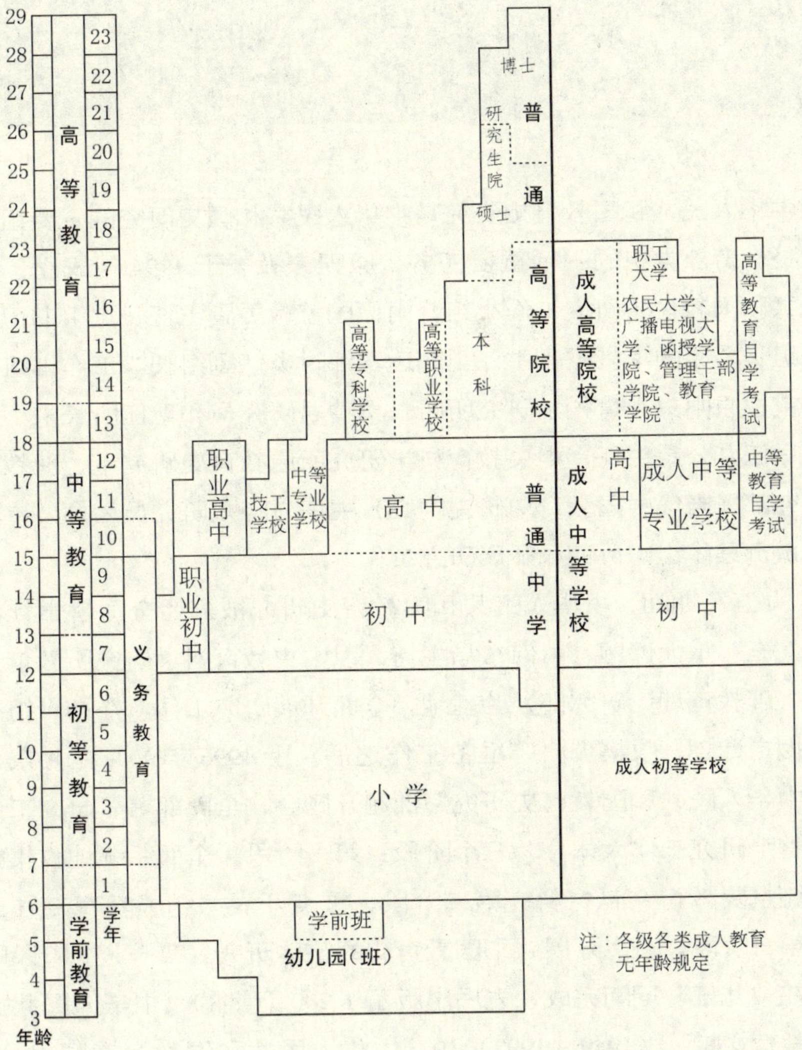

后　记

中华人民共和国教育史研究是中华人民共和国史研究的重要组成部分，是教育部党组的一项重要任务。原国家教委于 1994 年成立了中华人民共和国教育史研究工作小组，由原国家教委副主任、党组书记何东昌任组长，原国家教委副主任王明达、邹时炎任副组长。工作小组下设办公室，原中央教育科学研究所所长卓晴君研究员和现任所长朱小蔓教授先后任办公室主任，中央教育科学研究所原教育史研究室、现教育理论研究部（当代中国教育史研究中心）主任方晓东研究员为办公室副主任，负责具体组织协调和开展研究工作。

“九五”期间，中华人民共和国教育史研究被列为全国哲学社会科学“九五”重大课题，由何东昌主持，以中央教育科学研究所教育史研究室（现教育理论研究部）为基地，全面开展研究工作。在初步组织队伍、拟定计划、收集资料等准备工作之后，于 1996 年 1 月在北京召开了“中华人民共和国教育史研究”课题开题会，全面部署了研究工作。

整个研究工作大体分为三个阶段：第一阶段，全面系统地收集整理和选编重要教育文献资料；第二阶段，重点开展共和国教育专题史研究；第三阶段，重点开展共和国教育史的整体研究。第一、二阶段的研究已在“九五”期间完成，先后出版了 1 200 万字的《中华人民共和国重要教育文献》（1949 ~ 1997）和《中华人民共和国教育专题史丛书》（包括：中华人民共和国教育历史传统与基础、高等教育史、中小学教育史、职业教育史、成人教育史、师范教育史、民族教育史、学校体育史、学校艺术教育史、工读教育史、少年宫教育史、教育国际交流与合作史、中华人民共和国教育史纲，共 13 卷）。其中《中华人民共和国教育专题史丛书》（13卷）荣获“中国教育学会奖”（1999～2004）一等奖；《中华人民共和国教育史纲》荣获中南六省（区）优秀教育读物特等奖、第三届全国教育科学研究优秀成果二等奖。

第三阶段的研究，经全国教育科学规划领导小组办公室批准，顺延至“十五”期间完成。在这阶段，出版了400万字的《中华人民共和国重要教育文献》（1998～2002）和《学校国防教育史》。其中《中华人民共和国重要教育文献》（1998～2002）荣获中南六省（区）优秀教育读物一等奖。

《中华人民共和国教育史》是中华人民共和国教育史研究课题第三阶段的重要研究成果，也是整个课题研究的核心成果。本书是在扎实史料和深入专题研究的基础上撰写的。在撰写之前，课题组除了全面系统地收集和整理了1 600万字的重要教育文献，并对14个专题展开深入研究外，还多次召开学术研讨会，围绕共和国教育史上的重大事件和问题展开广泛而深入的讨论。在研究和撰写的过程中，作者广泛查阅并注意汲取有关共和国教育史研究的现有成果，参考了共和国国史和中共党史等最新研究成果，并分别采访了一些共和国教育的决策者和重要执行者、亲历者，从他们那里得到了许多珍贵的史料。上述研究工作和成果为本书的编写奠定了坚实的文献史料和研究基础，并为提高全书的质量提供了良好保障。

共和国教育史的研究编撰队伍体现了教育行政部门领导骨干同专业工作者相结合的鲜明特点。前者既直接参与过许多重大的教育决策，又是实践执行者，他们老骥伏枥、壮心不已；后者学有专攻，熟悉教育史研究的理论与方法，他们严谨治学、勇于进取。共和国教育史的研究编撰队伍还体现了老中青相结合、中央和地方相结合的特点。共和国建立以来，这样大规模地组织队伍来研究与编撰新中国教育史还是第一次。在整个研究撰写过程中，课题组成员在主编的指导下，展开深入的研究，对于一些重大的问题开展学术研讨，在充分相互切磋的基础上逐步形成共识。在这个过程中，逐步形成了一支研究中华人民共和国教育史的学术骨干队伍，并在中央教育科学研究所教育理论研究部形成了中华人民共和国教育史的学科优势。同时，在这个过程中，老领导、老专家充分发挥了传帮带的作用，为中青年科研工作者的成长和学术水平的提高，付出了大量的心血。

本书主编：何东昌；副主编：王明达、邹时炎、王炳照。参加本书撰写的具体分工为：导论和结束语：何东昌；第一编：宋荐戈（第一章），朴胜一（第二、六章），郭红霞（第三章），李玉非（第四、五章）；第二编：宋荐戈（第七章，第八章第三、四节，第九章第二节，第十章第一、三节，第十一章第四节），刘巧利（第八章第一、二节），李仲汉（第九章，第十章第二节，第十一章第一至三节），朴胜一（第十一章第四节）；第三编：张晋峰（第十二至十四章）；第四编：卓晴君（第十五至十七章）；第五编：郝维谦（第十八章、第十九章第一、三、四节，第二十一至二十三章），徐卫红（第十九章第二节、第二十四章）；第六编：方晓东（第二十五至三十章），王洪元（第二十九章）。何东昌、王明达、邹时炎、王炳照负责审稿工作。在主编和副主编的指导下，卓晴君、郝维谦、张晋峰、宋荐戈、李仲汉、朴胜一、方晓东分别承担了统稿工作。

本书的编写得到教育部有关司局和中央教育科学研究所、全国高校社科中心、国家教育行政学院、中国教育学会、中国高教学会、中国职教学会等单位的大力支持；海南出版社对“中华人民共和国教育史研究”课题成果的出版给予了大力支持，并将本书列为重点出版图书，在此一并表示衷心的感谢。

由于时间、资料和我们的水平所限，有些问题还有待进一步探讨。书中疏漏和不妥之处，敬请读者不吝指正。

中华人民共和国教育史研究课题组

2007 年 1 月于北京